中国文化文物统计年鉴

(2008)

文化部计划财务司
国家文物局办公室　编著

国家图书馆出版社

图书在版编目(CIP)数据

中国文化文物统计年鉴.2008/文化部计划财务司，国家文物局办公室编著. —北京：国家图书馆出版社，2008.12

ISBN 978-7-5013-3661-6

Ⅰ.中… Ⅱ.文… Ⅲ.①文物工作—统计资料—中国—2008—年鉴②文化事业—统计资料—中国—2008—年鉴 Ⅳ.K87-66 G12-66

中国版本图书馆 CIP 数据核字（2008）第 169962 号

书名 中国文化文物统计年鉴(2008)

著者 文化部计划财务司 国家文物局办公室 编著

出版 国家图书馆出版社(原北京图书馆出版社)

(100034 北京市西城区文津街 7 号)

发行 010—66139745 66151313 66175620 66126153

66174391(传真) 66126156(门市部)

E—mail btsfxb@nlc.gov.cn(邮购)

Website www.nlcpress.com→投稿中心

经销 新华书店

印刷 北京安泰印刷厂

开本 880×1230(毫米) 1/16

印张 41.5 彩插 8

字数 1506(千字)

版次 2008 年 12 月第一版第一次印刷

书号 ISBN 978-7-5013-3661-6/K·1711

定价 180.00 元

《中国文化文物统计年鉴》编委会

■ 李长春同志在广西视察文化信息资源共享工程工作

■ 蔡武部长在汇报会上作重要讲话

■ 周和平副部长到陕西宁强县文化中心旁的帐篷里看望小朋友

■ 广西柳州分中心积极开展流动文化服务

■ 解放军某部坦克团战士们专心观看文化信息资源共享工程网上资源

■ 内蒙古鄂尔多斯市支中心在街心广场为群众放映影片

■ 青岛居民利用有线电视网观看文化资源

全国文化信息资源共享工程应用现代信息技术，将中华优秀文化信息资源进行数字化加工整合，通过共享工程网络体系，以卫星网、互联网、有线/数字电视网、镜像、移动存储、光盘等方式，实现信息资源在全国的共建共享。它是公共文化服务体系的基础工程，是政府提供公共文化服务的重要手段，是实现广大人民群众基本文化权益的主要途径，是改善城乡基层群众文化服务的创新工程。

工程自 2002 年启动以来，受到党中央国务院的高度重视及各级政府的大力支持。工程列入《中华人民共和国国民经济和社会发展第十一个五年规划纲要》。2006 年 2 月，胡锦涛总书记要求，要"发展文化信息资源共享工程农村基层服务点，构建农村公共文化服务体系"。温家宝总理在《政府工作报告》中，明确提出要抓好共享工程。中央政治局常委李长春同志多次作重要批示，深入基层视察指导，为工程发展指明了方向。

在文化部、财政部等部委指导下，工程取得重大进展。基层服务网络体系初具规模，自建、合建基层服务点超过 61.4 万个；资源总量达 68.62TB；技术手段不断创新；培训工作积极开展，现已拥有近 54 万人的工作队伍。还与众多单位开展合作，扩大了服务范围。

文化部全国文化信息资源建设管理中心及各级中心、基层点积极开展活跃群众生活的服务活动，突显手段灵活、方式便捷的优势，受到广大城乡基层群众的热烈欢迎。

中央文化设施

■ 中国美术馆

■ 梅兰芳大剧院

■ 中国歌剧舞剧院

■ 中国歌剧舞剧院

■ 故宫博物馆全景

■ 故宫博物馆

■ 故宫博物馆

■ 恭王府

■ 恭王府

■ 国家大剧院

■ 国家大剧院

■ 国家图书馆二期工程图片

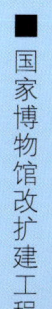

■ 国家博物馆改扩建工程

■ 国家博物馆改扩建工程

无锡市图书馆

积淀历史 传承文明
——无锡市图书馆九十周年巡礼

九十年的历史沧桑

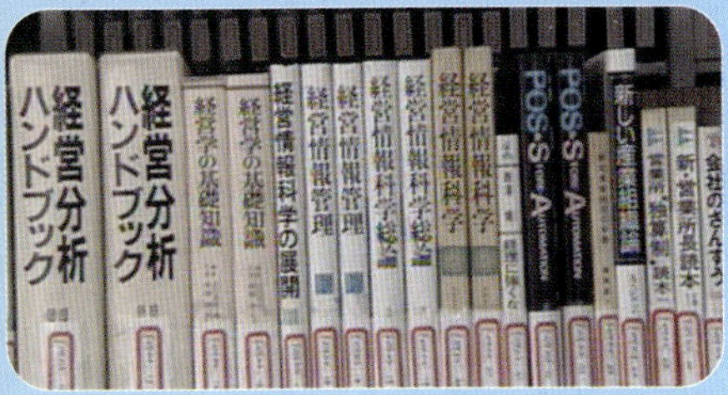
経営分析ハンドブック

走进图书馆
利用图书馆
享受图书馆

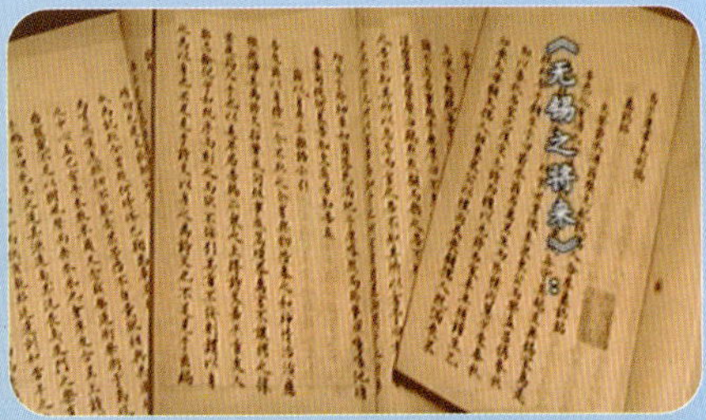
《无锡之将来》

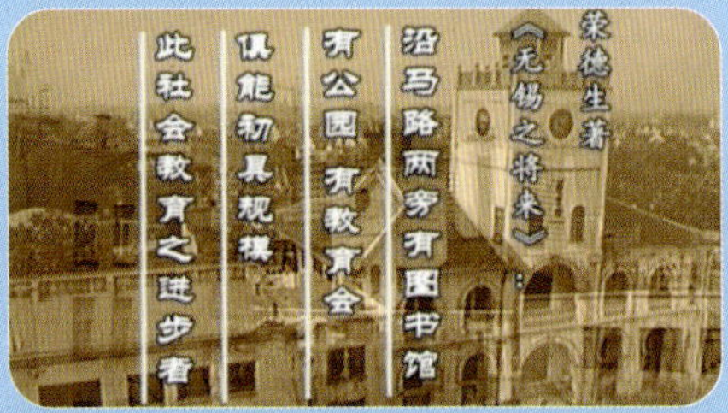
莱德生著
《无锡之将来》
沿马路两旁有图书馆
有公园、有教育会
俱能初具规模
此社会教育之进步者

新疆文化站

■ 新疆巴州尉犁县尉犁镇文化站

■ 新疆伊犁州尼勒克县胡吉尔台乡文化站

■ 新疆博州温泉县哈日布呼镇文化站

■ 新疆昌吉州阜康市九运街镇文化站

八艺节部分场馆

■ 湖北省艺术馆

■ 五一剧场

■ 洪山礼堂

■ 荆门市体育文化中心

■ 琴台大剧院

■ 鄂州大剧院

■ 京韵大舞台

说　　明

《中国文化文物统计年鉴(2008)》是一部最具权威性的有关文化及相关产业的统计资料。

本年鉴共分为两大部分:历史资料和年度资料。

历史资料是根据文化部历年统计报表以及各省、自治区、直辖市文化主管部门补报的1966年至1977年文化事业统计数据,并搜集有关部门的文化事业统计资料整理汇编而成。

年度资料是根据各省、自治区、直辖市及各计划单列市、省辖市文化主管部门报送的2007年文化及相关产业统计年报和文化部对外文化联络(港澳台)司的有关报表整理编印。本年鉴尚缺香港、台湾、澳门资料。

年鉴中"——"表示数字为零,"…"表示缺资料。

本年鉴的出版发行工作,得到了各级文化主管部门以及有关部门的大力支持,在此我们表示衷心的感谢!

年鉴中若有遗漏和不足之处,请同志们批评、指正,以便在内容上不断完善和充实。

编　　者

2008年10月

说　明

《中国文化文物统计年鉴（2008）》是[illegible]的有关文化文物[illegible]业的统计资料。

本年鉴共分为两大部分，历史资料和年度资料。

历史资料是根据文化部历年统计年报及各省、自治区、直辖市文化主管部门提供的1966年至1997年文化事业统计数据，对[illegible]文化事业统计资料整理汇编而成。

年度资料是根据各省、自治区、直辖市及各[illegible]文化主管部门报送的2007年文化、文物统计年报和文化部[illegible]文化机构（[illegible]）的有关统计数据整理编印。本年鉴的[illegible]。

年鉴中“[illegible]”表示数字为零，“……”表示无资料。

本年鉴的出版发行工作，得到了各级文化主管部门以及有关部门的大力支持，在此我们表示衷心的感谢。

由于编者[illegible]和不足之处，请同志们批评指正，以便[illegible]。

编　者

2008年10月

目　　录

2007 年文化事业发展概述 ……………………………………………………………………（1）

历史资料

全国文化事业机构数 ……………………………………………………………………………（13）
全国艺术表演团体分剧种机构数 ………………………………………………………………（14）
全国文化事业财政拨款占国家财政总支出的比重 ……………………………………………（15）
全国文化事业费总支出分项情况 ………………………………………………………………（16）
全国文化事业费总支出构成情况 ………………………………………………………………（17）
全国文化产业增加值情况 ………………………………………………………………………（18）
全国文化产业增加值主要行业构成情况 ………………………………………………………（18）
全国文化事业基本建设投资占全国基本建设投资的比重 ……………………………………（19）
全国文化事业基本建设情况 ……………………………………………………………………（20）
全国文化部门艺术表演团体演出及收支情况 …………………………………………………（21）
全国文化部门剧场、影剧院演出及收支情况……………………………………………………（22）
全国公共图书馆业务活动情况 …………………………………………………………………（22）
全国公共图书馆经费收支及设施情况 …………………………………………………………（23）
全国群众文化事业业务活动、经费收支及设施情况……………………………………………（23）
按年份各地区文化事业财政拨款情况 …………………………………………………………（24）
按年份各地区文化事业费占财政支出比重情况 ………………………………………………（25）
按年份各地区人均文化事业费及位次 …………………………………………………………（26）
按年份各地区文化事业费总支出情况 …………………………………………………………（28）
按年份各地区文化事业实际完成基建投资情况 ………………………………………………（29）
按年份各地区艺术表演团体机构数 ……………………………………………………………（30）
按年份各地区艺术表演团体演出场次 …………………………………………………………（31）
按年份各地区文化部门艺术表演团体财政拨款情况 …………………………………………（32）
按年份各地区文化部门艺术表演团体演出收入情况 …………………………………………（33）
按年份各地区文化部门艺术表演团体总支出情况 ……………………………………………（34）
按年份各地区文化部门艺术表演团体平均每团演出场次及位次 ……………………………（35）
按年份各地区文化部门艺术表演团体经费自给率情况 ………………………………………（36）
按年份各地区文化部门艺术表演团体平均每场演出经费补贴情况 …………………………（37）
按年份各地区艺术表演场所机构数 ……………………………………………………………（38）
按年份各地区艺术表演场所演(映)出场次 ……………………………………………………（39）

按年份各地区艺术表演场所艺术演出场次 …………………………………………………… (40)
按年份各地区文化部门艺术表演场所财政拨款情况 ……………………………………… (41)
按年份各地区文化部门艺术表演场所总支出情况 ……………………………………… (42)
按年份各地区公共图书馆机构数 …………………………………………………………… (43)
按年份各地区公共图书馆总藏量情况 ……………………………………………………… (44)
按年份各地区公共图书馆人均拥有藏书册数 ……………………………………………… (45)
按年份各地区公共图书馆总流通人次 ……………………………………………………… (46)
按年份各地区公共图书馆图书外借册次 …………………………………………………… (47)
按年份各地区公共图书馆财政拨款情况 …………………………………………………… (48)
按年份各地区公共图书馆总支出情况 ……………………………………………………… (49)
按年份各地区公共图书馆购书费支出情况 ………………………………………………… (50)
按年份各地区公共图书馆人均购书费情况 ………………………………………………… (51)
按年份各地区公共图书馆购书费占总支出比重 …………………………………………… (52)
按年份各地区地市级公共图书馆购书费占总支出比重 …………………………………… (53)
按年份各地区县级公共图书馆购书费占总支出比重 ……………………………………… (54)
按年份各地区地市级公共图书馆平均每馆购书费情况 …………………………………… (55)
按年份各地区县级公共图书馆平均每馆购书费情况 ……………………………………… (56)
按年份各地区公共图书馆新购图书册数 …………………………………………………… (57)
按年份各地区地市级公共图书馆平均每馆新购图书册数 ………………………………… (58)
按年份各地区县级公共图书馆平均每馆新购图书册数 …………………………………… (59)
按年份各地区群众文化事业机构数 ………………………………………………………… (60)
按年份各地区群众艺术馆机构数 …………………………………………………………… (61)
按年份各地区文化馆机构数 ………………………………………………………………… (62)
按年份各地区文化站机构数 ………………………………………………………………… (63)
按年份各地区群众文化事业财政拨款情况 ………………………………………………… (64)
按年份各地区群众文化事业总支出情况 …………………………………………………… (65)
按年份各地区文物业文物藏品数 …………………………………………………………… (66)
按年份各地区博物馆机构数 ………………………………………………………………… (67)
历年对外文化交流情况 ……………………………………………………………………… (68)
按年份各地区总人口数 ……………………………………………………………………… (69)

年度资料

(一) 综合部分

全国文化文物机构数、从业人员数综合情况 …………………………………………………… (72)
全国文化文物机构数、从业人员数综合情况(按单位性质和登记注册类型分) ……………… (72)
全国文化部门直属机构数、从业人员数综合情况 …………………………………………… (74)
全国艺术业机构数、从业人员数综合情况 …………………………………………………… (74)
全国图书馆、群众文化服务机构数、从业人员数综合情况 ………………………………… (76)
全国艺术教育、艺术科研及其他文化产业机构数、从业人员数综合情况 ………………… (76)
全国文物业机构数、从业人员数综合情况 …………………………………………………… (78)

全国经营性文化产业机构数、人员数综合情况 …………………………………………………… (78)
全国民族自治地方主要文化产业机构数、从业人员数综合年报 ……………………………… (80)
全国文化(文物)机构经费收支情况 ………………………………………………………………… (80)
全国文化事业机构主要财务指标综合情况(按国民经济行业分) …………………………… (82)
全国文化企业机构主要财务指标综合情况(按国民经济行业分) …………………………… (84)
全国文化产业增加值综合情况 ……………………………………………………………………… (86)
全国经营性文化产业增加值综合情况 ……………………………………………………………… (86)
全国文化部门增加值综合情况 ……………………………………………………………………… (87)
全国文化部门文化产业增加值综合情况 …………………………………………………………… (87)
全国文化(文物)机构基本建设投资综合情况 ……………………………………………………… (88)
全国艺术表演团体演出及收支综合情况 …………………………………………………………… (88)
全国艺术表演团体(事业)综合情况 ……………………………………………………………… (90)
全国文化部门艺术表演团体(事业)综合情况 …………………………………………………… (92)
全国艺术表演团体(企业)综合情况 ……………………………………………………………… (94)
全国文化部门艺术表演团体(企业)综合情况 …………………………………………………… (96)
全国艺术表演场馆综合情况 ………………………………………………………………………… (98)
全国艺术表演场馆(事业)综合情况 ……………………………………………………………… (100)
全国文化部门艺术表演(事业)综合情况 ………………………………………………………… (102)
全国艺术表演场馆(企业)综合情况 ……………………………………………………………… (104)
全国文化部门艺术表演场馆(企业)综合情况 …………………………………………………… (106)
全国公共图书馆综合情况 …………………………………………………………………………… (108)
全国群众艺术馆、文化馆(站)综合情况 …………………………………………………………… (110)
全国文化站综合情况 ………………………………………………………………………………… (112)
全国文化部门教育机构综合情况 …………………………………………………………………… (114)
全国文化(文物)科技、科研机构综合情况 ………………………………………………………… (116)
全国文化艺术科技、科研机构综合情况 …………………………………………………………… (118)
全国文物保护科学研究机构综合情况 ……………………………………………………………… (120)
全国文化市场经营机构基本综合情况 ……………………………………………………………… (122)
全国演出经纪机构基本综合情况 …………………………………………………………………… (124)
全国娱乐场所基本综合情况 ………………………………………………………………………… (126)
全国网络文化经营机构综合情况 …………………………………………………………………… (128)
全国互联网上网服务营业场所(网吧)综合情况 ………………………………………………… (130)
全国艺术品经营机构综合情况 ……………………………………………………………………… (132)
全国音像制品批发、零售、出租机构综合情况 …………………………………………………… (134)
全国文化市场其他经营单位综合情况 ……………………………………………………………… (136)
全国文化市场连锁经营机构综合情况 ……………………………………………………………… (138)
全国文化市场执法机构综合情况 …………………………………………………………………… (140)
全国其他文化事业机构综合情况 …………………………………………………………………… (140)
全国其他文化企业综合情况 ………………………………………………………………………… (142)
全国文化行政主管部门综合情况 …………………………………………………………………… (142)
全国文物业综合情况 ………………………………………………………………………………… (144)
全国文物主管部门基本综合情况 …………………………………………………………………… (146)

全国文物保护管理机构综合情况 …… (148)
全国博物馆综合情况 …… (150)
全国文物商店综合情况 …… (152)
全国其他文物事业机构综合情况 …… (154)
全国其他文物企业机构综合情况 …… (156)
全国文物保护单位保护、维修综合情况 …… (158)
全国对外、对港澳台文化交流活动基本情况 …… (158)
全国非物质文化遗产保护综合情况 …… (160)
全国非物质文化遗产保护中心综合情况 …… (162)
全国文化信息资源共享工程基本情况 …… (164)
全国各地区文化(文物)机构事业费收支情况 …… (166)
全国各地区文化事业费收支情况 …… (168)
全国各地区文物事业费收支情况 …… (170)
全国各地区文化部门教育经费收支情况 …… (172)
全国各地区省级文化(文物)机构财政拨款情况 …… (174)
全国各地区文化(文物)机构总收入情况 …… (176)
全国各地区文化(文物)机构财政拨款情况 …… (177)
全国各地区文化(文物)机构事业收入情况 …… (178)
全国各地区文化(文物)机构经营收入情况 …… (179)
全国各地区文化(文物)机构总支出情况 …… (180)
全国各地区文化(文物)机构基本支出情况 …… (181)
全国各地区文化(文物)机构项目支出情况 …… (182)
全国各地区文化(文物)机构经营支出情况 …… (183)
全国各地区文化(文物)机构工资福利支出情况 …… (184)
全国各地区文化(文物)机构商品和服务支出情况 …… (185)
全国各地区文化(文物)机构对个人和家庭补助支出情况 …… (186)
全国各地区文化企业机构数情况 …… (187)
全国各地区文化企业机构主要财务指标情况 …… (188)
全国各地区出版发行和版权服务机构主要财务指标情况 …… (189)
全国各地区电影服务机构主要财务指标情况 …… (190)
全国各地区文化艺术服务机构主要财务指标情况 …… (191)
全国各地区网络文化服务机构主要财务指标情况 …… (192)
全国各地区文化休闲娱乐服务机构主要财务指标情况 …… (193)
全国各地区其他文化服务机构主要财务指标情况 …… (194)
全国各地区文化用品、设备及相关文化产品的生产与销售机构主要财务指标情况 …… (195)
全国各地区文化产业增加值情况 …… (196)
全国各地区文化产业总产出分项情况 …… (197)
全国各地区文化产业增加值分项情况 …… (198)
全国各地区文化部门增加值情况 …… (200)
全国各地区文化部门总产出分项情况 …… (201)
全国各地区文化部门增加值分项情况 …… (202)
全国各地区文化部门文化产业增加值情况 …… (203)

全国各地区文化(文物)机构基本建设投资情况 …… (204)
全国各地区文化机构基本建设投资情况 …… (206)
全国各地区文物机构基本建设投资情况 …… (208)
全国各地区文化行政主管部门机关事业费收支情况 …… (210)
全国各地区省级文化行政主管部门机关事业费收支情况 …… (211)
全国各地区地市级文化行政主管部门机关事业费收支情况 …… (212)
全国各地区县级文化行政主管部门机关事业费收支情况 …… (213)
综合部分主要指标解释 …… (214)

(二) 艺术业

各地区艺术表演团体分剧种机构数 …… (223)
各地区艺术表演团体机构数、从业人员数 …… (224)
各地区艺术表演团体分剧种创作首演剧目数 …… (226)
各地区艺术表演团体分剧种国内演出场次 …… (227)
各地区艺术表演团体分剧种国内演出观众人次 …… (228)
各地区艺术表演团体分剧种财政拨款收入情况 …… (229)
各地区艺术表演团体分剧种演出收入情况 …… (230)
各地区艺术表演团体分剧种工资福利支出情况 …… (231)
各地区艺术表演团体演出及收支基本情况 …… (232)
各地区省级艺术表演团体演出及收支基本情况 …… (234)
各地区地市级艺术表演团体演出及收支基本情况 …… (236)
各地区县级艺术表演团体演出及收支基本情况 …… (238)
各地区艺术表演团体(事业)演出及收支基本情况 …… (240)
各地区文化部门艺术表演团体(事业)演出及收支基本情况 …… (244)
各地区艺术表演团体(企业)演出及收支基本情况 …… (248)
各地区艺术表演场馆基本情况 …… (252)
各地区省级艺术表演场馆基本情况 …… (254)
各地区地市级艺术表演场馆基本情况 …… (256)
各地区县级艺术表演场馆基本情况 …… (258)
各地区艺术表演场馆(事业)基本情况 …… (260)
各地区文化部门艺术表演场馆(事业)基本情况 …… (264)
各地区剧场(事业)基本情况 …… (268)
各地区影剧院(事业)基本情况 …… (272)
各地区艺术表演场馆(企业)基本情况 …… (276)
各地区文化部门艺术表演场馆(企业)基本情况 …… (280)
艺术业主要指标解释 …… (285)

(三)图书馆业

各地区公共图书馆基本情况 …… (286)
各地区少儿公共图书馆基本情况 …… (292)
各地区省级公共图书馆基本情况 …… (298)
各地区地、市级公共图书馆基本情况 …… (304)

各地区县、市级公共图书馆基本情况 …… (310)
图书馆业主要指标解释 …… (316)

(四)群众文化业

各地区群众艺术馆、文化馆、文化站基本情况 …… (318)
各地区省级群众艺术馆基本情况 …… (322)
各地区地市级群众艺术馆基本情况 …… (326)
各地区县市级文化馆基本情况 …… (330)
各地区县文化馆基本情况 …… (334)
各地区文化站基本情况 …… (338)
各地区乡镇文化站基本情况 …… (342)
群众文化业主要指标解释 …… (347)

(五)文化市场经营机构

全国各地区文化市场经营机构基本情况 …… (348)
全国各地区文化市场经营机构基本情况(城市) …… (352)
全国各地区文化市场经营机构基本情况(县城) …… (356)
全国各地区文化市场经营机构基本情况(县以下) …… (360)
全国各地区文化市场经营机构基本情况(内资) …… (364)
全国各地区文化市场经营机构基本情况(港澳台投资) …… (368)
全国各地区文化市场经营机构基本情况(外商投资) …… (372)
全国各地区演出经纪机构基本情况 …… (376)
全国各地区娱乐场所基本情况 …… (380)
全国各地区网络文化经营机构基本情况 …… (384)
全国各地区互联网上网服务营业场所(网吧)基本情况 …… (388)
全国各地区艺术品经营机构基本情况 …… (392)
全国各地区音像制品批发、零售、出租机构基本情况 …… (396)
全国各地区文化市场其他经营机构基本情况 …… (400)
全国各地区文化市场连锁经营机构基本情况 …… (404)
全国各地区歌舞厅基本情况 …… (408)
全国各地区卡拉 OK 厅基本情况 …… (412)
全国各地区电子游戏及游艺机经营场所基本情况 …… (416)
文化市场经营机构主要指标解释 …… (420)

(六)文化市场执法机构情况

全国各地区文化市场执法机构基本情况 …… (422)
全国各地区省级文化市场执法机构基本情况 …… (426)
全国各地区地市级文化市场执法机构基本情况 …… (430)
全国各地区县级文化市场执法机构基本情况 …… (434)

(七)教育、科技及其他

各地区文化部门教育机构基本情况 …… (438)

各地区文化部门中等专业学校基本情况 ······ (442)
各地区文化(文物)科技、科研机构基本情况 ······ (446)
各地区文化艺术科技、科研机构基本情况 ······ (450)
各地区文物保护科学研究机构基本情况 ······ (454)
各地区其他文化事业机构基本情况 ······ (460)
各地区其他文化企业机构基本情况 ······ (464)
各地区其他文化企业机构(第三产业)基本情况 ······ (468)

(八)文物业

全国各地区文物业基本情况 ······ (472)
全国各地区省级文物业基本情况 ······ (478)
全国各地区地市级文物业基本情况 ······ (484)
全国各地区县级文物业基本情况 ······ (490)
全国各地区文物主管部门基本情况 ······ (496)
全国各地区文物保护管理机构基本情况 ······ (500)
全国各地区博物馆基本情况 ······ (506)
全国各地区文物系统博物馆基本情况 ······ (512)
全国各地区文物商店基本情况 ······ (518)
全国各地区其他文物事业机构基本情况 ······ (524)
全国各地区文物保护单位保护、维修基本情况 ······ (530)
全国各地区国家级文物保护单位保护、维修基本情况 ······ (531)
全国各地区省级文物保护单位保护、维修基本情况 ······ (532)
文物业主要指标解释 ······ (534)

(九)对外文化交流

签订文化合作协定 ······ (536)
签订文化合作备忘录 ······ (536)
签订互设文化中心协议 ······ (536)
签订文化合作协定执行计划 ······ (536)

(十)非物质文化遗产保护

各地区非物质文化遗产保护情况 ······ (538)
各地区非物质文化遗产保护中心情况 ······ (542)

(十一)文化信息资源共享工程

各地区文化信息资源共享工程情况 ······ (546)

排序资料

全国艺术表演团体(事业)分剧种按演出场次排序 ······ (555)
全国艺术表演团体(事业)分剧种按演出收入排序 ······ (562)
全国艺术表演团体(企业)分剧种按演出场次排序 ······ (569)

全国艺术表演团体(企业)分剧种按演出收入排序 …………………………………… (573)
全国艺术表演场所(事业)按艺术演出出场次排序 …………………………………… (577)
全国艺术表演场所(企业)按艺术演出出场次排序 …………………………………… (578)
全国公共图书馆分级别按总藏量排序 ………………………………………………… (579)
全国公共图书馆分级别按外借册次排序 ……………………………………………… (582)
全国公共图书馆分级别按购书费占总支出比重排序 ………………………………… (585)
全国群艺馆、文化馆按举办展览个数排序 …………………………………………… (588)
全国群艺馆、文化馆按组织文艺活动次数排序 ……………………………………… (589)
全国其他文化产业(企业)按利润排序 ………………………………………………… (590)
全国文化市场网吧按房屋经营面积排序 ……………………………………………… (591)
全国文物保护管理机构按藏品排序 …………………………………………………… (592)
全国文物保护管理机构按参观人次排序 ……………………………………………… (594)
全国文物保护管理机构按门票收入排序 ……………………………………………… (596)
全国博物馆机构按藏品排序 …………………………………………………………… (598)
全国博物馆机构按参观人次排序 ……………………………………………………… (600)
全国博物馆机构按门票收入排序 ……………………………………………………… (602)
全国文物科研机构按藏品排序 ………………………………………………………… (604)
全国其他文物机构按藏品排序 ………………………………………………………… (604)

附　录

第二批国家级非物质文化遗产保护名录 ………………………………………………… (607)
全国文化信息资源共享工程示范省、示范市、示范县(市、区)名录 ………………… (625)
2006 年度文化部优秀专家名录 ………………………………………………………… (625)
文化部第十二届文化奖获奖名录 ……………………………………………………… (627)
2006—2007 年度国家舞台艺术精品工程十大精品剧目 ……………………………… (631)
第十四届“群星奖”获奖名录 …………………………………………………………… (632)
第八届全国声乐比赛获奖名单 ………………………………………………………… (637)
第七届全国舞蹈比赛获奖名录 ………………………………………………………… (638)
第六届中国音乐金钟奖获奖名录 ……………………………………………………… (640)
2007 年全国十大考古新发现 …………………………………………………………… (644)
全国博物馆十大精品陈列展览 ………………………………………………………… (644)
第一批全国古籍重点保护单位名录 …………………………………………………… (645)
全国群文系统书法美术摄影大展获奖名录 …………………………………………… (646)
第四届中国国际钢琴比赛获奖名录 …………………………………………………… (647)
第十一届中国吴桥国际杂技艺术节获奖名录 ………………………………………… (647)
2007 年我国参加国际艺术比赛获奖名录 ……………………………………………… (648)
各地区行政区划 ………………………………………………………………………… (649)

2007年文化事业发展概述

2007年,全国各级文化系统的广大文化工作者,以学习贯彻党的十七大精神为主线和动力,在历年工作基础上,更加积极地推动文化建设,文化建设各个领域取得了明显成效。

一、文化单位、机构和人员有所增加

截至2007年底,全国共有各类文化单位、机构37.56万个,从业人员195.63万人,比上年分别增加1040个和5.71万人,增长0.3%和3%。从主要分类看:

2007年,全国共有各类艺术表演团体4512个,从业人员18.5万人。其中,文化部门艺术表演团体共有机构2492个,从业人员13.8万人。文化部门的县级剧团1620个,从业人员5.4万人。县级剧团中,中级职称者9948人,占总人数18.3%;高级职称者1645人,占总人数3%。全国共有各类艺术表演场所2070个,从业人员3.98万人。其中,文化部门共有艺术表演场所1732个,3.3万人。文化部门的县级艺术表演场所878个,从业人员1.3万人。县级艺术表演场所中,中级职称1186人,占总人数8.8%;高级职称278人,占总人数2.1%。全国有艺术创作机构327个;艺术研究机构187个;艺术展览机构60个,其中美术馆由33个增至35个。

2007年,全国共有公共图书馆2799个,比上年增加21个,增长0.8%;从业人员5.17万人,比上年增加339人,增长0.7%。其中,全国县级图书馆共有2414个,从业人员2.96万人。县级图书馆中,中级职称7839人,占总人数26.2%;高级职称999人,占总人数3.4%。

2007年,全国共有文化馆(群众艺术馆)3217个,从业人员5.1万人。其中,县级文化馆2806个,从业人员3.95万人。县级文化馆中,中级职称10428人,占总人数26.4%;高级职称2123人,占总人数5.4%。文化站37384个,从业人员7.7万人。其中乡镇文化站32976个,从业人员6.59万人。乡镇文化站中,中级职称6843人,占总人数10.4%;高级职称1110人,占总人数1.7%。

2007年,全国文物保护业共有机构4277个,比上年增加185个,增长4.5%;从业人员8.68万人,比上年增加5920人,增长7.3%。其中博物馆1722个,比上年增加105个;从业人员4.26万人,比上年增加1818人。分别增长6.5%和4.5%。

2007年,全国文化市场经营机构共有31.65万个,从业人员137.86万人。

二、文化工作的环境和条件进一步改善

党的十六大以来,以胡锦涛为总书记的党中央多次专题研究文化工作,对社会主义文化建设作出了一系列重大部署,全党全社会对文化建设重要性的认识逐步深入,2007年文化建设成为全社会关注的热点。6月25日,胡锦涛同志在中央党校发表重要讲话,提出要更加自觉、更加主动地推动文化大发展大繁荣;党的十七大向全党全国人民发出了兴起文化建设新高潮的号召,提出了一系列加强文化建设的新论断、新思路、新要求,极大地鼓舞了全社会参与文化建设的热情。各级党委政府认真贯彻十七大精神,将文化建设摆上了更加重要的位置,相继召开会议研究制定加强文化建设的新措施,加大对文化工作的支持力度,文化工作、文化建

设的环境和条件大为改善。

从文化投入的情况看，仅中央财政安排地方文化建设专款就达到10.7亿元，有力推动了全国文化工程的实施。地方财政对公益文化事业的投入也有较大增长，有些省、市还出台新的政策，以保障文化事业经费投入。比如湖北省规定，乡镇公益文化体育服务经费按每人不低于0.5元纳入县级财政预算，“以钱养事”补助资金的10%用于农村文化体育事业；江苏制定了文化事业投入“两个高于”政策，即每年财政用于文化事业支出增幅高于财政一般预算支出增幅，“十一五”文化事业投入占财政支出的比重高于“十五”时期所占比重。

(一)全国文化事业费增加40.93亿元，人均文化事业费15.06元

2007年，从文化投入的情况看，全国文化事业经费达到198.96亿元，比2006年增加40.93亿元，增长25.9%。全国人均文化事业费由上年的11.91元增加到15.06元，增长26.4%。文化事业费的持续增加，有力支持和保证了文化事业繁荣发展。

全国有13个省、自治区、市的人均文化事业费(按人均财政拨款，下同)超过全国平均水平(15.06元)，其中北京市最高，人均文化事业费达77.75元；其次是上海市，人均文化事业费60.06元；人均文化事业费最低的是河南省，仅为5.89元。

从分地区情况看，2007年财政拨款超亿元的有29个省、自治区、直辖市，只有海南、西藏2个省、自治区的文化事业费未超过亿元。从2007年财政拨款比2006年的增减额看，除云南省文化事业费减少外，其余各省、自治区、直辖市都有不同程度的增加。北京市的增加额最高，达6.31亿元；其次是上海市，为2.35亿元；广东省增加了2.3亿元，位居第三。文化事业费增长幅度达到或超过全国平均水平(25.7%)的有14个省、自治区、直辖市，其中增长幅度最高的是北京市，增幅为99%；其次是内蒙古，为55.5%；第三是山西省，增长了54.8%。

从财政拨款构成看，艺术表演团体财政拨款49.74亿元，比上年增加10.7亿元，增长27.3%，占财政拨款总额25%，比上年增加0.3个百分点。山东省增加6392万元，增加最多；海南省增幅最大(46.5%)。艺术表演场馆财政拨款3.16亿元，比上年增加9913万元，增长45.7%，占财政拨款总额1.6%，比上年增加0.2个百分点。上海市增加2610万元，增加最多。公共图书馆财政拨款39.54亿元，比上年增加7.6亿元，增长23.7%，占财政拨款总额19.9%，比上年减少0.3个百分点。广东省增加1.04亿元，增加最多；重庆市增幅最大(85.8%)。群众文化财政拨款43.23亿元，比上年增加10.96亿元，增长33.9%，占财政拨款总额21.8%，比上年增加1.4个百分点。浙江省增加1.2亿元，增加最多；河南省增幅最大(104.1%)。

统计数据显示，2007年各地党政部门认真贯彻执行党的路线方针政策，注重文化建设，加大了对文化的投入力度，中央财政和地方财政对文化的投入有了较大幅度的提高，特别是中西部地区经费无论从增加额和增长速度看，都与往年有了较大改善。但同时，投入的增长幅度仍不适应社会经济发展的速度、规模、水平及广大人民群众不断增长的精神文化需求。而投入不足，也使公共文化服务的需求增长与供给不足的矛盾有所加剧。例如由于西部地区财政困难，历年对文化欠账多，文化事业费基数较低，人口少，尽管文化事业费增幅较大，但增加的绝对额并不足以彻底改变困扰文化事业发展的经费拮据现象，只能是在局部有所改善。西藏地域辽阔，文化基础设施分布不均衡，文化经费基数较低，尽管西藏人均文化事业费居全国第4位，但文化事业费总额却只有9797万元，排在全国倒数第一位，经费的严重不足，必然影响为群众提供公共文化服务产品的能力。

(二)农村和西部文化投入有所增加,比重略有下降

2007年,为推动全国公共文化服务体系建设,中央政府加大了重大文化工程的投入力度。第一,文化部、国家发改委共同印发《全国"十一五"乡镇综合文化站建设规划》,全国共有2.67万个乡镇综合文化站建设项目列入规划,国家通过转移支付39.48亿元,资助乡镇综合文化站建设,到2010年,基本实现乡乡有综合文化站的目标。召开了全国乡镇综合文化站建设工作电视电话会议,国务委员陈至立对乡镇综合文化站建设工作作了具体部署。2007年,中央安排1亿元试点资金,对20个省区534个乡镇文化站项目予以补助。第二,继续实施文化信息资源共享工程,通过转移支付补助地方6.2亿元用于资源和服务点建设。第三,继续实施送书下乡工程,共安排资金2000万元,向300个国家级扶贫开发工作重点县和3614个乡镇赠送图书136万册。第四,继续实施流动舞台车工程,中央财政共落实资金5000万元,为16个省(区)配置流动舞台车。第五,中央财政安排4000万元,扶持地方非物质文化遗产保护工作。

从文化投入的构成看。2007年政府投入的总额和增长幅度略低于文化单位事业服务收入总额和增长幅度,国家财政对公共文化服务体系建设投入比重也略有下降,财政投入占总投入的比重由2006年的72.8%,减少到2007年的62.7%,减少了10.1个百分点。因此,国家应加大对公益文化事业的投入,推动文化事业健康发展,提供优质文化产品和服务,满足人民群众基本文化需要。

从财政对文化投入的级别构成看。中央财政对本级文化投入力度远远超过地方对文化投入力度,尽管"十五"以来地方财政对文化投入占全国的比重有所增加(2007年93.4%,比2000年增加了2.1个百分点),但从对文化投入的经费年均增长速度看,中央财政投入年均增长19%,比地方财政对文化投入的年均增长14.4%,高出4.1个百分点。因而,地方财政加大对文化投入,促进各地文化事业迅速发展势在必行。

从财政对文化投入的城乡构成看。2007年对农村文化共投入56.13亿元,比上年增加11.53亿元,增长25.9%。1978年以来,年均增长12%。占全国财政对文化总投入比重为28.2%,比上年下降0.2个百分点。尽管对农村文化投入有所增加,但和同期财政对城市文化投入比较,无论是经费的基数,还是经费的增长速度都低于对城市文化投入力度,2007年财政对城市文化投入占总财政投入的比重仍然高达71.8%,比上年增加了0.3个百分点,超过对农村文化投入比重43.6个百分点。若扣除对县级文化单位的投入,2007年全国直接为7.28亿乡村农民提供文化服务的乡镇文化站,其经费只有14.99亿元,全国每个农民一年只能享受国家财政2.06元的文化投入,而经费的严重不足,也使农村文化建设困难重重,农村文化生活贫乏。因此,加大对农村文化投入,促进农村文化建设发展,提高广大农民素质,是国家义不容辞的责任。

从财政对文化投入的地区构成看。国家加大了对西部地区的投入,2007年对西部地区文化共投入42.7亿元,比上年增加8.4亿元,增长24.5%。从1978年以来,年均增长15.6%。占全国文化财政投入比重为21.5%,比上年减少0.4个百分点。但与东、中部地区财政对文化投入比较,无论是经费的基数,还是经费的增长速度都低于对东、中部地区对文化的投入,2007年东、中部地区财政对文化投入占总财政投入的比重高达78.5%,比上年增加了0.4个百分点,远远超过对西部地区文化投入比重57个百分点。上述数据表明,2007年财政对西部地区文化加大了投入,但由于西部地区财政困难,历年对文化欠账多,文化事业费基数较低,虽然文化事业费与上年对比增幅较

大，但与东、中部地区比较，投入差距仍然很大，不能彻底改变困扰西部地区文化事业发展的经费拮据现象，只能是在局部有所改善。

（三）全国公共文化服务设施建设成绩显著

2007年，各地党政部门认真贯彻执行党的十七大精神，按照《国家"十一五"规划》和《国家"十一五"文化发展规划纲要》中对建设公共文化服务设施网络的要求，加大对公共文化服务设施建设的投入力度。特别是中办发[2007]21号文件和《全国"十一五"乡镇综合文化站建设规划》的颁发，更是推动了各地县级图书馆、文化馆、博物馆和乡镇综合文化站等基层公共文化服务设施建设，全国公共文化服务设施建设成绩显著。

2007年，全国文化（文物）系统基本建设投资项目总数达到1856个，比上年增加644个，增长53.1%；计划总投资达327.8亿元，计划施工面积（建筑面积）677万平方米。本年完成投资额为57.2亿元，其中国家投资47.6亿元，占本年完成投资总额的83.2%。全国建成项目865个，比上年增加460个，增长113.6%；竣工面积175.3万平方米，比上年增加147.1万平方米，增长5倍多。

2007年，全国文化事业机构基建项目总数为1626个，比上年增加873个，增长115.9%；计划总投资达209亿元；施工面积（建筑面积）516.3万平方米，比上年增加16.8万平方米，增长3.4%。本年投资额为57.87亿元，比上年增加3.38亿元，增长6.2%，其中国家投资35.5亿元，比上年增加3.8亿元，增长12%。国家投资占本年资金来源的比重为69.9%，比上年减少了0.4个百分点。本年完成投资额为40.08亿元，比上年增加2.91亿元，增长7.7%。全国文化基建建成项目783个，比上年增加530个，增长209.5%；竣工建筑面积137.3万平方米，比上年增加123.4万平方米，增长8倍多，主要是各地都开始启动了乡镇综合文化站建设项目。

在文化基建项目中，全国有151个公共图书馆建设项目，占项目总数的9.3%，比上年减少13.9个百分点；面积占总数的1.2%，比上年减少22.1个百分点；国家投资占文化项目的国家投资总数达16.1%，比上年减少了24.9个百分点；实际完成投资额占总数的20.4%，也比上年减少了11.8个百分点。全国有1325个群众艺术馆、文化馆、文化中心、乡镇综合文化站建设项目，占项目总数的81.5%，比上年增加45.6个百分点；面积占总数的34.32%，比上年增加5.6个百分点；实际完成投资额占总数的44.4%，比上年增加了21.5个百分点。

2007年，全国文物事业机构新建项目总数为230个（不含文物维修项目），比上年增加93个，增长67.9%；计划总投资达118.5亿元，比上年增加32.4亿元，增长37.6%；施工面积（建筑面积）160.7万平方米，比上年增加46.9万平方米，增长41.2%。本年投资额为28.6亿元，比上年增加6.2亿元，增长27.7%。其中国家投资12.1亿元，比上年增加1.5亿元，增长14.2%，国家投资占本年投资额的比重为42.3%。本年完成投资额为17.1亿元，比上年增加5.1亿元，增长42.9%。全国文物新建成项目82个，比上年增加29个，增长54.7%；竣工面积37.9万平方米，比上年增加32万平方米，增长4倍多。

在文物新建项目中，全国有142个博物馆建设项目，比上年增加47个，增长49.5%，占项目总数的61.7%。博物馆建设面积127.3万平方米，占文物系统总数的79.2%；国家投资10.1亿元，占文物系统总数的83.6%；实际完成投资额15.1亿元，占文物系统总数的88.3%。全国53个博物馆项目建成，竣工面积33.4万平方米。

2007年国家对文化馆、图书馆、博物馆和乡镇综合文化站等文化设施建设的投入比上年大幅度增加，说明各地对博物馆、图书馆、文化馆（站）等公共文化服务基层设施建设非常重视，国家投资主要是用于能直接为广大人民群众提供公共文化服务产品的基层文化设施建设。

2007年，全国投资在亿元以上筹建开工的大型文化设施项目有中国美术馆二期工程、黑龙江省博物馆、福建省艺术职业学院、河南省宋陵工程、河南省洛阳市博物馆、湖南省博物馆、广东省友谊剧院、广东省太古文化广场、广东省南越国史研究及保护中心、深圳艺术学校、云南省博物馆等11个项目。

2007年，全国投资在5000万元以上的在建项目96个。其中投资在亿元以上的有：国家博物馆、国家图书馆二期工程、国家话剧院、故宫博物院大修工程、恭王府府邸修缮工程、首都图书馆二期工程、北京市延庆文体中心、天津市中华剧院、河北省图书馆、山西省大剧院、鄂尔多斯市民族剧院、鄂尔多斯市博物馆、鄂尔多斯市图书馆、鄂尔多斯市文化中心、黑龙江省渤海遗址保护、上海市奉贤区图书馆、江苏省现代美术馆、江苏省大剧院、江苏省金陵图书馆新馆、南京市太平天国历史博物馆、无锡市红山遗址博物馆、连云港市文化中心、浙江省小百花艺术中心、浙江省美术馆、浙江省杭州市图书馆新馆、浙江省宁波市博物馆、浙江省绍兴市鲁迅故里保护整治工程、浙江省瑞安市文化艺术中心、浙江省义乌市图书馆新馆、福建省大剧院、福建省莆仙大剧院、厦门文化艺术中心、厦门海沧区文化中心、江西省艺术中心、山东省博物馆、山东省济南市艺术大厦、山东省邹平县文化艺术中心、山东省桓台文化艺术中心、河南省艺术中心、河南省艺术职业学院、河南省巩义市文化中心、湖北省图书馆新馆、湖北省艺术馆、湖北省博物馆、湖南省群众艺术馆新馆、湖南省岳阳文化广场、广东省演艺中心、广东省潮州市图书馆、广东省中山图书馆、广东省广州歌剧院、广东省广州图书馆新馆、广东省博物馆、广东省海上丝绸之路博物馆、广东省汕头市图书馆、广东省汕头市博物馆、广东省梅州市客家黄遵宪博物馆、广东省潮州市文化艺术馆、广东省惠州市文化艺术中心、叶剑英纪念馆、广西民族博物馆、海南省博物馆、重庆市渝中区文图新馆、四川省博物馆、四川省成都市金沙遗址博物馆、云南省玉溪市聂耳图书馆纪念馆演艺厅、云南省普洱市民族大剧院、陕西省秦始皇兵马俑博物馆扩建工程、陕西省延安纪念馆等68个项目。

2007年，全国投资亿元以上的文化设施竣工项目有：国家大剧院、梅兰芳大剧院、中国歌剧舞剧院院址迁建、河北省秦皇岛市文化广场、山西省博物院、山西省八路军太行纪念馆、浙江省嘉善县文化艺术中心、浙江省云和县图书馆、安徽省艺术职业学院、湖北省琴台大剧院、新疆民族歌舞学校等11个项目。

三、优秀作品不断涌现，城乡文化生活进一步丰富

国家舞台艺术精品工程继续实施，涌现一批舞台艺术精品。第八届中国艺术节在湖北成功举办，成为规模最大、参与人数最多、参评剧目数量最多的一届艺术节。昆曲抢救保护扶持工程取得良好进展，国家重点京剧院团保护扶持规划开始实施，经典京剧唱段进入中小学生艺术教育课程。国家重大历史题材美术创作工程的106个选题进入创作阶段。中直文艺院团和地方文化部门积极组织开展送戏下乡、高雅艺术进校园等活动，广东和浙江向农村送戏均达1万场以上。群众艺术创作活跃，社区文化、广场文化、节日文化活动广泛开展，丰富了基层群众文化生活。

2007年，全国共有4512个艺术表演团体，全年共上演剧目50639个。其中，新创作并首演的剧目1920个。全国艺术表演团体共演出92.7万场。其中到农村演出51.1万场，占总演出场次的55.1%。国内观众达到7.59亿人次。

其中，全国2492个文化部门的艺术表演团体，

全年共新排上演剧目14160个。新创作并首演的剧目1250个，比上年增加22个，增长1.8%。共演出场次42.8万场，平均每团演出172场，与上年持平。其中到农村演出25.6万场，比上年减少3.1万场，下降10.8%；占总演出场次59.8%，比上年减少0.7个百分点。国内观众达到4.6亿人次，比上年增加4615万人次，增长11%。文化部门县级剧团新创并首演剧目639个。共演出25.9万场，其中到农村演出19.4万场，占总场次74.9%。有2.97亿人次观看，其中农村观众2.5亿人次，占84.2%。

2007年，全国2070个艺术表演场所共演(映)出72.7万场次。共有1.1亿人次到艺术表演场所观看演出。其中，文化部门1732个艺术表演场所共演(映)出59.9万场次，比上年增加3.8万场，增长6.8%。共有9100万人次到艺术表演场所观看演(映)出。文化部门县级艺术表演场所共演出16.3万场，观众3379万人。

四、文化工程建设进展顺利，公益文化事业进一步发展

公共文化服务体系建设迈出新步伐。公共文化服务网络设施建设和重点文化基础设施工程顺利推进。一批国家级和地方重点文化设施建成投入使用。乡镇综合文化站建设工程在全国534个乡镇开始试点。重大文化建设工程取得新进展。全国文化信息资源共享工程资源总量已达65TB，自建、共建的基层服务点已超过52万个。送书下乡工程为300个国家贫困县和3614个乡镇赠书137万册。向16个省市配送161辆舞台车。创新公共文化服务方式，公共文化服务水平进一步提高。全国逐步实施博物馆和革命纪念馆向社会免费开放，浙江、湖北、江苏、天津等省馆已率先实行。一些省市如江西、安徽、浙江、黑龙江、青海、陕西等设立农村文化事业专项资金，采用政府购买补贴等方式，向基层、低收入和特殊群体提供基本文化服务。宁波市把群众对文化服务的满意率纳入干部考核体系。河北、山东青岛、广东东莞等省市探索公益性文化活动社会化运作的方式，引导符合条件的企业、事业单位和社会团体、民间组织承办公益性文化活动。流动图书馆、流动博物馆、网上图书馆、网上博物馆、网上剧场等新型文化服务方式逐步推开。农民自办文化进一步发展。

2007年，全国公共图书馆总藏量5.2亿册(件)，比上年增加2028万册(件)，增长4.1%；全国公共图书馆新购图书为1871万册，比上年增加了185万册，增长10.9%。全国公共图书馆购买报刊种类86.3万种，比上年增加4.7万种，增长5.8%。全年共发放借书证1273万个，比上年增加了211万个，增长39.7%。全国千人拥有借书证为9.6个，比上年增加0.8个，增长9.1%。流通总人次为2.61亿人次，比上年增加了885万人次，增长3.5%。其中，书刊文献外借1.15亿人次，2.13亿册次，分别比上年增加了46万人次和279万册次，增长0.4%和1.3%。全国公共图书馆充分利用网络技术，丰富服务手段，全国共有电子阅览终端44719台，比上年增加了7535台，增长20.4%。共有735个网站。2007年，全国公共图书馆为读者服务共举办各种活动8.47万次，共有2675万人次参加。其中，组织各类讲座1.99万次，有498万人参加；举办8889次展览，有1004万人次参观；举办9868个培训班，225万人次参与培训。

2007年，全国群众文化业40601个机构，共举办展览9.09万个，组织文艺活动54.6万次，比上年增加4.86万次，增长9.8%。组织各类理论研讨活动1.2万次，比上年增加5394次，增长76.4%。举办各类训练班24.2万班次，结业人次达1444万人次，分别比上年增加2.3万班次和756万人次，增长10.5%和110.5%。全国群艺馆、文化馆、文化站的藏书达1.17亿册。全国群众文化单位注重自身建设，加强对业余文化辅导，配置了

9411台计算机，建立了323个网站，对公众开放了19.9万平方米的阅览室，比上年增加5.9万平方米，增长42.1%。全国共有馆办文艺团体6096个，演出7.97万场；指导农村集镇文化中心23995个，文化户52.9万个，群众业余文艺团体6.8万个，馆办老年大学712个。

五、文化市场体系逐步完善，文化产业规模进一步扩大

坚持管理与建设并重，在加强监管的同时加快建设，努力完善文化市场体系。开展全国娱乐场所阳光工程、诚信画廊等行动，促进了娱乐业和艺术品市场秩序的好转。在音像、网吧行业推广连锁经营，全国连锁网吧已达7639个，涌现出一批销售额上亿元的经营性互联网文化单位。联合发改委、财政部、公安部等九部委出台《关于构建合理演出市场供应体系，促进演出市场繁荣发展的若干意见》，推动演出市场健康可持续发展。积极扶持国产原创动漫产品，国产网络游戏产品以64.8%的国内市场份额超过国外网络游戏产品。加强文化市场执法，保护知识产权，大力开展反盗版行动，全年全国各级文化行政部门和文化市场行政执法机构共出动执法人员491多万人次，检查文化经营单位436万余家次，收缴盗版音像制品约1.08亿张，查处侵犯知识产权案2.06万件，移送司法机关案件399件，移送涉案人员646人，使文化市场侵权盗版问题得到有效缓解。推进文化市场综合执法改革，开展文化市场行政执法队伍建设年活动，提升管理队伍素质和技术监管水平。

2007年，全国文化市场经营单位经过治理整顿，共有31.7万家，从业人员137.86万人；年上缴各种税金115.66亿元，比上年增加39.66亿元，增长52.2%。2007年，全国省、市、县三级文化市场执法机构共有2476个，18196人。

全国统一、开放、竞争、有序的文化市场逐步形成，为文化产业发展提供了较好的市场环境。文化产业工作列入各地党委政府的重要议事日程，北京、河南、重庆、贵州、云南、西藏等13个地方设立了文化产业发展专项资金，北京、上海、辽宁、山西、福建、甘肃、宁夏等18个省、自治区、直辖市文化产业增加值同比增长速度在两位数以上，文化产业规模进一步扩大，集约化、专业化程度有所提高。部命名首批国家级文化产业示范园区。国家和各地文化产业基地发挥了示范、辐射和带动作用，一批国有和民营的文化企业正在发展壮大。配合商务部等部门制定下发了《文化产品和服务出口指导目录》，确定了文化出口重点企业和重点项目。成功举办第三届深圳文博会和第二届东北文博会。中国文化产业网网上国家文化产品和服务以及项目投融资交易平台，已成为政府对社会服务的重要窗口。

2007年全国文化部门管理的文化及相关产业单位总产出1536.15亿元，比上年增加645.09亿元，增长72.4%。新创增加值为791.08亿元，比上年增加344.24亿元，增长77.04%。

六、文化遗产保护事业有了新突破

2007年，第三次全国文物普查全面启动。国务院批准的长城总体保护方案顺利实施，广东开平碉楼申报世界文化遗产成功。大遗址保护的基本格局初步形成，故宫、西藏三大文物和云冈石窟等重点文物维修保护工程稳步推进，南水北调、三峡工程中的文物保护工作顺利开展。非物质文化遗产保护在资源普查、名录体系、传承人保护、生态保护区建设等方面有了新进展。普查工作全面推开，国家、省、市、县四级保护名录体系初步建立。文化部公布了第一批国家级非物质文化遗产项目代表性传承人，各省区也开展了传承人的认定，江苏、浙江、甘肃等地方制定了对国家级和省级项目代表性传承人补助办法。生态保护区的建设取得突破，闽南文化生态保护实验区试点已经展开。广泛开展

“文化遗产日”宣传活动，成功举办“中国非物质文化遗产节”，社会各界的文化遗产保护意识普遍增强。古籍保护工作全面启动，清史纂修工程稳步进行。

2007年，全国文物业4277个机构共有文物保管品、藏品2567.7万件(套)；共举办陈列展览1.07万个，比上年增加2834个，增长36%；参观人次达4.54亿人次，比上年年增加2.68亿人次，增长144.1%；全年进行文物保护维修的单位1626个，比上年增加128个，增长8.5%。本年财政拨款8.4亿元进行维修，维修面积达1357.8万平方米。其中，全国有589个国保单位进行维修，本年财政共拨款5.8亿元，维修面积682.9万平方米。全国还新建和改建了一批博物馆及文物库房，一大批濒临毁坏的文物得到有计划、有重点的抢救和保护。

非物质文化遗产保护工作进入发展的新阶段。建立部际联席会议制度，成立中国非物质文化遗产保护中心，机构进一步健全。公布了首批518项国家级非物质文化遗产名录项目，名录体系建设有了良好开端。全面部署非物质文化遗产普查工作。中华再造善本工程第一期任务顺利完成。

七、艺术科研教育工作有了新发展

文化部加强了全国艺术科学规划管理。在武汉成功举办中国文化创新论坛。国家重点课题“中国文化发展战略研究”取得阶段性成果。编制下发《文化标准化中长期发展规划》，批准发布《舞台机械设备安全》等5项行业标准。中央和地方艺术科研院所取得了一批研究成果。

2007年，全国文化部门共有各类教育机构171个，共招生29356人，比上年增加3134人，增长11.9%；毕业22772人，比上年增加1606人，增长7.6%；在校生81652人，比上年减少505人，下降0.6%；共培训干部4509人，比上年增加1425人，增长46.2%。其中，高等艺术院校招生10517人，毕业8270人，在校生30703人；中等专业学校招生18111人，毕业13599人，在校生48725人。

2007年，全国共有文化(文物)科研机构278个，比上年增加8个，增长2.9%。有中高级职称的科研人员3372人，占从业人员总数的46%。本年完成科研项目283个。其中获国家奖55个，占项目总数的19.4%；获省部级奖130个，占项目总数的45.9%。

八、对外文化交流活动更加活跃，中华文化的影响力和亲和力进一步增强

2007年，文化部门配合国家外交大局、党和国家领导人出访等重大国事活动，组织实施了“中国年”、“中国文化节”、专项演出展览等系列文化活动，彰显了文化外交的积极作用。如在俄罗斯成功举办的“中国文化节”，是中俄文化交流史上规模最大(20余个展演项目)、时间最长(13个月)、影响最广(涉及近20个城市，超过百万观众)的文化活动。成功举办“中日文化体育交流年”、“中韩交流年”活动，对中日、中韩关系的发展起了积极作用。与欧盟国家、东亚、南盟、中亚、东盟地区等周边国家的文化交流保持了全面发展势头，同非洲、中东、拉美、澳洲等地区发展中国家的文化交流合作关系进一步深化。“春节”文化活动、“相约北京”联欢活动、亚洲艺术节、上海国际艺术节、北京国际音乐节、吴桥国际杂技节等正在逐渐成为中外文化交流的重要品牌。

一年来，我国积极主办和参与国际多边文化活动，主动参与国际文化规则的谈判和制定，在联合国教科文组织相关会议上充分表达我国的主张，增强了我国的话语权。成功承办联合国教科文组织保护非物质文化遗产政府间委员会特别会议，先后在四川成都和巴黎联合国教科文组织总部举办“中国非物质文化遗产节”。

2007年，我国共签订2个文化协定和25个文

化协定执行计划；开展了1815起文化交流往来项目，其中，来华605起，出访1210起。

对港澳台文化交流更加深入。选派艺术家参加香港回归十周年庆祝演出，组织第三届“艺海流金——中原之旅”等专项文化交流活动，组织“海峡两岸民间艺术节”，增进了海峡两岸及港澳同胞的文化认同。

2007年，文化事业发展取得成绩的同时，也存在问题和薄弱环节。如：各级政府财政近年来对文化投入呈现较快增长的趋势，但财政投入基数过小、文化事业建设经费严重不足的问题仍相当普遍，大部分地区基层公共文化机构运转经费缺乏制度性保障。大中城市文化基础设施有所改善，但部分地区县级文化设施、大部分地区乡村文化设施十分落后，缺乏必要的活动场所、设备和经费保障。文化系统体制改革试点逐步扩大，一些试点单位取得明显成效和经验，但总体上进展不理想。鼓励社会力量办文化上升为国家政策，出台了相应的优惠政策措施，但不少优惠政策基本上没有得到落实，社会力量支持文化建设的渠道没有得到有效疏通。近年来文化产品数量品种大大丰富，出现了不少的优秀作品，但能在社会上产生较大影响的精品力作还不多，不能满足人民群众精神文化需求。全社会文化建设热情上升，但有的地方仍然没有摆到重要位置，文化投入甚至不升反降，等等。这些问题和薄弱环节需要我们在十七大精神的指引下，以创新的思维和扎实有效的工作逐步解决。

历 史 资 料

全国文化事业机构数

单位:个

年　份	艺术表演团体	艺术表演场所	博物馆	公共图书馆	群众艺术馆	文化馆	文化站	中等艺术学校
1949年	1 000	891	21	55	…	896	…	1
1952年	2 084	1 510	35	83	…	2 430	4 107	4
1957年	2 884	2 296	72	400	…	2 748	…	29
1962年	3 320	2 249	230	541	61	2 514	1 192	46
1965年	3 458	2 943	214	562	62	2 598	2 125	51
1970年	2 541	1 432	182	323	29	2 303	1 794	14
1975年	2 836	1 464	242	629	81	2 589	2 717	49
1976年	2 906	1 458	263	768	80	2 609	2 886	54
1977年	2 941	1 448	300	851	87	2 644	3 012	64
1978年	3 150	1 095	349	1 218	92	2 748	1 729	71
1979年	3 482	1 255	344	1 651	144	2 892	22 304	71
1980年	3 533	1 444	365	1 732	218	2 912	25 273	69
1981年	3 483	2 302	383	1 787	257	2 893	28 417	79
1982年	3 460	2 469	409	1 889	264	2 925	35 832	80
1983年	3 444	1 818	467	2 038	270	2 946	41 830	85
1984年	3 397	1 779	618	2 217	315	3 016	50 247	95
1985年	3 317	1 756	711	2 344	335	2 965	52 858	102
1986年	3 195	2 058	777	2 406	337	2 993	53 519	113
1987年	3 094	2 148	827	2 440	348	2 973	52 867	116
1988年	2 985	2 081	903	2 485	358	2 975	52 923	116
1989年	2 850	2 050	967	2 512	366	2 955	51 910	121
1990年	2 805	2 055	1 013	2 527	366	2 955	52 435	111
1991年	2 772	2 068	1 075	2 535	371	2 894	51 959	122
1992年	2 753	2 037	1 106	2 558	372	2 900	48 375	126
1993年	2 707	2 024	1 130	2 572	370	2 886	46 212	129
1994年	2 698	1 998	1 161	2 589	374	2 887	46 619	129
1995年	2 684	1 972	1 194	2 608	373	2 886	45 038	131
1996年	2 664	1 934	1 219	2 620	392	2 892	41 969	130
1997年	2 663	1 947	1 282	2 628	385	2 901	42 163	137
1998年	2 652	1 929	1 339	2 652	386	2 901	42 547	135
1999年	2 632	1 911	1 363	2 669	389	2 905	42 543	141
2000年	2 630	1 912	1 392	2 677	390	2 907	42 024	137
2001年	2 605	1 854	1 461	2 696	400	2 852	40 138	142
2002年	2 587	1 829	1 511	2 697	389	2 854	39 273	131
2003年	2 618	1 912	1 515	2 709	382	2 846	38 588	121
2004年	2 580	1 846	1 548	2 720	480	2 760	38 181	129
2005年	2 805	1 866	1 581	2 762	447	2 779	38 362	120
2006年	2 866	1 839	1 617	2 778	395	2 819	36 874	121
2007年	4 512	2 070	1 722	2 799	411	2 806	37 384	121

全国艺术表演团体分剧种机构数

单位:个

年份	总计	话剧、儿童剧、滑稽剧团	歌剧、舞剧、歌舞剧团	歌舞团、轻音乐团	乐团合唱团	文工团、文宣队、乌兰牧骑	戏曲剧团		曲、杂、木、皮团
								京剧	
1949年	1 000	…	…	…	…	…	860	…	…
1952年	2 084	…	…	…	…	255	1 706	350	123
1957年	2 884	100	103	…	…	13	2 406	…	262
1962年	3 320	78	113	…	15	91	2 450	249	647
1965年	3 458	94	102	…	14	212	2 318	230	725
1970年	2 541	52	93	…	7	932	1 293	226	156
1975年	2 836	58	113	…	4	1 225	1 253	243	183
1978年	3 150	76	116	…	7	959	1 726	239	266
1980年	3 533	100	143	…	11	669	2 224	231	386
1981年	3 483	104	152	…	10	605	2 272	221	340
1982年	3 460	5	165	…	11	584	2 269	215	326
1983年	3 444	105	170	…	12	558	2 271	209	328
1984年	3 397	105	184	…	16	530	2 231	191	331
1985年	3 317	103	204	…	18	517	2 167	181	308
1986年	3 195	100	226	…	20	502	2 061	163	286
1987年	3 094	97	261	…	22	490	1 954	154	270
1988年	2 985	94	283	…	21	466	1 861	138	260
1989年	2 850	91	289	…	24	445	176	126	234
1990年	2 805	90	298	…	22	440	1 722	122	233
1991年	2 772	92	41	252	21	432	1 707	121	227
1992年	2 753	94	43	250	21	432	1 695	120	218
1993年	2 707	90	42	254	18	421	1 667	119	215
1994年	2 698	90	44	258	20	427	1 647	116	212
1995年	2 682	89	45	261	19	425	1 634	116	209
1996年	2 664	92	61	283	17	415	1 587	114	209
1997年	2 663	93	59	283	19	432	1 573	113	204
1998年	2 652	88	65	286	17	424	1 562	112	210
1999年	2 632	86	74	295	17	410	1 541	110	209
2000年	2 630	86	79	289	17	419	1 531	109	209
2001年	2 605	97	112	321	15	379	1 479	109	187
2002年	2 587	87	109	343	15	383	1 472	111	178
2003年	2 618	88	104	361	32	361	1 483	114	189
2004年	2 759	140	92	347	28	313	1 544	110	173
2005年	2 810	165	88	270	33	176	1 853	125	105
2006年	2 866	143	109	380	34	330	1 505	93	194
2007年	4 512	242	164	729	49	320	1 917	116	529

注:2004年以后剧团数是行业统计数,含事业和企业团体数。

全国文化事业
财政拨款占国家财政总支出的比重

单位:亿元、%

年份	文化事业费	国家财政总支出	占国家财政比重
一五时期	4.97	1 345.6	0.37
二五时期	7.99	2 288.7	0.35
三年调整	4.49	1 204.9	0.37
三五时期	10.36	2 518.6	0.41
四五时期	15.36	3 919.6	0.39
五五时期	22.04	5 247.3	0.42
1978 年	4.44	1 111.0	0.40
1980 年	5.58	1 212.7	0.46
六五时期	36.03	6 952.0	0.52
1985 年	9.32	1 844.8	0.51
七五时期	62.45	13 978.3	0.45
1986 年	10.74	2 330.8	0.46
1987 年	10.77	2 448.5	0.44
1988 年	12.18	2 706.6	0.45
1989 年	13.57	3 040.2	0.45
1990 年	15.19	3 452.2	0.44
八五时期	121.23	26 092.5	0.46
1991 年	17.28	3 813.6	0.45
1992 年	19.46	4 389.7	0.44
1993 年	22.37	5 287.4	0.42
1994 年	28.83	5 792.6	0.50
1995 年	33.39	6 809.2	0.49
九五时期	254.51	56 897.94	0.45
1996 年	38.77	7 914.4	0.49
1997 年	46.19	9 197.1	0.50
1998 年	50.78	10 771.0	0.47
1999 年	55.61	13 136.0	0.42
2000 年	63.16	15 879.44	0.40
十五时期	496.13	126 692.91	0.38
2001 年	70.99	18 844.00	0.40
2002 年	83.66	22 012.00	0.38
2003 年	94.03	26 768.00	0.35
2004 年	113.63	28 360.79	0.40
2005 年	133.82	33 708.12	0.39
2006 年	158.03	40 213.20	0.39
2007 年	198.96	49 565.4	0.40

说明:资料来源:国家财政总支出、文教科学卫生事业费均系国家财政决算数。文化事业费:1953—1980 年系国家财政决算数(“一五”至“四五”时期含文物、出版经费,“五五”时期不含文物、出版经费);1981 年以后系文化事业统计年报数(不含文物、出版及科学研究费)。

全国文化事业费总支出分项情况

单位:万元

年　份	总　计	艺术表演团　体	艺术表演场　所	公　共图书馆	群　众文化事业	干部训练	其　他
六五时期	459 316	213 563	30 046	47 760	74 866	940	75 720
1981 年	69 232	38 897	…	6 145	12 140	…	9 253
1982 年	79 318	39 693	6 169	252	11 957	…	11 420
1983 年	89 282	42 861	6 653	9 121	13 631	261	13 641
1984 年	103 885	44 820	7 705	1 184	16 798	335	18 838
1985 年	117 599	47 292	9 519	13 393	20 340	344	22 568
七五时期	980 847	294 857	138 074	116 300	168 619	5 122	228 353
1986 年	151 892	53 238	16 912	17 242	27 118	1 160	31 582
1987 年	163 618	54 334	21 887	19 030	28 222	958	34 350
1988 年	193 954	57 834	27 420	23 021	32 385	872	46 454
1989 年	226 748	61 937	33 601	26 737	3 818	1 000	58 335
1990 年	244 635	67 514	38 254	30 270	42 470	1 132	57 632
八五时期	2 090 837	559 130	302 037	261 106	334 861	8 148	547 478
1991 年	287 937	76 065	45 634	34 388	48 674	1 228	73 338
1992 年	328 295	87 797	49 738	41 132	55 330	1 217	82 598
1993 年	398 478	100 106	58 860	48 211	63 172	1 489	112 922
1994 年	502 210	134 508	68 389	63 295	78 794	1 985	134 126
1995 年	574 193	160 654	79 416	74 080	88 891	2 229	144 769
九五时期	4 522 682	1 121 883	447 005	622 921	835 808	10 103	1 262 994
1996 年	741 671	183 534	88 947	88 963	137 775	1 573	208 402
1997 年	848 548	202 789	93 125	113 927	158 861	2 186	238 100
1998 年	899 877	223 877	92 580	127 032	173 207	2 084	237 277
1999 年	973 733	242 797	85 653	135 826	177 528	1 486	278 754
2000 年	1 058 853	268 886	86 700	157 173	188 437	2 774	300 461
十五时期	7 103 503	2 025 076	471 018	1 215 721	1 381 016	7 969	2 003 334
2001 年	1 097 176	312 601	89 815	180 489	210 860	1 933	301 479
2002 年	1 277 797	363 312	89 374	208 929	235 593	1 659	378 930
2003 年	1 384 184	397 890	104 384	235 819	265 751	2 479	378 491
2004 年	1 573 087	459 369	102 174	275 034	310 850	724	425 350
2005 年	1 767 102	492 653	91 655	312 571	358 641	1 077	510 506
2006 年	1 580 280	390 771	21 703	319 479	322 773	737	524 878
2007 年	1 989 621	497 445	31 616	395 441	432 311	——	632 808

全国文化事业费总支出构成情况

单位:%

年份	总计	艺术表演团体	艺术表演场所	公共图书馆	群众文化事业	干部训练	其他
六五时期	100	46.5	6.5	10.4	16.3	0.2	16.5
1981年	100	56.2	…	8.9	17.5	…	13.4
1982年	100	50.0	7.8	9.1	15.1	…	14.4
1983年	100	48.0	7.5	10.2	15.3	0.3	15.3
1984年	100	43.1	7.4	11.4	16.2	0.3	18.1
1985年	100	40.2	8.1	11.4	17.3	0.3	19.2
七五时期	100	30.1	14.1	11.9	17.2	0.5	23.3
1986年	100	35.0	11.1	11.4	17.9	0.8	20.8
1987年	100	33.2	13.4	11.6	17.2	0.6	21.0
1988年	100	29.8	14.1	11.9	16.7	0.4	24.0
1989年	100	27.3	14.8	11.8	16.9	0.4	25.7
1990年	100	27.6	15.6	12.4	17.4	0.5	23.6
八五时期	100	26.7	14.4	12.5	16.0	0.4	26.2
1991年	100	26.4	15.8	11.9	16.9	0.4	25.5
1992年	100	26.7	15.1	12.5	16.9	0.3	25.2
1993年	100	25.1	14.8	12.1	15.9	0.4	28.3
1994年	100	26.8	13.6	12.6	15.7	0.4	26.7
1995年	100	28.0	13.8	12.9	15.5	0.4	25.2
九五时期	100	24.8	9.9	13.8	18.5	0.2	27.9
1996年	100	24.7	12.0	12.0	18.6	0.2	28.3
1997年	100	23.9	11.0	13.4	18.7	0.3	28.0
1998年	100	24.9	10.3	14.1	19.2	0.2	26.4
1999年	100	24.9	8.8	13.6	18.2	0.2	29.0
2000年	100	25.3	8.2	14.8	17.8	0.3	28.4
十五时期	100	28.5	6.6	17.1	19.4	0.1	28.3
2001年	100	28.3	8.1	17.0	19.1	0.2	27.3
2002年	100	28.4	7.0	16.4	18.4	0.1	29.7
2003年	100	28.7	7.5	17.0	19.2	0.2	27.4
2004年	100	29.2	6.5	17.5	19.8	0.05	27.0
2005年	100	27.8	5.1	17.6	20.2	0.06	29.3
2006年	100	25.0	1.4	20.4	20.6	0.05	32.6
2007年	100	25.0	1.6	19.9	21.9	…	31.8

全国文化产业增加值情况

单位:亿元

年　份	总计	其　中			
		艺术业	图书馆业	群众文化业	文化娱乐业
九五期间	1 020.97	82.03	30.00	46.61	499.64
1996	211.84	15.05	4.22	7.43	138.28
1997	207.14	15.65	4.91	8.87	127.31
1998	207.62	16.00	6.47	9.21	121.25
1999	191.29	16.91	6.54	10.24	101.99
2000	205.95	18.42	7.59	10.86	100.33
十五期间	1483.69	170.06	68.56	89.3	735.48
2001	210.68	20.95	9.57	12.19	99.95
2002	250.00	23.75	10.80	13.83	123.78
2003	307.20	31.93	11.91	15.44	163.12
2004	326.10	46.15	17.02	22.46	149.40
2005	389.71	47.28	19.26	25.38	199.23
2006	446.84	54.29	21.86	27.94	237.51
2007	791.08	72.80	25.86	35.43	——

全国文化产业增加值主要行业构成情况

单位:%

年　份	总计	其　中			
		艺术业	图书馆业	群众文化业	文化娱乐业
九五期间	100.00	8.03	2.94	4.57	48.94
1996	100.00	7.10	1.99	3.51	65.28
1997	100.00	7.56	2.37	4.28	61.46
1998	100.00	7.71	3.12	4.44	58.40
1999	100.00	8.84	3.42	5.35	53.32
2000	100.0	9.07	4.28	5.35	51.38
十五期间	100.00	11.46	4.62	6.01	49.57
2001	100.00	9.94	4.54	5.79	47.44
2002	100.00	9.50	4.32	5.53	49.51
2003	100.00	10.39	3.88	5.03	53.10
2004	100.00	14.15	5.22	6.89	45.81
2005	100.00	12.13	4.94	6.51	51.12
2006	100.00	12.15	4.89	6.25	53.15
2007	100.00	9.20	3.27	4.48	——

全国文化事业基本建设投资占全国基本建设投资的比重

单位:亿元、%

年　份	文化事业基建投资	国家基建投资	文化事业基建投资占国家基建投资比重
一五时期	2.58	531.19	0.49
二五时期	1.97	944.38	0.21
三年调整	0.40	371.74	0.11
三五时期	2.38	871.28	0.27
四五时期	2.67	1 454.72	0.18
五五时期	3.77	1 696.40	0.22
六五时期	25.68	3 410.09	0.75
1981 年	6.45	1074.37	0.60
七五时期	28.83	7 286.00	0.40
1986 年	6.32	1 176.11	0.54
1990 年	5.14	1 703.81	0.30
八五时期	53.13	23 545.69	0.23
1991 年	5.78	2 115.80	0.27
1992 年	7.85	3 012.65	0.26
1995 年	16.10	7 365.00	0.22
九五时期	98.79	56 547.00	0.17
1996 年	14.43	8 399.00	0.17
1998 年	17.01	11 904.00	0.14
2000 年	22.95	13 125.00	0.17
十五时期	136.88	150 602.00	0.09
2001 年	19.84	14 567.00	0.14
2002 年	24.00	17 251.00	0.14
2003 年	25.54	22 729.00	0.11
2004 年	37.12	42 482.00	0.09
2005 年	29.89	53 572.90	0.06
2006 年	37.17	66 672.40	0.06
2007 年	40.08	83 543.50	0.05

说明:1. 资料来源:①国家基建投资均摘自国家统计局统计年鉴。其中 1953—1980 年系国家预算内投资;1981 年以后系国家基本建设投资(包括国家预算内投资、自筹投资和银行贷款等)。②文化事业基建投资:1953—1980 年系国家预算内投资;1981—1984 年以后系国家基本建设投资(包括国家预算内投资、自筹投资和银行贷款等)。1985—1989 年系文化事业统计年报中文化事业基建实际完成投资额(包括国家预算内投资、自筹投资和银行贷款等)。

2. 文化事业基建投资:1953—1984 年包括文化系统内所属文化、出版、文物的基建投资;1985 年以后仅为文化部系统的基建投资,不含文物、出版的基建投资。

全国文化事业基本建设情况

单位:万元、个、万平方米

年份	本年计划投资		实际完成投资额	交付使用	
		国家投资		项目	面积
1982 年	46 244	…	37 090	1 187	…
1983 年	53 170	18 063	42 381	1 292	…
1984 年	58 589	22 517	48 479	1 024	…
1985 年	73 267	32 150	64 460	986	…
七五时期	320 139	152 369	288 287	2 419	520.6
1986 年	69 939	32 864	63 197	74	117.6
1987 年	69 692	34 951	61 383	622	121.0
1988 年	69 918	31 594	64 186	581	97.0
1989 年	51 964	24 680	48 124	542	97.9
1990 年	58 626	28 280	51 397	476	87.1
八五时期	627 173	180 715	531 208	1 540	299.3
1991 年	67 112	23 214	57 781	325	62.8
1992 年	89 707	28 348	78 488	358	65.6
1993 年	110 843	28 170	91 766	314	56.3
1994 年	154 649	48 912	142 171	268	48.1
1995 年	204 862	52 071	161 002	275	66.5
九五时期	1 255 378	497 573	988 048	1 174	413.2
1996 年	187 692	58 225	144 433	287	94.1
1997 年	223 963	98 845	204 774	285	74.1
1998 年	230 649	119 561	170 079	176	73.0
1999 年	280 005	112 130	239 269	217	78.4
2000 年	333 069	108 812	229 493	209	93.6
十五时期	1 678 383	918 246	1 363 909	1 087	338.8
2001 年	251 075	171 729	198 397	160	77.2
2002 年	346 381	159 999	240 023	150	73.9
2003 年	335 434	180 416	255 359	217	115.0
2004 年	395 208	207 739	371 204	286	44.4
2005 年	393 383	198 037	327 683	284	28.8
2006 年	451 099	317 046	371 736	253	139.0
2007 年	578 655	355 023	400 798	783	137.3

全国文化部门艺术表演团体演出及收支情况

年份	机构数(个)	演出场次(万场次)		观众人次(万人次)	平均每团演出场次(场)	总收入(万元)			总支出(万元)		经费自给率(%)
			农村演出				财政拨款	演出收入		排练制作费	
1949年	1 000	30	…	…	300	…	…	…	…	…	…
1952年	2 084	66	…	2 312	317	…	…	…	…	…	…
1957年	2 884	137	…	79 245	474	…	…	…	…	…	…
1958年	3 181	205	…	120 290	644	…	…	…	…	…	…
1964年	3 302	171	82	84 293	518	19 030	5 290	…	19 817	…	68.0
1978年	3143	65	22	79 395	206	32 086	19 644	11 079	30 049	7 393	41.4
1980年	2 183	54	20	61 519	245	34 687	22 503	10 685	29 524	5 953	41.3
1985年	3 295	74	49	72 322	226	48 568	30 942	13 091	47 292	6 007	37.3
1986年	3 173	63	40	60 012	198	53 638	35 562	13 278	53 238	3 815	34.0
1990年	2 788	49	32	51 012	176	71 535	43 759	18 041	67 514	3 952	41.1
1991年	2 760	45	29	46 411	162	71 756	42 638	17 798	76 065	4 566	38.3
1992年	2 744	43	28	46 338	155	80 959	46 617	19 559	87 797	4 843	39.1
1993年	2 698	41	26	42 530	151	92 770	51 093	21 756	100 106	4 762	41.6
1994年	2 691	40	26	40 935	149	127 628	75 583	27 276	134 508	6 608	38.7
1995年	2 676	41	26	43 166	154	151 388	86 620	34 382	160 654	9 302	40.3
1996年	2 656	42	27	47 934	158	184 240	109 781	39 870	183 534	8 090	40.1
1997年	2 651	42	26	46 361	157	206 794	125 300	40 716	202 789	10 161	37.9
1998年	2 640	42	26	53 486	161	218 546	139 913	41 730	223 877	11 215	34.5
1999年	2 622	42	26	46 904	161	242 645	155 609	48 967	242 797	16 423	33.2
2000年	2 619	41	26	46 168	157	263 664	172 864	51 650	268 886	14 926	31.5
2001年	2 590	42	24	47 385	163	311 852	210 018	57 448	312 601	18 783	30.3
2002年	2 577	42	24	45 980	161	365 331	246 661	64 884	363 312	18 896	29.1
2003年	2 601	39	22	39 163	147	400 867	269 640	71 781	397 890	22 036	29.5
2004年	2 694	45	26	39 833	165	464 215	313 068	91 157	462 777	21 635	36.1
2005年	2 502	40	23	36 295	159	507 628	346 987	99 023	496 305	24 776	30.8
2006年	2 508	42	24	41 579	167	590 880	399 771	113 720	583 881	32 080	37.9
2007年	2 455	42	25	45 404	170	691 050	487 842	120 396	670 009	——	30.3

全国文化部门剧场、影剧院演出及收支情况

年份	机构数(个)	演出场次(万场次)			观众人次(万人次)	总收入(万元)				总支出(万元)
			艺术场次	电影场次			财政补助收入	艺术演出收入	电影放映收入	
1985年	1 377	99	12	87	…	11 630	1 506	1 776	5 206	9 519
1990年	1 995	302	9	209	89 157	43 491	2 865	3 375	16 560	37 402
1995年	1 918	205	5	114	24 252	79 507	2 793	6 481	22 492	77 134
1996年	1 892	256	5	97	59 057	86 147	5 034	7 611	21 958	87 204
1997年	1 898	231	5	91	16 572	88 540	6 559	8 387	18 513	89 732
1998年	1 882	206	5	75	15 368	84 956	6 800	8 869	17 735	88 735
1999年	1 864	168	6	61	11 581	75 675	7 588	10 187	11 160	80 731
2000年	1 863	136	6	53	12 982	81 081	8 643	10 735	11 438	82 040
2001年	1 840	115	7	58	19 422	83 431	13 112	11 601	11 632	89 815
2002年	1 819	74	7	55	11 421	83 643	12 033	13 186	11 366	89 374
2003年	1 900	56	7	43	8 087	103 274	15 703	21 425	9 398	104 384
2004年	1 674	59	8	45	12 689	106 121	16 483	27 180	11 855	112 171
2005年	1 759	58	7	45	8 430	113760	19145	35668	16119	103125
2006年	1 724	56	8	46	6 529	117 975	19 603	37 511	9 206	117 871
2007年	1 330	38.6	6	32	5 906.3	115 036	24 067	38 413.5	14 090.2	117 321

全国公共图书馆业务活动情况

年份	机构数(个)	总藏量(万册、件)		总流通人次(万人次)		图书流通册次(万册次)	书架单层总长度(万米)	发放借书证数(万个)
			书刊		外借人次			
1979年	1 651	18 353	18 353	7 787	…	9 625	…	…
1980年	1 732	19 904	19 904	9 045	…	11 830	…	…
1985年	2 344	25 573	25 573	11 614	…	18 942	…	…
1986年	2 406	26 133	26 133	11 722	…	16 205	504	523
1990年	2 527	29 064	29 064	12 435	…	20 242	772	603
1995年	2 608	32 850	32 171	18 298	7 160	11 814	899	540
1996年	2 620	33 686	32 913	14 793	7 731	13 544	967	527
1997年	2 628	37 549	33 514	16 114	8 561	15 685	817	556
1998年	2 662	38 514	34 443	17 058	8 910	15 422	873	582
1999年	2 669	39 539	35 418	18 040	9 075	16 290	934	596
2000年	2 677	40 953	36 550	18 854	9 600	16 913	978	623
2001年	2 696	41 804	37 259	20 876	9 829	17 559	942	792
2002年	2 697	42 683	37 928	21 950	10 428	20 021	995	918
2003年	2 709	43 776	38 992	21 440	10 666	18 775	1 035	943
2004年	2 720	46 152	40 891	22 100	10 114	18 537	1 247	1 057
2005年	2 762	48 055	42 480	23 331	10 821	20 269	1 320	1 062
2006年	2 778	50 024	44 261	25 217	11 408	21 039	1 413	1 160
2007年	2 799	52 053	45 987	26 103	11 454	21 319	1 318	1 273

全国公共图书馆经费收支及设施情况

年份	收入合计(万元)	财政补助收入	支出合计(万元)	购书费	新购图书(万册)	公用房屋建筑面积(万平方米)	书库	阅览室	座席数(万个)
1979年	5 040	5 040	5 206	2 163	…	86.6	38.1	21.1	…
1980年	5 476	5 476	5 486	2 273	…	92.0	42.1	23.5	…
1985年	15 272	15 272	13 393	4 164	1 343	172.0	64.1	46.1	23.1
1990年	32 328	29 292	30 271	8 474	895	326.0	98.4	76.1	32.1
1995年	79 685	65 829	74 080	16 788	551	415.5	117.8	88.3	35.2
1996年	93 235	76 582	88 963	19 626	577	441.4	120.8	94.0	35.6
1997年	114 004	93 177	113 927	25 527	680	471.5	124.9	98.0	37.4
1998年	129 082	107 521	127 032	28 067	700	492.5	131.7	101.8	39.9
1999年	137 430	115 830	135 826	30 473	678	506.0	137.4	105.7	41.6
2000年	163 799	139 321	157 123	37 141	692	598.2	139.0	109.7	41.6
2001年	183 368	152 732	180 489	36 489	819	561.8	146.4	114.4	43.7
2002年	213 322	176 882	208 929	41 853	946	582.8	151.6	122.6	43.9
2003年	242 188	205 252	235 819	44 407	1 049	588.6	156	129.7	46.1
2004年	281 234	238 141	275 034	50 778	1 228	625.1	158.4	138.6	47.2
2005年	325 880	277 848	312 571	59 781	1 535	677	170	150	48
2006年	366 089.2	319 479.1	344 075.9	66 094.8	1 686	718.9	175.5	159	50
2007年	450 512	395 440.7	431 326	78 261.8	1 871	741.4	181.6	169.2	52.7

全国群众文化事业业务活动、经费收支及设施情况

年份	机构数(个)	举办展览个数(个)	组织文艺活动次数(次)	举办训练班次(次)	藏书(万册)	收入合计(万元)	财政拨款	支出合计(万元)	公用房屋建筑面积(万平方米)
1979年	3 965	13 001	114 307	…	4 241	10 114	10 114	10 114	…
1980年	7 723	23 553	202 828	20 359	…	11 270	11 270	11 376	…
1985年	8 746	30 998	118 888	31 842	3 294	20 835	20 835	17 686	308.5
1990年	9 087	34 292	99 068	37 017	1 915	49 763	36 985	37 475	457.8
1995年	13 487	31 070	110 509	46 023	2 585	89 411	56 826	83 628	614.1
1996年	45 253	76 397	247 357	130 592	8 675	139 090	74 434	137 775	1 110.0
1997年	43 738	87 795	278 782	119 873	7 126	160 117	92 275	158 861	1 176.0
1998年	45 834	86 960	267 351	125 872	7 948	178 165	96 416	173 207	1 195.3
1999年	45 837	94 270	280 373	138 195	8 251	111 089	108 656	177 528	1 195.2
2000年	45 321	91 670	276 574	143 370	8 562	186 896	118 430	118 437	1 229.9
2001年	43 390	89 462	284 497	156 145	8 999	210 435	140 978	211 113	1 215.7
2002年	42 516	92 917	301 792	137 350	9 145	241 050	165 163	235 593	1 203.6
2003年	41 816	93 514	327 306	154 502	9 316	271 704	190 424	265 751	1 431.3
2004年	41 402	120 702	424 479	168 301	10 104	313 104	227 641	310 850	1 408.4
2005年	41 588	111 300	391 439	190 194	10 630	365 887	279 033	358 641	1 507.0
2006年	40 088	141 150	497 779	218 696	11 010.6	428 962.3	322 773	412 430.4	1 622.8
2007年	40 601	90 900	546 477	242 055	11 706.6	548 301	432 311	575 722	1 667.4

注:1996—1998年群众文化事业机构包括其他部门文化站。

按年份各地区文化事业财政拨款情况

单位：万元

地　区	1980年	1985年	1990年	1991年	1995年	2000年	2002年	2004年	2005年	2006年	2007年
总　计	**56 073**	**107 188**	**179 376**	**181 010**	**333 853**	**631 591**	**836 582**	**1136 559**	**1338 193**	**1580 281**	**1 989 621**
中　央	2 389	5 609	11 021	13 326	20 973	55 498	44 257	102 027	113 028	137 350	190 924
地　方	53 684	101 579	168 355	167 684	312 880	576 093	792 325	1034 532	1225 165	1442 931	1 798 697
北　京	1 146	2 333	4 592	3 827	8 427	24 008	35 359	51 113	64 587	63 817	126 965
天　津	851	1 586	2 813	3 073	5 098	9 796	12 189	22 614	31 592	29 588	41 934
河　北	2 286	3 740	6 243	5 659	11 393	18 984	24 675	31 742	39 626	44 252	45 694
山　西	1 931	3 334	6 020	5 278	9 215	12 347	18 405	26 337	29 832	35 530	55 567
内蒙古	1 816	3 670	5 861	5 751	8 624	14 515	20 478	26 576	30 543	34 403	53 494
辽　宁	3 022	5 748	9 417	11 433	17 525	26 790	29 710	39 758	47 578	52 538	62 905
吉　林	2 199	3 899	5 911	5 712	10 613	15 711	20 553	24 276	26 566	34 257	41 470
黑龙江	2 264	4 008	6 358	6 080	10 722	16 598	22 422	28 851	33 742	36 244	50 055
上　海	1 568	3 717	6 426	6 642	15 431	42 608	52 761	62 051	79 201	88 135	111 593
江　苏	2 329	4 319	7 657	8 286	18 234	38 527	51 973	65 916	77 658	104 433	111 808
浙　江	1 834	4 282	6 774	6 903	14 764	35 334	55 909	86 007	110 397	127 865	149 211
安　徽	1 891	3 318	5 136	5 017	8 836	15 849	20 968	28 782	30 541	35 720	45 252
福　建	1 472	2 627	5 073	5 620	11 023	22 174	28 684	33 061	42 949	49 003	54 705
江　西	1 832	3 174	4 112	4 259	7 404	10 696	22 826	18 341	23 398	27 643	34 799
山　东	2 709	4 704	9 016	9 789	16 315	30 944	41 449	55 023	61 687	76 920	92 704
河　南	2 455	4 528	6 883	6 550	12 447	20 948	26 046	31 979	37 708	40 066	55 121
湖　北	2 541	4 801	6 349	6 116	11 268	19 367	27 191	33 611	43 585	53 757	61 138
湖　南	2 467	4 658	5 989	6 171	10 525	16 564	20 749	28 967	34 771	40 083	45 699
广　东	2 437	5 112	11 547	9 500	27 486	58 321	85 778	116 704	128 095	152 160	175 177
广　西	1 525	2 677	4 701	4 438	8 617	14 608	21 983	26 068	28 089	34 199	35 704
海　南	…	…	1 241	1 496	2 965	3 468	4 415	5 966	6 007	8 460	9 869
重　庆	…	…	…	…	…	9 151	12 442	15 099	17 505	23 168	32 691
四　川	3 501	6 135	10 037	10 157	16 905	20 500	29 775	40 256	44 523	51 651	72 605
贵　州	898	2 016	3 364	3 060	4 785	9 131	11 010	15 808	18 731	23 419	29 614
云　南	1 682	3 534	7 247	9 581	14 563	23 945	29 373	40 118	42 036	59 584	56 521
西　藏	797	1 416	1 733	1 153	2 124	4 264	7 078	7 572	8 003	7 959	9 797
陕　西	1 990	3 269	5 758	5 360	8 583	13 976	16 027	18 682	23 462	29 038	38 865
甘　肃	1 283	2 502	4 101	3 627	6 935	9 130	13 253	17 757	20 882	25 893	30 844
青　海	749	1 425	1 730	1 513	2 574	3 696	5 201	6 472	7 349	10 745	13 709
宁　夏	784	1 783	1 888	1 781	2 108	3 625	6 356	7 031	9 646	10 311	13 728
新　疆	1 425	3 263	4 378	3 852	7 371	10 518	16 981	21 993	24 877	32 093	39 463

按年份各地区文化事业费占财政支出比重情况

单位：%

地区	1995年		2002年		2003年		2004年		2005年		2006年		2007年	
	比重	位次	比重	位次	比重	位次	比重	位次	比重	位次	比重	位次	比重	位次
北京	0.55	21	0.56	7	0.57	6	0.57	6	0.61	4	0.49	10	0.77	2
天津	0.55	21	0.46	20	0.45	19	0.60	5	0.71	3	0.54	5	0.62	3
河北	0.6	18	0.43	23	0.43	20	0.39	27	0.4	24	0.37	27	0.30	30
山西	0.82	7	0.55	10	0.51	14	0.50	13	0.44	14	0.39	22	0.53	7
内蒙古	0.84	5	0.52	13	0.51	15	0.47	19	0.44	15	0.42	17	0.49	11
辽宁	0.64	15	0.43	23	0.41	25	0.43	24	0.39	25	0.37	29	0.36	27
吉林	0.88	3	0.57	6	0.54	9	0.48	16	0.42	18	0.48	14	0.47	14
黑龙江	0.61	17	0.42	25	0.46	18	0.41	25	0.42	19	0.37	28	0.42	18
上海	0.59	19	0.61	4	0.55	7	0.45	22	0.48	9	0.49	11	0.51	8
江苏	0.72	10	0.6	5	0.65	2	0.50	12	0.46	12	0.52	7	0.44	16
浙江	0.82	8	0.75	2	0.78	1	0.81	1	0.87	1	0.87	1	0.83	1
安徽	0.65	14	0.46	20	0.48	16	0.48	15	0.42	20	0.38	25	0.36	25
福建	0.64	15	0.72	3	0.63	3	0.64	2	0.72	2	0.67	2	0.60	4
江西	0.67	13	0.83	1	0.4	28	0.43	23	0.41	22	0.40	20	0.38	22
山东	0.59	19	0.48	16	0.43	21	0.46	20	0.42	21	0.42	18	0.41	20
河南	0.6	18	0.42	25	0.41	26	0.36	30	0.33	31	0.28	31	0.29	31
湖北	0.69	12	0.53	12	0.55	8	0.52	11	0.55	6	0.51	8	0.48	13
湖南	0.61	17	0.39	30	0.42	23	0.40	26	0.39	26	0.38	26	0.34	29
广东	0.52	22	0.56	7	0.61	4	0.63	3	0.55	7	0.60	4	0.55	6
广西	0.61	17	0.52	13	0.52	12	0.55	8	0.45	13	0.47	16	0.36	26
海南	0.7	11	0.48	16	0.36	30	0.47	17	0.39	27	0.48	13	0.40	21
重庆	…	…	0.41	28	0.38	29	0.37	29	0.35	29	0.39	21	0.43	17
四川	0.61	17	0.42	25	0.43	22	0.45	21	0.41	23	0.38	24	0.41	19
贵州	0.56	20	0.35	31	0.35	31	0.38	28	0.35	30	0.38	23	0.37	23
云南	0.62	16	0.56	7	0.53	11	0.60	4	0.54	8	0.67	3	0.50	9
西藏	0.61	17	0.51	15	0.41	27	0.57	7	0.43	16	0.40	19	0.36	28
陕西	0.84	6	0.4	29	0.42	24	0.35	31	0.36	28	0.35	30	0.37	24
甘肃	0.85	4	0.48	16	0.52	13	0.50	14	0.48	10	0.49	12	0.46	15
青海	0.89	2	0.44	22	0.48	17	0.47	18	0.43	17	0.50	9	0.49	12
宁夏	0.92	1	0.55	10	0.59	5	0.54	9	0.6	5	0.53	6	0.57	5
新疆	0.76	9	0.47	19	0.54	10	0.52	10	0.47	11	0.47	15	0.50	10

按年份各地区人均

地区	1996年		1980年		1985年		1990年		1995年	
	人均经费	位次	人均经费	位次	人均经费	位次	人均经费	位次	人均经费	位次
总　计	**0.56**	…	**0.89**	…	**1.33**	…	**2.75**	…	**3.24**	…
北　京	1.29	5	2.05	6	3.07	4	8.74	2	9.08	3
天　津	1.14	6	1.79	7	2.63	6	7.56	3	7.40	4
河　北	0.44	21	0.51	29	0.81	28	1.78	25	1.97	23
山　西	0.78	11	1.07	12	1.57	12	3.12	15	3.57	16
内蒙古	0.97	9	1.78	9	2.19	8	4.13	9	5.25	6
辽　宁	0.87	10	1.45	10	2.06	10	4.31	6	4.2	11
吉　林	0.99	8	1.68	9	2.14	9	4.21	8	4.26	10
黑龙江	0.71	12	1.07	11	1.56	13	2.95	16	3.17	17
上　海	1.36	4	2.67	4	4.55	1	13.10	1	22.0	1
江　苏	0.39	24	0.63	23	0.99	22	2.62	8	3.05	18
浙　江	0.48	9	0.91	15	1.42	16	3.26	13	3.74	15
安　徽	0.39	25	0.55	27	0.78	29	1.48	28	1.67	28
福　建	0.58	15	0.82	18	1.45	15	3.27	12	4.03	12
江　西	0.56	16	0.71	19	0.97	23	1.94	22	2.36	21
山　东	0.37	26	0.58	25	1.01	21	1.93	23	2.36	21
河　南	0.34	28	0.51	28	0.70	30	1.34	30	1.61	29
湖　北	0.54	17	0.91	16	1.05	20	2.04	21	2.25	22
湖　南	0.46	20	0.67	20	0.84	26	1.67	26	1.86	24
广　东	0.42	23	0.64	21	1.16	19	3.93	10	4.86	8
广　西	0.43	22	0.64	22	0.90	24	1.93	24	1.86	24
海　南	…	…	…	…	1.48	14	2.50	19	3.83	14
重　庆	…	…	…	…	…	…	…	…	…	…
四　川	0.36	27	0.56	26	0.85	25	1.56	27	1.73	26
贵　州	0.32	29	0.59	24	0.83	27	1.36	29	1.78	25
云　南	0.53	18	0.90	17	1.57	11	3.47	11	4.41	9
西　藏	4.31	1	6.43	1	4.40	2	3.22	14	12.4	2
陕　西	0.70	13	0.93	14	1.34	18	2.42	20	2.83	19
甘　肃	0.67	14	1.03	13	1.40	17	2.93	17	2.72	20
青　海	1.99	3	2.96	2	3.03	5	5.30	5	7.00	5
宁　夏	2.10	2	2.73	3	3.18	3	4.23	7	3.85	13
新　疆	1.11	7	2.06	5	3.32	7	5.39	4	4.92	7

文化事业费及位次

单位:元

2000年		2001年		2002年		2003年		2005年		2006年		2007年	
人均经费	位次	人均经费	位次	人均经费	位次	人均经费	位次	人均经费	位次	人均经费	位次	人均经费	位次
5.11	**…**	**5.70**	**…**	**6.51**	**…**	**7.27**	**…**	**10.23**	**…**	**11.91**	**…**	**15.06**	**…**
21.56	2	24.9	2	30.94	2	28.71	2	41.99	2	40.36	2	77.75	1
10.66	4	12	4	13.15	4	13.92	5	30.29	3	27.52	4	37.61	3
2.85	25	3.44	24	3.66	26	4.02	25	5.78	25	6.42	25	6.58	30
3.86	19	5.27	17	5.67	18	6.31	17	8.89	16	10.53	16	16.21	11
6.31	11	7.67	10	8.77	10	9.62	10	12.8	9	14.35	10	22.24	8
6.48	10	6.68	13	7.15	14	7.63	14	11.27	12	12.44	15	14.19	15
5.98	12	6.95	12	7.76	12	8.18	13	9.78	14	12.58	14	15.19	13
4.49	17	5.63	16	6.01	16	6.85	16	8.83	17	9.48	19	13.09	16
32.24	1	36.8	1	39.54	1	35.18	1	44.54	1	48.56	1	60.06	2
5.45	15	6.2	14	7.29	13	8.98	11	10.39	13	13.83	11	14.66	14
7.85	5	10.3	6	12.33	5	14.97	4	22.54	5	25.68	5	29.47	5
2.52	28	2.95	28	3.29	28	3.79	26	4.99	30	5.85	30	7.40	28
6.71	8	7.54	11	8.61	11	8.22	12	12.15	11	13.77	12	15.28	12
2.57	26	3.26	25	5.35	19	3.57	28	5.43	27	6.37	26	7.94	25
3.45	21	3.8	22	4.57	22	4.79	21	6.67	21	8.26	21	9.90	22
2.20	31	2.51	31	2.72	31	3.01	31	4.02	31	4.27	31	5.89	31
3.26	22	3.76	23	4.55	23	4.92	19	7.63	19	9.41	20	9.74	23
2.54	27	2.85	29	3.16	29	3.55	29	5.5	26	6.32	27	7.19	29
7.78	6	9.26	7	11.21	6	13.1	6	13.93	7	16.35	8	18.54	10
3.09	23	3.81	21	4.59	21	4.71	22	6.03	24	7.25	24	7.49	27
4.56	16	4.14	19	5.67	18	4.70	23	7.25	20	10.12	17	11.68	19
2.96	24	3.14	26	4.00	25	4.14	24	6.09	23	8.25	22	11.61	20
2.44	30	2.95	28	3.51	27	3.60	27	5.42	28	6.32	28	8.93	24
2.48	29	2.55	30	2.94	30	3.02	30	5.02	29	6.23	29	7.87	26
5.87	13	6.11	15	7.09	15	7.07	15	9.45	15	13.29	13	12.54	17
16.97	3	14.8	3	27.71	3	22.10	3	28.89	4	28.5	3	34.50	4
3.91	18	3.82	20	4.44	24	4.82	20	6.31	22	7.77	23	10.37	21
3.60	20	4.4	18	5.16	20	6.02	18	8.05	18	9.94	18	11.79	18
7.69	7	10.7	5	10.68	8	11.05	7	13.53	8	19.61	6	24.83	6
6.54	9	8.16	8	11.10	7	10.83	8	16.18	6	17.07	7	22.51	7
5.87	13	8.11	9	9.13	9	10.42	9	12.38	10	15.66	9	18.84	9

按年份各地区文化事业费总支出情况

单位:万元

地区	1985年	1990年	1995年	2000年	2001年	2002年	2005年	2006年	2007年
总计	**119 106**	**250 231**	**574 196**	**1 0 04 432**	**1 097 430**	**1 277 797**	**1 772 009**	**2 070 984**	**3 060 095**
中央	5 125	12 224	26 007	68 996	55 631	72 502	135 546	167 626	242 652
地方	113 981	238 007	548 189	935 436	1 041 798	1 205 295	1 636 464	1 903 358	2 817 443
北京	2 783	6 729	18 039	40 313	46 079	54 195	82 489	87 964	191 865
天津	1 873	3 946	10 008	16 565	18 359	21 707	32 169	38 045	68 794
河北	4 165	8 522	17 366	27 056	39 459	34 567	49 487	54 217	74 674
山西	4 672	12 784	14 724	18 774	23 009	24 738	38 999	46 006	79 626
内蒙古	3 676	5 703	10 720	19 200	20 834	30 047	33 865	36 885	66 326
辽宁	6 714	14 313	28 705	37 177	39 546	41 358	61 594	72 728	86 077
吉林	4 994	8 102	16 706	20 204	22 790	25 544	32 287	40 760	59 909
黑龙江	4 103	6 983	15 890	44 298	25 394	26 308	39 052	39 680	67 627
上海	4 599	14 586	49 623	97 643	116 380	131 395	150 962	165 486	233 000
江苏	5 174	15 445	43 011	68 696	73 123	84 988	105 799	124 187	176 594
浙江	4 980	11 546	34 097	61 855	73 876	81 895	148 040	167 726	227 771
安徽	3 286	6 540	13 798	22 848	26 121	27 130	39 223	46 498	71 718
福建	3 268	7 513	16 835	32 134	41 126	39 753	56 944	68 460	84 746
江西	2 995	5 039	10 094	14 766	19 313	39 760	30 389	36 417	55 209
山东	5 393	12 879	26 333	43 198	48 472	56 968	75 425	15 519	128 421
河南	5 984	11 257	22 947	32 718	35 945	39 929	51 961	58 450	112 864
湖北	5 535	9 908	25 424	35 023	38 233	44 404	65 558	92 279	108 935
湖南	4 971	8 643	19 554	28 972	31 809	35 620	48 718	55 111	75 685
广东	6 059	14 285	44 643	98 294	107 672	127 194	173 985	210 064	270 597
广西	2 884	6 613	13 253	20 179	23 479	30 520	36 191	42 267	58 592
海南	…	1 264	4 146	5 083	4 383	5 335	7 417	9 227	14 392
重庆	…	…	…	14 876	16 057	19 725	24 097	29 503	48 170
四川	7 483	13 773	29 144	34 608	38 742	44 230	62 714	66 096	116 723
贵州	2 090	3 655	6 537	11 778	11 890	13 943	21 754	26 337	42 192
云南	3 244	7 354	17 508	28 646	29 408	36 715	51 688	61 017	83 868
西藏	1 304	1 063	2 386	4 299	4 092	19 804	8 353	8 347	15 411
陕西	3 609	7 356	12 724	20 242	20 152	23 340	32 660	37 825	60 149
甘肃	2 497	4 095	9 023	11 681	14 442	15 990	24 719	29 502	43 081
青海	1 270	1 599	2 853	5 248	5 877	5 901	8 021	10 959	18 029
宁夏	1 261	2 168	2 971	4 962	5 783	7 774	10 823	12 582	18 863
新疆	3 115	4 344	9 127	14 099	19 954	20 667	31 081	39 613	57 535

按年份各地区文化事业实际完成基建投资情况

单位:万元

地区	1985年	1990年	1995年	2000年	2001年	2002年	2005年	2006年	2007年
总计	**64 460**	**53 983**	**161 004**	**229 493**	**198 397**	**240 023**	**371 069**	**431 164**	**400 798**
中央	10 940	12 241	17 876	46 779	21 986	21 340	29 075	24 423	41 564
地方	53 520	41 742	143 128	182 714	176 411	218 683	341 994	406 741	359 234
北京	1 799	1 248	2 646	6 679	7 670	…	…	8 901	13 578
天津	1 078	2 512	1 167	328	279	403	5 940	13 144	5 471
河北	1 691	933	1 904	6 235	5 355	9 254	10 703	8 371	6 850
山西	1 166	1 606	640	3 730	2 169	2 162	2 285	3 882	3 294
内蒙古	898	678	1 587	392	1 041	1 219	10 483	41 746	20 919
辽宁	2 601	1 872	2 807	11 835	12 732	5 192	13 897	19 810	3 437
吉林	597	984	1 207	1 643	1 756	585	10 506	11 435	1 333
黑龙江	868	495	1 008	2 270	3 704	4 862	2 943	2 300	3 126
上海	1 482	2 586	18 635	5 943	94	3 000	816	1 923	5 904
江苏	1 825	3 017	12 241	36 346	20 566	10 252	31 294	12 431	26 548
浙江	2 334	1 366	12 759	34 259	25 668	46 813	50 601	52 437	41 336
安徽	847	467	1 762	1 168	472	1 940	4 814	313	5 246
福建	2 032	1 479	4 598	3 339	5 074	2 953	20 996	39 280	20 206
江西	1 454	1 258	4 279	947	2 463	334	2 875	569	10 456
山东	2 354	2 292	7 173	3 086	5 739	5 132	24 448	25 258	6 877
河南	2 310	1 695	4 018	1 570	1 728	4 564	27 253	24 248	39 965
湖北	2 181	1 887	8 590	21 835	7 049	1 652	…	11 849	——
湖南	2 257	1 234	4 755	5 410	3 369	5 765	9 249	11 106	12 692
广东	8 213	5 483	18 800	18 881	48 983	72 222	60 097	57 029	85 572
广西	592	1 478	2 722	411	968	2 351	1 859	4 506	1 837
海南	…	481	1 967	110	962	314	14 412	8 936	656
重庆	…	…	…	254	1 380	1 616	7 305	5 795	3 734
四川	2 904	2 211	18 240	6 996	7 076	7 705	6 957	7 504	——
贵州	839	127	1 429	1 635	1 326	67	2 417	3 090	1 152
云南	2 026	1 674	3 678	3 220	8 055	3 829	5 807	7 315	17 099
西藏	2 468	85	125	…	…	…	2 716	200	7
陕西	2 150	1 427	1 059	183	364	881	607	8 137	840
甘肃	1 166	659	406	2 908	10	1 207	5 002	1 138	397
青海	486	113	838	120	…	500	771	1 622	410
宁夏	947	…	270	279	127	200	113	6 579	——
新疆	1 955	395	1 818	700	238	…	4 828	5 887	20 297

按年份各地区艺术表演团体机构数

单位:个

地　　区	1958年	1965年	1978年	1980年	1985年	1990年	1995年	2000年	2003年	2005年	2006年	2007年
总　　计	**3 181**	**3 458**	**3 150**	**3 533**	**3 317**	**2 805**	**2 682**	**2 619**	**2 601**	**2 805**	**2 866**	**4 512**
中　　央	…	34	19	18	19	20	18	11	10	17	16	16
地　　方	3 181	3 424	3 131	3 515	3 298	2 785	2 664	2 608	2 591	2 788	2 850	4 496
北　　京	36	29	11	24	23	23	22	20	20	20	18	93
天　　津	26	29	21	19	25	23	19	16	15	16	16	31
河　　北	289	264	205	206	181	143	138	138	133	126	135	170
山　　西	172	136	147	162	175	169	162	159	158	156	158	159
内 蒙 古	49	86	70	176	148	124	118	116	113	109	108	124
辽　　宁	81	119	116	132	120	97	89	77	74	66	66	83
吉　　林	72	106	103	107	99	74	68	65	65	61	60	59
黑 龙 江	62	129	112	120	122	94	92	89	86	84	84	87
上　　海	65	73	16	48	44	36	31	29	65	85	97	103
江　　苏	224	233	143	157	147	137	136	133	127	129	127	127
浙　　江	139	146	127	170	126	90	83	79	77	273	245	418
安　　徽	153	140	129	137	126	99	92	92	93	92	89	597
福　　建	126	115	101	107	104	91	91	96	94	91	92	110
江　　西	103	126	118	118	105	86	81	79	78	79	78	93
山　　东	175	176	155	156	158	119	118	118	120	117	118	119
河　　南	281	390	250	280	264	231	216	205	199	199	199	454
湖　　北	148	151	117	127	118	108	105	100	98	99	114	107
湖　　南	118	134	141	138	115	91	89	90	86	91	93	96
广　　东	197	171	172	195	171	130	134	138	144	139	138	407
广　　西	39	54	118	121	117	115	117	118	117	118	118	135
海　　南	…	…	…	…	…	22	23	21	28	22	73	135
重　　庆	…	…	…	…	…	…	…	38	32	29	36	84
四　　川	197	246	254	244	207	155	140	98	89	84	81	206
贵　　州	70	41	31	32	33	33	30	28	26	26	24	24
云　　南	85	72	149	154	156	137	134	129	121	135	126	131
西　　藏	…	5	9	10	29	25	25	26	27	27	26	32
陕　　西	104	105	132	137	139	119	117	118	116	113	112	118
甘　　肃	69	36	82	98	97	85	78	76	74	76	75	77
青　　海	19	12	21	23	18	14	14	14	14	12	12	21
宁　　夏	17	15	17	23	25	20	15	15	14	23	14	41
新　　疆	65	85	64	94	106	95	87	88	88	91	118	120

按年份各地区艺术表演团体演出场次

单位：千场

地区	1964年	1978年	1980年	1985年	1990年	1995年	2000年	2005年	2006年	2007年
总计	**1 709**	**647**	**1 112**	**744**	**491**	**412**	**410**	**470**	**493**	**927**
中央	3	2	4	3	2	1	1	3	3	3
地方	1 706	646	1 108	741	490	411	409	467	490	924
北京	22	3	10	7	4	4	6	8	8	13
天津	…	3	8	7	4	3	2	2	2	3
河北	125	45	64	49	36	29	27	32	28	32
山西	52	37	51	57	48	44	34	26	29	29
内蒙古	49	9	24	18	17	13	14	14	15	16
辽宁	97	22	37	25	16	10	9	9	8	6
吉林	59	14	26	23	15	11	7	5	6	7
黑龙江	32	17	30	22	14	14	12	11	10	10
上海	76	6	49	33	21	10	13	15	17	20
江苏	261	54	141	93	47	38	40	39	40	38
浙江	112	28	82	38	18	11	13	66	62	127
安徽	65	21	42	29	10	7	13	11	13	202
福建	43	16	32	26	15	15	14	12	14	21
江西	40	23	30	16	10	7	9	10	10	17
山东	69	43	58	37	19	17	21	20	19	21
河南	158	67	101	74	57	50	37	39	39	140
湖北	84	26	39	19	13	13	15	16	23	22
湖南	61	35	45	22	13	12	15	22	22	22
广东	57	32	45	30	24	17	18	16	16	36
广西	12	15	17	10	14	11	13	12	12	14
海南	…	…	…	…	2	2	2	2	10	11
重庆	…	…	…	…	…	…	2	3	3	7
四川	130	72	92	34	12	9	10	9	10	29
贵州	20	4	4	3	3	2	2	3	2	4
云南	19	7	16	9	9	15	10	13	14	15
西藏	——	——	1	1	1	2	2	2	2	2
陕西	33	22	33	29	25	23	22	20	22	22
甘肃	13	20	19	14	13	13	14	15	15	15
青梅	1	2	2	2	2	2	2	2	1	3
宁夏	3	2	3	5	4	2	2	2	2	3
新疆	12	4	8	10	7	7	9	11	16	17

按年份各地区文化部门艺术表演团体财政拨款情况

单位：万元

地区	1964年	1978年	1980年	1985年	1990年	1995年	2000年	2003年	2005年	2006年	2007年
总计	**5 290**	**19 644**	**22 503**	**30 942**	**43 759**	**86 619**	**172 864**	**269 640**	**359 005**	**387 812**	**487 842**
中央	342	743	658	954	974	2 960	6 265	13 337	25 205	17 473	33 809
地方	…	18 902	21 847	29 988	42 785	83 659	166 599	256 303	333 800	370 339	454 033
北京	118	465	664	847	1 384	2 137	7 119	14 475	22 482	18 803	19 187
天津	…	242	335	502	646	1 625	2 973	4 618	12 827	10 620	15 447
河北	176	1 069	1 002	985	1 107	2 416	4 704	6 637	9 851	9 633	11 951
山西	124	680	648	813	1 419	2 341	4 891	7 873	10 916	12 291	15 039
内蒙古	157	447	764	1 227	1 698	2 913	5 277	8 887	11 796	14 502	17 070
辽宁	261	1 219	1 203	1 785	2 166	4 138	6 683	9 606	10 880	12 096	16 809
吉林	269	649	815	1 151	1 637	2 938	5 073	7 586	9 246	12 439	13 869
黑龙江	277	936	1 043	1 583	2 310	4 553	7 524	12 581	14 876	17 168	22 315
上海	215	421	606	945	1 298	4 207	7 011	12 296	12 746	12 827	15 100
江苏	222	737	816	1 105	1 931	4 050	9 911	13 002	15 181	14 985	18 686
浙江	125	551	624	889	1 210	2 501	7 431	13 185	19 810	20 430	25 591
安徽	234	805	784	932	1 335	2 554	5 161	7 610	10 163	12 106	15 095
福建	133	465	632	756	1 313	2 258	7 607	9 870	11 839	14 687	17 783
江西	155	679	816	874	1 076	1 736	3 529	4 855	6 909	7 128	10 256
山东	179	967	1 036	1 607	2 197	3 817	7 952	12 140	17 800	20 539	26 931
河南	129	1 036	745	1 134	1 542	2 803	5 435	6 677	10 575	10 623	14 467
湖北	229	906	1 066	1 462	1 962	3 459	6 610	10 242	13 635	18 386	20 876
湖南	143	579	754	962	1 187	2 040	3 842	5 482	7 402	8 483	9 731
广东	145	905	1 076	1 393	1 998	6 533	12 701	20 852	19 809	24 424	28 105
广西	141	552	590	754	1 265	2 237	4 913	8 119	9 022	11 031	11 982
海南	…	…	…	…	290	962	1 390	2 000	2 200	2 174	3 184
重庆	…	…	…	…	…	…	2 355	4 107	4 178	5 012	5 327
四川	287	1 272	1 702	2 163	3 009	5 065	6 610	9 909	11 642	12 789	17 000
贵州	153	287	318	610	842	1 475	2 546	4 010	5 716	6 877	8 512
云南	194	633	645	1 074	1 547	3 783	7 270	9 792	13 017	15 280	16 618
西藏	80	161	231	398	625	1 130	2 341	3 538	4 725	4 730	6 669
陕西	173	899	1 037	1 213	2 078	2 995	6 125	5 917	8 477	9 947	12 862
甘肃	187	468	648	857	1 211	1 958	3 514	6 044	8 779	9 912	12 752
青海	81	253	276	486	503	1 068	1 500	2 771	3 115	3 866	4 893
宁夏	97	217	285	391	476	646	1 279	2 124	3 015	3 579	4 558
新疆	348	404	686	1 092	1 523	3 321	5 325	9 500	11 172	12 973	15 370

按年份各地区文化部门艺术表演团体演出收入情况

单位：万元

地区	1978年	1980年	1985年	1990年	1995年	2000年	2002年	2003年	2005年	2006年	2007年
总计	**11 079**	**17 767**	**13 092**	**18 041**	**34 385**	**51 650**	**64 884**	**71 781**	**114 381**	**103 431**	**120 396**
中央	56	221	204	403	1 394	2 630	4 028	6 479	12 048	10 786	14 282
地方	11 023	17 546	12 888	17 638	32 991	49 020	60 855	65 302	102 333	92 645	106 114
北京	70	271	231	295	1 068	2 265	3 759	3 836	8 001	6 384	5 378
天津	78	211	226	209	347	547	654	773	1 335	1 415	1 942
河北	779	1 068	875	1 148	1 754	2 279	3 014	2 839	3 853	3 858	4 944
山西	574	1 041	1 316	1 742	2 528	2 683	3 030	2 832	4 299	4 280	7 203
内蒙古	63	233	182	275	606	497	776	779	914	1 190	1 535
辽宁	456	776	660	887	1 209	2 185	2 509	2 668	3 298	3 051	3 286
吉林	236	381	387	554	778	1 051	1 437	2 539	2 658	3 411	4 285
黑龙江	347	439	287	245	866	959	1 012	746	887	1 033	994
上海	151	614	561	1 639	3 023	4 527	7 465	8 869	12 412	10 186	10 839
江苏	744	1 155	866	1 149	2 332	4 142	4 838	5 347	8 022	7 612	8 525
浙江	367	735	430	626	1 648	2 768	3 226	4 488	11 426	5 254	6 169
安徽	302	600	457	298	507	993	1 212	1 267	2 017	2 193	2 923
福建	225	552	596	869	1 953	2 382	2 274	2 474	3 158	3 085	4 141
江西	398	551	222	276	381	438	741	582	727	1 375	1 872
山东	737	956	579	640	1 500	2 963	3 242	3 088	4 202	5 015	5 136
河南	1 263	1 932	1 518	1 910	2 647	3 104	3 363	3 205	4 743	5 818	6 307
湖北	403	618	319	427	1 075	1 610	1 988	2 010	2 813	3 131	2 950
湖南	595	835	322	405	630	1 137	1 434	1 665	2 151	2 617	2 862
广东	857	1 292	1 108	1 656	3 861	6 282	7 415	7 846	9 157	9 918	10 692
广西	183	290	147	365	507	717	839	841	1 550	1 238	2 007
海南	…	…	…	142	476	367	322	658	550	404	569
重庆	…	…	…	…	…	433	551	493	467	470	702
四川	1 160	1 387	502	303	604	732	1 164	967	1 725	2 015	2 333
贵州	70	71	40	69	119	142	233	147	313	263	331
云南	88	173	67	167	353	455	634	820	6 096	1 323	1 570
西藏	…	2	1	8	27	12	11	31	28	57	31
陕西	436	761	563	679	1 245	1 804	1 726	1 539	2 685	3 041	3 077
甘肃	375	379	215	244	446	579	843	1 065	1 652	1 806	1 989
青海	16	25	17	46	63	71	155	135	215	272	311
宁夏	22	62	63	108	52	122	270	159	221	337	463
新疆	30	140	131	254	386	775	719	596	762	594	751

按年份各地区文化部门艺术表演团体总支出情况

单位:万元

地　　区	1964年	1978年	1980年	1985年	1990年	1995年	2000年	2003年	2005年	2006年	2007年
总　　计	**19 817**	**30 049**	**41 184**	**47 292**	**67 514**	**160 653**	**268 886**	**397 890**	**514 001**	**558 540**	**670 009**
中　　央	478	820	906	1 349	1 771	6 635	11 794	25 949	51 633	35 480	47 263
地　　方	19 339	29 229	40 278	45 934	65 743	154 018	257 092	371 941	462 368	523 059	622 746
北　　京	429	537	940	1 193	1 566	5 062	15 566	20 122	26 226	29 292	26 517
天　　津	…	331	539	785	962	2 570	4 525	7 817	10 387	12 343	15 608
河　　北	1 358	1 782	2 156	1 951	2 472	5 302	8 505	10 492	15 067	15 613	18 624
山　　西	952	1 383	1 800	2 341	3 462	6 054	8 330	11 450	16 134	18 658	23 336
内 蒙 古	462	477	1 034	1 341	1 953	3 861	7 964	9 859	13 604	15 902	18 733
辽　　宁	963	1 633	1 943	2 246	3 236	6 727	10 198	13 542	16 414	15 885	19 738
吉　　林	655	934	1 265	1 604	2 305	4 735	6 848	10 637	12 332	16 355	18 513
黑 龙 江	759	1 392	1 564	1 999	2 760	6 318	9 313	13 811	16 442	18 855	24 627
上　　海	760	585	1 021	1 699	3 450	10 162	15 257	32 679	34 321	30 724	36 588
江　　苏	1 061	1 425	1 979	2 282	3 482	9 742	17 384	20 742	24 396	26 675	30 786
浙　　江	754	871	1 348	1 483	1 940	6 574	12 513	21 781	26 804	29 388	37 171
安　　徽	738	1 042	1 405	1 380	1 717	3 787	6 867	9 721	13 117	15 870	19 044
福　　建	618	659	1 117	1 451	2 292	5 107	10 354	13 518	16 117	20 295	23 686
江　　西	626	1 024	1 427	1 192	1 533	2 974	4 423	6 266	8 727	9 719	13 111
山　　东	930	1 641	2 030	2 331	3 090	7 026	12 594	17 527	24 843	27 924	34 560
河　　南	1 495	2 133	2 729	2 710	3 519	6 587	9 735	10 897	16 211	17 881	21 617
湖　　北	764	1 302	2 251	2 007	2 774	6 368	9 808	14 206	19 248	24 402	27 963
湖　　南	660	1 152	1 596	1 512	1 956	4 565	6 552	9 155	11 420	13 980	15 729
广　　东	1 175	1 638	2 332	2 672	3 960	12 955	22 365	31 675	33 064	38 977	44 496
广　　西	267	715	872	949	1 727	3 670	6 492	9 810	11 679	13 946	15 526
海　　南	…	…	…	…	396	1 728	1 957	2 894	3 150	3 227	4 205
重　　庆	…	…	…	…	…	…	4 020	5 888	5 443	6 753	9 033
四　　川	1 305	2 344	3 158	3 259	4 320	8 638	9 657	12 930	16 178	17 407	24 474
贵　　州	279	363	408	725	986	1 960	3 421	4 764	6 888	8 124	10 163
云　　南	341	684	869	1 246	1 886	4 974	8 442	11 857	15 455	19 587	20 032
西　　藏	85	161	233	398	636	1 333	2 380	3 591	4 794	4 872	6 766
陕　　西	743	1 297	1 794	1 824	2 930	5 657	8 991	10 501	13 035	14 744	18 631
甘　　肃	404	827	1 023	1 093	1 485	3 211	4 413	7 304	10 976	12 518	15 680
青　　海	93	263	300	486	559	1 190	1 699	3 069	3 522	4 457	5 507
宁　　夏	176	221	345	441	574	779	1 421	2 425	3 446	4 055	5 219
新　　疆	489	415	802	1 346	1 815	4 402	7 011	11 009	12 932	14 633	17 063

按年份各地区文化部门艺术表演团体平均每团演出场次及位次

单位:场

地区	1964年		1978年		1985年		1990年		1995年		2000年		2005年		2006年		2007年	
	场次	位次	场次	位次	场次	位次	场次	位次	场次	位次	场次	位次	场次	位次	场次	位次	场次	位次
全　国	**498**	**…**	**206**	**…**	**226**	**…**	**176**	**…**	**154**	**…**	**156**	**…**	**168**	**…**	**172**	**…**	**202**	**…**
北　京	741	5	232	9	282	5	182	11	200	6	299	3	400	1	444	1	144	17
天　津	…	…	154	17	276	7	164	13	153	10	124	19	125	19	125	20	112	23
河　北	574	7	217	12	272	8	252	4	212	5	195	5	253	3	207	5	190	9
山　西	354	17	252	6	325	3	281	3	269	3	213	4	166	11	184	10	183	12
内蒙古	506	9	123	21	123	22	133	19	112	18	120	20	128	17	139	16	131	21
辽　宁	742	4	188	14	205	14	163	14	117	17	116	21	136	14	121	22	77	30
吉　林	591	6	134	19	235	10	201	7	160	9	107	24	81	29	100	27	116	22
黑龙江	254	23	151	18	191	15	151	17	151	11	134	16	120	21	119	23	111	24
上　海	1 007	2	398	1	796	1	592	1	332	1	448	1	230	5	175	11	195	8
江　苏	1 094	1	378	2	634	2	346	2	276	2	300	2	302	2	315	2	297	4
浙　江	745	3	220	10	300	4	197	8	133	14	164	11	191	8	253	3	304	3
安　徽	453	12	166	16	228	12	97	24	79	23	145	22	119	22	146	14	338	1
福　建	362	16	154	17	250	9	167	12	160	9	166	13	131	16	152	13	188	10
江　西	323	19	198	13	148	20	113	23	83	21	113	15	128	18	128	19	185	11
山　东	391	15	176	4	233	11	157	15	140	12	177	9	170	10	161	12	172	15
河　南	429	13	267	5	281	6	245	5	233	4	180	8	195	7	196	9	309	2
湖　北	469	11	218	11	158	19	121	21	125	16	149	12	163	13	202	6	201	6
湖　南	427	14	251	7	191	15	147	18	133	14	166	10	241	4	237	4	233	5
广　东	300	21	185	15	175	17	184	10	128	15	130	18	115	23	116	24	88	27
广　西	226	24	124	20	84	25	122	20	93	20	110	23	101	27	102	26	106	26
海　南	…	…	…	…	…	…	68	28	70	25	95	27	90	28	137	17	157	16
重　庆	…	…	…	…	…	…	…	…	…	…	52	31	103	26	83	28	80	29
四　川	505	10	284	3	165	18	74	27	66	26	101	25	107	25	123	21	140	19
贵　州	523	8	119	22	98	24	85	25	70	25	71	30	115	24	83	29	180	14
云　南	275	22	46	27	58	26	66	29	108	19	77	28	76	30	111	25	111	25
西　藏	80	27	49	26	31	27	48	30	76	24	76	29	74	31	77	31	53	31
陕　西	320	20	166	16	210	13	209	6	193	7	186	6	176	9	196	8	182	13
甘　肃	333	18	240	8	146	21	154	16	168	8	184	7	197	6	200	7	201	7
青　海	54	28	85	24	98	24	114	22	136	13	142	14	166	12	83	30	135	20
宁　夏	203	25	94	23	178	16	185	9	133	4	133	17	133	15	143	15	84	28
新　疆	194	26	57	25	100	23	82	26	78	22	102	26	123	20	136	18	141	18

按年份各地区文化部门艺术表演团体经费自给率情况

单位:%

地区	1964年		1978年		1985年		1990年		1995年		2000年		2005年		2006年		2007年	
	自给率	位次	自给率	位次	自给率	位次	自给率	位次	自给率	位次	自给率	位次	自给率	位次	自给率	位次	自给率	位次
总计	**68.0**		**41.4**		**37.3**		**41.1**		**40.3**		**31.5**		**35.5**		**29.6**		**30.3**	
中央	30.0		9.6		23.9		51.2		45.7		48.3		62.6		53.6		47.8	
地方	68.9		42.3		37.7		40.9		40.1		30.7		33.9		27.8		29.0	
北京	70.5	11	14.2	24	22.3	22	28.2	19	34.2	16	20.9	22	31.5	14	34.8	7	27.3	12
天津	…	…	28.2	20	37.7	10	36.9	10	32.5	17	32.4	11	21.7	23	21.5	20	19.2	23
河北	75.5	5	45.7	9	51.0	5	58.9	4	48.0	7	45.1	2	40.5	10	32.3	9	36.5	8
山西	77.4	3	58.6	3	61.1	2	57.3	6	53.6	3	39.1	6	37.5	11	35.5	5	38.9	4
内蒙古	58.9	20	13.4	26	17.9	25	17.3	27	19.7	23	11.3	29	11.0	28	10.7	28	11.7	27
辽宁	69.7	13	29.2	19	36.2	11	38.0	9	35.2	15	31.4	12	44.6	5	31.0	10	21.0	20
吉林	56.4	21	33.2	16	30.5	16	35.4	13	28.7	19	25.0	16	27.4	18	24.5	16	26.4	14
黑龙江	64.7	18	33.3	15	25.7	20	21.4	23	27.3	20	16.1	26	10.9	29	8.9	30	8.6	30
上海	66.3	17	30.3	17	44.8	7	68.6	1	64.0	1	48.2	1	85.3	1	50.3	1	62.2	1
江苏	72.0	8	62.5	1	52.4	4	57.5	5	52.9	4	36.3	9	48.1	3	40.1	3	42.3	3
浙江	76.2	4	50.3	7	43.7	8	52.4	7	54.1	2	37.0	8	41.5	7	29.2	12	34.8	9
安徽	59.9	19	29.4	18	35.3	12	27.2	20	25.8	21	21.9	23	22.9	21	21.0	22	26.7	13
福建	71.7	9	36.4	14	53.8	3	48.0	8	50.4	6	28.9	15	27.8	15	22.6	18	30.4	10
江西	69.0	14	42.9	11	29.2	17	31.1	18	29.0	18	20.7	21	21.9	22	25.7	13	23.2	18
山东	71.0	10	47.3	8	31.5	15	32.7	17	42.8	11	35.7	10	27.6	17	24.7	15	23.9	17
河南	85.7	1	59.3	2	65.5	1	63.3	2	50.8	5	42.0	4	46.8	4	42.2	2	38.3	6
湖北	70.0	12	37.5	13	28.8	18	33.9	15	40.0	12	31.2	13	34.7	12	22.4	19	25.1	16
湖南	72.5	7	54.6	4	34.2	13	36.2	12	44.9	9	39.5	5	41.1	8	35.8	4	37.7	7
广东	83.2	2	54.1	5	48.7	6	62.1	3	47.4	8	39.1	7	48.8	2	35.2	6	38.5	5
广西	50.9	22	27.1	21	22.9	21	35.4	13	33.2	16	23.7	18	27.2	19	21.1	21	19.6	22
海南	…		…		…		34.6	14	44.6	10	24.1	17	32.8	13	30.6	11	28.4	11
重庆	…		…		…		…		…		42.2	3	40.7	9	25.7	14	49.0	2
四川	74.7	6	53.3	6	33.6	14	36.8	11	39.9	13	22.9	19	27.6	16	24.5	17	22.8	19
贵州	48.5	24	21.7	23	16.9	26	21.2	25	25.5	21	22.5	20	20.2	25	17.8	24	20.9	21
云南	67.1	15	24.3	22	21.6	23	20.8	26	15.0	24	14.1	27	25.4	20	12.8	26	16.8	25
西藏	5.6	28	…	…	0.1	29	2.8	29	6.8	27	0.9	31	1.0	31	2.4	31	2.5	31
陕西	66.9	16	42.4	12	43.0	9	33.5	16	36.5	14	30.5	14	41.6	6	33.2	8	25.3	15
甘肃	49.7	23	45.4	10	26.0	19	23.8	21	20.3	22	18.8	28	20.4	24	19.5	23	18.9	24
青海	11.9	27	6.1	27	7.9	28	10.6	28	9.7	26	7.9	30	9.6	30	9.8	29	10.8	28
宁夏	22.0	26	14.2	24	16.2	27	21.3	24	11.0	25	13.0	28	11.2	27	14.8	25	13.5	26
新疆	28.9	25	14.0	25	18.7	24	22.4	22	17.3	24	20.5	24	12.8	26	12.5	27	9.6	29

注:经费自给率是考核文化事业单位自身生存能力的指标。2007年计算公式为:经费自经率=(总收入－财政拨款)/总支出×100%。

按年份各地区文化部门艺术表演团体平均每场演出经费补贴情况

单位:元

地区	1964年	1978年	1980年	1985年	1990年	1995年	2000年	2004年	2005年	2006年	2007年
总计	**31**	**303**	**202**	**416**	**891**	**2 101**	**4 216**	**7 025**	**8 894**	**9 088**	**12 074**
中央	1 342	4 174	1 521	2 982	6 493	29 595	62 652	9 837	95 112	87 365	188 875
地方	29	293	197	405	874	2 034	4 073	6 483	8 318	8 722	11 302
北京	55	1 821	662	1 305	3 460	5 087	11 864	23 642	27 779	25 037	27 130
天津	…	746	411	726	1 794	5 605	14 864	35 831	55 050	53 100	44 389
河北	14	240	157	181	307	825	1 742	2 491	3 066	3 853	4 926
山西	24	184	126	143	299	538	1 439	3 105	4 122	4 242	5 172
内蒙古	32	518	324	672	1 029	2 207	3 769	7 789	8 158	9 668	11 945
辽宁	27	560	323	725	1 371	2 275	7 426	11 740	12 680	15 120	26 264
吉林	46	470	319	495	1 099	2 695	7 247	13 107	18 273	20 732	20 306
黑龙江	87	562	347	707	1 627	3 276	6 270	13 796	14 034	17 168	23 196
上海	28	662	124	283	609	4 085	5 393	6 285	13 794	11 661	11 994
江苏	8	137	58	119	407	1 077	2 478	3 694	3 830	4 085	5 596
浙江	11	198	76	235	684	2 273	5 716	3 096	16 563	8 643	21 281
安徽	36	376	186	325	1 391	3 499	3 970	4 991	9 107	9 341	10 907
福建	30	299	200	290	864	1 752	5 433	7 071	10 171	10 491	11 348
江西	38	291	274	564	1 109	2 591	3 921	6 884	6 637	7 128	7 811
山东	26	226	180	437	1 175	2 313	3 787	7 165	9 096	10 810	13 124
河南	8	155	74	153	273	557	1 469	2 115	2 738	2 724	3 339
湖北	27	355	272	778	1 498	2 641	4 406	7 299	8 582	8 763	10 178
湖南	24	164	169	439	886	1 729	2 561	3 422	3 414	3 856	4 356
广东	25	285	238	472	843	3 820	7 056	11 825	12 872	15 265	19 361
广西	122	377	340	766	904	2 053	3 779	8 087	7 852	9 193	9 687
海南	…	…	…	…	1 933	6 012	6 952	11 275	11 281	10 870	15 843
重庆	…	…	…	…	…	…	11 776	15 455	16 634	16 705	19 656
四川	22	176	186	633	2 617	5 446	6 610	11 527	13 569	12 789	17 382
贵州	67	779	775	1 887	3 007	7 024	12 730	22 270	21 249	34 383	19 705
云南	57	930	400	1 180	1 700	2 609	7 270	13 604	14 741	11 753	17 474
西藏	2 000	3 611	4 003	4 472	5 208	5 949	11 707	23 328	29 530	23 652	39 001
陕西	52	411	318	415	835	1 325	2 784	3 484	4 168	4 521	6 010
甘肃	140	237	337	605	924	1 495	2 510	5 047	5 734	6 608	8 232
青海	1 165	1 420	1 450	2 762	3 143	5 622	7 500	30 762	18 767	38 655	26 735
宁夏	319	1 354	842	875	1 286	3 232	6 393	11 129	14 425	17 896	18 604
新疆	299	1 114	816	1 104	2 115	4 884	5 917	10 522	10 047	10 810	11 933

按年份各地区艺术表演场所机构数

单位:个

地区	1952年	1965年	1978年	1980年	1985年	1990年	1995年	2000年	2003年	2005年	2006年	2007年
总计	**1510**	**2943**	**1095**	**1444**	**1377**	**1995**	**1918**	**1863**	**1900**	**1866**	**1 839**	**2 070**
中央	4	8	6	5	2	2	3	3	4	4	5	5
地方	1506	2935	1089	1439	1375	1993	1915	1860	1896	1862	1 834	2 065
北京	18	30	28	30	32	24	22	22	24	39	42	43
天津	33	28	13	9	9	29	27	30	32	28	28	29
河北	152	274	29	84	94	101	99	96	96	95	93	95
山西	27	52	25	29	44	51	53	49	48	44	46	60
内蒙古	23	43	8	19	12	30	33	30	30	27	28	35
辽宁	71	81	55	60	70	83	79	71	68	59	50	40
吉林	24	57	33	50	60	64	59	51	48	73	69	66
黑龙江	24	60	39	50	56	53	48	53	50	45	46	46
上海	96	68	18	43	43	39	35	38	180	160	148	150
江苏	216	587	33	23	21	125	129	134	115	87	81	83
浙江	78	124	85	107	89	93	93	88	77	125	141	192
安徽	106	196	95	169	12	107	109	103	91	90	93	88
福建	32	81	…	24	55	75	77	79	76	76	69	68
江西	53	79	53	49	80	77	69	61	57	58	58	63
山东	89	128	74	71	62	117	115	105	104	94	95	92
河南	66	356	81	97	87	175	169	165	159	156	152	190
湖北	79	116	55	75	75	90	86	77	69	66	67	59
湖南	87	120	66	106	108	110	104	94	94	83	78	73
广东	38	70	5	21	26	75	79	74	70	68	67	188
广西	23	33	21	27	35	39	34	31	22	23	22	20
海南	…	…	…	…	…	3	3	18	19	13	16	21
重庆	…	…	…	…	…	…	…	25	25	17	19	32
四川	99	162	141	159	159	150	124	92	76	65	65	91
贵州	16	3	3	7	17	14	15	14	13	12	11	11
云南	19	34	3	26	16	46	44	40	37	38	33	31
西藏	…	…	…	…	1	9	9	20	36	24	26	12
陕西	20	77	89	70	68	111	108	111	108	107	108	106
甘肃	11	38	26	24	27	56	47	46	32	30	28	27
青海	3	6	4	3	3	3	3	2	1	1	1	4
宁夏	3	10	…	…	2	16	17	19	13	12	11	20
新疆	…	16	7	7	12	28	26	22	26	47	43	30

按年份各地区艺术表演场所演(映)出场次

单位:千场

地　　区	1985年	1990年	1995年	2000年	2001年	2002年	2003年	2005年	2006年	2007年
总　　计	**988.3**	**3 020**	**2 047.7**	**1 355**	**832**	**740**	**559**	**604**	**585**	**727**
中　　央	1	…	0.8	…	…	1	…	…	…	…
地　　方	987.3	3 020	2 046.9	1 355	832	739	559	604	585	727
北　　京	30.5	49	28.3	23	17	18	14	27	31	35
天　　津	10.7	65	68.4	40	39	39	30	20	26	28
河　　北	38.4	82	81.8	64	40	31	21	18	15	13
山　　西	49.7	35	36.3	31	24	21	17	26	28	22
内 蒙 古	11	29	19.4	18	7	6	3	6	6	9
辽　　宁	78.1	205	66.3	49	16	13	10	12	11	10
吉　　林	71	132	32	27	20	13	12	10	18	14
黑 龙 江	26.9	36	14.8	19	12	11	7	5	4	3
上　　海	58.2	73	47.7	39	21	20	36	47	35	40
江　　苏	14.1	340	265.8	126	80	58	51	50	63	88
浙　　江	7	171	141.7	73	55	39	28	31	27	61
安　　徽	3.7	170	169.1	82	35	27	17	15	14	15
福　　建	60.5	130	64.4	49	28	27	20	21	23	28
江　　西	50.5	91	49	20	12	11	6	7	6	6
山　　东	15.3	133	116.3	95	73	4	35	25	17	17
河　　南	45.8	222	164	103	66	82	53	78	70	97
湖　　北	63.7	161	118.1	89	49	54	23	28	11	20
湖　　南	90.7	166	109.4	76	52	45	37	33	32	32
广　　东	24.5	181	156	90	58	53	49	48	47	85
广　　西	12.8	68	36.8	18	5	3	2	12	13	5
海　　南	…	4	2.5	8	4	3	2	2	2	4
重　　庆	…	…	…	16	7	6	4	3	8	10
四　　川	72.4	150	59.7	24	12	16	12	12	19	15
贵　　州	25.8	36	13.8	10	11	12	10	13	10	2
云　　南	6	71	63.1	48	19	14	8	7	7	9
西　　藏	0.05	4	21	21	5	9	18	7	3	1
陕　　西	29.9	98	39.1	42	24	17	12	11	10	18
甘　　肃	11.8	49	29.3	32	19	16	12	6	4	4
青　　海	6.5	11	4.2	2	2	2	2	2	2	2
宁　　夏	5.4	33	21.6	12	7	2	1	1	2	2
新　　疆	2.8	25	7.3	9	13	17	7	21	21	32

按年份各地区艺术表演场所艺术演出场次

单位:千场

地　区	1985年	1990年	1995年	2000年	2001年	2002年	2003年	2005年	2006年	2007年
总　计	**116.1**	**89**	**49.1**	**59**	**65**	**71**	**66**	**93**	**94**	**138**
北　京	2.9	1	0.7	2	1	3	2	7	8	9
天　津	1.1	1	0.4	1	…	1	…	1	1	4
河　北	5.7	4	2	2	1	2	1	1	2	2
山　西	3.6	1	0.6	1	1	1	1	1	1	2
内蒙古	0.4	1	0.3	…	1	1	…	1	2	0
辽　宁	6.5	5	1.2	1	1	1	1	2	2	1
吉　林	4.6	7	0.5	1	1	2	1	1	1	2
黑龙江	5.1	3	1	1	1	1	1	1	1	1
上　海	4.7	4	4.4	3	3	5	13	14	13	11
江　苏	1.9	6	7.2	5	6	6	4	4	5	5
浙　江	6.7	5	4.1	6	12	9	7	12	13	39
安　徽	1.3	3	1.8	1	2	2	1	3	3	4
福　建	3.1	1	1.8	6	6	4	3	5	4	4
江　西	4	2	0.7	1	1	2	1	2	2	2
山　东	6.6	5	3.5	2	2	…	2	2	3	2
河　南	13.2	10	4.5	3	3	2	5	3	3	4
湖　北	7.2	9	2.2	2	2	3	2	9	4	2
湖　南	7.7	4	1.9	3	4	4	5	5	4	3
广　东	3.7	3	2.6	6	7	6	7	8	8	19
广　西	2.3	1	0.8	2	1	1	1	1	1	1
海　南	…	…	0.1	1	1	1	1	…	1	3
重　庆	…	…	…	…	…	1	…	…	…	2
四　川	13	5	2.6	3	2	3	3	3	4	8
贵　州	0.6	1	…	…	…	1	…	…	…	——
云　南	1.1	1	0.9	…	2	2	1	3	2	2
西　藏	0.03	…	…	…	…	…	…	…	…	——
陕　西	5.7	4	1.5	3	2	3	2	2	3	3
甘　肃	1.4	1	0.7	1	2	1	1	1	1	1
青　海	0.3	…	0.1	…	…	…	…	…	…	——
宁　夏	0.2	…	0.4	…	…	…	…	…	1	1
新　疆	1	1	0.3	…	…	…	…	1	1	1

按年份各地区文化部门艺术表演场所财政拨款情况

单位:万元

地　区	1984 年	1985 年	1990 年	1995 年	2000 年	2001 年	2003 年	2005 年	2006 年	2007 年
总　计	**1 892**	**1 506**	**2 865**	**5 723**	**8 643**	**11 300**	**15 703**	**16 792**	**19 603**	**24 067**
中　央	24	…	8	…	…	…	…	…	…	——
地　方	1 864	1 506	2 857	5 723	8 643	11 300	15 703	16 792	19 603	24 067
北　京	24	12	2	40	387	150	58	40	124	284
天　津	…	…	2	13	70	28	10	173	111	39
河　北	36	44	65	134	392	762	561	1 097	605	636
山　西	51	75	258	151	93	167	216	263	427	1 328
内蒙古	5	14	72	156	232	327	360	508	550	688
辽　宁	67	114	103	200	253	242	599	553	297	660
吉　林	136	258	242	366	615	1 107	1 492	1 017	2 277	1 689
黑龙江	10	4	29	23	124	174	91	142	207	188
上　海	…	…	11	54	189	150	1 231	1 304	501	2 446
江　苏	12	32	27	191	89	60	109	67	25	49
浙　江	87	83	112	325	768	931	2 819	1 875	2 263	2 486
安　徽	3	3	259	338	517	815	664	864	977	803
福　建	9	28	114	381	672	1 049	660	1 503	649	733
江　西	113	58	114	301	334	678	438	712	588	762
山　东	67	105	330	439	730	1 036	861	274	339	411
河　南	76	76	229	444	337	447	485	561	558	1 221
湖　北	424	99	40	81	135	168	180	307	428	320
湖　南	36	40	99	264	543	571	576	607	958	1 169
广　东	4	1	97	324	650	860	1 472	2 097	4 243	3 513
广　西	50	20	28	59	18	39	35	44	155	127
海　南	…	…	…	…	11	…	…	1	51	——
重　庆	…	…	…	…	81	91	182	111	26	——
四　川	66	196	138	255	210	262	295	173	492	889
贵　州	24	…	6	93	63	100	90	75	70	71
云　南	286	6	76	146	187	201	322	249	308	529
西　藏	…	22	…	81	261	143	340	494	199	387
陕　西	108	37	109	226	288	366	810	538	625	803
甘　肃	119	86	222	402	180	124	143	99	192	302
青　海	…	16	…	…	…	…	…	…	…	47
宁　夏	32	56	4	21	45	30	116	106	55	97
新　疆	24	23	69	217	173	309	492	941	1 304	1 393

按年份各地区文化部门艺术表演场所总支出情况

单位:万元

地 区	1984年	1985年	1990年	1995年	2000年	2001年	2003年	2005年	2006年	2007年
总 计	**7 705**	**9 519**	**37 402**	**77 139**	**82 040**	**84 389**	**104 384**	**89 301**	**117 871**	**117 321**
中 央	39	44	81	185	232	556	258	737	650	1 031
地 方	7 666	9 475	37 321	76 954	81 808	83 832	104 126	88 563	117 222	116 290
北 京	414	472	785	1 690	3 567	3 108	4 333	5 252	5 782	5 819
天 津	93	143	566	1 311	1 464	1 412	1 648	1 147	1 015	1 101
河 北	282	371	1 096	2 405	2 847	2 995	2 673	3 574	3 264	3 248
山 西	284	344	672	1 620	1 403	1 579	1 637	1 993	2 717	4 450
内蒙古	89	131	485	666	648	759	661	815	856	1 189
辽 宁	694	906	2 881	3 481	2 767	4 452	4 338	4 153	17 028	4 117
吉 林	621	682	1 244	2 308	1 999	2 294	2 655	1 940	4 237	3 178
黑龙江	75	131	511	560	819	737	957	858	918	1 142
上 海	586	599	1 398	5 056	7 344	5 916	22 424	17 864	24 743	28 215
江 苏	68	65	3 743	8 848	9 270	8 808	9 639	618	930	1 336
浙 江	544	708	2 108	4 672	5 471	6 117	8 089	7 807	8 132	9 054
安 徽	18	26	1 533	3 250	3 295	3 246	2 959	3 058	3 271	3 190
福 建	292	344	1 438	3 629	3 905	4 496	3 634	5 031	5 430	6 426
江 西	251	228	533	1 227	1 421	1 786	1 670	2 028	1 838	2 179
山 东	199	243	2 120	4 271	4 530	5 294	4 669	1 172	1 074	1 290
河 南	394	450	2 688	5 146	4 156	4 059	4 150	5 974	6 081	7 542
湖 北	539	492	1 525	4 476	3 043	3 318	3 261	2 820	3 508	4 547
湖 南	527	683	1 655	3 325	4 883	4 084	5 470	2 908	2 839	3 136
广 东	487	749	4 069	8 148	7 986	8 219	8 115	6 061	8 856	7 010
广 西	181	202	1 036	1 480	1 203	962	991	1 167	1 159	1 337
海 南	…	…	136	354	453	351	221	193	217	139
重 庆	…	…	…	…	546	405	343	298	161	296
四 川	419	650	1 554	2 676	1 861	2 084	2 294	2 501	2 843	3 893
贵 州	118	222	311	489	711	731	828	793	799	875
云 南	5	21	577	1 337	1 503	1 487	1 094	1 505	1 874	2 939
西 藏	1	24	68	313	357	219	457	506	207	418
陕 西	208	219	976	1 521	2 124	1 976	2 361	2 428	2 590	3 070
甘 肃	127	166	766	1 456	1 221	1 133	955	1 079	1 206	1 269
青 海	35	66	157	275	121	95	76	…	…	50
宁 夏	68	80	290	499	436	370	402	271	265	318
新 疆	47	58	400	465	452	1 343	1 125	2 751	3 380	3 517

按年份各地区公共图书馆机构数

单位:个

地区	1949年	1957年	1965年	1978年	1980年	1985年	1990年	1995年	2000年	2003年	2005年	2006年	2007年
总计	**52**	**400**	**562**	**1 218**	**1 732**	**2 344**	**2 527**	**2 615**	**2 675**	**2 709**	**2 762**	**2 778**	**2 799**
中央	1	1	1	1	1	1	1	1	1	1	1	1	1
地方	51	399	561	1 217	1 731	2 343	2 526	2 614	2 674	2 708	2 761	2 777	2 798
北京	2	7	6	17	20	22	22	22	24	25	25	24	24
天津	2	5	10	19	18	26	30	31	31	31	32	32	32
河北	2	14	12	42	80	104	121	134	145	147	153	156	160
山西	…	5	17	61	72	103	111	119	121	122	122	122	122
内蒙古	…	15	12	24	83	94	104	107	108	108	110	110	113
辽宁	…	22	30	71	85	121	123	127	128	128	126	127	128
吉林	2	11	18	60	48	39	47	51	60	62	63	64	64
黑龙江	…	12	26	78	80	87	96	96	97	97	96	95	98
上海	20	21	24	17	23	46	51	31	31	35	28	28	30
江苏	…	25	35	78	82	90	91	94	101	100	103	104	105
浙江	2	31	35	63	69	76	80	81	83	83	90	92	93
安徽	…	16	34	36	80	82	84	83	84	84	88	85	85
福建	…	10	12	23	26	65	74	78	81	82	84	85	85
江西	2	11	20	38	49	105	104	104	104	104	104	105	104
山东	3	40	27	80	88	99	115	130	133	140	145	145	145
河南	1	10	17	36	71	118	127	132	134	136	136	136	138
湖北	3	15	7	47	101	99	101	100	103	103	102	102	102
湖南	1	15	37	72	77	110	116	116	115	115	120	120	120
广东	2	19	46	76	97	117	103	114	124	129	129	129	130
广西	…	10	29	84	87	89	90	92	94	96	95	100	100
海南	…	…	…	…	…	…	19	19	19	19	20	20	20
重庆	…	…	…	…	…	…	…	…	42	44	43	43	43
四川	…	26	44	78	98	115	148	166	129	132	141	146	151
贵州	…	9	16	25	44	76	84	87	89	90	91	91	92
云南	…	10	16	16	80	149	148	148	148	149	149	149	149
西藏	…	1	1	1	1	18	18	18	1	1	4	3	4
陕西	7	9	13	43	69	113	113	114	114	111	111	111	111
甘肃	1	12	8	6	39	75	83	86	91	92	92	92	92
青海	…	1	1	13	23	27	41	41	38	38	43	43	43
宁夏	…	3	3	8	14	20	20	20	22	21	20	20	21
新疆	1	14	5	5	27	S8	62	60	80	84	96	98	94

按年份各地区公共图书馆总藏量情况

单位：万册(件)

地　区	1979年	1980年	1985年	1990年	1995年	2000年	2002年	2003年	2005年	2006年	2007年
总　计	**18 353**	**19 904**	**25 573**	**29 064**	**32 850**	**40 953**	**42 628**	**43 776**	**48 056**	**50 025**	**52 053**
中　央	1 020	1 060	1 310	1 598	1 959	2 249	2 373	2 412	2 505	2 570	2 631
地　方	17 333	18 844	2 426	27 466	30 891	38 704	40 256	41 364	45 551	47 454	49 422
北　京	483	548	560	607	670	767	876	944	1 121	1 206	1 309
天　津	547	550	584	664	677	786	822	840	869	945	1 030
河　北	384	423	504	707	845	1 081	1 132	1 179	1 307	1 351	1 443
山　西	427	444	588	662	777	867	898	912	963	993	1 032
内蒙古	401	367	482	550	621	683	696	707	744	761	802
辽　宁	1 391	1 487	1 521	1 557	1 786	1 970	2 119	2 115	2 326	2 400	2 451
吉　林	651	665	834	831	921	1 030	1 071	1 090	1 202	1 229	1 280
黑龙江	535	613	848	1 009	1 094	1 186	1 227	1 248	1 291	1 436	1 471
上　海	1 107	1 138	1 430	1 585	1 586	5 500	5 817	5 894	6 049	6 062	6 254
江　苏	1 364	1 433	1 816	2 110	2 420	2 669	2 777	2 846	3 179	3 410	3 491
浙　江	814	843	1 038	1 266	1 511	1 715	1 848	1 918	2 324	2 497	2 699
安　徽	556	563	651	681	752	787	792	807	847	907	1 004
福　建	395	431	709	845	902	985	1 053	1 097	1 274	1 362	1 384
江　西	513	768	916	1 003	1 070	1 122	1 167	1 197	1 282	1 309	1 324
山　东	1 070	1 159	1 234	1 469	1 724	1 989	2 176	2 246	2 746	2 846	3 085
河　南	660	708	975	1 022	1 062	1 239	1 303	1 336	1 429	1 470	1 509
湖　北	650	771	1 032	1 220	1 445	1 678	1 759	1 819	1 923	1 981	2 037
湖　南	732	808	1 120	1 239	1 362	1 514	1 548	1 602	1 667	1 704	1 725
广　东	689	798	1 065	1 260	1 651	2 316	2 300	2 498	3 119	3 454	3 698
广　西	581	644	935	1 102	1 243	1 312	1 378	1 419	1 491	1 564	1 623
海　南	…	…	…	100	137	154	165	167	184	193	223
重　庆	…	…	…	…	…	811	678	700	768	792	859
四　川	1 471	1 502	1 880	2 125	2 356	1 722	1 746	1 773	2 002	2 094	2 117
贵　州	229	292	451	527	616	681	691	713	764	771	696
云　南	420	503	906	1 034	1 104	1 254	1 252	1 287	1 371	1 397	1 420
西　藏	…	17	46	54	51	60	60	60	42	45	48
陕　西	482	480	645	658	733	837	840	852	887	913	936
甘　肃	323	338	586	579	670	745	759	795	860	872	889
青　海	195	220	287	260	280	286	295	295	324	289	340
宁　夏	156	185	300	328	338	380	368	361	378	389	408
新　疆	107	147	321	412	489	579	644	649	817	811	836

注：本年鉴的总藏量，1991年以前只包括图书。

按年份各地区公共图书馆人均拥有藏书册数

单位:册

地区	1980年	1985年	1990年	1995年	2000年	2005年	2006年	2007年
全国	**0.2**	**0.2**	**0.3**	**0.2**	**0.3**	**0.3**	**0.3**	**0.39**
北京	0.6	0.6	0.6	0.6	0.7	0.7	0.7	0.80
天津	0.7	0.7	0.8	0.7	0.9	0.8	0.8	0.92
河北	0.8	0.1	0.1	0.1	0.2	0.1	0.2	0.21
山西	0.2	0.2	0.2	0.2	0.3	0.2	0.2	0.30
内蒙古	0.2	0.2	0.3	0.2	0.3	0.3	0.3	0.33
辽宁	0.4	0.4	0.4	0.4	0.5	0.5	0.5	0.57
吉林	0.3	0.4	0.3	0.3	0.4	0.4	0.4	0.47
黑龙江	0.2	0.3	0.3	0.3	0.3	0.3	0.3	0.38
上海	1.0	1.2	1.2	1.1	1.5	1.4	1.2	3.37
江苏	0.2	0.3	0.3	0.3	0.4	0.4	0.4	0.46
浙江	0.2	0.3	0.3	0.3	0.3	0.4	0.4	0.53
安徽	0.1	0.1	0.1	0.1	0.1	0.1	0.1	0.16
福建	0.2	0.3	0.3	0.2	0.3	0.3	0.3	0.39
江西	0.2	0.3	0.3	0.2	0.3	0.2	0.3	0.30
山东	0.2	0.2	0.2	0.2	0.2	0.2	0.3	0.33
河南	0.1	0.1	0.1	0.1	0.1	0.1	0.1	0.16
湖北	0.2	0.2	0.2	0.2	0.3	0.3	0.3	0.36
湖南	0.2	0.2	0.2	0.2	0.2	0.2	0.2	0.27
广东	0.2	0.2	0.2	0.2	0.3	0.3	0.3	0.39
广西	0.2	0.1	0.3	0.2	0.3	0.3	0.3	0.34
海南	…	…	0.2	0.2	0.2	0.2	0.2	0.26
重庆	…	…	…	…	0.1	0.2	0.2	0.30
四川	0.2	0.2	0.2	0.2	0.5	0.2	0.2	0.26
贵州	0.1	0.2	0.2	0.1	0.2	0.2	0.2	0.18
云南	0.2	0.3	0.3	0.2	0.3	0.3	0.3	0.31
西藏	0.1	0.2	0.3	0.2	0.2	0.1	0.1	0.17
陕西	0.2	0.2	0.2	0.2	0.2	0.2	0.2	0.25
甘肃	0.2	0.3	0.3	0.2	0.3	0.3	0.3	0.34
青海	0.6	0.7	0.6	0.5	0.6	0.5	0.4	0.62
宁夏	0.5	0.7	0.7	0.6	0.7	0.6	0.6	0.67
新疆	0.1	0.3	0.3	0.3	0.3	0.4	0.3	0.40

按年份各地区公共图书馆总流通人次

单位:万人次

地区	1979年	1980年	1985年	1990年	1995年	2000年	2003年	2005年	2006年	2007年
总计	**7 787**	**9 045**	**11 614**	**12 435**	**18 298**	**18 854**	**21 440**	**23 331**	**25 218**	**26 103**
中央	48	53	72	169	133	381	449	458	391	327
地方	7 739	8 992	11 542	12 266	18 165	18 473	20 991	22 873	24 827	25 777
北京	126	157	142	180	272	320	443	715	747	796
天津	209	214	291	245	265	461	399	483	474	558
河北	135	242	289	390	473	736	602	634	588	578
山西	200	251	247	330	227	261	348	255	257	276
内蒙古	139	195	190	179	282	270	291	380	324	318
辽宁	432	544	606	686	829	1 184	1 132	1 133	1 209	1 393
吉林	133	132	182	314	385	409	510	505	551	575
黑龙江	241	327	514	619	631	608	441	505	547	555
上海	439	544	797	660	687	1 225	1 204	1 249	1 342	1 323
江苏	575	640	883	909	883	1 227	1 533	1 734	1 753	1 916
浙江	446	464	482	589	555	1 140	1 174	1 397	1 651	2 067
安徽	274	487	358	402	372	561	541	460	560	562
福建	142	130	405	384	466	647	777	733	712	809
江西	279	319	778	490	413	485	553	533	460	531
山东	701	707	494	504	509	795	1 055	1 421	1 334	1 498
河南	323	555	442	440	650	713	799	828	780	855
湖北	263	316	370	548	559	714	897	1 145	1 197	1 176
湖南	396	375	616	498	618	808	978	787	960	909
广东	524	504	739	903	1 447	2 235	2 635	3 542	4 695	3 819
广西	320	239	452	461	809	927	949	895	1 381	1 495
海南	…	…	…	52	94	121	115	114	139	97
重庆	…	…	…	…	…	266	459	594	330	483
四川	740	814	850	933	776	554	638	766	889	886
贵州	113	129	275	320	462	228	241	187	190	207
云南	206	289	463	517	559	654	739	735	695	751
西藏	…	…	3	5	…	2	3	1	3	3
陕西	217	236	258	207	242	275	617	365	368	359
甘肃	65	71	166	222	225	185	334	316	306	376
青海	33	35	73	43	39	58	61	68	57	98
宁夏	40	38	101	131	140	142	140	166	160	156
新疆	28	38	76	105	140	263	384	211	167	350

按年份各地区公共图书馆图书外借册次

单位:万册次

地区	1979年	1980年	1985年	1990年	1995年	2000年	2003年	2005年	2006年	2007年
总计	**9 625**	**11 830**	**18 942**	**20 242**	**11 814**	**16 913**	**18 775**	**20 268**	**21 039**	**21 319**
中央	110	129	177	654	29	217	321	428	332	239
地方	9 515	11 701	18 765	19 588	11 785	16 697	18 454	19 840	20 708	21 079
北京	279	361	367	366	283	442	448	678	734	881
天津	485	471	581	467	237	274	339	379	359	428
河北	133	234	358	504	379	673	541	468	497	474
山西	228	310	403	467	204	207	181	272	228	197
内蒙古	116	202	246	294	239	233	264	243	260	272
辽宁	726	957	1 321	1 197	856	1 119	1 101	1 173	1 245	1 287
吉林	165	165	474	338	332	259	466	794	432	464
黑龙江	268	533	1 346	1 239	500	527	457	789	425	469
上海	673	862	1 143	1 045	507	970	956	1 027	1 087	1 225
江苏	720	837	1 758	1 557	967	1 269	1 245	1 493	1 642	1 709
浙江	513	600	926	1 068	550	1 054	1 087	1 233	1 612	1 919
安徽	289	588	497	463	343	455	399	340	416	448
福建	179	217	633	610	517	779	1 002	729	700	761
江西	326	364	987	726	383	543	524	722	437	440
山东	932	872	753	807	573	718	984	1 378	1 166	1 237
河南	401	614	652	796	517	695	948	646	697	779
湖北	293	371	661	954	543	769	965	926	1 078	954
湖南	457	388	1 081	953	562	735	858	801	880	1 023
广东	374	498	952	1 439	687	1 192	1 452	2 036	3 097	1 851
广西	251	287	338	546	528	688	687	761	684	780
海南	…	…	…	39	49	64	78	28	44	48
重庆	…	…	…	…	…	435	603	471	586	554
四川	960	953	1 328	1 370	691	564	664	651	713	829
贵州	115	141	372	289	133	189	179	117	123	144
云南	218	338	540	705	529	680	618	700	631	607
西藏	…	…	3	10	10	11	1	3	6	6
陕西	209	299	366	311	238	305	671	263	278	293
甘肃	89	94	220	398	173	153	275	261	265	263
青海	36	40	136	86	51	52	60	57	46	95
宁夏	47	62	197	372	125	265	123	212	172	234
新疆	33	53	126	172	91	251	280	175	169	409

按年份各地区公共图书馆财政拨款情况

单位:万元

地 区	1979年	1980年	1985年	1990年	1995年	2000年	2002年	2003年	2005年	2006年	2007年
总 计	**5 040**	**5 467**	**15 272**	**29 296**	**65 838**	**139 321**	**176 882**	**205 252**	**277 848**	**319 479**	**395 441**
中 央	470	489	1 292	3 420	9 421	15 293	18 326	18 155	23 650	29 211	40 256
地 方	4 570	4 978	13 980	25 876	56 417	124 028	158 556	187 096	254 198	290 268	355 185
北 京	144	127	322	743	1 683	8 734	8 173	8 984	15 554	15 561	17 127
天 津	159	162	321	409	1 295	2 751	3 298	3 445	10 980	9 265	12 808
河 北	108	111	569	741	1 827	2 980	3 638	4 150	6 717	6 583	8 517
山 西	154	124	331	517	1 184	2 150	2 719	3 433	4 862	5 579	7 008
内蒙古	131	167	420	876	1 432	2 452	3 437	3 792	5 086	5 358	7 150
辽 宁	344	368	973	1 841	3 737	6 822	9 425	9 620	15 446	15 006	19 054
吉 林	194	193	530	876	1 707	3 364	4 068	4 850	5 861	6 526	8 579
黑龙江	281	234	625	1 068	2 088	3 104	4 193	5 871	7 752	7 313	9 837
上 海	399	433	990	2 159	5 558	22 871	22 442	23 862	30 636	32 358	38 308
江 苏	226	297	741	1 403	3 620	6 729	10 683	13 792	16 075	31 083	24 459
浙 江	121	146	725	1 195	2 356	6 509	9 935	13 582	20 316	21 656	28 126
安 徽	125	149	313	519	1 165	2 054	3 031	4 830	5 436	5 856	7 482
福 建	84	131	411	879	1 778	3 681	4 448	4 513	6 579	6 533	8 416
江 西	121	111	451	700	1 184	2 022	2 651	2 965	3 780	4 102	6 349
山 东	254	283	543	1 284	2 814	6 129	7 720	8 618	12 039	14 084	19 314
河 南	143	119	429	819	1 766	3 591	4 704	4 776	5 987	6 588	8 304
湖 北	168	211	768	941	1 649	2 896	4 541	5 383	6 498	7 579	9 887
湖 南	199	176	771	884	1 816	2 550	3 428	3 996	5 376	6 163	7 602
广 东	219	286	844	2 157	6 110	11 868	18 920	26 025	28 592	31 819	42 230
广 西	138	174	456	793	1 563	2 851	3 989	4 345	5 469	6 542	8 209
海 南	…	…	…	123	378	322	628	440	631	1 977	1 876
重 庆	…	…	…	…	…	1 491	2 249	2 410	2 957	4 022	7 472
四 川	254	291	690	1 545	2 591	2 877	3 811	4 752	7 229	8 963	11 737
贵 州	91	101	241	479	746	1 259	1 779	1 969	3 401	4 408	4 715
云 南	97	140	401	944	2 178	5 134	4 558	4 497	6 096	7 348	9 036
西 藏	…	…	13	11	72	111	188	194	336	350	481
陕 西	118	132	253	566	934	2 038	3 225	3 468	3 973	5 295	5 050
甘 肃	93	85	217	482	985	1 752	2 318	3 852	4 438	4 748	6 529
青 海	69	70	164	227	724	678	1 001	909	1 237	1 636	2 145
宁 夏	67	85	178	264	408	786	1 138	997	1 504	1 756	2 466
新 疆	69	72	290	431	1 062	1 476	2 221	2 778	3 360	4 209	4 915

按年份各地区公共图书馆总支出情况

单位:万元

地　区	1979年	1980年	1985年	1990年	1995年	2000年	2002年	2003年	2005年	2006年	2007年
总　计	**5 206**	**5 486**	**13 393**	**30 271**	**74 080**	**157 173**	**208 929**	**235 819**	**312 571**	**344 076**	**431 326**
中　央	511	490	1 325	3 550	9 460	21 155	23 462	24 608	28 686	30 140	36 886
地　方	4 695	4 996	12 068	26 721	64 620	136 018	185 466	211 211	283 885	313 936	394 441
北　京	142	130	284	733	1 851	5 326	9 181	10 270	16 840	17 846	18 470
天　津	164	160	323	643	2 128	3 074	4 084	4 130	7 548	9 679	12 590
河　北	125	135	306	758	2 044	3 458	4 395	4 603	7 208	6 567	10 093
山　西	148	126	287	527	1 170	2 270	3 159	3 677	5 085	5 979	7 193
内蒙古	143	150	370	734	1 458	2 536	3 584	3 898	4 959	5 564	6 879
辽　宁	348	375	846	2 099	4 392	7 783	10 636	10 596	16 225	15 980	19 673
吉　林	192	176	474	871	1 835	3 520	4 318	4 986	6 295	6 869	8 947
黑龙江	290	286	518	1 132	2 139	3 409	4 448	5 612	8 602	7 760	9 940
上　海	402	379	897	2 484	7 021	24 425	28 659	29 432	36 757	38 589	45 537
江　苏	219	259	695	1 514	4 046	8 400	12 609	15 712	20 630	23 976	33 534
浙　江	130	135	624	1 237	3 082	8 500	12 229	16 506	22 905	25 951	31 151
安　徽	134	137	254	521	1 384	2 641	3 361	5 656	5 767	6 398	8 573
福　建	91	90	335	777	1 710	3 916	5 386	5 447	7 446	7 222	9 511
江　西	114	137	372	744	1 323	2 343	3 227	3 552	4 343	5 074	6 962
山　东	275	269	496	1 268	2 968	6 881	8 238	9 623	13 242	14 974	21 579
河　南	161	168	371	815	2 140	3 902	5 348	5 320	6 377	6 979	8 871
湖　北	166	225	636	1 109	2 372	3 952	6 070	6 745	8 120	9 120	11 587
湖　南	199	207	548	982	2 329	3 399	4 374	4 887	6 431	7 124	9 125
广　东	201	259	691	2 011	6 807	14 597	20 800	26 569	33 777	39 752	46 963
广　西	148	165	431	749	1 769	3 077	4 598	5 182	6 288	7 443	8 929
海　南	…	…	…	118	369	355	679	476	658	1 189	2 070
重　庆	…	…	…	…	…	2 026	2 679	3 009	3 856	3 994	6 545
四　川	258	287	618	1 789	3 245	3 462	4 657	5 290	8 218	9 057	12 600
贵　州	83	95	241	417	810	1 428	1 806	2 104	3 497	4 314	5 081
云　南	108	142	398	843	2 234	3 928	6 099	5 339	6 786	7 614	10 163
西　藏	…	3	31	15	61	110	190	195	336	346	518
陕　西	126	133	214	482	951	2 263	3 526	3 766	4 405	5 657	5 363
甘　肃	107	99	200	441	1 011	1 799	2 492	3 728	4 399	4 854	6 003
青　海	81	89	165	237	424	780	1 039	1 040	1 315	1 683	2 208
宁　夏	69	82	153	265	430	783	1 174	1 017	1 574	1 773	2 564
新　疆	71	98	290	406	1 119	1 677	2 423	2 848	3 999	4 610	5 221

按年份各地区公共图书馆购书费支出情况

单位:万元

地区	1979年	1980年	1985年	1990年	1995年	2000年	2002年	2003年	2005年	2006年	2007年
总计	**2 163**	**2 273**	**4 164**	**8 474**	**16 788**	**37 141**	**41 853**	**44 407**	**59 781**	**66 095**	**78 262**
中央	297	297	735	2 200	6 036	9 000	10 991	10 993	12 001	13 003	13 770
地方	1 866	1 975	3 429	6 274	10 752	28 141	30 862	33 414	47 780	53 092	64 492
北京	42	42	102	163	251	914	1 664	1 755	3 413	4 188	4 025
天津	67	67	104	106	318	563	609	617	1 527	2 590	2 460
河北	63	68	76	161	302	428	367	444	677	949	1 337
山西	50	49	68	93	131	292	184	281	385	438	614
内蒙古	45	51	66	85	86	166	192	211	169	281	377
辽宁	115	117	205	454	768	948	1 777	1 482	2 027	2 079	2 575
吉林	98	61	104	152	250	459	597	491	777	758	713
黑龙江	79	91	128	251	235	395	390	409	410	659	729
上海	172	187	431	1 079	2 204	11 210	7 607	8 607	10 342	10 686	11 265
江苏	98	99	284	458	732	1 780	2 657	2 933	3 739	4 370	5 034
浙江	68	68	191	374	578	1 577	1 990	2 337	3 994	4 375	6 676
安徽	57	60	62	121	262	297	370	271	619	593	730
福建	42	47	111	170	311	716	890	929	599	1 301	1 493
江西	44	58	67	129	99	302	351	347	646	807	795
山东	87	85	113	237	506	978	1 468	1 434	1 868	1 922	2 512
河南	62	65	80	165	255	413	530	540	655	827	877
湖北	55	94	120	256	299	699	972	1 033	1 296	1 534	1 539
湖南	68	73	115	177	207	415	549	627	900	914	1 173
广东	74	83	251	465	1 186	2 832	4 575	5 222	7 394	8 056	11 830
广西	71	82	96	159	291	520	516	556	674	747	795
海南	…	…	…	21	59	41	100	61	92	66	803
重庆	…	…	…	…	…	330	306	340	569	570	1 222
四川	107	109	168	289	431	485	417	559	1 095	1 230	1 678
贵州	48	46	79	128	100	166	216	232	301	383	358
云南	49	63	110	207	441	538	598	647	720	843	899
西藏	…	2	5	3	14	16	13	30	43	40	46
陕西	62	42	61	88	1 041	117	275	295	701	504	545
甘肃	41	51	61	108	170	289	352	480	594	588	586
青海	38	37	40	39	33	54	54	36	72	72	80
宁夏	29	32	42	59	41	68	111	42	136	133	280
新疆	35	46	89	77	91	136	168	170	347	590	447

按年份各地区公共图书馆人均购书费情况

单位:元

地 区	1984年	1985年	1990年	1995年	2000年	2005年	2006年	2007年
全 国	**0.023**	**0.040**	**0.074**	**0.139**	**0.287**	**0.457**	**0.503**	**0.601**
北 京	0.049	0.106	0.150	0.239	0.661	2.219	2.649	2.464
天 津	0.089	0.129	0.120	0.360	0.562	1.463	2.409	2.206
河 北	0.013	0.014	0.026	0.048	0.063	0.098	0.138	0.193
山 西	0.020	0.026	0.032	0.045	0.089	0.114	0.130	0.181
内蒙古	0.027	0.033	0.039	0.039	0.070	0.070	0.117	0.157
辽 宁	0.034	0.056	0.114	0.194	0.224	0.480	0.487	0.599
吉 林	0.028	0.045	0.061	0.101	0.168	0.286	0.278	0.261
黑龙江	0.029	0.039	0.070	0.067	0.107	0.107	0.172	0.191
上 海	0.163	0.354	0.807	1.710	6.697	5.816	5.888	6.063
江 苏	0.017	0.046	0.068	0.108	0.239	0.500	0.579	0.660
浙 江	0.018	0.047	0.090	0.135	0.337	0.815	0.878	1.319
安 徽	0.012	0.012	0.021	0.045	0.050	0.101	0.097	0.119
福 建	0.019	0.041	0.056	0.101	0.206	0.452	0.366	0.417
江 西	0.018	0.019	0.034	0.026	0.073	0.149	0.186	0.182
山 东	0.012	0.015	0.028	0.059	0.108	0.202	0.207	0.268
河 南	0.009	0.011	0.019	0.029	0.045	0.069	0.088	0.091
湖 北	0.020	0.024	0.047	0.054	0.116	0.226	0.269	0.270
湖 南	0.014	0.020	0.029	0.033	0.064	0.142	0.144	0.185
广 东	0.016	0.040	0.073	0.183	0.328	0.804	0.866	1.252
广 西	0.023	0.025	0.037	0.067	0.116	0.144	0.158	0.167
海 南	…	…	0.032	0.088	0.052	0.110	0.079	0.950
重 庆	…	…	…	…	…	0.203	0.203	0.434
四 川	0.011	0.016	0.027	0.039	0.058	0.133	0.151	0.207
贵 州	0.017	0.027	0.039	0.030	0.047	0.080	0.102	0.095
云 南	0.020	0.032	0.052	0.117	0.125	0.161	0.188	0.199
西 藏	0.011	0.030	0.014	0.061	0.063	0.155	0.142	0.161
陕 西	0.015	0.021	0.027	0.031	0.033	0.188	0.135	0.146
甘 肃	0.027	0.030	0.048	0.074	0.113	0.228	0.225	0.224
青 海	0.098	0.098	0.087	0.074	0.103	0.132	0.130	0.145
宁 夏	0.086	0.086	0.126	0.084	0.120	0.228	0.220	0.458
新 疆	0.036	0.065	0.050	0.058	0.071	0.172	0.288	0.214

按年份各地区公共图书馆购书费占总支出比重

单位:%

地区	1979年	1980年	1985年	1990年	1995年	2000年	2001年	2004年	2005年	2006年	2007年
中央	58.1	60.8	55.5	62.0	63.8	42.5	45.5	44.9	41.8	43.1	37.3
地方	39.7	39.5	28.4	23.5	16.6	20.7	20.2	15.8	16.8	16.9	16.4
北京	24	25.5	26.2	20	9	14.2	14.4	11.6	18.5	23.5	21.8
天津	32.1	31.6	19	10.5	7.5	7.9	8.5	14.7	15.3	26.8	19.5
河北	41.4	45.3	26.5	19	6.4	9.4	7.2	13	8.9	14.5	13.3
山西	32.9	53.1	24.3	20.2	10.1	6.3	3.1	2.8	6.7	7.3	8.5
内蒙古	25.5	32.5	19.3	8.9	7.4	8.3	4.4	3.1	4.0	5.1	5.5
辽宁	29.5	28.8	27.3	18.2	18.2	17.1	16.8	15.9	11.0	13.0	13.1
吉林	34.8	31.7	20.4	14.8	17.2	15.2	13.6	14.8	15.4	11.0	8.0
黑龙江	21.8	20.8	28.4	23.9	14.7	12	10.4	9.6	10.5	8.5	7.3
上海	40.5	25.4	27.4	17.4	11.8	14.5	17.9	13.8	14.1	27.7	24.7
江苏	38.7	32.9	41.5	31.5	17.7	21.5	19.1	14	16.5	18.2	15.0
浙江	40.4	45.7	27.7	25.4	19.4	19.1	11.3	14.9	14.5	16.9	21.4
安徽	35.4	37.5	22.9	21	21.5	14	12.1	12.5	16.7	9.3	8.5
福建	33.1	50.1	21.4	16.6	19.7	23.7	22.4	18.4	16.4	18.0	15.7
江西	38.6	35.5	21.1	17.9	5.8	10.5	19.7	11.8	15.1	15.9	11.4
山东	35.4	34.1	26.7	21.5	17.4	15.4	16.5	13	15.4	12.8	11.6
河南	37.7	42.2	26.9	22.5	12	15	10.5	13.1	12.3	11.9	9.9
湖北	41.4	42.4	24.4	23.7	15.1	16	16.9	14.8	15.2	16.8	13.3
湖南	37.3	33.3	14.8	14.1	8.4	12.8	10	7.5	10.8	12.8	12.9
广东	25.7	26.8	45.7	24.5	20.6	21.6	21	21.2	22.1	20.3	25.2
广西	43.3	45.9	16.7	26.1	18.9	16.1	12.5	12	10.5	10.0	8.9
海南	…	…	…	21.1	15.7	9.7	12.1	19.3	19.5	5.6	38.8
重庆	…	…	…	…	…	12.8	11	13.4	16.2	14.3	18.7
四川	44.2	37.6	34.1	15.8	15.2	14.2	10.6	13.7	15.7	13.6	13.3
贵州	55.8	52.4	21.2	38.3	7.2	14.5	23.2	4.6	9.7	8.9	7.0
云南	50.8	49.8	35.4	38.3	13.6	15.9	15.6	8.5	7.1	11.1	8.9
西藏	…	57.6	…	…	…	14.9	…	…	13.6	11.6	8.8
陕西	57.6	34.9	33.3	14.7	11.4	5.9	16.2	15.8	25.9	8.9	10.2
甘肃	44.8	41.4	23.2	26.8	13.4	12.5	12.9	15	13.3	12.1	9.8
青海	55.4	36.1	14.1	12.2	3.7	0.6	1.4	2.6	3.0	4.3	3.6
宁夏	53.1	46.7	22.1	20	12.2	20.3	27.4	13.6	6.8	7.5	10.9
新疆	70	49.2	29.8	21.6	11.3	11.3	10.8	10.1	7.7	12.8	8.6

按年份各地区地市级公共图书馆购书费占总支出比重

单位：%

地区	1979年	1980年	1985年	1990年	1995年	2000年	2001年	2004年	2005年	2006年	2007年
总计	**36.7**	**31.8**	**28.0**	**20.3**	**14.8**	**16.0**	**15.4**	**14.3**	**15.1**	**14.5**	**15.4**
北京	24.0	25.5	26.2	20.0	9.0	14.2	14.4	11.6	18.5	——	——
天津	32.1	31.6	19.0	10.5	7.5	7.9	8.5	14.7	15.3	——	——
河北	41.4	45.3	26.5	19.0	6.4	9.4	7.2	13.0	8.9	13.2	17.0
山西	32.9	53.1	24.3	20.2	10.1	6.3	3.1	2.8	6.8	6.2	10.3
黑龙江	25.5	32.5	19.3	8.9	7.4	8.3	4.4	3.1	4.0	5.0	8.3
辽宁	29.5	28.8	27.3	18.2	18.2	17.1	16.8	15.9	11.0	12.8	12.6
吉林	34.8	31.7	20.4	14.8	17.2	15.2	13.6	14.8	15.4	14.4	9.6
黑龙江	21.8	20.8	28.4	23.9	14.7	12.0	10.4	9.6	10.5	10.9	8.4
上海	40.5	25.4	27.4	17.4	11.8	14.5	17.9	13.8	14.1	——	——
江苏	38.7	32.9	41.5	31.5	17.7	21.5	19.1	14.0	16.5	16.0	16.2
浙江	40.4	45.7	27.7	25.4	19.4	19.1	11.3	14.9	14.5	15.8	22.8
安徽	35.4	37.5	22.9	21.0	21.5	14.0	12.1	12.5	16.8	13.6	13.2
福建	33.1	50.1	21.4	16.6	19.7	23.7	22.4	18.4	16.5	12.2	13.3
江西	38.6	35.5	21.1	17.9	5.8	10.5	19.7	11.8	15.1	13.6	13.4
山东	35.4	34.1	26.7	21.5	17.4	15.4	16.5	13.0	15.5	15.9	11.6
河南	37.7	42.2	26.9	22.5	12.0	15.0	10.5	13.1	12.3	14.5	12.4
湖北	41.4	42.4	24.4	23.7	15.1	16.0	16.9	14.8	15.3	17.7	13.0
湖南	37.3	33.3	14.8	14.1	8.4	12.8	10.0	7.5	10.8	10.8	11.7
广东	25.7	26.8	45.7	24.5	20.6	21.6	21.0	21.2	22.1	18.5	22.5
广西	43.3	45.9	16.7	26.1	18.9	16.1	12.5	12.0	10.5	10.9	12.2
海南	…	…	…	21.1	15.7	9.7	12.1	19.3	19.6	10.0	14.7
重庆	…	…	…	…	…	12.8	11.0	13.4	16.2	12.6	——
四川	44.2	37.6	34.1	15.8	15.2	14.2	10.6	13.7	15.8	14.0	15.7
贵州	55.8	52.4	21.2	38.3	7.2	14.5	23.2	4.6	9.7	7.5	7.6
云南	50.8	49.8	35.4	38.3	13.6	15.9	15.6	8.5	7.1	12.0	9.0
西藏	…	57.6	…	…	…	14.9	…	…	13.6	——	4.0
陕西	57.6	34.9	33.3	14.7	11.4	5.9	16.2	15.8	26.0	18.5	13.7
甘肃	44.8	41.4	23.2	26.8	13.4	12.5	12.9	15.0	13.3	11.7	9.5
青海	55.4	36.1	14.1	12.2	3.7	0.6	1.4	2.6	3.0	1.9	2.5
宁夏	53.1	46.7	22.1	20.0	12.2	20.3	27.4	13.6	6.8	9.7	7.1
新疆	70.0	49.2	29.8	21.6	11.3	11.3	10.8	10.1	7.7	8.1	6.8

按年份各地区县级公共图书馆购书费占总支出比重

单位:%

地区	1979年	1980年	1985年	1990年	1995年	2000年	2001年	2004年	2005年	2006年	2007年
总计	**37.0**	**35.3**	**17.2**	**15.1**	**10.3**	**9.9**	**9.3**	**9.4**	**10.9**	**12.7**	**11.4**
北京	39.1	34.7	19.2	13.5	8.6	6.9	9.0	9.3	40.8	25.0	23.0
天津	31.5	51.3	22.8	7.2	8.6	4.2	1.8	5.4	0.7	22.5	9.2
河北	46.9	40.7	16.7	14.6	13.6	4.6	5.1	5.2	5.5	5.6	8.5
山西	33.8	32.1	16.6	13.0	4.8	5.4	4.6	3.6	6.1	6.6	6.0
内蒙古	35.6	32.0	14.4	10.9	4.9	4.2	3.6	3.0	3.2	3.1	4.4
辽宁	32.9	24.4	16.6	13.9	14.1	11.4	10.3	7.4	9.2	7.5	9.4
吉林	34.4	28.8	12.3	9.6	7.2	4.0	3.9	3.8	4.8	3.5	2.6
黑龙江	23.6	23.9	16.7	14.6	7.8	6.4	4.4	4.7	5.0	4.9	4.2
上海	40.5	39.4	26.8	27.1	15.8	18.4	14.6	22.1	12.2	17.6	17.4
江苏	41.8	34.0	19.3	19.5	11.4	13.9	12.1	12.1	12.0	12.2	13.2
浙江	51.4	47.1	19.7	25.1	14.2	14.7	13.2	11.6	15.7	16.0	16.2
安徽	39.2	37.1	18.0	17.6	8.8	5.1	5.5	5.0	6.0	7.6	4.8
福建	36.4	50.9	23.8	22.0	11.6	9.5	11.0	9.6	23.5	16.3	13.1
江西	31.6	39.8	12.8	9.5	7.5	12.5	8.4	8.0	8.9	9.6	8.2
山东	24.1	23.9	9.6	8.3	10.0	6.7	8.9	8.7	9.3	8.5	5.8
河南	36.2	36.8	12.9	12.7	5.8	6.3	5.5	6.2	5.7	7.5	5.4
湖北	35.9	41.9	8.3	15.0	10.7	14.2	16.2	10.7	12.3	11.5	9.0
湖南	29.4	31.5	17.2	14.2	8.4	8.4	8.1	7.4	10.0	8.2	8.3
广东	31.0	29.8	19.4	18.0	13.3	13.5	13.2	14.4	16.6	15.0	16.3
广西	45.0	45.4	19.5	16.3	11.1	8.0	9.0	8.6	8.4	7.2	6.3
海南	…	…	…	16.3	16.3	12.5	13.8	7.8	9.6	7.6	4.5
重庆	…	…	…	…	…	12.7	12.1	7.7	5.1	8.2	10.6
四川	38.1	34.3	17.7	11.3	10.5	10.1	8.9	15.1	8.2	10.5	9.8
贵州	66.7	43.6	35.0	18.9	7.0	6.5	6.9	6.0	4.8	6.4	3.8
云南	48.0	44.1	21.5	20.6	14.2	10.5	10.0	8.3	8.3	7.4	6.6
西藏	…	…	17.5	20.0	…	…	…	…	…	…	——
陕西	52.4	22.3	19.3	8.9	3.6	2.4	4.0	3.8	5.3	4.0	7.1
甘肃	37.1	84.0	18.8	14.5	7.1	4.5	4.4	4.3	4.4	2.5	1.8
青海	48.9	44.0	17.4	10.8	2.8	1.6	2.1	0.8	1.7	1.2	1.8
宁夏	32.9	39.5	19.8	13.7	6.2	5.9	11.1	3.9	3.5	2.9	3.3
新疆	55.8	55.9	16.9	14.4	6.3	5.8	3.1	4.7	8.7	7.2	6.2

按年份各地区地市级公共图书馆平均每馆购书费情况

单位:万元

地区	1979年	1980年	1985年	1990年	1995年	2000年	2001年	2004年	2005年	2006年	2007年
总计	**1.8**	**1.9**	**3.3**	**5.7**	**10.0**	**19.4**	**21.9**	**32.9**	**40.9**	**40.2**	**51.4**
北京	1.4	1.8	3.2	7.8	7.2	25.6	28.2	31.2	76.3	——	——
天津	1.9	1.6	1.4	1.6	2.7	4.9	6.5	19.7	28.0	——	——
河北	2.5	2.8	3.4	5.1	6.0	12.2	9.9	27.3	29.8	33.7	56.2
山西	1.2	1.3	1.9	3.2	3.4	6.1	3.3	8.4	14.5	12.7	24.9
内蒙古	1.2	1.5	2.2	1.8	3.1	5.4	4.1	4.4	5.8	7.7	15.8
辽宁	3.5	4.2	5.0	8.7	18.1	27.6	34.8	48.0	44.0	47.0	41.1
吉林	2.1	2.1	3.1	6.3	16.7	23.4	24.3	38.5	48.6	46.1	36.4
黑龙江	2.0	3.1	3.5	10.3	12.9	15.8	13.7	22.1	25.2	28.6	29.7
上海	2.1	2.1	2.9	5.6	14.7	30.3	45.4	60.7	79.9	——	——
江苏	2.7	2.8	8.1	13.5	17.5	49.5	59.5	69.3	79.9	86.7	107.2
浙江	2.5	2.9	4.3	8.0	15.0	38.8	27.7	63.5	86.6	111.4	185.7
安徽	1.5	1.1	2.3	3.3	10.2	9.1	10.4	17.7	25.9	20.2	21.7
福建	1.7	2.1	1.9	3.3	7.7	39.6	30.4	43.6	45.8	30.6	26.3
江西	1.1	1.5	2.7	3.5	3.0	3.2	9.8	9.7	12.3	11.5	24.3
山东	1.8	1.9	3.1	6.5	12.3	20.1	26.9	43.2	45.3	56.0	60.3
河南	2.0	1.9	2.7	4.0	5.7	14.6	11.0	17.7	17.7	23.3	23.0
湖北	2.2	1.9	2.8	5.4	6.8	9.3	19.1	22.4	30.9	39.6	33.6
湖南	1.1	1.3	1.8	3.1	4.1	8.5	8.3	8.3	12.6	14.4	19.4
广东	1.2	1.4	12.5	15.3	33.3	69.4	71.2	148.1	152.7	152.3	220.6
广西	1.8	2.4	2.6	6.0	13.3	16.1	16.2	17.0	17.6	21.3	27.6
海南	…	…	…	4.0	11.8	6.2	8.8	22.6	28.3	17.9	33.0
重庆	…	…	…	…	…	5.9	5.9	11.0	14.3	12.5	——
四川	2.7	2.0	3.8	7.1	9.5	9.2	6.1	29.3	22.8	27.1	36.1
贵州	1.8	2.0	2.2	5.2	2.0	10.1	18.9	5.1	12.0	13.9	14.5
云南	1.0	1.2	1.9	3.4	4.6	13.1	11.9	9.2	9.8	17.0	17.4
西藏	…	1.9	…	…	…	16.4	…	…	4.3	…	1.9
陕西	1.7	1.8	1.3	1.8	3.0	6.5	13.7	19.2	38.9	29.6	23.7
甘肃	1.0	0.9	1.2	3.2	3.4	6.5	10.3	16.3	15.9	19.6	18.1
青海	1.3	1.4	1.0	1.3	0.6	0.1	0.5	1.3	1.5	1.5	2.1
宁夏	3.8	2.8	2.7	1.3	5.4	12.3	20.4	23.6	7.9	14.5	14.3
新疆	1.0	1.7	1.8	2.6	3.4	5.1	5.9	7.5	7.0	9.2	9.7

按年份各地区县级公共图书馆平均每馆购书费情况

单位:万元

地　区	1979年	1980年	1985年	1990年	1995年	2000年	2001年	2004年	2005年	2006年	2007年
总　计	**0.5**	**0.5**	**0.5**	**0.8**	**1.2**	**1.9**	**2.0**	**3.3**	**4.1**	**6.7**	**7.7**
北　京	1.3	1.3	1.3	3.3	3.2	5.9	10.3	15.0	119.5	112.1	106.7
天　津	0.7	1.0	2.0	0.8	2.2	1.8	0.7	3.4	0.5	44.1	25.2
河　北	0.3	0.3	0.2	0.4	0.9	0.4	0.5	0.8	0.9	1.0	1.9
山　西	0.4	0.4	0.3	0.4	0.3	0.5	0.5	0.6	1.2	1.7	2.0
内蒙古	0.3	0.3	0.4	0.5	0.5	0.6	0.6	0.8	0.9	0.9	1.6
辽　宁	0.6	0.6	0.7	1.0	2.2	2.8	2.9	3.7	4.3	3.5	7.3
吉　林	0.5	0.5	0.9	0.9	1.2	1.0	1.0	1.2	1.8	1.5	1.5
黑龙江	0.6	0.5	0.5	0.7	0.7	1.0	0.8	1.2	1.3	1.4	1.5
上　海	1.7	1.9	1.8	3.0	11.6	31.2	33.0	64.2	49.0	93.6	105.4
江　苏	0.6	0.5	0.7	1.7	2.8	5.6	5.6	12.3	12.8	13.8	17.0
浙　江	0.6	0.6	1.1	2.4	3.3	7.8	8.4	15.6	22.6	24.3	29.9
安　徽	0.4	0.3	0.3	0.7	0.8	0.8	0.9	1.3	1.5	2.8	2.0
福　建	0.6	0.7	0.6	1.0	1.3	1.8	2.2	2.6	9.4	6.9	8.6
江　西	0.4	0.5	0.3	0.5	0.6	2.2	1.2	1.6	2.1	2.6	3.0
山　东	0.5	0.5	0.3	0.6	1.5	1.7	2.3	3.1	3.8	3.8	4.3
河　南	0.4	0.4	0.3	0.5	0.5	0.9	0.8	1.3	1.2	1.8	1.9
湖　北	0.3	0.5	0.4	1.0	1.4	4.0	4.2	3.4	4.8	4.4	4.6
湖　南	0.5	0.5	0.6	0.7	1.0	1.3	1.5	1.9	3.2	2.7	3.5
广　东	0.4	0.5	0.5	1.5	3.2	7.2	7.3	16.1	16.9	18.7	24.5
广　西	0.5	0.6	0.5	0.9	0.9	1.0	1.4	1.6	1.9	1.9	2.1
海　南	…	…	…	0.8	2.1	1.7	2.0	1.7	2.1	1.8	1.5
重　庆	…	…	…	…	…	2.0	2.4	2.3	2.2	2.6	8.0
四　川	0.5	0.5	0.6	0.8	1.2	1.3	1.4	5.1	2.6	2.9	4.0
贵　州	0.7	0.5	0.7	0.5	0.4	0.4	0.6	0.8	0.7	1.1	0.8
云　南	0.4	0.5	0.4	0.7	1.4	1.7	1.8	2.2	2.2	2.2	2.3
西　藏	…	…	0.2	0.5	…	…	…	…	…	…	——
陕　西	0.6	0.2	0.2	0.2	0.2	0.2	0.5	0.6	1.0	0.8	2.0
甘　肃	0.6	0.9	0.3	0.4	0.4	0.4	0.6	0.7	0.8	0.6	0.5
青　海	1.1	0.8	0.5	0.3	0.1	0.1	0.2	0.1	0.2	0.2	0.4
宁　夏	0.9	1.2	0.8	1.2	0.8	1.3	4.3	1.5	1.2	1.2	1.9
新　疆	1.0	1.0	0.5	0.5	0.6	0.7	0.5	1.0	1.8	1.8	1.9

按年份各地区公共图书馆新购图书册数

单位:万册

地　区	1983 年	1985 年	1990 年	1995 年	2000 年	2005 年	2006 年	2007 年
总　计	**1 541**	**1 343**	**895**	**551**	**692**	**1535**	**1686**	**1871**
中　央	41	70	71	17	21	28	32	36
地　方	1 500	1 273	824	534	671	1507	1654	1835
北　京	44	30	23	11	33	114	152	136
天　津	39	31	13	14	17	35	81	65
河　北	38	45	22	26	15	33	39	64
山　西	32	30	25	7	12	17	17	30
内蒙古	33	31	18	7	11	8	14	18
辽　宁	97	94	66	41	39	72	79	106
吉　林	50	34	17	14	14	32	22	25
黑龙江	43	48	32	17	17	26	37	41
上　海	90	67	49	44	67	100	103	129
江　苏	108	68	54	41	57	106	136	142
浙　江	73	67	50	33	54	142	163	202
安　徽	33	27	17	9	11	23	34	32
福　建	49	40	23	18	25	71	52	54
江　西	44	61	19	9	15	26	25	35
山　东	52	44	28	23	32	64	78	77
河　南	73	40	25	16	21	30	31	43
湖　北	70	64	43	23	28	43	48	53
湖　南	76	62	26	19	24	54	32	43
广　东	64	54	58	69	77	316	296	284
广　西	55	38	66	16	20	26	28	27
海　南	…	…	4	6	3	3	2	15
重　庆	…	…	…	…	12	23	19	40
四　川	86	74	46	25	21	47	74	50
贵　州	34	36	20	5	8	7	10	10
云　南	83	69	33	22	15	26	25	38
西　藏	5	3	1	0.1	0.3	2	1	1
陕　西	33	28	10	5	6	25	19	19
甘　肃	30	26	15	7	7	12	11	11
青　海	20	13	4	1	2	4	1	3
宁　夏	25	24	7	2	3	5	5	7
新　疆	21	25	10	6	5	15	19	35

按年份各地区地市级公共图书馆平均每馆新购图书册数

单位:万册

地区	1983年	1985年	1990年	1995年	2000年	2001年	2004年	2005年	2006年	2007年
总计	**1.8**	**1.3**	**0.8**	**0.6**	**0.7**	**0.8**	**1.2**	**1.5**	**0.6**	**1.6**
北京	2.7	1.6	1.5	0.4	1.3	1.9	1.6	3.0	6.3	——
天津	1.3	0.9	0.3	0.3	0.3	0.4	0.7	0.6	2.5	——
河北	1.4	1.4	1.0	0.5	0.6	0.5	1.0	1.3	0.3	1.7
山西	1.0	0.9	0.7	0.1	0.1	0.3	0.3	0.3	0.1	0.7
黑龙江	1.5	1.1	0.4	0.2	0.3	0.3	0.2	0.2	0.1	0.4
辽宁	3.1	2.2	1.3	1.0	0.8	1.1	1.4	1.4	0.6	1.3
吉林	2.1	1.1	0.7	0.8	0.9	0.6	0.7	1.4	0.3	1.2
黑龙江	0.9	1.3	1.3	0.8	0.8	0.7	1.0	1.3	0.4	2.5
上海	2.1	1.6	0.9	0.9	1.0	1.2	1.7	2.3	3.7	——
江苏	3.3	2.8	1.7	1.3	1.6	1.9	2.4	2.9	1.3	3.9
浙江	2.4	1.8	1.2	0.8	1.8	1.5	2.7	3.6	1.8	6.8
安徽	1.0	0.9	0.6	0.2	0.3	0.3	0.5	0.7	0.4	0.7
福建	3.3	1.1	0.7	0.5	1.6	1.2	1.5	2.2	0.6	1.1
江西	2.0	1.3	0.5	0.3	0.2	1.1	0.4	0.6	0.2	1.0
山东	1.8	1.4	0.6	0.4	0.7	0.9	1.3	1.8	0.5	2.0
河南	5.1	1.3	0.7	0.4	0.7	0.5	0.7	1.0	0.2	0.8
湖北	1.7	1.5	0.9	0.5	0.4	0.7	0.8	1.0	0.5	1.1
湖南	1.4	1.2	0.6	0.3	0.4	0.4	0.4	0.6	0.3	0.6
广东	1.9	1.8	0.9	1.7	1.4	2.1	4.8	6.2	2.3	4.7
广西	1.8	1.3	1.0	0.5	0.9	0.8	0.7	0.7	0.3	0.8
海南	…	…	0.5	1.2	0.3	0.5	1.6	0.6	0.1	1.1
重庆	…	…	…	…	0.2	0.2	0.4	0.8	0.5	——
四川	2.1	1.7	1.0	0.5	0.4	0.2	1.0	0.9	0.5	0.8
贵州	2.4	1.2	0.5	0.1	0.5	0.6	0.4	0.2	0.1	0.4
云南	1.1	1.1	0.4	0.3	0.2	0.5	0.3	0.4	0.2	0.6
西藏	…	…	…	…	0.3	…	…	0.3	0.3	——
陕西	1.1	0.6	0.3	0.2	…	1.4	0.7	1.2	0.2	0.7
甘肃	1.8	0.6	0.8	0.2	0.2	0.2	0.4	0.5	0.1	0.4
青海	0.5	0.4	0.1	0.02	…	0.01	0.2	0.1	——	0.1
宁夏	2.7	1.4	1.0	0.5	0.5	0.6	0.8	0.5	0.3	0.5
新疆	0.8	0.6	0.3	0.3	0.2	0.5	0.3	0.3	0.2	0.3

按年份各地区县级公共图书馆平均每馆新购图书册数

单位:万册

地　区	1983年	1985年	1990年	1995年	2000年	2001年	2004年	2005年	2006年	2007年
总　计	**0.44**	**0.32**	**0.17**	**0.10**	**0.11**	**0.11**	**0.20**	**0.25**	**0.33**	**0.37**
北　京	1.39	0.88	0.56	0.33	0.28	0.43	0.80	6.00	5.23	4.64
天　津	0.78	0.68	0.17	0.18	0.10	0.18	0.18	0.14	2.00	0.84
河　北	0.35	0.19	0.08	0.13	0.04	0.06	0.10	0.09	0.11	0.26
山　西	0.26	0.22	0.13	0.03	0.07	0.03	0.15	0.10	0.09	0.19
内蒙古	0.20	0.21	0.12	0.05	0.05	0.04	0.09	0.05	0.05	0.12
辽　宁	0.54	0.45	0.27	0.14	0.13	0.13	0.20	0.26	0.23	0.49
吉　林	0.49	0.61	0.23	0.15	0.06	0.08	0.09	0.16	0.11	0.06
黑龙江	0.34	0.27	0.14	0.08	0.07	0.05	0.09	0.09	0.10	0.09
上　海	1.54	0.92	0.55	0.72	1.17	1.10	1.60	1.53	2.33	2.96
江　苏	0.64	0.44	0.38	0.25	0.34	0.33	0.68	0.61	0.91	0.81
浙　江	0.71	0.57	0.49	0.25	0.31	0.39	0.74	1.06	1.25	1.19
安　徽	0.28	0.20	0.11	0.07	0.04	0.05	0.08	0.08	0.27	0.19
福　建	0.91	0.33	0.18	0.11	0.09	0.11	0.16	0.63	0.31	0.48
江　西	0.35	0.47	0.13	0.07	0.14	0.08	0.11	0.11	0.12	0.14
山　东	0.40	0.23	0.12	0.12	0.13	0.17	0.22	0.19	0.20	0.26
河　南	0.36	0.20	0.12	0.06	0.07	0.06	0.10	0.09	0.12	0.24
湖　北	0.30	0.23	0.26	0.13	0.21	0.18	0.23	0.23	0.22	0.22
湖　南	0.54	0.41	0.15	0.12	0.12	0.11	0.16	0.38	0.16	0.24
广　东	0.34	0.26	0.27	0.25	0.33	0.33	0.79	1.11	0.79	1.05
广　西	0.45	0.29	0.21	0.09	0.08	0.08	0.11	0.10	0.10	0.10
海　南	…	…	0.18	0.21	0.12	0.07	0.08	0.10	0.08	0.07
重　庆	…	…	…	…	0.10	0.12	0.13	0.13	0.13	0.47
四　川	0.53	0.35	0.15	0.09	0.11	0.09	0.41	0.20	0.35	0.19
贵　州	0.36	0.36	0.13	0.03	0.04	0.02	0.06	0.04	0.06	0.05
云　南	0.40	0.33	0.15	0.10	0.07	0.08	0.10	0.12	0.11	0.18
西　藏	…	0.14	0.06	…	…	…	…	…	…	——
陕　西	0.27	0.16	0.05	0.02	0.04	0.02	0.06	0.07	0.07	0.08
甘　肃	0.29	0.22	0.05	0.04	0.03	0.08	0.04	0.04	0.04	0.03
青　海	0.71	0.26	0.06	0.01	…	0.01	0.03	0.06	0.02	0.04
宁　夏	1.26	1.02	0.18	0.05	0.06	0.16	0.08	0.04	0.05	0.08
新　疆	0.35	0.30	0.09	0.04	0.02	0.03	0.05	0.09	0.11	0.09

按年份各地区群众文化事业机构数

单位:个

地　区	1964年	1978年	1985年	1990年	1995年	2000年	2005年	2006年	2007年
总　计	**4 467**	**6 893**	**56 158**	**55 756**	**58 525**	**45 321**	**41 588**	**40 088**	**40 601**
北　京	36	22	392	396	356	278	328	329	331
天　津	…	18	524	367	362	306	217	200	226
河　北	186	175	3 916	3 587	3 194	2 257	2 149	2 231	2 194
山　西	103	124	1 785	1 803	1 835	1 851	1 355	1 385	1 490
内蒙古	98	61	1 708	1 622	2 122	1 712	1 329	1 048	963
辽　宁	171	910	1 732	2 479	3 327	1 520	1 522	1 495	1 510
吉　林	256	445	1 105	1 072	1 420	894	821	830	778
黑龙江	179	194	1 337	1 372	1 546	1 201	1 015	975	1033
上　海	68	20	369	410	334	340	249	250	247
江　苏	665	1 042	2 427	2 287	3 401	1 771	1 534	1 477	1 429
浙　江	230	372	3 610	3 623	3 877	1 932	1 592	1 593	1 582
安　徽	403	825	3 196	3 328	2 178	1 898	1 677	1 514	1 469
福　建	120	117	1 115	1 160	1 321	1 085	1 116	1 108	1 141
江　西	188	106	2 050	2 096	1 999	2 000	1 546	1 393	1 881
山　东	139	155	2 355	2 641	2 521	2 581	1 926	2 015	1 983
河　南	178	173	2 351	2 452	2 435	2 479	2 395	2 373	2 358
湖　北	222	876	2 991	1 849	3 136	1 695	1 258	1 321	1 342
湖　南	225	182	3 286	3 333	2 788	2 667	2 617	2 625	2 571
广　东	135	139	2 127	1 926	3 057	2 042	1 725	1 731	1 740
广　西	88	86	1 256	1 422	1 527	1 408	1 254	1 252	1 254
海　南	…	…	…	326	328	327	243	229	232
重　庆	…	…	…	…	…	1 248	1 086	1 057	1 050
四　川	227	234	7 294	7 041	4 964	3 865	4 716	3 802	3 997
贵　州	85	89	2 187	1 858	1 556	1 030	1 401	1 419	1 443
云　南	140	145	1 605	1 661	3 254	1 734	1 684	1 548	1 523
西　藏	…	5	27	56	104	94	208	206	208
陕　西	114	117	2 857	2 785	2 370	2 065	1 732	1 757	1 765
甘　肃	75	95	1 181	1 310	1 363	1 432	1 190	1 202	1 206
青　海	30	43	305	307	358	250	244	262	249
宁　夏	23	36	297	318	465	309	252	240	246
新　疆	83	87	773	869	1 023	1 060	1 207	1 221	1 160

按年份各地区群众艺术馆机构数

单位:个

地　区	1959年	1965年	1978年	1980年	1985年	1990年	1995年	2000年	2003年	2005年	2006年	2007年
总　计	**51**	**62**	**92**	**218**	**335**	**366**	**373**	**390**	**382**	**375**	**395**	**411**
北　京	1	1	…	1	1	1	1	1	1	1	1	1
天　津	1	1	1	1	1	1	1	1	1	1	1	1
河　北	3	1	14	17	20	18	12	12	12	13	13	13
山　西	1	…	…	5	11	12	12	12	12	12	12	12
内蒙古	1	…	4	10	13	13	13	13	13	13	13	13
辽　宁	6	3	9	13	16	16	23	23	22	22	23	30
吉　林	3	4	7	7	10	12	13	13	13	14	14	18
黑龙江	4	3	15	18	17	16	16	15	16	17	17	17
上　海	1	1	…	1	1	1	3	3	2	1	1	1
江　苏	…	2	…	1	11	12	12	14	4	14	13	14
浙　江	2	2	1	12	12	12	12	12	12	12	12	12
安　徽	1	1	1	2	12	14	14	14	15	14	15	25
福　建	2	8	6	9	10	10	10	10	10	10	10	14
江　西	1	8	…	11	12	12	12	12	12	12	12	12
山　东	4	8	8	13	13	17	18	19	19	18	18	18
河　南	2	11	10	12	17	22	23	23	23	18	18	22
湖　北	2	2	1	15	17	16	13	18	18	13	18	20
湖　南	1	…	…	1	16	14	15	15	15	15	15	15
广　东	2	…	…	13	15	19	21	21	22	22	22	22
广　西	1	…	…	4	14	14	14	15	15	16	16	16
海　南	…	…	…	…	…	3	3	3	2	3	3	3
重　庆	…	…	…	…	…	…	…	4	3	1	15	1
四　川	3	2	5	5	16	24	24	27	25	21	21	21
贵　州	2	2	2	3	7	7	8	8	11	8	8	8
云　南	1	1	1	18	18	19	19	20	20	17	17	17
西　藏	…	…	2	6	7	7	7	7	8	8	8	8
陕　西	3	…	2	9	11	11	11	11	11	11	11	11
甘　肃	1	…	1	8	14	15	15	15	15	16	16	15
青　海	2	1	1	2	8	9	9	9	9	9	10	9
宁　夏	…	…	1	1	2	4	4	4	5	7	6	7
新　疆	…	…	…	…	13	15	15	16	16	16	15	15

按年份各地区文化馆机构数

单位：个

地　区	1952年	1965年	1978年	1985年	1990年	1995年	2000年	2005年	2006年	2007年
总　计	**2 430**	**2 598**	**2 748**	**2 960**	**2 955**	**2 886**	**2 907**	**2 851**	**2 819**	**2 806**
北　京	24	18	19	22	22	22	22	21	20	20
天　津	21	13	17	18	18	18	18	18	18	18
河　北	168	166	161	172	170	169	166	162	162	164
山　西	116	108	124	117	118	118	118	119	119	119
内蒙古	70	81	54	104	103	102	104	102	102	102
辽　宁	109	97	118	161	161	105	102	110	110	108
吉　林	64	62	72	36	43	45	89	67	67	57
黑龙江	85	86	100	132	122	121	118	127	126	128
上　海	2	20	20	42	48	40	45	32	29	29
江　苏	108	99	110	108	109	110	107	103	102	102
浙　江	90	83	75	93	85	83	84	87	87	87
安　徽	100	93	96	101	101	99	103	104	99	94
福　建	72	73	76	78	80	80	80	80	80	77
江　西	92	97	106	103	101	101	101	101	101	101
山　东	166	133	147	144	142	140	140	140	140	139
河　南	134	151	150	210	203	201	191	186	184	180
湖　北	112	138	176	188	182	179	129	111	103	93
湖　南	102	121	119	127	127	122	125	125	125	125
广　东	117	118	124	123	113	115	119	117	120	121
广　西	77	87	86	92	96	98	99	99	99	99
海　南	…	…	…	…	17	17	18	18	18	18
重　庆	…	…	…	…	…	…	43	31	25	40
四　川	198	215	220	214	209	212	171	180	181	181
贵　州	61	83	87	86	84	85	85	87	87	87
云　南	65	140	144	130	128	128	127	132	131	131
西　藏	…	…	3	10	23	26	52	33	33	33
陕　西	127	110	115	112	113	111	111	110	109	109
甘　肃	94	75	94	83	84	83	83	84	85	86
青　海	21	30	30	43	42	42	43	43	44	45
宁　夏	…	18	19	20	19	22	22	18	19	19
新　疆	35	83	86	91	92	92	92	94	94	94

按年份各地区文化站机构数

单位:个

地　区	1978年	1985年	1990年	1995年	2000年	2005年	2006年	2007年
总　计	**17 297**	**52 858**	**52 435**	**45 038**	**42 024**	**38 362**	**36 874**	**37 384**
北　京	87	369	373	321	255	306	308	310
天　津	…	505	348	343	287	198	181	207
河　北	133	3 724	3 399	3 011	2 079	1 974	2 056	2 017
山　西	…	1 657	1 673	1 705	1 721	1 224	1 254	1 359
内蒙古	3	1 591	1 506	1 575	1 595	1 214	933	848
辽　宁	1 542	1 555	2 302	1 805	1 395	1 390	1 362	1 372
吉　林	950	1 059	1 017	1 010	792	740	749	703
黑龙江	565	1 183	1 234	1 280	1 068	871	832	888
上　海	344	326	361	289	292	216	220	217
江　苏	2 093	2 308	2 166	2 221	1 650	1 417	1 362	1 313
浙　江	1 182	3 505	3 526	1 891	1 836	1 493	1 494	1 483
安　徽	1 448	3 083	3 213	1 827	1 781	1 559	1 400	1 350
福　建	914	1 027	1 070	1 072	995	1 026	1 018	1 050
江　西	347	1 935	1 983	1 886	1 887	1 433	1 280	1 768
山　东	2 103	2 198	2 482	2 363	2 422	1 768	1 857	1 826
河　南	1 260	2 124	2 227	2 211	2 265	2 191	2 171	2 156
湖　北	321	2 786	1 651	1 856	1 548	1 134	1 200	1 229
湖　南	3 590	3 143	3 192	2 651	2 527	2 477	2 485	2 431
广　东	15	1 989	1 794	1 957	1 902	1 586	1 589	1 597
广　西	332	1 150	1 312	1 412	1 294	1 139	1 137	1 139
海　南	…	…	306	301	306	222	208	211
重　庆	…	…	…	…	1 201	1 044	1 016	1 009
四　川	9	7 064	6 808	4 718	3 667	4 515	3 600	3 795
贵　州	…	2 094	1 767	863	937	1 306	1 324	1 348
云　南	2	1 457	1 514	1 567	1 587	1 535	1 400	1 375
西　藏	…	10	26	44	35	167	165	167
陕　西	28	2 734	2 661	2 237	1 933	1 611	1 637	1 645
甘　肃	…	1 084	1 211	1 265	1 334	1 090	1 101	1 105
青　海	12	254	256	219	198	192	208	195
宁　夏	16	275	295	266	283	227	215	220
新　疆	1	669	762	862	952	1 097	1 112	1 051

按年份各地区群众文化事业财政拨款情况

单位:万元

地 区	1978年	1980年	1985年	1990年	1995年	2000年	2002年	2003年	2005年	2006年	2007年
总 计	**11 520**	**11 270**	**20 835**	**36 985**	**56 826**	**118 430**	**165 163**	**190 424**	**279 033**	**322 773**	**432 311**
北 京	142	126	281	812	661	2 594	3 491	5 318	8 145	9 007	10 052
天 津	187	139	279	415	691	1 422	2 136	2 228	3 076	3 453	5 497
河 北	594	513	740	1 819	2 362	5 161	6 350	6 626	9 767	10 335	11 985
山 西	512	486	621	1 207	1 603	2 674	3 801	4 104	5 571	7 350	9 453
内蒙古	354	324	759	1 320	1 723	3 388	4 841	4 886	7 068	6 979	9 795
辽 宁	599	700	1 426	2 047	3 488	5 054	6 030	6 347	9 121	14 383	14 400
吉 林	359	336	732	1 043	1 986	3 384	4 502	4 535	5 989	7 374	9 729
黑龙江	431	461	832	1 399	1 972	3 541	4 435	4 857	6 193	7 201	10 721
上 海	184	178	667	1 006	1 492	5 020	7 377	11 128	22 327	20 539	28 929
江 苏	542	584	1 079	1 852	3 959	8 521	11 421	12 604	19 063	22 080	32 382
浙 江	401	416	1 050	1 989	4 660	9 446	15 796	19 016	29 490	32 944	44 974
安 徽	369	433	591	1 052	1 430	3 609	4 746	6 134	7 803	7 610	11 749
福 建	281	306	573	932	1 794	2 895	4 666	4 276	5 168	6 678	8 407
江 西	402	346	504	960	1 182	2 504	3 609	3 386	4 714	4 823	6 926
山 东	637	722	1 067	2 151	2 622	7 295	8 514	9 032	12 633	16 386	22 370
河 南	572	654	818	1 377	2 282	4 630	5 710	6 459	8 194	8 159	16 654
湖 北	475	492	994	1 229	1 965	3 832	4 608	5 028	6 284	8 130	11 982
湖 南	648	636	1 050	1 352	1 620	3 571	5 158	5 392	7 570	9 168	12 930
广 东	495	440	891	1 909	4 518	12 113	18 455	25 682	40 125	47 583	56 138
广 西	347	348	637	1 225	1 231	2 639	4 358	5 103	6 056	7 403	8 833
海 南	…	…	…	210	363	645	838	708	1 260	1 414	2 264
重 庆	…	…	…	…	…	2 202	2 777	3 065	4 069	5 422	7 507
四 川	841	710	1 391	2 544	3 149	4 730	7 015	7 828	12 246	13 827	18 935
贵 州	307	231	297	558	895	1 657	2 275	2 830	4 797	5 744	8 922
云 南	368	360	843	2 061	3 551	5 950	7 789	8 178	10 958	13 105	16 216
西 藏	21	42	133	209	454	556	727	781	1 098	923	1 455
陕 西	521	416	673	1 455	1 448	3 027	4 149	3 929	5 296	6 588	9 745
甘 肃	307	266	471	1 139	1 116	1 980	2 701	3 493	4 620	5 890	7 199
青 海	172	142	298	373	520	829	1 038	1 141	1 531	1 941	3 081
宁 夏	146	170	234	410	504	879	1 489	1 609	1 901	2 079	3 265
新 疆	306	293	904	930	1 586	2 683	4 364	4 723	6 902	8 260	9 816

按年份各地区群众文化事业总支出情况

单位:万元

地　区	1978年	1980年	1985年	1990年	1995年	2000年	2002年	2003年	2005年	2006年	2007年
总　计	**10 114**	**11 376**	**20 340**	**42 476**	**83 628**	**188 437**	**235 593**	**265 751**	**358 641**	**412 430**	**575 722**
北　京	107	176	281	782	1 566	4 681	5 448	7 115	10 119	12 137	13 257
天　津	146	174	289	695	1 376	2 633	3 111	3 376	4 133	4 705	8 198
河　北	689	561	788	1 686	2 713	5 714	6 937	7 176	10 549	10 922	13 425
山　西	482	522	637	1 075	1 824	3 151	4 230	4 473	6 016	7 680	11 758
内蒙古	201	359	733	1 173	1 932	3 799	5 171	5 153	7 478	7 304	10 073
辽　宁	542	662	1 324	2 706	4 552	6 172	7 569	7 838	10 129	11 040	15 414
吉　林	349	337	711	1 106	2 101	3 748	4 975	4 960	6 394	7 493	10 407
黑龙江	499	467	814	1 407	2 219	3 804	4 917	5 112	6 485	7 682	11 680
上　海	220	253	674	2 333	6 752	14 985	20 128	24 967	38 967	36 473	47 554
江　苏	328	471	1 072	3 778	8 509	16 394	17 965	20 290	25 920	31 167	44 587
浙　江	306	417	1 011	2 629	7 101	17 194	23 384	27 280	39 851	45 336	60 163
安　徽	388	419	572	1 323	1 934	4 302	5 490	7 042	8 976	9 083	13 639
福　建	251	309	517	1 094	2 199	4 135	5 436	5 299	6 763	9 227	11 048
江　西	337	374	515	1 055	1 493	3 167	4 176	3 979	6 265	5 921	9 002
山　东	653	705	987	2 369	3 317	8 909	10 096	10 556	14 358	17 561	24 123
河　南	674	695	914	1 469	2 737	5 647	7 625	8 729	8 810	9 455	38 267
湖　北	442	480	981	1 706	3 885	7 841	7 732	7 890	10 072	12 351	19 252
湖　南	542	572	941	1 702	2 575	5 696	7 060	7 563	9 603	11 573	16 372
广　东	361	510	887	1 709	5 937	27 213	32 677	42 018	57 669	69 416	76 499
广　西	279	278	656	1 235	1 877	3 425	6 018	6 375	6 842	8 654	9 867
海　南	…	…	…	200	364	887	961	914	1 329	1 556	2 511
重　庆	…	…	…	…	…	4 889	5 892	6 228	6 627	8 937	13 369
四　川	636	740	1 313	3 108	5 327	8 927	10 473	11 208	14 375	16 321	28 805
贵　州	274	268	359	585	989	1 976	2 625	3 142	5 123	6 121	9 747
云　南	314	424	692	1 832	4 191	7 312	8 920	9 391	11 933	14 548	18 246
西　藏	21	47	137	172	429	607	997	843	1 169	1 135	1 723
陕　西	459	346	597	988	1 569	3 648	4 810	4 573	5 775	7 124	10 743
甘　肃	310	267	506	861	1 189	2 251	2 903	3 863	4 995	6 333	7 509
青　海	84	157	290	340	537	870	1 104	1 174	1 629	2 166	3 802
宁　夏	108	115	260	418	651	1 202	1 768	1 842	2 096	2 598	3 575
新　疆	112	271	882	940	1 785	3 261	4 999	5 384	8 194	10 412	11 109

按年份各地区文物业文物藏品数

单位:件

地　区	1995年	2000年	2001年	2002年	2003年	2005年	2006年	2007年
全　国	**11 331 575**	**12 491 531**	**12 598 808**	**12 360 506**	**14 343 943**	**19 964 963**	**18 453 447**	**25 677 354**
中　央	1 422 369	1 461 199	1 256 553	1 474 399	1 474 399	1 667 307	1 686 643	1 687 938
地　方	9 909 206	11 030 332	11 342 255	10 886 107	12 869 544	18 297 656	16 766 804	23 989 416
北　京	167 342	181 864	173 441	196 469	1 123 558	1 152 341	1 154 683	3 618 898
天　津	546 695	553 684	578 696	564 870	577 485	598 813	202 611	946 091
河　北	617 098	668 097	864 153	440 829	440 531	527 123	523 534	540 624
山　西	394 648	397 373	398 244	413 819	458 658	897 875	944 350	835 638
内蒙古	352 021	367 847	268 195	271 966	272 243	442 177	448 307	450 012
辽　宁	225 092	214 994	276 002	271 582	232 517	423 106	385 989	634 315
吉　林	163 694	168 976	155 996	131 901	129 479	190 796	194 057	196 522
黑龙江	162 820	166 115	160 590	151 646	154 228	168 899	173 221	183 134
上　海	203 424	268 984	270 791	279 671	281 611	1 496 698	308 077	1 450 244
江　苏	771 836	803 066	871 147	854 978	881 396	1 933 152	1 930 699	1 940 200
浙　江	396 543	494 206	509 085	509 320	678 426	869 053	1 068 973	1 092 998
安　徽	328 780	432 385	429 033	452 762	459 631	446 566	484 528	693 412
福　建	218 598	263 587	324 761	321 219	327 065	419 697	418 000	422 077
江　西	202 575	241 239	222 107	173 679	185 780	387 165	365 436	502 924
山　东	591 720	792 763	663 867	665 211	655 930	811 316	806 951	1 356 077
河　南	1 021 544	1 260 014	1 319 825	1 135 850	1 206 533	1 435 202	1 435 495	1 589 814
湖　北	560 737	615 162	533 034	1 034 134	998 578	983 730	817 623	1 071 934
湖　南	278 609	277 841	272 754	264 644	275 575	532 768	524 518	770 245
广　东	456 762	498 102	504 718	362 383	483 261	988 920	1 005 832	1 545 699
广　西	232 666	211 091	206 089	197 264	196 551	301 908	269 691	302 896
海　南	24 938	48 731	44 927	44 297	47 666	30 140	37 889	30 297
重　庆	…	237 413	236 799	232 456	237 987	301 849	322 923	593 283
四　川	675 154	457 941	502 103	544 487	653 333	752 459	756 962	808 812
贵　州	36 892	41 579	41 837	72 100	72 911	54 690	54 936	89 054
云　南	214 693	244 475	232 442	213 466	232 942	299 465	305 870	374 955
西　藏	127 026	68 650	72 929	12 467	89 738	212 691	182 215	159 492
陕　西	502 005	533 192	544 269	433 537	828 333	883 408	880 382	930 175
甘　肃	249 723	280 812	404 043	371 548	373 969	429 726	443 671	493 415
青　海	75 233	97 052	87 553	34 057	128 638	141 121	135 515	141 857
宁　夏	37 881	48 620	63 452	25 759	68 238	77 025	75 249	80 223
新　疆	72 457	94 477	109 373	207 736	116 753	107 777	108 617	144 099

按年份各地区博物馆机构数

单位:个

地区	1995年	2000年	2001年	2002年	2003年	2004年	2005年	2006年	2007年
全国	**1 194**	**1 384**	**1 454**	**1 504**	**1 507**	**1 548**	**1 581**	**1 617**	**1 722**
中央	5	5	5	5	4	4	4	4	5
地方	1 189	1 379	1 449	1 499	1 503	1 544	1 577	1 613	1 717
北京	17	25	26	24	27	31	34	33	34
天津	14	14	14	15	17	17	18	19	18
河北	31	43	45	44	44	45	46	46	56
山西	69	76	79	85	86	88	86	87	86
内蒙古	17	25	27	28	28	31	33	35	37
辽宁	26	30	34	34	35	37	39	36	37
吉林	16	16	19	22	22	18	18	18	21
黑龙江	29	41	41	46	45	47	46	47	53
上海	12	11	21	23	23	24	25	26	28
江苏	72	86	87	90	89	97	99	100	108
浙江	59	65	69	70	70	73	80	83	87
安徽	30	37	37	37	40	40	43	44	37
福建	64	81	80	79	79	79	82	84	85
江西	82	81	83	84	84	85	82	87	97
山东	56	59	66	70	73	72	75	76	87
河南	66	70	72	75	75	76	78	79	82
湖北	88	94	95	96	96	98	91	96	107
湖南	57	66	67	70	70	71	73	72	73
广东	114	128	141	140	143	143	146	148	153
广西	37	39	40	41	42	49	49	53	59
海南	17	15	16	16	17	16	16	15	16
重庆		14	14	17	17	15	18	16	18
四川	54	50	55	51	51	54	55	59	62
贵州	4	8	9	10	10	10	11	13	18
云南	22	30	30	30	30	31	32	33	36
西藏	2	2	2	2	2	2	2	2	2
陕西	59	67	75	88	81	81	82	86	91
甘肃	52	65	64	67	65	67	69	70	73
青海	8	14	13	16	16	16	15	17	18
宁夏	3	4	5	5	5	6	6	5	6
新疆	12	23	23	24	23	25	28	8	32

历年对外文化交流情况

单位:起

年份	签订文化协定	签订文化协定执行计划	文化交流来往项目		
			总计	来华	出国
1985	5	17	804	381	423
1986	2	16	1 075	456	619
1987	8	32	880	378	502
1988	5	19	707	282	425
1989	4	18	484	182	302
1990	1	14	733	263	470
1991	4	29	736	227	509
1992	13	11	1 181	413	768
1993	8	31	1 534	480	1 054
1994	7	22	1 176	401	775
1995	1	28	1 647	500	1 147
1996	4	22	1 580	859	721
1997	1	27	1 446	527	919
1998	2	23	1 871	672	1 199
1999	4	31	1 366	534	832
2000	2	27	1 433	595	838
2001	4	25	2 042	1 103	939
2002	4	26	1 447	748	729
2003	4	23	762	420	342
2004	15	14	1 647	815	832
2005	16	12	1 168	587	581
2006	7	17	1 672	943	729
2007	2	25	1 815	605	1 210

按年份各地区总人口数

单位:万人

地 区	2000年	2001年	2002年	2003年	2004年	2005年	2006年	2007
总 计	**126 743**	**127 627**	**128 453**	**129 227**	**129 988**	**130 756**	**131 448**	**132 129**
北 京	1 357	1 383	1 423	1 456	1 493	1 538	1 581	1 633
天 津	1 001	1 004	1 007	1 011	1 024	1 043	1 075	1 115
河 北	6 674	6 699	6 735	6 769	6 809	6 851	6 898	6 943
山 西	3 248	3 272	3 294	3 314	3 335	3 355	3 375	3 393
内蒙古	2 372	2 377	2 379	2 380	2 384	2 386	2 397	2 405
辽 宁	4 184	4 194	4 203	4 210	4 217	4 221	4 271	4 298
吉 林	2 682	2 691	2 699	2 704	2 709	2 716	2 723	2 730
黑龙江	3 807	3 811	3 813	3 815	3 817	3 820	3 823	3 824
上 海	1 641	1 614	1 625	1 711	1 742	1 778	1 815	1 858
江 苏	7 327	7 355	7 381	7 406	7 433	7 475	7 550	7 625
浙 江	4 596	4 613	4 647	4 680	4 720	4 898	4 980	5 060
安 徽	6 286	6 328	6 338	6 410	6 461	6 120	6 110	6 118
福 建	3 410	3 440	3 466	3 488	3 511	3 535	3 558	3 581
江 西	4 149	4 186	4 222	4 254	4 284	4 311	4 339	4 368
山 东	8 998	9 041	9 082	9 125	9 180	9 248	9 309	9 367
河 南	9 488	9 555	9 613	9 667	9 717	9 380	9 392	9 360
湖 北	5 960	5 975	5 988	6 002	6 016	5 710	5 710	5 699
湖 南	6 562	6 596	6 629	6 663	6 698	6 326	6 342	6 355
广 东	7 707	7 783	7 859	7 954	8 304	9 194	9 304	9 449
广 西	4 750	4 788	4 822	4 857	4 889	4 660	4 719	4 768
海 南	789	796	803	811	818	828	836	845
重 庆	3 092	3 097	3 107	3 130	3 122	2 798	2 808	2 816
四 川	8 602	8 640	8 673	8 700	8 725	8 212	8 169	8 127
贵 州	3 756	3 799	3 837	3 870	3 904	3 730	3 757	3 762
云 南	4 241	4 287	4 333	4 376	4 415	4 450	4 483	4 514
西 藏	285	263	267	270	274	277	281	284
陕 西	3 644	3 659	3 674	3 690	3 705	3 720	3 735	3 748
甘 肃	2 557	2 575	2 593	2 603	2 619	2 594	2 606	2 617
青 海	517	523	529	534	539	543	548	552
宁 夏	554	563	572	580	588	596	604	610
新 疆	1 849	1 876	1 905	1 934	1 963	2 010	2 050	2 095

注:全国总计包括中国人民解放军现役军人数,但不包括香港、澳门特别行政区和台湾省数据;分省数据中未包括中国人民解放军现役军人数。

年　度　资　料

全国文化文物机构数、

	合计				文化							
					合计				国有经济			
	机构数（个）	从业人员数（人）	高级职称	中级职称	机构数（个）	从业人员数（人）	高级职称	中级职称	机构数（个）	从业人员数（人）	高级职称	中级职称
总计	**375 599**	**1 956 331**	**37 685**	**99 173**	**100 306**	**686 868**	**35 489**	**94 397**	**50 249**	**487 341**	**34 269**	**90 117**
文化及相关产业	**375 363**	**1 951 587**	**37 542**	**98 655**	**100 070**	**682 124**	**35 346**	**93 879**	**50 057**	**483 314**	**34 130**	**89 668**
艺术业	6 909	227 569	19 582	41 811	4 551	173 359	17 633	38 406	3 903	152 037	16 585	34 766
图书馆业	2 799	51 650	3 760	15 554	2 788	51 537	3 757	15 517	2 788	51 537	3 757	15 517
群众文化服务	40 601	128 096	5 355	22 308	35 304	116 815	5 136	21 059	34 135	113 713	5 099	20 796
艺术教育业	171	13 899	1 869	3 526	171	13 899	1 869	3 526	164	13 750	1 855	3 481
文化市场经营机构	316 527	1 378 592	——	——	48 955	178 789	——	——	869	6 331	——	——
文艺科研	187	3 356	944	931	187	3 356	944	931	187	3 356	944	931
文物业	4 277	84 886	4 678	10 124	4 222	80 830	4 653	10 039	4 189	80 340	4 640	10 016
其他文化及相关产业	3 892	63 539	1 354	4 401	3 892	63 539	1 354	4 401	3 822	62 250	1 250	4 161
非文化及相关产业	**236**	**4 744**	**143**	**518**	**236**	**4 744**	**143**	**518**	**192**	**4 027**	**139**	**449**

全国文化文物机构数、从业人员数

	总计		按单位性质分类				按登记注册					
			事业		企业		内资合计		在内资企业			
									国有企业(单位)		集体企业(单位)	
	机构数（个）	从业人员数（人）	机构数（个）	从业人员数(人)	机构数（个）	从业人员数(人)	机构数（个）	从业人员数(人)	机构数（个）	从业人员数(人)	机构数（个）	从业人员数(人)
总计	**375 599**	**1956 331**	**55 216**	**487 809**	**320 383**	**1468 522**	**375 077**	**1934 473**	**66 126**	**590 890**	**4 127**	**44 176**
文化及相关产业	**375 363**	**1951 587**	**55 216**	**487 809**	**320 147**	**1463 778**	**374 843**	**1929 845**	**65 934**	**586 863**	**4 095**	**43 788**
艺术业	6 909	227 569	4 147	165 919	2 762	61 650	6 903	227 381	4 070	159 165	763	23 275
图书馆	2 799	51 650	2 799	51 650	——	——	2 799	51 650	2 796	51 622	——	——
群众文化服务	40 601	128 096	40 601	128 096	——	——	40 594	128 087	38 800	123 047	1 037	3 085
艺术教育业	171	13 899	171	13 899	——	——	170	13 871	164	13 750	3	70
文化市场经营机构	316 527	1378 592	——	——	316 527	1378 592	316 021	1357 075	11 878	89 639	2 251	16 913
文艺科研	187	3 356	187	3 356	——	——	187	3 356	187	3 356	——	——
文物业	4 277	84 886	4 140	82 005	137	2 881	4 277	84 886	4 217	84 034	11	187
其他文化产业及相关产业	3 892	63 539	3 171	42 884	721	20 655	3 892	63 539	3 822	62 250	30	258
非文化及相关产业	**236**	**4 744**	**——**	**——**	**236**	**4 744**	**234**	**4 628**	**192**	**4 027**	**32**	**388**

从业人员数综合情况

部门								其他部门			
集体经济				其他经济							
机构数（个）	从业人员数			机构数（个）	从业人员数			机构数（个）	从业人员数		
		高级职称	中级职称		（人）	高级职称	中级职称		（人）	高级职称	中级职称
1 455	**21 778**	**814**	**3 458**	**48 602**	**177 749**	**406**	**822**	**275 293**	**1 269 463**	**2 196**	**4 776**
1 423	**21 390**	**814**	**3 450**	**48 590**	**177 420**	**402**	**761**	**275 293**	**1 269 463**	**2 196**	**4 776**
550	17 878	793	3 299	98	3 444	255	341	2 358	54 210	1 949	3 405
——	——	——	——	——	——	——	——	11	113	3	37
578	1 453	12	121	591	1 649	25	142	5 297	11 281	219	1 249
3	70	3	8	4	79	11	37	——	——	——	——
252	1 659	——	——	47 834	170 799	——	——	267 572	1 199 803	——	——
——	——	——	——	——	——	——	——	——	——	——	——
10	72	1	——	23	418	12	23	55	4 056	25	85
30	258	5	22	40	1 031	99	218	——	——	——	——
32	**388**	**——**	**8**	**12**	**329**	**4**	**61**	**——**	**——**	**——**	**——**

综合情况（按单位性质和登记注册类型分）

类型分类											
（单位）中								港澳台商投资企业		外商投资企业	
股份合作、联营企业		有限责任、股份有限公司		私营企业		其他					
机构数（个）	从业人员数（人）	机构数（个）	从业人员数（人）	机构数（个）	从业人员数（人）	机构数（个）	从业人员数（人）	机构数（个）	从业人员数（人）	机构数（个）	从业人员数（人）
2 559	**29 219**	**21 964**	**236 183**	**220 961**	**845 640**	**59 340**	**188 365**	**286**	**13 553**	**236**	**8 305**
2 559	**29 219**	**21 955**	**235 986**	**220 960**	**845 624**	**59 340**	**188 365**	**286**	**13 553**	**234**	**8 189**
48	1 381	304	7 360	1 371	27 395	347	8 805	5	186	1	2
——	——	——	——	——	——	3	28	——	——	——	——
13	24	8	15	7	8	729	1 908	——	——	7	9
——	——	——	——	2	30	1	21	1	28	——	——
2 493	27 773	21 603	227 636	219 567	818 061	58 229	177 053	280	13 339	226	8 178
——	——	——	——	——	——	——	——	——	——	——	——
2	4	17	285	11	84	19	292	——	——	——	——
3	37	23	690	2	46	12	258	——	——	——	——
——	**——**	**9**	**197**	**1**	**16**	**——**	**——**	**——**	**——**	**2**	**116**

全国文化部门直属机构数、

	合计				国有经济			
	机构数	从业人员数			机构数	从业人员数		
	(个)	(人)	高级职称	中级职称	(个)	(人)	高级职称	中级职称
总　　计	**99 878**	**681 087**	**35 289**	**93 836**	**49 942**	**483 302**	**34 152**	**89 803**
文化及相关产业	**99 692**	**677 088**	**35 169**	**93 394**	**49 779**	**479 613**	**34 033**	**89 374**
艺　术　业	4 339	171 499	17 603	38 250	3 751	150 645	16 558	34 657
图　书　馆	2 788	51 537	3 757	15 517	2 788	51 537	3 757	15 517
群众文化服务	35 304	116 815	5 136	21 059	34 135	113 713	5 099	20 796
艺术教育业	171	13 899	1 869	3 526	164	13 750	1 855	3 481
文化市场经营机构	48 955	178 789	——	——	869	6 331	——	——
文艺科研	187	3 356	944	931	187	3 356	944	931
文　物　业	4 189	80 399	4 644	10 029	4 170	80 101	4 638	10 011
其他文化及相关产业	3 759	60 794	1 216	4 082	3 715	60 180	1 182	3 981
非文化及相关产业	**186**	**3 999**	**120**	**442**	**163**	**3 689**	**119**	**429**

全国艺术业机构数、

	合计				文化							
					合计				国有经济			
	机构数	从业人员数			机构数	从业人员数			机构数	从业人员数		
	(个)	(人)	高级职称	中级职称	(个)	(人)	高级职称	中级职称	(个)	(人)	高级职称	中级职称
总　计	**6 909**	**227 569**	**19 582**	**41 811**	**4 551**	**173 359**	**17 633**	**38 406**	**3 903**	**152 037**	**16 585**	**34 766**
一、艺术表演团体	**4 512**	**185 413**	**18 085**	**37 890**	**2 492**	**138 167**	**16 237**	**34 774**	**2 026**	**119 620**	**15 220**	**31 290**
1. 话剧、儿童剧、滑稽剧团	242	11 596	2 000	2 875	166	9 724	1 861	2 565	150	8 571	1 606	2 317
其中:儿童剧团	13	804	225	226	8	655	200	174	8	655	200	174
2. 歌剧、舞剧、歌舞剧团	164	12 458	2 216	3 513	93	11 206	2 173	3 412	80	10 427	2 126	3 208
3. 歌舞团、轻音乐团	729	32 927	3 167	6 455	340	25 985	2 932	6 117	324	25 246	2 837	5 908
4. 乐团、合唱团	49	2 710	721	552	22	2 081	585	454	19	1 965	584	454
5. 文工团、文宣队、乌兰牧骑	320	9 604	457	2 052	311	8 735	249	1 745	290	7 957	227	1 610
6. 戏曲剧团	1 917	84 713	6 891	16 739	1 291	64 529	6 423	15 810	945	51 052	5 915	13 444
其中:京剧	116	8 471	1 593	2 400	89	7 424	1 542	2 324	80	7 089	1 508	2 211
7. 曲、杂、木、皮团	529	14 375	1 408	2 791	155	8 693	1 141	2 346	113	7 550	1 055	2 051
8. 综合性艺术表演团体	562	17 030	1 225	2 913	114	7 214	873	2 325	105	6 852	870	2 298
二. 艺术表演场馆	**2 070**	**39 770**	**741**	**3 274**	**1 732**	**32 806**	**640**	**2 985**	**1 555**	**30 042**	**613**	**2 830**
1. 剧场、影剧院	1 860	34 298	713	3 149	1 655	30 589	616	2 883	1 499	28 356	594	2 736
其中:儿童剧场	7	198	12	9	5	52	——	3	5	52	——	3
2. 书场、曲艺场	25	178	1	5	17	144	1	5	8	107	1	4
3. 杂技、马戏场	3	137	4	14	3	137	4	14	3	137	4	14
4. 音乐厅	28	825	11	36	11	407	11	29	10	337	8	24
5. 综合性	95	2 547	8	58	28	1 018	7	46	26	969	5	44
6. 其他	59	1 785	4	12	18	511	1	8	9	136	1	8
三、艺术创作机构	**327**	**2 386**	**756**	**647**	**327**	**2 386**	**756**	**647**	**322**	**2 375**	**752**	**646**
其中:剧目创作室、组	168	872	229	252	168	872	229	252	165	867	227	252

从业人员数综合情况

集体经济				其他经济			
机构数	从业人员数			机构数	从业人员数		
（个）	（人）	高级职称	中级职称	（个）	（人）	高级职称	中级职称
1 369	**21 027**	**812**	**3 415**	**48 567**	**176 758**	**325**	**618**
1 352	**20 880**	**812**	**3 407**	**48 561**	**176 595**	**324**	**613**
496	17 504	791	3 258	92	3 350	254	335
——	——	——	——	——	——	——	——
578	1 453	12	121	591	1 649	25	142
3	70	3	8	4	79	11	37
252	1 659	——	——	47 834	170 799	——	——
——	——	——	——	——	——	——	——
5	30	1	——	14	268	5	18
18	164	5	20	26	450	29	81
17	**147**	**——**	**8**	**6**	**163**	**1**	**5**

从业人员数综合情况

部门								其他部门			
集体经济				其他经济							
机构数（个）	从业人员数			机构数（个）	从业人员数			机构数（个）	从业人员数		
		高级职称	中级职称		（人）	高级职称	中级职称		（人）	高级职称	中级职称
550	**17 878**	**793**	**3 299**	**98**	**3 444**	**255**	**341**	**2 358**	**54 210**	**1 949**	**3 405**
436	**17 018**	**779**	**3 211**	**30**	**1 529**	**238**	**273**	**2 020**	**47 246**	**1 848**	**3 116**
10	377	37	71	6	776	218	177	76	1 872	139	310
——	——	——	——	——	——	——	——	5	149	25	52
12	748	47	197	1	31	——	7	71	1 252	43	101
14	700	85	208	2	39	10	1	389	6 942	235	338
——	——	——	——	3	116	1	——	27	629	136	98
21	778	22	135	——	——	——	——	9	869	208	307
332	13 032	499	2 289	14	445	9	77	626	20 184	468	929
9	335	34	113	——	——	——	——	27	1 047	51	76
40	1 131	86	287	2	12	——	8	374	5 682	267	445
7	252	3	24	2	110	——	3	448	9 816	352	588
112	**854**	**12**	**87**	**65**	**1 910**	**15**	**68**	**338**	**6 964**	**101**	**289**
105	824	12	86	51	1 409	10	61	205	3 709	97	266
——	——	——	——	——	——	——	——	2	146	12	6
7	30	——	1	2	7	——	——	8	34	——	——
——	——	——	——	——	——	——	——	——	——	——	——
——	——	——	——	1	70	3	5	17	418	——	7
——	——	——	——	2	49	2	2	67	1 529	1	12
——	——	——	——	9	375	——	——	41	1 274	3	4
2	**6**	**2**	**1**	**3**	**5**	**2**	**——**	**——**	**——**	**——**	**——**
——	——	——	——	3	5	2	——	——	——	——	——

全国图书馆、群众文化服务机构数、

	合计				文化							
					合计				国有经济			
	机构数	从业人员数			机构数	从业人员数			机构数	从业人员数		
	(个)	(人)	高级职称	中级职称	(个)	(人)	高级职称	中级职称	(个)	(人)	高级职称	中级职称
图书馆	**2 799**	**51 650**	**3 760**	**15 554**	**2 788**	**51 537**	**3 757**	**15 517**	**2 788**	**51 537**	**3 757**	**15 517**
其中:少儿图书馆	84	1 652	170	540	81	1 610	167	531	81	1 610	167	531
群众文化服务业	**40 601**	**128 096**	**5 355**	**22 308**	**35 304**	**116 815**	**5 136**	**21 059**	**34 135**	**113 713**	**5 099**	**20 796**
一、省级文化馆	31	1 630	437	421	31	1 630	437	421	31	1 630	437	421
二、地市级文化馆	380	9 870	1 487	3 352	375	9 833	1 487	3 340	375	9 833	1 487	3 340
三、县、市文化馆	2 806	39 500	2 123	10 428	2 788	39 378	2 121	10 413	2 769	39 019	2 098	10 317
四、文化站	37 384	77 096	1 308	8 107	32 110	65 974	1 091	6 885	30 960	63 231	1 077	6 718
其中:乡镇文化站	32 976	65 884	1 110	6 843	28 570	56 969	921	5 790	27 630	54 733	910	5 672

全国艺术教育、艺术科研及其他文化产业

	合计				文化							
					合计				国有经济			
	机构数	从业人员数			机构数	从业人员数			机构数	从业人员数		
	(个)	(人)	高级职称	中级职称	(个)	(人)	高级职称	中级职称	(个)	(人)	高级职称	中级职称
艺术教育业	**171**	**13 899**	**1 869**	**3 526**	**171**	**13 899**	**1 869**	**3 526**	**164**	**13 750**	**1 855**	**3 481**
一、高等院校	16	4 502	757	1 084	16	4 502	757	1 084	16	4 502	757	1 084
二、中等专业学校	121	8 713	1 033	2 253	121	8 713	1 033	2 253	116	8 568	1 019	2 208
三、文化干部学校	6	223	21	59	6	223	21	59	6	223	21	59
四、其他教育机构	28	461	58	130	28	461	58	130	26	457	58	130
艺术科研机构	**187**	**3 356**	**944**	**931**	**187**	**3 356**	**944**	**931**	**187**	**3 356**	**944**	**931**
一、文化科技研究	75	1 860	504	498	75	1 860	504	498	75	1 860	504	498
二、综合性艺术研究	89	1 330	405	395	89	1 330	405	395	89	1 330	405	395
三、地方戏艺术研究	13	90	22	15	13	90	22	15	13	90	22	15
四、其他艺术研究	10	76	13	23	10	76	13	23	10	76	13	23
文化市场经营机构	**316 527**	**1 378 592**	**——**	**——**	**48 955**	**178 789**	**——**	**——**	**869**	**6 331**	**——**	**——**
其他文化产业	**3 892**	**63 539**	**1 354**	**4 401**	**3 892**	**63 539**	**1 354**	**4 401**	**3 822**	**62 250**	**1 250**	**4 161**
一、艺术展览机构	60	1 313	176	305	60	1 313	176	305	60	1 313	176	305
其中:美术馆	35	714	130	186	35	714	130	186	35	714	130	186
二、其　他	3 832	62 226	1 178	4 096	3 832	62 226	1 178	4 096	3 762	60 937	1 074	3 856
非文化及相关产业	**236**	**4 744**	**143**	**518**	**236**	**4 744**	**143**	**518**	**192**	**4 027**	**139**	**449**

从业人员数综合情况

部　门								其他部门			
集体经济				其他经济							
机构数（个）	从业人员数	高级职称	中级职称	机构数（个）	从业人员数（人）	高级职称	中级职称	机构数（个）	从业人员数（人）	高级职称	中级职称
——	——	——	——	——	——	——	——	**11**	**113**	**3**	**37**
——	——	——	——	——	——	——	——	3	42	3	9
578	**1 453**	**12**	**121**	**591**	**1 649**	**25**	**142**	**5 297**	**11 281**	**219**	**1 249**
——	——	——	——	——	——	——	——	——	——	——	——
——	——	——	——	——	——	——	——	5	37	——	12
2	36	2	15	17	323	21	81	18	122	2	15
576	1 417	10	106	574	1 326	4	61	5 274	11 122	217	1 222
479	1 179	9	78	461	1 057	2	40	4 406	8 915	189	1 053

机构数、从业人员数综合情况

部　门								其他部门			
集体经济				其他经济							
机构数（个）	从业人员数（人）	高级职称	中级职称	机构数（个）	从业人员数（人）	高级职称	中级职称	机构数（个）	从业人员数（人）	高级职称	中级职称
3	**70**	**3**	**8**	**4**	**79**	**11**	**37**	——	——	——	——
——	——	——	——	——	——	——	——	——	——	——	——
1	66	3	8	4	79	11	37	——	——	——	——
——	——	——	——	——	——	——	——	——	——	——	——
2	4	——	——	——	——	——	——	——	——	——	——
——	——	——	——	——	——	——	——	——	——	——	——
——	——	——	——	——	——	——	——	——	——	——	——
——	——	——	——	——	——	——	——	——	——	——	——
——	——	——	——	——	——	——	——	——	——	——	——
——	——	——	——	——	——	——	——	——	——	——	——
252	**1 659**	——	——	**47 834**	**170 799**	——	——	**267 572**	**1 199 803**	——	——
30	**258**	**5**	**22**	**40**	**1 031**	**99**	**218**	——	——	——	——
——	——	——	——	——	——	——	——	——	——	——	——
——	——	——	——	——	——	——	——	——	——	——	——
30	258	5	22	40	1 031	99	218	——	——	——	——
32	**388**	——	**8**	**12**	**329**	**4**	**61**	——	——	——	——

全国文物业机构数、

	合计				文化							
					合计				国有经济			
	机构数	从业人员数			机构数	从业人员数			机构数	从业人员数		
	（个）	（人）	高级职称	中级职称	（个）	（人）	高级职称	中级职称	（个）	（人）	高级职称	中级职称
总　计	**4 277**	**84 886**	**4 678**	**10 124**	**4 222**	**80 830**	**4 653**	**10 039**	**4 189**	**80 340**	**4 640**	**10 016**
一、文物科研机构	**99**	**3 981**	**730**	**767**	**99**	**3 981**	**730**	**767**	**99**	**3 981**	**730**	**767**
1.考古	69	2 340	538	475	69	2 340	538	475	69	2 340	538	475
2.古建	10	250	45	71	10	250	45	71	10	250	45	71
3.其他	20	1 391	147	221	20	1 391	147	221	20	1 391	147	221
二、文物保护管理机构	**2 229**	**31 175**	**689**	**2 530**	**2 218**	**28 165**	**686**	**2 494**	**2 211**	**28 021**	**683**	**2 481**
三、博物馆	**1 722**	**42 636**	**2 946**	**6 021**	**1 679**	**41 604**	**2 925**	**5 976**	**1 677**	**41 576**	**2 925**	**5 976**
1.综合性	828	18 180	1 488	3 136	824	18 132	1 486	3 133	824	18 132	1 486	3 133
2.历史类	599	16 472	867	1 840	583	15 876	861	1 817	581	15 848	861	1 817
3.艺术类	151	5 032	402	722	145	4 927	400	717	145	4 927	400	717
4.自然科技类	32	907	85	76	24	696	79	73	24	696	79	73
5.其他	112	2 045	104	247	103	1 973	99	236	103	1 973	99	236
四、文物商店	**89**	**2 177**	**93**	**337**	**88**	**2 163**	**92**	**333**	**83**	**2 107**	**91**	**329**
五、其他文物机构	**138**	**4 917**	**220**	**469**	**138**	**4 917**	**220**	**469**	**119**	**4 655**	**211**	**463**

全国经营性文化产业机构数、

	合计		文化			
			合计		国有经济	
	机构数（个）	从业人员数（人）	机构数（个）	从业人员数（人）	机构数（个）	从业人员数（人）
总　计	**320 383**	**1 468 522**	**50 487**	**217 292**	**2 147**	**40 353**
出版发行和版权服务	50 839	108 487	5 381	11 296	155	1 115
电影服务	541	16 655	499	16 311	484	15 654
文化艺术服务	2 834	63 007	511	11 594	359	8 900
网络文化服务	134	8 288	31	97	——	——
文化休闲娱乐服务	216 767	66 017	6 549	11 563	111	1 356
其他文化服务	37 888	4 659	162	3 362	128	3 185
文化用品、设备及相关文化产品的生产与销售	287	2 482	74	1 199	45	1 078
其他	11 093	46 239	1 729	17 721	355	7 169

从业人员数综合情况

部门								其他部门			
集体经济				其他经济							
机构数（个）	从业人员数			机构数（个）	从业人员数			机构数（个）	从业人员数		
		高级职称	中级职称		（人）	高级职称	中级职称		（人）	高级职称	中级职称
10	**72**	**1**	**——**	**23**	**418**	**12**	**23**	**55**	**4 056**	**25**	**85**
——	——	——	——	——	——	——	——	——	——	——	——
——	——	——	——	——	——	——	——	——	——	——	——
——	——	——	——	——	——	——	——	——	——	——	——
——	——	——	——	——	——	——	——	——	——	——	——
1	**7**	**1**	**——**	**6**	**137**	**2**	**13**	**11**	**3 010**	**3**	**36**
1	**13**	**——**	**——**	**1**	**15**	**——**	**——**	**43**	**1 032**	**21**	**45**
——	——	——	——	——	——	——	——	4	48	2	3
1	13	——	——	1	15	——	——	16	596	6	23
——	——	——	——	——	——	——	——	6	105	2	5
——	——	——	——	——	——	——	——	8	211	6	3
——	——	——	——	——	——	——	——	9	72	5	11
1	**2**	**——**	**——**	**4**	**54**	**1**	**4**	**1**	**14**	**1**	**4**
7	**50**	**——**	**——**	**12**	**212**	**9**	**6**	**——**	**——**	**——**	**——**

人员数综合情况

部门				其他部门	
集体经济		其他经济			
机构数（个）	从业人员数（人）	机构数（个）	从业人员数（人）	机构数（个）	从业人员数（人）
392	**2 967**	**47 948**	**173 972**	**269 896**	**1 251 230**
39	151	5 187	10 030	45 458	97 191
2	41	13	616	42	344
84	740	68	1 954	2 323	51 413
——	——	31	97	103	8 191
205	1 478	34 866	140 897	181 142	1 009 822
18	62	6 420	10 145	31 339	54 454
9	56	25	121	125	1 297
35	439	1 339	10 113	9 364	28 518

全国民族自治地方主要文化

	合计				文化							
					合计				国有经济			
	机构数	从业人员数			机构数	从业人员数			机构数	从业人员数		
	(个)	(人)	高级职称	中级职称	(个)	(人)	高级职称	中级职称	(个)	(人)	高级职称	中级职称
总　计	**10 084**	**81 986**	**4 003**	**9 700**	**9 902**	**76 106**	**3 954**	**9 498**	**8 946**	**70 643**	**3 766**	**8 742**
艺　术　业	859	34 021	2 296	1 560	684	29 347	2 262	1 447	663	28 410	2 258	1 404
1.艺术表演团体	651	30 131	2 152	1 243	499	26 236	2 118	1 160	493	26 018	2 116	1 117
其中:少数民族歌舞团	127	5 598	602	7	86	4 443	579	——	86	4 443	579	——
2.艺术表演场馆	183	3 702	78	261	160	2 923	78	231	145	2 204	76	231
其中:剧场、影剧院	157	2 571	76	247	149	2 418	76	222	141	2 065	74	222
3.其　他	25	188	66	56	25	188	66	56	25	188	66	56
图　书　馆	605	7 432	361	2 263	604	7 417	361	2 252	604	7 417	361	2 252
群众文化服务	7 429	20 458	570	3 335	7 429	19 435	557	3 259	6 741	19 153	555	3 238
1.群众艺术馆	96	1 890	204	625	96	1 890	204	625	95	1 880	204	623
2.文化馆	618	7 093	276	1 804	618	7 093	276	1 804	615	7 047	274	1 788
3.文化站	6 715	11 475	90	906	6 715	10 452	77	830	6 031	10 226	77	827
文　物　业	701	9 310	414	1 170	695	9 142	412	1 168	695	9 142	412	1 168
其中:文物保护管理机构	467	5 217	3 999	271	464	5 083	3 975	271	464	5 083	3 975	271
博　物　馆	212	3 219	239	625	209	3 185	237	623	209	3 185	237	623
其他文化产业及相关产业	490	10 765	362	1 372	490	10 765	362	1 372	243	6 521	180	680

全国文化(文物)机构

	本年收入合计(千元)							本年支出(千元)			
		财政拨款	上级补助收入	事业收入	经营收入	附属单位上缴收入	其他收入		基本支出	项目支出	经营支出
总　计	**42 944 727**	**25 280 877**	**1 277 397**	**7 464 890**	**828 558**	**34 331**	**1 767 248**	**40 800 950**	**25 062 087**	**12 303 199**	**789 940**
1. 文化合计	**31 699 764**	**19 896 210**	**850 635**	**3 276 795**	**632 704**	**32 635**	**1 327 674**	**30 600 948**	**19 611 485**	**8 568 944**	**457 112**
艺术表演团体	7 006 533	4 974 452	256 102	1 351 605	17 466	2 783	404 125	6 796 125	5 738 226	916 077	21 725
艺术表演场馆	1 225 858	316 163	44 684	621 381	95 481	1 438	146 711	1 386 928	838 789	212 989	136 292
图书馆	4 505 116	3 954 407	77 805	209 310	27 747	8 724	227 123	4 313 264	2 689 928	1 432 822	21 475
群众文化	5 483 013	4 323 106	371 618	319 785	122 568	17 047	328 889	5 757 224	3 914 915	1 037 263	98 788
其他文化	13 479 244	6 328 082	100 426	774 714	369 442	2 643	220 826	12 347 407	6 429 627	4 969 793	178 832
2. 文物合计	**10 369 171**	**4 818 358**	**418 370**	**3 918 704**	**191 945**	**1 450**	**412 029**	**9 381 665**	**4 819 137**	**3 560 950**	**327 211**
文物科研机构	775 380	271 696	43 717	419 017	169	——	40 781	708 790	360 170	340 313	141
文物保护管理机构	2 694 095	764 410	118 488	1 588 406	129 895	1 145	91 751	2 354 166	1 486 733	432 447	228 672
博物馆	5 063 749	2 645 847	221 770	1 876 174	61 881	305	257 772	4 720 816	2 639 619	1 668 939	63 700
文物商店	3 510	3 510	——	——	——	——	——	3 510	3 510	——	——
其它文物机构	1 832 437	1 132 895	34 395	35 107	——	——	21 725	1 594 383	329 105	1 119 251	34 698
3. 教育合计	**875 792**	**566 309**	**8 392**	**269 391**	**3 909**	**246**	**27 545**	**818 337**	**631 465**	**173 305**	**5 617**
其中:中等专业学校	557 602	398 020	4 444	135 304	2 862	60	16 912	509 311	399 837	96 755	4 769

产业机构数、从业人员数综合年报

部门								其他部门			
集体经济				其他经济							
机构数（个）	从业人员数			机构数（个）	从业人员数			机构数（个）	从业人员数		
	（人）	高级职称	中级职称		（人）	高级职称	中级职称		（人）	高级职称	中级职称
127	**441**	**4**	**63**	**829**	**5 022**	**184**	**693**	**182**	**5 880**	**49**	**202**
7	246	2	43	14	691	2	——	175	4 674	34	113
6	218	2	43	——	——	——	——	152	3 895	34	83
——	——	——	——	——	——	——	——	41	1 155	23	7
1	28	——	——	14	691	2	——	23	779	——	30
1	28	——	——	7	325	2	——	8	153	——	25
——	——	——	——	——	——	——	——	——	——	——	——
——	——	——	——	——	——	——	——	1	15	——	11
119	178	2	17	569	104	——	4	——	1 023	13	76
——	——	——	——	1	10	——	2	——	——	——	——
2	36	2	15	1	10	——	1	——	——	——	——
117	142	——	2	567	84	——	1	——	1 023	13	76
——	——	——	——	——	——	——	——	6	168	2	2
——	——	——	——	——	——	——	——	3	134	24	——
——	——	——	——	——	——	——	——	3	34	2	2
1	17	——	3	246	4 227	182	689	——	——	——	——

经费收支情况

合计											资产总计（千元）	
在支出合计中：												
工资福利支出	商品和服务支出						对个人和家庭补助支出		其他资本性支出			固定资产原值
		维修（护）费	差旅费	劳务费	福利费	税金支出		抚恤金和生活补助		各种设备购置费		
12862 722	**12594 418**	**1536 443**	**508 416**	**750 470**	**272 281**	**256 585**	**4199 885**	**165 404**	**4182 746**	**2470 313**	**90250 927**	**57648 512**
10299 331	**9000 011**	**606 756**	**385 368**	**538 368**	**214 009**	**200 467**	**3513 380**	**146 475**	**3191 905**	**2186 785**	**66474 287**	**44564 107**
2951 578	1734 096	113 790	108 061	218 812	46 277	49 622	1290 440	40 367	358 945	246 389	7885 263	5541 136
408 304	423 615	58 659	8 916	17 219	16 435	44 926	88 546	5 945	101 056	82 691	7178 632	6098 432
1517 704	889 272	90 302	25 053	24 135	31 555	15 726	426 035	14 061	1241 683	1092 086	16300 976	14174 285
2534 608	1190 646	122 580	53 423	91 688	48 352	27 631	493 501	28 623	352 539	200 898	11525 127	9103 083
2887 137	4762 382	221 425	189 915	186 514	71 390	62 562	1214 858	57 479	1137 682	564 721	23584 289	9647 171
2255 367	**3389 225**	**899 323**	**114 619**	**186 683**	**52 710**	**55 255**	**519 148**	**16 389**	**888 023**	**245 367**	**21022 985**	**11898 788**
142 252	370 948	28 184	24 478	82 023	4 434	895	39 773	1 749	60 952	29 891	1106 524	703 369
669 170	618 692	172 111	18 106	25 757	17 858	21 250	95 679	3 699	134 249	35 507	4488 959	2177 395
186 813	1520 513	262 993	49 173	58 067	25 900	27 495	349 129	9 566	453 834	151 429	11952 024	8170 217
——	——	——	——	——	——	——	——	——	——	——	1 066 499	283 644
157 132	879 072	436 035	22 862	20 836	4 518	5 615	34 567	1 375	238 988	28 540	2408 979	564 163
308 024	**205 182**	**30 364**	**8 429**	**25 419**	**5 562**	**863**	**167 357**	**2 540**	**102 818**	**38 161**	**2753 655**	**1185 617**
206 122	104 488	13 116	3 972	10 810	2 724	777	102 507	1 966	62 958	26 096	980 276	612 408

全国文化事业机构主要财务指标

	机构数（个）	从业人员（人）	本年收入		
				财政拨款	上级补助收入
总　计	**55 216**	**487 809**	**42 982 653**	**25 322 171**	**1 318 931**
一、文化艺术服务	52 041	430 866	28 682 395	18 429 894	1 225 913
1.文艺创作与表演	2 803	140 757	7 439 096	5 237 362	306 841
2.艺术表演场馆	1 344	25 162	1 459 152	466 027	45 984
3.文物及文化保护	2 229	31 175	2 694 095	764 410	118 488
4.博物馆、纪念馆	1 722	42 636	5 063 749	2 645 847	221 770
5.图书馆	2 799	51 650	4 505 116	3 954 407	77 805
6.群众文化活动	40 601	128 096	5 483 013	4 323 106	371 618
7.社会人文科学研究	286	7 337	1 267 190	602 627	49 932
8.文化社会团体	2	14	868	868	——
9.其他文化艺术	255	4 039	770 116	435 240	33 475
二、艺术教育	171	13 899	1 344 476	872 085	15 487
三、文化、文物主管部门	——	15 833	11 051 786	4 809 537	——
四、文化文物执法机构	2 480	18 206	794 304	643 015	26 481
五、其他	524	9 005	1 109 692	567 640	51 050

	合　计						
	在支出合计中：						
	工资福利支出	商品和服务支出					
			维修（护）费	差旅费	劳务费	福利费	税金支出
总　计	**12 929 250**	**12 608 239**	**1 533 549**	**503 395**	**762 654**	**271 899**	**235 402**
一、文化艺术服务	9 970 124	7 277 560	873 331	312 314	561 528	201 026	203 212
1.文艺创作与表演	3 137 468	1 884 046	121 935	118 202	240 243	49 756	53 187
2.艺术表演场馆	408 304	423 615	58 659	8 916	17 219	16 435	44 926
3.文物及文化保护	669 170	618 692	172 111	18 106	25 757	17 858	21 250
4.博物馆、纪念馆	1 286 813	1 520 513	262 993	49 173	58 067	25 900	27 495
5.图书馆	1 517 704	889 272	90 302	25 053	24 135	31 555	15 726
6.群众文化活动	2 534 608	1 190 646	122 580	53 423	91 688	48 352	27 631
7.社会人文科学研究	257 721	544 874	30 039	32 300	93 761	6 918	3 235
8.文化社会团体	429	311	——	23	——	1	——
9.其他文化艺术	157 907	205 591	14 712	7 118	10 658	4 251	9 762
二、艺术教育	472 637	334 553	50 669	12 708	42 134	10 434	1 291
三、文化、文物主管部门	1 830 198	4 347 355	571 855	148 543	127 676	39 464	6 964
四、文化文物执法机构	396 235	176 304	14 006	18 504	6 598	12 801	2 380
五、其他	260 056	472 467	23 688	11 326	24 718	8 174	21 555

综合情况(按国民经济行业分)

合计(千元)				本年支出(千元)			
事业收入	经营收入	附属单位上缴收入	其他收入		基本支出	项目支出	经营支出
7 605 465	**684 214**	**34 222**	**1 775 401**	**40 623 652**	**25 008 050**	**12 256 936**	**770 439**
6 815 908	582 164	31 502	1 597 014	27 530 465	18 512 257	6 491 813	690 923
1 452 099	19 537	2 843	420 414	7 237 988	6 077 143	1 006 880	23 404
694 592	96 255	1 438	154 856	1 311 432	763 293	212 989	136 292
1 588 406	129 895	1 145	91 751	2 354 166	1 486 733	432 447	228 672
1 876 174	61 881	305	257 772	4 720 816	2 639 619	1 668 939	63 700
209 310	27 747	8 724	227 123	4 313 264	2 689 928	1 432 822	21 475
319 785	122 568	17 047	328 889	5 757 224	3 914 915	1 037 263	98 788
451 089	105 574	——	57 968	1 144 475	588 346	454 924	86 844
——	——	——	——	943	943	——	——
224 453	18 707	——	58 241	690 157	351 337	245 549	31 748
402 656	12 441	426	41 381	1 279 306	997 357	259 009	12 699
——	——	——	——	10 001 764	4 312 953	5 213 219	——
87 871	1 560	405	34 972	748 323	488 490	75 696	1 907
299 030	88 049	1 889	102 034	1 063 794	696 993	217 199	64 910

合计				资产总计(千元)		增加值(千元)
在支出合计中:						
对个人和家庭补助支出		其他资本性支出				
	抚恤金和生活补助		各种设备购置费		固定资产原值	
4 265 443	**164 708**	**4 186 218**	**2 474 072**	**88 862 758**	**57 388 807**	**21 288 413**
3 115 952	112 195	2 817 496	1 913 874	63 741 248	47 713 707	15 943 825
1 415 781	42 419	400 162	259 427	8 687 575	6 115 557	5 134 933
88 546	5 945	101 056	82 691	7 178 632	6 098 432	835 043
95 679	3 699	134 249	35 507	4 488 959	2 177 395	1 041 039
349 129	9 566	453 834	151 429	11 952 024	8 170 217	1 872 309
426 035	14 061	1 241 683	1 092 086	16 300 976	14 174 285	2 585 804
493 501	28 623	352 539	200 898	11 525 127	9 103 083	3 542 782
126 346	2 923	95 067	57 890	1 820 241	984 126	568 205
172	——	31	31	366	332	617
120 763	4 959	38 875	33 915	1 787 348	890 280	363 090
250 610	5 640	153 450	54 277	3 605 879	1 863 551	828 027
776 144	42 731	1 100 042	440 586	19 108 180	6 264 027	3 599 531
37 793	1 160	31 895	21 390	502 202	351 339	474 415
84 944	2 982	83 335	43 945	1 905 249	1 196 183	442 614

全国文化企业机构主要财务指标

	机构数（个）	从业人员（人）	资产、负债、所有者权益（千元）			
				资产总计		
				固定资产原值	本年折旧	负债总计
总　　计	**320 383**	**1 468 522**	**287 417 509**	**107 728 735**	**17 308 622**	**92 258 257**
一、出版发行和版权服务	50 839	108 487	48 025 502	16 388 854	6 006 621	34 534 986
其中：1.音像制品出版	11	126	48 306	10 922	836	29 048
2.音像制品及电子出版物的批发	19 734	42 916	40 366 538	13 020 466	5 779 863	32 006 658
3.音像制品及电子出版物的零售	31 066	64 822	7 312 426	3 286 676	220 540	2 356 143
二、电影服务	541	16 655	2 644 524	1 944 127	132 935	1 376 674
其中：1.电影发行	344	11 700	2 097 784	1 503 831	92 328	1 022 858
2.电影放映	197	4 955	546 740	440 296	40 607	353 816
三、文化艺术服务	2 834	63 007	30 672 744	6 397 879	271 719	1 463 389
其中：1.文艺创作与表演	2 036	47 042	27 243 502	4 030 356	42 650	217 277
2.艺术表演场馆	726	14 608	2 909 625	2 125 996	217 622	887 399
3.其他文化艺术	72	1 357	519 617	241 527	11 447	358 713
四、网络文化服务	134	8 288	10 324 331	1 781 431	202 512	5 304 631
五、文化休闲娱乐服务	216 767	1 155 170	172 497 904	75 963 077	10 347 436	45 143 650
其中：1.娱乐场所	83 588	615 608	129 424 578	45 414 037	6 231 018	40 629 797
2.其他计算机服务（网吧）	133 163	539 460	43 044 053	30 544 606	4 116 230	4 493 400
六、其他文化服务	37 888	66 017	5 242 365	2 627 995	151 241	1 230 622
其中：1.文化艺术经纪代理	1 045	8 913	2 755 621	1 561 919	59 471	706 514
2.图书及音像制品出租	36 337	54 573	1 596 384	805 014	71 670	124 007
3.艺术品、收藏品拍卖	389	2 029	613 503	234 442	14 988	231 790
4.广告业	11	165	21 456	10 962	1 744	15 712
5.会议及展览服务	——	——	——	——	——	——
七、文化用品、设备及相关文化产品的生产与销售	287	4 659	11 579 116	406 649	26 293	543 203
其中：文物商店	89	2 177	1 066 499	283 644	19 830	301 856
八、其他	11 093	46 239	6 431 023	2218 723	169 865	2 661 102

	分　　配（千元）							
							财务费用	
		税金	养老、失业等保险费	住房公积金和住房补贴	差旅费	工会经费		利息支出
总　　计	**9 675 193**	**1 569 968**	**597 162**	**121 962**	**158 448**	**33 252**	**664 061**	**242 314**
一、出版发行和版权服务	745 988	66 659	69 773	22 653	19 207	3 856	47 331	27 828
其中：1.音像制品出版	7 327	47	1 023	310	186	54	29	－2 912
2.音像制品及电子出版物的批发	399 491	36 671	41 759	10 597	11 683	1 905	46 699	36 963
3.音像制品及电子出版物的零售	298 347	29 423	24 140	9 644	6 205	1 650	1 138	－5 718
二、电影服务	254 854	11 889	43 402	5 260	5 276	1 426	7 735	3 880
其中：1.电影发行	193 216	7 602	31 997	4 347	4 286	1 111	6 758	3 174
2.电影放映	61 638	4 287	11 405	913	990	315	977	706
三、文化艺术服务	454 022	11 721	44 953	12 544	12 090	2 759	12 783	26 169
其中：1.文艺创作与表演	133 844	3 718	10 260	5 542	7 074	526	－379	－1 314
2.艺术表演场馆	284 288	7 143	31 278	6 245	4 120	1 818	9 717	3 144
3.其他文化艺术	35 890	860	3 415	757	896	415	3 445	24 339
四、网络文化服务	528 506	10 397	26 741	5 891	16 418	1 525	－14 506	－21 340
五、文化休闲娱乐服务	6 873 653	1 416 180	319 576	50 674	72 918	17 807	569 080	175 996
其中：1.娱乐场所	5 027 314	1 006 468	268 321	39 545	45 108	10 584	324 695	140 215
2.其他计算机服务（网吧）	1 843 064	409 570	50 939	11 055	27 677	7 208	244 398	35 794
六、其他文化服务	283 384	24 147	26 347	5 161	15 339	1 279	9 719	8 631
其中：1.文化艺术经纪代理	188 790	8 251	19 619	3 902	10 906	623	361	132
2.图书及音像制品出租	48 560	12 833	3 676	672	1 206	342	2 833	3 009
3.艺术品、收藏品拍卖	22 180	2 295	1 243	436	1 198	121	6 724	5 732
4.广告业	3 733	153	637	90	46	21	101	68
5.会议及展览服务	——	——	——	——	——	——	——	——
七、文化用品、设备及相关文化产品的生产与销售	156 155	9 198	26 843	9 593	5 427	2 000	1 044	473
其中：文物商店	127 215	8 593	22 143	8 553	4 323	1 348	540	395
八、其他	378 631	19 777	39 527	10 186	11 773	2 600	30 875	20 677

综合情况(按国民经济行业分)

资产、负债、所有者权益(千元)			损益及						
所有者权益总计	实收资本	国家资本金	营业收入	主营业务收入	主营业务成本	主营业务税金及附加	主营业务利润	其他业务利润	
195 159 252	**57 725 248**	**3 946 346**	**128 188 327**	**70 028 295**	**40 667 553**	**6 668 608**	**28 374 042**	**1 971 114**	**11 136 402**
13 490 516	3 414 460	412 214	17 143 276	8 073 003	6 395 157	200 987	1 673 019	191 913	647 852
19 258	9 076	5 740	14 564	12 583	10 480	65	2 224	975	499
8 359 880	2 168 763	300 119	12 387 955	4 293 952	3 483 824	81 997	757 692	91 349	327 610
4 956 283	1 205 953	96 396	4 583 275	3 621 361	2 808 219	117 625	855 336	97 613	304 543
1 267 850	595 121	292 495	665 128	387 802	212 372	17 049	165 014	74 169	118 873
1 074 926	433 955	240 318	453 883	260 600	142 695	9 803	95 819	55 392	70 180
192 924	161 166	52 177	211 245	127 202	69 677	7 246	69 195	18 777	48 693
29 209 355	1 725 249	594 196	2 478 639	1 827 831	1 020 255	94 552	647 448	61 045	385 419
27 026 225	451 292	42 352	1 086 894	778 173	504 155	30 654	183 652	3 235	130 087
2 022 226	1 186 333	521 478	1 170 095	837 907	422 192	58 425	362 362	55 093	213 692
160 904	87 624	30 366	221 650	211 751	93 908	5 473	101 434	2 717	41 640
5 019 700	665 751	2 001	8 580 881	7 964 287	4 466 031	581 789	2 516 843	5 665	1 089 615
127 354 254	46 739 978	1 746 621	89 997 148	45 797 976	25 629 696	5 507 509	21 598 458	1 132 297	8 166 948
88 794 781	29 809 416	1 306 942	55 607 270	25 355 883	13 683 763	3 461 738	12 431 775	592 768	5 520 401
38 550 653	16 924 038	435 505	34 341 142	20 393 691	11 903 099	2 045 442	9 162 877	539 307	2 644 530
4 011 743	2 092 821	271 560	3 412 143	2 002 617	1 256 183	143 630	759 625	41 945	285 829
2 049 107	1 426 605	247 895	1 123 042	937 827	639 504	48 575	253 392	13 692	153 042
1 472 377	510 924	7 360	1 878 185	810 210	509 697	75 015	421 522	24 952	76 157
381 713	93 231	3 440	287 675	181 675	90 452	15 933	75 256	2 036	11 536
5 744	9 574	5 335	13 515	12 264	4 498	804	3 187	457	3 101
——	——	——	——	——	——	——	——	——	——
11 035 913	251 715	164 276	2 716 518	1 612 017	342 018	5 749	315 881	363 947	107 887
764 643	178 813	120 741	867 897	463 693	246 694	3 348	196 304	32 449	68 406
3 769 921	2 240 153	462 983	3 194 594	2 362 762	1 345 841	117 343	697 754	100 133	333 979

分配(千元)					工资、福利费、增值税(千元)			增加值(千元)
营业利润	补贴收入	财政拨款	利润总额	所得税	应付工资总额	应付福利费总额	应交增值税	
16 894 651	**640 637**	**374 920**	**39 412 448**	**1 165 057**	**12 639 291**	**2 749 276**	**2 470 087**	**61 686 159**
910 001	61 827	48 533	4 073 416	121 393	936 241	130 748	420 659	8 829 303
−4 601	3 952	2 150	−536	202	3 735	138	506	6 045
304 853	14 161	7 372	597 510	29 111	402 856	72 113	214 324	6 960 862
602 713	2 022	551	3 435 794	90 139	512 067	56 155	200 021	1 775 570
−56 142	23 865	20 324	−53 120	6 038	135 206	44 724	1 817	361 097
−59 911	18 457	16 315	−54 344	3 732	104 777	42 436	215	252 924
3 769	5 408	4 009	1 224	2 306	30 429	2 288	1 602	108 173
33 954	221 602	185 292	257 688	13 355	662 265	29 355	3 390	1 388 323
−1 491	129 330	109 757	129 320	4 340	406 699	10 472	1 326	639 844
11 106	89 941	75 496	103 215	9 104	227 981	16 723	1 612	669 365
24 339	2 331	39	25 153	−89	27 585	2 160	452	79 114
1 382 865	66 088	41 626	1 882 646	159 779	315 841	36 921	3 089	2 634 086
13 354 929	141 917	8 908	28 285 214	772 605	9 520 442	2 255 620	1 863 818	44 790 421
5 512 393	113 427	−1 371	17 923 294	462 830	5 194 875	209 204	705 446	22 750 530
7 842 240	28 458	10 247	10 361 622	309 676	4 324 054	2 046 285	1 158 372	22 036 854
698 779	60 936	32 158	4 260 145	26 141	474 737	221 898	133 870	1 942 138
3 199	57 261	31 711	52 681	5 102	131 501	9 001	1 585	343 329
624 226	2 710	332	4 105 710	7 185	307 942	204 601	125 199	1 428 592
45 258	133	115	75 148	5 733	26 021	663	2 914	110 022
−472	——	——	−477	104	1 760	263	——	4 993
——	——	——	——	——	——	——	——	——
295 743	4 391	3 599	363 487	21 705	126 891	7 839	25 852	539 930
64 430	4 268	3 510	68 119	17 531	87 265	6 479	16 354	242 348
274 522	60 011	34 480	342 972	44 041	467 668	22 171	17 592	1 200 861

全国文化产业增加值综合情况

	总产出(千元)	中间消耗(千元)	增加值(千元)	劳动者报酬(千元)	生产税净额(千元)	固定资产折旧(千元)	营业盈余(千元)
总计	**153 614 665**	**74 506 495**	**79 108 170**	**31 006 090**	**10 876 811**	**18 855 319**	**18 369 817**
艺术业	10 247 532	2 967 540	7 279 992	6 050 638	200 988	749 226	279 133
其中:艺术表演团体	7 657 461	2 028 857	5 628 604	5 106 361	88 072	277 931	156 236
艺术表演场馆	2 361 612	856 396	1 505 216	808 590	112 103	461 953	122 567
图书馆	3 535 976	950 173	2 585 803	1 986 971	15 726	566 972	16 138
群众文化	4 711 714	1 168 933	3 542 781	3 142 945	27 631	364 126	8 083
艺术教育	1 186 266	358 240	828 026	736 246	12 699	74 543	4 542
文化市场经营机构	122 831 723	63 610 275	59 221 448	14 767 902	10 480 776	16 785 864	17 186 782
文艺科研	413 289	162 373	250 916	215 590	2 340	11 232	21 752
文物业	7 971 759	3 958 167	4 013 592	2 956 537	78 846	150 740	827 465
其他文化产业及相关产业	2 716 406	1 330 794	1 385 612	1 149 261	57 805	152 616	25 922

全国经营性文化产业增加值综合情况

	总产出(千元)	中间消耗(千元)	增加值(千元)	劳动者报酬(千元)	生产税净额(千元)	固定资产折旧(千元)	营业盈余(千元)
总计	**127 281 937**	**65 595 778**	**61 686 159**	**15 919 405**	**10 630 973**	**17 262 627**	**17 280 435**
一、出版发行和版权服务	17 143 266	8 313 963	8 829 303	1 162 522	688 305	6 006 621	971 828
其中:1.音像制品出版	14 564	8 519	6 045	5 239	618	836	−649
2.音像制品及电子出版物的批发	12 387 945	5 427 083	6 960 862	528 977	332 992	5 779 863	319 014
3.音像制品及电子出版物的零售	4 583 275	2 807 705	1 775 570	603 217	347 069	220 540	604 735
二、电影服务	664 238	303 141	361 097	229 670	30 755	132 935	−32 277
其中:1.电影发行	453 883	200 959	252 924	184 420	17 620	92 328	−41 454
2.电影放映	210 355	102 182	108 173	45 250	13 135	40 607	9 177
三、文化艺术服务	2 473 334	1 085 011	1 388 323	751 374	109 663	271 719	255 556
其中:1.文艺创作与表演	1 086 855	447 011	639 844	433 654	35 698	42 650	127 839
2.艺术表演场馆	1 164 829	495 464	669 365	283 510	67 180	217 622	101 047
3.其他文化艺术	221 650	142 536	79 114	34 210	6 785	11 447	26 670
四、网络文化服务	8 580 868	5 946 782	2 634 086	387 341	595 275	202 512	1 448 953
五、文化休闲娱乐服务	89 995 701	45 205 280	44 790 421	12 158 565	8 787 507	10 347 436	13 496 856
其中:1.娱乐场所	55 607 169	32 856 639	22 750 530	5 720 002	5 173 652	6 231 018	5 625 830
2.其他计算机服务(网吧)	34 339 796	12 302 942	22 036 854	6 436 513	3 613 384	4 116 230	7 870 698
六、其他文化服务	3 412 023	1 469 885	1 942 138	729 516	301 647	151 241	759 715
其中:1.文化艺术经纪代理	1 122 922	779 593	343 329	164 972	58 411	59 471	60 460
2.图书及音像制品出租	1 878 185	449 593	1 428 592	516 939	213 047	71 670	626 936
3.艺术品、收藏品拍卖	287 675	177 653	110 022	28 497	21 142	14 988	45 391
4.广告业	13 515	8 522	4 993	2 764	957	1 744	−472
5.会议及展览服务	——	——	——	——	——	——	——
七、文化用品、设备及相关文化产品的生产与销售	2 312 314	1 772 384	539 930	172 702	40 799	26 293	300 134
其中:文物商店	463 693	221 344	242 348	125 525	28 295	19 830	68 698
八、其他	2 700 193	1 499 332	1 200 861	327 715	77 022	123 870	79 670

全国文化部门增加值综合情况

	总产出（千元）	中间消耗（千元）	增加值（千元）	劳动者报酬（千元）	生产税净额（千元）	固定资产折旧（千元）	营业盈余（千元）
总　　计	**37 755 784**	**13 042 304**	**24 713 480**	**17 009 645**	**1 440 762**	**3 275 443**	**2 987 583**
第一产业	1 194	707	487	378	66	74	−31
第二产业	370 752	317 044	53 708	28 143	12 513	13 275	−225
其中:制造业	67 907	49 350	18 557	16 587	2 696	4 502	−5 230
建筑业	277 109	246 539	30 570	10 587	9 690	8 672	1 621
第三产业	37 383 838	12 724 553	24 659 285	16 981 124	1 428 183	3 262 094	2 987 839
其中:文化产业	36 538 795	12 466 680	24 072 115	16 625 828	1 391 821	3 094 557	2 959 885
批、零、餐饮业	113 885	68 672	45 213	23 868	5 619	4 494	11 230
房地产业	120 106	113 037	7 069	4 181	5 235	9 532	−11 880

全国文化部门文化产业增加值综合情况

	总产出（千元）	中间消耗（千元）	增加值（千元）	劳动者报酬（千元）	生产税净额（千元）	固定资产折旧（千元）	营业盈余（千元）
总　　计	**36 538 797**	**12 466 688**	**24 072 109**	**16 625 832**	**1 391 821**	**3 094 562**	**2 959 891**
艺术业	8 324 982	2 157 710	6 167 272	5 344 791	122 003	648 785	51 690
其中:艺术表演团体	6 452 742	1 572 980	4 879 762	4 554 042	53 323	228 461	43 932
艺术表演场馆	1 643 779	502 439	1 141 340	655 061	67 867	410 982	7 428
图书馆	3 532 247	949 934	2 582 313	1 984 386	15 726	566 069	16 138
群众文化	4 552 790	1 139 127	3 413 663	3 027 030	27 342	350 001	9 294
艺术教育	1 186 266	358 240	828 026	736 246	12 699	74 543	4 542
文化市场经营机构	9 334 341	3 430 578	5 903 763	1 388 846	1 076 595	1 163 018	2 275 298
文艺科研	413 289	162 373	250 916	215 590	2 340	11 232	21 752
文物业	6 478 476	2 937 932	3 540 544	2 779 682	77 311	128 298	555 255
其他文化产业及相关产业	2 716 406	1 330 794	1 385 612	1 149 261	57 805	152 616	25 922

全国文化(文物)机构基本

	项目个数(个)	计划总投资(千元)	建筑面积(千平方米)	本年资金					
					上年结余资金	本年资金			
							国家预算内资金	国内贷款	债券
总　计	**1 856**	**32 778 516**	**6 770**	**8 649 301**	**1 589 594**	**7 059 707**	**4 612 632**	**135 490**	**8 000**
文化合计	1 626	20 925 080	5 163	5 786 552	706 995	5 079 557	3 474 907	75 320	——
艺术表演团体	41	1 456 053	292	490 867	88 997	401 870	309 011	——	——
艺术表演场馆	28	4 406 781	428	904 462	166 233	738 229	662 450	——	——
公共图书馆	151	5 025 419	1 079	1 160 606	129 447	1 031 159	933 964	200	——
群众文化	1 325	7 472 451	2 321	2 674 997	235 502	2 439 495	1 397 438	2 820	——
中等艺术学校校舍	6	134 010	63	47 773	1 261	46 512	20 412	——	——
其　他	75	2 430 366	980	507 847	85 555	422 292	151 632	72 300	——
文物合计	230	11 853 436	1 607	2 862 749	882 599	1 980 150	1 137 725	60 170	8 000
文物科研机构	19	119 751	41	45 904	15 059	30 845	8 705	——	——
文物保护管理机构	59	1 554 285	211	389 413	22 911	366 502	105 443	300	——
博 物 馆	142	9 867 840	1 273	2 375 641	834 605	1 541 036	1 012 070	59 870	——
文物商店	5	5 300	6	1 424	24	1 400	1 400	——	——
其　他	5	306 260	76	50 367	10 000	40 367	10 107	——	8 000

全国艺术表演团体演出及

	剧团数		从业人员			本年上演剧目		演出场次			
									国内演出场次		
	(个)	补贴团数	(人)	高级职称	中级职称	(个)	本团创作首演剧目	(千场次)		农村演出场次	本团创作首演剧目演出场次
总　计	**4 512**	**2 358**	**185 413**	**18 085**	**37 890**	**50 639**	**1 920**	**927**	**771**	**511**	**34**
按照登记注册类型分											
国　有	2 118	1 964	124 305	15 961	32 271	12 659	1 209	341	322	191	19
集　体	604	364	21 948	1 039	3 758	7 459	130	119	112	83	3
其　他	1 790	30	39 160	1 085	1 861	30 521	581	466	334	234	11
按隶属关系分											
中　央	16	15	5 075	1 932	1 237	244	80	3	2	——	——
省、区、市	249	208	30 117	6 749	8 370	1 749	289	52	48	12	3
地　、市	897	622	57 921	6 732	16 112	5 117	425	145	127	60	7
县　、市	3 350	1 513	92 300	2 672	12 171	43 529	1 126	726	592	439	23
按管理部门分											
文化部门	2 492	2 313	138 167	16 237	34 774	14 610	1 250	428	407	256	23
其他部门	2 020	45	47 246	1 848	3 116	36 029	670	498	365	254	11
按剧种分											
话剧、儿童剧、滑稽剧团	242	155	11 596	2 000	2 875	1 824	198	30	29	13	4
歌剧、舞剧、歌舞剧团	164	90	12 458	2 216	3 513	1 395	138	19	18	7	1
歌舞团、轻音乐团	729	336	32 927	3 167	6 455	5 025	297	90	80	38	3
乐团、合唱团	49	19	2 710	721	552	65	26	3	2	——	——
文工团、文宣队、乌兰牧骑	320	298	9 604	457	2 052	1 176	80	36	34	22	1
戏曲剧团	1 917	1 202	84 713	6 891	16 739	20 001	856	377	362	294	21
其中:京剧	116	89	8 471	1 593	2 400	1 959	31	23	23	14	1
曲、杂、木、皮团	529	144	14 375	1 408	2 791	3 116	98	267	142	54	3
综合性艺术表演团体	562	114	17 030	1 225	2 913	18 037	227	101	100	75	2

建设投资综合情况

来源总计(千元)					各项应付款合计(千元)		自开始建设至本年底累计完成投资额		本年新增固定资产(千元)	竣工项目(个)	竣工面积(千平方米)
来源小计											
利用外资		自筹资金		其他资金来源							
	外商直接投资		单位自有资金			工程款	(千元)	本年完成投资额			
50 530	**46 230**	**1 325 044**	**397 038**	**928 011**	**2 626 905**	**2 328 288**	**16 585 452**	**5 721 239**	**1 785 086**	**865**	**1 753**
45 730	45 030	673 099	109 533	810 501	1 740 733	1 494 648	10 725 837	4 007 984	1 047 651	783	1 373
——	——	5 139	3 071	87 720	320 061	319 967	718 473	344 657	37 217	13	76
——	——	37 579	100	38 200	86 714	58 021	2 325 244	630 178	35 659	9	72
3 000	3 000	83 950	2 400	10 045	480 228	461 969	2 749 057	818 122	274 527	56	266
10 030	10 030	472 251	68 258	556 956	719 263	555 174	3 878 019	1 778 074	483 943	689	762
25 000	25 000	1 000	1 000	100	940	837	47 335	27 414	——	1	3
7 700	7 000	73 180	34 704	117 480	133 527	98 680	1 007 709	409 539	216 305	15	193
4 800	1 200	651 945	287 505	117 510	886 172	833 640	5 859 615	1 713 255	737 435	82	380
——	——	20 177	18 972	1 963	7 885	7 655	52 696	10 475	2 907	8	14
——	——	229 007	143 943	31 752	19 557	13 880	686 453	175 619	15 689	21	32
4 800	1 200	380 501	109 590	83 795	857 265	810 673	5 095 782	1 513 206	718 839	53	334
——	——	——	——	——	1 465	1 432	3 032	304	——	——	——
——	——	22 260	15 000	——	——	——	21 652	13 651	——	——	——

收支综合情况

国内演出观众人次			收入情况(千元)		支出情况(千元)	固定资产原值(千元)	增加值(千元)	公用房屋建筑面积		流动舞台车数量(辆)	利用流动舞台车演出场次(场次)	利用流动舞台车演出观众人次(千人次)
(千人次)	农村观众人次	本团创作首演剧目观众人次	财政拨款	演出收入	工资福利支出			(千平方米)	排练练功用房			
758 956	**527 536**	**36 526**	**5 142 220**	**2 037 571**	**3 468 269**	**9 912 344**	**5 628 604**	**4 289**	**1 029**	**4 370**	**51 448**	**59 042**
393 957	270 270	22 163	4 786 314	1 252 305	2 881 988	5 578 115	4 736 281	3 559	842	520	33 729	44 028
93 466	77 167	3 907	270 112	164 929	251 142	360 932	360 496	430	85	93	6 448	8 407
271 533	180 099	10 456	85 794	620 337	335 139	3 973 297	531 828	297	103	3 757	11 271	6 607
3 369	1 181	640	479 870	189 172	251 344	1 101 950	519 506	206	22	——	——	——
50 842	20 323	4 998	1 861 770	504 405	997 167	2 003 445	1 785 420	1 040	288	75	2 204	4 644
133 249	74 014	7 532	1 927 891	504 265	1 226 427	1 964 713	1 929 422	1 475	324	181	7 510	11 849
571 496	432 018	23 356	872 689	839 729	993 331	4 842 236	1 394 252	1 569	397	4 114	41 734	42 549
461 940	330 156	25 202	4 974 452	1 314 742	3 022 889	5 649 669	4 879 762	3 854	886	573	39 993	52 828
297 016	197 380	11 324	167 768	722 829	445 380	4 262 675	748 843	434	143	3 797	11 455	6 214
67 298	54 678	4 280	570 827	178 442	305 915	726 845	559 537	389	79	38	1 169	1 770
20 963	8 529	816	556 876	156 906	328 410	692 175	557 333	379	125	27	1 023	1 366
65 822	28 054	2 635	875 547	475 909	625 919	1 169 933	1 003 559	667	193	845	6 810	5 261
3 427	464	170	198 960	96 951	126 053	336 152	220 812	69	8	——	——	——
34 746	23 333	1 027	242 691	32 752	176 024	308 084	248 742	255	61	50	2 254	2 533
376 405	315 125	22 511	2 004 152	649 513	1 373 808	2 160 438	2 152 583	1 884	379	2 018	33 940	40 953
26 390	19 401	1 250	491 166	87 097	248 465	574 674	434 235	383	65	22	1 355	3 181
123 055	48 105	3 271	366 495	199 955	265 974	469 326	440 774	281	99	1 244	2 358	1 952
67 240	49 248	1 816	326 672	247 143	266 166	4 049 391	445 261	358	85	148	3 894	5 207

全国艺术表演团体

	剧团数		从业人员			本年上演剧目		演出场次			
	（个）	补贴团数	（人）	高级职称	中级职称	（个）	本团创作首演剧目	（千场次）	国内演出场次	农村演出场次	本团创作首演剧目演出场次
总计	**2 476**	**2 306**	**138 371**	**16 602**	**35 074**	**14 599**	**1 289**	**420**	**399**	**254**	**23**
按照登记注册类型分											
国　有	2 021	1 928	119 973	15 505	31 570	11 932	1 161	321	303	181	19
集　体	436	360	17 009	779	3 210	2 604	107	96	93	71	3
其　他	19	18	1 389	318	294	63	21	3	3	2	——
按隶属关系分											
中　央	16	15	5 075	1 932	1 237	244	80	3	2	——	——
省、区、市	206	190	27 777	6 407	8 027	1 495	201	43	40	10	3
地　、市	629	615	50 944	6 618	15 848	3 823	369	115	104	49	7
县　、市	1 625	1 486	54 575	1 645	9 962	9 037	639	259	252	195	12
按管理部门分											
文化部门	2 455	2 293	136 144	15 918	34 412	14 487	1 228	418	398	253	23
其他部门	21	13	2 227	684	662	112	61	2	2	——	——
按剧种分											
话剧、儿童剧、滑稽剧团	163	151	9 852	1 893	2 668	910	162	21	21	10	4
歌剧、舞剧、歌舞剧团	92	86	11 074	2 144	3 391	389	71	15	14	5	1
歌舞团、轻音乐团	335	326	25 870	3 000	6 115	991	132	43	40	16	2
乐团、合唱团	20	16	2 144	670	500	33	23	2	2	——	——
文工团、文宣队、乌兰牧骑	313	298	9 531	455	2 045	1 152	80	36	34	22	1
戏曲剧团	1 285	1 187	64 063	6 303	15 663	10 207	673	225	222	175	12
其中：京剧	88	88	7 315	1 518	2 294	785	27	13	13	5	1
曲、杂、木、皮团	150	137	8 351	1 101	2 302	513	71	62	51	15	2
综合性艺术表演团体	118	105	7 486	1 036	2 390	404	77	17	17	11	1

	本年支出										
		基本支出	项目支出	经营支出	在支出						
					工资福利支出	商品和服务支出	维修(护)费	差旅费	劳务费	福利费	税金支出
总计	**7 004 018**	**5 909 225**	**948 465**	**22 283**	**3 051 098**	**1 820 544**	**119 967**	**114 855**	**237 851**	**48 856**	**52 374**
按照登记注册类型分											
国　有	6 442 520	5 422 184	892 322	20 638	2 791 508	1 670 497	109 938	105 310	213 745	43 398	50 555
集　体	453 198	407 976	27 606	1 645	223 613	112 976	8 326	9 234	16 076	5 063	1 101
其　他	108 300	79 065	28 537	——	35 977	37 071	1 703	311	8 030	395	718
按隶属关系分											
中　央	733 024	605 559	122 976	558	251 344	223 309	5 705	10 124	27 136	3 282	11 658
省、区、市	2 458 206	1 971 770	444 182	2 569	923 523	694 965	46 289	36 526	81 697	12 423	24 079
地　、市	2 551 425	2 170 678	333 025	11 330	1 167 903	659 962	47 347	46 580	93 940	16 984	13 111
县　、市	1 261 363	1 161 218	48 282	7 826	708 328	242 308	20 626	21 625	35 078	16 167	3 526
按管理部门分											
文化部门	6 700 090	5 642 191	916 077	21 725	2 951 578	1 734 096	113 790	108 061	218 812	46 277	49 622
其他部门	303 928	267 034	32 388	558	99 520	86 448	6 177	6 794	19 039	2 579	2 752
按剧种分											
话剧、儿童剧、滑稽剧团	777 632	625 508	143 025	2 185	286 533	211 279	15 918	11 373	17 457	4 506	7 376
歌剧、舞剧、歌舞剧团	766 089	622 271	135 448	982	312 055	242 432	22 764	16 732	35 738	4 074	4 678
歌舞团、轻音乐团	1 190 169	1 036 458	133 686	4 664	546 888	325 073	17 335	20 111	37 722	6 158	13 192
乐团、合唱团	316 845	227 170	80 568	327	117 833	106 553	2 962	7 494	26 553	1 179	3 361
文工团、文宣队、乌兰牧骑	320 328	308 216	5 690	1 550	175 459	50 028	3 116	3 629	3 871	1 752	1 797
戏曲剧团	2 687 040	2 290 241	324 189	7 263	1 200 195	624 286	44 729	38 171	81 737	24 641	14 864
其中：京剧	552 501	459 538	88 712	276	223 684	127 854	9 034	4 884	16 359	2 690	3 414
曲、杂、木、皮团	506 928	429 438	65 355	2 953	216 948	145 260	9 243	8 088	18 173	4 397	5 358
综合性艺术表演团体	438 987	369 923	60 504	2 359	195 187	115 633	3 900	9 257	16 600	2 149	1 748

(事业)综合情况

国内演出观众人次 (千人次)	农村观众人次	本团创作首演剧目观众人次	本年收入合计(千元)	财政拨款	上级补助收入	事业收入	演出收入	经营收入	附属单位上缴收入	其他收入
456 206	**326 410**	**25 405**	**7 203 557**	**5 032 463**	**302 909**	**1 437 378**	**1 259 398**	**18 151**	**2 783**	**409 873**
375 772	257 635	21 702	6 642 271	4 682 038	289 177	1 282 583	1 110 961	17 263	2 783	368 427
77 406	66 802	3 497	446 958	269 523	13 381	137 511	133 571	888	——	25 655
3 028	1 973	206	114 328	80 902	351	17 284	14 866	——	——	15 791
3 369	1 181	640	815 016	479 870	28 350	234 531	189 172	685	——	71 580
45 157	16 995	4 678	2 544 232	1 765 401	138 965	476 908	409 885	2 568	883	159 507
110 794	61 999	7 147	2 570 181	1 920 505	92 679	421 032	381 177	9 304	378	126 283
296 886	246 235	12 940	1 274 128	866 687	42 915	304 907	279 164	5 594	1 522	52 503
454 043	325 590	24 962	6 910 498	4 878 417	256 102	1 351 605	1 203 961	17 466	2 783	404 125
2 163	820	443	293 059	154 046	46 807	85 773	55 437	685	——	5 748
61 183	50 866	3 984	805 453	544 640	44 497	149 814	120 299	1 314	18	65 170
17 310	6 238	733	788 965	551 268	42 344	162 416	141 075	1 416	1 095	30 426
46 798	18 068	1 971	1 252 370	862 457	41 784	282 119	258 990	4 720	1 480	59 810
2 308	214	91	340 313	194 533	25 800	94 541	89 045	327	——	25 112
34 499	23 100	1 025	314 654	242 691	10 306	54 846	32 152	1 112	7	5 692
252 972	209 035	14 303	2 758 698	1 984 932	101 695	497 633	449 767	6 788	183	167 467
12 023	5 437	913	606 573	488 173	16 985	67 730	63 800	271	——	33 414
21 946	6 983	2 293	507 664	334 585	18 470	123 888	109 729	184	——	30 537
19 190	11 906	1 005	435 440	317 357	18 013	72 121	58 341	2 290	——	25 659

合计(千元) 合计中 其他资本性支出	各种设备购置费	对个人和家庭补助支出	抚恤金和生活补助	资产合计 (千元)	固定资产原值	增加值 (千元)	公用房屋建筑面积 (千平方米)	排练练功用房	流动舞台车数量 (辆)	利用流动舞台车演出场次 (场次)	利用流动舞台车演出观众人次 (千人次)
1 368 710	**41 158**	**374 200**	**256 658**	**8 363 107**	**5 881 988**	**4 988 757**	**3 868**	**890**	**566**	**39 209**	**50 957**
1 280 405	37 044	348 565	237 627	7 764 380	5 422 331	4 594 419	3 449	819	506	32 923	42 368
60 908	4 009	22 139	15 983	395 522	314 669	315 288	382	67	56	5 974	8 092
27 397	105	3 496	3 048	203 205	144 988	79 050	37	4	4	312	497
168 043	3 555	50 271	34 075	1 544 837	1 101 950	519 506	206	22	——	——	——
549 460	13 657	145 607	100 256	3 169 928	1 892 867	1 664 969	1 013	282	69	1 674	3 102
488 598	13 482	106 840	71 969	2 469 386	1 886 122	1 844 533	1 373	304	176	7 497	11 825
162 609	10 464	71 482	50 358	1 178 956	1 001 049	959 749	1 277	282	321	30 038	36 030
1 290 440	40 367	358 945	246 389	7 885 263	5 541 136	4 777 037	3 833	885	566	39 209	50 957
78 270	791	15 255	10 269	477 844	340 852	211 720	36	5	——	——	——
181 143	4 982	50 642	26 080	1 153 970	679 512	525 716	376	73	34	1 012	1 661
145 692	3 433	43 198	31 775	868 048	684 342	531 062	364	115	20	702	924
199 065	4 534	62 031	55 605	1 529 519	1 090 595	858 612	542	160	88	5 176	4 797
47 373	1 585	12 893	7 428	478 849	332 174	210 379	66	7	——	——	——
57 647	1 017	9 698	5 583	337 370	307 294	247 685	252	61	50	2 254	2 533
542 074	19 585	160 045	100 757	2 905 562	2 041 122	1 933 021	1 787	339	309	27 390	36 983
134 296	3 538	38 390	22 058	963 264	565 828	403 303	377	60	17	1 355	3 181
105 580	4 439	16 888	14 263	615 212	397 610	364 219	247	81	17	826	1 095
90 136	1 583	18 805	15 167	474 577	349 339	318 063	233	54	48	1 849	2 964

全国文化部门艺术表演团体

	剧团数		从业人员			本年上演剧目		演出场次			
									国内演出场次		
	(个)	补贴团数	(人)	高级职称	中级职称	(个)	本团创作首演剧目		(千场次)	农村演出场次	本团创作首演剧目演出场次
总计	**2 455**	**2 293**	**136 144**	**15 918**	**34 412**	**14 487**	**1 228**	**418**	**398**	**253**	**23**
按照登记注册类型分											
国　有	2 004	1 919	117 998	14 918	30 946	11 825	1 105	319	302	181	19
集　体	434	358	16 941	779	3 206	2 604	107	96	93	71	3
其　他	17	16	1 205	221	260	58	16	3	2	2	——
按隶属关系分											
中　央	9	9	3 258	1 295	677	143	21	2	2	——	——
省、区、市	197	188	27 515	6 360	7 939	1 484	199	43	40	10	3
地　、市	629	615	50 944	6 618	15 848	3 823	369	115	104	49	7
县　、市	1 620	1 481	54 427	1 645	9 948	9 037	639	259	252	194	12
按剧种分											
话剧、儿童剧、滑稽剧团	160	149	9 448	1 811	2 531	898	159	21	20	10	4
歌剧、舞剧、歌舞剧团	92	86	11 074	2 144	3 391	389	71	15	14	5	1
歌舞团、轻音乐团	334	325	25 608	2 889	6 040	991	132	42	40	16	2
乐团、合唱团	17	15	1 852	550	432	28	18	1	1	——	——
文工团、文宣队、乌兰牧骑	311	296	8 735	249	1 745	1 087	37	35	34	22	1
戏曲剧团	1 281	1 183	63 940	6 303	15 655	10 207	673	225	222	175	12
其中:京剧	88	88	7 315	1 518	2 294	785	27	13	13	5	1
曲、杂、木、皮团	150	137	8 351	1 101	2 302	513	71	62	51	15	2
综合性艺术表演团体	110	102	7 136	871	2 316	374	67	17	16	10	1

	本年支出										
					在支出						
						商品和服务支出					
		基本支出	项目支出	经营支出	工资福利支出		维修(护)费	差旅费	劳务费	福利费	税金支出
总计	**6 700 090**	**5 642 191**	**916 077**	**21 725**	**2 951 578**	**1 734 096**	**113 790**	**108 061**	**218 812**	**46 277**	**49 622**
按照登记注册类型分类											
国　有	6 170 100	5 185 486	861 105	20 080	2 700 804	1 593 370	104 046	98 531	201 013	40 937	47 803
集　体	452 898	407 676	27 606	1 645	223 411	112 908	8 326	9 234	16 076	5 063	1 101
其　他	77 092	49 029	27 366	——	27 363	27 818	1 418	296	1 723	277	718
按隶属关系分											
中　央	472 630	370 694	101 936	——	164 958	153 339	2 864	3 572	11 780	902	8 906
省、区、市	2 415 637	1 940 566	432 834	2 569	911 056	678 672	42 993	36 314	78 021	12 264	24 079
地　、市	2 551 425	2 170 678	333 025	11 330	1 167 903	659 962	47 347	46 580	93 940	16 984	13 111
县　、市	1 260 398	1 160 253	48 282	7 826	707 661	242 123	20 586	21 595	35 071	16 127	3 526
按剧种分											
话剧、儿童剧、滑稽剧团	724 534	583 775	131 677	2 185	264 607	197 435	12 325	11 326	15 649	3 558	7 066
歌剧、舞剧、歌舞剧团	766 089	622 271	135 448	982	312 055	242 432	22 764	16 732	35 738	4 074	4 678
歌舞团、轻音乐团	1 156 103	1 010 930	129 061	4 664	534 391	317 388	16 845	19 537	36 526	5 144	12 382
乐团、合唱团	267 630	179 127	79 397	327	104 647	86 148	2 640	7 337	17 576	1 025	3 361
文工团、文宣队、乌兰牧骑	222 328	210 774	5 690	992	141 996	33 386	2 666	2 838	3 361	1 514	577
戏曲剧团	2 686 555	2 289 756	324 189	7 263	1 199 818	624 213	44 724	38 171	81 737	24 641	14 864
其中:京剧	552 501	459 538	88 712	276	223 684	127 854	9 034	4 884	16 359	2 690	3 414
曲、杂、木、皮团	506 928	429 438	65 355	2 953	216 948	145 260	9 243	8 088	18 173	4 397	5 358
综合性艺术表演团体	369 923	316 120	45 260	2 359	177 116	87 834	2 583	4 032	10 052	1 924	1 336

(事业)综合情况

国内演出观众人次（千人次）	农村观众人次	本团创作首演剧目观众人次	本年收入合计（千元）	财政拨款	上级补助收入	事业收入	演出收入	经营收入	附属单位上缴收入	其他收入
454 043	**325 590**	**24 962**	**6 910 498**	**4 878 417**	**256 102**	**1 351 605**	**1 203 961**	**17 466**	**2 783**	**404 125**
374 152	256 958	21 309	6 381 487	4 551 855	242 370	1 205 221	1 063 380	16 578	2 783	362 680
77 363	66 759	3 497	446 724	269 310	13 381	137 491	133 551	888	——	25 654
2 528	1 873	156	82 287	57 252	351	8 893	7 030	——	——	15 791
1 684	546	275	563 882	338 086	——	157 842	142 818	——	——	67 954
44 857	16 983	4 600	2 503 206	1 753 787	120 508	468 074	401 052	2 568	883	157 386
110 794	61 999	7 147	2 570 181	1 920 505	92 679	421 032	381 177	9 304	378	126 283
296 708	246 062	12 940	1 273 229	866 039	42 915	304 657	278 914	5 594	1 522	52 502
60 900	50 866	3 861	755 769	529 193	24 487	137 707	108 192	1 229	18	63 135
17 310	6 238	733	788 965	551 268	42 344	162 416	141 075	1 416	1 095	30 426
46 618	18 068	1 971	1 218 971	844 381	37 544	273 346	250 217	4 720	1 480	57 500
1 736	114	41	290 237	170 928	12 533	81 420	76 480	327	——	25 029
33 684	22 585	765	223 422	198 555	2 206	17 522	15 815	512	7	4 620
252 839	208 902	14 303	2 758 279	1 984 584	101 695	497 563	449 697	6 788	183	167 466
12 023	5 437	913	606 573	488 173	16 985	67 730	63 800	271	——	33 414
21 946	6 983	2 293	507 664	334 585	18 470	123 888	109 729	184	——	30 537
19 010	11 834	995	367 191	264 923	16 823	57 743	52 756	2 290	——	25 412

合计（千元）合计中：其他资本性支出	各种设备购置费	对个人和家庭补助支出	抚恤金和生活补助	资产合计（千元）	固定资产原值	增加值（千元）	公用房屋建筑面积（千平方米）	排练练功用房	流动舞台车数量（辆）	利用流动舞台车演出场次（场次）	利用流动舞台车演出观众人次（千人次）
1 290 440	**40 367**	**358 945**	**246 389**	**7 885 263**	**5 541 136**	**4 777 037**	**3 833**	**885**	**566**	**39 209**	**50 957**
1 213 520	36 263	335 296	229 344	7 345 082	5 120 523	4 411 097	3 414	814	506	32 923	42 368
60 878	4 009	22 139	15 983	395 126	314 273	315 040	382	67	56	5 974	8 092
16 042	95	1 510	1 062	145 055	106 340	50 900	37	4	4	312	497
93 278	3 165	42 840	26 644	1 095 142	782 224	328 692	172	17	——	——	——
546 003	13 256	137 848	97 483	3 142 375	1 872 337	1 644 851	1 012	282	69	1 674	3 102
488 598	13 482	106 840	71 969	2 469 386	1 886 122	1 844 533	1 373	304	176	7 497	11 825
162 561	10 464	71 417	50 293	1 178 360	1 000 453	958 962	1 276	281	321	30 038	36 030
173 644	4 656	43 255	23 664	1 119 828	650 424	493 124	371	72	34	1 012	1 661
145 692	3 433	43 198	31 775	868 048	684 342	531 062	364	115	20	702	924
191 608	4 450	60 717	54 291	1 382 453	1 001 903	832 313	542	160	88	5 176	4 797
34 260	1 412	10 533	5 068	406 999	281 795	172 871	65	7	——	——	——
26 800	869	9 379	5 264	196 744	174 580	179 180	223	57	50	2 254	2 533
542 044	19 585	160 040	100 752	2 905 066	2 040 626	1 932 595	1 787	339	309	27 390	36 983
134 296	3 538	38 390	22 058	963 264	565 828	403 303	377	60	17	1 355	3 181
105 580	4 439	16 888	14 263	615 212	397 610	364 219	247	81	17	826	1 095
70 812	1 523	14 935	11 312	390 913	309 856	271 675	233	54	48	1 849	2 964

全国艺术表演团体

	剧团数		从业人员			本年上演剧目		演出场次			
									国内演出场次		
	(个)	补贴团数	(人)	高级职称	中级职称	(个)	本团创作首演剧目	(千场次)		农村演出场次	本团创作首演剧目演出场次
总计	**2 036**	**52**	**47 042**	**1 483**	**2 816**	**36 040**	**631**	**508**	**371**	**258**	**14**
按照登记注册类型分类											
国　有	97	36	4 332	456	701	727	48	20	19	12	1
集　体	168	4	4 939	260	548	4 855	23	25	20	13	1
其　他	1 771	12	37 771	767	1 567	30 458	560	463	332	233	12
按隶属关系分											
中　央	——	——	——	——	——	——	——	——	——	——	——
省、区、市	43	18	2 340	342	343	254	88	9	8	3	1
地　、市	268	7	6 977	114	264	1 294	56	32	24	11	1
县　、市	1 725	27	37 725	1 027	2 209	34 492	487	468	339	244	13
按管理部门分											
文化部门	37	20	2 023	319	362	123	22	11	10	4	1
其他部门	1 999	32	45 019	1 164	2 454	35 917	609	498	362	254	13
按剧种分											
话剧、儿童剧、滑稽剧团	79	4	1 744	107	207	914	36	9	9	6	1
歌剧、舞剧、歌舞剧团	72	4	1 384	72	122	1 006	67	6	5	3	——
歌舞团、轻音乐团	394	10	7 057	167	340	4 034	165	47	40	23	1
乐团、合唱团	29	3	566	51	52	32	3	2	2	1	——
文工团、文宣队、乌兰牧骑	7	——	73	2	7	24	——	1	1	1	——
戏曲剧团	632	15	20 650	588	1 076	9 794	183	152	140	118	9
其中:京剧	28	1	1 156	75	106	1 174	4	10	10	9	——
曲、杂、木、皮团	379	7	6 024	307	489	2 603	27	206	92	40	1
综合性艺术表演团体	444	9	9 544	189	523	17 633	150	86	84	67	2

	损益及										
				管理费用						财务费用	
	主营业务利润	其他业务利润	营业费用	(千元)	税　金	养老、失业等保险费	住房公积金和住房补贴	差旅费	工会经费	(千元)	利息支出
总计	**183 652**	**3 235**	**130 087**	**133 844**	**3 718**	**10 260**	**5 542**	**7 074**	**526**	**−379**	**−1 314**
按照登记注册类型分类											
国　有	729	4 044	27 822	72 159	443	7 003	4 441	2 042	221	−1 480	−1 509
集　体	11 861	276	3 735	5 334	477	874	477	1 139	155	34	−1
其　他	171 062	−1 085	98 530	56 351	2 798	2 383	624	3 893	150	1 067	196
按隶属关系分											
中　央	——	——	——	——	——	——	——	——	——	——	——
省、区、市	−1 454	−1 225	23 309	71 367	271	6 185	4 268	718	180	−1 271	−1 285
地　、市	14 457	849	10 827	13 474	392	519	10	671	85	−197	−230
县　、市	170 649	3 611	95 951	49 003	3 055	3 556	1 264	5 685	261	1 089	201
按管理部门分											
文化部门	−5 002	3 101	26 947	70 483	254	4 955	3 997	455	166	−1 545	−1 558
其他部门	188 654	134	103 140	63 361	3 464	5 305	1 545	6 619	360	1 166	244
按剧种分											
话剧、儿童剧、滑稽剧团	−2 352	245	17 435	12 637	246	1 648	555	1 418	131	−91	−103
歌剧、舞剧、歌舞剧团	3 146	−3 919	824	9 780	250	595	678	656	36	59	58
歌舞团、轻音乐团	51 421	3 024	7 817	31 638	343	1 775	358	639	89	−383	−528
乐团、合唱团	117	——	497	4 528	——	480	615	139	——	——	——
文工团、文宣队、乌兰牧骑	355	——	60	32	——	2	——	——	——	——	——
戏曲剧团	41 107	1 867	12 298	33 991	843	3 743	2 692	2 158	170	−1	−34
其中:京剧	3 213	99	1 285	4 282	1	472	621	84	——	5	3
曲、杂、木、皮团	21 700	1 259	50 050	21 674	513	794	395	1 443	57	−671	−716
综合性艺术表演团体	68 158	759	41 106	19 564	1 523	1 223	249	621	43	708	9

(企业)综合情况

国内演出观众人次			资产、负债、所有者权益(千元)							损益及分配(千元)			
							所有者权益合计						
								实收资本					
(千人次)	农村观众人次	本团创作首演剧目观众人次	资产总计	固定资产原值	本年折旧	负债总计			国家资本金		演出收入	主营业务成本	主营业务税金及附加
302 750	**201 126**	**11 121**	**27 243 502**	**4 030 356**	**42 650**	**217 277**	**27 026 225**	**451 292**	**42 352**	**1 086 894**	**778 173**	**504 155**	**30 654**
18 185	12 635	461	446 991	155 784	7 918	48 498	398 493	265 487	32 657	215 683	141 344	132 585	4 091
16 060	10 365	410	62 324	46 263	2 804	5 260	57 064	12 429	958	53 890	31 358	9 362	1 204
268 505	178 126	10 250	26 734 187	3 828 309	31 928	163 519	26 570 668	173 376	8 737	817 321	605 471	362 208	25 359
——	——	——	——	——	——	——	——	——	——	——	——	——	——
5 685	3 328	320	359 817	110 578	8 851	46 207	313 610	245 307	36 030	161 467	94 520	116 212	3 008
22 455	12 015	385	276 441	78 591	4 413	61 142	215 299	56 877	3 506	168 834	123 088	90 036	4 780
274 610	185 783	10 416	26 607 244	3 841 187	29 386	109 928	26 497 316	149 108	2 816	756 593	560 565	297 907	22 866
7 897	4 566	240	353 476	108 533	6 813	41 005	312 471	247 548	34 001	160 485	110 781	127 985	3 423
294 853	196 560	10 881	26 890 026	3 921 823	35 837	176 272	26 713 754	203 744	8 351	926 409	667 392	376 170	27 231
6 115	3 812	296	103 014	47 333	3 017	7 116	95 898	50 102	2	78 486	58 143	57 709	2 424
3 653	2 291	83	25 047	7 833	718	9 330	15 717	7 079	365	31 997	15 831	11 073	943
19 024	9 986	664	271 760	79 338	14 276	37 448	234 312	98 017	8 752	278 540	216 919	180 261	11 677
1 119	250	79	5 939	3 978	184	406	5 533	858	——	17 539	7 906	4 005	161
247	233	2	2 990	790	72	1 560	1 430	160	——	1 153	600	195	69
123 433	106 090	8 208	225 505	119 316	10 183	25 975	199 530	37 685	4 038	281 629	199 746	117 540	4 620
14 367	13 964	337	11 066	8 846	1 220	1 710	9 356	3 070	——	35 474	23 297	18 251	590
101 109	41 122	978	341 043	71 716	2 608	46 254	294 789	141 095	27 930	161 611	90 226	48 244	3 410
48 050	37 342	811	26 268 204	3 700 052	11 592	89 188	26 179 016	116 296	1 265	235 939	188 802	85 128	7 350

分配(千元)					工资、福利费、增值税(千元)				公用房屋建筑面积				
	补贴收入												
营业利润	(千元)	财政补贴	利润总额	所得税	本年应付工资总额	本年应付福利费总额	本年应交增值税	增加值(千元)	(千平方米)	排练练功用房	流动舞台车数量(辆)	利用流动舞台车演出场次(场次)	利用流动舞台车演出观众人次(千人次)
−1 491	**129 330**	**109 757**	**129 320**	**4 340**	**406 699**	**10 472**	**1 326**	**639 844**	**421**	**141**	**3 804**	**12 239**	**8 085**
−86 543	113 752	104 276	25 398	394	85 516	4 964	24	141 859	111	23	14	806	1 660
10 921	764	589	7 643	140	26 862	667	——	45 206	50	20	37	474	315
74 131	14 814	4 892	96 279	3 806	294 321	4 841	1 302	452 779	260	97	3 753	10 959	6 110
——	——	——	——	——	——	——	——	——	——	——	——	——	——
−83 746	107 795	96 369	17 010	——	70 457	3 187	24	120 451	27	6	6	530	1 542
469	14 633	7 386	8 780	413	55 963	2 561	1 063	84 889	102	21	5	13	24
81 786	6 902	6 002	103 530	3 927	280 279	4 724	239	434 504	292	114	3 793	11 696	6 519
−93 765	105 582	96 035	18 159	127	66 785	4 526	24	102 720	24	3	7	784	1 871
92 274	23 748	13 722	111 161	4 213	339 914	5 946	1 302	537 124	397	137	3 797	11 455	6 214
−21 794	28 098	26 187	5 633	107	19 197	185	86	33 825	16	6	4	157	109
−1 626	7 147	5 608	−891	206	15 355	1 000	1 150	26 269	16	6	7	321	442
14 836	22 561	13 090	21 353	131	76 226	2 805	6	144 945	124	34	757	1 634	464
−4 424	5 191	4 427	1 286	19	8 220	——	——	10 434	2	1	——	——	——
350	——	——	350	10	565	——	——	1 058	4	2	——	——	——
−1 179	24 837	19 220	27 225	1 211	171 567	2 046	1	219 563	98	42	1 709	6 550	3 970
−1 513	4 760	2 993	3 112	413	24 781	——	——	30 932	6	5	5	——	——
−12 334	32 010	31 910	45 964	354	47 638	1 388	19	76 554	38	19	1 227	1 532	857
24 680	9 486	9 315	28 400	2 302	67 931	3 048	64	127 196	122	30	100	2 045	2 243

全国文化部门艺术表演团体

	剧团数		从业人员			本年上演剧目		演出场次			
									国内演出场次		
	(个)	补贴团数	(人)	高级职称	中级职称	(个)	本团创作首演剧目		(千场次)	农村演出场次	本团创作首演剧目演出场次
总计	**37**	**20**	**2 023**	**319**	**362**	**123**	**22**	**11**	**10**	**4**	**1**
按照登记注册类型分类											
国　有	22	17	1 622	302	344	68	14	9	8	3	——
集　体	2	1	77	——	5	6	——	——	——	——	——
其　他	13	2	324	17	13	49	8	2	1	1	——
按隶属关系分											
中　央	——	——	——	——	——	——	——	——	——	——	——
省、区、市	17	16	1 396	294	283	44	19	8	7	2	——
地　、市	6	2	258	14	56	19	2	1	1	——	——
县　、市	14	2	369	11	23	60	1	2	2	1	——
按剧种分											
话剧、儿童剧、滑稽剧团	6	2	276	50	34	26	6	1	1	——	——
歌剧、舞剧、歌舞剧团	1	1	132	29	21	——	——	——	——	——	——
歌舞团、轻音乐团	6	3	377	43	77	32	7	2	2	1	——
乐团、合唱团	5	3	229	35	22	1	1	——	——	——	——
文工团、文宣队、乌兰牧骑	——	——	——	——	——	——	——	——	——	——	——
戏曲剧团	10	5	589	120	155	40	4	2	2	2	——
其中:京剧	1	1	109	24	30	1	1	——	——	——	——
曲、杂、木、皮团	5	4	342	40	44	21	4	5	4	1	——
综合性艺术表演团体	4	2	78	2	9	3	——	——	——	——	0

	损　益　及										
				管理费用						财务费用	
	主营业务利润	其他业务利润	营业费用	(千元)	税　金	养老、失业等保险费	住房公积金和住房补贴	差旅费	工会经费	(千元)	利息支出
总计	**−5 002**	**3 101**	**26 947**	**70 483**	**254**	**4 955**	**3 997**	**455**	**166**	**−1 545**	**−1 558**
按照登记注册类型分类											
国　有	−7 839	3 086	22 762	65 011	249	4 673	3 916	345	151	−1 500	−1 510
集　体	−29	——	318	561	——	47	——	——	7	−1	−1
其　他	2 866	15	3 867	4 911	5	235	81	110	8	−44	−47
按隶属关系分											
中　央	——	——	——	——	——	——	——	——	——	——	——
省、区、市	−5 421	2 716	23 035	61 200	175	4 710	3 997	342	144	−1 313	−1 326
地　、市	−257	385	3 287	7 962	75	177	——	13	15	−230	−230
县　、市	676	——	625	1 321	4	68	——	100	7	−2	−2
按剧种分											
话剧、儿童剧、滑稽剧团	−7 112	15	7 493	9 575	8	1 522	555	174	112	−92	−102
歌剧、舞剧、歌舞剧团	−705	7	——	3 995	——	512	653	——	——	——	——
歌舞团、轻音乐团	14 859	2 222	2 400	22 789	76	433	81	23	23	−537	−540
乐团、合唱团	−795	——	——	4 302	——	480	615	100	——	——	——
文工团、文宣队、乌兰牧骑	——	——	——	——	——	——	——	——	——	——	——
戏曲剧团	−14 762	314	16	12 922	4	1 615	1 938	——	——	−199	−199
其中:京剧	−1 029	99	——	3 687	——	472	621	——	——	——	——
曲、杂、木、皮团	4 008	543	16 720	14 878	144	291	126	66	24	−716	−716
综合性艺术表演团体	−495	——	318	2 022	22	102	29	92	7	−1	−1

(企业)综合情况

国内演出观众人次			资产、负债、所有者权益(千元)							损益及分配			
							所有者权益合计						
								实收资本					
(千人次)	农村观众人次	本团创作首演剧目观众人次	资产总计	固定资产原值	本年折旧	负债总计	(千元)		国家资本金	(千元)	演出收入	主营业务成本	主营业务税金及附加
7 897	**4 566**	**240**	**353 476**	**108 533**	**6 813**	**41 005**	**312 471**	**247 548**	**34 001**	**160 485**	**110 781**	**127 985**	**3 423**
5 284	3 170	210	343 964	104 078	6 154	39 404	304 560	236 963	31 036	148 589	100 443	125 650	3 216
740	630	——	1 003	936	160	834	169	865	865	1 988	1 003	682	12
1 873	766	30	8 509	3 519	499	767	7 742	9 720	2 100	9 908	9 335	1 653	195
——	——	——	——	——	——	——	——	——	——	——	——	——	——
4 762	3 009	214	323 288	90 940	5 073	32 448	290 840	237 757	30 030	132 261	84 098	107 710	2 674
1 667	743	6	21 213	14 774	1 542	7 723	13 490	8 606	3 106	22 993	22 963	19 987	701
1 468	814	20	8 975	2 819	198	834	8 141	1 185	865	5 231	3 720	288	48
1 547	777	67	59 806	26 789	1 788	3 566	56 240	43 539	——	45 302	31 457	48 960	1 014
166	21	——	424	424	26	——	424	——	——	7 213	4 872	5 434	143
1 094	324	14	84 298	27 366	2 167	20 665	63 633	68 123	2 700	33 481	30 893	15 128	1 187
571	5	9	3 200	3 200	149	——	3 200	220	——	8 047	3 176	2 559	42
2 628	2 215	35	44 019	38 219	1 446	6 368	37 651	2 506	2 506	22 493	6 959	21 147	174
1 095	1 010	17	3 136	3 136	120	——	3 136	——	——	5 986	1 960	2 926	63
701	109	115	157 872	10 093	935	9 482	148 390	127 295	27 930	38 631	32 101	30 568	802
1 190	1 115	——	3 857	2 442	302	924	2 933	5 865	865	5 318	1 323	4 189	61

分配(千元)					工资、福利费、增值税(千元)								
	补贴收入								公用房屋建筑面积				
营业利润	(千元)	财政补贴	利润总额	所得税	本年应付工资总额	本年应付福利费总额	本年应交增值税	增加值	(千平方米)	排练练功用房	流动舞台车数量(辆)	利用流动舞台车演出场次(场次)	利用流动舞台车演出观众人次(千人次)
−93 765	**105 582**	**96 035**	**18 159**	**127**	**66 785**	**4 526**	**24**	**102 720**	**24**	**3**	**7**	**784**	**1 871**
−91 191	104 637	95 230	20 068	102	63 087	4 476	24	99 351	23	3	4	460	1 335
116	590	450	116	——	495	——	——	1 424	1	——	1	2	12
−2 690	355	355	−2 025	25	3 203	50	——	1 945	1	1	2	322	524
——	——	——	——	——	——	——	——	——	——	——	——	——	——
−85 926	98 341	88 934	18 740	——	60 917	2 691	24	92 783	13	1	4	460	1 335
−8 315	6 496	6 496	−1 057	71	3 511	1 703	——	5 899	10	2	1	12	24
476	745	605	476	56	2 357	132	——	4 038	1	1	2	312	512
−24 072	27 288	25 527	3 211	25	8 132	36	6	16 355	4	——	2	129	106
−4 693	5 123	4 165	——	——	5 449	——	——	7 213	——	——	——	——	——
−7 557	10 153	9 733	1 178	56	15 324	1 948	——	23 827	11	2	——	——	——
−4 797	5 191	4 427	239	——	5 797	——	——	7 483	——	——	——	——	——
−27 186	23 397	17 993	−3 692	46	16 145	1 290	——	18 823	3	1	2	419	753
−4 617	4 760	2 993	143	——	4 567	——	——	5 986	——	——	——	——	——
−23 768	31 940	31 840	17 016	——	14 912	1 058	18	26 476	5	——	——	——	——
−1 692	2 490	2 350	207	——	1 026	194	——	2 543	1	——	3	236	1 012

全国艺术表演场馆

	机构数（个）	从业人员（人）			坐席数（个）	屏幕数（个）	演（映）出场次合计（千场次）		
			高级职称	中级职称				艺术演出场次	电影放映场次
总　　计	**2 070**	**39 770**	**741**	**3 274**	**1 544 156**	**2 423**	**727**	**138**	**571**
其中：附属剧场	413	6 239	85	285	276 570	331	110	41	68
儿童剧场	7	198	12	9	3 492	2	4	1	4
按登记注册类型分									
国　　有	1 630	32 485	672	3 030	1 255 912	1 428	578	79	486
集　　体	157	1 321	17	95	105 279	145	26	12	12
其　　他	283	5 964	52	149	182 965	850	124	48	73
按管理部门分									
文化部门	1 732	32 806	640	2 985	1 307 456	1 501	599	82	504
其他部门	338	6 964	101	289	236 700	922	128	57	70
按机构类型分									
剧场	956	17 833	401	1 762	723 021	1 217	220	59	154
影剧院	904	16 465	312	1 387	681 312	1 012	411	37	366
书场、曲艺场	25	178	1	5	4 480	7	14	6	8
杂技、马戏场	3	137	4	14	6 031	——	1	1	——
音乐厅	28	825	11	36	14 349	21	8	4	3
综合性	95	2 547	8	58	83 057	98	50	17	30
其他艺术表演场馆	59	1 785	4	12	31 906	68	20	10	10
按隶属关系分									
中　　央	5	108	1	1	4 177	2	——	——	——
省、区、市	141	5 258	159	412	127 301	146	149	15	132
地　、　市	550	12 661	225	1 294	317 809	478	235	29	197
县、市及以下	1 374	21 743	356	1 567	1 094 869	1 797	338	88	241

综合情况

观众人次合计			收入情况(千元)			人员支出(千元)	年末固定资产原值(千元)	增加值(千元)	公用房屋建筑面积	
(千人次)	艺术演出观众人次	电影放映观众人次	财政拨款	艺术演出分成收入	电影放映分成收入				(千平方米)	演(映)业务用房
111 157	**50 636**	**55 351**	**541 523**	**1 135 128**	**295 302**	**636 285**	**8 224 428**	**1 504 408**	**5 847**	**3 204**
21 401	13 886	6 717	27 100	365 220	41 181	99 668	425 228	264 482	921	526
416	337	79	4 843	7 026	2 545	5 126	16 588	12 551	23	13
85 745	35 023	46 192	507 474	625 630	233 286	511 863	7 610 749	1 177 507	4 855	2 730
6 638	3 841	2 734	3 652	28 722	9 984	13 427	67 292	32 375	224	153
18 774	11 772	6 425	30 397	480 776	52 032	110 995	546 387	294 525	766	314
91 003	36 376	50 112	308 505	631 616	245 050	499 013	7 559 828	1 140 530	5 069	2 801
20 154	14 260	5 239	233 018	503 512	50 252	137 272	664 600	363 877	774	401
46 554	28 747	15 293	410 090	689 370	79 910	345 500	4 886 126	850 540	2 971	1 617
50 090	12 084	36 409	91 240	67 744	188 366	189 164	1 927 418	368 815	2 162	1 234
886	527	351	2 215	7 724	4 912	5 667	22 921	11 530	12	5
594	585	——	——	24 194	——	3 223	291 742	9 594	13	12
1 762	1 614	104	27 371	43 247	2 422	18 271	309 149	55 863	107	42
7 115	4 191	2 027	9 747	159 472	13 036	49 557	753 909	147 111	443	204
4 156	2 888	1 167	860	143 377	6 656	24 903	33 163	60 957	134	81
167	167	——	——	8 070	——	2 818	5 130	6 303	52	7
15 267	11 260	3 444	265 868	533 447	69 813	164 284	3 315 944	497 825	782	473
31 391	11 701	18 061	145 710	124 997	101 828	186 375	2 333 194	377 812	1 924	1 021
64 332	27 508	33 846	129 945	468 614	123 661	282 808	2 570 160	622 464	3 084	1 705

全国艺术表演场馆

	机构数（个）	从业人员（人）	高级职称	中级职称	坐席数（个）	屏幕数（个）	演(映)出场次合计（千场次）	艺术演出场次	电影放映场次
总　计	**1 344**	**25 162**	**557**	**2 473**	**1 025 663**	**1 073**	**390**	**56**	**322**
其中：附属剧场	156	1 136	23	123	104 025	101	34	4	28
儿童剧场	2	6	——	——	1 023	1	——	——	——
按登记注册类型分									
国　有	1 288	24 381	544	2 395	988 949	1 025	382	54	317
集　体	39	292	12	61	25 405	30	5	2	3
其　他	17	489	1	17	11 309	18	4	——	3
按管理部门分									
文化部门	1 330	24 592	537	2 397	1 000 818	1 062	386	55	320
其他部门	14	570	20	76	24 845	11	5	1	4
按机构类型分									
剧场	679	11 949	296	1 353	503 293	404	116	30	78
影剧院	624	12 302	247	1 060	484 671	644	258	23	232
书场、曲艺场	10	91	1	5	2 824	4	8	1	6
杂技、马戏场	3	137	4	14	6 031	——	1	1	——
音乐厅	9	266	6	12	5 998	1	1	1	——
综合性	12	361	2	21	19 784	16	7	1	6
其他艺术表演场馆	7	56	1	8	3 062	4	——	——	——
按隶属关系分									
中　央	4	78	1	1	2 962	1	——	——	——
省、区、市	96	3 157	83	247	80 324	95	120	8	110
地　、　市	360	8 399	195	1 027	222 581	266	103	15	84
县、市及以下	884	13 528	278	1 198	719 796	711	167	33	130

	本年支出	基本支出	项目支出	经营支出	在支出中：工资福利支出	商品和	维修(护)费	差旅费	劳务费
总　计	**1 311 432**	**763 293**	**212 989**	**136 292**	**408 304**	**423 615**	**58 659**	**8 916**	**17 219**
其中：附属剧场	55 244	34 193	9 573	6 704	19 725	14 693	1 640	160	1 319
儿童剧场	2 758	70	——	——	70	2 578	30	——	——
按登记注册类型分									
国　有	1 298 571	755 971	212 706	133 095	402 171	421 355	58 386	8 792	17 124
集　体	6 434	3 736	283	1 206	3 060	1 225	62	52	89
其　他	6 427	3 586	——	1 991	3 073	1 035	211	72	6
按管理部门分									
文化部门	1 173 209	734 593	108 403	135 384	379 322	367 418	52 001	8 734	17 069
其他部门	138 223	28 700	104 586	908	28 982	56 197	6 658	182	150
按机构类型分									
剧场	801 579	449 624	154 661	61 977	234 954	265 652	35 454	4 890	9 157
影剧院	388 558	231 389	47 907	57 068	144 177	98 607	17 076	3 454	6 627
书场、曲艺场	14 341	8 527	121	4 387	4 362	3 600	65	61	161
杂技、马戏场	42 457	35 080	——	——	3 223	31 759	3 777	79	215
音乐厅	33 642	20 369	5 924	5 329	9 722	15 787	1 576	149	769
综合性	28 251	16 036	4 292	7 437	10 421	7 406	702	239	290
其他艺术表演场馆	2 604	2 268	84	94	1 445	804	9	44	——
按隶属关系分									
中　央	10 306	——	——	5 739	1 563	2 775	58	——	——
省、区、市	583 435	299 707	136 644	31 461	116 589	239 281	27 603	3 177	7 385
地　、　市	331 817	200 076	38 099	61 634	126 538	82 409	12 088	2 654	5 122
县、市及以下	385 874	263 510	38 246	37 458	163 614	99 150	18 910	3 085	4 712

(事业)综合情况

观众人次合计(千人次)	艺术演出观众人次	电影放映观众人次	本年收入合计(千元)	财政拨款	上级补助收入	事业收入	艺术演出收入	电影放映收入	经营收入	附属单位上缴收入	其他收入
59 640	**26 199**	**30 231**	**1 459 152**	**466 027**	**45 984**	**694 592**	**450 529**	**141 994**	**96 255**	**1 438**	**154 856**
4 017	1 906	1 821	55 368	15 317	1 763	28 435	11 788	9 223	3 103	610	6 140
65	65	——	232	70	——	150	150	——	——	——	12
58 014	25 402	29 447	1 445 936	462 340	45 377	689 911	448 423	139 752	93 731	1 438	153 139
1 207	705	472	7 897	3 202	607	2 658	1 795	625	1 042	——	388
419	92	312	5 319	485	——	2 023	311	1 617	1 482	——	1 329
59 063	25 765	30 100	1 150 362	240 667	44 684	621 381	384 135	140 902	95 481	1 438	146 711
577	434	131	308 790	225 360	1 300	73 211	66 394	1 092	774	——	8 145
25 725	16 116	7 792	967 264	361 368	30 884	448 513	356 137	29 382	44 016	757	81 726
31 165	8 071	21 888	377 282	85 899	9 985	175 415	42 866	104 598	37 941	681	67 361
592	264	322	15 436	2 215	1 159	9 640	4 694	4 553	1 709	——	713
594	585	——	35 129	——	2 969	31 916	24 194	——	——	——	244
650	650	——	34 167	10 093	845	12 707	12 707	——	7 791	——	2 731
814	465	191	27 263	5 592	——	15 218	9 784	3 425	4 798	——	1 655
100	48	38	2 611	860	142	1 183	147	36	——	——	426
167	167	——	8 248	——	——	——	——	——	8 236	——	12
9 188	6 333	2 391	762 921	256 745	18 564	413 199	314 851	59 727	23 364	674	50 375
16 266	6 567	8 338	313 168	94 867	12 759	118 206	54 274	35 525	37 860	345	49 131
34 019	13 132	19 502	374 815	114 415	14 661	163 187	81 404	46 742	26 795	419	55 338

合计(千元) 合计中 服务支出 福利费	税金支出	对个人和家庭补助支出	抚恤金和生活补助	其他资本性支出	各种设备购置费	资产合计(千元)	固定资产原值	增加值(千元)	公用房屋建筑面积(千平方米)	排练练功用房
16 435	**44 926**	**88 546**	**5 945**	**101 056**	**82 691**	**7 178 632**	**6 098 432**	**835 043**	**3 655**	**2 064**
746	1 704	4 241	221	1 899	956	166 838	141 271	32 999	280	181
——	——	——	——	110	110	3 748	2 902	193	2	1
16 037	44 410	87 554	5 855	100 552	82 266	7 110 798	6 034 671	824 587	3 530	2 000
209	198	741	74	247	229	10 881	10 020	5 068	55	38
189	318	251	16	257	196	56 953	53 741	5 388	66	23
15 782	41 288	86 366	5 912	52 848	36 841	6 711 842	5 836 919	758 335	3 579	2 021
653	3 638	2 180	33	48 208	45 850	466 790	261 513	76 708	73	40
8 595	27 111	57 049	3 320	73 363	62 521	4 774 864	3 948 086	526 115	1 920	1 042
6 983	14 137	28 496	2 556	17 870	10 785	1 582 888	1 397 883	247 541	1 540	880
290	472	380	37	305	283	24 448	13 026	6 377	8	3
12	1 069	98	1	7 377	7 377	308 180	291 742	9 594	13	12
268	953	1 662	31	917	917	327 861	290 862	25 806	41	27
256	1 082	756	——	1 140	758	146 475	143 193	17 396	121	94
31	102	105	——	84	50	13 916	13 640	2 215	8	4
160	9	328	——	235	235	5 775	3 502	2 678	29	7
6 060	20 904	24 986	1 725	67 164	62 522	3 704 464	2 994 726	336 262	481	286
4 224	12 048	35 019	1 664	10 192	7 215	1 761 980	1 537 290	227 492	1 180	659
5 991	11 965	28 213	2 556	23 465	12 719	1 706 413	1 562 914	268 611	1 961	1 108

全国文化部门艺术表演

	机构数（个）	从业人员（人）	高级职称	中级职称	坐席数（个）	屏幕数（个）	演(映)出场次合计（千场次）	艺术演出场次	电影放映场次
总　计	**1 330**	**24 592**	**537**	**2 397**	**1 000 818**	**1 062**	**386**	**55**	**319**
其中:附属剧场	150	1 080	23	116	100 541	95	31	4	26
儿童剧场	2	6	——	——	1 023	1	——	——	——
按登记注册类型分									
国　有	1 274	23 811	524	2 319	964 104	1 014	377	53	313
集　体	39	292	12	61	25 405	30	5	2	3
其　他	17	489	1	17	11 309	18	4	——	3
按机构类型分									
剧场	671	11 471	276	1 289	483 514	401	115	29	78
影剧院	620	12 246	247	1 055	481 276	636	255	22	229
书场、曲艺场	10	91	1	5	2 824	4	8	1	6
杂技、马戏场	3	137	4	14	6 031	——	1	1	——
音乐厅	8	255	6	11	5 427	1	1	1	——
综合性	11	336	2	15	18 684	16	7	1	6
其他艺术表演场馆	7	56	1	8	3 062	4	——	——	——
按隶属关系分									
中　　央	3	78	1	1	2 962	1	——	——	——
省、区、市	91	2 683	63	184	62 333	93	119	7	110
地　、　市	358	8 388	195	1 026	221 722	266	103	15	84
县、市及以下	878	13 443	278	1 186	713 801	702	163	33	126

	本年支出	基本支出	项目支出	经营支出	在支出：工资福利支出	商品和	维修(护)费	差旅费	劳务费
总　计	**1 173 209**	**734 593**	**108 403**	**135 384**	**379 322**	**367 418**	**52 001**	**8 734**	**17 069**
其中:附属剧场	52 362	33 205	8 873	6 224	18 487	13 941	1 537	130	1 292
儿童剧场	2 758	70	——	——	70	2 578	30	——	——
按登记注册类型分									
国　有	1 160 348	727 271	108 120	132 187	373 189	365 158	51 728	8 610	16 974
集　体	6 434	3 736	283	1 206	3 060	1 225	62	52	89
其　他	6 427	3 586	——	1 991	3 073	1 035	211	72	6
按机构类型分									
剧场	670 093	422 594	50 775	61 549	208 768	210 618	28 907	4 746	9 083
影剧院	382 983	230 401	47 207	56 588	142 010	97 756	17 001	3 449	6 584
书场、曲艺场	14 341	8 527	121	4 387	4 362	3 600	65	61	161
杂技、马戏场	42 457	35 080	——	——	3 223	31 759	3 777	79	215
音乐厅	32 960	19 687	5 924	5 329	9 383	15 587	1 575	146	743
综合性	27 771	16 036	4 292	7 437	10 131	7 294	667	209	283
其他艺术表演场馆	2 604	2 268	84	94	1 445	804	9	44	——
按隶属关系分									
中　　央	10 306	——	——	5 739	1 563	2 775	58	——	——
省、区、市	452 091	272 677	32 758	31 033	90 463	184 285	21 069	3 045	7 324
地　、　市	331 135	199 394	38 099	61 634	126 199	82 209	12 087	2 651	5 096
县、市及以下	379 677	262 522	37 546	36 978	161 097	98 149	18 787	3 038	4 649

（事业）综合情况

观众人次合计（千人次）	艺术演出观众人次	电影放映观众人次	本年收入合计（千元）	财政拨款	上级补助收入	事业收入	艺术演出收入	电影放映收入	经营收入	附属单位上缴收入	其他收入
59 063	**25 765**	**30 100**	**1 150 362**	**240 667**	**44 684**	**621 381**	**384 135**	**140 902**	**95 481**	**1 438**	**146 711**
3 942	1 892	1 770	51 032	15 017	1 063	26 653	11 588	8 655	3 083	610	4 606
65	65	——	232	70	——	150	150	——	——	——	12
57 437	24 968	29 316	1 137 146	236 980	44 077	616 700	382 029	138 660	92 957	1 438	144 994
1 207	705	472	7 897	3 202	607	2 658	1 795	625	1 042	——	388
419	92	312	5 319	485	——	2 023	311	1 617	1 482	——	1 329
25 358	15 761	7 782	664 910	136 371	30 884	378 520	290 897	29 340	43 262	757	75 116
30 979	8 016	21 767	372 044	85 899	9 285	172 431	41 946	103 548	37 921	681	65 827
592	264	322	15 436	2 215	1 159	9 640	4 694	4 553	1 709	——	713
594	585	——	35 129	——	2 969	31 916	24 194	——	——	——	244
634	634	——	33 449	10 030	245	12 653	12 653	——	7 791	——	2 730
806	457	191	26 783	5 292	——	15 038	9 604	3 425	4 798	——	1 655
100	48	38	2 611	860	142	1 183	147	36	——	——	426
167	167	——	8 248	——	——	——	——	——	8 236	——	12
8 858	6 004	2 391	460 709	31 748	18 564	343 348	249 711	59 727	22 610	674	43 765
16 247	6 548	8 338	312 450	94 804	12 159	118 152	54 220	35 525	37 860	345	49 130
33 791	13 046	19 371	368 955	114 115	13 961	159 881	80 204	45 650	26 775	419	53 804

合 计（千元）						资产合计（千元）	固定资产原值	增加值（千元）	公用房屋建筑面积（千平方米）	排练练功用房
合 计 中										
服务支出		对个人和家庭补助支出		其他资本性支出						
福利费	税金支出		抚恤金和生活补助		各种设备购置费					
15 782	**41 288**	**86 366**	**5 912**	**52 848**	**36 841**	**6 711 842**	**5 836 919**	**758 335**	**3 582**	**2 024**
706	1 557	4 113	219	1 835	892	142 580	117 013	29 860	270	177
——	——	——	——	110	110	3 748	2 902	193	2	1
15 384	40 772	85 374	5 822	52 344	36 416	6 644 008	5 773 158	747 879	3 458	1 960
209	198	741	74	247	229	10 881	10 020	5 068	55	38
189	318	251	16	257	196	56 953	53 741	5 388	66	23
7 991	23 808	55 071	3 299	25 340	16 856	4 398 265	3 776 740	455 263	1 863	1 008
6 983	13 814	28 386	2 554	17 814	10 729	1 508 825	1 323 820	243 139	1 532	877
290	472	380	37	305	283	24 448	13 026	6 377	8	3
12	1 069	98	1	7 377	7 377	308 180	291 742	9 594	13	12
259	941	1 588	21	848	848	311 833	274 858	24 712	38	25
216	1 082	738	——	1 080	698	146 375	143 093	17 035	118	93
31	102	105	——	84	50	13 916	13 640	2 215	8	4
160	9	328	——	235	235	5 775	3 502	2 678	29	7
5 456	17 601	23 030	1 704	19 163	16 857	3 329 365	2 824 780	265 562	428	256
4 215	12 036	34 945	1 654	10 123	7 146	1 745 952	1 521 286	226 399	1 176	656
5 951	11 642	28 063	2 554	23 327	12 603	1 630 750	1 487 351	263 696	1 946	1 101

全国艺术表演场馆

	机构数（个）	从业人员（人）			坐席数（个）	屏幕数（个）	演(映)出场次合计（千场次）		
			高级职称	中级职称				艺术演出场次	电影放映场次
总　计	**726**	**14 608**	**184**	**801**	**518 493**	**1 350**	**337**	**82**	**249**
其中：附属剧场	257	5 103	62	162	172 545	230	80	39	40
儿童剧场	5	192	12	9	2 469	1	5	1	4
按登记注册类型分									
国　有	342	8 104	128	635	266 963	403	195	25	168
集　体	118	1 029	5	34	79 874	115	21	10	11
其　他	266	5 475	51	132	171 656	832	121	48	70
按管理部门分									
文化部门	402	8 214	103	588	306 638	439	212	27	182
其他部门	324	6 394	81	213	211 855	911	124	56	67
按机构类型分									
剧场	277	5 884	105	409	219 728	813	106	28	77
影剧院	280	4 163	65	327	196 641	368	152	17	134
书场、曲艺场	15	87	——	——	1 656	3	6	5	1
杂技、马戏场	——	——	——	——	——	——	——	——	——
音乐厅	19	559	5	24	8 351	20	8	5	3
综合性	83	2 186	6	37	63 273	82	44	17	25
其他艺术表演场馆	52	1 729	3	4	28 844	64	20	10	10
按隶属关系分									
中　央	1	30	——	——	1 215	1	——	——	——
省、区、市	45	2 101	76	165	46 977	51	32	10	22
地　、　市	190	4 262	30	267	95 228	212	131	15	115
县、市及以下	490	8 215	78	369	375 073	1 086	173	58	112

	损益及											
	主营业务税金及附加（千元）	主营业务利润（千元）	其他业务利润（千元）	营业费用（千元）	管理费用（千元）						财务费用（千元）	
						税　金	养老、失业等保险费	住房公积金和住房补贴	差旅费	工会经费		利息支出
总　计	**58 425**	**362 362**	**55 093**	**213 692**	**284 288**	**7 143**	**31 278**	**6 245**	**4 120**	**1 818**	**9 717**	**3 144**
其中：附属剧场	31 615	204 222	7 203	91 111	80 009	1 438	5 003	1 224	807	198	2 439	−1 064
儿童剧场	603	9 396	2	5 683	3 015	49	211	26	57	25	−5	−5
按登记注册类型分												
国　有	13 938	133 473	40 288	112 402	160 425	3 699	22 955	4 413	2 607	1 425	4 334	777
集　体	2 109	12 952	456	13 152	6 705	405	1 259	227	114	64	610	37
其　他	42 378	215 937	14 349	88 138	117 158	3 039	7 064	1 605	1 399	329	4 773	2 330
按管理部门分												
文化部门	20 413	148 568	47 556	119 663	199 872	5 439	26 036	4 993	3 386	1 610	7 258	2 516
其他部门	38 012	213 794	7 537	94 029	84 416	1 704	5 242	1 252	734	208	2 459	628
按机构类型分												
剧场	23 968	162 686	21 135	102 005	141 565	2 011	14 573	3 149	2 843	1 352	2 021	−1 933
影剧院	5 805	49 156	27 628	50 290	54 841	3 316	12 155	1 612	904	281	1 864	819
书场、曲艺场	1 217	1 461	522	616	916	41	19	11	27	1	−1	−1
杂技、马戏场	——	——	——	——	——	——	——	——	——	——	——	——
音乐厅	3 180	12 864	2 436	13 341	13 476	96	1 032	732	121	40	−56	−82
综合性	12 076	93 521	3 231	27 535	64 090	1 540	3 135	646	209	138	5 323	4 011
其他艺术表演场馆	12 179	42 674	141	19 905	9 400	139	364	95	16	6	566	330
按隶属关系分												
中　央	409	7 661	33	1 177	5 839	35	218	29	39	10	23	——
省、区、市	15 610	117 169	1 900	80 875	49 380	1 305	4 100	1 650	1 014	427	3 037	683
地　、　市	6 065	53 202	19 657	62 381	101 331	1 890	13 089	2 409	1 783	1 032	2 523	1 405
县、市及以下	36 341	184 330	33 503	69 259	127 738	3 913	13 871	2 157	1 284	349	4 134	1 056

(企业)综合情况

观众人次合计(千人次)	艺术演出观众人次	电影放映观众人次	资产、负债、所有者权益(千元) 资产总计	固定资产原值	本年折旧	负债总计	所有者权益合计	实收资本	国家资本金	损益及分配(千元)	演出收入	主营业务成本	主营业务税金及附加
51 517	**24 437**	**25 120**	**2 909 625**	**2 125 996**	**217 622**	**887 399**	**2 022 226**	**1 186 333**	**521 478**	**1 170 095**	**684 599**	**153 308**	**422 192**
17 384	11 980	4 896	883 513	283 957	33 239	146 385	737 128	333 011	6 959	457 175	353 432	31 958	163 413
351	272	79	85 443	13 686	131	7 222	78 221	59 504	2 504	16 000	6 876	2 545	5 976
27 731	9 621	16 745	1 634 788	1 576 078	163 548	573 897	1 060 891	788 915	464 557	490 503	177 207	93 534	114 828
5 431	3 136	2 262	100 338	57 272	11 836	39 666	60 672	24 130	770	51 589	26 927	9 359	15 523
18 355	11 680	6 113	1 174 499	492 646	42 238	273 836	900 663	373 288	56 151	628 003	480 465	50 415	291 841
31 940	10 611	20 012	1 724 456	1 722 909	177 112	621 280	1 103 176	765 535	488 673	583 073	247 481	104 148	199 636
19 577	13 826	5 108	1 185 169	403 087	40 510	266 119	919 050	420 798	32 805	587 022	437 118	49 160	222 556
20 829	12 631	7 501	1 265 757	938 040	104 125	361 955	903 802	602 810	323 036	540 986	333 233	50 528	187 490
18 925	4 013	14 521	650 128	529 535	45 386	248 516	401 612	237 597	63 700	177 881	24 878	83 768	45 918
294	263	29	10 725	9 895	1 234	2 200	8 525	22 362	800	6 254	3 030	359	904
——	——	——	——	——	——	——	——	——	——	——	——		
1 112	964	104	72 253	18 287	3 445	12 626	59 627	47 465	——	58 738	30 540	2 422	24 294
6 301	3 726	1 836	640 565	610 716	59 863	231 875	408 690	231 574	133 942	208 566	149 688	9 611	65 111
4 056	2 840	1 129	270 197	19 523	3 569	30 227	239 970	44 525	——	177 670	143 230	6 620	98 475
——	——	——	5 316	1 628	999	7 884	−2 568	500	——	8 115	8 070	——	9
6 079	4 927	1 053	532 437	321 218	51 574	152 442	379 995	291 068	74 307	297 537	218 596	10 086	97 132
15 125	5 134	9 723	815 331	795 904	64 554	301 673	513 658	344 597	196 837	236 867	70 723	66 303	60 588
30 313	14 376	14 344	1 556 541	1 007 246	100 495	425 400	1 131 141	550 168	250 334	627 576	387 210	76 919	264 463

分配(千元) 营业利润	补贴收入	财政补贴	利润总额	所得税	增加值(千元)	工资、福利费、增值税(千元) 本年应付工资总额	本年应付福利费总额	本年应交增值税	公用房屋建筑面积(千平方米)	演(映)出业务用房
11 106	**89 941**	**75 496**	**103 215**	**9 104**	**669 365**	**227 981**	**16 723**	**1 612**	**2 192**	**1 140**
55 898	15 441	11 783	76 931	6 673	231 480	79 943	6 638	880	641	344
675	4 773	4 773	13 795	16	12 358	5 056	798	18	21	12
−33 731	57 313	45 134	6 569	1 462	352 920	109 692	8 860	1 262	1 324	732
−369	545	450	4 186	219	27 308	10 367	837	50	168	113
45 206	32 083	29 912	92 460	7 423	289 137	107 922	7 026	300	698	294
−55 644	72 218	67 838	4 088	1 894	382 196	119 691	10 083	730	1 490	779
66 750	17 723	7 658	99 127	7 210	287 169	108 290	6 640	882	700	359
−2 817	61 070	48 722	64 537	2 728	324 425	110 546	6 387	455	1 048	575
−4 900	7 254	5 341	−3 812	607	121 272	44 987	4 869	586	622	357
1 259	——	——	1 217	——	5 153	1 305	16	50	5	3
——	——	——	——	——		——	——	——	——	——
−5 326	17 278	17 278	11 447	1 097	30 059	8 549	615	427	67	15
5 178	4 339	4 155	12 283	3 644	129 714	39 136	3 614	94	322	109
17 712	——	——	17 543	1 028	58 742	23 458	1 222	——	125	79
702	——	——	703	——	3 625	1 255	−30	——	22	——
15 254	18 817	9 123	35 621	2 415	161 564	47 695	4 619	627	301	185
−55 626	53 227	50 843	−6 778	276	150 322	59 837	3 955	211	742	358
50 776	17 897	15 530	73 669	6 413	353 854	119 194	8 179	774	1 124	596

全国文化部门艺术表演

	机构数（个）	从业人员（人）	高级职称	中级职称	坐席数（个）	屏幕数（个）	演（映）出场次合计（千场次）	艺术演出场次	电影放映场次
总计	**402**	**8 214**	**103**	**588**	**306 638**	**439**	**210**	**27**	**182**
其中：附属剧场	61	775	6	37	40 023	54	13	6	7
儿童剧场	3	46	——	3	1 128	——	——	——	——
按登记注册类型分									
国有	281	6 231	89	511	211 248	314	164	16	146
集体	73	562	——	26	49 498	71	14	5	9
其他	48	1 421	14	51	45 892	54	34	6	28
按机构类型分									
剧场	169	3 634	42	269	134 098	152	81	11	70
影剧院	195	3 238	51	270	145 496	252	102	10	92
书场、曲艺场	7	53	——	——	1 046	2	3	2	1
杂技、马戏场	——	——	——	——	——	——	——	——	——
音乐厅	3	152	5	18	3 560	——	——	——	——
综合性	17	682	5	31	15 727	31	23	2	20
其他艺术表演场馆	11	455	——	——	6 711	2	2	2	——
按隶属关系分									
中央	1	30	——	——	1 215	1	——	——	——
省、区、市	17	756	23	75	17 410	32	17	2	15
地、市	116	2 776	21	214	67 214	125	102	7	95
县、市及以下	268	4 652	59	299	220 799	281	93	18	73

	主营业务税金及附加（千元）	主营业务利润（千元）	其他业务利润（千元）	营业费用（千元）	损益及 管理费用（千元）	税金	养老、失业等保险费	住房公积金和住房补贴	差旅费	工会经费	财务费用（千元）	利息支出
总计	**20 413**	**148 568**	**47 556**	**119 663**	**199 872**	**5 439**	**26 036**	**4 993**	**3 386**	**1 610**	**7 258**	**2 516**
其中：附属剧场	1 455	19 085	1 715	12 189	13 702	249	741	277	426	45	29	－1 690
儿童剧场	76	863	1	782	159	——	17	——	——	4	－5	－5
按登记注册类型分												
国有	8 932	95 735	38 065	83 103	149 866	3 443	21 660	3 932	2 204	1 346	3 954	462
集体	643	530	179	5 064	2 518	331	663	138	102	32	533	46
其他	10 838	52 303	9 312	31 496	47 488	1 665	3 713	923	1 080	232	2 771	2 008
按机构类型分												
剧场	8 930	77 282	19 590	60 000	114 792	1 603	12 092	2 337	2 215	1 219	1 581	－2 165
影剧院	4 048	35 563	23 899	41 109	49 366	2 597	11 570	1 561	844	268	1 838	817
书场、曲艺场	54	574	67	237	752	41	10	9	12	1	－1	－1
杂技、马戏场	——	——	——	——	——	——	——	——	——	——	——	——
音乐厅	970	6 944	2 436	4 572	11 189	6	719	529	106	13	－82	－82
综合性	1 668	17 292	1 564	13 743	23 773	1 192	1 645	557	209	109	3 922	3 947
其他艺术表演场馆	4 743	10 913	——	2	——	——	——	——	——	——	——	——
按隶属关系分												
中央	409	7 661	33	1 177	5 839	35	218	29	39	10	23	——
省、区、市	2 719	29 555	856	18 799	19 552	1 059	1 076	811	382	243	1 793	57
地、市	4 882	46 247	19 250	59 917	99 859	1 777	12 688	2 187	1 758	1 021	2 518	1 405
县、市及以下	12 403	65 105	27 417	39 770	74 622	2 568	12 054	1 966	1 207	336	2 924	1 054

场馆(企业)综合情况

观众人次合计			资产、负债、所有者权益(千元)							损益及分配(千元)			
(千人次)	艺术演出观众人次	电影放映观众人次	资产总计	固定资产原值	本年折旧	负债总计	所有者权益合计	实收资本	国家资本金		演出收入	主营业务成本	主营业务税金及附加
31 940	**10 611**	**20 012**	**1 724 456**	**1 722 909**	**177 112**	**621 280**	**1 103 176**	**765 535**	**488 673**	**583 073**	**247 481**	**104 148**	**199 636**
3 941	2 047	1 830	143 692	59 595	15 498	24 300	119 392	77 137	6 768	54 625	27 008	3 255	8 789
128	128	——	6 019	5 567	6	3 175	2 844	2 504	2 504	1 358	750	——	394
23 134	6 625	15 209	1 385 001	1 402 762	151 124	467 225	917 776	675 332	432 348	350 031	76 542	79 091	61 003
3 580	1 868	1 706	45 526	31 056	12 895	17 218	28 308	6 113	770	24 202	5 991	7 814	4 967
5 226	2 118	3 097	293 929	289 091	13 093	136 837	157 092	84 090	55 555	208 840	164 948	17 243	133 666
13 200	5 723	6 893	847 095	836 693	93 014	289 502	557 593	482 791	322 276	299 864	128 355	43 033	86 183
14 703	2 715	11 663	503 587	447 562	36 322	206 393	297 194	152 927	63 691	130 494	16 778	56 083	27 655
205	176	29	1 711	1 591	91	1 213	498	1 217	764	1 181	800	359	514
——	——	——	——	——	——	——	——	——	——	——	——	——	——
346	310	——	26 131	12 392	2 732	10 379	15 752	11 965	——	34 662	13 634	——	14 749
2 627	1 026	1 239	337 832	424 291	44 853	112 493	225 339	116 635	101 942	34 444	6 078	4 583	4 431
859	661	188	8 100	380	100	1 300	6 800	——	——	82 428	81 836	90	66 104
——	——	——	5 316	1 628	999	7 884	−2 568	500	——	8 115	8 070	——	9
2 077	1 331	655	262 657	233 814	47 968	80 266	182 391	139 460	74 307	72 575	27 225	3 680	16 772
11 302	3 095	8 149	677 035	761 179	60 236	254 396	422 639	291 106	196 837	189 762	47 617	52 681	51 917
18 561	6 185	11 208	779 448	726 288	67 909	278 734	500 714	334 469	217 529	312 621	164 569	47 787	130 938

分配(千元)					增加值(千元)	工资、福利费、增值税(千元)			公用房屋建筑面积	
营业利润	补贴收入	财政补贴	利润总额	所得税		本年应付工资总额	本年应付福利费总额	本年应交增值税	(千平方米)	演(映)出业务用房
−55 644	**72 218**	**67 838**	**4 088**	**1 894**	**382 196**	**119 691**	**10 083**	**730**	**1 489**	**782**
−952	5 374	4 125	1 200	206	35 546	11 560	1 244	50	168	92
−107	——	——	60	16	761	501	266	——	11	8
−42 039	47 602	45 134	−8 418	1 150	289 357	85 669	7 479	654	1 119	606
−1 051	290	290	−612	23	18 751	4 435	335	50	116	81
−12 554	24 326	22 414	13 118	721	74 088	29 587	2 269	26	255	93
−38 505	46 572	43 949	5 915	1 028	195 996	64 231	4 688	191	796	427
−10 471	6 869	5 181	−12 908	208	94 739	37 121	4 442	489	497	285
−370	——	——	−372	——	80	185	9	50	3	1
——	——	——	——	——	——	——	——	——	——	——
−6 558	17 278	17 278	9 934	656	20 520	4 553	277	——	47	8
−10 601	1 499	1 430	−9 392	2	47 529	5 973	667	——	119	39
10 861	——	——	10 911	——	23 332	7 628	——	——	27	19
702	——	——	703	——	3 625	1 255	−30	——	22	——
−1 351	4 419	4 350	−1 292	1 333	71 409	13 344	1 197	1	147	98
−60 395	53 227	50 843	−11 522	95	124 466	45 231	3 717	211	545	253
5 400	14 572	12 645	16 199	466	182 696	59 861	5 199	518	776	428

全国公共图书馆

	机构数	从业人员			总藏				
			高级职称	中级职称		图书			报刊
							古籍		
								善本	
总　计	**2 799**	**51 650**	**3 760**	**15 554**	**520 530**	**391 312**	**27 976**	**2 308**	**68 557**
其中：少儿图书馆	84	1 652	170	540	15 450.5	13 495.8	73.8	3.6	865.6
按隶属关系分：									
中　央	1	1 460	184	587	26 309.8	10 066.9	2 200.6	276.9	12 858.9
省、区、市	37	7 486	1 131	2 305	150 124.2	94 208.7	13 844.6	1 306.6	16 190.1
地　、市	347	13 111	1 446	4 823	132 094	108 963.5	6 751.2	336.7	14 699
县　、市	2 414	29 593	999	7 839	212000.4	178073.5	5179.2	388.5	24809
县图书馆	1 622	18 201	490	4 470	119414.9	99469.7	2944.4	251.6	15231.4

	举办展览		举办培训班		信息化建设			本年收入合计（千元）						
					计算机									
	（次）	参观人次（千人次）	（次）	培训人次（千人次）	（台）	电子阅览室终端数	网站数（个）		财政拨款	上级补助收入	事业收入	经营收入	附属单位上缴收入	其他收入
总　计	**8 889**	**10 044**	**9 868**	**2 250**	**86 968**	**44 719**	**735**	**4 505 116**	**3 954 407**	**77 805**	**209 310**	**27 747**	**8 724**	**227 123**
其中：少儿图书馆	403	431.7	1 183	215.3	3 488	1 973	35	166 318	144 434	2 530	8 815	1 748	——	8 791
按隶属关系分：														
中　央	230	75.8	163	119.2	1 751	112	1	468 230	402 556	——	28 923	6 554	7 325	22 872
省、区、市	668	1500.8	1 050	583.9	14 002	3 430	84	1 205 662	1 022 765	9 460	82 531	14 285	1 329	75 292
地　、市	2 014	3 747.1	2 475	509.7	23 542	12 006	201	1 158 478	1 049 646	10 088	46 993	608	——	51 143
县　、市	5 977	4 720.4	6 180	1 036.5	47 673	29 171	449	1 672 746	1 479 440	58 257	50 863	6 300	70	77 816
县图书馆	3 662	2 323.7	3 358	602.2	25 338	15 383	250	924 209	827 813	27 799	27 953	2 844	70	37 730

	在支出合计中						本年新购藏量		资产合计	
	对个人和家庭补助支出		其他资本性支出				（千册、件）	新购图书	（千元）	固定资产原值
		抚恤金和生活补助		各种设备购置费						
					新增藏量购置费					
						图书购置费				
总　计	**426 035**	**14 061**	**1 241 683**	**1 092 086**	**874 860**	**782 618**	**23 653**	**18 710**	**16 300 976**	**14174285**
其中：少儿图书馆	16 384	199	37 179	32 950	25 053	21 651	1 300.6	1 044.7	489 431	384 530
按隶属关系分：										
中　央	42 953	176	153 597	151 685	137 700	137 700	755	362.5	2 337 145	1883662
省、区、市	98 375	3 465	456 501	398 934	306 913	281 006	4 854	4 054.6	6 064 699	5251661
地　、市	128 720	4 239	302 731	265 826	225 190	178 432	7594.2	5 420.3	3 939 345	3534635
县　、市	155 987	6 181	328 854	275 641	205 057	185 480	10 451.1	8 869.8	3 959 787	3504327
县图书馆	85 676	4 235	176 441	143 209	108 487	98 423	5 275.3	4 389.7	2 224 397	1959668

综合情况

量（千册、件、套）			当年购买的报刊种类（千册、件、套）	书架单层总长度（千米）	累计发放有效借书证数（千个）	总流通人次			为读者举办各种活动			
视听文献、缩微制品	其他	在藏量中：开架书刊				（千人次）	书刊文献外借人次	书刊文献外借册次（千册次）	（次）	参加人次（千人次）	组织各类讲座次数	参加人次
22 028	**38 634**	**173 323**	**863 443**	**13 189 528**	**12 734 077**	**261 030**	**114 540**	**213 185**	**84 670**	**26 753**	**19 861**	**4 982**
721.3	367.9	9 581.7	41 739	142 900	783 879	13 638.6	7 924.5	14 522.994	5 467	2 892.6	1 052	345.1
1 535	1 849.1	——	20 935	333 200	102 018	3 264.7	886.4	2 391.3	621	251.2	228	56.2
14 343.3	25 382.1	27 741.3	168 547	3 254 841	2 004 135	28 920.5	10 525	22 717.7	10 781	6 290.5	2 812	771.8
3 590.1	4 841.5	55 275.1	248 809	5 296 320	4 002 840	80 784.9	35 715.5	66 709.3	17 426	8 147.4	5 136	1 590.8
2 556.2	6 561.7	90 307.91	425 152	4 305 167	6 625 084	148 058.8	67 414.4	121 367	55 842	12 063.1	11 685	2 564.3
1 299.5	3 414.3	48 333.7	222 084	2 154 286	3 580 438	75 422.6	3 6547.5	66 983.6	32 486	6 548.9	7 089	1 421.1

本年支出合计（千元）										
	基本支出	项目支出	经营支出	在支出合计中：						
				工资福利支出	商品和服务支出					
						维修（护）费	差旅费	劳务费	福利费	税金支出
4 313 264	**2 689 928**	**1 432 822**	**21 475**	**1 517 704**	**889 272**	**90 302**	**25 053**	**24 135**	**31 555**	**15 726**
161 800	101 921	55 650	1 737	59 189	31 694	7 115	1 196	1 369	762	934
368 855	144 731	223 004	1 120	53 152	116 017	5 130	205	——	7 177	2 008
1 162 319	579 808	567 981	14 133	283 521	284 175	24 372	6 288	9 265	3 725	6 423
1 159 464	769 884	358 203	1 302	423 377	220 825	27 263	7 727	6 501	7 335	3 777
1 622 626	1 195 505	283 634	4 920	757 654	268 255	33 537	10 833	8 369	13 318	3 518
899 201	672 752	147 540	2 493	441 225	153 779	18 983	6 445	3 871	7 745	2 414

增加值（千元）	公用房屋建筑面积					阅览室坐席数		图书馆延伸服务情况				
	（千平方米）	书库面积	阅览室面积			（个）	少儿阅览室坐席数	借阅册次（千册次）	流动图书馆车书刊借阅人次（千人次）	流动图书馆车书刊借阅册次（千册次）	分馆数量（个）	借阅人次（千人次）
				书刊阅览室面积	电子阅览室面积							
2585803	**7 414**	**1 816**	**1 692**	**1 209**	**233**	**527 132**	**143 281**	**4 887**	**7 511**	**2 732**	**14 100**	**26 661**
94 711	184.2	31.8	53.2	37.7	9.686	20 753	18 664	206.444	323.587	234	2 062.8	2 920.9
188 003	163.5	50.3	21.4	21	0.382	3 000	74	——	——	——	——	——
613 967	1 055.2	350.8	216.8	187	15.259	40 427	5 215	284.537	702.322	503	3 235.1	7 400.1
706 965	2 175.8	532	546.9	407	59.338	133 726	30 424	1 349.974	2 141.203	606	5 916.8	11 407
1076870	4 019.8	883.5	907.2	593	157.73	349 979	107 568	3 252.143	4 669.281	1 623	4947.7	7 855.1
616 055	2 222.5	504.2	512.5	313.7	85.942	206 357	66 174	1 488.707	2 448.653	1 078	2 476.4	4 162.5

全国群众艺术馆、

	机构数（个）	从业人员（人）	高级职称	中级职称	举办展览个数（个）	组织文艺活动次数（次）	藏书（千册）	举办训练班班次（次）	培训人次（千人次）	组织各类理论研讨和讲座次数（次）
总计	**40 601**	**128 096**	**5 355**	**22 308**	**90 900**	**546 477**	**117 066**	**242 055**	**14 436**	**12 452**
省级	31	1 630	437	421	248	792	112.6	3 134	189.92	189
地市级	380	9 870	1 487	3 352	2 276	13 772	444.36	12 280	494.16	1 344
县市级	2 806	39 500	2 123	10 428	14 409	96 289	4 050.2	58 178	2 429.4	10 919
其中：县文化馆	1 730	24 352	1 031	6 035	8 719	56 700	2 127.8	31 046	1 243.6	5 944
文化站	37 384	77 096	1 308	8 107	73 967	435 624	112 457	168 463	11 323	——
其中：乡镇文化站	32 976	65 884	1 110	6 843	58 338	299 957	84 880	107 614	8 304.5	——

	本年支出合计（千元）	在支出合计中：商品和服务支出：维修（护）费	差旅费	劳务费	福利费	税金支出	对个人和家庭补助支出	抚恤金和生活补助	其他资本性支出	各种设备购置费
总计	**1 190 646**	**122 580**	**53 423**	**91 688**	**48 352**	**27 631**	**493 501**	**28 623**	**352 539**	**200 898**
省级	68 260	3 734	3 014	3 033	2 631	1 286	45 129	1 496	13 163	7 757
地市级	154 147	14 200	8 553	12 165	5 153	2 749	128 810	6 781	29 661	16 529
县市级	452 503	37 679	20 032	38 851	18 503	17 198	273 017	15 281	77 779	45 482
其中：县文化馆	248 559	24 262	10 464	16 425	9 372	11 023	146 464	9 224	49 761	29 621
文化站	515 736	66 967	21 824	37 639	22 065	6 398	46 545	5 065	231 936	131 130
其中：乡镇文化站	351 740	48 406	13 104	22 328	16 472	4 755	35 368	3 840	182 895	93 846

文化馆(站)综合情况

信息化建设：计算机（台）	信息化建设：网站数（个）	本年收入合计（千元）	财政拨款	上级补助收入	事业收入	经营收入	附属单位上缴收入	其他收入	本年支出合计（千元）	基本支出	项目支出	经营支出	工资福利支出
9 411	**323**	**5 483 013**	**4 323 106**	**371 618**	**319 785**	**122 568**	**17 047**	**328 889**	**5 757 224**	**3 914 915**	**1 037 263**	**98 788**	**2 534 608**
631	18	209 938	169 737	6 239	19 482	2 304	60	12 116	199 407	138 596	57 172	2 257	58 830
1 957	64	705 828	591 592	24 774	50 227	4 851	36	34 348	696 921	554 891	100 058	5 063	308 017
6 823	241	2 008 636	1 632 319	96 247	111 808	32 739	6 549	128 974	1 997 397	1 576 212	206 476	26 845	986 874
3 477	132	1 139 276	922 862	43 350	68 652	27 967	484	75 961	1 125 819	880 784	111 021	18 827	567 175
——	——	2 558 611	1 929 458	244 358	138 268	82 674	10 402	153 451	2 863 499	1 645 216	673 557	64 623	1 180 887
——	——	1 936 658	1 498 970	157 244	94 936	71 580	5 252	108 676	2 016 920	1 261 542	487 476	58 334	961 084

资产合计（千元）	固定资产原值	增加值（千元）	公用房屋建筑面积（千平方米）	业务用房面积	对公众开放阅览室面积	流动舞台车数量（台）	利用流动舞台车演出场次（场次）	利用流动舞台车演出观众人次（千人次）	由本馆指导的单位：馆办文艺团体（个）	馆办文艺团体演出场次（次）	馆办老年大学（个）	农村集镇文化中心（个）	文化户（个）	群众业余文艺团队（个）
11 525 127	**9 103 083**	**3 542 781**	**16 674**	**10 919**	**199**	**135**	**4 745**	**5 616**	**6 094**	**79 718**	**712**	**23 995**	**528 768**	**67 998**
197 577	134 104	115 549	127	90	4	5	23	51	71	946	10	207	48	105
967 083	843 441	484 386	971	612	21	18	473	474	797	8 536	70	3 065	5 082	4 829
2 915 323	2 578 963	1 423 167	3 997	2 520	175	112	4 249	5 091	5 226	70 236	632	20 723	123 230	63 064
1 932 263	1 705 524	812 031	2 394	1 457	122	80	3 449	3 963	2 962	43 895	385	13 326	76 082	30 441
7 445 144	5 546 575	1 519 680	11 578	7 696	——	——	——	——	——	——	——	——	400 408	——
4 926 508	4 263 533	1 211 922	8 871	5 947	——	——	——	——	——	——	——	——	338 595	——

全国文化站

	机构数(个)	(个)	从业人员 高级职称	中级职称	举办展览个数(个)	组织文艺活动次数(次)
总　计	**37 384**	**77 096**	**1 308**	**8 107**	**73 967**	**435 624**
乡镇文化站	32 976	65 884	1 110	6 843	58 338	299 957
街道文化站	4 408	11 212	198	1 264	15 629	135 667

	经营收入	附属单位上缴收入	其他收入	本年支出合计(千元)	基本支出	项目支出
总　计	**82 674**	**10 402**	**153 451**	**2 863 499**	**1 645 216**	**673 557**
乡镇文化站	71 580	5 252	108 676	2 016 920	1 261 542	487 476
街道文化站	11 094	5 150	44 775	846 579	383 674	186 081

	税金支出	对个人和家庭补助支出	抚恤金和生活补助	其他资本性支出	各种设备购置费
总　计	**6 398**	**46 545**	**5 065**	**231 936**	**131 130**
乡镇文化站	4 755	35 368	3 840	182 895	93 846
街道文化站	1 643	11 177	1 225	49 041	37 284

综合情况

藏书（千册）	举办训练班班次（次）	培训人次（千人次）	本年收入合计（千元）	财政拨款	上级补助收入	事业收入
112 457	**168 463**	**11 323**	**2 558 611**	**1 929 458**	**244 358**	**138 268**
84 880	107 614	8 305	1 936 658	1 498 970	157 244	94 936
27 576.9	60 849	3 019	621 953	430 488	87 114	43 332

经营支出	本年支出合计：在支出合计中：工资福利支出	商品和服务支出	维修(护)费	差旅费	劳务费	福利费
64 623	**1 180 887**	**515 736**	**66 967**	**21 824**	**37 639**	**22 065**
58 334	961 084	351 740	48 406	13 104	22 328	16 472
6 289	219 803	163 996	18 561	8 720	15 311	5 593

资产合计（千元）	固定资产原值	增加值（千元）	公用房屋建筑面积（千平方米）	文化活动用房	本站指导文化户个数（个）	村(社区)文化室个数（个）
7 445 144	**5 546 575**	**1 519 679**	**11579**	**7 696**	**400 408**	**221 974**
4 926 508	4 263 533	1 211 922	8 871	5 947	338 595	187 910
2 518 636	1 283 042	307 758	2 708	1 749	61 813	34 064

全国文化部门教育

	机构数（个）	从业人员（人）			毕业生数（人）	招生数（人）	（人）
			高级职称	中级职称			
总　计	**171**	**13 899**	**1 869**	**3 526**	**22 772**	**29 356**	**81 652**
高等院校	16	4 502	757	1 084	8 270	10 517	30 703
其中：高等职业院校	——	——	——	——	——	——	——
中等专业学校	121	8 713	1 033	2 253	13 599	18 111	48 725
文化干部学校	6	223	21	59	——	——	——
其他教育机构	28	461	58	130	903	728	2 224

	本年收入合计（千元）						
		财政拨款	上级补助收入	事业收入	经营收入	附属单位上缴收入	其他收入
总　计	**1 344 476**	**872 085**	**15 487**	**402 656**	**12 441**	**426**	**41 381**
高等院校	527 020	305 742	6 720	193 468	4 112	366	16 612
其中：高等职业院校	——	——	——	——	——	——	——
中等专业学校	767 822	536 376	8 146	196 687	5 938	60	20 615
文化干部学校	22 179	12 907	117	6 308	2 361	——	486
其了教育机构	27 455	17 060	504	6 193	30	——	3 668

	本年支出合计						
	在支出合计中：						
	商品和服务支出				对个人和家庭补助支出		
	差旅费	劳务费	福利费	税金支出		抚恤金和生活补助	助学金
总　计	**12 708**	**42 134**	**10 434**	**1 291**	**250 610**	**5 640**	**34 743**
高等院校	6 468	24 755	5 197	276	104 813	2 870	19 799
其中：高等职业院校	——	——	——	——	——	——	——
中等专业学校	5 886	15 830	5 032	881	134 890	2 587	14 882
文化干部学校	48	71	61	91	6 438	93	——
其他教育机构	306	1 478	144	43	4 469	90	62

机构综合情况

在校生数							在校生中高职生人数（人）	培训干部（人）
戏剧类	戏曲类	舞蹈类	音乐类	美术类	电影放映	其他		
4 761	**6 752**	**25 064**	**18 651**	**13 593**	**380**	**12 451**	**16 868**	**4 509**
2 656	1 982	7 017	6 675	7 386	380	4 607	12 910	72
——	——	——	——	——	——	——	——	——
1 976	4 709	17 030	11 702	5 996	——	7 312	3 622	346
——	——	——	——	——	——	——	——	3 861
129	61	1 017	274	211	——	532	336	230

	基本支出	项目支出	经营支出	工资福利支出		维修（护）费
1 279 306	**997 357**	**259 009**	**12 699**	**472 637**	**334 553**	**50 669**
526 786	385 720	138 411	2 584	164 882	158 398	27 553
——	——	——	——	——	——	——
700 206	566 662	117 667	7 724	287 329	161 844	21 763
23 432	19 575	1 496	2 361	8 370	5 580	168
28 882	25 400	1 435	30	12 056	8 731	1 185

其他资本性支出	各种设备购置费	资产合计（千元）	固定资产原值	增加值（千元）	公用房屋建筑面积（千平方米）	教学用房面积
153 450	**54 277**	**3 605 879**	**1 863 551**	**828 026**	**1 826**	**1 175**
77 399	21 419	2 087 786	819 561	312 136	694.8	435
——	——	——	——	——	——	——
71 571	30 341	1 422 907	966 995	478 483	1 062.6	689
1 173	73	73 788	61 883	19 107	35.9	31
3 307	2 444	21 398	15 112	18 300.8	33.3	18

全国文化(文物)科技、

	机构数(个)	从业人员(人)			本年完成科研项目(个)			信息化建设	
			高级职称	中级职称		获国家奖	获省、部奖	计算机数(台)	网站数(个)
总　　计	**286**	**7 337**	**1 674**	**1 698**	**283**	**55**	**130**	**3 731**	**41**
按行业分类									
1.文化科技研究	75	1 860	504	498	71	15	39	1 052	15
2.综合性艺术研究	89	1 330	405	395	136	27	64	387	11
3.地方戏艺术研究	13	90	22	15	11	7	4	23	1
4.文物研究	99	3 981	730	767	39	5	12	2 257	14
5.其它艺术研究	10	76	13	23	26	1	11	12	——
按类型分类									
1.独立研究机构	276	7 185	1 657	1 683	279	55	127	3 584	40
2.非独立研究机构	10	152	17	15	4	——	3	147	1
按经费来源分类									
1.科研经费	37	2 128	318	385	44	8	15	1 177	9
2.文化、文物事业费	246	5 147	1 353	1 307	239	47	115	2 540	32
3.其它经费	3	62	3	6	——	——	——	14	——

	本年支出合计(千元)				在支出合				
		基本支出	项目支出	经营支出	工资福利支出	商品和服务			
							维修(护)费	差旅费	劳务费
总　　计	**1 144 475**	**588 346**	**454 924**	**86 844**	**257 721**	**544 874**	**30 039**	**32 300**	**93 761**
按行业分类									
1.文化科技研究	320 660	132 179	98 792	86 289	65 476	151 608	748	5 950	10 064
2.综合性艺术研究	105 073	88 160	14 037	414	45 475	20 608	1 066	1 522	1 574
3.地方戏艺术研究	6 271	4 516	1 423	——	2 893	1 047	38	305	92
4.文物研究	708 790	360 170	340 313	141	142 252	370 948	28 184	24 478	82 023
5.其他艺术研究	3 681	3 321	359	——	1 625	663	3	45	8
按类型分类									
1.独立研究机构	1 071 803	584 250	386 348	86 844	250 662	480 517	20 033	31 620	86 091
2.非独立研究机构	72 672	4 096	68 576	——	7 059	64 357	10 006	680	7 670
按经费来源分类									
1.科研经费	416 014	220 882	105 789	86 055	76 118	259 923	11 977	10 669	49 278
2.文化、文物事业费	725 295	364 771	348 662	789	180 497	283 660	16 958	21 595	44 476
3.其他经费	3 166	2 693	473	——	1 106	1 291	1 104	36	7

科研机构综合情况

申请专利数	论文及资料		本年收入合计(千元)						
	专著数	论文数(省级及以上刊物公开发表)		财政拨款	上级补助收入	事业收入	经营收入	附属单位上缴收入	其他收入
——	**219**	**2 032**	**1 267 190**	**602 627**	**49 932**	**451 089**	**105 574**	——	**57 968**
——	81	687	370 399	219 592	3 005	30 947	104 975	——	11 880
——	53	344	111 553	101 749	3 008	1 095	430	——	5 271
——	10	37	6 235	6 001	202	30	——	——	2
——	71	958	775 380	271 696	43 717	419 017	169	——	40 781
——	4	6	3 623	3 589	——	——	——	——	34
——	218	1 977	1 187 437	600 164	49 842	373 889	105 574	——	57 968
——	1	55	79 753	2 463	90	77 200	——	——	——
——	34	522	455 126	122 579	11 578	204 284	100 289	——	16 396
——	184	1 502	809 402	477 552	38 250	246 770	5 285	——	41 545
——	1	8	2 662	2 496	104	35	——	——	27

计 中: 支出		对个人和家庭补助支出		其他资本性支出		资产合计(千元)		增加值(千元)	公用房屋建筑面积(千平方米)	
福利费	税金支出		抚恤金和生活补助		各种设备购置费		固定资产原值			业务房屋面积
6 918	**3 235**	**126 346**	**2 923**	**95 067**	**57 890**	**1 820 241**	**984 126**	**568 207**	**416**	**156**
1 744	2 134	50 801	404	31 438	25 782	525 225	230 288	161 168	96	58
679	206	33 245	752	2 480	2 020	178 348	42 541	82 221	35	13
39	——	1 552	18	181	181	9 009	7 352	4 872	2	2
4 434	895	39 773	1 749	60 952	29 891	1 106 524	703 369	317 291	284	83
22	——	975	——	16	16	1 135	576	2 656	——	——
6 893	2 963	125 631	2 923	94 592	57 415	1 775 030	938 915	543 679	399	153
25	272	715	——	475	475	45 211	45 211	24 528	17	3
3 272	2 101	26 071	1 473	44 964	24 966	770 955	531 953	196 017	124	26
3 615	1 134	100 026	1 351	50 002	32 924	1 048 479	451 366	370 871	290	127
31	——	249	99	101	——	807	807	1 321	3	——

全国文化艺术科技、

	机构数（个）	从业人员（人）	高级职称	中级职称	本年完成科研项目（个）	获国家奖	获省、部奖	所办刊物（种）	信息化 计算机数（台）
总　计	**187**	**3 356**	**944**	**931**	**244**	**50**	**118**	**78**	**1 474**
按行业分类									
1. 文化科技研究	75	1 860	504	498	71	15	39	33	1 052
2. 综合性艺术研究	89	1 330	405	395	136	27	64	39	387
3. 地方戏艺术研究	13	90	22	15	11	7	4	4	23
4. 其他艺术研究	10	76	13	23	26	1	11	2	12
按类型分类									
1. 独立研究机构	181	3 320	941	927	240	50	115	75	1 469
2. 非独立研究机构	6	36	3	4	4	——	3	3	5
按经费来源分类									
1. 科研经费	14	443	76	97	27	6	10	6	215
2. 文化事业费	172	2 892	868	834	217	44	108	71	1 258
3. 其他经费	1	21	——	——	——	——	——	1	1

	本年支出合计（千元）	基本支出	项目支出	经营支出	工资福利支出	在支出合计中 商品和服务	维修（护）费	差旅费	劳务费
总　计	**435 685**	**228 176**	**114 611**	**86 703**	**115 469**	**173 926**	**1 855**	**7 822**	**11 738**
按行业分类									
1. 文化科技研究	320 660	132 179	98 792	86 289	65 476	151 608	748	5 950	10 064
2. 综合性艺术研究	105 073	88 160	14 037	414	45 475	20 608	1 066	1 522	1 574
3. 地方戏艺术研究	6 271	4 516	1 423	——	2 893	1 047	38	305	92
4. 其他艺术研究	3 681	3 321	359	——	1 625	663	3	45	8
按类型分类									
1. 独立研究机构	435 180	227 671	114 611	86 703	115 139	173 862	1 853	7 817	11 736
2. 非独立研究机构	505	505	——	——	330	64	2	5	2
按经费来源分类									
1. 科研经费	112 397	17 319	6 959	86 055	13 475	87 854	467	613	668
2. 文化事业费	323 176	210 745	107 652	648	101 948	86 072	1 388	7 209	11 070
3. 其他经费	112	112	——	——	46	——	——	——	——

科研机构综合情况

建设网站数	申请专利数	论文及资料：专著数	论文及资料：论文数(省级及以上刊物公开发表)	本年收入合计(千元)	财政拨款	上级补助收入	事业收入	经营收入	附属单位上缴收入	其他收入
27	**——**	**148**	**1 074**	**491 810**	**330 931**	**6 215**	**32 072**	**105 405**	**——**	**17 187**
15	——	81	687	370 399	219 592	3 005	30 947	104 975	——	11 880
11	——	53	344	111 553	101 749	3 008	1 095	430	——	5 271
1	——	10	37	6 235	6 001	202	30	——	——	2
——	——	4	6	3 623	3 589	——	——	——	——	34
27	——	147	1 068	491 347	330 538	6 145	32 072	105 405	——	17 187
——	——	1	6	463	393	70	——	——	——	——
5	——	10	80	130 588	28 116	——	1 811	100 289	——	372
22	——	138	989	361 152	302 815	6 145	30 261	5 116	——	16 815
——	——	——	5	70	——	70	——	——	——	——

计中：支出：福利费	税金支出	对个人和家庭补助支出	抚恤金和生活补助	其他资本性支出	各种设备购置费	资产合计(千元)	固定资产原值	增加值(千元)	公用房屋建筑面积(千平方米)	业务房屋面积
2 484	**2 340**	**86 573**	**1 174**	**34 115**	**27 999**	**713 717**	**280 757**	**250 916**	**132**	**74**
1 744	2 134	50 801	404	31 438	25 782	525 225	230 288	161 167	94	57
679	206	33 245	752	2 480	2 020	178 348	42 541	82 220	36	14
39	——	1 552	18	181	181	9 009	7 352	4 871	3	2
22	——	975	——	16	16	1 135	576	2 656	——	——
2 483	2 340	86 533	1 174	34 110	27 994	713 717	280 757	250 541	132	74
1	——	40	——	5	5	——	——	373	——	——
247	1 743	7 737	211	1 855	1 855	132 321	61 262	42 831	22	11
2 237	597	78 836	963	32 260	26 144	581 396	219 495	208 038	110	63
——	——	——	——	——	——	——	——	46	——	——

全国文物保护科学

	机构数（个）	从业人员（人）	在编人数	具有专业资质人数（人）	具有考古发掘个人领队资格人数	具有文物保护工程职业资格人数	具有文博和工程系列职称人数（人）	高级职称	中级职称	从事文物修复人员	从事文物考古勘探技工人员	安全保卫人员	信息化建设：计算机数（台）	网站数（个）
总　计	**99**	**3 981**	**2 829**	**802**	**361**	**122**	**1 798**	**730**	**767**	**256**	**310**	**358**	**2 257**	**14**
按性质分类														
考古研究	69	2 340	1 773	665	345	63	1 249	538	475	125	289	187	1 385	7
古建研究	10	250	220	22	——	20	156	45	71	——	——	11	195	1
其他研究	20	1 391	836	115	16	39	393	147	221	131	21	160	677	6
按隶属关系分类														
中　央	1	169	117	7	2	5	78	40	38	10	——	9	190	1
省 区 市	38	2 529	1 906	623	277	81	1 245	543	528	196	178	203	1 555	10
地　市	52	1 199	740	148	80	36	441	140	189	48	119	118	502	3
县　市	8	84	66	24	2	——	34	7	12	2	13	28	10	——
按类型分类														
独立研究机构	95	3 865	2 783	787	346	122	1 764	716	756	251	289	356	2 115	13
非独立研究机构	4	116	46	15	15	——	34	14	11	5	21	2	142	1
按经费来源分类														
科研经费	23	1 685	1 081	267	105	35	629	242	288	113	79	182	962	4
文物经费	74	2 255	1 718	530	256	84	1 153	485	473	143	231	167	1 282	10
其它经费	2	41	30	5	——	3	16	3	6	——	——	9	13	——

	考古钻探面积（千平方米）	考古发掘面积（千平方米）	发掘墓葬数（个）	规划及方案设计（个）	承担维修项目	国保单位	省级保单位	市、县级保单位	举办陈列、展览（次）	参观人次（千人次）	未成年人参观人次	提供藏品参与外单位举办的展览次数	本年完成科研项目
总　计	**25 922**	**713**	**11 207**	**136**	**186**	**82**	**36**	**46**	**19**	**5 964**	**1 100**	**19**	**39**
按性质分类													
考古研究	25 912	703	11 126	50	90	12	15	43	12	5 172	1 087	14	26
古建研究	——	——	——	30	28	17	8	3	1	30	——	——	——
其他研究	10	7	81	56	68	53	13	——	6	762	13	5	13
按隶属关系分类													
中　央	——	——	——	22	40	38	——	——	——	——	——	——	3
省 区 市	14 469	465	7 198	92	69	37	14	1	6	762	13	16	28
地　市	11 436	241	3 997	20	77	7	22	45	6	5 072	1 007	3	8
县　市	17	4	12	2	——	——	——	——	7	130	80	——	——
按类型分类													
独立研究机构	24 822	640	11 207	136	184	80	36	46	19	5 964	1 100	19	39
非独立研究机构	1 100	70	——	——	2	2	——	——	——	——	——	——	——
按经费来源分类													
科研经费	6 773	175	5 092	40	64	48	1	1	5	620	3	2	17
文物经费	19 149	535	6 113	96	64	32	21	3	12	5 304	1 091	17	22
其它经费	——	——	2	——	58	2	14	42	2	40	6	——	——

	本年支出合计（千元）	基本支出	项目支出	文物保护项目支出	经营支出	工资福利支出	商品和服务支出	维修（护）费	差旅费	劳务费	福利费	税金支出
总　计	**708 790**	**360 170**	**340 313**	**174 373**	**141**	**142 252**	**370 948**	**28 184**	**24 478**	**82 023**	**4 434**	**895**
按性质分类												
考古研究	464 167	230 060	226 280	156 554	141	90 044	268 415	16 710	15 113	46 556	1 424	369
古建研究	20 401	13 108	7 093	4 752	——	6 877	9 228	616	952	457	148	170
其他研究	224 222	117 002	106 940	13 067	——	45 331	93 305	10 858	8 413	35 010	2 862	356
按隶属关系分类												
中　央	62 850	23 223	39 627	7 054	——	9 176	32 155	2 396	4 926	4 518	26	233
省 区 市	464 030	277 202	180 692	80 438	——	92 735	223 646	6 762	17 044	61 962	3 640	231
地　市	178 926	57 002	119 994	86 881	141	38 339	114 458	18 995	2 475	15 543	745	431
县　市	2 984	2 743	——	——	——	2 002	689	31	33	——	23	——
按类型分类												
独立研究机构	636 623	356 579	271 737	105 797	141	135 523	306 655	18 180	23 803	74 355	4 410	623
非独立研究机构	72 167	3 591	68 576	68 576	——	6 729	64 293	10 004	675	7 668	24	272
按经费来源分类												
科研经费	303 617	203 563	98 830	26 483	——	62 643	172 069	11 510	10 056	48 610	3 025	358
文物经费	402 119	154 026	241 010	147 890	141	78 549	197 588	15 570	14 386	33 406	1 378	537
其它经费	3 054	2 581	473	——	——	1 060	1 291	1 104	36	7	31	——

研究机构综合情况

文物藏品				本年考古出土文物及标本数	本年从有关部门接收文物数	本年藏品征集数	本年修复文物数				考古发掘项目			
	一级品	二级品	三级品					一级品	二级品	三级品		基本建设中考古发掘项目	抢救性发掘项目	主动性发掘项目
784 495	**2 803**	**9 772**	**67 162**	**32 155**	**326**	**139**	**10 678**	**12**	**74**	**202**	**723**	**402**	**222**	**75**
684 909	2 319	7 019	41 841	32 155	326	139	10 435	4	41	35	721	400	222	75
——	——	——	——	——	——	——	——	——	——	——	——	——	——	——
99 586	484	2 753	25 321	——	——	——	243	8	33	167	2	2	——	——
12 592	——	——	——	——	——	——	——	——	——	——	——	——	——	——
527 179	2 053	7 776	58 002	13 441	139	——	5 222	10	29	178	429	271	94	48
227 786	694	1 753	7 644	18 650	158	103	5 444	2	44	15	281	130	116	27
16 938	56	243	1 516	64	29	36	12	——	1	9	13	1	12	——
694 030	2 516	9 632	67 141	32 155	326	139	9 878	12	74	202	683	372	212	75
90 465	287	140	21	——	——	——	800	——	——	——	40	30	10	——
200 609	422	1 203	4 771	19 695	21	102	2 326	——	37	——	245	130	93	22
582 021	2 348	8 542	61 884	12 460	305	37	8 352	12	37	202	478	272	129	53
1 865	33	27	507	——	——	——	——	——	——	——	——	——	——	——

		科研成果					本年收入合计							
										事业收入				
获国家奖	获省、部奖	专利	专著或图录	论文（省级及以上刊物公开发表）	考古报告	古建维修报告	（千元）	财政拨款	上级补助收入		门票收入	经营收入	附属单位上缴收入	其他收入
5	**12**	**——**	**71**	**958**	**163**	**14**	**775 380**	**271 696**	**43 717**	**419 017**	**108 843**	**169**	**——**	**40 781**
5	12	——	53	717	158	4	526 676	191 591	16 562	292 184	260	169	——	26 170
——	——	——	4	37	——	2	22 659	16 767	——	4 727	60	——	——	1 165
——	——	——	14	204	5	8	226 045	63 338	27 155	122 106	108 523	——	——	13 446
——	——	——	3	20	——	1	42 343	28 938	930	12 300	——	——	——	175
5	10	——	55	721	120	11	534 640	197 278	38 318	263 001	79 901	——	——	36 043
——	2	——	13	211	43	1	195 426	43 662	3 382	143 716	28 942	169	——	4 497
——	——	——	——	6	——	1	2 971	1 818	1 087	——	——	——	——	66
5	12	——	71	909	163	14	696 090	269 626	43 697	341 817	108 843	169	——	40 781
——	——		——	49	——	——	79 290	2 070	20	77 200	——	——	——	——
2	5	——	24	442	39	2	324 538	94 463	11 578	202 473	106 957	——	——	16 024
3	7	——	46	513	124	12	448 250	174 737	32 105	216 509	1 886	169	——	24 730
——	——	——	1	3	——	——	2 592	2 496	34	35	——	——	——	27

				科研经费		资产合计				增加值（千元）	公用房屋建筑面积			国际合作	
							固定资产原值								
								科研仪器设备							
对个人和家庭补助支出		其他资本性支出		（千元）	课题经费	（千元）					（千平方米）	文物库房（含标本室）面积	实验室面积	项目数（个）	外方投资（千元）
	抚恤金和生活补贴		各种设备购置费					价值	数量						
39 773	**1 749**	**60 952**	**29 891**	**11 505**	**29 958**	**1 106 524**	**703 369**	**49 845**	**842**	**317 291**	**284**	**65**	**18**	**8**	**184**
24 299	508	22 245	12 715	3 192	23 185	500 078	276 410	9 911	541	184 054	174	56	11	5	184
3 095	55	1 001	1 001	——	——	44 316	18 168	764	31	8573	15	——	0.11	——	——
12 379	1 186	37 706	16 175	8 313	6 773	562 130	408 791	39 170	270	124 664	96	7	6	3	——
6 231	1 023	15 093	15 093	8 253	6 753	233 370	169 789	34 081	201	20 311	29	2	4	3	——
26 641	517	36 769	10 497	2 962	22 935	709 391	423 330	10 780	142	228 486	169	33	13	4	184
6 673	209	9 051	4 270	290	270	159 637	106 545	4 984	498	66 091	73	26	0.01	1	——
228	——	39	31	——	——	4 126	3 705	——	1	2 403	13	1	——	——	——
39 098	1 749	60 482	29 421	11 505	29 958	1 061 313	658 158	45 682	373	293 136	268	60	17	7	184
675	——	470	470	——	——	45 211	45 211	4 163	469	24 155	17	2.5	——	1	——
18 334	1 262	43 109	23 111	11 075	9 575	638 634	470 691	37 212	222	153 186	101	9	6	4	154
21 190	388	17 742	6 780	430	20 383	467 083	231 871	12 633	620	162 830	180	54	12	4	30
249	99	101	——	——	——	807	807	——	——	1 275	3	0.2	——	——	——

全国文化市场经营

	机构数（个）	从业人员（人）	资产、负债、所有者权益（千元）						
			资产总计			负债总计	所有者权益合计		
				固定资产原值	本年折旧			实收资本	
									国家资本金
总　计	**316 527**	**1 378 592**	**249 233 027**	**97 958 089**	**16 785 864**	**86 811 214**	**162 421 813**	**54 400 557**	**2 474 371**
按城乡分									
1.城市	144 637	787 184	206 604 032	70 879 310	13 604 269	80 797 239	125 806 793	40 518 708	2 016 980
2.县城	107 846	394 095	28 812 144	18 425 548	2 028 403	3 582 333	25 229 811	9 556 761	327 991
3.县以下	64 044	197 313	13 816 851	8 653 231	1 153 192	2 431 642	11 385 209	4 325 088	129 400
按经营范围分									
1.演出经纪机构	1 024	8 708	2 596 571	1 500 576	47 308	652 804	1 943 767	1 390 200	218 380
2.娱乐场所	82 174	611 108	129 274 571	45 304 881	6 226 271	40 618 306	88 656 265	29 768 751	1 306 941
3.网络文化经营机构	134	8 288	10 324 331	1 781 431	202 512	5 304 631	5 019 700	665 751	2 001
4.互联网上网服务营业场所(网吧)	133 163	539 460	43 044 053	30 544 606	4 116 230	4 493 400	38 550 653	16 924 038	435 505
5.艺术品经营机构	1 112	4 695	903 752	352 104	19 970	319 211	584 541	196 015	46 509
6.音像制品批发、零售、出租机构	87 137	162 311	49 275 348	17 112 156	6 072 073	34 486 808	14 788 540	3 885 640	403 875
7.其他经营机构	11 783	44 022	13 814 401	1 362 335	101 500	936 054	12 878 347	1 570 162	61 160
按登记注册类型分									
1.内资企业	316 021	1 357 075	241 716 693	93 273 137	16 390 814	76 532 850	165 183 843	52 386 679	2 401 491
2.港澳台商投资企业	280	13 339	3 544 297	1 975 088	302 293	8 306 377	4 762 080	1 128 819	18 268
3.外商投资企业	226	8 178	3 972 037	2 709 864	92 757	1 971 987	2 000 050	885 059	54 612
按部门分									
文化部门	48 955	178 789	16 906 380	9 977 001	1 163 018	2 295 039	14 611 341	5 577 095	708 437
非文化部门	267 572	1 199 803	232 326 647	87 981 088	15 622 846	84 516 175	147 810 472	48 823 462	1 765 934

	费　用				财务费用		营业利润
	养老、失业等保险费	住房公积金和住房补贴	差旅费	工会经费		利息支出	
总　计	**452 198**	**85 368**	**129 459**	**25 580**	**618 838**	**195 181**	**16 877 739**
按城乡分							
1.城市	361 544	59 525	93 757	17 252	488 993	128 485	9 996 602
2.县城	63 833	22 179	23 684	5 065	70 053	29 617	4 893 824
3.县以下	26 821	3 664	12 018	3 263	59 792	37 079	1 987 313
按经营范围分							
1.演出经纪机构	18 429	3 449	10 765	567	1 387	−49	−3 219
2.娱乐场所	268 250	39 499	45 033	10 577	324 446	140 174	5 463 238
3.网络文化经营机构	26 741	5 891	16 418	1 525	−14 506	−21 340	1 382 865
4.互联网上网服务营业场所(网吧)	50 939	11 055	27 677	7 208	244 398	35 794	7 842 240
5.艺术品经营机构	6 235	1 773	3 108	447	7 829	5 780	73 199
6.音像制品批发、零售、出租机构	69 575	20 913	19 094	3 897	50 670	34 254	1 531 792
7.其他经营机构	12 029	2 788	7 364	1 359	4 614	568	587 624
按登记注册类型分							
1.内资企业	423 633	79 804	123 190	24 619	592 190	202 945	16 502 884
2.港澳台商投资企业	15 004	3 107	2 573	116	28 603	6 790	62 333
3.外商投资企业	13 561	2 457	3 696	845	−1 955	−14 554	312 522
按部门分							
文化部门	29 560	9 220	12 507	3 878	133 240	40 512	2 236 068
非文化部门	422 638	76 148	116 952	21 702	485 598	154 669	14 641 671

机构基本综合情况

损益及分配(千元)								
营业收入							管理	
	主营业务收入	主营业务成本	主营业务税金及附加	主营业务利润	其他业务利润	营业费用		税金
122 834 377	**66 243 822**	**38 426 625**	**6 524 925**	**27 125 044**	**1 699 057**	**10 406 929**	**8 550 745**	**1 532 575**
91 675 519	48 100 193	27 441 338	4 644 707	18 463 913	1 209 230	7 606 920	6 429 933	904 459
21 042 994	12 440 860	7 741 308	1 244 401	5 924 789	376 926	1 632 733	1 226 798	317 587
10 115 864	5 702 769	3 243 979	635 817	2 736 342	112 901	1 167 276	894 014	310 529
1 053 421	875 591	596 499	46 954	237 249	9 743	148 244	178 882	8 063
55 462 010	25 228 321	13 624 200	3 450 277	12 374 719	589 452	5 506 747	5 022 229	1 004 995
8 580 881	7 964 287	4 466 031	581 789	2 516 843	5 665	1 089 615	528 506	10 397
34 341 142	20 393 691	11 903 099	2 045 442	9 162 877	539 307	2 644 530	1 843 064	409 570
884 971	754 234	208 247	20 625	150 732	7 537	41 407	62 854	3 478
18 849 415	8 725 523	6 801 740	274 637	2 034 550	213 914	708 310	746 398	78 927
3 662 537	2 302 175	826 809	105 201	648 074	333 439	268 076	168 812	17 145
118 551 830	63 091 884	36 738 227	6 368 728	25 756 277	1 633 918	9 781 728	7 899 442	1 416 941
1 475 486	1 180 835	428 371	98 729	690 644	23 302	386 715	286 976	18 397
2 807 061	1 971 103	1 260 027	57 468	678 123	41 837	238 486	364 327	97 237
9 334 474	5 417 301	2 922 689	588 405	2 134 558	159 091	867 238	752 402	197 265
113 499 903	60 826 521	35 503 936	5 936 520	24 990 486	1 539 966	9 539 691	7 798 343	1 335 310

补贴收入		利润总额	所得税	工资、福利费、增值税			增加值(千元)	经营面积(千平方米)
	财政拨款			本年应付工资总额	本年应付福利费总额	本年应交增值税		
309 043	**112 055**	**39 085 576**	**1 085 626**	**11 566 011**	**2 644 675**	**2 423 276**	**59 221 448**	**82 425**
288 844	107 889	13 172 714	777 482	6 964 600	844 848	1 676 926	39 361 050	57 904
13 818	3 657	23 811 141	189 785	3 047 033	1 207 283	379 747	13 221 228	16 514
6 381	509	2 101 721	118 359	1 554 378	592 544	366 603	6 639 170	8 004
53 661	28 111	38 283	5 035	127 322	8 667	1 585	313 144	412
113 397	1 371	10 836 891	462 648	5 164 830	209 119	705 369	22 653 336	34 720
66 088	41 626	1 882 646	159 779	315 841	36 921	3 089	2 634 086	69
28 458	10 247	10 361 622	309 676	4 324 054	2 046 285	1 158 372	22 036 854	37 815
2 270	2 245	106 558	14 254	50 138	2 440	8 189	188 760	139
18 893	8 255	8 139 014	126 435	1 222 865	332 869	539 544	10 165 024	7 704
26 276	22 942	7 720 562	7 799	360 961	8 374	7 128	1 230 244	1 567
299 376	112 055	38 804 721	951 864	11 310 259	2 619 537	1 723 599	57 154 397	81 731
7 523	——	62 305	35 038	137 331	14 055	1 052	660 049	399
2 144	——	218 550	98 724	118 421	11 083	698 625	1 407 002	288
39 230	23 163	2 008 401	136 407	1 242 525	105 239	290 925	5 903 763	10 283
269 813	88 892	37 077 175	949 219	10 323 486	2 539 436	2 132 351	53 317 685	72 142

全国演出经纪机构

	机构数（个）	从业人员（人）	资产、负债、所有者权益（千元）：资产总计	资产总计：固定资产原值	资产总计：本年折旧	负债总计	所有者权益合计	所有者权益合计：实收资本	实收资本：国家资本金
总　　计	**1 024**	**8 708**	**2 596 571**	**1 500 576**	**47 308**	**652 804**	**1 943 767**	**1 390 200**	**218 380**
按城乡分									
1. 城市	973	7 900	2 535 014	1 453 406	43 044	633 645	1 901 369	1 373 941	217 235
2. 县城	47	744	61 273	47 042	4 264	19 143	42 130	16 159	1 145
3. 县以下	4	64	284	128	——	16	268	100	——
按登记注册类型分									
1. 内资企业	1 022	8 696	2 596 537	1 500 576	47 308	652 804	1 943 733	1 390 200	218 380
2. 港澳台商投资企业	1	——	——	——	——	——	——	——	——
3. 外商投资企业	1	12	34	——	——	——	34	——	——
按部门分									
文化部门	111	1 474	614 352	452 884	7 944	67 460	546 892	85 093	30 735
非文化部门	913	7 234	1 982 219	1 047 692	39 364	585 344	1 396 875	1 305 107	187 645

（千元）

	差旅费	工会经费	财务费用	财务费用：利息支出	营业利润	补贴收入	补贴收入：财政拨款	利润总额	所得税
总　　计	**10 765**	**567**	**1 387**	**−49**	**−3 219**	**53 661**	**28 111**	**38 283**	**5 035**
按城乡分									
1. 城市	10 575	548	808	−624	−8 589	53 184	27 681	33 831	4 913
2. 县城	190	19	579	575	5 311	477	430	4 433	122
3. 县以下	——	——	——	——	59	——	——	19	——
按登记注册类型分									
1. 内资企业	10 763	567	1 387	−49	−3 216	53 661	28 111	38 286	5 035
2. 港澳台商投资企业	——	——	——	——	——	——	——	——	——
3. 外商投资企业	2	——	——	——	−3	——	——	−3	——
按部门分									
文化部门	1 365	125	311	29	764	7 334	4 749	2 602	396
非文化部门	9 400	442	1 076	−78	−3 983	46 327	23 362	35 681	4 639

基本综合情况

损益及分配（千元）										
营业收入		主营业务成本	主营业务税金及附加	主营业务利润	其他业务利润	营业费用	管理费用			
	主营业务收入							税金	养老、失业等保险费	住房公积金和住房补贴
1 053 421	**875 591**	**596 499**	**46 954**	**237 249**	**9 743**	**148 244**	**178 882**	**8 063**	**18 429**	**3 449**
1 022 684	848 167	582 223	45 354	226 693	9 168	146 417	173 667	7 529	17 744	3 404
30 463	27 197	14 116	1 600	10 556	575	1 819	5 215	534	685	45
274	227	160	——	——	——	8	——	——	——	——
1 053 361	875 541	596 475	46 949	237 249	9 743	148 208	178 880	8 063	18 429	3 449
——	——	——	——	——	——	——	——	——	——	——
60	50	24	5	——	——	36	2	——	——	——
149 162	92 934	53 465	5 850	21 595	1 904	22 494	27 014	2 336	3 266	914
904 259	782 657	543 034	41 104	215 654	7 839	125 750	151 868	5 727	15 163	2 535

工资、福利费、增值税（千元）			增加值（千元）	经纪或举办演出活动次数（次）	经纪或举办演出场次		经营面积（千平方米）
本年应付工资总额	本年应付福利费总额	本年应交增值税			（次）	观众人次（千人次）	
127 322	**8 667**	**1 585**	**313 144**	**13 796**	**50 583**	**202 699**	**412**
120 625	8 183	1 089	292 473	12 432	44 373	82 776	380
6 482	484	496	20 397	1 364	5 600	119 914	33
215	——	——	274	——	610	9	——
127 286	8 667	1 585	313 106	13 788	50 567	202 669	413
——	——	——	——	——	——	——	——
36	——	——	38	8	16	30	——
26 052	732	76	55 409	4 659	20 190	102 802	97
101 270	7 935	1 509	257 735	9 137	30 393	99 897	316

全国娱乐场所

	机构数（个）	从业人员（人）	资产、负债、所有者权益（千元）资产总计	固定资产原值	本年折旧	负债总计	所有者权益合计	实收资本	国家资本金
总计	82 174	611 108	129 274 571	45 304 881	6 226 271	40 618 306	88 656 265	29768751	1 306 941
按城乡分									
1.城市	38 262	367 518	111 527 090	34 006 011	5 079 723	37 160 692	74 366 398	24088539	1 036 264
2.县城	31 746	181 236	12 780 301	8 180 172	755 493	1 874 430	10 905 871	4 136 631	173 063
3.县以下	12 166	62 354	4 967 180	3 118 698	391 055	1 583 184	3 383 996	1 543 581	97 614
按登记注册类型分									
1.内资企业	81 781	590 250	122 988 750	41 686 866	5 853 266	31 295 676	91 693 074	27821157	1 234 061
2.港澳台商投资企业	253	13 161	3 513 881	1 959 488	297 147	8 298 956	−4 785 075	1 100 599	18 268
3.外商投资企业	140	7 697	2 771 940	1 658 527	75 858	1 023 674	1 748 266	846 995	54 612
按经营类别分									
1.歌舞厅	19 283	175 842	64 915 481	9 520 449	755 416	5 612 643	59 302 838	4 750 418	226 658
2.卡拉OK厅	27 207	272 838	23 561 896	13 701 616	1 317 779	6 095 883	17 466 013	7 013 306	351 668
3.电子游戏及游艺机经营场所	25 452	68 466	19 313 298	7 018 284	2 910 791	13 974 852	5 338 446	1 249 184	46 670
4.综合娱乐场所	4 385	64 994	14 713 518	9 775 503	1 047 608	7 172 309	7 541 209	14631128	674 459
5.其他	5 847	28 968	6 770 378	5 289 029	194 677	7 762 619	−992 241	2 124 715	7 486
按是否连锁分									
1.连锁门店	771	10 334	1 339 936	349 787	28 963	207 448	1 132 488	318 650	20
2.非连锁门店	81 403	600 774	127 934 635	44 955 094	6 197 308	40 410 858	87 523 777	29450101	1 306 921
按部门分									
文化部门	13 002	68 239	7 850 321	3 443 338	358 426	1 139 153	6 711 168	2 254 147	382 516
非文化部门	69 172	542 869	121 424 250	41 861 543	5 867 845	39 479 153	81 945 097	924425	924 425

	（千元）差旅费	工会经费	财务费用	利息支出	营业利润	补贴收入	财政拨款	利润总额	所得税
总计	45 033	10 577	324 446	140 174	5 463 238	113 397	−1 371	10836891	462 648
按城乡分									
1.城市	31 592	7 360	247 862	93 066	3 000 674	108 417	−1 850	3 067 509	323 625
2.县城	10 500	2 248	35 385	15 409	1 841 334	3 119	478	7 138 872	87 544
3.县以下	2 941	969	41 199	31 699	621 230	1 861	1	630 510	51 479
按登记注册类型分									
1.内资企业	40 038	10 001	283 908	133 987	5 270 462	103 744	−1 371	10677904	394 234
2.港澳台商投资企业	2 435	71	28 632	6 831	58 966	7 523	——	58 891	35 026
3.外商投资企业	2 560	505	11 906	−644	133 810	2 130	——	100 096	33 388
按经营类别分									
1.歌舞厅	5 299	2 038	58 883	9 707	1 836 357	58 799	−4 733	4 486 181	82 808
2.卡拉OK厅	16 650	3 541	130 909	53 676	2 212 859	13 771	316	4 266 703	239 601
3.电子游戏及游艺机经营场所	3 737	574	7 914	1 758	583 381	4 269	64	1 041 406	21 033
4.综合娱乐场所	9 359	3 200	83 959	56 910	512 629	27 623	2 141	756 902	42 198
5.其他	9 988	1 224	42 781	18 123	318 012	8 935	841	285 699	77 008
按是否连锁分									
1.连锁门店	322	130	2 827	926	48 509	993	−4 940	31 855	3 364
2.非连锁门店	44 711	10 447	321 619	139 248	5 414 729	112 404	3 569	10805036	459 284
按部门分									
文化部门	4 180	1 302	24 772	11 922	567 810	7 392	1 370	500 082	24 095
非文化部门	40 853	9 275	299 674	128 252	4 895 428	106 005	−2 741	10336809	438 553

基本综合情况

损益及分配（千元）										
营业收入		主营业务成本	主营业务税金及附加	主营业务利润	其他业务利润	营业费用	管理费用			
	主营业务收入							税金	养老、失业等保险费	住房公积金和住房补贴
55 462 010	**25 228 321**	**13 624 200**	**3 450 277**	**12 374 719**	**589 452**	**5 506 747**	**5 022 229**	**1 004 995**	**268 250**	**39 499**
43 751 359	18 321 435	9 268 566	2 512 789	8 776 920	383 977	4 114 980	3 707 619	605 052	217 960	24 682
8 665 897	5 342 220	3 370 663	660 181	2 457 746	180 442	829 264	692 162	177 865	36 359	13 631
3 044 754	1 564 666	984 971	277 307	1 140 053	25 033	562 503	622 448	222 078	13 931	1 186
52 456 635	23 327 565	12 899 280	3 295 997	11 169 173	564 481	4 929 007	4 487 814	896 146	244 972	34 969
1 457 658	1 174 738	423 421	97 848	688 048	15 516	384 076	282 382	18 271	14 810	3 028
1 547 717	726 018	301 499	56 432	517 498	9 455	193 664	252 033	90 578	8 468	1 502
24 747 315	7 332 329	3 685 500	1 044 698	3 653 499	188 125	1 318 621	1 440 836	377 092	91 604	3 245
16 285 327	10 558 693	6 202 300	1 730 368	4 877 982	293 637	2 564 259	2 108 427	421 796	79 214	17 049
6 426 214	1 961 067	1 296 625	180 705	861 714	32 064	215 229	242 190	43 220	27 568	2 998
4 996 581	3 308 411	1 640 936	341 943	1 755 338	49 150	810 951	791 917	49 876	45 992	12 327
3 006 573	2 067 821	798 839	152 563	1 226 186	26 476	597 687	438 859	113 011	23 872	3 880
15 419 325	261 133	135 455	42 375	114 845	10 917	91 106	38 657	3 284	1 351	334
40 042 685	24 967 188	13 488 745	3 407 902	12 259 874	578 535	5 415 641	4 983 572	1001711	266 899	39 165
2 786 828	1 715 577	824 583	175 344	731 135	57 006	274 816	263 612	85 977	9 630	2 294
52 675 182	23 512 744	12 799 617	3 274 933	11 643 584	532 446	5 231 931	4 758 617	919 018	258 620	37 205

工资、福利费、增值税（千元）			增加值（千元）	经营面积（平方米）	核定人数（个）	卡拉OK包房包间数量（个）	电子游戏及游艺机台数（台）
本年应付工资总额	本年应付福利费总额	本年应交增值税					
5 164 830	**209 119**	**705 369**	**22 653 336**	**34 720**	**6 875 500**	**467 640**	**844 553**
3 208 605	147 296	670 583	15 581 761	24 167	3 855 514	279 903	430 719
1 454 764	49 088	29 562	5 022 903	7 930	2 338 645	147 972	289 410
501 461	12 735	5 224	2 048 672	2 622	681 341	39 765	124 424
4 919 898	186 765	71 427	20 885 093	34 076	6 791 778	459 823	839 304
134 963	13 887	954	647 588	390	61 551	5 217	2 329
109 969	8 467	632 988	1 120 655	253	22 171	2 600	2 920
1 406 450	55 673	12 807	5 643 496	8 179	2 064 957	127 734	19 205
2 319 956	74 113	44 323	8 233 879	12 093	3 175 072	286 647	4 154
528 532	14 340	9 083	4 305 228	10 153	822 500	5 470	804 211
645 206	43 261	6 917	2 735 804	3 330	579 939	41 552	13 916
264 686	21 732	632 239	1 734 929	965	233 032	6 237	3 067
78 941	1 277	525	206 640	631	90 424	10 781	5 324
5 085 889	207 842	704 844	22 446 696	34 088	6 785 076	456 859	839 229
470 983	12 844	5 983	1 697 503	2 992	718 181	50 858	130 281
4 693 847	196 275	699 386	20 955 833	31 727	6 157 319	416 782	714 272

全国网络文化经营

	机构数（人）	从业人员（人）	资产、负债、所有者权益（千元）						
			资产总计			负债总计	所有者权益合计		
				固定资产原值	本年折旧			实收资本	
									国家资本金
总计	**134**	**8 288**	**10 324 331**	**1 781 431**	**202 512**	**5 304 631**	**5 019 700**	**665 751**	**2 001**
按城乡分									
1.城市	103	8 221	10 319 126	1 781 131	202 462	5 304 631	5 014 495	665 751	2 001
2.县城	31	67	5 205	300	50	——	5 205	——	——
3.县以下	——	——	——	——	——	——	——	——	——
按登记注册类型分									
1.内资企业	134	8 288	10 324 331	1 781 431	202 512	5 304 631	5 019 700	665 751	2 001
2.港澳台商投资企业	——	——	——	——	——	——	——	——	——
3.外商投资企业	——	——	——	——	——	——	——	——	——
按经营类别分									
1.网络游戏经营单位	87	6 112	9 217 381	1 030 495	140 066	4 772 005	4 445 376	216 188	——
2.网络音乐经营单位	8	536	286 670	180 427	15 583	91 403	195 267	173 762	2 000
3.其他单位	39	1 640	820 280	570 509	46 863	441 223	379 057	275 801	1
按部门分									
文化部门	31	97	5 215	300	50	——	5 215	10	——
非文化部门	103	8 191	10 319 116	1 781 131	202 462	5 304 631	5 014 485	665 741	2 001

	（千元）								
	差旅费	工会经费	财务费用		营业利润	补贴收入		利润总额	所得税
				利息支出			财政拨款		
总计	**16 418**	**1 525**	**−14 506**	**−21 340**	**1 382 865**	**66 088**	**41 626**	**1 882 646**	**159 779**
按城乡分									
1.城市	16 418	1 525	−14 506	−21 340	1 382 825	66 088	41 626	1 882 606	159 779
2.县城	——	——	——	——	40	——	——	40	——
3.县以下	——	——	——	——	——	——	——	——	——
按登记注册类型分									
1.内资企业	16 418	1 525	−14 506	−21 340	1 382 865	66 088	41 626	1 882 646	159 779
2.港澳台商投资企业	——	——	——	——	——	——	——	——	——
3.外商投资企业	——	——	——	——	——	——	——	——	——
按经营类别分									
1.网络游戏经营单位	13 793	949	−19 901	−26 259	1 361 320	60 045	41 476	1 849 687	150 349
2.网络音乐经营单位	749	435	186	−23	−3 111	5 592	——	8 106	1 845
3.其他单位	1 876	141	5 209	4 942	24 656	451	150	24 853	7 585
按部门分									
文化部门	——	——	——	——	40	−1	−1	39	——
非文化部门	16 418	1 525	−14 506	−21 340	1 382 825	66 089	41 627	1 882 607	159 779

机构综合情况

损益及分配（千元）										
营业收入		主营业务成本	主营业务税金及附加	主营业务利润	其他业务利润	营业费用	管理费用			
	主营业务收入							税金	养老、失业等保险费	住房公积金和住房补贴
8 580 881	**7 964 287**	**4 466 031**	**581 789**	**2 516 843**	**5 665**	**1 089 615**	**528 506**	**10 397**	**26 741**	**5 891**
8 579 921	7 964 197	4 465 991	581 781	2 516 803	5 665	1 089 615	528 501	10 392	26 741	5 891
960	90	40	8	40	——	——	5	5	——	——
——	——	——	——	——	——	——	——	——	——	——
8 580 881	7 964 287	4 466 031	581 789	2 516 843	5 665	1 089 615	528 506	10 397	26 741	5 891
——	——	——	——	——	——	——	——	——	——	——
——	——	——	——	——	——	——	——	——	——	——
8 126 374	7 518 031	4 231 389	565 898	2 360 008	1 106	1 016 948	424 520	6 590	21 207	4 469
210 262	206 650	109 656	8 691	87 296	1 240	36 797	58 037	1 320	1 473	389
244 245	239 606	124 986	7 200	69 539	3 319	35 870	45 949	2 487	4 061	1 033
973	90	40	8	40	−1	——	7	6	1	——
8 579 908	7 964 197	4 465 991	581 781	2 516 803	5 666	1 089 615	528 499	10 391	26 740	5 891

工资、福利费、增值税（千元）			增加值（千元）	经营面积（千平方米）	上网注册用户数（千个）	音乐节目下载次数（千次）	访问量（千次）	自主研发网络游戏产品数（个）
本年应付工资总额	本年应付福利费总额	本年应交增值税						
315 841	**36 921**	**3 089**	**2 634 086**	**69**	**248 806**	**82 663**	**613 027**	**112**
314 984	36 921	3 089	2 633 126	66	248 804	82 663	613 026	112
857	——	——	960	3	1	——	——	——
——	——	——	——	——	——	——	——	——
315 841	36 921	3 089	2 634 086	70	248 806	82 663	613 026	112
——	——	——	——	——	——	——	——	——
——	——	——	——	——	——	——	——	——
243 936	31 623	2 807	2 439 403	34	239 559	563	337 955	107
28 113	2 262	161	60 779	17	6 787	80 100	177 441	3
43 792	3 036	121	133 904	19	2 460	2 000	97 630	2
869	——	——	973	4	1	——	——	1
314 972	36 921	3 089	2 633 113	66	248 804	82 661	613 026	111

全国互联网上网服务营业

	机构数（个）	从业人员（人）	资产、负债、所有者权益（千元）						
			资产总计			负债总计	所有者权益合计		
				固定资产原值	本年折旧			实收资本	
									国家资本金
总　计	**133 163**	**539 460**	**43 044 053**	**30 544 606**	**4 116 230**	**4 493 400**	**38 550 653**	**16 924 038**	**435 505**
按城乡分									
1.城　　市	62 669	299 690	24 840 322	17 263 325	2 303 727	2 886 892	21 953 430	10 048 893	326 715
2.县　　城	40 028	143 864	11 254 682	8 281 983	1 108 848	965 143	10 289 539	4 421 886	81 447
3.县 以 下	30 466	95 906	6 949 049	4 999 298	703 655	641 365	6 307 684	2 453 259	27 343
按登记注册类型分									
1.内 资 企 业	133 135	539 308	43 025 452	30 529 575	4 110 955	4 489 900	38 535 552	16 896 978	435 505
2.港澳台商投资企业	12	89	18 351	11 631	4 115	3 390	14 961	23 020	——
3.外商投资企业	16	63	250	3 400	1 160	110	140	4 040	——
按是否连锁分									
1.连 锁 门 店	11 451	57 975	4 548 182	3 445 017	484 205	686 603	3 861 579	1 820 082	127 432
2.非连锁门店	121 712	481 485	38 495 871	27 099 589	3 632 025	3 806 797	34 689 074	15 103 956	308 073
按 部 门 分									
文化部门	22 532	76 845	6 837 204	5 010 321	663 677	640 566	6 196 638	2 189 422	232 567
非文化部门	110 631	462 615	36 206 849	25 534 285	3 452 553	3 852 834	32 354 015	14 734 616	202 938

	（千元）								
	差旅费	工会经费	财务费用		营业利润	补贴收入		利润总额	所得税
				利息支出			财政拨款		
总　计	**27 677**	**7 208**	**244 398**	**35 794**	**7 842 240**	**28 458**	**10 247**	**10 361 622**	**309 676**
按城乡分									
1.城　　市	10 231	3 323	198 458	21 668	4 524 746	20 263	9 357	6 834 555	165 242
2.县　　城	9 156	1 720	28 792	9 431	2 126 795	5 342	830	2 285 910	83 756
3.县 以 下	8 290	2 165	17 148	4 695	1 190 699	2 853	60	1 241 157	60 678
按登记注册类型分									
1.内 资 企 业	27 544	7 168	244 439	35 835	7 835 373	28 458	10 247	10 357 631	309 676
2.港澳台商投资企业	133	40	−41	−41	3 107	——	——	3 181	——
3.外商投资企业	——	——	——	——	3 760	——	——	810	——
按是否连锁分									
1.连 锁 门 店	2 028	601	11 668	2 804	884 771	1 907	25	920 865	41 676
2.非连锁门店	25 649	6 607	232 730	32 990	6 957 469	26 551	10 222	9 440 757	268 000
按 部 门 分									
文 化 部 门	4 049	1 875	88 674	11 943	1 196 923	12 158	8 631	1 300 294	105 518
非文化部门	23 628	5 333	155 724	23 851	6 645 317	16 300	1 616	9 061 328	204 158

场所(网吧)综合情况

损益及分配(千元)										
营业收入		主营业务成本	主营业务税金及附加	主营业务利润	其他业务利润	营业费用	管理费用			
	主营业务收入							税金	养老、失业等保险费	住房公积金和住房补贴
34 341 142	**20 393 691**	**11 903 099**	**2 045 442**	**9 162 877**	**539 307**	**2 644 530**	**1 843 064**	**409 570**	**50 939**	**11 055**
19 664 504	11 931 310	6 933 731	1 268 859	5 111 470	332 213	1 527 885	1 237 797	218 606	27 346	5 715
9 094 680	5 209 910	3 044 487	455 314	2 674 525	129 775	643 404	377 026	111 019	13 217	3 193
5 581 958	3 252 471	1 924 881	321 269	1 376 882	77 319	473 241	228 241	79 945	10 376	2 147
34 323 747	20 390 730	11 901 749	2 044 596	9 161 606	531 428	2 642 384	1 839 090	409 409	50 779	10 986
11 303	2 961	950	696	1 215	7 785	2 146	3 924	111	160	69
6 092	——	400	150	56	94	——	50	50	——	——
3 673 823	2 384 659	1 531 846	345 210	997 796	73 868	272 463	367 491	33 742	3 727	506
30 667 319	18 009 032	10 371 253	1 700 232	8 165 081	465 439	2 372 067	1 475 573	375 828	47 212	10 549
4 949 393	2 992 115	1 639 507	373 541	1 146 337	75 252	368 726	376 211	93 153	6 442	3 475
29 391 749	17 401 576	10 263 592	1 671 901	8 016 540	464 055	2 275 804	1 466 853	316 417	44 497	7 580

工资、福利费、增值税 (千元)			增加值(千元)	计算机终端数(台)	上网人次(千人次)	经营面积(千平方米)
本年应付工资总额	本年应付福利费总额	本年应交增值税				
4 324 054	**2 046 285**	**1 158 372**	**22 036 854**	**9 598 755**	**7 794 044**	**37815**
2 399 683	493 240	621 880	11 886 019	5 605 566	4 592 904	26 610
1 129 289	1 094 683	237 159	6 285 844	2 432 413	2 137 641	6 777
795 082	458 362	299 333	3 864 991	1 560 776	1 063 499	4 428
4 321 492	2 046 117	1 158 365	22 020 708	9 596 831	7 793 338	37 806
1 774	168	7	10 238	1 694	650	5
788	——	——	5 908	230	57	3
—	—	—	—	—	—	—
437 629	39 627	114 931	2 346 624	1 018 423	692 820	2 740
3 886 425	2 006 658	1 043 441	19 690 230	8 580 332	7 101 224	35 074
522 981	70 053	250 985	3 194 410	1 411 327	915 276	6 454
3 801 073	1 976 232	907 387	18 842 444	8 187 428	6 878 768	31 360

全国艺术品经营

	机构数(个)	从业人员(人)	资产、负债、所有者权益（千元）资产总计	固定资产原值	本年折旧	负债总计	所有者权益合计	实收资本	国家资本金
总　计	**1 112**	**4 695**	**903 752**	**352 104**	**19 970**	**319 211**	**584 541**	**196 015**	**46 509**
按城乡分									
1.城　　市	733	3 115	831 260	304 275	17 826	312 807	518 453	157 743	44 939
2.县　　城	346	1 090	61 062	37 921	1 938	5 197	55 865	33 082	1 400
3.县 以 下	33	490	11 430	9 908	206	1 207	10 223	5 190	170
按登记注册类型分									
1.内资企业	1 110	4 685	902 122	351 864	19 939	319 132	582 990	194 361	46 509
2.港澳台商投资企业	1	——	——	——	——	——	——	——	——
3.外商投资企业	1	10	1 630	240	31	79	1 551	1 654	——
按经营类别分									
1.画廊、画店	864	2 599	349 765	123 347	6 864	126 382	223 383	117 833	44 499
2.艺术品拍卖机构	8	51	18 983	5 079	208	5 947	13 036	8 830	800
3.艺术品展览机构	13	415	24 121	21 088	284	3 943	20 178	15 400	190
4.艺术品经纪代理	51	427	259 106	171 145	11 368	119 353	139 753	22 800	——
5.其　　他	176	1 203	251 777	31 445	1 246	63 586	188 191	31 152	1 020
按部门分									
文化部门	122	783	100 180	50 604	1 178	30 353	69 827	45 443	1 170
非文化部门	990	3 912	803 572	301 500	18 792	288 858	514 714	150 572	45 339

	（千元）差旅费	工会经费	财务费用	利息支出	营业利润	补贴收入	财政拨款	利润总额	所得税
总　计	**3 108**	**447**	**7 829**	**5 780**	**73 199**	**2 270**	**2 245**	**106 558**	**14 254**
按城乡分									
1.城　　市	2 909	427	7 695	5 711	58 398	2 263	2 245	92 757	14 053
2.县　　城	190	11	127	68	12 354	7	——	11 338	193
3.县 以 下	9	9	7	1	2 447	——	——	2 463	8
按登记注册类型分									
1.内资企业	3 097	433	7 829	5 780	73 199	2 270	2 245	106 546	14 254
2.港澳台商投资企业	——	——	——	——	——	——	——	——	——
3.外商投资企业	11	14	——	——	——	——	——	12	——
按经营类别分									
1.画廊、画店	2 318	346	1 119	47	29 003	2 242	2 230	32 314	8 734
2.艺术品拍卖机构	219	7	——	——	505	——	——	351	——
3.艺术品展览机构	38	20	9	——	515	——	——	515	——
4.艺术品经纪代理	149	18	3 462	3 444	26 718	15	15	26 380	5 323
5.其　　他	384	56	3 239	2 289	16 458	13	——	46 998	197
按部门分									
文化部门	255	46	960	2	8 178	——	——	25 444	218
非文化部门	2 853	401	6 869	5 778	65 021	2 270	2 245	81 114	14 036

机构综合情况

损益及分配（千元）										
营业收入		主营业务成本	主营业务税金及附加	主营业务利润	其他业务利润	营业费用	管理费用			
	主营业务收入							税金	养老、失业等保险费	住房公积金和住房补贴
884 971	**754 234**	**208 247**	**20 625**	**150 732**	**7 537**	**41 407**	**62 854**	**3 478**	**6 235**	**1 773**
427 865	316 084	154 100	18 073	134 094	5 955	38 229	60 609	3 007	6 121	1 764
49 990	32 635	23 540	2 333	14 084	946	2 729	1 819	429	39	9
407 116	405 515	30 607	219	2 554	636	449	426	42	75	——
883 744	754 096	208 188	20 568	149 621	7 480	40 543	62 564	3 431	6 178	1 773
——	——	——	——	——	——	——	——	——	——	——
1 227	138	59	57	1 111	57	864	290	47	57	——
238 611	207 319	102 708	6 535	85 441	5 557	30 835	47 540	2 857	5 461	1 451
4 563	4 252	68	195	3 418	35	864	2 966	1	25	——
405 662	404 096	30 518	280	1 352	293	1 052	1 683	36	182	10
89 189	85 454	35 768	11 119	31 705	102	2 821	1 564	38	64	10
146 946	53 113	39 185	2 496	28 816	1 550	5 835	9 101	546	503	302
47 842	40 460	25 989	1 482	13 591	1 434	3 859	8 190	431	618	249
837 129	713 774	182 258	19 143	137 141	6 103	37 548	54 664	3 047	5 617	1 524

工资、福利费、增值税（千元）			增加值（千元）	年成交件数（件）	年成交额（千元）	经营面积（千平方米）
本年应付工资总额	本年应付福利费总额	本年应交增值税				
50 138	**2 440**	**8 189**	**188 760**	**2 339 079**	**12 400 833**	**139**
40 925	1 623	7 702	158 127	2 139 600	10 787 769	94
7 708	793	206	25 829	118 143	1 567 233	36
1 505	24	281	4 804	81 336	45 831	11
49 984	2 440	8 189	188 405	2 339 073	12 400 595	140
——	——	——	——	——	——	——
154	——	——	355	6	138	0.5
26 666	1 041	5 685	88 148	331 590	11 382 634	62
728	58	——	1 737	667	94 362	5
2 105	102	52	3 579	10 556	2250	12
6 656	122	1 950	58 078	132 329	18 989	11
13 983	1 117	502	37 218	1 963 937	902 598	51
7 252	639	695	20 760	1 967 510	123 338	32
42 886	1 801	7 494	168 000	371 569	12 277 495	109

全国音像制品批发、

	机构数（个）	从业人员（人）	资产、负债、所有者权益（千元）						
			资产总计			负债总计	所有者权益合计		
				固定资产原值	本年折旧			实收资本	
									国家资本金
总　计	**87 137**	**162 311**	**49 275 348**	**17 112 156**	**6 072 073**	**34 486 808**	**14 788 540**	**3 885 640**	**403 875**
按城乡分									
1.城市	37 456	82 234	43 809 979	15 277 326	5 891 310	33 671 998	10 137 981	3 054 033	356 606
2.县城	30 816	52 581	3 840 430	1 453 694	131 851	644 549	3 195 881	605 703	44 475
3.县以下	18 865	27 496	1 624 939	381 136	48 912	170 261	1 454 678	225 904	2 794
按登记注册类型分									
1.内资企业	87 062	161 914	48 150 440	16 061 109	6 055 350	33 534 694	14 615 746	3 853 070	403 875
2.港澳台商投资企业	10	41	6 925	3 530	1 015	4 000	2 925	200	——
3.外商投资企业	65	356	1 117 983	1 047 517	15 708	948 114	169 869	32 370	——
按经营类别分									
1.音像制品批发单位	2 747	12 557	6 497 688	2 089 576	214 189	4 086 962	2 410 726	1 406 022	248 219
2.音像制品零售	44 571	92 547	41 195 028	14 241 226	5 776 768	30 284 479	10 910 549	1 953 465	149 158
3.音像制品出租单位	39 819	57 207	1 582 632	781 354	81 116	115 367	1 467 265	526 153	6 498
按是否连锁分									
1.连锁门店	3 553	8 893	1 035 004	603 678	34 190	403 420	631 584	194 333	12 752
2.非连锁门店	83 583	153 417	48 240 244	16 508 378	6 037 883	34 083 388	14 156 856	3 691 212	391 123
按部门分									
文化部门	11 624	19 598	1 076 463	790 645	113 978	294 289	782 174	393 063	20 359
非文化部门	75 513	142 713	48 198 885	16 321 511	5 958 095	34 192 519	14 006 366	3 492 577	383 516

	（千元）							
			财务费用			补贴收入		
	差旅费	工会经费		利息支出	营业利润		财政拨款	利润总额
总　计	**19 094**	**3 897**	**50 670**	**34 254**	**1 531 792**	**18 893**	**8 255**	**8 139 014**
按城乡分								
1.城　市	15 433	2 922	45 401	29 911	674 813	15 442	7 878	838 973
2.县　城	3 055	918	4 394	4 104	709 516	2 518	341	7 130 585
3.县以下	606	57	875	239	147 463	933	36	169 456
按登记注册类型分								
1.内资企业	17 966	3 566	64 519	48 164	1 356 633	18 879	8 255	8 021 162
2.港澳台商投资企业	5	5	12	——	249	——	——	222
3.外商投资企业	1 123	326	−13 861	−13 910	174 910	14	——	117 630
按经营类别分								
1.音像制品批发单位	9 733	1 430	17 704	11 063	63 994	8 657	6 081	275 289
2.音像制品零售	8 204	2 187	30 152	20 383	836 109	7 712	1 840	3 526 771
3.音像制品出租单位	1 157	280	2 814	2 808	631 689	2 524	334	4 336 954
按是否连锁分								
1.连锁门店	974	364	1 574	801	82 535	207	2	478 645
2.非连锁门店	18 120	3 533	49 096	33 453	1 449 234	18 686	8 253	7 660 348
按部门分								
文化部门	1 710	303	18 241	16 547	442 083	3 640	919	122 548
非文化部门	17 384	3 594	32 429	17 707	1 089 709	15 253	7 336	8 016 466

零售、出租机构综合情况

损益及分配（千元）										
营业收入		主营业务成本	主营业务税金及附加	主营业务利润	其他业务利润	营业费用	管理费用			
	主营业务收入							税金	养老、失业等保险费	住房公积金和住房补贴
18 849 415	**8 725 523**	**6 801 740**	**274 637**	**2 034 550**	**213 914**	**708 310**	**746 398**	**78 927**	**69 575**	**20 913**
15 489 842	6 862 969	5 497 709	167 497	1 294 391	155 477	545 210	593 100	48 806	57 077	15 716
2 513 440	1 463 877	1 044 834	75 668	556 856	49 718	124 124	127 792	22 461	10 559	5 047
846 133	398 677	259 197	31 472	183 303	8 719	38 976	25 506	7 660	1 939	150
17 592 622	7 479 155	5 841 190	273 647	1 873 889	181 687	663 931	633 862	72 350	64 529	19 948
4 960	1 571	2 568	173	1 248	1	457	584	15	10	10
1 251 833	1 244 797	957 982	817	159 413	32 226	43 922	111 952	6 562	5 036	955
5 628 304	3 332 284	2 831 643	33 316	458 886	40 897	209 980	313 039	16 817	30 513	9 078
11 313 979	4 595 359	3 510 367	166 429	1 153 648	153 802	423 605	387 509	49 416	36 374	11 330
1 907 132	797 880	459 730	74 892	422 016	19 215	74 725	45 850	12 694	2 688	505
2 636 134	550 312	415 570	18 799	140 214	11 871	47 853	54 082	4 945	4 531	1 955
16 213 237	8 175 174	6 386 153	255 837	1 894 317	202 043	660 457	692 316	73 982	65 044	18 958
1 048 695	449 862	280 063	26 566	169 318	17 570	71 950	37 566	10 067	3 818	881
17 800 720	8 275 661	6 521 677	248 071	1 865 232	196 344	636 360	708 832	68 860	65 757	20 032

所得税	工资、福利费、增值税（千元）			增加值（千元）	零售、出租碟片数（个）	经营面积（千平方米）
	本年应付工资总额	本年应付福利费总额	本年应交增值税			
126 435	**1 222 865**	**332 869**	**539 544**	**10 165 024**	**1 391 635**	**7 704**
103 894	694 032	151 133	366 829	8 085 088	69 6400	5 721
16 589	354 030	60 786	111 410	1 484 339	516 125	1 208
5 952	174 803	120 950	61 305	595 597	179 109	775
61 089	1 215 023	330 253	473 867	9 883 147	1387 444	7 673
10	448	——	40	1 963	160	0. 6
65 336	7 394	2 616	65 637	279 914	4 030	31
18 885	189 871	29 573	128 283	725 676	108 262	253
94 586	711 540	90 671	276 904	7 964 779	709 925	6 079
12 964	321 454	212 625	134 357	1 474 569	573 447	1373
1 351	82 009	34 569	24 764	288 759	58 130. 949	208. 14
125 082	1 140 847	298 300	514 780	9 876 232	1 333 502	7 496
4 900	122 657	18 688	32 759	775 258	195 728	446
121 535	1 100 208	314 181	506 785	9 389 766	1 195 906	7 258

全国文化市场其他

	机构数(个)	从业人员(人)	资产、负债、所有者权益 (千元)						
			资产总计			负债总计	所有者权益合计		
				固定资产原值	本年折旧			实收资本	
									国家资本金
总 计	**11 783**	**44 022**	**13 814 401**	**1 362 335**	**101 500**	**936 054**	**12 878 347**	**1 570 162**	**61 160**
按城乡分									
1.城 市	4 441	18 506	12 741 241	793 836	66 177	826 574	11 914 667	1 129 808	33 220
2.县 城	4 832	14 513	809 191	424 436	25 959	73 871	735 320	343 300	26 461
3.县 以 下	2 510	11 003	263 969	144 063	9 364	35 609	228 360	97 054	1 479
按登记注册类型分									
1.内资企业	11 777	43 934	13 729 061	1 361 716	101 484	936 013	12 793 048	1 565 162	61 160
2.港澳台商投资企业	3	48	5 140	439	16	31	5 109	5 000	——
3.外商投资企业	3	40	80 200	180	——	10	80 190	——	——
按部门分									
文化部门	1 533	11 753	422 645	228 909	17 765	123 218	299 427	609 917	41 090
非文化部门	10 250	32 269	13 391 756	1 133 426	83 735	812 836	12 578 920	960 245	20 070

	(千元)						
	管理费用				财务费用		营业利润
	养老、失业等保险费	住房公积金和住房补贴	差旅费	工会经费		利息支出	
总 计	**12 029**	**2 788**	**7 364**	**1 359**	**4 614**	**568**	**587 624**
按城乡分							
1.城 市	8 555	2 353	6 599	1 147	3 275	93	363 735
2.县 城	2 974	254	593	149	776	30	198 474
3.县 以 下	500	181	172	63	563	445	25 415
按登记注册类型分							
1.内资企业	12 005	2 788	7 364	1 359	4 614	568	587 568
2.港澳台商投资企业	24	——	——	——	——	——	11
3.外商投资企业	——	——	——	——	——	——	45
按部门分							
文化部门	5 785	1 407	948	227	282	69	20 270
非文化部门	6 244	1 381	6 416	1 132	4 332	499	567 354

经营单位综合情况

	损益及分配（千元）								
	营业收入		主营业务成本	主营业务税金及附加	主营业务利润	其他业务利润	营业费用		税金
		主营业务收入							
	3 662 537	**2 302 175**	**826 809**	**105 201**	**648 074**	**333 439**	**268 076**	**168 812**	**17 145**
	2 739 344	1 856 031	539 018	50 354	403 542	316 775	144 584	128 640	11 067
	687 564	364 931	243 628	49 297	210 982	15 470	31 393	22 779	5 274
	235 629	81 213	44 163	5 550	33 550	1 194	92 099	17 393	804
	3 660 840	2 300 510	825 314	105 182	647 896	333 434	268 040	168 726	17 145
	1 565	1 565	1 432	12	133	——	36	86	——
	132	100	63	7	45	5	——	——	——
	351 581	126 263	99 042	5 614	52 542	5 926	125 393	39 802	5 295
	3 310 956	2 175 912	727 767	99 587	595 532	327 513	142 683	129 010	11 850

	（千元）				工资、福利费、增值税			增加值（千元）	经营面积（千平方米）
	补贴收入		利润总额	所得税	本年应付工资总额	本年应付福利费总额	本年应交增值税		
		财政拨款							
	26 276	**22 942**	**7 720 562**	**7 799**	**360 961**	**8 374**	**7 128**	**1 230 244**	**1 567**
	23 187	20 952	422 483	5 976	185 746	6 452	5 754	724 456	867
	2 355	1 578	7 239 963	1 581	93 903	1 449	914	380 956	531
	734	412	58 116	242	81 312	473	460	124 832	169
	26 276	22 942	7 720 546	7 797	360 735	8 374	7 077	1 229 852	1560
	——	——	11	2	146	——	51	260	4
	——	——	5	——	80	——	——	132	3
	8 707	7 495	57 392	1 280	91 731	2 283	427	159 450	258
	17 569	15 447	7 663 170	6 519	269 230	6 091	6 701	1 070 794	1 308

全国文化市场连锁

	机构数（个）	从业人员（人）	资产、负债、所有者权益（千元）						
			资产总计			负债总计	所有者权益合计		
				固定资产原值	本年折旧			实收资本	
									国家资本金
总　计	**191**	**30 107**	**20 860 564**	**19 617 455**	**1 635 242**	**10 330 196**	**10 530 368**	**2 823 315**	**871 363**
按城乡分									
1.城市	177	29 793	20 844 780	19 611 526	1 634 842	10 325 021	10 519 759	2 813 580	866 363
2.县城	14	314	15 784	5 929	400	5 175	10 609	9 735	5 000
3.县以下	——	——	——	——	——	——	——	——	——
按登记注册类型分									
1.内资企业	190	18 907	11 641 522	4 113 411	478 725	4 501 007	7 140 515	2 823 315	871 363
2.港澳台商投资企业	1	11 200	9 219 042	15 504 044	1 156 517	5 829 189	3 389 853	——	——
3.外商投资企业	——	——	——	——	——	——	——	——	——
按连锁类型分									
1.音像连锁	92	12 618	8 740 525	1 175 814	180 290	4 131 686	4 608 839	2 105 394	608 863
2.网吧连锁	99	17 489	12 120 039	18 441 641	1 454 952	6 198 510	5 921 529	717 921	262 500

	（千元）							
	差旅费	工会经费	财务费用		营业利润	补贴收入		利润总额
				利息支出			财政拨款	
总　计	**31 354**	**7 824**	**96 570**	**−5 331**	**−499 179**	**6 418**	**6 300**	**−527 229**
按城乡分								
1.城　市	30 926	7 815	96 418	−5 399	−502 626	6 418	6 300	−530 675
2.县　城	428	9	152	68	3 447	——	——	3 446
3.县以下	——	——	——	——	——	——	——	——
按登记注册类型分								
1.内资企业	24 459	4 340	−4 264	−5 331	−543 882	6 418	6 300	−598 286
2.港澳台商投资企业	6 895	3 484	100 834	——	44 703	——	——	71 057
3.外商投资企业	——	——	——	——	——	——	——	——
按连锁类型分								
1.音像连锁	4 785	1 271	−4 970	−5 655	54 236	2 300	2 300	79 551
2.网吧连锁	26 569	6 553	101 540	324	−553 415	4 118	4 000	−606 780

经营机构综合情况

损益及分配（千元）										
营业收入		主营业务成本	主营业务税金及附加	主营业务利润	其他业务利润	营业费用	管理费用			
	主营业务收入							税金	养老、失业等保险费	住房公积金和住房补贴
9 100 463	**8 363 571**	**6 239 657**	**562 257**	**1 207 839**	**42 749**	**1 126 244**	**1 244 808**	**41 247**	**87 114**	**20 548**
9 075 124	8 343 490	6 226 394	561 508	1 201 231	42 673	1 125 654	1 242 522	40 895	86 300	20 530
25 339	20 081	13 263	749	6 608	76	590	2 286	352	814	18
——	——	——	——	——	——	——	——	——	——	——
5 873 016	5 149 511	4 347 392	474 113	−23 020	34 791	357 089	928 189	19 559	73 343	12 023
3 227 447	3 214 060	1 892 265	88 144	1 230 859	7 958	769 155	316 619	21 688	13 771	8 525
——	——	——	——	——	——	——	——	——	——	——
4 345 383	4 134 790	3 550 452	10 170	491 258	28 663	248 174	318 919	13 813	30 420	10 162
4 755 080	4 228 781	2 689 205	552 087	716 581	14 086	878 070	925 889	27 434	56 694	10 386

所得税	工资、福利费、增值税（千元）			增加值（千元）	经营面积（千平方米）	连锁门店数		
	本年应付工资总额	本年应付福利费总额	本年应交增值税			个	直营门店数	加盟门店数
16 091	**944 503**	**76 831**	**89 535**	**2 971 185**	**687**	**13 908**	**4 124**	**9 959**
15 734	942 830	76 657	89 177	2 963 170	679	13 854	4 080	9 959
357	1 673	174	358	8 015	9	54	44	——
——	——	——	——	——	——	——	——	——
8 286	505 524	44 791	74 998	1 149 750	668	13 654	4 093	9 736
7 805	438 979	32 040	14 537	1 821 435	20	254	31	223
——	——	——	——	——	——	——	——	——
6 429	243 867	10 982	74 506	631 796	285	4 008	1 313	2 650
9 662	700 636	65 849	15 029	2 339 389	403	9 900	2 811	7 309

全国文化市场执法

	机构数（个）	从业人员（人）	行政编制	事业编制	本年收（千元）	财政拨款	上级补助收入	事业收入
总 计	**2 476**	**18 196**	**2 169**	**13 982**	**793 935**	**642 932**	**26 195**	**87 871**
中 央	1	——	——	——	——	——	——	——
省、区、市	28	499	178	308	51 715	50 291	790	290
地 市 级	278	2 965	271	2 446	168 641	144 167	5 115	14 772
县 市 级	2 169	14 732	1 720	11 228	573 579	448 474	20 290	72 809

	在支出合计中：（千元）						
	商品和服务支出					对个人和家庭补助支出	
	维修(护)费	差旅费	劳务费	福利费	税金支出		抚恤金和生活补助
总 计	**13 912**	**18 504**	**6 598**	**12 801**	**2 380**	**37 753**	**1 160**
中 央	——	——	——	——	——	——	——
省、区、市	439	2 497	312	381	212	2 534	——
地 市 级	2 655	3 603	1 505	1 759	178	12 707	254
县 市 级	10 818	12 404	4 781	10 661	1 990	22 512	906

全国其他文化

	机构数（个）	从业人员（人）	高级职称	中级职称	本年收（千元）	财政拨款	上级补助收入
总 计	**1 020**	**13 859**	**1 498**	**2 539**	**1 899 394**	**1 131 844**	**54 348**
一、其他艺术业	**481**	**5 163**	**1 034**	**1 183**	**792 635**	**573 822**	**12 477**
1. 艺术创作机构	327	2 386	756	647	235 539	204 899	3 932
2. 艺术展览机构	60	1 313	176	305	341 351	234 602	5 538
其中：美术馆	35	714	130	186	233 656	149 124	517
3. 其他艺术	94	1 464	102	231	215 745	134 321	3 007
二、其 他	**539**	**8 696**	**464**	**1 356**	**1 106 759**	**558 022**	**41 871**

	（千元）						
	在支出合计中：						
	工资福利支出		商品和服务支出				
			维修(护)费	差旅费	劳务费	福利费	税金支出
总 计	**454 000**	**676 495**	**37 893**	**18 451**	**24 832**	**11 014**	**26 829**
一、其他艺术业	**201 382**	**309 524**	**13 072**	**7 293**	**9 369**	**3 217**	**7 433**
1. 艺术创作机构	86 370	63 502	1 968	3 347	2 392	900	813
2. 艺术展览机构	74 405	96 853	8 670	2 836	5 692	869	3 270
其中：美术馆	54 443	66 379	5 431	1 323	3 577	710	1 858
3. 其他艺术	40 607	149 169	2 434	1 110	1 285	1 448	3 350
二、其 他	**252 618**	**366 971**	**24 821**	**11 158**	**15 463**	**7 797**	**19 396**

机构综合情况

入合计				本年支出合计（千元）				
经营收入	附属单位上缴收入	其他收入		基本支出	项目支出	经营支出	工资福利支出	
1 560	**405**	**34 972**	**747 936**	**488 150**	**75 649**	**1 907**	**396 052**	**176 208**
——	——	——	——	——	——	——	——	——
——	——	344	49 610	37 155	11 214	——	19 451	16 244
380	5	4 202	168 656	117 542	24 866	291	83 262	44 142
1 180	400	30 426	529 670	333 453	39 569	1 616	293 339	115 822

其他资本性支出		资产合计		增加值（千元）	公用房屋建筑面积（千平方米）	机动执法车辆（辆）	参加人身意外伤害保险人数	
	各种设备购置费	（千元）	固定资产原值				（个）	保险费用（千元）
31 895	**21 390**	**502 135**	**351 276**	**474 189**	**196**	**1 645**	**1 760**	**13 611**
——	——	——	——	——	——	——	——	——
6 729	5 612	74 376	29 855	24 244.8	22.3	93	154	1 865
6 209	4 706	190 959	164 515	101 623	27.7	387	416	4 837
18 957	11 072	236 800	156 906	348 322	145.5	1 165	1 190	6 909

事业机构综合情况

入合计（千元）				本年支出合计			
事业收入	经营收入	附属单位上缴收入	其他收入	（千元）	基本支出	项目支出	经营支出
503 097	**59 065**	**1 949**	**149 091**	**1 775 123**	**1 135 446**	**486 465**	**63 081**
130 798	**5 604**	**801**	**69 133**	**749 221**	**530 829**	**201 017**	**4 358**
14 721	1 386	60	10 541	233 970	167 918	58 415	1 121
50 675	1 758	327	48 451	294 871	160 123	133 326	325
44 260	45	327	39 383	191 043	122 507	67 639	——
65 402	2 460	414	10 141	220 380	202 788	9 276	2 912
372 299	**53 461**	**1 148**	**79 958**	**1 025 902**	**604 617**	**285 448**	**58 723**

（千元）				资产合计			
对个人和家庭补助支出		其他资本性支出				增加值	公用房屋建筑面积
	抚恤金和生活补助		各种设备购置费	（千元）	固定资产原值	（千元）	（千平方米）
246 549	**8 448**	**132 517**	**71 802**	**3 773 125**	**2 259 247**	**887 367**	**897**
91 199	**2 259**	**76 835**	**27 964**	**1 302 154**	**889 410**	**355 578**	**333**
47 071	1 261	25 962	2 769	324 468	233 569	146 176	77
23 450	371	49 994	24 408	768 845	584 907	138 824	213
18 847	301	39 738	21 009	603 302	463 067	105 969	116
20 678	627	879	787	208 841	70 934	70 578	43
155 350	**6 189**	**55 682**	**43 838**	**2 470 971**	**1 369 837**	**531 790**	**565**

全国其他文化

	机构数（个）	从业人员（人）			资产、负债、所有者权益 （千元）			
			高级职称	中级职称	资产总计	固定资产原值	本年折旧	负债总计
总　计	**957**	**25 399**	**755**	**3 027**	**6 512 003**	**3 291 262**	**238 956**	**3 847 009**
第一产业	1	20	——	3	2 783	823	74	2 933
第二产业	43	905	13	67	307 402	110 414	13 275	260 024
其中：制造业	23	690	4	31	131 167	87 872	4 502	89 603
建筑业	15	179	9	30	170 811	21 084	8 672	167 565
第三产业	913	24 474	742	2 957	6 201 818	3 180 025	225 607	3 584 052
其中：批、零和餐饮业	58	1 023	13	79	283 940	67 877	4 494	247 521
房地产业	5	62	2	5	555 784	141 493	9 532	487 765
文化产业	737	21 527	710	2 756	4 626 554	2 801 339	196 992	2 632 875
按所属关系分								
直　属	789	22 190	607	2 688	5 399 578	2 987 142	206 274	3 169 676
非直属	168	3 209	148	339	1 112 425	304 120	32 682	677 333

	损益及分配 （千元）								
	管理费用						财务费用		
		税金	养老、失业等保险费	住房公积金和住房补贴	差旅费	工会经费		利息支出	营业利润
总　计	**544 110**	**16 439**	**77 795**	**15 762**	**10 749**	**3 510**	**35 410**	**28 203**	**−90 581**
第一产业	687	——	39	2	52	——	−2	——	31
第二产业	35 024	973	4 766	1 041	948	298	83	2	−3 504
其中：制造业	17 153	507	2 994	539	568	149	511	418	−5 530
建筑业	17 092	448	1 668	475	326	140	−419	−419	1 621
第三产业	508 399	15 466	72 990	14 719	9 749	3 212	35 329	28 201	−87 046
其中：批、零和餐饮业	21 020	436	3 256	673	738	336	2 378	2 599	11 088
房地产业	9 383	1 125	161	138	95	65	20 440	8 596	−11 880
文化产业	436 208	12 407	64 905	12 611	8 076	2 592	11 945	16 793	−72 331
按所属关系分									
直属	415 034	14 977	66 561	11 943	7 960	2 759	43 432	27 725	−102 802
非直属	129 076	1 462	11 234	3 819	2 789	751	−8 022	478	12 221

全国文化行政

	机构数（个）	从业人员（人）		本年收入合计（千元）	财政拨款	
			事业编制人员			行政运行
总　计	**2 993**	**47 188**	**13 215**	**9 436 644**	**8 320 343**	**2 726 448**
中　央	1	——	——	913 002	850 409	42 657
省、区、市	31	1 945	108	2 241 797	1 946 324	248 909
地、市	344	8 469	1 091	1 962 029	1 746 794	648 378
县、市	2 617	36 774	12 016	4 319 816	3 776 816	1 786 504

	本年支出合计（千元）					
	在支出合计中：					
	商品和服务支出					对个人和家
	维修(护)费	差旅费	劳务费	福利费	税金支出	
总　计	**138 389**	**129 044**	**119 776**	**37 258**	**6 650**	**748 018**
中　央	6 659	16 741	3 009	——	——	60 253
省、区、市	7 288	16 593	22 030	3 052	389	113 722
地、市	30 092	32 160	35 667	6 682	936	218 091
县、市	94 350	63 550	59 070	27 524	5 325	355 952

企业综合情况

所有者权益合计			(千元)						
	实收资本		营业收入						
		国家资本金		主营业务收入	主营业务成本	主营业务税金及附加	主营业务利润	其他业务利润	营业费用
2 664 994	**1 421 329**	**771 619**	**1 974 804**	**1 511 212**	**976 695**	**45 519**	**448 287**	**180 630**	**254 898**
−150	700	700	1 194	1 194	793	18	383	271	——
47 378	96 849	65 354	370 752	340 261	298 874	9 415	31 855	6 753	6 879
41 564	42 497	14 623	67 907	63 799	50 040	406	13 250	3 804	4 458
3 246	53 036	50 431	277 109	275 311	248 022	8 990	18 285	1 698	2 185
2 617 766	1 323 780	705 565	1 602 858	1 169 757	677 028	36 086	416 049	173 606	248 019
36 419	55 228	37 599	113 885	92 143	66 344	2 116	26 333	33 993	30 386
68 019	46 600	30 000	120 106	117 229	107 092	4 110	−1 107	3 169	1 646
1 993 679	1 024 611	566 455	1 220 156	847 697	421 164	26 382	365 380	124 248	191 660
2 229 902	1 230 706	701 187	1 470 939	1 097 580	747 750	37 068	266 364	144 717	186 097
435 092	190 623	70 432	503 865	413 632	228 945	8 451	181 923	35 913	68 801

(千元)				工资、福利费、增值税 (千元)				公用房屋建筑面积	
补贴收入									
	财政拨款	利润总额	所得税	本年应付工资总额	本年应付福利费总额	本年应交增值税	增加值（千元）	（千平方米）	业务用房面积
88 011	**73 997**	**−16 884**	**15 870**	**337 275**	**62 837**	**16 715**	**811 350**	**1591**	**847**
0	——	−29	——	334	——	48	487	——	——
3 279	3 279	−4 073	4 391	20 335	1 771	2 125	53 708	50.5	29.9
300	300	−4 688	3 017	11 988	945	1 783	18 557	41	21.7
——	——	211	1 237	7 591	751	252	30 570	8.2	6.9
84 732	70 718	−12 782	11 479	316 606	61 066	14 542	757 155	1 539.8	817.2
142	89	14 353	3 260	18 479	1 221	3 067	45 213	25.6	11.6
——	——	−11 829	−380	3 777	61	——	7 069	33.8	——
81 508	69 507	4 912	7 461	266 503	57 906	10 731	659 541	1 382	759.1
41 784	35 505	−87 332	8 510	233 528	54 524	9 229	575 104	1 438	754.8
46 227	38 492	70 448	7 360	103 747	8 313	7 486	236 246	152	92.4

主管部门综合情况

		(千元)				
一般行政管理事务	文化活动等经费		基本支出	项目支出	工资福利支出	
561 143	**3 192 490**	**8 621 614**	**4 066 038**	**4 181 797**	**1 724 011**	**3 533 755**
32 770	520 450	806 630	221 885	584 745	57 304	658 055
54 333	958 205	1 638 498	450 989	1 176 906	119 819	641 237
152 818	714 947	1 901 124	931 229	914 491	404 075	703 266
321 222	998 888	4 275 362	2 461 935	1 505 655	1 142 813	1 531 197

庭补助支出	其他资本性支出		资产合计			
抚恤金和生活补助		各种设备购置费	（千元）	固定资产原值	增加值（千元）	公用房屋建筑面积（千平方米）
42 110	**876 740**	**420 904**	**17 396 427**	**5 800 432**	**3 226 084**	**3582**
7 420	31 017	3 009	2 255 740	1 067 836	156 931	929.5
3 575	367 903	216 549	2 236 706	488 295	564 006.7	510.8
6 290	170 045	89 056	2 140 952	1 129 892	769 091	403.4
24 825	307 775	112 290	10 763 029	3 114 409	1736 055	1 738

全国文物业

	机构数（个）	从业人员（人）	在编人数	具有专业资质人数	具有考古发掘个人领队资格人数	具有文物保护工程职业资格人数	具有文博和工程系列职称人数	高级职称	中级职称	安全保卫人员
总　计	**4 277**	**84886**	**59 765**	**4 669**	**711**	**457**	**22 617**	**4 678**	**10 124**	**12 476**
按单位性质分										
文物科研机构	99	3 981	2 829	802	361	122	1 798	730	767	358
文物保护管理机构	2 229	31 175	21 982	1 160	91	116	5 087	689	2 530	4 025
博 物 馆	1 722	42 636	30 999	2 424	234	186	13 976	2 946	6 021	7 453
文物商店	89	2 177	——	——	——	——	740	93	337	259
其他文物机构	138	4917	3 955	283	25	33	1 016	220	469	381
按隶属关系分										
中　央	10	2 492	2 285	65	13	5	887	339	356	448
省 区 市	251	15 338	9 948	1 549	370	160	5 932	1 900	2 388	2 126
地　市	971	30 415	20 612	1 367	220	117	8 578	1 741	3 870	3 889
县　市	3 045	36 641	26 920	1 688	108	175	7 220	698	3 510	6 013

	考古发掘项目（个）	基本建设中考古发掘项目	抢救性发掘项目	主动性发掘项目	考古钻探面积（千平方米）	考古发掘面积（千平方米）	发掘墓葬数（个）	举办陈列、展览（个）	参观人次（千人次）
总　计	**1 922**	**935**	**764**	**144**	**51 374**	**1 962**	**27 565**	**10 700**	**453825**
按单位性质分									
文物科研机构	723	402	222	75	25 922	713	11 207	19	5 964
文物保护管理机构	660	294	281	33	10 168	717	13 534	2 992	181612
博 物 馆	539	239	261	36	15 282	528	2 824	7 689	256249
文物商店	——	——	——	——	——	——	——	——	——
其他文物机构	——	——	——	——	——	——	——	——	——
按隶属关系分									
中　央	8	——	2	6	2 000	2	48	64	16 651
省 区 市	476	293	110	57	15 918	499	7 502	1 166	32 545
地　市	791	367	328	44	21 647	613	7 224	3 702	96 787
县　市	647	275	324	37	11 809	848	12 791	5 768	307 842

	本年收入合计	基本支出	项目支出	文物保护专项支出	经营支出	在支出：工资福利支出	商品和服务支出	维修（护）费	差旅费	劳务费
总　计	**9 381 665**	**4 819 137**	**3 560 950**	**535 512**	**327 211**	**2 255 367**	**3 389 225**	**899 323**	**114 619**	**186 683**
按单位性质分										
文物科研机构	708 790	360 170	340 313	174 373	141	142 252	370 948	28 184	24 478	82 023
文物保护管理机构	2 354 166	1 486 733	432 447	205 163	228 672	669 170	618 692	172 111	18 106	25 757
博 物 馆	4 720 816	2 639 619	1 668 939	155 976	63 700	1 286 813	1 520 513	262 993	49 173	58 067
文物商店	3 510	3 510	——	——	——	——	——	——	——	——
其他文物机构	1 594 383	329 105	1 119 251		34 698	157 132	879 072	436 035	22 862	20 836
按隶属关系分										
中　央	998 280	337 103	469 415	12 424	72 540	162 330	320 346	8 082	17 741	11 526
省 区 市	2 645 636	1 058 437	1 433 325	95 770	9 946	489 269	1 155 019	288 824	39 951	82 563
地　市	3 084 722	1 723 285	1 115 796	246 484	35 943	835 813	1 286 353	402 669	34 868	69 185
县　市	2 653 027	1 700 312	542 414	180 834	208 782	767 955	627 507	199 748	22 059	23 409

综合情况

信息化建设：计算机	信息化建设：网站数	文物藏品(件/套)	一级品	二级品	三级品	本年考古出土文物及标本数(件)	本年从有关部门接收文物数(件)	本年藏品征集数(件)	本年修复藏品数(件/套)	一级品	二级品	三级品
18 896	**467**	**25 677 354**	**59 743**	**1 569 421**	**2 496 817**	**32 155**	**76 119**	**120658**	**50 421**	**452**	**2 197**	**23 905**
2 257	14	784 495	2 803	9 772	67 162	32 155	326	139	10 678	12	74	202
3 177	93	2 255 038	5 573	19 439	178 577	——	39 977	41 738	4 665	61	90	758
10 735	291	13 760 448	51 109	1 114 605	2 202 947	——	35 816	78 734	34 757	379	1 752	22 945
356	15	8 433 404	60	24 395	12 063	——	——	——	——	——	——	——
2 371	54	443 969	198	401 210	36 068	——	——	47	321	——	281	——
1 037	15	1 687 938	13 281	832 972	308 224	——	58	3 851	74	9	46	10
6 366	84	12 613 811	21 627	229 093	1 269 625	13 441	10 898	12 605	11 517	131	673	2 777
6 756	167	6 568 326	12 633	62 419	516 429	18 650	17 314	40 886	29 372	41	591	17 734
4 737	201	4 807 279	12 202	444 937	402 539	64	47 849	63 316	9 458	271	887	3 384

未成年人参观人次	提供藏品参与外单位举办的展览次数(次)	本年收入合计(千元)	财政拨款	上级补助收入	事业收入	门票收入	经营收入	附属单位上缴收入	其他收入
138 552	**1 319**	**10 369 171**	**4 818 358**	**418 370**	**3 918 704**	**3 229 233**	**191 945**	**1 450**	**412 029**
1 100	19	775 380	271 696	43 717	419 017	108 843	169	——	40 781
45 407	175	2 694 095	764 410	118 488	1 588 406	1 437 315	129 895	1 145	91 751
92 045	1 125	5 063 749	2 645 847	221 770	1 876 174	1 683 075	61 881	305	257 772
——	——	3 510	3 510	——	——	——	——	——	——
——	——	1 832 437	1 132 895	34 395	35 107	——	——	——	21 725
2 696	21	1 039 808	393 190	14 488	507 054	463 706	39 203	——	28 684
7 643	107	3 093 988	1 760 174	131 320	759 157	497 524	6 100	251	175 825
24 816	300	3 396 366	1 525 856	121 377	1 408 882	1 120 698	36 964	585	138 262
103 397	891	2 839 009	1 139 138	151 185	1 243 611	1 147 305	109 678	614	69 258

合计中：福利费	税金支出	对个人和家庭补助支出	抚恤金和生活补助	其他资本性支出	各种设备购置费	资产总计(千元)	固定资产原值	增加值(千元)	公用房屋建筑面积(千平方米)	文物库房
52 710	**55 255**	**519 148**	**16 389**	**888 023**	**245 367**	**21 022 985**	**11 898 788**	**4 013 576**	**11 905**	**904**
4 434	895	39 773	1 749	60 952	29 891	1 106 524	703 369	317 291	284	65
17 858	21 250	95 679	3 699	134 249	35 507	4 488 959	2 177 395	1 041 038	4 663	110
25 900	27 495	349 129	9 566	453 834	151 429	11 952 024	8 170 217	1 872 310	6 763	658
——	——	——	——	——	——	1 066 499	283 644	242 349	157	70
4 518	5 615	34 567	1 375	238 988	28 540	2 408 979	564 163	540 599	33	2
1 956	8 065	94 600	1 897	128 071	46 404	2 185 087	671 798	325 672	389	51
11 861	16 940	140 969	4 861	359 797	96 501	7 044 511	3 724 899	1 282 092	2 161	329
20 048	15 530	192 373	4 971	247 946	67 859	6 420 025	3 644 748	1 382 517	5 424	287
18 845	14 720	91 206	4 660	152 209	34 603	5 373 362	3 857 343	1 023 295	3 931	237

全国文物主管部门

	机构数（个）	从业人员（人）	事业编制人员	具有专业资质人数	具有考古发掘个人领队资格人数	具有文物保护工程职业资格人数	具有文博
总　计	**714**	**4 546**	**2 618**	**146**	**16**	**24**	**755**
中　央	1	80	6	——	——	——	——
省区市	28	425	256	3	1	2	47
地　市	160	1 391	753	33	5	6	326
县　市	525	2 650	1 603	110	10	16	382

	拨款中：一般行政管理事务	拨款中：文物保护等经费	本年支出合计（千元）	基本支出	项目支出	项目支出：文物保护专项支出	工资福利支出
总　计	**57 909**	**997 995**	**1 380 150**	**246 915**	**1 031 422**	**729 966**	**106 187**
中　央	21 333	131 860	173 187	21 034	152 153	150 294	2 172
省区市	18 460	564 072	623 656	49 583	503 072	298 973	20 423
地　市	9 125	238 597	389 086	85 961	293 173	237 628	38 281
县　市	8 991	63 466	194 221	90 337	83 024	43 071	45 311

	其他资本性支出	各种设备购置费	资产合计（千元）	固定资产原值	增加值（千元）	本省举办出国（境）文物展览（个）	出国接受培训人员数（个）
总　计	**223 302**	**19 682**	**1 711 753**	**463 595**	**373 447**	**51**	**46**
中　央	45 486	1 586	354 715	52 833	10 639	——	——
省区市	120 923	10 030	788 593	60 943	232 558	49	36
地　市	37 373	5 744	252 016	108 029	71 028	——	6
县　市	19 520	2 322	316 429	241 790	59 222	2	4

基本综合情况

和工程系列职称人数		安全保卫人员	信息化建设		本年收入合计			
高级职称	中级职称		计算机(台)	网站数(个)	(千元)	财政拨款	中央专款	在财政 行政运行
141	**363**	**279**	**1 916**	**42**	**1 615 142**	**1 447 183**	**338311**	**98 731**
——	——	——	——	——	166 722	166 722	——	2 130
26	17	17	633	8	838 366	799 310	332415	26 759
76	124	77	845	15	412 102	318 550	1 861	34 804
39	222	185	438	19	197 952	162 601	4 035	35 038

在支出合计中:(千元)							
商品和服务支出	维修(护)费	差旅费	劳务费	福利费	税金支出	对个人和家庭补助支出	抚恤金和生活补贴
813 600	**433 466**	**19 499**	**7 900**	**2 206**	**314**	**28 126**	**621**
118 412	141	5 762	812	——	——	5 257	84
362 875	205 054	6 703	719	172	——	8 623	318
268 124	199 443	5 072	4 048	1 284	14	9 846	133
64 189	28 828	1 962	2 321	750	300	4 400	86

	本辖区文物点(处)			各级文物保护专项资金设立情况 (千元)		
	全国重点文物保护单位	省级文物保护单位	市县级文物保护单位	中央级	省级	市县级
255 011	**2 323**	**10 213**	**69 935**	**184 995**	**481 296**	**42 082**
——	——	——	——	——	——	——
244 461	2 112	9 181	65 565	184 095	477 240	1 000
7 843	169	852	3 020	——	900	36 894
2 707	42	180	1 350	900	3 156	4 188

全国文物保护管理

	机构数（个）	从业人员（人）	在编人数	具有专业资质人数（人）	具有考古发掘个人领队资格人数	具有文物保护工程职业资格人数	具有文博和工程系列职称人数（人）	高级职称	中级职称	安全保卫人员
总　　计	**2 229**	**31 175**	**21 982**	**1 160**	**91**	**116**	**5 087**	**689**	**2 530**	**4 025**
按隶属关系分										
中　　央	——	——	——	——	——		——	——	——	——
省 区 市	11	228	175	10	1	——	80	26	18	40
地　　市	348	11 470	7 355	346	48	9	1 750	359	763	859
县　　市	1 870	19 477	14 452	804	42	107	3 257	304	1 749	3 126
按部门分类										
文物部门	2 218	28 165	20 114	1 063	91	108	5 040	686	2 494	3 779
宗教部门	3	128	21	——	——	——	——	——	——	——
园林部门	2	14	11	——	——	——	——	——	——	——
其他部门	6	2 868	1 836	97	——	8	47	3	36	246

	举办陈列、展览	参观人次	未成年人参观人次	提供藏品参与外单位举办的展览次数	考古发掘项目	基本建设中考古发掘项目	抢救性发掘项目	主动性发掘项目	考古钻探面积	考古发掘面积
总　　计	**2 992**	**191 612**	**45 407**	**175**	**660**	**294**	**281**	**33**	**10168**	**717**
按隶属关系分										
中　　央	——	——	——	——	——	——	——	——	——	——
省 区 市	10	240	56	——	——	——	——	——	——	——
地　　市	324	34 345	6 481	11	203	98	57	5	5 597.4	191.8
县　　市	2 658	157 027	38 870	164	457	196	224	28	4 570.4	525.4
按部门分类										
文物部门	2 983	179 924	44 973	175	660	294	281	33	10167.8	717.2
宗教部门	——	——	——	——	——	——	——	——	——	——
园林部门	——	——	——	——	——	——	——	——	——	——
其他部门	9	11 688	434	——	——	——	——	——	——	——

	本年支出合计	基本支出	项目支出	文物保护专项支出	经营支出	在支出合计中：工资福利支出	商品和服务支出	维修（护）费	差旅费	劳务费
总　　计	**2 354 166**	**1 486 733**	**432 447**	**205 163**	**228 672**	**669 170**	**618 692**	**172 111**	**18 106**	**25 757**
按隶属关系分										
中　　央	——	——	——	——	——	——	——	——	——	——
省 区 市	29 472	16 778	12 432	5 030	——	7 076	9 852	1 268	343	68
地　　市	863 389	551 946	186 380	78 051	31 895	266 038	312 842	70 336	6 815	15 531
县　　市	1 461 305	918 009	233 635	122 082	196 777	396 056	295 998	100 507	10 948	10 158
按部门分类										
文物部门	1 898 680	1 207 211	429 509	203 640	56 901	591 489	560 160	138 397	17 260	25 533
宗教部门	980	——	——	——	——	489	343	74	5	4
园林部门	289	49	10	10	——	214	28	——	5	——
其他部门	454 217	279 473	2 928	1 513	171 771	76 978	58 161	33 640	836	220

机构综合情况

信息化建设		文物藏品(件/套)				本年从有关部门接收文物数	本年藏品征集数	本年修复文物数			
计算机	网站数		一级品	二级品	三级品			(件/套)	一级品	二级品	三级品
3 177	**93**	**2 255 038**	**5 573**	**19 439**	**178 577**	**39 977**	**41 738**	**4 665**	**61**	**90**	**758**
——	——	——	——	——	——	——	——	——	——	——	——
63	2	2 159	40	95	317	——	7	24	——	——	——
1 207	34	671 878	1 229	3 637	27 454	87	1 112	2 028	5	2	12
1 907	57	1 581 001	4 304	15 707	150 806	39 890	40 619	2 613	56	88	746
3 087	90	2 232 563	5 499	19 196	177 729	39 977	41 738	4 665	61	90	758
——	——	18 386	3	——	——	——	——	——	——	——	——
2	——	——	——	——	——	——	——	——	——	——	——
88	3	4 089	71	243	848	——	——	——	——	——	——

发掘墓葬数	本年收入合计(千元)							
		财政拨款	上级补助收入	事业收入		经营收入	附属单位上缴收入	其他收入
					门票收入			
13 534	**2 694 095**	**764 410**	**118 488**	**1 588 406**	**1 437 315**	**129 895**	**1 145**	**91 751**
——	——	——	——	——	——	——	——	——
——	27 628	16 108	1 587	4 650	3 990	——	60	5 223
1 905	1 057 989	241 395	31 707	690 945	602 991	32 486	526	60 930
11 629	1 608 478	506 907	85 194	892 811	830 334	97 409	559	25 598
13 534	2 193 401	762 186	118 268	1 167 978	1 019 892	52 301	1 145	91 523
——	10 930	580	——	10 350	10 350	——	——	——
——	289	279	10	——	——	——	——	——
——	489 475	1 365	210	410 078	407 073	77 594	——	228

		对个人和家庭补助支出		其他资本性支出		资产合计		增加值(千元)	公用房屋建筑面积		
福利费	税金支出		抚恤金和生活补贴		各种设备购置费	(千元)	固定资产原值		(千平方米)	展览用房	文物库房
17 858	**21 250**	**95 679**	**3 699**	**134 249**	**35 507**	**4 488 959**	**2 177 395**	**1041038**	**4663**	**473**	**110**
——	——	——	——	——	——	——	——	——	——	——	——
47	79	2 211	115	127	123	33 903	16 995	10417.5	14.6	3.1	0.4
7 975	10 658	49 843	1 271	54 861	17 386	2 301 334	816 369	467755.4	2992	146	28
9 836	10 513	43 625	2 313	79 261	17 998	2 153 722	1 344 031	562866.2	1653.8	324.8	83.7
12 914	20 068	82 637	3 384	127 024	31 249	4 061 740	2 052 251	971312.2	3907.9	468.6	111.6
1	——	148	——	——	——	2	2	10623.6	300	——	——
——	——	37	——	10	10	225	215	259.9	0.2	——	0.03
4 943	1 182	12 857	315	7 215	4 248	426 992	124 927	58843.5	453.1	5.5	0.4

全国博物馆

	机构数（个）	从业人员（人）	在编人数	具有专业资质人数（人）	具有考古发掘个人领队资格人数	具有文物保护工程职业资格人数	具有文博和工程系列职称人数（人）	高级职称	中级职称	安全保卫人员	信息化建设 计算机（台）	信息化建设 网站数（个）
总计	**1 722**	**42 636**	**30 999**	**2 424**	**234**	**186**	**13 976**	**2 946**	**6 021**	**7 453**	**10 735**	**291**
按机构类型分												
综合性	828	18 180	13 461	1 325	148	129	7 184	1 488	3 136	3 390	5 426	114
历史类	599	16 472	11 557	670	56	31	4 403	867	1 840	2 663	2 861	105
艺术类	151	5 032	4 023	150	17	10	1 583	402	722	898	1 693	34
自然科技类	32	907	512	198	9	16	220	85	76	109	259	11
其他	112	2 045	1 446	81	4	——	586	104	247	393	496	27
按隶属关系分												
中央	5	2 008	1 928	11	11	——	778	289	302	437	676	3
省区市	106	10 265	7 359	859	88	73	3 949	1 178	1 569	1 710	3 687	53
地市	484	15 354	11 132	820	81	61	5 741	1 134	2 632	2 709	4 019	110
县市	1 127	15 009	10 580	734	54	52	3 508	345	1 518	2 597	2 353	125
按系统分类												
文物系统	1 679	41 604	30 490	2 346	234	186	13 842	2 925	5 976	7 300	10 575	272
非文物系统	33	957	504	78	——	——	127	20	40	137	149	15
私人	10	75	5	——	——	——	7	1	5	16	11	4

	考古钻探面积（千平方米）	考古发掘面积（千平方米）	发掘墓葬数（个）	规划及方案设计（个）	举办陈列、展览	参观人次	未成年人参观人次	提供藏品参与外单位举办的展览次数	本年承担课题、项目数（个）	省部级以上课题、项目数	结项课题、项目数
总计	**15 282**	**528**	**2 824**	**212**	**7 689**	**256 249**	**92 045**	**1 125**	**654**	**210**	**104**
按机构类型分											
综合性	11 222	334	2 240	102	3 804	105 091	47 003	596	416	77	42
历史性	3 345	28	469	82	2 296	97 935	25 099	414	115	65	23
艺术类	313	10	58	8	776	39 433	15 738	83	64	42	15
自然科技类	203	3	9	6	80	4 247	509	12	21	11	9
其他	201	154	48	14	733	9 543	3 696	20	38	15	15
按隶属关系分											
中央	2 000	2	48	10	64	16 651	2 696	21	42	30	12
省区市	1 448	32	304	31	1 150	31 543	7 574	91	155	109	44
地市	4 614	178	1 322	71	3 372	57 370	17 328	286	103	38	28
县市	7 221	317	1 150	100	3 103	150 685	64 447	727	354	33	20
按系统分类	—	—	—	—	—	—	—	—	—	—	—
文物系统	15 283	528	2 824	187	7 545	251 588	90 585	1 103	643	200	102
非文物系统	——	——	——	25	76	4 514	1 445	10	11	10	2
私人	——	——	——	——	68	147	15	12	——	——	——

	本年支出合计（千元）	基本支出	项目支出	文物保护专项支出	经营支出	在支出合计中：工资福利支出	商品和服务支出	维修（护）费	差旅费	劳务费	福利费	税金支出
总计	**4 720 816**	**2 639 619**	**1 668 939**	**155 976**	**63 700**	**1 286 813**	**1 520 513**	**262 993**	**49 173**	**58 067**	**25 900**	**27 495**
按机构类型分												
综合性	902 921	415 527	308 030	20 089	43 435	218 459	228 966	25 818	5 546	3 997	2 515	3 988
历史类	1 696 793	959 107	649 569	71 010	5 212	515 864	602 288	89 782	18 891	25 430	9 990	5 003
艺术类	1 756 767	1 005 989	618 681	57 365	13 274	476 328	591 582	131 703	21 548	24 975	11 433	17 099
自然科技类	153 043	136 316	14 561	2 174	——	23 011	22 532	2 160	927	905	431	140
其他	211 292	122 680	78 098	5 338	1 779	53 151	75 145	13 530	2 261	2 760	1 531	1 265
按隶属关系分												
中央	670 658	265 367	244 464	5 370	42 207	125 665	144 426	4 410	5 708	3 062	238	2 809
省区市	1 474 173	695 497	710 845	10 302	5 648	357 421	539 466	75 364	14 061	19 247	7 565	16 354
地市	1 612 789	993 856	514 527	81 552	3 840	482 551	571 199	113 454	20 311	25 084	9 888	4 425
县市	963 196	684 899	199 103	58 752	12 005	321 176	265 422	69 765	9 093	10 674	8 209	3 907
按系统分类												
文物系统	4 559 690	2 497 017	1 657 155	154 545	61 783	1 264 727	1 496 491	259 692	47 930	57 396	25 096	26 323
非文物系统	159 972	141 956	11 719	1 386	1 687	21 500	23 543	3 232	1 223	666	804	1 152
私人	1 154	646	65	45	230	586	479	69	20	5	——	20

综合情况

文物藏品(件/套)	一级品	二级品	三级品	本年从有关部门接收文物数	本年藏品征集数	本年修复文物数(件/套)	一级品	二级品	三级品	考古发掘项目(个)	基本建设中考古发掘项目	抢救性发掘项目	主动性发掘项目
13 760 448	**51 109**	**1 114 605**	**2 202 947**	**35 816**	**78 734**	**34 757**	**379**	**1 752**	**22 945**	**539**	**239**	**261**	**36**
7 987 512	22 541	180 969	1 420 216	14 930	32 757	25 582	165	845	18 839	425	180	221	22
2 981 871	15 870	256 892	255 228	16 476	21 243	7 533	116	695	3 780	73	41	19	12
1 820 308	11 317	670 267	495 340	1 606	8 988	632	16	97	136	26	13	11	2
669 970	949	2 758	8 990	2 631	3 601	543	82	109	78	5	2	3	——
300 787	432	3 719	23 173	173	12 145	467	——	6	112	10	3	7	——
1 675 346	13 281	832 972	308 224	58	3 851	74	9	46	10	8	——	2	6
5 900 139	19 373	192 477	1 209 317	10 759	12 598	6 271	121	644	2 599	47	22	16	9
3 641 512	10 615	55 838	435 885	17 069	39 624	21 859	34	544	17 707	307	139	155	12
2 543 451	7 840	33 318	249 521	7 930	22 661	6 553	215	518	2 629	177	78	88	9
13 675 788	50 991	1 114 257	2 199 773	35 816	77 151	34 736	379	1 752	22 945	539	239	261	36
72 714	118	340	2 639	——	1 558	21	——	——	——	——	——	——	——
11 946	——	8	535	——	25	——	——	——	——	——	——	——	——

科研成果:专利	专著或图录	论文(省级及以上刊物公开发表)	考古报告	古建维修报告	本年收入合计(千元)	财政拨款	上级补助收入	事业收入	门票收入	经营收入	附属单位上缴收入	其他收入
56	**22 915**	**3 228**	**240**	**305**	**5 063 749**	**2 645 847**	**221 770**	**1 876 174**	**1 683 075**	**61 881**	**305**	**257 772**
1	60	679	75	1	1 000 825	274 304	10 992	641 404	597 682	39 142	30	34 953
4	7 704	1 388	135	287	1 796 875	1 359 574	87 909	257 102	182 574	7 330	216	84 744
44	116	937	24	7	1 910 194	861 926	111 776	800 627	738 711	12 725	59	123 081
7	10 007	105	2	1	155 523	49 243	627	103 580	96 108	——	——	2 073
——	5 028	119	4	9	200 332	100 800	10 466	73 461	68 000	2 684	——	12 921
——	37	390	2	——	741 138	198 030	515	487 193	463 706	39 203	——	16 197
8	15 127	1 168	131	——	1 632 311	933 323	77 571	486 691	413 633	6 100	191	128 435
5	108	1 058	83	20	1 689 040	981 684	79 343	552 731	488 765	4 309	59	70 914
43	7 643	612	24	285	1 001 260	532 810	64 341	349 559	316 971	12 269	55	42 226
48	7 904	3 159	240	305	4 904 117	2 618 449	218 448	1 754 195	1 565 822	59 472	305	253 248
7	10 010	63	——	——	158 689	27 398	3 222	121 819	117 093	2 082	——	4 168
1	5 001	6	——	——	943	——	100	160	160	327	——	356

对个人和家庭补助支出	抚恤金和生活补贴	其他资本性支出	各种设备购置费	资产合计(千元)	固定资产原值	增加值(千元)	公用房屋建筑面积(千平方米)	展览用房	实验室	修复室	文物库房
349 129	**9 566**	**453 834**	**151 429**	**11 952 024**	**8 170 217**	**1 872 310**	**6 763**	**2 940**	**12**	**25**	**658**
69 486	1 082	80 586	63 206	2 271 909	1 243 161	380 534	819.2	273.1	2.4	2.3	133.4
143 343	5 347	123 883	40 242	4 425 442	3 351 585	683 522	3 207.4	1 454	7.6	20.1	385.5
119 327	2 811	216 164	33 488	4 315 407	2 938 803	712 120	2 166	985.5	2.9	4.3	115
6 081	35	3 548	1 124	463 160	354 037	31 328.7	148.9	70.6	0.02	1.7	11.2
10 892	291	29 653	13 369	476 106	282 631	64 804.5	421.8	158.2	0.08	0.3	14.7
80 850	713	63 925	26 544	1 476 646	434 607	257 659	350.7	41.8	0.3	0.9	49.1
100 576	3 787	191 693	70 658	4 249 309	2 997 774	549 339	1 866.7	797.6	5.2	9.2	242.6
124 938	2 806	144 917	40 065	3 355 822	2 486 905	673 116	2 296.4	1 115.1	2.1	10.3	216.2
42 765	2 260	53 299	14 162	2 870 247	2 250 931	392 195	2 249.5	986.9	5.3	8.4	151.7
344 699	8 754	451 841	150 068	11 186 499	7 614 286	1842793	6 487.3	2 779	11.7	28.3	650.9
4 425	812	1 973	1 341	742 265	544 691	27 554.4	268.4	157.1	1.3	0.4	8.5
5	——	20	20	23 260	11 240	1 961.7	7.7	5.2	——	0.01	0.2

全国文物商店

	机构数（人）	从业人员						信息化建设	
		（人）	在编人数	具有文博和工程系列职称人数			安全保卫人员	计算机（台）	网站数（个）
				（人）	高级职称	中级职称			
总　计	**89**	**2 177**	**——**	**740**	**93**	**337**	**259**	**356**	**15**
按隶属关系分									
中　央	——	——	——	——	——	——	——	——	——
省区市	26	1 170	——	455	67	197	153	229	10
地　市	55	942	——	271	23	137	104	123	5
县　市	8	65	——	14	3	3	2	4	——
按系统分类									
文物系统	88	2 163	——	735	92	333	255	355	15
非文物系统	1	14	——	5	1	4	4	1	——

	本年库存文物					资产、负债、所有者权益（千元）		
	库存文物数量				金额（千元）	资产总计		
	（件、套）	一级品	二级品	三级品			固定资产原值	本年折旧
总　计	**8 433 404**	**60**	**24 395**	**12 063**	**424 725**	**1 066 499**	**283 644**	**19 830**
按隶属关系分								
中　央	——	——	——	——	——	——	——	——
省区市	6 177 744	20	24 263	24	293 367	760 681	175 665	9 389
地　市	1 988 228	40	132	11 556	127 628	298 469	106 667	10 335
县　市	267 432	——	——	483	3 730	7 349	1 312	106
按系统分类								
文物系统	8 431 852	60	24 394	12 062	424 720	1 062 387	283 557	19 802
非文物系统	1 552	——	1	1	5	4 112	87	28

	损益及分配（千元）								
	管理费用						财务费用		营业利润
		税金	养老、失业等保险费	住房公积金和住房补贴	差旅费	工会经费		利息支出	
总　计	**127 215**	**8 593**	**22 143**	**8 553**	**4 323**	**1 348**	**540**	**395**	**64 430**
按隶属关系分									
中　央	——	——	——	——	——	——	——	——	——
省区市	70 148	1 501	9 318	5 302	1 584	900	244	318	53 066
地　市	56 147	7 085	12 749	3 228	2 709	446	244	77	11 227
县　市	920	7	76	23	30	2	52	——	137
按系统分类									
文物系统	127 019	8 547	22 124	8 553	4 297	1 346	540	395	64 404
非文物系统	196	46	19	——	26	2	——	——	26

综合情况

上年末库存文物					本年收购文物		本年销售文物		本年向文物收藏单位提供文物情况				
数量				金额（千元）	数量	金额（千元）	数量	金额（千元）	本年向文物收藏单位提供文物数				补偿金额（千元）
	一级品	二级品	三级品						（件/套）	一级品	二级品	三级品	
8 548 650	**2 401**	**24 551**	**26 383**	**623 339**	**55 863**	**318 222**	**169 732**	**393 603**	**1 377**	**——**	**16**	**43**	**6 769**
——	——	——	——	——	——	——	——	——	——	——	——	——	——
6 255 020	2 362	24 422	13 436	493 474	32 325	170 147	109 085	223 156	516	——	1	4	1 375
2 020 493	39	129	12 680	126 278	22 937	147 700	54 341	169 385	861	——	15	39	5 394
273 137	——	——	267	3 587	601	375	6 306	1 062	——	——	——	——	——
8 548 648	2 401	24 550	26 382	623 334	54 126	317 964	169 545	392 729	1 377	——	16	43	6 769
2	——	1	1	5	1 737	258	187	874	——	——	——	——	——

负债总计	所有者权益总计			营业收入		主营业务成本	主营业务税金及附加	主营业务利润	其他业务利润	营业费用
		实收资本			主营业务收入					
			国家资本金							
301 856	**764 643**	**178 813**	**120 741**	**867 897**	**463 693**	**246 694**	**3 348**	**196 304**	**32 449**	**68 406**
——	——	——	——	——	——	——	——	——	——	——
183 243	577 438	114 885	69 990	503 685	258 852	123 455	1 635	134 195	12 567	46 267
115 414	183 055	60 671	50 751	360 620	202 989	123 008	1 373	61 374	19 829	21 930
3 199	4 150	3 257	——	3 592	1 852	231	340	735	53	209
299 197	763 190	178 001	120 741	866 786	462 751	246 127	3 306	195 957	32 435	68 272
2 659	1 453	812	——	1 111	942	567	42	347	14	134

补贴收入		利润总额	所得税	工资、福利费、增值税			增加值（千元）	公用房屋建筑面积		
	财政拨款			本年应付工资总额	本年应付福利费总额	本年应交增值税		（千平方米）	营业用房	文物库房
4 268	**3 510**	**68 119**	**17 531**	**87 265**	**6 479**	**16 354**	**242349**	**157**	**60**	**70**
——	——	——	——	——	——	——	——	——	——	——
1 508	900	51 733	12 820	52 849	3 267	9 471	147 947.4	102.1	35.9	52.6
2 495	2 345	16 033	4 629	33 702	3 136	6 883	92 654	50	22.7	19.7
265	265	353	82	714	76	——	1747	2.3	1.1	0.6
4 268	3 510	68 093	17 526	87 133	6 461	16 312	241992.6	154.6	59.5	72.8
——	——	26	5	132	18	42	355.9	0.2	0.1	0.05

全国其他文物事业

	机构数（个）	从业人员（人）	在编人数	具有专业资质人数	具有考古发掘个人领队资格人数	具有文物保护工程职业资格人数	具有文博和工程系列职称人数	高级职称	中级职称	安全保卫人员
总　计	**90**	**1 595**	**1 337**	**121**	**9**	**5**	**207**	**67**	**95**	**102**
按隶属关系分										
中　央	4	309	234	47	——	——	31	10	16	2
省区市	32	317	252	38	3	——	114	48	48	3
地　市	26	680	632	20	6	5	48	9	25	22
县　市	28	289	219	16	——	——	14	——	6	75
按所属关系分										
直　属	82	1 368	1 129	112	9	5	193	66	91	85
非直属	8	227	208	9	——	——	14	1	4	17

	本年收入合计（千元）	财政拨款	上级补助收入	事业收入	经营收入	附属单位上缴收入	其他收入	
总　计	**217 190**	**76 886**	**34 395**	**35 107**	**49 077**	**——**	**21 725**	**214 128**
按隶属关系分								
中　央	89 605	13 029	13 043	7 561	43 660	——	12 312	91 585
省区市	60 143	30 033	13 844	4 815	5 327	——	6 124	53 405
地　市	39 464	9 048	6 945	21 490	60	——	1 921	38 187
县　市	27 978	24 776	563	1 241	30	——	1 368	30 951
按所属关系分								
直　属	146 897	52 449	33 403	35 057	5 462	——	20 526	139 855
非直属	70 293	24 437	992	50	43 615	——	1 199	74 273

	对个人和家庭补助支出	抚恤金和生活补贴	其他资本性支出	各种设备购置费	资产合计（千元）	固定资产原值	增加值（千元）	公用房屋建筑面积（千平方米）	业务用房	文物库房
总　计	**6 441**	**754**	**15 686**	**8 858**	**244 373**	**61 180**	**65 349**	**27**	**13**	**2**
按隶属关系分										
中　央	2 262	77	3 567	3 181	120 356	14 569	37 063	9	9	——
省区市	2 918	124	10 285	5 193	73 954	27 037	14 751	4	2	——
地　市	1 073	552	1 744	394	44 861	19 129	11 048	12	4	1
县　市	188	1	90	90	5 202	445	2 491	3	——	1
按所属关系分										
直　属	6 381	754	14 676	7 848	170 382	53 045	48 324	18	7	1
非直属	60	——	1 010	1 010	73 991	8 135	17 029	10	7	2

机构综合情况

信息化建设		文物藏品				本年从有关部门接收文物数	本年藏品征集数	本年修复文物数			
计算机	网站数	(件/套)	一级品	二级品	三级品			(件/套)	一级品	二级品	三级品
455	**12**	**443 969**	**198**	**401 210**	**36 068**	**——**	**47**	**321**	**——**	**281**	**——**
171	11	——	——	——	——	——	——	——	——	——	——
199	1	6 590	141	4 482	1 965	——	——	——	——	——	——
60	——	38 922	55	1 059	33 890	——	47	41	——	1	——
25	——	398 457	2	395 669	213	——	——	280	——	280	——
367	11	43 492	143	5 496	35 258	——	——	41	——	1	——
88	1	400 477	55	395 714	810	——	47	280	——	280	——

本年支出合计(千元)									
			在支出合计中:						
				商品和服务支出					
基本支出	项目支出	经营支出	工资福利支出		维修(护)费	差旅费	劳务费	福利费	税金支出
82 085	**87 829**	**34 698**	**50 945**	**65 472**	**2 569**	**3 363**	**12 936**	**2 312**	**5 301**
27 479	33 171	30 333	25 317	25 353	1 135	1 345	3 134	1 692	5 023
18 477	26 284	4 298	11 614	19 180	376	1 800	567	437	276
32 175	1 722	67	10 604	19 730	441	195	8 979	156	2
3 954	26 652	——	3 410	1 209	617	23	256	27	——
68 620	57 396	4 380	39 311	58 201	1 898	2 941	12 660	919	807
13 465	30 433	30 318	11 634	7 271	671	422	276	1 393	4 494

补充资料									
国家文物出境鉴定站数(个)	责任鉴定人员(人)	出境文物审核数(个)	禁止出境文物数(个)	暂入境文物审核数(个)	涉案文物鉴定数(个)	馆藏文物鉴定数(个)	拍卖文物标的审核数(个)	禁止上拍文物标的数(个)	出国展览文物审核数(个)
16	**36**	**163 205**	**619**	**12 420**	**6 956**	**76 468**	**156 435**	**460**	**1 266**
——	——	——	——	——	——	——	——	——	——
16	36	163 205	619	12 408	6 956	76 468	156 435	460	1 266
——	——	——	——	——	——	——	——	——	——
——	——	——	——	12	——	——	——	——	——
16	36	163 205	619	12 420	6 956	76 468	156 435	460	1 266
——	——	——	——	——	——	——	——	——	——

全国其他文物企业

	机构数（个）	从业人员（人）	具有专业资质人数	具有考古发掘个人领队资格人数	具有文物保护工程职业资格人数	具有文博和工程系列职称人数	高级职称	中级职称
总　　计	**48**	**704**	**16**	**——**	**4**	**54**	**12**	**11**
按所属关系分								
直　　属	15	273	8	——	4	24	3	1
非直属	33	431	8	——	——	30	9	10
按隶属关系分								
中　　央	——	——	——	——	——	——	——	——
省区市	38	573	16	——	4	42	12	11
地　　市	6	17	——	——	——	1	——	——
县　　市	4	114	——	——	——	11	——	——
按系统分类								
文物系统	48	704	16	——	4	54	12	11
非文物系统	——	——	——	——	——	——	——	——

	损益及分配（千元）						
	营业收入	主营业务成本	主营业务成本	主营业务税金及附加	主营业务利润	其他业务利润	营业费用
总　　计	**254 260**	**193 488**	**91 192**	**5 737**	**58 393**	**650**	**62 390**
按所属关系分							
直　　属	71 478	68 382	31 731	1 048	35 544	67	12 171
非直属	182 782	125 106	59 461	4 689	22 849	583	50 219
按隶属关系分							
中　　央	——	——	——	——	——	——	——
省区市	247 580	187 351	89 536	5 434	54 136	630	62 030
地　　市	2 106	1 829	1 042	69	648	20	214
县　　市	4 574	4 308	614	234	3 609	——	146
按系统分类							
文物系统	254 260	193 488	91 192	5 737	58 393	650	62 390
非文物系统	——	——	——	——	——	——	——

	补贴收入	财政拨款	利润总额	所得税	工资、福利费、增值税：本年应付工资总额	本年应付福利费总额	本年应交增值税
总　　计	**20 044**	**105**	**43 102**	**32 586**	**14 060**	**8 090**	**10 804**
按所属关系分							
直　　属	1 907	105	14 000	4 759	6 078	428	6 437
非直属	18 137	——	29 102	27 827	7 982	7 662	4 367
按隶属关系分							
中　　央	——	——	——	——	——	——	——
省区市	19 938	——	42 968	32 571	12 415	8 021	10 760
地　　市	——	——	256	15	198	6	43
县　　市	106	105	−122	——	1 447	63	1
按系统分类							
文物系统	20 044	105	43 102	32 586	14 060	8 090	10 804
非文物系统	——	——	——	——	——	——	——

机构综合情况

资产、负债、所有者权益(千元)						
资产总计			负债总计	所有者权益合计		
	固定资产原值	本年折旧			实收资本	
						国家资本金
452 853	**39 388**	**3 700**	**193 502**	**259 351**	**86 924**	**15 785**
147 441	26 898	730	46 085	101 356	24 095	4 440
305 412	12 490	2 970	147 417	157 995	62 829	11 345
——	——	——	——	——	——	——
428 680	23 155	3 407	186 783	241 897	68 189	12 255
7 886	1 104	207	3 868	4 018	3 717	3 530
16 287	15 129	86	2 851	13 436	15 018	——
452 853	39 388	3 700	193 502	259 351	86 924	15 785
——	——	——	——	——	——	——

管理费用						财务费用		营业利润
	税金	养老、失业等保险费	住房公积金和住房补贴	差旅费	工会经费		利息支出	
34 991	**1 500**	**3 488**	**486**	**2 723**	**470**	**−65**	**−501**	**33 448**
12 888	1 345	2 007	294	419	77	397	−106	4 115
22 103	155	1 481	192	2 304	393	−462	−395	29 333
——	——	——	——	——	——	——	——	——
30 807	1 340	3 054	481	2 536	467	110	−296	33 313
480	——	38	3	117	3	−205	−205	257
3 704	160	396	2	70	——	——	——	−122
34 991	1 500	3 488	486	2 723	470	−65	−501	33 448
——	——	——	——	——	——	——	——	——

增加值	公用房屋建筑面积		文物拍卖机构补充资料				
				文物拍卖标的数			
	(千平方米)	业务用房	文物拍卖场次(次)	(个)	经审核禁止出境文物数(个)	文物拍卖标的成交数(个)	文物拍卖标的成交金额(千元)
101 803	**6**	**3**	**8**	**12 907**	**3 391**	**8 746**	**1 151 400**
24 456	4	3	——	——	——	——	——
77 347	2	——	8	12 907	3 391	8 746	1 151 400
——	——	——	——	——	——	——	——
98 598	3	——	8	12 907	3 391	8 746	1 151 400
828	——	——	——	——	——	——	——
2 377	4	3	——	——	——	——	——
101 803	6	4	8	12 907	3 391	8 746	1 151 400
——	——	——	——	——	——	——	——

全国文物保护单位保护、

	维修项目（个）	项目总预算（千元）	累计拨入项目经费（千元）	中央补助	省专项补助
总　计	**1 626**	**3 644 676**	**1 962 869**	**635 810**	**232 074**
按部门分					
文物部门	1 543	3 185 914	1 603 267	474 672	224 281
宗教部门	13	31 725	6 803	——	995
园林部门	5	5 206	4 776	——	——
其他部门	65	421 831	348 023	161 138	6 798
按保护单位级别分					
国保单位	589	2 305 332	1 294 684	608 501	115 963
省保单位	580	1 000 511	445 944	12 889	93 556
市县保单位	457	338 833	222 241	14 420	22 555
按维修进度分					
1. 前期准备	324	604 628	141 595	71 298	27 107
2. 施工	433	1 942 861	1 023 306	464 888	113 650
3. 竣工	860	1 095 317	797 048	99 374	90 717
4. 成果出版	9	1 870	920	250	600

全国对外、对港澳台

	对外交流活动												
			出访						来访				
	对外文化交流活动起数（起）	对外文化交流活动人次（人次）	出访起数（起）	出访人次（起）	民间交流起数（起）	民间交流人次（人次）	政府交流起数（起）	政府交流人次（人次）	来访起数（起）	来访人次（人次）	民间交流起数（起）	民间交流人次（人次）	政府交流起数（起）
总　计	**1 121**	**19 657**	**675**	**10 116**	**361**	**6 662**	**314**	**3 454**	**420**	**8 568**	**272**	**5 517**	**148**

注：该表数据为不完全统计。

维修综合情况

本年项目收入合计(千元)					本年支出合计(千元)	项目累计支出(千元)	维修面积(千平方米)
	财政拨款			其他收入			
		中央补助	省级补助				
1 082 271	**837 912**	**232 774**	**121 178**	**244 359**	**901 969**	**1 873 542**	**13 578**
887 297	796 378	202 136	115 380	90 919	731 397	1 512 552	13 382
17 077	1 627	——	650	15 450	7 722	8 322	5
2 876	139	——	——	2 737	4 086	4 986	1
175 021	39 768	30 638	5 148	135 253	158 764	347 682	189
620 077	575 012	212 085	44 724	45 065	487 468	1 228 922	6 829
271 935	162 152	10 819	60 655	109 783	252 762	408 923	6 458
190 259	100 748	9 870	15 799	89 511	161 739	235 697	290
125 474	115 179	55 457	21 774	10 295	62 968	89 702	1 315
456 634	363 664	128 825	43 990	92 970	415 059	997 797	6 498
499 108	358 014	48 242	54 804	141 094	423 037	785 118	5 762
1 055	1 055	250	610	——	905	925	2

文化交流活动基本情况

	对港澳台交流活动											
	赴港澳台						港澳台来大陆					
政府交流人次(人次)	赴港澳台起数(起)	赴港澳台人次(人次)	民间交流起数(起)	民间交流人次(人次)	政府交流起数(起)	政府交流人次(人次)	港澳台来大陆起数(起)	港澳台来大陆人次(人次)	民间交流起数(起)	民间交流人次(人次)	政府交流起数(起)	政府交流人次(人次)
3 051	**220**	**4 853**	**139**	**3 608**	**81**	**1 245**	**185**	**3701**	**143**	**1474**	**42**	**2227**

全国非物质文化遗产

	机构数（个）	工作人员数（人）			非物质文化遗产名录数量（个）				
			高级职称	中级职称		国家级	省级	市级	县级
总　　计	**2 201**	**19 379**	**1 000**	**3 093**	**46 955**	**1 211**	**5 695**	**13 109**	**27 501**
中　　央	1	45	8	13	——	——	——	——	——
省、区、市	58	582	136	159	19 070	501	2 521	5 669	10 379
地、市	301	2 426	380	655	7 032	256	1 121	3 390	2 428
县、市	1 841	16 326	476	2 266	20 853	454	2 053	4 050	14 694

	普查成果				非物质文化遗产收藏展示					
	录音资料（小时）	录像资料（小时）	调查报告（篇）	出版成果（册）	非物质文化遗产保护展览馆（个）	民族民间博物馆	收藏实物数（个）	展厅个数（个）	展示面积（千平方米）	实物收藏库房面积
总　　计	**44 957**	**39 884**	**39 820**	**190 151**	**1 919**	**1 540**	**601 971**	**14 535**	**357**	**82**
中　　央	——	——	7	7	——	——	——	——	——	——
省、区、市	5 346	3 409	1 882	5 764	26	9	11 418	45	23	4
地、市	9 879	9 965	2 898	36 749	270	146	245 561	1 266	74	18
县、市	29 732	26 510	35 033	147 631	1 623	1 385	344 992	13 224	262	60

	（千元）							
	经营收入	附属单位上缴收入	其他收入		基本支出	项目支出	经营支出	工资福利支出
总　　计	**194 880**	**109**	**8 375**	**258 104**	**86 526**	**36 099**	**20 059**	**38 083**
中　　央	——	——	——	——	——	——	——	——
省、区、市	1 619	——	424	39 558	32 090	6 947	437	10 581
地、市	179 928	15	3 234	154 063	26 448	16 300	10 794	13 751
县、市	13 333	94	4 717	64 483	27 988	12 852	8 828	13 751

保护综合情况

传承活动				宣传展示活动									
传习所		代表性传承人		举办展览		举办展演		举办民俗活动		举办竞技比赛		征集实物（件、套）	征集资料（件）
（个）	培训学员（人）	（人）	学徒人数（人）	（个）	参观人次（千人次）	（个）	观众人次（千人次）	（个）	参与人次（千人次）	（人）	参与人次（千人次）		
10 662	**295 126**	**29 609**	**374 445**	**8 259**	**24 568**	**23 287**	**37 366**	**10 368**	**30 689**	**4 220**	**2 237**	**128 567**	**194 980**
——	——	——	——	3	120	20	12	——	——	——	——	13	——
376	4 701	2 320	6 534	164	4 352	831	3 439	326	1 190	24	13	5 398	47 586
736	27 059	3 234	23 959	942	4 694	2 997	8 052	1 186	5 880	1 332	1 194	19 423	36 328
9 550	263 366	24 055	343 952	7 150	15 404	19 439	25 863	8 856	23 619	2 864	1 027	103 733	111 066

非物质文化遗产保护专项经费投入（千元）							本年收入合计（千元）			
	财政拨款									
		中央	省级	地市级	县级	社会资助		财政拨款	上级补助收入	事业收入
577 798	**251 841**	**28 783**	**47 361**	**49 309**	**117 126**	**50 862**	**339 400**	**109 372**	**7 527**	**19 037**
——	——	——	——	——	——	——	——	——	——	——
66 755	52 595	10 190	34 089	7 251	50	90	44 316	33 803	1 871	6 599
61 955	57 864	6 270	3 253	34 256	9 179	3 628	233 805	39 317	1 836	9 375
449 088	141 382	12 323	10 019	7 802	107 897	47 144	61 279	36 252	3 820	3 063

本年支出合计（千元）										资产合计	
在支出合计中：											
商品和服务支出						对个人和家庭补助支出		其他资本性支出			
	维修（护）费	差旅费	劳务费	福利费	税金支出		抚恤金和生活补助		各种设备购置费	（千元）	固定资产原值
80 078	**9 533**	**12 351**	**7 243**	**3 131**	**24 075**	**13 337**	**1 489**	**14 580**	**8 202**	**405 284**	**320 694**
——	——	——	——	——	——	——	——	——	——	——	——
13 936	357	961	1 259	383	347	7 585	565	6 112	2 127	45 341	30 479
51 559	6 664	10 052	2 260	2 291	23 511	2 536	146	5 195	3 445	245 192	195 483
14 583	2 512	1 338	3 724	457	217	3 216	778	3 273	2 630	114 751	94 732

全国非物质文化遗产

	机构数（个）	工作人员数（人）			非物质文化遗产名录数量（个）				
			高级职称	中级职称		国家级	省级	市级	县级
总　　计	**895**	**13 496**	**532**	**1 432**	**19 815**	**783**	**3 834**	**5 294**	**10 371**
按级别分									
中　　央	1	45	8	13	——	——	——	——	——
省、区、市	39	404	99	125	9 565	409	2 247	1 909	5 000
地、市	166	1 231	222	387	3 818	177	771	1 912	1 143
县、市	689	11 816	203	907	6 432	197	816	1 473	4 228
按性质分									
独立核算	354	10 177	182	547	7 833	306	1 479	1 864	4 386
非独立核算	541	3 319	350	885	11 982	477	2 355	3 430	5 985

	普查成果				非物质文化遗产收藏展示					
	录音资料（小时）	录像资料（小时）	调查报告（篇）	出版成果（册）	非物质文化遗产保护展览馆（个）	民族民间博物馆	收藏实物数（个）	展厅个数（个）	展示面积（千平方米）	实物收藏库房面积
总　　计	**18 164**	**13 773**	**27 363**	**105 098**	**853**	**657**	**283 263**	**11 235**	**131**	**29**
按级别分										
中　　央	——	——	7	7	——	——	——	——	——	——
省、区、市	4 683	2 553	1 416	5 670	17	7	10 096	20	20	3
地、市	5 941	4 565	1 171	26 383	138	44	150 153	932	31	5
县、市	7 540	6 655	24 769	73 038	698	606	123 014	10 283	80	22
按性质分										
独立核算	6 669	3 924	2 522	52 067	209	141	21 228	10 202	50	18
非独立核算	11 495	9 849	24 841	53 031	644	516	262 035	1 033	81	12

	（千元）							
	经营收入	附属单位上缴收入	其他收入		基本支出	项目支出	经营支出	工资福利支出
总　　计	**21 154**	**109**	**6 885**	**122 428**	**63 207**	**29 299**	**9 085**	**25 063**
按级别分								
中　　央	——	——	——	——	——	——	——	——
省、区、市	——	——	424	29 024	23 652	5 372	——	7 972
地、市	9 021	15	1 934	40 181	17 080	15 342	657	6 466
县、市	12 133	94	4 527	53 223	22 475	8 585	8 428	10 625
按性质分								
独立核算	21 154	109	5 050	98 917	49 555	19 909	9 085	20 799
非独立核算	——	——	1 835	23 511	13 652	9 390	——	4 264

保护中心综合情况

传承活动				宣传展示活动									
传习所		代表性传承人		举办展览		举办展演		举办民俗活动		举办竞技比赛		征集实物(件、套)	征集资料(件)
(个)	培训学员(人)	(人)	学徒人数(人)	(个)	参观人次(千人次)	(个)	观众人次(千人次)	(个)	参与人次(千人次)	(人)	参与人次(千人次)		
2 255	**91 365**	**12 004**	**132 490**	**4 332**	**10 441**	**8 248**	**14 590**	**3 318**	**11 683**	**2 014**	**1 332**	**52 931**	**121 612**
——	——	——	——	3	120	20	12	——	——	——	——	13	——
240	1 847	1 415	4 094	63	3 816	168	2 403	40	690	19	1	4 258	44 600
430	17 898	1 693	9 701	499	2 086	1 396	2 525	602	2 924	1 235	1 013	9 915	21 952
1 585	71 620	8 896	118 695	3 767	4 420	6 664	9 649	2 676	8 069	760	318	38 745	55 060
603	19 705	3 721	19 035	2 872	2 492	3 183	6 046	1 272	2 829	546	274	11 253	23 632
1 652	71 660	8 283	113 455	1 460	7 950	5 065	8 543	2 046	8 854	1 468	1 058	41 678	97 980

非物质文化遗产保护专项经费投入(千元)							本年收入合计(千元)			
	财政拨款					社会资助		财政拨款	上级补助收入	事业收入
		中央	省级	地市级	县级					
137 757	**102 505**	**14 886**	**38 188**	**12 194**	**30 257**	**17 617**	**133 324**	**91 098**	**7 025**	**7 053**
——	——	——	——	——	——	——	——	——	——	——
54 017	39 997	6 705	32 542	——	50	50	33 142	26 975	1 551	4 192
26 331	25 658	1 974	1 631	10 158	7 509	530	49 612	36 168	1 831	643
57 409	36 850	6 207	4 015	2 036	22 698	17 037	50 570	27 955	3 643	2 218
57 895	40 723	7 220	6 710	2 092	19 194	14 135	110 599	71 760	6 101	6 425
79 862	61 782	7 666	31 478	10 102	11 063	3 482	22 725	19 338	924	628

本年支出合计(千元)										资产合计	
在支出合计中:											
商品和服务支出						对个人和家庭补助支出		其他资本性支出		(千元)	固定资产原值
	维修(护)费	差旅费	劳务费	福利费	税金支出		抚恤金和生活补助		各种设备购置费		
33 442	**7 103**	**1 980**	**2 089**	**2 248**	**594**	**9 667**	**92**	**8 562**	**5 098**	**188 309**	**160 079**
——	——	——	——	——	——	——	——	——	——	——	——
10 895	356	697	1 172	266	199	5 557	22	3 924	1 800	38 756	26 726
12 909	4 559	245	348	1 669	191	1 868	30	1 694	864	55 793	51 122
9 638	2 188	1 038	569	313	204	2 242	40	2 944	2 434	93 760	82 231
26 316	6 716	1 558	1 751	2 083	454	9 057	92	6 859	3 575	145 571	124 302
7 126	387	422	338	165	140	610	——	1 703	1 523	42 738	35 777

全国文化信息资源

	机构数（个）	工作人员（人）	专职	兼职	（GB）	自主开发 音频（个）	容量（GB）	视频（个）	容量（GB）	电子图书（个）	容量（GB）	电子期刊（个）	容量（GB）
总　　计	**104 568**	**119 383**	**29 710**	**85 016**	**79 703**	**123 146**	**6 014**	**165 305**	**69 824**	**509 599**	**33 402**	**33 552**	**7 950**
国家中心	1	35	35	——	9 477	359	24	7 789	896	1	29	1	49
省分中心	35	658	220	430	18 904	356	289	25 356	18 249	12 220	5 793	80	5 187
市支中心	296	2 243	889	1 264	15 998	49 603	2 090	63 318	30 677	181 546	5 574	13 987	1 564
县支中心	1 394	6 405	2 334	2 671	29 871	52 059	2 395	48 199	13 936	275 460	20 843	16 507	578
乡镇、街道基层服务点	6 106	11 426	3 792	7 476	3 518	14 982	807	7 839	2 002	19 813	397	1 943	316
村、社区基层服务点	96 736	98 616	22 440	73 175	1 935	5 787	409	12 804	4 064	20 559	766	1 034	256

	（GB）	接收上级中心资源 音频（个）	容量（GB）	视频（个）	容量（GB）	电子图书（个）	容量（GB）	电子期刊（个）	容量（GB）	其他（个）	容量（GB）
总　　计	**1 630 010**	**880 413**	**266 593**	**2 302 855**	**1 744 278**	**7 160 437**	**238 389**	**713 223**	**121 185**	**868 887**	**107 707**
国家中心	——	——	——	——	——	——	——	——	——	——	——
省分中心	153 767	4 256	60	51 158	179 069	21 524	1 726	16 213	18 925	12	21 509
市支中心	329 825	79 547	3 616	77 254	321 782	147 027	8 587	29 831	8 624	164 406	1 275
县支中心	282 030	127 869	26 819	172 287	164 822	4 780 773	28 355	435 145	15 224	541 763	8 989
乡镇、街道基层服务点	326 214	118 031	60 210	1 300 969	568 826	1 155 961	57 375	117 841	16 290	143 329	67 739
村、社区基层服务点	538 174	550 710	175 888	701 187	509 779	1 055 152	142 346	114 193	62 122	19 377	8 195

	网络环境 局域网带宽 千兆带宽（个）	百兆带宽（个）	互联网出口总带宽（Mbps）	中心和基层服务点设备 台式计算机（台）	便携式计算机（台）	服务器（台）	计算机磁盘存储容量（GB）	卫星接收设备（[illegible]）	投影仪（台）	移动播放器（台）	数字摄像机（台）	数字照相机（台）	电视机（台）
总　　计	**6 136**	**19 425**	**96 172**	**146 776**	**15 747**	**82 075**	**5 080 469**	**74 251**	**16 530**	**6 982**	**2 819**	**8 781**	**120 256**
国家中心	2	1	20	42	15	19	20 000	1	2	10	1	7	1
省分中心	965	711	2 423	8 082	195	767	674 737	542	354	73	76	169	489
市支中心	499	5 525	6 597	15 677	1 125	5 891	701 068	1 756	496	108	174	358	3 686
县支中心	669	4 042	29 465	36 378	8 771	64 827	1 407 533	5 592	3 504	1 315	1 440	3 778	18 133
乡镇、街道基层服务点	2 297	4 810	43 629	18 324	1 366	7 763	640 761	3 243	3 520	609	442	1 441	8 874
村、社区基层服务点	1 704	4 336	14 038	68 273	4 275	2 808	1 636 370	63 117	8 654	4 867	686	3 028	89 073

共享工程基本情况

数字资源量														
				外部购买										
自建图文专题资源库		其他			音频		视频		电子图书		电子期刊		其他	
(个)	容量(GB)	(个)	容量(GB)	(GB)	(个)	容量(GB)	(个)	容量(GB)	(个)	容量(GB)	(个)	容量(GB)	(个)	容量(GB)
90 769	**16 178**	**38 543**	**9 847**	**542 589**	**508 681**	**267 548**	**292 904**	**704 835**	**14 032 803**	**145 669**	**92 623 087**	**296 265**	**1 962 136**	**24 572 020**
1 880	39	1	5 448	——	——	11 249	3 920	31 657	179	1 518	1 349	——	——	——
453	7 618	135	890	151 544	73 753	2 494	17 282	156 179	3 899 933	33 272	1 147 267	118 452	111	53 662
83 229	3 515	1 584	1 695	117 515	321 019	1 772	104 576	58 632	4 550 448	30 751	62 817 835	100 316	1 944 647	4 478
4 916	3 657	35 199	816	202 210	58 457	235 451	109 540	342 524	5 445 558	62 677	28 644 983	73 980	11 830	24 509 271
118	848	490	521	28 433	17 258	8 165	21 712	76 690	49 009	2 488	8 422	1 228	2 835	2 825
173	501	1 134	477	42 887	38 194	8 417	35 874	39 153	87 676	14 963	3 231	2 289	2 713	1 784

网络服务						服务人次		举办各种活动		提供给合作单位的资源数量			人员培训(人次)	
网站数量(个)	网站页面点击量(次)	使用电子书刊用户数(个)	电子书刊阅览量(册/篇)	网上参考咨询(例)	远程提供电子文献(册/篇)	(人次)	其中:未成年人次	播放影视作品(场)	播放专题讲座(场)	(个)	时长(分钟)	容量(GB)		
23 095	**172 908 217**	**3 823 649**	**21 648 828**	**9 404 940**	**13 985 596**	**103 131 711**	**17 478 509**	**1 202 607**	**629 541**	**3 545 058**	**2 002 217**	**10 184 956**	**2 416 742**	**172 032**
1	81 360 981	15 100	225 600	——	——	4 294 459	42 945	18	20	1 934	23 569	2 213	420	100
74	24 931 368	341 962	7 425 681	484 822	11 597 494	8 022 996	982 724	7 768	3 357	8 068	312 799	25 455	11 489	8 906
237	45 611 839	632 391	3 809 006	235 544	762 579	21 046 657	4 180 318	160 474	5 812	3 491 003	480 511	16 044	31 682	25 063
2 379	16 084 458	571 227	3 614 520	636 657	1 304 012	15 670 344	4 469 714	104 113	65 799	31 754	845 021	8 436 191	162 835	75 225
19 604	2 169 350	323 940	951 519	109 375	68 871	12 787 376	1 652 235	139 103	91 781	4 226	285 699	1 621 115	556 628	48 995
800	2 750 221	1 939 029	5 622 502	7 938 542	252 640	41 309 879	6 150 573	791 131	462 772	8 073	54 618	83 938	1 653 688	13 743

共享工程专项经费投入(千元)							电子阅览室面积			多媒体活动室面积		公开宣传报道(条)
	中央	省级	地市级	区县级	乡级	其他	(千平方米)	机位数量(台)	未成年人专用机位	(千平方米)	坐席数(个)	
1 737 443	**219 534**	**170 401**	**754 291**	**289 530**	**129 109**	**89 133**	**554**	**89 523**	**18 685**	**1 335**	**824 958**	**148 692**
40 000	40 000	——	——	——	——	——	——	——	——	——	——	854
248 782	106 635	80 509	10 971	8 039	3 010	3 617	10	2 783	666	9	18 389	3 677
727 496	3 469	16 295	639 784	48 393	2 087	7 307	50	12 764	3 323	37	19 334	48 659
393 943	58 449	67 617	13 797	146 943	47 663	27 738	122	27 773	7 768	96	58 497	8 335
115 688	5 083	2 876	10 607	36 953	45 476	11 545	102	12 784	3 858	286	130 974	18 394
211 534	5 898	3 104	79 132	49 202	30 873	38 926	269	33 419	3 070	909	597 764	68 773

全国各地区文化(文物)

	本年收入合计(千元)	财政拨款	上级补助收入	事业收入	经营收入	附属单位上缴收入	其他收入		基本支出	项目支出	经营支出
总计	**42 944 727**	**25 280 877**	**1 277 397**	**7 464 890**	**828 558**	**34 331**	**1 767 248**	**40 800 950**	**25 062 087**	**12 303 199**	**789 940**
中央	3 882 190	2 302 429	27 187	882 033	73 425	7 325	172 820	3 424 800	1 493 030	1 687 039	93 063
北京	2 781 259	1 472 361	26 876	590 972	88 737	--	63 788	2 809 530	1 147 376	1 444 072	202 000
天津	982 524	555 986	11 533	96 246	162 511	568	40 690	793 889	545 194	127 219	3 572
河北	1 370 147	771 715	30 928	306 154	14 257	895	39 890	1 166 660	867 835	237 364	13 701
山西	1 647 900	826 596	29 974	295 726	20 261	58	38 516	1 262 769	827 643	327 623	19 939
内蒙古	869 691	645 703	5 218	69 539	1 470	12	22 514	805 006	633 296	145 860	1 832
辽宁	1 111 284	744 743	14 611	161 818	22 121	--	16 529	1 084 672	719 997	256 408	18 454
其中:大连	181 509	136 795	206	19 196	2 091	--	5 449	183 662	93 036	66 801	4 003
吉林	694 900	469 686	12 782	92 071	2 863	--	11 866	697 569	527 406	136 906	3 185
黑龙江	793 062	595 142	11 389	38 887	1 067	110	15 760	787 555	612 366	126 299	1 195
上海	2 660 167	1 321 814	136 909	786 713	48 637	4 687	160 590	2 623 489	1 627 234	644 433	55 346
江苏	2 221 647	1 458 921	68 292	262 601	15 535	2 315	133 172	2 210 921	1 505 762	631 415	14 063
浙江	3 432 862	2 056 875	143 219	578 408	116 782	2 479	158 279	3 205 963	1 818 134	1 160 687	105 691
其中:宁波	405 842	267 663	31 082	28 586	805	362	37 036	401 904	224 381	162 065	575
安徽	907 450	539 223	46 155	104 283	4 698	625	34 819	876 762	598 473	158 274	9 448
福建	1 019 339	632 094	40 876	121 296	8 703	87	53 925	945 124	658 806	221 046	18 770
其中:厦门	169 943	128 501	8 532	15 406	173	--	5 624	161 680	94 343	63 955	957
江西	679 858	425 717	23 260	84 690	17 727	448	24 075	675 915	455 922	131 059	14 251
山东	1 775 520	1 132 551	18 656	341 323	5 355	660	41 657	1 710 626	1 378 345	269 220	14 132
其中:青岛	268 263	202 903	7 037	17 068	811	27	7 585	272 310	165 557	87 716	410
河南	1 656 133	842 032	65 858	390 762	44 271	2 139	49 185	1 766 726	1 020 767	368 633	47 658
湖北	1 483 848	840 383	70 066	231 698	19 951	639	105 167	1 473 109	797 671	519 775	21 420
湖南	1 064 028	623 150	35 833	179 630	21 319	1 315	64 962	1 052 153	742 214	253 481	19 847
广东	3 297 683	2 137 719	162 615	362 256	31 420	7 867	130 997	3 273 759	1 773 757	1 364 562	25 364
其中:深圳	733 388	455 955	57 190	39 532	873	4 900	55 178	712 745	351 092	336 551	228
广西	773 812	478 517	28 322	70 181	15 312	344	29 433	749 652	505 524	186 071	8 085
海南	165 444	110 430	4 930	12 810	1 351	111	5 863	156 830	104 446	39 427	2 378
重庆	725 080	402 184	24 947	127 346	38 817	180	54 159	627 576	356 130	205 533	23 161
四川	1 691 035	927 091	40 298	400 507	21 715	197	61 066	1 747 912	984 679	625 280	19 985
贵州	653 321	331 580	17 340	50 967	2 665	63	27 599	488 228	386 668	62 426	4 524
云南	945 550	641 315	18 182	70 280	15 424	11	28 306	980 225	651 804	247 055	16 026
西藏	247 501	120 028	1 378	65 180	648	--	1 387	200 489	181 785	4 330	628
陕西	1 398 700	591 185	124 890	433 341	6 680	21	108 885	1 284 676	776 878	348 474	7 052
甘肃	728 310	420 870	8 384	153 639	741	210	28 143	684 487	544 649	125 547	673
青海	197 169	153 039	3 937	8 763	242	--	3 648	204 144	151 500	27 068	684
宁夏	242 320	166 426	3 849	23 522	2 470	9	6 238	237 454	189 071	35 992	2 149
新疆	844 993	543 372	18 703	71 248	1 383	956	33 320	792 280	477 725	184 621	1 664

机构事业费收支情况

本年支出合计（千元） 在支出合计中： 工资福利支出	商品和服务支出	维修(护)费	差旅费	劳务费	福利费	税金支出	对个人和家庭补助支出	抚恤金和生活补助	其他资本性支出	各种设备购置费	资产总计（千元）	固定资产原值
12 862 722	**12 594 418**	**1 536 443**	**508 416**	**750 470**	**272 281**	**256 585**	**4 199 885**	**165 404**	**4 182 746**	**2 470 313**	**90 250 927**	**57 648 512**
563 273	1 492 100	30 759	46 885	41 489	13 320	25 944	413 374	17 097	438 297	298 114	9 632 619	5 206 401
419 851	794 571	91 232	6 823	29 381	10 172	13 565	163 889	4 160	600 401	276 348	4 350 177	2 228 479
225 075	259 021	13 047	12 727	10 233	4 683	27 190	129 889	3 574	76 428	46 209	1 780 800	519 481
483 075	326 683	78 084	15 961	16 036	8 115	5 763	104 019	4 374	80 534	49 477	1 811 471	1 427 383
425 718	491 380	137 910	24 822	26 144	9 223	5 096	109 950	6 036	92 073	53 282	7 818 286	1 337 910
318 201	282 220	29 732	20 563	25 027	3 433	1 395	80 937	2 897	59 412	30 643	1 330 249	952 012
402 138	322 882	47 823	11 900	19 329	5 877	7 758	150 394	3 954	96 442	57 990	1 926 915	1 509 291
61 863	55 992	10 801	1 803	2 419	559	508	9 556	254	30 149	16 299	388 910	293 601
267 914	187 190	13 673	14 212	15 928	909	3 418	128 992	2 409	79 229	60 837	1 004 974	722 666
366 035	139 585	17 010	8 410	7 252	2 982	2 917	135 097	3 251	40 273	18 720	1 558 471	1 396 635
769 023	974 458	91 329	14 072	30 648	24 004	33 241	106 741	7 264	353 292	249 443	8 840 808	6 713 399
737 768	717 833	72 690	28 259	62 779	15 164	4 636	272 122	13 112	295 612	171 927	6 041 260	3 832 221
963 172	1 333 384	264 608	40 030	62 045	31 828	18 668	237 784	8 369	258 520	182 571	6 197 846	4 287 913
138 447	142 036	6 916	4 242	5 776	2 720	1 656	18 479	489	24 774	17 760	764 115	619 785
337 828	179 080	28 090	10 573	11 507	7 607	2 266	176 509	4 919	91 132	33 193	2 104 620	757 996
313 686	259 401	17 918	12 567	19 554	9 314	6 138	105 967	4 880	80 124	44 050	1 823 498	1 328 506
54 066	52 127	2 086	2 202	1 387	793	867	16 414	224	14 113	9 686	377 608	271 507
276 971	155 112	23 675	12 138	11 465	7 682	3 172	87 173	3 471	53 278	25 732	998 181	847 588
715 707	366 998	34 226	20 817	24 047	5 698	10 683	178 379	9 192	168 605	122 403	3 501 435	2 625 919
102 858	60 170	3 143	6 074	5 789	936	675	21 657	1 586	51 313	48 711	450 364	356 603
557 139	456 622	114 591	18 768	46 837	10 706	8 787	148 927	6 970	90 655	49 200	3 210 155	1 971 424
430 113	369 049	44 628	17 477	29 503	13 152	5 987	170 881	4 301	129 281	65 132	2 936 692	2 165 986
410 786	332 969	49 808	16 414	16 102	12 421	6 449	107 311	7 621	86 696	47 030	1 898 229	1 492 887
931 826	864 381	81 351	39 673	58 142	24 208	17 025	285 624	9 541	348 253	251 632	6 777 597	5 409 317
170 391	157 393	8 591	11 143	18 960	5 526	2 757	22 347	856	94 015	82 683	960 210	706 434
293 356	191 566	13 495	11 087	14 256	4 790	5 093	106 069	3 032	53 143	36 717	1 459 599	1 057 970
69 141	30 592	2 090	1 855	1 714	987	1 125	8 172	1 179	15 084	12 231	300 801	258 619
184 217	208 302	37 683	10 474	21 401	5 090	3 972	73 305	3 502	73 349	34 828	1 314 323	892 941
491 878	552 118	83 384	25 279	42 488	11 725	6 912	162 684	8 510	111 048	63 948	2 863 812	1 940 032
206 290	144 934	6 917	5 339	6 435	3 205	3 350	87 001	2 354	22 759	17 566	718 318	453 839
385 532	261 999	17 274	12 508	22 213	4 088	5 378	110 888	1 993	72 495	44 251	2 236 147	1 837 534
116 682	55 822	3 198	2 203	278	168	29	20 914	315	1 581	1 388	417 999	263 623
429 368	353 649	36 168	17 096	26 859	7 610	15 306	79 351	4 896	129 109	51 762	2 430 287	1 905 380
276 348	179 976	24 460	13 326	35 047	5 246	2 175	88 519	4 391	59 908	25 643	1 224 121	958 795
93 543	46 180	3 984	2 883	2 283	473	382	34 054	1 443	11 456	7 155	216 382	162 841
101 323	53 252	6 287	3 339	2 835	1 789	596	41 034	2 044	13 722	9 403	299 447	248 782
299 745	211 109	19 319	9 936	11 213	6 612	2 169	93 935	4 353	100 555	31 488	1 225 408	934 742

全国各地区文化

	本年收入合计（千元）										
		财政拨款	上级补助收入	事业收入	经营收入	附属单位上缴收入	其他收入		基本支出	项目支出	经营支出
总计	**31 699 764**	**19 896 210**	**850 635**	**3 276 795**	**632 704**	**32 635**	**1 327 674**	**30 600 948**	**19 611 485**	**8 568 944**	**457 112**
中央	2 842 382	1 909 239	12 699	374 979	34 222	7 325	144 136	2 426 520	1 155 927	1 217 624	20 523
北京	1 844 719	1 269 649	25 048	142 574	9 688	——	41 007	1 918 649	737 613	1 145 376	24 370
天津	814 173	419 339	10 761	77 009	162 403	508	29 163	687 943	451 599	115 516	3 572
河北	755 732	456 940	13 053	69 268	7 296	345	29 474	746 742	580 216	116 895	7 279
山西	1 122 289	555 669	25 473	133 930	20 261	58	28 291	796 264	567 080	158 595	19 102
内蒙古	710 935	534 939	40	31 266	1 470	12	18 801	663 261	526 919	110 494	1 832
辽宁	884 210	629 046	11 597	70 858	19 732	——	12 060	860 770	607 040	162 250	16 481
其中:大连	146 382	114 612	186	8 898	2 091	——	2 823	148 643	73 534	51 677	4 003
吉林	600 111	414 703	5 834	61 373	2 811	——	10 175	599 086	450 067	120 900	3 133
黑龙江	674 736	500 554	10 123	19 452	1 067	110	13 606	676 269	523 005	117 889	1 195
上海	2 348 695	1 115 928	131 223	712 791	45 018	4 687	145 541	2 329 999	1 471 650	514 874	52 288
江苏	1 752 814	1 118 076	62 576	173 844	14 120	2 256	106 411	1 765 944	1 208 451	485 997	12 345
浙江	2 332 153	1 492 111	117 084	152 155	115 218	2 013	129 847	2 277 712	1 337 119	780 080	104 703
其中:宁波	348 583	231 005	25 268	18 509	540	362	32 591	348 841	193 143	140 244	571
安徽	749 159	452 516	29 257	61 600	4 653	379	23 107	717 176	512 663	101 848	9 243
福建	916 424	547 046	35 800	114 481	8 552	85	49 031	847 460	604 353	183 415	18 693
其中:厦门	151 021	111 936	8 453	13 379	173	——	5 373	142 308	80 943	58 032	957
江西	560 803	347 986	18 162	55 823	17 638	448	19 738	552 094	385 650	85 639	13 117
山东	1 284 733	927 042	15 623	80 834	3 956	660	35 126	1 284 214	1 007 631	237 317	3 777
其中:青岛	240 641	186 073	6 462	12 912	755	27	5 458	243 591	150 425	84 055	404
河南	973 939	551 205	16 786	132 356	11 697	2 073	34 190	1 128 639	691 734	137 902	13 887
湖北	1 077 082	611 383	42 098	130 349	15 715	639	73 106	1 089 351	660 071	318 531	19 822
湖南	763 549	456 992	19 327	75 694	20 315	1 290	55 959	756 848	575 067	134 776	18 794
广东	2 739 770	1 751 765	141 067	231 874	29 563	7 652	118 996	2 705 966	1 471 765	1 110 242	24 863
其中:深圳	660 594	394 414	54 860	36 558	167	4 900	50 898	637 258	303 313	311 779	228
广西	588 220	357 041	11 560	40 525	14 882	344	18 402	585 924	421 393	116 520	7 312
海南	149 211	98 688	3 486	10 890	1 351	111	5 464	143 921	96 266	36 644	2 323
重庆	541 183	326 905	21 906	34 280	36 247	180	44 256	481 701	276 034	151 013	18 625
四川	1 088 610	726 047	18 428	60 910	10 332	191	40 543	1 167 229	675 450	399 995	12 020
贵州	573 198	296 135	12 446	27 618	1 667	62	24 368	421 919	341 955	45 198	3 989
云南	830 387	565 213	11 210	45 197	14 236	11	22 788	838 675	574 055	188 375	14 727
西藏	160 026	97 968	1 378	3 728	248	——	137	154 111	145 573	1 916	228
陕西	597 788	388 649	6 764	65 081	3 647	21	27 300	601 493	472 267	79 390	3 927
甘肃	459 636	308 443	4 197	31 599	741	210	9 111	430 805	377 886	39 701	673
青海	176 575	137 087	3 212	6 714	242	——	2 208	180 290	136 826	20 584	684
宁夏	194 652	137 281	2 908	9 163	2 393	9	4 376	188 628	152 402	26 722	2 101
新疆	591 870	394 625	9 509	38 580	1 323	956	10 956	575 345	415 758	106 726	1 484

事业费收支情况

本年支出合计(千元) 在支出合计中:工资福利支出	商品和服务支出	维修(护)费	差旅费	劳务费	福利费	税金支出	对个人和家庭补助支出	抚恤金和生活补助	其他资本性支出	各种设备购置费	资产总计(千元)	固定资产原值
10 299 331	**9 000 011**	**606 756**	**385 368**	**538 368**	**214 009**	**200 467**	**3 513 380**	**146 475**	**3 191 905**	**2 186 785**	**66 474 287**	**44 564 107**
400 943	1 171 754	22 677	29 144	29 963	11 364	17 879	318 774	15 200	310 226	251 710	7 447 532	4 534 603
279 935	607 243	40 968	4 998	28 598	5 101	11 204	135 151	3 932	442 948	263 924	2 874 489	1 823 695
187 055	219 258	8 625	12 197	9 954	4 135	26 964	111 015	3 406	68 217	44 946	1 299 893	458 780
331 043	187 321	13 163	10 188	9 943	4 629	2 918	71 352	3 584	62 447	43 779	1 123 413	946 026
304 013	249 768	32 406	16 825	18 057	6 493	3 007	87 538	4 708	58 605	42 492	7 119 968	963 523
280 940	219 000	15 360	16 028	19 532	2 987	1 246	73 958	2 693	42 588	27 479	1 048 164	773 438
324 380	237 837	23 654	9 574	14 036	5 000	7 437	133 311	3 816	77 060	52 099	1 341 925	1 064 380
49 257	38 023	5 401	1 531	1 740	217	438	8 313	216	29 244	15 792	320 351	237 498
239 399	151 663	10 782	11 221	15 781	867	3 399	117 928	2 337	56 620	46 786	831 336	566 122
312 895	117 642	14 092	7 494	5 843	2 535	2 744	114 985	3 057	38 575	17 383	981 347	859 104
676 940	859 469	56 804	11 797	28 356	21 264	32 638	98 364	6 861	300 082	205 101	7 511 497	5 892 927
592 189	550 149	43 813	22 154	48 355	12 890	4 009	214 227	10 998	229 169	162 004	4 743 978	2 961 561
748 121	876 552	36 524	32 964	46 200	25 425	15 914	189 852	7 701	220 189	163 298	4 132 624	3 021 879
117 621	123 563	4 395	3 752	4 624	2 481	1 582	16 416	483	20 408	15 618	640 774	524 100
297 151	140 631	18 719	9 361	11 230	6 488	2 158	154 063	4 393	59 281	32 329	745 358	572 365
282 497	223 577	12 636	11 496	18 947	8 958	6 016	96 765	4 721	73 791	42 746	1 649 799	1 214 162
47 068	47 390	1 086	2 047	1 350	713	772	13 922	140	10 578	9 280	318 961	229 825
236 313	124 010	10 001	9 965	9 366	6 235	2 714	75 897	2 676	39 867	22 659	827 369	708 643
564 952	291 903	23 346	16 315	19 905	5 040	3 572	151 471	8 730	156 413	118 226	2 129 993	1 758 122
91 542	50 296	2 978	5 849	5 196	801	671	18 796	1 586	51 218	48 616	384 093	330 978
400 889	194 160	15 643	12 785	17 574	6 985	5 065	118 269	6 069	57 350	35 423	1 346 755	1 120 776
356 258	273 327	33 074	13 132	18 171	11 047	5 093	152 047	3 623	92 151	51 126	2 236 344	1 809 896
333 713	216 650	18 186	12 312	8 776	9 551	4 840	88 423	5 778	61 555	37 630	1 209 128	954 125
761 676	709 145	54 781	34 967	51 335	20 356	14 020	232 578	8 435	305 501	238 986	5 736 569	4 676 564
139 552	147 136	7 062	9 821	18 642	4 997	2 026	15 082	854	90 712	79 380	857 196	619 692
252 503	154 385	8 063	8 464	11 394	3 807	4 426	92 166	2 771	44 967	32 198	1 058 502	888 398
64 193	28 900	1 737	1 695	1 623	907	1 110	7 881	1 173	14 127	11 717	230 570	188 517
141 155	134 153	12 471	8 090	15 760	3 920	3 416	63 750	3 258	64 353	31 840	983 696	677 683
376 687	284 979	20 074	16 877	22 948	8 840	3 557	132 400	7 732	80 160	53 989	1 731 611	1 267 319
186 345	110 391	3 639	4 501	5 637	2 845	3 112	82 526	1 955	19 000	14 011	648 837	398 270
349 418	212 351	10 724	9 519	15 363	3 562	5 122	94 986	1 824	69 756	42 585	1 800 622	1 476 665
92 355	38 537	1 206	1 715	100	156	29	18 144	315	1 581	1 388	339 167	251 493
285 581	142 394	13 818	9 122	17 340	3 238	2 643	58 817	4 383	50 965	40 644	1 417 530	1 165 737
207 271	92 330	13 112	8 195	4 783	2 023	1 525	70 736	3 165	27 801	18 993	643 588	511 058
83 895	36 776	2 884	2 199	1 723	465	322	31 849	1 424	10 341	6 186	181 306	141 018
83 445	39 918	2 286	2 773	2 466	897	514	36 809	1 661	12 698	8 705	218 779	176 869
265 181	103 838	11 488	7 301	9 309	5 999	1 854	87 348	4 096	43 521	24 403	882 598	740 389

全国各地区文物

	本年收入合计（千元）	财政拨款	上级补助收入	事业收入	经营收入	附属单位上缴收入	其他收入		基本支出	项目支出	经营支出
总　计	**10 369 171**	**4 818 358**	**418 370**	**3 918 704**	**191 945**	**1 450**	**412 029**	**9 381 665**	**4 819 137**	**3 560 950**	**327 211**
中　央	1 039 808	393 190	14 488	507 054	39 203	——	28 684	998 280	337 103	469 415	72 540
北　京	936 540	202 712	1 828	448 398	79 049	——	22 781	890 881	409 763	298 696	177 630
天　津	94 125	71 042	374	12 727	108	60	9 814	83 016	71 119	11 249	——
河　北	568 320	287 286	17 475	220 967	6 961	550	8 129	374 168	246 465	117 078	6 422
山　西	479 386	234 012	4 489	152 704	——	——	10 019	421 088	225 190	158 985	837
内蒙古	149 722	102 929	4 118	38 273	——	——	3 574	133 640	99 272	34 366	——
辽　宁	208 520	103 857	3 007	85 480	1 169	——	4 462	204 901	102 147	89 164	753
其中:大连	27 875	17 511	20	7 718	——	——	2 626	27 452	15 390	11 669	——
吉　林	94 789	54 983	6 948	30 698	52	——	1 691	98 483	77 339	16 006	52
黑龙江	85 413	71 876	1 266	9 244	——	——	2 144	78 631	60 334	5 428	——
上　海	300 099	200 488	5 596	72 497	3 619	——	10 589	283 823	147 834	127 642	3 058
江　苏	387 673	289 845	5 716	62 543	1 415	59	22 815	362 228	225 787	134 193	1 718
浙　江	1 006 911	504 062	26 135	398 053	1 564	466	23 536	842 226	418 594	357 003	988
其中:宁波	57 259	36 658	5 814	10 077	265	——	4 445	53 063	31 238	21 821	4
安　徽	97 462	64 244	12 950	10 629	45	——	9 594	98 205	52 874	28 141	45
福　建	94 612	78 136	5 076	5 440	151	2	4 878	89 623	48 596	35 447	77
其中:厦门	10 619	9 653	79	652	——	——	235	11 331	7 543	3 739	——
江　西	116 531	76 748	5 098	27 337	89	——	4 326	121 237	67 708	45 418	1 134
山　东	471 512	191 683	3 033	255 258	1 399	——	6 313	406 748	351 555	31 398	10 355
其中:青岛	27 622	16 830	575	4 156	56	——	2 127	28 719	15 132	3 661	6
河　南	629 377	253 409	49 072	244 792	31 559	66	14 225	589 989	291 113	221 568	32 756
湖　北	376 534	204 551	27 758	96 380	4 236	——	31 457	352 637	121 210	186 513	1 598
湖　南	261 108	153 150	16 504	78 409	947	25	8 226	255 951	133 584	112 971	996
广　东	456 341	309 412	19 864	108 813	739	215	11 342	456 568	225 554	220 046	87
其中:深圳	43 157	32 324	2 230	2 676	706	——	4 258	42 994	23 540	16 518	——
广　西	153 045	102 573	16 762	16 859	430	——	10 184	132 637	57 835	64 756	773
海　南	16 233	11 742	1 444	1 920	——	——	399	12 909	8 180	2 783	55
重　庆	170 757	70 472	2 860	85 722	2 570	——	9 095	132 735	69 507	54 420	2 085
四　川	545 741	175 824	21 470	311 825	10 884	6	17 730	525 109	268 067	215 176	7 665
贵　州	80 123	35 445	4 894	23 349	998	1	3 231	66 309	44 713	17 228	535
云　南	95 516	62 820	6 972	18 883	1 188	——	5 353	121 582	59 529	56 932	1 299
西　藏	87 475	22 060	——	61 452	400	——	1 250	46 378	36 212	2 414	400
陕　西	800 912	202 536	118 126	368 260	3 033	——	81 585	683 183	304 611	269 084	3 125
甘　肃	258 168	104 047	4 187	119 981	——	——	18 965	243 191	156 272	85 846	——
青　海	20 594	15 952	725	2 049	——	——	1 440	23 854	14 674	6 484	——
宁　夏	38 628	21 606	941	12 883	77	——	1 837	40 121	28 103	9 132	48
新　疆	247 196	145 666	9 194	29 825	60	——	22 361	211 334	58 293	75 968	180

事业费收支情况

本年支出合计（千元）											资产总计（千元）	
在支出合计中：												
工资福利支出	商品和服务支出						对个人和家庭补助支出		其他资本性支出			固定资产原值
		维修(护)费	差旅费	劳务费	福利费	税金支出		抚恤金和生活补助		各种设备购置费		
2 255 367	**3 389 225**	**899 323**	**114 619**	**186 683**	**52 710**	**55 255**	**519 148**	**16 389**	**888 023**	**245 367**	**21 022 985**	**11 898 788**
162 330	320 346	8 082	17 741	11 526	1 956	8 065	94 600	1 897	128 071	46 404	2 185 087	671 798
139 916	187 328	50 264	1 825	783	5 071	2 361	28 738	228	157 453	12 424	1 475 688	404 784
27 230	36 319	4 411	478	279	340	180	10 734	130	7 656	722	352 261	52 153
134 949	129 239	62 726	5 021	4 133	2 671	2 845	20 703	509	13 663	5 400	607 488	411 323
108 052	230 268	104 155	7 559	7 717	2 424	2 089	14 674	1 182	32 678	10 175	663 876	343 607
33 034	63 085	14 303	4 469	5 495	446	149	6 114	184	16 516	3 164	273 217	172 660
69 035	79 853	23 700	2 188	4 959	787	321	14 042	107	18 915	5 580	545 851	408 642
8 285	15 493	5 306	256	653	304	70	836	9	581	206	56 213	43 757
28 515	35 527	2 891	2 991	147	42	19	11 064	72	22 609	14 051	173 638	156 544
36 909	16 712	1 835	720	314	349	173	9 767	150	1 239	878	541 533	504 626
88 200	112 370	34 118	2 248	1 929	2 685	543	7 322	403	51 100	43 997	1 307 135	804 738
110 869	152 253	27 590	5 532	11 503	2 160	626	34 012	1 301	60 298	7 123	1 166 654	777 078
179 413	424 589	221 112	5 666	11 663	5 530	2 754	35 439	602	32 780	13 857	1 733 148	991 807
20 826	18 473	2 521	490	1 152	239	74	2 063	6	4 366	2 142	123 341	95 685
29 582	21 320	8 452	855	263	708	108	11 624	522	9 521	834	155 526	84 132
28 355	35 286	5 282	1 041	605	356	29	7 981	75	2 885	984	144 744	87 806
4 164	4 199	1 000	125	35	80	2	1 271	——	87	86	29 692	15 144
39 652	30 015	13 641	2 129	1 906	1 386	458	10 843	795	13 353	3 038	162 847	132 767
138 886	71 798	10 359	4 294	3 641	564	7 111	23 320	418	11 282	3 850	1 321 687	819 906
11 316	9 874	165	225	593	135	4	2 861	——	95	95	66 271	25 625
135 658	252 000	97 903	5 796	26 876	3 417	3 571	20 440	761	28 592	12 620	1 760 476	793 762
65 750	87 503	8 681	4 161	11 253	1 960	894	13 325	606	27 842	4 718	601 521	312 710
64 479	101 777	29 420	3 079	6 113	2 466	1 609	12 347	1 754	19 521	6 759	624 392	484 501
128 272	140 782	25 626	4 307	6 451	3 295	2 565	34 241	867	15 761	5 903	850 689	604 129
16 565	6 088	1 222	1 193	88	228	604	1 469	——	425	425	61 489	47 525
27 948	26 745	3 335	2 113	2 114	720	666	8 832	259	5 497	2 119	369 006	144 960
4 948	1 692	353	160	91	80	15	291	6	957	514	70 231	70 102
38 106	70 593	24 415	2 050	5 348	1 058	485	7 036	94	7 766	2 028	315 625	203 490
96 810	242 201	60 979	7 722	13 134	2 691	3 355	21 109	661	28 233	7 304	1 032 183	596 122
19 945	34 543	3 278	838	798	360	238	4 475	399	3 759	3 555	69 481	55 569
30 136	43 702	5 605	2 409	5 088	362	256	7 932	116	2 665	1 592	417 988	345 013
24 327	17 285	1 992	488	178	12	——	2 770	——	——	——	78 832	12 130
143 787	211 255	22 350	7 974	9 519	4 372	12 663	20 534	513	78 144	11 118	1 012 757	739 643
64 380	86 123	10 859	5 040	30 142	3 132	650	13 569	1 168	32 050	6 593	573 265	444 798
9 648	9 404	1 100	684	560	8	60	2 205	19	1 115	969	35 076	21 823
14 290	10 514	3 025	460	288	721	82	2 557	353	395	69	71 656	64 695
31 956	106 798	7 481	2 581	1 867	581	315	6 508	238	55 707	7 025	329 427	180 970

全国各地区文化部门

	本年收入合计（千元）	财政拨款	上级补助收入	事业收入	经营收入	附属单位上缴收入	其他收入		基本支出	项目支出	经营支出
总计	**875 792**	**566 309**	**8 392**	**269 391**	**3 909**	**246**	**27 545**	**818 337**	**631 465**	**173 305**	**5 617**
北京	——	——	——	——	——	——	——	——	——	——	——
天津	74 226	65 605	398	6 510	——	——	1 713	22 930	22 476	454	——
河北	46 095	27 489	400	15 919	——	——	2 287	45 750	41 154	3 391	——
山西	46 225	36 915	12	9 092	——	——	206	45 417	35 373	10 043	——
内蒙古	9 034	7 835	1 060	——	——	——	139	8 105	7 105	1 000	——
辽宁	18 554	11 840	7	5 480	1 220	——	7	19 001	10 810	4 994	1 220
其中:大连	7 252	4 672	——	2 580	——	——	——	7 567	4 112	3 455	——
吉林	——	——	——	——	——	——	——	——	——	——	——
黑龙江	32 913	22 712	——	10 191	——	——	10	32 655	29 027	2 982	——
上海	11 373	5 398	90	1 425	——	——	4 460	9 667	7 750	1 917	——
江苏	81 160	51 000	——	26 214	——	——	3 946	82 749	71 524	11 225	——
浙江	93 798	60 702	——	28 200	——	——	4 896	86 025	62 421	23 604	——
其中:宁波	——	——	——	——	——	——	——	——	——	——	——
安徽	60 829	22 463	3 948	32 054	——	246	2 118	61 381	32 936	28 285	160
福建	8 303	6 912	——	1 375	——	——	16	8 041	5 857	2 184	——
其中:厦门	8 303	6 912	——	1 375	——	——	16	8 041	5 857	2 184	——
江西	2 524	983	——	1 530	——	——	11	2 584	2 564	2	——
山东	19 275	13 826	——	5 231	——	——	218	19 664	19 159	505	——
其中:青岛	——	——	——	——	——	——	——	——	——	——	——
河南	52 817	37 418	——	13 614	1 015	——	770	48 098	37 920	9 163	1 015
湖北	30 232	24 449	210	4 969	——	——	604	31 121	16 390	14 731	——
湖南	39 371	13 008	2	25 527	57	——	777	39 354	33 563	5 734	57
广东	101 572	76 542	1 684	21 569	1 118	——	659	111 225	76 438	34 274	414
其中:深圳	29 982	29 347	130	483	——	——	22	32 831	24 577	8 254	——
广西	32 547	18 903	——	12 797	——	——	847	31 091	26 296	4 795	——
海南	——	——	——	——	——	——	——	——	——	——	——
重庆	13 140	4 807	181	7 344	——	——	808	13 140	10 589	100	2 451
四川	56 684	25 220	400	27 772	499	——	2 793	55 574	41 162	10 109	300
贵州	——	——	——	——	——	——	——	——	——	——	——
云南	19 647	13 282	——	6 200	——	——	165	19 968	18 220	1 748	——
西藏	——	——	——	——	——	——	——	——	——	——	——
陕西	——	——	——	——	——	——	——	——	——	——	——
甘肃	10 506	8 380	——	2 059	——	——	67	10 491	10 491	——	——
青海	——	——	——	——	——	——	——	——	——	——	——
宁夏	9 040	7 539	——	1 476	——	——	25	8 705	8 566	138	——
新疆	5 927	3 081	——	2 843	——	——	3	5 601	3 674	1 927	——

教育经费收支情况

本年支出合计(千元)·在支出合计中：工资福利支出	商品和服务支出	维修(护)费	差旅费	劳务费	福利费	税金支出	对个人和家庭补助支出	抚恤金和生活补助	其他资本性支出	各种设备购置费	资产总计(千元)	固定资产原值
308 024	**205 182**	**30 364**	**8 429**	**25 419**	**5 562**	**863**	**167 357**	**2 540**	**102 818**	**38 161**	**2 753 655**	**1 185 617**
——	——	——	——	——	——	——	——	——	——	——	——	——
10 790	3 444	11	52	——	208	46	8 140	38	555	541	128 646	8 548
17 083	10 123	2 195	752	1 960	815	——	11 964	281	4 424	298	80 570	70 034
13 653	11 344	1 349	438	370	306	——	7 738	146	790	615	34 442	30 780
4 227	135	69	66	——	——	——	865	20	308	——	8 868	5 914
8 723	5 192	469	138	334	90	——	3 041	31	467	311	39 139	36 269
4 321	2 476	94	16	26	38	——	407	29	324	301	12 346	12 346
——	——	——	——	——	——	——	——	——	——	——	——	——
16 231	5 231	1 083	196	1 095	98	——	10 345	44	459	459	35 591	32 905
3 883	2 619	407	27	363	55	60	1 055	——	2 110	345	22 176	15 734
34 710	15 431	1 287	573	2 921	114	1	23 883	813	6 145	2 800	130 628	93 582
35 638	32 243	6 972	1 400	4 182	873	——	12 493	66	5 551	5 416	332 074	274 227
——	——	——	——	——	——	——	——	——	——	——	——	——
11 095	17 129	919	357	14	411	——	10 822	4	22 330	30	1 203 736	101 499
2 834	538	——	30	2	——	93	1 221	84	3 448	320	28 955	26 538
2 834	538	——	30	2	——	93	1 221	84	3 448	320	28 955	26 538
1 006	1 087	33	44	193	61	——	433	——	58	35	7 965	6 178
11 869	3 297	521	208	501	94	——	3 588	44	910	327	49 755	47 891
——	——	——	——	——	——	——	——	——	——	——	——	——
20 592	10 462	1 045	187	2 387	304	151	10 218	140	4 713	1 157	102 924	56 886
8 105	8 219	2 873	184	79	145	——	5 509	72	9 288	9 288	98 827	43 380
12 594	14 542	2 202	1 023	1 213	404	——	6 541	89	5 620	2 641	64 709	54 261
41 878	14 454	944	399	356	557	440	18 805	239	26 991	6 743	190 339	128 624
14 507	4 189	307	129	230	321	127	5 796	2	2 878	2 878	41 742	39 434
12 905	10 436	2 097	510	748	263	1	5 071	2	2 679	2 400	32 091	24 612
——	——	——	——	——	——	——	——	——	——	——	——	——
4 956	3 556	797	334	293	112	71	2 519	150	1 230	960	15 002	11 768
18 381	24 938	2 331	680	6 406	194	——	9 175	117	2 655	2 655	100 018	76 591
——	——	——	——	——	——	——	——	——	——	——	——	——
5 978	5 946	945	580	1 762	164	——	7 970	53	74	74	17 537	15 856
——	——	——	——	——	——	——	——	——	——	——	——	——
——	——	——	——	——	——	——	——	——	——	——	——	——
4 697	1 523	489	91	122	91	——	4 214	58	57	57	7 268	2 939
——	——	——	——	——	——	——	——	——	——	——	——	——
3 588	2 820	976	106	81	171	——	1 668	30	629	629	9 012	7 218
2 608	473	350	54	37	32	——	79	19	1 327	60	13 383	13 383

全国各地区省级文化

	总计	1.文化合计					
			艺术表演团体	艺术表演场馆	图书馆	群众文化	其他文化
总　计	**6 284 950**	**4 323 711**	**1 696 725**	**29 208**	**802 148**	**163 086**	**1 632 544**
北　京	1 128 074	970 001	246 309	4 773	72 121	20 632	626 166
天　津	392 845	263 710	147 855	——	52 071	6 357	57 427
河　北	306 291	105 271	44 460	3 159	24 176	4 442	29 034
山　西	332 057	194 590	40 130	——	19 716	6 605	128 139
内蒙古	111 357	92 759	30 215	——	10 238	2 308	49 998
辽　宁	129 578	121 031	69 715	——	25 938	6 705	18 673
吉　林	91 104	76 209	41 419	1 439	15 498	4 458	13 395
黑龙江	168 485	113 283	67 672	——	26 499	6 003	13 109
上　海	9 916	——	——	——	——	——	——
江　苏	215 584	154 894	23 951	——	60 824	5 382	64 737
浙　江	393 519	239 810	123 515	——	61 110	9 560	45 625
安　徽	123 284	82 669	40 523	520	26 218	3 551	11 857
福　建	196 940	179 649	64 399	——	21 852	5 698	87 700
江　西	96 732	67 937	32 467	——	16 137	2 132	17 201
山　东	205 792	160 576	87 416	3 830	33 524	11 078	24 728
河　南	224 095	78 440	45 762	——	16 126	3 695	12 857
湖　北	239 928	174 718	55 978	——	22 030	5 708	91 002
湖　南	129 482	81 587	28 029	1 413	19 386	3 566	29 193
广　东	341 085	238 409	95 867	8 318	62 818	6 440	64 966
广　西	147 264	76 116	31 731	——	30 985	3 273	10 127
海　南	51 947	45 079	20 330	——	9 883	3 125	11 741
重　庆	201 920	142 602	35 853	——	48 507	449	57 793
四　川	132 830	96 915	35 610	——	24 959	4 985	31 361
贵　州	61 672	50 802	25 125	——	14 997	4 155	6 525
云　南	119 831	96 458	44 008	1 068	19 699	11 854	19 829
西　藏	48 595	48 595	34 995	——	3 411	4 142	6 047
陕　西	241 461	129 885	54 408	——	13 195	3 067	59 215
甘　肃	153 031	77 999	39 471	1 140	26 770	3 889	6 729
青　海	59 186	49 417	21 686	——	8 661	4 305	14 765
宁　夏	78 432	57 538	30 021	490	8 077	3 354	15 596
新　疆	152 633	56 762	37 805	3 058	6 722	2 168	7 009

(文物)机构财政拨款情况

2. 文物合计						3. 教育合计	
	文物科研机构	文物保护管理机构	博物馆	文物商店	其它文物机构		中等专业学校
1 623 523	**197 278**	**16 108**	**796 672**	**900**	**612 565**	**337 716**	**170 538**
158 073	6 770	2 686	132 494	——	16 123	——	——
63 530	——	2 639	60 891	——	——	65 605	65 605
188 261	13 020	——	17 289	——	157 952	12 759	——
137 467	14 742	——	33 280	——	89 445	——	——
18 598	2 290	——	4 588	——	11 720	——	——
8 547	6 067	——	2 480	——	——	——	——
14 895	3 751	——	11 144	——	——	——	——
33 638	3 645	——	28 864	——	1 129	21 564	——
9 916	——	——	——	——	9 916	——	——
39 057	——	——	35 417	——	3 640	21 633	21 633
97 041	13 115	——	70 762	——	13 164	56 668	——
18 152	3 778	——	13 723	——	651	22 463	——
17 291	——	2 085	15 206	——	——	——	——
28 795	4 695	——	15 834	——	8 266	——	——
40 640	3 319	——	21 941	900	14 480	4 576	4 576
124 574	7 661	——	18 280	——	98 633	21 081	19 390
65 210	2 270	——	46 801	——	16 139	——	——
36 516	1 740	——	16 884	——	17 892	11 379	——
69 813	32 096	2 661	26 731	——	8 325	32 863	32 863
54 073	——	——	42 864	——	11 209	17 075	5 745
6 868	——	——	6 868	——	——	——	——
54 511	2 181	——	44 660	——	7 670	4 807	4 807
19 873	5 206	860	6 377	——	7 430	16 042	——
10 870	982	——	4 468	——	5 420	——	——
10 091	2 163	——	5 682	——	2 246	13 282	——
——	——	——	——	——	——	——	——
111 576	30 596	1 042	79 538	——	400	——	——
66 652	25 288	3 927	15 684	——	21 753	8 380	8 380
9 769	3 317	208	6 244	——	——	——	——
13 355	5 175	——	6 160	——	2 020	7 539	7 539
95 871	3 411	——	5 518	——	86 942	——	——

全国各地区文化(文物)机构总收入情况

单位:千元

	总 计	1. 文化合计					2. 文物合计				
			艺术表演团体	艺术表演场馆	图书馆	群众文化		文物科研机构	文物保护管理机构	博物馆	其他文物机构
总 计	**42 944 727**	**31 699 764**	**7 006 533**	**1 225 858**	**4 505 116**	**5 483 013**	**10 369 171**	**775 380**	**2 694 095**	**5 063 749**	**1 832 437**
中 央	3 882 190	2 842 382	563 882	8 248	468 230	——	1 039 808	42 343	——	741 138	256 327
北 京	2 781 259	1 844 719	327 226	62 590	188 622	140 926	936 540	8 665	511 127	204 658	212 090
天 津	982 524	814 173	184 390	9 989	138 822	82 316	94 125	——	7 404	86 721	——
河 北	1 370 147	755 732	187 534	29 847	89 284	128 964	568 320	22 773	249 155	102 407	193 985
山 西	1 647 900	1 122 289	241 384	43 374	78 191	111 200	479 386	62 766	66 384	146 083	204 153
内蒙古	869 691	710 935	192 543	11 918	73 377	101 041	149 722	28 736	33 232	74 895	12 859
辽 宁	1 111 284	884 210	209 603	38 218	200 957	154 801	208 520	18 402	23 499	140 986	25 419
其中:大连	181 509	146 382	29 782	4 471	44 747	24 735	27 875	1 019	——	26 856	——
吉 林	694 900	600 111	187 596	30 688	90 324	103 684	94 789	11 735	11 224	71 413	417
黑龙江	793 062	674 736	244 245	10 513	100 671	114 162	85 413	3 645	14 113	65 613	2 042
上 海	2 660 167	2 348 695	378 745	298 561	488 502	471 063	300 099	——	6 104	276 769	17 226
江 苏	2 221 647	1 752 814	341 479	13 985	290 248	449 809	387 673	1 828	58 747	307 787	19 311
浙 江	3 432 862	2 332 153	388 412	117 730	326 253	603 484	1 006 911	21 721	391 788	377 310	216 092
其中:宁波	405 842	348 583	35 948	23 908	37 254	122 864	57 259	——	36 484	20 775	——
安 徽	907 450	749 159	201 876	27 745	86 608	136 647	97 462	6 331	40 918	48 338	1 288
福 建	1 019 339	916 424	249 940	63 314	112 240	110 913	94 612	1 675	15 072	69 350	8 515
其中:厦门	169 943	151 021	45 355	8 593	31 423	24 064	10 619	944	1 788	7 887	——
江 西	679 858	560 803	132 965	19 951	75 838	89 206	116 531	9 493	12 765	80 853	13 410
山 东	1 775 520	1 284 733	351 900	20 192	202 283	244 182	471 512	12 708	273 085	140 610	44 179
其中:青岛	268 263	240 641	60 073	1 201	30 998	44 432	27 622	630	1 614	20 587	4 791
河 南	1 656 133	973 939	227 399	79 506	91 317	185 486	629 377	54 526	241 594	164 674	168 563
湖 北	1 483 848	1 077 082	278 867	40 189	115 791	171 856	376 534	22 580	41 526	281 969	30 459
湖 南	1 064 028	763 549	156 621	30 975	93 480	164 372	261 108	12 045	66 850	149 335	32 858
广 东	3 297 683	2 739 770	457 573	93 541	478 541	794 862	456 341	56 135	35 478	307 656	57 072
其中:深圳	733 388	660 594	40 157	24 127	133 459	231 968	43 157	3 349	3 020	31 337	5 451
广 西	773 812	588 220	150 220	11 698	92 785	98 478	153 045	4 389	11 021	119 807	17 446
海 南	165 444	149 211	43 805	1 045	20 485	25 548	16 233	——	5 494	10 011	728
重 庆	725 080	541 183	97 559	2 328	86 054	132 104	170 757	11 918	23 398	126 511	8 930
四 川	1 691 035	1 088 610	225 779	40 538	134 645	213 327	545 741	91 714	166 698	271 496	15 833
贵 州	653 321	573 198	106 351	6 715	53 544	97 912	80 123	7 467	26 524	25 626	20 356
云 南	945 550	830 387	199 836	27 667	99 770	179 013	95 516	17 345	40 392	35 233	2 546
西 藏	247 501	160 026	68 362	4 937	4 806	17 305	87 475	774	71 953	5 852	7 699
陕 西	1 398 700	597 788	175 745	28 826	54 009	107 426	800 912	109 607	132 412	502 929	55 964
甘 肃	728 310	459 636	157 118	12 523	66 939	75 738	258 168	119 254	36 352	68 154	34 408
青 海	197 169	176 575	54 853	490	21 879	33 328	20 594	3 791	2 933	13 442	428
宁 夏	242 320	194 652	52 628	2 863	25 386	36 592	38 628	5 326	15 472	14 526	3 304
新 疆	844 993	591 870	170 097	35 154	55 235	107 268	247 196	5 688	61 381	31 597	148 530

全国各地区文化(文物)机构财政拨款情况

单位:千元

地区	总计	1.文化合计					2.文物合计				
			艺术表演团体	艺术表演场馆	图书馆	群众文化		文物科研机构	文物保护管理机构	博物馆	其他文物机构
总　计	**25 280 877**	**19 896 210**	**4 974 452**	**316 163**	**3 954 407**	**4 323 106**	**4 818 358**	**271 696**	**764 410**	**2 645 847**	**1 132 895**
中　央	2 302 429	1 909 239	338 086	——	402 556	——	393 190	28 938	——	198 030	166 222
北　京	1 472 361	1 269 649	254 752	7 608	171 265	100 518	202 712	6 770	23 824	150 257	21 861
天　津	555 986	419 339	154 472	790	128 082	54 971	71 042	——	5 313	65 729	——
河　北	771 715	456 940	119 509	6 557	85 173	119 845	287 286	13 990	51 583	59 415	162 298
山　西	826 596	555 669	150 546	13 275	70 079	94 527	234 012	19 796	26 744	67 474	119 998
内蒙古	645 703	534 939	170 699	6 907	71 500	97 953	102 929	2 290	23 399	65 209	12 031
辽　宁	744 743	629 046	168 091	6 600	190 537	143 995	103 857	8 313	13 577	67 072	14 681
其中:大连	136 795	114 612	22 869	1 368	42 133	24 114	17 511	1 019	——	16 492	——
吉　林	469 686	414 703	138 691	17 499	85 786	97 289	54 983	5 071	10 796	39 116	——
黑龙江	595 142	500 554	223 150	1 883	98 374	107 210	71 876	3 645	12 842	54 260	1 129
上　海	1 321 814	1 115 928	151 004	31 315	383 080	289 293	200 488	——	5 357	185 215	9 916
江　苏	1 458 921	1 118 076	211 259	1 030	244 594	323 820	289 845	681	48 770	226 363	14 031
浙　江	2 056 875	1 492 111	259 203	53 487	281 255	449 739	504 062	13 608	111 037	216 426	162 991
其中:宁波	267 663	231 005	23 505	13 277	32 959	74 536	36 658	——	23 205	13 453	——
安　徽	539 223	452 516	150 950	8 823	74 816	117 486	64 244	5 683	26 272	30 787	915
福　建	632 094	547 046	177 827	7 326	84 159	84 070	78 136	1 345	12 582	56 623	7 586
其中:厦门	128 501	111 936	32 282	942	29 620	19 660	9 653	614	1 788	7 251	——
江　西	425 717	347 986	102 561	7 622	63 490	69 261	76 748	5 095	6 821	56 361	8 461
山　东	1 132 551	927 042	269 312	11 392	193 143	223 699	191 683	6 978	43 669	109 753	30 353
其中:青岛	202 903	186 073	43 930	1 201	29 108	38 415	16 830	401	1 564	13 952	913
河　南	842 032	551 205	144 666	12 277	83 036	166 544	253 409	15 911	57 065	64 947	115 466
湖　北	840 383	611 383	208 756	3 196	98 867	119 815	204 551	3 089	12 743	171 195	17 524
湖　南	623 150	456 992	97 311	11 686	76 023	129 303	153 150	1 740	48 032	74 347	29 011
广　东	2 137 719	1 751 765	286 345	59 214	422 302	561 378	309 412	38 055	11 219	211 502	48 636
其中:深圳	455 955	394 414	17 244	23 725	99 748	149 689	32 324	3 158	2 310	22 368	4 488
广　西	478 517	357 041	119 824	1 273	82 087	88 333	102 573	3 161	8 740	79 081	11 209
海　南	110 430	98 688	31 844	——	18 756	22 638	11 742	——	2 882	8 860	——
重　庆	402 184	326 905	53 267	581	74 719	75 073	70 472	2 181	11 176	48 305	8 810
四　川	927 091	726 047	170 000	9 528	117 367	189 353	175 824	7 349	58 269	102 375	7 831
贵　州	331 580	296 135	85 124	706	47 146	89 221	35 445	982	16 285	9 877	8 151
云　南	641 315	565 213	166 175	5 291	90 358	162 161	62 820	2 163	30 331	28 080	2 246
西　藏	120 028	97 968	66 692	3 873	4 806	14 548	22 060	774	9 231	5 472	5 386
陕　西	591 185	388 649	128 620	8 033	50 499	97 449	202 536	36 475	36 042	117 569	12 450
甘　肃	420 870	308 443	127 516	3 024	65 291	71 993	104 047	25 710	6 657	48 260	23 420
青　海	153 039	137 087	48 925	469	21 449	30 808	15 952	3 317	2 768	9 867	——
宁　夏	166 426	137 281	45 580	965	24 662	32 652	21 606	5 175	6 381	8 030	2 020
新　疆	543 372	394 625	153 695	13 933	49 150	98 161	145 666	3 411	24 003	9 990	108 262

全国各地区文化(文物)机构事业收入情况

单位:千元

	总计	1. 文化合计					2. 文物合计				
			艺术表演团体	艺术表演场馆	图书馆	群众文化		文物科研机构	文物保护管理机构	博物馆	其他文物机构
总　计	**7 464 890**	**3 276 795**	**1 351 605**	**621 381**	**209 310**	**319 785**	**3 918 704**	**419 017**	**1 588 406**	**1 876 174**	**35 107**
中　央	882 033	374 979	157 842	--	28 923	--	507 054	12 300	--	487 193	7 561
北　京	590 972	142 574	57 516	46 295	8 775	14 760	448 398	1 531	406 386	37 372	3 109
天　津	96 246	77 009	19 417	6 487	4 912	13 662	12 727	--	1 903	10 824	--
河　北	306 154	69 268	51 048	10 008	620	2 455	220 967	7 422	175 286	38 259	--
山　西	295 726	133 930	72 476	16 687	1 364	2 320	152 704	41 711	31 302	75 867	3 824
内蒙古	69 539	31 266	16 431	3 500	285	1 025	38 273	23 400	7 501	7 372	--
辽　宁	161 818	70 858	35 897	13 526	8 370	2 979	85 480	10 059	4 798	70 430	193
其中:大连	19 196	8 898	4 983	1 015	2 205	252	7 718	--	--	7 718	--
吉　林	92 071	61 373	43 397	11 594	670	1 151	30 698	4 065	190	26 443	--
黑龙江	38 887	19 452	12 484	3 418	634	1 121	9 244	--	331	8 883	30
上　海	786 713	712 791	147 282	233 216	45 902	55 830	72 497	--	18	72 479	--
江　苏	262 601	173 844	87 996	8 949	18 159	40 746	62 543	885	6 460	55 198	--
浙　江	578 408	152 155	68 439	34 180	16 866	24 384	398 053	6 187	252 489	139 377	--
其中:宁波	28 586	18 509	5 175	4 759	721	7 445	10 077	--	4 419	5 658	--
安　徽	104 283	61 600	33 744	8 441	3 407	4 106	10 629	35	3 745	6 849	--
福　建	121 296	114 481	47 858	34 747	10 713	6 509	5 440	249	491	4 700	--
其中:厦门	15 406	13 379	5 013	6 317	1 493	526	652	249	--	403	--
江　西	84 690	55 823	21 678	8 960	4 232	4 169	27 337	3 869	3 807	19 661	--
山　东	341 323	80 834	57 223	5 445	4 536	7 366	255 258	5 432	226 155	23 671	--
其中:青岛	17 068	12 912	9 281	--	701	2 481	4 156	--	50	4 106	--
河　南	390 762	132 356	68 993	43 648	1 272	4 845	244 792	32 626	134 994	61 509	15 663
湖　北	231 698	130 349	37 575	24 361	4 536	12 320	96 380	6 607	14 368	75 188	217
湖　南	179 630	75 694	30 742	11 054	4 456	7 839	78 409	10 305	10 914	57 190	--
广　东	362 256	231 874	113 228	26 712	13 348	65 639	108 813	17 427	19 713	70 427	1 246
其中:深圳	39 532	36 558	10 532	112	1 987	20 679	2 676	--	--	2 676	--
广　西	70 181	40 525	21 229	4 959	4 091	3 809	16 859	485	788	15 586	--
海　南	12 810	10 890	7 872	539	3	80	1 920	--	1 900	20	--
重　庆	127 346	34 280	9 391	979	4 898	16 926	85 722	9 629	9 964	66 067	62
四　川	400 507	60 910	29 780	11 650	11 133	7 991	311 825	84 345	83 256	144 224	--
贵　州	50 967	27 618	3 683	1 265	1 494	2 214	23 349	6 412	2 253	14 684	--
云　南	70 280	45 197	22 123	14 459	3 675	3 483	18 883	14 703	2 062	2 118	--
西　藏	65 180	3 728	359	1 049	--	2 320	61 452	--	61 072	380	--
陕　西	433 341	65 081	34 184	9 133	499	3 408	368 260	36 889	73 708	254 461	3 202
甘　肃	153 639	31 599	23 178	6 755	33	1 346	119 981	81 822	24 595	13 564	--
青　海	8 763	6 714	3 368	21	104	755	2 049	372	70	1 607	--
宁　夏	23 522	9 163	4 951	494	200	717	12 883	--	7 628	5 255	--
新　疆	71 248	38 580	10 221	18 850	1 200	3 510	29 825	250	20 259	9 316	--

全国各地区文化(文物)机构经营收入情况

单位:千元

	总 计	1. 文化合计					2. 文物合计				
			艺术表演团体	艺术表演场馆	图书馆	群众文化		文物科研机构	文物保护管理机构	博物馆	其他文物机构
总 计	**828 558**	**632 704**	**17 466**	**95 481**	**27 747**	**122 568**	**191 945**	**169**	**129 895**	**61 881**	**——**
中 央	73 425	34 222	——	8 236	6 554	——	39 203	——	——	39 203	——
北 京	88 737	9 688	——	2 921	934	430	79 049	——	77 594	1 455	——
天 津	162 511	162 403	——	958	468	590	108	——	108	——	——
河 北	14 257	7 296	——	4 807	181	1 255	6 961	——	6 211	750	——
山 西	20 261	20 261	280	3 983	1 731	60	——	——	——	——	——
内蒙古	1 470	1 470	50	1 106	——	74	——	——	——	——	——
辽 宁	22 121	19 732	——	11 963	9	192	1 169	——	1 169	——	——
其中:大连	2 091	2 091	——	2 088	——	3	——	——	——	——	——
吉 林	2 863	2 811	905	688	631	444	52	——	——	52	——
黑龙江	1 067	1 067	116	519	——	——	——	——	——	——	——
上 海	48 637	45 018	——	5 263	755	38 381	3 619	——	——	3 619	——
江 苏	15 535	14 120	——	1 755	2 546	9 686	1 415	——	——	1 415	——
浙 江	116 782	115 218	2 732	5 636	1 169	3 331	1 564	——	917	647	——
其中:宁波	805	540	——	——	——	540	265	——	——	265	——
安 徽	4 698	4 653	25	3 114	142	499	45	——	45	——	——
福 建	8 703	8 552	360	5 590	75	1 568	151	——	1	150	——
其中:厦门	173	173	——	101	——	72	——	——	——	——	——
江 西	17 727	17 638	254	2 046	235	1 314	89	——	——	89	——
山 东	5 355	3 956	327	1 081	27	717	1 399	——	1 060	339	——
其中:青岛	811	755	327	——	7	——	56	——	——	56	——
河 南	44 271	11 697	1 561	6 605	1 134	1 839	31 559	169	27 713	3 677	——
湖 北	19 951	15 715	1 923	4 716	145	3 365	4 236	——	233	4 003	——
湖 南	21 319	20 315	2 799	4 614	3 887	1 836	947	——	157	790	——
广 东	31 420	29 563	958	2 315	380	25 179	739	——	——	739	——
其中:深圳	873	167	——	30	——	137	706	——	——	706	——
广 西	15 312	14 882	12	3 643	146	956	430	——	——	430	——
海 南	1 351	1 351	838	410	——	103	——	——	——	——	——
重 庆	38 817	36 247	156	613	550	25 347	2 570	——	455	2 115	——
四 川	21 715	10 332	1 382	5 463	1 887	1 580	10 884	——	9 803	1 081	——
贵 州	2 665	1 667	631	166	——	147	998	——	998	——	——
云 南	15 424	14 236	1 227	3 095	4 048	2 583	1 188	——	1	1 187	——
西 藏	648	248	73	5	——	170	400	——	400	——	——
陕 西	6 680	3 647	60	3 391	13	143	3 033	——	2 953	80	——
甘 肃	741	741	306	257	——	172	——	——	——	——	——
青 海	242	242	54	——	——	188	——	——	——	——	——
宁 夏	2 470	2 393	——	——	100	360	77	——	77	——	——
新 疆	1 383	1 323	437	522	——	59	60	——	——	60	——

全国各地区文化(文物)机构总支出情况

单位:千元

	总计	1.文化合计					2.文物合计				
			艺术表演团体	艺术表演场馆	图书馆	群众文化		文物科研机构	文物保护管理机构	博物馆	其他文物机构
总计	**40 800 950**	**30 600 948**	**6 796 125**	**1 386 928**	**4 313 264**	**5 757 224**	**9 381 665**	**708 790**	**2 354 166**	**4 720 816**	**1 594 383**
中央	3 424 800	2 426 520	472 630	10 306	368 855	——	998 280	62 850	——	670 658	264 772
北京	2 809 530	1 918 649	328 051	177 681	184 699	132 565	890 881	8 326	480 886	221 780	179 889
天津	793 889	687 943	156 080	11 408	125 901	81 977	83 016	——	7 401	75 615	——
河北	1 166 660	746 742	186 244	32 683	100 925	134 254	374 168	19 585	180 071	95 299	79 213
山西	1 262 769	796 264	233 517	44 504	71 934	117 577	421 088	60 388	58 419	123 340	178 941
内蒙古	805 006	663 261	187 326	11 925	68 793	100 728	133 640	22 332	28 513	68 926	13 869
辽宁	1 084 672	860 770	197 381	41 168	196 729	154 143	204 901	15 806	23 656	139 693	25 532
其中:大连	183 662	148 643	30 276	5 970	44 718	25 024	27 452	1 019	——	26 433	——
吉林	697 569	599 086	185 134	32 387	89 471	104 068	98 483	11 686	11 248	75 132	417
黑龙江	787 555	676 269	246 268	11 415	99 402	116 801	78 631	3 645	13 114	59 830	2 042
上海	2 623 489	2 329 999	365 884	311 105	455 370	475 539	283 823	——	5 829	264 162	13 832
江苏	2 210 921	1 765 944	332 260	13 908	335 339	445 873	362 228	1 827	52 194	290 249	17 958
浙江	3 205 963	2 277 712	375 009	119 173	311 506	601 631	842 226	17 171	288 107	326 370	210 578
其中:宁波	401 904	348 841	36 485	23 699	37 155	121 269	53 063	——	34 551	18 512	——
安徽	876 762	717 176	190 444	32 801	85 732	136 385	98 205	6 534	41 232	48 472	1 380
福建	945 124	847 460	236 857	64 938	95 106	110 478	89 623	1 636	13 566	66 167	8 254
其中:厦门	161 680	142 308	46 606	9 785	30 486	21 302	11 331	905	2 051	8 375	——
江西	675 915	552 094	131 111	22 409	69 622	90 021	121 237	7 018	13 109	87 678	13 422
山东	1 710 626	1 284 214	345 600	20 179	215 786	241 225	406 748	13 041	236 997	129 663	26 117
其中:青岛	272 310	243 591	60 094	1 201	30 881	45 270	28 719	844	1 614	20 520	5 741
河南	1 766 726	1 128 639	216 169	75 482	88 711	382 668	589 989	53 575	220 054	162 222	154 118
湖北	1 473 109	1 089 351	279 632	45 474	115 871	192 523	352 637	15 182	40 932	265 492	31 031
湖南	1 052 153	756 848	157 290	31 364	91 245	163 720	255 951	12 164	66 007	144 987	32 773
广东	3 273 759	2 705 966	450 262	94 189	469 626	764 994	456 568	51 266	32 987	312 742	59 573
其中:深圳	712 745	637 258	40 817	24 127	130 224	223 462	42 994	3 349	1 610	32 981	5 054
广西	749 652	585 924	155 264	13 374	89 289	98 669	132 637	2 364	10 905	99 416	19 570
海南	156 830	143 921	42 048	1 386	20 699	25 109	12 909	——	5 462	6 719	728
重庆	627 576	481 701	90 327	3 540	65 447	133 687	132 735	5 719	23 199	95 806	8 011
四川	1 747 912	1 167 229	244 741	39 576	125 999	288 054	525 109	84 050	163 061	266 701	11 297
贵州	488 228	421 919	101 625	8 747	50 812	97 470	66 309	6 462	20 898	28 537	10 262
云南	980 225	838 675	200 323	29 387	101 625	182 462	121 582	16 478	36 902	56 170	12 032
西藏	200 489	154 111	67 655	4 183	5 180	17 234	46 378	766	36 827	5 656	1 932
陕西	1 284 676	601 493	186 308	30 701	53 630	107 425	683 183	97 512	131 905	401 853	51 913
甘肃	684 487	430 805	156 800	12 692	60 027	75 087	243 191	96 164	37 819	70 486	38 722
青海	204 144	180 290	55 065	499	22 076	38 015	23 854	4 406	2 862	15 990	596
宁夏	237 454	188 628	52 194	3 179	25 644	35 749	40 121	5 375	15 243	16 181	3 322
新疆	792 280	575 345	170 626	35 165	52 213	111 093	211 334	5 462	54 761	28 824	122 287

全国各地区文化(文物)机构基本支出情况

单位:千元

	总计	1.文化合计					2.文物合计				
			艺术表演团体	艺术表演场馆	图书馆	群众文化		文物科研机构	文物保护管理机构	博物馆	其他文物机构
总计	**25 062 087**	**19 611 485**	**5 738 226**	**838 789**	**2 689 928**	**3 914 915**	**4 819 137**	**360 170**	**1 486 733**	**2 639 619**	**329 105**
中央	1 493 030	1 155 927	370 694	——	144 731	——	337 103	23 223	——	265 367	48 513
北京	1 147 376	737 613	267 927	49 970	99 755	80 570	409 763	6 258	289 064	97 954	16 487
天津	545 194	451 599	117 095	8 416	110 485	51 607	71 119	——	7 197	63 922	——
河北	867 835	580 216	160 453	20 062	72 412	113 825	246 465	13 523	143 095	61 656	28 191
山西	827 643	567 080	200 282	28 665	57 663	83 307	225 190	21 073	50 468	83 445	70 204
内蒙古	633 296	526 919	177 499	7 682	62 144	98 387	99 272	16 280	21 620	61 061	311
辽宁	719 997	607 040	163 852	20 692	133 915	118 801	102 147	7 666	12 800	74 441	7 026
其中:大连	93 036	73 534	19 355	1 983	19 689	16 024	15 390	595	——	14 795	——
吉林	527 406	450 067	155 133	25 389	66 252	91 283	77 339	4 290	9 873	62 759	417
黑龙	612 366	523 005	231 315	9 133	78 247	80 639	60 334	3 645	11 319	43 382	1 988
上海	1 627 234	1 471 650	323 470	193 922	259 501	297 265	147 834	——	4 188	142 402	1 244
江苏	1 505 762	1 208 451	300 085	11 350	201 681	314 788	225 787	1 827	32 697	188 377	2 886
浙江	1 818 134	1 337 119	297 634	96 209	191 033	397 780	418 594	11 649	180 626	221 266	5 053
其中:宁波	224 381	193 143	28 827	17 463	24 051	75 518	31 238	——	17 764	13 474	——
安徽	598 473	512 663	165 070	19 861	50 304	103 575	52 874	5 269	21 053	25 192	773
福建	658 806	604 353	204 520	43 088	60 957	75 431	48 596	990	4 521	41 966	1 119
其中:厦门	94 343	80 943	30 102	7 925	15 769	11 986	7 543	500	202	6 841	——
江西	455 922	385 650	121 283	9 555	48 302	64 051	67 708	2 672	10 176	51 683	3 167
山东	1 378 345	1 007 631	302 998	17 747	154 530	222 261	351 555	11 707	218 234	109 195	11 489
其中:青岛	165 557	150 425	48 537	1 201	25 112	39 720	15 132	844	1 044	10 162	3 082
河南	1 020 767	691 734	183 048	48 176	66 067	148 065	291 113	41 072	114 987	95 124	39 910
湖北	797 671	660 071	217 777	26 573	68 917	117 953	121 210	853	24 770	85 533	10 054
湖南	742 214	575 067	142 200	21 251	70 540	136 076	133 584	3 124	33 934	92 915	3 591
广东	1 773 757	1 471 765	318 604	56 015	237 855	437 751	225 554	10 331	20 943	186 486	7 794
其中:深圳	351 092	303 313	15 848	23 980	58 658	134 912	23 540	2 158	80	20 384	918
广西	505 524	421 393	140 026	8 283	65 895	76 263	57 835	1 998	7 176	48 279	——
海南	104 446	96 266	35 817	299	8 965	16 499	8 180	——	3 637	4 543	——
重庆	356 130	276 034	74 165	1 860	30 575	75 235	69 507	1 202	11 456	56 209	640
四川	984 679	675 450	186 236	25 999	69 837	175 496	268 067	7 587	69 218	186 181	5 081
贵州	386 668	341 955	90 518	7 254	34 986	92 284	44 713	6 262	11 793	22 700	3 808
云南	651 804	574 055	166 188	23 753	67 497	134 564	59 529	15 868	20 340	23 321	——
西藏	181 785	145 573	62 502	4 032	4 724	16 342	36 212	686	29 059	4 876	394
陕西	776 878	472 267	163 083	24 567	43 772	84 823	304 611	55 035	58 921	160 230	30 425
甘肃	544 649	377 886	145 586	11 869	50 924	70 444	156 272	78 003	27 900	45 351	5 018
青海	151 500	136 826	50 368	499	16 656	29 428	14 674	3 509	2 679	8 000	486
宁夏	189 071	152 402	48 151	2 265	21 228	29 073	28 103	2 283	11 807	11 871	2 142
新疆	477 725	415 758	154 647	14 353	39 578	81 049	58 293	2 285	21 182	13 932	20 894

全国各地区文化(文物)机构项目支出情况

单位:千元

	总 计	1. 文化合计					2. 文物合计				
			艺术表演团体	艺术表演场馆	图书馆	群众文化		文物科研机构	文物保护管理机构	博物馆	其他文物机构
总　计	**12 303 199**	**8 568 944**	**916 077**	**212 989**	**1 432 822**	**1 037 263**	**3 560 950**	**340 313**	**432 447**	**1 668 939**	**1 119 251**
中　央	1 687 039	1 217 624	101 936	——	223 004	——	469 415	39 627	——	244 464	185 324
北　京	1 444 072	1 145 376	58 375	107 511	84 343	46 073	298 696	1 868	18 732	116 999	161 097
天　津	127 219	115 516	27 449	——	13 625	22 409	11 249	——	80	11 169	——
河　北	237 364	116 895	23 186	3 927	23 025	3 279	117 078	6 062	27 782	32 812	50 422
山　西	327 623	158 595	27 628	7 671	12 540	20 054	158 985	39 313	3 115	29 048	87 509
内蒙古	145 860	110 494	9 344	——	4 542	1 771	34 366	6 050	6 893	7 865	13 558
辽　宁	256 408	162 250	32 490	2 016	49 792	14 194	89 164	8 140	4 341	61 956	14 727
其中:大连	66 801	51 677	10 921	——	19 663	4 165	11 669	424	——	11 245	——
吉　林	136 906	120 900	28 913	1 386	18 572	6 245	16 006	7 396	720	7 890	——
黑龙江	126 299	117 889	13 447	461	17 447	22 545	5 428	——	753	4 621	54
上　海	644 433	514 874	32 551	6 266	189 077	104 363	127 642	——	1 640	118 201	7 801
江　苏	631 415	485 997	25 524	732	126 801	88 153	134 193	——	19 497	99 705	14 991
浙　江	1 160 687	780 080	73 562	11 238	119 234	166 533	357 003	5 522	55 520	90 504	205 457
其中:宁波	162 065	140 244	7 658	6 189	13 103	34 708	21 821	——	16 787	5 034	——
安　徽	158 274	101 848	8 921	960	25 824	7 470	28 141	60	10 105	17 626	350
福　建	221 046	183 415	27 052	3 207	29 687	23 248	35 447	387	8 933	18 992	7 135
其中:厦门	63 955	58 032	16 478	159	14 617	9 266	3 739	387	1 849	1 503	——
江　西	131 059	85 639	8 703	815	12 369	5 654	45 418	4 346	1 815	30 426	8 831
山　东	269 220	237 317	30 587	185	47 249	13 982	31 398	1 334	5 996	9 441	14 627
其中:青岛	87 716	84 055	5 138	——	4 829	5 171	3 661	——	57	945	2 659
河　南	368 633	137 902	29 307	4 672	11 383	13 257	221 568	12 355	55 167	45 741	108 305
湖　北	519 775	318 531	54 416	3 460	38 981	32 573	186 513	9 392	8 270	148 952	19 899
湖　南	253 481	134 776	11 707	4 956	15 547	20 954	112 971	9 040	26 768	47 981	29 182
广　东	1 364 562	1 110 242	124 462	31 924	210 761	266 005	220 046	40 935	11 031	116 301	51 779
其中:深圳	336 551	311 779	24 969	——	67 627	83 870	16 518	1 191	630	10 561	4 136
广　西	186 071	116 520	13 908	213	18 609	6 000	64 756	366	2 040	42 780	19 570
海　南	39 427	36 644	4 220	——	10 087	7 715	2 783	——	1 023	1 260	500
重　庆	205 533	151 013	15 675	——	28 182	24 844	54 420	4 517	6 016	36 516	7 371
四　川	625 280	399 995	55 253	1 261	40 785	74 267	215 176	76 463	70 254	63 176	5 283
贵　州	62 426	45 198	4 554	——	10 651	1 377	17 228	200	4 901	5 837	6 290
云　南	247 055	188 375	31 093	1 361	23 838	25 077	56 932	610	13 771	30 519	12 032
西　藏	4 330	1 916	——	41	456	200	2 414	80	568	780	986
陕　西	348 474	79 390	9 532	282	4 685	5 592	269 084	41 202	30 034	180 349	17 499
甘　肃	125 547	39 701	10 603	41	9 103	3 310	85 846	18 061	9 854	24 245	33 686
青　海	27 068	20 584	4 557	——	2 763	963	6 484	897	——	5 587	——
宁　夏	35 992	26 722	4 043	51	3 259	1 318	9 132	2 913	1 483	3 556	1 180
新　疆	184 621	106 726	13 079	18 352	6 601	7 838	75 968	3 177	25 345	13 640	33 806

全国各地区文化(文物)机构经营支出情况

单位:千元

	总 计	1.文化合计					2.文物合计				
			艺术表演团体	艺术表演场馆	图书馆	群众文化		文物科研机构	文物保护管理机构	博物馆	其他文物机构
总　计	**789 940**	**457 112**	**21 725**	**136 292**	**21 475**	**98 788**	**327 211**	**141**	**228 672**	**63 700**	**34 698**
中　央	93 063	20 523	——	5 739	1 120	——	72 540	——	——	42 207	30 333
北　京	202 000	24 370	——	18 051	554	422	177 630	——	171 766	3 759	2 105
天　津	3 572	3 572	——	2 864	468	150	——	——	——	——	——
河　北	13 701	7 279	——	5 651	239	1 259	6 422	——	5 921	501	——
山　西	19 939	19 102	300	3 884	1 731	120	837	——	——	——	837
内蒙古	1 832	1 832	50	1 478	——	74	——	——	——	——	——
辽　宁	18 454	16 481	——	13 403	9	756	753	——	753	——	——
其中:大连	4 003	4 003	——	3 987	——	16	——	——	——	——	——
吉　林	3 185	3 133	906	1 010	631	443	52	——	——	52	——
黑龙江	1 195	1 195	116	595	——	——	——	——	——	——	——
上　海	55 346	52 288	——	5 177	244	31 115	3 058	——	——	3 058	——
江　苏	14 063	12 345	——	1 826	1 831	8 555	1 718	——	——	1 718	——
浙　江	105 691	104 703	1 926	8 877	941	2 851	988	——	497	424	67
其中:宁波	575	571	——	——	——	571	4	——	——	4	——
安　徽	9 448	9 243	672	6 217	661	1 087	45	——	45	——	——
福　建	18 770	18 693	974	12 371	1 002	3 635	77	——	——	77	——
其中:厦门	957	957	——	917	——	40	——	——	——	——	——
江　西	14 251	13 117	810	1 795	202	945	1 134	——	——	89	1 045
山　东	14 132	3 777	327	1 416	20	701	10 355	——	10 023	332	——
其中:青岛	410	404	327	——	2	——	6	——	——	6	——
河　南	47 658	13 887	1 561	8 917	1 129	1 832	32 756	141	29 940	2 675	——
湖　北	21 420	19 822	2 000	9 939	76	2 731	1 598	——	233	1 365	——
湖　南	19 847	18 794	1 764	2 980	3 838	921	996	——	237	759	——
广　东	25 364	24 863	1 365	3 445	46	19 431	87	——	——	87	——
其中:深圳	228	228	——	147	——	81	——	——	——	——	——
广　西	8 085	7 312	5	4 606	125	661	773	——	——	773	——
海　南	2 378	2 323	1 224	1 087	——	12	55	——	55	——	——
重　庆	23 161	18 625	54	37	810	15 696	2 085	——	——	2 085	——
四　川	19 985	12 020	2 403	6 296	1 782	1 530	7 665	——	6 903	762	——
贵　州	4 524	3 989	3 121	206	156	84	535	——	535	——	——
云　南	16 026	14 727	1 141	3 908	3 777	2 702	1 299	——	97	1 202	——
西　藏	628	228	53	5	——	170	400	——	400	——	——
陕　西	7 052	3 927	211	3 501	31	154	3 125	——	1 219	1 595	311
甘　肃	673	673	288	290	——	95	——	——	——	——	——
青　海	684	684	54	——	——	188	——	——	——	——	——
宁　夏	2 149	2 101	——	——	52	410	48	——	48	——	——
新　疆	1 664	1 484	400	721	——	58	180	——	——	180	——

全国各地区文化(文物)机构工资福利支出情况

单位:千元

	总计	1.文化合计					2.文物合计				
			艺术表演团体	艺术表演场馆	图书馆	群众文化		文物科研机构	文物保护管理机构	博物馆	其他文物机构
总计	**12 862 722**	**10 299 331**	**2 951 578**	**408 304**	**1 517 704**	**2 534 608**	**2 255 367**	**142 252**	**669 170**	**1 286 813**	**157 132**
中央	563 273	400 943	164 958	1 563	53 152	——	162 330	9 176	——	125 665	27 489
北京	419 851	279 935	86 277	35 166	48 962	31 962	139 916	2 736	83 983	45 809	7 388
天津	225 075	187 055	62 033	5 448	44 101	25 676	27 230	——	3 433	23 797	——
河北	483 075	331 043	93 682	13 782	36 864	85 751	134 949	4 402	86 529	31 253	12 765
山西	425 718	304 013	105 664	12 550	34 668	53 554	108 052	10 181	24 592	43 245	30 034
内蒙古	318 201	280 940	100 618	5 880	39 584	62 714	33 034	1 484	11 951	19 448	151
辽宁	402 138	324 380	84 381	11 307	74 895	73 303	69 035	4 590	9 056	50 971	4 418
其中:大连	61 863	49 257	12 242	1 353	13 135	11 796	8 285	595	——	7 690	——
吉林	267 914	239 399	70 677	10 809	42 701	62 711	28 515	2 891	5 624	19 642	358
黑龙江	366 035	312 895	138 369	4 471	47 371	56 747	36 909	2 220	7 670	26 114	905
上海	769 023	676 940	151 159	60 079	135 159	168 834	88 200	——	2 176	86 024	——
江苏	737 768	592 189	133 296	6 319	106 299	176 580	110 869	877	14 500	93 518	1 974
浙江	963 172	748 121	158 957	39 498	117 465	220 462	179 413	6 013	92 390	78 257	2 753
其中:宁波	138 447	117 621	17 329	12 591	17 651	34 638	20 826	——	11 451	9 375	——
安徽	337 828	297 151	85 075	14 380	31 664	77 646	29 582	2 853	10 963	15 211	555
福建	313 686	282 497	107 865	20 967	33 805	40 793	28 355	852	2 474	24 315	714
其中:厦门	54 066	47 068	20 766	4 484	7 840	6 332	4 164	378	119	3 667	——
江西	276 971	236 313	69 914	9 197	29 073	50 900	39 652	1 533	5 386	31 532	1 201
山东	715 707	564 952	178 918	6 847	84 809	147 238	138 886	4 765	62 664	65 853	5 604
其中:青岛	102 858	91 542	34 345	——	14 353	21 490	11 316	383	792	8 851	1 290
河南	557 139	400 889	83 624	25 835	46 343	120 232	135 658	10 093	56 207	52 882	16 476
湖北	430 113	356 258	104 098	14 940	46 878	74 415	65 750	3 055	11 599	45 524	5 572
湖南	410 786	333 713	73 463	12 108	42 146	96 734	64 479	1 237	20 778	41 190	1 274
广东	931 826	761 676	164 431	18 843	127 399	256 876	128 272	7 559	6 536	111 404	2 773
其中:深圳	170 391	139 552	18 844	170	15 644	66 475	16 565	1 510	580	13 906	569
广西	293 356	252 503	81 836	6 119	39 088	66 097	27 948	776	5 499	21 673	——
海南	69 141	64 193	24 629	736	7 302	12 334	4 948	——	1 392	3 556	——
重庆	184 217	141 155	28 892	795	17 830	53 291	38 106	2 277	3 867	31 450	512
四川	491 878	376 687	96 491	19 915	46 423	105 903	96 810	10 796	26 363	56 595	3 056
贵州	206 290	186 345	44 113	4 726	22 961	67 126	19 945	636	9 503	7 408	2 398
云南	385 532	349 418	99 219	6 109	45 691	107 120	30 136	2 556	14 384	13 196	——
西藏	116 682	92 355	52 862	3 394	3 803	10 967	24 327	540	19 292	3 958	537
陕西	429 368	285 581	89 987	17 164	31 270	73 035	143 787	13 764	39 779	75 781	14 463
甘肃	276 348	207 271	71 821	4 644	26 515	48 246	64 380	29 051	7 760	24 353	3 216
青海	93 543	83 895	27 409	243	13 230	18 285	9 648	1 778	2 095	5 450	325
宁夏	101 323	83 445	22 254	1 007	14 685	22 435	14 290	1 500	7 872	4 904	14
新疆	299 745	265 181	94 606	13 463	25 568	66 641	31 956	2 061	12 853	6 835	10 207

全国各地区文化(文物)机构商品和服务支出情况

单位:千元

	总计	1.文化合计					2.文物合计				
			艺术表演团体	艺术表演场馆	图书馆	群众文化		文物科研机构	文物保护管理机构	博物馆	其他文物机构
总计	**12 594 418**	**9 000 011**	**1 734 096**	**423 615**	**889 272**	**1 190 646**	**3 389 225**	**370 948**	**618 692**	**1 520 513**	**879 072**
中央	1 492 100	1 171 754	153 339	2 775	116 017	——	320 346	32 155	——	144 426	143 765
北京	794 571	607 243	69 759	72 315	60 237	61 371	187 328	4 165	66 481	105 575	11 107
天津	259 021	219 258	40 175	4 530	33 122	17 059	36 319	——	2 224	34 095	——
河北	326 683	187 321	46 627	7 290	12 022	20 086	129 239	12 513	31 185	32 619	52 922
山西	491 380	249 768	80 022	16 715	13 251	22 881	230 268	40 599	25 406	45 655	118 608
内蒙古	282 220	219 000	38 758	3 286	10 128	16 465	63 085	18 909	6 928	23 697	13 551
辽宁	322 882	237 837	50 095	18 039	44 976	32 973	79 853	4 416	7 208	60 179	8 050
其中:大连	55 992	38 023	12 719	1 719	7 536	6 125	15 493	325	——	15 168	——
吉林	187 190	151 663	37 479	7 333	19 974	14 649	35 527	5 759	2 320	27 389	59
黑龙江	139 585	117 642	37 150	4 480	16 906	19 550	16 712	398	2 498	13 340	476
上海	974 458	859 469	151 747	104 082	113 786	141 592	112 370	——	1 597	103 263	7 510
江苏	717 833	550 149	100 672	4 948	65 148	113 975	152 253	694	27 257	114 363	9 939
浙江	1 333 384	876 552	133 154	31 179	70 119	196 406	424 589	8 073	129 199	87 325	199 992
其中:宁波	142 036	123 563	13 427	7 851	7 535	34 844	18 473	——	11 520	6 953	——
安徽	179 080	140 631	35 302	6 952	14 022	21 547	21 320	1 907	9 058	9 936	419
福建	259 401	223 577	62 434	21 922	14 260	24 977	35 286	513	8 637	22 320	3 816
其中:厦门	52 127	47 390	14 614	2 794	5 211	9 294	4 199	367	1 795	2 037	——
江西	155 112	124 010	25 986	8 715	10 710	15 483	30 015	4 358	2 237	14 531	8 889
山东	366 998	291 903	73 584	3 835	31 028	43 340	71 798	6 358	23 633	33 220	8 587
其中:青岛	60 170	50 296	14 308	——	4 419	10 850	9 874	437	202	8 102	1 133
河南	456 622	194 160	42 860	11 425	10 753	19 750	252 000	31 135	63 397	48 557	108 911
湖北	369 049	273 327	76 317	14 051	19 638	41 782	87 503	9 427	12 781	56 033	9 262
湖南	332 969	216 650	39 939	8 382	16 276	36 956	101 777	1 449	26 782	61 218	12 328
广东	864 381	709 145	143 614	20 946	69 211	164 125	140 782	3 434	19 585	105 928	11 835
其中:深圳	157 393	147 136	16 177	85	13 434	48 584	6 088	348	1 030	4 472	238
广西	191 566	154 385	33 477	3 522	15 525	10 892	26 745	784	2 874	22 491	596
海南	30 592	28 900	11 452	234	3 105	3 714	1 692	——	813	879	——
重庆	208 302	134 153	20 044	184	21 400	23 169	70 593	3 254	10 356	49 634	7 349
四川	552 118	284 979	47 880	11 136	27 752	44 957	242 201	70 760	38 885	126 319	6 237
贵州	144 934	110 391	16 624	2 440	13 161	13 424	34 543	5 327	4 794	17 816	6 606
云南	261 999	212 351	43 623	13 136	14 697	21 216	43 702	12 991	10 749	8 010	11 952
西藏	55 822	38 537	4 921	376	525	1 182	17 285	226	14 628	1 423	1 008
陕西	353 649	142 394	39 330	7 771	9 031	13 470	211 255	43 898	35 495	109 165	22 697
甘肃	179 976	92 330	38 067	2 266	9 344	9 222	86 123	42 637	13 916	20 590	8 980
青海	46 180	36 776	7 890	87	2 861	7 855	9 404	2 123	450	6 639	192
宁夏	53 252	39 918	8 010	702	2 529	3 744	10 514	374	3 905	6 022	213
新疆	211 109	103 838	23 765	8 561	7 758	12 834	106 798	2 312	13 414	7 856	83 216

全国各地区文化(文物)机构对个人和家庭补助支出情况

单位:千元

	总计	1.文化合计					2.文物合计				
			艺术表演团体	艺术表演场馆	图书馆	群众文化		文物科研机构	文物保护管理机构	博物馆	其他文物机构
总计	**4 199 885**	**3 513 380**	**1 290 440**	**88 546**	**426 035**	**493 501**	**519 148**	**39 773**	**95 679**	**349 129**	**34 567**
中央	413 374	318 774	93 278	328	42 953	——	94 600	6 231	——	80 850	7 519
北京	163 889	135 151	64 507	2 999	14 062	11 545	28 738	1 202	13 949	9 066	4 521
天津	129 889	111 015	39 431	636	16 462	15 136	10 734	——	1 359	9 375	——
河北	104 019	71 352	17 702	1 415	7 003	14 953	20 703	1 753	10 857	4 745	3 348
山西	109 950	87 538	29 375	824	6 743	11 425	14 674	2 623	2 796	4 680	4 575
内蒙古	80 937	73 958	28 925	1 374	9 170	12 679	6 114	404	1 041	4 657	12
辽宁	150 394	133 311	40 623	3 596	26 498	23 257	14 042	1 530	1 389	10 408	715
其中:大连	9 556	8 313	976	101	1 315	1 070	836	79	——	757	——
吉林	128 992	117 928	47 930	11 278	14 206	20 641	11 064	1 004	1 349	8 711	——
黑龙江	135 097	114 985	56 672	1 505	13 251	17 675	9 767	1 027	2 235	5 844	661
上海	106 741	98 364	31 985	10 235	15 463	14 772	7 322	——	181	7 141	——
江苏	272 122	214 227	57 519	843	37 052	43 566	34 012	224	3 956	29 280	552
浙江	237 784	189 852	49 519	8 299	23 760	40 256	35 439	1 257	17 324	16 057	801
其中:宁波	18 479	16 416	2 847	1 231	1 619	3 795	2 063	——	1 312	751	——
安徽	176 509	154 063	56 884	6 757	15 489	24 096	11 624	1 702	3 425	6 442	55
福建	105 967	96 765	40 005	4 430	10 381	10 379	7 981	162	864	6 855	100
其中:厦门	16 414	13 922	4 576	1 226	2 873	1 926	1 271	72	68	1 131	——
江西	87 173	75 897	25 269	2 397	9 782	13 271	10 843	471	1 132	8 496	744
山东	178 379	151 471	64 299	770	19 488	22 820	23 320	1 558	3 127	17 100	1 535
其中:青岛	21 657	18 796	7 103	——	3 191	3 330	2 861	——	50	2 152	659
河南	148 927	118 269	44 345	3 404	11 992	17 288	20 440	2 268	6 531	9 784	1 857
湖北	170 881	152 047	66 118	4 197	11 864	17 436	13 325	1 019	2 399	8 772	1 135
湖南	107 311	88 423	30 293	2 882	9 847	12 914	12 347	438	2 202	9 063	644
广东	285 624	232 578	82 074	799	32 794	32 976	34 241	2 329	407	30 692	813
其中:深圳	22 347	15 082	222	——	3 024	6 077	1 469	300	——	1 058	111
广西	106 069	92 166	35 084	1 115	12 385	12 558	8 832	403	714	7 715	——
海南	8 172	7 881	2 012	10	266	651	291	——	100	191	——
重庆	73 305	63 750	27 222	59	6 155	11 268	7 036	68	749	6 159	60
四川	162 684	132 400	56 493	4 644	13 351	23 226	21 109	1 368	3 821	15 126	794
贵州	87 001	82 526	34 524	1 225	7 391	8 170	4 475	92	1 720	2 637	26
云南	110 888	94 986	32 160	3 100	12 385	18 408	7 932	585	2 107	5 240	——
西藏	20 914	18 144	8 930	39	392	2 056	2 770	——	2 406	294	70
陕西	79 351	58 817	24 179	1 382	3 953	7 337	20 534	3 392	2 910	12 351	1 881
甘肃	88 519	70 736	32 874	1 381	7 334	11 188	13 569	5 755	909	6 692	213
青海	34 054	31 849	14 752	160	3 084	4 220	2 205	493	187	1 446	79
宁夏	41 034	36 809	15 410	1 053	4 674	5 409	2 557	4	943	1 608	2
新疆	93 935	87 348	40 047	5 410	6 405	11 925	6 508	411	2 590	1 652	1 855

全国各地区文化企业机构数情况

单位:个

	总计	一、出版发行和版权服务	二、电影服务	三、文化艺术服务	四、网络文化服务	五、文化休闲娱乐服务	六、其他文化服务	七、文化用品、设备及相关文化产品的生产与销售	八、其他
总计	**320 383**	**50 839**	**541**	**2 834**	**134**	**216 767**	**37 888**	**287**	**11 093**
中央	42	3	——	13	——	——	5	2	19
北京	3 528	1 208	1	100	——	2 161	2	3	53
天津	1 633	446	2	26	——	1 104	22	12	21
河北	10 844	2 457	2	70	1	8 011	292	5	6
山西	7 119	1 128	83	2	——	5 586	273	1	46
内蒙古	7 901	1 448	——	19	——	4 089	1 034	59	1 252
辽宁	16 598	2 341	1	20	——	11 296	1 984	4	952
其中:大连	3 958	939	——	18	——	2 216	2	1	782
吉林	9 693	410	40	34	——	5 519	2 018	2	1 670
黑龙江	9 637	663	35	8	——	7 680	1 197	——	54
上海	5 675	837	——	159	74	4 091	473	2	39
江苏	21 116	4 424	——	89	1	13 703	2 589	24	286
浙江	17 308	3 981	8	497	——	10 679	2 086	15	42
其中:宁波	2 312	641	——	73	——	1 539	58	1	——
安徽	12 708	1 674	2	524	——	8 425	1 293	10	780
福建	8 289	1 630	1	20	7	5 656	878	4	93
其中:厦门	504	104	——	——	——	331	67	2	——
江西	9 375	1 044	46	15	2	7 195	859	12	202
山东	18 487	3 265	145	46	——	14 288	267	11	465
其中:青岛	2 969	500	19	9	——	2 344	24	1	72
河南	11 808	1 500	43	296	——	8 596	1 094	4	275
湖北	12 497	1 194	51	21	7	9 358	1 733	2	131
湖南	16 994	1 372	66	13	31	14 200	1 019	6	287
广东	19 199	6 108	——	424	——	11 835	442	7	383
其中:深圳	2 014	435	——	22	——	1 322	——	——	235
广西	11 486	2 014	——	19	1	7 422	1 825	4	201
海南	2 511	217	——	61	1	1 576	461	——	195
重庆	8 673	1 297	2	76	2	5 856	1 398	4	38
四川	23 739	3 184	3	151	6	15 367	5 025	3	——
贵州	6 185	891	1	2	——	4 294	947	2	48
云南	18 779	3 020	8	31	——	11 582	2 688	74	1 376
西藏	2 231	84	——	——	——	810	843	1	493
陕西	6 188	1 322	——	13	1	4 645	108	3	96
甘肃	5 306	491	——	2	——	2 566	1 622	3	622
青海	1 864	135	——	13	——	956	673	2	85
宁夏	2 554	440	——	41	——	1 506	409	5	153
新疆	10 416	611	1	29	——	6 715	2 329	1	730

全国各地区文化企业机构主要财务指标情况

单位：千元

	营业收入	主营业务成本	利润总额	所得税	应付工资总额
总　计	**128 188 327**	**40 667 553**	**39 412 448**	**1 165 057**	**12 639 291**
中　央	351 685	188 537	105 197	4 770	36 484
北　京	1 500 009	567 612	109 223	45 466	221 318
天　津	1 117 357	424 443	66 843	9 652	85 607
河　北	2 009 648	893 006	536 488	3 891	327 161
山　西	1 621 021	473 104	637 660	34 467	253 920
内蒙古	1 464 298	451 205	328 222	2 342	169 719
辽　宁	19 041 636	304 607	374 006	1 219	168 120
吉　林	1 597 979	700 491	688 271	5 128	268 039
黑龙江	1 331 317	365 960	321 363	4 860	206 774
上　海	14 463 904	6 759 338	1 425 722	230 209	922 020
江　苏	7 007 352	3 385 555	1 862 112	22 115	923 268
浙　江	11 314 809	5 059 762	1 897 214	235 551	1 253 457
安　徽	12 913 865	1 377 989	707 572	6 783	468 578
福　建	4 536 914	1 519 295	1 002 286	55 165	544 487
江　西	2 770 794	1 085 909	797 166	91 587	329 823
山　东	9 401 912	4 388 228	1 260 835	147 747	804 425
河　南	2 499 020	930 586	932 664	16 449	426 580
湖　北	2 932 730	980 973	405 689	7 035	368 189
湖　南	2 978 650	681 225	562 243	2 751	460 835
广　东	7 203 125	3 004 285	419 416	83 934	1 531 120
广　西	2 345 445	1 016 614	512 876	33 710	407 652
海　南	1 017 174	473 755	172 240	2 157	127 163
重　庆	2 416 570	995 321	508 611	16 259	297 831
四　川	5 130 059	1 192 941	625 211	77 577	813 643
贵　州	1 279 998	566 067	289 793	2 816	165 980
云　南	2 674 094	801 521	460 127	17 201	328 109
西　藏	529 610	76 532	27 563	506	32 661
陕　西	2 277 396	917 294	19 530 852	1 754	278 993
甘　肃	654 437	277 147	240 971	487	107 697
青　海	164 559	21 166	33 465	82	42 156
宁　夏	628 876	325 011	169 496	96	78 790
新　疆	1 012 084	462 074	2 401 051	1 291	188 692

全国各地区出版发行和版权服务机构主要财务指标情况

单位:千元

	营业收入	主营业务成本	利润总额	所得税	应付工资总额
总　计	**17 143 276**	**6 395 157**	**4 073 416**	**121 393**	**936 241**
中　央	101 932	59 807	41 975	1 633	9 538
北　京	212 810	143 516	159	1 576	25 007
天　津	165 873	121 300	17 125	175	10 494
河　北	181 030	79 600	45 368	248	43 362
山　西	112 615	44 772	43 832	3 950	24 124
内蒙古	55 446	12 690	8 783	339	12 902
辽　宁	1 972 544	25 474	16 082	——	6 987
其中:大连	——	——	——	——	——
吉　林	32 789	15 856	11 320	377	6 825
黑龙江	28 540	8 472	6 873	130	5 905
上　海	599 049	348 973	18 979	4 559	57 374
江　苏	623 973	341 499	133 789	1 124	101 510
浙　江	708 876	401 606	88 669	12 528	85 327
其中:宁波	50 336	23 677	5 041	1 181	9 706
安　徽	5 773 146	322 270	25 337	392	32 322
福　建	404 069	263 808	6 189	2 105	37 702
其中:厦门	103 657	72 062	9 071	1 266	8 623
江　西	310 130	218 869	38 401	4 015	21 697
山　东	3 541 844	2 818 546	158 225	74 786	101 952
其中:青岛	1 846 763	1 490 464	62 479	68 380	20 741
河　南	143 661	53 485	39 236	901	29 662
湖　北	177 252	55 624	24 036	58	19 913
湖　南	133 655	16 605	26 207	43	20 046
广　东	893 755	617 065	26 234	3 368	124 787
其中:深圳	42 900	9 525	531	2	15 604
广　西	130 209	76 606	20 478	1 234	24 964
海　南	8 468	2 375	2 078	59	2 564
重　庆	96 792	39 156	27 159	241	14 867
四　川	263 429	55 236	31 802	864	41 296
贵　州	54 925	28 476	9 936	123	10 358
云　南	193 626	109 156	15 485	6 115	27 876
西　藏	2 718	865	677	——	24
陕　西	140 987	77 149	3 205 305	426	23 955
甘　肃	37 010	14 195	7 858	——	4 404
青　海	4 931	1 345	600	22	1 151
宁　夏	16 887	9 113	5 661	——	2 687
新　疆	20 305	11 648	4 126	2	4 659

全国各地区电影服务机构主要财务指标情况

单位：千元

	营业收入	主营业务成本	利润总额	所得税	应付工资总额
总　计	**665 128**	**212 372**	**−53 120**	**6 038**	**135 206**
中　央	——	——	——	——	——
北　京	7 714	——	1 921	685	2 229
天　津	17 230	8 260	−575	——	5 712
河　北	4 316	768	−250	——	872
山　西	25 152	1 470	−11 468	10	13 602
内蒙古	——	——	——	——	——
辽　宁	39	——	——	——	26
吉　林	14 670	1 485	−2 080	——	2 655
黑龙江	8 181	1 250	−1 411	33	4 406
上　海	——	——	——	——	——
江　苏	——	——	——	——	——
浙　江	59 141	21 678	7 472	2 381	5 669
安　徽	1 378	616	−1 866	——	945
福　建	1 411	762	−1 194	——	1 092
江　西	46 440	15 116	5 397	113	8 955
山　东	210 277	58 335	−20 424	1 545	36 431
河　南	2 516	516	1	——	898
湖　北	90 791	35 761	−7 445	453	10 027
湖　南	89 702	11 376	−24 835	——	32 791
广　东	——	——	——	——	——
广　西	——	——	——	——	——
海　南	——	——	——	——	——
重　庆	5 456	3 300	−174	——	916
四　川	74 597	50 949	3 778	710	5 861
贵　州	1 154	2	315	95	192
云　南	4 704	728	−293	13	1 791
西　藏	——	——	——	——	——
陕　西	——	——	——	——	——
甘　肃	——	——	——	——	——
青　海	——	——	——	——	——
宁　夏	——	——	——	——	——
新　疆	259	——	11	——	136

全国各地区文化艺术服务机构主要财务指标情况

单位：千元

	营业收入	主营业务成本	利润总额	所得税	应付工资总额
总计	**2 478 639**	**1 020 255**	**257 688**	**13 355**	**662 265**
中央	92 124	42 356	15 407	25	10 350
北京	276 283	134 501	48 183	1 599	59 555
天津	9 712	2 964	−1 118	1	2 858
河北	24 002	7 578	−763	130	11 203
山西	1 925	——	——	——	1 200
内蒙古	29 350	7 639	3 362	——	7 734
辽宁	2 340	688	−210	25	823
吉林	9 707	1 684	−807	——	3 930
黑龙江	7 956	98	77	3	1 809
上海	226 232	90 600	28 338	423	36 897
江苏	172 950	54 006	−12 656	226	54 602
浙江	511 540	241 104	61 596	7 011	172 256
安徽	120 256	27 006	30 921	483	29 545
福建	9 779	4 947	81	5	6 546
江西	4 290	1 359	699	14	1 766
山东	43 320	3 804	−5 204	34	13 719
河南	142 597	67 731	33 769	663	60 271
湖北	12 552	4 895	840	6	2 874
湖南	20 627	4 433	−1 898	25	5 713
广东	194 316	43 659	−1 598	811	83 629
广西	8 348	6 406	−259	49	2 170
海南	45 636	36 475	16 447	80	9 298
重庆	57 401	15 202	7 366	86	15 448
四川	338 629	202 388	25 006	83	50 128
贵州	838	——	−331	——	589
云南	59 445	7 201	9 215	1 568	4 131
西藏	——	——	——	——	——
陕西	12 453	3 829	−3 398	——	3 846
甘肃	556	358	152	——	105
青海	5 049	641	352	——	1 266
宁夏	34 014	4 753	3 037	——	6 117
新疆	4 412	1 950	1 082	5	1 887

全国各地区网络文化服务机构主要财务指标情况

单位:千元

营业收入	主营业务成本	利润总额	所得税	应付工资总额	
总　计	**8 580 881**	**4 466 031**	**1 882 646**	**159 779**	**315 841**
中　央	——	——	——	——	——
北　京	——	——	——	——	——
天　津	——	——	——	——	——
河　北	207	116	101	——	20
山　西	——	——	——	——	——
内蒙古	——	——	——	——	——
辽　宁	——	——	——	——	——
吉　林	——	——	——	——	——
黑龙江	——	——	——	——	——
上　海	6 739 628	4 117 401	1 221 312	113 482	211 176
江　苏	874	380	35	11	136
浙　江	——	——	——	——	——
安　徽	——	——	——	——	——
福　建	1 107 166	45 981	431 357	38 362	54 782
江　西	2 700	650	1 040	62	180
山　东	13	——	−1	——	12
河　南	——	——	——	——	——
湖　北	94 510	46 955	30 982	5 013	11 494
湖　南	960	40	40	——	857
广　东	——	——	——	——	——
广　西	166	32	−1 129	——	731
海　南	151	100	——	——	100
重　庆	2 499	——	92	25	512
四　川	632 007	254 376	198 817	2 824	35 841
贵　州	——	——	——	——	——
云　南	——	——	——	——	——
西　藏	——	——	——	——	——
陕　西	——	——	——	——	——
甘　肃	——	——	——	——	——
青　海	——	——	——	——	——
宁　夏	——	——	——	——	——
新　疆	——	——	——	——	——

全国各地区文化休闲娱乐服务机构主要财务指标情况

单位:千元

营业收入	主营业务成本	利润总额	所得税	应付工资总额	
总　计	**89 997 148**	**25 629 696**	**28 285 214**	**772 605**	**9 520 442**
中　央	——	——	——	——	——
北　京	658 469	204 177	−2 633	7 546	104 351
天　津	782 992	232 783	59 686	1 066	48 941
河　北	1 747 176	785 270	479 300	3 443	258 755
山　西	1 435 970	409 201	598 788	30 074	205 809
内蒙古	1 109 874	342 069	227 037	1 920	110 691
辽　宁	16 983 514	233 863	345 540	1 141	145 776
吉　林	1 135 189	509 846	510 664	3 352	187 777
黑龙江	1 164 094	315 454	333 145	1 458	132 628
上　海	6 358 408	1 949 313	126 301	101 576	572 952
江　苏	5 719 269	2 745 026	1 666 433	18 317	691 754
浙　江	9 580 444	4 220 870	1 734 267	206 707	932 098
安　徽	4 582 090	965 419	306 960	5 788	298 224
福　建	2 851 002	1 110 381	560 119	13 921	421 576
江　西	2 305 293	805 927	732 176	86 164	276 319
山　东	5 352 422	1 389 582	1 103 070	65 230	629 100
河　南	2 090 324	763 823	834 949	14 414	307 138
湖　北	2 425 021	816 827	352 098	1 426	300 294
湖　南	2 589 639	609 425	546 144	2 633	375 641
广　东	5 407 354	1 944 484	390 728	73 282	1 224 133
广　西	2 050 606	870 115	476 796	31 394	358 767
海　南	606 560	187 366	129 716	435	92 844
重　庆	1 960 774	773 346	463 690	16 017	231 322
四　川	3 522 396	552 109	329 422	71 873	619 471
贵　州	1 145 443	512 486	269 565	2 277	143 896
云　南	2 120 132	585 447	408 706	8 255	251 768
西　藏	186 870	54 772	18 780	484	26 045
陕　西	2 055 136	802 101	12 548 946	860	236 009
甘　肃	525 994	227 418	200 758	450	85 047
青　海	125 695	11 477	7 711	2	32 096
宁　夏	541 761	295 738	147 632	95	64 258
新　疆	877 237	403 581	2 378 720	1 005	154 962

全国各地区其他文化服务机构主要财务指标情况

单位:千元

	营业收入	主营业务成本	利润总额	所得税	应付工资总额
总　计	**3 412 143**	**1 256 183**	**4 260 145**	**26 141**	**474 737**
中　央	41 938	30 403	15 906	——	1 760
北　京	85 132	100	24 193	8 069	4 455
天　津	2 888	435	−92	——	1 421
河　北	44 557	17 582	12 948	66	11 386
山　西	23 698	8 431	4 918	147	3 732
内蒙古	34 114	14 443	8 148	4	10 904
辽　宁	57 764	37 711	7 681	23	9 932
其中:大连	——	——	——	——	——
吉　林	106 148	45 644	43 767	569	21 676
黑龙江	60 751	29 633	7 153	330	7 705
上　海	379 291	218 906	14 623	1 527	29 561
江　苏	164 607	85 246	34 497	421	32 780
浙　江	294 659	108 204	18 454	4 186	37 583
其中:宁波	947	395	−6	71	137
安　徽	186 169	27 910	35 157	92	23 833
福　建	128 369	81 920	6 811	726	16 714
其中:厦门	10 036	6 891	461	19	1 360
江　西	53 638	20 355	12 748	623	11 596
山　东	89 958	40 440	20 403	5 270	4 723
其中:青岛	4 463	1 553	176	46	882
河　南	79 554	35 640	22 103	214	21 159
湖　北	91 005	14 618	7 076	50	15 948
湖　南	71 940	14 045	27 694	145	13 467
广　东	140 057	71 244	−994	1 037	31 483
其中:深圳	——	——	——	——	——
广　西	118 304	58 155	14 314	704	16 981
海　南	39 267	22 184	2 879	57	5 469
重　庆	130 425	45 715	19 518	243	14 205
四　川	282 330	71 071	36 131	1 140	59 564
贵　州	65 538	23 493	9 438	125	8 562
云　南	153 890	46 403	15 095	152	15 144
西　藏	309 578	9 160	4 518	22	1 989
陕　西	22 517	13 291	3 778 477	20	3 361
甘　肃	46 499	18 750	15 929	——	9 863
青　海	21 164	4 347	24 723	53	5 353
宁　夏	19 978	9 159	5 045	——	3 683
新　疆	66 416	31 545	10 884	126	18 745

全国各地区文化用品、设备及相关文化产品的生产与销售机构主要财务指标情况

单位:千元

	营业收入	主营业务成本	利润总额	所得税	应付工资总额
总计	**2 716 518**	**342 018**	**363 487**	**21 705**	**126 891**
中央	24 720	7 887	17 933	1 560	4 694
北京	126 404	36 787	22 335	2 756	17 211
天津	117 293	47 124	26 792	8 383	12 699
河北	265	8	9	——	——
山西	3 267	789	−106	——	647
内蒙古	7 046	1 098	983	42	1 765
辽宁	12 619	1 483	86	30	2 503
其中:大连	5 451	1 162	50	——	1 113
吉林	939	6	−125	——	225
黑龙江	——	——	——	——	——
上海	133 327	23 839	7 232	2 557	10 292
江苏	199 203	94 430	9 524	1 959	14 826
浙江	72 699	33 470	1 378	826	5 559
其中:宁波	4 336	7	466	16	882
安徽	1 695 972	2 596	270 903	——	18 785
福建	22 722	3 056	−14	46	2 370
其中:厦门	10 391	2 608	22	46	1 673
江西	17 910	7 412	454	18	1 637
山东	37 010	12 697	−751	29	3 809
其中:青岛	517	——	——	——	320
河南	15 608	4 963	−41	57	1 520
湖北	27 090	2 838	−973	11	3 008
湖南	36 544	15 330	−179	−97	2 857
广东	86 857	20 146	5 314	2 408	11 020
其中:深圳	——	——	——	——	——
广西	6 941	1 602	276	107	1 085
海南	——	——	——	——	——
重庆	15 194	8 547	−1 255	82	2 383
四川	16 671	6 812	255	83	1 482
贵州	5 171	1 063	274	——	348
云南	14 609	2 768	3 202	751	1 950
西藏	3 275	212	——	——	1 008
陕西	4 366	1 344	−59	——	914
甘肃	2 715	667	−482	12	479
青海	3 308	1 508	35	5	721
宁夏	742	277	309	1	38
新疆	6 031	1 259	178	79	1 056

全国各地区文化产业增加值情况

单位:千元

	总产出	中间消耗	增加值	劳动者报酬	生产税净额	固定资产折旧	营业盈余
总　计	**153 614 665**	**74 506 495**	**79 108 170**	**31 006 090**	**10 876 811**	**18 855 319**	**18 369 817**
中　央	2 318 072	925 366	1 392 706	1 090 729	31 858	162 735	107 382
北　京	2 792 157	1 482 861	1 309 296	737 330	189 888	169 217	212 838
天　津	1 583 211	717 806	865 405	409 729	204 082	182 824	68 770
河　北	2 970 658	934 961	2 035 697	939 113	157 121	278 568	660 893
山　西	2 545 007	606 979	1 938 028	768 206	234 482	188 914	746 429
内蒙古	2 022 068	673 288	1 348 780	535 921	101 579	120 837	590 443
辽　宁	19 816 272	18 694 905	1 121 367	656 755	85 654	79 377	299 580
其中:大连	121 775	50 253	71 522	64 189	1 946	9 119	1 661
吉　林	2 093 659	560 335	1 533 324	631 074	128 844	81 862	691 545
黑龙江	1 872 107	666 865	1 205 242	601 072	105 613	190 750	307 805
上　海	16 332 907	10 642 360	5 690 547	2 260 586	1 271 526	1 254 119	904 289
江　苏	8 498 209	3 231 946	5 266 263	2 177 947	603 097	588 405	1 896 812
浙　江	13 490 933	6 928 047	6 562 886	2 576 505	1 538 599	1 238 301	1 209 469
其中:宁波	1 385 193	577 671	807 522	340 376	141 498	150 548	176 918
安　徽	13 516 226	3 311 334	10 204 892	1 184 407	152 843	8 339 576	528 063
福　建	5 114 191	2 198 227	2 915 964	983 144	632 779	389 883	910 154
其中:厦门	708 101	379 421	328 680	179 854	92 093	46 010	17 046
江　西	3 205 638	790 561	2 415 077	743 074	499 677	414 110	758 218
山　东	10 333 059	4 531 279	5 801 780	1 737 118	1 373 540	1 238 603	1 452 511
其中:青岛	4 641 394	2 330 285	2 311 109	490 104	933 229	591 752	295 896
河　南	3 213 759	739 586	2 474 173	999 771	199 428	342 902	932 072
湖　北	3 699 427	1 806 422	1 893 005	1 033 234	143 104	279 094	437 571
湖　南	3 593 359	1 061 739	2 531 620	890 961	236 213	351 086	1 053 356
广　东	8 964 919	4 417 657	4 547 262	2 687 026	688 244	811 293	360 661
其中:深圳	1 367 258	742 836	624 422	511 575	93 067	54 972	35 201
广　西	2 838 608	852 186	1 986 422	805 664	236 210	435 023	509 517
海　南	1 115 374	484 099	631 275	203 003	135 791	104 210	188 271
重　庆	2 845 510	835 748	2 009 762	560 065	448 790	494 786	506 122
四　川	6 148 177	3 100 946	3 047 231	1 427 903	632 521	235 132	751 673
贵　州	1 650 634	693 010	957 624	441 261	110 582	167 065	238 716
云　南	3 272 175	1 128 827	2 143 348	1 286 844	283 519	280 958	292 027
西　藏	714 325	137 970	576 355	147 927	23 700	27 206	377 521
陕　西	3 191 150	1 082 676	2 108 474	1 101 939	152 175	171 278	683 078
甘　肃	1 176 280	359 485	816 795	452 651	71 152	38 508	254 486
青　海	302 189	86 015	216 174	148 148	14 913	10 896	42 217
宁　夏	788 528	299 947	488 581	254 561	83 907	49 211	100 903
新　疆	1 595 877	523 062	1 072 815	532 422	105 380	138 590	296 425

全国各地区文化产业总产出分项情况

单位:千元

	总 计	艺 术 业			图书馆	群 众 文 化	艺 术 教 育	文化市场经营机构	文艺科研	文物业	其他文化产业及相关产业
			艺术表演团体	艺术表演场馆							
总 计	**153 614 665**	**10 247 532**	**7 657 461**	**2 361 612**	**3 535 976**	**4 711 714**	**1 186 266**	**122 831 723**	**413 289**	**7 971 759**	**2 716 406**
中 央	2 318 072	744 318	716 287	13 399	296 734	——	16 757	——	126 755	661 936	471 572
北 京	2 792 157	688 903	335 736	320 278	165 159	112 696	73 875	928 087	——	776 783	46 654
天 津	1 583 211	166 824	146 526	19 040	105 578	66 592	49 033	932 914	4 571	175 066	82 633
河 北	2 970 658	222 722	185 014	32 671	70 702	127 628	38 494	1 971 953	9 597	488 639	40 923
山 西	2 545 007	261 342	217 314	35 242	49 671	93 802	78 928	1 579 596	10 609	433 723	37 336
内蒙古	2 022 068	220 359	194 291	23 947	66 470	96 895	25 069	1 430 108	6 992	122 890	53 285
辽 宁	19 816 272	220 767	184 163	34 362	165 560	138 309	29 110	19 026 534	15 190	187 780	33 022
其中:大连	121 775	30 607	27 249	3 269	26 525	21 477	7 542	220	1 307	30 390	3 707
吉 林	2 093 659	209 857	162 831	38 232	85 473	101 038	——	1 568 056	13 166	86 905	29 164
黑龙江	1 872 107	271 851	253 128	12 612	104 157	98 990	35 090	1 253 515	4 608	66 177	37 719
上 海	16 332 907	839 821	417 066	393 084	382 436	379 762	9 445	14 074 895	9 493	299 340	337 715
江 苏	8 498 209	533 953	339 226	145 373	248 989	409 104	93 030	6 565 362	9 040	482 686	156 045
浙 江	13 490 933	960 572	618 659	341 912	258 801	511 591	108 997	10 563 154	106 535	820 495	160 788
其中:宁波	1 385 193	149 360	64 882	84 479	31 727	85 825	——	1 048 921	740	50 671	17 949
安 徽	13 516 226	340 781	288 417	43 868	72 129	128 002	73 467	12 772 285	4 556	78 498	46 508
福 建	5 114 191	295 225	235 110	59 187	74 766	87 815	39 700	4 494 669	9 600	81 078	31 338
其中:厦门	708 101	52 878	42 900	9 978	19 430	18 616	8 219	584 390	2 143	19 466	2 959
江 西	3 205 638	154 967	131 631	22 727	62 429	85 318	24 050	2 740 573	6 240	93 586	38 475
山 东	10 333 059	403 612	330 108	55 755	176 837	230 015	33 599	9 070 510	10 169	339 513	68 804
其中:青岛	4 641 394	65 305	57 100	7 619	27 961	39 890	——	4 477 441	1 902	21 563	7 332
河 南	3 213 759	371 567	289 663	81 903	79 581	165 763	63 182	2 332 012	12 294	131 349	58 011
湖 北	3 699 427	317 367	265 605	41 414	111 474	153 300	51 374	2 793 736	5 978	207 783	58 415
湖 南	3 593 359	195 946	153 262	37 728	79 097	156 550	44 581	2 816 939	2 326	215 125	82 795
广 东	8 964 919	670 802	468 137	200 683	282 570	541 199	98 553	6 655 939	12 054	350 412	353 390
其中:深圳	1 367 258	69 349	37 543	31 806	42 290	135 695	25 889	1 046 830	——	23 036	24 169
广 西	2 838 608	179 276	163 232	14 881	77 894	99 108	33 375	2 306 630	7 114	70 591	64 620
海 南	1 115 374	86 957	64 115	22 842	12 208	19 193	9 193	971 538	——	9 549	6 736
重 庆	2 845 510	149 413	127 685	20 583	53 064	105 204	11 386	2 200 829	3 346	159 764	162 504
四 川	6 148 177	586 546	383 658	202 888	107 657	187 968	53 895	4 774 559	3 718	410 727	23 107
贵 州	1 650 634	111 789	97 821	10 099	49 960	94 091	——	1 264 223	1 684	69 227	59 660
云 南	3 272 175	264 739	234 889	25 815	93 194	167 062	19 573	2 556 979	2 292	81 507	86 829
西 藏	714 325	75 595	69 068	6 527	6 550	16 199	——	526 335	2 254	82 347	5 045
陕 西	3 191 150	192 916	160 403	32 417	57 997	104 481	34 168	2 259 877	6 399	510 650	24 662
甘 肃	1 176 280	164 934	145 548	10 522	48 922	73 160	10 496	651 025	1 240	212 202	14 301
青 海	302 189	57 810	54 324	3 487	20 264	31 515	7 230	152 510	1 167	22 428	9 265
宁 夏	788 528	85 288	56 227	27 907	23 810	33 416	8 224	594 740	1 802	28 204	13 044
新 疆	1 595 877	200 713	168 317	30 227	45 843	95 948	12 392	1 001 641	2 500	214 799	22 041

全国各地区文化产业

	总计	艺术业			图书馆
			艺术表演团体	艺术表演场馆	
总　计	**79 108 170**	**7 279 992**	**5 628 604**	**1 505 216**	**2 585 803**
中　央	1 392 706	534 227	519 506	6 303	188 003
北　京	1 309 296	392 163	236 894	144 553	98 955
天　津	865 405	121 760	110 694	9 946	70 170
河　北	2 035 697	164 055	136 881	24 927	55 659
山　西	1 938 028	183 959	153 392	23 511	50 802
内蒙古	1 348 780	163 117	148 661	12 784	56 396
辽　宁	1 121 367	157 574	137 460	18 149	123 549
其中:大连	71 522	15 333	13 566	1 698	20 069
吉　林	1 533 324	169 645	131 711	30 251	64 872
黑龙江	1 205 242	226 585	211 748	9 409	78 896
上　海	5 690 547	503 173	242 695	247 188	240 030
江　苏	5 266 263	394 215	262 226	100 323	185 293
浙　江	6 562 886	623 756	421 204	202 553	186 277
其中:宁波	807 522	90 019	41 434	48 584	23 631
安　徽	10 204 892	230 576	192 405	30 961	53 964
福　建	2 915 964	219 332	177 979	40 733	61 253
其中:厦门	328 680	36 018	28 260	7 758	14 184
江　西	2 415 077	124 766	109 058	15 245	47 428
山　东	5 801 780	329 739	267 192	47 396	133 065
其中:青岛	2 311 109	52 501	44 507	7 457	22 596
河　南	2 474 173	301 485	235 546	65 940	69 415
湖　北	1 893 005	235 707	198 407	28 773	78 909
湖　南	2 531 620	178 189	115 005	58 956	62 910
广　东	4 547 262	474 407	329 272	143 329	210 361
其中:深圳	624 422	44 728	21 742	22 987	29 207
广　西	1 986 422	146 898	133 699	12 194	62 631
海　南	631 275	58 230	40 297	17 933	9 170
重　庆	2 009 762	103 961	85 084	18 182	35 219
四　川	3 047 231	304 742	227 303	77 439	78 065
贵　州	957 624	95 368	83 641	8 971	36 556
云　南	2 143 348	193 144	173 134	16 860	76 621
西　藏	576 355	70 357	64 154	6 203	6 028
陕　西	2 108 474	160 055	133 879	26 090	49 118
甘　肃	816 795	126 988	112 038	8 730	39 371
青　海	216 174	48 248	45 278	2 971	17 128
宁　夏	488 581	72 125	46 626	24 483	21 618
新　疆	1 072 815	171 446	145 535	23 930	38 071

增加值分项情况

群众文化	艺术教育	文化市场经营机构	文艺科研	文物业	其他文化产业及相关产业
3 542 781	**828 026**	**59 221 448**	**250 916**	**4 013 592**	**1 385 612**
——	12 866	——	75 580	325 673	256 357
55 933	45 286	418 052	——	286 122	12 785
45 245	41 537	460 322	3 133	84 564	38 674
108 375	27 068	1 295 356	8 266	354 553	22 365
74 746	52 477	1 352 157	8 503	190 421	24 963
82 009	18 078	941 658	6 101	52 993	28 428
111 648	21 520	571 945	12 432	98 167	24 532
15 721	5 108	220	898	11 825	2 348
86 698	——	1 136 581	11 345	43 882	20 301
79 490	30 492	711 279	4 288	49 868	24 344
237 279	5 481	4 431 918	6 217	137 718	128 731
279 467	71 825	4 033 400	7 947	208 284	85 832
323 288	77 005	4 860 501	27 411	371 849	92 799
53 361	——	598 854	579	28 262	12 816
108 539	32 902	9 692 211	4 405	47 387	34 908
63 830	26 407	2 473 745	7 030	42 328	22 039
10 142	4 557	252 406	1 597	7 347	2 429
70 082	16 546	2 068 999	5 246	51 156	30 854
185 813	26 806	4 816 436	8 453	253 940	47 528
28 964	——	2 186 011	1 508	13 295	6 234
146 113	50 273	1 760 201	10 880	89 568	46 238
111 305	35 772	1 268 725	5 201	111 405	45 981
118 917	27 032	2 004 414	2 159	93 246	44 753
395 996	64 989	3 117 613	9 535	195 354	79 007
101 833	22 260	396 227	——	17 588	12 579
86 579	22 994	1 590 214	5 903	43 006	28 197
15 418	7 602	528 225	——	7 617	5 013
81 506	10 485	1 646 310	1 871	88 164	42 246
143 784	35 346	2 313 946	3 106	150 197	18 045
80 786	——	658 068	1 170	37 332	48 344
141 669	15 590	1 608 166	1 500	41 286	65 372
15 082	——	412 348	2 071	66 649	3 820
90 181	21 373	1 519 553	5 754	244 771	17 669
64 371	9 192	430 993	906	134 249	10 725
23 618	6 056	99 988	980	13 633	6 523
30 235	5 663	329 012	1 682	18 386	9 860
84 779	9 363	669 112	1 841	79 824	18 379

全国各地区文化部门增加值情况

	总产出	中间消耗	增加值	劳动者报酬	生产税净额	固定资产折旧	营业盈余
总　计	**37 755 784**	**13 042 304**	**24 713 480**	**17 009 645**	**1 440 762**	**3 275 443**	**2 987 583**
中　央	2 220 812	892 680	1 328 132	936 724	38 865	151 134	201 406
北　京	1 269 014	579 510	689 504	512 606	27 401	74 405	75 090
天　津	1 043 620	442 594	601 026	381 685	45 187	161 861	12 292
河　北	769 684	198 355	571 329	455 075	6 237	39 579	70 436
山　西	1 179 135	348 952	830 183	533 944	14 964	48 480	232 793
内蒙古	697 416	224 914	472 502	392 397	13 301	29 352	37 452
辽　宁	1 261 835	626 200	635 635	515 024	29 045	67 223	24 342
其中:大连	121 555	50 253	71 302	63 970	1 946	9 119	－1 660
吉　林	527 346	132 065	395 281	359 063	4 275	33 437	－1 494
黑龙江	1 910 386	667 639	1 242 747	660 055	106 134	202 508	274 047
上　海	2 885 301	1 262 805	1 622 496	909 427	273 118	359 452	80 498
江　苏	1 953 926	704 843	1 249 083	1 040 500	22 863	192 184	－6 467
浙　江	2 431 045	965 933	1 465 112	1 132 660	30 833	174 085	127 530
其中:宁波	264 200	97 856	166 344	139 620	4 127	22 136	2 282
安　徽	1 694 571	702 235	992 336	679 611	52 990	139 133	120 600
福　建	622 206	178 464	443 742	383 339	8 002	45 061	7 339
其中:厦门	124 755	47 502	77 253	69 874	4 541	8 772	393
江　西	2 762 172	586 290	2 175 882	696 463	463 984	371 566	643 869
山　东	1 460 932	363 973	1 096 959	906 801	27 632	133 671	28 849
其中:青岛	218 761	67 954	150 807	119 931	5 274	22 538	2 939
河　南	760 746	144 877	615 869	546 395	11 982	49 481	8 011
湖　北	1 008 627	350 997	657 630	556 047	8 113	92 893	576
湖　南	1 922 727	540 649	1 382 078	668 603	79 763	234 326	399 379
广　东	2 226 168	857 990	1 368 178	1 116 212	30 595	214 288	7 079
其中:深圳	307 422	84 646	222 776	189 231	2 475	28 883	2 187
广　西	524 985	130 234	394 751	359 155	4 419	31 693	－516
海　南	101 012	23 486	77 526	66 260	1 631	9 421	215
重　庆	757 969	320 225	437 744	282 752	22 187	76 492	56 312
四　川	1 898 672	825 047	1 073 625	726 956	81 533	123 452	141 682
贵　州	392 087	96 262	295 825	259 374	5 420	19 237	11 794
云　南	677 601	151 715	525 886	453 016	9 689	69 980	－6 799
西　藏	535 618	68 819	466 799	126 566	5 500	12 037	322 697
陕　西	875 431	337 889	537 542	434 464	5 557	46 487	51 033
甘　肃	516 039	130 357	385 682	340 930	1 893	26 601	16 257
青　海	238 300	61 274	177 026	129 220	3 751	10 807	33 247
宁　夏	185 234	37 600	147 634	118 431	1 920	11 157	16 126
新　疆	445 167	87 431	357 736	329 890	1 978	23 960	1 908

全国各地区文化部门总产出分项情况

地区	总计	第一产业	第二产业			第三产业			
				制造业	建筑业		文化产业	批、零、餐饮业	房地产业
总　计	**37 755 784**	**1 194**	**370 752**	**67 907**	**277 109**	**37 383 838**	**36 538 795**	**113 885**	**120 106**
中　央	2 220 812	——	335	335	——	2 220 477	1 951 912	33 580	——
北　京	1 269 014	——	——	——	——	1 269 014	1 252 498	17 277	——
天　津	1 043 620	——	9 700	——	9 700	1 033 920	1 005 661	6 259	——
河　北	769 684	——	——	——	——	769 684	764 915	37	——
山　西	1 179 135	——	1	1	——	1 179 134	1 153 983	——	——
内蒙古	697 416	——	——	——	——	697 416	697 416	——	——
辽　宁	1 261 835	——	104	——	——	1 261 731	1 259 456	——	——
其中:大连	121 555	——	——	——	——	121 555	121 555	——	——
吉　林	527 346	——	236	236	——	527 110	509 566	600	——
黑龙江	1 910 386	——	11 308	11 308	——	1 899 078	1 852 482	——	——
上　海	2 885 301	——	——	——	——	2 885 301	2 797 533	——	——
江　苏	1 953 926	——	16 529	15 943	586	1 937 397	1 917 809	13 825	——
浙　江	2 431 045	——	21 455	20 730	552	2 409 590	2 303 217	7 459	12 394
其中:宁波	264 200	——	——	——	——	264 200	264 200	——	——
安　徽	1 694 571	——	——	——	——	1 694 571	1 692 711	——	——
福　建	622 206	——	6 682	6 682	——	615 524	619 443	812	——
其中:厦门	124 755	——	——	——	——	124 755	124 223	532	——
江　西	2 762 172	——	3 127	——	——	2 759 045	2 757 425	1 225	——
山　东	1 460 932	——	10 043	——	10 043	1 450 889	1 237 661	5 483	——
其中:青岛	218 761	——	——	——	——	218 761	179 456	——	——
河　南	760 746	——	——	——	——	760 746	752 475	——	——
湖　北	1 008 627	——	——	——	——	1 008 627	901 296	373	——
湖　南	1 922 727	——	701	566	135	1 922 026	1 823 072	6 680	98
广　东	2 226 168	——	265 260	9 167	256 093	1 960 908	2 197 114	7 460	——
其中:深圳	307 422	——	——	——	——	307 422	307 422	——	——
广　西	524 985	1 194	22 332	——	——	501 459	524 985	——	——
海　南	101 012	——	——	——	——	101 012	101 012	——	——
重　庆	757 969	——	——	——	——	757 969	734 910	12 575	107 614
四　川	1 898 672	——	——	——	——	1 898 672	1 898 672	——	——
贵　州	392 087	——	——	——	——	392 087	388 227	——	——
云　南	677 601	——	——	——	——	677 601	664 384	——	——
西　藏	535 618	——	——	——	——	535 618	535 618	——	——
陕　西	875 431	——	——	——	——	875 431	864 627	——	——
甘　肃	516 039	——	846	846	——	515 193	515 799	240	——
青　海	238 300	——	2 093	2 093	——	236 207	232 515	——	——
宁　夏	185 234	——	——	——	——	185 234	185 234	——	——
新　疆	445 167	——	——	——	——	445 167	445 167	——	——

全国各地区文化部门增加值分项情况

单位:千元

	总计	第一产业	第二产业			第三产业			
				制造业	建筑业		文化产业	批、零、餐饮业	房地产业
总　计	**24 713 480**	**487**	**53 708**	**18 557**	**30 570**	**24 659 285**	**24 072 115**	**45 213**	**7 069**
中　央	1 328 132	——	335	335	——	1 327 797	1 191 255	32 206	——
北　京	689 504	——	——	——	——	689 504	683 563	1 089	——
天　津	601 026	——	1 989	——	1 989	599 037	588 103	2 434	——
河　北	571 329	——	——	——	——	571 329	569 842	37	——
山　西	830 183	——	1	1	——	830 182	813 256	——	——
内蒙古	472 502	——	——	——	——	472 502	472 502	——	——
辽　宁	635 635	——	104	——	——	635 531	633 860	——	——
其中:大连	71 302	——	——	——	——	71 302	71 302	——	——
吉　林	395 281	——	236	236	——	395 045	381 325	329	——
黑龙江	1 242 747	——	3 267	3 267	——	1 239 480	1 189 525	——	——
上　海	1 622 496	——	——	——	——	1 622 496	1 590 060	——	——
江　苏	1 249 083	——	2 255	1 669	586	1 246 828	1 227 990	2 618	——
浙　江	1 465 112	——	4 007	4 416	−548	1 461 105	1 420 839	2 837	4 619
其中:宁波	166 344	——	——	——	——	166 344	166 344	——	——
安　徽	992 336	——	——	——	——	992 336	992 054	——	——
福　建	443 742	——	2 841	2 841	——	440 901	441 283	595	——
其中:厦门	77 253	——	——	——	——	77 253	76 938	315	——
江　西	2 175 882	——	3 127	——	——	2 172 755	2 172 808	1 225	——
山　东	1 096 959	——	2 284	——	2 284	1 094 675	963 344	563	——
其中:青岛	150 807	——	——	——	——	150 807	131 340	——	——
河　南	615 869	——	——	——	——	615 869	613 869	——	——
湖　北	657 630	——	——	——	——	657 630	609 865	224	——
湖　南	1 382 078	——	591	566	25	1 381 487	1 308 563	−3 152	−4 594
广　东	1 368 178	——	29 770	3 536	26 234	1 338 408	1 355 507	1 532	——
其中:深圳	222 776	——	——	——	——	222 776	222 776	——	——
广　西	394 751	487	1 211	——	——	393 053	394 751	——	——
海　南	77 526	——	——	——	——	77 526	77 526	——	——
重　庆	437 744	——	——	——	——	437 744	427 902	2 591	7 044
四　川	1 073 625	——	——	——	——	1 073 625	1 073 625	——	——
贵　州	295 825	——	——	——	——	295 825	292 884	——	——
云　南	525 886	——	——	——	——	525 886	519 787	——	——
西　藏	466 799	——	——	——	——	466 799	466 799	——	——
陕　西	537 542	——	——	——	——	537 542	535 397	——	——
甘　肃	385 682	——	476	476	——	385 206	385 597	85	——
青　海	177 026	——	1 214	1 214	——	175 812	173 064	——	——
宁　夏	147 634	——	——	——	——	147 634	147 634	——	——
新　疆	357 736	——	——	——	——	357 736	357 736	——	——

全国各地区文化部门文化产业增加值情况

单位:千元

	总产出	中间消耗	增加值	劳动者报酬	生产税净额	固定资产折旧	营业盈余
总　计	**36 538 797**	**12 466 688**	**24 072 109**	**16 625 832**	**1 391 821**	**3 094 562**	**2 959 891**
中　央	1 951 912	760 658	1 191 254	903 288	29 106	147 833	111 026
北　京	1 252 499	568 937	683 562	506 327	26 649	73 721	76 865
天　津	1 005 660	417 558	588 102	368 246	43 418	158 962	17 477
河　北	764 915	195 072	569 843	453 760	6 054	39 148	70 880
山　西	1 153 983	340 728	813 255	516 611	13 568	42 817	240 261
内蒙古	697 416	224 914	472 502	392 398	13 301	29 352	37 453
辽　宁	1 259 456	625 595	633 861	513 962	28 871	66 497	24 532
其中:大连	121 555	50 253	71 302	63 969	1 946	9 119	−1 661
吉　林	509 567	128 242	381 325	354 739	3 850	24 777	−2 040
黑龙江	1 852 482	662 957	1 189 525	593 215	105 290	189 882	301 137
上　海	2 797 532	1 207 471	1 590 061	902 150	270 274	354 363	63 273
江　苏	1 917 809	689 819	1 227 990	1 033 094	21 353	179 414	−5 873
浙　江	2 303 218	882 379	1 420 839	1 111 878	25 664	160 160	123 133
其中:宁波	264 200	97 856	166 344	139 619	4 127	22 135	2 283
安　徽	1 692 710	700 656	992 054	677 978	52 929	138 657	122 488
福　建	619 442	178 161	441 281	380 327	7 679	44 882	8 395
其中:厦门	124 222	47 284	76 938	69 590	4 509	8 771	392
江　西	2 757 425	584 616	2 172 809	694 860	463 776	370 393	643 781
山　东	1 237 661	274 316	963 345	815 674	15 941	94 614	37 116
其中:青岛	179 457	48 117	131 340	112 612	2 695	17 784	−1 874
河　南	752 475	138 606	613 869	544 994	11 495	49 476	7 904
湖　北	901 296	291 431	609 865	533 005	6 299	63 978	6 583
湖　南	1 823 072	514 508	1 308 564	617 221	75 373	199 869	416 097
广　东	2 197 115	841 608	1 355 507	1 106 154	29 004	211 054	9 291
其中:深圳	307 422	84 646	222 776	189 231	2 475	28 882	2 188
广　西	524 985	130 234	394 751	359 154	4 419	31 692	−516
海　南	101 011	23 485	77 526	66 260	1 631	9 421	215
重　庆	734 912	307 011	427 901	274 727	20 658	73 932	58 587
四　川	1 898 672	825 047	1 073 625	726 956	81 533	123 452	141 683
贵　州	388 227	95 344	292 883	258 153	5 165	18 685	10 882
云　南	664 385	144 599	519 786	447 846	9 207	68 492	−5 758
西　藏	535 619	68 819	466 800	126 566	5 500	12 036	322 697
陕　西	864 627	329 230	535 397	430 067	4 538	45 594	55 197
甘　肃	515 798	130 202	385 596	340 898	1 841	26 601	16 258
青　海	232 514	59 451	173 063	127 002	3 537	9 691	32 833
宁　夏	185 234	37 601	147 633	118 432	1 920	11 156	16 126
新　疆	445 168	87 433	357 735	329 890	1 978	23 961	1 908

全国各地区文化(文物)机构

	项目个数(个)	计划总投资(千元)	建筑面积(千平方米)	本年资金来源总计 (千元)							
					上年结余资金	本年资金来源小计					
							国家预算内资金	国内贷款	债券	利用外资	
											外商直接投资
总计	1 856	32 778 516	6 769	8 649 301	1 589 594	7 059 707	4 612 632	135 490	8 000	50 530	46 230
中央	14	2 922 910	229	551 396	14 446	536 950	536 950	——	——	——	——
北京	7	435 030	52	196 397	947	195 450	62 126	——	——	——	——
天津	5	306 037	50	76 579	32 834	43 745	31 991	——	——	——	——
河北	85	366 688	144	128 491	33 189	95 302	30 365	——	——	——	——
山西	153	661 473	202	203 372	98 942	104 430	68 555	2 300	——	——	——
内蒙古	29	2 357 410	383	810 849	476 965	333 884	205 742	——	——	——	——
辽宁	32	251 086	87	108 008	112	107 896	93 337	——	——	2 380	2 380
其中:大连	5	109 660	25	42 361	112	42 249	36 310	——	——	——	——
吉林	3	97 600	26	23 094	9 769	13 325	13 325	——	——	——	——
黑龙江	37	192 660	76	114 096	2 930	111 166	27 470	——	——	——	——
上海	11	221 220	55	139 447	53 598	85 849	70 049	——	——	——	——
江苏	147	2 493 661	750	441 924	94 723	347 201	156 413	120	——	12 350	12 350
浙江	124	3 390 307	554	866 507	87 348	779 159	451 191	30 120	——	——	——
其中:宁波	3	37 822	20	79 500	——	79 500	79 500	——	——	——	——
安徽	22	430 567	306	89 596	1 830	87 766	26 834	10 000	——	3 600	——
福建	23	1 591 366	339	487 918	90 858	397 060	274 856	59 500	——	25 000	25 000
其中:厦门	7	737 050	165	153 437	36 261	117 176	92 176	——	——	25 000	25 000
江西	20	820 256	228	361 382	147 081	214 301	120 210	——	8 000	3 000	3 000
山东	9	1 537 250	153	381 276	10 470	370 806	366 600	——	——	——	——
其中:青岛	——	——	——	——	——	——	——	——	——	——	——
河南	64	1 976 919	433	567 529	16 524	551 005	34 415	——	——	——	——
湖北	——	——	——	——	——	——	——	——	——	——	——
湖南	84	1 113 910	340	155 241	21 627	133 614	13 533	5 150	——	700	——
广东	53	7 023 619	906	1 741 542	127 769	1 613 773	1 591 467	——	——	3 500	3 500
其中:深圳	6	337 146	134	627 150	1 739	625 411	625 411	——	——	——	——
广西	84	80 233	65	45 475	150	45 325	42 440	——	——	——	——
海南	9	24 780	24	7 955	70	7 885	7 685	——	——	——	——
重庆	108	375 464	172	79 969	34 464	45 505	22 265	2 800	——	——	——
四川	30	514 068	164	180 116	17 984	162 132	50 608	25 300	——	——	——
贵州	49	86 980	81	29 796	23 208	6 588	3 960	——	——	——	——
云南	190	1 381 551	367	287 728	107 739	179 989	65 837	200	——	——	——
西藏	1	914	——	70	——	70	——	——	——	——	——
陕西	40	1 463 647	126	205 489	34 503	170 986	36 107	——	——	——	——
甘肃	46	237 042	87	59 339	7 714	51 625	25 775	——	——	——	——
青海	4	5 937	5	4 195	——	4 195	3 095	——	——	——	——
宁夏	——	——	——	——	——	——	——	——	——	——	——
新疆	373	417 931	366	304 525	41 800	262 725	179 431	——	——	——	——

基本建设投资情况

自筹资金		其他资金来源	各项应付款合计(千元)		自开始建设至本年底累计完成投资额(千元)		本年新增固定资产(千元)	竣工项目(个)	竣工面积(千平方米)
	单位自有资金			工程款		本年完成投资额			
1 325 044	**397 038**	**928 011**	**2 626 905**	**2 328 288**	**16 585 452**	**5 721 239**	**1 785 086**	**865**	**1 753**
——	——	——	1 060 730	1 060 100	1 874 318	517 159	194	5	106
854	560	132 470	1 204	1 204	177 184	142 921	9 250	——	——
——	——	11 754	13 704	12 860	163 131	58 095	3 161	1	9
63 364	5 102	1 573	7 887	1 907	282 953	97 889	8 604	40	76
28 535	11 429	5 040	140 620	95 880	701 779	50 159	12 548	33	122
86 142	944	42 000	134 065	99 600	1 398 498	583 631	53 348	10	54
11 879	1 439	300	3 025	2 478	159 652	45 734	1 687	6	34
5 939	139	——	928	401	65 402	4 784	——	2	25
——	——	——	11 542	11 542	23 665	13 325	——	——	——
12 686	1 070	71 010	23 752	11 502	46 915	32 929	2 656	12	28
15 800	15 000	——	——	——	131 144	59 321	53 757	5	4
84 516	12 440	93 802	142 439	126 886	989 157	375 881	189 382	109	222
255 941	144 514	41 907	70 623	65 353	2 874 463	573 854	272 102	50	173
——	——	——	3 941	3 941	60 435	9 498	——	——	——
30 207	21 987	17 125	45 725	45 125	135 036	82 711	70 010	11	103
2 855	——	34 849	104 447	74 288	908 743	205 185	11 334	6	11
——	——	——	15 736	15 736	576 079	117 327	1 636	1	2
83 091	441	——	31 275	24 890	225 352	160 180	709	4	14
4 000	1 000	206	15 659	15 659	348 000	188 559	1 600	——	——
——	——	——	——	——	——	——	——	——	——
200 853	30 052	315 737	72 305	70 034	926 860	470 902	4 698	8	17
——	——	——	——	——	——	——	——	——	——
55 191	9 520	59 040	70 549	36 711	461 475	167 620	112 307	28	81
3 308	——	15 498	225 097	221 631	2 212 591	1 088 302	340 888	5	42
——	——	——	201 700	200 000	153 701	123 701	101 040	——	——
1 100	——	1 785	30 533	28 615	24 881	19 431	3 348	5	15
200	——	——	17 660	17 460	24 510	9 955	4 285	5	18
10 280	5 645	10 160	39 952	34 829	150 807	48 437	19 784	47	64
82 052	11 012	4 172	23 989	20 680	393 091	131 385	44 002	12	60
1 868	200	760	15 179	14 918	52 109	11 516	2 600	19	38
100 307	5 365	13 645	135 850	54 361	430 941	201 700	32 677	64	95
——	——	70	——	——	70	70	170	——	——
97 371	80 351	37 508	39 661	38 095	940 496	139 498	455 805	8	16
25 600	18 972	250	11 869	11 404	145 084	12 308	——	5	10
1 000	1 000	100	932	932	5 249	4 155	——	1	3
——	——	——	——	——	——	——	——	——	——
66 044	18 995	17 250	136 632	129 344	377 298	228 427	74 180	366	339

全国各地区文化机构

	项目个数（个）	计划总投资（千元）	建筑面积（千平方米）	本年资金来源总计（千元）						
					上年结余资金	本年资金来源小计				
							国家预算内资金	国内贷款	债券	利用外资
										外商直接投资
总计	**1 626**	**20 925 080**	**5 148**	**5 786 552**	**706 995**	**5 079 557**	**3 474 907**	**75 320**	**——**	**45 730**	**45 030**
中央	8	2 293 100	171	442 400	5 450	436 950	436 950	——	——	——	——
北京	3	247 000	46	139 913	947	138 966	6 496	——	——	——	——
天津	4	299 037	42	72 956	32 825	40 131	28 931	——	——	——	——
河北	71	284 798	121	89 964	17 841	72 123	18 811	——	——	——	——
山西	151	86 963	134	100 872	942	99 930	64 055	2 300	——	——	——
内蒙古	17	1 044 980	220	248 485	153 966	94 519	60 000	——	——	——	——
辽宁	31	221 086	80	90 008	112	89 896	75 337	——	——	2 380	2 380
其中:大连	5	109 660	25	42 361	112	42 249	36 310	——	——	——	——
吉林	2	56 600	17	23 094	9 769	13 325	13 325	——	——	——	——
黑龙江	34	185 370	72	108 476	2 930	105 546	23 780	——	——	——	——
上海	5	134 640	21	65 751	4 082	61 669	60 869	——	——	——	——
江苏	127	1 530 179	609	256 388	2 732	253 656	98 088	120	——	11 150	11 150
浙江	100	2 413 903	429	599 018	65 748	533 270	415 903	120	——	——	——
其中:宁波	1	7 118	15	74 300	——	74 300	74 300	——	——	——	——
安徽	17	354 447	281	59 198	1 200	57 998	3 696	10 000	——	——	——
福建	15	1 487 976	324	449 507	65 282	384 225	263 776	59 500	——	25 000	25 000
其中:厦门	6	727 240	163	152 055	35 379	116 676	91 676	——	——	25 000	25 000
江西	14	581 176	159	216 132	69 491	146 641	103 650	——	——	3 000	3 000
山东	7	292 250	69	70 542	3 736	66 806	62 600	——	——	——	——
其中:青岛	——	——	——	——	——	——	——	——	——	——	——
河南	55	1 513 089	350	459 473	12 166	447 307	30 600	——	——	——	——
湖北	——	——	——	——	——	——	——	——	——	——	——
湖南	72	556 668	233	136 336	21 227	115 109	13 280	280	——	700	——
广东	43	5 610 374	777	1 508 340	103 418	1 404 922	1 385 616	——	——	3 500	3 500
其中:深圳	6	337 146	134	627 150	1 739	625 411	625 411	——	——	——	——
广西	79	57 993	59	42 458	50	42 408	39 523	——	——	——	——
海南	7	20 570	22	6 555	70	6 485	6 485	——	——	——	——
重庆	102	334 687	148	68 151	34 464	33 687	11 530	2 800	——	——	——
四川	——	——	——	——	——	——	——	——	——	——	——
贵州	48	83 780	81	29 796	23 208	6 588	3 960	——	——	——	——
云南	180	718 894	276	189 932	31 039	158 893	45 241	200	——	——	——
西藏	1	914	——	70	——	70	——	——	——	——	——
陕西	18	63 790	32	9 484	200	9 284	6 974	——	——	——	——
甘肃	41	64 085	39	24 678	2 300	22 378	15 500	——	——	——	——
青海	2	5 800	4	4 100	——	4 100	3 000	——	——	——	——
宁夏	——	——	——	——	——	——	——	——	——	——	——
新疆	372	380 931	348	274 475	41 800	232 675	176 931	——	——	——	——

基本建设投资情况

自筹资金	单位自有资金	其他资金来源	各项应付款合计（千元）	工程款	自开始建设至本年底累计完成投资额（千元）	本年完成投资额	本年新增固定资产（千元）	竣工项目（个）	竣工面积（千平方米）
673 099	**109 533**	**810 501**	**1 740 733**	**1 494 648**	**10 725 837**	**4 007 984**	**1 047 651**	**783**	**1 373**
——	——	——	560 600	560 100	1 352 180	415 640	——	4	106
——	——	132 470	1 204	1 204	170 043	135 780	9 250	——	——
——	——	11 200	13 040	13 040	142 236	54 709	3 037	——	——
53 312	410	——	3 737	1 657	198 897	68 503	1 600	36	72
28 535	11 429	5 040	49 293	4 553	175 748	32 942	12 548	31	54
32 519	944	2 000	1 600	1 600	667 052	209 191	18 644	6	18
11 879	1 439	300	3 025	2 478	135 652	34 367	1 677	6	34
5 939	139	——	928	401	65 402	4 784	——	2	25
——	——	——	11 542	11 542	23 665	13 325	——	——	——
10 756	1 070	71 010	23 752	11 502	45 245	31 259	986	11	27
800	——	——	——	——	93 025	59 037	50 087	3	3
55 706	12 333	88 592	111 864	99 911	540 209	265 477	189 382	102	163
75 760	5 433	41 487	54 686	52 319	2 164 417	413 360	200 202	39	138
——	——	——	3 941	3 941	55 249	4 312	——	——	——
30 207	21 987	14 095	15 080	14 480	89 728	52 463	68 410	7	92
1 650	——	34 299	95 352	65 296	832 331	202 056	10 034	2	4
——	——	——	15 236	15 236	566 269	116 827	1 636	——	——
39 991	441	——	29 545	23 160	115 219	104 555	709	1	1
4 000	1 000	206	15 659	15 659	209 944	68 769	1 600	——	——
——	——	——	——	——	——	——	——	——	——
103 853	30 052	312 854	67 879	66 414	851 653	399 652	966	5	11
——	——	——	——	——	——	——	——	——	——
47 599	6 080	53 250	61 049	27 211	408 170	126 915	66 095	22	47
3 308	——	12 498	224 931	221 486	1 626 122	855 718	279 446	4	31
——	——	——	201 700	200 000	153 701	123 701	101 040	——	——
1 100	——	1 785	29 870	28 515	21 268	18 368	3 348	3	13
——	——	——	15 460	15 260	21 110	6 555	4 085	4	18
9 197	5 645	10 160	39 952	34 829	128 186	37 336	15 784	45	61
——	——	——	——	——	——	——	——	——	——
1 868	200	760	15 179	14 918	52 109	11 516	2 600	19	38
100 307	5 365	13 145	127 860	46 371	267 203	170 991	30 177	61	92
——	——	70	——	——	70	70	170	——	——
1 630	260	680	20 140	19 870	31 155	8 395	2 634	1	——
6 628	——	250	11 171	11 092	6 170	3 970	——	4	6
1 000	1 000	100	837	837	5 194	4 100	——	1	3
——	——	——	——	——	——	——	——	——	——
51 494	4 445	4 250	136 426	129 344	351 836	202 965	74 180	366	339

全国各地区文物机构

	项目个数（个）	计划总投资（千元）	建筑面积（千平方米）	本年资金来源总计（千元）						
					上年结余资金	本年资金来源小计				
							国家预算内资金	国内贷款	债券	利用外资	外商直接投资
总　计	**230**	**11 853 436**	**1 606**	**2 862 749**	**882 599**	**1 980 150**	**1 137 725**	**60 170**	**8 000**	**4 800**	**1 200**
中　央	6	629 810	59	108 996	8 996	100 000	100 000	——	——	——	——
北　京	4	188 030	6	56 484	——	56 484	55 630	——	——	——	——
天　津	1	7 000	9	3 623	9	3 614	3 060	——	——	——	——
河　北	14	81 890	23	38 527	15 348	23 179	11 554	——	——	——	——
山　西	2	574 510	68	102 500	98 000	4 500	4 500	——	——	——	——
内蒙古	12	1 312 430	164	562 364	322 999	239 365	145 742	——	——	——	——
辽　宁	1	30 000	6	18 000	——	18 000	18 000	——	——	——	——
其中:大连	——	——	——	——	——	——	——	——	——	——	——
吉　林	1	41 000	9	——	——	——	——	——	——	——	——
黑龙江	3	7 290	3	5 620	——	5 620	3 690	——	——	——	——
上　海	6	86 580	33	73 696	49 516	24 180	9 180	——	——	——	——
江　苏	20	963 482	141	185 536	91 991	93 545	58 325	——	——	1 200	1 200
浙　江	24	976 404	125	267 489	21 600	245 889	35 288	30 000	——	——	——
其中:宁波	2	30 704	5	5 200	——	5 200	5 200	——	——	——	——
安　徽	5	76 120	24	30 398	630	29 768	23 138	——	——	3 600	——
福　建	8	103 390	16	38 411	25 576	12 835	11 080	——	——	——	——
其中:厦门	1	9 810	2	1 382	882	500	500	——	——	——	——
江　西	6	239 080	69	145 250	77 590	67 660	16 560	——	8 000	——	——
山　东	2	1 245 000	84	310 734	6 734	304 000	304 000	——	——	——	——
其中:青岛	——	——	——	——	——	——	——	——	——	——	——
河　南	9	463 830	83	108 056	4 358	103 698	3 815	——	——	——	——
湖　北	——	——	——	——	——	——	——	——	——	——	——
湖　南	12	557 242	108	18 905	400	18 505	253	4 870	——	——	——
广　东	10	1 413 245	129	233 202	24 351	208 851	205 851	——	——	——	——
其中:深圳	——	——	——	——	——	——	——	——	——	——	——
广　西	5	22 240	7	3 017	100	2 917	2 917	——	——	——	——
海　南	2	4 210	1	1 400	——	1 400	1 200	——	——	——	——
重　庆	6	40 777	24	11 818	——	11 818	10 735	——	——	——	——
四　川	30	514 068	164	180 116	17 984	162 132	50 608	25 300	——	——	——
贵　州	1	3 200	——	——	——	——	——	——	——	——	——
云　南	10	662 657	91	97 796	76 700	21 096	20 596	——	——	——	——
西　藏	——	——	——	——	——	——	——	——	——	——	——
陕　西	22	1 399 857	94	196 005	34 303	161 702	29 133	——	——	——	——
甘　肃	5	172 957	48	34 661	5 414	29 247	10 275	——	——	——	——
青　海	2	137	1	95	——	95	95	——	——	——	——
宁　夏	——	——	——	——	——	——	——	——	——	——	——
新　疆	1	37 000	18	30 050	——	30 050	2 500	——	——	——	——

基本建设投资情况

自筹资金			各项应付款合计（千元）		自开始建设至本年底累计完成投资额（千元）		本年新增固定资产（千元）	竣工项目（个）	竣工面积（千平方米）
	单位自有资金	其他资金来源		工程款		本年完成投资额			
651 945	**287 505**	**117 510**	**886 172**	**833 640**	**5 859 615**	**1 713 255**	**737 435**	**82**	**379**
——	——	——	500 130	500 000	522 138	101 519	194	1	——
854	560	——	——	——	7 141	7 141	——	——	——
——	——	554	664	−180	20 895	3 386	124	1	9
10 052	4 692	1 573	4 150	250	84 056	29 386	7 004	4	4
——	——	——	91 327	91 327	526 031	17 217	——	2	68
53 623	——	40 000	132 465	98 000	731 446	374 440	34 704	4	36
——	——	——	——	——	24 000	11 367	10	——	——
——	——	——	——	——	——	——	——	——	——
——	——	——	——	——	——	——	——	——	——
1 930	——	——	——	——	1 670	1 670	1 670	1	1
15 000	15 000	——	——	——	38 119	284	3 670	2	1
28 810	107	5 210	30 575	26 975	448 948	110 404	——	7	58
180 181	139 081	420	15 937	13 034	710 046	160 494	71 900	11	35
——	——	——	——	——	5 186	5 186	——	——	——
——	——	3 030	30 645	30 645	45 308	30 248	1 600	4	10
1 205	——	550	9 095	8 992	76 412	3 129	1 300	4	7
——	——	——	500	500	9 810	500	——	1	2
43 100	——	——	1 730	1 730	110 133	55 625	——	3	13
——	——	——	——	——	138 056	119 790	——	——	——
——	——	——	——	——	——	——	——	——	——
97 000	——	2 883	4 426	3 620	75 207	71 250	3 732	3	6
——	——	——	——	——	——	——	——	——	——
7 592	3 440	5 790	9 500	9 500	53 305	40 705	46 212	6	34
——	——	3 000	166	145	586 469	232 584	61 442	1	10
——	——	——	——	——	——	——	——	——	——
——	——	——	663	100	3 613	1 063	——	2	2
200	——	——	2 200	2 200	3 400	3 400	200	1	——
1 083	——	——	——	——	22 621	11 101	4 000	2	3
82 052	11 012	4 172	23 989	20 680	393 091	131 385	44 002	12	60
——	——	——	——	——	——	——	——	——	——
——	——	500	7 990	7 990	163 738	30 709	2 500	3	3
——	——	——	——	——	——	——	——	——	——
95 741	80 091	36 828	19 521	18 225	909 341	131 103	453 171	7	16
18 972	18 972	——	698	312	138 914	8 338	——	1	4
——	——	——	95	95	55	55	——	——	——
——	——	——	——	——	——	——	——	——	——
14 550	14 550	13 000	206	——	25 462	25 462	——	——	——

全国各地区文化行政主管部门机关事业费收支情况

	机构数（人）	事业编制人员数（人）	本年收入合计（千元）	本年收入合计：财政拨款	本年支出合计（千元）	本年支出合计：基本支出	本年支出合计：项目支出	在支出合计中：工资福利支出
总　计	**2 993**	**13 215**	**9 436 644**	**8 320 343**	**8 621 614**	**4 066 038**	**4 181 797**	**1 724 011**
中　央	1	——	913 002	850 409	806 630	221 885	584 745	57 304
北　京	20	55	993 233	793 579	956 312	159 166	795 495	44 665
天　津	19	40	136 340	110 455	116 320	66 668	48 300	18 787
河　北	179	1 259	257 106	243 729	226 504	173 894	43 751	80 338
山　西	144	721	490 528	477 939	174 084	100 509	60 386	45 668
内蒙古	112	456	234 786	226 172	210 237	118 947	84 755	39 605
辽　宁	94	321	198 426	189 283	195 986	115 909	54 442	50 006
其中：大连	12	5	36 845	34 947	36 802	12 151	16 082	7 828
吉　林	70	120	133 298	130 024	133 661	65 246	63 402	25 742
黑龙江	143	325	163 706	159 021	159 366	91 177	62 818	41 775
上　海	20	44	311 291	227 657	341 005	131 125	116 631	66 393
江　苏	100	297	467 298	417 477	459 015	240 970	215 343	95 221
浙　江	86	248	647 439	550 970	638 552	250 506	381 799	136 691
其中：宁波	11	18	109 934	89 023	109 395	31 527	74 164	25 106
安　徽	113	429	212 473	177 945	186 254	111 050	53 974	49 229
福　建	95	196	251 417	212 087	222 005	131 172	80 657	39 341
其中：厦门	7	10	35 602	33 072	28 289	11 540	16 049	4 614
江　西	113	499	149 273	120 399	149 356	88 374	48 333	45 012
山　东	157	1 080	352 823	335 220	349 318	208 724	138 511	94 395
其中：青岛	13	53	92 476	88 465	93 929	25 952	67 298	14 279
河　南	167	1 307	304 730	281 973	275 573	182 720	72 499	77 823
湖　北	109	551	294 996	231 389	285 366	137 599	136 883	65 242
湖　南	136	706	219 635	195 698	213 068	135 017	76 701	64 071
广　东	143	523	778 794	697 677	793 457	351 483	414 885	155 354
其中：深圳	7	7	195 080	169 792	184 004	51 892	118 712	28 708
广　西	109	238	177 481	165 508	172 420	86 622	73 966	34 541
海　南	22	52	41 683	36 542	36 867	21 098	11 617	8 231
重　庆	41	104	161 646	142 681	139 848	67 756	64 958	24 201
四　川	188	1 095	441 732	382 155	435 472	199 392	222 728	89 751
贵　州	68	403	222 430	195 344	109 288	73 718	23 891	27 017
云　南	147	522	264 757	247 296	265 963	142 537	99 224	66 188
西　藏	8	50	57 652	6 575	52 688	51 483	1 205	16 470
陕　西	119	387	169 013	155 852	161 023	102 211	56 128	47 673
甘　肃	100	636	119 679	116 838	99 231	78 180	14 221	42 821
青　海	54	54	37 590	33 900	37 358	23 480	8 934	14 243
宁　夏	26	138	55 490	49 688	52 496	35 886	16 136	15 225
新　疆	90	359	176 897	158 861	166 891	101 534	54 479	44 988

全国各地区省级文化行政主管部门机关事业费收支情况

	机构数（人）	事业编制人员数（人）	本年收入合计（千元）		本年支出合计（千元）			在支出合计中：
				财政拨款		基本支出	项目支出	工资福利支出
总计	**31**	**108**	**2 241 797**	**1 946 324**	**1 638 498**	**450 989**	**1 176 906**	**119 819**
北京	1	——	696 510	545 514	650 177	30 252	619 924	5 951
天津	1	6	84 732	63 071	54 421	37 620	16 801	5 044
河北	1	——	18 829	18 404	18 194	7 223	10 971	2 664
山西	1	6	336 013	334 497	20 689	6 205	14 484	2 482
内蒙古	1	——	32 826	31 830	20 774	7 428	13 346	1 786
辽宁	1	——	7 875	7 875	7 522	7 382	140	2 879
吉林	1	——	39 847	38 592	45 919	7 189	38 730	2 553
黑龙江	1	——	54 529	54 504	54 996	10 396	44 600	4 089
上海	1	——	63 432	52 634	56 228	36 924	18 627	13 369
江苏	1	12	46 672	44 438	43 217	13 399	29 818	5 956
浙江	1	——	52 423	51 264	77 137	13 510	63 627	5 436
安徽	1	——	55 417	42 615	32 692	10 453	19 738	3 477
福建	1	——	69 890	69 890	50 040	40 040	10 000	6 730
江西	1	13	12 707	11 366	13 128	7 256	5 872	2 855
山东	1	——	22 615	22 313	25 839	11 728	14 111	3 699
河南	1	9	63 064	62 462	37 826	32 157	5 669	3 460
湖北	1	——	44 690	39 676	41 101	9 878	31 223	3 441
湖南	1	10	29 930	29 230	31 189	10 627	20 562	3 687
广东	1	——	66 335	55 048	76 748	30 160	46 588	6 561
广西	1	——	36 246	35 283	34 678	7 255	27 423	2 300
海南	1	3	5 182	5 182	5 182	2 368	2 814	904
重庆	1	7	52 946	46 798	32 779	9 547	23 232	4 375
四川	1	——	40 227	29 447	27 582	8 221	19 361	3 141
贵州	1	10	151 557	134 382	37 589	18 424	11 946	3 161
云南	1	——	21 543	17 872	32 985	6 316	26 669	1 874
西藏	1	7	33 007	——	28 043	27 943	100	4 218
陕西	1	——	45 622	45 622	45 622	9 070	36 551	3 558
甘肃	1	10	31 891	31 806	11 853	11 770	80	2 364
青海	1	——	6 915	6 557	6 915	4 804	2 111	2 197
宁夏	1	15	10 634	10 461	9 368	8 214	1 153	2 782
新疆	1	——	7 691	7 691	8 065	7 230	635	2 826

全国各地区地市级文化行政主管部门机关事业费收支情况

	机构数（人）	事业编制人员数（人）	本年收入合计		本年支出合计			
			（千元）	财政拨款	（千元）	基本支出	项目支出	在支出合计中：工资福利支出
总　计	**344**	**1 091**	**1 962 029**	**1 746 794**	**1 901 124**	**931 229**	**914 491**	**404 075**
北　京	——	——	——	——	——	——	——	——
天　津	——	——	——	——	——	——	——	——
河　北	11	58	91 749	89 025	63 655	52 733	9 510	18 016
山　西	11	18	42 018	40 499	43 791	24 222	17 293	8 463
内蒙古	13	46	80 970	76 717	77 015	33 532	43 483	8 123
辽　宁	14	10	69 633	69 620	70 036	40 441	29 595	15 287
其中：大连	1	——	16 753	16 753	16 753	5 416	11 337	2 523
吉　林	9	12	27 508	26 652	24 013	16 269	7 744	5 750
黑龙江	13	28	49 503	48 378	46 039	36 233	9 607	13 711
上　海	——	——	——	——	——	——	——	——
江　苏	13	7	143 376	128 793	142 155	77 658	63 947	29 504
浙　江	11	37	166 859	139 237	163 140	57 827	105 312	35 783
其中：宁波	1	——	31 655	24 678	31 762	8 900	22 862	8 579
安　徽	20	98	72 742	62 480	71 707	39 410	24 978	19 049
福　建	14	25	46 649	34 547	45 164	25 733	18 940	7 275
其中：厦门	1	——	11 431	11 295	11 126	5 217	5 909	2 897
江　西	12	19	27 458	25 127	26 022	15 329	9 009	8 096
山　东	17	47	124 197	119 409	118 845	47 932	70 913	22 000
其中：青岛	1	——	57 053	55 002	58 829	10 176	48 653	4 272
河　南	18	63	79 262	72 312	78 990	37 009	35 259	19 543
湖　北	16	27	108 226	85 477	102 459	40 734	60 842	19 555
湖　南	15	54	62 653	57 589	59 308	35 415	23 078	15 472
广　东	22	100	280 968	255 121	287 618	130 189	154 002	55 096
其中：深圳	1	——	45 327	26 057	34 201	14 330	19 871	6 440
广　西	13	25	59 351	55 566	50 772	19 096	25 114	9 444
海　南	1	2	8 251	7 172	6 186	2 037	4 149	181
重　庆	——	——	——	——	——	——	——	——
四　川	21	105	150 521	129 921	162 461	43 419	118 365	22 195
贵　州	7	31	27 523	20 182	29 783	18 786	7 510	5 330
云　南	16	99	86 066	82 156	83 352	40 952	35 243	18 361
西　藏	7	43	24 645	6 575	24 645	23 540	1 105	12 252
陕　西	10	16	28 154	23 126	24 172	19 176	4 596	7 847
甘　肃	13	57	28 214	27 938	28 665	17 159	9 096	10 095
青　海	9	10	16 126	13 454	15 994	8 930	4 212	3 850
宁　夏	5	5	18 718	13 962	17 725	8 430	8 872	3 894
新　疆	13	49	40 689	35 759	37 412	19 038	12 717	9 903

全国各地区县级文化行政主管部门机关事业费收支情况

	机构数（人）	事业编制人员数（人）	本年收入合计（千元）		本年支出合计（千元）			在支出合计中:
				财政拨款		基本支出	项目支出	工资福利支出
总　　计	**2 617**	**12 016**	**4 319 816**	**3 776 816**	**4 275 362**	**2 461 935**	**1 505 655**	**1 142 813**
北　　京	19	55	296 723	248 065	306 135	128 914	175 571	38 714
天　　津	18	34	51 608	47 384	61 899	29 048	31 499	13 743
河　　北	167	1 201	146 528	136 300	144 655	113 938	23 270	59 658
山　　西	132	697	112 497	102 943	109 604	70 082	28 609	34 723
内 蒙 古	98	410	120 990	117 625	112 448	77 987	27 926	29 696
辽　　宁	79	311	120 918	111 788	118 428	68 086	24 707	31 840
其中:大连	11	5	20 092	18 194	20 049	6 735	4 745	5 305
吉　　林	60	108	65 943	64 780	63 729	41 788	16 928	17 439
黑 龙 江	129	297	59 674	56 139	58 331	44 548	8 611	23 975
上　　海	19	44	247 859	175 023	284 777	94 201	98 004	53 024
江　　苏	86	278	277 250	244 246	273 643	149 913	121 578	59 761
浙　　江	74	211	428 157	360 469	398 275	179 169	212 860	95 472
其中:宁波	10	18	78 279	64 345	77 633	22 627	51 302	16 527
安　　徽	92	331	84 314	72 850	81 855	61 187	9 258	26 703
福　　建	80	171	134 878	107 650	126 801	65 399	51 717	25 336
其中:厦门	6	10	24 171	21 777	17 163	6 323	10 140	1 717
江　　西	100	467	109 108	83 906	110 206	65 789	33 452	34 061
山　　东	139	1 033	206 011	193 498	204 634	149 064	53 487	68 696
其中:青岛	12	53	35 423	33 463	35 100	15 776	18 645	10 007
河　　南	148	1 235	162 404	147 199	158 757	113 554	31 571	54 820
湖　　北	92	524	142 080	106 236	141 806	86 987	44 818	42 246
湖　　南	120	642	127 052	108 879	122 571	88 975	33 061	44 912
广　　东	120	423	431 491	387 508	429 091	191 134	214 295	93 697
其中:深圳	6	7	149 753	143 735	149 803	37 562	98 841	22 268
广　　西	95	213	81 884	74 659	86 970	60 271	21 429	22 797
海　　南	20	47	28 250	24 188	25 499	16 693	4 654	7 146
重　　庆	40	97	108 700	95 883	107 069	58 209	41 726	19 826
四　　川	166	990	250 984	222 787	245 429	147 752	85 002	64 415
贵　　州	60	362	43 350	40 780	41 916	36 508	4 435	18 526
云　　南	130	423	157 148	147 268	149 626	95 269	37 312	45 953
西　　藏	——	——	——	——	——	——	——	——
陕　　西	108	371	95 237	87 104	91 229	73 965	14 981	36 268
甘　　肃	86	569	59 574	57 094	58 713	49 251	5 045	30 362
青　　海	44	44	14 549	13 889	14 449	9 746	2 611	8 196
宁　　夏	20	118	26 138	25 265	25 403	19 242	6 111	8 549
新　　疆	76	310	128 517	115 411	121 414	75 266	41 127	32 259

综合部分主要指标解释

一、基本概念及涵义

国民经济行业分类

国民经济行业分类是对全社会经济活动进行的标准分类。国民经济行业分类采用经济活动的同质性原则划分行业类别，即每一个行业类别都按照相同性质的经济活动归类，而不是依据行政事业编制、会计制度和部门管理归类。

一个行业（或产业）是指从事相同性质的经济活动的所有机构的集合，是按照各机构（或劳动者）从事的经济活动进行分类。在划分国民经济行业时，一个机构的行业性质是根据该机构所从事的经济活动确定的。如果一个机构从事两种或两种以上的经济活动，则按主要活动确定行业。

我国《国民经济行业分类》的三次产业划分：

第一产业，指农业、林业、牧业、渔业。

第二产业，指采矿业、制造业、电力、燃气及水的生产和供应业、建筑业。

第三产业，指除上述第一、第二产业以外的其他各类产业。

第三产业的分类：

交通运输，仓储和邮政业，信息传输、计算机服务和软件业，批发和零售业，住宿和餐饮业，金融业，房地产业，租赁和商务服务业，科学研究、技术服务和地质勘查业，水利、环境和公共设施管理业，居民服务和其他服务业，教育，卫生、社会保障和社会福利业，文化、体育和娱乐业，公共管理和社会组织，国际组织。

文化及相关产业：是指为社会公众提供文化、娱乐产品和服务的活动以及与这些活动有关联的活动的集合。根据提供文化、娱乐产品和服务活动的属性特点，划分为公益性文化活动和经营性文化活动两大类。

文化及相关产业是第三产业的重要组成部分，是在我国《国民经济行业分类》基础上的派生分类，有文化服务和相关文化服务两大类：

文化服务：主要有新闻服务，出版发行和版权服务，广播、电视、电影服务，文化艺术服务，网络文化服务，文化休闲娱乐服务，其他文化服务。

相关文化服务：主要有文化用品、设备及相关文化产品的生产，文化用品、设备及相关文化产品的销售。

本制度调查的文化及相关产业，根据提供文化、娱乐产品和服务活动的属性特点和财务核算形式划分，有文化事业和文化产业两大类。

文化及相关产业活动的价值体现在社会效益与经济效益的一致性上，即为社会提供文化、娱乐产品和服务的同时，为国民经济发展创造物质财富。

非文化及相关产业：指由文化部门主办的不属于文化及相关产业的其他各类行业活动。

非文化及相关产业在为国民经济发展创造物质财富的同时，也为文化的繁荣与发展提供一定的物质条件。

二、行业、机构、从业人员指标解释

行业、机构指标解释

文艺创作与表演：指文学、美术创造和表演艺术（如戏剧、戏曲、歌舞、舞蹈、音乐、曲艺、杂技、马戏、木偶、皮影等各种表演艺术）等活动。包括文学（含电影、电视剧剧本）、音乐、歌曲、舞蹈、戏曲、曲艺等的创作)，美术(绘画、雕塑)、工艺品、书法、篆刻等的艺术创作，编导、演员的表演、创作活动，剧务、舞台美工、服装道具、灯光音响等活动，民族艺术创作，其他未列明的文艺创作、表演及辅助活动。

艺术创作机构：指有专职创作人员、独立建制的剧目创作室(组)、美术创作室(组)及各类画院等专门从事艺术创作的机构。不包括业余性质的文艺创作机构。

艺术表演团体：指由文化部门主办或实行行业管理(经文化市场行政部门审批或已申报登记并领取相关许可证)，专门从事表演艺术等活动的各类专业艺术表演团体，含民间职业剧团。如话剧团、方言话剧团、滑稽剧团、儿童剧团、歌剧团、舞剧团、歌舞剧团、歌舞团、轻音乐团、乐团、合唱团、文工团、文宣队、乌兰牧骑、京剧团、昆剧团、地方戏曲剧团、曲艺团、杂技团、马戏团、木偶团、皮影团等以及由若干剧种组成的综合性专业艺术表演团体。不包括半工半艺、半农半艺的剧团。各类专业艺术表演团体，除部队系统外，均应统计。

艺术表演场馆：指由文化部门主办或实行行业管理(经文化市场行政部门审批或已申报登记并领取相关许可证)，有观众席、舞台、灯光设备，公开售票、专供文艺团体演出的文化活动场所。包括剧院(场)、音乐厅、歌剧院(场)、舞剧院(场)、话剧院(场)、戏院、马戏场、影剧院等进行文艺表演的场所。不包括电影院、礼堂、体育场馆、美术馆及绘画、雕塑等艺术馆。附属于文化部门机构内非独立核算的剧场、排演场，公开营业的也应单独统计。

图书馆：指各类图书馆的管理与服务(对文献和信息的搜集、整理、存储、利用和管理，向社会公众开放并提供科学、文化等各种知识普及教育)。包括公共图书馆和各类机构内部举办的或单独举办的图书馆的管理与服务。不包括部队系统以及文化馆(文化中心、群众艺术馆)、文化站内设的图书室。

公共图书馆：指文化部门主办的面向社会服务的图书馆。

其他部门图书馆：是指除文化部门主办的公共图书馆以外的图书馆机构，如教育、科研、厂矿企业等举办的图书馆。

群众文化活动：指开展群众文化活动的场所的管理和组织活动。包括文化馆(含综合性文化中心、群众艺术馆)、文化站、文化宫、少年宫等群众文化活动。在本制度中，目前暂不统计文化部门以外的文化宫和少年宫。

文化馆(含综合性文化中心、群众艺术馆)、文化站：指专门从事群众文化活动的群众文化场馆。不包括临时抽调人员组成、没有编制的农村和街道文化工作队、服务站等。

文化市场执法机构：指专门从事文化市场依法管理与执法检查的事业机构。如文化市场管理委员会办公室、文化市场稽查队等。

文化艺术研究机构：指有明确的研究方向和任务，有一定水平的学术带头人和一定数量、质量的研究人员，有开展工作的基本条件，主要进行文化艺术研究(含科技)的机构。在研究机构中，凡财务上独立核算盈亏的为独立研究机构，财务上非独立核算的为非独立研究机构。

文化部门教育机构：指文化部门主办的高等艺术职业院校和中等专业学校、文化干部院校、其他文化艺术教育机构。

高等艺术职业院校：指按国家规定的设置标准和审批程序批准主办的，纳入国家招生计划，通过国家统一招生考试，招收高中毕业生和相当于高中学历者为主要培养对象，实施高等教育的全日制、独立设置的学院和高等专科艺术学校。高等艺术院校均应填报国家教委统一印发的学年度“普通高等学校基层报表”，高等艺术院校举办的分校(教学点)或大专班，不计校数。机构、学生人数应与向各级教委填报的“普通高等学校基层报表”的数字相一致。职工人数应填报年末时点数；培训干部应填报当年累计结业人数。在本制度中，只统计由文化部门主办和管理的院校。

中等艺术学校：指文化部门内由文化部或省、自治区、直辖市人民政府批准举办，纳入国家招生计划，按国家规定组织入学考试，招收小学或初中(或部分高中)毕业生和具有同等学历者，实施中等艺术教育、培养中等艺术人才的全日制专业学校。中等艺术学校均应填报国家教委的学年度“中等专业学校基层报表”,各校举办的分校(或校外班)不计校数。机构、学生人数应与向各级教委填报的学年度“中等专业学校基层报表”的数字相一致。职工人数和培训干部人数的填报口径同“高等艺术院校”。

文化干部院校:指各级文化行政主管部门领导的培养和训练文化干部的成人高等教育院校。

其他教育机构:指不填报国家教委制发的教育事业基层报表的非正规的艺术学校、训练班等教育机构。不包括随团的学员班。

其他文化事业机构、其他文化企业和非文化产业:指不属于以上分类的文化部门内其他的文化事业机构和其他的各类企业机构。

艺术展览机构:指各级文化行政主管部门直属的、具有一定的展出面积、展出设备,专门供艺术作品展览用的场所。不包括文化馆(文化中心、群众艺术馆)内设的非独立核算的展览场所。

出版业:包括书、报、杂志、音像制品的出版活动,如报社、杂志社、音像出版社、图书出版社等。

文化市场经营机构:指经文化市场行政部门审批或已申报登记并领取相关许可证的、从事文化经营和文化服务活动的机构。

文化市场经营机构主要由以下统计调查对象组成:

演出经纪机构:指经文化市场行政管理部门审批并申领了营业性演出许可证的娱乐性文艺演出的经纪代理,以及各种以经纪代理为主的演出公司等。不包括作家、艺术家个人的经纪代理活动,影视演员经纪人代理活动,歌唱演员经纪人代理活动,模特演员经纪人代理活动,演员推荐、选派活动,出版和著作权代理活动,为文艺演出、晚会、艺术节、大赛等进行策划、组织活动,为演员个人形象包装设计活动。

室内娱乐场所:指室内各种娱乐活动和以娱乐为主的活动。包括夜总会、歌舞厅、卡拉OK厅、练歌房等的活动,电子游艺厅的活动,室内娱乐设施的游戏、游艺活动等。不包括台球、保龄球、飞镖、健身中心等休闲健身娱乐场所,电影院、录像厅,酒吧、咖啡厅,网吧、氧吧,室内游泳馆等。

歌舞厅:指以消费者欣赏歌手等演艺人员表演,并可伴着音乐跳舞为主的娱乐场所。

卡拉OK厅:指带有录放音响设备伴奏进行演唱歌曲形式的娱乐场所。

电子游戏、游艺经营场所:指借助各种游戏、游艺工具开展经营活动的场所。

音像制品批发、零售、出租机构:指从事录有内容的录音带、录像带、唱片、激光唱盘和激光视盘等音像制品的批发、零售、出租活动的机构。按照行业代码分为音像制品批发机构和音像制品零售、出租机构。

网络文化经营机构:指向文化市场行政部门申领了网络文化经营许可证的、从事或提供网络游戏、网络音乐下载等其他互联网信息服务活动的机构。

互联网上网服务营业场所(网吧):指通过计算机等设备向公众提供互联网上网服务的网吧、电脑休闲室等营业性娱乐文化服务场所。

艺术品经营机构:指从事美术品或艺术品经营、销售活动、艺术品经纪代理、拍卖活动以及与美术品销售有直接关系的各种服务类经营活动的机构,主要包括画廊、画店、美术品公司、艺术品经纪代理机构和艺术品展览、评估、鉴定机构。

画廊、画店、美术品公司:指从事与美术品或艺术品销售有直接关系的各种展销经营服务机构。

艺术品拍卖机构:指经营艺术品拍卖销售的机构。

艺术品鉴定机构:指从事艺术品评估、鉴定等经营服务的机构。

文化市场连锁经营机构:指由文化市场行政管理部门审核批准的文化市场连锁经营机构,不包括直营门店。

文化市场其他经营机构:指不属于以上分类的文化市场其他经营服务机构,如演艺厅、提供助兴演出的酒吧、餐厅、浴场、餐饮卡拉OK厅、台球室、小型游乐场等。

文物及文化保护:指对具有历史、文化、艺术、科学价值,并经有关部门鉴定,列入文物保护范围的不可移动文物的保护和管理活动，对我国语言、文字、民间文化艺术、民俗等非物质遗产的文化保护和管理活动。包括近现代重要史迹及具有代表性、纪念性的建筑物的保护（含革命遗址、纪念碑、名人故居），寺庙、清真寺、教堂及各种祠、堂、碑遗址的保护，古文化遗址、古墓地、古建筑、石窟寺、石刻等的保护，民族语言、文字遗产保护，民间艺术（民间传说、神话、歌谣、故事、音乐、舞蹈、戏曲、曲艺、皮影、绘画、剪纸等）遗产保护，民间、民俗传统活动（传统节日、庆典、民族艺术活动、民族体育活动等）遗产保护，民族制作（建筑风格、服饰、家具、木器、陶器、铜器等）遗产保护，其他未列明的文物与文化保护。

博物馆：指为了研究、教育、欣赏的目的，收藏、保护、展示人类活动和自然环境的见证物，向公众开放，非营利性、永久性社会服务机构，包括以博物馆（院）、纪念馆（舍）、美术（艺术）馆、科技馆、陈列馆等专有名称开展活动的单位。

综合性博物馆：指综合收藏、展示自然、历史（含革命史和建设成就）、艺术等方面藏品的博物馆。如：黑龙江省博物馆、内蒙古博物馆、甘肃省博物馆、贵州省博物馆、南通博物苑、旅顺博物馆等。

历史类博物馆：指主要收藏、展示关于国家（地区）、民族、社会发展、重大事件和人物的历史的文物资料的博物馆。如国家博物馆、陕西历史博物馆、泉州海外交通史博物馆、东北烈士纪念馆、韶山毛泽东同志纪念馆、遵义会议会址纪念馆、黑龙江省民族博物馆、河北民俗博物馆等。

艺术类博物馆：指主要收藏、展示艺术品、工艺品文物（美术、工艺品、绘画、书法、篆刻、民间艺术）的博物馆。如故宫博物院、上海博物馆、南阳汉画像馆、广东民间工艺馆、武强年画博物馆、徐悲鸿纪念馆、天津戏剧博物馆、景德镇陶瓷历史博物馆等。

自然、科技类博物馆：指主要收藏、展示自然物种历史、发展以及反映科学技术成果方面标本、实物的博物馆。如天津自然博物馆、自贡恐龙博物馆、中国科学技术馆、中国地质博物馆、柳州白莲洞洞穴科学博物馆等。

其他博物馆：指上述四类博物馆之外，内容独特的行业性、专门性博物馆。如中国丝绸博物馆、中国茶叶博物馆，以及农业、体育、邮电、中药、交通、水利、煤炭、林业、公安、儿童等专门博物馆。

文物考古研究所：是各省级文物行政管理部门领导下的文物保护和科学研究机构承担有关文物的调查、保护、发掘、研究和宣传工作，对地、市、县的文物工作进行业务辅导的机构。

古建所：从事古建筑及其他地上不可移动文物维修保护、勘察、设计的专业技术机构。

文保中心：从事地上不可移动文物维修保护、工程勘察、设计及相关技术研究、保护试验、监测的专业综合机构。

文物商店：经国务院文物行政部门或者省、自治区、直辖市人民政府文物行政部门依法批准设立的文物购销经营单位。

国家文物出境鉴定站：由国务院文物行政部门依法指定的文物进出境审核机构。

古建公司：一般指省级古建所或文保中心下属的文物维修保护工程施工企业。

监理公司：一般指省级古建所或文保中心下属的从事文物保护工程监理工作的企业。

从业人员指标解释

高级职称：指已获得高级职称的全部人员。

中级职称：指已获得中级职称的全部人员。

具有专业资质人数：指具有考古领队专业资格、文物保护工程职业资格两类人员。

具有考古领队专业资格人数：指经国家文物局审核并获得考古发掘个人领队资格的专业人员。

具有文物保护工程职业资格人数：指本机构取得文物保护工程职业资格的专业人员。

具有文博和工程系列职称人数：指具有文博和工程系列的高、中、初级职称的人数。

从事文物修复人员:指专业人员中以从事自然科学研究为主的文物保护、修复工作的科研人员。

从事文物考古勘探技工人员:指从事考古、绘图、修复等方面的技术工人。

安全保卫人员:指从事文物安全保卫工作和安全管理工作的人员,包括聘用人员。

三、经费指标解释

1. 事业经费指标解释

本制度调查的全部事业机构和行政主管部门,应依据本机构经费收支财务决算数,如实填报统计表的事业经费和行政经费指标。

(1)资产合计:反映填表机构占有或使用的能以货币计量的经济资源,包括流动资产、固定资产、债权和其他权利。取自资产负债表中的资产合计年末数。

(2)固定资产原值:反映填表机构使用年限在一年以上、单位价值在规定标准以上并在使用过程中基本保持原来物质形态的资产,包括房屋和建筑物、专用设备、一般设备、文物和陈列品、图书、其他固定资产等。该指标根据会计核算中固定资产资料计算填列。取自资产负债表中的固定资产原值年末数。

(3)本年收入合计:反映填表机构从各种渠道获得的收入,包括财政拨款收入、上级补助收入、事业收入(含预算外资金收入等)、经营收入、附属单位上缴收入和其他收入。

①财政拨款:反映填表机构本年度实际收到的本级财政拨款(含一般预算拨款和基金预算拨款)。一级预算单位收到的应拨给下级单位使用的款项,年终时尚未拨出的,在编制财务决算表和填报统计报表时,应列为本机构的财政拨款。

②上级补助收入:反映填表机构从行政主管部门和上级机构取得的非财政拨款收入。

③事业收入:反映填表机构开展专业业务活动及辅助活动取得的收入,其中的预算外资金收入应填列本机构收到的财政预算外专户实际核拨数,有核准留用的也包括在内。

④经营收入:反映填表机构在专业业务活动及辅助活动之外开展非独立核算经营活动取得的收入。在确认经营收入时,应注意两个问题:一是经营收入是经营活动取得的收入,而不是专业业务活动及辅助活动取得的收入;二是经营收入是非独立核算的经营活动取得的收入,而不是独立核算的经营活动取得的收入。

⑤附属单位上缴收入:反映填表机构举办的独立核算的附属机构,按有关规定上缴给填表机构的收入。

⑥其他收入:反映填表机构取得的除上述规定以外的各项收入,包括投资收益、利息收入、捐赠收入等。本机构直接收到的非本级财政拨付的专项或补贴经费也包括在内。

(4)本年支出合计:反映填表机构在业务活动中发生的各项资产耗费和损失等支出情况,包括基本支出、项目支出、上缴上级支出、经营支出、对附属单位补助支出和结转自筹基建。根据行政事业单位支出决算表和支出决算明细表对应填报。在基本支出和项目支出下设置明细科目:工资福利支出、商品和服务支出、对个人和家庭补助支出、其他资本性支出。这些科目反映行政事业单位基本支出、行政事业性项目支出和其他项目支出的明细情况,不含基本建设项目支出的情况。

①基本支出:反映填表机构为保障其机构正常运转、完成日常工作任务而发生的各项支出。

②项目支出:反映填表机构为完成本机构特定的行政工作任务或事业发展目标;在基本支出之外发生的各项支出。项目支出按照性质分为行政事业性项目支出、基本建设项目支出和其他项目支出。

③经营支出:反映填表机构开展专业业务活动及辅助活动之外开展非独立核算经营活动发生的支出。在经营活动中应正确归集实际发生的各项费用数,无法归集的,应按规定的比例合理分摊。

④工资福利支出:反映填表机构开支的在职职工和临时聘用人员的各类劳动报酬,以及为上述人员缴纳的各项社会保险费等。主要包括基本工资、津贴补贴、奖金、社会保障缴费、伙食费、伙食补助费、其他工

资福利支出等。

⑤商品和服务支出:反映填表机构购买商品(不包括用于购置固定资产的支出、战略性和应急储备支出等)和服务的支出。主要包括办公费、印刷费、咨询费、手续费、水费、电费、邮电费、取暖费、物业管理费、交通费、差旅费、出国费、维修(护)费、租赁费、会议费、培训费、招待费、专用材料费、专用燃料费、劳务费、委托业务费、工会经费、福利费,以及其他商品和服务支出等。

维修(护)费:反映填表机构日常开支的固定资产(不包括车船等交通工具)修理和维护费用、网络信息系统运行与维护费用以及按规定提取的修购基金。

差旅费:反映填表机构工作人员出差的住宿费、旅费、伙食补助费、杂费,以及干部及大中专学生调遣费、调干家属旅费补助等方面的支出。

劳务费:反映填表机构支付给单位和个人的劳务费用。如:临时聘用人员、钟点工工资,稿费、翻译费、评审费等。

福利费:反映填表机构根据国家规定按工资总额一定比例提取的福利费支出。

税金支出:反映填表机构向国家交纳的各种税金,如房产税、营业税、车船使用税、土地使用税、城市维护建设税、印花税、教育费附加费、养路费、排污费等。从基本建设支出、结余和收益中支付的税金不包括在内。

⑥对个人和家庭补助支出:反映政府对个人和家庭的无偿性补助支出,包括离休费、退休费、退职(役)费、抚恤费、生活补助、救济费、医疗费、助学金、奖励金、生产补贴、住房公积金、提租补贴、购房补贴以及其他对个人和家庭的补助支出等。

抚恤金和生活补助:抚恤金指按规定支付给烈士家属、牺牲病故人员家属的一次性和定期抚恤金,革命残疾人员的抚恤金、离退休人员等其他人员的各项抚恤金。生活补助指按规定支付给优抚对象、退伍军人的生活补助费,行政事业单位职工和家属生活补助,因公负伤等住院治疗、住疗养院期间的伙食补助费、长期赡养人员补助费等。

⑦其他资本性支出:反映填表机构使用非各级发展与改革部门集中安排的用于购置固定资产、战略性和应急性储备、土地和无形资产,以及购建基础设施、大型修缮和财政支持企业更新改造所发生的支出。如:房屋建筑物购建、办公设备购置、专用设备购置、交通工具购置、大型修缮、信息网络购建、其他资本性支出。

各种设备购置费:反映填表机构用于购置不够基本建设投资额度、但按会计制度规定纳入固定资产核算范围的各种设备的支出。主要包括:办公设备购置、专用设备购置、交通工具购置(含车辆购置税)、信息网络购建(计算机硬件和软件开发应用)、图书购置、档案设备购置费等。

2. 企业经费指标解释

资产合计:反映填表企业拥有或控制的能以货币计量的经济资源,包括各种财产、债权和其他权利。资产按其流动性(即资产的变现能力和支付能力)划分,有流动资产、长期投资、固定资产、无形资产、递延资产和其他资产等分类。根据企业会计"资产负债表"中"资产总计"项的期末数填列。

固定资产原值:反映填表企业在建造、购置、安装、改建、扩建、技术改造某项固定资产时所支出的全部货币总额。根据会计"资产负债表"中"固定资产原价"项的年末数填列。

本年折旧:反映填表企业在报告年度内提取的固定资产折旧合计数。根据会计"财务状况变动表"中"固定资产折旧"项的数值填列。

负债总计:反映填表企业过去的交易、事项形成的现有义务合计数,履行该义务预期会导致经济利益流出企业。

所有者权益合计:反映所有者在填表企业资产中享有的经济利益,其金额为资产减去负债后的余额。

实收资本:反映填表企业的投资者实际投入的资本(或股本)总额。其中:中外合作经营企业"实收资本"按扣除"已归还投资"后的净额填列。

国家资本金:反映有权代表国家投资的政府部门或机构、直属事业机构对填表企业投资形成的资本金。

损益及分配

(1)营业收入:反映填表企业从事销售商品、提供劳务等日常取得的全部收入。

营业收入合计分为主营业务收入和其他业务收入。根据会计“利润表”中的有关指标计算填列。企业填写营业收入合计指标时,一般根据企业会计“利润表”中各自的“主营业务收入”的本年累计数与“其他业务收入”的本期累计数之和填写。

主营业务收入:反映填表企业在销售商品、提供劳务等日常活动中所产生的收入总额。此项目应根据相关行业的“产品销售收入”、“商品销售收入”、“主营业务收入”、“营业收入”、“经营收入”、“工程结算收入”等科目发生额填列。根据会计“利润表”中相关行业的产品销售收入、工程结算收入、商品销售收入、主营业务收入、营业收入、经营收入等项目发生额的期末累计数填列。

(2)主营业务成本:反映填表企业从事主要业务活动直接发生的实际成本。根据会计“利润表”中对应指标期末累计填列。

(3)主营业务税金及附加:反映填表企业从事主要业务活动而由主营业务负担的税金及附加,包括营业税、消费税、城市维护建设税、资源税、土地增值税和教育费附加等。

(4)主营业务利润:反映填表企业经营的主要业务所产生的利润。工业企业为“产品销售利润”,交通运输业为“营运业务利润”,建筑企业为“工程结算利润”,服务企业为“经营利润”。

(5)其他业务利润:反映填表企业从事主要业务以外的业务活动所产生的利润。

(6)营业费用:反映填表企业在销售商品过程中发生的各项费用以及为销售本企业商品而专设的销售机构的经营费用。包括包装费、运输费、装卸费、保险费、展览费、广告费、经营租赁费、销售服务费用,以及为销售企业商品而专设的销售机构的职工工资、福利费、类似工资性质的费用、业务费等经营费用。

(7)管理费用:反映填表企业为组织和管理生产经营活动所发生的各种费用,包括公司经费(直接在企业行政管理部门发生的行政管理部门职工工资、修理费、物料消耗、低值易耗品摊销、办公费和差旅费等)、工会经费、职工教育费、劳动保险费、失业保险费、董事会费(包括董事会成员津贴、差旅费和会议费等)、咨询费、聘请中介机构费、诉讼费、房产税、车船使用税、土地使用税、印花税、矿产资源补偿费、排污费、绿化费、技术转让费、研究开发费、无形资产和长期待摊费用摊销、业务招待费、提取的坏账准备等。

税金:反映填表企业在管理费用中列支的税金。包括房产税、车船使用税、土地使用税、印花税等。根据“管理费用明细表”或“管理费用”科目中有关项目归纳填报。

养老失业等保险费:反映填表企业在社会保障部门和保险公司为本企业职工支付的劳动保险、失业保险、医疗保险等费用。

住房公积金和住房补贴:反映填表企业当年在职工住房方面的支出,包括当年提取的职工住房公积金、发放的购房补贴、住房补贴等支出。

差旅费:根据会计“管理费用”科目中的对应项目填报。

工会经费:反映填表企业按规定计提的拨交工会使用的费用,根据会计“管理费用”科目中的对应项目填报。

(8)财务费用:反映填表企业为筹集生产经营所需资金等而发生的费用,包括利息支出(减利息收入)、汇兑损失(减汇兑收益)以及相关的手续费等。

利息支出:反映企业在生产经营期间的利息支出总额。

(9)营业利润:反映填表企业从事生产经营活动所发生的利润,即主营业务收入减去主营业务成本和主营业务税金及附加,加其他业务利润,减去营业费用、管理费用、财务费用后的净额。其他业务利润是指其他业务收入减去其他业务支出后的净额。根据会计“利润表”中的对应指标期末累计数填列。

(10)补贴收入:反映填表企业按规定应收取的政策性亏损补贴和其他补贴。

财政拨款:反映填表企业按规定取得的国家财政性补贴收入,不包括政府作为企业所有者对企业的资本投入。

(11)利润总额:指企业在生产经营过程中各种收入减去各种耗费后的盈余,反映填表企业在报告期内实现的亏盈总额,包括营业利润、补贴收入、投资净收益和营业外收支净额。根据会计"利润表"中的对应指标期末累计数填列。

(12)所得税:反映填表企业按照税法规定计算的报告期应交的所得税。根据会计"利润表"中对应指标的期末累积数填报。

(13)工资、福利费、增值税:本年应付工资总额,反映填表企业报告期内应支付给职工的劳动报酬,它反映企业本期累计提取的应付工资总额,而不是会计"应付工资总额"科目的余额。根据会计"应付工资总额"科目的本期贷方累计发生额填列。

本年应付福利费总额:反映填表企业在报告期内累计提取的职工福利费总额,它反映本期应付福利费总额的全部发生额,而不是"应付福利费总额"科目的余额。根据会计"应付福利总额"科目的本期贷方累计发生额填列。

本年应交增值税:反映填表企业按照国家规定应计算交纳的增值税。

3. 增加值、总产出、中间消耗的指标解释

增加值:反映产业机构在生产和服务过程中创造的新增加值和固定资产的转移价值,反映一定时期内生产经营活动的最终成果。

一个生产机构的增加值代表了这个机构对整个国民经济的贡献份额。

增加值收入法的计算公式:

增加值 = 劳动者报酬 + 生产税净额 + 固定资产折旧 + 营业盈余。

(1)劳动者报酬:反映劳动者从事生产经营活动所获得的全部报酬。包括获得的各种形式的工资、奖金和津贴,包括货币形式的,实物形式的,包括劳动者所享受的公费医疗、单位支付的社会保险费、住房公积金等。

(2)生产税净额:反映生产税减生产补贴后的余额,及税金支出减补贴收入的余额。生产税指政府对产业机构从事生产经营活动所征收的各种税、附加费等。生产补贴指政府对产业机构的单方面转移支出,包括政策性补贴等。

(3)固定资产折旧:反映一定时期内为弥补固定资产损耗按照规定提取的固定资产折旧,或按统一规定的折旧率虚拟计算的固定资产折旧,该指标反映固定资产在当期的转移价值。企业和企业化管理的事业机构以实际提取的折旧费为准。不计提折旧的机关、非企业化管理的事业机构按照统一规定的折旧率和固定资产原值计算虚拟折旧。

(4)营业盈余:反映产业机构创造的增加值扣除劳动者报酬、生产税净额和固定资产折旧后的余额。

①事业增加值计算方法:

增加值 = 劳动者报酬 + 生产税净额 + 固定资产折旧 + 营业盈余

劳动者报酬 = 工资福利支出 + 福利费 + 对个人和家庭补助支出 + 劳务费 + 工会经费 × 60% + 差旅费 × 6.4% -(抚恤金和生活补助 + 助学金)

生产税净额 = 税金支出

固定资产折旧 = 年末固定资产原值 × 4%

营业盈余 =(本年收入合计-本年支出合计)×(经营收入 + 事业收入)÷ 本年收入合计

②企业增加值计算方法:

增加值 = 劳动者报酬 + 生产税净额 + 固定资产折旧 + 营业盈余

劳动者报酬 = 本年应付工资总额 + 本年应付福利费总额 + 养老、失业等保险费 + 住房公积金和住房补贴 + 工会经费× 60% + 差旅费 × 6.4%

固定资产折旧 = 本年折旧

生产税净额 = 主营业务税金及附加 + 管理费用中的税金 + 本年应交增值税 + 利息支出

营业盈余 = 营业利润 + 补贴收入

总产出:反映产业机构的全部生产活动总成果或总规模,也称总产品。它既包括转移价值,也包括新增价值,因此,它是中间投入与增加值之和。总产出包括企业总产出和事业总产出两种。

①企业总产出计算方法:

总产出 = 主营业务收入

②事业总产出计算方法:

事业总产出 = 工资福利支出 + 商品和服务支出 + 对个人和家庭补助支出-各种设备购置费 + 抚恤金和生活补助) + 虚拟折旧 +(本年收入合计-本年支出合计)×{(经营收入 + 事业收入)÷ 本年收入合计}

中间消耗:指产业机构在生产过程中消耗或转换的物质产品和服务价值,是总产出中的转移价值。消耗或转移的物质产品称物质产品投入,消耗或转换的服务称服务投入。中间消耗包括企业中间消耗和事业中间消耗两种。

中间消耗计算方法:

中间消耗 = 总产出-增加值

4. 公用房屋建筑面积指标解释

公用房屋建筑面积:指文化部门、房产部门拥有产权,或产权虽归政府部门所有,但交由填表机构长期固定、无偿使用的各种办公和业务用房。包括单身宿舍、学生宿舍和暂被家属、职工或学生挤占了的非居住用房,不包括职工家属宿舍和租用的民房。公用房屋建筑面积均按总的建筑面积(指从外墙算起的各房屋面积相加之和)填报,此项指标的其中数(如书库、阅览室、教学用房、文物库房等),凡属独立建筑的均按建筑面积统计;凡属非独立建筑的均按使用面积统计;二者兼有的,可按两种方法统计加总。

各地区艺术表演团体分剧种机构数

单位:个

	总计	话剧、儿童剧、滑稽剧团	歌剧、舞剧、歌舞剧团	歌舞团、轻音乐团	乐团、合唱团	文工团、文宣队、乌兰牧骑	戏曲剧团		曲、杂、木、皮团	综合性艺术表演团体
								京剧		
总　　计	**4 512**	**242**	**164**	**729**	**49**	**320**	**1 917**	**116**	**529**	**562**
中　　央	16	4	1	4	3	2	1	1	——	1
北　　京	93	5	——	7	4	——	13	3	5	59
天　　津	31	4	1	2	1	1	13	2	3	6
河　　北	170	5	1	11	1	7	109	4	16	20
山　　西	159	3	13	6	2	7	124	1	4	——
内 蒙 古	124	3	2	25	——	71	13	1	2	8
辽　　宁	83	13	3	17	1	2	14	6	2	31
其中:大连	25	1	——	1	——	1	3	2	1	18
吉　　林	59	3	1	9	——	3	40	1	2	1
黑 龙 江	87	4	3	9	——	12	34	4	5	20
上　　海	103	16	10	2	15	——	27	1	14	19
江　　苏	127	6	1	14	3	——	79	8	19	5
浙　　江	418	11	1	28	1	——	311	26	19	47
其中:宁波	55	——	——	1	——	——	42	——	3	9
安　　徽	597	22	6	181	4	3	117	4	242	22
福　　建	110	26	4	10	——	——	60	1	8	2
其中:厦门	6	——	1	1	——	——	3	——	1	——
江　　西	93	2	9	11	——	7	53	3	2	9
山　　东	119	3	6	11	1	3	79	20	9	7
其中:青岛	12	1	1	——	1	——	6	1	1	2
河　　南	454	6	3	27	2	3	198	4	60	155
湖　　北	107	5	8	18	2	7	51	7	2	14
湖　　南	96	1	3	15	——	10	60	1	3	4
广　　东	407	40	50	34	5	1	210	——	54	13
其中:深圳	10	——	2	2	2	——	1	——	2	1
广　　西	135	1	2	31	——	50	32	1	9	10
海　　南	70	8	1	7	——	1	45	——	6	2
重　　庆	84	15	3	26	2	4	9	2	6	19
四　　川	206	17	11	58	——	6	50	2	17	47
贵　　州	24	1	1	6	1	3	8	4	3	1
云　　南	131	1	2	60	——	35	19	3	3	11
西　　藏	32	4	——	3	——	20	——	——	——	5
陕　　西	118	6	3	6	1	12	78	2	6	6
甘　　肃	77	1	3	12	——	11	46	1	2	2
青　　海	21	——	1	12	——	1	——	——	——	7
宁　　夏	41	4	5	4	——	3	12	1	4	9
新　　疆	120	2	6	63	——	35	12	2	2	——

各地区艺术表演团体

	总计				文化							
					合计				国有经济			
	机构数（个）	从业人员数（人）	从业人员数 高级职称	从业人员数 中级职称	机构数（个）	从业人员数（人）	从业人员数 高级职称	从业人员数 中级职称	机构数（个）	从业人员数（人）	从业人员数 高级职称	从业人员数 中级职称
总　计	**4 512**	**185 413**	**18 085**	**37 890**	**2 492**	**138 167**	**16 237**	**34 774**	**2 026**	**119 620**	**15 220**	**31 290**
中　央	16	5 075	1 932	1 237	9	3 258	1 295	677	8	2 797	1 087	541
北　京	93	3 550	493	783	18	2 278	428	640	15	2 257	427	633
天　津	31	2 149	479	626	21	2 004	475	615	16	1 930	466	605
河　北	170	6 623	753	1 396	123	5 548	725	1 326	37	2 487	539	673
山　西	159	9 141	457	1 631	159	9 141	457	1 631	21	2 082	177	495
内蒙古	124	5 699	598	1 365	109	5 184	593	1 334	107	5 129	593	1 332
辽　宁	83	4 526	682	1 433	65	4 292	682	1 433	63	4 056	675	1 392
其中：大连	25	761	99	173	7	527	99	173	7	527	99	173
吉　林	59	4 200	718	1 269	59	4 200	718	1 269	59	4 200	718	1 269
黑龙江	87	5 487	865	1 728	84	5 447	850	1 718	83	5 421	850	1 718
上　海	103	3 877	703	1 004	36	2 843	628	845	33	2 802	625	844
江　苏	127	5 224	757	1 677	127	5 224	757	1 677	32	2 388	530	827
浙　江	418	13 845	880	1 691	71	3 666	569	1 204	68	3 639	569	1 201
其中：宁波	55	1 553	98	189	7	389	55	145	7	389	55	145
安　徽	597	10 789	489	1 582	87	4 276	462	1 429	73	3 885	456	1 335
福　建	110	4 775	279	1 229	92	4 059	270	1 176	86	3 821	256	1 098
其中：厦门	6	432	44	147	6	432	44	147	4	328	31	94
江　西	93	4 225	262	985	78	3 991	262	972	75	3 935	261	955
山　东	119	6 163	1 343	1 785	118	6 128	1 342	1 784	118	6 128	1 342	1 784
其中：青岛	12	767	165	198	12	767	165	198	12	767	165	198
河　南	454	16 211	875	1 975	199	9 865	485	1 333	182	9 236	483	1 322
湖　北	107	6 080	808	1 794	98	5 902	797	1 760	96	5 821	795	1 752
湖　南	96	4 611	455	1 522	95	4 533	454	1 514	91	4 388	448	1 448
广　东	407	14 392	431	1 190	131	5 922	392	1 124	120	5 455	388	1 100
其中：深圳	10	304	21	85	2	226	21	85	2	226	21	85
广　西	135	9 736	503	892	116	9 432	503	882	116	9 432	503	882
海　南	70	2 380	109	371	22	1 017	56	204	21	975	56	204
重　庆	84	2 543	353	518	28	1 383	295	390	26	1 350	284	379
四　川	206	7 531	634	1 909	84	4 463	569	1 625	71	4 190	541	1 552
贵　州	24	1 857	290	655	24	1 857	290	655	24	1 857	290	655
云　南	131	4 898	354	1 209	106	4 219	324	1 170	106	4 219	324	1 170
西　藏	32	1 291	81	242	32	1 291	81	242	32	1 291	81	242
陕　西	118	7 051	527	1 586	110	6 891	510	1 569	56	4 596	488	1 306
甘　肃	77	4 197	309	886	76	4 167	309	886	76	4 167	309	886
青　海	21	1 310	109	360	11	875	109	360	11	875	109	360
宁　夏	41	1 803	155	338	13	946	151	320	13	946	151	320
新　疆	120	4 174	402	1 022	91	3 865	399	1 010	91	3 865	399	1 010

机构数、从业人员数

部门								其他部门			
集体经济				其他经济							
机构数（个）	从业人员数（人）	高级职称	中级职称	机构数（个）	从业人员数（人）	高级职称	中级职称	机构数（个）	从业人员数（人）	高级职称	中级职称
436	**17 018**	**779**	**3 211**	**30**	**1 529**	**238**	**273**	**2 020**	**47 246**	**1 848**	**3 116**
——	——	——	——	1	461	208	136	7	1 817	637	560
3	21	1	7	——	——	——	——	75	1 272	65	143
1	1	——	1	4	73	9	9	10	145	4	11
86	3 061	186	653	——	——	——	——	47	1 075	28	70
136	6 943	279	1 136	2	116	1	——	——	——	——	——
2	55	——	2	——	——	——	——	15	515	5	31
1	23	——	3	1	213	7	38	18	234	——	——
——	——	——	——	——	——	——	——	18	234	——	——
——	——	——	——	——	——	——	——	——	——	——	——
1	26	——	——	——	——	——	——	3	40	15	10
——	——	——	——	3	41	3	1	67	1 034	75	159
95	2 836	227	850	——	——	——	——	——	——	——	——
1	11	——	1	2	16	——	2	347	10 179	311	487
——	——	——	——	——	——	——	——	48	1 164	43	44
9	250	3	56	5	141	3	38	510	6 513	27	153
6	238	14	78	——	——	——	——	18	716	9	53
2	104	13	53	——	——	——	——	——	——	——	——
——	——	——	——	3	56	1	17	15	234	——	13
——	——	——	——	——	——	——	——	1	35	1	1
——	——	——	——	——	——	——	——	——	——	——	——
17	629	2	11	——	——	——	——	255	6 346	390	642
——	——	——	——	2	81	2	8	9	178	11	34
4	145	6	66	——	——	——	——	1	78	1	8
4	136	——	——	7	331	4	24	276	8 470	39	66
——	——	——	——	——	——	——	——	8	78	——	——
——	——	——	——	——	——	——	——	19	304	——	10
1	42	——	——	——	——	——	——	48	1 363	53	167
2	33	11	11	——	——	——	——	56	1 160	58	128
13	273	28	73	——	——	——	——	122	3 068	65	284
——	——	——	——	——	——	——	——	——	——	——	——
——	——	——	——	——	——	——	——	25	679	30	39
——	——	——	——	——	——	——	——	——	——	——	——
54	2 295	22	263	——	——	——	——	8	160	17	17
——	——	——	——	——	——	——	——	1	30	——	——
——	——	——	——	——	——	——	——	10	435	——	——
——	——	——	——	——	——	——	——	28	857	4	18
——	——	——	——	——	——	——	——	29	309	3	12

各地区艺术表演团体分剧种创作首演剧目数

单位:个

	总计	话剧、儿童剧、滑稽剧团	歌剧、舞剧、歌舞剧团	歌舞团、轻音乐团	乐团、合唱团	文工团、文宣队、乌兰牧骑	戏曲剧团		曲、杂、木、皮团	综合性艺术表演团体
								京剧		
总　　计	**1 920**	**198**	**138**	**297**	**26**	**80**	**856**	**31**	**98**	**227**
中　　央	80	11	1	10	5	43	—	—	—	10
北　　京	29	3	—	1	—	—	7	1	7	11
天　　津	6	2	—	—	—	—	3	1	—	1
河　　北	31	4	—	4	—	—	18	1	—	5
山　　西	33	—	1	1	—	—	31	—	—	—
内 蒙 古	11	1	—	3	—	3	1	—	1	2
辽　　宁	14	5	2	—	—	—	—	—	—	7
其中:大连	1	1	—	—	—	—	—	—	—	—
吉　　林	139	2	—	23	—	5	92	—	11	6
黑 龙 江	32	3	7	1	—	4	8	3	1	8
上　　海	75	35	4	—	12	—	19	—	5	—
江　　苏	54	9	—	4	1	—	38	3	—	2
浙　　江	199	2	—	3	—	—	151	6	9	34
其中:宁波	3	—	—	—	—	—	1	—	—	2
安　　徽	65	17	1	11	—	—	30	—	6	—
福　　建	54	23	1	—	—	—	23	2	7	—
其中:厦门	6	—	1	—	—	—	5	—	—	—
江　　西	168	1	12	6	—	—	147	1	2	—
山　　东	48	15	2	1	—	—	22	6	5	3
其中:青岛	12	7	1	—	—	—	3	—	—	1
河　　南	163	1	25	7	—	—	96	—	19	15
湖　　北	65	5	13	4	8	6	19	1	3	7
湖　　南	34	2	1	5	—	1	23	—	2	—
广　　东	93	17	17	7	—	—	44	—	6	2
其中:深圳	1	—	—	—	—	—	1	—	—	—
广　　西	21	1	—	11	—	1	6	—	2	—
海　　南	3	1	—	1	—	—	—	—	—	1
重　　庆	40	14	—	3	—	2	4	2	7	10
四　　川	210	6	20	90	—	3	27	—	2	62
贵　　州	5	2	1	—	—	—	2	2	—	—
云　　南	65	4	4	44	—	4	6	—	—	3
西　　藏	12	2	—	5	—	1	—	—	—	4
陕　　西	20	2	—	2	—	3	13	—	—	—
甘　　肃	32	1	—	2	—	3	23	1	3	—
青　　海	15	—	—	8	—	—	—	—	—	7
宁　　夏	91	6	23	33	—	1	1	1	—	27
新　　疆	13	1	3	7	—	—	2	—	—	—

各地区艺术表演团体分剧种国内演出场次

单位:千场

	总计	话剧、儿童剧、滑稽剧团	歌剧、舞剧、歌舞剧团	歌舞团、轻音乐团	乐团、合唱团	文工团、文宣队、乌兰牧骑	戏曲剧团		曲、杂、木、皮团	综合性艺术表演团体
								京剧		
总　　计	**771.3**	**28.8**	**17.7**	**79.6**	**1.6**	**34**	**361.7**	**22.6**	**142**	**99.7**
中　　央	2.5	0.8	0.1	0.5	0.3	0.5	0.3	0.3	——	0.1
北　　京	11.3	0.3	——	2	0.1	——	3	1.4	3	3
天　　津	3.4	0.5	0.3	——	0.1	0.01	1.9	0.4	1	0.04
河　　北	30.3	0.2	——	2.6	0.1	0.6	20.2	0.6	3.2	3.5
山　　西	28.3	0.2	1.9	1	——	0.2	25	0.1	0.3	——
内 蒙 古	14.6	0.1	0.2	1.9	——	9.7	1.2	0.1	0.1	1.3
辽　　宁	5.7	1.3	0.4	1.5	——	——	1.3	0.7	0.3	1
其中:大连	0.5	0.1	——	0.2	——	——	0.1	0.1	0.1	0.02
吉　　林	6	0.2	0.2	0.9	——	0.2	4.1	0.5	0.1	0.1
黑 龙 江	8.7	1.3	0.5	1	——	1	2.5	0.6	0.5	2.1
上　　海	19.9	2.1	0.7	1	0.5	——	8.4	0.2	7.2	0.1
江　　苏	37.7	0.6	——	2.4	0.11	——	10.6	0.4	23.4	0.6
浙　　江	118.9	1.4	——	3.9	——	——	101	10.4	5	6.9
其中:宁波	8	——	——	——	——	——	6.4	——	——	0.6
安　　徽	87.2	2.9	0.5	10	——	0.2	15.4	0.3	56	2
福　　建	20	3.9	0.4	0.7	——	——	12.2	0.2	1.8	1
其中:厦门	0.9	——	0.2	0.1	——	——	0.5	——	0.1	——
江　　西	16.3	0.1	2.6	1.7	——	0.9	8.7	0.1	0.2	1.1
山　　东	19.9	0.9	1	1.3	0.1	0.2	13.5	4	2	1.1
其中:青岛	2.2	0.2	0.2	——	0.1	——	1.3	0.2	0.1	0.4
河　　南	137	1.1	1	5.9	——	0.3	43.3	0.3	27.9	58.1
湖　　北	21	1.2	1.5	3	0.1	1.3	11.3	1.2	0.3	3
湖　　南	22	0.1	0.6	3.9	——	1.8	15	0.1	0.3	0.7
广　　东	29.2	3.1	2.2	1.7	0.3	——	17.6	——	3	0.5
其中:深圳	0.1	——	——	——	0.1	——	——	——	——	——
广　　西	13.5	0.1	0.3	2.5	——	5	2.7	0.2	1	1
海　　南	11	0.6	0.1	0.3	——	——	9	——	1	0.2
重　　庆	6.3	1.3	0.2	3.1	——	0.1	0.7	0.3	0.7	1.2
四　　川	25.5	1.7	0.4	9.2	——	0.3	4.5	0.04	2.2	6.3
贵　　州	2.1	0.1	0.1	0.7	——	0.2	0.8	0.2	0.1	0.1
云　　南	13.8	0.1	0.3	6	——	1.8	1.5	0.2	0.4	3.7
西　　藏	1.7	0.2	——	0.3	——	0.9	——	——	——	0.3
陕　　西	21.3	2	0.8	1.1	0.03	1.7	14.4	0.1	1.2	——
甘　　肃	15.3	0.1	0.7	1.1	——	1.9	11	0.1	0.4	0.2
青　　海	2.8	——	——	0.6	——	0.1	——	——	——	1.1
宁　　夏	2.8	0.4	——	0.4	——	0.5	1.5	0.11	0.04	——
新　　疆	16.2	0.2	0.8	8.1	——	5.1	1	0.1	0.6	——

各地区艺术表演团体分剧种国内演出观众人次

单位:千人次

地区	总计	话剧、儿童剧、滑稽剧团	歌剧、舞剧、歌舞剧团	歌舞团、轻音乐团	乐团、合唱团	文工团、文宣队、乌兰牧骑	戏曲剧团		曲、杂、木、皮团	综合性艺术表演团体
								京剧		
总　计	**758 956**	**67 298**	**20 963**	**65 822**	**3 427**	**34 746**	**376 405**	**26 390**	**123 055**	**67 240**
中　央	3 369	468	110	1 014	742	815	120	120	——	100
北　京	7 704	378	——	914	97	——	2 178	880	759	3 378
天　津	2 486	201	215	3	105	15	1 121	368	220	606
河　北	29 700	249	——	1 209	200	616	21 901	695	2 247	3 278
山　西	32 836	157	2 290	845	411	313	28 367	74	453	——
内蒙古	12 587	624	470	2 158	——	7 946	845	50	200	344
辽　宁	6 658	1 193	488	2 158	——	——	1 293	770	132	1 394
其中:大连	553	66	——	320	——	——	75	75	52	40
吉　林	6 103	115	210	1 084	——	134	4 020	164	372	168
黑龙江	8 421	959	448	620	——	1 028	2 482	803	544	2 340
上　海	7 877	829	947	73	765	——	1 928	202	2 857	478
江　苏	20 017	675	166	3 032	260	——	11 702	1 545	3 352	830
浙　江	109 649	1 738	——	3 274	150	——	95 805	13 657	3 606	5 076
其中:宁波	5 133	——	——	316	——	——	4 052	——	26	739
安　徽	98 665	3 927	1 340	4 919	143	162	14 363	251	70 241	3 570
福　建	17 804	2 907	330	853	——	——	12 451	132	1 103	160
其中:厦门	712	——	133	165	——	——	354	——	60	——
江西	17 043	156	2 785	1 829	——	1 472	9 645	196	230	926
山　东	24 541	700	1 852	1 459	62	301	16 500	3 999	1 725	1 942
其中:青岛	3 510	150	378	——	62	——	2 108	118	92	720
河　南	116 297	606	348	5 117	35	260	55 118	110	25 476	29 337
湖　北	24 599	1 755	1 472	4 041	35	1 832	12 908	864	213	2 343
湖　南	17 538	88	724	2 453	——	1 232	12 039	96	419	583
广　东	70 828	42 975	2 573	3 251	342	——	18 283	——	2 461	943
其中:深圳	250	——	——	——	112	——	138	——	——	——
广　西	15 022	168	315	3 693	——	5 721	3 619	200	1 261	245
海　南	13 060	1 685	140	319	——	——	9 851	——	704	361
重　庆	5 244	756	331	691	45	175	758	272	1 242	1 246
四　川	16 245	1 767	503	4 774	——	205	3 321	25	1 261	4 414
贵　州	2 659	108	103	1 021	——	366	786	211	95	180
云　南	12 547	68	318	6 117	——	1 821	2 255	90	554	1 414
西　藏	1 817	219	——	449	——	865	——	——	——	284
陕　西	19 247	781	460	496	35	2 358	14 459	213	635	23
甘　肃	22 564	163	742	1 233	——	2 361	17 242	285	547	276
青　海	1 674	——	56	716	——	70	——	——	——	832
宁　夏	2 322	763	235	161	——	348	559	88	87	169
新　疆	11 833	120	992	5 846	——	4 330	486	30	59	——

各地区艺术表演团体分剧种财政拨款收入情况

单位：千元

	总计	话剧、儿童剧、滑稽剧团	歌剧、舞剧、歌舞剧团	歌舞团、轻音乐团	乐团、合唱团	文工团、文宣队、乌兰牧骑	戏曲剧团		曲、杂、木、皮团	综合性艺术表演团体
								京剧		
总　计	**5 142 220**	**570 827**	**556 876**	**875 547**	**198 960**	**242 691**	**2 004 152**	**491 166**	**366 495**	**326 672**
中　央	479 870	69 079	34 268	141 791	87 307	44 136	51 182	51 182	——	52 107
北　京	255 561	70 624	——	8 137	13 608	——	129 069	49 301	33 314	809
天　津	154 472	18 545	22 150	——	10 474	1 358	86 100	59 371	14 325	1 520
河　北	119 634	8 189	——	18 652	5 135	1 021	69 751	13 285	8 666	8 220
山　西	150 546	10 579	28 147	8 786	155	7 934	88 437	6 791	6 508	——
内蒙古	171 459	4 745	3 725	67 437	——	64 213	22 227	5 022	6 984	2 128
辽　宁	168 091	41 314	34 677	41 207	——	378	28 507	20 098	7 712	14 296
其中：大连	22 869	2 699	——	5 809	——	288	6 933	6 669	6 856	284
吉　林	138 691	9 982	22 315	35 483	——	3 083	59 811	8 567	5 842	2 175
黑龙江	227 778	26 631	30 819	6 262	——	12 965	83 076	29 908	18 505	49 520
上　海	162 618	29 138	30 658	——	14 665	——	71 171	29 934	16 959	27
江　苏	211 259	17 504	4 165	33 953	6 851	——	108 541	14 374	24 055	16 190
浙　江	259 243	16 882	——	49 455	——	——	153 352	15 238	20 614	18 940
其中：宁波	23 505	——	——	1 396	——	——	6 220	——	——	15 889
安　徽	152 570	29 758	14 961	15 510	——	3 310	79 900	14 309	9 131	——
福　建	177 827	17 765	14 816	32 463	——	——	91 717	11 582	21 066	——
其中：厦门	32 282	——	10 936	3 141	——	——	12 989	——	5 216	——
江　西	102 861	7 452	12 119	13 863	——	2 061	55 507	10 644	6 757	5 102
山　东	269 312	22 192	47 174	9 209	10 934	480	140 999	50 262	27 370	10 954
其中：青岛	43 930	6 551	8 125	——	10 934	——	14 779	6 050	1 640	1 901
河　南	145 037	3 515	45	34 713	——	——	98 852	5 699	7 662	250
湖　北	209 351	20 465	49 985	13 967	5 441	3 450	95 037	28 219	10 935	10 071
湖　南	97 351	2 867	9 102	7 097	——	3 346	59 641	3 138	6 335	8 963
广　东	286 398	36 432	58 856	22 465	40 389	414	71 560	——	41 422	14 860
其中：深圳	17 244	——	——	——	12 144	——	5 100	——	——	——
广　西	119 824	3 384	11 053	32 094	——	24 525	41 313	4 461	7 455	——
海　南	31 889	11 505	300	12 221	——	46	2 496	——	——	5 321
重　庆	56 334	8 541	8 591	5 203	——	981	25 283	8 163	6 553	1 182
四　川	171 522	19 345	22 305	25 484	——	1 648	58 407	4 193	17 984	26 349
贵　州	85 124	3 882	5 403	23 349	——	6 538	27 882	14 530	10 770	7 300
云　南	166 390	8 289	10 923	57 682	——	16 536	40 611	6 437	8 508	23 841
西　藏	66 692	13 470	——	23 451	——	10 691	——	——	——	19 080
陕　西	128 780	8 354	29 102	10 521	4 001	7 728	60 977	4 291	8 097	——
甘　肃	127 516	4 567	31 092	21 514	——	3 487	61 620	8 199	4 717	519
青　海	48 925	——	——	21 577	——	400	——	——	——	26 948
宁　夏	45 600	18 672	20	451	——	3 136	20 531	8 402	2 790	——
新　疆	153 695	7 160	20 105	81 550	——	18 826	20 595	5 566	5 459	——

各地区艺术表演团体分剧种演出收入情况

单位:千元

	总计	话剧、儿童剧、滑稽剧团	歌剧、舞剧、歌舞剧团	歌舞团、轻音乐团	乐团、合唱团	文工团、文宣队、乌兰牧骑	戏曲剧团		曲、杂、木、皮团	综合性艺术表演团体
								京剧		
总　计	**2 037 571**	**178 442**	**156 906**	**475 909**	**96 951**	**32 752**	**649 513**	**87 097**	**199 955**	**247 143**
中　央	189 172	20 039	7 044	103 140	32 565	16 337	5 870	5 870	——	4 177
北　京	135 183	37 735	——	15 392	7 364	——	31 888	16 777	33 641	9 163
天　津	20 090	1 459	5 269	199	1 348	3	9 692	5 869	2 069	51
河　北	63 087	1 548	——	10 928	1 428	374	27 610	1 100	12 710	8 489
山　西	73 701	7 747	13 070	1 989	1 670	1 388	46 764	2 913	1 073	——
内蒙古	15 879	328	481	5 776	——	4 077	1 992	200	3 038	187
辽　宁	32 857	3 943	6 862	8 852	——	——	5 275	4 772	2 193	5 732
其中:大连	4 918	110	——	2 363	——	——	524	524	1 921	——
吉　林	42 853	601	6 260	29 216	——	126	4 344	562	2 167	139
黑龙江	10 001	1 240	1 283	373	——	183	1 855	687	2 386	2 681
上　海	129 236	29 723	21 145	170	27 624	——	20 837	4 728	25 516	4 221
江　苏	98 491	7 171	4 872	26 290	2 504	——	36 557	3 283	11 348	9 749
浙　江	277 204	7 109	——	45 247	600	——	171 279	22 185	23 853	29 116
其中:宁波	33 872	——	——	15 568	——	——	12 400	——	180	5 724
安　徽	78 717	5 276	9 500	12 217	901	656	25 706	1 582	17 575	6 886
福　建	48 550	9 077	2 335	6 959	——	——	25 918	1 004	4 191	70
其中:厦门	3 618	——	1 058	874	——	——	1 534	——	152	——
江　西	21 835	888	4 284	2 822	——	879	10 092	1 192	1 547	1 323
山　东	53 213	3 650	9 862	3 239	1 016	194	24 896	7 668	6 626	3 730
其中:青岛	7 676	965	1 580	——	1 016	——	3 385	1 063	72	658
河　南	155 395	2 563	480	14 087	380	350	59 997	1 047	21 497	56 041
湖　北	30 603	2 250	5 566	3 076	50	1 142	13 929	1 578	2 361	2 229
湖　南	29 120	180	4 131	2 465	——	1 701	14 223	406	2 140	4 280
广　东	115 312	9 157	24 580	13 589	18 114	——	40 147	——	7 493	2 232
其中:深圳	10 960	——	——	——	10 306	——	654	——	——	——
广　西	28 190	450	3 149	7 540	——	1 195	6 005	383	2 538	7 313
海　南	28 737	1 061	90	2 208	——	——	23 294	——	652	1 432
重　庆	32 837	14 417	698	7 799	430	100	3 562	2 011	1 156	4 675
四　川	188 698	5 791	3 864	132 864	——	442	7 473	47	5 910	32 354
贵　州	3 314	——	188	436	——	15	984	191	1 691	——
云　南	58 335	263	3 554	4 398	——	21	4 352	192	160	45 587
西　藏	307	——	——	256	——	25	——	——	——	26
陕　西	31 280	2 802	6 808	2 873	957	1 658	14 362	97	1 470	350
甘　肃	19 962	250	9 085	1 211	——	717	7 811	247	716	172
青　海	4 785	——	——	1 645	——	2	——	——	——	3 138
宁　夏	9 846	1 439	1 924	1 050	——	741	1 951	506	1 141	1 600
新　疆	10 781	285	522	7 603	——	426	848	——	1 097	——

各地区艺术表演团体分剧种工资福利支出情况

单位:千元

地区	总计	话剧、儿童剧、滑稽剧团	歌剧、歌舞剧、歌舞剧团	歌舞团、轻音乐团	乐团、合唱团	文工团、文宣队、乌兰牧骑	戏曲剧团		曲、杂、木、皮团	综合性艺术表演团体
								京剧		
总　计	**3 468 269**	**305 915**	**328 410**	**625 919**	**126 053**	**176 024**	**1 373 808**	**248 465**	**265 974**	**266 166**
中　央	251 344	45 407	13 818	90 557	35 559	33 463	15 336	15 336	——	17 204
北　京	123 818	19 988	——	13 985	7 936	——	61 969	28 780	17 591	2 349
天　津	62 956	8 710	12 959	125	5 140	697	25 487	14 013	8 594	1 244
河　北	101 062	4 882	——	14 426	3 969	1 157	55 215	9 254	11 360	10 053
山　西	106 864	5 092	17 589	5 660	1 200	5 270	67 882	4 462	4 171	——
内蒙古	106 526	3 710	2 569	40 737	——	37 819	13 272	1 381	3 803	4 616
辽　宁	84 381	19 930	12 884	20 522	——	217	17 147	12 299	4 735	8 946
其中:大连	12 242	1 229	——	4 297	——	217	2 332	2 184	3 880	287
吉　林	70 677	2 656	6 350	22 367	——	1 234	33 544	4 071	3 806	720
黑龙江	140 070	10 977	19 969	5 198	——	8 973	48 515	15 250	11 993	34 445
上　海	169 348	30 161	27 708	70	24 884	——	57 227	14 306	28 512	786
江　苏	161 878	11 624	5 449	27 909	5 354	——	80 456	9 959	16 507	14 579
浙　江	285 272	7 659	——	39 361	450	——	193 289	27 573	19 357	25 156
其中:宁波	27 476	——	——	3 171	——	——	11 289	——	95	12 921
安　徽	111 529	12 888	7 112	18 306	834	2 159	54 085	8 526	14 033	2 112
福　建	114 159	18 215	11 927	18 315	——	——	56 228	3 818	9 280	194
其中:厦门	20 766	——	8 305	2 485	——	——	8 066	——	1 910	——
江　西	71 920	3 723	7 881	10 553	——	2 052	40 884	6 372	4 431	2 396
山　东	179 477	10 313	33 504	9 007	8 059	623	88 171	30 224	18 668	11 132
其中:青岛	34 345	4 660	7 207	——	8 059	——	11 033	3 400	919	2 467
河　南	135 783	1 880	580	14 736	280	210	76 065	1 694	14 136	27 896
湖　北	105 870	7 055	23 187	10 688	2 068	2 383	47 322	11 034	5 507	7 660
湖　南	73 913	2 125	7 077	6 865	——	3 322	45 204	2 064	4 844	4 476
广　东	210 436	19 496	38 759	19 952	28 071	328	79 105	——	16 444	8 281
其中:深圳	21 508	——	400	260	19 144	——	1 658	——	46	——
广　西	84 097	1 199	4 894	24 034	——	20 332	26 424	1 556	5 505	1 709
海　南	32 832	8 907	300	8 877	——	46	10 558	——	460	3 684
重　庆	41 789	5 192	4 283	10 389	156	845	11 604	4 902	6 476	2 844
四　川	129 466	8 819	13 203	35 542	——	1 422	34 267	2 029	12 176	24 037
贵　州	44 113	2 039	5 173	11 067	——	3 072	13 761	5 706	6 714	2 287
云　南	103 495	2 152	9 818	37 033	——	12 195	21 015	3 201	4 087	17 195
西　藏	52 862	9 784	——	19 174	——	9 308	——	——	——	14 596
陕　西	90 390	8 091	14 257	10 098	2 093	7 481	43 721	2 854	4 396	253
甘　肃	71 851	2 186	13 974	13 471	——	3 184	36 192	2 737	2 259	585
青　海	28 244	——	10	13 887	——	400	——	——	——	13 947
宁　夏	25 341	7 314	1 345	585	——	2 589	9 825	3 131	2 899	784
新　疆	96 506	3 741	11 831	52 423	——	15 243	10 038	1 933	3 230	——

各地区艺术表演团体

	剧团数（个）	补贴团数	从业人员（人）	高级职称	中级职称	本年上演剧目（个）	本团创作首演剧目	演出场次（千场次）	国内演出场次	农村演出场次	本团创作首演剧目演出场次
总　计	**4 512**	**2 358**	**185 413**	**18 085**	**37 890**	**50 639**	**1 920**	**927**	**771**	**510.8**	**33.8**
中　央	16	15	5 075	1 932	1 237	244	80	3	2	——	——
北　京	93	17	3 550	493	783	328	29	13	11	4	1
天　津	31	15	2 149	479	626	186	6	3	3	2	——
河　北	170	96	6 623	753	1 396	1 283	31	32	30	24	1
山　西	159	128	9 141	457	1 631	1 050	33	29	28	26	1
内蒙古	124	109	5 699	598	1 365	534	11	16	15	7	——
辽　宁	83	59	4 526	682	1 433	282	14	6	6	2	——
其中：大连	25	7	761	99	173	2	1	1	——	——	——
吉　林	59	57	4 200	718	1 269	528	139	7	6	2	2
黑龙江	87	83	5 487	865	1 728	153	32	10	9	3	1
上　海	103	29	3 877	703	1 004	273	75	20	20	4	1
江　苏	127	117	5 224	757	1 677	306	54	38	38	17	2
浙　江	418	64	13 845	880	1 691	10 064	199	127	119	97	10
其中：宁波	55	4	1 553	98	189	421	3	9	8	5	——
安　徽	597	88	10 789	489	1 582	2 680	65	202	87	44	1
福　建	110	90	4 775	279	1 229	748	54	21	20	16	1
其中：厦门	6	6	432	44	147	99	6	1	1	——	——
江　西	93	77	4 225	262	985	1 430	168	17	16	13	1
山　东	119	112	6 163	1 343	1 785	1 029	48	21	20	13	1
其中：青岛	12	12	767	165	198	75	12	2	2	1	——
河　南	454	186	16 211	875	1 975	7 081	163	140	137	117	2
湖　北	107	98	6 080	808	1 794	671	65	22	21	13	2
湖　南	96	94	4 611	455	1 522	511	34	22	22	15	1
广　东	407	119	14 392	431	1 190	938	93	36	29	17	1
其中：深圳	10	2	304	21	85	15	1	——	——	——	——
广　西	135	116	9 736	503	892	961	21	14	13	6	——
海　南	70	22	2 380	109	371	216	3	11	11	11	——
重　庆	84	31	2 543	353	518	956	40	7	6	3	——
四　川	206	83	7 531	634	1 909	14 783	210	29	26	10	1
贵　州	24	23	1 857	290	655	109	5	4	2	1	——
云　南	131	106	4 898	354	1 209	419	65	15	14	5	——
西　藏	32	28	1 291	81	242	73	12	2	2	1	——
陕　西	118	106	7 051	527	1 586	779	20	22	21	16	——
甘　肃	77	75	4 197	309	886	1 071	32	15	15	12	1
青　海	21	11	1 310	109	360	335	15	3	3	1	——
宁　夏	41	14	1 803	155	338	447	91	3	3	2	——
新　疆	120	90	4 174	402	1 022	171	13	17	16	7	——

演出及收支基本情况

国内演出观众人次			收入情况		支出情况	固定资产原值（千元）	增加值（千元）	公用房屋建筑面积		流动舞台车数量		
（千人次）	农村观众人次	本团创作首演剧目观众人次	财政拨款（千元）	演出收入（千元）	人员支出（千元）			（千平方米）	排练练功用房	（辆）	利用流动舞台车演出场次（场）	利用流动舞台车演出观众人次（千人次）
758 956	**527 536**	**36 526**	**5 142 220**	**2 037 571**	**3 468 269**	**9 912 344**	**5 628 604**	**4 289**	**1 029**	**4 370**	**51 448**	**59 042**
3 369	1 181	640	479 870	189 172	251 344	1 101 950	519 506	206	22	——	——	——
7 704	4 156	454	255 561	135 183	123 818	297 735	236 894	115	16	31	578	422
2 486	688	36	154 472	20 090	62 956	43 479	110 694	40	11	5	370	624
29 700	25 339	973	119 634	63 087	101 062	180 312	136 881	130	37	33	3 678	4 650
32 836	29 308	752	150 546	73 701	106 864	133 713	153 392	188	30	12	338	216
12 587	6 774	126	171 459	15 879	106 526	135 643	148 661	148	50	27	626	479
6 658	1 942	193	168 091	32 857	84 381	124 117	137 460	90	26	14	1 962	1 226
553	212	5	22 869	4 918	12 242	7 563	13 566	10	2	——	——	——
6 103	2 263	1 906	138 691	42 853	70 677	159 172	131 711	85	24	16	826	1 028
8 421	3 181	1 237	227 778	10 001	140 070	162 832	211 748	163	36	17	388	448
7 877	1 202	607	162 618	129 236	169 348	374 059	242 695	53	9	1	60	40
20 017	11 935	1 434	211 259	98 491	161 878	203 072	262 226	135	33	20	2 792	3 746
109 649	93 151	9 413	259 243	277 204	285 272	4 007 515	421 204	217	80	274	5 081	4 168
5 133	3 220	20	23 505	33 872	27 476	62 358	41 434	33	17	139	3 544	1 879
98 665	45 194	1 300	152 570	78 717	111 529	128 902	192 405	76	21	30	2 062	4 869
17 804	13 308	1 709	177 827	48 550	114 159	182 824	177 979	163	50	11	432	608
712	276	97	32 282	3 618	20 766	61 147	28 260	15	2	——	——	——
17 043	13 248	1 709	102 861	21 835	71 920	120 876	109 058	77	23	25	1 793	2 061
24 541	16 826	1 331	269 312	53 213	179 477	277 928	267 192	244	70	35	4 575	8 087
3 510	2 289	212	43 930	7 676	34 345	42 282	44 507	36	10	3	446	637
116 297	97 257	4 006	145 037	155 395	135 783	238 974	235 546	232	76	76	2 668	3 789
24 599	17 002	1 999	209 351	30 603	105 870	313 104	198 407	294	47	60	4 701	6 443
17 538	12 323	1 134	97 351	29 120	73 913	159 064	115 005	142	31	80	9 340	7 645
70 828	54 322	1 153	286 398	115 312	210 436	350 910	329 272	219	56	7	363	395
250	138	3	17 244	10 960	21 508	29 827	21 742	8	3	——	——	——
15 022	7 343	97	119 824	28 190	84 097	119 153	133 699	117	33	12	652	1 276
13 060	11 928	184	31 889	28 737	32 832	45 945	40 297	41	5	1 823	3 568	2 019
5 244	1 801	552	56 334	32 837	41 789	116 730	85 084	103	24	13	420	507
16 245	6 558	575	171 522	188 698	129 466	209 483	227 303	292	48	1 650	1 284	917
2 659	1 470	89	85 124	3 314	44 113	47 471	83 641	42	11	7	122	240
12 547	5 082	652	166 390	58 335	103 495	169 364	173 134	119	35	15	131	234
1 817	979	302	66 692	307	52 862	61 765	64 154	46	9	11	65	74
19 247	15 661	356	128 780	31 280	90 390	182 533	133 879	231	44	14	495	608
22 564	17 920	915	127 516	19 962	71 851	94 256	112 038	113	26	12	480	561
1 674	643	74	48 925	4 785	28 244	27 453	45 278	27	7	11	84	113
2 322	1 563	364	45 600	9 846	25 341	36 168	46 626	34	10	12	818	1 137
11 833	5 988	254	153 695	10 781	96 506	105 842	145 535	107	29	16	696	412

各地区省级艺术表演团体

地区	剧团数（个）	补贴团数	从业人员（人）	高级职称	中级职称	本年上演剧目（个）	本团创作首演剧目	演出场次（千场次）	国内演出场次	农村演出场次	本团创作首演剧目演出场次
总　计	**249**	**208**	**30 117**	**6 749**	**8 370**	**1 749**	**289**	**52**	**48**	**6**	**1**
北　京	11	11	2 062	414	595	122	14	7	6	2	——
天　津	11	10	1 756	459	551	77	5	2	2	——	——
河　北	8	8	1 130	351	317	44	4	1	1	——	——
山　西	7	5	957	118	228	14	1	1	1	——	——
内蒙古	6	6	704	267	188	10	3	1	1	——	——
辽　宁	6	4	856	227	206	17	1	1	1	——	——
吉　林	5	5	720	190	215	22	11	1	1	——	——
黑龙江	7	7	966	278	220	22	3	1	1	——	——
上　海	29	19	2 876	648	872	162	54	9	8	——	1
江　苏	10	10	706	200	177	6	6	4	4	1	——
浙　江	8	8	880	220	281	39	12	4	3	1	——
安　徽	5	5	724	178	233	27	6	2	1	——	——
福　建	6	6	846	146	301	95	7	1	1	——	——
江　西	6	6	661	127	193	50	5	1	1	——	——
山　东	6	6	854	287	232	44	6	1	1	——	——
河　南	8	8	934	205	256	81	10	1	1	——	——
湖　北	4	4	807	220	139	6	——	1	1	——	——
湖　南	7	7	922	226	232	35	4	1	1	——	——
广　东	9	8	1 179	186	298	116	24	1	1	1	——
广　西	8	8	726	230	129	15	3	1	1	——	——
海　南	3	3	299	46	122	11	1	——	——	——	——
重　庆	8	8	934	226	202	268	3	1	1	——	——
四　川	4	4	746	119	235	42	1	1	——	——	——
贵　州	7	6	597	143	186	26	3	1	1	——	——
云　南	6	6	839	159	275	35	8	1	1	——	——
西　藏	3	3	384	55	118	11	6	——	——	——	——
陕　西	7	7	1 679	301	591	37	——	2	2	——	——
甘　肃	8	8	1 001	177	307	68	6	2	2	1	——
青　海	2	2	404	73	140	7	7	1	1	——	——
宁　夏	26	4	1 202	109	148	238	73	1	1	——	——
新　疆	8	6	766	164	183	2	2	2	2	——	——

演出及收支基本情况

国内演出观众人次			收入情况		支出情况	固定资产原值（千元）	增加值（千元）	公用房屋建筑面积		流动舞台车数量		
（千人次）	农村观众人次	本团创作首演剧目观众人次	财政拨款（千元）	演出收入（千元）	人员支出（千元）			（千平方米）	排练练功用房	（辆）	利用流动舞台车演出场次（场）	利用流动舞台车演出观众人次（千人次）
50 842	**20 323**	**4 998**	**1 861 770**	**504 405**	**997 167**	**2 003 445**	**1 785 420**	**1 040**	**288**	**75**	**2 204**	**4 644**
3 457	991	231	246 309	116 535	112 996	274 139	215 495	93	8	1	117	82
1 349	248	20	147 855	19 002	59 765	40 645	104 535	38	11	1	8	4
1 604	919	30	44 460	12 026	29 011	79 407	43 471	31	12	5	190	580
1 310	324	15	40 130	21 228	21 110	32 900	40 927	37	7	4	85	10
980	323	58	30 215	7 721	12 908	34 564	26 339	26	11	1	16	32
1 714	72	1	69 715	13 443	23 136	43 261	52 798	24	11	3	73	72
872	145	128	41 419	7 778	15 235	37 086	35 167	22	7	3	20	31
929	338	13	72 300	2 038	41 074	41 997	70 139	24	8	——	——	——
4 046	280	404	157 610	102 122	155 360	355 402	222 956	49	8	——	——	——
2 300	1 628	33	23 951	13 013	28 207	39 283	38 194	——	——	1	109	253
3 327	1 989	668	123 515	20 566	54 414	145 530	92 337	38	17	6	407	1 322
1 530	161	26	40 523	13 271	18 171	33 177	45 393	6	4	1	——	——
1 236	594	253	64 399	12 208	28 011	48 344	55 891	49	23	6	291	376
1 364	496	140	32 467	5 807	18 307	17 365	29 692	13	8	2	140	180
727	242	134	87 416	7 068	36 268	92 555	76 627	77	20	——	——	——
5 019	3 045	1 400	45 762	19 089	15 102	44 923	42 114	40	19	1	65	520
383	89	——	55 978	3 542	24 873	93 556	47 525	64	5	1	——	——
1 102	489	61	28 029	4 569	19 463	46 108	37 166	41	8	6	136	202
3 448	1 163	124	95 867	41 017	57 985	89 756	97 385	30	9	——	——	——
1 461	340	23	31 731	7 127	16 614	43 805	38 238	21	9	1	25	70
980	900	60	20 330	1 689	14 725	21 874	17 768	25	1	3	30	90
1 638	543	163	38 660	10 686	23 646	52 018	55 958	40	10	7	72	204
513	233	36	35 610	4 783	13 243	26 416	23 383	24	7	——	——	——
645	350	31	25 125	406	13 535	20 047	26 815	17	2	3	28	28
1 542	681	74	44 008	7 660	22 661	54 084	43 910	16	10	6	——	——
319	218	78	34 995	22	26 358	19 324	33 483	27	5	2	——	——
2 087	954	——	54 408	11 140	29 687	57 604	48 874	61	16	——	——	——
2 539	1 518	566	39 471	5 108	19 846	41 799	31 422	35	12	3	14	12
603	316	23	21 686	2 360	10 226	12 888	22 646	13	3	2	——	——
908	579	143	30 021	6 786	14 294	27 716	29 970	23	7	6	378	576
910	155	62	37 805	4 595	20 936	35 872	38 802	36	10	——	——	——

各地区地市级艺术表演

	剧团数		从业人员			本年上演剧目		演出场次			
									国内演出场次		
	(个)	补贴团数	(人)	高级职称	中级职称	(个)	本团创作首演剧目	(千场次)		农村演出场次	本团创作首演剧目演出场次
总　计	**897**	**622**	**57 921**	**6 732**	**16 112**	**5 117**	**425**	**145**	**127**	**59.5**	**6.66**
北　京	——	——	——	——	——	——	——	——	——	——	——
天　津	——	——	——	——	——	——	——	——	——	——	——
河　北	32	30	1 989	337	708	368	8	9	8	6	——
山　西	35	35	2 935	284	990	237	16	6	5	5	——
内蒙古	22	22	1 881	268	676	276	3	2	2	1	——
辽　宁	27	26	2 461	418	983	215	12	4	3	1	——
其中:大连	4	4	491	96	150	2	1	1	——	——	——
吉　林	18	17	1 722	388	521	169	35	2	1	1	1
黑龙江	26	26	2 904	518	1 002	77	7	5	4	1	1
上　海	——	——	——	——	——	——	——	——	——	——	——
江　苏	43	43	2 583	484	978	156	24	15	14	4	1
浙　江	39	14	2 071	233	476	384	28	6	6	3	——
其中:宁波	2	2	279	49	116	——	——	——	——	——	——
安　徽	77	31	2 721	239	740	400	34	14	9	2	——
福　建	19	19	744	60	286	163	7	2	2	1	——
其中:厦门	5	5	380	44	146	89	3	1	1	——	——
江　西	20	19	1 312	105	440	155	50	3	3	2	——
山　东	43	42	3 052	767	892	362	28	9	9	4	1
其中:青岛	6	6	567	154	129	38	8	1	1	——	——
河　南	38	36	2 345	183	541	273	8	9	8	6	——
湖　北	31	25	2 498	471	902	163	24	5	4	2	1
湖　南	23	23	1 642	194	673	119	8	4	4	3	——
广　东	143	39	5 429	240	723	285	27	12	10	6	——
其中:深圳	2	2	226	21	85	15	1	——	——	——	——
广　西	34	26	6 648	239	476	201	7	4	4	1	——
海　南	27	2	891	11	31	56	1	5	5	5	——
重　庆	——	——	——	——	——	——	——	——	——	——	——
四　川	45	35	3 045	414	1 157	238	21	7	6	2	——
贵　州	14	14	1 162	141	438	65	2	3	1	1	——
云　南	29	20	1 718	141	524	63	46	4	3	1	——
西　藏	7	7	459	24	120	23	4	1	1	——	——
陕　西	28	22	1 791	193	590	73	3	3	3	2	——
甘　肃	14	14	1 273	113	367	117	4	2	2	1	——
青　海	15	8	690	36	220	328	8	2	2	——	——
宁　夏	4	4	245	38	103	25	3	1	——	——	——
新　疆	44	23	1 710	193	555	126	7	5	4	1	——

团体演出及收支基本情况

国内演出观众人次			收入情况		支出情况	固定资产原值（千元）	增加值（千元）	公用房屋建筑面积		流动舞台车数量		
（千人次）	农村观众人次	本团创作首演剧目观众人次	财政拨款（千元）	演出收入（千元）	人员支出（千元）			（千平方米）	排练练功用房	（辆）	利用流动舞台车演出场次（场）	利用流动舞台车演出观众人次（千人次）
133 249	**74 014**	**7 532**	**1 927 891**	**504 265**	**1 226 427**	**1 964 713**	**1 929 422**	**1 475**	**324**	**181**	**7 510**	**11 849**
——	——	——	——	——	——	——	——	——	——	——	——	——
——	——	——	——	——	——	——	——	——	——	——	——	——
9 737	7 831	423	63 740	17 043	46 406	58 975	59 273	53	15	12	880	1 112
7 844	6 657	153	86 971	25 295	54 190	67 343	72 926	78	12	7	53	106
2 924	1 468	27	72 234	4 859	46 935	51 540	66 142	49	16	10	350	198
3 131	822	190	82 905	16 419	49 756	61 649	68 903	50	9	6	301	396
513	172	5	22 033	4 918	11 590	7 236	12 790	10	2	——	——	——
1 454	413	484	60 247	31 644	31 674	93 311	62 838	29	7	4	39	69
4 131	848	970	121 155	7 019	71 352	103 313	107 538	106	19	9	127	177
——	——	——	——	——	——	——	——	——	——	——	——	——
6 222	1 873	717	141 951	56 163	91 925	102 716	162 229	84	18	3	272	272
6 122	3 698	241	76 442	84 589	78 646	158 188	126 379	77	24	6	409	485
376	40	——	17 285	18 610	15 508	50 604	24 315	24	13	——	——	——
9 456	3 180	466	74 633	22 163	51 087	50 215	84 572	36	10	9	271	2 677
2 044	1 160	91	43 887	7 363	29 304	72 453	40 822	24	4	3	140	230
614	226	49	30 642	3 368	19 229	60 350	26 479	13	2	——	——	——
2 987	1 861	479	40 750	4 668	28 354	69 231	43 593	25	4	10	856	865
11 171	5 927	829	134 772	31 006	101 593	132 457	138 514	116	37	6	400	1 077
1 268	318	82	38 280	5 371	27 962	38 179	37 125	30	9	——	——	——
10 053	8 168	101	64 443	18 107	33 923	76 799	54 564	61	13	13	——	——
6 075	3 306	343	108 334	16 718	46 863	138 995	101 292	90	16	14	868	1 224
4 411	2 816	347	41 343	10 340	27 256	70 019	43 210	43	12	16	1 573	1 579
9 687	4 280	219	164 536	54 455	100 949	207 445	170 661	110	26	1	1	——
250	138	3	17 244	10 960	20 502	29 827	20 736	5	1	——	——	——
3 883	1 178	55	50 568	17 301	35 707	37 701	56 889	40	8	1	3	6
7 691	7 035	16	5 321	12 311	5 509	15 267	7 649	6	——	1	2	4
——	——	——	——	——	——	——	——	——	——	——	——	——
6 225	2 084	148	114 174	32 273	72 998	124 198	121 442	141	19	8	282	239
1 976	1 094	58	54 805	2 579	28 046	23 479	50 988	20	8	4	94	212
3 100	1 057	424	72 285	7 886	40 306	57 302	57 025	52	12	6	88	190
863	350	222	28 079	256	22 404	41 431	26 513	15	3	5	41	59
4 219	3 257	83	49 752	6 929	31 486	64 096	51 897	73	12	2	11	29
3 420	2 401	71	64 110	8 896	31 502	25 831	53 097	37	6	4	55	73
962	283	50	26 839	1 823	16 992	14 013	21 583	14	4	9	84	113
584	354	180	11 972	1 506	7 768	3 412	11 681	3	1	1	70	210
2 877	613	145	71 643	4 654	43 496	43 334	67 202	43	9	11	240	247

各地区县级艺术表演

	剧团数		从业人员			本年上演剧目		演出场次			
	(个)	补贴团数	(人)	高级职称	中级职称	(个)	本团创作首演剧目	(千场次)	国内演出场次		
										农村演出场次	本团创作首演剧目演出场次
总　计	**3 350**	**1 513**	**92 300**	**2 672**	**12 171**	**43 529**	**1 126**	**726**	**592**	**438.7**	**23**
北　京	82	6	1 488	79	188	206	15	7	6	2	1
天　津	20	5	393	20	75	109	1	1	1	1	——
河　北	130	58	3 504	65	371	871	19	22	21	18	1
山　西	117	88	5 249	55	413	799	16	22	22	21	1
内蒙古	96	81	3 114	63	501	248	5	12	12	6	——
辽　宁	50	29	1 209	37	244	50	1	1	1	1	——
其中:大连	21	3	270	3	23	——	——	——	——	——	——
吉　林	36	35	1 758	140	533	337	93	4	3	2	1
黑龙江	54	50	1 617	69	506	54	22	4	4	2	——
上　海	74	10	1 001	55	132	111	21	11	11	4	——
江　苏	74	64	1 935	73	522	144	24	19	19	12	1
浙　江	371	42	10 894	427	934	9 641	159	116	109	93	9
其中:宁波	53	2	1 274	49	73	421	3	8	8	5	——
安　徽	515	52	7 344	72	609	2 253	25	186	77	42	——
福　建	85	65	3 185	73	642	490	40	18	17	15	1
其中:厦门	1	1	52	——	1	10	3	——	——	——	——
江　西	67	52	2 252	30	352	1 225	113	13	13	12	1
山　东	70	64	2 257	289	661	623	14	11	11	9	——
其中:青岛	6	6	200	11	69	37	4	1	1	1	——
河　南	408	142	12 932	487	1 178	6 727	145	131	128	112	2
湖　北	72	69	2 775	117	753	502	41	16	16	11	1
湖　南	66	64	2 047	35	617	357	22	17	17	12	1
广　东	255	72	7 784	5	169	537	42	23	18	11	1
其中:深圳	8	——	78	——	——	——	——	——	——	——	——
广　西	93	82	2 362	34	287	745	11	9	9	5	——
海　南	40	17	1 190	52	218	149	1	5	5	5	——
重　庆	76	23	1 609	127	316	688	37	6	5	3	——
四　川	157	44	3 740	101	517	14 503	188	21	19	7	1
贵　州	3	3	98	6	31	18	——	——	——	——	——
云　南	96	80	2 341	54	410	321	11	10	9	4	——
西　藏	22	18	448	2	4	39	2	1	1	1	——
陕　西	83	77	3 581	33	405	669	17	16	16	14	——
甘　肃	55	53	1 923	19	212	886	22	12	12	10	——
青　海	4	1	216	——	——	——	——	——	——	——	——
宁　夏	11	6	356	8	87	184	15	2	2	2	——
新　疆	68	61	1 698	45	284	43	4	9	9	5	——

团体演出及收支基本情况

国内演出观众人次			收入情况		支出情况	固定资产原值（千元）	增加值（千元）	公用房屋建筑面积		流动舞台车数量		
（千人次）	农村观众人次	本团创作首演剧目观众人次	财政拨款（千元）	演出收入（千元）	人员支出（千元）			（千平方米）	排练练功用房	（辆）	利用流动舞台车演出场次（场）	利用流动舞台车演出观众人次（千人次）
571 496	432 018	23 356	872 689	839 729	993 331	4 842 236	1 394 252	1 569	397	4 114	41 734	42 549
4 247	3 165	223	9 252	18 648	10 822	23 596	21 399	23	8	30	461	340
1 137	440	16	6 617	1 088	3 191	2 834	6 159	2	--	4	362	620
18 359	16 589	520	11 434	34 018	25 645	41 930	34 137	44	10	16	2 608	2 958
23 682	22 327	584	23 445	27 178	31 564	33 470	39 538	73	11	1	200	100
8 683	4 983	41	69 010	3 299	46 683	49 539	56 180	73	25	16	260	249
1 813	1 048	2	15 471	2 995	11 489	19 207	15 759	16	6	5	1 588	758
40	40	--	836	--	652	327	776	--	--	--	--	--
3 777	1 705	1 294	37 025	3 431	23 768	28 775	33 706	34	9	9	767	928
3 361	1 995	254	34 323	944	27 644	17 522	34 071	35	8	8	261	271
3 831	922	203	5 008	27 114	13 988	18 657	19 739	4	--	1	60	40
11 495	8 434	684	45 357	29 315	41 746	61 073	61 802	51	15	16	2 411	3 221
100 200	87 464	8 504	59 286	172 049	152 212	3 703 797	202 488	102	38	262	4 265	2 361
4 757	3 180	20	6 220	15 262	11 968	11 754	17 119	9	5	139	3 544	1 879
87 679	41 853	808	37 414	43 283	42 271	45 510	62 440	33	8	20	1 791	2 192
14 524	11 554	1 365	69 541	28 979	56 844	62 027	81 266	90	23	2	1	2
98	50	48	1 640	250	1 537	797	1 781	2	--	--	--	--
12 692	10 891	1 090	29 644	11 360	25 259	34 280	35 774	38	11	13	797	1 016
12 643	10 657	368	47 124	15 139	41 616	52 916	52 051	51	13	29	4 175	7 010
2 242	1 971	130	5 650	2 305	6 383	4 103	7 382	6	1	3	446	637
101 225	86 044	2 505	34 832	118 199	86 758	117 252	138 867	131	45	62	2 603	3 269
18 141	13 607	1 656	45 039	10 343	34 134	80 553	49 589	140	25	45	3 833	5 219
12 025	9 018	726	27 979	14 211	27 194	42 937	34 630	58	12	58	7 631	5 864
57 693	48 879	810	25 995	19 840	51 502	53 709	61 226	80	21	6	362	395
--	--	--	--	--	1 006	--	1 006	2	2	--	--	--
9 678	5 825	19	37 525	3 762	31 776	37 647	38 572	56	16	10	624	1 200
4 389	3 993	108	6 238	14 737	12 598	8 804	14 880	10	4	1 819	3 536	1 925
3 606	1 258	389	17 674	22 151	18 143	64 712	29 125	63	14	6	348	303
9 507	4 241	391	21 738	151 642	43 225	58 869	82 478	127	22	1 642	1 002	678
38	26	--	5 194	329	2 532	3 945	5 838	5	1	--	--	--
7 905	3 344	154	50 097	42 789	40 528	57 978	72 199	52	13	3	43	44
635	411	2	3 618	29	4 100	1 010	4 158	4	1	4	24	15
12 941	11 450	273	24 620	13 211	29 217	60 833	33 109	97	17	12	484	579
16 605	14 001	278	23 935	5 958	20 503	26 626	27 519	42	8	5	411	476
109	44	1	400	602	1 026	552	1 048	1	--	--	--	--
830	630	41	3 607	1 554	3 279	5 040	4 975	7	3	5	370	351
8 046	5 220	47	44 247	1 532	32 074	26 636	39 530	27	10	5	456	165

各地区艺术表演团体(事业)

	剧团数		从业人员			本年上演剧目		演出场次			
	(个)	补贴团数	(人)	高级职称	中级职称	(个)	本团创作首演剧目(个)	(次)	国内演出场次		
										农村演出场次	本团创作首演剧目演出场次
总　计	**2 476**	**2 306**	**138 371**	**16 602**	**35 074**	**14 599**	**1 289**	**420**	**399**	**254**	**23**
中　央	16	15	5 075	1 932	1 237	244	80	3	2	——	——
北　京	14	12	1 640	344	535	165	11	5	4	1	1
天　津	15	15	1 875	462	598	111	5	2	2	1	——
河　北	124	95	5 583	725	1 330	845	25	24	22	19	1
山　西	157	127	9 025	456	1 631	1 050	33	29	28	26	1
内蒙古	109	107	5 184	593	1 334	459	9	14	14	7	——
辽　宁	65	59	4 292	682	1 433	282	14	6	6	2	——
其中:大连	7	7	527	99	173	2	1	1	——	——	——
吉　林	59	57	4 200	718	1 269	528	139	7	6	2	2
黑龙江	84	82	5 447	850	1 718	152	32	10	9	3	1
上　海	42	29	3 064	672	932	187	56	13	13	2	1
江　苏	116	106	4 483	557	1 495	297	48	34	34	16	2
浙　江	65	59	3 544	565	1 183	373	46	11	11	8	1
其中:宁波	6	3	305	51	126	34	3	1	1	1	——
安　徽	87	85	4 276	462	1 429	434	62	14	13	5	1
福　建	92	90	4 059	270	1 176	489	45	16	15	11	1
其中:厦门	6	6	432	44	147	99	6	1	1	——	——
江　西	79	77	4 016	262	978	642	165	13	12	9	1
山　东	118	112	6 128	1 342	1 784	1 026	47	21	20	13	1
其中:青岛	12	12	767	165	198	75	12	2	2	1	——
河　南	199	178	9 865	485	1 333	1 286	49	43	43	36	1
湖　北	98	97	5 902	797	1 760	670	64	21	20	13	2
湖　南	95	93	4 533	454	1 514	498	34	22	22	15	1
广　东	128	117	5 768	378	1 088	774	84	15	14	10	1
其中:深圳	1	1	146	11	50	——	——	——	——	——	——
广　西	116	116	9 432	503	882	543	11	12	11	6	——
海　南	22	22	995	56	204	71	3	2	2	2	——
重　庆	28	28	1 383	295	390	377	24	3	2	1	——
四　川	84	78	4 463	569	1 625	719	61	10	9	4	——
贵　州	24	23	1 857	290	655	109	5	4	2	1	——
云　南	106	104	4 219	324	1 170	146	28	10	9	4	——
西　藏	32	28	1 291	81	242	73	12	2	2	1	——
陕　西	111	106	6 919	510	1 573	746	20	22	21	16	——
甘　肃	76	75	4 167	309	886	1 071	32	15	15	12	1
青　海	11	11	875	109	360	36	15	2	2	1	——
宁　夏	13	13	946	151	320	94	20	2	2	1	——
新　疆	91	90	3 865	399	1 010	102	10	13	12	6	——

演出及收支基本情况(一)

国内演出观众人次（千人次）	农村观众人次	本团创作首演剧目观众人次	本年收入合计（千元）	财政拨款	上级补助收入	事业收入	演出收入	经营收入	附属单位上缴收入	其他收入
456 206	**326 410**	**25 405**	**7 203 557**	**5 032 463**	**302 909**	**1 437 378**	**1 259 398**	**18 151**	**2 783**	**409 873**
3 369	1 181	640	815 016	479 870	28 350	234 531	189 172	685	——	71 580
2 383	620	207	264 343	191 869	4 704	57 516	53 779	——	——	10 254
1 785	628	20	184 390	154 472	4 258	19 417	19 417	——	18	6 225
26 005	22 582	881	187 674	119 599	6 276	51 098	49 489	——	——	10 701
32 425	29 308	752	241 229	150 391	11 828	72 476	72 031	280	——	6 254
11 785	6 281	114	192 543	170 699	——	16 431	15 348	50	7	5 356
6 658	1 942	193	209 603	168 091	1 753	35 897	32 857	——	——	3 862
553	212	5	29 782	22 869	20	4 983	4 918	——	——	1 910
6 103	2 263	1 906	187 596	138 691	1 183	43 397	42 853	905	——	3 420
8 341	3 133	1 237	244 245	223 150	4 105	12 484	9 943	116	——	4 390
5 104	729	431	419 771	162 618	82 103	156 116	117 221	——	——	18 934
17 537	10 187	1 401	317 078	186 858	12 781	87 996	85 245	——	——	29 443
13 381	9 804	1 132	385 116	255 907	30 251	68 439	61 689	2 732	1 348	26 439
875	797	20	34 552	22 109	5 021	5 175	5 175	——	——	2 247
11 743	6 734	1 284	201 876	150 950	10 868	33 744	29 228	25	——	6 289
16 266	12 005	1 624	249 940	177 827	13 811	47 858	41 410	360	——	10 084
712	276	97	45 355	32 282	7 047	5 013	3 618	——	——	1 013
13 899	10 428	1 567	133 445	102 861	3 548	21 858	18 895	254	50	4 874
24 391	16 796	1 319	351 900	269 312	8 814	57 223	51 361	327	230	15 994
3 510	2 289	212	60 073	43 930	4 131	9 281	7 676	327	——	2 404
56 433	49 847	2 915	227 399	144 666	3 835	68 993	63 069	1 561	——	8 344
24 082	16 668	1 991	278 867	208 756	13 665	37 575	29 503	1 923	——	16 948
17 478	12 311	1 134	156 621	97 311	5 413	30 742	28 620	2 799	——	20 356
56 886	49 778	1 140	452 327	281 098	26 495	113 228	106 922	958	——	30 548
112	——	——	35 057	12 144	80	10 532	10 306	——	——	12 301
13 944	6 999	93	150 220	119 824	1 382	21 229	20 065	12	——	7 773
3 517	2 980	184	43 850	31 889	1 663	7 872	5 685	838	——	1 588
3 238	1 448	334	97 559	53 267	5 668	9 391	7 022	156	125	28 952
8 336	3 658	247	225 779	170 000	6 893	29 780	23 329	1 382	——	17 724
2 659	1 470	89	106 351	85 124	5 427	3 683	3 314	631	——	11 486
11 440	4 970	439	199 836	166 175	1 463	22 123	15 697	1 227	——	8 848
1 817	979	302	68 362	66 692	1 101	359	307	73	——	137
19 178	15 610	346	175 925	128 780	981	34 204	30 790	60	——	11 900
22 504	17 860	915	157 118	127 516	1 578	23 178	19 892	306	140	4 400
1 190	489	73	54 853	48 925	1 352	3 368	3 105	54	——	1 154
1 564	1 070	253	52 628	45 580	299	4 951	4 626	——	——	1 798
10 765	5 652	242	170 097	153 695	1 061	10 221	7 514	437	865	3 818

各地区艺术表演团体(事业)

	本年支出合计 (千元)										
		基本支出	项目支出	经营支出	在支出合计中						
					工资福利支出	商品和服务支出					税金支出
							维修(护)费	差旅费	劳务费	福利费	
总　计	7 004 018	5 909 225	948 465	22 283	3 051 098	1 820 544	119 967	114 855	237 851	48 856	52 374
中　央	733 024	605 559	122 976	558	251 344	223 309	5 705	10 124	27 136	3 282	11 658
北　京	265 168	205 044	58 375	--	86 277	69 759	8 413	1 813	14 697	1 154	2 703
天　津	156 080	117 095	27 449	--	62 033	40 175	2 434	1 168	3 335	943	985
河　北	186 384	160 593	23 186	--	93 812	46 632	1 422	2 999	4 887	1 814	714
山　西	233 362	200 127	27 628	300	105 664	80 022	7 202	8 511	6 749	1 629	876
内蒙古	187 326	177 499	9 344	50	100 618	38 758	3 781	3 040	4 281	848	399
辽　宁	197 381	163 852	32 490	--	84 381	50 095	4 001	3 173	4 208	430	803
其中:大连	30 276	19 355	10 921	--	12 242	12 719	1 838	385	83	25	113
吉　林	185 134	155 133	28 913	906	70 677	37 479	1 686	7 059	4 078	246	2 171
黑龙江	246 268	231 315	13 447	116	138 369	37 150	2 915	2 611	2 865	1 022	200
上海	408 453	354 674	43 899	--	163 626	168 040	10 324	1 545	11 332	2 832	6 839
江苏	307 859	275 684	25 524	--	133 296	100 672	3 120	5 890	21 847	2 570	936
浙江	371 713	294 338	73 562	1 926	158 957	133 154	6 828	10 660	15 161	4 633	2 986
其中:宁波	35 089	27 431	7 658	--	17 329	13 427	2	292	284	421	52
安徽	190 444	165 070	8 921	672	85 075	35 302	1 826	2 114	7 249	1 301	547
福建	236 857	204 520	27 052	974	107 865	62 434	1 692	4 131	10 042	2 302	933
其中:厦门	46 606	30 102	16 478	--	20 766	14 614	359	1 153	219	328	105
江　西	131 591	121 763	8 703	810	70 204	26 098	2 167	2 235	3 415	1 640	873
山　东	345 600	302 998	30 587	327	178 918	73 584	3 398	4 423	10 809	1 731	2 412
其中:青岛	60 094	48 537	5 138	327	34 345	14 308	325	1 103	577	550	542
河　南	216 169	183 048	29 307	1 561	83 624	42 860	4 107	3 972	9 114	1 999	1 398
湖　北	279 632	217 777	54 416	2 000	104 098	76 317	15 494	4 380	11 400	2 619	1 235
湖　南	157 290	142 200	11 707	1 764	73 463	39 939	4 395	1 856	2 839	2 506	1 220
广　东	445 082	313 424	124 462	1 365	164 483	143 682	9 183	11 926	16 171	4 277	4 421
其中:深圳	35 717	10 748	24 969	--	18 844	16 177	346	2 294	2 240	361	714
广　西	155 264	140 026	13 908	5	81 836	33 477	1 479	2 191	8 558	1 023	1 031
海　南	42 093	35 862	4 220	1 224	24 674	11 452	413	240	371	119	806
重　庆	90 327	74 165	15 675	54	28 892	20 044	826	1 476	3 828	588	368
四　川	244 741	186 236	55 253	2 403	96 491	47 880	3 091	2 107	7 112	1 945	592
贵　州	101 625	90 518	4 554	3 121	44 113	16 624	427	797	1 969	477	1 167
云　南	200 323	166 188	31 093	1 141	99 219	43 623	1 424	3 084	6 473	1 096	1 090
西　藏	67 655	62 502	--	53	52 862	4 921	209	536	18	97	--
陕　西	186 488	163 263	9 532	211	90 137	39 330	3 277	2 909	10 931	1 323	1 349
甘　肃	156 800	145 586	10 603	288	71 821	38 067	5 862	5 156	3 516	1 038	577
青　海	55 065	50 368	4 557	54	27 409	7 890	844	497	457	230	288
宁　夏	52 194	48 151	4 043	--	22 254	8 010	321	739	587	124	165
新　疆	170 626	154 647	13 079	400	94 606	23 765	1 701	1 493	2 416	1 018	632

演出及收支基本情况（二）

对个人和家庭补助支出	抚恤金和生活补助	其他资本性支出	各种设备购置费	资产合计（千元）	固定资产原值	增加值（千元）	公用房屋建筑面积（千平方米）	排练练功用房	流动舞台车数量（辆）	利用流动舞台车演出场次（场）	利用流动舞台车演出观众数（千人次）
1 368 710	**41 158**	**374 200**	**256 658**	**8 363 107**	**5 881 988**	**4 988 757**	**3 868.3**	**889.5**	**566**	**39 209**	**50 957**
168 043	3 555	50 271	34 075	1 544 837	1 101 950	519 505.7	205.78	21.66	——	——	——
64 507	1 507	18 714	15 119	331 821	237 373	176 584.7	87.4	9.3	——	——	——
39 431	348	9 336	8 681	362 315	43 166	109 876.4	40	11.3	4	60	124
17 702	896	14 142	9 206	202 180	166 565	124 845.4	122.6	31.6	27	2 602	4 515
29 375	1 090	9 797	6 865	165 495	132 343	152 030.6	188.1	29.9	12	338	216
28 925	673	10 062	7 291	149 118	131 763	139 901	137.9	46.1	25	549	399
40 623	350	6 401	4 149	204 995	124 117	137 460.1	90.4	25.6	14	1 962	1 226
976	71	2 253	1 043	29 658	7 563	13 566.1	10	2.2	——	——	——
47 930	801	21 126	20 538	204 093	159 172	131 710.7	84.5	23.5	16	826	1 028
56 672	1 255	12 012	3 528	187 201	162 722	204 511.2	161	34.8	17	388	448
35 442	3 160	22 155	16 293	555 053	373 237	235 645	53.4	8.7	1	60	40
57 519	2 484	9 578	7 630	264 339	162 853	222 844	134.2	33	18	2 681	3 481
49 519	1 553	17 132	14 658	505 089	346 751	245 656	143.4	43.6	16	1 032	1 197
2 847	7	51	51	50 719	49 587	22 865.4	21.3	12.6	1	79	100
56 884	1 069	5 352	4 061	119 022	100 395	155 983	63.7	18.3	18	1 582	4 549
40 005	1 263	18 816	11 189	239 916	179 504	169 293.2	155.1	47.3	11	432	608
4 576	79	3 584	2 832	83 872	61 147	28 259.9	14.9	2.2	——	——	——
25 287	796	5 179	2 914	130 288	119 778	105 749	73	19.8	19	1 793	2 061
64 299	3 311	12 673	9 472	350 322	277 342	266 706	244.2	69.7	35	4 575	8 087
7 103	365	867	842	50 438	42 282	44 507.1	36.1	9.8	3	446	637
44 345	1 998	12 290	7 534	196 035	170 926	146 217	185.1	45.3	58	2 385	3 473
66 118	1 626	17 379	11 178	373 247	309 884	195 704	289.2	45.4	58	4 541	6 317
30 293	1 402	10 142	5 406	161 227	131 043	114 431.1	137	30.2	80	9 340	7 645
82 074	2 013	20 923	13 577	509 133	340 072	285 220	178.3	49.5	6	362	395
222	——	474	474	29 223	20 953	23 167.7	3	——	——	——	——
35 084	430	2 610	1 137	138 732	114 238	130 694	102.7	31.3	12	652	1 276
2 012	446	1 793	1 597	44 974	42 910	29 612.5	39	3.35	9	77	115
27 222	1 426	13 661	1 226	103 071	82 758	61 743.6	79.3	19.4	12	220	505
56 493	1 690	4 972	2 730	317 023	176 897	164 653	180.4	30.6	9	382	295
34 524	714	2 536	1 316	85 336	47 471	83 641.3	41.6	10.9	7	122	240
32 160	246	12 222	9 142	261 682	154 229	145 229.1	112.4	33.5	13	108	227
8 930	248	412	270	103 688	61 765	64 153.9	45.6	9.4	11	65	74
24 209	1 028	14 080	13 432	248 626	181 553	132 565.4	228.8	43.4	14	495	608
32 874	1 831	7 602	6 698	111 699	94 166	111 968.1	113.4	25.5	11	475	555
14 752	217	2 150	927	30 392	27 453	44 039.5	27.4	7.1	11	84	113
15 410	563	3 310	2 184	34 308	25 161	39 020.8	25.7	5.5	10	621	873
40 047	1 169	5 372	2 635	127 850	102 431	141 565	98.1	25.2	12	400	267

各地区文化部门艺术表演

	剧团数		从业人员			本年上演剧目		演出场次			
	(个)	补贴团数	(人)	高级职称	中级职称	(个)	本团创作首演剧目	(千场次)	国内演出场次	农村演出场次	本团创作首演剧目演出场次
总计	**2 455**	**2 293**	**136 144**	**15 918**	**34 412**	**14 487**	**1 228**	**418**	**398**	**253**	**23**
中央	9	9	3 258	1 295	677	143	21	2	2	——	——
北京	14	12	1 640	344	535	165	11	5	4	1	1
天津	15	15	1 875	462	598	111	5	2	2	1	——
河北	123	94	5 548	725	1 326	845	25	24	22	19	1
山西	157	127	9 025	456	1 631	1 050	33	29	28	26	1
内蒙古	109	107	5 184	593	1 334	459	9	14	14	7	——
辽宁	65	59	4 292	682	1 433	282	14	6	6	2	——
其中:大连	7	7	527	99	173	2	1	1	——	——	——
吉林	59	57	4 200	718	1 269	528	139	7	6	2	2
黑龙江	84	82	5 447	850	1 718	152	32	10	9	3	1
上海	33	27	2 802	625	844	176	54	13	12	2	1
江苏	116	106	4 483	557	1 495	297	48	34	34	16	2
浙江	65	59	3 544	565	1 183	373	46	11	11	8	1
其中:宁波	6	3	305	51	126	34	3	1	1	1	——
安徽	87	85	4 276	462	1 429	434	62	14	13	5	1
福建	92	90	4 059	270	1 176	489	45	16	15	11	1
其中:厦门	6	6	432	44	147	99	6	1	1	——	——
江西	78	76	3 991	262	972	642	165	13	12	9	1
山东	118	112	6 128	1 342	1 784	1 026	47	21	20	13	1
其中:青岛	12	12	767	165	198	75	12	2	2	1	——
河南	199	178	9 865	485	1 333	1 286	49	43	43	36	1
湖北	98	97	5 902	797	1 760	670	64	21	20	13	2
湖南	95	93	4 533	454	1 514	498	34	22	22	15	1
广东	127	116	5 728	378	1 088	774	84	15	14	10	1
其中:深圳	1	1	146	11	50	——	——	——	——	——	——
广西	116	116	9 432	503	882	543	11	12	11	6	——
海南	21	21	975	56	204	71	3	2	2	2	——
重庆	28	28	1 383	295	390	377	24	3	2	1	——
四川	84	78	4 463	569	1 625	719	61	10	9	4	——
贵州	24	23	1 857	290	655	109	5	4	2	1	——
云南	106	104	4 219	324	1 170	146	28	10	9	4	——
西藏	32	28	1 291	81	242	73	12	2	2	1	——
陕西	110	105	6 891	510	1 569	746	20	21	21	16	——
甘肃	76	75	4 167	309	886	1 071	32	15	15	12	1
青海	11	11	875	109	360	36	15	2	2	1	——
宁夏	13	13	946	151	320	94	20	2	2	1	——
新疆	91	90	3 865	399	1 010	102	10	13	12	6	——

团体(事业)演出及收支基本情况(一)

国内演出观众人次			本年收入合计 （千元）							
（千人次）	农村观众人次	本团创作首演剧目观众人次		财政拨款	上级补助收入	事业收入	演出收入	经营收入	附属单位上缴收入	其他收入
454 043	**325 590**	**24 962**	**6 910 498**	**4 878 417**	**256 102**	**1 351 605**	**1 203 961**	**17 466**	**2 783**	**404 125**
1 684	546	275	563 882	338 086	——	157 842	142 818	——	——	67 954
2 383	620	207	264 343	191 869	4 704	57 516	53 779	——	——	10 254
1 785	628	20	184 390	154 472	4 258	19 417	19 417	——	18	6 225
25 915	22 492	881	187 534	119 509	6 276	51 048	49 439	——	——	10 701
32 425	29 308	752	241 229	150 391	11 828	72 476	72 031	280	——	6 254
11 785	6 281	114	192 543	170 699	——	16 431	15 348	50	7	5 356
6 658	1 942	193	209 603	168 091	1 753	35 897	32 857	——	——	3 862
553	212	5	29 782	22 869	20	4 983	4 918	——	——	1 910
6 103	2 263	1 906	187 596	138 691	1 183	43 397	42 853	905	——	3 420
8 341	3 133	1 237	244 245	223 150	4 105	12 484	9 943	116	——	4 390
4 804	717	353	378 745	151 004	63 646	147 282	108 388	——	——	16 813
17 537	10 187	1 401	317 078	186 858	12 781	87 996	85 245	——	——	29 443
13 381	9 804	1 132	385 116	255 907	30 251	68 439	61 689	2 732	1 348	26 439
875	797	20	34 552	22 109	5 021	5 175	5 175	——	——	2 247
11 743	6 734	1 284	201 876	150 950	10 868	33 744	29 228	25	——	6 289
16 266	12 005	1 624	249 940	177 827	13 811	47 858	41 410	360	——	10 084
712	276	97	45 355	32 282	7 047	5 013	3 618	——	——	1 013
13 854	10 388	1 567	132 965	102 561	3 548	21 678	18 715	254	50	4 874
24 391	16 796	1 319	351 900	269 312	8 814	57 223	51 361	327	230	15 994
3 510	2 289	212	60 073	43 930	4 131	9 281	7 676	327	——	2 404
56 433	49 847	2 915	227 399	144 666	3 835	68 993	63 069	1 561	——	8 344
24 082	16 668	1 991	278 867	208 756	13 665	37 575	29 503	1 923	——	16 948
17 478	12 311	1 134	156 621	97 311	5 413	30 742	28 620	2 799	——	20 356
56 886	49 778	1 140	452 273	281 045	26 495	113 228	106 922	958	——	30 547
112	——	——	35 057	12 144	80	10 532	10 306	——	——	12 301
13 944	6 999	93	150 220	119 824	1 382	21 229	20 065	12	——	7 773
3 517	2 980	184	43 805	31 844	1 663	7 872	5 685	838	——	1 588
3 238	1 448	334	97 559	53 267	5 668	9 391	7 022	156	125	28 952
8 336	3 658	247	225 779	170 000	6 893	29 780	23 329	1 382	——	17 724
2 659	1 470	89	106 351	85 124	5 427	3 683	3 314	631	——	11 486
11 440	4 970	439	199 836	166 175	1 463	22 123	15 697	1 227	——	8 848
1 817	979	302	68 362	66 692	1 101	359	307	73	——	137
19 135	15 567	346	175 745	128 620	981	34 184	30 770	60	——	11 900
22 504	17 860	915	157 118	127 516	1 578	23 178	19 892	306	140	4 400
1 190	489	73	54 853	48 925	1 352	3 368	3 105	54	——	1 154
1 564	1 070	253	52 628	45 580	299	4 951	4 626	——	——	1 798
10 765	5 652	242	170 097	153 695	1 061	10 221	7 514	437	865	3 818

各地区文化部门艺术表演

	本年支出合计(千元)										
		基本支出	项目支出	经营支出	在支出合计中						
					工资福利支出	商品和服务支出					
							维修(护)费	差旅费	劳务费	福利费	税金支出
总计	**6 700 090**	**5 642 191**	**916 077**	**21 725**	**2 951 578**	**1 734 096**	**113 790**	**108 061**	**218 812**	**46 277**	**49 622**
中央	472 630	370 694	101 936	——	164 958	153 339	2 864	3 572	11 780	902	8 906
北京	265 168	205 044	58 375	——	86 277	69 759	8 413	1 813	14 697	1 154	2 703
天津	156 080	117 095	27 449	——	62 033	40 175	2 434	1 168	3 335	943	985
河北	186 244	160 453	23 186	——	93 682	46 627	1 417	2 999	4 887	1 814	714
山西	233 362	200 127	27 628	300	105 664	80 022	7 202	8 511	6 749	1 629	876
内蒙古	187 326	177 499	9 344	50	100 618	38 758	3 781	3 040	4 281	848	399
辽宁	197 381	163 852	32 490	——	84 381	50 095	4 001	3 173	4 208	430	803
其中:大连	30 276	19 355	10 921	——	12 242	12 719	1 838	385	83	25	113
吉林	185 134	155 133	28 913	906	70 677	37 479	1 686	7 059	4 078	246	2 171
黑龙江	246 268	231 315	13 447	116	138 369	37 150	2 915	2 611	2 865	1 022	200
上海	365 884	323 470	32 551	——	151 159	151 747	7 028	1 333	7 656	2 673	6 839
江苏	307 859	275 684	25 524	——	133 296	100 672	3 120	5 890	21 847	2 570	936
浙江	371 713	294 338	73 562	1 926	158 957	133 154	6 828	10 660	15 161	4 633	2 986
其中:宁波	35 089	27 431	7 658	——	17 329	13 427	2	292	284	421	52
安徽	190 444	165 070	8 921	672	85 075	35 302	1 826	2 114	7 249	1 301	547
福建	236 857	204 520	27 052	974	107 865	62 434	1 692	4 131	10 042	2 302	933
其中:厦门	46 606	30 102	16 478	——	20 766	14 614	359	1 153	219	328	105
江西	131 111	121 283	8 703	810	69 914	25 986	2 132	2 205	3 408	1 600	873
山东	345 600	302 998	30 587	327	178 918	73 584	3 398	4 423	10 809	1 731	2 412
其中:青岛	60 094	48 537	5 138	327	34 345	14 308	325	1 103	577	550	542
河南	216 169	183 048	29 307	1 561	83 624	42 860	4 107	3 972	9 114	1 999	1 398
湖北	279 632	217 777	54 416	2 000	104 098	76 317	15 494	4 380	11 400	2 619	1 235
湖南	157 290	142 200	11 707	1 764	73 463	39 939	4 395	1 856	2 839	2 506	1 220
广东	444 962	313 304	124 462	1 365	164 431	143 614	9 183	11 926	16 171	4 277	4 421
其中:深圳	35 717	10 748	24 969	——	18 844	16 177	346	2 294	2 240	361	714
广西	155 264	140 026	13 908	5	81 836	33 477	1 479	2 191	8 558	1 023	1 031
海南	42 048	35 817	4 220	1 224	24 629	11 452	413	240	371	119	806
重庆	90 327	74 165	15 675	54	28 892	20 044	826	1 476	3 828	588	368
四川	244 741	186 236	55 253	2 403	96 491	47 880	3 091	2 107	7 112	1 945	592
贵州	101 625	90 518	4 554	3 121	44 113	16 624	427	797	1 969	477	1 167
云南	200 323	166 188	31 093	1 141	99 219	43 623	1 424	3 084	6 473	1 096	1 090
西藏	67 655	62 502	——	53	52 862	4 921	209	536	18	97	——
陕西	186 308	163 083	9 532	211	89 987	39 330	3 277	2 909	10 931	1 323	1 349
甘肃	156 800	145 586	10 603	288	71 821	38 067	5 862	5 156	3 516	1 038	577
青海	55 065	50 368	4 557	54	27 409	7 890	844	497	457	230	288
宁夏	52 194	48 151	4 043	——	22 254	8 010	321	739	587	124	165
新疆	170 626	154 647	13 079	400	94 606	23 765	1 701	1 493	2 416	1 018	632

团体(事业)演出及收支基本情况(二)

对个人和家庭补助支出	抚恤金和生活补助	其他资本性支出	各种设备购置费	资产合计(千元)	固定资产原值	增加值(千元)	公用房屋建筑面积(千平方米)	排练练功用房	流动舞台车数量(辆)	利用流动舞台车演出场次(场)	利用流动舞台车演出观众数(千人次)
1 290 440	**40 367**	**358 945**	**246 389**	**7 885 263**	**5 541 136**	**4 777 037**	**3832.6**	**884.5**	**566**	**39 209**	**50 957**
93 278	3 165	42 840	26 644	1 095 142	782 224	328 692.2	171.8	16.9	——	——	——
64 507	1 507	18 714	15 119	331 821	237 373	176 585	87.4	9.3	——	——	——
39 431	348	9 336	8 681	362 315	43 166	109 876.4	40	11.3	4	60	124
17 702	896	14 137	9 201	202 080	166 465	124 711.4	122.6	31.6	27	2 602	4 515
29 375	1 090	9 797	6 865	165 495	132 343	152 031	188.1	29.9	12	338	216
28 925	673	10 062	7 291	149 118	131 763	139 901	137.9	46.1	25	549	399
40 623	350	6 401	4 149	204 995	124 117	137 460.1	90.4	25.6	14	1 962	1 226
976	71	2 253	1 043	29 658	7 563	13 566.1	10	2.2	——	——	——
47 930	801	21 126	20 538	204 093	159 172	131 711	85	23.5	16	826	1 028
56 672	1 255	12 012	3 528	187 201	162 722	204 511.2	161	34.8	17	388	448
31 985	2 759	14 396	13 520	527 500	352 707	215 527	52.5	8.7	1	60	40
57 519	2 484	9 578	7 630	264 339	162 853	222 844	134.2	33	18	2 681	3 481
49 519	1 553	17 132	14 658	505 089	346 751	245 656	143.4	43.6	16	1 032	1 197
2 847	7	51	51	50 719	49 587	22 865.44	21.3	12.6	1	79	100
56 884	1 069	5 352	4 061	119 022	100 395	155 983	63.7	18.3	18	1 582	4 549
40 005	1 263	18 816	11 189	239 916	179 504	169 293.2	155.1	47.3	11	432	608
4 576	79	3 584	2 832	83 872	61 147	28 259.9	14.9	2.2	——	——	——
25 269	796	5 119	2 854	130 188	119 678	105 388	73	19.8	19	1 793	2 061
64 299	3 311	12 673	9 472	350 322	277 342	266 706	244.2	69.7	35	4 575	8 087
7 103	365	867	842	50 438	42 282	44 507.1	36.1	9.8	3	446	637
44 345	1 998	12 290	7 534	196 035	170 926	146 217	185.1	45.3	58	2 385	3 473
66 118	1 626	17 379	11 178	373 247	309 884	195 704	289.2	45.4	58	4 541	6 317
30 293	1 402	10 142	5 406	161 227	131 043	114 431.1	137	30.2	80	9 340	7 645
82 074	2 013	20 923	13 577	509 076	340 015	285 166	178.3	49.5	6	362	395
222	——	474	474	29 223	20 953	23 167.7	3	——	——	——	——
35 084	430	2 610	1 137	138 732	114 238	130 693.6	102.7	31.3	12	652	1 276
2 012	446	1 793	1 597	44 974	42 910	29 567.5	39	3.4	9	77	115
27 222	1 426	13 661	1 226	103 071	82 758	61 743.6	79.3	19.4	12	220	505
56 493	1 690	4 972	2 730	317 023	176 897	164 653	180.4	30.6	9	382	295
34 524	714	2 536	1 316	85 336	47 471	83 641.3	41.6	11	7	122	240
32 160	246	12 222	9 142	261 682	154 229	145 229.1	112.4	33.5	13	108	227
8 930	248	412	270	103 688	61 765	64 153.9	45.6	9.4	11	65	74
24 179	1 028	14 080	13 432	248 287	181 214	132 372	228.1	43.1	14	495	608
32 874	1 831	7 602	6 698	111 699	94 166	111 968.1	113.5	25.5	11	475	555
14 752	217	2 150	927	30 392	27 453	44 039.5	27.4	7.1	11	84	113
15 410	563	3 310	2 184	34 308	25 161	39 020.8	25.7	5.5	10	621	873
40 047	1 169	5 372	2 635	127 850	102 431	141 565	98.1	25.2	12	400	267

各地区艺术表演团体

	剧团数（个）	补贴团数	从业人员（人）	高级职称	中级职称	本年上演剧目（个）	本团创作首演剧目	演出场次（千场次）	国内演出场次	农村演出场次	本团创作首演剧目演出场次
总计	**2 036**	**52**	**47 042**	**1 483**	**2 816**	**36 040**	**631**	**508**	**371**	**258**	**13.8**
中央	——	——	——	——	——	——	——	——	——	——	——
北京	79	5	1 910	149	248	163	18	7.8	7	2.8	0.4
天津	16	——	274	17	28	75	1	1.3	1.3	1.1	0.1
河北	46	1	1 040	28	66	438	6	7.8	7.5	5.2	0.2
山西	2	1	116	1	——	——	——	0.3	0.2	——	——
内蒙古	15	2	515	5	31	75	2	1.6	1.2	0.5	0.02
辽宁	18	——	234	——	——	——	——	——	——	——	——
其中：大连	18	——	234	——	——	——	——	——	——	——	——
吉林	——	——	——	——	——	——	——	——	——	——	——
黑龙江	3	1	40	15	10	1	——	0.1	0.1	0.1	——
上海	61	——	813	31	72	86	19	6.7	6.7	1.6	0.3
江苏	11	11	741	200	182	9	6	3.8	4	1.2	0.04
浙江	353	5	10 301	315	508	9 691	153	115.5	108.1	89.1	9
其中：宁波	49	1	1 248	47	63	387	——	7.59	7	3.8	——
安徽	510	3	6 513	27	153	2 246	3	188.1	74.1	39	0.03
福建	18	——	716	9	53	259	9	5.3	5.3	5	0.2
其中：厦门	——	——	——	——	——	——	——	——	——	——	——
江西	14	——	209	——	7	788	3	4	3.9	3.6	0.1
山东	1	——	35	1	1	3	1	0.3	0.1	0.03	0.01
其中：青岛	——	——	——	——	——	——	——	——	——	——	——
河南	255	8	6 346	390	642	5 795	114	97.3	94.1	81.2	1.4
湖北	9	1	178	11	34	1	1	0.8	0.7	0.4	0.01
湖南	1	1	78	1	8	13	——	0.2	0.1	0.01	——
广东	279	2	8 624	53	102	164	9	21.3	14.8	7.4	0.02
其中：深圳	9	1	158	10	35	15	1	0.1	0.1	0.1	——
广西	19	——	304	——	10	418	10	2	2	0.2	0.01
海南	48	——	1 385	53	167	145	——	9.3	9.2	8.8	——
重庆	56	3	1 160	58	128	579	16	4.3	4.1	1.6	0.4
四川	122	5	3 068	65	284	14 064	149	19	16.5	5.5	1.2
贵州	——	——	——	——	——	——	——	——	——	——	——
云南	25	2	679	30	39	273	37	5.5	5.2	1.2	0.3
西藏	——	——	——	——	——	——	——	——	——	——	——
陕西	7	——	132	17	13	33	——	0.1	0.1	0.1	——
甘肃	1	——	30	——	——	——	——	0.07	0.07	0.04	——
青海	10	——	435	——	——	299	——	0.9	0.6	0.3	——
宁夏	28	1	857	4	18	353	71	1.5	1.4	1.1	0.1
新疆	29	——	309	3	12	69	3	3.6	3.5	0.9	0.01

(企业)演出及收支基本情况(一)

国内演出观众人次			资产、负债、所有者权益(千元)							损益及分配			
(千人次)	农村观众人次	本团创作首演剧目观众人次	资产总计	固定资产原值	本年折旧	负债总计	所有者权益合计	实收资本	国家资本金	营业收入	演出收入	主营业务成本	主营业务税金及附加
302 750	**201 126**	**11 121**	**27 243 502**	**4 030 356**	**42 650**	**217 277**	**27 026 225**	**451 292**	**42 352**	**1 086 894**	**778 173**	**504 155**	**30 654**
5 321	3 536	247	301 561	60 362	4 061	37 042	264 519	233 069	27 960	104 467	81 404	85 298	2 624
701	60	16	7 169	313	13	213	6 956	1 000	——	1 157	673	340	10
3 695	2 757	92	15 987	13 747	1 876	97	15 890	8 080	——	16 208	13 598	6 057	299
411	——	——	1 370	1 370	——	——	1 370	220	——	1 925	1 670	——	——
802	493	12	18 078	3 880	——	5 030	13 048	——	——	18 584	531	2 142	616
——	——	——	——	——	——	——	——	——	——	——	——	——	——
——	——	——	——	——	——	——	——	——	——	——	——	——	——
——	——	——	——	——	——	——	——	——	——	——	——	——	——
80	48	——	2 225	110	——	133	2 092	——	——	7 237	58	8	66
2 773	473	176	9 524	822	56	6 995	2 529	1 609	200	28 621	12 015	8 562	611
2 480	1 748	33	40 286	40 219	1 572	834	39 452	865	865	39 492	13 246	20 913	397
96 268	83 347	8 281	26 250 908	3 660 764	9 436	54 464	26 196 444	37 623	663	260 838	215 515	130 456	6 602
4 258	2 423	——	17 376	12 771	1 288	1 238	16 138	2 130	600	29 365	28 697	13 821	1 272
86 922	38 460	16	61 819	28 507	237	9 615	52 204	9 530	139	105 073	49 489	26 312	1 534
1 538	1 303	85	3 730	3 320	1 132	748	2 982	1 337	2	9 297	7 140	4 430	1 106
——	——	——	——	——	——	——	——	——	——	——	——	——	——
3 144	2 820	142	1 658	1 098	161	——	1 658	1 101	——	3 591	2 940	1 352	265
150	30	12	744	586	72	3 201	−2 457	500	400	1 852	1 852	541	69
——	——	——	——	——	——	——	——	——	——	——	——	——	——
59 864	47 410	1 091	92 702	68 048	5 046	2 037	90 665	75 973	1 480	108 596	92 326	51 428	2 478
517	334	8	3 570	3 220	90	200	3 370	540	——	2 918	1 100	50	50
60	12	——	28 021	28 021	——	800	27 221	1 500	——	840	500	238	33
13 942	4 544	13	150 487	10 838	914	12 849	137 638	10 857	4 606	57 521	8 390	14 744	712
138	138	3	13 974	8 874	465	6 368	7 606	2 506	2 506	1 660	654	10 186	18
1 078	344	4	6 896	4 915	693	3 147	3 749	6 928	——	8 348	8 125	6 406	308
9 543	8 948	——	3 055	3 035	550	——	3 055	——	——	24 166	23 052	15 528	233
2 006	353	218	75 058	33 972	2 540	22 069	52 989	12 945	6 000	38 380	25 815	13 036	575
7 909	2 900	328	101 606	32 586	1 028	45 670	55 936	37 630	37	178 667	165 369	104 005	9 399
——	——	——	——	——	——	——	——	——	——	——	——	——	——
1 107	112	213	42 177	15 135	10 906	6 026	36 151	2 656	——	51 813	42 638	6 989	2 030
——	——	——	——	——	——	——	——	——	——	——	——	——	——
69	51	10	2 074	980	102	705	1 369	1 410	——	1 649	490	825	200
60	60	——	90	90	——	——	90	——	——	70	70	30	——
484	154	1	1 520	——	——	——	1 520	——	——	2 178	1 680	310	38
758	493	111	16 804	11 007	1 620	5 252	11 552	2 804	——	8 994	5 220	2 205	160
1 068	336	12	4 383	3 411	545	150	4 233	3 115	——	4 412	3 267	1 950	239

各地区艺术表演团体

	损益及分配(千元)													
	主营业务利润	其他业务利润	营业费用	管理费用						财务费用		营业利润	补贴收入	
					税金	养老、失业等保险费	住房公积金和住房补贴	差旅费	工会经费		利息支出			财政补贴
总计	**183 652**	**3 235**	**130 087**	**133 844**	**3 718**	**10 260**	**5 542**	**7 074**	**526**	**−379**	**−1 314**	**−1 491**	**129 330**	**109 757**
北京	9 217	3 133	26 884	37 579	238	1 772	473	353	146	−1271	−1 310	−50 986	64 454	63 692
天津	−120	8	16	244	4	——	——	——	——	——	——	−132	——	——
河北	3 050	170	1 491	910	40	30	——	807	10	4	——	2 457	35	35
山西	——	——	——	600	——	——	——	100	——	——	——	——	155	155
内蒙古	1216	20	995	127	20	20	——	52	20	5	——	1 422	760	760
辽宁	——	——	——	——	——	——	——	——	——	——	——	——	——	——
其中:大连	——	——	——	——	——	——	——	——	——	——	——	——	——	——
吉林	——	——	——	——	——	——	——	——	——	——	——	——	——	——
黑龙江	47	4	5	1 062	——	655	142	7	——	3	——	41	4 628	4 628
上海	2 500	492	1152	1 536	73	143	112	188	10	47	7	260	58	——
江苏	−8 132	120	318	23 424	——	3 051	3 620	——	7	−1	−1	−31 030	33 186	24 401
浙江	60 443	1 270	14 176	30 146	980	1 020	389	1 881	158	150	119	19 816	10 798	3 336
其中:宁波	13 538	169	3 300	9 338	215	257	——	13	15	——	——	3 985	1 396	1 396
安徽	10 912	325	38 998	3 369	560	75	——	156	——	22	10	5 561	1 996	1 620
福建	1 182	——	4 936	114	72	12	——	9	——	3	——	70	——	——
其中:厦门	——	——	——	——	——	——	——	——	——	——	——	——	——	——
江西	1 120	——	84	210	173	——	——	——	——	3	——	995	——	——
山东	1241	——	760	790	20	66	——	96	9	2	1	−311	——	——
其中:青岛	——	——	——	——	——	——	——	——	——	——	——	——	——	——
河南	38 437	131	4 838	7251	268	1 920	569	879	53	31	6	26 443	371	371
湖北	713	20	40	351	7	——	——	48	3	——	——	185	595	595
湖南	569	——	60	59	——	——	——	52	——	30	——	48	40	40
广东	−6 139	201	2 944	5 418	138	322	91	460	42	−212	−216	−10 465	5 335	5 300
其中:深圳	−9 550	201	——	523	——	——	——	——	——	−199	−199	−9 673	5 100	5 100
广西	1411	25	1 659	30	2	——	——	8	——	6	——	−259	——	——
海南	1713	345	485	45	——	——	——	——	——	——	——	1743	——	——
重庆	4 479	68	6 710	8 560	94	975	129	1 395	48	130	8	1 101	4 916	3 067
四川	19 401	487	1 364	4 742	536	173	17	375	20	49	21	16 699	1 568	15 22
贵州	——	——	——	——	——	——	——	——	——	——	——	——	——	——
云南	34 801	251	21 682	3 142	427	2	——	——	——	575	——	10 049	215	215
西藏	——	——	——	——	——	——	——	——	——	——	——	——	——	——
陕西	550	100	165	265	——	——	——	——	——	——	——	699	——	——
甘肃	40	——	——	——	——	——	——	——	——	——	——	40	——	——
青海	392	——	105	9	5	——	——	——	——	——	——	360	——	——
宁夏	3 487	−3 941	50	3 315	53	——	——	207	——	44	41	2 452	220	20
新疆	1 122	6	170	546	8	24	——	1	——	1	——	1 251	——	——

(企业)演出及收支基本情况(二)

利润总额	所得税	工资、福利费、增值税			增加值（千元）	公用房屋建筑面积		流动舞台车数量		
		本年应付工资总额	本年应付福利费总额	本年应交增值税		（千平方米）	排练练功用房	（辆）	利用流动舞台车演出场次（场）	利用流动舞台车演出观众数（千人次）
129 320	**4 340**	**406 699**	**10 472**	**1 326**	**639 844**	**420.9**	**140.7**	**3 804**	**12 239**	**8 085**
19 520	12	34 324	3 217	24	60 309	28.3	6.8	31	578	422
−213	1	791	132	——	818	0.4	0.1	1	310	500
2 102	130	7 230	20	——	12 036	6.6	5	6	1 076	135
——	——	1 200	——	——	1 361	——	——	——	——	——
2 362	——	5 678	230	——	8 760	10	4.4	2	77	80
——	——	——	——	——	——	——	——	——	——	——
——	——	——	——	——	——	——	——	——	——	——
——	——	——	——	——	——	——	——	——	——	——
47	3	1 686	15	4	7 237	2.2	0.5	——	——	——
496	104	5 717	5	——	7 050	0.3	0.2	——	——	——
1 136	——	28 582	——	——	39 382	0.5	0.1	2	111	265
29 167	1 212	125 577	738	——	175 548	73.7	36.3	258	4 049	2 971
5 215	306	9 758	389	——	18 569	12.2	4.3	138	3 465	1 779
30 489	480	25 873	581	1	36 422	12.4	3.4	12	480	320
70	——	6 294	——	——	8 686	8	2.6	——	——	——
——	——	——	——	——	——	——	——	——	——	——
665	14	1 716	——	——	3310	3.7	2.9	6	——	——
−311	——	490	69	——	486	——	——	——	——	——
——	——	——	——	——	——	——	——	——	——	——
26 160	329	51 408	751	——	89 329	47.1	30.7	18	283	316
385	——	1 672	100	——	2 703	4.8	1.7	2	160	126
488	——	360	90	——	574	4.8	1.2	——	——	——
−5 005	346	44 272	1 681	1 000	44 052	40.9	6.8	1	1	——
−4 476	46	1 386	1278	——	−1 426	5	3	——	——	——
−259	49	2 170	91	——	3 005	13.9	2.2	——	——	——
1 743	——	8 158	——	——	10 684	2.2	1.6	1 814	3 491	1 904
1 442	14	12 678	219	3	23 340.2	23.7	5.5	1	200	2
7 940	73	32 664	311	231	62 650	111.7	17.2	1 641	902	622
——	——	——	——	——	——	——	——	——	——	——
9 975	1 568	2 565	1711	——	27 905	7.1	1.8	2	23	7
——	——	——	——	——	——	——	——	——	——	——
699	——	238	15	60	1314	1	0.8	——	——	——
40	——	30	——	——	70	——	——	1	5	6
360	——	835	——	——	1 238	0.5	——	——	——	——
−1 260	——	2 604	483	——	7 605	8.2	5	2	197	264
1 082	5	1 887	13	3	3 970	8.5	3.9	4	296	145

各地区艺术表演

	机构数（个）	从业人员（人）			坐席数（个）	屏幕数（个）	演(映)出场次合计（千场次）		
			高级职称	中级职称				艺术演出场次	电影放映场次
总　计	**2 070**	**39 770**	**741**	**3 274**	**1 544 156**	**2 423**	**727**	**138**	**571**
中　央	5	108	1	1	4 177	2	——	——	——
北　京	43	1 803	56	75	41 552	41	35	9	25
天　津	29	395	11	20	15 190	29	28	4	22
河　北	95	1 659	36	160	76 450	66	13	2	11
山　西	60	1 114	6	161	52 966	72	22	2	19
内蒙古	35	678	19	35	27 499	41	9	——	8
辽　宁	40	1 105	30	82	25 569	33	10	1	9
其中：大连	4	64	1	5	3 683	2	——	——	——
吉　林	66	1 673	33	104	32 705	40	14	2	12
黑龙江	46	513	19	29	26 708	22	3	1	2
上　海	150	1 990	27	165	123 613	148	40	11	29
江　苏	83	1 990	15	148	69 055	113	88	5	83
浙　江	192	2 948	28	152	136 340	759	61	39	20
其中：宁波	29	863	15	42	16 925	14	9	7	2
安　徽	88	1 809	44	256	53 907	78	15	4	12
福　建	68	864	9	96	43 885	67	28	4	24
其中：厦门	6	104	——	6	3 000	5	4	——	4
江　西	63	747	37	122	37 790	24	6	2	4
山　东	92	1 937	67	278	86 914	83	17	2	15
其中：青岛	9	137	4	19	6 247	6	——	——	——
河　南	190	5 396	93	247	140 884	229	97	4	91
湖　北	59	1 334	19	141	51 993	40	20	2	16
湖　南	73	1 274	20	145	54 522	61	32	3	27
广　东	188	3 959	12	72	125 216	193	85	19	65
其中：深圳	14	248	1	16	6 284	11	11	——	10
广　西	20	324	4	37	19 886	9	5	1	4
海　南	21	652	1	7	35 101	13	4	3	1
重　庆	32	305	19	60	20 713	23	10	2	7
四　川	91	2 128	29	310	67 464	53	15	8	6
贵　州	11	235	3	16	5 354	6	2	——	1
云　南	31	224	9	23	22 613	22	9	2	7
西　藏	12	78	4	7	7 226	10	1	——	——
陕　西	106	1 407	56	167	84 475	79	18	3	15
甘　肃	27	287	5	22	17 816	12	4	1	3
青　海	4	47	——	——	3 492	4	2	——	2
宁　夏	20	337	1	64	6 381	10	2	1	——
新　疆	30	450	28	72	26 700	41	32	1	31

场馆基本情况

观众人次合计			收入情况（千元）			人员支出（千元）	年末固定资产原值（千元）	增加值（千元）	公用房屋建筑面积	
（千人次）	艺术演出观众人次	电影放映观众人次	财政拨款	艺术演出分成收入	电影放映分成收入				（千平方米）	演（映）业务用房
111 157	**50 636**	**55 351**	**541 523**	**1 135 128**	**295 302**	**636 285**	**8 224 428**	**1 504 408**	**5 847**	**3 204**
167	167	——	——	8 070	——	2 818	5 130	6 303	51	7
5 533	4 385	1 086	225 989	210 590	15 651	60 397	248 801	144 553	219	123
1 215	516	613	790	2 969	5 810	7 515	76 561	9 946	92	46
3 763	863	2 689	6 557	7 503	4 272	17 450	132 985	24 927	306	193
2 107	974	1 032	13 275	6 631	5 253	12 550	181 373	23 511	164	92
1 493	283	1 190	6 907	811	2 955	7 936	92 516	12 784	78	52
1 699	887	783	6 600	6 441	3 788	11 307	108 653	18 149	122	76
167	146	10	1 368	963	52	1 353	37 695	1 698	19	7
1 959	637	1 066	17 499	4 765	4 418	14 721	82 756	30 251	167	67
989	409	566	1 883	2 415	1 201	4 594	43 605	9 409	84	51
9 908	6 300	3 005	37 931	289 663	26 109	86 329	2 242 187	247 188	349	165
12 128	2 024	10 037	1 030	27 201	50 653	32 086	592 463	100 323	310	177
13 317	9 226	3 329	53 487	228 767	13 443	86 177	669 565	202 553	631	320
3 190	2 084	1 072	13 277	61 528	1 667	22 108	71 824	48 584	44	20
2 851	1 078	1 586	8 823	7 311	4 093	18 022	100 316	30 961	221	139
3 312	830	2 439	7 389	5 088	20 652	21 183	240 902	40 733	154	99
270	26	244	1 005	165	715	4 484	37 010	7 758	17	12
1 709	965	625	7 922	3 228	2 337	9 247	68 382	14 436	104	51
3 790	1 335	2 350	11 392	11 763	6 376	20 076	315 470	47 396	274	165
174	30	124	1 201	603	419	1 216	21 770	7 457	23	10
6 853	1 956	4 216	12 277	14 287	45 121	34 144	252 638	65 940	450	251
3 158	1 815	955	3 196	15 026	4 217	15 360	279 942	28 773	207	106
2 624	1 216	1 363	11 686	5 216	6 520	14 317	325 322	58 957	211	104
12 293	5 679	6 321	59 214	62 941	41 263	55 884	1 175 811	143 329	624	360
541	246	295	23 725	7 720	11 858	9 067	129 213	22 987	103	23
802	610	180	1 273	2 402	2 398	6 119	136 092	12 194	89	56
1 436	1 380	55	——	20 655	571	1 876	28 136	17 933	28	14
1 777	548	719	581	4 312	821	3 393	72 197	18 182	39	30
3 876	2 884	679	9 528	143 120	3 152	37 379	192 011	77 439	260	120
987	204	783	706	1 214	127	5 315	32 733	8 971	32	18
2 036	769	1 127	5 291	12 114	1 105	6 156	113 425	16 860	93	59
245	166	75	3 873	1 006	43	3 394	54 412	6 203	22	16
6 074	1 328	4 692	8 033	6 502	1 442	17 164	173 152	26 090	236	137
701	424	273	3 024	2 539	3 880	4 719	57 325	8 730	57	29
121	78	43	469	400	767	674	7 417	2 971	8	6
365	194	112	965	18 727	553	4 520	40 440	24 483	76	20
1 869	506	1 362	13 933	1 451	16 311	13 463	81 710	23 930	89	55

各地区省级艺术表演

	机构数（个）	从业人员（人）			坐席数（个）	屏幕数（个）	演（映）出场次合计（千场次）		
			高级职称	中级职称				艺术演出场次	电影放映场次
总计	**141**	**5 258**	**159**	**412**	**127 301**	**146**	**149**	**15**	**132**
北京	31	1 383	49	67	29 662	17	15	8	7
天津	12	79	3	3	2 889	2	1	——	——
河北	2	112	1	4	4 570	2	1	——	1
山西	2	30	1	4	1 368	5	7	——	7
内蒙古	——	——	——	——	——	——	——	——	——
辽宁	1	210	——	——	1 500	2	——	——	——
吉林	3	197	9	15	1 477	1	——	——	——
黑龙江	2	50	6	1	1 700	1	——	——	——
上海	20	941	18	77	31 626	7	4	4	——
江苏	3	119	1	5	1 884	2	——	——	——
浙江	5	175	5	23	6 003	4	3	1	1
安徽	2	116	2	24	2 281	2	1	1	——
福建	2	81	1	11	1 802	7	8	——	8
江西	3	78	9	18	1 980	2	2	——	2
山东	3	204	13	24	3 156	14	4	——	4
河南	4	246	3	3	5 212	30	47	——	47
湖北	2	82	4	3	2 338	6	14	——	14
湖南	5	219	2	21	3 820	13	11	——	11
广东	2	139	2	3	3 363	1	——	——	——
广西	1	24	——	3	1 725	1	——	——	——
海南	——	——	——	——	——	——	——	——	——
重庆	5	110	15	40	3 983	1	——	——	——
四川	2	113	5	16	2 315	1	——	——	——
贵州	4	125	3	12	1 465	2	——	——	——
云南	5	43	4	1	2 534	7	4	——	4
西藏	——	——	——	——	——	——	——	——	——
陕西	4	28	——	7	2 180	——	——	——	——
甘肃	5	71	1	10	2 290	2	——	——	——
青海	1	28	——	——	892	1	1	——	1
宁夏	7	128	1	8	936	——	1	1	——
新疆	3	127	1	9	2 350	13	25	——	25

场馆基本情况

观众人次合计（千人次）	艺术演出观众人次	电影放映观众人次	收入情况：财政拨款	艺术演出分成收入	电影放映分成收入	人员支出（千元）	年末固定资产原值（千元）	增加值（千元）	公用房屋建筑面积（千平方米）	演（映）业务用房
15 267	**11 260**	**3 444**	**265 868**	**533 447**	**69 813**	**164 284**	**3 315 944**	**497 825**	**782**	**473**
3 803	3 410	385	223 154	189 646	6 309	46 504	117 189	119 258	176	106
401	317	79	——	1 397	277	2 396	6 190	2 907	21	6
282	120	20	3 159	4 523	72	2 431	10 126	3 448	40	32
116	31	85	——	752	2 011	646	9 424	1 250	9	9
——	——	——	——	——	——	——	——	——	——	——
220	214	3	——	4 163	80	3 337	5 606	6 139	30	25
107	107	——	1 439	2 791	——	1 640	13 794	3 737	32	9
201	178	23	——	1 644	87	1 585	11 617	3 671	12	3
3 911	3 896	14	18 279	250 549	97	48 071	2 002 352	165 387	86	29
163	160	3	——	3 257	12	1 656	27 047	15 428	7	6
1 016	468	200	——	10 434	1 190	7 385	158 629	18 228	36	24
275	269	6	520	1 000	82	2 102	15 975	3 541	51	51
466	53	413	——	831	10 437	2 757	76 393	7 787	14	7
189	125	64	——	813	1 376	1 959	12 490	1 957	20	8
510	178	277	3 830	3 125	587	3 674	35 092	6 457	26	19
1 010	10	1 000	——	213	26 019	3 854	25 520	11 556	16	15
284	174	110	——	3 420	2 697	1 792	93 737	7 134	33	19
412	118	294	1 413	1 191	2 606	3 141	166 631	37 554	44	13
426	426	——	8 318	17 445	——	6 908	262 236	21 567	16	14
88	78	10	——	132	18	422	8 946	710	11	11
——	——	——	——	——	——	——	——	——	——	——
84	84	——	——	1 625	——	824	25 721	3 205	——	——
301	273	27	——	3 660	43	6 179	76 994	11 722	28	14
70	70	——	——	553	——	2 966	11 685	4 830	11	10
246	88	158	1 068	9 073	66	852	42 310	6 292	22	13
——	——	——	——	——	——	——	——	——	——	——
61	61	——	——	1 313	——	606	24 690	1 795	3	3
178	118	60	1 140	620	62	1 126	24 941	2 669	13	6
63	50	13	——	400	267	381	2 374	2 291	3	2
104	104	——	490	17 766	——	2 778	13 265	16 969	6	4
280	80	200	3 058	1 111	15 418	6 312	34 970	10 336	16	15

各地区地市级艺术表演

	机构数（个）	从业人员（人）	高级职称	中级职称	坐席数（个）	屏幕数（个）	演(映)出场次合计（千场次）	艺术演出场次	电影放映场次
总　计	**550**	**12 661**	**225**	**1 294**	**317 809**	**478**	**235**	**29**	**197**
北　京	——	——	——	——	——	——	——	——	——
天　津	——	——	——	——	——	——	——	——	——
河　北	26	773	11	82	10 559	19	7	1	6
山　西	20	558	3	87	16 564	16	8	——	6
内蒙古	10	280	4	18	8 361	11	6	——	6
辽　宁	19	454	13	56	8 271	13	5	1	4
其中：大连	2	29	——	——	1 200	1	——	——	——
吉　林	22	664	9	46	7 852	20	11	1	10
黑龙江	19	200	12	12	13 786	12	2	——	1
上　海	——	——	——	——	——	——	——	——	——
江　苏	25	833	3	56	22 414	58	66	2	63
浙　江	24	523	3	41	17 429	22	5	4	1
其中：宁波	3	39	——	8	1 806	2	1	1	——
安　徽	32	701	30	109	12 613	18	4	1	3
福　建	18	231	——	19	14 927	17	6	1	5
其中：厦门	2	18	——	1	571	——	——	——	——
江　西	17	383	12	46	7 521	6	2	1	1
山　东	26	654	35	97	18 530	23	7	1	6
其中：青岛	6	109	——	12	3 383	3	——	——	——
河　南	56	2 017	27	103	30 788	89	39	1	36
湖　北	27	722	11	89	16 492	14	2	1	——
湖　南	14	281	7	55	8 103	15	12	1	11
广　东	89	1 514	5	46	37 733	68	31	8	23
其中：深圳	2	139	1	15	3 476	——	——	——	——
广　西	9	230	4	27	5 973	6	5	1	4
海　南	1	19	——	——	936	——	——	——	——
重　庆	——	——	——	——	——	——	——	——	——
四　川	29	523	14	171	19 014	16	6	2	3
贵　州	5	60	——	1	2 123	2	2	——	1
云　南	11	135	2	20	8 510	7	3	1	2
西　藏	2	28	——	3	1 680	2	——	——	——
陕　西	23	433	4	37	11 668	10	1	1	——
甘　肃	11	144	——	1	8 282	5	3	——	3
青　海	1	8	——	——	900	1	——	——	——
宁　夏	9	167	——	43	2 083	4	——	——	——
新　疆	5	126	16	29	4 697	4	2	——	2

场馆基本情况

观众人次合计			收入情况（千元）			人员支出（千元）	年末固定资产原值（千元）	增加值（千元）	公用房屋建筑面积	
（千人次）	艺术演出观众人次	电影放映观众人次	财政拨款	艺术演出分成收入	电影放映分成收入				（千平方米）	演（映）业务用房
31 391	**11 701**	**18 061**	**145 710**	**124 997**	**101 828**	**186 375**	**2 333 194**	**377 812**	**1 924**	**1 021**
——	——	——	——	——	——	——	——	——	——	——
——	——	——	——	——	——	——	——	——	——	——
1 741	258	1 428	1 663	2 044	2 947	10 265	42 655	13 135	72	49
556	209	280	1 936	2 876	1 721	6 919	26 297	11 183	59	35
683	201	482	3 114	723	1 968	2 670	23 533	4 569	37	24
762	430	321	5 073	2 018	1 939	4 723	84 595	7 565	61	36
157	146	——	180	963	——	639	36 346	827	14	6
452	234	215	12 262	1 660	3 285	8 758	41 304	18 878	73	25
359	168	191	1 189	711	678	1 731	17 018	3 566	53	40
——	——	——	——	——	——	——	——	——	——	——
6 936	932	6 004	745	12 998	40 077	18 275	374 539	58 884	153	87
1 953	1 551	337	31 306	29 458	467	17 228	123 951	30 891	174	73
288	230	24	2 343	2 049	16	3 148	24 102	5 197	11	3
754	172	413	3 998	3 952	1 667	7 125	40 103	13 530	77	32
984	243	740	1 494	1 231	4 998	5 001	41 344	9 074	44	35
16	16	——	114	54	——	547	16 050	1 443	3	2
616	178	320	5 255	1 328	566	4 943	21 070	7 468	32	20
774	280	494	2 224	3 364	2 817	7 021	116 711	22 292	82	41
29	9	20	1 184	37	104	559	14 791	4 555	15	3
2 176	524	1 277	4 809	4 166	15 486	19 062	107 967	30 663	169	83
1 212	723	208	724	10 267	722	8 770	101 514	12 429	99	41
449	187	262	915	929	2 283	3 747	34 509	5 737	43	22
5 534	2 812	2 491	47 721	22 144	10 917	24 388	720 104	60 397	362	200
202	202	——	23 725	7 552	——	7 809	123 545	18 368	85	11
443	317	120	31	2 013	2 280	4 832	122 712	10 021	51	31
——	——	——	——	——	——	572	6 136	540	3	2
——	——	——	——	——	——	——	——	——	——	——
1 139	817	104	4 858	13 711	1 438	8 880	78 626	14 934	59	31
770	35	735	40	15	61	931	9 049	1 313	6	4
1 344	516	828	3 751	2 956	895	4 525	45 930	8 626	43	30
192	144	48	1 390	1 000	32	1 433	51 560	4 116	12	10
386	272	105	3 592	2 981	126	7 551	55 388	11 064	61	39
398	244	150	1 609	1 381	3 616	3 009	19 777	4 722	24	16
28	28	——	469	——	——	243	3 153	539	2	2
123	46	61	——	907	429	1 164	17 825	5 785	63	10
627	180	447	5 542	164	413	2 609	5 824	5 891	10	3

各地区县级艺术表演

	机构数（个）	从业人员（人）	高级职称	中级职称	坐席数（个）	屏幕数（个）	演（映）出场次合计（千场次）	艺术演出场次	电影放映场次
总计	**1 374**	**21 743**	**356**	**1 567**	**1 094 869**	**1 797**	**338**	**88**	**241**
北京	12	420	7	8	11 890	24	20	2	18
天津	17	316	8	17	12 301	27	26	3	21
河北	67	774	24	74	61 321	45	5	1	4
山西	38	526	2	70	35 034	51	7	1	6
内蒙古	25	398	15	17	19 138	30	3	——	2
辽宁	20	441	17	26	15 798	18	5	——	4
其中：大连	2	35	1	5	2 483	1	——	——	——
吉林	41	812	15	43	23 376	19	3	——	2
黑龙江	25	263	1	16	11 222	9	1	——	1
上海	130	1 049	9	88	91 987	141	36	7	29
江苏	55	1 038	11	87	44 757	53	22	2	20
浙江	163	2 250	20	88	112 908	733	52	35	17
其中：宁波	26	824	15	34	15 119	12	8	6	2
安徽	54	992	12	123	39 013	58	10	2	8
福建	48	552	8	66	27 156	43	14	3	11
其中：厦门	4	86	——	5	2 429	5	4	——	4
江西	43	286	16	58	28 289	16	2	1	1
山东	63	1 079	19	157	65 228	46	6	1	6
其中：青岛	3	28	4	7	2 864	3	——	——	——
河南	130	3 133	63	141	104 884	110	12	3	8
湖北	30	530	4	49	33 163	20	4	1	1
湖南	54	774	11	69	42 599	33	9	3	6
广东	97	2 306	5	23	84 120	124	53	10	43
其中：深圳	12	109	——	1	2 808	11	11	——	10
广西	10	70	——	7	12 188	2	——	——	——
海南	20	633	1	7	34 165	13	4	3	1
重庆	27	195	4	20	16 730	22	10	2	7
四川	60	1 492	10	123	46 135	36	8	5	3
贵州	2	50	——	3	1 766	2	——	——	——
云南	15	46	3	2	11 569	8	2	——	2
西藏	10	50	4	4	5 546	8	——	——	——
陕西	79	946	52	123	70 627	69	17	2	15
甘肃	11	72	4	11	7 244	5	1	——	——
青海	2	11	——	——	1 700	2	1	——	1
宁夏	4	42	——	13	3 362	6	——	——	——
新疆	22	197	11	34	19 653	24	5	1	4

场馆基本情况

观众人次合计			收入情况（千元）			人员支出（千元）	年末固定资产原值（千元）	增加值（千元）	公用房屋建筑面积	
（千人次）	艺术演出观众人次	电影放映观众人次	财政拨款	艺术演出分成收入	电影放映分成收入				（千平方米）	演（映）业务用房
64 332	**27 508**	**33 846**	**129 945**	**468 614**	**123 661**	**282 808**	**2 570 160**	**622 464**	**3 084**	**1 705**
1 730	975	701	2 835	20 944	9 342	13 893	131 612	25 295	43	17
814	199	534	790	1 572	5 533	5 119	70 371	7 039	71	40
1 740	485	1 241	1 735	936	1 253	4 754	80 204	8 344	193	113
1 435	734	667	11 339	3 003	1 521	4 985	145 652	11 077	96	48
810	82	708	3 793	88	987	5 266	68 983	8 215	41	27
717	243	459	1 527	260	1 769	3 247	18 452	4 445	31	15
10	——	10	1 188	——	52	714	1 349	871	5	1
1 400	296	851	3 798	314	1 133	4 323	27 658	7 635	60	33
429	63	352	694	60	436	1 278	14 970	2 172	19	8
5 997	2 404	2 991	19 652	39 114	26 012	38 258	239 835	81 802	262	136
5 029	932	4 030	285	10 946	10 564	12 155	190 877	26 012	150	84
10 348	7 207	2 792	22 181	188 875	11 786	61 564	386 985	153 434	420	223
2 902	1 854	1 048	10 934	59 479	1 651	18 960	47 722	43 387	33	16
1 822	637	1 167	4 305	2 359	2 344	8 795	44 238	13 890	93	56
1 862	534	1 286	5 895	3 026	5 217	13 425	123 165	23 872	97	58
254	10	244	891	111	715	3 937	20 960	6 315	14	10
904	662	241	2 667	1 087	395	2 345	34 822	5 011	53	24
2 506	877	1 579	5 338	5 274	2 972	9 381	163 667	18 646	165	105
145	21	104	17	566	315	657	6 979	2 902	8	7
3 667	1 422	1 939	7 468	9 908	3 616	11 228	119 151	23 721	263	153
1 662	918	637	2 472	1 339	798	4 798	84 691	9 210	75	46
1 763	911	807	9 358	3 096	1 631	7 429	124 182	15 665	125	69
6 333	2 441	3 830	3 175	23 352	30 346	24 588	193 471	61 364	246	147
339	44	295	——	168	11 858	1 258	5 668	4 619	18	13
271	215	50	1 242	257	100	865	4 434	1 463	27	14
1 436	1 380	55	——	20 655	571	1 304	22 000	17 393	25	13
1 693	464	719	581	2 687	821	2 569	46 476	14 977	38	30
2 436	1 794	548	4 670	125 749	1 671	22 320	36 391	50 782	174	75
147	99	48	666	646	66	1 418	11 999	2 829	15	4
446	165	141	472	85	144	779	25 185	1 941	27	15
53	22	27	2 483	6	11	1 961	2 852	2 087	10	5
5 627	995	4 587	4 441	2 208	1 316	9 007	93 074	13 231	172	95
125	62	63	275	538	202	584	12 607	1 339	20	7
30	——	30	——	——	500	50	1 890	141	3	2
138	44	51	475	54	124	578	9 350	1 729	7	6
962	246	715	5 333	176	480	4 542	40 916	7 703	63	37

各地区艺术表演场馆(事业)

	机构数（个）	从业人员（人）	高级职称	中级职称	坐席数（个）	屏幕数（个）	演(映)出场次合计（千场次）	艺术演出场次	电影放映场次
总　计	**1 344**	**25 162**	**557**	**2 473**	**1 025 663**	**1 073**	**390**	**56**	**322**
中　央	4	78	1	1	2 962	1	——	——	——
北　京	22	825	23	32	19 182	24	21	3	18
天　津	19	231	10	16	8 904	17	13	1	10
河　北	75	1 291	26	127	62 113	48	11	1	10
山　西	60	1 114	6	161	52 966	72	22	2	19
内蒙古	31	538	17	33	23 844	29	7	——	7
辽　宁	40	1 105	30	82	25 569	33	10	1	9
其中:大连	4	64	1	5	3 683	2	——	——	——
吉　林	37	1 077	32	86	22 283	27	13	2	11
黑龙江	41	456	19	28	24 785	21	3	1	2
上　海	63	1 147	18	108	58 405	57	24	7	17
江　苏	9	207	8	35	9 488	11	3	——	3
浙　江	48	868	21	106	38 425	58	12	3	7
其中:宁波	5	156	15	40	3 745	2	1	1	——
安　徽	75	1 550	42	204	44 710	64	10	2	9
福　建	67	860	9	96	42 722	66	28	4	24
其中:厦门	6	104	——	6	3 000	5	4	——	4
江　西	62	737	35	120	36 910	23	6	2	4
山　东	47	834	39	134	41 629	29	5	1	4
其中:青岛	——	——	——	——	——	——	——	——	——
河　南	153	4 280	46	171	117 605	129	72	2	68
湖　北	54	1 278	19	141	49 493	39	20	2	16
湖　南	69	1 060	16	134	50 902	44	16	3	12
广　东	46	1 310	5	28	49 648	51	13	6	6
其中:深圳	1	8	——	——	812	1	——	——	——
广　西	20	324	4	37	19 886	9	5	1	4
海　南	8	290	——	1	6 776	5	1	——	1
重　庆	13	31	1	2	6 044	6	2	1	1
四　川	62	947	27	272	45 957	38	9	4	5
贵　州	9	196	3	15	4 031	4	——	——	——
云　南	28	213	9	22	20 394	21	8	2	6
西　藏	12	78	4	7	7 226	10	1	——	——
陕　西	106	1 407	56	167	84 475	79	18	3	15
甘　肃	26	269	2	17	17 416	11	4	1	3
青　海	1	8	——	——	900	1	——	——	——
宁　夏	7	103	1	18	3 313	5	1	——	——
新　疆	30	450	28	72	26 700	41	32	1	31

基本情况(一)

观众人次合计（千人次）	艺术演出观众人次	电影放映观众人次	本年收入合计（千元）	财政拨款	上级补助收入	事业收入	事业收入：艺术演出收入	事业收入：电影放映收入	经营收入	附属单位上缴收入	其他收入
59 640	**26 199**	**30 231**	**1 459 152**	**466 027**	**45 984**	**694 592**	**450 529**	**141 994**	**96 255**	**1 438**	**154 856**
167	167	——	8 248	——	——	——	——	——	8 236	——	12
2 269	1 514	701	337 960	221 216	2 835	98 572	78 205	9 342	3 675	——	11 662
1 006	461	459	9 589	390	915	6 487	1 676	1 847	958	——	839
2 859	552	2 149	29 647	6 357	971	10 008	5 966	2 856	4 807	——	7 504
2 107	974	1 032	43 374	13 275	715	16 687	6 631	5 253	3 983	18	8 696
1 251	257	994	11 886	6 875	——	3 500	776	2 624	1 106	——	405
1 699	887	783	38 218	6 600	4 549	13 526	6 441	3 788	11 963	——	1 580
167	146	10	4 471	1 368	——	1 015	963	52	2 088	——	——
1 492	439	837	30 081	16 892	286	11 594	4 601	3 379	688	——	621
925	380	531	10 513	1 883	317	3 418	2 185	1 201	519	——	4 376
5 828	4 474	1 237	318 910	31 073	16 426	253 694	221 510	8 962	5 263	16	12 438
655	149	505	13 440	485	1 800	8 949	5 298	1 544	1 755	——	451
3 059	1 681	966	89 100	24 857	4 490	34 180	20 756	4 116	5 636	83	19 854
439	381	24	23 908	13 277	2 556	4 759	3 979	16	——	——	3 316
2 166	602	1 387	27 048	8 026	1 714	8 521	3 210	2 625	3 134	294	5 359
3 294	817	2 434	64 032	7 389	3 378	34 801	4 933	20 637	5 590	——	12 874
270	26	244	9 311	1 005	963	6 371	165	715	101	——	871
1 689	949	621	20 573	7 922	222	9 282	3 188	2 334	2 046	——	1 101
1 553	623	900	12 914	4 114	204	5 445	2 841	1 045	1 081	——	2 070
——	——	——	——	——	——	——	——	——	——	——	——
5 319	1 449	3 206	79 439	12 210	399	43 648	5 719	31 666	6 605	——	16 577
3 158	1 815	955	40 189	3 196	2 105	24 361	15 026	4 217	4 716	——	5 811
2 138	1 123	985	30 975	11 686	265	11 054	4 133	2 589	4 614	610	2 746
2 568	1 181	1 211	69 456	35 129	431	26 712	21 880	3 614	2 315	26	4 843
30	26	4	402	——	——	112	42	70	30	——	260
802	610	180	11 698	1 273	269	4 959	2 402	2 398	3 643	343	1 211
66	21	44	1 045	——	——	539	30	486	410	——	96
251	120	131	1 747	——	——	979	140	55	613	——	155
2 179	1 522	505	39 895	8 885	1 429	11 650	8 377	2 447	5 463	48	12 420
217	169	48	6 715	706	——	1 265	1 199	66	166	——	4 578
1 911	763	1 008	27 667	5 291	124	14 459	12 069	1 058	3 095	——	4 698
245	166	75	4 937	3 873	10	1 049	1 006	43	5	——	——
6 074	1 328	4 692	28 826	8 033	607	9 133	6 502	1 442	3 391	——	7 662
639	404	231	12 523	3 024	442	6 755	2 187	3 746	257	——	2 045
28	28	——	490	469	——	21	——	——	——	——	——
157	68	62	2 863	965	578	494	191	303	——	——	826
1 869	506	1 362	35 154	13 933	503	18 850	1 451	16 311	522	——	1 346

各地区艺术表演场馆(事业)

	本年支出合计(千元)										
		基本支出	项目支出	经营支出	在支出合计中:						
					工资福利支出	商品和服务支出					税金支出
							维修(护)费	差旅费	劳务费	福利费	
总　计	**1 311 432**	**763 293**	**212 989**	**136 292**	**408 304**	**423 615**	**58 659**	**8 916**	**17 219**	**16 435**	**44 926**
中　央	10 306	——	——	5 739	1 563	2 775	58	——	——	160	9
北　京	172 908	45 197	107 511	18 051	35 166	72 315	9 391	617	2 973	1 255	5 430
天　津	11 008	8 016	——	2 864	5 448	4 530	322	28	52	220	350
河　北	32 483	19 862	3 927	5 651	13 782	7 290	1 149	249	206	416	1 334
山　西	44 504	28 665	7 671	3 884	12 550	16 715	5 129	668	2 163	502	944
内蒙古	11 893	7 650	——	1 478	5 880	3 286	488	206	82	72	177
辽　宁	41 168	20 692	2 016	13 403	11 307	18 039	1 365	243	562	1 122	1 091
其中:大连	5 970	1 983	——	3 987	1 353	1 719	104	21	——	——	150
吉　林	31 780	24 782	1 386	1 010	10 809	7 333	2 377	117	61	118	581
黑龙江	11 415	9 133	461	595	4 471	4 480	441	194	342	203	782
上　海	304 247	187 064	6 266	5 177	60 079	104 082	10 810	633	2 194	2 218	10 127
江　苏	13 363	10 805	732	1 826	6 319	4 948	259	59	102	191	603
浙　江	90 543	67 579	11 238	8 877	39 498	31 179	4 418	864	898	1 761	2 781
其中:宁波	23 699	17 463	6 189	——	12 591	7 851	1 028	179	579	25	430
安　徽	32 004	19 064	960	6 217	14 380	6 952	1 947	282	341	534	1 143
福　建	64 938	43 088	3 207	12 371	20 967	21 922	2 511	546	462	1 079	3 749
其中:厦门	9 785	7 925	159	917	4 484	2 794	355	11	26	53	665
江　西	22 409	9 555	815	1 795	9 197	8 715	1 507	201	150	519	810
山　东	12 901	10 469	185	1 416	6 847	3 835	645	149	48	164	319
其中:青岛	——	——	——	——	——	——	——	——	——	——	——
河　南	75 415	48 109	4 672	8 917	25 835	11 425	1 572	431	1 064	1 426	2 904
湖　北	45 474	26 573	3 460	9 939	14 940	14 051	1 323	556	421	819	1 514
湖　南	31 364	21 251	4 956	2 980	12 108	8 382	2 482	138	317	604	1 089
广　东	70 104	31 930	31 924	3 445	18 843	20 946	1 633	267	493	545	1 801
其中:深圳	402	255	——	147	170	85	40	10	15	——	20
广　西	13 374	8 283	213	4 606	6 119	3 522	231	55	12	435	420
海　南	1 386	299	——	1 087	736	234	43	4	——	——	134
重　庆	2 959	1 279	——	37	795	184	——	4	——	7	50
四　川	38 933	25 356	1 261	6 296	19 915	11 136	1 312	282	772	347	1 712
贵　州	8 747	7 254	——	206	4 726	2 440	109	7	42	182	1 106
云　南	29 387	23 753	1 361	3 908	6 109	13 136	1 286	853	2 311	175	1 772
西　藏	4 183	4 032	41	5	3 394	376	180	106	1	21	23
陕　西	30 701	24 567	282	3 501	17 164	7 771	1 057	212	455	279	752
甘　肃	12 692	11 869	41	290	4 644	2 266	922	70	68	54	676
青　海	499	499	——	——	243	87	4	2	6	4	——
宁　夏	3 179	2 265	51	——	1 007	702	42	46	——	77	30
新　疆	35 165	14 353	18 352	721	13 463	8 561	3 646	827	621	926	713

基本情况(二)

对个人和家庭补助支出		其他资本性支出		资产合计		增加值	公用房屋建筑面积	
	抚恤金和生活补助		各种设备购置费	(千元)	固定资产原值	(千元)	(千平方米)	演(映)出业务用房
88 546	**5 945**	**101 056**	**82 691**	**7 178 632**	**6 098 432**	**835 043**	**3 655**	**2 064**
328	——	235	235	5 775	3 502	2 678	29	7
2 999	25	53 099	50 655	433 365	199 615	83 400	67	38
636	50	78	78	27 066	25 731	6 579	45	21
1 415	47	1 846	1 360	117 543	99 587	19 449	219	162
824	92	2 129	1 332	192 183	181 373	23 511	164	92
1 374	66	167	154	70 372	68 473	10 226	72	50
3 596	30	2 141	1 176	134 031	108 653	18 149	122	76
101	——	184	180	37 739	37 695	1 698	19	7
11 278	101	13	——	130 030	50 927	24 061	126	52
1 505	34	511	511	43 984	42 445	8 752	74	47
10 235	444	16 901	13 434	2 399 511	2 111 074	180 207	183	85
843	19	353	295	49 338	44 698	9 871	53	43
8 299	220	2 276	1 893	384 416	328 432	65 144	204	104
1 231	34	1 620	1 586	37 991	30 654	16 235	18	8
6 757	188	1 749	1 045	78 579	66 314	23 095	144	71
4 430	335	3 441	1 585	289 914	240 262	40 397	152	99
1 226	10	574	403	44 375	37 010	7 758	17	12
2 397	219	187	159	76 757	66 382	13 737	103	51
770	77	449	233	72 945	65 824	10 777	101	67
——	——	——	——	——	——	——	——	——
3 404	730	4 442	1 512	275 623	241 226	46 530	388	199
4 197	89	1 704	364	377 853	279 942	28 107	203	106
2 882	337	2 892	1 453	181 724	168 297	23 407	168	92
799	86	1 227	1 030	888 822	842 858	55 568	209	131
——	——	——	——	——	——	206	3	——
1 115	——	126	90	137 541	136 092	12 194	89	56
10	10	——	——	18 536	18 536	1 272	11	7
59	18	278	278	10 915	10 659	1 750	12	8
4 644	1 489	1 569	906	219 354	185 275	33 976	190	86
1 225	36	34	16	29 479	24 235	8 133	26	14
3 100	171	1 463	1 331	115 079	108 192	16 519	88	56
39	6	172	172	57 419	54 412	6 203	22	16
1 382	229	466	410	179 295	173 152	26 090	236	137
1 381	67	207	132	69 500	55 525	8 497	56	29
160	——	——	——	3 153	3 153	539	2	2
1 053	343	216	216	14 389	11 876	2 295	8	5
5 410	387	685	636	94 141	81 710	23 930	89	55

各地区文化部门艺术表演场馆

	机构数（个）	从业人员（人）			坐席数（个）	屏幕数（个）	演（映）出场次合计（千场次）		
			高级职称	中级职称				艺术演出场次	电影放映场次
总　计	**1 330**	**24 592**	**537**	**2 397**	**1 000 818**	**1 062**	**379**	**56**	**323**
中　央	3	78	1	1	2 962	1	——	——	——
北　京	17	463	7	10	12 459	20	19	2	17
天　津	19	231	10	16	8 904	17	12	2	10
河　北	75	1 291	26	127	62 113	48	11	1	10
山　西	60	1 114	6	161	52 966	72	21	2	19
内蒙古	31	538	17	33	23 844	29	7	——	7
辽　宁	40	1 105	30	82	25 569	33	10	1	9
其中:大连	4	64	1	5	3 683	2	0.3	0.1	0.1
吉　林	37	1 077	32	86	22 283	27	13	2	11
黑龙江	41	456	19	28	24 785	21	3	1	2
上　海	60	991	14	63	44 209	52	22	6	16
江　苏	9	207	8	35	9 488	11	3	——	3
浙　江	48	868	21	106	38 425	58	11	3	8
其中:宁波	5	156	15	40	3 745	2	0.9	0.8	——
安　徽	74	1 538	42	203	44 243	63	10	2	8
福　建	66	849	9	95	42 151	66	27	3	24
其中:厦门	5	93	——	5	2 429	5	4	——	3.9
江　西	60	708	35	113	34 310	22	6	2	4
山　东	47	834	39	134	41 629	29	5	1	4
其中:青岛	——	——	——	——	——	——	——	——	——
河　南	153	4 280	46	171	117 605	129	76	3	68
湖　北	54	1 278	19	141	49 493	39	19	2	17
湖　南	69	1 060	16	134	50 902	44	15	3	12
广　东	45	1 310	5	28	49 360	51	13	7	6
其中:深圳	1	8	——	——	812	1	0.1	——	0.1
广　西	20	324	4	37	19 886	9	5	1	4
海　南	8	290	——	1	6 776	5	1	——	1
重　庆	13	31	1	2	6 044	6	2	1	1
四　川	62	947	27	272	45 957	38	9	4	5
贵　州	9	196	3	15	4 031	4	——	——	——
云　南	28	213	9	22	20 394	21	8	2	6
西　藏	12	78	4	7	7 226	10	1	——	1
陕　西	106	1 407	56	167	84 475	79	18	3	15
甘　肃	26	269	2	17	17 416	11	4	1	3
青　海	1	8	——	——	900	1	——	——	——
宁　夏	7	103	1	18	3 313	5	1	——	1
新　疆	30	450	28	72	26 700	41	32	1	31

(事业)基本情况(一)

观众人次合计			本年收入合计								
						事业收入					
(千人次)	艺术演出观众人次	电影放映观众人次	(千元)	财政拨款	上级补助收入		艺术演出收入	电影放映收入	经营收入	附属单位上缴收入	其他收入
59 063	**25 765**	**30 100**	**1 150 362**	**240 667**	**44 684**	**621 381**	**384 135**	**140 902**	**95 481**	**1 438**	**146 711**
167	167	——	8 248	——	——	——	——	——	8 236	——	12
1 944	1 222	668	57 817	2 835	2 135	46 295	32 161	8 834	2 921	——	3 631
1 006	461	459	9 589	390	915	6 487	1 676	1 847	958	——	839
2 859	552	2 149	29 647	6 357	971	10 008	5 966	2 856	4 807	——	7 504
2 107	974	1 032	43 374	13 275	715	16 687	6 631	5 253	3 983	18	8 696
1 251	257	994	11 886	6 875	——	3 500	776	2 624	1 106	——	405
1 699	887	783	38 218	6 600	4 549	13 526	6 441	3 788	11 963	——	1 580
167	146	10	4 471	1 368	——	1 015	963	52	2 088	——	——
1 492	439	837	30 081	16 892	286	11 594	4 601	3 379	688	——	621
925	380	531	10 513	1 883	317	3 418	2 185	1 201	519	——	4 376
5 668	4 385	1 167	291 703	24 457	16 426	233 216	201 514	8 480	5 263	16	12 325
655	149	505	13 440	485	1 800	8 949	5 298	1 544	1 755	——	451
3 059	1 681	966	89 100	24 857	4 490	34 180	20 756	4 116	5 636	83	19 854
439	381	24	23 908	13 277	2 556	4 759	3 979	16	——	——	3 316
2 135	599	1 369	26 948	8 026	1 714	8 441	3 190	2 565	3 114	294	5 359
3 278	801	2 434	63 314	7 326	2 778	34 747	4 879	20 637	5 590	——	12 873
254	10	244	8 593	942	363	6 317	111	715	101	——	870
1 647	918	611	19 951	7 622	222	8 960	2 908	2 292	2 046	——	1 101
1 553	623	900	12 914	4 114	204	5 445	2 841	1 045	1 081	——	2 070
——	——	——	——	——	——	——	——	——	——	——	——
5 319	1 449	3 206	79 439	12 210	399	43 648	5 719	31 666	6 605	——	16 577
3 158	1 815	955	40 189	3 196	2 105	24 361	15 026	4 217	4 716	——	5 811
2 138	1 123	985	30 975	11 686	265	11 054	4 133	2 589	4 614	610	2 746
2 565	1 178	1 211	69 456	35 129	431	26 712	21 880	3 614	2 315	26	4 843
30	26	4	402	——	——	112	42	70	30	——	260
802	610	180	11 698	1 273	269	4 959	2 402	2 398	3 643	343	1 211
66	21	44	1 045	——	——	539	30	486	410	——	96
251	120	131	1 747	——	——	979	140	55	613	——	155
2 179	1 522	505	39 895	8 885	1 429	11 650	8 377	2 447	5 463	48	12 420
217	169	48	6 715	706	——	1 265	1 199	66	166	——	4 578
1 911	763	1 008	27 667	5 291	124	14 459	12 069	1 058	3 095	——	4 698
245	166	75	4 937	3 873	10	1 049	1 006	43	5	——	——
6 074	1 328	4 692	28 826	8 033	607	9 133	6 502	1 442	3 391	——	7 662
639	404	231	12 523	3 024	442	6 755	2 187	3 746	257	——	2 045
28	28	——	490	469	——	21	——	——	——	——	——
157	68	62	2 863	965	578	494	191	303	——	——	826
1 869	506	1 362	35 154	13 933	503	18 850	1 451	16 311	522	——	1 346

各地区文化部门艺术表演场馆

	本年支出合计（千元）	基本支出	项目支出	经营支出	在支出合计中：工资福利支出	商品和服务支出	维修（护）费	差旅费	劳务费	福利费	税金支出
总　计	**1 173 209**	**734 593**	**108 403**	**135 384**	**379 322**	**367 418**	**52 001**	**8 734**	**17 069**	**15 782**	**41 288**
中　央	10 306	——	——	5 739	1 563	2 775	58	——	——	160	9
北　京	58 186	36 113	2 925	17 143	16 523	23 155	4 353	497	2 902	790	2 865
天　津	11 008	8 016	——	2 864	5 448	4 530	322	28	52	220	350
河　北	32 483	19 862	3 927	5 651	13 782	7 290	1 149	249	206	416	1 334
山　西	44 504	28 665	7 671	3 884	12 550	16 715	5 129	668	2 163	502	944
内蒙古	11 893	7 650	——	1 478	5 880	3 286	488	206	82	72	177
辽　宁	41 168	20 692	2 016	13 403	11 307	18 039	1 365	243	562	1 122	1 091
其中：大连	5 970	1 983	——	3 987	1 353	1 719	104	21	——	——	150
吉　林	31 780	24 782	1 386	1 010	10 809	7 333	2 377	117	61	118	581
黑龙江	11 415	9 133	461	595	4 471	4 480	441	194	342	203	782
上　海	282 150	168 140	6 266	5 177	50 509	97 415	9 246	616	2 171	2 079	9 069
江　苏	13 363	10 805	732	1 826	6 319	4 948	259	59	102	191	603
浙　江	90 543	67 579	11 238	8 877	39 498	31 179	4 418	864	898	1 761	2 781
其中：宁波	23 699	17 463	6 189	——	12 591	7 851	1 028	179	579	25	430
安　徽	31 904	19 054	960	6 217	14 300	6 932	1 940	282	331	534	1 140
福　建	64 256	42 406	3 207	12 371	20 628	21 722	2 510	543	436	1 070	3 737
其中：厦门	9 103	7 243	159	917	4 145	2 594	354	8	——	44	653
江　西	21 787	9 555	815	1 795	8 847	8 565	1 459	159	130	479	810
山　东	12 901	10 469	185	1 416	6 847	3 835	645	149	48	164	319
其中：青岛	——	——	——	——	——	——	——	——	——	——	——
河　南	75 415	48 109	4 672	8 917	25 835	11 425	1 572	431	1 064	1 426	2 904
湖　北	45 474	26 573	3 460	9 939	14 940	14 051	1 323	556	421	819	1 514
湖　南	31 364	21 251	4 956	2 980	12 108	8 382	2 482	138	317	604	1 089
广　东	70 104	31 930	31 924	3 445	18 843	20 946	1 633	267	493	545	1 801
其中：深圳	402	255	——	147	170	85	40	10	15	——	20
广　西	13 374	8 283	213	4 606	6 119	3 522	231	55	12	435	420
海　南	1 386	299	——	1 087	736	234	43	4	——	——	134
重　庆	2 959	1 279	——	37	795	184	——	4	——	7	50
四　川	38 933	25 356	1 261	6 296	19 915	11 136	1 312	282	772	347	1 712
贵　州	8 747	7 254	——	206	4 726	2 440	109	7	42	182	1 106
云　南	29 387	23 753	1 361	3 908	6 109	13 136	1 286	853	2 311	175	1 772
西　藏	4 183	4 032	41	5	3 394	376	180	106	1	21	23
陕　西	30 701	24 567	282	3 501	17 164	7 771	1 057	212	455	279	752
甘　肃	12 692	11 869	41	290	4 644	2 266	922	70	68	54	676
青　海	499	499	——	——	243	87	4	2	6	4	——
宁　夏	3 179	2 265	51	——	1 007	702	42	46	——	77	30
新　疆	35 165	14 353	18 352	721	13 463	8 561	3 646	827	621	926	713

(事业)基本情况(二)

对个人和家庭补助支出	抚恤金和生活补助	其他资本性支出	各种设备购置费	资产合计(千元)	固定资产原值	增加值(千元)	公用房屋建筑面积(千平方米)	演(映)出业务用房
86 366	**5 912**	**52 848**	**36 841**	**6 711 842**	**5 836 919**	**758 335**	**2 579**	**2 021**
328	——	235	235	5 775	3 502	2 678	29	7
2 011	23	8 133	5 689	162 634	134 037	30 688	52	26
636	50	78	78	27 066	25 731	6 579	45	21
1 415	47	1 846	1 360	117 543	99 587	19 449	219	162
824	92	2 129	1 332	192 183	181 373	23 511	164	92
1 374	66	167	154	70 372	68 473	10 226	72	50
3 596	30	2 141	1 176	134 031	108 653	18 149	122	76
101	——	184	180	37 739	37 695	1 698	19	7
11 278	101	13	——	130 030	50 927	24 061	126	52
1 505	34	511	511	43 984	42 445	8 752	74	47
9 157	423	13 810	12 679	2 221 080	1 932 643	157 910	141	65
843	19	353	295	49 338	44 698	9 871	53	43
8 299	220	2 276	1 893	384 416	328 432	65 144	204	104
1 231	34	1 620	1 586	37 991	30 654	16 235	18	8
6 757	188	1 749	1 045	78 579	66 314	23 002	139	70
4 356	325	3 372	1 516	273 886	224 258	39 304	149	97
1 152	——	505	334	28 347	21 006	6 665	14	10
2 357	219	105	99	75 157	64 882	13 224	96	47
770	77	449	233	72 945	65 824	10 777	101	67
——	——	——	——	——	——	——	——	——
3 404	730	4 442	1 512	275 623	241 226	46 530	388	199
4 197	89	1 704	364	377 853	279 942	28 107	203	106
2 882	337	2 892	1 453	181 724	168 297	23 407	168	92
799	86	1 227	1 030	888 822	842 858	55 568	208	130
——	——	——	——	——	——	206	3	——
1 115	——	126	90	137 541	136 092	12 194	89	56
10	10	——	——	18 536	18 536	1 272	11	7
59	18	278	278	10 915	10 659	1 750	12	8
4 644	1 489	1 569	906	219 354	185 275	33 976	190	86
1 225	36	34	16	29 479	24 235	8 133	26	14
3 100	171	1 463	1 331	115 079	108 192	16 519	88	56
39	6	172	172	57 419	54 412	6 203	22	16
1 382	229	466	410	179 295	173 152	26 090	236	137
1 381	67	207	132	69 500	55 525	8 497	56	29
160	——	——	——	3 153	3 153	539	2	2
1 053	343	216	216	14 389	11 876	2 295	8	5
5 410	387	685	636	94 141	81 710	23 930	89	55

各地区剧场(事业)

	机构数(个)	(人)	从业人员		坐席数(个)	屏幕数(个)	演(映)出场次合计		
			高级职称	中级职称			(千场次)	艺术演出场次	电影放映场次
总　　计	**679**	**11 949**	**296**	**1 353**	**503 293**	**404**	**108**	**30**	**78**
中　　央	3	30	——	——	1 938	1	0.1	0.1	——
北　　京	13	541	16	24	10 082	7	12.5	2.5	10
天　　津	8	55	2	——	3 147	3	1.9	0.7	0.5
河　　北	39	690	24	81	28 722	23	5.2	0.3	4.9
山　　西	8	85	1	13	5 299	5	0.5	0.4	0.1
内 蒙 古	8	180	1	7	6 919	8	5.4	0.2	5.2
辽　　宁	28	845	14	69	13 795	20	5.7	1.1	4.4
其中:大连	2	22	——	4	1 103	1	0.2	0.1	0.1
吉　　林	23	707	24	62	12 270	18	12.5	1.5	10.4
黑 龙 江	23	127	6	9	14 847	9	0.7	0.4	0.3
上　　海	24	738	9	68	30 219	13	4.7	2.9	1.9
江　　苏	3	39	——	2	2 445	2	0.1	0.03	0.1
浙　　江	37	752	21	87	30 582	49	7.6	3	3
其中:宁波	5	156	15	40	3 745	2	0.9	0.8	0.1
安　　徽	32	712	29	111	17 758	23	1.4	0.3	1.1
福　　建	34	364	3	53	18 945	29	10.2	1	9.2
其中:厦门	2	53	——	3	910	3	3.3	0.1	3.2
江　　西	43	408	24	63	24 814	8	2	1.5	0.4
山　　东	24	312	9	66	23 798	11	1	0.5	0.5
其中:青岛	——	——	——	——	——	——	——	——	——
河　　南	46	1 171	11	46	40 309	27	5	0.6	2.6
湖　　北	45	1 063	17	114	37 769	32	19	2	15.3
湖　　南	37	443	10	39	26 520	9	2	1.9	0.04
广　　东	18	399	1	9	18 658	16	2.1	0.6	1.5
其中:深圳	1	8	——	——	812	1	0.2	0.04	0.2
广　　西	16	217	3	24	15 000	2	1.1	1.1	0.01
海　　南	1	19	——	——	936	——	——	——	——
重　　庆	12	31	1	2	5 371	6	1.8	0.6	1.2
四　　川	55	852	26	270	41 585	29	6.7	3.5	3
贵　　州	2	57	2	6	——	——	——	——	——
云　　南	14	109	8	12	8 977	4	0.8	0.6	0.2
西　　藏	5	44	——	3	3 189	5	0.3	0.2	0.03
陕　　西	56	761	32	94	47 092	36	3.6	2.1	1.5
甘　　肃	17	161	2	16	9 985	6	1	0.6	0.3
青　　海	——	——	——	——	——	——	——	——	——
宁　　夏	1	8	——	——	——	——	——	——	——
新　　疆	4	29	——	3	2 322	3	0.9	0.1	0.8

基本情况(一)

观众人次合计			本年收入合计				事业收入				
(千人次)	艺术演出观众人次	电影放映观众人次	(千元)	财政拨款	上级补助收入		艺术演出收入	电影放映收入	经营收入	附属单位上缴收入	其他收入
25 725	**16 116**	**7 792**	**967 264**	**361 368**	**30 884**	**448 513**	**356 137**	**29 382**	**44 016**	**757**	**81 726**
55	55	——	457	——	——	——	——	——	445	——	12
1 712	1 265	447	317 795	218 381	——	90 438	76 109	5 887	1 101	——	7 875
470	363	102	4 498	——	691	2 747	1 219	277	310	——	750
624	209	394	15 133	2 149	971	3 314	966	1 622	3 367	——	5 332
367	315	52	5 874	1 362	——	4 512	2 240	72	——	——	——
412	150	262	5 063	2 331	——	2 063	580	1 483	633	——	36
889	588	298	29 909	4 674	4 549	10 107	4 643	2 167	9 467	——	1 112
17	7	10	1 240	1 188	——	52	——	52	——	——	——
934	373	355	25 971	13 949	30	10 880	4 498	2 902	655	——	457
478	232	246	6 406	622	——	1 977	1 654	323	371	——	3 436
2 957	2 795	99	244 185	20 071	11 656	200 035	183 987	678	3 509	16	8 898
46	31	15	3 575	10	1 800	1 765	1 668	11	——	——	——
2 557	1 439	706	80 457	24 296	4 093	30 113	19 331	1 711	3 958	83	17 914
439	381	24	23 908	13 277	2 556	4 759	3 979	16	——	——	3 316
401	159	241	8 370	2 668	364	3 595	997	565	500	——	1 243
1 658	482	1 175	26 064	4 986	2 043	9 392	2 334	3 010	3 387	——	6 256
235	10	225	4 494	776	223	3 495	111	372	——	——	——
752	687	46	9 826	6 864	27	2 267	1 689	278	50	——	618
637	378	239	6 719	2 816	127	2 784	1 338	305	161	——	831
——	——	——	——	——	——	——	——	——	——	——	——
1 771	342	911	9 686	2 374	77	4 481	1 106	466	1 216	——	1 538
2 468	1 493	684	33 958	2 291	1 865	20 591	13 473	4 074	4 608	——	4 603
723	691	3	11 341	5 010	165	3 327	2 098	30	1 308	610	921
576	321	255	33 301	24 038	236	7 172	6 673	499	877	——	978
30	26	4	402	——	——	112	42	70	30	——	260
512	490	10	5 024	779	257	1 929	1 767	18	933	——	1 126
——	——	——	410	——	——	——	——	——	410	——	——
251	120	131	1 747	——	——	979	140	55	613	——	155
1 820	1 407	261	35 970	8 885	1 208	10 455	7 867	1 762	4 659	48	10 715
——	——	——	554	——	——	——	——	——	——	——	554
476	366	93	20 669	3 911	——	12 504	11 541	66	822	——	3 432
164	145	19	2 438	1 418	10	1 010	1 005	5	——	——	——
1 523	882	598	14 213	4 568	270	6 729	5 112	693	472	——	2 174
406	302	100	6 870	2 456	442	3 058	2 030	206	154	——	760
——	——	——	——	——	——	——	——	——	——	——	——
——	——	——	——	——	——	——	——	——	——	——	——
86	36	50	781	459	3	289	72	217	30	——	——

各地区剧场(事业)

	本年支出合计										
	(千元)	基本支出	项目支出	经营支出	在支出合计中:						
					工资福利支出	商品和服务支出					税金支出
							维修(护)费	差旅费	劳务费	福利费	
总　计	**801 579**	**449 624**	**154 661**	**61 977**	**234 954**	**265 652**	**35 454**	**4 890**	**9 157**	**8 595**	**27 111**
中　央	2 993	——	——	445	——	2 548	——	——	——	——	——
北　京	152 536	36 776	103 886	11 874	30 665	68 570	9 002	468	2 830	1 064	4 883
天　津	4 923	2 764	——	2 159	2 184	2 262	151	3	——	41	229
河　北	17 265	9 761	1 209	4 062	7 412	4 858	755	47	12	116	741
山　西	6 907	6 881	——	——	1 350	5 121	610	95	456	68	——
内蒙古	5 198	2 434	——	636	1 833	2 096	290	119	1	21	84
辽　宁	29 226	17 479	1 492	8 076	8 248	14 550	564	173	421	580	822
其中:大连	1 240	1 240	——	——	714	421	——	——	——	——	2
吉　林	26 995	21 599	1 335	977	8 645	6 385	2 087	101	61	63	517
黑龙江	7 021	6 183	——	33	2 509	2 610	363	86	——	158	705
上　海	221 662	127 696	461	——	43 701	61 448	6 723	467	750	1 780	7 361
江　苏	3 556	2 824	732	——	1 649	707	35	——	20	46	5
浙　江	81 337	61 369	10 938	6 306	35 123	29 604	4 360	779	850	1 635	2 459
其中:宁波	23 699	17 463	6 189	——	12 591	7 851	1 028	179	579	25	430
安　徽	11 046	7 090	721	1 207	5 174	2 479	1 080	99	94	163	390
福　建	26 637	16 357	2 481	3 310	9 358	7 381	1 586	248	69	384	1 753
其中:厦门	4 646	4 000	——	——	2 226	1 196	354	8	——	40	515
江　西	10 208	7 215	550	60	4 729	2 059	548	121	115	173	225
山　东	6 875	5 554	——	518	3 486	1 998	378	77	28	83	207
其中:青岛	——	——	——	——	——	——	——	——	——	——	——
河　南	10 504	7 308	260	1 772	5 641	1 698	294	146	77	249	313
湖　北	39 249	20 886	3 061	9 800	11 454	12 451	1 132	454	227	668	1 267
湖　南	11 562	8 704	1 373	831	4 767	3 521	1 537	43	11	128	549
广　东	33 789	8 786	23 691	1 074	6 663	3 165	75	109	32	246	674
其中:深圳	402	255	——	147	170	85	40	10	15	——	20
广　西	6 764	5 042	——	1 456	3 351	2 327	149	15	12	255	166
海　南	748	——	——	748	572	113	1	——	——	——	61
重　庆	2 959	1 279	——	37	795	184	——	4	——	7	50
四　川	35 204	22 935	1 081	5 519	17 934	10 311	1 250	258	756	258	1 609
贵　州	2 053	2 053	——	——	1 272	499	——	5	4	49	336
云　南	21 333	19 786	1 093	339	3 452	11 245	871	815	2 232	119	1 299
西　藏	1 573	1 573	——	——	1 053	292	162	61	1	21	2
陕　西	13 912	12 491	277	275	8 933	3 232	560	59	26	163	139
甘　肃	6 767	6 338	20	163	2 580	1 724	865	25	64	45	254
青　海	——	——	——	——	——	——	——	——	——	——	——
宁　夏	——	——	——	——	——	——	——	——	——	——	——
新　疆	777	461	——	300	421	214	26	13	8	12	11

基本情况(二)

对个人和家庭补助支出		其他资本性支出		资产合计		增加值	公用房屋建筑面积	
	抚恤金和生活补助		各种设备购置费	(千元)	固定资产原值	(千元)	(千平方米)	演(映)出业务用房
57 049	**3 320**	**73 363**	**62 521**	**4 774 864**	**3 948 086**	**526 115**	**1 920**	**1 042**
——	——	——	——	3 135	1 916	76.6	22.3	——
2 880	18	50 124	47 680	332 082	104 230	74 505.5	29.9	22.9
417	30	60	60	6 936	6 055	2 908.1	18.4	5.9
474	41	1 027	925	63 522	49 972	9 483.8	107.5	77.4
17	——	167	167	106 848	105 718	5 316.6	49.1	16.8
740	14	46	36	13 492	13 131	3 158.6	26.5	18.4
3 588	25	1 841	991	52 851	29 425	13 361.1	84.8	57.2
101	——	4	——	312	268	827.7	2.8	2
9 671	101	——	——	118 696	39 635	19 691.6	102.1	34.9
1 121	16	421	421	21 721	20 375	5 193	42.8	27.9
8 534	339	9 159	5 707	2 030 234	1 767 995	151 941	110.7	40
411	——	58	——	2 187	1 135	2 185	2.2	2
7 940	215	2 023	1 856	362 721	314 079	60 051	171.1	88.4
1 231	34	1 620	1 586	37 991	30 654	16 235.1	17.6	8.3
1 859	103	817	553	39 239	36 011	7 628	46	27.8
2 054	47	1 184	938	94 176	84 807	17 310.2	66.5	40.3
721	——	346	175	14 007	9 959	3 797.4	7	3.6
2 030	208	52	30	30 718	27 387	7 641.7	57.9	31.3
511	72	261	48	40 662	37 282	5 660.2	56.1	39.1
——	——	——	——	——	——	——	——	——
567	81	663	163	57 954	56 893	8 726.2	103.7	63.7
3 642	86	1 284	258	301 430	212 727	20 777.2	155.5	73
1 158	78	978	591	40 461	36 693	7 836.2	73.7	41.9
146	4	491	294	508 322	504 749	27 510.6	119.5	62.1
——	——	——	——	——	——	205.6	3	0.2
900	——	41	5	34 868	33 436	4 686.3	50.4	34.1
2	2	——	——	6 136	6 136	540.4	3	1.6
59	18	278	278	10 915	10 659	1 750.3	11.6	8
4 110	1 489	1 539	887	199 255	172 856	30 546.3	175.5	79
266	25	16	16	4 645	651	1 928.4	——	——
2 217	171	236	104	74 546	70 565	11 661.9	50.6	31
6	6	82	82	47 490	47 490	3 530.6	12	10.8
809	74	279	270	108 366	104 102	14 458.8	122.5	79.5
915	52	207	132	53 413	44 385	5 293.5	41.6	21.6
——	——	——	——	——	——	——	——	——
——	——	——	——	——	——	——	——	——
5	5	29	29	7 843	7 591	757.2	6.7	5.2

各地区影剧院(事业)

	机构数（个）	从业人员（人）			坐席数（个）	屏幕数（个）	演(映)出场次合计（千场次）		
			高级职称	中级职称				艺术演出场次	电影放映场次
总　计	**624**	**12 302**	**247**	**1 060**	**484 671**	**644**	**255**	**23**	**232**
中　央	——	——	——	——	——	——	——	——	——
北　京	9	284	7	8	9 100	17	8.979	0.564	8.351
天　津	11	176	8	16	5 757	14	11.144	0.134	9.649
河　北	34	535	2	43	27 945	23	5.317	0.668	4.619
山　西	51	988	5	148	42 667	66	21.714	1.45	18.572
内蒙古	22	342	15	22	15 955	20	1.828	0.156	1.672
辽　宁	11	231	16	13	10 694	12	4.468	0.163	4.305
其中:大连	1	13	1	1	1 500	——	——	——	——
吉　林	12	327	7	23	10 013	9	0.773	0.078	0.695
黑龙江	13	270	11	17	8 486	10	1.672	0.098	1.574
上　海	31	231	5	26	22 354	39	10.641	1.867	8.774
江　苏	4	114	8	31	5 029	6	2.555	0.208	2.347
浙　江	7	90	——	14	6 236	8	3.916	0.16	3.756
其中:宁波	——	——	——	——	——	——	——	——	——
安　徽	42	835	13	93	26 952	41	8.89	1.249	7.641
福　建	31	478	6	41	23 206	37	17.467	2.427	14.97
其中:厦门	3	40	——	2	1 519	2	0.719	——	0.719
江　西	17	303	11	51	10 356	14	3.871	0.572	3.299
山　东	23	522	30	68	17 831	18	4.199	0.374	3.8
其中:青岛	——	——	——	——	——	——	——	——	——
河　南	107	3 109	35	125	77 296	102	67.365	1.223	65.805
湖　北	7	143	——	15	7 618	7	0.604	0.231	0.373
湖　南	32	617	6	95	24 382	35	13.969	1.566	12.403
广　东	26	798	2	16	28 291	34	9.876	5.361	4.395
其中:深圳	——	——	——	——	——	——	——	——	——
广　西	3	13	——	8	2 400	1	0.2	0.025	0.175
海　南	6	260	——	1	5 040	4	0.206	0.071	0.135
重　庆	——	——	——	——	——	——	——	——	——
四　川	7	95	1	2	4 372	9	2.001	0.198	1.803
贵　州	7	139	1	9	4 031	4	0.258	0.188	0.07
云　南	14	104	1	10	11 417	17	6.892	1.048	5.83
西　藏	7	34	4	4	4 037	5	0.377	0.033	0.344
陕　西	49	646	24	73	37 184	43	14.42	1.05	13.36
甘　肃	9	108	——	1	7 431	5	3.058	0.111	2.947
青　海	1	8	——	——	900	1	0.033	0.033	——
宁　夏	6	95	1	18	3 313	5	0.567	0.118	0.449
新　疆	25	407	28	69	24 378	38	31.152	1.131	30.021

基本情况(一)

观众人次合计（千人次）	艺术演出观众人次	电影放映观众人次	本年收入合计（千元）	财政拨款	上级补助收入	事业收入	事业收入：艺术演出收入	事业收入：电影放映收入	经营收入	附属单位上缴收入	其他收入
31 165	**8 071**	**21 888**	**377 282**	**85 899**	**9 985**	**175 415**	**42 866**	**104 598**	**37 941**	**681**	**67 361**
——	——	——	——	——	——	——	——	——	——	——	——
557	249	254	20 165	2 835	2 835	8 134	2 096	3 455	2 574	——	3 787
536	98	357	5 091	390	224	3 740	457	1 570	648	——	89
2 031	264	1 751	8 247	1 983	——	2 652	1 007	1 185	1 440	——	2 172
1 705	650	980	36 435	11 913	715	11 665	3 881	5 181	3 983	18	8 141
799	77	722	6 095	3 893	——	1 360	152	1 108	473	——	369
660	160	485	5 078	1 746	——	2 456	835	1 621	408	——	468
——	——	——	——	——	——	——	——	——	——	——	——
558	66	482	3 566	2 420	236	714	103	477	33	——	163
328	43	285	1 413	38	——	1 139	261	878	148	——	88
1 721	874	799	22 294	6 336	832	12 660	8 186	3 731	45	——	2 421
539	66	472	4 343	250	——	2 180	1 277	891	1 755	——	158
415	155	260	6 605	382	357	3 003	361	2 405	1 678	——	1 185
——	——	——	——	——	——	——	——	——	——	——	——
1 765	443	1 146	18 618	5 326	1 350	4 926	2 213	2 060	2 634	294	4 088
1 620	319	1 259	36 867	2 295	735	25 017	2 545	17 627	2 203	——	6 617
19	——	19	4 099	166	140	2 822	——	343	101	——	870
895	248	547	10 261	758	195	6 829	1 316	2 053	1 996	——	483
916	245	661	6 195	1 298	77	2 661	1 503	740	920	——	1 239
——	——	——	——	——	——	——	——	——	——	——	——
3 548	1 107	2 295	69 753	9 836	322	39 167	4 613	31 200	5 389	——	15 039
548	189	271	3 383	905	40	1 731	586	143	108	——	599
1 415	432	982	19 634	6 676	100	7 727	2 035	2 559	3 306	——	1 825
1 649	519	954	15 226	2 773	195	8 377	4 049	3 110	1 438	26	2 417
——	——	——	——	——	——	——	——	——	——	——	——
80	30	50	1 054	494	12	120	5	100	——	343	85
36	21	14	126	——	——	90	30	37	——	——	36
——	——	——	——	——	——	——	——	——	——	——	——
359	115	244	3 925	——	221	1 195	510	685	804	——	1 705
217	169	48	6 161	706	——	1 265	1 199	66	166	——	4 024
1 435	397	915	6 998	1 380	124	1 955	528	992	2 273	——	1 266
81	21	56	2 499	2 455	——	39	1	38	5	——	——
4 551	446	4 094	14 613	3 465	337	2 404	1 390	749	2 919	——	5 488
233	102	131	5 653	568	——	3 697	157	3 540	103	——	1 285
28	28	——	490	469	——	21	——	——	——	——	——
157	68	62	2 863	965	578	494	191	303	——	——	826
1 783	470	1 312	33 631	13 344	500	17 997	1 379	16 094	492	——	1 298

各地区影剧院(事业)

	本年支出合计										
	(千元)	基本支出	项目支出	经营支出	在支出合计中:						
					工资福利支出	商品和服务支出					税金支出
							维修(护)费	差旅费	劳务费	福利费	
总　计	**388 558**	**231 389**	**47 907**	**57 068**	**144 177**	**98 607**	**17 076**	**3 454**	**6 627**	**6 983**	**14 137**
中　央	——	——	——	——	——	——	——	——	——	——	——
北　京	20 372	8 421	3 625	6 177	4 501	3 745	389	149	143	191	547
天　津	6 085	5 252	——	705	3 264	2 268	171	25	52	179	121
河　北	8 770	6 340	31	1 589	4 845	1 726	234	87	7	300	368
山　西	36 959	21 458	7 359	3 884	10 811	11 345	4 485	571	1 707	434	929
内蒙古	5 996	4 517	——	842	3 747	791	198	57	81	31	83
辽　宁	7 212	2 470	524	1 340	2 420	2 191	697	49	141	542	121
其中:大连	——	——	——	——	——	——	——	——	——	——	——
吉　林	4 010	2 459	——	33	1 966	906	290	14	——	50	64
黑龙江	1 516	670	41	562	812	574	39	5	——	28	77
上　海	24 222	15 681	4 215	755	8 904	6 089	116	46	1 156	122	1 222
江　苏	4 514	2 688	——	1 826	1 525	2 600	123	52	82	135	313
浙　江	7 342	4 346	300	2 571	3 480	763	53	73	10	126	297
其中:宁波	——	——	——	——	——	——	——	——	——	——	——
安　徽	20 898	11 914	239	5 010	9 178	4 473	867	183	247	371	753
福　建	37 214	25 644	726	9 061	10 990	14 248	924	295	367	686	1 900
其中:厦门	4 457	3 243	159	917	1 919	1 398	——	——	——	4	138
江　西	11 715	2 334	265	1 735	4 176	6 540	924	50	28	306	585
山　东	6 026	4 915	185	898	3 361	1 837	267	72	20	81	112
其中:青岛	——	——	——	——	——	——	——	——	——	——	——
河　南	64 911	40 801	4 412	7 145	20 194	9 727	1 278	285	987	1 177	2 591
湖　北	3 377	3 017	315	45	1 715	869	154	57	10	128	112
湖　南	19 802	12 547	3 583	2 149	7 341	4 861	945	95	306	476	540
广　东	15 406	7 512	2 956	2 371	5 782	4 296	98	117	98	222	265
其中:深圳	——	——	——	——	——	——	——	——	——	——	——
广　西	954	741	213	——	468	58	——	——	——	——	——
海　南	132	93	——	39	72	14	6	3	——	——	3
重　庆	——	——	——	——	——	——	——	——	——	——	——
四　川	3 729	2 421	180	777	1 981	825	62	24	16	89	103
贵　州	6 694	5 201	——	206	3 454	1 941	109	2	38	133	770
云　南	8 054	3 967	268	3 569	2 657	1 891	415	38	79	56	473
西　藏	2 610	2 459	41	5	2 341	84	18	45	——	——	21
陕　西	16 789	12 076	5	3 226	8 231	4 539	497	153	429	116	613
甘　肃	5 925	5 531	21	127	2 064	542	57	45	4	9	422
青　海	499	499	——	——	243	87	4	2	6	4	——
宁　夏	3 179	2 265	51	——	1 007	702	42	46	——	77	30
新　疆	33 646	13 150	18 352	421	12 647	8 075	3 614	814	613	914	702

基本情况(二)

对个人和家庭补助支出	抚恤金和生活补助	其他资本性支出	各种设备购置费	资产合计（千元）	固定资产原值	增加值（千元）	公用房屋建筑面积（千平方米）	演(映)出业务用房
28 496	**2 556**	**17 870**	**10 785**	**1 582 888**	**1 397 883**	**247 541**	**1540**	**880**
——	——	——	——	——	——	——	——	——
119	7	2 975	2 975	101 283	95 385	8 894.6	37.6	14.8
219	20	18	18	20 130	19 676	3 671	26.3	14.8
831	6	107	105	46 918	44 133	7 811.8	77.1	57.3
807	92	1 962	1 165	84 835	75 155	17 565.9	104.2	65.3
634	52	121	118	54 088	52 550	6 620.5	42.1	29.8
8	5	120	5	44 834	42 882	3 961.1	24.5	13.9
——	——	——	——	1 081	1 081	43.2	3.9	——
1 123	——	13	——	9 538	9 529	3 611.3	21.5	17.5
42	7	——	——	12 612	12 597	1 354.7	22.3	14.6
1 275	58	61	58	81 786	75 703	13 727.5	60.7	41.7
19	19	201	201	43 443	41 425	3 533.8	23.8	13.5
212	5	243	37	19 718	12 538	3 880.9	23.3	12.5
——	——	——	——	——	——	——	——	——
4 866	85	932	492	39 340	30 303	15 407.2	98.1	43.4
2 270	278	2 188	578	179 585	139 326	21 612.7	82.6	56.8
431	——	159	159	14 340	11 047	2 867.3	6.6	6.4
349	11	75	69	45 939	38 895	5 732.1	40.7	18.1
259	5	188	185	32 283	28 542	5 116.4	44.5	27.7
——	——	——	——	——	——	——	——	——
2 837	649	3 779	1 349	217 669	184 333	37 803.6	283.9	135.2
457	2	336	56	20 785	19 282	3 199.5	32	20.2
1 724	259	1 914	862	141 263	131 604	15 570.6	94.7	49.9
229	82	213	213	80 785	74 073	9 354.1	73.8	55.5
——	——	——	——	——	——	——	——	——
215	——	——	——	10 490	10 473	1 119.9	12.7	2.3
8	8	——	——	10 800	10 800	503.3	6.7	4.7
——	——	——	——	——	——	——	——	——
534	——	30	19	20 099	12 419	3 429.7	14.2	7.2
959	11	18	——	24 834	23 584	6 205	25.6	14.1
883	——	1 227	1 227	40 533	37 627	4 856.7	37	24.6
33	——	90	90	9 929	6 922	2 672.2	10.2	4.8
573	155	187	140	70 929	69 050	11 630.8	113.3	57.4
466	15	——	——	16 087	11 140	3 203.7	14.9	7.2
160	——	——	——	3 153	3 153	538.9	1.5	1.5
1 053	343	216	216	14 389	11 876	2 294.9	8.3	4.7
5 332	382	656	607	84 811	72 908	22 656.3	81.9	49.4

各地区艺术表演场馆

	机构数（个）	从业人员			坐席数（个）	屏幕数（个）	演（映）出场次合计		
		（人）	高级职称	中级职称			（千场次）	艺术演出场次	电影放映场次
总　计	**726**	**14 608**	**184**	**801**	**518 493**	**1 350**	**338**	**86**	**252**
中　央	1	30	——	——	1 215	1	——	——	——
北　京	21	978	33	43	22 370	17	14	7	7
天　津	10	164	1	4	6 286	12	15	3	12
河　北	20	368	10	33	14 337	18	2	1	1
山　西	——	——	——	——	——	——	——	——	——
内蒙古	4	140	2	2	3 655	12	2	——	2
辽　宁	——	——	——	——	——	——	——	——	——
其中：大连	——	——	——	——	——	——	——	——	——
吉　林	29	596	1	18	10 422	13	1	——	1
黑龙江	5	57	——	1	1 923	1	——	——	——
上　海	87	843	9	57	65 208	91	16	4	12
江　苏	74	1 783	7	113	59 567	102	85	5	80
浙　江	144	2 080	7	46	97 915	701	49	36	13
其中：宁波	24	707	——	2	13 180	12	8	6	2
安　徽	13	259	2	52	9 197	14	5	2	3
福　建	1	4	——	——	1 163	1	——	——	——
其中：厦门	——	——	——	——	——	——	——	——	——
江　西	1	10	2	2	880	1	——	——	——
山　东	45	1 103	28	144	45 285	54	12	1	11
其中：青岛	9	137	4	19	6 247	6	——	——	——
河　南	37	1 116	47	76	23 279	100	25	2	23
湖　北	5	56	——	——	2 500	1	——	——	——
湖　南	4	214	4	11	3 620	17	16	1	15
广　东	142	2 649	7	44	75 568	142	72	13	59
其中：深圳	13	240	1	16	5 472	10	11	1	10
广　西	——	——	——	——	——	——	——	——	590
海　南	13	362	1	6	28 325	8	3	3	——
重　庆	19	274	18	58	14 669	17	8	2	6
四　川	29	1 181	2	38	21 507	15	6	4	2
贵　州	2	39	——	1	1 323	2	2	——	2
云　南	3	11	——	1	2 219	1	1	——	1
西　藏	——	——	——	——	——	——	——	——	——
陕　西	——	——	——	——	——	——	——	——	——
甘　肃	1	18	3	5	400	1	——	——	——
青　海	3	39	——	——	2 592	3	2	——	2
宁　夏	13	234	——	46	3 068	5	1	1	——
新　疆	——	——	——	——	——	——	——	——	——

(企业)基本情况(一)

观众人次合计			资产、负债、所有者权益(千元)							损益及分配			
(千人次)	艺术演出观众人次	电影放映观众人次	资产总计			负债总计	所有者权益合计			营业收入			主营业务成本
				固定资产原值	本年折旧			实收资本			艺术演出收入	电影放映收入	
51 517	**24 437**	**25 120**	**2 909 625**	**2 125 996**	**217 622**	**887 399**	**2 022 226**	**1 186 333**	**521 478**	**1 170 095**	**684 599**	**153 308**	**422 192**
——	——	——	5 316	1 628	999	7 884	−2 568	500	——	8 115	8 070	——	9
3 264	2 871	385	194 978	49 186	−719	49 890	145 088	108 857	——	171 816	132 385	6 309	49 203
209	55	154	51 854	50 830	430	5 474	46 380	47 391	46 757	8 555	1 293	3 963	2 624
904	311	540	32 518	33 398	588	23 997	8 521	15 032	4 196	7 418	1 537	1 416	1 521
——	——	——	——	——	——	——	——	——	——	——	——	——	——
242	26	196	15 422	24 043	——	1 075	14 347	55	——	10 766	35	331	5 497
——	——	——	——	——	——	——	——	——	——	——	——	——	——
——	——	——	——	——	——	——	——	——	——	——	——	——	——
467	198	229	31 631	31 829	1 967	24 354	7 277	15 536	5 242	7 593	164	1 039	897
64	29	35	510	1 160	430	——	510	——	——	719	230	——	90
4 080	1 826	1 768	180 373	131 113	14 424	50 516	129 857	60 970	270	119 907	68 153	17 147	50 950
11 473	1 875	9 532	561 275	547 765	57 355	212 200	349 075	180 534	42 580	131 395	21 903	49 109	31 344
10 258	7 545	2 363	628 883	341 133	36 207	130 555	498 328	270 023	103 003	250 702	208 011	9 327	110 648
2 751	1 703	1 048	115 324	41 170	5 890	21 936	93 388	34 780	——	61 404	57 549	1 651	36 074
685	476	199	39 421	34 002	873	9 511	29 910	16 863	287	15 153	4 101	1 468	694
18	13	5	1 389	640	——	167	1 222	——	——	336	155	15	413
——	——	——	——	——	——	——	——	——	——	——	——	——	——
20	16	4	——	2 000	600	——	——	2 100	——	699	40	3	7
2 237	712	1 450	237 124	249 646	16 053	89 044	148 080	130 659	121 011	41 468	8 922	5 331	3 263
174	30	124	18 388	21 770	4 416	11 580	6 808	7 209	7 209	7 619	603	419	11
1 534	507	1 010	20 164	11 412	1 210	855	19 309	15 698	2 926	26 440	8 568	13 455	10 777
——	——	——	1 550	——	——	——	1 550	——	——	706	——	——	——
486	93	378	130 802	157 025	32 084	59 699	71 103	50 890	50 890	11 785	1 083	3 931	1 459
9 725	4 498	5 110	560 238	332 953	35 208	134 026	426 212	181 055	140 729	126 828	41 061	37 649	28 148
511	220	291	141 846	129 213	5 967	20 218	121 628	119 143	99 428	31 551	7 678	11 788	10 129
——	——	——	——	——	——	——	——	——	——	——	——	——	——
1 370	1 359	11	27 310	9 600	80	6 320	20 990	5 880	——	21 470	20 625	85	20 947
1 526	428	588	69 681	61 538	9 506	33 959	35 722	42 802	1 400	18 706	4 172	766	2 055
1 697	1 362	174	63 741	6 736	160	24 932	38 809	32 955	——	159 962	134 743	705	98 383
770	35	735	7 827	8 498	102	8 247	−420	1 156	——	838	15	61	——
125	6	119	3 509	5 233	153	687	2 822	635	635	341	45	47	56
——	——	——	——	——	——	——	——	——	——	——	——	——	——
——	——	——	——	——	——	——	——	——	——	——	——	——	——
62	20	42	1 800	1 800	——	——	1 800	——	——	486	352	134	328
93	50	43	3 326	4 264	1 805	487	2 839	1 552	1 552	2 871	400	767	331
208	126	50	38 983	28 564	8 107	13 520	25 463	5 190	——	25 020	18 536	250	2 548
——	——	——	——	——	——	——	——	——	——	——	——	——	——

各地区艺术表演场馆(事业)

	损益及分配(千元)												
	主营业务税金及附加	主营业务利润	其他业务利润	营业费用	管理费用						财务费用		营业利润
						税金	养老、失业等保险费	住房公积金和住房补贴	差旅费	工会经费		利息支出	
总计	**58 425**	**362 362**	**55 093**	**213 692**	**284 288**	**7 143**	**31 278**	**6 245**	**4 120**	**1 818**	**9 717**	**3 144**	**11 106**
中央	409	7 661	33	1 177	5 839	35	218	29	39	10	23	——	702
北京	6 492	82 535	1 044	57 072	23 547	135	3 333	942	294	159	462	177	18 497
天津	384	3 580	1 160	1 663	5 888	39	726	293	2	14	−1	−1	−1 046
河北	282	6	846	2 854	2 680	138	802	29	23	18	−93	−95	−835
山西	——	——	——	——	——	——	——	——	——	——	——	——	——
内蒙古	200	——	123	3 004	3 347	20	37	——	30	20	10	——	——
辽宁	——	——	——	——	——	——	——	——	——	——	——	——	——
其中:大连	——	——	——	——	——	——	——	——	——	——	——	——	——
吉林	90	592	149	1 366	2 027	11	146	——	1	1	22	——	−887
黑龙江	52	30	——	——	2	2	——	——	——	——	——	——	50
上海	3 588	34 485	12 135	22 655	31 523	1 848	3 228	730	689	180	524	−1	−513
江苏	3 800	45 964	17 916	39 734	51 456	1 007	9 849	1 543	1 100	548	2 694	470	−14 706
浙江	22 532	98 866	3 110	34 058	60 881	1 086	3 410	545	996	136	1 235	−8	−7 360
其中:宁波	10 983	22 060	20	12 456	4 472	249	384	——	10	9	48	——	5 040
安徽	464	3 348	365	5 878	5 527	174	161	156	260	31	189	−538	339
福建	19	90	——	——	90	19	48	21	1	1	——	——	——
其中:厦门	——	——	——	——	——	——	——	——	——	——	——	——	——
江西	2	34	——	——	13	2	11	——	——	——	——	——	34
山东	975	4 161	4 285	9 597	21 025	614	4 269	730	138	466	564	226	−7 489
其中:青岛	38	705	509	339	3 063	30	679	212	30	8	——	——	−339
河南	1 176	10 070	565	1 819	1 232	77	486	247	58	16	39	15	7 545
湖北	——	——	——	——	40	6	——	——	——	——	——	——	240
湖南	792	8 618	979	1 243	8 518	732	1 167	154	19	49	1 821	1 820	−1 968
广东	3 151	22 362	10 899	24 826	50 186	576	2 316	784	306	155	433	30	−17 386
其中:深圳	745	8 305	4 499	7 298	24 352	437	364	324	165	48	11	−4	−18 109
广西	——	——	——	——	——	——	——	——	——	——	——	——	——
海南	513	14 346	——	——	22	——	——	——	——	——	——	——	14 704
重庆	452	4 662	275	3 989	3 265	48	273	18	70	7	1 158	715	438
四川	7 676	16 788	51	683	1 765	255	222	——	45	——	50	50	16 981
贵州	3	73	650	——	714	160	91	——	1	1	209	209	−156
云南	4	−2	184	9	406	11	101	20	9	——	——	——	——
西藏	——	——	——	——	——	——	——	——	——	——	——	——	——
陕西	——	——	——	——	——	——	——	——	——	——	——	——	——
甘肃	46	112	——	——	——	——	——	——	——	——	——	——	112
青海	61	663	37	563	315	54	32	4	28	——	4	——	−8
宁夏	5 262	3 318	287	1 502	3 980	94	352	——	11	6	374	75	3 818
新疆	——	——	——	——	——	——	——	——	——	——	——	——	——

基本情况(二)

补贴收入		利润总额	所得税	增加值（千元）	工资、福利费、增值税			公用房屋建筑面积	
	财政拨款				本年应付工资总额	本年应付福利费总额	本年应交增值税	（千平方米）	演（映）出业务用房
89 941	**75 496**	**103 215**	**9 104**	**669 365**	**227 981**	**16 723**	**1 612**	**2 192**	**1 140**
——	——	703	——	3 625	1 255	−30	——	22	——
4 777	4 773	28 663	1 587	61 153	25 231	1 728	626	152	85
400	400	−905	——	3 367	2 067	66	——	47	25
200	200	−2 693	——	5 478	3 668	595	——	87	31
——	——	——	——	——	——	——	——	——	——
32	32	1 000	——	2 558	2 056	200	——	6	2
——	——	——	——	——	——	——	——	——	——
——	——	——	——	——	——	——	——	——	——
607	607	−815	——	6 190	3 912	344	——	41	15
——	——	30	——	657	123	——	——	10	4
14 834	6 858	10 367	191	66 981	26 250	2 449	——	166	80
1 409	545	−13 809	213	90 452	25 767	3 505	540	257	134
30 789	28 630	32 429	5 799	137 409	46 679	3 293	89	427	216
121	——	5 161	2 054	32 349	9 517	160	——	26	12
1 765	797	439	3	7 866	3 642	259	——	77	68
——	——	——	——	336	216	13	——	2	——
——	——	——	——	——	——	——	——	——	——
——	——	34	——	699	50	——	——	1	——
7 278	7 278	−4 893	34	36 619	13 229	681	——	173	98
1 201	1 201	−435	17	7 457	1 216	——	——	23	10
67	67	7 343	193	19 410	8 309	284	——	62	52
——	——	540	6	666	420	——	——	4	——
69	——	−1 899	——	35 550	2 209	280	——	43	12
24 416	24 085	4 774	916	87 761	37 041	1 343	202	415	229
23 725	23 725	5 166	——	22 781	8 897	322	71	100	23
——	——	——	——	——	——	——	——	——	——
——	——	14 704	80	16 661	1 140	94	130	17	7
2 636	581	6 067	72	16 432	2 598	432	25	27	22
662	643	17 066	10	43 463	17 464	41	——	70	34
——	——	−331	——	838	589	49	——	6	4
——	——	——	——	341	47	5	——	5	3
——	——	——	——	——	——	——	——	——	——
——	——	——	——	——	——	——	——	——	——
——	——	112	——	233	75	——	——	1	——
——	——	−8	——	2 432	431	52	——	6	4
——	——	4 297	——	22 188	3 513	1 040	——	68	15
——	——	——	——	——	——	——	——	——	——

各地区文化部门艺术表演场馆

	机构数（个）	从业人员（人）	高级职称	中级职称	坐席数（个）	屏幕数（个）	演(映)出场次合计（千场次）	艺术演出场次	电影放映场次
总　计	**402**	**8 214**	**103**	**588**	**306 638**	**439**	**210**	**27**	**182**
中　央	1	30	——	——	1 215	1	——	——	——
北　京	1	70	3	5	1 419	——	——	——	——
天　津	10	164	1	4	6 286	12	15	3	12
河　北	15	306	6	27	10 813	13	1	1	1
山　西	——	——	——	——	——	——	——	——	——
内蒙古	3	50	2	2	3 255	12	1	——	1
辽　宁	——	——	——	——	——	——	——	——	——
其中:大连	——	——	——	——	——	——	——	——	——
吉　林	29	596	1	18	10 422	13	1	——	1
黑龙江	5	57	——	1	1 923	1	——	——	——
上　海	67	549	1	45	47 117	72	13	3	10
江　苏	74	1 783	7	113	59 567	102	85	5	80
浙　江	23	474	4	32	29 384	30	9	3	6
其中:宁波	2	43	——	2	1 920	3	1	——	1
安　徽	13	259	2	52	9 197	14	5	2	3
福　建	1	4	——	——	1 163	1	——	——	——
其中:厦门	——	——	——	——	——	——	——	——	——
江　西	1	10	2	2	880	1	——	——	——
山　东	45	1 103	28	144	45 285	54	12	1	11
其中:青岛	9	137	4	19	6 247	6	——	——	——
河　南	14	413	38	42	6 676	16	4	——	4
湖　北	2	——	——	——	——	——	——	——	——
湖　南	4	214	4	11	3 620	17	16	——	15
广　东	52	1 016	2	29	34 349	52	35	4	32
其中:深圳	2	139	1	15	3 476	——	——	——	——
广　西	——	——	——	——	——	——	——	——	——
海　南	——	——	——	——	——	——	——	——	——
重　庆	9	96	——	3	9 281	7	4	1	1
四　川	23	892	2	38	18 652	15	4	4	1
贵　州	2	39	——	1	1 323	2	2	——	1
云　南	3	11	——	1	2 219	1	1	——	1
西　藏	——	——	——	——	——	——	——	——	——
陕　西	——	——	——	——	——	——	——	——	——
甘　肃	——	——	——	——	——	——	——	——	——
青　海	3	39	——	——	2 592	3	2	——	2
宁　夏	2	39	——	18	——	——	——	——	——
新　疆	——	——	——	——	——	——	——	——	——

(企业)基本情况(一)

观众人次合计			资产、负债、所有者权益(千元)							损益及分配			
(千人次)	艺术演出观众人次	电影放映观众人次	资产总计	固定资产原值	本年折旧	负债总计	所有者权益合计	实收资本		营业收入	艺术演出收入	电影放映收入	主营业务成本
31 940	**10 611**	**20 012**	**1 724 456**	**1 722 909**	**177 112**	**621 280**	**1 103 176**	**765 535**	**488 673**	**583 073**	**247 481**	**104 148**	**199 636**
——	——	——	5 316	1 628	999	7 884	−2 568	500	——	8 115	8 070	——	9
210	210	——	9 118	644	91	5 268	3 850	200	——	18 753	10 590	——	11 165
209	55	154	51 854	50 830	430	5 474	46 380	47 391	46 757	8 555	1 293	3 963	2 624
660	247	365	26 498	27 898	448	23 497	3 001	9 512	4 196	5 574	617	596	310
——	——	——	——	——	——	——	——	——	——	——	——	——	——
222	26	196	3 422	24 043	——	1 075	2 347	55	——	766	35	331	297
——	——	——	——	——	——	——	——	——	——	——	——	——	——
——	——	——	——	——	——	——	——	——	——	——	——	——	——
467	198	229	31 631	31 829	1 967	24 354	7 277	15 536	5 242	7 593	164	1 039	897
64	29	35	510	1 160	430	——	510	——	——	719	230	——	90
2 922	1 027	1 409	142 191	117 999	13 773	32 345	109 846	40 100	270	66 554	17 565	16 244	10 305
11 473	1 875	9 532	561 275	547 765	57 355	212 200	349 075	180 534	42 580	131 395	21 903	49 109	31 344
2 169	1 333	800	101 169	109 398	12 586	26 470	74 699	77 478	70 758	46 462	26 608	3 286	20 102
307	61	246	9 854	660	100	7 316	2 538	——	——	3 129	471	951	648
685	476	199	39 421	34 002	873	9 511	29 910	16 863	287	15 153	4 101	1 468	694
18	13	5	1 389	640	——	167	1 222	——	——	336	155	15	413
——	——	——	——	——	——	——	——	——	——	——	——	——	——
20	16	4	——	2 000	600	——	——	2 100	——	699	40	3	7
2 237	712	1 450	237 124	249 646	16 053	89 044	148 080	130 659	121 011	41 468	8 922	5 331	3 263
174	30	124	18 388	21 770	4 416	11 580	6 808	7 209	7 209	7 619	603	419	11
241	18	218	8 794	3 947	382	197	8 597	7 030	2 926	4 367	305	2 272	703
——	——	——	——	——	——	——	——	——	——	——	——	——	——
486	93	378	130 802	157 025	32 084	59 699	71 103	50 890	50 890	11 785	1 083	3 931	1 459
6 105	2 620	3 458	318 530	301 690	27 594	87 559	230 971	165 978	140 169	74 787	20 532	14 493	17 108
202	202	——	128 108	123 545	5 290	17 465	110 643	110 643	99 428	19 551	7 552	——	4 475
——	——	——	——	——	——	——	——	——	——	——	——	——	——
——	——	——	——	——	——	——	——	——	——	——	——	——	——
1 377	360	509	26 264	34 284	9 227	20 773	5 491	13 961	1 400	11 661	2 515	487	76
1 387	1 212	174	8 411	6 136	160	932	7 479	2 225	——	124 262	122 293	705	98 383
770	35	735	7 827	8 498	102	8 247	−420	1 156	——	838	15	61	——
125	6	119	3 509	5 233	153	687	2 822	635	635	341	45	47	56
——	——	——	——	——	——	——	——	——	——	——	——	——	——
——	——	——	——	——	——	——	——	——	——	——	——	——	——
——	——	——	——	——	——	——	——	——	——	——	——	——	——
93	50	43	3 326	4 264	1 805	487	2 839	1 552	1 552	2 871	400	767	331
——	——	——	6 075	2 350	——	5 410	665	1 180	——	19	——	——	——
——	——	——	——	——	——	——	——	——	——	——	——	——	——

各地区文化部门艺术表演场馆

	损益及分配(千元)												
					管理费用						财务费用		
	主营业务税金及附加	主营业务利润	其他业务利润	营业费用		税金	养老、失业等保险费	住房公积金和住房补贴	差旅费	工会经费		利息支出	营业利润
总计	**20 413**	**148 568**	**47 556**	**119 663**	**199 872**	**5 439**	**26 036**	**4 993**	**3 386**	**1 610**	**7 258**	**2 516**	**−55 644**
中央	409	7 661	33	1 177	5 839	35	218	29	39	10	23	--	702
北京	659	6 929	--	3 529	1 944	4	563	190	24	11	−59	−59	1 515
天津	384	3 580	1 160	1 663	5 888	39	726	293	2	14	−1	−1	−1 046
河北	110	−625	779	2 414	2 470	48	802	29	23	18	−93	−95	−976
山西	--	--	--	--	--	--	--	--	--	--	--	--	--
内蒙古	--	--	123	4	347	20	37	--	30	20	10	--	--
辽宁	--	--	--	--	--	--	--	--	--	--	--	--	--
其中:大连	--	--	--	--	--	--	--	--	--	--	--	--	--
吉林	90	592	149	1 366	2 027	11	146	--	1	1	22	--	−887
黑龙江	52	30	--	--	2	2	--	--	--	--	--	--	50
上海	1 689	25 323	11 068	16 086	27 356	1 762	2 924	656	375	149	492	−1	2 800
江苏	3 800	45 964	17 916	39 734	51 456	1 007	9 849	1 543	1 100	548	2 694	470	−14 706
浙江	1 331	10 792	−44	18 913	23 900	488	2 055	353	975	126	64	−8	−30 112
其中:宁波	152	2 329	20	1 091	2 404	2	372	--	10	9	48	--	−1 193
安徽	464	3 348	365	5 878	5 527	174	161	156	260	31	189	−538	339
福建	19	90	--	--	90	19	48	21	1	1	--	--	--
其中:厦门	--	--	--	--	--	--	--	--	--	--	--	--	--
江西	2	34	--	--	13	2	11	--	--	--	--	--	34
山东	975	4 161	4 285	9 597	21 025	614	4 269	730	138	466	564	226	−7 489
其中:青岛	38	705	509	339	3 063	30	679	212	30	8	--	--	−339
河南	108	1 766	371	260	310	17	204	26	36	8	21	15	1 546
湖北	--	--	--	--	--	--	--	--	--	--	--	--	--
湖南	792	8 618	979	1 243	8 518	732	1 167	154	19	49	1 821	1 820	−1 968
广东	1 714	9 811	9 051	15 314	39 335	56	2 110	784	263	152	414	28	−21 422
其中:深圳	400	2 677	3 071	2 232	23 347	14	319	324	135	48	−4	−4	−19 827
广西	--	--	--	--	--	--	--	--	--	--	--	--	--
海南	--	--	--	--	--	--	--	--	--	--	--	--	--
重庆	71	2 972	258	795	1 710	7	189	5	14	2	834	400	88
四川	7 676	16 788	51	683	525	175	222	--	45	--	50	50	16 501
贵州	3	73	650	--	714	160	91	--	1	1	209	209	−156
云南	4	−2	184	9	406	11	101	20	9	--	--	--	--
西藏	--	--	--	--	--	--	--	--	--	--	--	--	--
陕西	--	--	--	--	--	--	--	--	--	--	--	--	--
甘肃	--	--	--	--	--	--	--	--	--	--	--	--	--
青海	61	663	37	563	315	54	32	4	28	--	4	--	−8
宁夏	--	--	141	435	155	2	111	--	3	3	--	--	−449
新疆	--	--	--	--	--	--	--	--	--	--	--	--	--

(企业)基本情况(二)

补贴收入		利润总额	所得税	增加值(千元)	工资、福利费、增值税			公用房屋建筑面积(千平方米)	
	财政拨款				本年应付工资总额	本年应付福利费总额	本年应交增值税		演(映)出业务用房
72 218	**67 838**	**4 088**	**1 894**	**382 196**	**119 691**	**10 083**	**730**	**1 489**	**782**
——	——	703	——	3 625	1 255	−30	——	22	——
——	——	1 515	505	5 720	2 690	——	——	2	2
400	400	−905	——	3 367	2 067	66	——	47	25
200	200	−2 834	——	4 156	2 917	567	——	72	19
——	——	——	——	——	——	——	——	——	——
32	32	——	——	658	556	——	——	4	2
——	——	——	——	——	——	——	——	——	——
——	——	——	——	——	——	——	——	——	——
607	607	−815	——	6 190	3 912	344	——	41	15
——	——	30	——	657	123	——	——	10	4
7 103	6 698	3 485	191	49 018	16 632	1 574	——	144	71
1 409	545	−13 809	213	90 452	25 767	3 505	540	257	134
27 629	25 905	−346	232	24 906	9 260	1 124	60	232	113
121	——	−1 072	5	821	1 107	155	——	5	5
1 765	797	439	3	7 866	3 642	259	——	77	68
——	——	——	——	336	216	13	——	2	——
——	——	——	——	——	——	——	——	——	——
——	——	34	——	699	50	——	——	1	——
7 278	7 278	−4 893	34	36 619	13 229	681	——	173	98
1 201	1 201	−435	17	7 457	1 216	——	——	23	10
67	67	1 498	22	4 353	1 883	116	——	19	16
——	——	——	——	——	——	——	——	——	——
69	——	−1 899	——	35 550	2 209	280	——	43	12
24 416	24 085	344	659	54 330	17 869	998	105	247	141
23 725	23 725	2 856	——	18 368	7 809	277	——	85	11
——	——	——	——	——	——	——	——	——	——
——	——	——	——	——	——	——	——	——	——
581	581	5 717	25	11 661	1 064	404	25	23	20
662	643	16 586	10	38 403	12 964	41	——	53	28
——	——	−331	——	838	589	49	——	6	4
——	——	——	——	341	47	5	——	5	3
——	——	——	——	——	——	——	——	——	——
——	——	——	——	——	——	——	——	——	——
——	——	——	——	——	——	——	——	——	——
——	——	−8	——	2 432	431	52	——	6	4
——	——	−423	——	19	319	35	——	3	3
——	——	——	——	——	——	——	——	——	——

艺术业主要指标解释

1. 本年上演剧目：指由戏曲、话剧、歌剧、舞剧、歌舞剧、木偶、皮影等剧团在本年上演的剧目，但不包括音乐、舞蹈、曲艺、杂技等单个小节目的创作演出。

2. 本团创作首演剧目：指由戏曲、话剧、歌剧、舞剧、歌舞剧、木偶、皮影等剧团新近创作的在本年首演且单个剧目演出时间超过一小时的创作表演剧目，但不包括音乐、舞蹈、曲艺、杂技等单个小节目的创作演出。

3. 演出场次：指以场为计量单位的在国内和国外的艺术表演的次数。

场数的计算，通常以售票、发票一次（或在其他地点进行一次艺术表演活动相当于剧场演出一场的时间）为一场。按时收费的，按日场、晚场或早场等一般习惯（约 1 至 2 小时）计算。评弹等曲艺演出计算场数，可按演出 1 至 2 小时为一场的原则进行折算。独幕剧或音乐、舞蹈、曲、杂、木、皮节目组成专场演出时，不论包括几个独幕剧或节目，一律按一场计算。

4. 国内演出场次：指在国内的艺术表演的次数，包括售票、包场等有演出收入的演出场数和到老、少、边、山、穷地区免费演出的场数，以及参加汇演、调演等无演出收入的公开演出场次，不包括彩排审查和内部观摩演出等无演出收入场数。

5. 农村演出场次：指各级剧团到（乡镇及以下）农村和林区、牧区、渔区的演出。不论在本省或外省，凡到上述地区演出，均计入农村演出。

6. 本团创作首演剧目演出场次：指由上述剧团新近创作的在本年首演的剧目演出总场次。

7. 国内演出观众人次：指计入演出场数相关的观众人次。按时收费的，按进场观众人数计数，不论进场早晚，在场内时间多久，进一人，算一人次。

8. 本团创作首演剧目观众人次：指观看由上述剧团新近创作的在本年首演的剧目演出总观众人次。

9. 坐席数：指艺术表演场馆可向观众售票的实际坐席数。

10. 演（映）出场次合计、观众人次合计：指艺术演出、电影放映等全部有收入的场次和观众人次。

11. 演（映）出业务用房：指在艺术表演场馆中用于演（映）出服务的设施面积。多功能艺术表演的场所应包括观众厅、门厅、舞台部分（主台、侧台、后台）的建筑面积和辅助设施：休息室、化妆间、服装间、道具间、舞台设备控制间（灯控间、音控间、放映间等）的建筑面积以及配电设施、消防通道的建筑面积。若属非独立建筑的，则按使用面积计算。

各地区公共图书馆

	机构数(个)	从业人员数(人)	高级职称	中级职称	总藏量(千册、件、套)	图书	古籍	善本	报刊	视听文献、缩微制品	其他	藏量中：开架书刊(千册、件、套)
总计	**2 799**	**51 650**	**3 760**	**15 554**	**520 530**	**391 312**	**27 976**	**2 308**	**68 557**	**22 028**	**38 634**	**173 323**
中央	1	1 460	184	587	26 310	10 067	2 201	277	12 859	1 535	1 849	——
北京	24	1 307	65	282	13 091	11 872	505	56	569	457	193	8 319
天津	32	1 074	118	349	10 297	9 376	557	104	624	139	158	4 873
河北	160	1 662	153	524	14 432	11 931	608	26	1 471	700	330	5 317
山西	122	1 591	70	473	10 319	8 114	779	121	1 945	101	159	3 559
内蒙古	113	1 735	127	545	8 018	6 973	298	12	876	26	144	2 201
辽宁	128	2 933	251	1 212	24 514	20 231	1 034	156	2 076	561	1 647	11 910
其中：大连	13	452	39	164	5 327	4 323	261	23	414	224	367	2 853
吉林	64	1 694	213	652	12 798	11 043	583	94	1 275	274	206	3 056
黑龙江	98	1 800	253	775	14 708	11 855	453	22	2 024	68	760	6 661
上海	30	2 456	185	553	62 539	23 197	1 971	193	3 152	13 013	23 177	10 613
江苏	105	2 527	279	819	34 907	31 536	3 351	200	2 823	366	181	11 510
浙江	93	2 332	203	742	26 990	22 267	1 959	50	2 930	835	958	13 142
其中：宁波	12	260	11	77	3 358	2 830	169	3	350	62	116	1 492
安徽	85	1 176	47	283	10 041	8 206	679	41	1 497	135	203	2 288
福建	85	1 078	59	319	13 840	11 183	513	36	1 626	213	818	5 218
其中：厦门	8	154	6	53	2 469	2 035	76	2	203	94	137	1 974
江西	104	1 438	61	269	13 242	10 922	1 128	55	1 995	38	288	4 634
山东	145	2 640	373	1 131	30 852	25 226	1 309	115	3 532	594	1 500	12 191
其中：青岛	13	254	31	92	3 709	3 198	152	2	371	12	128	1 899
河南	138	2 747	103	598	15 086	12 553	1 141	67	2 301	73	159	4 328
湖北	102	2 204	167	937	20 374	16 584	959	78	3 042	228	520	8 707
湖南	120	1 937	106	642	17 245	14 375	1 235	85	2 273	342	255	6 453
广东	130	3 512	183	623	36 983	31 786	814	53	3 617	779	801	20 271
其中：深圳	8	528	63	123	6 053	5 115	15	1	588	78	272	2 340
广西	100	1 479	60	427	16 228	12 211	508	16	3 143	239	634	3 954
海南	20	359	6	22	2 231	1 753	15	——	443	12	23	1 291
重庆	43	760	70	229	8 585	6 533	749	77	753	274	1 025	2 220
四川	151	1 884	72	501	21 172	16 922	1 658	103	3 150	434	666	5 772
贵州	92	895	53	211	6 956	5 912	377	35	936	36	72	2 598
云南	149	2 086	96	625	14 195	11 284	993	48	2 276	355	280	3 895
西藏	4	65	4	14	480	388	11	3	75	1	17	191
陕西	111	1 768	63	398	9 358	7 898	647	79	1 277	42	141	1 434
甘肃	92	1 205	44	219	8 892	6 869	525	90	1 529	49	445	2 924
青海	43	381	22	128	3 400	2 743	164	12	428	34	195	677
宁夏	21	494	25	166	4 084	3 653	153	4	368	15	48	534
新疆	94	971	45	299	8 363	5 849	99	——	1 672	60	782	2 582

基本情况(一)

当年购买的报刊种类（种）	书架单层总长度（千米）	累计发放有效借书证数（千个）	总流通人次（千人次）	总流通人次 书刊文献外借人次	书刊文献外借册次（千册次）	为读者举办各种活动	参加人次（千人次）	组织各类讲座次数（次）	组织各类讲座次数 参加人次（千人次）	举办展览（个）	举办展览 参观人次（千人次）
863 443	**13 189 528**	**12 734 077**	**261 030**	**114 540**	**213 185**	**84 670**	**26 753**	**19 861**	**4 982**	**8 889**	**10 044**
20 935	333 200	102 018	3 265	886	2 391	621	251	228	56	230	76
20 355	170 172	736 769	7 963	3 906	8 808	4 396	2 052	1 669	385	528	390
16 416	147 025	284 863	5 580	2 210	4 276	1 077	1 036	409	90	160	253
18 752	495 659	293 626	5 782	3 315	4 744	1 710	439	654	174	404	144
13 217	139 946	271 434	2 764	1 293	1 970	1 319	462	651	113	342	309
18 825	277 951	142 386	3 183	1 317	2 716	9 506	179	226	40	132	52
46 754	456 631	539 116	13 930	5 389	12 874	2 741	1 415	704	136	489	237
15 421	81 822	226 895	4 066	1 610	3 268	594	528	122	45	52	144
18 199	173 436	182 292	5 750	2 456	4 644	1 483	434	416	71	111	43
18 665	273 234	380 693	5 550	2 248	4 693	4 030	567	534	77	212	353
58 447	426 218	599 920	13 233	4 483	12 250	3 965	1 387	1 112	172	310	335
57 127	881 931	936 659	19 157	11 400	17 087	4 205	2 337	1 188	355	578	1 177
59 940	791 717	971 860	20 670	9 809	19 190	2 742	1 348	987	269	568	633
9 932	382 637	144 595	3 836	1 301	3 328	282	159	122	25	39	19
19 102	176 369	222 673	5 621	2 826	4 475	1 537	469	1 032	117	146	216
45 975	256 300	419 194	8 094	4 020	7 610	1 619	789	360	80	308	485
20 255	55 414	220 655	2 154	1 109	2 059	801	363	67	7	53	276
40 124	161 182	190 458	5 311	2 791	4 402	1 020	374	333	88	135	114
36 015	1 073 327	869 300	14 976	7 779	12 369	2 210	938	859	158	279	357
7 786	52 394	148 698	2 905	1 810	2 450	548	193	317	54	19	20
22 297	306 113	426 481	8 547	4 887	7 792	1 417	496	495	106	348	191
28 814	1 061 868	787 706	11 762	5 833	9 539	2 136	1 565	878	565	331	786
20 307	381 931	674 597	9 092	4 905	10 225	1 685	909	573	237	262	435
76 015	2 642 319	1 899 364	38 186	11 154	18 512	19 508	4 443	2 595	747	928	1 989
17 749	1 432 749	530 203	9 529	1 654	4 286	1 164	378	725	128	28	137
30 484	769 377	395 180	14 947	4 034	7 801	1 361	448	479	77	223	174
6 600	103 401	38 024	972	391	477	64	27	20	11	14	7
14 564	121 310	144 463	4 827	2 395	5 537	711	451	302	128	138	251
32 178	374 175	314 331	8 860	3 570	8 287	5 642	2 176	806	287	402	359
13 777	158 630	123 953	2 069	898	1 435	479	260	109	23	131	133
49 124	410 479	212 593	7 509	3 965	6 071	1 229	581	597	187	205	296
1 387	23 511	2 084	30	26	64	7	3	——	——	2	2
13 861	147 705	181 776	3 587	1 814	2 929	1 364	347	492	74	241	58
12 254	166 572	141 382	3 763	1 388	2 632	1 859	216	500	87	143	73
3 185	82 084	59 519	984	431	952	181	50	61	18	63	27
9 458	101 794	55 051	1 563	998	2 344	154	47	31	8	46	8
20 290	103 961	134 312	3 503	1 723	4 089	2 692	257	561	46	480	81

各地区公共图书馆

地区	举办培训班（班次）	举办培训班 培训人次（千人次）	计算机（台）	计算机 电子阅览室终端数	网站数（个）	本年收入合计（千元）	财政拨款	上级补助收入	事业收入	经营收入	附属单位上缴收入	其他收入
总　计	**9 868**	**2 250**	**86 968**	**44 719**	**735**	**4 505 116**	**3 954 407**	**77 805**	**209 310**	**27 747**	**8 724**	**227 123**
中　央	163	119	1 751	112	1	468 230	402 556	——	28 923	6 554	7 325	22 872
北　京	534	562	2 984	1 204	27	188 622	171 265	2 407	8 775	934	——	5 241
天　津	220	44	2 015	984	17	138 822	128 082	891	4 912	468	10	4 459
河　北	409	64	2 573	1 404	29	89 284	85 173	1 758	620	181	——	1 552
山　西	326	40	1 707	812	6	78 191	70 079	3 765	1 364	1 731	——	1 252
内蒙古	168	38	1 098	392	13	73 377	71 500	——	285		——	1 592
辽　宁	366	60	4 154	1 871	28	200 957	190 537	530	8 370	9	——	1 511
其中：大连	72	10	1 273	661	6	44 747	42 133	20	2 205	——	——	389
吉　林	133	19	1 564	686	13	90 324	85 786	1 527	670	631	——	1 710
黑龙江	92	19	2 560	1 587	13	100 671	98 374	517	634	——	——	1 146
上　海	549	112	5 434	1 548	39	488 502	383 080	5 604	45 902	755	1 387	51 774
江　苏	1 375	170	6 729	3 521	52	290 248	244 594	7 028	18 159	2 546	——	17 921
浙　江	751	242	6 584	3 957	65	326 253	281 255	10 423	16 866	1 169	——	16 540
其中：宁波	52	4	1 180	821	4	37 254	32 959	1 144	721	——	——	2 430
安　徽	102	15	2 023	1 005	16	86 608	74 816	3 751	3 407	142	——	4 492
福　建	142	35	2 266	1 177	20	112 240	84 159	1 354	10 713	75	——	15 939
其中：厦门	60	10	549	257	2	31 423	29 620	10	1 493	——	——	300
江　西	121	23	1 773	941	13	75 838	63 490	3 424	4 232	235	——	4 457
山　东	543	84	6 487	4 215	52	202 283	193 143	1 829	4 536	27	——	2 748
其中：青岛	44	3	932	534	7	30 998	29 108	296	701	7	——	886
河　南	221	39	2 086	1 199	27	91 317	83 036	3 834	1 272	1 134	——	2 041
湖　北	405	119	4 794	2 569	41	115 791	98 867	2 814	4 536	145	2	9 427
湖　南	352	54	2 266	1 494	31	93 480	76 023	2 755	4 456	3 887	——	6 359
广　东	1 048	130	8 704	4 519	81	478 541	422 302	12 941	13 348	380	——	29 570
其中：深圳	204	35	1 704	565	8	133 459	99 748	10 865	1 987	——	——	20 859
广　西	164	22	2 232	1 152	23	92 785	82 087	1 199	4 091	146	——	5 262
海　南	15	3	843	413	3	20 485	18 756	24	3	——	——	1 702
重　庆	157	40	1 754	1 010	14	86 054	74 719	405	4 898	550	——	5 482
四　川	438	79	4 021	2 594	40	134 645	117 367	1 736	11 133	1 887	——	2 522
贵　州	59	5	1 040	569	9	53 544	47 146	2 017	1 494	——	——	2 887
云　南	193	48	2 260	1 218	18	99 770	90 358	835	3 675	4 048	——	854
西　藏	2	——	147	90	1	4 806	4 806	——	——	——	——	——
陕　西	249	17	1 835	781	11	54 009	50 499	368	499	13	——	2 630
甘　肃	143	25	1 114	516	16	66 939	65 291	379	33	——	——	1 236
青　海	22	1	382	195	3	21 879	21 449	55	104	——	——	271
宁　夏	43	2	372	240	3	25 386	24 662	212	200	100	——	212
新　疆	363	20	1 416	744	10	55 235	49 150	3 423	1 200	——	——	1 462

基本情况(二)

本年支出合计（千元）												
				在支出合计中：								
					商品和服务支出						对个人和家庭补助支出	
	基本支出	项目支出	经营支出	工资福利支出		维修(护)费	差旅费	劳务费	福利费	税金支出		抚恤金和生活补助
4 313 264	**2 689 928**	**1 432 822**	**21 475**	**1 517 704**	**889 272**	**90 302**	**25 053**	**24 135**	**31 555**	**15 726**	**426 035**	**14 061**
368 855	144 731	223 004	1 120	53 152	116 017	5 130	205	——	7 177	2 008	42 953	176
184 699	99 755	84 343	554	48 962	60 237	6 728	244	401	333	1 229	14 062	137
125 901	110 485	13 625	468	44 101	33 122	932	626	129	527	427	16 462	204
100 925	72 412	23 025	239	36 864	12 022	3 103	433	28	282	42	7 003	186
71 934	57 663	12 540	1 731	34 668	13 251	1 743	524	459	1 137	123	6 743	125
68 793	62 144	4 542	——	39 584	10 128	1 981	682	68	268	11	9 170	524
196 729	133 915	49 792	9	74 895	44 976	7 290	2 151	1 256	1 660	643	26 498	412
44 718	19 689	19 663	——	13 135	7 536	2 601	348	852	69	136	1 315	24
89 471	66 252	18 572	631	42 701	19 974	1 208	445	142	62	268	14 206	215
99 402	78 247	17 447	——	47 371	16 906	2 580	549	215	423	210	13 251	316
455 370	259 501	189 077	244	135 159	113 786	8 017	1 512	2 911	2 676	1 612	15 463	1 480
335 339	201 681	126 801	1 831	106 299	65 148	6 682	1 553	4 414	1 989	1 006	37 052	2 795
311 506	191 033	119 234	941	117 465	70 119	9 489	2 562	2 141	3 915	735	23 760	305
37 155	24 051	13 103	——	17 651	7 535	1 105	367	410	614	105	1 619	12
85 732	50 304	25 824	661	31 664	14 022	2 177	594	302	289	100	15 489	316
95 106	60 957	29 687	1 002	33 805	14 260	1 374	853	385	431	577	10 381	197
30 486	15 769	14 617	——	7 840	5 211	176	159	101	128	——	2 873	18
69 622	48 302	12 369	202	29 073	10 710	1 446	727	229	729	280	9 782	384
215 786	154 530	47 249	20	84 809	31 028	3 791	929	523	523	317	19 488	1 591
30 881	25 112	4 829	2	14 353	4 419	945	117	——	25	34	3 191	16
88 711	66 067	11 383	1 129	46 343	10 753	1 349	460	177	538	332	11 992	433
115 871	68 917	38 981	76	46 878	19 638	1 317	847	381	1 088	448	11 864	188
91 245	70 540	15 547	3 838	42 146	16 276	3 765	802	216	849	754	9 847	527
469 626	237 855	210 761	46	127 399	69 211	7 319	2 790	2 934	3 018	1 413	32 794	1 118
130 224	58 658	67 627	——	15 644	13 434	991	311	962	633	244	3 024	24
89 289	65 895	18 609	125	39 088	15 525	2 399	554	583	274	938	12 385	292
20 699	8 965	10 087	——	7 302	3 105	106	46	89	257	12	266	23
65 447	30 575	28 182	810	17 830	21 400	1 211	699	2 948	569	393	6 155	331
125 999	69 837	40 785	1 782	46 423	27 752	3 168	1 661	989	923	498	13 351	443
50 812	34 986	10 651	156	22 961	13 161	297	275	381	174	349	7 391	42
101 625	67 497	23 838	3 777	45 691	14 697	1 114	770	443	336	808	12 385	160
5 180	4 724	456	——	3 803	525	7	54	——	——	——	392	——
53 630	43 772	4 685	31	31 270	9 031	1 512	355	677	162	9	3 953	344
60 027	50 924	9 103	——	26 515	9 344	1 514	375	41	116	23	7 334	230
22 076	16 656	2 763	——	13 230	2 861	341	117	148	166	15	3 084	19
25 644	21 228	3 259	52	14 685	2 529	266	167	123	224	——	4 674	112
52 213	39 578	6 601	——	25 568	7 758	946	492	402	440	146	6 405	436

各地区公共图书馆

	其他资本性支出	各种设备购置费	新增藏量购置费	图书购置费	本年新购藏量（千册、件）	新购图书	资产合计（千元）	固定资产原值	增加值（千元）
总　计	**1 241 683**	**1 092 086**	**874 860**	**782 618**	**23 653**	**18 710**	**16 300 976**	**14 174 285**	**2 585 803**
中　央	153 597	151 685	137 700	137 700	755	363	2 337 145	1 883 662	188 003
北　京	58 438	50 492	41 764	40 245	1 460	1 355	966 513	848 175	98 955
天　津	30 439	27 030	25 276	24 599	751	653	309 346	211 316	70 170
河　北	22 134	18 733	14 706	13 373	723	636	317 319	292 639	55 659
山　西	14 291	12 630	9 460	6 142	388	299	188 523	182 545	50 802
内蒙古	6 714	6 378	4 973	3 770	208	176	204 105	194 129	56 396
辽　宁	36 290	35 558	30 570	25 745	1 295	1 061	539 603	466 131	123 549
其中：大连	13 372	13 372	11 626	9 250	462	360	145 077	114 029	20 069
吉　林	10 071	8 943	7 314	7 126	293	251	214 652	190 752	64 872
黑龙江	20 095	10 857	8 905	7 285	465	412	450 405	442 171	78 896
上　海	177 696	141 780	125 031	112 649	1 461	1 290	2 301 861	2 030 707	240 030
江　苏	120 383	114 326	60 047	50 339	1 800	1 422	1 136 903	987 986	185 293
浙　江	95 756	86 396	74 783	66 758	2 239	2 018	1 114 724	930 568	186 277
其中：宁波	9 512	7 799	7 440	6 576	360	342	97 994	80 125	23 631
安　徽	23 294	18 422	9 227	7 298	524	317	170 556	158 404	53 964
福　建	21 391	20 303	16 928	14 925	777	541	387 050	311 740	61 253
其中：厦门	5 576	5 301	4 438	3 039	211	200	97 555	79 958	14 184
江　西	17 018	11 443	8 847	7 949	413	352	194 720	177 989	47 428
山　东	58 600	44 434	26 041	25 121	1 441	771	777 030	730 874	133 065
其中：青岛	7 715	6 703	5 741	5 681	210	195	138 384	125 046	22 596
河　南	15 584	15 095	11 334	8 768	486	434	278 554	257 732	69 415
湖　北	33 761	18 863	16 660	15 394	627	534	524 457	459 452	78 909
湖　南	18 883	17 101	12 867	11 733	547	432	269 048	240 588	62 910
广　东	176 493	165 951	143 925	118 298	3 254	2 844	1 247 869	1 118 363	210 361
其中：深圳	66 293	64 785	60 920	44 689	1 041	882	293 031	217 483	29 207
广　西	17 101	15 533	10 456	7 950	441	274	277 981	236 396	62 631
海　南	8 736	8 442	8 287	8 029	154	148	55 107	31 611	9 170
重　庆	16 060	15 661	13 495	12 220	461	397	206 287	159 450	35 219
四　川	29 401	24 045	19 515	16 782	944	498	426 289	347 406	78 065
贵　州	6 115	4 950	4 392	3 581	157	101	138 460	133 492	36 556
云　南	21 094	17 582	10 490	8 994	430	381	461 963	432 515	76 621
西　藏	456	456	456	456	15	12	46 338	45 748	6 028
陕　西	7 720	7 001	5 595	5 454	214	185	366 133	333 455	49 118
甘　肃	7 996	7 585	6 056	5 864	130	108	159 762	138 702	39 371
青　海	2 718	2 106	835	802	35	31	13 763	12 431	17 128
宁　夏	3 468	3 448	2 985	2 796	81	68	56 264	50 337	21 618
新　疆	9 890	8 857	5 940	4 473	684	346	162 246	136 819	38 071

基本情况(三)

公用房屋建筑面积					阅览室坐席数		图书馆延伸服务情况				
		阅览室面积									
(千平方米)	书库面积		书刊阅览室面积	电子阅览室面积	(个)	少儿阅览室坐席数(个)	流动图书馆车书刊借阅人次(千人次)	流动图书馆车书刊借阅册次(千册次)	分馆数量(个)	借阅人次(千人次)	借阅册次(千册次)
7 414	**1 816**	**1 692**	**1 209**	**233**	**527 132**	**143 281**	**4 887**	**7 511**	**2 732**	**14 100**	**26 661**
164	50	21	21	——	3 000	74	——	——	——	——	——
155	26	38	25	6	12 765	3 294	216	744	646	602	1 229
129	40	30	21	6	9 330	1 655	40	84	246	427	935
266	70	68	38	8	20 463	5 409	28	28	11	170	156
180	52	50	39	7	12 644	3 361	170	228	18	24	38
159	38	40	26	4	14 615	3 763	84	80	18	122	224
413	81	85	59	11	27 555	8 987	272	581	188	1 635	3 021
121	21	26	21	4	7 605	2 509	48	126	43	593	1 000
136	33	40	24	3	13 077	3 516	13	8	111	350	921
221	49	54	35	8	13 798	3 666	380	463	13	31	59
263	80	52	45	6	16 136	3 701	416	852	161	2 381	6 018
608	124	101	71	17	27 157	8 454	179	243	65	635	556
468	111	109	86	18	28 497	7 486	914	986	208	1 283	4 370
83	7	27	24	2	4 605	840	475	536	19	40	57
162	34	34	24	5	12 625	3 818	——	1	20	161	256
274	80	75	60	7	19 630	4 709	190	266	128	444	665
51	20	19	18	1	3 313	995	11	13	19	314	473
209	55	62	36	6	17 417	5 718	110	182	8	266	130
380	97	88	63	17	27 863	7 193	167	255	69	616	996
56	6	16	13	2	4 507	846	74	99	4	7	11
284	79	48	27	7	19 317	5 549	109	132	48	100	99
276	67	60	42	10	24 892	7 380	381	469	34	351	416
266	85	60	46	7	27 385	8 670	36	53	81	262	481
673	121	163	125	25	46 440	10 021	430	478	394	2 795	4 195
117	13	30	25	5	6 109	637	7	18	55	47	73
226	72	64	50	5	19 714	6 652	32	76	3	15	38
72	12	15	11	1	4 351	1 054	——	——	——	——	——
139	34	29	18	6	8 094	3 039	106	114	30	198	209
283	77	76	53	13	24 316	6 621	169	398	110	686	1 022
154	36	37	23	4	10 783	3 003	1	3	17	19	30
282	72	54	39	8	20 313	5 936	162	189	25	197	229
26	7	5	4	1	880	87	——	——	——	——	——
180	43	49	38	4	14 022	2 934	55	57	13	115	77
148	34	35	25	5	9 834	2 766	78	171	10	22	42
37	12	8	4	1	2 600	490	——	——	——	——	——
43	16	12	10	2	4 114	954	120	292	——	——	——
138	29	30	21	5	13 505	3 321	29	78	57	193	249

各地区少儿公共图书馆

	机构数（个）	从业人员数（人）	高级职称	中级职称	总藏量（千册、件、套）	图书	古籍	善本	报刊	视听文献、缩微制品	其他	藏量中：开架书刊（千册、件、套）
总计	**84**	**1 652**	**170**	**540**	**15 450**	**13 496**	**74**	**3.6**	**866**	**721**	**368**	**9 582**
北京	4	120	4	16	833.1	735.4	——	——	46.6	51.1	——	773.4
天津	11	181	17	55	1 417.5	1 320.6	——	——	16.7	34.5	45.8	819.2
河北	1	5	——	4	64.6	64.5	——	——	0.1	——	——	40
山西	1	15	1	3	95.3	70.6	——	——	24.7	——	——	——
内蒙古	2	26	1	8	174.0	152.8	——	——	17.7	1.5	2.0	16.6
辽宁	14	278	28	95	2 095.0	1 866.2	——	——	87.1	53.2	88.5	1 229.2
其中：大连	1	48	9	15	426.0	362.1	——	——	3.7	5.0	55.2	321.2
吉林	3	85	21	22	669.4	461.3	——	——	67.1	141.0	——	102
黑龙江	1	17	2	10	48.0	21.6	——	——	9.6	0.4	16.3	4.5
上海	5	117	8	29	1 369.7	1 253.6	——	——	5.7	110.0	0.4	992.4
江苏	6	59	10	24	789.2	742.2	1.1	——	37.5	9.5	0.1	567.4
浙江	3	127	14	35	821.6	708.6	——	——	39.1	72.5	1.4	651.4
其中：宁波	——	——	——	——	——	——	——	——	——	——	——	——
安徽	2	35	1	7	151.1	96.4	——	——	40.8	1.5	12.4	31.7
福建	5	72	4	22	867.7	800.8	——	——	52.5	14.4	——	633.1
其中：厦门	3	46	2	12	545.7	510.1	——	——	21.2	14.4	——	383.1
江西	——	——	——	——	——	——	——	——	——	——	——	——
山东	1	8	——	5	80.0	77.8	——	——	1.8	0.4	——	61.7
其中：青岛	——	——	——	——	——	——	——	——	——	——	——	——
河南	1	15	1	7	120.5	96.0	——	——	23.6	0.9	——	108.2
湖北	4	77	9	35	970.4	760.8	38.9	3.4	19.5	14.4	175.7	490.8
湖南	6	134	12	60	1 033.0	929.5	0.9	0.004	51.0	46.5	6.02	857.7
广东	4	125	17	41	2 458.4	2 265.0	7.4	——	55.8	122.3	15.5	1 870.2
其中：深圳	1	31	7	12	420	383.8	——	——	16.2	20	——	——
广西	3	54	1	25	631.9	379.8	——	——	212.8	35.9	3.4	15.6
海南	——	——	——	——	——	——	——	——	——	——	——	——
重庆	2	76	18	25	582.3	530.9	15.5	——	40.1	11.1	0.3	284.9
四川	——	——	——	——	——	——	——	——	——	——	——	——
贵州	——	——	——	——	——	——	——	——	——	——	——	——
云南	3	2	——	1	56.5	55.2	——	——	1.3	——	——	——
西藏	——	——	——	——	——	——	——	——	——	——	——	——
陕西	2	24	1	11	121.5	106.4	10	0.2	14.8	0.4	0.001	31.9
甘肃	——	——	——	——	——	——	——	——	——	——	——	——
青海	——	——	——	——	——	——	——	——	——	——	——	——
宁夏	——	——	——	——	——	——	——	——	——	——	——	——
新疆	——	——	——	——	——	——	——	——	——	——	——	——

基本情况(一)

当年购买的报刊种类(种)	书架单层总长度(千米)	累计发放有效借书证数(千个)	总流通人次(千人次)		书刊文献外借册次(千册次)	为读者举办各种活动					
				书刊文献外借人次			参加人次(千人次)	组织各类讲座次数		举办展览	
								(次)	参加人次(千人次)	(个)	参观人次(千人次)
41 739	**142 900**	**783 879**	**13 628**	**7 915**	**14 512**	**5 467**	**2 881**	**1 052**	**337**	**403**	**424**
1 720	8 483	58 111	622.8	354.4	780.9	533	291.0	160	67.7	58	23.7
1 801	6 016	39 870	854.6	650.4	1 083.1	307	596.7	168	36.3	26	12.2
——	330	——	25	20	25	3	2	3	2	——	——
——	900	230	4.5	2.2	2.2	8	3.1	3	1.1	3	1
91	2 583	18 510	73.8	30.6	31.2	49	11.3	15	4.1	10	1.3
3 872	35 088	68 505	1 405.8	873.2	2 147.8	455	185.9	96	19.3	76	16.4
571	5 598	38 237	363.5	181.8	500.8	64	35.8	5	2.5	——	——
200	1 527	14 316	477.6	317	579.3	284	13.2	70	6	3	3
118	330	3 220	90.9	25.1	42.3	10	6.91	5	3.3	3	1.2
1 919	12 013	54 603	860.9	487.002	1053.8	1 086	399.7	110	24.4	61	10.1
1 909	6 815	45 342	1 334.3	944.8	1 242.9	604	166.5	45	30.4	17	14.5
2 119	6 189	69 638	1 409.5	534.7	1 058.8	306	231.0	29	7.0	55	97.7
——	——	——	——	——	——	——	——	——	——	——	——
646	1 226	15 007	277.3	172.8	369.8	85	10.5	15	1.0	——	——
16 707	11 779	96 564	1 324.1	1 248.9	1 381.1	643	178.3	36	5.0	12	57.5
16 067	9 279	86 564	1 006.1	956.9	1 019.1	626	102.7	32	3.5	5	44.6
——	——	——	——	——	——	——	——	——	——	——	——
236	1 362	9 978	104.5	41.1	123.2	9	2.7	2	0.6	2	2.0
——	——	——	——	——	——	——	——	——	——	——	——
315	12	3 000	96.9	96.9	193.8	58	22	10	1.2	12	12
1 149	7 220	27 614	505.8	227.3	490.7	166	56.2	66	5.3	15	50.9
2 021	11 136	75 830	735.1	304.4	673.5	275	138.4	38	30.1	25	25.1
3 597	16 442	160 068	1 661.6	555.7	1 019.24	273	371.8	64	25.7	3	43.6
1 652	1 500	3 600	10.5	——	——	5	0.84	5	0.84	——	——
1 846	6 702	17 178	900.1	393.8	731.5	117	69.6	10	2.2	7	7.0
——	——	——	——	——	——	——	——	——	——	——	——
1 245	5 307	4 405	799.7	599.8	1 382.9	176	132.9	96	70.3	8	52
——	——	——	——	——	——	——	——	——	——	——	——
——	——	——	——	——	——	——	——	——	——	——	——
65	62	200	10	6	10	2	0.1	——	——	2	0.1
——	——	——	——	——	——	——	——	——	——	——	——
163	1 378	1 690	64.2	38.6	100	18	3	11	2.5	5	0.4
——	——	——	——	——	——	——	——	——	——	——	——
——	——	——	——	——	——	——	——	——	——	——	——
——	——	——	——	——	——	——	——	——	——	——	——
——	——	——	——	——	——	——	——	——	——	——	——

各地区少儿公共图书馆

	举办培训班		信息化建设			本年收入合计（千元）						
	（班次）	培训人次（千人次）	计算机（台）	电子阅览室终端数	网站数（个）		财政拨款	上级补助收入	事业收入	经营收入	附属单位上缴收入	其他收入
总计	**1 183**	**209**	**3 488**	**1 973**	**35**	**166 318**	**144 434**	**2 530**	**8 815**	**1 748**	**——**	**8 791**
北京	15	0.4	235	115	3	11 342	10 242	49	33	383	——	635
天津	77	15.2	285	203	1	16 092	13 542	582	1 067	——	——	901
河北	——	——	——	——	——	——	——	——	——	——	——	——
山西	2	1	23	——	——	1 016	1 016	——	——	——	——	——
内蒙古	12	1.9	27	20	——	1 051	1 044	——	——	——	——	7
辽宁	105	16.8	471	255	4	18 431	16 676	——	1 356	——	——	399
其中：大连	30	1.4	188	125	1	5 085	4 082	——	614	——	——	389
吉林	5	1	75	60	1	5 235	5 046	——	5	——	——	184
黑龙江	2	0.2	2	1	——	414	414	——	——	——	——	——
上海	71	6.5	363	272	3	17 654	13 605	1 476	1 390	——	——	1 183
江苏	510	20.5	481	281	4	6 215	5 090	——	736	——	——	389
浙江	116	126.3	181	99	3	12 716	11 541	300	234	——	——	641
其中：宁波	——	——	——	——	——	——	——	——	——	——	——	——
安徽	——	——	89	49	1	1 939	1 814	——	——	——	——	125
福建	59	11.9	211	114	2	17 107	16 275	——	606	——	——	226
其中：厦门	53	10	149	66	1	15 184	14 562	——	396	——	——	226
江西	——	——	——	——	——	——	——	——	——	——	——	——
山东	5	0.1	43	31	1	1 391	1 336	50	5	——	——	——
其中：青岛	——	——	——	——	——	——	——	——	——	——	——	——
河南	——	——	——	——	1	1 015	1 015	——	——	——	——	——
湖北	4	0.1	131	78	2	8 043	6 814	58	74	——	——	1 097
湖南	44	1.5	130	68	3	9 446	7 652	15	235	1 359	——	185
广东	135	2.4	404	156	3	23 366	21 221	——	1358	——	——	787
其中：深圳	——	——	91	——	1	7 503	7 496	——	——	——	——	7
广西	——	——	155	42	2	3 734	3 546	——	125	6	——	57
海南	——	——	——	——	——	——	——	——	——	——	——	——
重庆	19	9.6	174	129	1	9 568	6 022	——	1 571	——	——	1 975
四川	——	——	——	——	——	——	——	——	——	——	——	——
贵州	——	——	——	——	——	——	——	——	——	——	——	——
云南	——	——	1	——	——	103	103	——	——	——	——	——
西藏	——	——	——	——	——	——	——	——	——	——	——	——
陕西	2	0.1	7	——	——	440	420	——	20	——	——	——
甘肃	——	——	——	——	——	——	——	——	——	——	——	——
青海	——	——	——	——	——	——	——	——	——	——	——	——
宁夏	——	——	——	——	——	——	——	——	——	——	——	——
新疆	——	——	——	——	——	——	——	——	——	——	——	——

基本情况(二)

本年支出合计(千元)												
				在支出合计中:								
					商品和服务支出						对个人和家庭补助支出	
	基本支出	项目支出	经营支出	工资福利支出		维修(护)费	差旅费	劳务费	福利费	税金支出		抚恤金和生活补助
161 800	**101 921**	**55 650**	**1 737**	**59 189**	**31 694**	**7 115**	**1 196**	**1 369**	**762**	**934**	**16 384**	**199**
9 058	5 766	2 908	337	3 277	2 263	391	74	24	14	106	485	——
15 501	14 793	708	——	5 995	2 792	202	127	15	85	108	2 767	20
——	——	——	——	——	——	——	——	——	——	——	——	——
974	974	——	——	492	124	3	11	2	10	——	31	——
1 051	1 051	——	——	679	142	4	1	——	7	——	142	——
18 559	12 508	5 313	——	7 393	3 995	2 137	238	6	39	127	2 247	——
5 085	2 573	2 512	——	1 683	1 428	1 982	137	——	7	127	292	——
5 304	4 344	960	——	2 853	597	39	25	——	4	——	713	——
414	414	——	——	369	3	——	——	——	——	——	——	——
16 581	8 669	7 749	——	5 919	3 263	120	66	457	86	14	909	124
6 835	5 576	1 259	——	2 765	1 751	301	48	228	28	28	494	——
13 705	8 308	5 397	——	5 836	3 718	1 067	108	51	164	86	1755	6
——	——	——	——	——	——	——	——	——	——	——	——	——
2 378	1 416	962	——	939	415	52	31	1	14	——	318	——
16 881	7 391	9 490	——	3 441	2 036	226	99	105	46	7	1 011	7
15 005	5 515	9 490	——	2 719	1 442	43	83	91	43	——	832	7
——	——	——	——	——	——	——	——	——	——	——	——	——
1 401	663	738	——	481	168	——	——	4	——	——	96	——
——	——	——	——	——	——	——	——	——	——	——	——	——
884	884	——	——	334	272	13	10	27	2	——	143	——
8 018	4 198	3 244	35	2 932	561	1	52	1	19	35	1 216	——
9 665	6 226	2 080	1 359	3 883	1 983	1 344	68	10	182	220	1 223	41
24 318	11 491	12 424	——	6 828	5 852	1 017	169	436	38	40	1 356	1
8 525	4 451	4 074	——	2 382	2 068	7	2	——	8	——	——	——
3 764	2 152	1 096	6	1 778	501	106	31	——	2	1	549	——
——	——	——	——	——	——	——	——	——	——	——	——	——
5 990	4 578	1 322	——	2 620	1 226	88	32	——	19	157	893	——
——	——	——	——	——	——	——	——	——	——	——	——	——
——	——	——	——	——	——	——	——	——	——	——	——	——
79	79	——	——	34	3	——	——	——	——	——	36	——
——	——	——	——	——	——	——	——	——	——	——	——	——
440	440	——	——	341	29	4	6	2	3	5	——	——
——	——	——	——	——	——	——	——	——	——	——	——	——
——	——	——	——	——	——	——	——	——	——	——	——	——
——	——	——	——	——	——	——	——	——	——	——	——	——
——	——	——	——	——	——	——	——	——	——	——	——	——

各地区少儿公共图书馆

	其他资本性支出	各种设备购置费	新增藏量购置费	图书购置费	本年新购藏量（千册、件）	新购图书	资产合计（千元）	固定资产原值	增加值（千元）
总　计	**37 179**	**32 950**	**25 053**	**21 651**	**1 300**	**1 045**	**489 431**	**384 530**	**94 711**
北　京	1 767	1 467	1 115	1 100	56.5	55.7	56 254	46 190	5 857.6
天　津	3 918	3 832	3 500	3 492	177.2	154.9	70 777	18 946	9 766.1
河　北	——	——	——	——	14.4	14.4	——	——	——
山　西	45	45	45	45	2	2	——	——	535.7
内蒙古	88	88	64	64	4.8	4.8	1 198	1 198	876
辽　宁	4 102	4 092	3 238	3 121	170.0	161	45 254	44 596	11 599.7
其中：大连	1 682	1 682	1 300	1 200	56.3	55.8	25 139	24 947	3 115.7
吉　林	707	628	572	570	34.2	32.2	12 898	1 2298	4 063.4
黑龙江	22	22	15	7	0.6	0.5	552	552	391.1
上　海	5 670	3 150	2 634	2 248	136.7	104.1	42 553	34 530	8 764.0
江　苏	1 825	1 338	1 123	1 030	55.5	46.9	24 510	22 441	4 360.3
浙　江	2 394	2 246	1 689	1 334	122.1	82.2	67 789	61 677	10 367
其中：宁波	——	——	——	——	——	——	——	——	——
安　徽	706	706	376	317	21.3	12.1	9 304	8 047	1 595.9
福　建	1 417	1 136	1 005	995	73.7	64.8	30 999	23 450	5 553.5
其中：厦门	1 036	761	630	630	57.6	49.8	25 629	18 457	4 422.1
江　西	——	——	——	——	——	——	——	——	——
山　东	656	558	98	66	3.7	3.1	1 363	1 289	632.5
其中：青岛	——	——	——	——	——	——	——	——	——
河　南	135	135	117	117	9.5	9.5	1 841	1 533	568
湖　北	1 746	1 742	1 370	1 127	55.7	54.4	16 909	13 090	4 729.9
湖　南	1 529	1 396	1 348	993	58.3	44.6	18 469	18 123	6 135.7
广　东	8 278	8 195	4 915	3 623	215.3	118.2	68 351	62 869	11 222.6
其中：深圳	2 158	2 158	1 773	1 773	80	——	15 587	15 364	3 004.7
广　西	936	936	591	571	42.3	34.9	3 591	3 411	2 468.3
海　南	——	——	——	——	——	——	——	——	——
重　庆	1 162	1 162	1 162	755	44.3	42.6	15 167	8 638	4 736.1
四　川	——	——	——	——	——	——	——	——	——
贵　州	——	——	——	——	——	——	——	——	——
云　南	6	6	6	6	0.2	0.2	——	——	70
西　藏	——	——	——	——	——	——	——	——	——
陕　西	70	70	70	70	2.4	1.9	1 652	1 652	417.5
甘　肃	——	——	——	——	——	——	——	——	——
青　海	——	——	——	——	——	——	——	——	——
宁　夏	——	——	——	——	——	——	——	——	——
新　疆	——	——	——	——	——	——	——	——	——

基本情况(三)

公用房屋建筑面积					阅览室坐席数		图书馆延伸服务情况				
	书库面积	阅览室面积				少儿阅览室坐席数(个)	流动图书馆车书刊借阅人次(千人次)	流动图书馆车书刊借阅册次(千册次)	分馆数量(个)	借阅人次(千人次)	借阅册次(千册次)
(千平方米)			书刊阅览室面积	电子阅览室面积	(个)						
184	**32**	**53**	**37**	**10**	**20 753**	**18 664**	**206**	**323.6**	**234**	**2 063**	**2 921**
13.5	1.2	6.4	4.0	1.1	1 592	1 542	83.5	134.3	9	0.7	2
13.2	2.1	3.4	1.7	0.9	1 259	1 009	13.1	13.1	39	131.1	448.8
0.6	——	0.6	0.6	——	80	80	——	——	——	——	——
——	——	——	——	——	——	——	——	——	——	——	——
2.8	0.4	0.6	0.1	0.3	338	138	——	——	——	——	——
26.8	5.2	5.9	3.2	1.3	3 247	3 157	13.2	33.6	23	292.3	417.3
6.5	1.6	1.7	0.9	0.8	741	741	——	16.2	8	43.2	——
7.5	1.3	0.8	0.2	0.2	710	710	——	——	27	138.4	255
0.3	0.1	0.3	0.1	0.1	160	90	——	——	——	——	——
12.8	2.2	3.3	2.7	0.6	1 887	1 638	7.4	18.4	37	244.9	510.5
13.5	1.8	4.9	4.3	0.6	1 810	1 670	23	46	——	——	——
19	0.3	4.9	3.5	1.1	1 456	1 456	——	——	34	40.2	165.7
——	——	——	——	——	——	——	——	——	——	——	——
3.1	0.3	0.4	0.3	0.1	190	190	0.3	1.3	3	22	35
16.1	5.4	5.5	4.8	0.4	1 349	999	11.001	13.5	10	297.7	373.3
8.3	1.4	3.2	3.034	0.2	849	799	11.001	13.5	10	297.7	373.3
——	——	——	——	——	——	——	——	——	——	——	——
3.9	0.3	1.6	0.3	1.3	220	100	——	——	4	2.6	6
——	——	——	——	——	——	——	——	——	——	——	——
——	——	——	——	——	——	——	——	——	5	8.9	17.8
7.1	1.9	2.1	1.6	0.3	1 196	1 180	6.5	16.6	4	11.2	22.3
18.2	5.5	3.3	2.5	0.3	2 132	2 022	——	——	19	62.6	152.6
12.3	1.5	4.9	3.9	0.5	1 176	996	——	——	18	740.3	448.7
0.9	0.6	0.3	——	——	200	120	——	——	——	——	——
7.3	1.1	2	1.9	0.1	945	795	19.2	40.6	——	——	——
——	——	——	——	——	——	——	——	——	——	——	——
3.8	0.8	1.4	1	0.5	666	552	29.3	6.3	2	70.0	66.1
——	——	——	——	——	——	——	——	——	——	——	——
——	——	——	——	——	——	——	——	——	——	——	——
0.1	0.1	0.1	0.1	——	60	60	——	——	——	——	——
——	——	——	——	——	——	——	——	——	——	——	——
2.4	0.6	0.8	0.8	——	280	280	——	——	——	——	——
——	——	——	——	——	——	——	——	——	——	——	——
——	——	——	——	——	——	——	——	——	——	——	——
——	——	——	——	——	——	——	——	——	——	——	——
——	——	——	——	——	——	——	——	——	——	——	——

各地区省级公共图书馆

	机构数（个）	从业人员数（人）	高级职称	中级职称	总藏量（千册、件、套）	图书	古籍	善本	报刊	视听文献、缩微制品	其他	藏量中：开架书刊（千册、件、套）
总计	37	7 486	1 131	2 305	150 124	94 209	13 845	1 307	16 190	14 343	25 382	27 741
北京	1	352	39	92	4 911.7	4 189.3	445.4	55.5	298.6	305.6	118.2	1 103
天津	2	322	60	148	5 200.4	4 629.3	517	103.5	353.8	100.3	117.0	2 018.3
河北	1	161	57	46	1 648.9	1 356.4	59.7	1.5	188.0	104.0	0.5	1 219.9
山西	1	162	34	57	2 525.5	1 637.9	290.3	50.1	812.7	57.7	17.2	1 262.7
内蒙古	1	156	38	43	1 674.1	1 512.6	180	4.5	71.2	2.9	87.4	206
辽宁	1	251	40	104	4 167	3 520.1	459.9	122.2	438.9	108	100	1 937.6
吉林	1	215	49	75	3 207.8	2 785	349.3	47.6	410.8	11.9	0.1	316
黑龙江	1	211	51	48	2 617.6	2 081.9	133.7	6.6	420.3	33.8	81.6	460.5
上海	2	1 236	147	274	52 242.6	13 656.13	1 908.9	192.4	2 967.4	12 612.6	23 006.5	4 624.5
江苏	1	379	82	140	8 455.4	7 550.1	1 414.6	103	660.4	179.8	65.1	605.4
浙江	1	346	52	93	5 338.4	4 275	837.8	14.5	990.4	72.6	0.4	1 485.4
安徽	1	176	——	——	2 673.6	2 191.4	350.4	31.9	475.8	6.2	0.2	420
福建	1	215	23	64	2 452.9	2 084	248.9	20.6	300.9	26.2	41.7	37.5
江西	1	132	30	40	2 504.4	2 274.6	560	10	215.5	5.8	8.5	920
山东	1	218	44	93	5 782.3	4 443.7	746.3	94.7	674.1	45.8	618.8	2 365.6
河南	1	178	28	71	2 710	2 379	506.6	24	260.7	24.6	45.7	——
湖北	1	166	41	80	4 702.7	3 503.9	452	49.5	1054.1	82.7	62	2 054.7
湖南	2	280	40	110	4 011.3	3 448.3	620.1	50	392	124.7	46.8	1 421.1
广东	1	381	43	93	5 867.9	4 665.4	378.3	32.5	958.8	98.8	145	858.5
广西	3	324	38	144	4 380.7	3 494.5	261.3	7.8	807.3	74.4	4.5	653.2
海南	1	121	6	1	412.9	343	4.1	——	55.8	10	4.1	300
重庆	2	233	35	70	3 155.2	2 331	525.2	56.9	147.6	16	660.7	595.4
四川	1	243	17	60	4 598	3680.6	686.9	60.7	802.3	114.7	0.3	475.1
贵州	1	131	31	46	1 433.5	1 241	280	1	185.9	5.5	1.1	452.8
云南	1	191	21	67	2 505.4	1 992.3	583	28.4	449.5	62.3	1.3	329.7
西藏	1	45	4	14	358.2	273.5	11	3	69.3	0.4	15	90.5
陕西	1	184	20	65	3 022.3	2 548.2	385.2	62.9	455.2	18.9	——	——
甘肃	1	192	20	63	3 036.3	2 506.4	316.2	60.5	519.1	10.8	——	800
青海	1	101	19	33	1 564.4	1 216.4	114.8	10.0	210.2	5.4	132.3	260.4
宁夏	1	105	13	39	1 494.7	1 417.4	137.3	0.9	67	10.2	——	42.3
新疆	1	79	9	32	1 468	980.6	80.6	0.03	476.5	10.8	——	425.4

基本情况(一)

当年购买的报刊种类（种）	书架单层总长度（千米）	累计发放有效借书证数（千个）	总流通人次		书刊文献外借册次（千册次）	为读者举办各种活动					
			（千人次）	书刊文献外借人次			参加人次（千人次）	组织各类讲座次数		举办展览	
								（次）	参加人次（千人次）	（个）	参观人次（千人次）
168 547	**3 254 841**	**2 004 135**	**28 920.5**	**10 525**	**22 718**	**10 781**	**6 291**	**2 812**	**772**	**668**	**1 501**
6 024	59 274	138 282	2 847.1	894.8	2 398.6	1 188	777.3	383	102.8	144	168
6 918	75 683	155 606	1 607.9	877.6	2 012.8	147	684.3	101	21.8	10	158.6
4 860	34 230	14 952	184.7	58	87	10	32	6	0.5	1	0.2
3 296	31 176	14 971	473.2	288.3	288.3	235	227.2	121	24	13	200
1 312	84 320	13 596	194.7	6.21	148	19	2	16	1.9	——	——
5 611	92 348	24 729	894.7	314.2	1 340.7	332	280.5	66	16.4	21	2.5
3 469	43 704	41 981	549	434.2	441.5	144	25.1	24	3	8	5
3 662	39 961	39 352	486.1	113.9	295.4	295	58.8	95	17	30	26.8
17 292	245 688	251 131	1 674.7	742.2	2 509.7	681	538.9	174	48	25	162.9
7 921	121 719	43 010	513.9	174.2	372.6	453	178.9	84	28.9	41	15
9 048	59 707	46 359	938.9	415.8	930.6	112	46.8	69	9.3	13	30.4
3 093	60 468	48 199	1 500	550	1 100	82	114.4	73	14.4	9	100
5 183	38 461	15 229	843.0	612.7	816.9	120	35	87	18.3	18	16.7
3 731	22 000	40 740	554.2	190.5	306.7	200	26.6	61	10.5	2	1
4 992	135 648	184 447	1 731.4	662.5	1 283.2	120	150	40	12	20	80
2 888	45 066	7 732	1 478.5	116	186	93	19	57	10.8	32	8
4 234	752 935	184 754	1 207.4	213.9	729.2	321	177.8	204	61	6	21
4 806	78 559	93 849	1 737	429.8	1 658.4	379	86.8	146	13.6	10	21.5
9 472	90 695	278 657	2 036.3	692.5	906.2	759	653.1	97	29	103	231.2
9 663	524 673	123 749	1 543.4	344.3	989	303	78.2	108	21.6	29	28.2
2 517	80 070	11 902	60	15.1	25	7	1.3	1	0.5	2	0.6
5 742	40 281	55 493	1 273.5	577.2	1 426.6	222	99.5	119	75.1	6	13
3 584	86 124	11 323	81.1	18	58.3	3 415	1 513.8	47	84.9	8	26.6
2 682	52 196	15 823	353.9	64.9	117.2	81	54.6	16	2.4	31	30.5
19 957	129 035	9 246	1 200.6	950.3	460.2	358	237.9	260	78	15	135
996	22 708	1 260	20	20	45	2	0.5	——	——	——	——
4 338	78 746	27 522	1 109.8	289.8	528.5	487	150.2	243	44.2	42	9.7
4 812	60 000	47 000	841.3	247.2	741.7	75	14	57	8.6	6	4.5
1 094	37 286	36 722	460.9	147.6	3 33.2	77	16	44	12.3	16	3.2
2 996	32 076	1 215	30.6	15.3	34.5	5	1.2	1	0.1	——	——
2 354	4	25 304	492.8	48.1	146.9	59	8.9	12	1.1	7	0.8

各地区省级公共图书馆

	举办培训班		信息化建设			本年收入合计（千元）						
	（班次）	培训人次（千人次）	计算机（台）	电子阅览室终端数	网站数（个）		财政拨款	上级补助收入	事业收入	经营收入	附属单位上缴收入	其他收入
总　计	**1 050**	**584**	**14 002**	**3 430**	**84**	**1 205 662**	**1 022 765**	**9 460**	**82 531**	**14 285**	**1 329**	**75 292**
北　京	253	506.4	695	130	5	79 589	72 121	——	4 833	——	——	2 635
天　津	25	2.8	586	245	2	57 686	52 071	891	2 389	——	10	2 325
河　北	3	0.1	300	——	3	24 935	24 176	1	130	——	——	628
山　西	101	3.2	330	40	3	22 586	19 716	896	201	1 731	——	42
内蒙古	3	0.1	179	100	2	11 076	10 238	——	——	——	——	838
辽　宁	——	——	348	104	1	28 911	25 938	——	2 805	——	——	168
吉　林	22	0.6	320	36	2	16 312	15 498	——	——	533	——	281
黑龙江	6	1.4	569	304	2	26 782	26 499	——	276	——	——	7
上　海	58	1.7	2 665	150	10	301 423	220 617	——	35 670	755	1 319	43 062
江　苏	3	0.1	1 030	255	1	69 143	60 824	554	3 314	348	——	4 103
浙　江	15	0.2	400	30	3	70 308	61 110	——	5 332	623	——	3 243
安　徽	——	——	487	160	1	29 821	26 218	1 260	1 078	——	——	1 265
福　建	——	——	220	80	2	25 560	21 852	——	3 400	——	——	308
江　西	10	0.6	220	60	1	19 535	16 137	——	492	——	——	2 906
山　东	6	0.3	423	190	2	36 487	33 524	——	2 703	——	——	260
河　南	4	0.2	225	102	1	17 418	16 126	——	190	1 077	——	25
湖　北	38	1	423	137	2	23 498	22 030	——	1 069	——	——	399
湖　南	38	1.9	283	77	3	26 228	19 386	330	2 826	3 670	——	16
广　东	117	18.9	576	84	19	68 500	62 818	2	2 844	——	——	2 836
广　西	8	0.4	535	180	4	37 385	30 985	480	1 974	——	——	3 946
海　南	4	0.2	424	139	1	10 071	9 883	——	——	——	——	188
重　庆	44	10.3	491	118	3	53 823	48 507	——	3 341	——	——	1 975
四　川	18	2.4	257	30	2	33 950	24 959	——	7 130	1 560	——	301
贵　州	9	1.6	263	84	2	18 295	14 997	1 676	——	——	——	1 622
云　南	83	24.9	373	160	1	24 121	19 699	——	300	3 988	——	134
西　藏	1	0.02	80	80	——	3 411	3 411	——	——	——	——	——
陕　西	144	2.8	670	160	3	14 477	13 195	——	——	——	——	1 282
甘　肃	12	1	196	57	1	26 770	26 770	——	——	——	——	——
青　海	17	0.5	101	58	——	8 895	8 661	——	58	——	——	176
宁　夏	3	0.1	86	30	1	8 117	8 077	——	26	——	——	14
新　疆	5	0.4	247	50	1	10 549	6 722	3 370	150	——	——	307

基本情况(二)

本年支出合计（千元）												
				在支出合计中:								
					商品和服务支出						对个人和家庭补助支出	
	基本支出	项目支出	经营支出	工资福利支出		维修(护)费	差旅费	劳务费	福利费	税金支出		抚恤金和生活补助
1 162 319	**579 808**	**567 981**	**14 133**	**283 521**	**284 175**	**24 372**	**6 288**	**9 265**	**3 725**	**6 423**	**98 375**	**3 465**
78 141	36 983	41 158	——	16 204	34 525	2 421	46	300	72	468	5 164	84
44 008	42 817	1 191	——	12 693	7 935	149	236	——	270	222	5 936	88
29 109	10 509	18 600	——	3 492	2 053	——	——	——	——	——	990	——
19 390	9 082	8 577	1 731	4 967	5 031	124	199	141	78	82	2 466	31
8 534	6 776	1 758	——	3 736	2 322	262	108	9	91	——	1 483	59
28 128	19 428	8 699	——	8 073	6 730	713	395	77	219	497	4 746	123
14 848	11 390	2 924	533	6 543	1 768	103	78	——	20	24	3 071	40
27 013	19 515	7 498	——	10 392	6 699	1 476	164	4	——	——	2 424	11
286 028	145 747	139 874	244	61 433	85 648	5 368	1 217	1 719	697	1 082	7 417	714
121 531	31 735	89 766	30	20 978	22 434	2 336	240	1 743	274	233	8 711	1 631
60 040	34 479	24 938	623	18 990	15 285	3 720	447	161	426	——	4 149	74
28 371	10 952	17 419	——	5 573	5 350	1 084	180	217	7	37	4 054	——
21 209	13 059	7 201	947	7 257	2 638	392	216	30	25	500	3 164	15
16 388	7 343	9 044	——	3 866	1 470	56	162	30	51	68	2 008	27
40 511	18 306	22 205	——	10 216	8 971	968	239	335	224	283	4 854	2
15 655	9 132	5 446	1 077	5 486	2 544	539	116	——	118	209	2 353	18
23 498	6 659	16 839	——	4 581	2 559	64	96	——	216	96	2 294	——
26 542	15 577	7 294	3 670	8 474	4 933	1 968	92	93	301	518	3 155	104
68 441	20 335	48 106	——	16 022	5 943	100	591	520	——	500	5 823	——
32 346	20 808	11 537	——	9 618	6 721	418	203	410	84	616	4 733	181
10 430	1 299	9 131	——	1 054	2 267	84	6	5	24	——	——	——
34 654	12 532	22 122	——	6 515	15 030	343	247	2 796	248	279	2 427	57
24 820	8 723	14 536	1 561	5 555	8 985	575	179	313	36	191	2 361	91
17 179	8 604	8 575	——	4 618	9 067	49	123	——	——	269	1 509	9
21 810	10 006	8 087	3 717	4 566	5 188	355	287	146	37	193	4 593	4
3 785	3 385	400	——	2 643	393	7	51	——	——	——	348	——
14 478	11 945	2 533	——	5 807	3 797	216	56	3	——	——	1 824	17
19 831	16 305	3 526	——	5 170	3 889	77	114	——	21	——	2 181	47
9 012	6 347	2 658	——	3 529	1 391	294	78	43	4	15	1 759	19
8 381	5 705	2 676	——	3 311	1 268	44	67	19	182	——	1 553	——
8 208	4 325	3 663	——	2 159	1 341	67	55	151	——	41	825	19

各地区省级公共图书馆

	其他资本性支出	其他资本性支出：各种设备购置费	各种设备购置费：新增藏量购置费	新增藏量购置费：图书购置费	本年新购藏量（千册、件）	本年新购藏量：新购图书	资产合计（千元）	资产合计：固定资产原值	增加值（千元）
总　计	**456 501**	**398 934**	**306 913**	**281 006**	**4 854**	**4 055**	**6 064 699**	**5 251 661**	**613 967**
北　京	22 248	19 546	16 239	15 695	318.2	288.9	549 062	483 668	41 561.6
天　津	17 444	17 434	17 035	17 035	471.1	400	213 019	124 401	24 510.4
河　北	3 974	3 974	3 974	3 900	62.5	53.7	71 256	59 317	6 832.9
山　西	6 925	6 795	5 000	2 379	44.4	38.6	54 284	54 284	10 160.5
内蒙古	993	993	785	242	6.4	5	100 358	93 730	9 016.1
辽　宁	8 579	8 579	7 000	7 000	231.8	211.3	181 189	181 000	20 830.3
吉　林	2 772	2 772	2 000	2 000	69.8	69.3	49 812	42 708	11 379.2
黑龙江	7 498	4 359	3 139	2 451	53.6	42.4	236 400	236 400	22 273.1
上　海	130 728	103 488	93 568	83 136	533.5	461.7	1 911 424	1 718 326	142 310.9
江　苏	69 377	69 377	23 422	19 165	278.8	117	327 193	247 574	37 451.7
浙　江	20 986	20 986	19 041	19 041	203.1	203.1	367 945	294 779	36 341.5
安　徽	13 394	9 800	3 000	2 077	96.4	77.4	——	——	9 951.9
福　建	7 201	7 000	5 200	5 200	136.4	54.5	129 730	106 594	15 817.4
江　西	7 604	3 041	3 041	2 541	129.1	113.2	67 478	58 909	8 442
山　东	16 470	12 269	10 474	10 474	148.8	137.3	316 145	298 740	27 576.8
河　南	4 195	4 195	4 195	2 612	0.1	0.1	62 149	55 130	10 488.9
湖　北	14 064	5 000	5 000	5 000	149.8	132.4	84 946	70 764	10 023.7
湖　南	6 665	6 653	6 053	5 704	163.2	107.6	104 650	87 652	15 878.4
广　东	40 653	40 531	37 692	37 692	606.9	576.6	234 145	220 391	31 720.9
广　西	7 897	7 681	4 560	2 626	145.5	95.5	95 689	83 636	18 824.7
海　南	7 109	7 109	7 109	7 109	113	113	27 699	7 693	1 391.1
重　庆	10 680	10 680	9 348	8 957	205.6	204.2	105 834	72 780	16 442.9
四　川	6 358	5 273	4 688	4 000	175.3	76.7	110 338	63 814	13 266
贵　州	1 985	1 641	1 641	1 641	34.4	27.2	26 755	26 755	7 465.1
云　南	3 746	3 746	2 895	2 895	53.5	47.3	199 956	185 210	17 368.6
西　藏	400	400	400	400	11.8	10.8	27 718	27 128	4 079.4
陕　西	3 050	2 649	2 000	2 000	69.5	62.7	237 750	215 928	16 257.7
甘　肃	5 064	5 064	3 968	3 968	57.3	52.5	71 346	55 061	9 534.7
青　海	2 310	1 767	526	526	12.3	11.7	4 195	4 099	5 499.2
宁　夏	2 249	2 249	1 920	1 920	38.6	34.4	21 979	17 327	5 761.5
新　疆	3 883	3 883	2 000	1 620	233.4	228.6	74 255	57 863	5 508.3

基本情况(三)

公用房屋建筑面积 (千平方米)	书库面积	阅览室面积	书刊阅览室面积	电子阅览室面积	阅览室坐席数 (个)	少儿阅览室坐席数(个)	流动图书馆车书刊借阅人次(千人次)	流动图书馆车书刊借阅册次(千册次)	分馆数量(个)	借阅人次(千人次)	借阅册次(千册次)
1 055	**351**	**217**	**187**	**15**	**40 427**	**5 215**	**284.5**	**702**	**503**	**3 235**	**7 400**
37	6.6	7.4	6.2	1.2	1 833	146	4.6	97.8	26	62.8	98.9
38	11.4	6.8	5.3	1.3	2 060	150	23.8	64	144	119.3	490
17.6	9.6	7.9	7.3	0.6	600	100	——	——	2	1	3.1
28.6	18.5	3.5	3.3	0.2	1 239	170	41.5	66.4	——	——	——
20.5	5.3	6.9	6.7	0.2	1 593	50	——	——	——	——	——
47.1	8.8	7.7	7	0.7	1 090	100	——	——	5	——	191.5
13.7	6.5	2.9	2	0.1	796	20	——	——	10	46.3	69.4
33	3.4	9.6	7.7	1.3	1 469	90	——	——	3	1.9	4
125	58.4	13.2	12.6	0.6	2 634	534	0.1	46.5	124	1 897.9	5 122.9
34	26.2	5.2	4.9	0.3	747	108	——	——	——	——	——
42.3	19.2	10.4	9.8	0.6	1 517	——	4.1	11	7	105.4	143.2
36.9	8.9	7	6.7	0.4	1 500	108	——	——	——	——	——
38.5	6.5	7	6.7	0.3	1 000	——	——	4	58	——	7.6
22.5	15.2	7.3	——	——	1 140	146	——	——	——	——	——
47.9	18	15	13.2	0.8	1 884	114	8	35	1	278.4	458.9
38.2	10.3	4	0.4	0.2	1 017	100	——	——	1	20.1	20.1
25.2	11	7.5	6.9	0.6	1 289	162	——	——	——	——	——
43	14	92	8.8	0.3	2 064	857	31	45	18	20.7	62.9
38.2	9.6	8.4	8.2	0.2	4 380	338	——	——	50	450.1	450.1
38.7	14.5	15.3	15	0.2	1 230	627	20.8	47.2	2	14.1	35.6
28	0.4	7.5	7.2	0.3	1 139	267	——	——	——	——	——
37.4	7.9	3.7	3.2	0.6	822	442	29.4	6.6	2	70	66.1
17.2	8.6	4.6	4.5	0.1	636	15	104.9	269.8	6	19.1	54.6
22.7	3	5.7	5.4	0.3	720	——	——	——	1	5	2.5
31.5	7.2	7.3	6	0.8	1 013	90	——	——	3	7	15
17.2	4.2	3.4	2.6	0.7	300	45	——	——	——	——	——
44.7	13.4	8	6.6	0.7	2 190	222	16.4	9.2	1	92	45.5
46.9	9.8	7.5	6.4	1	600	——	——	——	——	——	——
12	3.9	1.5	1.1	0.2	791	52	——	——	——	——	——
7.1	3	0.6	0.4	0.2	234	12	——	——	——	——	——
24.7	7.3	5.2	4.9	0.3	900	150	——	——	39	23.9	58.2

各地区地、市级公共图书馆

地区	机构数（个）	从业人员数（人）	从业人员数：高级职称	从业人员数：中级职称	总藏量（千册、件、套）	图书	图书：古籍	古籍：善本	报刊	视听文献、缩微制品	其他	藏量中：开架书刊（千册、件、套）
总　计	**347**	**13 111**	**1 446**	**4 823**	**132 094**	**108 963**	**6 751**	**337**	**14 699**	**3 590**	**4 841**	**55 275**
北　京	——	——	——	——	——	——	——	——	——	——	——	——
天　津	——	——	——	——	——	——	——	——	——	——	——	——
河　北	12	456	63	174	5 743.4	4 361.2	447.3	18.1	639.2	580.2	162.7	1 744.6
山　西	6	217	21	76	1 771	1 403.4	149.4	16.5	332.3	22.5	12.9	596.4
内蒙古	12	464	52	183	2 328.2	2 101.9	93	3.4	199.1	14	13.3	884.1
辽　宁	28	1 164	137	497	11 809.3	9 405.7	522.9	28.7	1 086.4	388.3	928.9	4 779.8
其中：大连	2	191	28	83	3 426.3	2 625	260.5	23.4	298.6	211.7	291	1 521.4
吉　林	12	591	109	240	5 953.6	5 276.1	197	16.2	549.6	124.6	3.3	1 075.3
黑龙江	12	662	154	301	7 652.8	5 879.9	308.2	15.2	1 148.9	27.8	596.2	3 805.7
上　海	——	——	——	——	——	——	——	——	——	——	——	——
江　苏	15	846	115	290	11 419.4	10 365.8	1 407.5	72.4	962.8	78.6	12.3	4 243.7
浙　江	13	729	86	235	8 818.7	7 052.6	592.2	20.8	668.5	452.2	645.4	5 490.7
其中：宁波	1	87	3	23	1 098.7	872	98.2	0.5	99.7	17.1	109.9	397.9
安　徽	18	416	38	149	3 307.8	2 618.1	230.1	8	488.6	92.7	108.4	768.1
福　建	14	293	21	106	3 500.6	2 846.9	106.9	6.6	478	25.5	150.2	1 822.7
其中：厦门	2	118	6	48	1 687.6	1 475.9	62.4	1.9	187.6	22	2.1	1 453.4
江　西	11	376	23	91	3 588.6	3 134.9	194.9	28.4	332.8	1.2	119.8	1 349.6
山　东	15	727	156	298	8 338.1	6 438.6	360	8	936.8	491.4	471.3	3 502.8
其中：青岛	1	101	12	25	1 592.6	1 334.8	143.4	1.5	213.6	1.7	42.5	969.2
河　南	17	677	57	236	5 520.6	4 580.8	486.1	32.9	896.6	29.1	14.2	1 875.1
湖　北	20	802	91	433	8 286.6	7 042.7	396.8	10.9	877.4	103.3	263.3	3 257.9
湖　南	12	371	39	194	3 576.2	3 078.6	185.6	6.2	413.4	68.3	16	1 571.7
广　东	25	1 331	103	342	16 136.1	14 256.6	234.9	6.5	1 247.3	515.5	116.8	10 914.2
其中：深圳	2	283	44	94	3 225.3	2 649.3	15.4	1.2	499.8	37.2	39	1 673.2
广　西	13	377	18	152	3 476.6	2 588	94.7	2.8	634.3	36.7	217.6	1 193
海　南	2	70	——	6	475.3	290.7	5.9	——	176	1.8	6.8	278
重　庆	——	——	——	——	——	——	——	——	——	——	——	——
四　川	21	630	36	204	7 630.2	6 225.5	457.7	26.7	857.2	242.2	305.4	2 439
贵　州	9	269	19	94	1 921.7	1 645.4	28.9	3.1	246.9	14	15.5	812.2
云　南	18	594	44	174	3 234.5	2 519	109.6	0.3	463.5	221.4	30.6	584.7
西　藏	3	20	——	——	122.2	114.8	——	——	5.6	0.1	1.7	100.9
陕　西	6	233	18	66	1 734.1	1 499.1	40.9	0.5	199.8	10	25.3	315.5
甘　肃	8	247	12	50	1 501.2	1 146.4	79.7	1.6	155	14.8	185	781.5
青　海	7	99	2	52	738	573.8	5.3	0.7	89.4	26	48.9	106.1
宁　夏	4	146	10	64	1 263.1	1 038	5.6	2.1	179.1	3	43	306.1
新　疆	14	304	22	116	2 246.1	1 479.3	10.4	0.012	434.8	5.1	327	675.8

基本情况(一)

当年购买的报刊种类(种)	书架单层总长度(千米)	累计发放有效借书证数(千个)	总流通人次(千人次)	总流通人次:书刊文献外借人次	书刊文献外借册次(千册次)	为读者举办各种活动	为读者举办各种活动:参加人次(千人次)	组织各类讲座次数(次)	组织各类讲座次数:参加人次(千人次)	举办展览(个)	举办展览:参观人次(千人次)
248 809	5 296 320	4 002 840	80 785	35 715.5	66 709	17 426	8 147	5 136	1 591	2 014	3 747
——	——	——	——	——	——	——	——	——	——	——	——
——	——	——	——	——	——	——	——	——	——	——	——
7 228	318 380	74 365	1 851.6	986.7	1 714.8	488	191.2	233	105.5	67	50.5
3 642	36 033	28 414	606.2	162.4	326.6	245	60.7	190	32	32	19
8 112	128 550	43 393	1 032.7	459.3	929.2	105	23.3	64	11.5	15	7.2
16 931	219 675	242 887	4 974.8	2 377.2	4 931	955	417.7	321	47.5	227	111.2
5 067	44 558	131 649	1 353.4	630	1 354.9	166	164.7	45	10	16	76.6
9 132	76 022	82 034	2 932.1	802.9	2 032.1	610	199.6	178	25.4	38	21.3
7 477	141 876	223 036	2 721.5	1 007.8	2 059.7	313	210.8	128	24.4	70	155.4
——	——	——	——	——	——	——	——	——	——	——	——
17 153	496 533	347 174	7 729.3	4 635.3	5 773.4	1 864	983.4	385	93.6	234	660.2
16 416	444 385	373 797	8 004.8	3 641	8 399.7	994	600.4	431	137.5	156	239.5
1 947	297 000	32 708	690.7	259.7	1 445.7	81	65.7	48	12.8	9	3.1
6 927	55 214	67 399	1 773.1	935.4	1 445.6	341	168.1	124	29.6	37	30.1
22 664	85 754	198 758	2 759.4	1 515.5	2 761.3	854	332.8	101	9.9	95	253.2
18 731	40 916	169 118	1 825.1	981.3	1 779.2	730	297.2	64	6.8	37	228.4
5 594	70 393	44 984	1 322.7	857.3	1 217.1	228	138	144	26.1	29	55.7
13 727	130 027	251 383	3 654.5	2 006.7	3 464.1	539	243.5	263	43.8	62	85.4
2 879	25 471	98 839	967.1	397.5	723.6	158	32.1	102	8.5	10	14
10 429	120 456	142 247	2 735.2	1 793.5	3 006.2	498	253.6	187	26.3	145	119.7
12 144	146 239	263 041	4 935.5	2 473.9	3 706	804	1 081.4	305	421.3	100	589.2
5 076	75 198	148 767	1 828	1 067.1	2 547.5	390	229.2	63	11.4	42	134.7
29 753	2 272 356	963 459	13 951.6	4 507.9	8 645.4	6 002	2 314	1 222	382.5	323	904.5
8 542	1 391 500	359 099	2 474.2	909.9	2 629	173	263.1	130	57.1	16	125.9
6 438	85 266	109 094	7 914.5	1 494.7	2 665.8	446	189.4	186	27	76	70.3
1 184	4 630	14 950	427.3	207.3	173.8	18	7.2	4	1.1	11	5.6
——	——	——	——	——	——	——	——	——	——	——	——
14 007	112 093	126 349	3 489.4	1 395.8	3 843.6	561	250	208	55.9	105	148.9
5 408	42 397	45 099	741.7	311.9	567.1	78	33.8	7	7.3	7	13.5
9 928	94 585	51 871	1 764.9	954.1	1 772	193	70	73	33.6	30	28.1
391	803	824	10.5	6.2	19.4	5	2.2	——	——	2	1.5
3 822	18 405	51 426	750.8	390.8	755.2	196	22.6	76	4.7	37	7.1
3 017	32 975	16 869	722.4	441	770.3	302	44.8	116	23.5	20	15.9
958	18 328	8 882	313.5	160.1	399.1	63	14.1	12	1.5	26	8.1
4 406	31 612	30 853	884.1	585.1	1 549.8	33	20.2	9	0.3	11	0.7
6 845	38 135	51 485	953.1	538.9	1 233.7	301	45.7	106	7.9	17	10.6

各地区地、市级公共图书馆

	举办培训班		信息化建设			本年收入合计（千元）						
			计算机									
	（班次）	培训人次（千人次）	（台）	电子阅览室终端数	网站数（个）		财政拨款	上级补助收入	事业收入	经营收入	附属单位上缴收入	其他收入
总计	**2 475**	**510**	**23 542**	**12 006**	**201**	**1 158 478**	**1 049 646**	**10 088**	**46 993**	**608**	**——**	**51 143**
北京	——	——	——	——	——	——	——	——	——	——	——	——
天津	——	——	——	——	——	——	——	——	——	——	——	——
河北	49	27.5	867	399	8	32 040	30 739	——	397	169	——	735
山西	23	9.7	279	146	2	15 384	14 184	169	986	——	——	45
内蒙古	22	2.5	314	91	3	23 713	22 926	——	97	——	——	690
辽宁	126	30	1 829	714	14	92 596	88 310	——	3 736	——	——	550
其中：大连	39	6.7	488	209	3	24 801	22 898	——	1 514	——	——	389
吉林	24	8.7	534	255	5	45 107	42 876	1 321	417	——	——	493
黑龙江	43	7.3	1 279	821	6	43 969	42 345	388	238	——	——	998
上海	——	——	——	——	——	——	——	——	——	——	——	——
江苏	801	36.1	2 125	1 012	13	102 749	90 627	200	8 325	——	——	3 597
浙江	200	151.1	1 785	895	20	107 337	90 205	3 429	8 740	19	——	4 944
其中：宁波	——	——	186	76	1	11 989	10 023	425	374	——	——	1 167
安徽	29	5.6	683	236	6	28 808	26 124	320	993	138	——	1 233
福建	71	12.2	705	371	7	28 164	25 940	10	1 791	75	——	348
其中：厦门	51	9.9	388	165	2	19 780	18 165	——	1 337	——	——	278
江西	10	2.1	635	328	4	22 005	19 317	20	2 276	——	——	392
山东	66	18.4	1 727	895	11	79 158	76 962	283	730	——	——	1 183
其中：青岛	1	0.1	428	162	1	16 352	15 113	173	180	——	——	886
河南	61	16.6	675	419	7	32 792	29 331	2 297	657	——	——	507
湖北	130	70.9	1 656	874	20	51 753	43 615	506	1 595	1	——	6 036
湖南	111	4.7	506	265	11	20 086	18 538	274	355	——	——	919
广东	445	51.5	3 404	1 596	21	240 822	210 610	——	6 146	——	——	24 066
其中：深圳	11	1.7	712	291	2	89 258	68 124	——	913	——	——	20 221
广西	39	14.3	597	317	8	28 836	26 048	254	1 497	146	——	891
海南	3	0.6	168	105	2	4 495	3 811	——	——	——	——	684
重庆	——	——	——	——	——	——	——	——	——	——	——	——
四川	129	26.9	1 407	904	15	48 398	44 517	335	3 092	——	——	454
贵州	7	0.7	279	172	3	18 565	16 682	2	941	——	——	940
云南	33	5.8	615	390	2	30 936	27 611	272	2 854	60	——	139
西藏	1	0.1	67	10	1	1 395	1 395	——	——	——	——	——
陕西	13	1.9	268	127	2	10 475	9 790	——	248	——	——	437
甘肃	11	1.8	288	129	5	14 855	14 410	8	——	——	——	437
青海	——	——	144	92	——	5 830	5 795	——	28	——	——	7
宁夏	7	0.5	92	62	——	8 039	7 755	——	114	——	——	170
新疆	21	2.5	614	381	5	20 171	19 183	——	740	——	——	248

基本情况(二)

本年支出合计(千元)												
	在支出合计中:											
					商品和服务支出						对个人和家庭补助支出	
	基本支出	项目支出	经营支出	工资福利支出		维修(护)费	差旅费	劳务费	福利费	税金支出		抚恤金和生活补助
1 159 464	**769 884**	**358 203**	**1 302**	**423 377**	**220 825**	**27 263**	**7 727**	**6 501**	**7 335**	**3 777**	**128 720**	**4 239**
——	——	——	——	——	——	——	——	——	——	——	——	——
——	——	——	——	——	——	——	——	——	——	——	——	——
39 686	34 581	3 247	226	13 321	6 366	1 959	205	14	163	42	3 181	29
14 443	12 317	2 126	——	7 238	3 199	584	96	225	214	36	1 368	41
22 828	20 123	2 705	——	10 922	3 539	499	289	24	95	2	3 906	296
91 387	58 496	32 665	——	33 415	21 399	3 176	608	88	376	127	10 409	144
24 801	9 529	15 272	——	6 429	3 311	2 134	250	——	49	127	619	——
45 512	29 410	14 765	——	18 535	14 046	497	203	9	14	——	6 719	87
42 567	32 673	9 894	——	17 546	7 141	788	193	108	340	120	6 766	138
——	——	——	——	——	——	——	——	——	——	——	——	——
99 118	73 403	25 715	——	36 541	18 916	1 950	687	1 950	499	372	13 868	654
105 964	54 907	50 818	19	36 090	26 335	2 997	609	289	1 662	574	8 290	43
11 455	5 740	5 715	——	4 792	2 234	251	63	131	353	59	622	——
29 652	20 318	6 251	628	13 321	4 781	699	203	53	207	44	5 722	68
27 623	20 576	6 891	55	10 357	6 141	380	232	204	177	42	3 484	31
19 081	13 068	5 913	——	6 217	4 700	141	135	90	115	——	2 607	11
19 852	14 411	1 152	——	7 564	5 572	780	183	88	280	144	2 917	139
78 002	60 373	17 495	——	29 644	13 138	1 702	385	69	139	34	7 582	1 375
16 352	12 666	3 686	——	6 840	3 727	779	94	——	19	34	1 699	13
31 599	22 934	4 176	——	15 229	4 125	536	182	126	210	112	5 783	131
51 610	35 827	14 390	36	22 508	11 985	598	410	119	317	271	5 680	56
19 895	17 128	2 767	——	9 621	3 682	942	268	31	129	166	3 319	49
244 841	120 967	121 658	——	54 989	37 416	5 033	1 338	1 224	1 345	623	16 388	505
89 968	37 051	52 917	——	4 398	5 658	602	171	101	490	78	2 076	20
29 416	23 459	5 322	125	13 823	5 391	1 404	189	163	88	146	4 273	23
4 474	3 515	351	——	2 418	474	8	22	——	185	——	180	——
——	——	——	——	——	——	——	——	——	——	——	——	——
48 284	27 324	16 379	——	18 109	9 234	927	586	293	273	233	4 686	216
17 033	15 178	1 582	153	7 859	2 501	140	107	314	114	68	3 242	8
34 891	20 145	12 722	60	12 944	4 876	342	293	242	216	595	3 408	42
1 395	1 339	56	——	1 160	132	——	3	——	——	——	44	——
10 415	9 287	1 128	——	4 709	2 799	376	68	545	1	——	834	25
15 253	13 112	2 141	——	6 445	3 036	381	93	6	40	23	1 552	5
5 830	4 825	20	——	4 138	489	28	13	105	7	——	1 028	——
7 978	7 000	370	——	5 227	481	139	47	86	4	——	1 354	——
19 916	16 256	1 417	——	9 704	3 631	398	215	126	240	3	2 737	134

各地区地、市级公共图书馆

	其他资本性支出	各种设备购置费	新增藏量购置费	图书购置费	本年新购藏量（千册、件）	新购图书	资产合计（千元）	固定资产原值	增加值（千元）
总　计	**302 731**	**265 826**	**225 190**	**178 432**	**7 594**	**5 420**	**3 939 345**	**3 534 635**	**706 965**
北　京	——	——	——	——	——	——	——	——	——
天　津	——	——	——	——	——	——	——	——	——
河　北	13 791	10 881	7 680	6 748	246.9	201	123 244	115 523	21 239.8
山　西	2 145	2 046	1 695	1 491	49.7	42.7	62 695	58 361	11 521.2
内蒙古	2 712	2 643	2 396	1 891	62.2	49.3	45 961	43 315	16 404.4
辽　宁	16 228	15 845	14 250	11 495	497.8	368.5	224 426	178 003	51 423.9
其中:大连	6 942	6 942	6 300	5 200	207.4	147.4	100 597	75 913	10 276.5
吉　林	5 755	4 755	4 388	4 367	177.4	149.4	119 903	107 188	29 491.1
黑龙江	10 559	4 776	4 253	3 567	309.2	293.5	158 712	154 999	30 960.4
上　海	——	——	——	——	——	——	——	——	——
江　苏	29 094	24 389	19 865	16 082	698.9	582.5	465 015	427 368	69 807
浙　江	35 027	33 376	30 974	24 144	1 029.5	878.4	349 329	293 288	58 837.1
其中:宁波	3 807	2 639	2 639	1 820	97.3	83.1	47 767	40 684	7 605.1
安　徽	5 282	5 116	4 212	3 900	129.6	117.5	135 419	131 780	24 538
福　建	6 650	6 340	5 285	3 678	252	148.1	108 143	89 118	17 843.9
其中:厦门	5 095	4 820	4 111	2 772	120.9	110.1	87 796	70 276	11 884.7
江　西	3 798	3 608	2 968	2 667	125.5	107.9	74 739	68 896	14 007.8
山　东	20 558	14 503	9 475	9 049	862.6	299.3	303 064	289 046	47 683.3
其中:青岛	4 086	4 000	3 686	3 686	122.9	113.3	116 288	107 473	12 883.9
河　南	5 010	4 955	4 421	3 904	164.9	139.5	106 460	98 191	25 271.7
湖　北	9 055	7 772	7 336	6 706	258.3	222.7	315 068	276 704	39 936.3
湖　南	3 272	3 069	2 554	2 328	91.6	73.2	53 909	51 937	15 314.9
广　东	92 115	86 746	78 080	55 150	1 375	1 175.7	654 539	582 932	97 083
其中:深圳	50 741	49 613	48 730	33 842	440.3	357.8	171 358	127 927	12 254.5
广　西	5 295	5 031	3 822	3 582	162.2	98.5	106 523	82 846	21 766.5
海　南	845	789	789	659	22.6	22.6	11 931	11 655	3 250.6
重　庆	——	——	——	——	——	——	——	——	——
四　川	12 433	10 451	8 973	7 581	436.8	175.1	174 952	154 055	29 506.4
贵　州	2 952	2 283	1 826	1 301	51	31.1	56 977	53 982	13 760
云　南	12 183	9 010	4 059	3 137	113.8	100.8	107 291	98 095	20 663.6
西　藏	56	56	56	56	3.4	1	18 620	18 620	1 949
陕　西	1 957	1 938	1 453	1 423	52.4	38.9	60 650	56 131	8 313.7
甘　肃	1 997	1 818	1 549	1 449	39.2	31.2	42 926	40 517	9 687.6
青　海	173	173	170	145	6.3	4.8	3 269	2 895	5 394.6
宁　夏	734	714	712	570	21.6	19.9	21 688	20 437	7 493.1
新　疆	3 055	2 743	1 949	1 362	354.3	47.4	33 892	28 753	13 815.7

基本情况(三)

公用房屋建筑面积					阅览室坐席数		图书馆延伸服务情况				
		阅览室面积									
(千平方米)	书库面积		书刊阅览室面积	电子阅览室面积	(个)	少儿阅览室坐席数(个)	流动图书馆车书刊借阅人次(千人次)	流动图书馆车书刊借阅册次(千册次)	分馆数量(个)	借阅人次(千人次)	借阅册次(千册次)
2 176	**532**	**547**	**407**	**59**	**133 726**	**30 424**	**1 350**	**2 141**	**606**	**5 917**	**11 407**
——	——	——	——	——	——	——	——	——	——	——	——
——	——	——	——	——	——	——	——	——	——	——	——
80.1	26.1	24.2	11.1	2.3	4 440	802	2	4	6	162	143
45.9	9.8	21.8	17.3	1.8	1 918	225	——	——	——	——	——
46.5	11.5	12.4	7.8	0.6	3 576	476	0.04	0.08	8	81.7	185.9
179.2	39.4	38.5	26	4.3	9 794	3 399	24.3	85.2	51	1 039.4	1 672.4
46.5	9.6	11.7	9.6	1.8	2 041	891	8.1	46.2	13	391.2	689.7
69.1	16.6	23.8	13.7	1.2	4 951	962	——	——	66	255.2	557.5
109.2	24.6	21.3	15.2	3.3	3 744	620	359	438.9	10	28.9	55.4
——	——	——	——	——	——	——	——	——	——	——	——
159.6	47.4	36.1	22.2	4.2	8 891	2 457	118.1	137.7	19	440.6	223
147.2	38.1	35.5	29	4.2	8 254	2 256	221.3	297.7	60	933.9	3 806.3
10.8	1.9	2.8	2.1	0.3	538	120	98.6	110.1	——	——	——
62.6	10.23	12.2	8.5	1.3	4 629	1 560	0.3	1.3	15	143.3	234
80.3	30.7	29.6	24.4	2.7	5 589	1 438	104.8	136.8	26	314.1	501
34.9	15.6	16.3	15.6	0.7	2 239	715	11	13.5	18	310.1	473
75.8	16.6	26.8	18.7	2.3	3 275	1 020	7	12	1	167.8	15
128.5	28.8	28	24.2	3.3	7 492	1 564	79.5	122.6	31	187.2	264.4
25.8	0.8	8.2	7.3	1	1 700	176	26.9	55.8	3	6.4	11.2
86.8	34.2	15	10.4	2.4	4 188	928	——	——	23	31.3	37.4
119.6	26.1	25	19.4	3.7	8 876	2 561	88.2	149.3	11	156.4	183.8
53.5	23.3	12.8	11.1	1	9 688	1 670	0.2	0.4	33	104.8	224.3
271.7	40.4	65.7	54.7	8.4	15 319	2 720	115.2	154.2	163	1 356.3	2 446.8
50.6	1.8	12.1	10.6	1.2	2 300	120	——	——	32	9.6	28.7
72.2	14.5	14.3	10.7	1	4 685	1 393	5	18.5	1	1	2.5
14.1	2.7	1.4	0.5	0.3	580	92	——	——	——	——	——
——	——	——	——	——	——	——	——	——	——	——	——
113.6	32.6	28.5	22	3.9	5 914	1 242	0.3	3.6	52	345.1	633.4
51.3	14.7	12.7	8.2	0.8	3 082	632	——	——	10	1	1.8
69.9	15.5	14.8	11.5	2.2	4 518	949	26.2	94.8	9	98	125.1
8.8	3	1.5	1	0.5	580	42	0.004	0.4	——	——	——
34.3	5.2	21.4	19.7	0.5	2 760	180	30.2	40	2	8	12
28.3	6.1	10.1	8.8	1.1	2 054	273	70.7	162	1	0.007	0.01
5.4	1.5	1.8	1.4	0.3	388	112	——	——	——	——	——
14.5	5.1	4.8	4	0.5	1 748	216	92.4	262.3	——	——	——
47.9	7.4	7.3	5.7	1.4	2 793	635	5.2	19.5	8	60.9	82.2

各地区县、市级公共图书馆

	机构数（个）	从业人员数（人）			总藏量（千册、件、套）							藏量中：开架书刊（千册、件、套）
			高级职称	中级职称		图书	古籍	善本	报刊	视听文献、缩微制品	其他	
总　计	**2 414**	**29 593**	**999**	**7 839**	**212 000**	**178 074**	**5 179**	**388**	**24 809**	**2 556**	**6 562**	**90 308**
北　京	23	955	26	190	8 179.1	7 682.3	59.6	0.5	270	151.9	74.9	7 216.1
天　津	30	752	58	201	5 096.6	4 746.4	40.5	0.4	270.3	38.5	41.4	2 855.2
河　北	147	1 045	33	304	7 039.7	6 212.9	101.4	6.1	643.8	15.7	167.3	2 352.8
山　西	115	1 212	15	340	6 022	5 072.8	338.8	54.8	800	20.4	128.8	1 700.1
内蒙古	100	1 115	37	319	4 015.7	3 358.8	25.4	3.7	605.3	8.8	42.8	1 110.6
辽　宁	99	1 518	74	611	8 537.9	7 304.9	51.7	5	550.7	64.3	618	5 193
其中：大连	11	261	11	81	1 901	1 698.3	0.1	——	115.1	11.9	75.7	1 331.6
吉　林	51	888	55	337	3 636.6	2 982.2	36.6	30.3	314.6	137.6	202.2	1 664.2
黑龙江	85	927	48	426	4 437.3	3 893.6	11.5	0.04	455.3	6.6	81.9	2 395
上　海	28	1 220	38	279	10 296.8	9 540.8	61.7	0.4	184.3	400.8	170.9	5 988.3
江　苏	89	1 302	82	389	15 031.9	13 620.3	528.4	24.8	1200	107.8	103.7	6 660.4
浙　江	79	1 257	65	414	12 833	10 939.7	529.3	15	1271.1	309.9	312.4	6 166.4
其中：宁波	11	173	8	54	2 259.2	1 957.7	70.9	2.1	249.8	45.3	6.4	1 094.2
安　徽	66	584	9	134	4 059.9	3 396.8	98.1	1.1	532.5	36.5	94.1	1 099.7
福　建	70	570	15	149	7 886.2	6 252.4	157.5	8.8	846.9	161	625.9	3 358.3
其中：厦门	6	36	——	5	781	559.4	14.1	0.012	15.4	71.5	134.7	520.6
江　西	92	930	8	138	7 148.9	5 512.3	373.2	17	1 446.4	30.6	159.6	2 364.6
山　东	129	1 695	173	740	16 731.1	14 343.5	202.3	12.5	1 920.8	57	409.9	6 322.1
其中：青岛	12	153	19	67	2 116	1 863.2	9.1	0.5	157.3	10	85.6	929.7
河　南	120	1 892	18	291	6 855.9	5 593	148.1	9.7	1 143.8	19.6	99.4	2 452.5
湖　北	81	1 236	35	424	7 384.6	6 037.2	110	17.7	1 110.5	41.7	195.2	3 394
湖　南	106	1 286	27	338	9 657.1	7 848.3	429.6	29.3	1 468.1	148.6	192.1	3 459.7
广　东	104	1 800	37	188	14 979.3	12 864	200.7	14.2	1 411.1	165	539.3	8 498.6
其中：深圳	6	245	19	29	2 827.8	2 466.1	——	——	88.3	40.8	232.6	667
广　西	84	778	4	131	8 370.7	6 129	152.2	5	1 701.8	128.4	411.5	2 108.1
海　南	17	168	——	15	1 342.9	1 119	4.6	0.1	211.7	——	12.2	712.8
重　庆	41	527	35	159	5 429.5	4 202.3	224.1	19.8	605.6	257.6	364	1 624.9
四　川	129	1 011	19	237	8 943.6	7 015.8	513.1	15.2	1 490.7	76.9	360.2	2 858.4
贵　州	82	495	3	71	3 600.7	3 026.1	68.5	31.2	502.7	16.2	55.7	1 333.2
云　南	130	1 301	31	384	8 455.4	6 772.3	300.6	19.4	1 363.1	71.5	248.4	2 980.7
西　藏	——	——	——	——	——	——	——	——	——	——	——	——
陕　西	104	1 351	25	267	4 601.3	3 850.9	220.6	16.1	621.8	12.7	116.1	1 118.2
甘　肃	83	766	12	106	4 354.1	3 216.3	128.6	27.8	855.2	23	259.7	1 342.9
青　海	35	181	1	43	1 097.7	953.1	44.1	1.1	128.3	2.2	14.2	310.6
宁　夏	16	243	2	63	1 326.3	1 197.5	10.3	1.4	122	1.8	5	185.3
新　疆	79	588	14	151	4 648.8	3 389.2	8.2	0.1	761	43.6	454.9	1 481.1

基本情况(一)

当年购买的报刊种类(种)	书架单层总长度(千米)	累计发放有效借书证数(千个)	总流通人次(千人次)	书刊文献外借人次	书刊文献外借册次(千册次)	为读者举办各种活动					
							参加人次(千人次)	组织各类讲座次数(次)	参加人次(千人次)	举办展览(个)	参观人次(千人次)
425 152	**4 305 167**	**6 625 084**	**148 059**	**67 414**	**121 367**	**55 842**	**12 063**	**11 685**	**2 564**	**5 977**	**4 720**
14 331	110 898	598 487	5 115.5	3 011.2	6 409.1	3 208	1 274.3	1 286	282	384	222
9 498	71 342	129 257	3 972.3	1 332.8	2 262.8	930	351.5	308	67.8	150	94.6
6 664	143 049	204 309	3 745.7	2 270.6	2 942.3	1 212	215.9	415	67.6	336	93.5
6 279	72 737	228 049	1 684.1	842.3	1 354.9	839	174	340	57.13	297	89.7
9 401	65 081	85 397	1 955.7	852	1 639.2	9 382	153.2	146	26.3	117	44.7
24 212	144 608	271 500	8 061	2 697.7	6 602.6	1 454	716.7	317	72.7	241	123.4
10 354	37 264	95 246	2 712.9	980.2	1 913.3	428	363.7	77	35.3	36	67.8
5 598	53 710	58 277	2 269.1	1 218.6	2 170.6	729	209.6	214	42.3	65	16.2
7 526	91 397	118 305	2 342.4	1 126.1	2 337.3	3 422	297.7	311	36	112	170.6
41 155	180 530	348 789	11 558.1	3 741.2	9 740.1	3 284	848.1	938	124.4	285	172.6
32 053	263 679	546 475	10 913.6	6 590.4	10 941.3	1 888	1 174.3	719	232.6	303	501.8
34 476	287 625	551 704	11 726.2	5 752.2	9 859.3	1 636	700.5	487	122.5	399	363.5
7 985	85 637	111 887	3 145.1	1 041.2	1 882.7	201	93.4	74	11.8	30	16.3
9 082	60 687	107 075	2 348.2	1 340.3	1 929.3	1 114	187	835	72.7	100	86.2
18 128	132 085	205 207	4 491.4	1 891.5	4 032	645	421.5	172	51.3	195	215
1 524	14 498	51 537	328.5	127.3	280.24	71	65.8	3	0.4	16	47.6
30 799	68 789	104 734	3 434.1	1 743.2	28 78.2	592	209.5	128	51.8	104	57.6
17 296	807 652	433 470	9 590.4	5 109.4	7 621.9	1 551	544.3	556	102.2	197	191.3
4 907	26 923	49 859	1 938.3	1 412.6	1 726	390	161.1	215	45.8	9	5.8
8 980	140 591	276 502	4 333.3	2 977.8	4 600	826	223.1	251	69.2	171	63.5
12 436	162 694	339 911	5 619	3 145.5	5 104.1	1 011	306.3	369	82.8	225	176.2
10 425	228 174	431 981	5 527.3	3 408.3	6 019.5	916	593.3	364	212.2	210	278.4
36 790	279 268	657 248	22 198.1	5 953.1	8 960	12 747	1 475.8	1 276	336	502	853.6
9 207	41 249	171 104	7 055.1	744	1 656.9	991	115.3	595	70.7	12	11.3
14 383	159 438	162 337	5 489.1	2 194.9	4 146	612	180.5	185	28.2	118	75
2 899	18 701	11 172	484.3	168.4	278.2	39	18.9	15	9.8	1	1.1
8 822	81 029	88 970	3 553.2	1 817.6	4 110.6	489	351.3	183	52.7	132	238
14 587	175 958	176 659	5 289.7	2 156.5	4 384.9	1 666	412.4	551	146.4	289	183.4
5 687	64 037	63 031	972.9	521.6	750.4	320	171.8	86	13.3	93	88.9
19 239	186 859	151 476	4 543.3	2 060.4	3 838.4	678	273.1	264	75.6	160	133.3
——	——	——	——	——	——	——	——	——	——	——	——
5 701	50 554	102 828	1 726.3	1 133.5	1 645.3	681	173.7	173	25.5	162	41.1
4 425	73 597	77 513	2 199.4	700.1	1 120.4	1 482	157.6	327	55.4	117	52.6
1 133	26 470	13 915	209.4	123.1	219.9	41	20.2	5	3.7	21	16.2
2 056	38 106	22 983	648.5	397.9	759.7	116	25.2	21	7.2	35	7.5
11 091	65 822	57 523	2 057.3	1 136.3	2 708.8	2 332	202.2	443	37.2	456	69.3

各地区县、市级公共图书馆

	举办培训班（班次）	培训人次（千人次）	信息化建设 计算机（台）	电子阅览室终端数	网站数（个）	本年收入合计（千元）	财政拨款	上级补助收入	事业收入	经营收入	附属单位上缴收入	其他收入
总　计	**6 180**	**1 037**	**47 673**	**29 171**	**449**	**1 672 746**	**1 479 440**	**58 257**	**50 863**	**6 300**	**70**	**77 816**
北　京	281	55.4	2 289	1 074	22	109 033	99 144	2 407	3 942	934	——	2 606
天　津	195	41	1 429	739	15	81 136	76 011	——	2 523	468	——	2 134
河　北	357	36.8	1 406	1 005	18	32 309	30 258	1 757	93	12	——	189
山　西	202	27.2	1 098	626	1	40 221	36 179	2 700	177	——	——	1 165
内蒙古	143	35.3	605	201	8	38 588	38 336	——	188	——	——	64
辽　宁	240	29.7	1 977	1 053	13	79 450	76 289	530	1 829	9	——	793
其中:大连	33	3.7	785	452	3	19 946	19 235	20	691	——	——	——
吉　林	87	9.3	710	395	6	28 905	27 412	206	253	98	——	936
黑龙江	43	10.4	712	462	5	29 920	29 530	129	120	——	——	141
上　海	491	110.6	2 769	1 398	29	187 079	162 463	5 604	10 232	——	68	8 712
江　苏	571	134.2	3 574	2 254	38	118 356	93 143	6 274	6 520	2 198	——	10 221
浙　江	536	91	4 399	3 032	42	148 608	129 940	6 994	2 794	527	——	8 353
其中:宁波	52	3.6	994	745	3	25 265	22 936	719	347	——	——	1 263
安　徽	73	9.6	853	609	9	27 979	22 474	2 171	1 336	4	——	1 994
福　建	71	22.5	1 341	726	11	58 516	36 367	1 344	5 522	——	——	15 283
其中:厦门	9	0.2	161	92	——	11 643	11 455	10	156	——	——	22
江　西	101	20.1	918	553	8	34 298	28 036	3 404	1 464	235	——	1 159
山　东	471	65.2	4 337	3 130	39	86 638	82 657	1 546	1 103	27	——	1 305
其中:青岛	43	3	504	372	6	14 646	13 995	123	521	7	——	——
河　南	156	21.8	1 186	678	19	41 107	37 579	1 537	425	57	——	1 509
湖　北	237	47.3	2 715	1 558	19	40 540	33 222	2 308	1 872	144	2	2 992
湖　南	203	47.8	1 477	1 152	17	47 166	38 099	2 151	1 275	217	——	5 424
广　东	486	59.3	4 724	2 839	41	169 219	148 874	12 939	4 358	380	——	2 668
其中:深圳	193	33.3	992	274	6	44 201	31 624	10 865	1 074	——	——	638
广　西	117	7.3	1 100	655	11	26 564	25 054	465	620	——	——	425
海　南	8	2.6	251	169	——	5 919	5 062	24	3	——	——	830
重　庆	113	29.4	1 263	892	11	32 231	26 212	405	1 557	550	——	3 507
四　川	291	49.6	2 357	1 660	23	52 297	47 891	1 401	911	327	——	1 767
贵　州	43	2.7	498	313	4	16 684	15 467	339	553	——	——	325
云　南	77	16.9	1 272	668	15	44 713	43 048	563	521	——	——	581
西　藏	——	——	——	——	——	——	——	——	——	——	——	——
陕　西	92	12.5	897	494	6	29 057	27 514	368	251	13	——	911
甘　肃	120	22.3	630	330	10	25 314	24 111	371	33	——	——	799
青　海	5	0.2	137	45	3	7 154	6 993	55	18	——	——	88
宁　夏	33	1.7	194	148	2	9 230	8 830	212	60	100	——	28
新　疆	337	17.1	555	313	4	24 515	23 245	53	310	——	——	907

基本情况(二)

本年支出合计（千元）												
	基本支出	项目支出	经营支出	在支出合计中:								
				工资福利支出	商品和服务支出					税金支出	对个人和家庭补助支出	
						维修(护)费	差旅费	劳务费	福利费			抚恤金和生活补助
1 622 626	**1 195 505**	**283 634**	**4 920**	**757 654**	**268 255**	**33 537**	**10 833**	**8 369**	**13 318**	**3 518**	**155 987**	**6 181**
106 558	62 772	43 185	554	32 758	25 712	4 307	198	101	261	761	8 898	53
81 893	67 668	12 434	468	31 408	25 187	783	390	129	257	205	10 526	116
32 130	27 322	1 178	13	20 051	3 603	1 144	228	14	119	——	2 832	157
38 101	36 264	1 837	——	22 463	5 021	1 035	229	93	845	5	2 909	53
37 431	35 245	79	——	24 926	4 267	1 220	285	35	82	9	3 781	169
77 214	55 991	8 428	9	33 407	16 847	3 401	1 148	1 091	1 065	19	11 343	145
19 917	10 160	4 391	——	6 706	4 225	467	98	852	20	9	696	24
29 111	25 452	883	98	17 623	4 160	608	164	133	28	244	4 416	88
29 822	26 059	55	——	19 433	3 066	316	192	103	83	90	4 061	167
169 342	113 754	49 203	——	73 726	28 138	2 649	295	1 192	1 979	530	8 046	766
114 690	96 543	11 320	1 801	48 780	23 798	2 396	626	721	1 216	401	14 473	510
145 502	101 647	43 478	299	62 385	28 499	2 772	1 506	1 691	1 827	161	11 321	188
25 700	18 311	7 388	——	12 859	5 301	854	304	279	261	46	997	12
27 709	19 034	2 154	33	12 770	3 891	394	211	32	75	19	5 713	248
46 274	27 322	15 595	——	16 191	5 481	602	405	151	229	35	3 733	151
11 405	2 701	8 704	——	1 623	511	35	24	11	13	——	266	7
33 382	26 548	2 173	202	17 643	3 668	610	382	111	398	68	4 857	218
97 273	75 851	7 549	20	44 949	8 919	1 121	305	119	160	——	7 052	214
14 529	12 446	1 143	2	7 513	692	166	23	——	6	——	1 492	3
41 457	34 001	1 761	52	25 628	4 084	274	162	51	210	11	3 856	284
40 763	26 431	7 752	40	19 789	5 094	655	341	262	555	81	3 890	132
44 808	37 835	5 486	168	24 051	7 661	855	442	92	419	70	3 373	374
156 344	96 553	40 997	46	56 388	25 852	2 186	861	1 190	1 673	290	10 583	613
40 256	21 607	14 710	——	11 246	7 776	389	140	861	143	166	948	4
27 527	21 628	1 750	——	15 647	3 413	577	162	10	102	176	3 379	88
5 795	4 151	605	——	3 830	364	14	18	84	48	12	86	23
30 793	18 043	6 060	810	11 315	6 370	868	452	152	321	114	3 728	274
52 895	33 790	9 870	221	22 759	9 533	1 666	896	383	614	74	6 304	136
16 600	11 204	494	3	10 484	1 593	108	45	67	60	12	2 640	25
44 924	37 346	3 029	——	28 181	4 633	417	190	55	83	20	4 384	114
——	——	——	——	——	——	——	——	——	——	——	——	——
28 737	22 540	1 024	31	20 754	2 435	920	231	129	161	9	1 295	302
24 943	21 507	3 436	——	14 900	2 419	1 056	168	35	55	——	3 601	178
7 234	5 484	85	——	5 563	981	19	26	——	155	——	297	——
9 285	8 523	213	52	6 147	780	83	53	18	38	——	1 767	112
24 089	18 997	1 521	——	13 705	2 786	481	222	125	200	102	2 843	283

各地区县、市级公共图书馆

	其他资本性支出				本年新购藏量		资产合计		增加值（千元）
		各种设备购置费			（千册、件）	新购图书	（千元）	固定资产原值	
			新增藏量购置费						
				图书购置费					
总　计	**328 854**	**275 641**	**205 057**	**185 480**	**10 451**	**8 870**	**3 959 787**	**3 504 327**	**1 076 870**
北　京	36 190	30 946	25 525	24 550	1 141.9	1 066.5	417 451	364 507	57 393.2
天　津	12 995	9 596	8 241	7 564	279.6	253	96 327	86 915	45 659.5
河　北	4 369	3 878	3 052	2 725	413.8	381.6	122 819	117 799	27 586.2
山　西	5 221	3 789	2 765	2 272	293.9	217.3	71 544	69 900	29 120.7
内蒙古	3 009	2 742	1 792	1 637	139.4	121.2	57 786	57 084	30 975.9
辽　宁	11 483	11 134	9 320	7 250	564.9	481.4	133 988	107 128	51 294.8
其中：大连	6 430	6 430	5 326	4 050	254.8	212.5	44 480	38 116	9 792.2
吉　林	1 544	1 416	926	759	46.3	32.4	44 937	40 856	24 001.3
黑龙江	2 038	1 722	1 513	1 267	102.4	75.8	55 293	50 772	25 662.9
上　海	46 968	38 292	31 463	29 513	927.6	827.9	390 437	312 381	97 718.8
江　苏	21 912	20 560	16 760	15 092	822.4	722.8	344 695	313 044	78 033.8
浙　江	39 743	32 034	24 768	23 573	1 006.2	936.2	397 450	342 501	91 098.7
其中：宁波	5 705	5 160	4 801	4 756	263.1	258.9	50 227	39 441	16 026.3
安　徽	4 618	3 506	2 015	1 321	297.6	122.5	35 137	26 624	19 474
福　建	7 540	6 963	6 443	6 047	388.9	337.9	149 177	116 028	27 591.5
其中：厦门	481	481	327	267	90.4	90.3	9 759	9 682	2 299
江　西	5 616	4 794	2 838	2 741	159	131.3	52 503	50 184	24 978.5
山　东	21 572	17 662	6 092	5 598	429.9	334.4	157 821	143 088	57 805
其中：青岛	3 629	2 703	2 055	1 995	86.6	81.6	22 096	17 573	9 712.2
河　南	6 379	5 945	2 718	2 252	321.2	294	109 945	104 411	33 654.7
湖　北	10 642	6 091	4 324	3 688	218.5	179.3	124 443	111 984	28 949
湖　南	8 946	7 379	4 260	3 701	292.2	250.7	110 489	100 999	31 716.5
广　东	43 725	38 674	28 153	25 456	1 272.3	1 091.4	359 185	315 040	81 556.6
其中：深圳	15 552	15 172	12 190	10 847	600.7	523.7	121 673	89 556	16 952.6
广　西	3 909	2 821	2 074	1 742	133.4	79.9	75 769	69 914	22 039.8
海　南	782	544	389	261	18.5	12.5	15 477	12 263	4 528.7
重　庆	5 380	4 981	4 147	3 263	255.5	192.5	100 453	86 670	18 776.4
四　川	10 610	8 321	5 854	5 201	331.5	246.2	140 999	129 537	35 292.8
贵　州	1 178	1 026	925	639	71.9	42.8	54 728	52 755	15 330.8
云　南	5 165	4 826	3 536	2 962	263.1	232.9	154 716	149 210	38 589
西　藏	——	——	——	——	——	——	——	——	——
陕　西	2 713	2 414	2 142	2 031	92.1	83.2	67 733	61 396	24 546.4
甘　肃	935	703	539	447	33.9	24.5	45 490	43 124	20 148.6
青　海	235	166	139	131	16.4	14.7	6 299	5 437	6 234.1
宁　夏	485	485	353	306	20.6	13.5	12 597	12 573	8 363.8
新　疆	2 952	2 231	1 991	1 491	96.4	69.6	54 099	50 203	18 747.4

基本情况(三)

公用房屋建筑面积					阅览室坐席数		图书馆延伸服务情况				
		阅览室面积									
(千平方米)	书库面积		书刊阅览室面积	电子阅览室面积	(个)	少儿阅览室坐席数(个)	流动图书馆车书刊借阅人次(千人次)	流动图书馆车书刊借阅册次(千册次)	分馆数量(个)	借阅人次(千人次)	借阅册次(千册次)
4 020	**884**	**907**	**593**	**158**	**349 979**	**107 568**	**3 252**	**4 669**	**1 623**	**4 947.7**	**7 855**
118	19.8	30.9	18.8	5	10 932	3 148	211.7	646.5	620	539.6	1 129.8
90.9	29	22.8	16.1	4.9	7 270	1 505	16.2	20	102	308.2	444.9
168	34.7	35.5	19.2	5.4	15 423	4 507	26	23.6	3	6.8	9.5
105.3	24	24.6	18.2	5.5	9 487	2 966	128.2	162	18	23.9	38.3
92.1	21.6	20.8	12	2.7	9 446	3 237	83.9	80.1	10	40.2	38.2
186.8	32.6	38.4	26.1	5.6	16 671	5 488	247.7	495.5	132	596	1 156.9
74.5	10.9	14.3	10.9	2.5	5 564	1 618	40	80	30	201.4	310.2
53.6	10.3	13.2	8.6	1.9	7 330	2 534	13	7.8	35	48.3	293.7
78.6	20.6	23	12.4	3.6	8 585	2 956	21.5	24.6	——	——	——
138.2	21.5	38.5	32	5.6	13 502	3 167	415.5	805.5	37	483.3	895.2
414.6	50	59.6	43.9	12.5	17 519	5 889	60.4	105.4	46	194.4	333.2
278.7	53.6	63.2	47.4	12.7	18 726	5 230	688.7	677.1	141	243.8	420.2
72.7	4.7	24	22.2	1.8	4 067	720	376	425.8	19	40.4	57.4
62.7	14.6	14.5	8.8	3.2	6 496	2 150	——	——	5	18	22.4
154.8	42.6	38.6	28.7	4.3	13 041	3 271	85.3	125.2	44	130	156.2
16.2	4.9	3.1	2.7	0.5	1 074	280	——	——	1	3.6	——
110.8	23.1	27.6	17.1	3.5	13 002	4 552	102.8	169.6	7	98	115
203.3	49.8	45.3	25.2	13.3	18 487	5 515	79.7	97.7	37	150.6	272.9
29.9	4.9	7.9	6	1.3	2 807	670	47.3	43.1	1	0.3	0.2
158.9	34.5	29.5	15.8	3.9	14 112	4 521	109.1	131.7	24	48.9	41.7
131.2	29.8	27.7	15.7	5.6	14 727	4 657	293.1	320	23	194.2	232.4
169.5	47.4	38.1	25.7	6	15 633	6 143	4.5	8	30	137	193.6
363.5	71.3	88.6	61.8	16.3	26 741	6 963	314.6	324.2	181	988.8	1 298.5
66.7	10.8	18	14	4	3 809	517	6.5	18	23	37.3	44.4
115.4	42.7	34.6	23.8	4	13 799	4 632	5.7	10.2	——	——	——
29.8	9.3	5.8	3.6	0.8	2 632	695	0.2	0.3	——	——	——
101.9	25.7	25.5	14.9	5.1	7 272	2 597	76.7	107.2	28	127.6	143.3
152.1	35.4	42.9	26.6	9.3	17 766	5 364	63.8	124.7	52	321.7	334.1
79.6	18.5	19	9.4	2.8	6 981	2 371	1.3	3.1	6	12.6	26.1
181	49.7	32.5	21.4	4.6	14 782	4 897	135.9	94.1	13	91.7	88.8
——	——	——	——	——	——	——	——	——	——	——	——
100.9	24.1	19.7	11.9	2.6	9 072	2 532	8.6	7.7	10	14.9	19.7
73.2	18.4	17.9	10.1	2.8	7 180	2 493	6.9	9	9	21.7	41.8
19.2	6.4	5	2	0.5	1 421	326	——	——	——	——	——
21.5	7.8	6.6	5.5	1.1	2 132	726	27.6	30	——	——	——
65.6	14.8	17.2	10.8	2.9	9 812	2 536	23.8	58.7	10	107.9	108.8

图书馆业主要指标解释

1. 总藏量：指本馆已编目的古籍、图书、期刊和报纸的合订本、小册子、手稿，以及缩微制品、录像带、录音带、光盘等视听文献资料数量之和。

对同一书名，但分若干册（卷）的图书，按每一册（卷）作为一册统计。期刊和报纸均以每一合订本为一册统计。至填报本表时，尚未装订成册编目的期刊和报纸不应统计在内。

2. 古籍、善本：指实际成书和出版年代在1911年（含1911年）以前的线装、卷轴装、经折装、蝴蝶装、包背装等书籍为古籍；其中清乾隆六十年，即1795年（含1795年）以前的古籍为善本，1795年至1911年间的具有历史文献性、学术资料性和印刷装帧艺术代表性的也归为善本。

3. 图书：指不少于49页并在“古籍”范围以外的图书。少儿读物、连环画49页以上的按图书统计，48页以下的按小册子统计到“其他”类中。

4. 报纸：指刊登当前事件的专题或综合新闻，每周至少出版一张并按年、月、日顺序或按编号排列的连续出版物。

5. 期刊：指同一刊名下，按顺序号或按年、月、日出版的定期或不定期的一种连续出版物。

6. 缩微制品：指本馆所有经过缩微处理制成缩微胶卷和缩微平片，使用时需要放大的文献资料。

7. 视听文献：指要求使用专用设备阅读和（或）听声的非书型、非缩微制品型文献。包括声频文献（例如：唱片、录音带、盒式磁带等）、视频文献（例如：幻灯片、透明正片等）和声频与视频混合文献（例如：有声电影、录像片等）、电子文献（例如存储在光盘、软盘、硬盘等通过计算机阅读、视听的文献）。

8. 其他：指手稿和48页以下的小册子等。

9. 当年购买的报刊种类：指图书馆当年购买的期刊和报纸种类之和。其计量原则同图书。

10. 书架单层总长度：指按书架（包括书柜）每层（不包括书架顶部遮尘板）长度累计计算的长度，其中两面放书的书架每层应按两个长度计算。

11. 累计发放有效借书证数：指图书馆发放并正在使用的有效的借书证累计数。

12. 总流通人次：指包括在馆内阅读和借出阅读书、刊、缩微制品、视听文献、电子文献等的读者人次。

13. 书刊文献外借人次：指由馆内借出阅读书、刊、缩微制品、视听文献等的读者人次。

14. 书刊文献外借册次：指读者通过借阅手续借出，在馆外阅读的书、刊、缩微制品、视听文献等册次，包括外文图书。

15. 为读者举办各种活动次数、参加人次：指由本馆举办或与外机构联合举办的为读者服务的各种活动次数及参加这些活动的人次。如读书会、报告会、读书辅导班等。不包括零散咨询、辅导次数。

16. 举办展览个数、参观人次：指本馆举办或与外机构联合举办的在馆内或馆外展览的个数及参观人次。个数按展览的内容计算。同一内容的展览不论在哪些地点展出和展出时间多久，只计算一个。

17. 举办训练班班次、培训人次：指本馆举办或与外机构联合举办的各种科普、文化、艺术等训练班，按截止到年底办完的班数及培训人数，分别计算班次及培训人次。截止到年底未办完的班数和人数均在下一年度统计。

18. 网站数：指有独立域名的Web站点，其中包括CN和通用顶级域名（gTLD）下的Web站点。此处的独立域名指的是每个域名最多只对应一个网站“WWW.＋域名”，如：对域名sina.com.cn来说，它只有一个网站www.sina.com.cn，并非它有dailynews.sina.com.cn，mail.sina.com.cn……等多个网站。

19. 新增藏量购置费：指本馆本年购进图书、报刊、缩微制品和视听文献等藏品所用经费之和。

20. 图书购置费：指本馆本年购进图书、报刊所用经费。

21. 本年新购藏量：指本年购进馆的图书、报刊、缩微制品和视听文献等藏品之和。

22. 本年新购图书：指本年购进馆的图书，包括从出版、发行、邮政等部门购进的已装订成合订本的期刊、报纸。

23. 阅览室坐席数：指阅览室内可供读者坐阅的座位数。

24. 少儿阅览室坐席数：指少儿图书馆阅览室和公共图书馆中的少儿阅览室可供少儿读者坐阅的座位数。

各地区群众艺术馆、

	机构数（个）	从业人员（人）	从业人员 高级职称	从业人员 中级职称	举办展览个数（个）	组织文艺活动次数（次）	藏书（千册）	举办训练班班次（次）	培训人次（千人次）	组织各类理论研讨和讲座次数（次）
总　计	**40 601**	**128 096**	**5 355**	**22 308**	**90 900**	**546 477**	**117 066**	**242 055**	**14 436**	**12 452**
北　京	331	1 998	47	182	2 462	53 525	3 638	23 425	1 074	363
天　津	226	1 004	99	203	769	4 442	541	3 023	293	152
河　北	2 194	5 909	311	1 164	5 481	30 251	4 262	10 231	750	503
山　西	1 490	4 036	168	757	2 001	10 937	2 322	3 910	268	327
内蒙古	963	3 725	115	745	1 692	11 250	1 186	3 980	296	145
辽　宁	1 510	4 793	207	1 122	3 621	16 370	5 690	17 210	890	353
其中:大连	170	561	40	164	635	3 380	1 472	5 287	336	46
吉　林	778	3 470	291	859	1 349	6 205	770	2 726	194	277
黑龙江	1 033	2 538	328	754	1 788	10 825	1 898	3 779	296	729
上　海	247	4 164	105	397	2 178	55 937	4 926	24 034	581	178
江　苏	1 429	5 757	282	1 242	5 631	31 812	14 910	12 803	797	1 297
浙　江	1 582	5 154	313	1 495	6 160	40 427	10 569	14 094	861	527
其中:宁波	157	617	34	146	696	4 755	1 396	2 117	190	77
安　徽	1 469	4 592	182	720	2 979	10 763	1 584	4 936	357	1 068
福　建	1 141	2 117	78	357	2 422	7 974	1 693	4 839	259	276
其中:厦门	40	148	9	24	174	1 054	212	854	19	68
江　西	1 881	4 030	121	548	2 132	10 576	6 368	3 929	247	149
山　东	1 983	6 727	584	1 662	6 083	29 610	7 598	14 004	867	845
其中:青岛	182	608	36	160	964	7 701	1 228	6 380	366	236
河　南	2 358	10 193	301	1 224	5 143	22 854	3 411	10 968	1 073	370
湖　北	1 342	4 968	292	1 128	3 191	15 605	3 106	5 171	348	187
湖　南	2 571	6 358	331	1 201	3 120	21 492	3 945	7 528	394	391
广　东	1 740	9 299	173	734	7 268	34 004	15 357	17 924	970	621
其中:深圳	62	1 107	60	139	709	2 309	1 588	2 946	148	95
广　西	1 254	3 705	108	608	1 861	11 838	5 578	4 867	181	143
海　南	232	627	12	60	312	1 422	248	689	51	34
重　庆	1 050	3 021	124	430	2 161	12 939	1 770	4 326	276	149
四　川	3 997	6 906	158	1 214	6 285	28 230	4 440	14 550	1 074	1 387
贵　州	1 443	4 106	47	205	830	7 383	1 160	4 408	281	86
云　南	1 523	4 923	119	1 016	3 126	17 249	3 003	5 495	439	1 135
西　藏	208	290	10	57	59	880	280	207	17	10
陕　西	1 765	5 489	184	1 125	3 698	11 980	1 355	7 204	447	372
甘　肃	1 206	3 090	97	368	2 761	7 531	1 731	3 722	296	154
青　海	249	692	48	137	403	3 085	245	606	43	14
宁　夏	246	1 006	49	174	1 023	4 047	445	2 579	191	42
新　疆	1 160	3 409	71	420	2 911	15 034	3 037	4 888	325	168

文化馆、文化站基本情况(一)

信息化建设		本年收入合计							本年支出合计				
计算机(台)	网站数(个)	(千元)	财政拨款	上级补助收入	事业收入	经营收入	附属单位上缴收入	其他收入	(千元)	基本支出	项目支出	经营支出	工资福利支出
9 411	**323**	**5 483 013**	**4 323 106**	**371 618**	**319 785**	**122 568**	**17 047**	**328 889**	**5 757 224**	**3 914 915**	**1 037 263**	**98 788**	**2 534 608**
574	11	140 926	100 518	15 802	14 760	430	——	9 416	132 565	80 570	46 073	422	31 962
129	3	82 316	54 971	1 334	13 662	590	66	11 693	81 977	51 607	22 409	150	25 676
196	4	128 964	119 845	2 731	2 455	1 255	——	2 678	134 254	113 825	3 279	1 259	85 751
167	11	111 200	94 527	5 748	2 320	60	——	8 545	117 577	83 307	20 054	120	53 554
139	6	101 041	97 953	——	1 025	74	——	1 989	100 728	98 387	1 771	74	62 714
430	23	154 801	143 995	4 017	2 979	192	——	3 618	154 143	118 801	14 194	756	73 303
68	7	24 735	24 114	146	252	3	——	220	25 024	16 024	4 165	16	11 796
110	5	103 684	97 289	1 872	1 151	444	——	2 928	104 068	91 283	6 245	443	62 711
244	8	114 162	107 210	3 849	1 121	——	——	1 982	116 801	80 639	22 545	——	56 747
679	19	471 063	289 293	29 007	55 830	38 381	2 882	55 670	475 539	297 265	104 363	31 115	168 834
986	24	449 809	323 820	32 580	40 746	9 686	2 256	40 721	445 873	314 788	88 153	8 555	176 580
833	30	603 484	449 739	67 001	24 384	3 331	582	58 447	601 631	397 780	166 533	2 851	220 462
106	4	122 864	74 536	16 264	7 445	540	362	23 717	121 269	75 518	34 708	571	34 638
133	6	136 647	117 486	9 837	4 106	499	85	4 634	136 385	103 575	7 470	1 087	77 646
341	19	110 913	84 070	12 459	6 509	1 568	74	6 233	110 478	75 431	23 248	3 635	40 793
116	2	24 064	19 660	831	526	72	——	2 975	21 302	11 986	9 266	40	6 332
141	10	89 206	69 261	9 633	4 169	1 314	194	4 635	90 021	64 051	5 654	945	50 900
595	22	244 182	223 699	3 118	7 366	717	430	8 852	241 225	222 261	13 982	701	147 238
179	7	44 432	38 415	1 837	2 481	——	27	1 672	45 270	39 720	5 171	——	21 490
215	10	185 486	166 544	6 200	4 845	1 839	2 050	4 008	382 668	148 065	13 257	1 832	120 232
240	17	171 856	119 815	20 528	12 320	3 365	102	15 726	192 523	117 953	32 573	2 731	74 415
221	12	164 372	129 303	7 475	7 839	1 836	191	17 728	163 720	136 076	20 954	921	96 734
802	19	794 862	561 378	94 465	65 639	25 179	7 626	40 575	764 994	437 751	266 005	19 431	256 876
155	2	231 968	149 689	43 705	20 679	137	4 900	12 858	223 462	134 912	83 870	81	66 475
238	4	98 478	88 333	3 349	3 809	956	1	2 030	98 669	76 263	6 000	661	66 097
73	——	25 548	22 638	870	80	103	111	1 746	25 109	16 499	7 715	12	12 334
203	10	132 104	75 073	9 225	16 926	25 347	55	5 478	133 687	75 235	24 844	15 696	53 291
487	12	213 327	189 353	7 952	7 991	1 580	123	6 328	288 054	175 496	74 267	1 530	105 903
127	3	97 912	89 221	2 974	2 214	147	42	3 314	97 470	92 284	1 377	84	67 126
304	6	179 013	162 161	7 406	3 483	2 583	9	3 371	182 462	134 564	25 077	2 702	107 120
65	2	17 305	14 548	267	2 320	170	——	——	17 234	16 342	200	170	10 967
198	8	107 426	97 449	3 907	3 408	143	6	2 513	107 425	84 823	5 592	154	73 035
157	6	75 738	71 993	1 138	1 346	172	70	1 019	75 087	70 444	3 310	95	48 246
43	1	33 328	30 808	1 475	755	188	——	102	38 015	29 428	963	188	18 285
110	3	36 592	32 652	1 499	717	360	9	1 355	35 749	29 073	1 318	410	22 435
231	9	107 268	98 161	3 900	3 510	59	83	1 555	111 093	81 049	7 838	58	66 641

各地区群众艺术馆、

	本年支出合计										资产合计	
	在支出合计中:											
	商品和服务支出						对个人和家庭补助支出		其他资本性支出		(千元)	固定资产原值
		维修(护)费	差旅费	劳务费	福利费	税金支出		抚恤金和生活补助		各种设备购置费		
总计	**1 190 646**	**122 580**	**53 423**	**91 688**	**48 352**	**27 631**	**493 501**	**28 623**	**352 539**	**200 898**	**11 525 127**	**9 103 083**
北京	61 371	1 730	834	4 894	187	944	11 545	180	9 467	7 996	186 413	153 145
天津	17 059	705	262	137	740	423	15 136	1 022	7 446	1 841	109 910	102 121
河北	20 086	2 010	862	1 059	756	127	14 953	718	3 778	2 614	185 431	161 005
山西	22 881	4 316	1 577	2 828	547	389	11 425	632	10 376	8 072	175 974	161 469
内蒙古	16 465	1 676	1 510	1 217	654	40	12 679	564	3 102	2 673	145 673	129 244
辽宁	32 973	3 200	1 270	3 234	571	4 349	23 257	1 041	7 760	5 836	243 108	194 844
其中:大连	6 125	342	475	723	98	17	1 070	111	1 359	860	80 178	52 694
吉林	14 649	1 092	604	781	169	321	20 641	491	1 858	857	70 888	63 104
黑龙江	19 550	5 758	903	791	228	2	17 675	665	1 659	630	126 180	116 439
上海	141 592	20 562	2 282	9 442	9 015	6 170	14 772	1 688	44 515	18 851	1 010 600	766 045
江苏	113 975	12 077	3 689	7 221	4 160	566	43 566	2 038	49 625	21 780	2 374 888	1 193 835
浙江	196 406	7 628	6 315	13 658	6 281	6 309	40 256	3 592	46 440	27 891	1 181 174	1 009 023
其中:宁波	34 844	1 948	937	1 814	593	218	3 795	269	4 294	3 989	398 730	332 512
安徽	21 547	2 430	1 074	1 401	2 320	111	24 096	993	4 935	3 118	112 997	98 074
福建	24 977	1 828	815	2 163	903	409	10 379	1 298	5 621	3 086	299 284	254 474
其中:厦门	9 294	89	173	842	65	2	1 926	18	252	152	23 244	21 731
江西	15 483	1 828	1 137	992	1 154	214	13 271	565	4 632	2 446	103 772	91 780
山东	43 340	4 508	4 477	1 961	1 119	131	22 820	1 961	13 946	9 586	399 617	343 763
其中:青岛	10 850	758	3 309	344	69	63	3 330	1 071	3 352	2 588	127 707	113 618
河南	19 750	1 613	1 179	1 211	707	251	17 288	847	6 752	4 608	211 526	185 017
湖北	41 782	7 414	2 339	3 027	2 527	412	17 436	715	12 548	6 220	403 506	348 508
湖南	36 956	2 833	1 809	1 916	1 293	281	12 914	987	8 959	4 676	204 144	166 590
广东	164 125	19 191	8 329	21 657	7 891	3 740	32 976	2 283	53 850	38 951	1 950 727	1 718 441
其中:深圳	48 584	3 412	4 267	11 541	3 427	878	6 077	732	9 520	8 123	293 341	260 970
广西	10 892	1 346	793	473	397	181	12 558	735	3 889	1 150	199 985	182 081
海南	3 714	238	301	273	27	33	651	126	505	92	58 417	55 113
重庆	23 169	5 480	1 537	3 111	1 444	537	11 268	688	10 562	4 843	269 467	233 995
四川	44 957	4 862	3 822	3 227	2 130	399	23 226	1 675	12 416	7 188	291 795	254 845
贵州	13 424	687	895	389	648	251	8 170	222	2 360	1 134	115 175	108 585
云南	21 216	1 399	1 224	727	741	389	18 408	451	10 679	4 567	391 813	368 259
西藏	1 182	365	330	21	17	6	2 056	61	387	387	61 740	51 810
陕西	13 470	2 546	1 191	1 075	427	258	7 337	646	5 941	3 275	230 522	215 131
甘肃	9 222	1 425	414	293	362	129	11 188	261	2 177	1 800	118 485	108 898
青海	7 855	73	373	275	11	--	4 220	350	1 181	829	37 167	35 642
宁夏	3 744	463	274	411	126	85	5 409	394	1 085	1 009	54 006	51 039
新疆	12 834	1 297	1 002	1 823	800	174	11 925	734	4 088	2 892	200 743	180 764

文化馆、文化站基本情况(二)

增加值(千元)	公用房屋建筑面积(千平方米)	业务用房面积	对公众开放阅览室面积	流动舞台车数量(辆)	利用流动舞台车演出场次(场)	利用流动舞台车演出观众人次(千人次)	馆办文艺团体	馆办文艺团体演出场次	馆办老年大学	农村集镇文化中心	文化户	群众业余文艺团队
3 542 781	**16 674**	**10 919**	**199**	**135**	**4 745**	**5 616**	**6 094**	**79 718**	**712**	**23 995**	**528 768**	**67 998**
55 933	510	355	2	15	354	83	104	1 775	11	501	9 087	813
45 245	119	86	1	1	50	100	45	565	3	130	6 252	1 247
108 375	499	282	7	4	310	363	259	3 242	58	841	43 664	4 413
74 746	304	205	13	3	50	92	618	2 490	24	2 111	18 544	2 191
82 009	230	144	3	2	24	38	196	3 052	19	361	7 822	897
111 648	718	454	8	8	186	402	272	4 210	35	672	36 881	3 769
15 721	197	124	——	——	——	——	41	1 026	5	46	6 354	368
86 698	123	79	2	——	——	——	104	508	21	278	7 727	448
79 490	246	154	2	4	24	63	304	1 812	28	650	8 585	1 194
237 279	886	554	4	7	414	505	139	2 837	12	123	4 191	729
279 467	1 547	1 098	9	3	50	20	408	3 209	28	1 105	29 854	2 999
323 288	1 686	1 238	9	32	1 613	1 816	409	3 317	81	1 012	26 301	5 817
53 361	235	166	2	——	——	——	25	272	2	215	5 481	1 366
108 539	289	165	3	3	41	65	187	1 650	18	349	8 979	1 324
63 830	481	298	5	3	4	11	173	1 786	17	652	11 573	889
10 142	77	60	——	1	——	——	12	258	3	13	588	112
70 082	308	175	15	——	——	——	107	2 961	19	704	19 698	1 026
185 813	834	543	6	5	177	166	266	6 112	27	1 795	53 526	7 031
28 964	239	147	1	4	117	50	91	860	8	251	13 534	2 771
146 113	485	283	7	7	288	265	229	3 086	49	1 760	43 265	3 976
111 305	836	510	9	5	34	46	184	2 907	22	1 655	17 613	2 085
118 917	480	316	1	1	40	40	149	3 329	22	1 403	30 754	4 352
395 996	2 605	1 724	18	10	268	377	362	5 446	44	812	14 947	2 144
101 833	228	138	3	1	7	4	73	359	13	101	956	213
86 579	431	298	5	4	211	633	299	5 839	22	615	11 768	2 602
15 418	38	25	3	2	22	20	18	86	1	110	2 231	325
81 506	334	208	5	——	——	——	93	949	26	502	16 730	981
143 784	628	425	17	3	155	245	308	4 201	58	2 040	34 950	3 730
80 786	193	112	8	1	100	100	110	1 528	11	506	7 960	1 202
141 669	574	335	5	——	——	——	194	4 445	20	1 018	13 964	7 497
15 082	53	29	3	2	4	4	6	178	——	144	259	226
90 181	418	280	14	2	88	10	215	2 502	10	662	14 909	1 307
64 371	213	151	5	1	16	35	75	1 269	3	526	12 961	1 093
23 618	51	30	1	2	27	3	37	1 704	1	133	961	436
30 235	95	67	3	4	195	103	41	379	4	112	3 273	201
84 779	460	296	6	1	——	11	183	2 344	18	713	9 539	1 054

各地区省级群众

	机构数（个）	从业人员（人）			举办展览个数（个）	组织文艺活动次数（次）	藏书（千册）	举办训练班班次（次）	培训人次（千人次）	组织各类理论研讨和讲座次数（次）
			高级职称	中级职称						
总计	**31**	**1 630**	**437**	**421**	**248**	**792**	**112**	**3 134**	**190**	**189**
北京	1	60	9	11	10	55	——	18	1.4	29
天津	1	67	18	15	18	120	——	58	1	——
河北	1	56	21	10	5	32	21	81	5.8	10
山西	1	66	20	18	8	12	7	44	43.9	1
内蒙古	1	45	12	17	5	12	3	46	4.3	5
辽宁	1	55	——	——	10	16	——	7	5	5
吉林	1	62	19	15	——	14	——	3	0.03	1
黑龙江	1	48	24	4	2	8	4.1	1	0.1	——
上海	1	67	11	23	12	19	——	57	15	37
江苏	1	39	15	14	4	52	——	5	0.3	24
浙江	1	48	24	18	34	29	7	28	1.9	8
安徽	1	37	9	6	10	14	——	100	——	——
福建	1	47	14	14	54	10	——	7	1.6	7
江西	1	33	9	13	4	8	10	18	1	——
山东	1	53	25	16	9	12	13.4	15	1	12
河南	1	46	17	9	2	13	——	7	1.6	2
湖北	1	73	28	12	15	24	2.5	620	9.3	5
湖南	1	60	10	12	——	8	——	2	0.01	——
广东	1	44	6	11	1	13	——	6	0.3	——
广西	1	36	15	10	4	18	——	20	0.8	——
海南	1	31	6	12	1	19	——	20	1.5	5
重庆	1	58	20	9	——	8	——	——	——	——
四川	1	68	7	24	4	9	9.6	17	2.9	5
贵州	1	63	16	11	4	30	2.4	1 740	80	13
云南	1	63	15	20	——	21	——	16	8	2
西藏	1	41	4	16	——	18	——	10	0.4	——
陕西	1	77	14	28	6	10	3	6	0.3	8
甘肃	1	39	11	12	17	32	27.6	31	0.6	3
青海	1	43	16	10	3	60	2	15	0.3	——
宁夏	1	60	12	17	4	90	——	8	1	4
新疆	1	45	10	14	2	6	——	128	0.6	3

艺术馆基本情况(一)

信息化建设		本年收入合计							本年支出合计				
计算机(台)	网站数(个)	(千元)	财政拨款	上级补助收入	事业收入	经营收入	附属单位上缴收入	其他收入	(千元)	基本支出	项目支出	经营支出	工资福利支出
631	**18**	**209 938**	**169 737**	**6 239**	**19 482**	**2 304**	**60**	**12 116**	**199 407**	**138 596**	**57 172**	**2 257**	**58 830**
55	1	20 665	20 632	32	——	——	——	1	19 389	3 958	15 431	——	2 222
24	1	9 084	6 357	320	2 407	——	——	——	8 919	7 344	1 575	——	2 234
——	——	4 899	4 442	34	335	——	——	88	5 115	4 057	1 058	——	1 433
32	1	6 717	6 605	——	——	——	——	112	7 148	4 603	2 545	——	1 875
24	1	2 962	2 308	——	387	——	——	267	2 966	2 736	230	——	1 027
23	1	6 994	6 705	——	289	——	——	——	5 629	4 423	121	——	1 876
19	1	4 916	4 458	——	259	——	——	199	4 738	4 566	172	——	2 400
11	——	6 028	6 003	——	——	——	——	25	6 028	5 468	560	——	2 671
85	1	18 455	6 651	1 757	8 411	——	——	1 636	18 247	13 266	4 980	——	5 846
57	1	8 062	5 382	——	367	——	——	2 313	7 068	4 747	2 321	——	2 245
61	1	11 863	9 560	——	302	——	——	2 001	12 248	8 248	3 810	——	3 575
13	1	4 657	3 551	707	81	——	——	318	4 492	3 210	1 282	——	1 193
——	——	7 014	5 698	304	745	——	——	267	6 300	4 706	1 494	——	1 638
13	1	2 313	2 132	——	110	——	——	71	2 414	2 314	100	——	832
9	——	12 111	11 078	——	587	——	——	446	6 765	5 458	1 307	——	2 556
16	1	4 640	3 695	——	606	337	——	2	4 640	3 573	730	337	1 731
29	1	7 136	5 708	——	1 091	53	60	224	7 136	4 136	2 994	6	1 301
12	1	4 335	3 566	——	246	——	——	523	4 354	4 340	14	——	1 492
24	——	8 795	6 440	1 568	767	——	——	20	9 576	5 423	4 153	——	2 350
17	——	3 705	3 273	——	424	——	——	8	3 584	2 861	723	——	1 477
——	——	3 893	3 125	——	——	——	——	768	3 292	3 032	260	——	1 731
——	——	1 328	449	214	461	——	——	204	1 069	1 069	——	——	212
21	1	5 907	4 985	——	90	——	——	832	5 551	4 258	1 293	——	2 001
12	1	5 410	4 155	248	——	——	——	1 007	5 105	5 005	100	——	1 967
27	——	14 172	11 854	200	41	1 587	——	490	15 663	5 065	9 039	1 559	1 685
——	——	4 142	4 142	——	——	——	——	——	4 138	4 138	——	——	2 516
25	1	3 609	3 067	——	542	——	——	——	3 609	3 543	66	——	1 569
6	——	4 027	3 889	30	107	——	——	1	3 301	3 301	——	——	1 216
8	——	5 072	4 305	72	658	——	——	37	4 735	4 566	169	——	1 569
8	1	4 681	3 354	753	169	327	——	78	3 833	2 985	493	355	1 065
——	——	2 346	2 168	——	——	——	——	178	2 355	2 197	152	——	1 325

各地区省级群众

	本年支出合计										资产合计	
		在支出合计中:									(千元)	固定资产原值
		商品和服务支出					对个人和家庭补助支出		其他资本性支出			
		维修(护)费	差旅费	劳务费	福利费	税金支出		抚恤金和生活补助		各种设备购置费		
总　计	**68 260**	**3 734**	**3 014**	**3 033**	**2 631**	**1 286**	**45 129**	**1 496**	**13 163**	**7 757**	**197 577**	**134 104**
北　京	15 965	383	310	1 308	8	——	995	6	206	206	7 401	3 329
天　津	2 699	1	132	——	94	48	2 028	543	1 958	97	4 285	1 960
河　北	1 521	91	31	——	201	30	1 948	20	213	210	4 539	3 463
山　西	1 446	166	298	43	19	——	2 130	233	1 694	806	6 420	4 202
内蒙古	1 118	83	166	90	31	25	819	9	2	2	5 123	4 735
辽　宁	980	138	77	——	12	——	1 567	28	——	——	5 335	3 613
吉　林	938	6	68	28	7	17	1 331	5	69	——	2 083	1 019
黑龙江	879	54	122	96	2	——	2 431	16	47	47	1 539	1 083
上　海	9 921	425	27	146	78	232	647	——	225	224	8 021	5 044
江　苏	2 671	10	75	531	21	——	1 497	144	655	655	12 384	8 957
浙　江	5 002	955	68	22	24	329	2 084	——	1 396	123	16 906	7 967
安　徽	1 544	14	32	21	1 477	——	1 735	——	——	——	6 406	5 811
福　建	2 490	29	87	12	143	68	1 813	6	39	——	5 955	2 511
江　西	572	——	——	——	——	——	950	——	60	——	425	425
山　东	1 508	76	34	3	8	——	2 687	——	14	14	27 217	18 016
河　南	1 688	25	30	2	38	86	1 187	15	34	34	3 215	2 553
湖　北	2 207	91	236	15	61	6	1 541	12	916	614	4 696	3 556
湖　南	1 126	66	37	——	59	12	1 722	11	14	14	5 748	1 190
广　东	4 206	221	304	305	75	43	1 456	8	1 564	1 564	7 373	4 575
广　西	290	8	24	3	5	——	1 095	13	——	——	1 315	1 315
海　南	1 253	73	176	——	——	——	252	——	——	——	5 545	3 411
重　庆	624	245	55	207	117	——	144	——	89	——	7 310	3 480
四　川	845	——	96	——	37	152	1 562	——	1 143	716	6 850	5 864
贵　州	1 060	77	65	——	21	148	2 011	54	67	67	7 118	5 344
云　南	1 045	55	103	16	27	——	2 800	16	1 821	1 821	17 468	15 563
西　藏	418	——	181	——	——	——	1 204	33	——	——	1 003	1 003
陕　西	694	26	52	——	——	65	1 346	35	——	——	5 398	5 072
甘　肃	1 100	319	16	——	19	——	923	5	62	62	2 465	2 465
青　海	1 145	19	30	——	1	——	1 542	239	419	147	3 711	2 392
宁　夏	1 043	78	36	185	20	19	1 071	43	299	299	3 409	3 409
新　疆	262	——	46	——	26	6	611	2	157	35	914	777

艺术馆基本情况(二)

增加值(千元)	公用房屋建筑面积(千平方米)	业务用房面积	对公众开放阅览室面积	流动舞台车数量(辆)	利用流动舞台车演出场次(场)	利用流动舞台车演出观众人次(千人次)	馆办文艺团体	馆办文艺团体演出场次	馆办老年大学	农村集镇文化中心	文化户	群众业余文艺团队
	公用房屋建筑面积	业务用房面积		流动舞台车数量			由本馆指导的单位(个)					
115 549	**127**	**90**	**3.7**	**5**	**23**	**51**	**71**	**946**	**10**	**207**	**48**	**105**
4 680	2.9	2.9	——	——	——	——	1	109	——	——	——	——
3 991.6	1.2	——	——	——	——	——	——	——	——	——	——	——
3 717.8	5	2.5	0.5	——	——	——	5	82	1	——	——	——
4 021.2	4.2	0.3	——	——	——	——	6	160	1	21	——	19
2 182.5	3.6	2.9	——	——	——	——	3	20	1	——	——	11
3 632.9	6.3	3.5	2	——	——	——	1	20	——	25	1	——
3 832.5	——	——	——	——	——	——	1	5	——	1	——	6
5 235.1	1.6	1	——	——	——	——	——	——	——	——	——	——
7 247.3	13	13	——	2	19	40	2	10	1	——	——	——
4 558.3	4.9	2	——	1	——	——	5	26	1	——	——	1
6 347.2	3.2	1.4	——	——	——	——	1	200	——	85	——	6
4 663.4	4.6	——	——	——	——	——	4	10	——	——	——	——
3 849.8	2.7	2.7	——	1	4	11	3	16	——	18	——	7
1 794.2	——	——	——	——	——	——	1	13	——	——	——	3
6 235.9	17.6	11.8	——	——	——	——	——	——	——	——	——	——
3 133	3.5	3.1	——	——	——	——	——	——	——	——	——	——
3 069.3	3.7	3.7	——	——	——	——	——	——	1	——	——	——
3 322.9	——	——	——	——	——	——	5	——	1	12	——	——
4 355.3	——	——	——	——	——	——	2	30	——	——	——	——
2 635	1.3	1.3	——	——	——	——	3	15	1	4	——	8
2 130.7	1.1	0.3	——	——	——	——	——	——	——	——	——	——
912.6	9.2	9.2	——	——	——	——	——	——	——	——	——	——
3 998.1	4	3.9	——	——	——	——	6	51	1	21	40	32
4311	4	4	——	——	——	——	5	60	——	——	——	——
4 969.8	9.4	9.4	——	——	——	——	5	35	——	——	——	——
3 738.7	3.6	1.7	——	1	——	——	1	——	——	——	1	——
3 151.2	8.7	5.9	1.2	——	——	——	2	10	——	20	6	3
2 271.9	1.7	0.5	——	——	——	——	5	22	——	——	——	4
3 014.3	2.3	——	——	——	——	——	——	40	——	——	——	4
2 545.5	3.7	3.5	——	——	——	——	2	10	1	——	——	1
2 000	——	——	——	——	——	——	2	2	——	——	——	——

各地区地市级群众

	机构数（个）	从业人员（人）	高级职称	中级职称	举办展览个数（个）	组织文艺活动次数（次）	藏书（千册）	举办训练班班次（次）	培训人次（千人次）	组织各类理论研讨和讲座次数（次）
总计	**380**	**9 870**	**1 487**	**3 352**	**2 276**	**13 772**	**444**	**12 280**	**494**	**1 344**
北京	——	——	——	——	——	——	——	——	——	——
天津	——	——	——	——	——	——	——	——	——	——
河北	12	503	100	167	76	551	42.8	1205	41.9	57
山西	11	373	42	142	52	199	29.5	181	5	21
内蒙古	12	385	42	151	66	442	14.4	218	7.6	39
辽宁	29	690	87	259	87	707	63.9	930	36.2	90
其中:大连	2	75	13	31	6	15	0.5	253	6.6	7
吉林	17	540	90	195	52	619	6.8	98	3.2	80
黑龙江	16	357	129	131	51	601	7.8	389	20.9	39
上海	——	——	——	——	——	——	——	——	——	——
江苏	13	429	88	133	89	429	12.6	1 063	28.8	83
浙江	11	368	89	119	137	510	0.5	822	12.4	84
其中:宁波	1	67	10	21	30	20	——	31	0.8	21
安徽	24	370	28	113	88	496	20	1 070	45.8	54
福建	13	144	18	46	165	354	2.5	536	14.5	69
其中:厦门	1	48	6	13	63	150	2.5	344	5	42
江西	11	404	37	84	34	191	4	263	9.7	22
山东	17	586	164	176	153	1 093	26.3	417	21.8	68
其中:青岛	1	49	12	13	5	117	——	60	1.5	——
河南	21	527	67	193	115	655	18.1	467	20.46	43
湖北	19	606	92	237	103	696	10.6	299	19.6	66
湖南	14	426	82	163	61	323	9	282	10.4	41
广东	21	524	60	132	196	2 401	19.4	862	80.1	115
其中:深圳	1	111	17	32	30	50	——	200	12	20
广西	15	320	35	103	73	327	13	541	9.2	26
海南	2	26	4	5	6	46	——	40	1.6	4
重庆	——	——	——	——	——	——	——	——	——	——
四川	20	519	52	187	195	824	13.1	822	54.7	207
贵州	7	110	19	31	28	201	0.7	66	3.8	26
云南	16	392	38	151	68	184	7	293	12.5	17
西藏	7	125	3	36	11	222	67	12	0.3	——
陕西	10	312	34	118	124	368	24.9	914	6	44
甘肃	14	326	31	99	102	411	8	126	11.9	18
青海	8	119	15	47	21	268	0.6	33	2.9	6
宁夏	6	113	11	43	26	401	20	43	6.3	5
新疆	14	276	30	91	97	253	2	288	6.7	20

艺术馆基本情况(一)

信息化建设		本年收入合计							本年支出合计				
计算机(台)	网站数(个)	(千元)	财政拨款	上级补助收入	事业收入	经营收入	附属单位上缴收入	其他收入	(千元)	基本支出	项目支出	经营支出	工资福利支出
1 957	**64**	**705 828**	**591 592**	**24 774**	**50 227**	**4 851**	**36**	**34 348**	**696 921**	**554 891**	**100 058**	**5 063**	**308 017**
——	——	——	——	——	——	——	——	——	——	——	——	——	——
——	——	——	——	——	——	——	——	——	——	——	——	——	——
67	3	29 211	26 881	——	297	1 047	——	986	29 383	27 504	230	1 087	14 626
53	1	20 534	17 436	45	1 482	——	——	1 571	19 536	17 533	1 744	——	9 955
36	1	19 179	18 478	——	45	——	——	656	18 826	18 704	122	——	10 140
158	6	37 838	34 023	2 393	991	64	——	367	37 993	33 274	4 103	525	19 308
26	2	4 296	4 192	——	——	——	——	104	4 312	3 678	634	——	2 538
46	2	27 304	25 201	——	425	115	——	1 563	27 687	23 858	2 528	114	14 517
54	1	26 675	23 780	1 271	848	——	——	776	27 344	22 632	3 510	——	10 821
——	——	——	——	——	——	——	——	——	——	——	——	——	——
123	5	59 227	39 129	311	15 993	441	——	3 353	60 182	44 667	15 074	441	21 566
136	7	54 154	38 419	4 904	5 241	517	——	5 073	52 347	40 381	11 448	219	21 213
——	1	13 335	6 190	2 479	3 374	——	——	1 292	12 679	10 563	1 923	——	4 764
46	2	23 909	18 876	2 071	1 661	235	——	1 066	24 002	21 571	1 267	289	10 755
121	3	13 480	11 839	312	826	67	——	436	12 352	9 157	2 960	——	4 883
91	1	7 968	7 444	——	494	——	——	30	6 526	4 450	2 076	——	2 328
17	——	13 062	10 381	1 565	549	——	——	567	12 860	9 429	265	——	6 988
120	5	42 956	37 004	——	3 518	——	27	2 407	43 638	40 945	2 693	——	24 028
18	1	7 937	5 842	——	2 048	——	27	20	8 040	8 033	7	——	3 471
52	1	25 491	22 808	563	1 092	249	——	779	26 724	21 873	1 303	225	13 885
79	2	35 000	24 298	2 726	3 181	738	——	4 057	33 567	25 730	5 226	902	13 848
81	4	29 966	22 477	231	2 397	——	9	4 852	29 095	22 536	6 259	——	11 904
250	5	82 477	73 167	4 581	3 673	233	——	823	73 326	44 185	25 751	254	19 466
——	——	17 673	17 324	297	20	——	——	32	19 216	10 747	8 469	——	874
65	2	17 323	15 419	119	671	325	——	789	17 431	15 839	694	217	8 927
10	——	2 596	1 990	231	——	——	——	375	2 687	1 791	896	——	1 060
——	——	——	——	——	——	——	——	——	——	——	——	——	——
112	2	37 204	34 116	1 160	1 448	31	——	449	36 823	21 484	7 729	2	15 683
43	1	6 910	5 298	773	37	——	——	802	6 726	5 728	——	——	3 181
78	1	23 468	20 762	429	1 134	542	——	601	23 574	19 312	3 378	542	11 647
9	1	9 851	7 571	——	2 280	——	——	——	9 851	9 651	200	——	5 853
68	3	16 013	13 706	72	1 213	——	——	1 022	16 063	12 625	820	——	8 003
33	2	17 699	17 257	9	323	——	——	110	17 819	16 186	1 054	——	8 228
10	——	8 770	7 593	956	18	188	——	15	13 778	8 386	204	188	4 560
46	2	8 105	7 278	50	119	——	——	658	7 948	5 469	190	——	4 139
44	2	17 426	16 405	2	765	59	——	195	15 359	14 441	410	58	8 833

各地区地市级群众

地区	本年支出合计										资产合计	
	在支出合计中：											
	商品和服务支出						对个人和家庭补助支出		其他资本性支出		（千元）	固定资产原值
		维修（护）费	差旅费	劳务费	福利费	税金支出		抚恤金和生活补助		各种设备购置费		
总计	**154 147**	**14 200**	**8 553**	**12 165**	**5 153**	**2 749**	**128 810**	**6 781**	**29 661**	**16 529**	**967 083**	**843 441**
北京	——	——	——	——	——	——	——	——	——	——	——	——
天津	——	——	——	——	——	——	——	——	——	——	——	——
河北	6 170	570	283	198	296	93	5 830	112	992	378	20 307	16 905
山西	5 086	429	207	102	147	107	3 483	120	248	248	20 123	16 207
内蒙古	3 771	538	478	174	179	2	3 913	108	359	358	12 472	11 632
辽宁	9 096	618	357	894	196	211	8 196	778	709	325	48 948	43 307
其中：大连	1 119	61	107	107	38	——	211	4	19	19	1 616	1 529
吉林	5 679	302	264	230	18	131	6 764	82	494	408	26 645	21 540
黑龙江	9 786	3 391	244	426	97	——	5 679	53	263	154	50 918	46 196
上海	——	——	——	——	——	——	——	——	——	——	——	——
江苏	12 135	294	520	1 175	224	314	9 926	190	8 002	1 078	136 826	127 997
浙江	15 118	727	1 086	1 965	547	616	7 734	1 973	3 381	3 381	58 672	42 054
其中：宁波	3 017	125	344	361	26	192	911	4	182	182	12 733	7 489
安徽	4 652	391	314	474	306	58	6 765	437	616	319	30 699	26 737
福建	2 577	61	76	45	71	16	1 777	102	776	356	31 328	21 946
其中：厦门	967	24	32	12	32	——	1 148	18	7	7	5 597	5 597
江西	2 691	71	129	129	149	86	3 059	54	45	45	9 903	8 865
山东	9 733	1 403	309	157	233	99	7 304	665	2 038	1 524	32 336	25 945
其中：青岛	3 204	161	68	——	59	63	1 288	611	63	63	2 165	2 165
河南	4 249	117	164	247	209	13	5 382	120	672	155	36 320	33 873
湖北	7 146	546	516	278	510	176	6 274	387	1 137	1 050	92 747	81 081
湖南	8 585	448	313	260	174	65	5 272	303	2 502	1 577	29 569	21 171
广东	13 185	487	822	3 273	321	89	9 472	472	1 942	1 804	68 922	59 655
其中：深圳	858	11	119	204	65	——	190	——	——	——	2 038	1 761
广西	2 809	367	222	130	93	56	4 308	95	628	509	15 899	12 715
海南	1 210	165	96	228	27	33	206	43	60	31	39 441	39 092
重庆	——	——	——	——	——	——	——	——	——	——	——	——
四川	10 146	943	841	1 126	285	21	6 765	122	1 981	1 081	50 749	44 863
贵州	1 485	12	78	78	294	66	1 219	23	257	——	4 958	2 219
云南	4 032	311	293	157	374	223	5 815	74	873	390	47 664	43 453
西藏	598	302	73	21	7	4	814	28	50	50	27 614	26 248
陕西	4 049	850	270	217	30	152	2 327	87	410	94	36 696	34 874
甘肃	4 408	516	68	13	166	26	3 991	68	569	569	9 683	8 463
青海	2 243	14	33	16	1	——	1 589	111	232	232	5 469	5 377
宁夏	1 098	108	117	63	45	58	1 700	106	170	170	8 678	8 473
新疆	2 410	219	380	89	154	34	3 246	68	255	243	13 497	12 553

艺术馆基本情况(二)

增加值(千元)	公用房屋建筑面积(千平方米)	业务用房面积	对公众开放阅览室面积	流动舞台车数量(辆)	利用流动舞台车演出场次(场)	利用流动舞台车演出观众人次(千人次)	由本馆指导的单位(个):馆办文艺团体	馆办文艺团体演出场次	馆办老年大学	农村集镇文化中心	文化户	群众业余文艺团队
484 386	**971**	**612**	**20.6**	**18**	**473**	**474**	**797**	**8 536**	**70**	**3 065**	**5 082**	**4 829**
——	——	——	——	——	——	——	——	——	——	——	——	——
——	——	——	——	——	——	——	——	——	——	——	——	——
21 572.1	38.2	23.1	0.9	1	32	93	45	340	7	56	346	143
14 399.2	23.3	10.7	——	——	——	——	15	32	——	15	18	16
14 797.3	19.4	12.7	——	——	——	——	45	309	1	51	118	203
29 782.1	56.9	35	0.7	1	——	——	55	471	5	94	363	261
2 958	6.1	6.1	0.04	——	——	——	8	90	1	7	3	5
22 456.4	26.3	15.2	——	——	——	——	22	195	14	68	202	85
18 836.9	40	21.8	0.3	2	18	44	20	256	4	56	109	215
——	——	——	——	——	——	——	——	——	——	——	——	——
38 129.3	55.4	45.2	2.1	1	——	——	41	320	5	235	121	621
32 062.2	67	38	——	3	150	120	23	180	——	33	220	147
6 737.6	6.1	6.0	——	——	——	——	——	——	——	6	——	7
19 032.1	27.4	13.7	0.9	2	25	53	34	297	1	66	132	185
7 677.9	47.7	37.2	1.1	2	——	——	42	290	1	91	29	44
3 817.3	28	24	——	1	——	——	9	100	1	——	——	18
10 732.2	25.4	12.9	1.41	——	——	——	7	16	1	77	773	113
32 369.9	49.1	39.6	0.001	1	117	50	32	757	3	111	99	256
4 334.5	8.4	7.5	——	1	117	50	3	117	——	12	——	9
20 766.1	46.5	25	0.5	——	——	——	49	545	1	66	736	280
24 088.9	69	45.9	2.4	1	26	31	49	654	4	1142	848	430
18 247.8	54.1	38.8	0.4	——	——	——	19	204	4	34	14	516
34 365.8	62.1	40.5	3.6	1	13	30	59	477	1	32	4	217
1 409.3	6.8	4.4	2.2	——	——	——	6	15	1	——	——	——
13 938.2	30	10.9	0.3	——	——	——	28	1816	1	43	75	199
3 080.8	8.3	6.4	——	——	——	——	4	32	——	6	——	168
——	——	——	——	——	——	——	——	——	——	——	——	——
25 574.4	45	34.1	1.2	2	60	45	34	121	3	340	296	113
4 908.9	3.6	1.9	——	——	——	——	30	143	——	25	5	66
19 890	42.5	24.5	0.2	——	——	——	26	238	2	337	23	162
7 725.6	18.0	8.1	0.12	——	——	——	2	90	——	——	——	18
12 053.3	52.1	32	0.8	——	——	——	38	191	2	6	10	24
12 698.9	22.1	15.5	1.4	——	——	——	28	226	1	54	21	257
5 954.6	9.1	6.755	——	——	——	——	15	91	1	——	16	19
6 245.4	10.9	5	0.06	1	32	8	8	50	1	27	504	63
13000	22	11.8	2.2	——	——	——	27	195	7	——	——	8

各地区县市级

	机构数（个）	从业人员			举办展览个数（个）	组织文艺活动次数（次）	藏书（千册）	举办训练班班次（次）	培训人次（千人次）	组织各类理论研讨和讲座次数（次）
		（人）	高级职称	中级职称						
总　计	**2 806**	**39 500**	**2 123**	**10 428**	**14 409**	**96 289**	**4050**	**58178**	**2429**	**10 919**
北　京	20	801	34	129	199	4 697	39.1	4589	285.2	334
天　津	18	612	70	169	176	837	2.4	790	60.6	152
河　北	164	1 951	101	629	1 052	6 123	293	1683	70.1	436
山　西	119	1 672	48	483	515	2 331	99.7	854	48.1	305
内蒙古	102	1 323	46	396	407	2 482	84.6	1135	45.8	101
辽　宁	108	1 684	74	539	439	2 331	158.1	7176	187.5	258
其中：大连	10	190	16	78	44	401	35.7	989	32	39
吉　林	57	1 502	170	485	240	1 829	27	1009	44	196
黑龙江	128	1 412	165	567	484	4 003	155.8	1452	58.6	690
上　海	29	1 153	55	221	279	7 454	191.6	2799	47	141
江　苏	102	1 503	128	558	658	5 078	404.8	3529	138.8	1 190
浙　江	87	1 469	163	529	676	6 728	32.5	3352	97.6	435
其中：宁波	11	225	15	62	69	1 587	5	451	16	56
安　徽	94	1 074	32	246	518	1 819	116.1	697	26	1 014
福　建	77	652	41	163	492	1 780	95.3	1393	59.3	200
其中：厦门	5	43	2	11	36	240	——	337	2.6	26
江　西	101	1 337	35	241	489	2 106	28.1	1110	46.6	127
山　东	139	2 373	338	941	1 044	7 139	385.3	5614	235.1	765
其中：青岛	12	189	21	69	101	1 653	6.7	3723	130.3	236
河　南	180	3 124	52	454	792	3 657	169.1	1348	76.4	325
湖　北	93	1 740	100	467	455	2 227	54.6	870	59.6	116
湖　南	125	1 755	81	476	499	3 421	97.8	1990	83.5	350
广　东	121	1 512	35	211	738	5 304	144	3488	148.3	506
其中：深圳	6	136	18	36	126	284	19.5	433	48.8	75
广　西	99	1 149	20	276	383	3 060	67	1303	53	117
海　南	18	161	2	27	54	250	8.9	64	3.1	25
重　庆	40	736	70	173	295	1 542	26.9	1244	55.7	149
四　川	181	1 790	61	488	942	4 801	448.1	4978	215.1	1 175
贵　州	87	837	9	117	228	2 163	51.2	943	35.5	47
云　南	131	1 536	45	430	452	3 036	52.8	1303	94.9	1 116
西　藏	33	92	3	5	24	395	126.9	11	0.2	10
陕　西	109	1 872	53	435	579	2 576	62.7	1257	47.2	320
甘　肃	86	969	36	178	542	1 533	184	800	48.2	133
青　海	45	345	17	77	123	2 131	84.6	124	7	8
宁　夏	19	321	14	92	103	902	30.5	395	19.8	33
新　疆	94	1 043	25	226	532	2 554	328	878	32.1	145

文化馆基本情况(一)

信息化建设		本年收入合计							本年支出合计				
计算机(台)	网站数(个)	(千元)	财政拨款	上级补助收入	事业收入	经营收入	附属单位上缴收入	其他收入	(千元)	基本支出	项目支出	经营支出	工资福利支出
6 823	**241**	**2 008 636**	**1 632 319**	**96 247**	**111 808**	**32 739**	**6 549**	**128 974**	**1 997 397**	**1 576 212**	**206 476**	**26 845**	**986 874**
519	10	120 078	79 703	15 770	14 760	430	——	9 415	113 008	76 612	30 642	422	29 740
105	2	48 054	39 713	66	2 828	——	30	5 417	47 347	36 250	5 467	——	19 207
129	1	54 328	51 914	968	1 023	130	——	293	54 356	47 899	590	130	39 788
82	9	56 232	53 939	1 103	815	60	——	315	56 237	45 621	2 935	60	34 036
79	4	42 127	41 443	——	196	67	——	421	42 079	41 291	714	67	26 718
249	16	71 815	69 580	557	1 367	90	——	221	72 261	56 005	1 390	90	34 704
42	5	9 468	9 219	16	233	——	——	——	9 534	6 005	668	——	4 966
45	2	55 424	51 748	1 872	467	300	——	1 037	55 597	48 625	3 423	300	31 253
179	7	51 656	50 501	834	272	——	——	49	51 996	43 979	1 021	——	33 612
594	18	167 563	102 068	4 620	23 778	5 077	——	32 020	166 508	124 452	27 527	4 103	72 726
806	18	125 282	95 729	6 078	12 284	1 604	1 195	8 392	121 838	107 506	4 559	2 974	53 646
636	22	191 222	137 726	17 782	11 325	770	45	23 574	185 754	141 676	34 795	615	79 610
106	3	40 254	22 631	4 660	939	202	——	11 822	39 327	26 527	11 318	57	17 222
74	3	49 564	42 505	2 369	2 027	20	85	2 558	48 751	34 661	777	210	24 223
220	16	46 773	35 248	2 955	3 811	10	5	4 744	48 445	34 282	7 444	2 451	18 187
25	1	7 784	4 950	83	——	——	——	2 751	7 005	3 429	3 576	——	2 196
111	9	47 392	39 606	2 374	2 742	61	194	2 415	47 254	35 938	1 269	61	27 038
466	17	104 939	97 708	968	2 201	60	——	4 002	103 845	101 148	1 743	60	65 576
161	6	17 209	15 400	190	433	——	——	1 186	17 054	15 786	1 268	——	10 195
147	8	74 786	65 267	3 485	2 789	981	30	2 234	73 747	63 669	2 210	939	44 169
132	14	51 230	39 948	1 614	3 306	396	26	5 940	51 537	41 261	2 707	347	28 643
128	7	63 704	51 910	2 424	3 111	937	145	5 177	63 298	53 768	5 651	473	34 386
528	14	136 745	97 879	18 067	4 888	14	4 600	11 297	141 982	92 749	39 725	179	48 297
155	2	48 578	24 051	11 711	1 740	——	4 600	6 476	48 263	20 631	25 548	——	9 482
156	2	40 970	36 874	1 376	1 536	255	——	929	41 073	30 678	2 222	237	25 704
63	——	7 693	7 115	180	42	99	111	146	7 601	3 649	3 351	——	2 902
203	10	56 073	29 207	1 950	3 220	20 332	——	1 364	54 020	28 139	6 438	11 972	17 555
354	9	90 654	80 033	2 072	5 196	571	——	2 782	89 514	63 816	9 851	489	38 712
72	1	30 617	27 972	203	1 507	24	——	911	30 468	28 408	676	23	16 274
199	5	59 960	56 535	936	1 279	154	——	1 056	62 026	50 377	3 754	339	36 533
56	1	2 889	2 419	260	40	170	——	——	2 856	2 352	——	170	2 216
105	4	51 362	46 707	2 067	1 628	100	——	860	50 951	43 507	2 146	85	33 390
118	4	32 279	30 611	452	731	——	——	485	32 300	31 551	386	——	21 359
25	1	18 143	17 569	447	77	——	——	50	18 108	15 188	590	——	10 906
56	——	13 282	12 381	440	334	27	——	100	13 192	10 878	283	49	8 351
187	7	45 800	40 761	1 958	2 228	——	83	770	49 448	40 277	2 190	——	27 413

各地区县市级

	本年支出合计										资产合计	
	在支出合计中:										（千元）	固定资产原值
	商品和服务支出						对个人和家庭补助支出		其他资本性支出			
		维修(护)费	差旅费	劳务费	福利费	税金支出		抚恤金和生活补助		各种设备购置费		
总计	**452 503**	**37 679**	**20 032**	**38 851**	**18 503**	**17 198**	**273 017**	**15 281**	**77 779**	**45 482**	**2 915 323**	**2 578 963**
北京	45 406	1 347	524	3 586	179	944	10 550	174	9 261	7 790	178 229	149 249
天津	11 442	453	108	91	308	346	12 823	356	3 692	800	62 840	57 481
河北	5 487	348	456	452	196	2	6 947	580	568	432	70 106	66 007
山西	11 447	2 907	704	1 648	340	272	5 709	207	1 533	1 177	80 085	77 550
内蒙古	5 985	318	416	338	350	12	4 928	392	917	815	40 787	39 670
辽宁	18 117	2 028	432	1 325	304	4 122	13 138	179	1 415	1 165	55 814	52 604
其中:大连	2 522	35	190	125	25	2	715	66	134	122	6 978	5 992
吉林	7 524	775	232	522	124	173	12 182	402	1 171	404	39 073	37 728
黑龙江	6 471	846	415	264	129	2	9 550	592	613	196	50 857	47 841
上海	48 561	6 930	661	2 080	2 805	4 193	9 803	547	7 663	4 259	448 345	363 497
江苏	31 684	1 885	1 124	2 696	1 372	72	23 091	876	3 809	2 375	170 999	139 982
浙江	60 525	938	2 489	6 561	2 413	5 146	23 518	1 231	5 858	4 522	183 825	150 925
其中:宁波	14 751	57	387	651	384	3	2 136	259	1 001	874	35 856	27 424
安徽	6 522	807	343	385	366	32	13 608	513	1 555	783	27 584	25 867
福建	11 196	756	510	1 980	362	86	6 243	1 063	2 665	1 421	55 354	47 877
其中:厦门	3 057	26	141	830	30	——	606	——	116	16	5 617	5 143
江西	7 942	964	733	469	873	120	8 882	415	1 995	685	70 858	66 538
山东	16 675	1 636	552	592	290	32	10 831	1 256	4 285	2 203	139 481	121 778
其中:青岛	2 357	61	71	111	9	——	2 006	460	1 074	419	23 852	21 267
河南	10 875	945	570	568	408	135	10 595	666	2 136	1 668	98 244	91 397
湖北	10 804	1 084	700	766	854	195	8 308	145	1 652	878	70 237	61 351
湖南	17 639	1 708	1 045	647	829	184	5 525	634	3 740	1 655	88 455	71 789
广东	41 228	3 523	2 374	6 870	3 008	170	12 404	530	4 434	2 160	159 587	146 117
其中:深圳	17 397	949	1 512	4 875	2 110	53	1 842	204	1 858	979	47 926	41 967
广西	6 158	662	392	273	147	121	5 942	511	965	304	62 439	56 974
海南	403	——	24	45	——	——	189	80	66	56	7 074	6 303
重庆	9 027	699	512	1 805	601	370	10 356	573	1 535	893	144 708	137 475
四川	23 242	2 943	1 651	1 519	771	72	14 133	1 347	4 956	2 365	132 630	116 672
贵州	4 897	158	555	265	143	2	4 556	124	1 653	737	76 733	76 216
云南	9 407	461	549	322	263	117	8 121	326	3 507	1 392	128 853	123 352
西藏	166	63	76	——	10	2	38	——	330	330	31 874	23 326
陕西	7 356	1 263	736	639	286	39	3 551	498	2 793	1 920	76 570	70 483
甘肃	3 196	400	315	191	134	103	6 207	188	590	310	57 257	54 773
青海	4 458	40	310	259	9	——	1 066	——	530	450	21 793	21 679
宁夏	1 211	176	94	130	59	1	2 610	245	541	473	28 679	26 380
新疆	7 452	616	430	1 563	570	133	7 613	631	1 351	864	55 953	50 082

文化馆基本情况(二)

增加值(千元)	公用房屋建筑面积(千平方米)			流动舞台车数量(辆)			由本馆指导的单位(个)					
		业务用房面积			利用流动舞台车演出场次(场)	利用流动舞台车演出观众人次(千人次)	馆办文艺团体		馆办老年大学	农村集镇文化中心	文化户	群众业余文艺团队
			对公众开放阅览室面积					馆办文艺团体演出场次				
1 423 167	**3 997**	**2 520**	**174**	**112**	**4 249**	**5 091**	**5 226**	**70 236**	**632**	**20 723**	**123 230**	**63 064**
51 230	122.7	88.6	2.2	15	354	83	103	1 666	11	501	889	813
34 729.6	47.8	29.6	0.5	1	50	100	45	565	3	130	4 982	1 247
49 492	171.4	90.6	5.2	3	278	270	209	2 820	50	785	15 046	4 270
44 949.3	118.7	65.5	13.5	3	50	92	597	2 298	23	2 075	6 171	2 156
33 568.1	89	57.9	3.11	2	24	38	148	2 723	17	310	1 738	683
55 564.3	147.3	97.9	5.112	7	186	402	216	3 719	30	553	7 927	3 508
6 009.1	34.8	23.2	0.4	——	——	——	33	936	4	39	202	363
45 369.5	59.4	40	2.4	——	——	——	81	308	7	209	3 937	357
44 898	79.3	48.6	2.12	2	6	19	284	1 556	24	594	2 074	979
104 948.7	203.5	97.3	4.1	5	395	465	137	2 827	11	123	192	729
86 602.8	241.1	181.4	6.9	1	50	20	362	2 863	22	870	4 770	2 377
12 2301.3	212.5	140.7	9.3	29	1 463	1 696	385	2 937	81	894	4 499	5 664
21 354.3	21.3	11	1.8	——	——	——	25	272	2	209	1 056	1 359
39 143.1	72.1	47.7	2.6	1	16	12	149	1 343	17	283	709	1 139
27 704.8	122	81.6	3.5	——	——	——	128	1 480	16	543	3 130	838
3 876.8	25.7	17.3	——	——	——	——	3	158	2	13	——	94
39 714.4	127.2	76.8	13.4	——	——	——	99	2 932	18	627	6 722	910
81 012.6	223.6	142.4	6.2	4	60	116	234	5 355	24	1 684	12 605	6 775
12 725.4	48.6	24.7	0.8	3	——	——	88	743	8	239	2 628	2 762
59 040.8	205.1	115.4	6.3	7	288	265	180	2 541	48	1 694	8 588	3 696
41 121.3	157.7	89.3	6.6	4	8	15	135	2 253	17	513	4 885	1 655
43 907.2	139.6	85.9	0.7	1	40	40	125	3 125	17	1 357	8 439	3 836
76 014.6	270	182	14.111	9	255	347	301	4 939	43	780	2 409	1 927
20 042.9	54	37.1	1.1	1	7	4	67	344	12	101	——	213
34 009.6	129.8	85.6	4.6	4	211	633	268	4 008	20	568	4 577	2 395
3 311.7	11.7	8.5	2.7	2	22	20	14	54	1	104	192	157
37569.3	131.3	81.7	5.1	——	——	——	93	949	26	502	2 307	981
58 800.3	230.9	151.2	15.6	1	95	200	268	4 029	54	1 679	3 974	3 585
24 225.7	104.1	66.6	7.8	1	100	100	75	1 325	11	481	710	1 136
49 992.1	159.9	93.6	4.5	——	——	——	163	4 172	18	681	4 250	7 335
3 186.5	27.9	17.5	3	1	4	4	3	88	——	144	11	208
40 287.8	139.5	94.5	12	2	88	10	175	2 301	8	636	2 324	1 280
30 017	87.5	55.7	3.7	1	16	35	42	1 021	2	472	1 125	832
13 128.6	22.3	11.8	1.1	2	27	3	22	1 573	——	133	410	413
11 977.4	36.4	22	2.6	3	163	95	31	319	2	85	460	137
35 348.6	105.3	72.4	4.3	1	——	11	154	2 147	11	713	3 178	1 046

各地区县文化馆

	机构数（个）	从业人员（人）	高级职称	中级职称	举办展览个数（个）	组织文艺活动次数（次）	藏书（千册）	举办训练班班次（次）	培训人次（千人次）	组织各类理论研讨和讲座次数（次）
总计	**1 730**	**24 352**	**1 031**	**6 035**	**8 719**	**56 700**	**2 128**	**31 046**	**1244**	**5944**
北京	20	801	34	129	199	4 697	39	4 589	285.2	334
天津	18	612	70	169	176	837	2	790	60.6	152
河北	114	1 333	57	402	684	4 270	119	1 310	54.4	309
山西	85	1 133	32	349	372	1 706	20	605	34	146
内蒙古	70	859	32	260	258	1 422	49	666	25.8	51
辽宁	40	634	12	181	114	454	53	3 331	34.6	49
其中:大连	1	20	3	11	5	18	——	8	0.3	4
吉林	18	507	43	168	110	529	8	435	8.1	55
黑龙江	46	693	64	266	199	1 514	6	598	24.8	525
上海	29	1 153	55	221	279	7 454	192	2 799	46.9	141
江苏	25	388	19	147	214	1 176	36	247	22.3	128
浙江	36	600	48	215	239	2 558	3	1 638	41.5	131
其中:宁波	2	40	2	9	16	127	——	80	2.8	6
安徽	52	676	16	160	339	1 055	46	467	13.8	204
福建	39	291	15	80	222	697	37	478	25.7	50
其中:厦门	——	——	——	——	——	——	——	——	——	——
江西	70	905	22	176	343	1 314	10	520	25.9	84
山东	61	1 051	146	430	402	2 425	168	733	42.8	128
其中:青岛	——	——	——	——	——	——	——	——	——	——
河南	110	1 987	25	249	511	2 156	81	809	48.8	160
湖北	45	854	53	231	232	1 259	37	321	34.4	53
湖南	75	1 151	41	300	328	1 792	31	838	37.2	251
广东	45	552	3	52	159	1 943	44	552	22	151
其中:深圳	——	——	——	——	——	——	——	——	——	——
广西	68	825	14	212	293	1 666	60	765	32.9	67
海南	11	94	1	13	25	97	5	24	1	——
重庆	40	736	70	173	295	1 542	27	1 244	55.7	149
四川	126	1 205	35	304	710	2 645	382	3 752	83.5	999
贵州	70	651	5	85	200	1 660	49	451	24	38
云南	108	1 221	32	333	349	2 276	48	858	56.9	1089
西藏	33	92	3	5	24	395	127	11	0.2	10
陕西	89	1 560	41	368	516	2 014	53	848	34.5	261
甘肃	66	651	25	113	444	918	151	383	29.1	107
青海	39	283	4	52	79	1 903	85	108	5.4	5
宁夏	12	187	6	53	76	549	23	346	14.2	24
新疆	70	667	8	139	328	1 777	137	530	17.2	93

基本情况(一)

信息化建设		本年收入合计							本年支出合计				
计算机	网站数	(千元)	财政拨款	上级补助收入	事业收入	经营收入	附属单位上缴收入	其他收入	(千元)	基本支出	项目支出	经营支出	工资福利支出
3 477	**132**	**1 139 276**	**922 862**	**43 350**	**68 652**	**27 967**	**484**	**75 961**	**1 125 819**	**880 784**	**111 021**	**18 827**	**567 175**
519	10	120 078	79 703	15 770	14 760	430	——	9 415	113 008	76 612	30 642	422	29 740
105	2	48 054	39 713	66	2 828	——	30	5 417	47 347	36 250	5 467	——	19 207
52	1	33 083	31 897	296	544	130	——	216	33 325	28 893	441	130	25 303
55	7	39 193	37 573	1 008	281	60	——	271	39 032	32 940	2 397	60	22 846
59	3	27 880	27 488	——	100	——	——	292	27 799	27 292	500	——	17 996
52	2	25 306	24 586	241	449	——	——	30	24 889	21 084	628	——	10 943
——	——	886	886	——	——	——	——	——	846	808	38	——	615
12	1	17 523	16 233	789	182	46	——	273	17 725	14 586	2 403	46	9 337
76	5	21 486	20 719	684	53	——	——	30	21 876	18 603	556	——	15 427
594	18	167 563	102 068	4 620	23 778	5 077	——	32 020	166 508	124 452	27 527	4 103	72 726
203	5	17 851	15 118	277	853	——	——	1 603	18 448	16 565	291	——	9 318
210	9	68 238	50 167	3 334	6 127	313	45	8 252	65 807	50 163	9 798	303	28 071
19	1	5 324	3 119	50	——	——	——	2 155	5 602	5 602	——	——	2 758
37	——	28 505	25 432	1 079	720	20	85	1 169	27 927	21 653	569	131	14 331
62	6	15 022	12 324	541	1 275	10	5	867	15 214	11 870	1 472	24	7 691
——	——	——	——	——	——	——	——	——	——	——	——	——	——
63	7	31 612	27 121	1 007	1 446	51	174	1 813	31 743	23 643	705	49	18 199
91	6	34 678	32 170	457	696	60	——	1 295	34 102	33 043	107	60	21 146
——	——	——	——	——	——	——	——	——	——	——	——	——	——
33	6	40 546	36 391	2 142	1 020	20	——	973	39 933	34 976	1 749	20	25 967
69	6	18 867	15 112	380	1 282	346	——	1 747	18 867	14 474	694	306	10 802
80	4	39 994	32 742	1 645	1 825	403	145	3 234	39 993	34 159	2 318	260	21 888
50	3	18 148	15 579	935	886	4	——	744	18 255	15 765	562	74	10 706
——	——	——	——	——	——	——	——	——	——	——	——	——	——
124	2	28 207	26 200	927	393	10	——	677	28 252	21 363	1 529	10	17 721
1	——	5 418	5 225	——	42	5	——	146	5 394	1 926	3 092	——	1 928
203	10	56 073	29 207	1 950	3 220	20 332	——	1 364	54 020	28 139	6 438	11 972	17 555
200	6	55 376	51 208	395	2 366	315	——	1 092	55 145	37 715	5 162	331	24 930
52	——	21 723	19 652	178	1 112	24	——	757	21 594	20 342	362	23	11 953
135	3	42 885	40 753	674	478	14	——	966	44 126	35 479	2 083	199	27 841
56	1	2 889	2 419	260	40	170	——	——	2 856	2 352	——	170	2 216
90	3	42 376	38 127	2 013	1 451	100	——	685	42 152	35 604	1 700	85	27 930
58	2	20 244	19 886	167	7	——	——	184	20 256	19 723	212	——	14 068
20	1	14 885	14 396	447	12	——	——	30	14 881	12 207	540	——	8 552
38	——	7 422	6 773	388	182	27	——	52	7 251	6 636	203	49	4 408
78	3	28 151	26 880	680	244	——	——	347	28 094	22 275	874	——	16 429

各地区县文化馆

	本年支出合计										资产合计	
	在支出合计中:											
	商品和服务支出						对个人和家庭补助支出		其他资本性支出		(千元)	固定资产原值
		维修(护)费	差旅费	劳务费	福利费	税金支出		抚恤金和生活补助		各种设备购置费		
总　计	**248 559**	**24 262**	**10 464**	**16 425**	**9 372**	**11 023**	**146 464**	**9 224**	**49 761**	**29 621**	**1 932 263**	**1 705 524**
北　京	45 406	1 347	524	3 586	179	944	10 550	174	9 261	7 790	178 229	149 249
天　津	11 442	453	108	91	308	346	12 823	356	3 692	800	62 840	57 481
河　北	2 428	192	133	132	77	——	4 310	330	449	372	44 131	40 890
山　西	8 401	2 614	634	1 618	197	31	4 119	111	1 187	841	58 070	55 863
内蒙古	4 308	190	297	262	151	——	3 224	280	887	785	26 166	25 445
辽　宁	8 454	1 559	65	43	70	4 120	3 549	121	306	299	9 551	9 129
其中:大连	139	——	17	11	——	——	54	54	38	38	1 039	833
吉　林	1 964	342	78	129	9	130	3 083	315	229	229	11 744	11 117
黑龙江	2 294	419	250	163	17	——	3 014	70	465	53	18 100	16 808
上　海	48 561	6 930	661	2 080	2 805	4 193	9 803	547	7 663	4 259	448 345	363 497
江　苏	4 102	434	196	48	233	3	3 923	362	673	430	31 366	28 590
浙　江	18 745	278	944	1 546	864	133	8 347	1 065	2 536	1 920	70 974	56 231
其中:宁波	2 151	2	52	2	——	——	583	233	80	80	1 994	1 337
安　徽	3 042	669	145	82	129	16	8 969	267	998	331	19 106	17 749
福　建	2 500	123	191	273	120	55	2 503	251	1 196	596	23 597	19 937
其中:厦门	——	——	——	——	——	——	——	——	——	——	——	——
江　西	5 426	791	530	382	714	67	5 868	185	1 384	526	50 103	46 869
山　东	4 243	546	231	341	133	20	2 944	267	888	709	65 426	61 282
其中:青岛	——	——	——	——	——	——	——	——	——	——	——	——
河　南	4 274	410	278	268	205	68	6 529	615	1 009	922	50 267	46 009
湖　北	3 355	619	419	407	229	74	3 376	86	566	406	34 117	31 740
湖　南	11 583	874	776	324	621	170	3 066	476	2 080	1 037	58 031	46 507
广　东	4 124	455	191	254	284	33	1 794	129	613	399	22 425	21 011
其中:深圳	——	——	——	——	——	——	——	——	——	——	——	——
广　西	4 161	529	359	70	85	70	4 094	452	806	190	43 073	37 986
海　南	170	——	11	45	——	——	121	12	41	41	5 189	4 418
重　庆	9 027	699	512	1 805	601	370	10 356	573	1 535	893	144 708	137 475
四　川	14 257	1 597	1 038	719	590	59	8 655	752	2 790	1 259	91 913	80 017
贵　州	3 208	56	201	112	98	2	2 750	110	1 055	139	73 057	72 558
云　南	6 555	286	325	292	172	13	4 325	210	2 267	674	87 549	84 549
西　藏	166	63	76	——	10	2	38	——	330	330	31 874	23 326
陕　西	6 080	984	555	565	180	39	2 999	440	2 738	1 891	64 633	59 899
甘　肃	1 553	210	99	41	63	5	3 672	146	302	191	35 244	34 366
青　海	4 211	40	295	253	4	——	723	——	510	450	19 901	19 795
宁　夏	616	86	64	92	23	——	1 490	154	472	404	15 484	13 352
新　疆	3 903	467	278	402	201	60	5 447	368	833	455	37 050	32 379

基本情况(二)

增加值（千元）	公用房屋建筑面积（千平方米）			流动舞台车数量（辆）			由本馆指导的单位(个)					
		业务用房面积			利用流动舞台车演出场次（场）	利用流动舞台车演出观众人次（千人次）	馆办文艺团体		馆办老年大学	农村集镇文化中心	文化户	群众业余文艺团队
			对公众开放阅览室面积					馆办文艺团体演出场次				
812 031	**2 394**	**1 457**	**122**	**80**	**3 449**	**3 963**	**2 962**	**43 895**	**385**	**13 326**	**76 082**	**30 441**
51 230	122.6	88.6	2.23	15	354	83	103	1 666	11	501	889	813
34 729.6	47.8	29.6	0.5	1	50	100	45	565	3	130	4 982	1 247
31 146.2	114.3	62.1	4.6	3	278	270	177	2 233	45	553	10 666	3 197
30 979	87	49.9	12.2	3	50	92	562	1 674	21	1 916	3 817	1 049
22 389.1	52.7	33.9	2.26	2	24	38	94	2 180	10	240	1 596	466
19 003.2	50.4	30.9	1.146	2	4	22	46	1 314	8	368	3 604	374
660.4	2.21	1.7	——	——	——	——	8	123	——	——	——	5
12 816	19.4	12.18	0.5	——	——	——	16	94	——	58	233	72
19 232.2	35.7	19.2	1.16	1	6	2	88	557	4	272	1 196	392
10 4948.7	203.5	97.3	4.1	5	395	465	137	2 827	11	123	192	729
14 336.1	50.8	38	2.7	1	50	20	79	590	4	333	2 893	401
40 361.2	93.5	50.9	5.4	23	1 366	1 508	131	1 110	68	252	1 093	824
3 166.8	3.4	1.9	——	——	——	——	——	——	——	18	——	26
23 961	46.7	32	2.115	1	16	12	121	1 076	12	212	572	296
11 202.3	47.6	31.4	2.5	——	——	——	63	498	7	236	796	287
——	——	——	——	——	——	——	——	——	——	——	——	——
26 967.5	91.5	54.4	10.7	——	——	——	68	2 512	14	469	5 570	531
26 803.1	78.4	50.1	2.9	——	——	——	52	1 123	7	532	3 797	1 263
——	——	——	——	——	——	——	——	——	——	——	——	——
34 280.4	122.4	67.2	3	4	98	177	71	1 526	12	982	6 451	2 399
16 098.4	66.8	35.4	2.4	1	5	10	57	1 039	7	266	1 030	513
27 500.3	90	48.8	0.1	1	40	40	74	2 493	9	900	6 718	1 571
13 794.7	65.3	42.6	4.9	4	174	228	63	1 309	14	323	1 700	227
——	——	——	——	——	——	——	——	——	——	——	——	——
23 161.5	94.6	60	3.4	1	156	468	178	3 345	16	478	4 309	1 701
2 261.5	8.7	6.2	2.2	1	10	10	1	6	1	25	68	44
37 569.3	131.3	81.7	5.147	——	——	——	93	949	26	502	2 307	981
37 481.3	146.7	92	11.3	1	95	200	168	2 627	37	1 041	2 665	1 312
17 724.9	90.9	58	6.8	1	100	100	48	1 072	6	388	418	697
35 831.2	122.6	75.5	4.5	——	——	——	134	3 844	17	496	4 151	6 577
3 186.5	27.9	17.5	3	1	4	4	3	88	——	144	11	208
33 717.2	121.1	83.9	11	2	88	10	144	1 975	7	570	2 088	1 022
19 084	59.7	38	3.7	1	16	35	20	690	——	288	557	466
10 342.7	19.7	10.6	0.9	2	27	3	19	1 515	——	131	345	390
6 408	23.5	15.9	1.75	2	43	55	16	146	1	69	261	66
23 484.3	60.9	43.5	2.5	1	——	11	91	1 252	7	528	1 107	326

各地区文化站

	机构数(个)	从业人员(人)	高级职称	中级职称	举办展览个数(个)	组织文艺活动次数(次)	藏书(千册)	举办训练班班次(次)	培训人次(千人次)
总计	**37 384**	**77 096**	**1 308**	**8 107**	**73 967**	**435 624**	**112 457**	**168 463**	**11 323**
北京	310	1 137	4	42	2 253	48 773	3 599	18 818	787
天津	207	325	11	19	575	3 485	539	2 175	231
河北	2 017	3 399	89	358	4 348	23 545	3 905	7 262	632
山西	1 359	1 925	58	114	1 426	8 395	2 186	2 831	171
内蒙古	848	1 972	15	181	1 214	8 314	1 084	2 581	239
辽宁	1 372	2 364	46	324	3 085	13 316	5 468	9 097	661
其中:大连	158	296	11	55	585	2 964	1 436	4 280	298
吉林	703	1 366	12	164	1 057	3 743	736	1 616	147
黑龙江	888	721	10	52	1 251	6 213	1 730	1 937	217
上海	217	2 944	39	153	1 887	48 464	4 734	21 178	519
江苏	1 313	3 786	51	537	4 880	26 253	14 492	8 206	630
浙江	1 483	3 269	37	829	5 313	33 160	10 529	9 892	750
其中:宁波	145	325	9	63	597	3 148	1 391	1 741	174
安徽	1 350	3 111	113	355	2 363	8 434	1 448	3 069	285
福建	1 050	1 274	5	134	1 711	5 830	1 595	2 903	183
其中:厦门	34	57	1	——	75	664	209	173	12
江西	1 768	2 256	40	210	1 605	8 271	6 326	2 538	189
山东	1 826	3 715	57	529	4 877	21 366	7 173	7 958	609
其中:青岛	169	370	3	78	858	5 931	1 221	2 622	234
河南	2 156	6 496	165	568	4 234	18 529	3 224	9 146	975
湖北	1 229	2 549	72	412	2 618	12 658	3 038	3 382	259
湖南	2 431	4 117	158	550	2 560	17 740	3 838	5 254	300
广东	1 597	7 219	72	380	6 333	26 286	15 194	13 568	741
其中:深圳	55	860	25	71	553	1 975	1 569	2 313	87
广西	1 139	2 200	38	219	1 401	8 433	5 498	3 003	118
海南	211	409	——	16	251	1 107	239	565	45
重庆	1 009	2 227	34	248	1 866	11 389	1 743	3 082	220
四川	3 795	4 529	38	515	5 144	22 596	3 969	8 733	802
贵州	1 348	3 096	3	46	570	4 989	1 105	1 659	162
云南	1 375	2 932	21	415	2 606	14 008	2 943	3 883	324
西藏	167	32	——	——	24	245	86	174	16
陕西	1 645	3 228	83	544	2 989	9 026	1 265	5 027	393
甘肃	1 105	1 756	19	79	2 100	5 555	1 511	2 765	235
青海	195	185	——	3	256	626	158	434	33
宁夏	220	512	12	22	890	2 654	395	2 133	164
新疆	1 051	2 045	6	89	2 280	12 221	2 707	3 594	286

基本情况(一)

本年收入合计							本年支出合计				
(千元)	财政拨款	上级补助收入	事业收入	经营收入	附属单位上缴收入	其他收入	(千元)	基本支出	项目支出	经营支出	工资福利支出
2 558 611	**1 929 458**	**244 358**	**138 268**	**82 674**	**10 402**	**153 451**	**2 863 499**	**1 645 216**	**673 557**	**64 623**	**1 180 887**
183	183	——	——	——	——	——	168	——	——	——	——
25 178	8 901	948	8 427	590	36	6 276	25 711	8 013	15 367	150	4 235
40 526	36 608	1 729	800	78	——	1 311	45 400	34 365	1 401	42	29 904
27 717	16 547	4 600	23	——	——	6 547	34 656	15 550	12 830	60	7 688
36 773	35 724	——	397	7	——	645	36 857	35 656	705	7	24 829
38 154	33 687	1 067	332	38	——	3 030	38 260	25 099	8 580	141	17 415
10 971	10 703	130	19	3	——	116	11 178	6 341	2 863	16	4 292
16 040	15 882	——	——	29	——	129	16 046	14 234	122	29	14 541
29 803	26 926	1 744	1	——	——	1 132	31 433	8 560	17 454	——	9 643
285 045	180 574	22 630	23 641	33 304	2 882	22 014	290 784	159 547	71 856	27 012	90 262
257 238	183 580	26 191	12 102	7 641	1 061	26 663	256 785	157 868	66 199	5 140	99 123
346 245	264 034	44 315	7 516	2 044	537	27 799	351 282	207 475	116 480	2 017	116 064
69 275	45 715	9 125	3 132	338	362	10 603	69 263	38 428	21 467	514	12 652
58 517	52 554	4 690	337	244	——	692	59 140	44 133	4 144	588	41 475
43 646	31 285	8 888	1 127	1 491	69	786	43 381	27 286	11 350	1 184	16 085
8 312	7 266	748	32	72	——	194	7 771	4 107	3 614	40	1 808
26 439	17 142	5 694	768	1 253	——	1 582	27 493	16 370	4 020	884	16 042
84 176	77 909	2 150	1 060	657	403	1 997	86 977	74 710	8 239	641	55 078
19 286	17 173	1 647	——	——	——	466	20 176	15 901	3 896	——	7 824
80 569	74 774	2 152	358	272	2 020	993	277 557	58 950	9 014	331	60 447
78 490	49 861	16 188	4 742	2 178	16	5 505	100 283	46 826	21 646	1 476	30 623
66 367	51 350	4 820	2 085	899	37	7 176	66 973	55 432	9 030	448	48 952
566 845	383 892	70 249	56 311	24 932	3 026	28 435	540 110	295 394	196 376	18 998	186 763
165 717	108 314	31 697	18 919	137	300	6 350	155 983	103 534	49 853	81	56 119
36 480	32 767	1 854	1 178	376	1	304	36 581	26 885	2 361	207	29 989
11 366	10 408	459	38	4	——	457	11 529	8 027	3 208	12	6 641
74 703	45 417	7 061	13 245	5 015	55	3 910	78 598	46 027	18 406	3 724	35 524
79 562	70 219	4 720	1 257	978	123	2 265	156 166	85 938	55 394	1 039	49 507
54 975	51 796	1 750	670	123	42	594	55 171	53 143	601	61	45 704
81 413	73 010	5 841	1 029	300	9	1 224	81 199	59 810	8 906	262	57 255
423	416	7	——	——	——	——	389	201	——	——	382
36 442	33 969	1 768	25	43	6	631	36 802	25 148	2 560	69	30 073
21 733	20 236	647	185	172	70	423	21 667	19 406	1 870	95	17 443
1 343	1 341	——	2	——	——	——	1 394	1 288	——	——	1 250
10 524	9 639	256	95	6	9	519	10 776	9 741	352	6	8 880
41 696	38 827	1 940	517	——	——	412	43 931	24 134	5 086	——	29 070

各地区文化站

地区	本年支出合计 在支出合计中: 商品和服务支出	维修(护)费	差旅费	劳务费	福利费	税金支出	对个人和家庭补助支出	抚恤金和生活补助
总计	**515 736**	**66 967**	**21 824**	**37 639**	**22 065**	**6 398**	**46 545**	**5 065**
北京	——	——	——	——	——	——	——	——
天津	2 918	251	22	46	338	29	285	123
河北	6 908	1 001	92	409	63	2	228	6
山西	4 902	814	368	1 035	41	10	103	72
内蒙古	5 591	737	450	615	94	1	3 019	55
辽宁	4 780	416	404	1 015	59	16	356	56
其中:大连	2 484	246	178	491	35	15	144	41
吉林	508	9	40	1	20	——	364	2
黑龙江	2 414	1 467	122	5	——	——	15	4
上海	83 110	13 207	1 594	7 216	6 132	1 745	4 322	1 141
江苏	67 485	9 888	1 970	2 819	2 543	180	9 052	828
浙江	115 761	5 008	2 672	5 110	3 297	218	6 920	388
其中:宁波	17 076	1 766	206	802	183	23	748	6
安徽	8 829	1 218	385	521	171	21	1 988	43
福建	8 714	982	142	126	327	239	546	127
其中:厦门	5 270	39	——	——	3	2	172	——
江西	4 278	793	275	394	132	8	380	96
山东	15 424	1 393	3 582	1 209	588	——	1 998	40
其中:青岛	5 289	536	3 170	233	1	——	36	——
河南	2 938	526	415	394	52	17	124	46
湖北	21 625	5 693	887	1 968	1 102	35	1 313	171
湖南	9 606	611	414	1 009	231	20	395	39
广东	105 506	14 960	4 829	11 209	4 487	3 438	9 644	1 273
其中:深圳	30 329	2 452	2 636	6 462	1 252	825	4 045	528
广西	1 635	309	155	67	152	4	1 213	116
海南	848	——	5	——	——	——	4	3
重庆	13 518	4 536	970	1 099	726	167	768	115
四川	10 724	976	1 234	582	1 037	154	766	206
贵州	5 982	440	197	46	190	35	384	21
云南	6 732	572	279	232	77	49	1 672	35
西藏	——	——	——	——	——	——	——	——
陕西	1 371	407	133	219	111	2	113	26
甘肃	518	190	15	89	43	——	67	——
青海	9	——	——	——	——	——	23	——
宁夏	392	101	27	33	2	7	28	——
新疆	2 710	462	146	171	50	1	455	33

基本情况(二)

其他资本性支出	各种设备购置费	资产合计（千元）	固定资产原值	增加值（千元）	公用房屋建筑面积（千平方米）	文化活动用房	本站指导文化户个数（个）	村（社区）文化室个数（个）
231 936	**131 130**	**7 445 144**	**5 546 575**	**1 519 679**	**11 579**	**7 696**	**400 408**	**221 974**
——	——	783	567	23	385	263	8 198	6 004
1 796	944	42 785	42 680	6 524	70	57	1 270	1 092
2 005	1 594	90 479	74 630	33 593	284	166	28 272	12 911
6 901	5 841	69 346	63 510	11 376	158	129	12 355	6 569
1 824	1 498	87 291	73 207	31 461	118	70	5 966	3 219
5 636	4 346	133 011	95 320	22 668	508	318	28 590	9 276
1 206	719	71 584	45 173	6 754	156	95	15 653	1 341
124	45	3 087	2 817	15 039	37	23	3 588	2 998
736	233	22 866	21 319	10 520	125	82	6 402	2 707
36 627	14 368	554 234	397 504	125 083	669	444	3 999	5 194
37 159	17 672	2 054 679	916 899	150 177	1 245	870	24 963	12 131
35 805	19 865	921 771	808 077	162 577	1 403	1 058	21 582	18 639
3 111	2 933	350 141	297 599	25 269	208	149	4 425	1 993
2 764	2 016	48 308	39 659	45 700	185	104	8 138	9 620
2 141	1 309	206 647	182 140	24 598	308	177	8 414	5 602
129	129	12 030	10 991	2 448	23	19	588	203
2 532	1 716	22 586	15 952	17 841	155	85	12 203	5 191
7 609	5 845	200 583	178 024	66 194	544	349	40 822	27 419
2 215	2 106	101 690	90 186	11 904	182	115	10 906	3 968
3 910	2 751	73 747	57 194	63 173	230	140	33 941	15 601
8 843	3 678	235 826	202 520	43 026	606	371	11 880	5 794
2 703	1 430	80 372	72 440	53 439	286	192	22 301	10 411
45 910	33 423	1 714 845	1 508 094	281 261	2 273	1 501	12 534	10 129
7 662	7 144	243 377	217 242	80 381	167	97	956	423
2 296	337	120 332	111 077	35 996	270	200	7 116	3 348
379	5	6 357	6 307	6 895	17	10	2 039	1 333
8 938	3 950	117 449	93 040	43 024	194	117	14 423	5 138
4 336	3 026	101 566	87 446	55 411	348	235	30 640	14 702
383	330	26 366	24 806	47 341	81	39	7 245	1 830
4 478	964	197 828	185 891	66 817	362	207	9 691	6 361
7	7	1 249	1 233	431	4	2	247	184
2 738	1 261	111 858	104 702	34 689	218	148	12 569	4 367
956	859	49 080	43 197	19 383	102	79	11 815	4 146
——	——	6 194	6 194	1 521	17	12	535	737
75	67	13 240	12 777	9 467	44	36	2 309	1 251
2 325	1 750	130 379	117 352	34 431	333	212	6 361	8 070

各地区乡镇文化站

	机构数（个）	从业人员（人）	高级职称	中级职称	举办展览个数（个）	组织文艺活动次数（次）	藏书（千册）	举办训练班班次（次）	培训人次（千人次）
总　计	**32 976**	**65 884**	**1 110**	**6 843**	**58 338**	**299 957**	**84 880**	**107 614**	**8 305**
北　京	181	668	1	21	945	26 805	2 134	3 486	184
天　津	146	191	5	11	285	2 002	367	799	94
河　北	1 858	3 088	83	337	3 823	19 428	3 457	6 368	582
山　西	1 164	1 538	56	106	1 214	5 334	1 048	1 991	151
内蒙古	725	1 764	13	163	977	6 859	900	2 127	216
辽　宁	1 016	1 602	20	207	1 721	7 592	3 289	3 369	281
其中：大连	74	127	3	29	181	1 119	437	579	54
吉　林	609	1 179	11	141	873	2 648	525	1 152	125
黑龙江	803	721	10	52	999	4 497	1 449	1 532	161
上　海	130	1 895	34	120	1 037	19 438	2 764	10 846	296
江　苏	1 067	3 124	46	451	3 752	20 421	10 530	5 317	499
浙　江	1 197	2 604	30	628	3 866	15 799	7 931	6 989	528
其中：宁波	94	202	7	39	383	1 867	852	1 159	129
安　徽	1 247	2 942	108	341	2 246	8 015	1 320	3 007	281
福　建	941	1 128	5	114	1 516	4 665	1 347	2 507	159
其中：厦门	13	31	1	——	42	395	115	98	2
江　西	1 626	1 996	25	134	1 302	6 658	6 167	2 024	162
山　东	1 379	2 904	39	407	3 237	12 658	4 691	4 520	369
其中：青岛	79	194	2	43	261	2 148	411	822	80
河　南	1 947	6 025	159	524	3 637	16 048	2 718	7 967	879
湖　北	1 036	2 122	59	351	2 081	8 722	2 018	2 685	203
湖　南	2 226	3 784	150	510	2 045	14 571	3 143	4 178	244
广　东	1 245	5 140	28	216	4 562	19 372	9 706	6 271	383
其中：深圳	——	——	——	——	——	——	——	——	——
广　西	1 126	2 176	38	218	1 396	8 206	5 439	2 961	117
海　南	203	406	——	16	251	1 059	234	559	45
重　庆	897	1 921	26	212	1 457	8 230	1 393	1 804	160
四　川	3 580	4 163	35	480	4 632	18 904	3 311	7 672	719
贵　州	1 269	2 908	2	44	523	4 359	980	1 473	139
云　南	1 336	2 862	19	404	2 479	13 388	2 624	3 681	304
西　藏	165	32	——	——	24	229	85	174	16
陕　西	1 502	2 844	73	485	2 657	7 350	1 084	4 531	348
甘　肃	1 030	1 627	18	70	1 921	4 553	1 352	2 487	225
青　海	187	182	——	3	256	512	157	434	33
宁　夏	197	489	12	21	841	2 127	296	2 061	160
新　疆	941	1 859	5	56	1 783	9 508	2 421	2 642	242

基本情况(一)

本年收入合计（千元）	财政拨款	上级补助收入	事业收入	经营收入	附属单位上缴收入	其他收入	本年支出合计（千元）	基本支出	项目支出	经营支出	工资福利支出
1 936 658	**1 498 970**	**157 244**	**94 936**	**71 580**	**5 252**	**108 676**	**2 016 920**	**1 261 542**	**487 476**	**58 334**	**961 084**
——	——	——	——	——	——	——	——	——	——	——	——
7 268	6 009	649	118	411	28	53	7 331	6 374	897	60	3 452
37 448	34 333	1 494	476	49	——	1 096	40 242	30 354	1 180	28	27 330
25 496	14 495	4 600	23	——	——	6 378	32 353	13 314	12 801	60	6 393
32 485	31 896	——	211	7	——	371	32 520	31 349	705	7	22 851
25 224	21 739	667	313	22	——	2 483	25 378	18 004	5 141	130	13 222
4 327	4 204	110	10	3	——	——	4 456	3 234	727	16	2 409
14 723	14 696	——	——	——	——	27	14 725	13 271	59	——	13 381
29 803	26 926	1 744	1	——	——	1 132	31 433	8 560	17 454	——	9 643
232 160	140 134	17 132	20 589	31 835	2 870	19 600	231 297	120 528	56 221	25 559	73 185
185 889	141 800	14 650	7 345	4 971	539	16 584	185 471	119 782	49 663	3 225	75 729
262 920	203 789	31 861	4 449	1 820	453	20 548	264 052	153 069	90 787	1 719	89 561
42 443	29 214	4 914	1 087	279	279	6 670	40 258	22 252	12 278	339	8 146
55 305	49 462	4 590	322	244	——	687	55 778	41 843	3 901	588	38 845
36 186	25 197	7 911	1 016	1 245	69	748	35 793	22 900	8 521	1 053	14 106
3 726	3 131	353	32	26	——	184	3 203	2 062	1 132	9	1 320
24 047	15 712	4 774	760	1 253	——	1 548	24 804	14 111	3 652	884	15 209
59 277	54 709	1 286	914	647	403	1 318	59 747	52 678	5 216	639	40 721
7 648	6 210	1 024	——	——	——	414	7 642	5 895	1 493	——	3 737
70 865	67 529	1 885	317	235	52	847	73 616	51 914	7 154	285	56 078
61 992	38 915	14 390	3 733	1 668	16	3 270	60 414	36 084	19 221	506	22 119
57 665	44 192	4 083	2 025	821	31	6 513	57 977	48 464	7 253	441	43 309
312 784	218 871	23 242	35 096	19 591	499	15 485	297 005	151 824	109 115	17 910	106 207
——	——	——	——	——	——	——	——	——	——	——	——
35 749	32 271	1 850	948	376	1	303	35 736	26 214	2 271	207	29 485
11 278	10 320	459	38	4	——	457	11 441	7 939	3 208	12	6 599
64 653	36 606	6 754	12 803	4 818	55	3 617	67 234	37 036	16 860	3 583	29 394
65 535	57 965	3 372	1 135	935	103	2 025	142 124	78 601	49 230	959	46 459
49 462	47 288	820	668	120	42	524	49 692	48 506	460	58	42 825
78 177	70 256	5 375	1 029	287	9	1 221	78 020	57 771	7 983	259	55 772
423	416	7	——	——	——	——	389	201	——	——	382
32 406	30 162	1 542	25	43	3	631	32 737	22 093	2 142	61	26 868
20 858	19 504	601	142	172	70	369	20 708	18 571	1 814	95	16 786
1 343	1 341	——	2	——	——	——	1 394	1 288	——	——	1 250
9 997	9 124	256	95	6	9	507	10 143	9 261	330	6	8 622
35 240	33 313	1 250	343	——	——	334	37 366	19 638	4 237	——	25 301

各地区乡镇文化站

地区	本年支出合计：在支出合计中：商品和服务支出	维修(护)费	差旅费	劳务费	福利费	税金支出	对个人和家庭补助支出	抚恤金和生活补助
总　计	**351 740**	**48 406**	**13 104**	**22 328**	**16 472**	**4 755**	**35 368**	**3 840**
北　京	——	——	——	——	——	——	——	——
天　津	2 094	142	20	12	171	14	162	——
河　北	6 660	958	89	370	58	1	228	6
山　西	4 732	809	368	945	40	10	101	72
内　蒙	3 927	589	406	370	73	1	2 893	46
辽　宁	2 729	327	349	413	44	1	201	10
其中:大连	1 082	211	133	49	20	——	39	7
吉　林	496	4	35	——	19	——	342	2
黑龙江	2 414	1 467	122	5	——	——	15	4
上　海	58 588	9 307	1 424	5 007	4 800	1 633	3 565	1 037
江　苏	45 725	5 367	1 609	2 093	1 991	122	7 543	802
浙　江	82 976	3 769	1 936	3 448	2 463	174	5 333	325
其中:宁波	8 795	1 435	98	235	115	——	566	6
安　徽	8 543	1 103	385	521	160	21	1 934	43
福　建	4 231	968	142	126	246	179	427	127
其中:厦门	1 279	30	——	——	2	——	160	——
江　西	3 127	790	269	321	132	8	363	96
山　东	8 369	894	335	911	488	——	1 609	39
其中:青岛	750	142	13	57	——	——	21	——
河　南	2 200	314	257	375	41	17	30	12
湖　北	17 223	5 102	717	1 721	524	30	898	93
湖　南	7 468	554	378	792	224	18	343	39
广　东	55 353	8 952	1 528	2 869	2 804	2 161	4 471	564
其中:深圳	——	——	——	——	——	——	——	——
广　西	1 463	300	135	67	127	4	1 138	116
海　南	848	——	5	——	——	——	4	3
重　庆	10 618	3 915	843	947	709	148	507	115
四　川	7 623	793	1 100	447	923	126	694	183
贵　州	3 715	436	175	41	190	35	384	21
云　南	6 574	568	274	232	71	49	1 652	35
西　藏	——	——	——	——	——	——	——	——
陕　西	1 034	335	114	198	97	2	96	19
甘　肃	401	139	7	50	43	——	67	——
青　海	9	——	——	——	——	——	23	——
宁　夏	368	91	27	32	2	——	20	——
新　疆	2 232	413	55	15	32	1	325	31

基本情况(二)

		资产合计			公用房屋建筑面积			
其他资本性支出	各种设备购置费	(千元)	固定资产原值	增加值(千元)	(千平方米)	文化活动用房	本站指导文化户个数(个)	村(社区)文化室个数(个)
182 895	**93 846**	**4 926 508**	**4 263 533**	**1 211 907**	**8 856**	**5 933**	**338 595**	**187 910**
——	——	241	25	1	213	137	5 433	3 955
1 464	664	26 171	26 071	4 855	45	36	577	711
1 905	1 541	82 415	67 331	30 678	248	145	26 402	12 128
6 744	5 831	67 411	61 576	9 911	137	111	11 637	5 747
1 354	1 126	54 332	49 141	28 134	102	57	5 512	2 768
4 599	3 600	76 881	64 024	16 487	288	197	21 574	7 245
456	232	46 495	39 200	4 087	64	44	3 463	740
59	——	2 591	2 359	13 837	19	15	3 333	2 723
736	233	22 803	21 259	10 517	112	75	6 103	2 459
30 322	9 485	354 311	272 218	98 901	406	265	2 048	3 030
28 205	10 609	734 857	618 144	111 727	934	657	21 847	9 849
29 512	15 792	756 132	661 221	127 278	1 108	854	15 521	14 471
1 158	1 090	302 141	258 438	19 482	141	102	2 444	1 272
2 716	2 014	47 361	38 755	42 968	169	95	8 003	9 467
2 116	1 296	191 832	168 508	21 790	254	155	7 626	5 098
120	120	8 970	8 970	1 849	12	10	343	87
2 317	1 653	22 175	15 696	16 908	120	69	10 434	4 307
5 390	3 792	121 462	107 299	48 014	335	205	29 669	21 803
850	748	52 210	45 760	5 646	77	43	7 063	2 446
2 244	1 215	57 684	49 124	58 461	187	117	30 690	14 524
7 834	3 022	200 322	170 910	32 078	519	318	9 620	4 558
2 341	1 096	73 994	66 665	47 304	250	165	20 131	9 222
27 990	19 664	1 232 812	1 077 334	162 650	1 668	1 105	8 975	7 356
——	——	——	——	——	——	——	——	——
2 292	333	120 174	110 929	35 389	269	199	7 078	3 280
379	5	6 357	6 307	6 853	17	10	2 016	1 319
8 678	3 819	106 241	83 763	36 096	150	97	10 694	4 214
3 597	2 456	82 352	71 571	51 402	295	201	27 064	13 089
315	262	24 752	23 585	44 418	74	35	6 592	1 491
4 344	877	174 651	163 002	64 392	345	196	9 334	6 213
7	7	1 249	1 233	431	4	2	247	184
2 346	990	99 797	93 619	30 994	180	128	11 244	3 680
877	780	46 892	41 461	18 618	89	67	11 048	3 877
——	——	6 194	6 194	1 521	16	11	534	702
30	25	12 945	12 487	9 181	41	33	2 286	1 145
2 182	1 659	119 117	111 722	30 129	279	189	5 323	7 295

群众文化业主要指标解释

1. 举办展览个数:指本馆举办或与外机构联合举办的在馆内或者馆外展览的个数。个数按展览的内容计算。同一内容的展览不论在哪些地点展出和展出时间多久,只计算一个。

2. 组织文艺活动次数:指本馆组织或与外机构联合组织各种文艺演出(包括调演、汇演)和故事会次数,不论地点和内容,每组织一次算一次。

3. 举办训练班班次、培训人次:指本馆举办或与外机构联合举办的各种文化、艺术、科普(包括图书、讲演、创作、表演、音乐、舞蹈、美术、文学、摄影等)训练班,按截止到年底办完的班数及培训人数,分别计算班次及培训人次。截止到年底未办完的班数和人数均在下一年度统计。

4. 组织各类理论研讨和讲座次数:指由本馆组织各类理论研讨和讲座的次数总和。

5. 馆办文艺团体:指由本馆人员组成的为群众提供文艺演出的演出团队。

6. 馆办文艺团体演出场次:指由本馆人员组成的为群众提供文艺演出的演出团队。

7. 农村集镇文化中心:指在农村集镇有文化活动的组织领导机构、设施、场所、文艺骨干队伍,并有经常性文化活动,已经形成当地的文化中心。

8. 文化户:指业务上受本馆指导,经常开展图书阅览、游艺、文艺演出、电视收看等活动或办讲座、艺校的个体户。包括有偿服务的专门职业文化户、亦农亦文文化户和纯义务服务性的农民家庭文化户。不包括个体电影放映队。

9. 群众业余文艺团队:指业务上受本馆指导的城镇和农村各种业余文艺演出团队,包括半农半艺、半工半艺的演出团队。凡在当年工余、节假日和农闲确有演出活动,具备一定规模、并有多人参加的演出团队均应统计。不具备上述条件的不统计。

10. 本站指导文化户:指业务上受本站指导,经常开展图书阅览、游艺、文艺演出、电视收看等活动或办讲座、艺校的个体户。包括有偿服务的专门职业文化户、亦农亦文文化户和纯义务服务性的农民家庭文化户。不包括个体电影放映队。

11. 村(社区)文化室:指乡镇、街道办事处辖区内的行政村、社区举办的开展文化活动的场所。

全国各地区文化市场

	机构数（个）	从业人员（人）	资产、负债、所有者权益（千元）						
			资产总计			负债总计	所有者权益合计		
				固定资产原值	本年折旧			实收资本	
									国家资本金
总　计	**316 527**	**1 378 592**	**249 233 027**	**97 958 089**	**16 785 864**	**86 811 214**	**162 421 813**	**54 400 557**	**2 474 371**
北　京	3 401	19 797	1 295 702	745 317	87 391	431 859	863 843	782 742	68 037
天　津	1 562	9 752	2 061 003	1 914 414	162 300	607 081	1 453 922	782 078	189 054
河　北	10 760	42 137	2 972 186	2 430 477	234 389	260 959	2 711 227	1 764 906	60 299
山　西	7 017	31 102	2 064 757	1 630 865	148 693	84 359	1 980 398	1 096 170	51 142
内蒙古	7 880	22 398	1 451 589	827 371	95 656	120 477	1 331 112	219 643	4 011
辽　宁	16 570	44 523	4 188 098	1 626 678	36 680	741 237	3 446 861	118 024	10
其中:大连	3 937	9	1 600	1 600	——	——	1 600	——	——
吉　林	9 611	32 659	2 734 654	2 089 490	56 956	56 052	2 678 602	2 664 524	2 652
黑龙江	9 544	24 442	1 819 023	1 402 412	156 256	118 640	1 700 383	393 762	52 865
上　海	5 501	64 542	72 795 711	10 200 930	1 008 149	17 174 082	55 621 629	5 810 047	552 757
江　苏	20 963	78 162	12 158 882	3 866 426	408 897	2 277 445	9 881 437	1 442 707	47 872
浙　江	16 753	95 764	16 394 247	8 439 964	1 047 268	5 980 936	10 413 311	5 379 559	162 103
其中:宁波	2 238	17 520	1 565 694	1 034 140	121 928	148 248	1 417 446	220 211	1 823
安　徽	12 163	49 603	61 151 164	16 951 349	8 313 598	41 210 239	19 940 925	738 048	12 902
福　建	8 259	48 490	5 533 983	3 283 809	344 969	1 586 512	3 947 471	1 637 957	127 491
其中:厦门	502	7 382	750 970	470 219	36 599	229 511	521 459	271 712	30 058
江　西	9 343	44 729	3 019 954	2 788 763	390 007	276 824	2 743 130	1 815 827	189 864
山　东	18 276	81 852	13 479 222	10 939 839	1 143 728	6 809 022	6 670 200	3 624 992	362 764
其中:青岛	2 939	18 891	6 447 473	6 431 886	575 901	4 270 861	2 176 612	1 819 833	341 104
河　南	11 492	53 953	3 231 495	2 367 913	287 945	192 137	3 039 358	3 120 077	14 976
湖　北	12 409	51 868	3 079 523	2 163 397	213 894	411 264	2 668 259	1 018 776	95 351
湖　南	16 895	69 769	3 909 316	3 221 040	278 275	851 161	3 058 155	1 323 979	18 289
广　东	18 762	153 093	9 509 932	4 958 374	591 799	3 511 534	5 998 398	12 618 899	232 856
其中:深圳	1 992	20 512	763 522	124 249	25 413	78 786	684 736	108 566	1 021
广　西	11 461	51 927	2 531 379	2 280 460	402 680	224 718	2 306 661	2 217 749	821
海　南	2 450	12 361	1 109 072	654 949	94 957	525 723	583 349	247 937	5 325
重　庆	8 573	30 874	2 862 042	2 649 019	447 451	742 323	2 119 719	1 066 647	28 689
四　川	23 585	88 159	9 153 883	2 525 080	184 136	1 111 452	8 042 431	1 980 270	84 009
贵　州	6 162	22 916	1 361 551	1 124 324	149 964	119 336	1 242 215	526 918	1 524
云　南	18 691	52 340	2 786 823	1 953 168	201 889	575 472	2 211 351	681 834	45 791
西　藏	2 230	7 574	235 955	132 859	18 082	70 651	165 304	49 694	——
陕　西	6 172	33 765	2 702 106	2 093 191	120 548	459 052	2 243 054	733 392	35 201
甘　肃	5 299	18 175	1 191 159	679 960	11 514	109 014	1 082 145	48 693	1 805
青　海	1 845	6 311	262 389	114 676	4 768	26 348	236 041	8 109	——
宁　夏	2 512	10 486	654 190	529 121	32 450	31 460	622 730	71 195	14 876
新　疆	10 386	25 069	1 532 037	1 372 454	110 575	113 845	1 418 192	415 402	11 035

经营机构基本情况(一)

损益及分配（千元）									
营业收入		主营业务成本	主营业务税金及附加	主营业务利润	其他业务利润	营业费用	管理费用		
	主营业务收入							税金	养老、失业等保险费
122 834 377	**66 243 822**	**38 426 625**	**6 524 925**	**27 125 044**	**1 699 057**	**10 406 929**	**8 550 745**	**1 532 575**	**452 198**
928 500	697 652	347 231	69 542	235 062	17 312	194 786	163 025	9 567	10 125
933 056	510 639	342 939	37 934	268 072	14 750	91 366	61 563	15 169	2 053
1 971 953	1 475 142	881 652	113 694	501 678	43 186	160 282	83 354	24 171	2 968
1 579 596	922 926	466 070	48 799	489 446	30 172	109 897	108 811	21 827	1 221
1 430 108	474 108	443 400	76 303	396 707	24 589	86 789	58 677	17 812	1 133
19 026 534	691 670	302 366	63 012	369 831	133 009	205 423	155 882	8 752	1 040
220	——	——	——	——	——	——	——	——	——
1 568 056	1 520 115	696 858	123 401	699 501	1 871	4 390	6 554	495	215
1 253 515	900 527	353 605	70 441	300 336	17 057	131 410	61 623	30 431	1 241
14 074 895	10 745 989	6 635 982	1 012 638	3 936 578	90 879	2 151 030	1 916 740	133 078	98 426
6 566 012	3 992 278	3 192 262	493 046	1 984 520	68 921	432 299	364 051	37 941	7 254
10 563 154	8 788 056	4 716 792	1 048 006	3 333 213	110 619	980 156	1 648 886	400 709	107 028
1 048 921	930 195	515 527	116 718	341 976	7 935	89 824	157 186	8 568	9 653
12 772 285	3 127 286	1 347 605	70 267	551 780	327 230	254 842	147 624	32 774	25 996
4 494 669	3 244 382	1 506 154	280 320	1 154 357	40 112	767 225	499 702	203 466	32 968
584 390	479 275	255 926	80 621	229 388	15 523	133 713	82 728	3 966	6 914
2 740 573	1 910 032	1 076 240	148 603	826 579	66 814	179 525	156 463	61 298	13 504
9 070 523	6 664 895	4 283 627	293 392	2 444 688	214 831	779 977	960 449	168 395	48 588
4 477 441	3 099 929	1 979 662	54 256	1 123 886	86 493	464 027	649 088	126 050	30 125
2 332 012	2 089 137	857 553	160 203	1 069 429	43 202	129 457	92 993	13 270	7 621
2 793 736	1 540 397	934 509	61 556	553 276	44 136	312 003	178 550	17 431	4 816
2 818 085	1 217 856	638 551	179 009	1 124 038	61 389	188 315	103 462	46 354	3 414
6 655 939	3 494 782	2 703 506	533 539	1 600 123	59 465	1 409 323	865 256	75 639	45 422
1 046 830	355 841	548 314	86 692	134 830	999	62 867	74 298	2 709	3 461
2 306 630	2 075 852	1 007 071	208 287	957 650	19 996	403 379	61 837	22 185	2 854
971 538	736 783	437 280	47 336	306 085	15 286	94 981	85 056	4 827	4 728
2 200 829	1 561 231	865 160	377 001	516 304	27 592	538 355	115 187	21 928	8 361
4 774 759	2 384 413	983 741	382 451	915 833	50 804	323 900	243 864	68 776	12 168
1 264 223	1 029 098	562 499	85 927	433 646	9 387	94 430	81 724	19 646	1 105
2 556 979	1 046 766	783 582	216 576	510 840	40 271	162 164	103 889	27 382	5 105
526 335	139 460	76 320	22 268	50 688	1 631	21 681	7 938	889	17
2 259 967	1 558 213	912 241	114 437	681 037	92 856	98 151	155 466	29 814	2 025
651 025	593 650	276 042	56 339	252 630	17 197	23 592	19 276	7 569	21
152 510	34 867	16 681	12 664	41 020	329	7 530	4 758	1 599	43
594 740	438 236	320 241	44 457	347 713	4 909	21 090	14 612	3 056	66
1 001 641	637 384	458 865	73 477	272 384	9 255	49 181	23 473	6 325	672

全国各地区文化市场

	住房公积金和住房补贴	差旅费	工会经费	财务费用	利息支出	营业利润	补贴收入
总计	**85 368**	**129 459**	**25 580**	**618 838**	**195 181**	**16 877 739**	**309 043**
北京	2 091	3 367	573	4 337	578	18 901	3 461
天津	462	529	115	17 763	16 112	40 068	636
河北	2 812	2 610	232	8 929	2 293	463 447	10 677
山西	907	1 197	981	7 514	1 229	691 296	4 649
内蒙古	777	803	405	3 154	1 111	580 718	1 297
辽宁	82	17	22	550	549	292 316	152
其中:大连	——	——	——	——	——	——	——
吉林	74	1 040	22	622	—24	692 706	879
黑龙江	291	1 361	147	71 803	1 046	301 297	208
上海	16 046	34 449	3 442	62 194	25 029	737 678	113 043
江苏	1 240	2 492	510	8 736	1 470	1 820 936	80 308
浙江	13 371	12 435	2 393	76 966	14 005	1 017 388	12 431
其中:宁波	112	126	90	4 381	—14	166 162	71
安徽	1 981	2 109	680	9 588	5 997	519 954	435
福建	6 251	9 754	1 801	32 334	22 396	899 119	4 287
其中:厦门	1 807	673	396	4 794	21	16 505	651
江西	2 011	4 525	472	24 100	11 079	744 867	16 089
山东	17 702	8 245	2 545	64 841	30 705	1 389 528	4 330
其中:青岛	10 860	3 591	1 330	35 516	12 128	292 340	2 657
河南	3 268	2 159	486	3 477	674	889 569	7 539
湖北	664	1 796	277	3 985	—282	430 075	1 478
湖南	2 916	1 746	1 107	2 710	1 479	1 064 069	2 078
广东	3 933	10 345	3 420	60 016	30 972	333 649	13 338
其中:深圳	399	514	213	3 097	—4 900	—39 327	220
广西	454	3 137	183	4 476	771	507 936	4 612
海南	23	4 058	864	14 000	1 269	169 794	2 160
重庆	1 256	3 860	742	68 239	1 703	466 002	2 727
四川	3 101	9 500	2 388	21 310	12 073	688 730	14 286
贵州	255	2 069	232	3 789	3 210	217 797	1 107
云南	2 491	2 379	606	17 367	5 129	293 573	3 512
西藏	34	58	——	257	——	338 739	——
陕西	720	2 147	668	19 588	3 065	623 870	1 750
甘肃	3	90	9	3 115	689	240 834	1 394
青海	3	34	5	1 602	——	41 456	101
宁夏	44	313	201	1 021	456	94 348	79
新疆	105	835	52	455	398	267 079	——

经营机构基本情况(二)

			工资、福利费、增值税 （千元）				
财政拨款	利润总额	所得税	本年应付工资总额	本年应付福利费总额	本年应交增值税	增加值（千元）	经营面积（千平方米）
112 055	**39 085 576**	**1 085 626**	**11 566 011**	**2 644 675**	**2 423 276**	**59 221 448**	**82 425**
2 749	14 183	13 907	132 877	9 794	73 821	418 052	1 285
——	42 649	1 166	58 509	1 857	141 266	460 322	3 278
9 587	537 775	3 761	313 499	116 854	12 600	1 295 356	1 739
10	648 788	34 431	236 345	38 179	159 783	1 352 157	1 348
249	324 775	2 342	160 778	1 676	5 253	941 658	994
90	374 130	1 164	164 738	556	4 603	571 945	2 978
——	——	——	220	——	——	220	614
——	691 650	5 128	259 841	888	1 098	1 136 581	1 535
1	347 245	1 918	146 268	2 749	2 033	711 279	1 211
41 864	1 381 746	224 470	872 291	359 149	77 305	4 431 918	2 392
14 000	1 858 730	19 737	840 508	292 164	50 754	4 033 400	3 894
6 765	1 841 407	223 293	1 053 426	122 673	36 386	4 860 501	4 565
——	205 862	54 265	175 005	446	131	598 854	615
8	679 906	6 300	434 471	247 941	44 443	9 692 211	1 578
2 759	1 005 585	55 114	531 406	28 329	141 098	2 473 745	2 146
651	18 509	7 581	94 491	7 451	3 131	252 406	267
8 989	796 359	91 555	324 672	81 345	286 270	2 068 999	1 755
1 174	1 285 501	145 812	748 852	102 426	897 653	4 816 436	3 473
1 101	203 784	102 765	245 302	95 568	751 996	2 186 011	734
5 930	899 469	15 725	362 557	16 960	10 986	1 760 201	2 092
809	414 979	6 547	349 606	131 474	57 476	1 268 725	2 081
513	600 706	2 821	416 713	8 291	2 645	2 004 414	11 128
10 830	414 614	79 484	1 429 313	41 741	46 817	3 117 613	10 950
120	−45 554	676	313 416	2 754	352	396 227	1 032
4 612	512 485	33 421	403 573	36 366	1 046	1 590 214	1 878
264	155 793	2 077	117 865	4 032	81 746	528 225	499
1 335	511 256	16 526	262 334	18 722	40 079	1 646 310	1 307
2 186	599 950	77 411	762 033	40 655	156 061	2 313 946	3 605
50	289 699	2 525	162 822	18 146	1 095	658 068	994
1 943	453 183	14 877	310 659	518 291	28 328	1 608 166	9 341
——	27 563	506	31 653	279	386	412 348	215
731	19 534 379	1 754	273 843	348 937	3 133	1 519 553	1 540
5	241 301	475	107 071	879	5 364	430 993	740
100	33 520	77	39 066	135	150	99 988	230
——	166 459	95	72 673	51 476	30 231	329 012	402
——	2 399 791	1 207	185 749	1 711	23 367	669 112	1 252

全国各地区文化市场

	机构数（个）	从业人员（人）	资产、负债、所有者权益 （千元）						
			资产总计			负债总计	所有者权益合计		
				固定资产原值	本年折旧			实收资本	
									国家资本金
总　计	**144 637**	**787 184**	**206 604 032**	**70 879 310**	**13 604 269**	**80 797 239**	**125 806 793**	**40 518 708**	**2 016 980**
北　京	2 683	16 197	1 124 993	642 819	73 398	400 213	724 780	674 150	56 958
天　津	1 128	7 335	1 356 202	1 819 597	158 485	599 718	756 484	778 295	189 015
河　北	3 964	19 893	1 600 889	1 328 494	127 894	181 396	1 419 493	1 007 079	55 382
山　西	4 613	22 511	1 618 913	1 228 455	122 947	47 286	1 571 627	967 617	49 960
内蒙古	3 699	12 500	772 275	480 248	83 823	96 570	675 705	130 092	3 172
辽　宁	11 007	30 082	3 119 044	1 097 922	18 455	703 514	2 415 530	117 363	10
其中：大连	3 506	9	1 600	1 600	——	——	1 600	——	——
吉　林	5 083	18 948	1 794 514	1 427 208	33 825	42 189	1 752 325	1 749 047	1 980
黑龙江	4 624	13 900	1 304 752	946 090	111 028	68 443	1 236 309	242 162	24 672
上　海	4 126	55 821	70 697 837	8 614 422	798 906	16 516 683	54 181 154	4 816 152	538 508
江　苏	9 988	42 494	6 669 918	2 333 321	166 442	1 570 025	5 099 893	905 874	44 541
浙　江	5 583	39 849	10 719 023	4 849 451	544 168	4 966 088	5 752 935	3 921 893	123 768
其中：宁波	1 096	6 443	869 766	546 128	65 004	108 448	761 318	153 986	1 823
安　徽	4 863	23 626	60 094 571	16 285 302	8 267 495	41 112 744	18 981 827	567 869	11 777
福　建	3 341	26 877	3 877 633	2 115 683	240 181	1 454 278	2 423 355	1 002 691	102 832
其中：厦门	498	7 367	750 110	469 539	36 559	229 511	520 599	271 712	30 058
江　西	3 118	20 623	1 461 362	1 335 386	143 612	144 583	1 316 779	868 221	55 543
山　东	9 035	48 059	11 043 616	8 722 317	887 253	6 349 491	4 694 125	2 527 915	330 201
其中：青岛	1 414	12 311	5 693 950	5 722 729	491 585	4 043 514	1 650 436	1 387 974	320 373
河　南	4 916	28 596	2 020 364	1 465 162	169 955	127 536	1 892 828	2 100 818	14 078
湖　北	6 577	34 955	2 147 035	1 736 363	167 537	332 614	1 814 421	847 865	86 191
湖　南	8 356	46 697	2 443 745	2 023 420	138 230	698 218	1 745 527	782 871	9 173
广　东	9 071	86 149	5 832 435	2 883 954	268 744	2 457 422	3 375 013	11 730 795	215 359
其中：深圳	1 989	20 325	763 522	124 249	25 413	78 786	684 736	108 566	1 021
广　西	4 042	25 698	1 297 885	1 120 615	200 933	147 634	1 150 251	1 139 536	821
海　南	647	5 801	725 363	384 885	74 499	460 101	265 262	175 289	1 625
重　庆	4 566	19 055	1 992 253	1 917 276	333 342	657 280	1 334 973	709 611	12 363
四　川	8 328	44 894	6 055 684	1 272 768	88 617	649 776	5 405 908	1 208 369	16 492
贵　州	1 947	9 631	636 749	522 370	70 497	40 534	596 215	250 541	——
云　南	4 850	19 236	1 212 674	656 300	90 374	346 673	866 001	272 905	24 180
西　藏	1 107	4 718	200 509	96 110	16 643	65 752	134 757	34 038	——
陕　西	2 830	22 384	1 963 178	1 426 366	83 959	348 015	1 615 163	499 180	33 870
甘　肃	3 047	12 229	893 583	499 258	6 241	80 091	813 492	35 175	182
青　海	696	4 153	200 650	67 484	3 678	24 581	176 069	8 015	——
宁　夏	1 581	8 315	547 454	461 593	22 577	22 247	525 207	48 684	4 171
新　疆	5 221	15 958	1 178 929	1 118 671	90 531	85 544	1 093 385	398 596	10 156

经营机构基本情况(城市)(一)

损益及分配(千元)									
营业收入		主营业务成本	主营业务税金及附加	主营业务利润	其他业务利润	营业费用	管理费用		
	主营业务收入							税金	养老、失业等保险费
91 675 519	**48 100 193**	**27 441 338**	**4 644 707**	**18 463 913**	**1 209 230**	**7 606 920**	**6 429 933**	**904 459**	**361 544**
754 415	618 231	310 845	64 690	213 552	16 005	181 519	148 986	8 325	9 463
702 022	461 987	307 390	32 879	247 818	12 881	84 228	58 556	15 061	1 625
1 099 315	852 951	523 103	59 184	266 742	22 421	90 118	56 498	19 765	2 193
1 083 412	703 379	350 132	38 494	392 063	24 519	77 891	77 244	14 568	240
549 087	330 221	214 594	42 338	183 924	5 879	58 303	21 543	5 252	271
18 557 951	582 739	208 040	41 875	289 103	131 116	198 623	149 843	6 378	1 018
220	——	——	——	——	——	——	——	——	——
861 073	834 426	374 956	60 346	401 983	1 458	3 253	4 331	285	211
900 211	675 090	229 366	43 175	169 909	13 691	88 217	44 773	21 837	976
12 822 654	10 225 404	6 428 550	869 343	3 659 331	78 692	1 884 023	1 804 995	88 647	95 617
3 903 181	2 094 103	1 828 994	305 438	1 191 538	13 825	276 460	317 887	26 710	3 947
6 662 229	5 892 205	2 849 411	761 194	2 230 414	43 479	646 805	1 178 221	287 327	83 726
568 160	495 925	243 557	84 901	184 848	677	23 450	84 694	1 910	4 988
11 316 731	2 342 811	1 053 141	34 064	329 671	318 940	118 550	116 857	27 883	25 911
2 991 771	2 451 675	958 700	216 207	904 009	31 349	701 199	260 933	18 617	22 500
583 725	478 610	255 444	80 543	229 293	15 523	133 713	82 720	3 966	6 914
1 500 275	1 072 175	663 132	78 010	387 149	27 348	66 948	81 205	37 988	8 581
7 222 933	5 250 507	3 449 088	199 999	1 828 484	154 466	628 227	824 831	146 252	42 759
3 922 205	2 643 604	1 672 148	42 875	982 460	75 014	415 880	607 645	121 900	27 637
1 459 132	1 311 000	545 140	111 702	652 142	29 862	88 143	61 504	7 344	6 039
1 963 563	1 215 665	664 657	36 202	373 288	33 338	271 931	135 166	5 542	2 784
1 820 870	730 474	316 119	128 321	838 596	37 094	119 948	47 042	23 401	2 935
4 169 191	2 340 794	1 906 348	293 778	757 057	39 878	677 094	432 223	34 836	28 633
1 034 440	344 226	541 819	84 319	132 083	748	62 867	69 295	2 704	3 391
1 304 852	1 203 197	549 813	115 538	570 278	10 279	280 132	39 565	10 879	2 429
662 518	546 725	320 723	31 745	244 648	9 744	88 887	77 405	3 615	1 693
1 602 250	1 095 123	619 302	344 028	309 899	15 275	494 439	77 176	11 123	4 410
2 863 345	1 599 618	567 587	314 521	591 223	22 318	171 625	134 976	31 710	7 027
641 869	533 764	256 388	51 378	202 835	3 112	41 592	47 197	11 900	623
850 741	484 196	334 192	108 685	181 055	17 700	111 849	47 078	5 203	3 366
167 473	88 010	46 294	17 901	36 332	1 189	14 470	4 528	881	17
1 442 418	1 255 397	717 060	93 965	512 564	73 380	72 689	136 257	21 906	1 903
481 561	442 886	216 360	45 569	170 115	13 089	16 621	13 642	5 025	5
104 982	9 284	8 322	10 178	28 114	67	4 671	1 883	572	43
517 821	398 172	271 969	41 509	114 107	640	14 324	12 602	2 255	66
695 673	457 984	351 622	52 451	185 970	6 196	34 141	14 986	3 372	533

全国各地区文化市场

	住房公积金和住房补贴	差旅费	工会经费	财务费用		营业利润	补贴收入
					利息支出		
总　计	**59 525**	**93 757**	**17 252**	**488 993**	**128 485**	**9 996 602**	**288 844**
北　京	1 787	2 995	502	4 040	731	10 750	3 306
天　津	258	519	88	17 741	16 102	12 402	16
河　北	2 070	2 040	149	6 136	1 635	237 203	10 183
山　西	206	500	252	5 680	332	498 567	4 630
内蒙古	21	280	113	1 339	774	123 349	359
辽　宁	51	17	22	550	549	241 177	132
其中：大连	——	——	——	——	——	——	——
吉　林	54	572	22	70	—24	396 242	689
黑龙江	227	770	117	70 274	1 037	231 966	178
上　海	14 989	33 143	3 102	58 742	23 488	752 896	111 384
江　苏	1 145	2 141	455	6 582	1 248	1 062 513	79 735
浙　江	1 340	3 519	1 359	57 052	5 750	360 187	10 766
其中：宁波	112	122	90	724	—14	89 820	60
安　徽	1 918	1 646	619	7 826	5 310	418 756	355
福　建	6 195	8 194	1 550	14 953	6 110	505 108	4 138
其中：厦门	1 807	673	396	4 794	21	16 468	651
江　西	1 604	1 098	148	17 362	8 504	366 991	13 349
山　东	14 874	6 081	2 136	56 288	25 961	842 523	3 046
其中：青岛	9 121	2 964	1 164	31 274	8 544	214 682	1 951
河　南	1 942	1 156	437	1 429	310	533 602	6 780
湖　北	534	1 634	277	2 537	—447	271 237	1 140
湖　南	2 069	1 006	771	678	764	752 994	1 170
广　东	3 016	6 876	1 468	39 575	20 109	155 470	11 746
其中：深圳	399	514	213	3 042	—4 900	—37 016	220
广　西	265	1 347	142	3 378	620	257 464	4 612
海　南	22	3 821	826	9 123	806	88 974	1 972
重　庆	404	2 508	232	65 933	536	324 991	2 349
四　川	1 913	5 587	1 198	10 961	3 311	437 077	10 462
贵　州	79	1 239	112	970	—2	98 639	1 004
云　南	1 722	1 888	315	8 166	3 045	52 916	2 858
西　藏	34	58	——	257	——	39 528	——
陕　西	638	2 016	599	16 945	1 233	472 655	1 114
甘　肃	1	40	8	2 393	395	167 356	1 260
青　海	3	34	5	1 602	——	34 895	101
宁　夏	44	313	201	34	——	61 802	10
新　疆	100	719	27	377	298	186 372	——

经营机构基本情况(城市)(二)

财政拨款	工资、福利费、增值税(千元) 利润总额	所得税	本年应付 工资总额	本年应付 福利费总额	本年应 交增值税	增加值 (千元)	经营面积 (千平方米)
107 889	**13 172 714**	**777 482**	**6 964 600**	**844 848**	**1 676 926**	**39 361 050**	**57 904**
−2 779	6 583	11 012	109 431	8 243	14 508	304 334	1 087
——	25 605	501	45 134	1 598	563	268 073	3 180
9 581	270 658	2 580	163 722	62 329	8 329	693 073	880
——	481 813	31 928	176 345	36 387	9 246	901 764	1 000
240	156 833	819	73 067	584	2 029	331 157	576
90	319 793	215	96 967	361	1 103	407 531	2 287
——	——	——	220	——	——	220	594
——	397 219	3 988	157 627	464	518	650 285	922
1	274 653	998	98 189	2 483	1 325	511 426	725
41 804	1 328 650	209 758	729 586	88 161	74 336	3 627 726	1 893
14 000	1 081 785	15 063	467 422	122 270	43 290	2 279 231	2 370
6 077	454 963	139 846	467 450	26 918	7 549	2 551 584	2 076
——	106 021	34 824	92 388	446	101	339 790	367
8	450 210	2 820	238 496	142 825	12 399	9 170 443	962
2 759	596 898	52 614	325 287	24 911	140 337	1 504 812	1 181
651	18 432	7 581	94 321	7 451	3 131	252 081	266
7 606	386 729	52 462	147 777	28 213	235 092	1 061 350	828
1 109	756 971	116 915	505 472	97 677	848 699	3 590 114	2 012
1 050	127 708	100 185	193 543	94 254	747 596	1 945 994	452
5 770	538 917	8 600	221 982	13 251	2 380	1 075 237	1 114
807	248 540	5 001	236 013	30 903	56 950	809 096	1 369
511	361 784	1 352	270 444	4 989	1 378	1 326 399	10 238
10 437	159 058	38 902	840 505	27 974	43 803	1 709 686	7 784
120	−43 707	676	310 258	2 754	352	392 932	1 026
4 612	262 013	21 490	219 915	28 010	304	840 481	973
264	76 577	1 864	72 710	2 749	4 164	282 869	211
1 333	347 222	9 170	159 293	7 171	39 666	1 226 969	796
849	335 730	41 089	404 252	9 636	70 483	1 376 702	1 864
50	124 777	2 020	74 578	7 473	906	317 197	475
1 924	220 980	3 574	154 705	14 255	25 199	459 571	8 120
——	21 264	476	16 552	279	386	92 222	136
731	805 029	1 411	193 860	2 108	879	873 428	1 038
5	168 707	425	78 816	314	330	304 922	487
100	27 932	74	27 688	91	132	77 384	150
——	139 859	4	60 740	51 417	30 231	270 783	302
——	2 344 962	511	130 575	804	412	465 201	868

全国各地区文化市场

	机构数（个）	从业人员（人）	资产、负债、所有者权益 （千元）						
			资产总计			负债总计	所有者权益合计		
				固定资产原值	本年折旧			实收资本	
									国家资本金
总　计	**107 846**	**394 095**	**28 812 144**	**18 425 548**	**2 028 403**	**3 582 333**	**25 229 811**	**9 556 761**	**327 991**
北　京	456	2 544	102 983	55 062	6 080	18 267	84 716	64 068	8 949
天　津	210	1 508	677 004	46 943	2 823	7 063	669 941	3 483	39
河　北	4 839	16 083	986 055	792 375	78 517	63 816	922 239	511 283	4 916
山　西	1 853	6 349	349 828	326 761	17 029	24 712	325 116	98 950	1 182
内蒙古	3 903	9 341	606 605	278 675	9 394	18 090	588 515	45 887	839
辽　宁	3 345	10 521	873 529	417 744	13 872	29 075	844 454	430	——
其中：大连	80	——	——	——	——	——	——	——	——
吉　林	3 043	10 067	710 382	500 357	16 846	12 461	697 921	688 997	442
黑龙江	3 288	7 352	413 783	341 153	35 009	39 506	374 277	114 792	24 201
上　海	426	3 118	1 243 097	1 140 601	145 564	363 290	879 807	752 199	9 682
江　苏	6 228	23 972	3 631 836	949 129	131 300	448 370	3 183 466	405 146	3 170
浙　江	5 602	35 792	4 027 176	2 489 600	337 143	789 348	3 237 828	980 859	30 168
其中：宁波	560	7 025	392 486	309 908	34 810	37 800	354 686	39 185	——
安　徽	3 770	12 016	688 476	423 587	24 704	57 276	631 200	119 237	1 125
福　建	2 537	12 378	908 977	673 038	55 207	82 868	826 109	334 043	11 602
其中：厦门	2	8	180	180	20	——	180	——	——
江　西	4 345	18 917	1 270 751	1 203 855	192 024	109 549	1 161 202	772 502	128 917
山　东	6 490	24 946	1 852 935	1 663 980	197 515	380 974	1 471 961	835 319	30 819
其中：青岛	1 322	5 797	687 923	645 564	74 961	212 109	475 814	402 190	20 361
河　南	4 629	18 777	902 035	673 777	88 857	45 301	856 734	776 976	898
湖　北	3 955	13 141	746 934	334 109	34 911	65 613	681 321	122 811	5 845
湖　南	5 361	16 980	1 085 766	815 855	95 522	123 125	962 641	375 533	5 751
广　东	4 299	29 309	968 958	409 961	45 626	100 878	868 080	202 988	——
其中：深圳	3	187	——	——	——	——	——	——	——
广　西	4 261	18 308	924 719	867 636	146 851	65 399	859 320	790 609	——
海　南	1 163	4 964	295 470	205 807	13 246	44 569	250 901	55 019	3 700
重　庆	2 425	8 693	686 477	572 953	89 111	67 572	618 905	273 648	16 286
四　川	9 469	28 805	1 822 514	788 886	60 374	213 621	1 608 893	463 145	4 980
贵　州	2 953	10 472	589 059	472 574	51 933	69 318	519 741	192 555	1 524
云　南	8 754	23 887	1 243 859	989 815	85 581	198 016	1 045 843	341 038	21 003
西　藏	1 089	2 795	35 443	35 911	1 439	4 899	30 544	14 670	——
陕　西	2 466	8 893	596 110	537 686	24 367	95 012	501 098	186 777	1 331
甘　肃	1 575	4 186	190 956	125 472	3 741	18 638	172 318	9 955	1 411
青　海	984	1 874	54 877	40 744	678	1 514	53 363	94	——
宁　夏	641	1 629	79 661	52 538	7 564	7 395	72 266	15 647	8 656
新　疆	3 487	6 478	245 889	198 964	15 575	16 798	229 091	8 101	555

经营机构基本情况(县城)(一)

损益及分配（千元）									
营业收入		主营业务成本	主营业务税金及附加	主营业务利润	其他业务利润	营业费用	管理费用		
	主营业务收入							税金	养老、失业等保险费
21 042 994	**12 440 860**	**7 741 308**	**1 244 401**	**5 924 789**	**376 926**	**1 632 733**	**1 226 798**	**317 587**	**63 833**
129 908	54 366	19 678	3 014	9 000	336	5 353	5 432	815	261
57 857	34 451	27 094	1 759	13 854	1 029	7 007	3 000	108	428
609 828	460 479	258 349	37 382	170 010	16 818	53 758	22 339	3 569	763
432 446	181 249	79 017	7 665	80 980	4 351	27 460	25 463	5 610	549
849 532	119 519	216 466	32 875	205 536	18 587	26 321	35 271	12 020	862
394 922	67 763	67 688	14 582	55 113	688	4 358	4 133	1 070	22
——	——	——	——	——	——	——	——	——	——
555 380	541 428	258 704	50 273	227 586	360	1 039	1 872	181	4
276 922	179 814	96 656	20 741	101 202	2 713	34 429	12 833	6 642	153
557 211	350 499	92 624	107 757	194 666	7 580	208 203	51 153	23 270	709
1 883 005	1 342 456	987 444	137 869	535 041	48 154	78 563	29 715	8 566	2 099
2 644 375	2 001 212	1 276 605	191 372	764 075	51 931	242 214	383 442	84 182	20 163
324 713	293 848	171 690	19 513	109 274	7 063	53 699	47 150	2 698	2 611
652 853	255 554	182 486	25 376	154 273	4 887	34 837	12 040	2 786	46
688 029	496 464	341 350	41 026	163 052	6 208	44 512	49 948	12 336	7 844
420	420	310	60	50	——	——	——	——	——
964 777	677 293	344 593	55 627	355 304	31 420	87 310	65 944	19 686	4 767
1 476 052	1 143 406	708 814	68 996	468 742	48 913	113 351	119 045	17 361	5 543
526 183	437 768	297 168	10 482	129 647	10 001	40 735	39 454	3 538	2 404
650 969	582 645	237 932	35 627	309 150	8 393	31 124	22 757	4 675	1 109
555 066	209 608	184 637	20 831	133 911	7 959	31 714	35 599	9 285	1 580
747 508	351 772	218 449	32 772	208 392	19 343	54 961	43 139	15 333	454
870 507	282 323	280 517	38 575	116 998	3 967	178 515	63 966	7 288	4 441
12 390	11 615	6 495	2 373	2 747	251	——	5 003	5	70
733 445	639 000	337 008	67 925	277 474	7 487	86 153	17 106	9 037	376
173 836	138 962	81 183	11 998	44 187	4 144	4 706	5 882	614	2 950
482 845	376 928	200 650	25 650	165 008	10 385	33 732	29 605	8 773	2 417
1 228 666	565 959	278 347	50 149	234 379	21 076	102 435	80 619	27 995	3 961
462 829	360 889	227 576	26 897	167 679	5 671	46 665	28 868	5 611	482
1 472 937	446 786	395 776	90 524	265 121	17 871	42 460	45 394	18 449	1 600
356 956	49 640	29 455	4 316	14 123	442	6 509	3 410	8	——
699 482	238 890	147 814	13 919	129 030	17 676	21 510	15 141	7 271	110
115 915	106 412	40 004	7 710	60 890	3 057	4 947	3 728	1 295	13
41 492	22 078	6 523	2 107	11 653	235	2 610	2 626	923	——
55 433	30 341	37 855	2 238	224 925	3 311	5 426	1 597	732	——
222 011	132 674	80 014	16 849	63 435	1 934	10 551	5 731	2 096	127

全国各地区文化市场

	住房公积金和住房补贴	差旅费	工会经费	财务费用		营业利润	补贴收入
					利息支出		
总　计	**22 179**	**23 684**	**5 065**	**70 053**	**29 617**	**4 893 824**	**13 818**
北　京	219	248	39	27	−236	3 268	124
天　津	204	10	27	22	10	16 314	620
河　北	701	435	80	2 307	581	159 469	473
山　西	474	484	513	1 471	784	168 418	19
内蒙古	756	523	292	1 735	337	452 853	938
辽　宁	31	——	——	——	——	43 841	20
其中:大连	——	——	——	——	——	——	——
吉　林	20	348	——	423	——	226 578	140
黑龙江	64	498	30	1 360	9	53 950	30
上　海	164	632	113	2 446	1 181	−49 960	347
江　苏	63	208	16	1 303	64	511 822	378
浙　江	11 692	5 428	951	12 952	5 783	384 489	1 542
其中:宁波	——	——	——	1 207	——	43 364	11
安　徽	35	231	34	1 022	395	62 543	——
福　建	24	1 317	166	944	194	94 366	148
其中:厦门	——	——	——	——	——	——	——
江　西	395	2 932	277	5 966	2 450	299 475	2 383
山　东	2 786	1 657	348	7 419	4 520	384 073	1 002
其中:青岛	1 739	460	166	4 242	3 584	71 335	701
河　南	884	709	43	1 184	242	262 795	376
湖　北	130	147	——	958	124	121 307	135
湖　南	731	590	195	1 418	694	245 286	456
广　东	80	547	61	1 743	135	77 017	323
其中:深圳	——	——	——	55	——	−2 311	——
广　西	169	984	35	901	85	180 801	——
海　南	1	163	32	4 324	18	60 905	145
重　庆	559	996	445	1 701	975	107 228	375
四　川	1 021	3 194	980	4 857	3 829	173 088	2 729
贵　州	176	738	120	2 655	3 161	104 602	85
云　南	714	415	201	7 255	1 837	192 329	312
西　藏	——	——	——	——	——	298 896	——
陕　西	80	117	56	2 492	1 794	113 913	563
甘　肃	1	37	1	544	228	53 925	99
青　海	——	——	——	——	——	6 072	——
宁　夏	——	——	——	546	323	23 660	56
新　疆	5	96	10	78	100	60 501	——

经营机构基本情况(县城)(二)

财政拨款	利润总额	所得税	工资、福利费、增值税			增加值（千元）	经营面积（千平方米）
			本年应付工资总额	本年应付福利费总额	本年应交增值税		
3 657	**23 811 141**	**189 785**	**3 047 033**	**1 207 283**	**379 747**	**13 221 228**	**16 514**
——	3 415	2 378	16 736	966	55 901	87 413	135
——	10 058	665	8 062	178	703	31 215	59
6	194 072	1 072	110 182	14 393	2 978	408 470	634
10	149 684	1 993	43 839	1 298	150 147	395 263	250
9	163 960	1 523	84 392	1 087	3 224	598 592	380
——	39 789	949	55 402	165	3 500	132 505	506
——	——	——	——	——	——	——	3
——	224 992	674	75 448	399	501	370 394	459
——	55 071	477	36 009	197	463	153 279	350
——	30 890	13 042	100 177	1 865	507	330 492	195
——	535 352	2 826	250 483	147 913	2 115	1 192 621	1 054
683	1 114 400	45 143	391 842	6 626	28 402	1 458 185	1 573
——	65 752	13 624	62 856	——	30	165 893	157
——	134 669	2 363	99 296	88 179	25 226	328 200	401
——	104 502	1 941	117 804	2 852	501	332 261	553
——	50	——	100	——	——	180	——
1 383	311 795	32 472	143 071	51 016	1 775	770 402	738
65	385 493	7 844	186 036	3 887	48 627	916 072	1 184
51	70 064	2 576	46 287	1 314	4 400	217 267	257
160	264 533	4 588	104 955	2 640	8 605	510 544	787
2	130 141	1 176	90 967	526	526	280 199	565
2	173 907	970	105 144	3 040	1 119	499 964	660
——	122 075	7 722	208 626	2 656	1 211	385 895	1 215
——	−1 847	——	3 158	——	——	3 295	5
——	180 801	8 706	133 776	8 354	741	548 083	653
——	61 076	176	34 942	1 133	1 840	127 798	211
1	127 576	6 397	81 341	11 171	338	327 213	378
1 336	188 240	32 719	236 630	30 145	13 935	600 527	1 162
——	107 180	402	66 643	5 629	165	262 305	410
——	176 994	10 528	111 528	481 499	3 053	985 642	911
——	6 067	30	14 831	——	——	319 490	79
——	18 693 381	309	61 361	338 322	2 254	562 189	407
——	52 877	39	19 550	525	7	86 866	177
——	4 520	2	9 877	40	18	19 715	70
——	21 257	61	9 117	20	——	43 387	76
——	42 374	598	38 966	562	21 365	156 047	282

全国各地区文化市场

	机构数（个）	从业人员（人）	资产、负债、所有者权益 （千元）						
			资产总计			负债总计	所有者权益合计		
				固定资产原值	本年折旧			实收资本	
									国家资本金
总　计	**64 044**	**197 313**	**13 816 851**	**8 653 231**	**1 153 192**	**2 431 642**	**11 385 209**	**4 325 088**	**129 400**
北　京	262	1 056	67 726	47 436	7 913	13 379	54 347	44 524	2 130
天　津	224	909	27 797	47 874	992	300	27 497	300	——
河　北	1 957	6 161	385 242	309 608	27 978	15 747	369 495	246 544	1
山　西	551	2 242	96 016	75 649	8 717	12 361	83 655	29 603	——
内蒙古	278	557	72 709	68 448	2 439	5 817	66 892	43 664	——
辽　宁	2 218	3 920	195 525	111 012	4 353	8 648	186 877	231	——
其中：大连	351	——	——	——	——	——	——	——	——
吉　林	1 485	3 644	229 758	161 925	6 285	1 402	228 356	226 480	230
黑龙江	1 632	3 190	100 488	115 169	10 219	10 691	89 797	36 808	3 992
上　海	949	5 603	854 777	445 907	63 679	294 109	560 668	241 696	4 567
江　苏	4 747	11 696	1 857 128	583 976	111 155	259 050	1 598 078	131 687	161
浙　江	5 568	20 123	1 648 048	1 100 913	165 957	225 500	1 422 548	476 807	8 167
其中：宁波	582	4 052	303 442	178 104	22 114	2 000	301 442	27 040	——
安　徽	3 530	13 961	368 117	242 460	21 399	40 219	327 898	50 942	——
福　建	2 381	9 235	747 373	495 088	49 581	49 366	698 007	301 223	13 057
其中：厦门	2	7	680	500	20	——	680	——	——
江　西	1 880	5 189	287 841	249 522	54 371	22 692	265 149	175 104	5 404
山　东	2 751	8 847	582 671	553 542	58 960	78 557	504 114	261 758	1 744
其中：青岛	203	783	65 600	63 593	9 355	15 238	50 362	29 669	370
河　南	1 947	6 580	309 096	228 974	29 133	19 300	289 796	242 283	——
湖　北	1 877	3 772	185 554	92 925	11 446	13 037	172 517	48 100	3 315
湖　南	3 178	6 092	379 805	381 765	44 523	29 818	349 987	165 575	3 365
广　东	5 392	37 635	2 708 539	1 664 459	277 429	953 234	1 755 305	685 116	17 497
其中：深圳	——	——	——	——	——	——	——	——	——
广　西	3 158	7 921	308 775	292 209	54 896	11 685	297 090	287 604	——
海　南	640	1 596	88 239	64 257	7 212	21 053	67 186	17 629	——
重　庆	1 582	3 126	183 312	158 790	24 998	17 471	165 841	83 388	40
四　川	5 788	14 460	1 275 685	463 426	35 145	248 055	1 027 630	308 756	62 537
贵　州	1 262	2 813	135 743	129 380	27 534	9 484	126 259	83 822	——
云　南	5 087	9 217	330 290	307 053	25 934	30 783	299 507	67 891	608
西　藏	34	61	3	838	——	——	3	986	——
陕　西	876	2 488	142 818	129 139	12 222	16 025	126 793	47 435	——
甘　肃	677	1 760	106 620	55 230	1 532	10 285	96 335	3 563	212
青　海	165	284	6 862	6 448	412	253	6 609	——	——
宁　夏	290	542	27 075	14 990	2 309	1 818	25 257	6 864	2 049
新　疆	1 678	2 633	107 219	54 819	4 469	11 503	95 716	8 705	324

经营机构基本情况(县以下)(一)

损益及分配（千元）									
营业收入		主营业务成本	主营业务税金及附加	主营业务利润	其他业务利润	营业费用	管理费用		
	主营业务收入							税金	养老、失业等保险费
10 115 864	**5 702 769**	**3 243 979**	**635 817**	**2 736 342**	**112 901**	**1 167 276**	**894 014**	**310 529**	**26 821**
44 177	25 055	16 708	1 838	12 510	971	7 914	8 607	427	401
173 177	14 201	8 455	3 296	6 400	840	131	7	——	——
262 810	161 712	100 200	17 128	64 926	3 947	16 406	4 517	837	12
63 738	38 298	36 921	2 640	16 403	1 302	4 546	6 104	1 649	432
31 489	24 368	12 340	1 090	7 247	123	2 165	1 863	540	——
73 661	41 168	26 638	6 555	25 615	1 205	2 442	1 906	1 304	——
——	——	——	——	——	——	——	——	——	——
151 603	144 261	63 198	12 782	69 932	53	98	351	29	——
76 382	45 623	27 583	6 525	29 225	653	8 764	4 017	1 952	112
695 030	170 086	114 808	35 538	82 581	4 607	58 804	60 592	21 161	2 100
779 826	555 719	375 824	49 739	257 941	6 942	77 276	16 449	2 665	1 208
1 256 550	894 639	590 776	95 440	338 724	15 209	91 137	87 223	29 200	3 139
156 048	140 422	100 280	12 304	47 854	195	12 675	25 342	3 960	2 054
802 701	528 921	111 978	10 827	67 836	3 403	101 455	18 727	2 105	39
814 869	296 243	206 104	23 087	87 296	2 555	21 514	188 821	172 513	2 624
245	245	172	18	45	——	——	8	——	——
275 521	160 564	68 515	14 966	84 126	8 046	25 267	9 314	3 624	156
371 538	270 982	125 725	24 397	147 462	11 452	38 399	16 573	4 782	286
29 053	18 557	10 346	899	11 779	1 478	7 412	1 989	612	84
221 911	195 492	74 481	12 874	108 137	4 947	10 190	8 732	1 251	473
275 107	115 124	85 215	4 523	46 077	2 839	8 358	7 785	2 604	452
249 707	135 610	103 983	17 916	77 050	4 952	13 406	13 281	7 620	25
1 616 241	871 665	516 641	201 186	726 068	15 620	553 714	369 067	33 515	12 348
——	——	——	——	——	——	——	——	——	——
268 333	233 655	120 250	24 824	109 898	2 230	37 094	5 166	2 269	49
135 184	51 096	35 374	3 593	17 250	1 398	1 388	1 769	598	85
115 734	89 180	45 208	7 323	41 397	1 932	10 184	8 406	2 032	1 534
682 748	218 836	137 807	17 781	90 231	7 410	49 840	28 269	9 071	1 180
159 525	134 445	78 535	7 652	63 132	604	6 173	5 659	2 135	——
233 301	115 784	53 614	17 367	64 664	4 700	7 855	11 417	3 730	139
1 906	1 810	571	51	233	——	702	——	——	——
118 067	63 926	47 367	6 553	39 443	1 800	3 952	4 068	637	12
53 549	44 352	19 678	3 060	21 625	1 051	2 024	1 906	1 249	3
6 036	3 505	1 836	379	1 253	27	249	249	104	——
21 486	9 723	10 417	710	8 681	958	1 340	413	69	——
83 957	46 726	27 229	4 177	22 979	1 125	4 489	2 756	857	12

全国各地区文化市场

	住房公积金和住房补贴	差旅费	工会经费	财务费用		营业利润	补贴收入
					利息支出		
总计	**3 664**	**12 018**	**3 263**	**59 792**	**37 079**	**1 987 313**	**6 381**
北京	85	124	32	270	83	4 883	31
天津	——	——	——	——	——	11 352	——
河北	41	135	3	486	77	66 775	21
山西	227	213	216	363	113	24 311	——
内蒙古	——	——	——	80	——	4 516	——
辽宁	——	——	——	——	——	7 298	——
其中:大连	——	——	——	——	——	——	——
吉林	——	120	——	129	——	69 886	50
黑龙江	——	93	——	169	——	15 381	——
上海	893	674	227	1 006	360	34 742	1 312
江苏	32	143	39	851	158	246 601	195
浙江	339	3 488	83	6 962	2 472	272 712	123
其中:宁波	——	4	——	2 450	——	32 978	——
安徽	28	232	27	740	292	38 655	80
福建	32	243	85	16 437	16 092	299 645	1
其中:厦门	——	——	——	——	——	37	——
江西	12	495	47	772	125	78 401	357
山东	42	507	61	1 134	224	162 932	282
其中:青岛	——	167	——	——	——	6 323	5
河南	442	294	6	864	122	93 172	383
湖北	——	15	——	490	41	37 531	203
湖南	116	150	141	614	21	65 789	452
广东	837	2 922	1 891	18 698	10 728	101 162	1 269
其中:深圳	——	——	——	——	——	——	——
广西	20	806	6	197	66	69 671	——
海南	——	74	6	553	445	19 915	43
重庆	293	356	65	605	192	33 783	3
四川	167	719	210	5 492	4 933	78 565	1 095
贵州	——	92	——	164	51	14 556	18
云南	55	76	90	1 946	247	48 328	342
西藏	——	——	——	——	——	315	——
陕西	2	14	13	151	38	37 302	73
甘肃	1	13	——	178	66	19 553	35
青海	——	——	——	——	——	489	——
宁夏	——	——	——	441	133	8 886	13
新疆	——	20	15	——	——	20 206	——

经营机构基本情况(县以下)(二)

财政拨款	利润总额	所得税	工资、福利费、增值税			增加值(千元)	经营面积(千平方米)
			本年应付工资总额	本年应付福利费总额	本年应交增值税		
509	**2 101 721**	**118 359**	**1 554 378**	**592 544**	**366 603**	**6 639 170**	**8 004**
30	4 185	517	6 710	585	3 412	26 305	62
——	6 986	——	5 313	81	140 000	161 034	38
——	73 045	109	39 595	40 132	1 293	193 813	224
——	17 291	510	16 161	494	390	55 130	98
——	3 982	——	3 319	5	——	11 909	38
——	14 548	——	12 369	30	——	31 909	184
——	——	——	——	——	——	——	18
——	69 439	466	26 766	25	79	115 902	155
——	17 521	443	12 070	69	245	46 574	136
60	22 206	1 670	42 528	269 123	2 462	473 700	303
——	241 593	1 848	122 603	21 981	5 349	561 548	470
5	272 044	38 304	194 134	89 129	435	850 732	917
——	34 089	5 817	19 761	——	——	93 171	90
——	95 027	1 117	96 679	16 937	6 818	193 568	215
——	304 185	559	88 315	566	260	636 672	411
——	27	——	70	——	——	145	——
——	97 835	6 621	33 824	2 116	49 403	237 247	188
——	143 037	21 053	57 344	862	327	310 250	277
——	6 012	4	5 472	——	——	22 750	24
——	96 019	2 537	35 620	1 069	1	174 420	192
——	36 298	370	22 626	100 045	——	179 430	149
——	65 015	499	41 125	262	148	178 051	230
393	133 481	32 860	380 182	11 111	1 803	1 022 032	1 949
——	——	——	——	——	——	——	——
——	69 671	3 225	49 882	2	1	201 650	251
——	18 140	37	10 213	150	75 742	117 558	75
1	36 458	959	21 700	380	75	92 128	134
1	75 980	3 603	121 151	874	71 643	336 717	580
——	57 742	103	21 601	5 044	24	78 566	110
19	55 209	775	44 426	22 537	76	162 953	310
——	232	——	270	——	——	636	1
——	35 969	34	18 622	8 507	——	83 936	95
——	19 717	11	8 705	40	5 027	39 205	77
——	1 068	1	1 501	4	——	2 889	9
——	5 343	30	2 816	39	——	14 842	25
——	12 455	98	16 208	345	1 590	47 864	101

全国各地区文化市场

	机构数（个）	从业人员（人）	资产、负债、所有者权益（千元）						
			资产总计			负债总计	所有者权益合计		
				固定资产原值	本年折旧			实收资本	
									国家资本金
总　计	**316 021**	**1 357 075**	**241 716 693**	**93 273 137**	**16 390 814**	**76 532 850**	**165 183 843**	**52 386 679**	**2 401 491**
北　京	3 380	19 345	1 265 852	725 051	85 953	415 926	849 926	755 226	68 037
天　津	1 555	9 471	1 996 566	1 908 526	162 245	589 147	1 407 419	744 641	176 742
河　北	10 755	42 099	2 969 577	2 427 758	234 116	260 903	2 708 674	1 762 606	60 299
山　西	7 016	31 097	2 059 757	1 630 865	148 693	83 859	1 975 898	1 096 170	51 142
内蒙古	7 876	22 385	1 451 389	826 071	94 496	120 477	1 330 912	219 643	4 011
辽　宁	16 559	44 483	4 183 556	1 622 143	36 664	741 100	3 442 456	113 556	10
其中:大连	3 930	9	1 600	1 600	——	——	1 600	——	——
吉　林	9 611	32 659	2 734 654	2 089 490	56 956	56 052	2 678 602	2 664 524	2 652
黑龙江	9 543	24 440	1 818 843	1 402 412	156 256	118 640	1 700 203	393 762	52 865
上　海	5 394	58 738	69 517 619	9 038 646	912 289	10 500 772	59 016 847	5 045 104	546 801
江　苏	20 963	78 162	12 158 882	3 866 426	408 897	2 277 445	9 881 437	1 442 707	47 872
浙　江	16 732	95 168	16 304 291	8 386 093	1 042 228	5 919 360	10 384 931	5 352 800	162 103
其中:宁波	2 232	17 366	1 558 834	1 029 060	121 420	146 648	1 412 186	219 611	1 823
安　徽	12 157	49 521	61 142 994	16 945 201	8 313 576	41 210 239	19 932 755	738 048	12 902
福　建	8 228	47 313	5 297 687	3 025 898	328 924	1 541 550	3 756 137	1 496 593	127 491
其中:厦门	498	6 719	600 015	305 462	28 227	203 430	396 585	183 717	30 058
江　西	9 340	44 706	3 016 214	2 785 223	389 957	276 384	2 739 830	1 814 027	189 864
山　东	18 257	79 163	10 809 370	8 281 605	905 945	4 277 697	6 531 673	3 031 273	308 152
其中:青岛	2 929	16 500	3 860 346	3 846 538	342 666	1 835 261	2 025 085	1 246 369	286 492
河　南	11 488	53 904	3 223 174	2 362 393	287 786	191 900	3 031 274	3 112 013	14 976
湖　北	12 402	51 808	3 074 678	2 158 597	213 894	411 264	2 663 414	1 018 686	95 351
湖　南	16 890	69 641	3 900 259	3 214 131	278 148	849 022	3 051 237	1 315 802	18 289
广　东	18 566	144 580	8 539 960	4 595 877	558 874	2 803 974	5 735 986	12 249 596	232 856
其中:深圳	1 962	19 556	762 459	122 888	25 273	78 691	683 768	107 496	1 021
广　西	11 456	51 864	2 529 891	2 279 182	402 544	224 691	2 305 200	2 216 304	821
海　南	2 445	12 188	1 064 508	638 029	94 841	351 479	713 029	241 897	5 325
重　庆	8 564	30 678	2 818 672	2 609 179	443 929	730 922	2 087 750	1 066 647	28 689
四　川	23 567	87 997	9 120 291	2 521 704	183 825	1 078 418	8 041 873	1 960 137	84 009
贵　州	6 161	22 912	1 361 301	1 124 324	149 964	119 226	1 242 075	526 778	1 524
云　南	18 678	51 466	2 784 072	1 888 244	201 889	575 043	2 209 029	681 654	45 791
西　藏	2 229	7 568	234 955	132 847	18 070	70 651	164 304	49 694	——
陕　西	6 169	33 734	2 698 906	2 091 011	120 548	456 042	2 242 864	733 392	35 201
甘　肃	5 299	18 175	1 191 159	679 960	11 514	109 014	1 082 145	48 693	1 805
青　海	1 845	6 311	262 389	114 676	4 768	26 348	236 041	8 109	——
宁　夏	2 512	10 486	654 190	529 121	32 450	31 460	622 730	71 195	14 876
新　疆	10 384	25 013	1 531 037	1 372 454	110 575	113 845	1 417 192	415 402	11 035

经营机构基本情况(内资)(一)

损益及分配(千元)									
营业收入		主营业务成本	主营业务税金及附加	主营业务利润	其他业务利润	营业费用	管理费用		
	主营业务收入							税金	养老、失业等保险费
118 551 830	**63 091 884**	**36 738 227**	**6 368 728**	**25 756 277**	**1 633 918**	**9 781 728**	**7 899 442**	**1 416 941**	**423 633**
871 054	653 445	322 594	60 770	225 313	17 241	188 563	140 436	9 470	9 824
907 738	486 101	332 441	36 152	260 774	14 750	79 373	58 227	15 169	1 843
1 971 344	1 474 743	881 339	113 613	501 691	43 186	160 206	83 345	24 171	2 965
1 579 547	922 883	466 070	48 799	489 446	30 172	109 897	108 811	21 827	1 221
1 428 328	474 108	442 962	76 203	396 657	24 569	86 789	58 677	17 812	1 133
19 024 216	689 352	302 366	63 012	369 831	133 009	205 423	155 882	8 752	1 040
220	——	——	——	——	——	——	——	——	——
1 568 056	1 520 115	696 858	123 401	699 501	1 871	4 390	6 554	495	215
1 253 395	900 407	353 590	70 436	300 236	17 057	131 390	61 623	30 431	1 241
12 835 963	9 567 739	6 224 649	928 124	3 269 867	73 173	1 750 043	1 676 062	114 427	83 140
6 566 012	3 992 278	3 192 262	493 046	1 984 520	68 921	432 299	364 051	37 941	7 254
10 513 775	8 750 486	4 706 624	1 046 021	3 315 971	109 264	974 468	1 646 165	400 625	106 911
1 041 348	922 622	511 791	115 899	338 953	7 935	89 556	155 125	8 548	9 601
12 767 573	3 126 494	1 346 538	69 900	551 543	327 210	254 841	147 565	32 716	25 996
4 359 520	3 111 513	1 468 002	267 774	1 073 345	39 800	726 613	469 608	202 105	29 731
493 763	388 649	242 466	73 299	159 543	15 445	101 142	55 393	3 146	3 993
2 738 693	1 908 332	1 075 480	148 403	825 779	66 814	179 525	156 408	61 243	13 504
6 614 105	5 107 723	3 212 906	280 753	1 910 520	178 894	699 098	664 536	73 909	41 533
2 050 591	1 571 572	919 036	46 267	603 787	51 174	389 739	361 550	31 819	23 276
2 327 695	2 088 320	856 893	160 151	1 069 324	43 077	129 416	92 970	13 270	7 614
2 792 930	1 539 612	934 482	61 552	553 252	44 135	312 003	178 550	17 431	4 816
2 808 648	1 213 574	635 571	178 357	1 122 518	61 389	186 199	102 731	46 344	3 414
6 423 228	3 358 515	2 610 669	504 868	1 568 869	50 429	1 356 324	814 568	75 174	43 504
957 473	276 752	499 427	73 920	125 117	511	61 954	55 014	2 702	2 797
2 304 893	2 074 142	1 006 225	208 109	956 964	19 996	402 925	61 749	22 170	2 854
953 121	733 018	429 104	46 263	296 905	15 286	74 694	82 684	4 827	4 539
2 180 728	1 543 099	855 520	375 249	511 622	27 586	537 982	115 153	21 928	8 355
4 764 464	2 380 151	982 989	381 953	913 779	50 333	321 585	242 465	68 776	11 932
1 263 375	1 029 098	562 199	85 927	433 640	9 313	94 430	81 674	19 596	1 105
2 549 602	1 046 386	780 468	216 294	509 975	40 271	162 112	103 560	27 084	5 105
525 636	139 460	76 299	22 251	50 046	1 631	21 681	7 938	889	17
2 258 835	1 557 113	911 298	114 410	680 892	92 851	98 151	155 346	29 814	2 025
651 025	593 650	276 042	56 339	252 630	17 197	23 592	19 276	7 569	21
152 510	34 867	16 681	12 664	41 020	329	7 530	4 758	1 599	43
594 740	438 236	320 241	44 457	347 713	4 909	21 090	14 612	3 056	66
1 001 081	636 924	458 865	73 477	272 134	9 255	49 096	23 458	6 321	672

全国各地区文化市场

	住房公积金和住房补贴	差旅费	工会经费	财务费用	利息支出	营业利润	补贴收入
总计	**79 804**	**123 190**	**24 619**	**592 190**	**202 945**	**16 502 884**	**299 376**
北京	2 058	3 274	569	3 717	304	12 219	3 461
天津	462	487	115	17 572	16 112	42 779	636
河北	2 812	2 608	232	8 929	2 293	463 504	10 677
山西	907	1 197	981	7 514	1 229	691 292	4 649
内蒙古	777	803	405	3 154	1 111	580 656	1 297
辽宁	82	17	22	550	549	292 316	152
其中:大连	——	——	——	——	——	——	——
吉林	74	1 040	22	622	−24	692 706	879
黑龙江	291	1 361	147	71 803	1 046	301 217	208
上海	13 687	29 765	3 222	40 883	17 743	635 827	103 390
江苏	1 240	2 492	510	8 736	1 470	1 820 936	80 308
浙江	13 371	12 435	2 393	76 865	13 905	1 015 189	12 431
其中:宁波	112	126	90	4 381	−14	165 564	71
安徽	1 981	2 109	680	9 588	5 997	517 424	435
福建	5 342	9 540	1 519	31 488	22 371	891 571	4 287
其中:厦门	930	537	125	3 985	21	7 297	651
江西	2 011	4 525	472	24 100	11 079	744 127	16 089
山东	15 730	7 208	2 148	64 421	41 191	1 121 326	4 316
其中:青岛	8 910	2 573	943	35 334	22 614	24 047	2 643
河南	3 267	2 159	486	3 477	674	889 528	7 539
湖北	664	1 796	277	3 985	−282	430 052	1 478
湖南	2 916	1 746	1 097	2 664	1 479	1 064 860	2 078
广东	3 643	10 156	3 381	58 252	35 935	340 897	13 338
其中:深圳	178	513	213	2 786	288	−34 711	220
广西	454	3 137	183	4 473	771	507 795	4 612
海南	23	4 058	864	13 838	1 269	183 461	2 160
重庆	1 256	3 852	742	68 225	1 703	461 429	2 727
四川	3 101	9 500	2 379	20 140	12 073	685 683	14 286
贵州	255	2 069	232	3 789	3 210	217 037	1 107
云南	2 491	2 379	606	17 367	5 129	293 542	3 512
西藏	34	58	——	257	——	338 069	——
陕西	720	2 147	668	19 588	3 065	623 725	1 750
甘肃	3	90	9	3 115	689	240 834	1 394
青海	3	34	5	1 602	——	41 456	101
宁夏	44	313	201	1 021	456	94 348	79
新疆	105	835	52	455	398	267 079	——

经营机构基本情况(内资)(二)

			工资、福利费、增值税 (千元)				
财政拨款	利润总额	所得税	本年应付工资总额	本年应付福利费总额	本年应交增值税	增加值(千元)	经营面积(千平方米)
112 055	**38 804 721**	**951 864**	**11 310 259**	**2 619 537**	**1 723 599**	**57 154 397**	**81 731**
2 749	7 786	13 760	126 956	9 399	73 735	394 321	1 253
——	43 061	1 166	55 802	1 776	141 266	458 195	3 270
9 587	537 832	3 761	313 408	116 851	12 600	1 294 962	1 738
10	648 784	34 430	236 300	38 179	159 783	1 352 108	1 349
249	324 725	2 342	160 679	1 676	5 253	940 237	993
90	374 130	1 164	164 738	556	4 603	571 929	2 969
——	——	——	220	——	——	220	605
——	691 650	5 128	259 841	888	1 098	1 136 581	1 535
1	347 165	1 918	146 250	2 749	2 033	711 176	1 210
41 864	1 287 176	189 128	770 105	344 767	69 709	3 979 161	2 263
14 000	1 858 730	19 737	840 508	292 164	50 754	4 033 400	3 894
6 765	1 838 808	222 938	1 048 282	122 608	36 357	4 845 838	4 526
——	205 317	54 074	174 353	446	131	596 205	613
8	677 308	6 300	433 801	247 941	44 443	9 688 564	1 576
2 759	998 111	53 526	506 635	24 109	140 781	2 402 612	2 096
651	9 301	6 093	75 324	3 687	2 993	199 647	258
8 989	795 539	91 555	324 447	81 345	286 270	2 067 729	1 753
1 174	1 099 419	51 329	687 581	97 657	206 892	3 437 183	3 416
1 101	17 627	8 365	190 056	90 883	61 632	822 860	685
5 930	899 428	15 725	362 492	16 960	10 986	1 759 876	2 087
809	414 970	6 547	349 536	131 474	57 476	1 268 628	2 079
513	599 940	2 756	414 806	8 277	2 583	2 002 427	11 120
10 830	426 635	77 901	1 386 583	40 543	46 042	3 015 856	10 651
120	−36 111	522	295 482	2 460	352	368 811	1 005
4 612	512 344	33 413	403 173	36 366	1 046	1 589 344	1 876
264	169 595	1 887	116 355	4 032	81 695	538 953	490
1 335	506 683	16 526	260 724	18 711	40 079	1 634 836	1 296
2 186	599 903	77 411	759 353	40 655	156 061	2 307 169	3 599
50	288 939	2 525	162 784	18 146	1 095	657 220	994
1 943	453 152	14 877	309 495	518 291	28 328	1 606 391	9 325
——	27 563	506	31 653	279	386	411 649	215
731	19 534 274	1 754	273 643	348 937	3 133	1 519 181	1 537
5	241 301	475	107 071	879	5 364	430 993	740
100	33 520	77	39 066	135	150	99 988	231
——	166 459	95	72 673	51 476	30 231	329 012	401
——	2 399 791	1 207	185 519	1 711	23 367	668 878	1 249

全国各地区文化市场经营

	机构数（个）	从业人员（人）	资产、负债、所有者权益（千元）						
			资产总计			负债总计	所有者权益合计		
				固定资产原值	本年折旧			实收资本	
									国家资本金
总计	**280**	**13 339**	**3 544 297**	**1 975 088**	**302 293**	**8 306 377**	**−4 762 080**	**1 128 819**	**18 268**
北京	11	97	7 022	7 986	1 018	151	6 871	4 120	——
天津	4	143	42 075	630	55	1 304	40 771	36 937	12 312
河北	3	21	2 356	2 500	86	56	2 300	2 300	——
山西	——	——	——	——	——	——	——	——	——
内蒙古	——	——	——	——	——	——	——	——	——
辽宁	1	——	——	——	——	——	——	——	——
其中:大连	1	——	——	——	——	——	——	——	——
吉林	——	——	——	——	——	——	——	——	——
黑龙江	1	2	180	——	——	——	180	——	——
上海	43	3 331	1 867 133	957 812	56 288	6 501 389	−4 634 256	496 407	5 956
江苏	——	——	——	——	——	——	——	——	——
浙江	7	237	62 594	37 564	3 634	54 053	8 541	8 300	——
其中:宁波	——	——	——	——	——	——	——	——	——
安徽	1	6	600	580	20	——	600	——	——
福建	15	302	52 558	42 971	3 473	7 878	44 680	41 308	——
其中:厦门	2	32	8 292	3 486	648	3 450	4 842	24 508	——
江西	1	3	500	500	——	200	300	——	——
山东	7	731	552 804	534 113	205 301	839 911	−287 107	170 355	——
其中:青岛	4	568	527 878	526 899	205 246	839 911	−312 033	161 985	——
河南	2	43	6 540	5 020	104	——	6 540	6 520	——
湖北	4	12	1 555	1 530	——	——	1 555	——	——
湖南	3	118	7 947	5 819	97	2 039	5 908	7 367	——
广东	163	7 224	854 730	352 357	31 810	691 206	163 524	334 489	——
其中:深圳	26	938	1 063	1 361	140	95	968	1 070	——
广西	——	——	——	——	——	——	——	——	——
海南	4	163	43 964	16 320	66	174 244	−130 280	6 040	——
重庆	1	47	6 500	6 500	30	532	5 968	——	——
四川	2	98	31 855	1 276	311	33 034	−1 179	14 496	——
贵州	——	——	——	——	——	——	——	——	——
云南	5	705	2 384	1 610	——	380	2 004	180	——
西藏	——	——	——	——	——	——	——	——	——
陕西	——	——	——	——	——	——	——	——	——
甘肃	——	——	——	——	——	——	——	——	——
青海	——	——	——	——	——	——	——	——	——
宁夏	——	——	——	——	——	——	——	——	——
新疆	2	56	1 000	——	——	——	1 000	——	——

机构基本情况(港澳台投资)(一)

损益及分配(千元)									
营业收入		主营业务成本	主营业务税金及附加	主营业务利润	其他业务利润	营业费用	管理费用		
	主营业务收入							税金	养老、失业等保险费
1 475 486	**1 180 835**	**428 371**	**98 729**	**690 644**	**23 302**	**386 715**	**286 976**	**18 397**	**15 004**
3 775	3 705	1 103	472	1 756	70	611	115	15	37
14 588	14 468	6 908	765	6 717	——	6 453	3 013	——	——
351	342	289	75	−19	——	40	7	——	3
——	——	——	——	——	——	——	——	——	——
——	——	——	——	——	——	——	——	——	——
——	——	——	——	——	——	——	——	——	——
——	——	——	——	——	——	——	——	——	——
——	——	——	——	——	——	——	——	——	——
120	120	15	5	100	——	20	——	——	——
884 580	840 579	286 760	58 645	505 207	12 878	272 210	161 852	15 997	10 340
——	——	——	——	——	——	——	——	——	——
23 055	17 126	1 986	806	6 130	5	557	523	4	8
——	——	——	——	——	——	——	——	——	——
300	250	50	16	230	20	——	16	16	——
20 310	18 345	6 720	4 018	6 716	78	4 224	1 888	52	100
8 930	8 930	1 566	2 088	5 276	78	4 127	1 838	47	86
180	——	——	——	——	——	——	55	55	——
277 005	150 398	22 912	5 235	119 503	618	31 923	69 749	2 017	2 440
263 896	137 289	16 486	2 164	113 839	——	28 534	68 666	1 982	2 430
3 570	70	6	4	60	125	5	10	——	——
771	750	3	2	15	1	——	——	——	——
8 781	3 662	2 940	642	950	——	2 106	711	——	——
212 804	121 953	88 696	26 219	32 076	9 036	45 877	45 501	237	1 651
84 979	79 089	48 887	12 772	9 713	488	913	19 284	7	664
——	——	——	——	——	——	——	——	——	——
17 417	2 765	7 776	1 023	8 630	——	20 237	2 122	——	189
1 200	1 200	620	82	98	——	——	——	——	——
4 779	4 262	752	438	2 054	471	2 315	1 399	——	236
——	——	——	——	——	——	——	——	——	——
1 340	380	835	282	171	——	52	——	——	——
——	——	——	——	——	——	——	——	——	——
——	——	——	——	——	——	——	——	——	——
——	——	——	——	——	——	——	——	——	——
——	——	——	——	——	——	——	——	——	——
——	——	——	——	——	——	——	——	——	——
560	460	——	——	250	——	85	15	4	——

全国各地区文化市场经营

				财务费用			
	住房公积金和住房补贴	差旅费	工会经费		利息支出	营业利润	补贴收入
总　计	**3 107**	**2 573**	**116**	**28 603**	**6 790**	**62 333**	**7 523**
北　京	13	4	1	——	——	1 064	——
天　津	——	42	——	141	——	−2 898	——
河　北	——	——	——	——	——	−54	——
山　西	——	——	——	——	——	——	——
内蒙古	——	——	——	——	——	——	——
辽　宁	——	——	——	——	——	——	——
其中:大连	——	——	——	——	——	——	——
吉　林	——	——	——	——	——	——	——
黑龙江	——	——	——	——	——	80	——
上　海	1 574	1 802	6	18 789	6 807	73 953	7 523
江　苏	——	——	——	——	——	——	——
浙　江	——	——	——	1	——	12	——
其中:宁波	——	——	——	——	——	——	——
安　徽	——	——	——	——	——	——	——
福　建	——	14	1	34	20	435	——
其中:厦门	——	——	——	14	——	−625	——
江　西	——	——	——	——	——	——	——
山　东	1 230	535	60	6 617	4 926	12 423	——
其中:青岛	1 220	530	55	6 464	4 926	10 713	——
河　南	——	——	——	——	——	45	——
湖　北	——	——	——	——	——	14	——
湖　南	——	——	——	36	——	−1 241	——
广　东	290	176	39	1 703	−4 963	−7 831	——
其中:深圳	221	1	——	311	−5 188	−4 616	——
广　西	——	——	——	——	——	——	——
海　南	——	——	——	112	——	−13 867	——
重　庆	——	——	——	——	——	120	——
四　川	——	——	9	1 170	——	47	——
贵　州	——	——	——	——	——	——	——
云　南	——	——	——	——	——	31	——
西　藏	——	——	——	——	——	——	——
陕　西	——	——	——	——	——	——	——
甘　肃	——	——	——	——	——	——	——
青　海	——	——	——	——	——	——	——
宁　夏	——	——	——	——	——	——	——
新　疆	——	——	——	——	——	——	——

机构基本情况(港澳台投资)(二)

财政拨款	利润总额	所得税	工资、福利费、增值税 (千元)			增加值（千元）	经营面积（千平方米）
			本年应付工资总额	本年应付福利费总额	本年应交增值税		
——	**62 305**	**35 038**	**137 331**	**14 055**	**1 052**	**660 049**	**399**
——	1 055	93	292	50	——	2 961	9
——	−599	——	1 369	81	——	−625	3
——	−54	——	45	3	——	158	1
——	——	——	——	——	——	——	——
——	——	——	——	——	——	——	——
——	——	——	——	——	——	——	1
——	——	——	——	——	——	——	1
——	——	——	——	——	——	——	——
——	80	——	18	——	——	103	——
——	75 948	32 960	69 734	12 422	20	306 611	40
——	——	——	——	——	——	——	——
——	15	105	2 175	2	29	6 670	5
——	——	——	——	——	——	——	——
——	——	——	50	——	——	102	——
——	373	40	2 899	2	——	10 979	19
——	−625	——	471	——	——	2 715	3
——	80	——	30	——	——	85	——
——	11 144	10	16 086	455	115	245 371	49
——	9 434	——	12 180	371	75	236 447	42
——	45	——	12	——	——	165	5
——	——	——	50	——	——	66	——
——	226	65	1 807	4	62	1 371	6
——	−12 204	1 575	38 955	1 036	775	93 175	243
——	−9 443	154	17 718	294	——	27 200	26
——	——	——	——	——	——	——	——
——	−14 002	190	1 330	——	51	−11 208	8
——	120	——	378	——	——	610	1
——	47	——	1 871	——	——	2 908	4
——	——	——	——	——	——	——	——
——	31	——	——	——	——	313	1
——	——	——	——	——	——	——	——
——	——	——	——	——	——	——	——
——	——	——	——	——	——	——	——
——	——	——	——	——	——	——	——
——	——	——	——	——	——	——	——
——	——	——	230	——	——	234	4

全国各地区文化市场经营

	机构数（个）	从业人员（人）	资产、负债、所有者权益（千元）						
			资产总计			负债总计	所有者权益合计		
				固定资产原值	本年折旧			实收资本	
									国家资本金
总　　计	**226**	**8 178**	**3 972 037**	**2 709 864**	**92 757**	**1 971 987**	**2 000 050**	**885 059**	**54 612**
北　　京	10	355	22 828	12 280	420	15 782	7 046	23 396	——
天　　津	3	138	22 362	5 258	——	16 630	5 732	500	——
河　　北	2	17	253	219	187	——	253	——	——
山　　西	1	5	5 000	——	——	500	4 500	——	——
内 蒙 古	4	13	200	1 300	1 160	——	200	——	——
辽　　宁	10	40	4 542	4 535	16	137	4 405	4 468	——
其中:大连	6	——	——	——	——	——	——	——	——
吉　　林	——	——	——	——	——	——	——	——	——
黑 龙 江	——	——	——	——	——	——	——	——	——
上　　海	64	2 473	1 410 959	204 472	39 572	171 921	1 239 038	268 536	——
江　　苏	——	——	——	——	——	——	——	——	——
浙　　江	14	359	27 362	16 307	1 406	7 523	19 839	18 459	——
其中:宁波	6	154	6 860	5 080	508	1 600	5 260	600	——
安　　徽	5	76	7 570	5 568	2	——	7 570	——	——
福　　建	16	875	183 738	214 940	12 572	37 084	146 654	100 056	——
其中:厦门	2	631	142 663	161 271	7 724	22 631	120 032	63 487	——
江　　西	2	20	3 240	3 040	50	240	3 000	1 800	——
山　　东	12	1 958	2 117 048	2 124 121	32 482	1 691 414	425 634	423 364	54 612
其中:青岛	6	1 823	2 059 249	2 058 449	27 989	1 595 689	463 560	411 479	54 612
河　　南	2	6	1 781	500	55	237	1 544	1 544	——
湖　　北	3	48	3 290	3 270	——	——	3 290	90	——
湖　　南	2	10	1 110	1 090	30	100	1 010	810	——
广　　东	33	1 289	115 242	10 140	1 115	16 354	98 888	34 814	——
其中:深圳	4	18	——	——	——	——	——	——	——
广　　西	5	63	1 488	1 278	136	27	1 461	1 445	——
海　　南	1	10	600	600	50	——	600	——	——
重　　庆	8	149	36 870	33 340	3 492	10 869	26 001	——	——
四　　川	16	64	1 737	2 100	——	——	1 737	5 637	——
贵　　州	1	4	250	——	——	110	140	140	——
云　　南	8	169	367	63 314	——	49	318	——	——
西　　藏	1	6	1 000	12	12	——	1 000	——	——
陕　　西	3	31	3 200	2 180	——	3 010	190	——	——
甘　　肃	——	——	——	——	——	——	——	——	——
青　　海	——	——	——	——	——	——	——	——	——
宁　　夏	——	——	——	——	——	——	——	——	——
新　　疆	——	——	——	——	——	——	——	——	——

机构基本情况(外商投资)(一)

损益及分配(千元)									
营业收入		主营业务成本	主营业务税金及附加	主营业务利润	其他业务利润	营业费用	管理费用		
	主营业务收入							税金	养老、失业等保险费
2 807 061	**1 971 103**	**1 260 027**	**57 468**	**678 123**	**41 837**	**238 486**	**364 327**	**97 237**	**13 561**
53 671	40 502	23 534	8 300	7 993	1	5 612	22 474	82	264
10 730	10 070	3 590	1 017	581	——	5 540	323	——	210
258	57	24	6	6	——	36	2	——	——
49	43	——	——	——	——	——	——	——	——
1 780	——	438	100	50	20	——	——	——	——
2 318	2 318	——	——	——	——	——	——	——	——
——	——	——	——	——	——	——	——	——	——
——	——	——	——	——	——	——	——	——	——
——	——	——	——	——	——	——	——	——	——
354 352	337 671	124 573	25 869	161 504	4 828	128 777	78 826	2 654	4 946
——	——	——	——	——	——	——	——	——	——
26 324	20 444	8 182	1 179	11 112	1 350	5 131	2 198	80	109
7 573	7 573	3 736	819	3 023	——	268	2 061	20	52
4 412	542	1 017	351	7	——	1	43	42	——
114 839	114 524	31 432	8 528	74 296	234	36 388	28 206	1 309	3 137
81 697	81 696	11 894	5 234	64 569	——	28 444	25 497	773	2 835
1 700	1 700	760	200	800	——	——	——	——	——
2 179 413	1 406 774	1 047 809	7 404	414 665	35 319	48 956	226 164	92 469	4 615
2 162 954	1 391 068	1 044 140	5 825	406 260	35 319	45 754	218 872	92 249	4 419
747	747	654	48	45	——	36	13	——	7
35	35	24	2	9	——	——	——	——	——
656	620	40	10	570	——	10	20	10	——
19 907	14 314	4 141	2 452	−822	——	7 122	5 187	228	267
4 378	——	——	——	——	——	——	——	——	——
1 737	1 710	846	178	686	——	454	88	15	——
1 000	1 000	400	50	550	——	50	250	——	——
18 901	16 932	9 020	1 670	4 584	6	373	34	——	6
5 516	——	——	60	——	——	——	——	——	——
848	——	300	——	6	74	——	50	50	——
6 037	——	2 279	——	694	——	——	329	298	——
699	——	21	17	642	——	——	——	——	——
1 132	1 100	943	27	145	5	——	120	——	——
——	——	——	——	——	——	——	——	——	——
——	——	——	——	——	——	——	——	——	——
——	——	——	——	——	——	——	——	——	——
——	——	——	——	——	——	——	——	——	——

全国各地区文化市场经营

地区	住房公积金和住房补贴	差旅费	工会经费	财务费用	利息支出	营业利润	补贴收入
总　计	**2 457**	**3 696**	**845**	**-1 955**	**-14 554**	**312 522**	**2 144**
北　京	20	89	3	620	274	5 618	——
天　津	——	——	——	50	——	187	——
河　北	——	2	——	——	——	-3	——
山　西	——	——	——	——	——	4	——
内蒙古	——	——	——	——	——	62	——
辽　宁	——	——	——	——	——	——	——
其中:大连	——	——	——	——	——	——	——
吉　林	——	——	——	——	——	——	——
黑龙江	——	——	——	——	——	——	——
上　海	785	2 882	214	2 522	479	27 898	2 130
江　苏	——	——	——	——	——	——	——
浙　江	——	——	——	100	100	2 187	——
其中:宁波	——	——	——	——	——	598	——
安　徽	——	——	——	——	——	2 530	——
福　建	909	200	281	812	5	7 113	——
其中:厦门	877	136	271	795	——	9 833	——
江　西	——	——	——	——	——	740	——
山　东	742	502	337	-6 197	-15 412	255 779	14
其中:青岛	730	488	332	-6 282	-15 412	257 580	14
河　南	1	——	——	——	——	-4	——
湖　北	——	——	——	——	——	9	——
湖　南	——	——	10	10	——	450	——
广　东	——	13	——	61	——	583	——
其中:深圳	——	——	——	——	——	——	——
广　西	——	——	——	3	——	141	——
海　南	——	——	——	50	——	200	——
重　庆	——	8	——	14	——	4 453	——
四　川	——	——	——	——	——	3 000	——
贵　州	——	——	——	——	——	760	——
云　南	——	——	——	——	——	——	——
西　藏	——	——	——	——	——	670	——
陕　西	——	——	——	——	——	145	——
甘　肃	——	——	——	——	——	——	——
青　海	——	——	——	——	——	——	——
宁　夏	——	——	——	——	——	——	——
新　疆	——	——	——	——	——	——	——

机构基本情况(外商投资)(二)

			工资、福利费、增值税 (千元)				
财政拨款	利润总额	所得税	本年应付工资总额	本年应付福利费总额	本年应交增值税	增加值(千元)	经营面积(千平方米)
——	**218 550**	**98 724**	**118 421**	**11 083**	**698 625**	**1 407 002**	**288**
——	5 342	54	5 629	345	86	20 770	23
——	187	——	1 338	——	——	2 752	5
——	3	——	46	——	——	236	——
——	4	1	45	——	——	49	——
——	50	——	99	——	——	1 421	——
——	——	——	——	——	——	16	9
——	——	——	——	——	——	——	7
——	——	——	——	——	——	——	——
——	——	——	——	——	——	——	——
——	18 622	2 382	32 452	1 960	7 576	146 146	89
——	——	——	——	——	——	——	——
——	2 584	250	2 969	63	——	7 993	33
——	545	191	652	——	——	2 649	2
——	2 598	——	620	——	——	3 545	2
——	7 101	1 548	21 872	4 218	317	60 154	32
——	9 833	1 488	18 696	3 764	138	50 044	5
——	740	——	195	——	——	1 185	2
——	174 938	94 473	45 185	4 314	690 646	1 133 882	8
——	176 723	94 400	43 066	4 314	690 289	1 126 704	5
——	-4	——	53	——	——	160	——
——	9	——	20	——	——	31	2
——	540	——	100	10	——	616	——
——	183	8	3 775	162	——	8 582	54
——	——	——	216	——	——	216	——
——	141	8	400	——	——	870	1
——	200	——	180	——	——	480	——
——	4 453	——	1 232	11	——	10 864	9
——	——	——	809	——	——	3 869	2
——	760	——	38	——	——	848	——
——	——	——	1 164	——	——	1 462	15
——	——	——	——	——	——	699	——
——	105	——	200	——	——	372	2
——	——	——	——	——	——	——	——
——	——	——	——	——	——	——	——
——	——	——	——	——	——	——	——
——	——	——	——	——	——	——	——

全国各地区演出经纪

	机构数（个）	从业人员（人）	资产、负债、所有者权益 （千元）						
			资产总计			负债总计	所有者权益合计		
				固定资产原值	本年折旧			实收资本	
									国家资本金
总　　计	**1 024**	**8 708**	**2 596 571**	**1 500 576**	**47 308**	**652 804**	**1 943 767**	**1 390 200**	**218 380**
北　　京	——	——	——	——	——	——	——	——	——
天　　津	7	45	12 100	——	——	——	12 100	——	——
河　　北	47	705	62 999	38 481	867	650	62 349	26 743	——
山　　西	14	89	14 925	5 425	210	2 918	12 007	15 650	——
内 蒙 古	6	79	10 603	6 820	18	1 996	8 607	7 120	——
辽　　宁	20	290	11 330	——	——	32	11 298	——	——
其中：大连	——	——	——	——	——	——	——	——	——
吉　　林	12	174	533 051	532 511	——	——	533 051	533 051	——
黑 龙 江	18	178	43 951	22 558	2 674	14 301	29 650	34 136	13 631
上　　海	281	1 602	344 486	89 662	7 429	187 192	157 294	113 131	20 250
江　　苏	21	187	79 647	33 119	4 044	26 484	53 163	18 711	7 217
浙　　江	43	630	175 018	34 931	5 999	103 386	71 632	75 668	12 895
其中：宁波	——	——	——	——	——	——	——	——	——
安　　徽	6	73	1 947	323	27	1 151	796	——	——
福　　建	55	517	96 581	19 140	2 874	22 562	74 019	50 608	2 756
其中：厦门	——	——	——	——	——	——	——	——	——
江　　西	42	211	51 800	3 539	20	2 038	49 762	45 682	——
山　　东	5	58	2 313	2 513	60	——	2 313	312	——
其中：青岛	——	——	——	——	——	——	——	——	——
河　　南	18	111	34 584	2 993	102	15 145	19 439	21 087	——
湖　　北	36	336	48 966	16 776	3 259	23 154	25 812	28 591	1 220
湖　　南	5	190	21 241	21 100	3 100	990	20 251	2 400	——
广　　东	182	1 144	581 357	454 468	8 154	130 863	450 494	216 035	153 151
其中：深圳	——	——	——	——	——	——	——	——	——
广　　西	12	134	31 923	3 297	454	10 548	21 375	31 400	——
海　　南	9	74	33 192	8 071	449	17 672	15 520	34 462	1 000
重　　庆	42	505	61 390	20 972	1 187	17 535	43 855	31 638	3 880
四　　川	14	210	145 894	92 924	407	38 381	107 513	23 100	121
贵　　州	24	151	27 301	11 912	512	9 704	17 597	12 198	——
云　　南	18	249	72 728	41 278	807	11 608	61 120	14 337	1 259
西　　藏	2	36	2 233	418	17	1 910	323	——	——
陕　　西	39	223	54 600	7 215	198	2 500	52 100	46 600	1 000
甘　　肃	——	——	——	——	——	——	——	——	——
青　　海	3	27	2 369	1 072	205	98	2 271	1 385	——
宁　　夏	24	229	19 450	15 560	3 890	1 000	18 450	——	——
新　　疆	19	251	18 592	13 498	345	8 986	9 606	6 155	——

机构基本情况(一)

损益及分配（千元）									
营业收入		主营业务成本	主营业务税金及附加	主营业务利润	其他业务利润	营业费用	管理费用		
	主营业务收入							税金	养老、失业等保险费
1 053 421	**875 591**	**596 499**	**46 954**	**237 249**	**9 743**	**148 244**	**178 882**	**8 063**	**18 429**
——	——	——	——	——	——	——	——	——	——
——	——	——	——	——	——	——	——	——	——
1 055	——	——	——	——	——	——	——	——	——
30 574	15 711	10 943	226	2 636	78	517	2 058	33	320
10 214	2 640	3 924	869	3 613	58	2 670	2 131	10	6
734	460	191	20	247	1	——	286	10	——
1 792	628	305	60	263	——	——	——	——	——
——	——	——	——	——	——	——	——	——	——
17 470	17 325	11 850	275	5 200	——	1 050	950	——	——
32 168	25 420	19 821	1 108	3 173	648	3 305	7 101	40	766
317 117	310 381	183 376	9 872	84 899	2 434	55 759	53 602	505	9 717
51 135	35 408	30 305	5 181	10 815	1 433	9 646	6 197	6	500
80 460	74 808	45 021	4 627	20 420	1 312	17 687	15 535	394	988
——	——	——	——	——	——	——	——	——	——
1 184	965	554	118	512	243	376	302	10	5
82 447	64 706	55 173	3 513	12 665	3 198	8 659	10 378	886	618
——	——	——	——	——	——	——	——	——	——
4 483	1 911	2 373	222	1 095	——	254	686	212	250
4 576	4 427	140	630	268	——	10	205	——	——
——	——	——	——	——	——	——	——	——	——
10 135	9 336	6 363	480	757	158	1 600	1 241	24	39
31 924	21 266	3 329	340	1 078	183	3 398	4 154	65	143
10 307	8 707	2 694	753	5 260	——	640	499	440	——
134 177	97 928	69 434	5 914	35 975	−1 760	13 807	43 796	2 821	3 105
——	——	——	——	——	——	——	——	——	——
37 455	36 738	38 119	1 405	−171	——	2 864	2 536	20	116
16 686	16 225	12 107	3 141	10 787	20	5 153	2 981	168	46
47 143	44 690	29 874	1 791	12 693	96	2 912	4 376	65	227
35 483	9 389	18 882	1 822	3 766	66	7 989	7 735	1 539	869
21 429	13 254	6 824	755	3 640	——	3 481	3 214	11	189
26 134	23 017	17 418	878	4 650	792	3 143	3 866	697	260
2 764	2 493	2 044	123	327	——	187	449	1	——
18 635	17 800	12 315	693	4 932	550	775	696	32	——
——	——	——	——	——	——	——	——	——	——
2 675	2 485	1 632	85	2 495	——	390	613	1	43
12 989	11 890	7 010	1 550	1 573	90	201	225	——	——
10 076	5 583	4 478	503	3 681	143	1 771	3 070	73	222

全国各地区演出经纪

				财务费用			
	住房公积金和住房补贴	差旅费	工 会 经 费		利息支出	营业利润	补贴收入
总　计	**3 449**	**10 765**	**567**	**1 387**	**—49**	**—3 219**	**53 661**
北　京	——	——	——	——	——	——	——
天　津	——	——	——	——	——	——	——
河　北	2	606	10	202	202	2 240	9 081
山　西	1	66	1	20	2	—391	500
内蒙古	——	29	8	9	——	—40	——
辽　宁	——	——	——	——	——	263	——
其中:大连	——	——	——	——	——	——	——
吉　林	——	——	——	80	——	3 120	——
黑龙江	95	584	2	201	16	147	——
上　海	1 694	2 308	180	—1 318	—1 365	—8 159	20 833
江　苏	128	642	23	74	2	1 830	286
浙　江	66	1 250	19	996	641	—7 079	3 393
其中:宁波	——	——	——	——	——	——	——
安　徽	——	——	——	——	——	24	——
福　建	91	495	49	64	6	2 187	895
其中:厦门	——	——	——	——	——	——	——
江　西	38	2	11	——	——	—30	100
山　东	——	——	——	——	——	70	——
其中:青岛	——	——	——	——	——	——	——
河　南	6	160	6	—1	—1	—11	339
湖　北	74	206	23	74	—6	—1 257	807
湖　南	——	——	——	——	——	4 211	——
广　东	630	1 229	111	52	36	—8 475	8 213
其中:深圳	——	——	——	——	——	——	——
广　西	49	351	——	—8	——	—5 563	4 612
海　南	5	108	5	332	261	—4 853	250
重　庆	——	414	16	16	——	8 395	1 319
四　川	284	371	39	195	152	1 391	860
贵　州	53	323	1	150	——	—692	694
云　南	130	947	48	4	4	3 217	1 379
西　藏	——	14	——	181	——	97	——
陕　西	——	120	——	53	——	3 869	——
甘　肃	——	——	——	——	——	——	——
青　海	3	19	——	10	——	—467	100
宁　夏	——	——	——	——	——	2 143	——
新　疆	100	521	15	1	1	594	——

机构基本情况(二)

财政拨款	利润总额	所得税	工资、福利费、增值税 (千元)			增加值(千元)	经纪或举办演出活动次数(次)	经纪或举办演出场次		经营面积(千平方米)
			本年应付工资总额	本年应付福利费总额	本年应交增值税			(场)	观众人次(千人次)	
28 111	**38 283**	**5 035**	**127 322**	**8 667**	**1 585**	**313 144**	**13 796**	**50 583**	**202 699**	**412**
——	——	——	——	——	——	——	——	——	——	——
——	——	——	1 047	——	——	1 047	37	61	172	——
9 081	6 331	4	8 953	419	34	22 215	1 627	2 363	6 112	26
——	−167	74	1 413	29	23	2 673	444	1 525	1 183	6
——	−40	3	541	16	9	580	8	14	81	1
——	263	——	1 224	——	——	1 547	287	420	25	3
——	——	——	——	——	——	——	——	——	——	——
——	3 120	475	1 782	——	——	5 177	410	3 540	19 581	58
——	1 165	151	2 341	221	3	7 429	398	390	2 351	6
——	14 845	1 263	23 848	3 956	842	70 783	1 038	7 347	4 969	7
——	1 789	195	3 941	194	——	16 158	205	528	3 092	13
541	−4 193	559	11 188	641	525	20 827	1 833	3 060	2 701	60
——	——	——	——	——	——	——	——	——	——	——
——	71	——	385	6	——	575	22	652	49	1
771	2 057	655	7 194	481	1	18 794	1 219	6 973	1 858	7
——	——	——	——	——	——	——	——	——	——	——
100	10	——	3 191	72	——	4 081	212	1 138	3 019	7
——	166	20	409	——	——	1 169	23	240	380	45
——	——	——	——	——	——	——	——	——	——	——
339	303	43	1 826	63	——	2 879	151	154	181	3
807	−2 082	8	2 225	181	——	5 857	589	645	1 807	11
——	3 261	——	1 772	——	——	10 276	5	1 800	101 205	1
8 153	−1 152	1 037	27 896	838	26	49 257	1 853	12 004	15 851	76
——	——	——	——	——	——	——	——	——	——	——
4 612	−944	36	1 889	131	——	3 132	227	294	856	2
——	−5 012	——	847	54	——	114	70	35	290	2
1 319	8 532	105	4 121	275	2	17 410	834	2 973	6 571	12
860	1 483	42	6 654	241	——	14 111	707	1 030	23 823	41
50	1 157	125	1 737	323	——	3 596	206	224	242	6
1 378	1 341	80	4 223	266	23	11 965	620	508	661	9
——	−308	14	474	23	97	832	——	——	——	——
——	3 979	20	2 565	——	——	7 362	75	281	340	3
——	——	——	——	——	——	——	——	——	——	——
100	−266	——	274	24	——	269	122	122	250	1
——	2 083	——	1 491	——	——	9 074	251	289	3 100	3
——	491	126	1 871	213	——	3 955	323	1 973	1 949	2

全国各地区娱乐

	机构数（个）	从业人员（人）	资产、负债、所有者权益 （千元）						
			资产总计			负债总计	所有者权益合计		
				固定资产原值	本年折旧			实收资本	
									国家资本金
总　计	**82 174**	**611 108**	**129 274 571**	**45 304 881**	**6 226 271**	**40 618 306**	**88 656 265**	**29 768 751**	**1 306 941**
北　京	944	9 218	302 723	214 493	23 396	145 556	157 167	198 222	775
天　津	348	4 440	1 460 462	1 528 264	70 745	333 171	1 127 291	534 561	157 195
河　北	1 771	11 913	1 015 251	832 532	48 168	128 205	887 046	585 923	51 372
山　西	2 105	11 863	644 171	559 021	54 164	29 318	614 853	349 963	2 340
内蒙古	1 602	8 292	536 415	228 419	16 198	69 545	466 870	77 036	1 171
辽　宁	4 131	19 452	2 583 281	733 620	6 284	637 929	1 945 352	28 631	——
其中：大连	744	——	——	——	——	——	——	——	——
吉　林	2 363	9 754	529 604	419 916	15 337	11 872	517 732	507 485	144
黑龙江	3 073	8 811	407 426	349 794	32 412	35 458	371 968	85 690	9 539
上　海	2 637	44 024	61 327 353	8 008 470	586 501	11 323 387	50 003 966	4 030 317	362 631
江　苏	5 924	34 219	3 423 615	1 631 815	189 192	640 199	2 783 416	584 095	12 821
浙　江	4 067	57 989	10 442 085	4 705 509	549 197	4 486 735	5 955 350	3 477 518	56 008
其中：宁波	646	13 047	1 031 940	610 394	57 372	113 726	918 214	164 595	——
安　徽	3 232	16 040	16 986 655	5 717 321	2 743 610	13 675 610	3 311 045	274 709	125
福　建	2 317	26 572	2 378 391	1 426 500	118 852	581 481	1 796 910	748 643	26 835
其中：厦门	115	5 132	486 975	337 813	27 329	161 490	325 485	181 971	221
江　西	2 632	18 652	1 028 298	986 337	122 133	55 252	973 046	704 784	93 210
山　东	2 313	25 802	6 336 186	5 731 946	515 143	3 438 154	2 898 032	1 944 607	340 357
其中：青岛	427	8 685	4 508 530	4 460 090	419 139	3 036 304	1 472 226	1 362 158	330 964
河　南	1 149	10 109	453 389	318 305	36 127	19 506	433 883	381 854	4 033
湖　北	2 676	19 122	884 260	664 854	47 024	76 856	807 404	330 360	33 378
湖　南	3 341	28 418	1 295 880	1 048 604	62 367	383 537	912 343	371 357	4 290
广　东	5 022	85 523	5 175 184	2 973 188	326 186	2 482 927	2 692 257	11 523 134	35 685
其中：深圳	504	8 823	270 799	16 574	2 195	38 258	232 541	18 161	1 021
广　西	2 525	22 040	1 063 963	939 711	148 474	130 048	933 915	896 839	11
海　南	530	5 104	335 878	255 910	31 228	220 079	115 799	48 428	——
重　庆	2 677	13 098	1 393 102	1 435 167	237 672	555 089	838 013	331 595	19 804
四　川	6 805	39 767	4 884 950	1 114 847	48 169	556 898	4 328 052	819 669	64 321
贵　州	2 127	11 451	575 282	491 521	43 032	50 871	524 411	216 389	1 012
云　南	8 013	28 622	1 303 934	1 051 463	76 428	281 589	1 022 345	399 669	13 993
西　藏	530	3 370	115 978	70 239	5 377	41 052	74 926	15 984	——
陕　西	907	8 031	651 176	542 248	23 416	117 644	533 532	138 680	500
甘　肃	881	6 942	430 179	283 118	3 649	30 140	400 039	18 529	136
青　海	555	3 277	151 526	42 706	1 875	15 375	136 151	18	——
宁　夏	801	6 436	382 406	284 715	15 840	9 361	373 045	35 813	12 885
新　疆	4 176	12 757	775 568	714 328	28 075	55 462	720 106	108 249	2 370

场所基本情况(一)

损益及分配（千元）									
营业收入		主营业务成本	主营业务税金及附加	主营业务利润	其他业务利润	营业费用	管理费用		
	主营业务收入							税金	养老、失业等保险费
55 462 010	**25 228 321**	**13 624 200**	**3 450 277**	**12 374 719**	**589 452**	**5 506 747**	**5 022 229**	**1 004 995**	**268 250**
351 878	283 686	108 501	46 214	102 263	4 396	116 809	69 955	4 580	2 546
364 914	260 853	126 592	25 279	106 668	9 414	50 773	54 583	14 211	1 252
585 406	486 047	269 969	34 178	155 041	16 368	63 381	31 065	4 911	529
423 673	309 020	131 737	18 340	157 073	10 117	28 214	22 501	5 896	167
692 398	151 977	185 162	21 218	142 234	4 533	22 668	17 406	3 335	509
16 040 767	211 112	105 702	33 152	228 165	128 000	177 517	141 835	2 480	——
——	——	——	——	——	——	——	——	——	——
399 667	386 597	163 828	32 194	190 263	549	932	2 008	220	——
290 652	184 034	98 230	19 956	79 509	5 181	38 612	16 876	7 851	132
4 218 564	3 326 609	1 399 394	446 505	1 921 525	38 408	1 357 930	969 185	88 396	55 639
3 076 264	1 872 962	1 511 534	273 946	888 121	43 881	169 634	256 104	25 638	3 253
7 072 965	6 158 461	2 980 503	771 864	2 416 949	39 898	725 593	1 455 015	355 363	94 205
666 179	645 323	320 734	75 302	233 152	6 962	68 843	117 553	6 861	3 602
3 416 024	732 527	592 545	28 511	158 194	6 572	49 172	66 887	15 460	19 095
1 845 812	1 018 737	635 467	146 569	425 672	14 267	189 084	293 922	183 562	18 297
401 142	334 294	140 632	70 811	180 414	6 825	105 796	62 810	2 117	4 689
784 037	629 607	340 337	62 464	288 865	24 473	52 393	63 376	22 111	5 666
2 987 976	1 646 656	712 322	99 768	1 174 159	66 777	351 024	551 028	124 000	23 208
2 148 279	1 029 078	366 083	32 079	798 650	17 977	255 650	472 416	109 452	20 199
361 790	313 372	129 341	29 068	155 063	9 205	19 550	18 497	3 829	1 590
741 588	334 334	239 324	19 826	119 862	22 000	139 325	24 267	4 016	1 211
1 037 000	431 242	173 136	85 452	472 210	21 834	60 005	34 201	15 282	1 255
3 447 573	1 668 588	1 324 406	411 589	1 098 569	20 470	845 511	542 223	30 139	24 571
618 163	232 635	376 255	71 611	59 006	598	23 120	45 553	923	1 977
1 031 272	954 692	431 637	100 815	466 809	6 752	219 831	26 404	8 104	1 313
324 190	265 649	111 364	22 536	163 678	7 587	56 517	52 239	1 463	977
1 164 755	740 310	437 917	335 335	230 642	5 389	441 626	55 060	10 195	4 240
1 638 078	707 330	260 639	78 263	259 209	26 633	96 347	101 805	35 917	4 955
552 248	451 686	252 237	43 647	191 208	4 437	46 048	42 268	10 055	777
1 052 619	549 828	304 828	143 634	283 134	15 001	104 662	50 801	11 987	2 109
107 293	71 049	29 267	8 386	19 550	555	6 524	3 391	——	——
395 250	312 280	161 992	21 384	153 333	19 066	26 023	28 890	7 664	416
256 713	237 873	107 799	22 271	101 448	7 901	12 449	7 273	2 301	8
74 879	10 499	2 078	7 644	19 122	148	523	366	148	——
289 213	264 201	126 961	22 181	68 137	2 756	14 688	11 836	2 369	66
436 552	256 503	169 451	38 088	138 044	6 884	23 382	10 962	3 512	264

全国各地区娱乐

	损益及分配（千元）						
	住房公积金和住房补贴	差旅费	工会经费	财务费用	利息支出	营业利润	补贴收入
总计	**39 499**	**45 033**	**10 577**	**324 446**	**140 174**	**5 463 238**	**113 397**
北京	355	550	123	2 082	146	−1 527	362
天津	149	456	11	1 726	17	10 019	11
河北	174	158	28	1 203	291	138 447	40
山西	212	157	185	1 113	588	190 562	——
内蒙古	488	384	209	749	350	399 447	634
辽宁	——	——	——	——	——	124 249	——
其中:大连	——	——	——	——	——	——	——
吉林	——	277	——	69	——	189 479	100
黑龙江	24	270	21	1 596	303	53 514	167
上海	8 928	15 958	2 384	67 785	35 645	−46 690	33 222
江苏	405	583	309	4 667	329	794 298	65 446
浙江	11 535	5 610	1 714	63 002	7 761	388 294	1 808
其中:宁波	29	84	——	709	−9	86 060	——
安徽	1 209	524	136	1 575	234	78 782	57
福建	1 952	2 607	600	22 918	16 328	351 723	650
其中:厦门	1 029	220	272	4 558	1	7 574	650
江西	635	1 584	110	7 987	2 190	256 737	3 052
山东	7 770	3 128	875	55 104	30 888	377 292	1 882
其中:青岛	7 293	1 846	625	45 630	23 693	94 620	907
河南	697	390	98	218	43	126 067	237
湖北	——	271	2	1 045	20	115 716	346
湖南	763	666	365	1 593	662	416 949	310
广东	993	1 905	1 099	49 502	29 044	130 997	738
其中:深圳	238	34	84	2 328	−5 042	−24 433	——
广西	5	630	57	1 564	40	225 744	——
海南	1	252	6	7 888	72	74 530	10
重庆	796	1 368	331	3 374	643	165 030	344
四川	680	5 197	868	13 284	9 472	247 246	1 294
贵州	148	342	194	2 061	878	86 049	310
云南	1 158	671	232	8 658	2 775	127 154	1 410
西藏	——	——	——	——	——	14 149	——
陕西	378	625	402	1 257	840	135 717	220
甘肃	——	44	5	920	245	98 573	743
青海	——	——	——	1 039	——	19 269	——
宁夏	44	313	201	100	76	48 806	4
新疆	——	113	12	367	294	126 616	——

场所基本情况综合年报(二)

			工资、福利费、增值税 (千元)							
财政拨款	利润总额	所得税	本年应付工资总额	本年应付福利费总额	本年应交增值税	增加值(千元)	经营面积(千平方米)	核定人数(人)	卡拉OK包房包间数量(个)	电子游戏及游艺机台数L(台)
-1 371	**10 836 891**	**462 648**	**5 164 830**	**209 119**	**705 369**	**22 653 336**	**34 720**	**6 875 500**	**467 640**	**844 553**
-4 945	-4 611	4 119	57 913	4 604	3 649	142 174	710	186 290	17 876	3 524
——	6 718	323	25 703	983	167	148 548	213	46 726	4 824	690
——	170 220	1 492	95 355	3 375	4 027	329 225	642	162 909	14 977	10 108
——	180 254	8 970	79 348	1 496	242	350 533	526	157 740	7 064	——
——	123 700	1 288	62 522	1 085	1 281	506 854	349	85 398	6 986	20 071
——	172 474	831	52 986	274	90	219 515	1 759	252 304	23 158	54 789
——	——	——	——	——	——	——	574	21 181	1 645	30 161
——	187 312	2 939	77 724	365	237	315 658	503	80 427	9 323	30 220
1	55 165	699	47 098	457	660	162 275	451	100 860	6 746	23 880
1 901	44 688	89 358	521 979	51 793	12 160	1 760 809	1 737	254 877	24 033	37 963
——	821 204	15 197	359 842	6 024	5 528	1 723 758	1 771	669 737	23 855	111 733
221	1 239 926	152 767	593 075	23 926	20 013	2 810 571	2 429	741 298	48 479	43 575
——	130 674	43 647	122 043	381	——	351 654	355	99 440	8 605	5 776
——	105 195	2 171	164 822	6 816	6 335	3 064 775	655	159 065	14 917	53 077
650	356 374	10 227	274 540	10 808	758	1 108 166	1 258	298 018	26 368	19 252
650	8 361	5 699	66 640	6 824	212	188 048	160	24 451	2 886	——
——	263 785	25 606	128 682	3 719	1 002	606 278	684	205 943	11 611	42 816
10	346 556	35 129	289 874	14 660	634 189	2 088 473	1 295	188 517	22 412	13 712
——	62 941	33 093	149 961	11 615	633 054	1 478 796	282	55 923	4 424	242
——	126 947	2 494	75 147	1 755	——	274 583	454	131 248	9 713	11 168
2	128 567	130	108 658	1 578	832	299 217	776	263 325	13 747	25 606
——	192 978	1 126	182 060	3 984	1 022	769 683	697	150 505	10 463	36 607
——	189 553	55 718	722 143	23 409	2 916	1 674 402	3 616	642 878	57 840	64 497
——	-28 337	266	143 247	1 075	1	196 882	483	58 370	6 775	7 578
——	225 674	18 455	186 976	458	831	672 779	853	331 678	17 799	25 687
——	66 656	206	60 451	1 285	948	193 443	231	83 799	3 063	5 028
14	168 319	3 517	122 907	3 325	2 992	883 025	614	181 545	8 863	41 555
256	163 634	23 440	326 722	30 037	2 630	776 590	1 692	534 962	27 059	39 388
——	101 202	1 362	77 814	3 708	729	266 382	500	118 759	6 163	21 793
519	294 811	3 659	185 660	2 663	1 220	553 497	8 425	289 258	18 301	76 818
——	9 251	162	19 030	——	——	46 942	103	30 428	1 562	——
——	4 834 962	217	59 769	639	322	250 178	455	111 924	10 445	2 053
——	98 282	339	43 570	219	300	171 638	280	121 212	6 411	——
——	3 627	——	21 263	43	10	50 252	117	18 439	1 410	599
——	90 535	20	43 355	4 461	31	137 289	224	38 058	3 542	5 522
——	72 933	687	97 842	1 170	248	295 824	701	237 373	8 630	22 822

全国各地区网络文化经营

	机构数（个）	从业人员（人）	资产、负债、所有者权益（千元）						
			资产总计			负债总计	所有者权益合计		
				固定资产原值	本年折旧			实收资本	
									国家资本金
总　计	**134**	**8 288**	**10 324 331**	**1 781 431**	**202 512**	**5 304 631**	**5 019 700**	**665 751**	**2 001**
北　京	——	——	——	——	——	——	——	——	——
天　津	——	——	——	——	——	——	——	——	——
河　北	1	3	150	——	——	——	150	——	——
山　西	——	——	——	——	——	——	——	——	——
内蒙古	——	——	——	——	——	——	——	——	——
辽　宁	——	——	——	——	——	——	——	——	——
其中：大连	——	——	——	——	——	——	——	——	——
吉　林	——	——	——	——	——	——	——	——	——
黑龙江	——	——	——	——	——	——	——	——	——
上　海	74	4 636	8 285 093	873 811	133 601	4 514 810	3 770 283	223 731	1
江　苏	1	8	1 608	45	25	553	1 055	1 000	——
浙　江	——	——	——	——	——	——	——	——	——
其中：宁波	——	——	——	——	——	——	——	——	——
安　徽	——	——	——	——	——	——	——	——	——
福　建	7	2 018	1 198 519	532 048	46 006	552 869	645 650	119 900	——
其中：厦门	——	——	——	——	——	——	——	——	——
江　西	2	105	18 000	18 000	300	——	18 000	18 000	——
山　东	——	30	10	——	——	——	10	10	——
其中：青岛	——	——	——	——	——	——	——	——	——
河　南	——	——	——	——	——	——	——	——	——
湖　北	7	545	275 346	25 255	2 694	64 374	210 972	147 147	——
湖　南	31	67	5 205	300	50	——	5 205	——	——
广　东	——	——	——	——	——	——	——	——	——
其中：深圳	——	——	——	——	——	——	——	——	——
广　西	1	20	387	346	146	158	229	3 000	——
海　南	1	10	300	20	50	40	260	——	——
重　庆	2	65	2 145	235	1 658	736	1 409	1	——
四　川	6	731	537 568	331 371	17 982	171 091	366 477	152 962	2 000
贵　州	——	——	——	——	——	——	——	——	——
云　南	——	——	——	——	——	——	——	——	——
西　藏	——	——	——	——	——	——	——	——	——
陕　西	1	50	——	——	——	——	——	——	——
甘　肃	——	——	——	——	——	——	——	——	——
青　海	——	——	——	——	——	——	——	——	——
宁　夏	——	——	——	——	——	——	——	——	——
新　疆	——	——	——	——	——	——	——	——	——

机构基本情况(一)

损益及分配(千元)									
营业收入		主营业务成本	主营业务税金及附加	主营业务利润	其他业务利润	营业费用	管理费用		
	主营业务收入							税金	养老、失业等保险费
8 580 881	**7 964 287**	**4 466 031**	**581 789**	**2 516 843**	**5 665**	**1 089 615**	**528 506**	**10 397**	**26 741**
——	——	——	——	——	——	——	——	——	——
——	——	——	——	——	——	——	——	——	——
207	207	116	——	91	10	——	9	——	——
——	——	——	——	——	——	——	——	——	——
——	——	——	——	——	——	——	——	——	——
——	——	——	——	——	——	——	——	——	——
——	——	——	——	——	——	——	——	——	——
——	——	——	——	——	——	——	——	——	——
——	——	——	——	——	——	——	——	——	——
6 739 628	6 130 509	4 117 401	314 106	1 683 755	1 222	514 315	367 898	9 003	20 227
874	874	380	23	470	——	668	18	——	17
——	——	——	——	——	——	——	——	——	——
——	——	——	——	——	——	——	——	——	——
——	——	——	——	——	——	——	——	——	——
1 107 166	1 106 817	45 981	50 203	444 743	2 692	476 450	104 388	225	3 321
——	——	——	——	——	——	——	——	——	——
2 700	2 200	650	250	1 500	330	90	370	235	135
13	——	——	——	——	−1	——	2	1	1
——	——	——	——	——	——	——	——	——	——
——	——	——	——	——	——	——	——	——	——
94 510	91 498	46 955	788	44 064	——	3 034	14 333	71	711
960	90	40	8	40	——	——	5	5	——
——	——	——	——	——	——	——	——	——	——
——	——	——	——	——	——	——	——	——	——
166	166	32	9	125	——	615	642	——	83
151	——	100	——	——	——	——	30	——	——
2 499	650	——	27	352	7	147	778	——	23
632 007	631 276	254 376	216 375	341 703	1 405	94 296	40 033	857	2 223
——	——	——	——	——	——	——	——	——	——
——	——	——	——	——	——	——	——	——	——
——	——	——	——	——	——	——	——	——	——
——	——	——	——	——	——	——	——	——	——
——	——	——	——	——	——	——	——	——	——
——	——	——	——	——	——	——	——	——	——
——	——	——	——	——	——	——	——	——	——
——	——	——	——	——	——	——	——	——	——

全国各地区网络文化经营

				财务费用			补贴收入	
	住房公积金和住房补贴	差旅费	工会经费		利息支出	营业利润		财政拨款
总　　计	**5 891**	**16 418**	**1 525**	**−14 506**	**−21 340**	**1 382 865**	**66 088**	**41 626**
北　　京	——	——	——	——	——	——	——	——
天　　津	——	——	——	——	——	——	——	——
河　　北	——	——	——	——	——	91	——	——
山　　西	——	——	——	——	——	——	——	——
内 蒙 古	——	——	——	——	——	——	——	——
辽　　宁	——	——	——	——	——	——	——	——
其中:大连	——	——	——	——	——	——	——	——
吉　　林	——	——	——	——	——	——	——	——
黑 龙 江	——	——	——	——	——	——	——	——
上　　海	2 654	10 879	103	−25 001	−26 180	737 286	56 095	41 295
江　　苏	——	——	1	——	——	——	——	——
浙　　江	——	——	——	——	——	——	——	——
其中:宁波	——	——	——	——	——	——	——	——
安　　徽	——	——	——	——	——	——	——	——
福　　建	2 426	3 824	775	5 716	3 905	427 467	1 416	297
其中:厦门	——	——	——	——	——	——	——	——
江　　西	——	——	——	60	——	1 040	——	——
山　　东	——	——	——	——	——	——	−1	−1
其中:青岛	——	——	——	——	——	——	——	——
河　　南	——	——	——	——	——	——	——	——
湖　　北	40	724	117	953	934	30 663	——	——
湖　　南	——	——	——	——	——	40	——	——
广　　东	——	——	——	——	——	——	——	——
其中:深圳	——	——	——	——	——	——	——	——
广　　西	——	15	3	−3	——	−1 129	——	——
海　　南	——	30	——	10	——	——	——	——
重　　庆	——	36	1	——	——	92	——	——
四　　川	771	910	525	3 759	1	187 315	8 578	35
贵　　州	——	——	——	——	——	——	——	——
云　　南	——	——	——	——	——	——	——	——
西　　藏	——	——	——	——	——	——	——	——
陕　　西	——	——	——	——	——	——	——	——
甘　　肃	——	——	——	——	——	——	——	——
青　　海	——	——	——	——	——	——	——	——
宁　　夏	——	——	——	——	——	——	——	——
新　　疆	——	——	——	——	——	——	——	——

机构基本情况(二)

		工资、福利费、增值税　(千元)								
利润总额	所得税	本年应付工资总额	本年应付福利费总额	本年应交增值税	增加值(千元)	经营面积(千平方米)	上网注册用户数(千人)	音乐节目下载次数(千次)	访问量(千次)	自主研发网络游戏产品数(个)
1 882 646	**159 779**	**315 841**	**36 921**	**3 089**	**2 634 086**	**69**	**248 806**	**82 663**	**613 027**	**112**
——	——	——	——	——	——	——	——	——	——	——
——	——	——	——	——	——	——	——	——	——	——
101	——	20	——	——	111	——	2	——	60	——
——	——	——	——	——	——	——	——	——	——	——
——	——	——	——	——	——	——	——	——	——	——
——	——	——	——	——	——	——	——	——	——	——
——	——	——	——	——	——	——	——	——	——	——
——	——	——	——	——	——	——	——	——	——	——
——	——	——	——	——	——	——	——	——	——	——
1 221 312	113 482	211 176	27 372	−428	1 511 845	22	204 148	2 563	141 718	30
35	11	136	6	19	226	——	2	——	100	1
——	——	——	——	——	——	——	——	——	——	——
——	——	——	——	——	——	——	——	——	——	——
——	——	——	——	——	——	——	——	——	——	——
431 357	38 362	54 782	5 237	1 267	593 057	18	13 928	——	149 018	12
——	——	——	——	——	——	——	——	——	——	——
1 040	62	180	——	50	2 190	2	——	——	——	——
−1	——	12	——	——	13	——	——	——	——	1
——	——	——	——	——	——	——	——	——	——	——
——	——	——	——	——	——	——	——	——	——	——
30 982	5 013	11 494	84	61	46 722	7	18 275	——	147 008	62
40	——	857	——	——	960	3	1	——	——	——
——	——	——	——	——	——	——	——	——	——	——
——	——	——	——	——	——	——	——	——	——	——
−1 129	——	731	58	——	−99	——	60	——	3 400	——
——	——	100	——	——	151	——	100	80 000	90 000	——
92	25	512	11	——	2 325	——	7	——	200	——
198 817	2 824	35 841	4 153	2 120	476 585	17	12 283	100	81 523	6
——	——	——	——	——	——	——	——	——	——	——
——	——	——	——	——	——	——	——	——	——	——
——	——	——	——	——	——	——	——	——	——	——
——	——	——	——	——	——	——	——	——	——	——
——	——	——	——	——	——	——	——	——	——	——
——	——	——	——	——	——	——	——	——	——	——
——	——	——	——	——	——	——	——	——	——	——
——	——	——	——	——	——	——	——	——	——	——

全国各地区互联网上网服务营业

	机构数（个）	从业人员（人）	资产、负债、所有者权益（千元）						
			资产总计			负债总计	所有者权益合计		
				固定资产原值	本年折旧			实收资本	
									国家资本金
总计	**133 163**	**539 460**	**43 044 053**	**30 544 606**	**4 116 230**	**4 493 400**	**38 550 653**	**16 924 038**	**435 505**
北京	1 216	6 965	631 073	455 170	59 196	143 056	488 017	439 073	12 481
天津	750	3 865	247 939	141 604	18 437	40 371	207 568	70 383	31 520
河北	6 239	23 630	1 623 487	1 371 429	168 079	103 101	1 520 386	1 022 749	4 032
山西	3 481	15 343	1 172 172	872 092	88 521	35 603	1 136 569	571 607	42 190
内蒙古	2 399	6 856	603 204	420 122	73 019	36 496	566 708	63 802	1 333
辽宁	7 162	18 793	1 327 229	742 718	28 657	89 430	1 237 799	68 349	——
其中：大连	1 472	9	1 600	1 600	——	——	1 600	——	——
吉林	3 155	13 326	1 073 171	891 163	32 450	20 290	1 052 881	1 053 976	1 298
黑龙江	4 607	13 051	1 301 381	983 366	117 227	61 273	1 240 108	262 425	28 464
上海	1 453	8 980	1 409 116	815 055	265 600	285 575	1 123 541	1 035 820	108 290
江苏	7 777	29 434	3 488 736	1 728 411	162 240	367 086	3 121 650	718 526	2 618
浙江	6 611	26 730	3 274 121	2 332 072	388 080	371 764	2 902 357	1 058 763	4 856
其中：宁波	893	3 413	448 501	381 372	60 805	31 736	416 765	13 650	——
安徽	5 193	17 612	1 429 511	1 025 874	130 693	171 974	1 257 537	348 637	946
福建	3 303	14 283	1 241 462	964 190	120 469	102 783	1 138 679	479 215	7 014
其中：厦门	216	1 574	142 948	77 632	7 139	10 858	132 090	55 675	500
江西	4 563	19 276	1 668 372	1 545 433	241 778	165 293	1 503 079	933 142	68 817
山东	11 947	44 694	3 185 406	2 989 383	489 536	403 899	2 781 507	1 322 608	7 152
其中：青岛	1 917	8 337	665 281	699 438	106 391	55 591	609 690	363 524	2 958
河南	7 447	34 395	2 472 437	1 890 928	236 566	112 987	2 359 450	2 020 170	1 303
湖北	6 682	26 028	1 552 438	1 178 406	141 788	173 675	1 378 763	352 383	59 426
湖南	10 858	35 627	2 452 431	2 041 208	205 709	453 612	1 998 819	876 192	13 554
广东	6 813	48 136	2 757 225	1 314 223	233 532	346 930	2 410 295	599 133	3 935
其中：深圳	818	8 283	412 978	102 620	22 926	36 869	376 109	84 522	——
广西	4 852	22 077	1 257 156	1 197 473	232 549	59 245	1 197 911	1 135 874	——
海南	1 046	4 288	308 968	214 324	37 218	29 519	279 449	68 388	51
重庆	3 179	12 654	1 216 557	1 073 150	183 947	131 780	1 084 777	647 359	1 529
四川	8 562	33 788	2 580 594	690 837	83 011	161 909	2 418 685	715 120	5 239
贵州	2 140	8 638	681 067	571 354	97 695	47 005	634 062	270 660	500
云南	3 499	13 236	981 108	603 288	85 493	166 798	814 310	152 553	9 850
西藏	280	1 158	79 960	42 991	10 092	20 039	59 921	14 306	——
陕西	2 854	18 605	1 618 881	1 362 009	89 429	283 820	1 335 061	278 855	8 030
甘肃	1 544	6 422	525 984	271 304	7 122	41 184	484 800	25 029	1 580
青海	401	1 740	81 773	55 254	2 474	9 261	72 512	500	——
宁夏	674	2 375	218 234	200 796	10 847	20 586	197 648	32 833	1 970
新疆	2 476	7 455	582 860	558 979	74 776	37 056	545 804	285 608	7 527

场所(网吧)基本情况(一)

损益及分配(千元)									
营业收入		主营业务成本	主营业务税金及附加	主营业务利润	其他业务利润	营业费用	管理费用		
	主营业务收入							税金	养老、失业等保险费
34 341 142	**20 393 691**	**11 903 099**	**2 045 442**	**9 162 877**	**539 307**	**2 644 530**	**1 843 064**	**409 570**	**50 939**
270 874	159 515	62 447	18 241	52 872	3 376	41 136	36 352	3 142	815
412 488	116 250	102 474	10 065	132 723	4 398	9 537	3 428	737	37
1 160 653	830 552	514 335	68 060	289 018	24 767	81 441	36 997	17 313	382
1 012 297	518 813	277 464	24 160	280 285	17 872	69 296	75 367	13 542	750
407 979	232 568	153 992	30 117	137 832	8 807	48 178	20 518	5 684	251
942 297	401 415	128 161	23 209	111 061	4 536	25 255	8 010	4 974	24
220	——	——	——	——	——	——	——	——	——
735 368	715 136	345 988	50 918	321 337	640	432	995	62	——
873 442	659 190	217 224	44 153	198 637	10 041	84 908	34 538	21 308	230
2 139 474	417 412	549 919	226 415	112 828	7 483	134 308	412 148	21 430	2 613
2 641 860	1 581 493	1 232 425	180 828	851 447	19 202	211 180	44 950	10 815	2 620
2 507 322	1 914 912	1 240 367	244 308	697 219	54 910	192 278	131 790	38 991	6 530
331 459	242 406	170 721	36 979	91 815	562	18 892	28 674	982	3 535
1 166 066	551 456	372 874	34 398	263 865	16 551	83 362	45 156	12 025	674
1 004 177	701 395	474 107	70 380	199 155	12 103	67 557	53 567	16 837	5 021
69 555	46 087	36 341	8 857	16 812	3 122	14 337	6 512	1 599	298
1 521 256	963 265	465 590	73 304	449 952	32 034	105 595	69 248	32 966	4 209
2 361 437	1 567 600	676 427	142 559	810 421	81 955	203 370	140 667	28 359	1 525
417 399	207 363	97 102	14 183	98 427	10 720	52 903	30 641	9 373	623
1 728 534	1 580 090	634 482	117 885	827 697	32 229	95 021	62 342	7 908	4 627
1 683 433	954 468	577 503	37 776	339 837	16 824	149 821	114 723	12 098	839
1 551 011	702 166	434 784	83 001	575 208	33 158	117 245	63 326	28 206	1 718
1 959 781	905 716	620 078	100 582	305 503	19 037	438 717	161 174	37 778	9 632
335 821	109 976	159 540	14 391	67 707	330	39 496	28 126	1 750	1 389
1 000 326	889 975	430 101	91 150	410 893	11 017	146 573	24 507	12 405	560
282 370	161 259	76 002	15 834	71 499	4 467	11 901	9 790	2 353	2 093
796 019	668 882	335 429	34 430	237 554	17 094	82 832	46 283	10 683	2 896
1 884 318	744 852	291 470	68 515	211 863	16 886	79 901	61 934	23 695	1 755
589 914	491 956	257 804	37 770	214 739	4 455	38 805	32 010	8 661	62
1 066 505	257 346	280 292	58 045	142 096	9 735	35 993	30 099	11 521	575
79 577	33 179	25 505	8 638	17 412	972	8 370	2 518	868	17
1 561 926	986 940	599 808	76 974	422 599	66 206	53 871	103 189	17 904	440
262 966	241 574	116 568	23 942	106 137	6 290	7 437	7 056	4 103	5
50 816	12 792	9 399	4 063	11 045	122	4 916	3 084	1 191	——
251 856	128 021	168 697	18 418	261 603	1 306	5 314	1 994	648	——
434 800	303 503	231 383	27 304	98 540	834	9 980	5 304	1 363	39

全国各地区互联网上网服务营业

	损益及分配（千元）						
				财务费用			
	住房公积金和住房补贴	差旅费	工会经费		利息支出	营业利润	补贴收入
总　计	**11 055**	**27 677**	**7 208**	**244 398**	**35 794**	**7 842 240**	**28 458**
北　京	235	632	120	1 247	330	4 537	157
天　津	5	40	39	590	96	47 393	620
河　北	333	391	47	3 842	1 480	278 331	487
山　西	408	631	634	5 372	540	444 489	4 149
内蒙古	29	183	116	2 065	686	80 418	37
辽　宁	31	——	——	——	——	155 017	152
其中:大连	——	——	——	——	——	——	——
吉　林	20	565	——	148	——	321 458	390
黑龙江	112	363	68	69 698	699	234 409	30
上　海	909	1 256	276	1 481	428	50 371	763
江　苏	160	387	62	3 886	1 105	836 677	393
浙　江	643	4 540	276	10 369	3 627	515 210	994
其中:宁波	——	14	——	3 662	——	73 629	——
安　徽	463	941	457	1 964	768	186 162	296
福　建	114	1 058	58	2 195	871	102 620	185
其中:厦门	32	55	3	205	20	−262	1
江　西	1 006	1 742	224	15 007	8 801	426 046	10 126
山　东	304	1 606	469	11 488	4 271	792 703	2 027
其中:青岛	174	623	301	1 486	1 089	80 784	1 359
河　南	2 008	1 175	277	2 917	624	699 719	820
湖　北	10	117	14	1 955	228	255 020	285
湖　南	1 905	895	705	1 019	791	525 043	1 666
广　东	906	4 701	1 939	7 915	1 538	201 187	1 337
其中:深圳	147	438	124	719	130	−16 024	220
广　西	107	1 607	42	2 629	640	248 201	——
海　南	14	48	6	4 751	227	72 840	132
重　庆	377	1 376	323	64 050	1 049	254 242	678
四　川	671	1 873	714	2 895	2 030	196 574	1 145
贵　州	28	903	31	849	201	114 675	94
云　南	114	218	112	7 731	1 706	112 056	621
西　藏	34	44	——	76	——	26 843	——
陕　西	109	308	195	15 491	2 190	402 019	236
甘　肃	——	27	1	1 734	420	100 343	586
青　海	——	8	3	78	——	15 354	——
宁　夏	——	——	——	918	380	35 448	52
新　疆	——	42	——	38	68	106 835	——

场所(网吧)基本情况(二)

财政拨款	利润总额	所得税	工资、福利费、增值税 (千元)			增加值(千元)	计算机终端数(台)	上网人次(千人次)	经营面积(千平方米)
			本年应付工资总额	本年应付福利费总额	本年应交增值税				
10 247	**10 361 622**	**309 676**	**4 324 054**	**2 046 285**	**1 158 372**	**22 036 854**	**9 598 755**	**7 794 044**	**37 815**
35	1 944	3 427	45 909	2 986	55 787	191 085	180 604	58 206	514
——	52 831	668	22 672	381	140 233	240 581	75 893	30 775	3 025
6	309 092	1 951	163 346	110 066	1 343	807 763	392 314	220 442	954
10	418 534	21 104	126 461	36 128	158 649	897 552	259 839	88 196	743
2	100 628	632	46 005	89	172	235 886	128 771	58 259	392
90	173 066	310	92 790	188	828	305 870	456 222	1 040 955	1 001
——	——	——	220	——	——	220	115 183	230	1
——	323 242	413	110 023	307	203	515 835	200 579	118 059	663
——	277 980	759	85 530	1 943	1 132	506 100	255 181	113 745	681
89	81 489	12 198	50 847	270 239	44 538	933 932	198 123	80 946	483
——	845 234	3 120	331 875	256 994	38 975	1 821 613	712 573	885 801	1 635
54	494 323	53 936	338 994	6 069	1 812	1 541 836	626 568	448 333	1 648
——	70 153	9 366	43 119	——	——	219 049	85 255	32 028	226
8	201 765	3 617	133 402	197 042	1 388	696 754	317 373	182 387	777
61	203 745	3 694	146 654	1 715	128 468	592 498	272 798	178 428	733
1	616	597	17 868	324	386	36 244	27 874	5 846	98
7 415	468 391	60 558	147 637	65 538	253 618	1 256 363	339 275	301 087	903
1 115	755 620	30 101	338 308	77 245	79 200	1 952 019	678 569	452 542	1 798
1 051	80 457	745	66 895	75 327	364	355 655	140 397	58 849	375
——	708 002	11 920	231 991	6 592	——	1 308 261	474 244	497 330	1 487
——	223 531	1 296	191 636	109 217	54 441	803 119	452 557	527 976	1 146
508	353 186	1 507	193 581	3 519	1 454	1 046 196	622 182	269 102	10 328
121	201 175	17 564	501 990	9 466	22 389	1 120 068	760 391	202 041	2 981
120	−18 171	398	124 352	1 559	186	150 983	98 273	3 529	428
——	248 201	12 807	168 288	8 630	1	761 960	305 207	469 505	859
——	63 060	229	32 393	1 464	76 419	240 764	70 659	27 593	175
——	295 371	12 500	108 415	919	1 199	597 947	214 690	284 974	592
708	165 788	48 433	292 749	3 301	39 046	710 818	548 734	575 098	1 402
——	168 273	915	65 844	1 143	35	326 060	166 065	72 504	423
20	113 852	4 596	65 783	481 042	1 709	817 006	201 459	80 273	595
——	9 529	322	7 015	124	254	53 886	19 337	5 490	49
——	637 894	593	155 540	346 800	2 110	1 091 685	319 646	353 148	903
5	101 020	111	40 701	593	7	177 402	111 354	52 747	309
——	4 084	2	10 833	62	21	33 999	30 241	13 593	85
——	56 741	75	20 722	46 298	30 200	162 633	46 633	21 984	127
——	2 304 031	318	56 120	185	22 741	289 363	160 674	82 525	404

全国各地区艺术品经营

	机构数（个）	从业人员（人）	资产、负债、所有者权益 （千元）						
			资产总计			负债总计	所有者权益合计		
				固定资产原值	本年折旧			实收资本	
									国家资本金
总　计	**1 112**	**4 695**	**903 752**	**352 104**	**19 970**	**319 211**	**584 541**	**196 015**	**46 509**
北　京	38	490	165 207	41 894	1 472	59 379	105 828	52 028	43 099
天　津	——	——	——	——	——	——	——	——	——
河　北	1	3	50	20	2	10	40	20	——
山　西	——	——	——	——	——	——	——	——	——
内蒙古	26	29	1 577	701	——	——	1 577	——	——
辽　宁	——	——	——	——	——	——	——	——	——
其中：大连	——	——	——	——	——	——	——	——	——
吉　林	2	16	4 059	1 462	145	3 572	487	1 200	800
黑龙江	4	5	120	120	——	46	74	120	——
上　海	86	298	128 919	10 299	1 399	88 141	40 778	37 142	1 210
江　苏	45	172	7 560	3 140	282	30	7 530	6 045	——
浙　江	47	133	17 142	6 278	639	615	16 527	8 422	——
其中：宁波	——	——	——	——	——	——	——	——	——
安　徽	58	1 242	321 361	162 402	11 650	90 321	231 040	33 580	1 000
福　建	14	36	8 898	293	43	3 108	5 790	——	——
其中：厦门	——	——	——	——	——	——	——	——	——
江　西	——	——	——	——	——	——	——	——	——
山　东	516	1 386	176 572	90 370	3 698	61 061	115 511	30 558	400
其中：青岛	60	286	22 771	22 771	2 307	15 773	6 998	13 658	400
河　南	14	56	5 378	3 800	253	——	5 378	4 960	——
湖　北	36	89	900	2 441	——	——	900	——	——
湖　南	20	106	6 880	6 780	20	——	6 880	6 880	——
广　东	1	1	10	10	1	——	10	10	——
其中：深圳	——	——	——	——	——	——	——	——	——
广　西	9	36	1 110	50	10	——	1 110	1 110	——
海　南	——	——	——	——	——	——	——	——	——
重　庆	3	11	989	500	50	36	953	——	——
四　川	2	97	32 142	8 273	245	12 003	20 139	9 093	——
贵　州	——	——	——	——	——	——	——	——	——
云　南	——	——	——	——	——	——	——	——	——
西　藏	4	33	4 020	21	1	——	4 020	3 000	——
陕　西	5	38	1 327	70	——	630	697	70	——
甘　肃	98	207	10 415	4 517	40	192	10 223	1 706	——
青　海	70	194	8 685	8 192	20	56	8 629	71	——
宁　夏	13	17	431	471	——	11	420	——	——
新　疆	——	——	——	——	——	——	——	——	——

机构基本情况(一)

损 益 及 分 配 （千元）									
营业收入		主营业务成本	主营业务税金及附加	主营业务利润	其他业务利润	营业费用	管理费用		
	主营业务收入							税金	养老、失业等保险费
884 971	**754 234**	**208 247**	**20 625**	**150 732**	**7 537**	**41 407**	**62 854**	**3 478**	**6 235**
109 850	102 737	46 157	2 006	52 528	3 341	16 719	33 077	722	4 554
——	——	——	——	——	——	——	——	——	——
100	100	50	4	10	——	10	30	1	——
——	——	——	——	——	——	——	——	——	——
1 331	——	516	56	859	——	49	165	96	——
——	——	——	——	——	——	——	——	——	——
——	——	——	——	——	——	——	——	——	——
2 938	2 938	——	161	2 777	——	1 300	1 485	12	118
130	120	46	8	74	——	——	12	8	——
54 674	45 067	34 130	1 641	15 010	653	3 588	12 928	1 657	867
10 439	3 343	5 432	222	4 225	——	28	14	——	4
19 825	17 679	8 123	1 023	8 089	848	4 571	151	44	25
——	——	——	——	——	——	——	——	——	——
537 309	455 836	45 024	435	19 070	2	808	2 842	185	361
1 995	1 584	309	33	1 568	——	——	1 497	——	7
——	——	——	——	——	——	——	——	——	——
——	——	——	——	——	——	——	——	——	——
105 284	94 177	53 641	13 138	29 036	658	10 078	6 537	487	165
19 160	16 098	11 203	124	2 954	278	2 943	3 685	76	103
4 593	4 578	2 238	218	2 122	——	377	190	2	——
899	834	——	——	675	——	505	22	——	——
4 426	3 778	1 068	369	2 349	——	335	——	——	——
22	20	——	1	14	——	5	1	1	——
——	——	——	——	——	——	——	——	——	——
1 218	1 218	530	71	617	——	393	49	——	——
——	——	——	——	——	——	——	——	——	——
343	331	209	7	122	——	103	42	14	4
12 200	12 200	6 713	325	3 416	1 106	1 746	3 584	194	128
——	——	——	——	——	——	——	——	——	——
——	——	——	——	——	——	——	——	——	——
911	60	230	73	267	——	——	——	——	——
1 567	1 459	802	19	638	490	71	71	——	——
7 531	5 626	2 752	350	3 207	406	16	128	42	2
6 301	549	104	370	3 575	33	705	29	13	——
1 085	——	173	95	484	——	——	——	——	——
——	——	——	——	——	——	——	——	——	——

全国各地区艺术品经营

	损 益 及 分 配（千元）						
	住房公积金和住房补贴	差旅费	工会经费	财务费用		营业利润	补贴收入
					利息支出		
总　计	**1 773**	**3 108**	**447**	**7 829**	**5 780**	**73 199**	**2 270**
北　京	1 257	1 513	282	738	−10	14 657	2 130
天　津	——	——	——	——	——	——	——
河　北	——	——	——	——	——	46	——
山　西	——	——	——	——	——	——	——
内 蒙 古	——	——	——	——	——	107	——
辽　宁	——	——	——	——	——	——	——
其中:大连	——	——	——	——	——	——	——
吉　林	30	49	22	——	——	−8	——
黑 龙 江	——	——	——	——	——	74	——
上　海	227	713	93	2 315	2 285	−618	133
江　苏	6	2	2	——	——	4 089	——
浙　江	——	40	——	——	——	3 516	——
其中:宁波	——	——	——	——	——	——	——
安　徽	——	227	——	61	2	16 111	——
福　建	——	210	5	——	——	149	——
其中:厦门	——	——	——	——	——	——	——
江　西	——	——	——	——	——	——	——
山　东	3	337	17	3 764	3 479	21 222	——
其中:青岛	——	69	——	256	——	−764	——
河　南	——	——	——	1	——	1 554	——
湖　北	——	——	——	——	——	——	——
湖　南	——	——	——	——	——	2 349	——
广　东	——	——	——	——	——	14	——
其中:深圳	——	——	——	——	——	——	——
广　西	——	——	——	——	——	175	——
海　南	——	——	——	——	——	——	——
重　庆	——	7	——	27	——	2	——
四　川	249	8	26	556	——	417	——
贵　州	——	——	——	——	——	——	——
云　南	——	——	——	——	——	——	——
西　藏	——	——	——	——	——	527	——
陕　西	——	——	——	20	20	967	——
甘　肃	1	——	——	11	4	3 450	7
青　海	——	2	——	336	——	3 915	——
宁　夏	——	——	——	——	——	484	——
新　疆	——	——	——	——	——	——	——

机构基本情况（二）

财政拨款	利润总额	所得税	工资、福利费、增值税（千元）			增加值（千元）	年成交件数（件）	年成交额（千元）	经营面积（千平方米）
			本年应付工资总额	本年应付福利费总额	本年应交增值税				
2 245	**106 558**	**14 254**	**50 138**	**2 440**	**8 189**	**188 760**	**2 339 079**	**12 400 833**	**139**
2 130	15 308	5 048	7 193	631	574	35 456	25 277	470 000	6
——	——	——	——	——	——	——	——	——	——
——	46	4	30	——	——	83	105	10	——
——	——	——	——	——	——	——	——	——	——
——	107	——	219	——	——	478	664	——	1
——	——	——	——	——	——	——	——	——	——
——	——	——	——	——	——	——	——	——	——
——	−8	53	177	88	——	738	——	——	2
——	74	——	30	4	6	130	——	——	——
115	−142	3 592	5 981	168	4 579	16 130	10 270	4 301	35
——	4 089	14	1 690	57	——	6 350	129 800	2 470	5
——	3 885	17	2 037	96	4	7 385	56 800	25 940	7
——	——	——	——	——	——	——	——	——	——
——	29 322	54	15 604	293	421	45 070	1 857 944	21 576	24
——	329	——	391	40	——	679	562	420	1
——	——	——	——	——	——	——	——	——	——
——	——	——	——	——	——	——	——	——	——
——	22 450	5 271	9 647	809	2 083	51 281	65 895	1 610 704	38
——	−968	40	2 628	31	43	4 554	1 222	878	5
——	1 554	——	484	14	——	2 525	2 531	1 131	1
——	——	——	456	——	——	456	62 678	10 156 000	2
——	1 011	99	287	——	——	3 025	95 800	3 938	1
——	14	——	5	——	——	22	250	20	——
——	——	——	——	——	——	——	——	——	——
——	175	9	215	——	——	471	4 453	792	——
——	——	——	——	——	——	——	——	——	——
——	2	——	124	——	——	201	220	19	1
——	252	83	1 480	240	216	3 510	12	92 051	1
——	——	——	——	——	——	——	——	——	——
——	——	——	——	——	——	——	——	——	——
——	247	——	234	——	——	835	200	70	3
——	967	——	497	——	79	1 562	2 000	1 322	——
——	3 460	10	1 377	——	227	5 496	6 590	3 266	5
——	22 932	——	1 496	——	——	5 814	17 028	6 803	4
——	484	——	484	——	——	1 063	——	——	2
——	——	——	——	——	——	——	——	——	——

全国各地区音像制品批发、

	机构数（个）	从业人员（人）	资产、负债、所有者权益（千元）						
			资产总计			负债总计	所有者权益合计		
				固定资产原值	本年折旧			实收资本	
									国家资本金
总　计	**87 137**	**162 311**	**49 275 348**	**17 112 156**	**6 072 073**	**34 486 808**	**14 788 540**	**3 885 640**	**403 875**
北　京	1 203	3 124	196 699	33 760	3 327	83 868	112 831	93 419	11 682
天　津	457	1 402	340 502	244 546	73 118	233 539	106 963	177 134	339
河　北	2 701	5 883	270 249	188 015	17 273	28 993	241 256	129 471	4 895
山　西	1 387	3 600	224 244	186 677	4 860	15 678	208 566	155 970	4 612
内蒙古	2 465	3 288	70 632	41 570	2 606	2 774	67 858	10 296	1 107
辽　宁	4 303	5 573	245 220	133 494	1 739	13 163	232 057	21 044	10
其中：大连	939	——	——	——	——	——	——	——	——
吉　林	2 409	3 751	152 554	29 572	1 740	10 689	141 865	145 008	410
黑龙江	1 842	2 397	66 145	46 574	3 943	7 562	58 583	11 391	1 231
上　海	970	5 002	1 300 744	403 633	13 619	774 977	525 767	369 906	60 375
江　苏	6 962	13 306	4 059 536	354 791	41 337	998 613	3 060 923	86 202	25 216
浙　江	5 985	10 282	2 485 881	1 361 174	103 353	1 018 436	1 467 445	759 188	88 344
其中：宁波	699	1 060	85 253	42 374	3 751	2 786	82 467	41 966	1 823
安　徽	2 910	5 531	32 142 190	10 041 162	5 426 711	27 252 919	4 889 271	79 673	10 027
福　建	2 438	4 769	604 204	335 872	56 725	321 554	282 650	238 418	90 886
其中：厦门	171	676	121 047	54 774	2 131	57 163	63 884	34 066	29 337
江　西	1 857	4 580	128 338	123 830	17 179	7 250	121 088	64 828	2 806
山　东	3 413	9 263	3 670 445	2 030 634	130 469	2 858 021	812 424	270 197	10 170
其中：青岛	511	1 328	1 166 666	1 165 362	43 619	1 121 773	44 893	33 591	2 098
河　南	2 560	8 178	230 324	125 326	13 717	31 896	198 428	174 589	4 959
湖　北	2 885	5 418	305 833	274 784	19 067	71 169	234 664	159 989	1 327
湖　南	2 364	4 125	116 838	97 292	7 017	7 792	109 046	67 150	445
广　东	6 365	14 073	655 484	76 281	10 581	412 739	242 745	235 042	29 674
其中：深圳	435	1 145	52 385	1 255	92	1 039	51 346	1 983	——
广　西	3 821	6 776	161 753	124 610	18 281	24 719	137 034	134 444	810
海　南	669	1 268	30 906	18 387	1 347	2 937	27 969	10 411	14
重　庆	2 653	4 362	173 984	110 081	19 697	36 064	137 920	55 889	3 476
四　川	8 193	13 329	894 597	275 775	30 564	123 030	771 567	237 265	5 327
贵　州	1 811	2 571	75 756	48 941	8 714	11 756	64 000	27 075	12
云　南	5 615	7 397	313 562	192 794	34 184	107 521	206 041	95 357	20 129
西　藏	924	1 364	11 678	5 957	1 297	2 876	8 802	2 690	——
陕　西	1 391	3 267	173 966	86 265	3 278	18 150	155 816	51 898	24 670
甘　肃	2 104	3 104	78 084	39 213	576	3 260	74 824	2 549	88
青　海	745	971	17 414	7 047	194	1 558	15 856	6 135	——
宁　夏	814	1 066	25 052	20 912	1 144	443	24 609	1 032	5
新　疆	2 921	3 291	52 534	53 187	4 416	2 862	49 672	11 980	829

零售、出租机构基本情况(一)

损益及分配(千元)									
营业收入		主营业务成本	主营业务税金及附加	主营业务利润	其他业务利润	营业费用	管理费用		
	主营业务收入							税金	养老、失业等保险费
18 849 415	**8 725 523**	**6 801 740**	**274 637**	**2 034 550**	**213 914**	**708 310**	**746 398**	**78 927**	**69 575**
195 898	151 714	130 126	3 081	27 399	6 199	20 122	23 641	1 123	2 210
154 599	133 536	113 873	2 590	28 681	938	31 056	3 552	221	764
195 013	142 525	86 239	11 226	54 882	1 963	14 933	13 195	1 913	1 737
126 099	87 803	49 279	5 119	46 845	1 905	8 509	8 005	2 065	170
87 899	25 423	26 434	5 006	32 502	948	3 467	8 994	3 754	262
2 028 516	70 065	62 880	5 691	25 635	473	2 651	5 672	1 086	906
——	——	——	——	——	——	——	——	——	——
117 897	113 057	49 488	10 630	52 874	252	68	340	9	73
57 123	31 763	18 284	5 216	18 943	1 187	4 585	3 096	1 224	113
605 438	516 011	351 762	14 099	118 561	40 679	85 130	100 979	12 087	9 363
703 503	433 249	379 514	27 263	209 115	3 318	33 222	39 221	1 377	860
882 582	622 196	442 778	26 184	190 536	13 651	40 027	46 395	5 917	5 280
51 283	42 466	24 072	4 437	17 009	411	2 089	10 959	725	2 516
5 825 553	384 773	335 294	6 606	42 094	3 835	26 397	20 395	4 969	5 851
447 122	349 491	290 274	9 290	69 623	7 847	25 475	35 689	1 956	5 542
113 693	98 894	78 953	953	32 162	5 576	13 580	13 406	250	1 927
354 490	281 813	234 458	8 659	57 565	5 821	7 477	9 177	2 895	843
3 553 215	3 306 876	2 824 849	35 173	408 893	63 241	196 646	248 581	13 516	21 163
1 847 013	1 806 837	1 490 561	5 937	204 290	55 775	135 011	131 865	5 633	6 859
207 929	170 145	80 524	11 807	77 612	1 548	11 713	8 639	1 195	764
236 123	137 255	66 904	2 811	45 245	5 119	15 917	20 888	1 121	1 906
190 078	71 813	26 819	7 010	54 851	6 391	10 082	5 429	2 421	441
892 089	679 725	613 055	6 487	94 295	16 232	71 338	70 659	4 022	5 316
42 900	9 322	9 525	446	7 603	11	225	522	24	43
210 667	167 889	96 420	12 444	66 828	2 227	25 436	7 699	1 656	782
31 049	23 523	12 452	1 719	11 623	876	1 530	1 143	221	105
180 074	99 050	54 997	5 097	34 131	4 996	10 700	8 603	970	947
498 076	204 769	100 712	15 480	73 900	3 851	24 337	20 452	5 377	1 693
97 487	71 151	45 038	3 637	21 923	495	5 639	4 164	913	77
317 933	172 675	137 278	10 533	57 006	13 904	13 474	14 760	2 436	1 787
309 232	13 141	7 981	3 261	6 226	24	3 016	346	20	——
144 869	122 896	78 125	6 555	47 103	3 503	7 270	11 135	2 788	554
82 821	72 841	32 695	5 582	26 145	1 181	2 413	2 418	397	6
16 543	8 434	3 364	470	4 546	24	972	597	201	——
22 853	19 531	11 129	1 057	8 022	366	519	293	24	——
76 645	40 390	38 715	4 854	20 946	920	4 189	2 241	1 053	60

全国各地区音像制品批发、

	损益及分配（千元）						
				财务费用			
	住房公积金和住房补贴	差旅费	工会经费		利息支出	营业利润	补贴收入
总　计	**20 913**	**19 094**	**3 897**	**50 670**	**34 254**	**1 531 792**	**18 893**
北　京	244	672	48	270	112	1 234	812
天　津	308	33	65	15 447	15 999	－17 344	5
河　北	2 303	1 455	147	3 682	320	44 292	1 069
山　西	159	310	135	1 003	99	55 396	——
内蒙古	223	165	64	187	75	16 739	586
辽　宁	28	17	12	365	364	12 787	——
其中:大连	——	——	——	——	——	——	——
吉　林	24	10	——	15	－24	52 485	109
黑龙江	60	144	56	308	28	13 153	11
上　海	1 634	3 335	406	16 932	14 216	5 488	1 997
江　苏	88	182	76	86	34	164 870	183
浙　江	1 127	995	384	2 599	1 976	117 447	6 236
其中:宁波	83	28	90	10	－5	6 473	71
安　徽	309	406	87	5 984	4 993	26 560	82
福　建	1 668	1 485	314	1 441	1 286	14 320	753
其中:厦门	746	398	121	31	——	9 193	——
江　西	51	766	12	871	87	49 623	836
山　东	8 983	2 810	1 159	－5 678	－7 971	196 924	92
其中:青岛	2 751	707	383	－12 020	－12 697	118 971	61
河　南	351	343	83	344	15	59 048	165
湖　北	540	478	121	－55	－1 458	29 148	40
湖　南	248	185	37	98	26	101 090	102
广　东	833	2 030	143	2 457	764	11 001	2 604
其中:深圳	——	32	——	2	——	703	——
广　西	293	534	81	294	91	35 626	——
海　南	——	42	——	154	——	11 555	63
重　庆	83	653	71	772	11	37 840	36
四　川	182	807	142	645	418	53 551	2 409
贵　州	26	501	6	729	2 131	16 849	9
云　南	966	445	176	895	637	30 523	79
西　藏	——	——	——	——	——	292 852	——
陕　西	175	240	42	472	12	42 802	533
甘　肃	2	19	3	200	13	23 340	58
青　海	——	5	2	139	——	3 080	1
宁　夏	——	——	——	3	——	5 163	23
新　疆	5	27	25	11	——	24 350	——

零售、出租机构基本情况(二)

			工资、福利费、增值税 (千元)					
财政拨款	利润总额	所得税	本年应付工资总额	本年应付福利费总额	本年应交增值税	增加值(千元)	年成交件数(件)	经营面积(千平方米)
8 255	**8 139 014**	**126 435**	**1 222 865**	**332 869**	**539 544**	**10 165 024**	**1 391 635**	**7 704**
31	1 542	1 313	21 862	1 573	13 811	49 337	15 557	55
——	—16 900	175	9 087	493	866	70 146	3 852	39
500	51 985	310	45 795	2 994	7 196	135 959	32 985	117
——	48 917	4 023	26 443	526	579	95 355	8 499	66
207	16 864	340	23 166	418	3 553	56 356	13 478	93
——	23 500	23	15 695	94	3 685	41 719	100 291	184
——	——	——	——	——	——	——	——	39
——	52 220	418	26 454	47	164	91 735	15 994	99
——	12 861	309	11 269	124	232	35 345	14 760	72
—1 536	19 554	4 577	58 460	5 621	15 614	138 419	9 704	107
——	167 466	1 160	125 381	28 889	6 232	396 496	212 716	378
5 949	107 466	16 014	108 132	91 941	14 032	479 882	184 824	421
——	5 035	1 252	9 843	65	131	28 151	5 061	34
——	31 381	449	42 304	43 343	36 299	5 593 086	23 145	116
600	11 052	2 176	46 161	9 968	10 604	157 248	35 965	112
——	9 532	1 285	9 983	303	2 533	28 114	10 468	9
——	50 899	4 638	29 107	10 838	31 507	151 578	75 580	84
——	159 232	74 786	102 774	9 310	181 642	700 886	46 128	243
——	62 549	68 382	20 831	8 209	118 000	331 133	11 669	41
——	59 487	1 072	48 386	8 391	10 986	154 857	46 235	132
——	33 287	100	33 636	20 394	2 107	110 870	38 983	128
5	50 175	89	30 724	738	169	149 977	32 007	95
2 163	26 639	3 368	127 434	5 550	21 105	195 129	45 144	4 013
——	531	2	15 604	10	——	16 922	1 497	46
——	35 626	1 902	39 955	27 089	214	136 411	72 188	131
——	9 969	116	7 186	149	149	22 496	7 371	33
2	38 145	379	24 951	14 180	35 886	139 756	48 052	82
327	66 198	1 879	92 726	2 050	111 952	316 006	150 592	343
——	18 230	123	16 925	12 972	331	60 477	12 926	61
7	29 118	6 185	37 829	34 275	25 348	178 087	36 750	210
——	5 503	8	1 519	——	——	298 949	13 293	22
——	6 979 803	426	24 751	86	314	81 867	20 328	59
——	23 457	——	14 123	62	4 830	48 977	37 047	67
——	2 662	75	4 684	6	119	8 756	12 463	22
——	8 157	——	4 413	717	——	12 541	4 860	25
——	14 519	2	21 533	31	18	56 321	19 918	95

全国各地区文化市场其他

	机构数（个）	从业人员（人）	资产、负债、所有者权益 （千元）						
			资产总计			负债总计	所有者权益合计		
				固定资产原值	本年折旧			实收资本	
									国家资本金
总　　计	**11 783**	**44 022**	**13 814 401**	**1 362 335**	**101 500**	**936 054**	**12 878 347**	**1 570 162**	**61 160**
北　　京	——	——	——	——	——	——	——	——	——
天　　津	——	——	——	——	——	——	——	——	——
河　　北	——	——	——	——	——	——	——	——	——
山　　西	30	207	9 245	7 650	938	842	8 403	2 980	2 000
内 蒙 古	1 382	3 854	229 158	129 739	3 815	9 666	219 492	61 389	400
辽　　宁	954	415	21 038	16 846	——	683	20 355	——	——
其中：大连	782	——	——	——	——	——	——	——	——
吉　　林	1 670	5 638	442 215	214 866	7 284	9 629	432 586	423 804	——
黑 龙 江	——	——	——	——	——	——	——	——	——
上　　海	——	——	——	——	——	——	——	——	——
江　　苏	233	836	1 098 180	115 105	11 777	244 480	853 700	28 128	——
浙　　江	——	——	——	——	——	——	——	——	——
其中：宁波	——	——	——	——	——	——	——	——	——
安　　徽	764	9 105	10 269 500	4 267	907	18 264	10 251 236	1 449	804
福　　建	125	295	5 928	5 766	——	2 155	3 773	1 173	——
其中：厦门	——	——	——	——	——	——	——	——	——
江　　西	247	1 905	125 146	111 624	8 597	46 991	78 155	49 391	25 031
山　　东	82	619	108 290	94 993	4 822	47 887	60 403	56 700	4 685
其中：青岛	24	255	84 225	84 225	4 445	41 420	42 805	46 902	4 684
河　　南	304	1 104	35 383	26 561	1 180	12 603	22 780	517 417	4 681
湖　　北	87	330	11 780	881	62	2 036	9 744	306	——
湖　　南	276	1 236	10 841	5 756	12	5 230	5 611	——	——
广　　东	379	4 216	340 672	140 204	13 345	138 075	202 597	45 545	10 411
其中：深圳	235	2 261	27 360	3 800	200	2 620	24 740	3 900	——
广　　西	241	844	15 087	14 973	2 766	——	15 087	15 082	——
海　　南	195	1 617	399 828	158 237	24 665	255 476	144 352	86 248	4 260
重　　庆	17	179	13 875	8 914	3 240	1 083	12 792	165	——
四　　川	3	237	78 138	11 053	3 758	48 140	29 998	23 061	7 001
贵　　州	60	105	2 145	596	11	——	2 145	596	——
云　　南	1 546	2 836	115 491	64 345	4 977	7 956	107 535	19 918	560
西　　藏	490	1 613	22 086	13 233	1 298	4 774	17 312	13 714	——
陕　　西	975	3 551	202 156	95 384	4 227	36 308	165 848	217 289	1 001
甘　　肃	672	1 500	146 497	81 808	127	34 238	112 259	880	1
青　　海	71	102	622	405	——	——	622	——	——
宁　　夏	186	363	8 617	6 667	729	59	8 558	1 517	16
新　　疆	794	1 315	102 483	32 462	2 963	9 479	93 004	3 410	309

经营机构单位基本情况(一)

损益及分配（千元）									
营业收入		主营业务成本	主营业务税金及附加	主营业务利润	其他业务利润	营业费用	管理费用		
	主营业务收入							税金	养老、失业等保险费
3 662 537	**2 302 175**	**826 809**	**105 201**	**648 074**	**333 439**	**268 076**	**168 812**	**17 145**	**12 029**
——	——	——	——	——	——	——	——	——	——
——	——	——	——	——	——	——	——	——	——
——	——	——	——	——	——	——	——	——	——
7 313	4 650	3 666	311	1 630	220	1 208	807	314	128
239 767	63 680	77 105	19 886	83 033	10 300	12 427	11 308	4 933	111
13 162	8 450	5 318	900	4 707	——	——	365	212	110
——	——	——	——	——	——	——	——	——	——
294 716	285 062	125 704	29 223	127 050	430	608	776	192	24
——	——	——	——	——	——	——	——	——	——
——	——	——	——	——	——	——	——	——	——
81 937	64 949	32 672	5 583	20 327	1 087	7 921	17 547	105	——
——	——	——	——	——	——	——	——	——	——
——	——	——	——	——	——	——	——	——	——
1 826 149	1 001 729	1 314	199	68 045	300 027	94 727	12 042	125	10
5 950	1 652	4 843	332	931	5	——	261	——	162
——	——	——	——	——	——	——	——	——	——
73 607	31 236	32 832	3 704	27 602	4 156	13 716	13 606	2 879	2 401
58 022	45 159	16 248	2 124	21 911	2 201	18 849	13 429	2 032	2 526
45 590	40 553	14 713	1 933	19 565	1 743	17 520	10 481	1 516	2 341
19 031	11 616	4 605	745	6 178	62	1 196	2 084	312	601
5 259	742	494	15	2 515	10	3	163	60	6
24 303	60	10	2 416	14 120	6	8	2	——	——
222 297	142 805	76 533	8 966	65 767	5 486	39 945	47 403	878	2 798
49 946	3 908	2 994	244	514	60	26	97	12	52
25 526	25 174	10 232	2 393	12 549	——	7 667	——	——	——
317 092	270 127	225 255	4 106	48 498	2 336	19 880	18 873	622	1 507
9 996	7 318	6 734	314	810	10	35	45	1	24
74 597	74 597	50 949	1 671	21 976	857	19 284	8 321	1 197	545
3 145	1 051	596	118	2 136	——	457	68	6	——
93 788	43 900	43 766	3 486	23 954	839	4 892	4 363	741	374
26 558	19 538	11 293	1 787	6 906	80	3 584	1 234	——	——
137 720	116 838	59 199	8 812	52 432	3 041	10 141	11 485	1 426	615
40 994	35 736	16 228	4 194	15 693	1 419	1 277	2 401	726	——
1 296	108	104	32	237	2	24	69	45	——
16 744	14 593	6 271	1 156	7 894	391	368	264	15	——
43 568	31 405	14 838	2 728	11 173	474	9 859	1 896	324	87

全国各地区文化市场其他

	损益及分配（千元）						
	住房公积金和住房补贴	差旅费	工会经费	财务费用		营业利润	补贴收入
					利息支出		
总计	**2 788**	**7 364**	**1 359**	**4 614**	**568**	**587 624**	**26 276**
北京	——	——	——	——	——	——	——
天津	——	——	——	——	——	——	——
河北	——	——	——	——	——	——	——
山西	127	33	26	6	——	1 240	——
内蒙古	37	42	8	144	——	84 047	40
辽宁	23	——	10	185	185	——	——
其中：大连	——	——	——	——	——	——	——
吉林	——	139	——	310	——	126 172	280
黑龙江	——	——	——	——	——	——	——
上海	——	——	——	——	——	——	——
江苏	453	696	37	23	——	19 172	14 000
浙江	——	——	——	——	——	——	——
其中：宁波	——	——	——	——	——	——	——
安徽	——	11	——	4	——	212 315	——
福建	——	75	——	——	——	653	388
其中：厦门	——	——	——	——	——	——	——
江西	281	431	115	175	1	11 451	1 975
山东	642	364	25	163	38	1 317	330
其中：青岛	642	346	21	164	43	−1 271	330
河南	206	91	22	−2	−7	3 192	5978
湖北	——	——	——	13	——	785	——
湖南	——	——	——	——	——	14 387	——
广东	571	480	128	90	−410	−1 075	446
其中：深圳	14	10	5	48	12	427	——
广西	——	——	——	——	——	4 882	——
海南	3	3578	847	865	709	15 722	1 705
重庆	——	6	——	——	——	401	350
四川	264	334	74	−24	——	2 236	——
贵州	——	——	——	——	——	916	——
云南	123	98	38	79	7	20 623	23
西藏	——	——	——	——	——	4 271	——
陕西	58	854	29	2 295	3	38 496	761
甘肃	——	——	——	250	7	15 128	——
青海	——	——	——	——	——	305	——
宁夏	——	——	——	——	——	2 304	——
新疆	——	132	——	38	35	8 684	——

经营机构单位基本情况(二)

			工资、福利费、增值税 (千元)				
财政拨款	利润总额	所得税	本年应付工资总额	本年应付福利费总额	本年应交增值税	增加值(千元)	经营面积(千平方米)
22 942	**7 720 562**	**7 799**	**360 961**	**8 374**	**7 128**	**1 230 244**	**1 567**
——	——	——	——	——	——	——	——
——	——	——	——	——	——	——	——
——	——	——	——	——	——	——	——
——	1 250	260	2 680	——	290	6 044	8
40	83 516	79	28 325	68	238	141 504	158
——	4 827	——	2 043	——	——	3 294	32
——	——	——	——	——	——	——	——
——	125 764	830	43 681	81	494	207 438	210
——	——	——	——	——	——	——	——
——	——	——	——	——	——	——	——
14 000	18 913	40	17 643	——	——	68 799	92
——	——	——	——	——	——	——	——
——	——	——	——	——	——	——	——
——	312 172	9	77 954	441	——	291 951	5
380	671	——	1 684	80	——	3 303	17
——	——	——	——	——	——	——	——
1 474	12 234	691	15 875	1 178	93	48 509	76
50	1 478	505	7 828	402	539	22 595	54
50	−1 195	505	4 987	386	535	15 873	31
5 591	3 176	196	4 723	145	——	17 096	16
——	694	——	1 501	20	35	2 484	12
——	55	——	7 432	50	——	24 297	3
393	−1 615	1 797	49 845	2 478	381	78 735	264
——	423	10	30 213	110	165	31 440	75
——	4 882	212	5 519	——	——	15 560	33
264	21 120	1 526	16 888	1 080	4 230	71 257	57
——	795	——	1 304	12	——	5 646	5
——	3 778	710	5 861	633	97	16 326	109
——	837	——	502	——	——	1 553	4
19	14 061	357	17 164	45	28	47 611	102
——	3 341	——	3 381	132	35	10 904	38
731	7 076 774	498	30 721	1 412	308	86 899	120
——	15 082	15	7 300	5	——	27 480	79
——	481	——	516	——	——	898	2
——	8 459	——	2 208	——	——	6 412	20
——	7 817	74	8 383	112	360	23 649	51

全国各地区文化市场

	机构数（个）	从业人员（人）	次产、负债、所有者权益（千元）						
			资产总计			负债总计	所有者权益合计		
				固定资产原值	本年折旧			实收资本	
									国家资本金
总　计	**191**	**30 107**	**20 860 564**	**19 617 455**	**1 635 242**	**10 330 196**	**10 530 368**	**2 823 315**	**871 363**
北　京	——	——	——	——	——	——	——	——	——
天　津	4	14	70 000	——	——	——	70 000	——	——
河　北	5	85	41 366	12 275	556	19 304	22 062	21 680	——
山　西	5	1 627	8 532	19 740	4 274	1 286	7 246	1 100	100
内蒙古	3	11 909	10 554 168	17 154 652	1 285 487	5 981 869	4 572 299	——	——
辽　宁	——	——	——	——	——	——	——	——	——
其中：大连	——	——	——	——	——	——	——	——	——
吉　林	2	18	1 160	1 000	45	——	1 160	1 160	——
黑龙江	5	16	4 009	1 000	123	——	4 009	——	——
上　海	34	786	184 751	40 872	8 760	87 498	97 253	103 000	12 510
江　苏	7	377	82 828	7 616	3 950	45 774	37 054	56 380	——
浙　江	15	1 054	1 271 245	176 832	15 956	902 167	369 078	821 390	608 353
其中：宁波	——	——	——	——	——	——	——	——	——
安　徽	3	15	2 000	2 716	233	——	2 000	1 000	——
福　建	8	415	55 497	6 521	1 586	16 847	38 650	52 728	——
其中：厦门	——	——	——	——	——	——	——	——	——
江　西	4	377	28 750	11 700	730	——	28 750	15 050	——
山　东	7	982	1 624 994	284 069	55 744	1 435 210	189 784	58 337	——
其中：青岛	——	——	——	——	——	——	——	——	——
河　南	14	1 125	512 338	454 229	70 203	82 595	429 743	323 225	246 400
湖　北	4	190	47 139	16 157	6 935	7 837	39 302	31 759	——
湖　南	1	12	1 600	1 300	130	——	1 600	——	——
广　东	15	1 962	168 711	45 493	3 013	129 017	39 694	35 000	4 000
其中：深圳	3	636	27 570	19 860	396	12 460	15 110	——	——
广　西	2	16	4 354	566	56	50	4 304	4 210	——
海　南	——	——	——	——	——	——	——	——	——
重　庆	12	1 935	876 849	703 572	74 542	310 891	565 958	29 200	——
四　川	10	6 444	5 113 118	659 237	100 161	1 270 938	3 842 180	1 175 681	——
贵　州	3	81	11 600	3 422	1 334	2 265	9 335	5 302	——
云　南	10	201	58 854	5 264	580	34 549	24 305	22 413	——
西　藏	2	13	700	——	——	200	500	——	——
陕　西	7	352	61 200	4 130	137	——	61 200	61 200	——
甘　肃	4	50	65 000	——	——	——	65 000	——	——
青　海	1	——	——	——	——	——	——	——	——
宁　夏	——	——	——	——	——	——	——	——	——
新　疆	4	51	9 801	5 092	707	1 899	7 902	3 500	——

连锁经营机构基本情况(一)

损益及分配（千元）										
营业收入		主营业务成本	主营业务税金及附加	主营业务利润	其他业务利润	营业费用	管理费用			
	主营业务收入							税金	养老、失业等保险费	住房公积金和住房补贴
9 100 463	**8 363 571**	**6 239 657**	**562 257**	**1 207 839**	**42 749**	**1 126 244**	**1 244 808**	**41 247**	**87 114**	**20 548**
——	——	——	——	——	——	——	——	——	——	——
396	——	——	——	——	——	——	——	——	——	——
11 504	11 504	7 974	7	3 313	——	982	1 745	11	59	——
442 832	18 366	431	427 589	1 543	157	2 007	3 577	1 652	——	——
3 422 762	3 406 028	2 157 088	95 880	1 020 061	7 958	831 024	380 326	23 677	19 135	10 358
——	——	——	——	——	——	——	——	——	——	——
——	——	——	——	——	——	——	——	——	——	——
1 470	1 470	990	90	390	——	——	20	——	——	——
1 403	400	1 350	32	580	——	50	12	12	——	——
202 000	201 373	165 100	1 503	26 517	3 983	27 510	13 354	652	1 839	368
101 650	97 102	67 428	134	4 141	1 263	5 164	7 695	74	346	130
2 453 661	2 431 701	2 184 102	7 247	226 783	20 483	78 310	122 354	2 798	9 529	2 643
——	——	——	——	——	——	——	——	——	——	——
663	468	190	68	78	14	90	80	——	——	——
40 982	37 735	33 304	581	3 371	2 180	10 163	7 130	91	1 100	788
——	——	——	——	——	——	——	——	——	——	——
8 850	6 200	1 990	660	3 920	1 000	280	1 000	600	400	——
1 250 479	1 247 851	1 121 856	2 667	123 271	544	40 006	94 572	4 053	11 622	5 024
——	——	——	——	——	——	——	——	——	——	——
119 808	117 346	120 959	4 738	−7 650	299	9 894	10 115	620	414	172
210 382	204 016	16 149	10 458	−361 958	580	1 644	487 377	72	35 701	41
650	600	200	——	400	50	——	——	——	——	——
175 479	170 152	84 074	6 001	70 597	3 001	38 208	29 284	753	1 333	5
39 503	39 503	9 903	1 367	28 074	——	2 200	11 947	226	——	——
742	434	228	88	118	——	63	56	17	14	——
——	——	——	——	——	——	——	——	——	——	——
327 525	268 072	204 696	1 044	61 931	——	69 138	70 537	816	4 426	821
246 845	67 785	13 020	595	13 801	21	6 718	8 891	5 044	284	40
7 151	6 362	3 709	363	2 005	334	910	1 177	64	180	——
45 308	43 442	36 226	286	8 222	585	3 554	4 648	181	418	46
260	260	124	26	110	——	——	——	——	——	——
3 655	2 000	1 900	200	−100	——	——	100	50	50	——
17 155	17 155	9 428	1 628	6 099	——	——	100	——	——	——
——	——	——	——	——	——	——	——	——	——	——
——	——	——	——	——	——	——	——	——	——	——
6 851	5 749	7 141	372	296	297	529	658	10	264	112

全国各地区文化市场

	差旅费	工会经费	财务费用		营业利润	补贴收入		利润总额
				利息支出			财政拨款	
总　计	31 354	7 824	96 570	−5 331	−499 179	6 418	6 300	−527 229
北　京	——	——	——	——	——	——	——	——
天　津	——	——	——	——	——	——	——	——
河　北	3	——	678	675	117	——	——	117
山　西	——	3	——	——	1 161	——	——	1 318
内蒙古	7 592	4 011	100 924	90	−165 685	——	——	−135 502
辽　宁	——	——	——	——	——	——	——	——
其中:大连	——	——	——	——	——	——	——	——
吉　林	——	——	——	——	370	——	——	370
黑龙江	——	——	——	——	530	——	——	282
上　海	231	104	−176	−233	1 007	——	——	−2 246
江　苏	385	31	88	58	2 427	——	——	2 415
浙　江	2 228	127	−9 538	−9 805	54 134	2 300	2 300	61 815
其中:宁波	——	——	——	——	——	——	——	——
安　徽	——	——	——	——	92	——	——	192
福　建	499	102	−386	−394	−10 349	——	——	−10 382
其中:厦门	——	——	——	——	——	——	——	——
江　西	——	——	160	——	3 010	——	——	3 010
山　东	1 587	598	3 893	3 855	−12 838	——	——	8 009
其中:青岛	——	——	——	——	——	——	——	——
河　南	369	104	283	165	−38 728	——	——	−38 695
湖　北	16 466	2 289	1	−1	−358 906	4 000	4 000	−441 901
湖　南	——	——	——	——	——	——	——	450
广　东	737	224	456	195	3 372	118	——	2 859
其中:深圳	——	——	62	——	280	——	——	340
广　西	——	——	——	——	−1	——	——	−1
海　南	——	——	——	——	——	——	——	——
重　庆	1 136	207	9	5	4 578	——	——	4 313
四　川	43	3	1	——	8 657	——	——	8 651
贵　州	62	——	142	67	368	——	——	368
云　南	10	——	−8	−8	1 154	——	——	1 278
西　藏	——	——	——	——	——	——	——	——
陕　西	——	——	40	——	200	——	——	−100
甘　肃	——	——	——	——	5 999	——	——	5 999
青　海	——	——	——	——	——	——	——	——
宁　夏	——	——	——	——	——	——	——	——
新　疆	6	21	3	——	152	——	——	152

连锁经营机构基本情况(二)

所得税	工次、福利费、增值税(千元) 本年应付工资总额	本年应付福利费总额	本年应交增值税	增加值(千元)	经营面积(千平方米)	连锁门店数(个)	直营门店数	加盟门店数
16 091	944 503	76 831	89 535	2 971 185	687	13 908	4 124	9 959
——	——	——	——	——	——	——	——	——
——	396	——	——	396	——	26	26	——
——	770	98	62	1 680	2	20	11	——
1	7 634	——	3	442 314	171	807	33	774
7 805	472 788	36 512	14 537	1 795 581	46	306	46	260
——	——	——	——	——	——	——	——	——
——	——	——	——	——	——	——	——	——
13	131	——	——	636	1	2	2	——
——	76	24	12	809	1	126	——	1
796	8 837	1 125	950	25 116	21	843	31	812
240	2 280	259	880	10 520	13	518	316	13
1 623	37 480	7 522	37 629	177 452	16	1 013	295	718
——	——	——	——	——	——	——	——	——
——	110	——	——	503	1	4	2	3
69	6 452	732	427	1 498	11	1 337	199	1 118
——	——	——	——	——	——	——	——	——
208	2 300	——	50	7 750	3	35	12	20
4 616	34 412	858	30 911	132 911	135	5 128	2 008	3 656
——	——	——	——	——	——	——	——	——
265	14 199	2 019	75	53 794	47	140	100	39
4	168 460	21 612	325	−108 877	1	500	138	362
——	120	——	——	250	1	2	1	1
34	33 129	4 553	1 793	54 250	38	214	175	39
——	12 288	——	——	14 557	22	65	65	——
——	368	1	1	544	13	61	10	51
——	——	——	——	——	——	——	——	——
186	32 113	920	85	119 541	135	614	272	342
9	113 363	110	176	228 433	11	266	250	5
——	1 064	76	214	3 665	2	36	14	21
179	3 249	262	1 242	7 417	12	244	82	162
——	140	——	——	166	——	3	——	——
33	2 230	——	——	2 867	1	369	62	307
——	1 150	——	——	8 777	1	929	34	895
——	——	——	——	——	——	34	——	34
——	——	——	——	——	——	——	——	——
10	1 252	148	163	3 192	4	331	5	326

全国各地区歌舞厅

	机构数（个）	从业人员（人）	资产、负债、所有者权益（千元）						
			资产总计			负债总计	所有者权益合计		
				固定资产原值	本年折旧			实收资本	
									国家资本金
总　计	**19 283**	**175 842**	**64 915 481**	**9 520 449**	**755 416**	**5 612 643**	**59 302 838**	**4 750 418**	**226 658**
北　京	380	3 711	135 796	104 548	11 895	81 447	54 349	119 726	515
天　津	213	2 555	454 261	798 371	13 947	73 783	380 478	350 931	23 392
河　北	876	6 594	577 256	541 857	25 303	60 847	516 409	378 730	51 022
山　西	838	5 727	363 511	325 136	29 757	10 738	352 773	194 416	340
内蒙古	525	3 536	168 927	77 096	6 952	14 534	154 393	20 238	327
辽　宁	1 162	4 515	725 491	89 460	813	399 464	326 027	961	——
其中:大连	445	——	——	——	——	——	——	——	——
吉　林	353	1 746	117 131	93 436	3 239	1 610	115 521	108 331	76
黑　龙	1 089	3 664	203 144	137 556	21 878	20 727	182 417	26 424	3 849
上　海	380	2 927	49 729 818	742 819	56 097	159 524	49 570 294	601 149	15 971
江　苏	1 473	13 908	1 501 097	817 744	104 275	292 801	1 208 296	231 029	10 221
浙　江	1 145	11 238	4 550 743	1 530 960	147 374	3 299 077	1 251 666	957 392	30 384
其中:宁波	82	1 863	36 915	21 275	2 342	550	36 365	1 355	——
安　徽	597	5 054	552 108	471 961	22 971	58 557	493 551	154 887	——
福　建	324	4 559	319 911	89 269	13 824	40 480	279 431	76 211	880
其中:厦门	26	1 603	80 835	40 352	9 453	30 991	49 844	57 805	——
江　西	373	3 649	204 631	222 739	25 019	11 516	193 115	179 117	18 734
山　东	697	5 780	854 695	479 134	48 800	134 500	720 195	127 309	12 610
其中:青岛	120	1 000	273 497	258 549	22 763	83 573	189 924	33 926	5 000
河　南	399	3 657	171 837	121 726	15 809	5 802	166 035	144 170	2 323
湖　北	550	6 319	386 440	267 916	22 185	43 128	343 312	121 063	22 308
湖　南	1 086	17 126	642 569	539 463	18 526	316 267	326 302	97 783	1 250
广　东	956	21 806	717 877	425 028	33 901	274 223	443 654	192 489	5 491
其中:深圳	144	4 130	50 170	2 724	1 067	3 340	46 830	1 021	21
广　西	198	2 027	91 680	76 376	14 675	2 136	89 544	86 547	9
海　南	206	3 081	206 591	183 550	19 452	20 512	186 079	26 469	——
重　庆	466	3 054	225 587	218 397	26 941	22 006	203 581	91 456	7 384
四　川	1 443	13 429	743 200	157 729	9 380	131 786	611 414	136 079	256
贵　州	529	3 770	157 382	135 462	19 468	8 817	148 565	80 319	1 000
云　南	1 282	8 775	410 020	322 063	23 005	62 322	347 698	124 165	5 760
西　藏	306	2 274	26 905	20 368	1 776	7 585	19 320	7 930	——
陕　西	308	2 327	217 917	176 422	3 196	29 342	188 575	56 459	500
甘　肃	303	2 055	135 980	81 556	2 044	14 747	121 233	11 290	——
青　海	56	371	16 881	10 906	666	920	15 961	——	——
宁　夏	272	3 540	198 593	141 322	7 883	6 969	191 624	24 789	11 901
新　疆	498	3 068	107 502	120 079	4 365	6 476	101 026	22 559	155

基本情况(一)

损益及分配(千元)												
营业收入		主营业务成本	主营业务税金及附加	主营业务利润	其他业务利润	营业费用	管理费用					
	主营业务收入							税金	养老、失业等保险费	住房公积金和住房补贴	差旅费	工会经费
24 747 315	**7 332 329**	**3 685 500**	**1 044 698**	**3 653 499**	**188 125**	**1 318 621**	**1 440 836**	**377 092**	**91 604**	**3 245**	**5 299**	**2 038**
190 480	153 544	52 966	26 932	63 907	2 665	69 840	37 434	1 541	1 673	58	277	58
185 801	161 556	84 261	10 781	53 479	2 167	28 370	31 664	178	756	114	91	8
312 299	267 552	166 303	22 613	90 864	8 052	31 795	19 718	3 408	472	154	59	18
216 798	143 408	53 512	8 899	79 730	7 182	15 014	13 805	2 697	43	61	46	58
408 458	52 458	49 376	8 518	46 517	1 730	2 637	5 829	844	5	——	19	——
13 973 572	23 052	10 777	3 406	10 902	70 850	91 055	60 883	118	——	——	——	——
——	——	——	——	——	——	——	——	——	——	——	——	——
83 882	80 759	35 221	7 407	37 627	——	115	1 205	163	——	——	190	——
122 016	58 536	39 407	8 256	25 897	2 213	12 042	8 480	3 359	31	13	35	13
425 708	368 161	116 825	105 054	165 118	560	221 322	60 407	14 626	3 402	825	743	283
1 346 338	765 779	662 544	134 805	395 872	14 536	62 102	107 087	4 060	1 202	234	152	157
2 724 468	2 543 592	984 975	313 093	1 328 283	8 100	398 159	788 615	271 672	71 720	246	640	103
36 481	35 555	17 298	3 501	14 212	2	2 439	9 652	1 374	377	——	——	——
254 483	98 318	54 941	8 855	39 860	2 057	19 642	10 668	4 828	240	93	280	48
201 455	164 986	74 340	26 760	60 146	865	23 381	29 400	3 915	1 501	——	197	——
113 061	111 745	43 247	22 140	45 468	251	20 389	18 502	438	748	——	50	——
172 977	128 198	68 352	13 512	63 371	8 578	12 810	18 373	7 118	932	99	207	31
292 013	177 208	91 780	18 166	94 643	11 603	33 936	23 944	7 950	751	93	271	56
64 187	29 572	9 896	3 603	14 713	289	10 664	3 546	974	167	——	53	——
143 730	121 074	45 912	11 090	64 172	3 490	5 653	7 124	2 058	906	375	246	70
243 193	149 647	51 752	2 526	32 249	3 186	19 197	7 185	944	515	——	13	2
517 116	121 417	55 071	63 933	257 230	7 379	20 900	12 918	5 580	523	509	339	250
875 549	481 588	364 337	88 165	195 341	3 820	133 787	74 952	6 664	4 890	——	313	434
236 707	109 352	147 553	24 117	32 771	155	6 437	8 639	40	792	——	——	5
89 151	81 082	33 258	11 106	41 270	590	23 833	787	276	66	2	2	1
204 006	184 418	69 003	14 726	102 130	7 190	24 129	30 952	1 016	333	1	192	6
188 159	159 108	94 910	13 019	51 926	965	11 872	11 954	2 804	267	42	267	100
491 482	164 434	57 509	13 788	54 077	2 301	6 931	30 432	18 434	388	148	427	78
164 378	131 308	69 184	8 958	54 924	2 248	8 728	8 151	4 443	136	25	92	39
357 425	96 699	68 620	57 637	59 316	2 186	10 097	12 445	3 348	692	51	61	21
47 937	31 040	16 582	4 672	11 355	546	3 911	262	——	——	——	——	——
114 296	102 043	47 209	7 977	43 639	1 918	5 857	13 537	1 879	53	58	92	57
70 529	65 570	27 234	6 056	29 991	3 465	8 752	2 138	826	——	——	2	——
9 360	1 863	1 459	1 027	3 477	12	288	37	22	——	——	——	——
211 572	201 561	99 460	16 966	55 164	2 526	8 608	7 996	1 547	66	44	33	147
108 684	52 370	38 420	5 995	41 022	5 145	3 858	2 454	774	41	——	13	——

全国各地区歌舞厅

	财务费用	利息支出	营业利润	补贴收入	财政拨款	利润总额	所得税
总　计	**58 883**	**9 707**	**1 836 357**	**58 799**	**−4 733**	**4 486 181**	**82 808**
北　京	1 288	171	7 046	344	−4 947	8 228	1 113
天　津	411	17	−2 244	7	——	2 863	5
河　北	209	26	82 322	——	——	79 684	102
山　西	591	274	103 986	——	——	98 616	5 207
内 蒙 古	39	——	318 410	70	——	39 296	221
辽　宁	——	——	17 836	——	——	19 069	560
其中:大连	——	——	——	——	——	——	——
吉　林	10	——	37 008	——	——	36 783	435
黑 龙 江	1 293	136	20 116	167	1	23 678	236
上　海	2 796	2 011	−115 502	736	——	−42 192	11 878
江　苏	1 267	278	365 282	54 521	——	374 717	11 165
浙　江	21 006	2 673	73 660	335	100	160 191	19 550
其中:宁波	——	——	4 769	——	——	10 279	2 717
安　徽	544	50	29 618	——	——	42 356	1 634
福　建	2 168	——	15 265	——	——	14 947	3 130
其中:厦门	2 137	——	5 858	——	——	5 806	2 929
江　西	866	70	57 483	406	——	60 231	5 471
山　东	3 050	2 649	75 492	430	10	70 601	147
其中:青岛	2 663	2 527	3 390	400	——	1 904	29
河　南	66	28	55 008	237	——	55 234	945
湖　北	303	——	26 134	160	——	28 507	130
湖　南	863	250	212 843	——	——	44 401	328
广　东	9 994	−577	52 832	561	——	41 347	4 766
其中:深圳	1 371	−5 188	−5 247	——	——	−10 052	72
广　西	29	——	17 211	——	——	17 211	1 756
海　南	6 400	1	59 513	——	——	54 941	67
重　庆	578	22	29 876	4	——	33 333	812
四　川	1 039	416	98 490	166	103	35 743	11 266
贵　州	103	95	25 872	——	——	43 370	59
云　南	2 230	256	39 813	548	——	38 107	1 170
西　藏	——	——	6 043	——	——	3 459	30
陕　西	487	704	35 760	——	——	2 996 086	14
甘　肃	546	125	24 111	103	——	24 238	291
青　海	596	——	3 317	——	——	445	——
宁　夏	27	4	26 205	4	——	65 900	4
新　疆	84	28	37 551	——	——	14 791	316

基本情况(二)

工资、福利费、增值税 (千元)			增加值（千元）	经营面积（千平方米）	核定人数（人）	卡拉OK包房包间数量（间）	电子游戏及游艺机台数（台）
本年应付工资总额	本年应付福利费总额	本年应交增值税					
1 406 450	**55 673**	**12 807**	**5 643 496**	**8 179**	**2 064 957**	**127 734**	**19 205**
29 433	2 765	2 614	84 340	285	68 948	6 790	146
13 600	755	3	37 904	107	21 201	2 181	50
49 348	1 182	1 170	185 982	358	87 501	8 799	10
38 436	1 221	242	185 377	236	63 343	2 796	——
20 489	——	2	355 290	157	39 159	2 831	2 346
5 842	18	——	28 033	883	75 973	6 181	6 540
——	——	——	——	492	21 181	1 645	5 453
14 049	——	120	61 988	90	20 918	2 447	81
20 093	189	393	74 495	192	50 783	3 548	466
99 101	1 678	122	166 352	139	32 700	854	641
142 792	3 001	3 273	813 542	714	259 114	7 822	843
106 483	1 989	577	987 242	478	188 081	7 455	375
6 854	——	——	19 217	25	7 520	——	——
38 786	21	5	105 458	245	58 060	6 002	700
41 738	1 694	8	104 714	177	39 661	3 303	142
14 583	1 200	8	54 430	44	3 236	568	——
27 390	972	287	133 237	148	52 568	2 660	1 236
47 992	825	198	200 731	297	65 904	6 652	65
9 445	145	45	40 932	50	17 406	1 169	20
27 934	622	——	114 088	165	44 315	3 053	327
26 205	330	354	79 354	277	68 567	3 638	110
108 836	1 750	149	412 817	272	61 982	3 851	1 502
196 903	4 029	921	389 137	894	144 235	14 759	760
70 988	858	——	92 618	168	11 339	1 973	4
17 159	30	——	60 525	104	38 853	1 759	268
39 911	692	340	135 995	138	59 557	1 941	15
29 847	351	543	103 757	156	48 574	3 145	310
100 577	26 502	465	268 384	501	147 628	7 526	25
29 440	2 193	269	90 825	175	57 619	2 150	188
32 679	939	314	159 033	408	77 463	6 915	1 493
14 197	——	——	26 688	61	25 023	708	——
16 259	27	92	65 336	134	40 842	2 160	307
14 338	110	300	47 888	83	38 252	1 601	——
2 273	——	——	7 305	12	2 508	228	65
29 571	1 372	31	83 773	124	18 701	2 072	75
24 749	416	15	73 906	166	66 924	1 907	119

全国各地区卡拉OK厅

	机构数（个）	从业人员（人）	资产、负债、所有者权益（千元）						
			资产总计			负债总计	所有者权益合计		
				固定资产原值	本年折旧			实收资本	
									国家资本金
总　计	**27 207**	**272 838**	**23 561 896**	**13 701 616**	**1 317 779**	**6 095 883**	**17 466 013**	**7 013 306**	**351 668**
北　京	476	4 943	142 605	87 400	9 406	54 889	87 716	71 532	230
天　津	107	1 395	782 826	614 731	5 218	66 465	716 361	62 683	27 113
河　北	466	3 938	343 609	224 272	17 696	63 156	280 453	155 724	350
山　西	1 198	5 457	205 240	185 805	18 580	11 980	193 260	128 306	1 000
内蒙古	433	2 784	234 247	89 286	6 353	34 871	199 376	38 865	670
辽　宁	2 077	11 391	1 479 792	457 276	4 849	226 161	1 253 631	22 186	——
其中：大连	153	——	——	——	——	——	——	——	——
吉　林	842	5 541	298 679	237 924	7 320	8 370	290 309	288 116	30
黑龙江	1 146	3 385	149 780	148 496	6 284	10 729	139 051	45 382	3 802
上　海	883	14 981	2 693 489	1 452 040	144 543	1 672 703	1 020 786	869 790	11 133
江　苏	901	9 852	1 033 759	422 434	56 756	228 376	805 383	144 387	340
浙　江	1 956	40 104	3 637 748	2 019 789	281 192	806 275	2 831 473	999 864	14 236
其中：宁波	434	10 546	909 179	542 975	50 287	88 716	820 463	147 660	——
安　徽	559	5 199	356 606	236 808	10 768	50 792	305 814	87 408	——
福　建	948	12 927	1 269 739	926 800	73 136	312 562	957 177	398 449	14 459
其中：厦门	40	1 392	117 044	94 722	5 776	30 313	86 731	26 414	221
江　西	622	8 436	464 536	449 005	49 580	23 229	441 307	285 922	37 080
山　东	1 023	11 553	904 689	774 911	86 619	413 295	491 394	416 782	139 117
其中：青岛	227	3 266	336 746	316 058	46 774	359 219	−22 473	180 247	138 634
河　南	470	4 378	202 172	140 717	13 737	11 217	190 955	168 891	1 410
湖　北	1 327	8 849	316 609	257 555	16 217	24 910	291 699	147 005	4 510
湖　南	552	6 005	393 019	292 998	25 352	37 672	355 347	151 797	1 150
广　东	1 838	48 665	2 680 501	1 887 018	253 524	1 157 427	1 523 074	985 595	30 076
其中：深圳	135	2 851	68 860	9 919	464	16 386	52 474	10 910	1 000
广　西	1 086	13 473	702 815	584 464	102 134	99 852	602 963	591 462	——
海　南	97	1 073	79 425	38 047	7 772	188 543	−109 118	7 937	——
重　庆	635	4 421	314 574	227 047	21 585	52 902	261 672	119 787	1 812
四　川	3 769	20 233	3 466 172	820 907	31 860	328 854	3 137 318	467 316	61 597
贵　州	398	3 583	190 031	147 769	11 370	24 235	165 796	58 707	——
云　南	1 728	8 184	497 613	392 919	30 987	101 958	395 655	174 645	1 262
西　藏	60	393	21 545	11 234	1 357	2 748	18 797	2 395	——
陕　西	376	3 184	258 791	217 069	7 247	46 351	212 440	60 557	——
甘　肃	338	2 703	174 054	128 973	1 292	8 154	165 900	1 559	136
青　海	46	410	10 941	5 311	408	300	10 641	17	——
宁　夏	217	2 134	118 787	96 866	4 044	1 354	117 433	8 940	——
新　疆	633	3 264	137 503	125 745	10 593	25 553	111 950	51 300	155

基本情况(一)

损益及分配（千元）												
营业收入		主营业务成本	主营业务税金及附加	主营业务利润	其他业务利润	营业费用	管理费用					
	主营业务收入							税金	养老、失业等保险费	住房公积金和住房补贴	差旅费	工会经费
16 285 327	**10 558 693**	**6 202 300**	**1 730 368**	**4 877 982**	**293 637**	**2 564 259**	**2 108 427**	**421 796**	**79 214**	**17 049**	**16 650**	**3 541**
140 459	111 842	50 896	16 918	31 596	1 027	42 390	29 074	2 662	779	281	252	57
102 633	76 081	28 894	10 853	47 381	6 912	13 348	20 053	14 029	312	——	315	——
215 472	171 015	85 045	9 471	50 506	6 246	24 650	9 122	1 376	51	20	99	10
172 099	140 005	66 226	8 201	67 223	2 679	11 575	7 658	2 609	54	39	61	77
190 803	50 256	94 909	7 102	64 342	2 366	10 629	7 192	1 203	482	479	332	208
725 444	163 845	84 328	23 415	208 919	55 350	83 750	79 116	2 218	——	——	——	——
——	——	——	——	——	——	——	——	——	——	——	——	——
221 874	215 108	90 689	16 506	107 692	30	11	215	——	——	——	65	——
115 057	91 625	45 002	6 715	37 991	2 008	21 813	5 445	2 930	52	7	144	4
1 003 421	690 254	341 257	124 598	394 184	8 422	358 746	263 431	37 567	13 907	884	2 090	316
1 082 654	754 255	570 340	87 796	301 918	25 437	76 321	118 461	19 590	1 425	88	361	60
3 784 972	3 183 699	1 772 718	409 732	916 946	29 292	279 884	615 694	79 580	19 998	10 873	4 314	1 035
575 338	557 167	283 950	64 066	192 376	6 929	62 704	90 550	5 134	2 609	26	76	——
197 988	87 457	69 418	10 305	43 690	3 599	15 195	6 603	864	113	27	166	45
1 164 699	545 246	384 060	64 872	193 151	11 186	73 352	214 107	175 714	9 962	288	1 703	242
77 980	73 814	33 648	13 208	30 623	5 033	20 584	7 160	141	340	8	32	1
332 306	279 758	145 011	24 082	110 461	10 266	20 779	18 099	6 228	2 817	21	601	59
739 877	434 812	361 925	44 372	286 283	33 966	86 706	124 814	12 253	6 354	1 540	1 047	188
364 448	162 339	174 751	11 731	140 194	1 456	53 222	100 898	8 339	5 709	1 417	258	177
145 990	128 772	56 377	11 948	60 447	4 323	10 097	7 430	978	320	191	95	4
355 969	109 340	131 985	14 685	61 346	12 257	20 616	11 490	1 961	490	——	87	——
344 701	199 332	78 343	11 942	133 716	5 697	27 201	13 903	5 955	607	237	285	106
1 980 549	1 039 214	741 334	274 949	804 865	13 332	637 074	396 871	18 047	15 892	577	1 365	401
187 745	90 074	108 446	21 371	13 236	109	8 523	23 089	303	773	230	15	7
675 182	621 187	269 517	65 121	318 499	5 467	148 620	22 950	6 998	1 161	——	546	55
63 194	42 046	22 771	3 042	33 713	20	23 564	13 254	316	266	——	13	——
515 129	193 570	92 525	304 357	81 262	2 880	390 190	17 780	3 581	857	290	476	114
888 027	399 589	156 785	53 288	157 333	22 395	70 579	49 007	13 543	2 022	266	1 166	251
217 566	168 031	111 155	24 537	71 041	1 978	20 540	23 956	2 393	444	122	113	80
452 099	332 056	163 974	69 204	152 713	9 357	73 114	18 556	4 943	642	759	485	100
15 768	6 095	5 838	2 334	4 176	——	10	96	——	——	——	——	——
138 326	95 215	55 762	5 551	52 202	12 817	6 725	6 276	1 936	111	60	153	80
121 583	112 446	52 591	11 163	45 533	3 737	2 493	2 178	584	8	——	14	5
13 122	2 396	209	156	2 071	95	203	93	67	——	——	——	——
45 744	37 299	16 148	2 444	6 472	——	4 731	2 919	741	——	——	280	40
122 620	76 847	56 268	10 709	30 310	496	9 353	2 584	930	88	——	22	4

全国各地区卡拉OK厅

	财务费用		营业利润	补贴收入		利润总额	所得税
		利息支出			财政拨款		
总　计	**130 909**	**53 676**	**2 212 859**	**13 771**	**316**	**4 266 703**	**239 601**
北　京	760	−27	−11 837	17	2	−16 055	2 068
天　津	1 221	——	14 977	——	——	2 161	58
河　北	984	265	42 851	30	——	68 760	1 257
山　西	467	264	73 886	——	——	68 886	3 463
内蒙古	578	350	61 464	554	——	65 455	676
辽　宁	——	——	68 042	——	——	116 994	195
其中:大连	——	——	——	——	——	——	——
吉　林	——	——	107 660	——	——	106 300	2 430
黑龙江	106	100	23 690	——	——	22 000	401
上　海	13 543	9 314	−66 788	6 248	35	−69 028	10 709
江　苏	3 334	45	244 703	3 640	——	243 375	1 775
浙　江	39 597	4 598	232 761	1 273	121	979 345	121 047
其中:宁波	709	−9	70 338	——	——	105 322	38 305
安　徽	546	171	28 692	——	——	39 380	193
福　建	17 466	16 258	309 081	——	——	303 057	3 351
其中:厦门	267	1	1 208	——	——	1 638	99
江　西	3 413	903	96 176	——	——	95 457	11 270
山　东	12 342	670	124 588	230	——	123 795	5 146
其中:青岛	10 731	412	−2 762	——	——	−9 619	4 156
河　南	82	10	47 036	——	——	47 439	1 256
湖　北	433	——	62 247	155	——	67 621	−213
湖　南	629	344	123 186	——	——	76 590	626
广　东	19 190	10 775	76 977	154	——	117 864	45 315
其中:深圳	446	8	−12 991	——	——	−12 760	159
广　西	1 291	21	151 105	——	——	151 017	14 224
海　南	456	——	546	——	——	−2 557	137
重　庆	1 273	588	61 214	33	13	59 757	1 209
四　川	8 822	6 911	123 334	389	145	104 264	10 966
贵　州	1 825	778	26 769	——	——	28 006	112
云　南	1 486	1 087	41 253	188	——	208 262	1 527
西　藏	——	——	4 134	——	——	2 169	90
陕　西	547	90	47 841	220	——	1 174 937	155
甘　肃	268	14	50 421	640	——	49 168	48
青　海	99	——	5 609	——	——	140	——
宁　夏	67	67	14 796	——	——	15 006	16
新　疆	84	80	26 445	——	——	17 138	94

基本情况(二)

工资、福利费、增值税(千元)			增加值(千元)	经营面积(千平方米)	核定人数(人)	卡拉OK包房包间数量(间)	电子游戏及游艺机台数(台)
本年应付工资总额	本年应付福利费总额	本年应交增值税					
2 319 956	**74 113**	**44 323**	**8 233 879**	**12093**	**3 175 072**	**286 647**	**4 154**
25 182	1 686	1 033	46 166	375.9	108 082	10 495	53
9 336	69	164	54 977	75.3	19 707	2 127	——
35 967	2 124	2 797	112 394	215.8	55 299	5 768	——
36 953	194	——	140 554	244.4	84 934	3 850	——
31 896	860	1 119	111 649	98.9	27 248	3 681	103
29 104	256	90	127 974	703	137 247	15 316	395
——	——	——	——	82.6	——	——	——
46 276	310	30	178 102	29	35 240	6 503	10
18 047	167	208	58 104	170.9	34 596	3 121	32
140 334	9 364	6 068	417 021	554.2	126 839	17 314	281
114 231	2 359	1 716	532 355	585.8	189 966	13 688	148
412 569	20 482	19 185	1 488 476	1535.9	447 625	37 868	140
105 707	381	——	298 551	295	78 997	8 246	——
48 632	578	141	100 149	232	60 302	8 098	1 195
126 504	3 204	556	763 524	727.9	184 692	17 040	38
16 039	553	66	37 339	63.5	11 783	1 317	——
56 692	733	225	236 597	277.3	71 224	7 001	88
131 177	6 796	2 061	416 159	481	77 868	13 398	145
59 634	4 925	1 170	137 055	109.9	27 523	2 474	13
32 651	899	——	107 763	197.3	63 942	5 736	93
54 682	985	243	151 668	334.5	127 197	9 122	106
42 775	1 013	772	211 906	240	45 033	5 436	92
388 912	15 725	1 757	1 046 804	1936.9	399 173	38 214	309
45 032	171	——	55 357	158	29 345	2 981	——
116 950	90	831	444 447	522.7	202 000	13 504	64
9 485	67	180	21 674	55.5	15 066	948	20
41 055	1 165	2 288	436 488	220.8	62 829	3 939	119
167 836	1 911	1 941	396 516	864.8	290 768	16 976	564
24 956	922	93	91 650	163.6	29 659	2 912	8
98 031	788	754	247 580	381.1	104 047	9 969	137
2 164	——	——	9 989	16.5	2 105	502	——
23 789	164	30	86 996	184.3	41 345	4 421	11
15 777	23	——	79 911	114	49 326	3 146	——
3 563	——	——	9 803	19.2	2 256	416	——
7 590	854	——	30 509	61.1	12 038	1 098	——
26 840	325	41	75 974	212.9	67 419	5 040	3

全国各地区电子游戏及游艺机

	机构数（个）	从业人员（人）	资产、负债、所有者权益（千元）						
			资产总计			负债总计	所有者权益合计		
				固定资产原值	本年折旧			实收资本	
									国家资本金
总计	**25 452**	**68 466**	**19 313 298**	**7 018 284**	**2 910 791**	**13 974 852**	**5 338 446**	**1 249 184**	**46 670**
北京	57	216	13 406	17 545	1 572	751	12 655	3 179	30
天津	8	72	8 038	481	150	2 877	5 161	3 087	——
河北	369	968	72 993	43 176	3 107	30	72 963	31 301	——
山西	——	——	——	——	——	——	——	——	——
内蒙古	525	1 396	89 170	41 597	1 823	14 722	74 448	4 101	67
辽宁	607	1 737	95 786	56 757	460	10 957	84 829	5 136	——
其中：大连	145	——	——	——	——	——	——	——	——
吉林	962	1 779	90 260	70 927	3 769	987	89 273	88 453	38
黑龙江	809	1 537	47 882	56 769	3 594	3 987	43 895	12 451	1 663
上海	425	2 834	489 116	275 564	25 499	68 547	420 569	278 410	786
江苏	3 285	8 079	531 146	204 477	17 301	45 979	485 167	70 135	100
浙江	722	3 031	432 278	205 663	21 289	107 125	325 153	132 278	705
其中：宁波	106	305	31 706	14 078	1 546	1 160	30 546	15 580	——
安徽	1 999	4 781	16 009 484	4 988 302	2 707 743	13 557 686	2 451 798	17 334	125
福建	729	1 573	67 093	46 748	3 240	12 317	54 776	24 912	96
其中：厦门	——	——	——	——	——	——	——	——	——
江西	1 319	3 900	177 675	144 602	27 557	13 635	164 040	105 624	19 294
山东	285	1 514	118 079	75 404	6 447	16 697	101 382	27 242	160
其中：青岛	3	23	7 959	7 459	100	160	7 799	260	160
河南	192	886	44 400	30 981	3 545	834	43 566	41 765	300
湖北	667	2 134	75 968	70 634	3 123	5 083	70 885	38 492	6 560
湖南	1 616	3 553	131 352	115 483	14 289	5 288	126 064	72 257	1 790
广东	1 941	8 279	116 264	76 196	8 994	13 411	102 853	31 146	118
其中：深圳	134	536	6 004	3 648	651	789	5 215	2 050	——
广西	928	2 757	81 726	75 201	12 108	1 426	80 300	87 149	2
海南	205	575	28 368	16 723	1 974	10 460	17 908	13 022	——
重庆	1 321	3 083	112 513	97 463	13 450	20 412	92 101	43 606	8 653
四川	1 333	3 067	120 681	35 786	2 474	18 534	102 147	35 825	2 468
贵州	1 043	2 079	87 712	76 272	8 148	550	87 162	33 603	——
云南	2 817	5 939	171 164	99 875	12 587	36 664	134 500	38 907	1 140
西藏	——	——	——	——	——	——	——	——	——
陕西	52	188	5 820	5 592	361	2 000	3 820	1 776	——
甘肃	1	7	180	150	——	——	180	——	——
青海	25	52	1 383	828	51	——	1 383	1	——
宁夏	213	467	15 712	15 281	1 222	399	15 313	2 047	984
新疆	997	1 983	77 649	73 807	4 914	3 494	74 155	5 945	1 591

经营场所基本情况(一)

损益及分配（千元）												
营业收入		主营业务成本	主营业务税金及附加	主营业务利润	其他业务利润	营业费用	管理费用					
	主营业务收入							税金	养老、失业等保险费	住房公积金和住房补贴	差旅费	工会经费
6 426 214	1 961 067	1 296 625	180 705	861 714	32 064	215 229	242 190	43 220	27 568	2 998	3 737	574
9 651	8 815	2 596	1 405	3 560	1	2 619	618	73	66	14	19	6
3 065	1 080	1 781	240	949	15	289	179	1	72	34	——	3
39 667	35 387	11 877	1 138	8 116	403	4 858	1 667	23	——	——	——	——
——	——	——	——	——	——	——	——	——	——	——	——	——
51 856	28 354	22 907	3 038	14 148	284	2 155	2 649	1 058	——	——	11	1
1 198 722	18 249	5 404	5 383	3 858	1 728	1 939	1 527	23	——	——	——	——
——	——	——	——	——	——	——	——	——	——	——	——	——
69 399	67 179	26 872	6 338	34 058	504	88	174	4	——	——	22	——
43 743	25 858	13 021	4 947	14 693	930	4 516	2 453	1 427	49	4	91	4
198 440	91 870	63 806	17 254	101 795	2 503	44 393	75 867	3 656	2 023	175	1 378	31
362 064	225 157	179 106	26 053	131 166	1 912	15 973	7 829	1 529	305	56	52	42
205 885	167 750	85 015	19 568	72 787	1 412	14 036	18 685	1 578	749	120	294	35
18 950	17 836	8 418	1 792	9 040	31	1 626	8 461	238	442	3	8	——
2 917 892	517 654	454 347	8 393	66 737	746	8 174	47 017	9 595	18 551	1 082	56	23
60 455	52 002	32 694	4 958	16 716	196	2 453	2 109	378	602	2	326	1
——	——	——	——	——	——	——	——	——	——	——	——	——
153 347	121 280	60 170	12 049	59 259	3 062	8 970	16 767	5 561	1 370	513	407	10
72 989	33 521	16 462	4 422	19 023	6 589	4 210	3 938	1 127	10	——	2	——
23 288	4 160	110	379	60	4 453	1 830	69	34	——	——	——	——
33 744	30 159	14 064	2 633	13 462	330	1 453	1 761	391	290	93	10	2
77 282	38 122	26 845	994	15 193	552	5 275	2 407	372	156	——	36	——
107 247	67 593	29 258	6 971	43 605	5 738	9 841	5 047	2 906	123	12	42	8
223 426	59 279	57 626	13 356	31 899	1 171	28 971	18 343	3 147	915	21	65	22
29 641	8 259	13 548	4 276	4 874	334	1 839	4 560	93	160	8	19	22
81 050	72 561	27 652	7 840	43 188	584	21 386	1 362	444	64	——	29	1
18 863	7 381	6 201	1 331	9 085	361	5 440	3 025	131	271	——	47	——
111 253	80 277	37 025	7 222	44 591	382	12 654	8 123	2 771	783	268	228	27
87 921	40 968	19 836	4 860	17 814	854	3 852	6 525	1 190	770	259	466	282
72 050	59 857	30 562	5 314	29 097	117	2 918	3 969	2 610	4	——	19	1
136 505	52 941	37 837	10 219	38 880	1 098	4 780	7 521	1 952	386	345	97	75
——	——	——	——	——	——	——	——	——	——	——	——	——
4 381	3 529	916	79	1 890	——	26	60	19	——	——	——	——
240	240	90	13	137	——	——	——	——	——	——	——	——
1 544	191	2	98	294	1	7	47	33	——	——	——	——
16 293	13 867	6 409	1 140	4 954	192	507	251	——	——	——	——	——
67 240	39 946	26 244	3 449	20 760	399	3 446	2 270	1 221	9	——	40	——

全国各地区电子游戏及游艺机

	财务费用		营业利润	补贴收入		利润总额	所得税
		利息支出			财政拨款		
总　计	**7 914**	**1 758**	**583 381**	**4 269**	**64**	**1 041 406**	**21 033**
北　京	5	2	1 734	1	——	1 835	856
天　津	——	——	481	——	——	482	——
河　北	——	——	8 433	10	——	17 141	——
山　西	——	——	——	——	——	——	——
内蒙古	4	——	8 846	10	——	7 214	13
辽　宁	——	——	35 772	——	——	35 569	68
其中:大连	——	——	——	——	——	——	——
吉　林	59	——	33 970	100	——	33 383	74
黑龙江	197	67	9 148	——	——	8 937	62
上　海	305	−29	−6 490	94	54	−9 261	838
江　苏	20	4	130 355	75	——	149 720	2 013
浙　江	419	133	46 902	100	——	53 422	5 799
其中:宁波	——	——	4 193	——	——	9 074	615
安　徽	214	1	15 423	57	——	20 282	164
福　建	29	1	9 313	——	——	8 793	75
其中:厦门	——	——	——	——	——	——	——
江　西	2 606	1 007	50 646	2 606	——	53 624	4 283
山　东	−291	−353	17 713	——	——	19 603	98
其中:青岛	−550	−553	60	——	——	2 874	——
河　南	34	——	10 544	——	——	10 676	170
湖　北	74	——	13 493	31	2	13 891	118
湖　南	86	68	46 315	310	——	36 935	160
广　东	234	36	15 783	23	——	37 103	2 446
其中:深圳	88	5	−1 963	——	——	−1 399	23
广　西	136	11	20 870	——	——	20 888	1 509
海　南	222	71	2 488	10	——	2 529	2
重　庆	334	29	29 492	1	——	31 035	807
四　川	501	390	15 995	736	8	15 292	709
贵　州	10	5	15 490	——	——	16 578	70
云　南	2 653	315	23 276	105	——	26 447	602
西　藏	——	——	——	——	——	——	——
陕　西	37	——	588	——	——	408 565	4
甘　肃	——	——	137	——	——	137	——
青　海	18	——	331	——	——	233	——
宁　夏	——	——	3 482	——	——	6 262	——
新　疆	8	——	22 851	——	——	14 091	93

经营场所基本情况(二)

工资、福利费、增值税 (千元)			增加值(千元)	经营面积(千平方米)	核定人数(人)	卡拉OK包房包间数量(间)	电子游戏及游艺机台数(台)
本年应付工资总额	本年应付福利费总额	本年应交增值税					
528 532	**14 340**	**9 083**	**4 305 228**	**10153**	**822 500**	**5 470**	**804 211**
——	——	——	——	——	——	——	——
1 176	78	2	6 124	14.9	3119	——	2 891
154	——	——	1 133	3.7	635	7	640
7 435	——	60	20 206	48.9	14848	11	10 088
——	——	——	——	——	——	——	——
4 986	19	140	19 920	67.1	11 786	120	17 531
5 150	——	——	46 788	104.8	21 153	407	47 097
——	——	——	——	——	——	——	24 508
12 986	43	87	57 297	91.2	19 534	118	29 934
7 459	101	59	26 788	79.2	14 671	36	23 374
15 252	790	542	58 892	177.8	3 472	771	28 203
74 141	515	461	250 802	328.1	167 455	131	110 294
31 351	266	70	122 019	163	58 455	254	42 050
3 510	——	——	11 725	18.1	8 422	——	5 776
72 471	6 122	6 189	2 845 626	147.1	30526	358	51 127
13 387	18	8	31 915	65.3	22830	49	18 556
——	——	——	——	——	——	——	——
25 871	848	162	127 187	133.6	42437	373	41 109
10 244	67	10	40 040	73.9	16043	139	13 154
182	——	——	755	2.1	910	10	146
6 391	100	——	23 987	45.5	11517	184	10 332
14 471	77	235	32 953	89.2	42384	97	25 240
18 228	761	95	90 014	115.9	32678	119	34 971
65 262	935	237	108 683	400.9	50816	206	62 307
8 051	34	1	11 322	27.2	60	——	7 574
18 196	——	——	59 522	95.4	44327	53	25 141
4 757	337	188	11 490	21	2271	16	4 993
26 654	335	73	81 052	122.8	37190	452	41 062
26 075	189	220	52 922	188.1	55874	392	38 766
12 580	127	11	44 284	75.8	15006	——	21 217
36 314	205	152	85 556	7384.8	63725	706	75 123
——	——	——	——	——	——	——	——
692	13	——	1 752	5.1	2036	——	1 422
42	——	——	192	0.3	110	——	——
598	——	10	1 121	2.3	711	——	395
3 475	2 235	——	11 554	19.9	3004	60	5 441
12 734	159	72	45 409	87.3	33887	411	21 753

文化市场经营机构主要指标解释

1. 演出经纪机构：指经文化市场行政管理部门审批并申领了营业性演出许可证的娱乐性文艺演出的经纪代理，以及各种以经纪代理为主的演出公司等。

2. 经纪或举办演出活动次数：指演出经纪机构经纪或举办的演出活动的数量。

3. 经纪或举办演出场次、观众人次：指演出经纪机构经纪或举办的演出活动的场次数和观众人次数。

4. 经营面积：指演出经纪机构的经营场所建筑面积。

5. 室内娱乐场所：指室内各种娱乐活动的经营场所。如歌舞厅、卡拉 OK 厅、电子游艺及游戏机娱乐场所、综合娱乐场所和其他室内娱乐场所。

6. 经营面积，核定人数：指由文化市场行政管理部门核定的娱乐经营场所建筑面积以及容纳的消费者数量。

7. 卡拉 OK 包房包间数量：指由文化市场行政管理部门审核批准的卡拉 OK 包房间数。

8. 电子游戏及游艺机台数：指由文化市场行政管理部门审核批准的电子游戏及游艺机台数。

9. 网络文化经营机构：指向文化市场行政部门申领了网络文化经营许可证的、从事或提供网络游戏、网络音乐下载等其他互联网信息服务活动的机构。

10. 注册用户数：指消费网络文化经营机构提供的互联网文化产品及其服务的注册用户数。

11. 音乐节目下载次数：指网络文化经营机构提供的网络音乐产品被下载的次数。

12. 访问量：指网络文化经营机构所提供互联网文化产品及其服务的终端浏览次数，通称网站点击数。

13. 自主研发网络游戏产品数：指网络文化经营机构自主研发网络游戏产品数。

14. 互联网上网服务营业场所(网吧)：指通过计算机等设备向公众提供互联网上网服务的网吧、电脑休闲室等营业性娱乐文化服务场所。

15. 计算机终端数：指由文化市场行政管理部门审核批准的提供上网服务的计算机终端数。

16. 上网人次：指互联网上网服务场所(网吧)接待上网消费者人数。

17. 经营面积：指由文化市场行政管理部门审核批准的互联网上网服务场所(网吧)的建筑面积。

18. 艺术品经营机构：指从事美术品或艺术品经营、销售活动、艺术品经纪代理、拍卖活动以及与美术品销售有直接关系的各种服务类经营活动的机构，包括艺术品展览、评估、鉴定等活动的机构，主要包括画廊、画店、美术品公司，艺术品经纪代理机构和艺术品展销、评估机构。

19. 成交件数：指艺术品经营机构销售或拍卖艺术品的件数。

20. 成交额：指艺术品经营机构销售或拍卖艺术品的交易额。

21. 音像制品批发、零售、出租机构：指从事录有内容的录音带、录像带、唱片、激光唱盘和激光视盘等音像制品的批发、零售、出租活动的机构。按照行业代码分为音像制品批发机构和音像制品零售、出租机构。

22. 零售、出租碟片数：指音像制品零售、出租机构销售或出租音像制品的碟片数。

23. 文化市场连锁经营机构：指由文化市场行政管理部门审核批准的文化市场连锁经营机构，不包括直营门店。

24. 连锁门店数：文化市场连锁经营机构的直营门店与加盟门店的合计数。

25. 直营门店数：指资产由文化市场连锁经营机构全资投入并进行日常管理的门店。

26. 加盟门店数：指由连锁经营机构收取加盟费和管理费用，经营管理相对独立的门店。

全国各地区文化市场执法

	机构数（个）	从业人员				本　年	
		（人）	行政编制	事业编制	（千元）	财政拨款	上级补助收入
总　计	**2 476**	**18 196**	**2 169**	**13 982**	**793 935**	**642 932**	**26 195**
中　央	1	——	——	——	——	——	——
北　京	——	——	——	——	——	——	——
天　津	2	15	——	15	1 675	1 619	55
河　北	124	670	58	529	12 258	9 958	——
山　西	113	843	88	590	25 355	17 717	240
内蒙古	105	684	51	593	23 635	22 480	40
辽　宁	127	918	38	729	22 117	21 014	348
其中：大连	12	119	3	116	524	524	——
吉　林	69	564	13	530	18 400	16 010	966
黑龙江	173	751	129	568	21 436	19 952	543
上　海	19	328	83	227	59 507	58 402	715
江　苏	137	793	46	667	57 910	46 026	3 543
浙　江	98	1 089	174	866	102 295	95 447	2 125
其中：宁波	12	140	——	128	17 963	16 481	195
安　徽	90	744	110	546	33 240	25 662	1 667
福　建	87	452	28	371	19 732	16 545	1 488
其中：厦门	5	31	4	27	3 331	3 152	——
江　西	113	867	150	649	32 898	24 638	1 077
山　东	83	847	5	754	32 830	29 886	1 568
其中：青岛	12	126	——	126	6 665	5 990	198
河　南	133	1 677	81	1 125	32 367	24 895	2 050
湖　北	98	924	20	726	57 287	10 360	1 615
湖　南	127	1 233	74	1 018	39 666	28 997	930
广　东	——	——	——	——	——	——	——
其中：深圳	——	——	——	——	——	——	——
广　西	96	530	38	467	22 448	16 288	4 655
海南	23	169	18	124	3 537	2 751	326
重　庆	43	399	212	179	25 754	24 450	65
四　川	119	756	150	571	26 063	24 899	348
贵　州	98	578	150	406	46 972	34 456	530
云　南	130	599	144	414	15 844	14 852	605
西　藏	20	60	29	5	1 267	1 267	——
陕　西	64	521	42	385	11 094	9 607	111
甘　肃	73	447	95	350	12 667	12 158	60
青　海	18	78	46	32	4 744	4 744	——
宁　夏	1	132	22	110	3 686	3 554	——
新　疆	92	528	75	436	27 251	24 298	525

机构基本情况(一)

收入合计							
事业收入	经营收入	附属单位上缴收入	其他收入	（千元）	基本支出	项目支出	经营支出
87 871	**1 560**	**405**	**34 972**	**747 936**	**488 150**	**75 649**	**1 907**
——	——	——	——	——	——	——	——
——	——	——	——	——	——	——	——
——	——	——	1	1 777	1 675	102	——
2 209	60	15	16	12 185	8 850	140	30
5 810	342	40	1 206	24 892	11 183	1 350	290
683	16	5	411	23 684	11 777	221	6
642	30	——	83	21 919	10 870	1 595	——
——	——	——	——	524	——	——	——
1 006	——	——	418	18 739	14 280	487	——
492	53	10	386	23 168	14 866	302	117
308	——	——	82	57 821	50 839	6 965	——
5 322	129	——	2 890	56 563	46 704	6 357	129
1 396	——	——	3 327	100 349	74 595	18 714	——
409	——	——	878	20 126	15 045	4 422	——
4 289	——	——	1 622	32 182	23 086	1 762	5
796	15	11	877	19 120	12 249	2 016	21
——	——	——	179	3 140	1 805	579	——
5 370	85	110	1 618	31 737	18 719	2 114	305
972	——	——	404	32 658	28 484	1 694	——
424	——	——	53	7 064	6 435	10	——
3 753	39	23	1 607	38 980	19 373	1 671	30
31 825	140	101	13 246	53 790	25 988	8 403	388
7 478	605	25	1 631	37 210	20 570	2 170	80
——	——	——	——	——	——	——	——
——	——	——	——	——	——	——	——
1 230	——	——	275	20 706	14 940	1 921	——
358	——	——	102	4 549	2 771	559	——
627	——	——	612	24 606	14 423	7 194	42
273	20	20	503	26 811	13 287	4 328	9
11 451	——	20	515	18 215	10 351	2 554	——
161	2	2	222	15 676	7 643	453	5
——	——	——	——	1 491	810	14	——
1 028	10	15	323	11 021	5 907	427	——
154	6	——	289	12 661	10 209	560	——
——	——	——	——	3 830	157	——	442
——	——	——	132	2 477	2 233	244	——
238	8	8	2 174	19 119	11 311	1 332	8

全国各地区文化市场执法

	本年支出合计						
	在支出合计中：						
	工资福利支出	商品和服务支出					
			维修(护)费	差旅费	劳务费	福利费	税金支出
总　计	**396 052**	**176 208**	**13 912**	**18 504**	**6 598**	**12 801**	**2 380**
中　央	——	——	——	——	——	——	——
北　京	——	——	——	——	——	——	——
天　津	1 090	497	2	14	27	24	——
河　北	8 146	2 349	471	355	136	42	——
山　西	12 327	4 583	477	386	74	269	57
内蒙古	11 972	5 422	926	389	482	146	15
辽　宁	10 596	3 465	402	275	38	99	1
其中：大连	——	——	——	——	——	——	——
吉　林	11 578	5 149	140	412	108	26	10
黑龙江	15 044	4 764	289	363	66	217	767
上　海	29 884	17 071	619	608	244	497	230
江　苏	30 408	16 448	469	1 630	1 364	1 196	69
浙　江	55 492	28 374	1 583	2 770	1 025	3 055	817
其中：宁波	9 832	7 035	135	716	469	614	777
安　徽	15 560	7 482	955	793	187	835	19
福　建	9 991	4 582	420	611	211	297	31
其中：厦门	1 472	577	30	15	19	38	——
江　西	13 659	6 785	766	1 221	594	741	66
山　东	20 331	5 597	846	405	121	218	20
其中：青岛	5 020	905	67	34	——	93	20
河　南	21 783	7 078	572	567	279	262	18
湖　北	19 424	11 419	1 624	1 327	210	1 029	104
湖　南	19 645	7 409	479	2 055	209	567	88
广　东	——	——	——	——	——	——	——
其中：深圳	——	——	——	——	——	——	——
广　西	10 918	5 192	251	566	187	76	——
海　南	3 006	747	57	350	85	42	——
重　庆	10 145	7 466	863	985	170	283	7
四　川	15 654	5 503	353	867	219	292	23
贵　州	10 099	3 913	269	479	156	100	12
云　南	10 236	2 142	256	196	121	87	1
西　藏	1 373	80	30	50	——	——	——
陕　西	6 148	2 826	611	350	161	167	5
甘　肃	7 677	2 906	92	116	40	43	20
青　海	1 004	1 415	——	2	——	16	——
宁　夏	1 588	334	35	30	11	——	——
新　疆	11 274	5 210	55	332	73	2 175	——

机构基本情况(二)

对个人和家庭补助支出	抚恤金和生活补助	其他资本性支出	各种设备购置费	资产合计（千元）	固定资产原值	增加值（千元）	公用房屋建筑面积（千平方米）	机动执法车辆（辆）	参加人身意外伤害保险人数（人）	保险费用（千元）
37 753	**1 160**	**31 895**	**21 390**	**502 135**	**351 276**	**474 189**	**196**	**1 645**	**1 760**	**13 611**
——	——	——	——	——	——	——	——	——	——	——
——	——	——	——	——	——	——	——	——	——	——
189	——	1	1	1 217	1 140	1 376	——	4	——	——
216	34	169	118	5 348	4 353	8 718	5	39	11	——
763	4	332	200	10 641	9 770	14 239	4	48	299	1 492
1 149	8	622	173	5 009	3 403	13 897	3	65	63	23
818	34	411	243	9 255	7 979	1 261	3	76	28	7
——	——	——	——	——	——	——	——	15	——	——
732	28	569	216	12 084	9 050	12 839	9	51	30	9
1 657	70	152	112	8 841	6 552	17 948	8	49	42	2 202
1 664	2	6 499	5 858	69 799	25 932	33 593	2	59	146	115
4 584	40	2 485	448	31 593	16 777	38 900	14	72	70	227
5 803	89	5 965	4 613	58 399	39 815	67 901	20	160	96	4 697
906	52	956	952	9 301	5 186	12 816	3	21	——	——
3 401	114	1 265	761	43 168	14 248	20 761	10	68	36	11
1 077	58	709	608	11 935	6 549	11 868	3	48	36	473
235	——	23	23	620	540	1 787	——	6	——	14
1 575	84	1 548	982	17 413	14 973	17 618	11	59	81	61
2 524	38	1 069	692	23 230	19 193	24 065	9	105	41	4
607	——	191	58	2 867	2 620	5 932	2	18	15	1
1 123	49	1 127	486	10 610	7 438	23 854	11	106	36	1 227
1 146	78	2 972	1 912	11 428	8 037	24 303	16	107	193	206
701	97	1 282	732	9 039	6 375	22 522	8	96	139	377
——	——	——	——	——	——	——	——	——	——	——
——	——	——	——	——	——	——	——	——	——	——
1 386	61	1 067	734	13 208	12 078	12 878	9	56	101	1 790
179	——	101	101	1 190	1 183	3 375	1	10	25	24
823	100	718	609	10 688	9 154	11 763	23	57	111	39
1 581	16	954	806	8 268	6 431	18 045	3	70	113	556
1 175	19	219	184	6 746	5 758	22 181	7	71	29	59
431	2	357	221	101 492	100 541	14 910	3	74	13	1
——	——	——	——	620	620	1 401	1	6	——	——
401	16	406	294	5 131	5 057	7 129	6	31	5	3
1 079	22	104	62	3 976	2 777	8 956	2	14	——	——
238	63	1	——	2 308	2 308	1 287	1	3	4	2
125	——	430	——	1 841	426	1 743	2	9	——	——
1 213	34	361	224	7 658	3 359	14 858	2	32	12	6

全国各地区省级文化市场

	机构数（个）	从业人员（人）	行政编制	事业编制	本年（千元）	财政拨款	上级补助收入
总计	**28**	**499**	**178**	**308**	**51 715**	**50 291**	**790**
北京	——	——	——	——	——	——	——
天津	1	15	——	15	1 675	1 619	55
河北	——	——	——	——	——	——	——
山西	1	12	——	12	638	633	5
内蒙古	1	11	——	11	804	734	——
辽宁	1	5	5	——	400	400	——
吉林	1	16	——	16	1 431	1 419	——
黑龙江	5	25	6	19	1 388	1 388	——
上海	1	72	71	1	20 961	20 961	——
江苏	1	22	2	16	4 946	4 717	——
浙江	——	——	——	——	——	——	——
安徽	——	——	——	——	——	——	——
福建	1	11	——	11	1 617	832	730
江西	1	11	——	11	623	623	——
山东	1	13	——	13	941	933	——
河南	1	11	9	2	——	——	——
湖北	1	10	1	1	300	300	——
湖南	1	10	——	10	1 751	1 743	——
广东	——	——	——	——	——	——	——
广西	1	11	——	11	1 066	1 062	——
海南	1	15	——	15	119	119	——
重庆	1	40	40	——	5 255	5 255	——
四川	1	15	14	——	1 847	1 824	——
贵州	——	——	——	——	——	——	——
云南	1	10	——	10	515	423	——
西藏	1	4	4	——	250	250	——
陕西	1	4	4	——	440	440	——
甘肃	1	17	——	17	872	872	——
青海	——	——	——	——	——	——	——
宁夏	1	132	22	110	3 686	3 554	——
新疆	1	7	——	7	190	190	——

执法机构基本情况(一)

收入合计							
事业收入	经营收入	附属单位上缴收入	其他收入		基本支出	项目支出	经营支出
290	**——**	**——**	**344**	**49 610**	**37 155**	**11 214**	**——**
——	——	——	——	——	——	——	——
——	——	——	1	1 777	1 675	102	——
——	——	——	——	——	——	——	——
——	——	——	——	638	556	82	——
70	——	——	——	800	800	——	——
——	——	——	——	400	——	——	——
——	——	——	12	1 261	920	341	——
——	——	——	——	1 388	1 188	10	——
——	——	——	——	19 154	19 154	——	——
220	——	——	9	4 937	1 981	2 956	——
——	——	——	——	——	——	——	——
——	——	——	——	——	——	——	——
——	——	——	55	938	395	543	——
——	——	——	——	837	588	249	——
——	——	——	8	1 219	781	438	——
——	——	——	——	——	——	——	——
——	——	——	——	300	——	300	——
——	——	——	8	1 744	1 394	350	——
——	——	——	——	——	——	——	——
——	——	——	4	1 132	612	520	——
——	——	——	——	1 119	813	306	——
——	——	——	——	5 255	1 560	3 695	——
——	——	——	23	1 998	823	676	——
——	——	——	——	——	——	——	——
——	——	——	92	364	326	37	——
——	——	——	——	320	250	——	——
——	——	——	——	440	140	300	——
——	——	——	——	922	841	——	——
——	——	——	——	——	——	——	——
——	——	——	132	2 477	2 233	244	——
——	——	——	——	190	125	65	——

全国各地区省级文化市场执法

	本年支出合计						
	在支出合计中：						
	工资福利支出	商品和服务支出					
			维修(护)费	差旅费	劳务费	福利费	税金支出
总　计	**19 451**	**16 244**	**439**	**2 497**	**312**	**381**	**212**
北　京	——	——	——	——	——	——	——
天　津	1 090	497	2	14	27	24	——
河　北	——	——	——	——	——	——	——
山　西	323	257	——	34	6	16	——
内蒙古	446	334	——	——	——	——	——
辽　宁	——	——	——	——	——	——	——
吉　林	639	503	1	114	2	——	——
黑龙江	937	200	5	31	——	2	——
上　海	7 211	6 483	62	138	51	186	212
江　苏	1 344	2 888	16	307	158	14	——
浙　江	——	——	——	——	——	——	——
安　徽	——	——	——	——	——	——	——
福　建	205	324	——	29	7	4	——
江　西	357	166	——	61	6	33	——
山　东	552	459	5	80	6	——	——
河　南	——	——	——	——	——	——	——
湖　北	——	——	——	——	——	——	——
湖　南	58	756	4	666	——	50	——
广　东	——	——	——	——	——	——	——
广　西	370	519	5	114	——	5	——
海　南	764	172	7	165	——	——	——
重　庆	1 798	759	163	307	28	20	——
四　川	586	803	50	132	3	——	——
贵　州	——	——	——	——	——	——	——
云　南	164	181	——	7	7	16	——
西　藏	250	70	20	50	——	——	——
陕　西	——	300	50	150	——	——	——
甘　肃	622	196	14	39	——	11	——
青　海	——	——	——	——	——	——	——
宁　夏	1 588	334	35	30	11	——	——
新　疆	147	43	——	29	——	——	——

机构基本情况(二)

对个人和家庭补助支出		其他资本性支出		资产合计		增加值（千元）	公用房屋建筑面积（千平方米）	机动执法车辆（辆）	参加人身意外伤害保险人数	
	抚恤金和生活补助		各种设备购置费	（千元）	固定资产原值				（人）	保险费用（千元）
2 534	**——**	**6 729**	**5 612**	**74 376**	**29 855**	**24 233**	**20**	**93**	**154**	**1 865**
——	——	——	——	——	——	——	——	——	——	——
189	——	1	1	1 217	1 140	1 376.5	0.5	4	——	——
——	——	——	——	——	——	——	——	——	——	——
39	——	19	——	736	676	413.2	——	1	——	——
20	——	——	——	519	406	482.6	0.1	1	——	——
——	——	——	——	——	——	——	——	2	——	——
33	——	86	——	2 578	1 440	738.9	0.2	5	——	——
159	——	——	——	——	——	1 100	0.7	2	——	——
800	——	4 660	4 660	47 473	11 066	8 911.5	——	12	72	72
192	——	513	——	4 027	2 398	1 824	——	7	17	17
——	——	——	——	——	——	——	——	——	——	——
——	——	——	——	——	——	——	——	——	——	——
31	——	378	378	2 781	931	286.1	——	3	——	——
——	——	——	——	——	——	——	——	——	——	——
——	——	——	——	11	11	400.3	——	1	——	——
134	——	74	74	2 618	2 046	779	0.3	5	——	——
——	——	——	——	——	——	——	0.1	3	——	——
——	——	——	——	——	——	——	0.06	10	——	8
56	——	——	——	870	870	241.4	——	4	——	——
——	——	——	——	——	——	——	——	——	——	——
23	——	220	220	1 460	1 374	460.3	0.1	2	11	1 760
84	——	99	99	1 012	1 012	899	——	3	——	——
90	——	——	——	3 078	3 078	2 078.8	18	9	40	5
540	——	69	——	1 831	1 008	1 177.8	0.1	3	14	3
——	——	——	——	——	——	——	——	——	——	——
19	——	——	——	782	782	237.7	——	2	——	——
——	——	——	——	70	70	256	0.1	1	——	——
——	——	40	40	890	569	658.3	——	2	——	——
——	——	——	——	——	——	——	——	——	——	——
125	——	430	——	1 841	426	1 743	2	9	——	——
——	——	——	——	302	302	160.9	——	1	——	——

全国各地区地市级文化市场

	机构数（个）	从业人员（人）			本年		
			行政编制	事业编制		财政拨款	上级补助收入
总　计	**278**	**2 965**	**271**	**2 446**	**168 641**	**144 167**	**5 115**
北　京	——	——	——	——	——	——	——
天　津	——	——	——	——	——	——	——
河　北	10	69	1	65	2 452	2 280	——
山　西	33	291	48	200	9 758	8 404	45
内蒙古	9	104	1	103	4 177	3 859	10
辽　宁	16	284	3	234	11 330	11 136	——
其中：大连	1	34	——	34	207	207	——
吉　林	4	54	——	54	3 273	3 265	——
黑龙江	18	206	57	146	10 317	9 630	169
上　海	——	——	——	——	——	——	——
江　苏	14	140	9	123	14 833	14 445	75
浙　江	11	211	16	189	23 991	22 742	156
其中：宁波	1	28	——	25	3 771	3 553	——
安　徽	13	137	27	101	7 822	7 057	132
福　建	2	13	——	13	278	267	——
其中：厦门	——	——	——	——	——	——	——
江　西	9	141	19	114	8 269	7 350	205
山　东	10	143	——	143	10 515	9 467	1 040
其中：青岛	1	18	——	18	1 307	1 307	——
河　南	8	171	2	129	5 444	4 969	470
湖　北	11	204	2	152	14 838	2 745	615
湖　南	14	170	——	160	8 136	7 038	——
广　东	——	——	——	——	——	——	——
其中：深圳	——	——	——	——	——	——	——
广　西	14	115	12	103	6 385	4 655	1 373
海　南	2	17	——	17	949	715	215
重　庆	——	——	——	——	——	——	——
四　川	10	95	3	92	5 625	5 353	265
贵　州	14	76	18	50	2 524	1 895	——
云　南	14	73	16	54	3 652	3 597	10
西　藏	8	22	16	4	797	797	——
陕　西	6	44	4	40	1 442	1 417	15
甘　肃	16	76	1	73	2 479	2 109	——
青　海	1	11	10	1	3 666	3 666	——
宁　夏	——	——	——	——	——	——	——
新　疆	11	98	6	86	5 689	5 309	320

执法机构基本情况(一)

收入合计							
事业收入	经营收入	附属单位上缴收入	其他收入		基本支出	项目支出	经营支出
14 772	**380**	**5**	**4 202**	**168 656**	**117 542**	**24 866**	**291**
——	——	——	——	——	——	——	——
——	——	——	——	——	——	——	——
170	——	——	2	2 614	1 249	——	——
422	322	——	565	9 822	5 658	1 252	270
300	——	5	3	4 033	1 994	210	——
189	——	——	5	11 330	6 833	1 475	——
——	——	——	——	207	——	——	——
——	——	——	8	3 207	3 087	120	——
453	53	——	12	10 485	9 113	193	20
——	——	——	——	——	——	——	——
41	——	——	272	16 021	14 431	1 590	——
151	——	——	942	24 765	18 658	6 107	——
——	——	——	218	4 530	3 419	1 111	——
113	——	——	520	7 589	6 476	843	——
5	5	——	1	371	370	——	1
——	——	——	——	——	——	——	——
673	——	——	41	7 815	7 055	——	——
——	——	——	8	9 406	8 470	851	——
——	——	——	——	1 307	1 307	——	——
——	——	——	5	5 346	876	1 253	——
10 855	——	——	623	14 407	9 235	5 027	——
315	——	——	783	8 160	7 273	680	——
——	——	——	——	——	——	——	——
——	——	——	——	——	——	——	——
350	——	——	7	6 937	4 142	1 043	——
——	——	——	19	912	894	18	——
——	——	——	——	——	——	——	——
7	——	——	——	5 599	2 865	924	——
629	——	——	——	3 921	1 270	1 627	——
——	——	——	45	3 560	980	70	——
——	——	——	——	951	560	4	——
10	——	——	——	1 265	578	——	——
89	——	——	281	2 357	1 624	324	——
——	——	——	——	2 260	——	——	——
——	——	——	——	——	——	——	——
——	——	——	60	5 523	3 851	1 255	——

全国各地区地市级文化市场

	本年支出合计						
	在支出合计中：						
	工资福利支出	商品和服务支出					
			维修(护)费	差旅费	劳务费	福利费	税金支出
总　计	**83 262**	**44 142**	**2 655**	**3 603**	**1 505**	**1 759**	**178**
北　京	——	——	——	——	——	——	——
天　津	——	——	——	——	——	——	——
河　北	1 709	258	90	38	12	26	——
山　西	4 843	2 672	307	188	21	42	10
内蒙古	2 502	1 205	33	119	——	17	——
辽　宁	4 520	2 128	172	67	1	46	——
其中：大连	——	——	——	——	——	——	——
吉　林	1 608	1 083	1	92	15	2	——
黑龙江	6 010	2 775	121	111	19	124	——
上　海	——	——	——	——	——	——	——
江　苏	7 590	5 294	91	331	679	365	——
浙　江	12 777	7 645	224	662	302	443	150
其中：宁波	2 076	1 788	8	187	178	33	150
安　徽	3 653	2 381	14	80	3	28	——
福　建	173	168	15	15	1	2	——
其中：厦门	——	——	——	——	——	——	——
江　西	2 943	1 693	105	114	59	175	——
山　东	4 858	1 661	239	81	4	20	——
其中：青岛	753	338	2	11	——	11	——
河　南	3 209	1 386	204	140	146	46	——
湖　北	5 644	4 485	700	564	49	199	15
湖　南	4 523	2 329	91	235	27	46	——
广　东	——	——	——	——	——	——	——
其中：深圳	——	——	——	——	——	——	——
广　西	3 690	1 020	59	190	111	40	——
海　南	486	119	——	36	18	18	——
重　庆	——	——	——	——	——	——	——
四　川	3 228	1 057	31	244	1	24	3
贵　州	1 724	237	68	104	4	29	——
云　南	1 261	478	35	37	——	3	——
西　藏	913	10	10	——	——	——	——
陕　西	537	629	40	34	20	2	——
甘　肃	1 677	292	——	——	——	——	——
青　海	527	1 414	——	2	——	16	——
宁　夏	——	——	——	——	——	——	——
新　疆	2 657	1 723	5	119	13	46	——

执法机构基本情况(二)

对个人和家庭补助支出		其他资本性支出		资产合计（千元）		增加值（千元）	公用房屋建筑面积（千平方米）	机动执法车辆（辆）	参加人身意外伤害保险人数（人）	
	抚恤金和生活补助		各种设备购置费		固定资产原值					保险费用（千元）
12 707	**254**	**6 209**	**4 706**	**190 959**	**164 515**	**101 623**	**28**	**387**	**416**	**4 837**
——	——	——	——	——	——	——	——	——	——	——
156	——	11	1	1 803	996	1 974.1	0.43	6	——	——
670	4	289	178	6 351	5 600	5 625.2	2.5	23	156	1 407
159	——	10	10	1 927	1 548	2 758.6	0.4	17	——	——
588	22	34	34	5 982	5 053	570	1.1	31	——	——
——	——	——	——	——	——	——	——	7	——	——
338	——	90	90	3 818	3 421	2 105.7	1.1	8	21	5
1 269	14	17	——	5 790	4 979	7 618.9	1.9	21	20	2 000
——	——	——	——	——	——	——	——	——	——	——
1 681	3	529	107	12 352	6 829	10 608.2	2.4	19	18	6
1 984	27	1 557	1 231	18 299	11 838	16 138.8	4.3	39	41	21
258	——	408	408	4 597	2 205	2 795.2	0.5	5	——	——
610	27	6	——	3 466	2 376	4 364.9	1.5	14	2	——
20	——	10	——	257	257	207.5	——	2	——	——
——	——	——	——	——	——	——	——	——	——	——
966	25	426	426	2 526	2 015	4 211.6	0.2	25	36	22
887	——	289	195	5 600	4 155	5 940.4	1.7	20	——	——
216	——	——	——	667	607	1 005	0.3	2	——	——
333	——	198	——	2 262	2 139	3 828.5	1	24	8	1 201
527	5	1 575	1 375	5 401	3 371	6 967.9	4.2	23	43	37
188	——	194	105	2 443	1 277	4 879.1	0.6	23	17	126
——	——	——	——	——	——	——	——	——	——	——
——	——	——	——	——	——	——	——	——	——	——
608	27	303	303	4 094	3 457	4 406.9	2	19	25	7
56	——	——	——	135	135	585.7	0.2	1	——	——
——	——	——	——	——	——	——	——	——	——	——
346	——	402	396	3 164	2 529	3 718.8	0.1	13	24	2
35	3	68	68	465	215	2 145.6	0.6	10	——	——
——	——	25	25	96 802	96 541	5 128	0.1	19	——	——
——	——	——	——	550	550	935	0.2	5	——	——
28	——	6	6	1 087	1 087	632.7	0.8	8	5	3
54	——	10	——	828	128	1 736.1	0.1	5	——	——
238	63	——	——	2 308	2 308	810.4	0.1	——	——	——
——	——	——	——	——	——	——	——	——	——	——
966	34	160	156	3 249	1 711	3 724.1	0.2	12	——	——

全国各地区县级文化市场

	机构数（个）	从业人员（人）			本年		
			行政编制	事业编制		财政拨款	上级补助收入
总　计	**2 169**	**14 732**	**1 720**	**11 228**	**573 579**	**448 474**	**20 290**
北　京	——	——	——	——	——	——	——
天　津	1	——	——	——	——	——	——
河　北	114	601	57	464	9 806	7 678	——
山　西	79	540	40	378	14 959	8 680	190
内蒙古	95	569	50	479	18 654	17 887	30
辽　宁	110	629	30	495	10 387	9 478	348
其中：大连	11	85	3	82	317	317	——
吉　林	64	494	13	460	13 696	11 326	966
黑龙江	150	520	66	403	9 731	8 934	374
上　海	18	256	12	226	38 546	37 441	715
江　苏	122	631	35	528	38 131	26 864	3 468
浙　江	87	878	158	677	78 304	72 705	1 969
其中：宁波	11	112	——	103	14 192	12 928	195
安　徽	77	607	83	445	25 418	18 605	1 535
福　建	84	428	28	347	17 837	15 446	758
其中：厦门	5	31	4	27	3 331	3 152	——
江　西	103	715	131	524	24 006	16 665	872
山　东	72	691	5	598	21 374	19 486	528
其中：青岛	11	108	——	108	5 358	4 683	198
河　南	124	1 495	70	994	26 923	19 926	1 580
湖　北	86	710	17	573	42 149	7 315	1 000
湖　南	112	1 053	74	848	29 779	20 216	930
广　东	——	——	——	——	——	——	——
其中：深圳	——	——	——	——	——	——	——
广　西	81	404	26	353	14 997	10 571	3 282
海　南	20	137	18	92	2 469	1 917	111
重　庆	42	359	172	179	20 499	19 195	65
四　川	108	646	133	479	18 591	17 722	83
贵　州	84	502	132	356	44 448	32 561	530
云　南	115	516	128	350	11 677	10 832	595
西　藏	11	34	9	1	220	220	——
陕　西	57	473	34	345	9 212	7 750	96
甘　肃	56	354	94	260	9 316	9 177	60
青　海	17	67	36	31	1 078	1 078	——
宁　夏	——	——	——	——	——	——	——
新　疆	80	423	69	343	21 372	18 799	205

执法机构基本情况(一)

收 入 合 计							
事业收入	经营收入	附属单位上缴收入	其他收入		基本支出	项目支出	经营支出
72 809	**1 180**	**400**	**30 426**	**529 670**	**333 453**	**39 569**	**1 616**
——	——	——	——	——	——	——	——
——	——	——	——	——	——	——	——
2 039	60	15	14	9 571	7 601	140	30
5 388	20	40	641	14 432	4 969	16	20
313	16	——	408	18 851	8 983	11	6
453	30	——	78	10 189	4 037	120	——
——	——	——	——	317	——	——	——
1 006	——	——	398	14 271	10 273	26	——
39	——	10	374	11 295	4 565	99	97
308	——	——	82	38 667	31 685	6 965	——
5 061	129	——	2 609	35 605	30 292	1 811	129
1 245	——	——	2 385	75 584	55 937	12 607	——
409	——	——	660	15 596	11 626	3 311	——
4 176	——	——	1 102	24 593	16 610	919	5
791	10	11	821	17 811	11 484	1 473	20
——	——	——	179	3 140	1 805	579	——
4 697	85	110	1 577	23 085	11 076	1 865	305
972	——	——	388	22 033	19 233	405	——
424	——	——	53	5 757	5 128	10	——
3 753	39	23	1 602	33 634	18 497	418	30
20 970	140	101	12 623	39 083	16 753	3 076	388
7 163	605	25	840	27 306	11 903	1 140	80
——	——	——	——	——	——	——	——
——	——	——	——	——	——	——	——
880	——	——	264	12 637	10 186	358	——
358	——	——	83	2 518	1 064	235	——
627	——	——	612	19 351	12 863	3 499	42
266	20	20	480	19 214	9 599	2 728	9
10 822	——	20	515	14 294	9 081	927	——
161	2	2	85	11 752	6 337	346	5
——	——	——	——	220	——	10	——
1 018	10	15	323	9 316	5 189	127	——
65	6	——	8	9 382	7 744	236	——
——	——	——	——	1 570	157	——	442
——	——	——	——	——	——	——	——
238	8	8	2 114	13 406	7 335	12	8

全国各地区县级文化市场

	本年支出合计						
	在支出合计中:						
	工资福利支出	商品和服务支出					
			维修(护)费	差旅费	劳务费	福利费	税金支出
总　计	**293 339**	**115 822**	**10 818**	**12 404**	**4 781**	**10 661**	**1 990**
北　京	——	——	——	——	——	——	——
天　津	——	——	——	——	——	——	——
河　北	6 437	2 091	381	317	124	16	——
山　西	7 161	1 654	170	164	47	211	47
内蒙古	9 024	3 883	893	270	482	129	15
辽　宁	6 076	1 337	230	208	37	53	1
其中:大连	——	——	——	——	——	——	——
吉　林	9 331	3 563	138	206	91	24	10
黑龙江	8 097	1 789	163	221	47	91	767
上　海	22 673	10 588	557	470	193	311	18
江　苏	21 474	8 266	362	992	527	817	69
浙　江	42 715	20 729	1 359	2 108	723	2 612	667
其中:宁波	7 756	5 247	127	529	291	581	627
安　徽	11 907	5 101	941	713	184	807	19
福　建	9 613	4 090	405	567	203	291	31
其中:厦门	1 472	577	30	15	19	38	——
江　西	10 359	4 926	661	1 046	529	533	66
山　东	14 921	3 477	602	244	111	198	20
其中:青岛	4 267	567	65	23	——	82	20
河　南	18 574	5 692	368	427	133	216	18
湖　北	13 780	6 934	924	763	161	830	89
湖　南	15 064	4 324	384	1 154	182	471	88
广　东	——	——	——	——	——	——	——
其中:深圳	——	——	——	——	——	——	——
广　西	6 858	3 653	187	262	76	31	——
海　南	1 756	456	50	149	67	24	——
重　庆	8 347	6 707	700	678	142	263	7
四　川	11 840	3 643	272	491	215	268	20
贵　州	8 375	3 676	201	375	152	71	12
云　南	8 811	1 483	221	152	114	68	1
西　藏	210	——	——	——	——	——	——
陕　西	5 611	1 897	521	166	141	165	5
甘　肃	5 378	2 418	78	77	40	32	20
青　海	477	1	——	——	——	——	——
宁　夏	——	——	——	——	——	——	——
新　疆	8 470	3 444	50	184	60	2 129	——

执法机构基本情况(二)

对个人和家庭补助支出		其他资本性支出		资产合计（千元）		增加值（千元）	公用房屋建筑面积（千平方米）	机动执法车辆（辆）	参加人身意外伤害保险人数（人）	
	抚恤金和生活补助		各种设备购置费		固定资产原值					保险费用（千元）
22 512	**906**	**18 957**	**11 072**	**236 800**	**156 906**	**348 322**	**146**	**1 165**	**1 190**	**6 909**
——	——	——	——	——	——	——	——	——	——	——
——	——	——	——	——	——	——	——	——	——	——
60	34	158	117	3 545	3 357	6 743.5	4.9	33	11	——
54	——	24	22	3 554	3 494	8 200.3	2	24	143	85
970	8	612	163	2 563	1 449	10 655.5	2.1	47	63	23
230	12	377	209	3 273	2 926	691.3	2.2	43	28	7
——	——	——	——	——	——	——	——	8	——	——
361	28	393	126	5 688	4 189	9 994.8	7.9	38	9	4
229	56	135	112	3 051	1 573	9 229.3	5.1	26	22	202
864	2	1 839	1 198	22 326	14 866	24 681.3	2.4	47	74	43
2 711	37	1 443	341	15 214	7 550	26 467.8	12	46	35	204
3 819	62	4 408	3 382	40 100	27 977	51 762.5	16.1	121	55	4 676
648	52	548	544	4 704	2 981	10 021	2.1	16	——	——
2 791	87	1 259	761	39 702	11 872	16 396	8.7	54	34	11
1 026	58	321	230	8 897	5 361	11 374.5	3.1	43	36	473
235	——	23	23	620	540	1 786.6	0.5	6	——	14
609	59	1 122	556	14 876	12 947	13 005.6	10.6	33	45	39
1 503	38	706	423	15 012	12 992	17 345.5	6.7	80	41	4
391	——	191	58	2 200	2 013	4 927.3	1.8	16	15	1
790	49	929	486	8 348	5 299	20 025.5	9.7	79	28	26
619	73	1 397	537	6 027	4 666	17 335.2	11.4	74	150	161
457	97	1 088	627	5 726	4 228	17 402	7.3	69	122	251
——	——	——	——	——	——	——	——	——	——	——
——	——	——	——	——	——	——	——	——	——	——
755	34	544	211	7 654	7 247	8 010.9	6.8	35	65	23
39	——	2	2	43	36	1890.7	0.4	6	25	24
733	100	718	609	7 610	6 076	9 683.8	4.7	48	71	34
695	16	483	410	3 273	2 894	13 148.8	3.2	54	75	551
1 140	16	151	116	6 281	5 543	20 035.1	6.1	61	29	59
412	2	332	196	3 908	3 218	9 544.4	2.6	53	13	1
——	——	——	——	——	——	210	0.4	——	——	——
373	16	260	148	3 764	3 720	6 477.2	5.3	22	——	——
1 025	22	54	22	2 258	2 080	6 561.1	1.6	7	——	——
——	——	1	——	——	——	477	0.6	3	4	2
——	——	——	——	——	——	——	——	——	——	——
247	——	201	68	4 107	1 346	10 972.8	1.9	19	12	6

各地区文化部门教育

	机构数（个）	从业人员			毕业生数（人）	招生数（人）	在校			
		（人）	高级职称	中级职称			（人）	戏剧类	戏曲类	舞蹈类
总　计	**171**	**13 899**	**1 869**	**3 526**	**22 772**	**29 356**	**81 652**	**4 761**	**6 752**	**25 064**
中　央	1	140	10	35	——	——	——	——	——	——
北　京	2	494	60	64	62	108	1 362	65	250	527
天　津	4	631	98	130	884	722	2 425	76	116	122
河　北	5	532	80	171	1 147	1 422	3 701	163	40	1 184
山　西	17	1 379	214	394	3 037	2 765	9 246	443	1 472	1 899
内蒙古	6	438	29	126	447	1 945	2 825	35	100	1 097
辽　宁	6	358	50	72	638	717	1 981	227	109	737
其中：大连	1	60	13	20	168	168	420	50	26	151
吉　林	——	——	——	——	——	——	——	——	——	——
黑龙江	8	354	135	90	397	534	1 696	155	86	499
上　海	1	50	3	16	——	30	110	——	——	——
江　苏	17	850	122	264	2 222	1 919	6 918	310	148	2 161
浙　江	5	647	102	159	1 439	1 479	3 965	351	462	693
其中：宁波	——	——	——	——	——	——	——	——	——	——
安　徽	6	507	62	135	838	1 254	4 806	591	198	1 194
福　建	4	461	44	102	305	1 218	2 934	354	493	623
其中：厦门	1	78	10	19	87	99	264	89	——	175
江　西	5	242	60	76	511	967	2 125	151	236	675
山　东	5	498	92	124	728	923	2 228	——	126	851
其中：青岛	——	——	——	——	——	——	——	——	——	——
河　南	20	1 199	135	309	2 293	3 482	7 759	312	1 636	1 406
湖　北	8	864	112	245	1 148	1 584	4 481	224	264	1 248
湖　南	6	729	102	189	1 243	1 290	3 953	358	70	1 088
广　东	9	823	45	136	713	1 071	3 762	192	161	1 458
其中：深圳	2	235	1	3	108	150	604	——	——	141
广　西	9	405	53	111	811	1 029	2 626	——	16	1 576
海　南	1	116	16	32	146	316	658	——	226	283
重　庆	2	259	31	41	80	169	646	88	——	413
四　川	7	735	61	164	1 381	1 491	3 821	380	141	2 019
贵　州	1	——	——	——	——	17	17	——	——	——
云　南	2	228	53	65	636	639	1 591	9	274	410
西　藏	——	——	——	——	——	——	——	——	——	——
陕　西	8	411	48	137	747	942	2 660	196	81	958
甘　肃	1	153	11	46	216	345	834	——	——	484
青　海	1	80	18	23	143	292	546	——	——	328
宁　夏	1	101	12	31	99	86	295	——	47	116
新　疆	3	215	11	39	461	600	1 681	81	——	1 015

机构基本情况(一)

生数				在校生中高职生人数（人）	培训干部（人）	本年收入合计						
音乐类	美术类	电影放映	其他			（千元）	财政拨款	上级补助收入	事业收入	经营收入	附属单位上缴收入	其他收入
18 651	**13 593**	**380**	**12 451**	**16 868**	**4 509**	**1 344 476**	**872 085**	**15 487**	**402 656**	**12 441**	**426**	**41 381**
——	——	——	——	——	1 500	15 915	7 887	——	5 932	1 646	——	450
188	178	——	154	——	——	74 864	63 904	——	6 541	4 346	——	73
199	1 448	——	464	1 689	1 500	96 459	79 379	1 607	10 590	——	——	4 883
731	751	——	832	1 243	——	46 095	27 489	400	15 919	——	——	2 287
2 897	1 123	380	1 032	1 940	104	114 405	77 391	1 149	34 954	100	——	811
1 375	18	——	200	——	——	32 211	25 746	1 060	4 348	224	——	833
538	206	——	164	589	——	30 216	16 419	7	12 001	1 220	——	569
108	48	——	37	220	——	7 252	4 672	——	2 580	——	——	——
——	——	——	——	——	——	——	——	——	——	——	——	——
671	285	——	——	768	——	36 011	23 861	196	11 480	379	——	95
——	——	——	110	——	——	11 373	5 398	90	1 425	——	——	4 460
1 261	1 933	——	1 105	2 025	——	97 519	60 827	500	29 839	——	——	6 353
1 072	572	——	815	2 363	69	112 146	72 386	1 010	33 804	——	——	4 946
——	——	——	——	——	——	——	——	——	——	——	——	——
489	1 480	——	854	1 420	——	69 250	27 881	3 948	35 036	——	246	2 139
699	491	——	274	501	809	58 421	46 841	659	9 287	——	——	1 634
——	——	——	——	——	——	8 303	6 912	——	1 375	——	——	16
343	403	——	317	——	——	22 942	11 961	——	10 468	——	——	513
786	231	——	234	——	——	31 903	22 523	——	9 161	——	——	219
——	——	——	——	——	——	——	——	——	——	——	——	——
1 570	1 310	——	1 525	——	——	72 123	53 781	66	16 380	1 015	——	881
1 230	1 024	——	491	1 067	55	60 443	38 239	210	18 342	1 807	180	1 665
823	536	——	1 078	1 718	——	46 386	14 533	1 647	29 135	57	——	1 014
746	395	——	810	——	25	102 355	76 903	1 793	21 882	1 118	——	659
277	186	——	——	——	——	29 982	29 347	130	483	——	——	22
476	217	——	341	——	21	36 099	21 062	4	14 069	——	——	964
67	82	——	——	——	——	10 018	7 962	——	2 038	——	——	18
121	——	——	24	——	186	13 140	4 807	181	7 344	——	——	808
452	502	——	327	984	230	58 224	25 657	400	27 855	499	——	3 813
——	——	——	17	——	——	——	——	——	——	——	——	——
248	59	——	591	522	——	19 647	13 282	——	6 200	——	——	165
——	——	——	——	——	——	——	——	——	——	——	——	——
811	170	——	444	——	——	33 295	16 226	560	15 748	30	——	731
208	54	——	88	——	——	10 506	8 380	——	2 059	——	——	67
120	20	——	78	——	——	8 141	5 391	——	2 450	——	——	300
68	25	——	39	39	——	9 040	7 539	——	1 476	——	——	25
462	80	——	43	——	10	15 329	8 430	——	6 893	——	——	6

各地区文化部门教育

	本年支出合计（千元）				在支出合计中：						
		基本支出	项目支出	经营支出	工资福利支出	商品和服务支出					税金支出
							维修（护）费	差旅费	劳务费	福利费	
总　计	**1 279 306**	**997 357**	**259 009**	**12 699**	**472 637**	**334 553**	**50 669**	**12 708**	**42 134**	**10 434**	**1 291**
中　央	17 171	14 199	1 326	1 646	5 166	4 448	113	16	——	10	——
北　京	74 979	44 637	25 862	4 286	20 344	20 917	3 437	380	3 194	1 454	94
天　津	47 566	47 112	454	——	18 199	11 432	1 484	82	3 677	421	46
河　北	45 750	41 154	3 391	——	17 083	10 123	2 195	752	1 960	815	——
山　西	117 874	85 020	32 803	50	34 170	36 426	6 362	1 262	2 847	1 097	——
内蒙古	26 730	25 336	1 170	224	12 143	5 256	615	398	231	116	15
辽　宁	29 502	19 155	7 150	1 220	12 406	9 879	2 334	239	1 048	162	——
其中：大连	7 567	4 112	3 455	——	4 321	2 476	94	16	26	38	——
吉　林	——	——	——	——	——	——	——	——	——	——	——
黑龙江	35 753	31 758	2 982	367	17 850	6 303	1 141	295	1 203	116	——
上　海	9 667	7 750	1 917	——	3 883	2 619	407	27	363	55	60
江　苏	100 296	86 043	12 660	——	40 702	21 222	2 250	775	4 027	142	38
浙　江	103 989	75 449	28 540	——	41 666	38 523	7 727	1 790	5 665	1 025	——
其中：宁波	——	——	——	——	——	——	——	——	——	——	——
安　徽	69 866	41 421	28 285	160	16 117	18 989	1 103	410	125	437	6
福　建	46 991	39 000	7 921	——	14 642	7 000	598	625	653	1 207	93
其中：厦门	8 041	5 857	2 184	——	2 834	538	——	30	2	——	93
江　西	24 436	18 006	6 412	——	10 212	5 226	276	299	592	139	——
山　东	32 292	31 787	505	——	16 846	7 530	696	281	1 208	94	——
其中：青岛	——	——	——	——	——	——	——	——	——	——	——
河　南	66 473	53 715	11 733	1 015	29 885	13 332	1 292	370	2 431	552	151
湖　北	61 385	42 158	18 748	479	21 251	16 482	5 008	487	881	333	276
湖　南	46 439	39 710	6 672	57	15 870	15 576	2 256	1 079	1 307	436	——
广　东	112 159	77 372	34 274	414	42 488	14 692	944	401	356	581	440
其中：深圳	32 831	24 577	8 254	——	14 507	4 189	307	129	230	321	127
广　西	34 729	29 510	4 795	——	14 853	11 225	2 163	548	764	324	1
海　南	10 361	8 136	2 225	——	6 543	1 609	396	55	6	8	——
重　庆	13 140	10 589	100	2 451	4 956	3 556	797	334	293	112	71
四　川	57 114	42 702	10 109	300	19 261	25 501	2 367	683	6 408	200	——
贵　州	——	——	——	——	——	——	——	——	——	——	——
云　南	19 968	18 220	1 748	——	5 978	5 946	945	580	1 762	164	——
西　藏	——	——	——	——	——	——	——	——	——	——	——
陕　西	33 067	31 314	1 723	30	12 106	12 714	1 548	182	243	121	——
甘　肃	10 491	10 491	——	——	4 697	1 523	489	91	122	91	——
青　海	7 632	7 005	627	——	3 667	1 188	123	82	5	4	——
宁　夏	8 705	8 566	138	——	3 588	2 820	976	106	81	171	——
新　疆	14 781	10 042	4 739	——	6 065	2 496	627	79	682	47	——

机构基本情况(二)

对个人和家庭补助支出			其他资本性支出		资产合计		增加值(千元)	公用房屋建筑面积	
	抚恤金和生活补助	助学金		各种设备购置费	(千元)	固定资产原值		(千平方米)	教学用房面积
250 610	**5 640**	**34 743**	**153 450**	**54 277**	**3 605 879**	**1 863 551**	**828 026**	**1 826**	**1 175**
4 557	78	——	1 129	29	63 928	54 061	12 866	24	21
11 913	473	744	17 419	789	195 918	162 883	45 286	95	40
15 746	239	48	1 014	847	186 459	23 706	41 537	57	23
11 964	281	7 567	4 424	298	80 570	70 034	27 068	50	25
17 091	1 563	3 466	9 360	5 901	110 801	90 247	52 477	182	113
4 293	114	799	2 468	136	52 869	30 376	18 078	50	33
4 465	36	171	1 173	1 017	57 916	50 862	21 520	40	36
407	29	38	324	301	12 346	12 346	5 108	8	7
——	——	——	——	——	——	——	——	——	——
10 697	44	1 258	514	514	39 086	36 246	30 492	46	40
1 055	——	720	2 110	345	22 176	15 734	5 481	6	6
26 426	840	2 153	9 345	5 144	143 131	103 105	71 825	114	79
17 036	66	2 679	6 664	6 391	359 978	299 059	77 005	115	90
——	——	——	——	——	——	——	——	——	——
12 221	17	351	22 406	82	1 214 974	112 614	32 902	122	65
8 987	258	2 808	10 993	2 800	65 599	52 338	26 407	36	24
1 221	84	523	3 448	320	28 955	26 538	4 557	9	6
5 186	69	763	3 812	783	56 114	49 492	16 546	53	38
7 006	61	672	910	327	67 936	62 183	26 806	86	69
——	——	——	——	——	——	——	——	——	——
13 805	276	2 164	4 845	1 247	133 148	80 141	50 273	123	94
10 293	78	652	10 914	10 070	147 521	83 090	35 772	98	53
7 119	165	685	6 566	2 724	89 546	76 768	27 032	108	90
18 805	239	636	26 991	6 743	190 614	128 899	64 989	114	57
5 796	2	153	2 878	2 878	41 742	39 434	22 260	11	8
5 970	38	571	2 679	2 400	33 254	25 444	22 994	33	24
1 234	27	489	975	975	9 828	9 828	7 602	8	3
2 519	150	188	1 230	960	15 002	11 768	10 485	15	7
9 235	139	3 343	2 659	2 659	100 358	76 931	35 346	56	51
——	——	——	——	——	——	——	——	——	——
7 970	53	801	74	74	17 537	15 856	15 590	28	8
——	——	——	——	——	——	——	——	——	——
5 840	207	669	763	276	96 567	95 277	21 373	80	33
4 214	58	——	57	57	7 268	2 939	9 192	16	14
2 150	22	121	——	——	5 363	5 363	6 056	18	12
1 668	30	165	629	629	9 012	7 218	5 663	20	11
1 145	19	60	1 327	60	33 406	31 089	9 363	33	16

各地区文化部门中等专业

	机构数（个）	从业人员			毕业生数（人）	招生数（人）	在校			
		（人）	高级职称	中级职称			（人）	戏剧类	戏曲类	舞蹈类
总　计	**121**	**8 713**	**1 033**	**2 253**	**13 599**	**18 111**	**48 725**	**1 976**	**4 709**	**17 030**
北　京	1	188	30	64	62	108	571	65	——	205
天　津	2	416	52	48	358	284	977	76	116	122
河　北	4	273	36	87	545	484	1 449	——	40	740
山　西	13	829	119	257	2 043	1 547	4 505	150	1 252	761
内蒙古	4	387	28	119	447	1 945	2 825	35	100	1 097
辽　宁	6	358	50	72	638	717	1 981	227	109	737
其中：大连	1	60	13	20	168	168	420	50	26	151
吉　林	——	——	——	——	——	——	——	——	——	——
黑龙江	7	91	15	34	128	43	218	12	——	206
上　海	1	50	3	16	——	30	110	——	——	——
江　苏	8	740	98	235	1 761	1 667	5 952	310	148	1 831
浙　江	4	239	21	43	484	491	1 511	81	242	315
其中：宁波	——	——	——	——	——	——	——	——	——	——
安　徽	3	139	18	33	208	312	899	——	198	464
福　建	1	78	10	19	87	99	264	89	——	175
其中：厦门	1	78	10	19	87	99	264	89	——	175
江　西	4	99	18	29	151	248	500	——	48	269
山　东	5	498	92	124	728	923	2 228	——	126	851
其中：青岛	——	——	——	——	——	——	——	——	——	——
河　南	15	1 119	127	298	2 072	3 259	7 703	256	1 636	1 406
湖　北	6	412	67	148	505	909	2 572	106	100	715
湖　南	5	261	30	71	159	335	1 193	85	70	624
广　东	9	823	45	136	713	1 071	3 762	192	161	1 458
其中：深圳	2	235	1	3	108	150	604	——	——	141
广　西	4	232	23	55	356	593	1 433	——	——	915
海　南	1	116	16	32	146	316	658	——	226	283
重　庆	2	259	31	41	80	169	646	88	——	413
四　川	2	167	5	22	262	290	808	——	9	542
贵　州	1	——	——	——	——	17	17	——	——	——
云　南	——	——	——	——	——	——	——	——	——	——
西　藏	——	——	——	——	——	——	——	——	——	——
陕　西	7	390	47	131	747	931	2 587	123	81	958
甘　肃	1	153	11	46	216	345	834	——	——	484
青　海	1	80	18	23	143	292	546	——	——	328
宁　夏	1	101	12	31	99	86	295	——	47	116
新　疆	3	215	11	39	461	600	1 681	81	——	1 015

学校基本情况(一)

生	数			在校生中高职生人数	培训干部	本年收入合计						
音乐类	美术类	电影放映	其他			(千元)	财政拨款	上级补助收入	事业收入	经营收入	附属单位上缴收入	其他收入
11 702	**5 996**	**——**	**7 312**	**3 622**	**346**	**767 822**	**536 376**	**8 146**	**196 687**	**5 938**	**60**	**20 615**
——	147	——	154	——	——	31 256	28 523	——	129	2 597	——	7
199	——	——	464	300	——	74 226	65 605	398	6 510	——	——	1 713
241	65	——	363	——	——	22 162	14 730	400	5 945	——	——	1 087
1 310	300	——	732	86	104	54 921	43 591	128	10 794	100	——	308
1 375	18	——	200	——	——	29 516	23 599	1 060	4 121	——	——	736
538	206	——	164	589	——	30 216	16 419	7	12 001	1 220	——	569
108	48	——	37	220	——	7 252	4 672	——	2 580	——	——	——
——	——	——	——	——	——	——	——	——	——	——	——	——
——	——	——	——	88	——	4 349	2 297	196	1 392	379	——	85
——	——	——	110	——	——	11 373	5 398	90	1 425	——	——	4 460
1 061	1 822	——	780	1 711	——	81 160	51 000	——	26 214	——	——	3 946
398	127	——	348	809	——	27 830	15 718	1 010	10 804	——	——	298
——	——	——	——	——	——	——	——	——	——	——	——	——
89	56	——	92	——	——	7 570	4 259	——	3 251	——	60	——
——	——	——	——	——	——	8 303	6 912	——	1 375	——	——	16
——	——	——	——	——	——	8 303	6 912	——	1 375	——	——	16
84	64	——	35	——	——	7 307	3 812	——	3 134	——	——	361
786	231	——	234	——	——	31 903	22 523	——	9 161	——	——	219
——	——	——	——	——	——	——	——	——	——	——	——	——
1 570	1 310	——	1 525	——	——	68 679	50 879	66	16 371	524	——	839
895	667	——	89	——	——	34 787	26 022	210	7 364	——	——	1 191
274	50	——	90	——	——	9 633	3 154	1 647	4 579	——	——	253
746	395	——	810	——	25	102 355	76 903	1 793	21 882	1 118	——	659
277	186	——	——	——	——	29 982	29 347	130	483	——	——	22
228	107	——	183	——	21	15 377	7 573	——	7 797	——	——	7
67	82	——	——	——	——	10 018	7 962	——	2 038	——	——	18
121	——	——	24	——	186	13 140	4 807	181	7 344	——	——	808
51	——	——	206	——	——	15 460	8 724	400	4 430	——	——	1 906
——	——	——	17	——	——	——	——	——	——	——	——	——
——	——	——	——	——	——	——	——	——	——	——	——	——
——	——	——	——	——	——	——	——	——	——	——	——	——
811	170	——	444	——	——	33 265	16 226	560	15 748	——	——	731
208	54	——	88	——	——	10 506	8 380	——	2 059	——	——	67
120	20	——	78	——	——	8 141	5 391	——	2 450	——	——	300
68	25	——	39	39	——	9 040	7 539	——	1 476	——	——	25
462	80	——	43	——	10	15 329	8 430	——	6 893	——	——	6

各地区文化部门中等专业

地区	本年支出合计（千元）	基本支出	项目支出	经营支出	在支出合计中：工资福利支出	商品和服务支出	维修（护）费	差旅费	劳务费	福利费	税金支出
总　计	**700 206**	**566 662**	**117 667**	**7 724**	**287 329**	**161 844**	**21 763**	**5 886**	**15 830**	**5 032**	**881**
北　京	19 185	14 052	2 402	2 538	6 456	8 167	2 040	39	256	1 395	94
天　津	22 930	22 476	454	——	10 790	3 444	11	52	——	208	46
河　北	22 814	21 609	——	——	9 277	5 685	528	90	560	106	——
山　西	54 456	44 062	10 343	50	18 103	13 995	1 657	559	466	384	——
内蒙古	24 130	23 130	1 000	——	10 812	4 454	520	358	223	81	10
辽　宁	29 502	19 155	7 150	1 220	12 406	9 879	2 334	239	1 048	162	——
其中：大连	7 567	4 112	3 455	——	4 321	2 476	94	16	26	38	——
吉　林	——	——	——	——	——	——	——	——	——	——	——
黑龙江	4 349	3 336	——	367	2 098	1 256	75	117	119	29	——
上　海	9 667	7 750	1 917	——	3 883	2 619	407	27	363	55	60
江　苏	82 749	71 524	11 225	——	34 710	15 431	1 287	573	2 921	114	1
浙　江	27 427	22 491	4 936	——	11 024	9 004	991	427	1 530	283	——
其中：宁波	——	——	——	——	——	——	——	——	——	——	——
安　徽	7 643	7 198	285	160	4 821	1 649	392	45	73	10	——
福　建	8 041	5 857	2 184	——	2 834	538	——	30	2	——	93
其中：厦门	8 041	5 857	2 184	——	2 834	538	——	30	2	——	93
江　西	7 100	6 857	225	——	3 015	2 193	186	136	490	69	——
山　东	32 292	31 787	505	——	16 846	7 530	696	281	1 208	94	——
其中：青岛	——	——	——	——	——	——	——	——	——	——	——
河　南	63 017	50 750	11 733	524	27 635	12 964	1 241	354	2 431	524	65
湖　北	35 676	20 945	14 731	——	10 126	10 050	2 922	267	116	200	——
湖　南	9 686	8 524	1 162	——	4 844	1 708	58	66	95	42	——
广　东	112 159	77 372	34 274	414	42 488	14 692	944	401	356	581	440
其中：深圳	32 831	24 577	8 254	——	14 507	4 189	307	129	230	321	127
广　西	14 597	12 726	1 871	——	7 299	4 222	408	473	90	64	1
海　南	10 361	8 136	2 225	——	6 543	1 609	396	55	6	8	——
重　庆	13 140	10 589	100	2 451	4 956	3 556	797	334	293	112	71
四　川	14 639	8 918	1 718	——	6 240	6 458	110	423	2 051	77	——
贵　州	——	——	——	——	——	——	——	——	——	——	——
云　南	——	——	——	——	——	——	——	——	——	——	——
西　藏	——	——	——	——	——	——	——	——	——	——	——
陕　西	33 037	31 314	1 723	——	12 106	12 714	1 548	182	243	121	——
甘　肃	10 491	10 491	——	——	4 697	1 523	489	91	122	91	——
青　海	7 632	7 005	627	——	3 667	1 188	123	82	5	4	——
宁　夏	8 705	8 566	138	——	3 588	2 820	976	106	81	171	——
新　疆	14 781	10 042	4 739	——	6 065	2 496	627	79	682	47	——

学校基本情况(二)

对个人和家庭补助支出			其他资本性支出		资产合计		增加值	公用房屋建筑面积	
	抚恤金和生活补助	助学金		各种设备购置费	(千元)	固定资产原值	(千元)	(千平方米)	教学用房面积
134 890	**2 587**	**14 882**	**71 571**	**30 341**	**1 422 907**	**966 995**	**478 471**	**1 049**	**689**
944	——	201	983	647	111 430	78 395	15 579.1	26.7	19
8 140	38	48	555	541	128 646	8 548	22 673	24.6	10.1
4 887	61	710	2 072	298	54 257	51 865	15 968.1	35.9	24.3
9 550	159	1 508	1 016	841	45 394	32 175	28 362.2	72.4	43.9
3 850	107	799	2 444	112	47 875	27 632	15 906.4	42.3	30.1
4 465	36	171	1 173	1 017	57 916	50 862	21 519.9	39.5	35.8
407	29	38	324	301	12 346	12 346	5 107.8	7.9	7
——	——	——	——	——	——	——	——	——	——
551	——	——	55	55	4 102	3 763	3 332.1	7.3	5.4
1 055	——	720	2 110	345	22 176	15 734	5 480.8	5.8	5.5
23 883	813	2 120	6 145	2 800	130 628	93 582	62 114.4	98.9	69.7
5 870	——	870	1 429	1 156	36 338	27 258	19 120.7	28.2	19.9
——	——	——	——	——	——	——	——	——	——
1 117	15	346	51	34	15 628	15 628	6 373.7	31.5	24.1
1 221	84	523	3 448	320	28 955	26 538	4 556.8	8.7	6
1 221	84	523	3 448	320	28 955	26 538	4 556.8	8.6	6
1 719	22	213	173	150	14 012	11 445	5 572.2	12.9	12.9
7 006	61	672	910	327	67 936	62 183	26 806.1	85.5	68.7
——	——	——	——	——	——	——	——	——	——
12 991	267	2 164	4 826	1 228	126 481	74 944	46 493.3	116.2	88.1
5 751	72	155	9 749	9 288	109 717	51 076	17 939.9	62.9	32.5
827	76	22	1 056	92	28 782	25 955	6 705.6	34.6	21.5
18 805	239	636	26 991	6 743	190 614	128 899	64 989.2	114.4	57.4
5 796	2	153	2 878	2 878	41 742	39 434	22 259.7	11	7.8
2 133	——	387	943	929	16 095	10 365	10 078.8	8.6	7.5
1 234	27	489	975	975	9 828	9 828	7 601.9	7.5	3.4
2 519	150	188	1 230	960	15 002	11 768	10 485.1	15.2	7.3
1 355	24	925	461	461	9 593	6 780	9 211.3	16.1	10.8
——	——	——	——	——	——	——	——	——	——
——	——	——	——	——	——	——	——	——	——
——	——	——	——	——	——	——	——	——	——
5 840	207	669	763	276	96 453	95 163	21 338	80	32.6
4 214	58	——	57	57	7 268	2 939	9 192.3	16	13.5
2 150	22	121	——	——	5 363	5 363	6 055.9	18.2	12
1 668	30	165	629	629	9 012	7 218	5 663.2	20.3	10.7
1 145	19	60	1 327	60	33 406	31 089	9 363.3	32.7	16.3

各地区文化（文物）科技、科研

	机构数（个）	从业人员（人）	高级职称	中级职称	本年完成科研项目（个）	获国家奖	获省、部奖	信息化建设 计算机数（台）	网站数（个）
总计	**286**	**7 337**	**1 674**	**1 698**	**283**	**55**	**130**	**3 731**	**41**
中央	3	915	287	256	16	3	10	874	10
北京	2	98	10	15	——	——	——	55	——
天津	1	29	12	9	——	——	——	18	——
河北	16	360	107	72	8	1	7	109	2
山西	23	632	82	133	16	5	11	216	5
内蒙古	10	180	45	73	9	3	4	80	1
辽宁	18	323	59	76	17	1	14	185	——
其中：大连	2	39	8	12	7	——	7	23	——
吉林	9	236	76	46	7	6	1	81	2
黑龙江	4	96	44	19	1	——	1	52	——
上海	2	57	10	25	——	——	——	50	1
江苏	10	105	40	25	22	——	6	49	——
浙江	10	276	56	50	17	1	7	133	1
其中：宁波	1	6	2	3	——	——	——	——	——
安徽	10	148	45	40	1	——	1	20	——
福建	12	134	30	33	8	4	2	59	1
其中：厦门	2	21	6	2	5	3	——	8	——
江西	17	153	45	40	12	2	6	39	——
山东	11	164	63	53	12	——	4	109	1
其中：青岛	3	25	8	9	10	——	4	3	——
河南	30	590	105	145	43	11	16	283	2
湖北	5	221	87	62	3	3	——	55	1
湖南	3	98	24	22	——	——	——	76	1
广东	14	240	64	28	14	1	9	134	2
其中：深圳	1	17	8	4	——	——	——	20	——
广西	13	113	29	34	11	1	5	36	——
海南	——	——	——	——	——	——	——	——	——
重庆	2	88	11	6	1	——	——	37	——
四川	8	277	48	47	25	4	9	244	4
贵州	5	48	16	11	1	——	1	33	1
云南	2	87	34	12	——	——	——	——	——
西藏	2	30	12	4	2	2	——	21	——
陕西	28	567	107	141	21	2	10	114	2
甘肃	6	783	67	136	6	2	3	444	3
青海	2	57	9	32	——	——	——	9	——
宁夏	5	83	18	21	——	——	——	35	——
新疆	3	149	32	32	10	3	3	81	1

机构基本情况(一)

论文及资料		本年收入合计						
专著数	论文数(省级及以上刊物公开发表)	(千元)	财政拨款	上级补助收入	事业收入	经营收入	附属单位上缴收入	其他收入
219	**2 032**	**1 267 190**	**602 627**	**49 932**	**451 089**	**105 574**	**——**	**57 968**
59	485	225 636	169 722	930	39 272	4 726	——	10 986
13	20	8 665	6 770	——	1 531	——	——	364
3	20	6 915	6 396	364	——	——	——	155
8	46	33 683	24 241	598	7 422	——	——	1 422
9	86	74 827	30 971	160	41 742	834	——	1 120
6	36	37 902	9 304	——	23 400	——	——	5 198
2	56	33 889	23 729	——	10 130	——	——	30
——	31	2 487	2 487	——	——	——	——	——
10	33	25 600	18 610	1 350	4 308	——	——	1 332
1	76	8 397	8 395	——	——	——	——	2
——	——	9 576	5 763	1 277	2 496	——	——	40
2	22	11 805	10 009	——	887	——	——	909
6	54	127 809	19 988	1 285	6 187	99 415	——	934
——	——	712	621	88	——	——	——	3
1	35	11 200	10 429	124	35	——	——	612
10	43	12 025	10 073	1 607	283	——	——	62
5	12	2 955	2 391	281	279	——	——	4
4	29	16 185	11 436	20	4 036	——	——	693
19	39	23 623	17 358	16	5 432	——	——	817
1	8	2 468	2 239	——	——	——	——	229
10	174	66 882	28 248	5 183	32 628	169	——	654
2	61	30 839	10 164	392	6 941	——	——	13 342
3	25	14 395	3 992	——	10 338	38	——	27
12	56	68 797	49 392	750	17 502	——	——	1 153
2	23	3 349	3 158	——	——	——	——	191
5	47	12 940	10 908	278	1 204	——	——	550
——	——	——	——	——	——	——	——	——
——	——	16 561	6 023	518	9 902	——	——	118
11	119	96 700	12 239	90	84 345	——	——	26
——	15	9 526	2 568	412	6 412	——	——	134
1	——	21 483	5 571	——	14 727	95	——	1 090
1	8	2 995	2 995	——	——	——	——	——
8	222	115 909	42 516	32 046	37 006	——	——	4 341
7	194	120 636	27 032	367	81 822	——	——	11 415
——	——	5 080	4 581	117	372	——	——	10
——	4	8 181	7 697	40	323	——	——	121
6	27	8 529	5 507	2 008	406	297	——	311

各地区文化(文物)科技、科研

	本年支出合计										
					在支出合计中:						
	(千元)	基本支出	项目支出	经营支出	工资福利支出	商品和服务支出	维修(护)费	差旅费	劳务费	福利费	税金支出
总　计	**1 144 475**	**588 346**	**454 924**	**86 844**	**257 721**	**544 874**	**30 039**	**32 300**	**93 761**	**6 918**	**3 235**
中　央	216 640	89 892	126 505	242	35 538	87 828	2 609	9 196	12 691	1 110	536
北　京	8 326	6 258	1 868	——	2 736	4 165	152	32	——	71	98
天　津	4 892	3 866	1 026	——	981	1 514	179	5	32	27	17
河　北	30 370	23 050	6 914	——	9 024	14 117	1 519	1 247	1 520	229	107
山　西	72 882	30 751	41 296	831	14 974	43 396	6 686	1 268	3 573	459	177
内蒙古	29 464	23 071	6 391	——	5 164	19 852	95	2 753	4 459	76	12
辽　宁	31 355	22 515	8 690	——	10 197	7 247	422	636	1 197	114	——
其中:大连	2 487	1 771	566	——	1 335	772	325	73	29	4	——
吉　林	24 934	16 183	8 473	——	9 017	7 543	51	2 518	126	57	——
黑龙江	8 320	8 220	100	——	4 910	724	5	22	4	2	4
上　海	9 392	6 235	3 157	——	4 967	3 315	447	250	4	65	134
江　苏	11 122	10 477	645	——	4 817	1 967	8	60	461	25	——
浙　江	106 538	15 197	6 125	85 216	13 029	89 026	921	1 054	2 337	228	1 620
其中:宁波	712	712	——	——	474	165	1	——	——	4	——
安　徽	11 276	9 837	65	——	6 122	2 075	1 115	70	7	42	——
福　建	11 780	8 316	3 205	——	4 816	3 289	59	410	175	48	4
其中:厦门	2 954	1 708	1 228	——	1 406	1 036	23	295	111	34	2
江　西	13 556	6 844	4 366	——	4 007	5 434	102	563	1 241	77	——
山　东	23 573	20 888	2 675	——	9 770	8 336	387	2 110	518	12	97
其中:青岛	2 773	2 693	80	——	1 653	848	——	116	——	10	——
河　南	66 025	51 734	12 938	141	16 645	32 729	740	1 080	12 579	399	33
湖　北	23 440	7 199	11 304	——	6 703	10 432	180	327	6 245	225	——
湖　南	14 514	5 436	9 040	24	2 131	1 651	133	97	115	45	13
广　东	63 629	19 630	43 999	——	11 855	6 905	768	338	1 107	302	69
其中:深圳	3 349	2 158	1 191	——	1 510	348	91	29	——	11	——
广　西	9 548	8 253	1 294	——	3 736	2 223	57	136	206	37	——
海　南	——	——	——	——	——	——	——	——	——	——	——
重　庆	8 978	2 309	6 669	——	2 724	5 638	27	675	1 061	19	——
四　川	89 086	11 250	77 836	——	12 466	71 456	10 019	744	7 709	63	272
贵　州	8 231	7 831	400	——	1 451	5 857	23	14	7	20	——
云　南	20 089	18 649	1 347	93	3 689	13 937	545	1 465	4 210	170	10
西　藏	2 987	2 907	80	——	1 814	411	3	61	178	11	——
陕　西	103 752	60 637	41 444	——	17 009	44 560	514	1 164	1 252	86	——
甘　肃	97 545	79 384	18 061	——	29 476	42 996	2 112	3 206	29 471	2 707	——
青　海	5 686	4 689	997	——	2 240	2 313	29	398	503	3	——
宁　夏	7 884	4 547	3 158	——	2 606	618	90	111	195	139	10
新　疆	8 661	2 291	4 856	297	3 107	3 320	42	290	578	50	22

机构基本情况(二)

对个人和家庭补助支出		其他资本性支出		资产合计		增加值（千元）	公用房屋建筑面积	
	抚恤金和生活补助		各种设备购置费	（千元）	固定资产原值		（千平方米）	业务房屋面积
126 346	**2 923**	**95 067**	**57 890**	**1 820 241**	**984 126**	**568 207**	**416**	**156**
33 977	1 024	44 560	39 225	609 008	333 185	95 891	72	49
1 202	——	23	——	45 229	7 284	4 468	3	1
2 120	63	277	277	2 945	464	3 133	1	1
5 049	218	1 173	714	46 608	21 971	17 325	16	11
6 024	265	7 495	2 888	81 608	42 446	29 356	24	8
2 686	24	1 761	1 750	130 466	21 225	18 613	13	7
8 021	78	833	550	45 892	24 284	21 680	1	——
182	7	56	56	688	688	1 575	——	——
5 772	78	1 493	275	17 971	14 019	15 632	8	5
2 586	17	——	——	11 716	945	7 528	3	1
930	——	180	——	9 822	2 169	6 217	——	——
4 185	239	132	132	8 029	3 543	9 396	——	——
2 306	32	1 940	923	113 017	39 396	38 852	17	9
73	——	——	——	700	697	579	——	——
2 820	99	——	——	48 757	16 167	9 536	4	——
2 698	51	758	755	17 155	11 420	8 182	12	2
296	8	210	210	8 231	6 156	2 116	1	1
3 095	18	593	——	8 325	6 826	9 808	6	——
4 714	62	361	345	16 277	11 117	15 045	9	6
248	40	24	24	538	322	1 891	——	——
6 022	126	5 038	3 705	75 327	42 625	10 880	39	10
2 188	9	218	217	44 226	13 127	17 672	36	3
1 654	94	2 390	290	3 128	8 014	4 273	6	2
6 450	32	2 083	275	53 433	16 739	21 604	15	11
300	——	——	——	3 259	2 111	1 907	——	——
2 922	96	29	13	11 859	3 704	7 297	6	1
——	——	——	——	——	——	——	——	——
418	——	196	196	19 215	3 728	9 504	8	1
2 563	10	1 565	934	55 638	55 043	32 561	25	7
417	——	407	407	978	2 860	2 873	——	——
727	19	392	45	8 158	8 158	9 957	2	1
762	——	——	——	940	826	2 802	3	2
5 581	85	3 151	3 123	52 359	55 232	33 031	24	12
6 224	181	16 785	142	257 267	203 432	92 821	46	3
995	——	38	26	5 238	761	3 736	4	2
389	1	112	——	1 880	2 204	3 485	1	——
849	2	1 084	683	17 770	11 212	5 049	12	1

各地区文化艺术科技、

	机构数（个）	从业人员（人）	高级职称	中级职称	本年完成科研项目（个）	获国家奖	获省、部奖	所办刊物	计算机数（台）	网站数（个）
总　计	**187**	**3 356**	**944**	**931**	**244**	**50**	**118**	**78**	**1 474**	**27**
中　央	2	746	247	218	13	3	10	10	684	9
北　京	——	——	——	——	——	——	——	——	——	——
天　津	1	29	12	9	——	——	——	——	18	——
河　北	12	156	59	41	8	1	7	7	16	——
山　西	13	187	37	72	11	5	6	2	46	3
内蒙古	9	122	30	51	8	2	4	2	27	——
辽　宁	12	191	30	52	17	1	14	5	45	——
其中：大连	1	25	3	9	7	——	7	1	15	——
吉　林	7	154	54	34	7	6	1	1	54	2
黑龙江	2	50	25	11	1	——	1	——	18	——
上　海	2	57	10	25	——	——	——	1	50	1
江　苏	7	81	35	20	22	——	6	3	33	——
浙　江	6	187	20	29	16	1	7	2	69	1
其中：宁波	1	6	2	3	——	——	——	——	——	——
安　徽	8	75	23	16	1	——	1	——	1	——
福　建	9	107	24	30	6	4	2	2	50	1
其中：厦门	1	16	4	2	3	3	——	1	——	——
江　西	15	107	30	29	12	2	6	1	8	——
山　东	6	88	36	28	10	——	4	1	30	1
其中：青岛	2	18	7	8	10	——	4	——	——	——
河　南	21	204	44	57	39	11	16	3	44	1
湖　北	3	124	46	41	3	3	——	1	28	1
湖　南	1	37	12	10	——	——	——	——	15	——
广　东	9	102	39	16	14	1	9	8	62	1
其中：深圳	——	——	——	——	——	——	——	——	——	——
广　西	10	88	25	30	11	1	5	6	29	——
海　南	——	——	——	——	——	——	——	——	——	——
重　庆	1	22	3	3	1	——	——	——	26	——
四　川	5	95	13	15	25	4	9	3	40	2
贵　州	4	27	7	8	1	——	1	2	13	1
云　南	1	46	16	10	——	——	——	1	——	——
西　藏	1	17	7	3	2	2	——	2	13	——
陕　西	15	165	32	46	5	——	5	11	12	1
甘　肃	1	21	5	4	1	——	1	1	12	1
青　海	1	12	2	3	——	——	——	——	——	——
宁　夏	2	32	10	11	——	——	——	1	1	——
新　疆	1	27	11	9	10	3	3	2	30	1

科研机构基本情况(一)

论文及资料		本年收入合计						
专著数	论文数(省级及以上刊物公开发表)	(千元)	财政拨款	上级补助收入	事业收入	经营收入	附属单位上缴收入	其他收入
148	**1 074**	**491 810**	**330 931**	**6 215**	**32 072**	**105 405**	**——**	**17 187**
56	465	183 293	140 784	——	26 972	4 726	——	10 811
——	——	——	——	——	——	——	——	——
3	20	6 915	6 396	364	——	——	——	155
3	37	10 910	10 251	548	——	——	——	111
8	28	12 061	11 175	——	31	834	——	21
4	22	9 166	7 014	——	——	——	——	2 152
1	49	15 487	15 416	——	71	——	——	——
——	31	1 468	1 468	——	——	——	——	——
9	33	13 865	13 539	——	243	——	——	83
——	60	4 752	4 750	——	——	——	——	2
——	——	9 576	5 763	1 277	2 496	——	——	40
2	22	9 977	9 328	——	2	——	——	647
5	6	106 088	6 380	198	——	99 415	——	95
——	——	712	621	88	——	——	——	3
——	6	4 869	4 746	120	——	——	——	3
8	41	10 350	8 728	1 528	34	——	——	60
3	10	2 011	1 777	202	30	——	——	2
3	3	6 692	6 341	20	167	——	——	164
12	7	10 915	10 380	——	——	——	——	535
——	2	1 838	1 838	——	——	——	——	——
6	58	12 356	12 337	2	2	——	——	15
——	16	8 259	7 075	362	334	——	——	488
3	15	2 350	2 252	——	33	38	——	27
6	23	12 662	11 337	687	75	——	——	563
——	——	——	——	——	——	——	——	——
5	47	8 551	7 747	20	719	——	——	65
——	——	——	——	——	——	——	——	——
——	——	4 643	3 842	518	273	——	——	10
11	38	4 986	4 890	70	——	——	——	26
——	12	2 059	1 586	407	——	——	——	66
——	——	4 138	3 408	——	24	95	——	611
1	8	2 221	2 221	——	——	——	——	——
——	30	6 302	6 041	——	117	——	——	144
——	22	1 382	1 322	——	——	——	——	60
——	——	1 289	1 264	17	——	——	——	8
——	1	2 855	2 522	10	323	——	——	——
2	5	2 841	2 096	67	156	297	——	225

文化艺术科技、

	本年支出合计										
	(千元)	基本支出	项目支出	经营支出	在支出合计中:						
					工资福利支出	商品和服务支出					税金支出
							维修(护)费	差旅费	劳务费	福利费	
总　计	**435 685**	**228 176**	**114 611**	**86 703**	**115 469**	**173 926**	**1 855**	**7 822**	**11 738**	**2 484**	**2 340**
中　央	153 790	66 669	86 878	242	26 362	55 673	213	4 270	8 173	1 084	303
北　京	——	——	——	——	——	——	——	——	——	——	——
天　津	4 892	3 866	1 026	——	981	1 514	179	5	32	27	17
河　北	10 785	9 527	852	——	4 622	1 604	7	114	145	121	——
山　西	12 494	9 678	1 983	831	4 793	2 797	376	218	56	110	54
内蒙古	7 132	6 791	341	——	3 680	943	95	73	——	58	——
辽　宁	15 549	14 849	550	——	5 607	2 831	25	358	159	104	——
其中:大连	1 468	1 176	142	——	740	447	——	73	29	4	——
吉　林	13 248	11 893	1 077	——	6 126	1 784	42	106	89	52	——
黑龙江	4 675	4 575	100	——	2 690	326	5	22	4	1	——
上　海	9 392	6 235	3 157	——	4 967	3 315	447	250	4	65	134
江　苏	9 295	8 650	645	——	3 940	1 273	6	52	151	25	——
浙　江	89 367	3 548	603	85 216	7 016	80 953	48	252	72	131	1 620
其中:宁波	712	712	——	——	474	165	1	——	——	4	——
安　徽	4 742	4 568	5	——	3 269	168	11	58	1	12	——
福　建	10 144	7 326	2 818	——	3 964	2 776	26	339	156	30	2
其中:厦门	2 049	1 208	841	——	1 028	669	——	239	92	16	——
江　西	6 538	4 172	20	——	2 474	1 076	89	142	47	26	——
山　东	10 532	9 181	1 341	——	5 005	1 978	14	243	140	10	97
其中:青岛	1 929	1 849	80	——	1 270	411	——	116	——	10	——
河　南	12 450	10 662	583	——	6 552	1 594	12	82	72	102	——
湖　北	8 258	6 346	1 912	——	3 648	1 005	75	84	74	150	——
湖　南	2 350	2 312	——	24	894	202	5	11	——	21	13
广　东	12 363	9 299	3 064	——	4 296	3 471	49	217	677	194	68
其中:深圳	——	——	——	——	——	——	——	——	——	——	——
广　西	7 184	6 255	928	——	2 960	1 439	4	126	199	37	——
海　南	——	——	——	——	——	——	——	——	——	——	——
重　庆	3 259	1 107	2 152	——	447	2 384	2	205	886	10	——
四　川	5 036	3 663	1 373	——	1 670	696	15	69	41	39	——
贵　州	1 769	1 569	200	——	815	530	5	14	7	8	——
云　南	3 611	2 781	737	93	1 133	946	73	157	111	24	10
西　藏	2 221	2 221	——	——	1 274	185	3	24	——	——	——
陕　西	6 240	5 602	242	——	3 245	662	21	50	8	5	——
甘　肃	1 381	1 381	——	——	425	359	——	29	——	23	——
青　海	1 280	1 180	100	——	462	190	——	39	——	1	——
宁　夏	2 509	2 264	245	——	1 106	244	2	56	130	1	——
新　疆	3 199	6	1 679	297	1 046	1 008	6	157	304	13	22

科研机构基本情况(二)

对个人和家庭补助支出	抚恤金和生活补助	其他资本性支出	各种设备购置费	资产合计(千元)	固定资产原值	增加值(千元)	公用房屋建筑面积(千平方米)	科研房屋面积
86 573	**1 174**	**34 115**	**27 999**	**713 717**	**280 757**	**250 916**	**132**	**74**
27 746	1	29 467	24 132	375 638	163 396	75 580	43	43
——	——	——	——	——	——	——	——	——
2 120	63	277	277	2 945	464	3 133	1	1
3 296	134	256	256	6 191	5 214	8 266	3	2
3 401	124	606	457	8 757	4 843	8 503	3	2
2 282	16	226	215	111 544	2 303	6 101	3	3
6 491	77	249	36	5 033	3 321	12 432	——	——
103	7	36	36	604	604	898	——	——
4 768	77	266	82	10 681	9 024	11 345	5	2
1 559	5	——	——	1 868	942	4 288	1	——
930	——	180	——	9 822	2 169	6 217	——	——
3 961	239	100	100	4 288	2 630	7 947	——	——
1 049	32	112	102	82 786	30 413	27 411	12	7
73	——	——	——	700	697	579	——	——
1 118	——	——	——	582	36	4 405	——	——
2 536	51	676	673	14 766	9 308	7 030	2	2
224	8	128	128	7 357	5 753	1 597	1	1
2 624	18	——	——	3 589	2 090	5 246	3	——
3 156	57	130	129	4 087	2 153	8 453	3	——
248	40	——	——	538	322	1 508	——	——
3 754	75	89	89	13 335	11 734	10 880	3	——
1 169	——	202	201	7 526	3 868	5 201	28	3
1 216	39	——	——	1 968	1 329	2 159	2	1
4 121	2	23	22	12 909	4 149	9 535	3	——
——	——	——	——	——	——	——	——	——
2 519	96	26	10	5 539	1 783	5 903	1	——
——	——	——	——	——	——	——	——	——
350	——	77	77	4 527	2 088	1 871	1	1
1 195	10	464	464	4 713	4 163	3 106	2	2
325	——	——	——	978	362	1 170	——	——
142	9	46	45	1 597	1 597	1 500	——	——
762	——	——	——	940	826	2 071	3	2
2 189	35	71	71	10 250	8 459	5 754	10	3
469	13	128	128	——	——	906	——	——
502	——	26	26	486	320	980	——	——
385	——	11	——	1 431	126	1 682	——	——
438	1	407	407	4 941	1 647	1 841	——	——

各地区文物保护科学

	机构数(个)	从业人员											信息化建设	
		(人)	在编人数	具有专业资质人数			具有文博和工程系列职称人数			从事文物修复人员	从事文物考古勘探技工人员	安全保卫人员	计算机数(台)	网站数(个)
				(人)	具有考古发掘个人领队资格人数	具有文物保护工程职业资格人数	(人)	高级职称	中级职称					
总　计	**99**	**3 981**	**2 829**	**802**	**361**	**122**	**1 798**	**730**	**767**	**256**	**310**	**358**	**2 257**	**14**
中　央	1	169	117	7	2	5	78	40	38	10	——	9	190	1
北　京	2	98	71	6	6	——	25	10	15	17	31	6	55	——
天　津	——	——	——	——	——	——	——	——	——	——	——	——	——	——
河　北	4	204	155	23	14	9	110	48	31	7	43	24	93	2
山　西	10	445	245	45	24	2	140	45	61	2	2	47	170	2
内蒙古	1	58	58	11	11	——	37	15	22	5	6	6	53	1
辽　宁	6	132	131	48	19	2	82	29	24	——	9	——	140	——
其中:大连	1	14	14	8	2	——	8	5	3	——	——	——	8	——
吉　林	2	82	71	46	10	——	53	22	12	——	——	——	27	——
黑龙江	2	46	46	32	8	24	37	19	8	4	4	2	34	——
上　海	——	——	——	——	——	——	——	——	——	——	——	——	——	——
江　苏	3	24	15	2	1	1	11	5	5	——	2	——	16	——
浙　江	4	89	65	16	16	——	57	36	21	2	——	18	64	——
其中:宁波	——	——	——	——	——	——	——	——	——	——	——	——	——	——
安　徽	2	73	63	12	12	——	53	22	24	——	——	10	19	——
福　建	3	27	20	15	3	——	18	6	3	3	13	2	9	——
其中:厦门	1	5	3	3	1	——	2	2	——	1	——	——	8	——
江　西	2	46	41	10	10	——	29	15	11	5	3	6	31	——
山　东	5	76	74	15	14	——	60	27	25	3	24	4	79	——
其中:青岛	1	7	5	2	1	——	2	1	1	——	3	——	3	——
河　南	9	386	252	102	30	26	196	61	88	13	39	33	239	1
湖　北	2	97	77	24	22	2	65	41	21	2	2	2	27	——
湖　南	2	61	43	8	7	1	24	12	12	——	——	1	61	1
广　东	5	138	81	29	19	——	47	25	12	7	17	8	72	1
其中:深圳	1	17	13	5	5	——	13	8	4	1	——	3	20	——
广　西	3	25	20	3	1	——	10	4	4	——	——	——	7	——
海　南	——	——	——	——	——	——	——	——	——	——	——	——	——	——
重　庆	1	66	21	12	7	5	11	8	3	9	30	2	11	——
四　川	3	182	112	31	25	6	76	35	32	11	21	10	204	2
贵　州	1	21	21	5	5	——	20	9	3	——	——	——	20	——
云　南	1	41	36	11	10	1	27	18	2	——	2	——	——	——
西　藏	1	13	12	6	4	2	6	5	1	1	——	——	8	——
陕　西	13	402	375	204	50	21	208	75	95	60	34	59	102	1
甘　肃	5	762	424	53	13	12	219	62	132	81	25	96	432	2
青　海	1	45	43	4	4	——	36	7	29	——	——	3	9	——
宁　夏	3	51	50	11	6	3	18	8	10	2	2	2	34	——
新　疆	2	122	90	11	8	——	45	21	23	12	1	8	51	——

研究机构基本情况(一)

文物藏品				本年考古出土文物及标本数	本年从有关部门接收文物数	本年藏品征集数(件、套)	本年修复文物数				考古发掘项目			
(件、套)	一级品	二级品	三级品				(件、套)	一级品	二级品	三级品	(个)	基本建设中考古发掘项目	抢救性发掘项目	主动性发掘项目
784 495	**2 803**	**9 772**	**67 162**	**32 155**	**326**	**139**	**10 678**	**12**	**74**	**202**	**723**	**402**	**222**	**75**
12 592	——	——	——	——	——	——	——	——	——	——	——	——	——	——
153	2	21	130	153	——	——	22	——	——	22	45	27	18	——
——	——	——	——	——	——	——	——	——	——	——	——	——	——	——
197 780	458	3 397	24 469	——	——	——	60	2	11	47	37	17	16	4
3 236	51	87	610	3	26	——	——	——	——	——	43	39	——	4
6 932	145	30	51	——	——	——	——	——	——	——	20	15	3	2
3 660	18	196	2 227	300	——	——	37	——	37	——	27	17	3	6
——	——	——	——	——	——	——	——	——	——	——	——	——	——	——
377	244	23	110	——	——	——	——	——	——	——	12	1	——	4
3 536	2	6	3 301	450	——	——	40	1	——	——	10	9	——	1
——	——	——	——	——	——	——	——	——	——	——	——	——	——	——
4 836	——	——	——	1 374	——	——	——	——	——	——	9	——	7	2
17 569	51	236	1 280	2 800	29	——	2 812	——	1	9	28	10	18	——
——	——	——	——	——	——	——	——	——	——	——	——	——	——	——
4 173	19	40	816	2 000	——	——	——	——	——	——	——	——	——	——
1 168	——	——	——	50	——	——	12	——	——	——	1	1	——	——
50	——	——	——	50	——	——	12	——	——	——	——	——	——	——
1 385	9	31	381	——	——	——	——	——	——	——	9	2	3	4
20 210	——	700	——	500	——	——	550	——	——	——	29	21	5	3
700	——	700	——	——	——	——	——	——	——	——	6	——	4	2
161 261	47	203	2 352	12 351	——	100	2 737	——	——	——	101	55	41	5
8 063	——	——	——	105	——	——	420	——	——	——	25	21	4	——
21 696	15	13	6	1 060	——	——	200	——	——	——	22	20	——	2
31 955	——	——	——	5 150	——	——	1 755	——	——	——	25	5	3	17
1 690	——	——	——	1 690	——	——	270	——	——	——	2	1	1	——
583	——	——	54	——	——	——	——	——	——	——	——	——	——	——
——	——	——	——	——	——	——	——	——	——	——	——	——	——	——
——	——	——	——	——	——	——	680	——	——	——	16	——	——	——
103 965	287	140	21	——	——	——	1 100	——	——	——	85	70	14	1
1 673	——	——	——	1 673	——	——	60	——	——	——	10	7	3	——
1 645	2	14	35	——	71	——	——	——	——	——	14	12	1	1
——	——	——	——	——	——	——	——	——	——	——	——	——	——	——
51 654	281	860	2 874	4 122	132	16	180	6	22	120	123	39	68	16
66 256	1 025	3 688	28 395	64	——	23	10	——	3	4	23	8	14	1
55 422	62	87	50	——	——	——	3	3	——	——	2	2	——	——
149	21	——	——	——	——	——	——	——	——	——	7	4	1	2
2 566	64	——	——	——	68	——	——	——	——	——	——	——	——	——

各地区文物保护科学

	考古钻探面积（千平方米）	考古发掘面积（千平方米）	发掘墓葬数（个）	规划及方案设计（个）	承担维修项目（个）	国保单位	省级保单位	市、县级保单位	举办陈列、展览（个）	参观人次（千人次）	未成年人参观人次	提供藏品参与外单位举办的展览次数（个）	本年完成科研项目（个）
总　　计	**25 922**	**713**	**11 207**	**136**	**186**	**82**	**36**	**46**	**19**	**5 964**	**1 100**	**19**	**39**
中　　央	——	——	——	22	40	38	——	——	——	——	——	——	3
北　　京	4 628	31	1 328	——	——	——	——	——	——	——	——	——	——
天　　津	——	——	——	——	——	——	——	——	——	——	——	——	——
河　　北	6 573	47	288	——	8	8	——	——	——	——	——	5	——
山　　西	263	39	1 324	1	1	1	——	——	——	——	——	1	5
内 蒙 古	800	30	600	1	——	——	——	——	——	——	——	2	1
辽　　宁	545	10	32	——	——	——	——	——	——	——	——	——	——
其中：大连	200	——	——	——	——	——	——	——	——	——	——	——	——
吉　　林	14	1	——	——	3	3	——	——	——	——	——	——	——
黑 龙 江	735	8	——	——	——	——	——	——	——	——	——	——	——
上　　海	——	——	——	——	——	——	——	——	——	——	——	——	——
江　　苏	——	7	22	——	——	——	——	——	——	——	——	——	——
浙　　江	——	26	120	——	——	——	——	——	——	——	——	——	1
其中：宁波	——	——	——	——	——	——	——	——	——	——	——	——	——
安　　徽	——	——	2	——	75	7	14	42	2	40	6	——	——
福　　建	80	4	——	——	——	——	——	——	9	132	81	——	2
其中：厦门	80	——	——	——	——	——	——	——	2	2	1	——	2
江　　西	8	——	——	——	3	——	——	——	——	——	——	——	——
山　　东	767	76	724	3	2	——	1	1	——	——	——	1	2
其中：青岛	——	60	700	——	——	——	——	——	——	——	——	——	——
河　　南	2 330	136	3 343	33	19	8	8	3	1	30	——	2	4
湖　　北	110	27	189	——	——	——	——	——	——	——	——	——	——
湖　　南	180	30	400	5	——	——	——	——	——	——	——	——	——
广　　东	1 030	18	144	1	——	——	——	——	1	5 000	1 000	4	——
其中：深圳	——	——	——	——	——	——	——	——	1	5 000	1 000	——	——
广　　西	——	——	——	——	——	——	——	——	——	——	——	——	——
海　　南	——	——	——	——	——	——	——	——	——	——	——	——	——
重　　庆	232	29	——	——	5	——	——	——	——	——	——	——	——
四　　川	1 101	78	200	37	2	2	——	——	——	——	——	——	——
贵　　州	20	8	100	——	——	——	——	——	——	——	——	——	——
云　　南	101	25	23	1	——	——	——	——	——	——	——	——	——
西　　藏	——	——	——	——	——	——	——	——	——	——	——	——	——
陕　　西	6 185	69	2 312	28	23	11	12	——	——	——	——	1	16
甘　　肃	——	1	24	2	5	4	1	——	4	720	4	3	5
青　　海	——	1	2	——	——	——	——	——	——	——	——	——	——
宁　　夏	220	12	30	——	——	——	——	——	——	——	——	——	——
新　　疆	——	——	——	2	——	——	——	——	2	42	9	——	——

研究机构基本情况(二)

		科研成果				本年收入合计							
									事业收入				
获国家奖	获省、部奖	专著或图录	论文(省级及以上刊物公开发表)	考古报告(篇)	古建维修报告(篇)	(千元)	财政拨款	上级补助收入		门票收入	经营收入	附属单位上缴收入	其他收入
5	**12**	**71**	**958**	**163**	**14**	**775 380**	**271 696**	**43 717**	**419 017**	**108 843**	**169**	**——**	**40 781**
——	——	3	20	——	1	42 343	28 938	930	12 300	——	——	——	175
——	——	13	20	10	——	8 665	6 770	——	1 531	——	——	——	364
——	——	——	——	——	——	——	——	——	——	——	——	——	——
——	——	5	9	27	2	22 773	13 990	50	7 422	——	——	——	1 311
——	5	1	58	——	——	62 766	19 796	160	41 711	28 622	——	——	1 099
1	——	2	14	——	——	28 736	2 290	——	23 400	——	——	——	3 046
——	——	1	7	——	——	18 402	8 313	——	10 059	——	——	——	30
——	——	——	——	——	——	1 019	1 019	——	——	——	——	——	——
——	——	1	——	——	——	11 735	5 071	1 350	4 065	——	——	——	1 249
——	——	1	16	——	——	3 645	3 645	——	——	——	——	——	——
——	——	——	——	——	——	——	——	——	——	——	——	——	——
——	——	——	——	——	——	1 828	681	——	885	——	——	——	262
——	——	1	48	1	——	21 721	13 608	1 087	6 187	——	——	——	839
——	——	——	——	——	——	——	——	——	——	——	——	——	——
——	——	1	29	——	——	6 331	5 683	4	35	——	——	——	609
——	——	2	2	——	——	1 675	1 345	79	249	——	——	——	2
——	——	2	2	——	——	944	614	79	249	——	——	——	2
——	——	1	26	20	——	9 493	5 095	——	3 869	128	——	——	529
——	——	7	32	1	——	12 708	6 978	16	5 432	——	——	——	282
——	——	1	6	——	——	630	401	——	——	——	——	——	229
——	——	4	116	9	——	54 526	15 911	5 181	32 626	60	169	——	639
——	——	2	45	3	——	22 580	3 089	30	6 607	——	——	——	12 854
——	——	——	10	11	——	12 045	1 740	——	10 305	——	——	——	——
——	——	6	33	32	1	56 135	38 055	63	17 427	——	——	——	590
——	——	2	23	——	——	3 349	3 158	——	——	——	——	——	191
——	——	——	——	——	——	4 389	3 161	258	485	132	——	——	485
——	——	——	——	——	——	——	——	——	——	——	——	——	——
——	——	——	——	——	——	11 918	2 181	——	9 629	——	——	——	108
——	——	——	81	4	——	91 714	7 349	20	84 345	——	——	——	——
——	——	——	3	5	1	7 467	982	5	6 412	——	——	——	68
——	——	1	——	26	1	17 345	2 163	——	14 703	——	——	——	479
——	——	——	——	——	——	774	774	——	——	——	——	——	——
2	5	8	192	13	——	109 607	36 475	32 046	36 889	——	——	——	4 197
2	2	7	172	1	8	119 254	25 710	367	81 822	79 651	——	——	11 355
——	——	——	——	——	——	3 791	3 317	100	372	——	——	——	2
——	——	——	3	——	——	5 326	5 175	30	——	——	——	——	121
——	——	4	22	——	——	5 688	3 411	1 941	250	250	——	——	86

各地区文物保护科学

	本年支出合计（千元）	基本支出	项目支出	项目支出：文物保护项目支出	经营支出	在支出合计中：工资福利支出	在支出合计中：商品和服务支出	商品和服务支出：维修（护）费	商品和服务支出：差旅费	商品和服务支出：劳务费	商品和服务支出：福利费	税金支出
总计	**708 790**	**360 170**	**340 313**	**174 373**	**141**	**142 252**	**370 948**	**28 184**	**24 478**	**82 023**	**4 434**	**895**
中央	62 850	23 223	39 627	7 054	——	9 176	32 155	2 396	4 926	4 518	26	233
北京	8 326	6 258	1 868	——	——	2 736	4 165	152	32	——	71	98
天津	——	——	——	——	——	——	——	——	——	——	——	——
河北	19 585	13 523	6 062	2 401	——	4 402	12 513	1 512	1 133	1 375	108	107
山西	60 388	21 073	39 313	15 503	——	10 181	40 599	6 310	1 050	3 517	349	123
内蒙古	22 332	16 280	6 050	6 050	——	1 484	18 909	——	2 680	4 459	18	12
辽宁	15 806	7 666	8 140	3 424	——	4 590	4 416	397	278	1 038	10	——
其中：大连	1 019	595	424	424	——	595	325	325	——	——	——	——
吉林	11 686	4 290	7 396	——	——	2 891	5 759	9	2 412	37	5	——
黑龙江	3 645	3 645	——	——	——	2 220	398	——	——	——	1	4
上海	——	——	——	——	——	——	——	——	——	——	——	——
江苏	1 827	1 827	——	——	——	877	694	2	8	310	——	——
浙江	17 171	11 649	5 522	3 732	——	6 013	8 073	873	802	2 265	97	——
其中：宁波	——	——	——	——	——	——	——	——	——	——	——	——
安徽	6 534	5 269	60	——	——	2 853	1 907	1 104	12	6	30	——
福建	1 636	990	387	39	——	852	513	33	71	19	18	2
其中：厦门	905	500	387	39	——	378	367	23	56	19	18	2
江西	7 018	2 672	4 346	2 020	——	1 533	4 358	13	421	1 194	51	——
山东	13 041	11 707	1 334	——	——	4 765	6 358	373	1 867	378	2	——
其中：青岛	844	844	——	——	——	383	437	——	——	——	——	——
河南	53 575	41 072	12 355	12 226	141	10 093	31 135	728	998	12 507	297	33
湖北	15 182	853	9 392	8 088	——	3 055	9 427	105	243	6 171	75	——
湖南	12 164	3 124	9 040	500	——	1 237	1 449	128	86	115	24	——
广东	51 266	10 331	40 935	35 288	——	7 559	3 434	719	121	430	108	1
其中：深圳	3 349	2 158	1 191	780	——	1 510	348	91	29	——	11	——
广西	2 364	1 998	366	157	——	776	784	53	10	7	——	——
海南	——	——	——	——	——	——	——	——	——	——	——	——
重庆	5 719	1 202	4 517	3 934	——	2 277	3 254	25	470	175	9	——
四川	84 050	7 587	76 463	68 576	——	10 796	70 760	10 004	675	7 668	24	272
贵州	6 462	6 262	200	——	——	636	5 327	18	——	——	12	——
云南	16 478	15 868	610	610	——	2 556	12 991	472	1 308	4 099	146	——
西藏	766	686	80	——	——	540	226	——	37	178	11	——
陕西	97 512	55 035	41 202	2 271	——	13 764	43 898	493	1 114	1 244	81	——
甘肃	96 164	78 003	18 061	——	——	29 051	42 637	2 112	3 177	29 471	2 684	——
青海	4 406	3 509	897	——	——	1 778	2 123	29	359	503	2	——
宁夏	5 375	2 283	2 913	2 500	——	1 500	374	88	55	65	138	10
新疆	5 462	2 285	3 177	——	——	2 061	2 312	36	133	274	37	——

研究机构基本情况(三)

对个人和家庭补助支出		其他资本性支出		科研经费		资产合计	固定资产原值			增加值（千元）	公用房屋建筑面积			国际合作	
	抚恤金和生活补贴		各种设备购置费	（千元）	课题经费	（千元）		科研仪器设备			（千平方米）	文物库房（含标本室）面积	实验室面积	项目数（个）	外方投资（千元）
								价值	数量						
39 773	**1 749**	**60 952**	**29 891**	**11 505**	**29 958**	**1 106 524**	**703 369**	**49 845**	**842**	**317 291**	**284**	**65**	**18**	**8**	**184**
6 231	1 023	15 093	15 093	8 253	6 753	233 370	169 789	34 081	201	20 311	29	2	4	3	——
1 202	——	23	——	——	——	45 229	7 284	——	——	4 468	3	1	——	——	——
——	——	——	——	——	——	——	——	——	——	——	——	——	——	——	——
1 753	84	917	458	——	——	40 417	16 757	122	51	9 059	13	9	1	——	——
2 623	141	6 889	2 431	140	140	72 851	37 603	2 272	20	20 853	21	6	——	——	——
404	8	1 535	1 535	——	——	18 922	18 922	——	——	12 512	10	4	——	——	——
1 530	1	584	514	——	——	40 859	20 963	——	——	9 248	1	——	——	——	——
79	——	20	20	——	——	84	84	——	——	677	——	——	——	——	——
1 004	1	1 227	193	——	——	7 290	4 995	——	——	4 287	3	——	3	——	——
1 027	12	——	——	——	——	9 848	3	167	34	3 240	2	1	——	——	——
——	——	——	——	——	——	——	——	——	——	——	——	——	——	——	——
224	——	32	32	——	——	3 741	913	——	——	1 449	——	——	——	——	——
1 257	——	1 828	821	——	——	30 231	8 983	200	——	11 441	5	2	——	——	——
——	——	——	——	——	——	——	——	——	——	——	——	——	——	——	——
1 702	99	——	——	——	——	48 175	16 131	——	——	5 131	4	——	——	——	——
162	——	82	82	——	——	2 389	2 112	285	1	1 152	10	——	——	——	——
72	——	82	82	——	——	874	403	285	——	519	——	——	——	——	——
471	——	593	——	——	——	4 736	4 736	——	——	4 562	3	——	——	——	——
1 558	5	231	216	——	——	12 190	8 964	——	——	6 592	6	6	——	——	——
——	——	24	24	——	——	——	——	——	——	383	——	——	——	——	——
2 268	51	4 949	3 616	2 802	2 802	61 992	30 891	566	40	——	36	10	——	1	154
1 019	9	16	16	——	——	36 700	9 259	——	——	12 471	8	——	——	——	——
438	55	2 390	290	——	——	1 160	6 685	490	8	2 114	4	1	——	1	——
2 329	30	2 060	253	250	250	40 524	12 590	——	——	12 069	12	4	7	——	——
300	——	——	——	250	250	3 259	2 111	——	——	1 907	——	——	——	——	——
403	——	3	3	——	——	6 320	1 921	——	——	1 394	5	1	——	——	——
——	——	——	——	——	——	——	——	——	——	——	——	——	——	——	——
68	——	119	119	——	——	14 688	1 640	——	——	7 633	7	——	——	——	——
1 368	——	1 101	470	——	——	50 925	50 880	4 163	469	29 455	23	4	1	3	30
92	——	407	407	——	——	——	2 498	2 498	——	1 703	——	——	——	——	——
585	10	346	——	——	——	6 561	6 561	——	——	8 457	2	1	——	——	——
——	——	——	——	——	——	——	——	——	——	731	——	——	——	——	——
3 392	50	3 080	3 052	20	——	42 109	46 773	5 001	18	27 277	14	9	——	——	——
5 755	168	16 657	14	——	20 013	257 267	203 432	——	——	91 915	46	1	2	——	——
493	——	12	——	——	——	4 752	441	——	——	2 756	4	2	——	——	——
4	1	101	——	——	——	449	2 078	——	——	1 803	1	——	——	——	——
411	1	677	276	40	——	12 829	9 565	——	——	3 208	12	1	——	——	——

各地区其他文化事业

	机构数（个）	从业人员（人）	高级职称	中级职称	本年（千元）	财政拨款	上级补助收入
总　计	**1 020**	**13 859**	**1 498**	**2 539**	**1 899 394**	**1 131 844**	**54 348**
中　央	21	1 059	115	218	651 812	428 706	12 699
北　京	7	235	29	14	57 258	35 122	——
天　津	22	513	63	88	62 226	31 488	1 415
河　北	31	398	64	65	29 990	19 277	89
山　西	25	465	43	115	21 043	17 587	1 345
内蒙古	22	395	32	74	41 207	30 011	——
辽　宁	35	453	43	99	31 804	20 580	——
其中:大连	4	104	19	52	3 810	3 063	——
吉　林	53	453	68	110	21 129	16 679	——
黑龙江	24	148	46	50	11 379	9 430	596
上　海	28	784	48	130	321 447	70 248	14 199
江　苏	99	673	211	210	105 470	80 146	4 344
浙　江	20	207	7	38	16 350	5 661	1 393
其中:宁波	——	——	——	——	——	——	——
安　徽	63	602	93	150	26 151	20 108	1 112
福　建	27	124	16	33	10 539	8 163	508
其中:厦门	1	12	——	——	642	608	——
江　西	28	269	27	43	13 059	9 417	115
山　东	68	610	145	201	48 143	40 365	90
其中:青岛	5	18	——	8	2 958	2 069	——
河　南	30	521	18	51	18 072	9 342	120
湖　北	55	620	79	127	75 360	54 549	894
湖　南	96	1 761	73	211	45 056	19 853	844
广　东	36	657	52	93	121 287	89 594	5 939
其中:深圳	6	112	14	22	35 458	27 595	180
广　西	24	406	21	60	22 937	7 245	682
海　南	4	29	4	4	3 090	2 275	603
重　庆	15	407	11	51	18 422	7 852	5 118
四　川	——	——	——	——	——	——	——
贵　州	36	634	22	30	32 482	21 991	1 001
云　南	80	595	34	107	37 220	27 801	777
西　藏	1	26	4	5	3 476	3 476	——
陕　西	18	192	27	38	11 309	8 918	30
甘　肃	24	202	46	50	13 096	12 466	435
青　海	7	80	20	19	7 982	7 593	——
宁　夏	4	175	21	25	13 930	9 466	——
新　疆	17	166	16	30	6 668	6 435	——

机构基本情况(一)

收入合计							
事业收入	经营收入	附属单位上缴收入	其他收入	（千元）	基本支出	项目支出	经营支出
503 097	**59 065**	**1 949**	**149 091**	**1 775 123**	**1 135 446**	**486 465**	**63 081**
155 310	13 060	——	42 037	559 138	299 749	219 735	11 776
8 687	1 057	——	12 392	64 362	35 588	27 717	1 057
25 954	334	414	2 621	64 984	59 767	1 030	——
2 463	989	330	6 842	30 943	14 681	16 184	76
323	1 071	——	717	18 547	12 888	3 574	1 101
4 994	——	——	6 202	34 726	25 376	9 350	——
2 852	7 538	——	834	26 217	19 607	4 065	2 313
443	——	——	304	3 861	3 156	704	——
3 312	143	——	995	21 244	19 534	741	143
14	——	100	1 239	11 302	9 548	769	——
227 693	333	387	8 587	304 526	206 901	50 992	15 228
9 045	4	——	11 931	95 865	69 425	21 007	4
1 286	2 935	——	5 075	18 423	7 583	2 926	4 892
——	——	——	——	——	——	——	——
4 313	441	——	177	26 631	20 908	1 888	581
821	944	——	103	10 424	8 299	1 331	690
——	——	——	34	651	608	43	——
2 302	485	——	740	12 044	9 514	908	618
1 362	1 804	——	4 522	47 451	42 241	3 768	1 313
25	421	——	443	3 223	1 619	1 529	75
6 715	463	——	1 432	17 055	14 761	1 907	362
5 965	3 469	254	10 229	73 854	29 390	37 699	4 189
10 484	6 536	464	6 875	49 131	36 581	1 803	9 187
12 385	731	——	12 638	118 434	58 747	58 511	576
3 063	——	——	4 620	34 286	17 685	16 601	——
3 216	10 125	——	1 669	25 315	19 895	910	1 915
——	——	——	212	2 902	2 681	221	——
1 186	881	——	3 385	16 792	7 682	7 067	1 978
——	——	——	——	——	——	——	——
7 497	603	——	1 390	31 198	30 336	363	342
1 272	3 186	——	4 184	37 486	26 950	6 592	3 101
——	——	——	——	3 459	3 459	——	——
964	——	——	1 397	11 288	10 888	290	——
133	——	——	62	12 432	8 905	1 757	——
16	——	——	373	8 285	6 255	2 030	——
2 478	1 933	——	53	13 869	11 292	937	1 639
55	——	——	178	6 796	6 015	393	——

各地区其他文化事业

	本年支出合计						
	在支出合计中:						
	工资福利支出	商品和服务支出					
			维修(护)费	差旅费	劳务费	福利费	税金支出
总计	**454 000**	**676 495**	**37 893**	**18 451**	**24 832**	**11 014**	**26 829**
中央	92 438	181 447	7 640	4 340	7 001	2 031	6 653
北京	12 559	34 304	3 870	132	511	459	453
天津	17 166	28 431	1 109	489	892	578	1 925
河北	7 102	13 901	770	1 952	1 278	136	433
山西	7 260	4 686	311	285	368	236	34
内蒙古	8 971	22 354	1 553	1 080	2 691	90	278
辽宁	10 518	8 096	736	227	235	55	381
其中:大连	2 163	1 242	47	9	40	2	22
吉林	9 055	4 602	884	174	4	12	48
黑龙江	4 809	1 959	408	241	86	20	17
上海	59 910	213 220	8 380	1 933	4 721	1 492	7 479
江苏	34 134	29 130	1 314	1 597	1 990	438	167
浙江	6 362	6 793	294	371	175	310	474
其中:宁波	——	——	——	——	——	——	——
安徽	12 446	5 397	484	304	236	149	157
福建	4 319	1 953	26	434	62	147	99
其中:厦门	532	11	——	——	——	——	——
江西	5 918	2 200	282	157	43	241	70
山东	22 432	8 486	915	233	109	168	83
其中:青岛	785	226	51	——	——	——	3
河南	8 906	4 386	421	171	171	200	115
湖北	13 494	7 180	136	313	176	701	983
湖南	21 072	15 884	1 559	893	308	1 051	1 258
广东	33 327	35 212	3 361	1 227	652	994	2 459
其中:深圳	9 478	5 383	309	56	144	292	170
广西	8 996	10 968	651	308	90	45	1 310
海南	1 412	1 160	13	43	——	32	——
重庆	4 795	5 610	102	237	315	407	181
四川	——	——	——	——	——	——	——
贵州	9 189	7 741	43	398	1 374	117	195
云南	13 642	9 078	1 339	334	796	443	1 030
西藏	2 212	1 171	——	57	3	16	——
陕西	4 726	4 699	782	145	228	107	251
甘肃	4 935	1 413	61	131	35	89	61
青海	2 797	1 371	37	71	12	1	11
宁夏	5 135	2 669	347	81	27	192	214
新疆	3 963	994	65	93	243	57	10

机构基本情况(二)

对个人和家庭补助支出	抚恤金和生活补助	其他资本性支出	各种设备购置费	资产合计（千元）	固定资产原值	增加值（千元）	公用房屋建筑面积（千平方米）
246 549	**8 448**	**132 517**	**71 802**	**3 773 125**	**2 259 247**	**887 367**	**897**
89 659	4 360	51 941	45 976	1 314 164	579 922	245 872	69
5 252	225	12 247	682	205 689	99 631	22 306	10
11 592	215	269	236	80 654	22 712	31 695	19
3 194	31	2 086	420	39 573	24 152	12 838	20
4 639	103	856	133	33 822	23 612	13 425	15
1 714	45	1 583	706	43 671	32 260	16 204	28
4 777	87	571	371	45 081	30 776	22 791	14
151	——	283	83	1 429	1 050	2 418	5
5 765	30	636	522	11 492	6 886	14 910	12
2 779	16	512	45	6 445	5 282	7 922	3
5 774	313	15 813	8 439	615 258	411 040	104 077	36
19 548	908	8 406	1 766	282 991	223 291	66 208	60
1 012	61	2 286	546	111 984	60 166	10 614	42
——	——	——	——	——	——	——	——
6 383	172	891	626	31 265	24 890	19 727	25
2 005	81	115	106	14 028	7 862	7 006	7
108	——	——	——	1 051	69	643	——
1 981	11	500	483	10 366	8 568	8 800	9
11 524	97	1 859	293	53 941	32 437	35 530	41
73	——	35	35	3 276	596	838	——
2 097	37	383	265	83 553	76 495	14 934	21
12 517	312	3 370	2 097	79 353	44 327	30 206	46
7 962	603	1 360	1 014	152 728	110 854	33 078	111
10 041	67	16 567	2 896	227 386	171 892	54 579	111
1 123	——	7 816	999	46 255	37 037	12 579	20
4 308	132	144	121	65 693	55 252	14 626	41
173	——	156	156	611	455	1 638	1
1 302	67	1 983	472	43 085	26 308	8 296	26
——	——	——	——	——	——	——	——
13 871	94	206	206	16 057	11 527	25 763	13
7 050	85	2 553	544	61 314	47 233	24 753	36
——	——	——	——	5 164	4 605	2 419	2
1 311	112	550	233	93 617	81 129	9 765	27
2 074	64	1 878	84	13 070	9 904	7 513	10
2 080	44	2 037	2 037	10 113	9 387	5 235	5
3 099	27	385	46	12 364	11 214	9 134	11
1 066	49	374	281	8 593	5 178	5 503	26

各地区其他文化企业

	机构数（个）	从业人员（人）	从业人员：高级职称	从业人员：中级职称	资产、负债、所有者权益（千元）：资产总计	资产总计：固定资产原值	资产总计：本年折旧	负债总计	所有者权益合计	实收资本	实收资本：国家资本金
总　计	**957**	**25 399**	**755**	**3 027**	**6 512 003**	**3 291 262**	**238 956**	**3 847 009**	**2 664 994**	**1 421 329**	**771 619**
中　央	41	835	63	90	697 179	41 273	4 157	353 820	343 359	43 903	19 109
北　京	8	191	8	17	96 553	19 366	799	34 235	62 318	18 000	11 130
天　津	44	681	4	32	160 118	56 362	4 828	96 377	63 741	45 679	24 873
河　北	14	177	18	14	48 175	35 341	1 084	31 593	16 582	14 169	12 874
山　西	98	2 099	31	259	168 734	131 707	6 006	77 118	91 616	38 315	26 461
内蒙古	——	——	——	——	——	——	——	——	——	——	——
辽　宁	6	52	——	2	11 965	8 025	766	6 336	5 629	6 853	1 746
其中：大连	2	16	——	——	——	——	——	——	——	——	——
吉　林	51	757	25	72	74 139	53 744	8 774	61 453	12 686	29 546	22 558
黑龙江	85	1 857	94	122	680 972	641 369	13 399	260 940	420 032	46 603	3 111
上　海	21	283	5	12	139 999	49 341	6 616	70 125	69 874	34 521	13 366
江　苏	50	711	59	117	301 686	111 005	16 098	187 772	113 914	67 706	60 363
浙　江	46	934	20	77	1 399 170	446 174	24 981	685 859	713 311	348 414	219 839
其中：宁波	——	——	——	——	——	——	——	——	——	——	——
安　徽	15	374	2	32	43 625	19 709	566	36 303	7 322	9 283	7 862
福　建	9	288	30	44	70 237	32 470	551	34 836	35 401	28 957	6 372
其中：厦门	1	9	——	1	1 723	559	——	1 004	719	300	300
江　西	13	200	13	25	14 713	13 487	1 242	11 502	3 211	7 019	——
山　东	155	4 954	108	818	616 580	416 080	40 171	453 104	163 476	190 044	79 256
其中：青岛	20	333	1	21	114 313	32 487	4 755	102 784	11 529	28 326	1 989
河　南	20	804	74	78	49 731	31 919	2 992	29 909	19 822	12 220	8 136
湖　北	71	2 909	66	428	410 884	270 839	28 916	219 730	191 154	136 060	65 088
湖　南	89	4 101	95	417	630 296	343 710	35 124	439 267	191 029	129 148	47 240
广　东	10	396	14	39	171 507	99 644	10 138	147 532	23 975	53 467	44 891
其中：深圳	——	——	——	——	——	——	——	——	——	——	——
广　西	2	36	——	4	7 317	1 539	75	5 607	1 710	1 666	700
海　南	——	——	——	——	——	——	——	——	——	——	——
重　庆	18	825	4	58	314 537	157 575	14 009	268 563	45 974	63 600	47 501
四　川	——	——	——	——	——	——	——	——	——	——	——
贵　州	19	349	1	25	18 746	17 178	1 087	6 717	12 029	5 483	3 027
云　南	57	1 072	8	206	260 250	212 702	14 509	177 143	83 107	58 618	29 311
西　藏	——	——	——	——	——	——	——	——	——	——	——
陕　西	7	323	8	27	81 201	47 057	892	125 187	43 986	20 179	13 229
甘　肃	3	44	——	2	10 691	9 663	59	6 721	3 970	1 818	556
青　海	5	147	5	10	32 998	23 983	1 117	19 260	13 738	10 058	3 020
宁　夏	——	——	——	——	——	——	——	——	——	——	——
新　疆	——	——	——	——	——	——	——	——	——	——	——

机构基本情况(一)

损益及分配（千元）												
营业收入		主营业务成本	主营业务税金及附加	主营业务利润	其他业务利润	营业费用	管理费用					
	主营业务收入							税金	养老、失业等保险费	住房公积金和住房补贴	差旅费	工会经费
1 974 804	**1 511 212**	**976 695**	**45 519**	**448 287**	**180 630**	**254 898**	**544 110**	**16 439**	**77 795**	**15 762**	**10 749**	**3 510**
343 570	321 158	188 528	4 506	131 037	31 365	61 928	43 885	141	1 790	1 866	562	488
29 316	25 655	14 034	522	6 224	3 510	4 897	10 842	202	1 536	494	359	74
63 296	52 696	32 880	1 636	19 158	2 394	16 621	17 593	366	3 281	836	513	234
13 379	10 349	3 495	456	3 946	5 236	5 668	4 634	92	770	73	40	11
35 423	10 442	5 823	801	1 363	10 656	3 340	24 747	1 107	2 926	349	384	88
——	——	——	——	——	——	——	——	——	——	——	——	——
2 483	2 325	758	58	1 469	104	——	1 841	97	150	——	87	7
——	——	——	——	——	——	——	——	——	——	——	——	——
18 016	4 209	2 434	268	2 319	1 196	1 409	8 238	161	1 083	59	215	27
69 846	17 418	12 257	644	159	12 927	2 151	37 391	332	4 958	1 518	180	117
94 004	91 759	37 760	2 732	50 669	1 870	11 565	16 178	211	1 505	202	182	103
87 584	80 587	59 961	1 051	18 488	10 222	7 621	31 862	493	3 184	1 937	740	235
177 898	148 241	81 523	4 892	69 060	17 494	36 705	60 085	2 299	6 210	1 565	1 919	325
——	——	——	——	——	——	——	——	——	——	——	——	——
4 382	1 327	782	92	166	986	1 380	5 924	15	978	319	102	10
10 425	5 963	5 495	324	1 604	3 082	1 273	9 639	293	2 622	428	278	82
532	532	250	24	258	——	——	323	——	48	14	——	2
10 137	3 869	2 576	152	99	1 950	975	2 459	200	585	94	44	8
234 963	147 458	74 669	6 500	54 440	17 207	39 907	72 412	4 130	16 668	2 060	1 482	371
39 305	33 656	16 287	703	16 025	2 493	10 314	13 063	467	1 675	407	369	41
16 364	10 422	5 865	490	3 258	1 314	1 262	5 521	227	1 204	44	90	81
108 221	67 754	43 576	1 112	14 731	12 910	16 905	36 727	623	6 327	657	971	301
111 286	42 847	25 333	3 533	12 820	16 670	10 069	67 983	1 391	10 544	423	958	291
285 147	283 199	243 666	9 220	30 314	3 797	5 841	28 060	657	2 539	1 122	728	215
——	——	——	——	——	——	——	——	——	——	——	——	——
23 526	2 122	1 535	27	560	1 326	236	1 292	18	139	29	99	6
——	——	——	——	——	——	——	——	——	——	——	——	——
153 673	134 385	114 766	4 578	10 423	8 246	10 833	23 448	706	3 067	810	384	149
——	——	——	——	——	——	——	——	——	——	——	——	——
9 766	4 183	2 505	130	1 508	1 800	246	3 819	295	731	235	14	18
53 564	25 878	9 585	979	6 815	12 534	9 857	21 976	1 888	4 065	526	276	187
——	——	——	——	——	——	——	——	——	——	——	——	——
11 664	11 194	3 004	583	6 473	257	3 602	4 626	429	573	75	87	57
1 086	320	238	32	50	632	13	724	62	104	——	14	——
5 785	5 452	3 647	201	1 134	945	594	2 204	4	256	41	41	25
——	——	——	——	——	——	——	——	——	——	——	——	——
——	——	——	——	——	——	——	——	——	——	——	——	——

各地区其他文化企业

	工资、福利费、						
	财务费用	利息支出	营业利润	补贴收入	财政拨款	利润总额	所得税
总　计	**35 410**	**28 203**	**−90 581**	**88 011**	**73 997**	**−16 884**	**15 870**
中　央	−2 198	−536	55 370	42 462	38 000	104 494	4 770
北　京	−209	−209	−1 794	20	——	−261	945
天　津	——	−23	−5 764	40	40	−1 513	102
河　北	37	6	−868	152	152	−695	——
山　西	394	41	−9 817	3 097	2 731	−10 998	36
内蒙古	——	——	——	——	——	——	——
辽　宁	−8	−9	−188	30	30	−210	25
其中:大连	——	——	——	——	——	——	——
吉　林	35	——	−741	1 263	1 057	−2 441	——
黑龙江	−6 642	478	−27 872	808	774	−25 959	2 939
上　海	−298	−303	16 607	878	——	18 292	400
江　苏	−180	68	−10 534	2 814	279	6 491	587
浙　江	9 884	9 473	−15 274	6 733	5 001	−11 306	3 117
其中:宁波	——	——	——	——	——	——	——
安　徽	44	27	−3 399	340	180	−3 245	——
福　建	35	44	−5 177	1 950	1 450	−3 571	5
其中:厦门	−9	——	——	——	——	−56	——
江　西	2	2	−399	3 881	3 721	57	——
山　东	5 102	4 421	−17 517	9 262	8 837	−20 103	1 556
其中:青岛	3	3	4 538	276	——	−1 240	1 610
河　南	3 594	3 621	−941	2 092	1 649	−267	145
湖　北	148	−106	−8 347	2 340	1 909	−9 249	469
湖　南	15 740	2 185	−32 553	4 756	4 069	−36 565	−72
广　东	−112	−141	723	——	——	−607	780
其中:深圳	——	——	——	——	——	——	——
广　西	−14	——	372	——	——	374	133
海　南	——	——	——	——	——	——	——
重　庆	4 604	4 246	−12 854	2 230	1 822	−10 460	−380
四　川	——	——	——	——	——	——	——
贵　州	70	25	979	271	234	151	291
云　南	2 032	1 594	−6 774	2 542	2 062	−4 728	5
西　藏	——	——	——	——	——	——	——
陕　西	3 286	3 233	−4 164	——	——	−4 097	——
甘　肃	5	10	−19	——	——	−60	12
青　海	59	56	364	50	——	−408	5
宁　夏	——	——	——	——	——	——	——
新　疆	——	——	——	——	——	——	——

机构基本情况(二)

增值税(千元)			增加值(千元)	公用房屋建筑面积	
本年应付工资总额	本年应付福利费总额	本年应交增值税		(千平方米)	业务用房面积
337 275	**62 837**	**16 715**	**811 350**	**1 591**	**847**
35 229	2 681	8 922	157 447	24	11
4 949	242	99	7 136	9	5
13 086	522	647	19 645	10	9
2 674	100	1	4 543	11	7
15 649	911	189	21 283	123	52
——	——	——	——	——	——
879	60	19	1 879	2	——
——	——	——	——	——	——
2 929	355	17	14 192	36	19
58 697	4 512	53	57 123	101	38
7 040	569	357	36 787	9	9
15 492	1 340	1 425	33 483	53	41
23 503	2 336	702	58 257	112	34
——	——	——	——	——	——
2 527	441	23	1 912	14	10
4 454	497	235	6 243	29	18
220	——	8	315	——	——
1 989	673	——	8 422	7	7
37 929	35 673	1 537	136 699	381	216
4 910	284	1 409	19 467	32	7
2 786	506	——	9 450	31	18
13 424	2 409	79	47 765	128	67
39 623	3 766	75	66 895	229	128
12 082	1 324	928	38 905	34	22
——	——	——	——	——	——
824	67	138	1 698	1	1
——	——	——	——	——	——
19 291	604	455	33 003	57	33
——	——	——	——	——	——
2 221	139	——	6 097	19	6
13 953	2 358	798	34 958	128	70
——	——	——	——	——	——
4 038	533	7	3 005	28	20
323	——	——	561	4	——
1 684	219	9	3 962	11	6
——	——	——	——	——	——
——	——	——	——	——	——

各地区其他文化企业机构

	机构数（个）	从业人员（人）			资产、负债、所有者权益（千元）						
			高级职称	中级职称	资产总计			负债总计	所有者权益合计		
						固定资产原值	本年折旧			实收资本	
											国家资本金
总　计	**913**	**24 474**	**742**	**2 957**	**6 201 818**	**3 180 025**	**225 607**	**3 584 052**	**2 617 766**	**1 323 780**	**705 565**
中　央	40	828	63	90	695 661	40 602	4 154	352 229	343 432	43 543	18 749
北　京	8	191	8	17	96 553	19 366	799	34 235	62 318	18 000	11 130
天　津	38	630	4	26	137 484	54 188	4 697	74 015	63 469	41 891	23 385
河　北	14	177	18	14	48 175	35 341	1 084	31 593	16 582	14 169	12 874
山　西	97	2 057	31	259	168 734	131 707	6 006	77 118	91 616	38 315	26 461
内蒙古	——	——	——	——	——	——	——	——	——	——	——
辽　宁	5	47	——	2	11 835	7 947	726	6 286	5 549	6 803	1 746
其中：大连	2	16	——	——	——	——	——	——	——	——	——
吉　林	49	746	25	72	73 399	52 900	8 660	61 095	12 304	28 879	22 493
黑龙江	80	1 753	94	121	667 133	631 531	12 627	246 105	421 028	45 010	2 659
上　海	21	283	5	12	139 999	49 341	6 616	70 125	69 874	34 521	13 366
江　苏	41	631	59	113	259 664	103 196	14 742	149 267	110 397	56 795	50 046
浙　江	41	862	20	75	1 334 655	402 863	22 730	637 105	697 550	332 761	215 860
其中：宁波	——	——	——	——	——	——	——	——	——	——	——
安　徽	15	374	2	32	43 625	19 709	566	36 303	7 322	9 283	7 862
福　建	7	129	29	32	47 446	20 558	232	30 626	16 820	14 747	2 403
其中：厦门	1	9	——	1	1 723	559	——	1 004	719	300	300
江　西	12	189	13	20	14 548	13 378	1 242	11 402	3 146	7 019	——
山　东	154	4 920	108	813	610 996	414 494	39 155	450 117	160 879	187 496	76 708
其中：青岛	20	333	1	21	114 313	32 487	4 755	102 784	11 529	28 326	1 989
河　南	20	804	74	78	49 731	31 919	2 992	29 909	19 822	12 220	8 136
湖　北	71	2 909	66	428	410 884	270 839	28 916	219 730	191 154	136 060	65 088
湖　南	86	4 081	95	414	626 460	340 256	35 113	435 034	191 426	128 745	47 240
广　东	7	181	2	14	58 262	80 295	3 129	33 391	24 871	11 861	5 505
其中：深圳	——	——	——	——	——	——	——	——	——	——	——
广　西	——	——	——	——	——	——	——	——	——	——	——
海　南	——	——	——	——	——	——	——	——	——	——	——
重　庆	18	825	4	58	314 537	157 575	14 009	268 563	45 974	63 600	47 501
四　川	——	——	——	——	——	——	——	——	——	——	——
贵　州	19	349	1	25	18 746	17 178	1 087	6 717	12 029	5 483	3 027
云　南	57	1 072	8	206	260 250	212 702	14 509	177 143	83 107	58 618	29 311
西　藏	——	——	——	——	——	——	——	——	——	——	——
陕　西	7	323	8	27	81 201	47 057	892	125 187	—43 986	20 179	13 229
甘　肃	2	7	——	——	4 235	4 779	——	3 671	564	586	556
青　海	4	106	5	9	27 605	20 304	924	17 086	10 519	7 196	230
宁　夏	——	——	——	——	——	——	——	——	——	——	——
新　疆	——	——	——	——	——	——	——	——	——	——	——

（第三产业）基本情况（一）

损益及分配（千元）												
营业收入		主营业务成本	主营业务税金及附加	主营业务利润	其他业务利润	营业费用	管理费用					
	主营业务收入							税金	养老、失业等保险费	住房公积金和住房补贴	差旅费	工会经费
1 602 858	**1 169 757**	**677 028**	**36 086**	**416 049**	**173 606**	**248 019**	**508 399**	**15 466**	**72 990**	**14 719**	**9 749**	**3 212**
343 235	321 158	188 525	4 502	130 969	31 365	61 928	43 817	141	1 790	1 866	559	488
29 316	25 655	14 034	522	6 224	3 510	4 897	10 842	202	1 536	494	359	74
53 596	44 208	24 913	1 296	18 245	2 394	16 132	15 985	363	2 799	744	480	210
13 379	10 349	3 495	456	3 946	5 236	5 668	4 634	92	770	73	40	11
35 422	10 442	5 823	801	1 363	10 656	3 340	24 747	1 107	2 926	349	384	88
——	——	——	——	——	——	——	——	——	——	——	——	——
2 379	2 275	688	58	1 489	104	——	1 831	97	146	——	81	7
——	——	——	——	——	——	——	——	——	——	——	——	——
17 780	4 061	2 272	267	2 334	1 125	1 409	8 158	153	1 048	59	215	26
58 538	7 078	2 908	593	−780	11 273	1 743	36 670	271	4 887	1 512	176	117
94 004	91 759	37 760	2 732	50 669	1 870	11 565	16 178	211	1 505	202	182	103
71 055	64 644	46 849	985	15 941	10 136	6 632	28 043	492	2 807	1 708	600	234
156 443	127 194	65 030	5 063	64 335	17 378	35 088	56 305	2 104	5 810	1 513	1 730	290
——	——	——	——	——	——	——	——	——	——	——	——	——
4 382	1 327	782	92	166	986	1 380	5 924	15	978	319	102	10
3 743	587	1 159	298	715	1 771	1 062	5 262	139	1 099	282	211	45
532	532	250	24	258	——	——	323	——	48	14	——	2
7 010	3 869	2 576	152	99	1 754	975	2 459	200	585	94	44	8
224 920	137 415	66 174	6 217	53 921	17 207	39 162	71 856	4 113	16 254	2 022	1 482	364
39 305	33 656	16 287	703	16 025	2 493	10 314	13 063	467	1 675	407	369	41
16 364	10 422	5 865	490	3 258	1 314	1 262	5 521	227	1 204	44	90	81
108 221	67 754	43 576	1 112	14 731	12 910	16 905	36 727	623	6 327	657	971	301
110 585	42 382	25 203	3 517	12 336	16 670	9 888	67 369	1 364	10 544	423	846	290
19 887	17 939	7 056	524	10 359	2 177	3 838	10 629	206	1 493	684	387	49
——	——	——	——	——	——	——	——	——	——	——	——	——
——	——	——	——	——	——	——	——	——	——	——	——	——
——	——	——	——	——	——	——	——	——	——	——	——	——
153 673	134 385	114 766	4 578	10 423	8 246	10 833	23 448	706	3 067	810	384	149
——	——	——	——	——	——	——	——	——	——	——	——	——
9 766	4 183	2 505	130	1 508	1 800	246	3 819	295	731	235	14	18
53 564	25 878	9 585	979	6 815	12 534	9 857	21 976	1 888	4 065	526	276	187
——	——	——	——	——	——	——	——	——	——	——	——	——
11 664	11 194	3 004	583	6 473	257	3 602	4 626	429	573	75	87	57
240	240	144	27	69	——	13	37	25	——	——	12	——
3 692	3 359	2 336	112	441	933	594	1 536	3	46	28	37	5
——	——	——	——	——	——	——	——	——	——	——	——	——
——	——	——	——	——	——	——	——	——	——	——	——	——

各地区其他文化企业机构

	工	资、	福	利	费、		
	财务费用		营业利润	补贴收入		利润总额	所得税
		利息支出			财政拨款		
总　计	**35 329**	**28 201**	**−87 046**	**84 732**	**70 718**	**−12 782**	**11 479**
中　央	−2 198	−536	55 370	42 462	38 000	104 494	4 770
北　京	−209	−209	−1 794	20	——	−261	945
天　津	——	−23	−4 938	40	40	−687	98
河　北	37	6	−868	152	152	−695	——
山　西	394	41	−9 817	3 097	2 731	−10 998	36
内蒙古	——	——	——	——	——	——	——
辽　宁	−8	−9	−188	——	——	−210	25
其中:大连	——	——	——	——	——	——	——
吉　林	35	——	−717	1 263	1 057	−2 417	——
黑龙江	−6 643	478	−27 961	808	774	−25 978	33
上　海	−298	−303	16 607	878	——	18 292	400
江　苏	−221	102	−8 478	2 814	279	8 272	587
浙　江	9 428	9 017	−13 870	6 733	5 001	−10 159	3 005
其中:宁波	——	——	——	——	——	——	——
安　徽	44	27	−3 399	340	180	−3 245	——
福　建	35	44	−2 959	1 650	1 150	−1 977	5
其中:厦门	−9	——	——	——	——	−56	——
江　西	2	2	−399	932	772	57	——
山　东	5 102	4 421	−17 495	9 262	8 837	−20 081	1 556
其中:青岛	3	3	4 538	276	——	−1 240	1 610
河　南	3 594	3 621	−941	2 092	1 649	−267	145
湖　北	148	−106	−8 347	2 340	1 909	−9 249	469
湖　南	15 741	2 186	−32 548	4 756	4 069	−36 298	−72
广　东	288	278	−1 821	——	——	−1 808	−451
其中:深圳	——	——	——	——	——	——	——
广　西	——	——	——	——	——	——	——
海　南	——	——	——	——	——	——	——
重　庆	4 604	4 246	−12 854	2 230	1 822	−10 460	−380
四　川	——	——	——	——	——	——	——
贵　州	70	25	979	271	234	151	291
云　南	2 032	1 594	−6 774	2 542	2 062	−4 728	5
西　藏	——	——	——	——	——	——	——
陕　西	3 286	3 233	−4 164	——	——	−4 097	——
甘　肃	10	10	——	——	——	9	12
青　海	56	56	330	50	——	−442	——
宁　夏	——	——	——	——	——	——	——
新　疆	——	——	——	——	——	——	——

(第三产业)基本情况(二)

增值税(千元)			增加值(千元)	公用房屋建筑面积(千平方米)	
本年应付工资总额	本年应付福利费总额	本年应交增值税			业务用房面积
316 606	**61 066**	**14 542**	**757 155**	**1 539**	**817**
34 910	2 681	8 913	157 112	14.3	11.4
4 949	242	99	7 136	8.5	4.8
11 514	396	593	17 656	9.2	9
2 674	100	1	4 543	10.6	7.3
15 648	911	189	21 282	122.8	52.4
——	——	——	——	——	——
849	60	19	1 775	1.9	0.1
——	——	——	——	——	——
2 841	353	5	139 56	36	18.8
56 701	4 341	3	53 856	98.7	36.5
7 040	569	357	36 787	8.6	8.5
13 864	1 213	908	31 228	53.2	40.5
21 386	2 156	347	54 250	105.5	27.3
——	——	——	——	——	——
2 527	441	23	1 912	13.8	10.3
2 440	147	34	3 402	13.2	5.1
220	——	8	315	0.2	0.2
1 811	673	——	5 295	6.9	6.8
37 463	35 605	1 537	134 415	380.5	215.7
4 910	284	1 409	19 467	31.7	6.5
2 786	506	——	9 450	30.9	17.9
13 424	2 409	79	47 765	128.4	67.2
39 088	3 766	75	66 304	228.7	128.3
4 052	725	91	9 135	24.4	15.1
——	——	——	——	——	——
——	——	——	——	——	——
——	——	——	——	——	——
19 291	604	455	33 003	57.3	32.5
——	——	——	——	——	——
2 221	139	——	6 097	19.1	5.8
13 953	2 358	798	34 958	128	69.9
——	——	——	——	——	——
4 038	533	7	3 005	28.3	20
33	——	——	85	0.1	0.1
1 103	138	9	2 748	11	5.9
——	——	——	——	——	——
——	——	——	——	——	——

全国各地区文物业

	机构数（个）	从业人员									信息化建设	
		（人）	在编人数	具有专业资质人数			具有文博和工程系列职称人数			安全保卫人员（人）	计算机（台）	网站数（个）
				（人）	具有考古发掘个人领队资格人数	具有文物保护工程职业资格人数	（人）	高级职称	中级职称			
总计	**4 277**	**86 814**	**59 765**	**4 669**	**711**	**457**	**22 617**	**4 678**	**10 124**	**12 476**	**18 896**	**467**
中央	10	2 566	2 285	65	13	5	887	339	356	448	1 037	15
北京	85	4 452	2 486	280	8	9	501	83	208	452	1 067	17
天津	27	961	672	10	5	3	428	96	171	96	243	9
河北	256	6 385	4 630	50	35	15	949	227	458	695	694	22
山西	207	5 671	3 773	189	35	28	903	164	501	856	680	22
内蒙古	118	1 623	1 043	128	23	14	601	103	292	195	281	9
辽宁	100	2 899	2 079	178	36	28	1 059	188	431	409	704	12
其中：大连	8	301	184	35	6	1	76	29	37	46	114	3
吉林	70	1 202	925	103	17	9	564	165	262	60	188	6
黑龙江	146	1 325	1 031	207	9	25	555	175	262	128	199	11
上海	37	1 331	932	17	4	——	433	101	215	182	1 011	17
江苏	192	3 080	1 975	32	28	4	1 094	252	510	525	1 181	40
浙江	197	3 683	1 752	205	24	2	1 013	254	432	617	1 540	48
其中：宁波	20	389	198	34	4	——	136	30	63	56	144	5
安徽	135	1 502	1 026	96	21	4	686	105	300	243	294	5
福建	129	1 220	800	207	15	12	463	97	179	205	806	11
其中：厦门	7	119	63	18	2	——	39	13	26	17	159	——
江西	170	2 316	1 786	101	11	1	674	141	287	340	230	15
山东	194	4 809	3 741	158	32	48	1 766	379	825	597	680	22
其中：青岛	16	230	185	30	3	12	94	20	39	33	69	4
河南	243	7 526	4 522	254	60	42	1 424	280	675	1 195	1 190	34
湖北	165	3 719	2 829	169	42	11	1 198	211	652	475	584	15
湖南	207	2 968	2 102	59	44	12	725	133	253	378	635	9
广东	209	3 283	2 094	405	32	12	886	140	305	610	1 239	38
其中：深圳	14	229	122	21	7	3	79	28	36	51	150	7
广西	124	1 197	872	121	19	46	484	71	212	211	360	8
海南	24	252	211	24	1	1	66	11	22	35	23	5
重庆	68	1 512	1 064	146	16	7	475	109	129	321	395	4
四川	237	4 670	2 760	238	47	51	983	146	484	548	824	22
贵州	111	979	636	165	8	4	250	38	91	131	195	6
云南	158	1 313	1 070	254	16	13	698	121	268	159	263	5
西藏	12	2 422	1 903	45	6	2	70	13	24	108	147	2
陕西	327	7 227	5 393	578	69	33	1 413	284	654	1 545	814	22
甘肃	124	2 350	1 693	75	13	12	604	114	317	415	804	5
青海	43	317	253	13	4	1	146	27	93	17	46	——
宁夏	31	483	359	73	7	3	168	31	54	66	118	——
新疆	121	1 571	1 068	24	11	——	451	80	202	214	424	11

基本情况(一)

文物藏品(件、套)				本年考古出土文物及标本数(件、套)	本年从有关部门接收文物数(件、套)	本年藏品征集数(件、套)	本年修复文物数(件、套)				考古发掘项目			
	一级品	二级品	三级品					一级品	二级品	三级品	(个)	基本建设中考古发掘项目	抢救性发掘项目	主动性发掘项目
25 677 354	**59 743**	**1 569 421**	**2 496 817**	**32 155**	**76 119**	**120 658**	**50 421**	**452**	**2 197**	**23 905**	**1 922**	**935**	**764**	**144**
1 687 938	13 281	832 972	308 224	——	58	3 851	74	9	46	10	8	——	2	6
3 618 898	670	9 723	50 981	153	536	2 601	1 957	3	80	348	47	27	20	——
946 091	970	26 970	39 557	——	51	553	13	——	——	——	15	8	5	2
540 624	1 134	12 113	50 483	——	52	1 640	251	2	11	62	73	42	26	5
835 638	2 117	7 454	73 390	3	1 391	391	176	——	65	72	55	46	5	4
450 012	1 662	2 243	5 949	——	275	3 913	1 420	5	20	126	34	19	11	4
634 315	1 389	12 915	185 363	300	93	11 880	691	6	130	509	58	29	14	13
101 403	235	2 536	27 038	——	——	329	47	——	——	14	2	2	——	——
196 522	605	3 301	10 071	——	225	580	203	20	31	35	18	3	1	6
183 134	304	1 397	17 511	450	129	895	82	17	4	——	15	10	4	1
1 450 244	1 331	45 960	132 999	——	861	4 188	61	——	3	58	——	——	——	——
1 940 200	1 993	93 388	443 851	1 374	282	5 444	1 365	16	25	104	185	68	113	4
1 092 998	1 972	8 750	58 862	2 800	6 757	4 223	3 490	——	110	121	86	42	42	1
227 614	173	848	6 939	——	12	404	100	——	100	——	11	6	5	——
693 412	1 515	3 780	117 206	2 000	952	1 762	1 285	38	77	254	72	4	65	2
422 077	913	1 986	83 250	50	491	1 534	125	3	——	21	14	7	5	2
64 111	16	200	6 028	50	92	413	28	2	——	4	——	——	——	——
502 924	1 983	5 921	43 911	——	172	615	2 065	79	96	1 890	29	4	18	6
1 356 077	2 938	11 713	89 935	500	32 936	33 337	1 732	5	74	304	76	44	25	6
170 864	210	2 615	9 206	——	——	986	21	——	——	——	7	——	4	3
1 589 814	2 396	15 745	218 001	12 351	1 029	4 691	3 381	1	33	290	231	129	52	6
1 071 934	2 166	10 920	82 156	105	1 157	3 807	2 736	42	89	1 334	98	54	39	5
770 245	1 577	5 581	46 179	1 060	128	3 010	1 344	7	5	49	133	85	41	3
1 545 699	1 174	411 191	73 698	5 150	3 762	12 672	16 787	——	294	14 235	54	26	9	19
31 974	25	160	4 859	1 690	684	39	270	——	——	——	2	1	1	——
302 896	333	4 229	22 341	——	6 012	1 853	293	——	5	11	24	10	12	2
30 297	131	243	1 037	——	607	458	22	——	——	——	8	2	5	1
593 283	909	1 811	20 466	——	2 096	248	1 558	5	22	214	58	9	32	1
808 812	2 898	7 566	114 404	——	625	5 405	2 210	5	73	426	266	166	96	4
89 054	293	588	7 155	1 673	317	461	119	——	1	28	16	10	6	——
374 955	823	1 735	14 812	——	575	1 172	810	——	3	22	63	30	16	17
159 492	814	222	528	——	——	449	21	——	4	17	——	——	——	——
930 175	6 789	13 861	76 268	4 122	12 778	2 510	4 924	122	631	2 995	137	41	76	19
493 415	3 275	11 619	97 173	64	190	4 114	495	50	205	95	33	11	20	2
141 857	262	1 045	2 604	——	1 195	73	6	3	——	——	2	2	——	——
80 223	419	2 479	8 452	——	——	923	415	10	60	275	10	7	1	2
144 099	707	——	——	——	387	1 405	310	4	——	——	4	——	3	1

全国各地区文物业

	考古钻探面积（千平方米）	考古发掘面积（千平方米）	发掘墓葬数（个）	举办陈列、展览（个）	举办陈列、展览 参观人次（千人次）	举办陈列、展览 未成年人参观人次	提供藏品参与外单位举办的展览次数（次）		本 财政拨款	本 上级补助收入
总　计	**51 374**	**1 962**	**27 565**	**10 700**	**453 825**	**138 552**	**1 319**	**10 369 171**	**4 818 358**	**418 370**
中　央	2 000	2	48	64	16 651	2 696	21	1 039 808	393 190	14 488
北　京	4 628	31	1 328	214	14 930	1 010	25	936 540	202 712	1 828
天　津	600	6	150	454	14 991	9 377	8	94 125	71 042	374
河　北	8 807	57	741	221	9 289	1 660	13	568 320	287 286	17 475
山　西	366	43	1 448	160	8 779	826	3	479 386	234 012	4 489
内蒙古	1 959	70	642	208	5 923	1 664	26	149 722	102 929	4 118
辽　宁	1 386	29	62	195	8 949	531	19	208 520	103 857	3 007
其中:大连	200	3	8	42	2 187	44	3	27 875	17 511	20
吉　林	14	2	2	94	21 594	1 299	4	94 789	54 983	6 948
黑龙江	738	12	——	226	13 927	3 552	6	85 413	71 876	1 266
上　海	200	——	10	170	3 859	836	18	300 099	200 488	5 596
江　苏	1 862	139	857	848	17 266	4 775	126	387 673	289 845	5 716
浙　江	804	302	663	708	29 620	3 908	67	1 006 911	504 062	26 135
其中:宁波	400	80	155	47	2 045	701	16	57 259	36 658	5 814
安　徽	321	16	273	244	8 738	1 275	7	97 462	64 244	12 950
福　建	80	6	761	281	26 387	13 494	21	94 612	78 136	5 076
其中:厦门	80	——	——	7	452	51	——	10 619	9 653	79
江　西	8	6	44	262	8 313	5 293	6	116 531	76 748	5 098
山　东	2 998	119	923	1 300	14 661	2 302	49	471 512	191 683	3 033
其中:青岛	——	60	700	34	1 052	315	15	27 622	16 830	575
河　南	5 074	166	4 007	442	11 723	2 551	30	629 377	253 409	49 072
湖　北	5 969	203	633	287	11 436	3 781	22	376 534	204 551	27 758
湖　南	1 218	66	754	312	7 387	3 098	31	261 108	153 150	16 504
广　东	1 298	23	197	895	44 991	21 894	69	456 341	309 412	19 864
其中:深圳	——	——	——	71	7 481	13 780	1	43 157	32 324	2 230
广　西	279	9	38	256	3 094	684	16	153 045	102 573	16 762
海　南	99	1	18	33	8 655	7 946	1	16 233	11 742	1 444
重　庆	294	60	9 773	135	8 091	923	6	170 757	70 472	2 860
四　川	3 566	216	800	1 143	84 538	28 066	58	545 741	175 824	21 470
贵　州	55	59	152	176	7 815	3 833	9	80 123	35 445	4 894
云　南	139	71	661	271	13 365	2 622	291	95 516	62 820	6 972
西　藏	——	——	——	2	95	95	1	87 475	22 060	——
陕　西	6 323	88	2 407	242	11 272	1 798	290	800 912	202 536	118 126
甘　肃	14	7	73	248	3 591	482	15	258 168	104 047	4 187
青　海	——	1	4	434	378	50	2	20 594	15 952	725
宁　夏	275	147	53	65	5 336	2 743	45	38 628	21 606	941
新　疆	——	5	43	110	8 181	3 488	14	247 196	145 666	9 194

基本情况(二)

年收入合计（千元）									
事业收入		经营收入	附属单位上缴收入	其他收入		基本支出	项目支出		经营支出
	门票收入							文物保护专项支出	
3 918 704	**3 229 233**	**191 945**	**1 450**	**412 029**	**9 381 665**	**4 819 137**	**3 560 950**	**535 512**	**327 211**
507 054	463 706	39 203	——	28 684	998 280	337 103	469 415	12 424	72 540
448 398	427 791	79 049	——	22 781	890 881	409 763	298 696	16 931	177 630
12 727	11 205	108	60	9 814	83 016	71 119	11 249	130	——
220 967	205 526	6 961	550	8 129	374 168	246 465	117 078	20 312	6 422
152 704	131 741	——	——	10 019	421 088	225 190	158 985	20 899	837
38 273	1 642	——	——	3 574	133 640	99 272	34 366	11 726	——
85 480	73 624	1 169	——	4 462	204 901	102 147	89 164	5 088	753
7 718	7 295	——	——	2 626	27 452	15 390	11 669	444	——
30 698	26 077	52	——	1 691	98 483	77 339	16 006	525	52
9 244	6 382	——	——	2 144	78 631	60 334	5 428	1 082	——
72 497	62 884	3 619	——	10 589	283 823	147 834	127 642	6 088	3 058
62 543	34 480	1 415	59	22 815	362 228	225 787	134 193	20 950	1 718
398 053	354 435	1 564	466	23 536	842 226	418 594	357 003	51 622	988
10 077	6 785	265	——	4 445	53 063	31 238	21 821	13 474	4
10 629	5 584	45	——	9 594	98 205	52 874	28 141	5 767	45
5 440	3 567	151	2	4 878	89 623	48 596	35 447	7 264	77
652	403	——	——	235	11 331	7 543	3 739	1 628	——
27 337	22 438	89	——	4 326	121 237	67 708	45 418	8 956	1 134
255 258	223 981	1 399	——	6 313	406 748	351 555	31 398	6 810	10 355
4 156	3 787	56	——	2 127	28 719	15 132	3 661	47	6
244 792	154 190	31 559	66	14 225	589 989	291 113	221 568	57 565	32 756
96 380	83 395	4 236	——	31 457	352 637	121 210	186 513	18 983	1 598
78 409	54 258	947	25	8 226	255 951	133 584	112 971	28 863	996
108 813	70 606	739	215	11 342	456 568	225 554	220 046	58 421	87
2 676	2 273	706	——	4 258	42 994	23 540	16 518	3 030	——
16 859	4 282	430	——	10 184	132 637	57 835	64 756	8 880	773
1 920	1 870	——	——	399	12 909	8 180	2 783	1 066	55
85 722	57 716	2 570	——	9 095	132 735	69 507	54 420	5 664	2 085
311 825	203 257	10 884	6	17 730	525 109	268 067	215 176	107 428	7 665
23 349	15 956	998	1	3 231	66 309	44 713	17 228	2 740	535
18 883	1 824	1 188	——	5 353	121 582	59 529	56 932	8 343	1 299
61 452	54 918	400	——	1 250	46 378	36 212	2 414	——	400
368 260	313 208	3 033	——	81 585	683 183	304 611	269 084	18 121	3 125
119 981	116 756	——	——	18 965	243 191	156 272	85 846	12 053	——
2 049	1 502	——	——	1 440	23 854	14 674	6 484	190	——
12 883	12 343	77	——	1 837	40 121	28 103	9 132	7 333	48
29 825	28 089	60	——	22 361	211 334	58 293	75 968	3 288	180

全国各地区文物业

	本年支出合计（千元）								
	在支出合计中：								
	工资福利支出	商品和服务支出						对个人和家庭补助支出	
			维修（护）费	差旅费	劳务费	福利费	税金支出		抚恤金和生活补助
总计	**2 255 367**	**3 389 225**	**899 323**	**114 619**	**186 683**	**52 710**	**55 255**	**519 148**	**16 389**
中央	162 330	320 346	8 082	17 741	11 526	1 956	8 065	94 600	1 897
北京	139 916	187 328	50 264	1 825	783	5 071	2 361	28 738	228
天津	27 230	36 319	4 411	478	279	340	180	10 734	130
河北	134 949	129 239	62 726	5 021	4 133	2 671	2 845	20 703	509
山西	108 052	230 268	104 155	7 559	7 717	2 424	2 089	14 674	1 182
内蒙古	33 034	63 085	14 303	4 469	5 495	446	149	6 114	184
辽宁	69 035	79 853	23 700	2 188	4 959	787	321	14 042	107
其中：大连	8 285	15 493	5 306	256	653	304	70	836	9
吉林	28 515	35 527	2 891	2 991	147	42	19	11 064	72
黑龙江	36 909	16 712	1 835	720	314	349	173	9 767	150
上海	88 200	112 370	34 118	2 248	1 929	2 685	543	7 322	403
江苏	110 869	152 253	27 590	5 532	11 503	2 160	626	34 012	1 301
浙江	179 413	424 589	221 112	5 666	11 663	5 530	2 754	35 439	602
其中：宁波	20 826	18 473	2 521	490	1 152	239	74	2 063	6
安徽	29 582	21 320	8 452	855	263	708	108	11 624	522
福建	28 355	35 286	5 282	1 041	605	356	29	7 981	75
其中：厦门	4 164	4 199	1 000	125	35	80	2	1 271	——
江西	39 652	30 015	13 641	2 129	1 906	1 386	458	10 843	795
山东	138 886	71 798	10 359	4 294	3 641	564	7 111	23 320	418
其中：青岛	11 316	9 874	165	225	593	135	4	2 861	——
河南	135 658	252 000	97 903	5 796	26 876	3 417	3 571	20 440	761
湖北	65 750	87 503	8 681	4 161	11 253	1 960	894	13 325	606
湖南	64 479	101 777	29 420	3 079	6 113	2 466	1 609	12 347	1 754
广东	128 272	140 782	25 626	4 307	6 451	3 295	2 565	34 241	867
其中：深圳	16 565	6 088	1 222	1 193	88	228	604	1 469	——
广西	27 948	26 745	3 335	2 113	2 114	720	666	8 832	259
海南	4 948	1 692	353	160	91	80	15	291	6
重庆	38 106	70 593	24 415	2 050	5 348	1 058	485	7 036	94
四川	96 810	242 201	60 979	7 722	13 134	2 691	3 355	21 109	661
贵州	19 945	34 543	3 278	838	798	360	238	4 475	399
云南	30 136	43 702	5 605	2 409	5 088	362	256	7 932	116
西藏	24 327	17 285	1 992	488	178	12	——	2 770	——
陕西	143 787	211 255	22 350	7 974	9 519	4 372	12 663	20 534	513
甘肃	64 380	86 123	10 859	5 040	30 142	3 132	650	13 569	1 168
青海	9 648	9 404	1 100	684	560	8	60	2 205	19
宁夏	14 290	10 514	3 025	460	288	721	82	2 557	353
新疆	31 956	106 798	7 481	2 581	1 867	581	315	6 508	238

基本情况(三)

其他资本性支出		资产总计（千元）		增加值（千元）	公用房屋建筑面积（千平方米）	
	各种设备购置费		固定资产原值			文物库房
888 023	**245 367**	**21 022 985**	**11 898 788**	**4 013 576**	**11 905**	**904**
128 071	46 404	2 185 087	671 798	325 672	389	51
157 453	12 424	1 475 688	404 784	286 121	819	34
7 656	722	352 261	52 153	84 565	134	18
13 663	5 400	607 488	411 323	354 553	330	33
32 678	10 175	663 876	343 607	190 421	307	34
16 516	3 164	273 217	172 660	52 993	190	15
18 915	5 580	545 851	408 642	98 166	297	25
581	206	56 213	43 757	11 824	62	5
22 609	14 051	173 638	156 544	43 881	126	4
1 239	878	541 533	504 626	49 866	204	12
51 100	43 997	1 307 135	804 738	137 718	177	80
60 298	7 123	1 166 654	777 078	208 283	582	46
32 780	13 857	1 733 148	991 807	371 848	500	47
4 366	2 142	123 341	95 685	28 262	51	6
9 521	834	155 526	84 132	47 386	142	17
2 885	984	144 744	87 806	42 327	387	33
87	86	29 692	15 144	7 347	33	4
13 353	3 038	162 847	132 767	51 155	213	19
11 282	3 850	1 321 687	819 906	253 940	470	49
95	95	66 271	25 625	15 363	34	2
28 592	12 620	1 760 476	793 762	89 568	2 220	71
27 842	4 718	601 521	312 710	111 404	449	38
19 521	6 759	624 392	484 501	93 247	356	39
15 761	5 903	850 689	604 129	195 353	549	47
425	425	61 489	47 525	18 761	45	2
5 497	2 119	369 006	144 960	43 006	155	18
957	514	70 231	70 102	7 616	13	——
7 766	2 028	315 625	203 490	88 165	203	17
28 233	7 304	1 032 183	596 122	150 197	528	37
3 759	3 555	69 481	55 569	37 332	67	7
2 665	1 592	417 988	345 013	41 285	214	18
——	——	78 832	12 130	66 648	955	4
78 144	11 118	1 012 757	739 643	244 770	516	43
32 050	6 593	573 265	444 798	134 249	204	26
1 115	969	35 076	21 823	13 633	49	8
395	69	71 656	64 695	18 386	49	5
55 707	7 025	329 427	180 970	79 822	111	9

全国各地区省级

	机构数（个）	从业人员（人）								安全保卫人员（人）	信息化建设	
			在编人数	具有专业资质人数（人）			具有文博和工程系列职称人数（人）				计算机（台）	网站数（个）
					具有考古发掘个人领队资格人数	具有文物保护工程职业资格人数		高级职称	中级职称			
总计	**251**	**15 507**	**9 948**	**1 549**	**370**	**160**	**5 932**	**1 900**	**2 388**	**2 126**	**6 366**	**84**
北京	46	1 552	769	174	8	——	404	75	153	149	756	7
天津	8	747	526	6	4	——	367	90	139	85	224	8
河北	7	435	318	22	13	9	175	76	55	62	171	3
山西	15	711	489	67	24	——	183	67	97	147	269	2
内蒙古	3	268	168	13	13	——	131	41	72	39	116	3
辽宁	4	308	207	36	13	2	155	38	52	17	206	——
吉林	3	231	187	53	10	7	135	53	43	13	35	1
黑龙江	14	502	356	117	9	24	248	122	90	53	83	4
上海	9	740	544	4	4	——	334	92	167	48	721	4
江苏	6	371	226	16	13	3	108	52	52	72	250	2
浙江	9	428	324	65	16	——	236	106	80	85	387	5
安徽	4	260	152	12	12	——	134	41	56	28	65	1
福建	5	271	152	100	11	——	110	28	34	62	114	3
江西	8	590	346	9	9	——	193	86	85	124	108	3
山东	6	320	185	24	12	4	175	52	76	50	161	1
河南	5	600	334	66	20	2	252	69	118	129	364	5
湖北	11	551	306	18	18	——	217	95	94	134	179	1
湖南	8	592	286	17	7	10	258	74	61	76	284	3
广东	7	277	183	106	7	——	85	33	33	47	154	1
广西	4	263	124	76	16	45	116	39	58	47	117	2
海南	2	58	56	3	1	1	37	7	19	10	3	2
重庆	14	1 084	685	83	13	5	371	87	84	40	251	3
四川	4	310	221	30	16	14	95	33	58	17	85	1
贵州	3	91	73	42	7	——	68	23	19	12	50	1
云南	4	179	112	11	10	1	83	37	10	30	36	2
西藏	——	——	——	——	——	——	——	——	——	——	——	——
陕西	15	2 118	1 514	253	51	18	625	201	242	330	343	9
甘肃	10	1 000	608	53	13	12	341	93	187	130	613	3
青海	6	153	110	4	4	——	77	19	47	12	23	——
宁夏	6	152	143	57	7	3	78	28	31	24	68	——
新疆	5	345	244	12	9	——	141	43	76	54	130	4

文物业基本情况(一)

文物藏品(件、套)				本年考古出土文物及标本数(件、套)	本年从有关部门接收文物数(件、套)	本年藏品征集数(件、套)	本年修复文物数(件、套)				考古发掘项目			
	一级品	二级品	三级品					一级品	二级品	三级品	(个)	基本建设中考古发掘项目	抢救性发掘项目	主动性发掘项目
12 613 811	**21 627**	**229 093**	**1 269 625**	**13 441**	**10 898**	**12 605**	**11 517**	**131**	**673**	**2 777**	**476**	**293**	**110**	**57**
3 586 002	555	9 292	48 413	153	335	1 342	1 091	2	74	170	45	27	18	—
930 800	968	26 962	39 485	—	51	178	13	—	—	—	10	4	4	2
291 056	464	3 414	25 683	—	—	459	60	2	11	47	37	17	16	4
262 688	538	1 237	55 522	3	—	2	137	—	65	72	12	8	—	4
180 454	696	30	51	—	—	649	724	—	—	—	20	15	3	2
347 676	487	4 202	102 334	—	—	190	86	2	47	37	6	1	—	5
91 651	166	2 339	7 438	—	1	—	—	—	—	—	4	—	—	4
130 768	181	1 072	15 509	450	—	180	66	3	4	—	10	9	—	1
1 426 300	1 090	44 728	127 061	—	—	3 927	52	—	—	52	—	—	—	—
546 939	1 062	88 438	360 193	—	—	90	40	4	10	26	3	1	2	—
203 669	728	3 900	26 507	2 800	2 577	1 074	2 906	—	5	101	28	10	18	—
435 972	408	1 559	81 840	2 000	—	85	275	30	65	180	1	—	—	1
199 497	553	249	33 465	—	227	2	—	—	—	—	3	—	2	1
189 559	522	1 715	11 223	—	4	39	—	—	—	—	8	2	2	4
447 182	1 399	1 547	47 147	500	—	—	720	5	70	300	24	22	1	1
369 642	616	3 177	40 993	4 072	—	99	104	1	17	13	18	13	1	4
448 419	841	2 424	32 191	—	101	515	1 200	26	45	1 020	21	21	—	—
365 446	454	1 668	15 613	1 060	—	504	435	—	3	29	22	20	—	2
340 913	405	7 273	12 606	730	264	1 013	725	—	—	—	4	4	—	—
90 858	183	1 823	2 690	—	5 058	55	261	—	—	—	12	9	2	1
22 067	78	100	488	—	542	399	3	—	—	—	6	1	4	1
326 877	699	1 418	15 141	—	75	124	1 025	5	10	157	16	—	—	—
233 676	685	3 155	50 003	—	—	—	300	—	—	—	45	40	4	1
38 294	221	250	636	1 673	34	379	78	—	—	—	10	7	3	—
234 874	509	1 397	12 116	—	71	182	—	—	—	—	14	12	1	1
—	—	—	—	—	—	—	—	—	—	—	—	—	—	—
448 584	4 473	6 700	23 106	—	—	258	600	31	184	285	77	36	26	15
190 501	1 731	6 408	76 691	—	—	94	22	3	3	13	11	8	2	1
107 790	171	590	700	—	1 179	53	3	3	—	—	2	2	—	—
52 084	302	2 026	4 780	—	—	663	345	10	60	275	7	4	1	2
73 573	442	—	—	—	379	50	246	4	—	—	—	—	—	—

全国各地区省级

	考古钻探面积（千平方米）	考古发掘面积（千平方米）	发掘墓葬数（个）	举办陈列、展览			提供藏品参与外单位举办的展览次数（次）		本	
				（个）	参观人次（千人次）	未成年人参观人次			财政拨款	上级补助收入
总　计	**15 918**	**499**	**7 502**	**1 166**	**32 545**	**7 643**	**107**	**3 093 988**	**1 760 174**	**131 320**
北　京	4 628	31	1 328	131	2 111	300	10	380 701	158 073	200
天　津	600	6	150	46	1 094	374	5	78 775	63 530	374
河　北	6 510	47	286	19	281	66	6	203 731	188 261	——
山　西	90	43	1 306	29	383	185	3	159 986	137 467	——
内蒙古	800	30	600	13	70	34	2	51 222	18 598	——
辽　宁	——	6	——	20	228	89	11	15 809	8 547	——
吉　林	8	——	——	19	170	150	——	21 910	14 895	1 350
黑龙江	735	8	——	36	1 821	465	1	41 736	33 638	——
上　海	200	——	10	35	1 545	376	1	192 786	146 567	3 692
江　苏	100	1	2	23	400	300	8	54 108	39 057	650
浙　江	——	26	120	39	2 140	1 081	8	111 017	97 041	——
安　徽	——	——	——	23	484	484	——	23 754	18 152	2 391
福　建	——	——	——	16	175	80	3	17 773	17 291	460
江　西	8	——	——	24	1 426	850	4	50 046	28 795	200
山　东	113	14	77	20	43	24	8	56 917	40 640	——
河　南	——	100	1 200	32	508	250	6	169 051	124 574	11 802
湖　北	110	25	149	20	2 595	402	3	123 063	65 210	360
湖　南	180	30	400	25	1 495	254	4	85 583	36 516	——
广　东	816	15	9	12	242	220	3	87 732	69 813	92
广　西	226	5	26	27	314	195	3	76 929	54 073	——
海　南	99	1	18	1	5	4	——	8 608	6 868	700
重　庆	232	29	1	58	7 539	695	——	141 416	54 511	1 166
四　川	1	8	200	——	——	——	——	29 734	19 873	——
贵　州	20	8	100	21	300	100	3	24 048	10 870	124
云　南	101	25	23	31	426	137	——	27 811	10 091	——
西　藏	——	——	——	——	——	——	——	——	——	——
陕　西	121	27	1 453	25	5 135	401	6	531 098	111 576	102 936
甘　肃	——	1	12	16	1 090	54	5	181 093	66 652	490
青　海	——	1	2	385	159	23	1	13 329	9 769	100
宁　夏	220	12	30	12	168	21	2	16 191	13 355	30
新　疆	——	——	——	8	198	29	1	118 031	95 871	4 203

文物业基本情况（二）

年收入合计（千元）									
事业收入		经营收入	附属单位上缴收入	其他收入		基本支出	项目支出		经营支出
	门票收入							文物保护专项支出	
759 157	**497 524**	**6 100**	**251**	**175 825**	**2 645 636**	**1 058 437**	**1 433 325**	**95 770**	**9 946**
27 320	20 533	——	——	20 076	351 148	101 441	244 284	——	2 105
7 083	5 647	——	60	7 728	67 642	58 905	8 737	——	——
8 469	471	——	——	1 394	96 228	23 690	72 538	2 401	——
14 985	3 065	——	——	1 009	134 496	24 056	102 720	14 726	837
28 503	350	——	——	3 293	44 948	24 516	20 430	6 050	——
7 232	31	——	——	30	11 965	6 806	5 159	5	——
4 624	40	——	——	1 041	24 275	17 624	6 651	——	——
6 821	4 300	——	——	1 277	41 032	28 179	2 079	——	——
31 103	22 709	520	——	3 594	178 755	63 942	109 877	48	149
10 776	902	——	——	362	48 958	27 668	21 289	801	——
7 957	98	——	——	2 814	95 194	41 149	54 045	3 732	——
2 027	19	——	——	1 184	27 257	13 636	12 158	258	——
——	——	——	——	22	19 339	9 506	9 833	——	——
18 523	13 931	——	——	908	60 141	21 926	35 862	3 151	1 045
6 250	265	——	——	2 718	30 624	23 180	7 444	——	——
27 077	4 860	——	——	2 855	149 110	45 954	103 155	928	——
32 037	25 505	2 194	——	20 308	108 173	32 256	68 957	8 920	1 085
44 020	33 715	761	——	1 329	81 492	34 089	46 644	1 270	759
16 860	194	——	191	776	79 350	25 169	50 448	34 508	——
10 888	358	——	——	5 731	65 363	18 996	46 298	1 085	——
20	20	——	——	292	5 300	3 340	1 205	345	——
75 280	47 635	1 665	——	8 786	103 593	55 748	46 179	3 946	1 665
7 911	——	——	——	83	24 535	6 928	12 259	——	——
7 451	70	——	——	297	18 172	12 332	5 737	——	——
14 903	162	960	——	1 557	53 784	21 978	30 846	783	960
——	——	——	——	——	——	——	——	——	——
250 122	225 143	——	——	56 713	426 493	189 487	202 267	2 130	1 341
86 210	83 843	——	——	18 426	167 706	94 423	73 183	5 030	——
1 632	1 172	——	——	1 400	14 696	8 931	5 507	——	——
716	199	——	——	806	18 111	10 686	7 246	5 653	——
2 357	2 287	——	——	9 016	97 756	11 896	20 288	——	——

全国各地区省级

	本年支出合计（千元）								
	在支出合计中：								
	工资福利支出	商品和服务支出						对个人和家庭补助支出	
			维修(护)费	差旅费	劳务费	福利费	税金支出		抚恤金和生活补助
总计	**489 269**	**1 155 019**	**288 824**	**39 951**	**82 563**	**11 861**	**16 940**	**140 969**	**4 861**
北京	46 851	104 341	14 372	643	212	390	1 401	13 739	128
天津	21 440	29 785	2 055	338	19	221	77	9 000	89
河北	9 389	60 616	43 814	2 387	1 377	180	135	3 720	115
山西	14 874	97 050	54 458	3 187	4 118	424	186	5 550	683
内蒙古	4 751	36 983	9 720	3 167	4 692	88	137	1 527	68
辽宁	2 378	3 104	114	195	339	44	——	1 147	13
吉林	6 296	13 029	36	2 482	1	19	——	3 072	38
黑龙江	18 287	4 941	194	149	135	144	172	6 096	41
上海	54 665	69 904	14 644	1 224	596	606	42	3 701	199
江苏	13 126	18 783	−555	2 365	2 451	49	——	6 234	601
浙江	27 775	44 897	4 498	2 054	3 183	590	175	6 944	147
安徽	6 278	2 961	135	237	12	306	——	5 529	63
福建	4 552	10 339	7	327	155	33	——	3 146	34
江西	12 162	17 896	9 055	1 178	1 458	354	147	4 260	20
山东	10 223	13 453	3 528	2 042	1 642	1	88	5 353	37
河南	13 936	126 749	83 596	1 511	7 287	321	503	4 995	112
湖北	14 573	31 466	1 225	1 634	7 138	85	66	4 216	149
湖南	13 961	31 776	3 454	751	3 088	522	955	4 946	1 281
广东	13 065	14 580	3 449	311	60	546	185	5 150	45
广西	7 182	11 843	388	1 288	1 801	593	493	2 268	28
海南	2 521	604	192	122	60	70	——	152	——
重庆	32 259	58 877	20 701	1 485	4 000	589	434	6 028	73
四川	8 920	12 206	50	74	14	63	——	2 513	——
贵州	2 505	12 963	132	248	2	47	——	1 373	29
云南	4 546	25 833	476	1 789	4 169	146	3	3 766	35
西藏	——	——	——	——	——	——	——	——	——
陕西	69 910	143 697	11 384	3 280	3 477	2 258	10 953	13 694	124
甘肃	36 324	63 030	3 987	4 329	29 594	2 839	452	8 459	648
青海	4 662	8 099	801	510	560	3	60	1 599	17
宁夏	4 768	5 233	2 659	186	165	219	33	1 282	16
新疆	7 090	79 981	255	458	758	111	243	1 510	28

文物业基本情况(三)

其他资本性支出	各种设备购置费	资产总计（千元）	固定资产原值	增加值（千元）	公用房屋建筑面积（千平方米）	文物库房
359 797	**96 501**	**7 044 511**	**3 724 899**	**1 282 092**	**2 161**	**329**
138 040	7 545	900 380	183 027	211 529	317	32
7 418	515	339 332	45 392	76 641	98	18
1 391	932	99 024	45 623	128 327	44	16
10 291	6 334	255 998	50 877	46 650	93	15
1 737	1 737	55 496	29 831	18 080	24	7
530	115	93 871	40 542	8 836	86	4
4 478	3 304	96 363	84 756	12 233	45	2
441	352	422 914	391 272	26 092	103	7
44 814	42 658	1 015 422	680 882	96 671	111	75
7 822	1 157	235 258	177 226	26 228	100	3
11 249	3 854	256 813	130 136	46 823	35	11
396	46	83 843	33 020	14 836	19	4
218	124	33 327	19 439	9 521	50	8
9 470	1 601	42 404	25 862	14 216	76	9
695	533	162 491	104 767	41 571	46	11
3 429	2 215	460 787	276 469	1 368	76	10
23 535	2 929	233 178	98 665	34 576	169	11
4 473	1 963	244 423	194 277	28 132	63	12
1 978	172	186 505	94 436	22 686	27	4
1 895	738	216 344	27 868	13 612	24	3
494	494	8 371	8 371	2 824	——	——
4 639	1 727	177 573	105 887	77 312	132	8
895	264	49 629	12 859	19 119	27	11
1 227	1 227	8 580	6 799	9 298	7	3
391	45	76 302	16 712	4 751	14	4
——	——	——	——	——	——	——
39 920	7 439	746 711	532 859	146 045	203	13
28 750	5 707	356 470	249 814	99 057	73	13
316	255	22 987	13 095	8 049	28	6
114	2	27 471	23 772	6 304	34	5
8 751	517	136 244	20 364	30 705	37	4

全国各地区地市级

	机构数（个）	从业人员									信息化建设	
		（人）	在编人数	具有专业资质人数			具有文博和工程系列职称人数			安全保卫人员（人）	计算机（台）	网站数（个）
				（人）	具有考古发掘个人领队资格人数	具有文物保护工程职业资格人数	（人）	高级职称	中级职称			
总计	**971**	**31 053**	**20 612**	**1 367**	**220**	**117**	**8 578**	**1 741**	**3 870**	**3 889**	**6 756**	**167**
北京	——	——	——	——	——	——	——	——	——	——	——	——
天津	——	——	——	——	——	——	——	——	——	——	——	——
河北	30	2 584	1 770	11	10	1	419	105	184	233	294	6
山西	40	1 703	1 031	29	9	15	360	71	183	169	268	6
内蒙古	22	621	409	34	5	——	278	49	130	84	109	2
辽宁	41	1 474	1 219	48	9	15	649	130	256	254	382	9
其中：大连	5	273	167	18	2	——	66	27	33	44	108	3
吉林	22	482	376	15	1	——	240	100	112	33	134	2
黑龙江	26	340	275	43	——	1	134	36	65	26	67	2
上海	——	——	——	——	——	——	——	——	——	——	——	——
江苏	80	1 808	1 168	16	15	1	719	151	337	279	743	19
浙江	53	1 975	757	100	8	——	380	90	170	269	636	22
其中：宁波	4	170	86	33	4	——	82	21	28	8	55	2
安徽	38	466	312	20	1	——	212	43	98	98	117	3
福建	31	330	212	42	2	6	117	30	62	41	215	3
其中：厦门	5	110	54	18	2	——	36	13	23	15	155	——
江西	35	898	717	13	1	1	223	37	108	67	56	3
山东	47	1 303	1 020	28	15	——	623	161	275	153	279	8
其中：青岛	6	167	126	4	3	——	54	12	23	25	55	2
河南	79	3 465	1 929	111	29	26	850	177	395	494	589	8
湖北	45	1 632	1 371	37	14	4	512	95	282	133	264	11
湖南	36	744	508	29	28	1	243	52	102	110	192	4
广东	75	1 860	1 128	197	19	8	593	95	215	394	826	21
其中：深圳	2	128	92	8	5	3	66	25	31	17	114	2
广西	29	460	352	23	3	——	217	29	97	120	176	6
海南	7	118	115	12	——	——	23	2	3	20	13	3
重庆	——	——	——	——	——	——	——	——	——	——	——	——
四川	40	2 336	1 208	105	21	23	515	87	252	246	439	9
贵州	13	395	145	35	——	1	69	10	15	58	49	2
云南	30	517	411	159	5	6	270	59	115	51	117	2
西藏	12	2 419	1 900	45	6	2	70	13	24	108	146	2
陕西	75	1 751	1 270	187	17	6	425	68	217	304	291	7
甘肃	16	358	295	4	——	——	128	14	43	43	92	1
青海	11	48	47	5	——	——	24	4	19	——	16	——
宁夏	9	174	101	7	——	——	18	2	9	11	35	——
新疆	29	792	566	12	2	——	267	31	102	91	211	6

文物业基本情况(一)

文物藏品(件、套)	一级品	二级品	三级品	本年考古出土文物及标本数(件、套)	本年从有关部门接收文物数(件、套)	本年藏品征集数(件、套)	本年修复文物数(件、套)	一级品	二级品	三级品	考古发掘项目(个)	基本建设中考古发掘项目	抢救性发掘项目	主动性发掘项目
6 568 326	**12 633**	**62 419**	**516 429**	**18 650**	**17 314**	**40 886**	**29 372**	**41**	**591**	**17 734**	**791**	**367**	**328**	**44**
——	——	——	——	——	——	——	——	——	——	——	——	——	——	——
——	——	——	——	——	——	——	——	——	——	——	——	——	——	——
69 979	257	6 856	13 576	——	——	285	45	——	——	15	21	18	2	1
198 077	573	1 154	6 160	——	458	33	39	——	——	——	33	32	1	——
173 475	484	1 216	2 327	——	67	2 145	423	——	——	8	3	2	1	——
234 038	772	7 710	71 817	300	93	11 543	603	3	83	471	28	18	6	3
93 524	228	2 434	25 335	——	——	329	47	——	——	14	——	——	——	——
61 170	387	743	2 114	——	4	330	101	——	1	——	8	1	——	——
22 067	50	160	1 069	——	30	170	2	——	——	——	2	——	2	——
——	——	——	——	——	——	——	——	——	——	——	——	——	——	——
1 237 982	738	3 887	76 409	1 374	126	4 670	792	12	13	74	133	53	77	3
598 854	614	2 157	11 509	——	174	1 201	255	——	——	——	39	29	9	1
198 933	85	430	4 188	——	——	134	——	——	——	——	7	6	1	——
147 325	410	903	15 122	——	69	294	800	——	——	——	28	1	27	——
115 955	144	914	19 969	50	92	479	43	2	——	4	4	2	2	——
62 124	16	178	5 669	50	92	407	28	2	——	4	——	——	——	——
137 548	190	1 186	6 869	——	——	372	34	——	29	5	7	1	6	——
343 633	710	6 156	23 546	——	110	625	751	——	4	3	29	14	11	4
133 032	167	2 449	7 113	——	——	22	21	——	——	——	6	——	4	2
866 775	1 201	7 242	87 088	8 279	351	992	2 885	——	2	49	168	77	46	2
349 278	1 022	3 094	31 008	105	20	358	737	5	30	42	44	14	27	3
260 478	701	2 312	18 616	——	52	2 022	730	7	1	15	60	38	22	——
630 225	669	6 891	42 178	4 420	2 917	10 181	15 632	——	——	14 205	43	17	8	18
23 944	25	142	4 781	1 690	507	35	270	——	——	——	2	1	1	——
134 773	66	1 433	8 844	——	909	1 154	28	——	5	11	3	——	3	——
2 214	20	22	69	——	65	——	——	——	——	——	——	——	——	——
——	——	——	——	——	——	——	——	——	——	——	——	——	——	——
268 595	895	1 732	31 368	——	72	565	1 281	3	50	216	58	41	17	——
37 849	17	40	4 443	——	——	——	——	——	——	——	——	——	——	——
57 217	108	118	818	——	477	881	287	——	3	22	19	4	11	4
159 492	814	222	528	——	——	449	21	——	4	17	——	——	——	——
317 750	1 206	4 787	37 089	4 122	11 131	1 244	3 790	4	351	2 570	56	4	47	4
66 776	303	1 013	3 415	——	97	220	71	5	15	7	1	——	1	——
15 683	20	338	176	——	——	11	——	——	——	——	——	——	——	——
8 937	67	133	302	——	——	146	——	——	——	——	1	1	——	——
52 181	195	——	——	——	——	516	22	——	——	——	3	——	2	1

全国各地区地市级

	考古钻探面积（千平方米）	考古发掘面积（千平方米）	发掘墓葬数（个）	举办陈列、展览			提供藏品参与外单位举办的展览次数（次）	本		
				（个）	参观人次（千人次）	未成年人参观人次			财政拨款	上级补助收入
总　计	**21 647**	**613**	**7 224**	**3 702**	**96 787**	**24 816**	**300**	**3 396 366**	**1 525 856**	**121 377**
北　京	——	——	——	——	——	——	——	——	——	——
天　津	——	——	——	——	——	——	——	——	——	——
河　北	2 063	——	382	82	2 833	368	1	162 768	36 413	4 642
山　西	263	——	108	57	1 786	147	——	150 394	52 460	1 993
内蒙古	1 148	3	21	34	502	218	19	64 429	54 763	1 113
辽　宁	575	8	46	149	3 041	399	7	152 790	74 449	441
其中：大连	200	——	——	39	175	44	2	26 310	15 946	20
吉　林	6	1	——	56	3 236	337	3	57 202	29 083	5 440
黑龙江	——	1	——	67	3 355	1 074	3	26 235	23 734	714
上　海	——	——	——	——	——	——	——	——	——	——
江　苏	1 555	121	450	402	7 759	2 579	82	259 565	194 780	1 512
浙　江	800	26	338	238	16 084	1 228	12	622 432	253 805	13 566
其中：宁波	400	10	88	1	405	150	——	28 936	13 059	5 241
安　徽	——	1	111	87	604	385	2	32 919	21 242	1 777
福　建	80	1	2	100	1 377	521	1	32 809	29 433	383
其中：厦门	80	——	——	5	430	41	——	9 740	8 775	79
江　西	——	5	6	68	2 709	1 753	——	34 384	25 697	1 539
山　东	2 631	87	797	995	3 814	1 004	21	103 716	71 799	1 236
其中：青岛	——	60	700	12	919	288	15	22 863	12 852	30
河　南	3 670	53	2 581	192	4 739	658	8	302 565	63 089	25 056
湖　北	278	23	417	90	5 142	2 199	5	173 308	107 393	15 324
湖　南	708	21	250	135	2 221	771	10	78 794	46 150	8 800
广　东	215	5	136	505	12 828	2 184	62	243 953	158 654	9 576
其中：深圳	——	——	——	42	5 322	1 088	1	26 762	22 712	——
广　西	——	2	3	67	1 181	261	6	52 868	33 245	10 280
海　南	——	——	——	20	221	70	——	5 289	3 286	415
重　庆	——	——	——	——	——	——	——	——	——	——
四　川	1 420	71	57	80	12 657	4 505	13	371 873	81 613	3 991
贵　州	——	——	——	18	395	141	——	31 536	9 412	75
云　南	33	23	573	68	1 850	379	8	34 385	27 424	2 556
西　藏	——	——	——	2	95	95	1	87 475	22 060	——
陕　西	6 172	50	899	51	2 487	484	24	143 566	45 743	5 259
甘　肃	——	——	——	77	1 341	148	1	45 054	16 352	1 230
青　海	——	——	——	25	85	10	——	3 285	2 324	610
宁　夏	30	110	14	1	3	1	1	15 968	3 364	708
新　疆	——	1	33	36	4 442	2 897	10	106 804	38 089	3 141

文物业基本情况(二)

年收入合计(千元)									
事业收入		经营收入	附属单位上缴收入	其他收入		基本支出	项目支出		经营支出
	门票收入							文物保护专项支出	
1 408 882	**1 120 698**	**36 964**	**585**	**138 262**	**3 084 722**	**1 723 285**	**1 115 796**	**246 484**	**35 943**
——	——	——	——	——	——	——	——	——	——
——	——	——	——	——	——	——	——	——	——
102 204	99 466	454	——	5 327	133 711	127 077	6 215	2 178	205
67 287	58 969	——	——	8 255	140 151	95 497	32 749	2 333	——
8 313	33	——	——	240	58 511	51 996	6 515	644	——
73 986	69 821	——	——	3 914	152 697	75 394	75 503	3 584	——
7 718	7 295	——	——	2 626	25 887	14 218	11 669	424	——
21 980	21 943	52	——	647	58 522	45 660	8 705	500	52
652	652	——	——	252	21 606	17 315	2 996	901	——
——	——	——	——	——	——	——	——	——	——
40 917	24 824	770	59	20 122	240 520	141 106	98 759	16 127	605
295 317	261 665	938	466	9 050	504 077	207 151	233 805	20 782	500
9 075	5 792	265	——	1 296	25 764	17 514	8 246	5 834	4
3 273	2 198	45	——	6 582	33 156	18 345	5 205	1 571	45
1 760	1 451	150	——	988	29 453	14 472	14 066	4 004	77
651	402	——	——	235	10 452	6 822	3 581	1 470	——
4 313	4 271	84	——	2 751	29 123	25 070	3 219	1 399	84
21 782	17 832	339	——	2 433	102 069	79 680	11 016	1 545	332
3 921	3 734	56	——	2 126	24 001	11 976	2 659	——	6
166 441	112 069	27 852	60	6 854	271 333	163 453	62 718	44 625	30 041
41 528	37 215	493	——	4 589	166 482	49 614	97 173	7 137	493
19 565	12 349	29	——	3 360	77 481	41 240	33 673	8 385	——
67 122	48 716	——	——	4 212	251 227	141 589	108 814	14 264	——
211	22	——	——	2 876	26 958	16 379	10 579	780	——
5 457	3 518	430	——	3 456	46 830	26 791	13 672	4 287	773
1 527	1 527	——	——	61	5 305	3 759	964	500	——
——	——	——	——	——	——	——	——	——	——
269 601	173 376	1 052	——	12 179	364 869	182 382	173 186	88 607	734
12 791	12 791	977	——	2 605	26 037	19 143	6 326	1 139	507
2 226	640	107	——	2 072	37 948	19 095	17 967	3 726	338
61 452	54 918	400	——	1 250	46 378	36 212	2 414	——	400
59 051	40 504	2 792	——	23 094	130 353	53 069	39 835	9 511	607
26 640	26 630	——	——	261	43 545	36 472	6 727	5 252	——
347	260	——	——	4	5 249	2 824	650	40	——
10 987	10 964	——	——	909	15 668	13 784	652	586	——
22 363	22 096	——	——	12 795	92 421	35 095	52 272	2 857	150

全国各地区地市级

	本年支出合计（千元）								
	在支出合计中:								
	工资福利支出	商品和服务支出						对个人和家庭补助支出	
			维修(护)费	差旅费	劳务费	福利费	税金支出		抚恤金和生活补助
总计	**835 813**	**1 286 353**	**402 669**	**34 868**	**69 185**	**20 048**	**15 530**	**192 373**	**4 971**
北京	——	——	——	——	——	——	——	——	——
天津	——	——	——	——	——	——	——	——	——
河北	71 941	37 542	6 430	1 378	1 536	1 910	2 355	13 121	101
山西	40 837	77 379	17 947	2 724	2 169	992	123	5 875	346
内蒙古	16 355	19 197	3 069	798	505	258	——	3 752	102
辽宁	51 124	67 850	21 396	1 488	3 118	521	84	10 080	83
其中:大连	7 487	15 063	5 208	227	649	297	70	765	9
吉林	15 146	17 030	2 149	326	68	8	7	6 595	30
黑龙江	9 659	6 668	251	339	81	104	——	2 196	28
上海	——	——	——	——	——	——	——	——	——
江苏	69 485	104 121	19 277	2 497	8 324	1 277	437	22 176	659
浙江	104 313	319 294	205 975	1 939	5 881	3 151	2 442	22 221	118
其中:宁波	8 818	10 061	973	201	403	47	60	1 430	——
安徽	10 509	11 276	5 564	247	165	331	106	2 968	320
福建	8 303	11 101	1 403	351	285	227	2	1 910	34
其中:厦门	3 634	4 139	996	121	35	71	2	1 140	——
江西	13 527	5 706	1 724	532	236	723	17	3 548	639
山东	47 623	25 699	2 509	1 063	1 070	267	169	12 860	20
其中:青岛	9 180	9 402	146	195	563	133	4	2 665	——
河南	73 031	93 717	8 773	3 039	17 168	2 223	2 249	11 786	192
湖北	26 581	38 457	2 303	1 463	3 098	1 279	774	5 268	332
湖南	20 682	37 946	12 547	922	1 557	423	333	5 064	189
广东	86 917	92 849	19 608	2 521	5 662	1 734	2 094	24 722	598
其中:深圳	11 927	3 628	355	140	——	132	478	823	——
广西	12 017	9 126	908	528	276	82	168	4 615	5
海南	1 429	753	91	27	31	10	15	136	4
重庆	——	——	——	——	——	——	——	——	——
四川	50 978	184 182	46 379	5 849	9 834	1 543	3 227	13 626	580
贵州	5 924	16 922	1 689	371	661	107	233	1 980	19
云南	12 260	10 701	2 780	416	680	166	51	2 291	73
西藏	24 327	17 285	1 992	488	178	12	——	2 770	——
陕西	27 816	37 698	7 290	3 313	5 714	1 750	549	4 962	264
甘肃	9 972	18 970	6 050	214	237	126	59	2 506	42
青海	1 892	785	294	152	——	——	——	541	2
宁夏	5 787	4 544	189	203	46	480	——	837	29
新疆	17 378	19 555	4 082	1 680	605	344	36	3 967	162

文物业基本情况(三)

其他资本性支出		资产总计		增加值	公用房屋建筑面积	
	各种设备购置费	(千元)	固定资产原值	(千元)	(千平方米)	文物库房
247 946	**67 859**	**6 420 025**	**3 644 748**	**1 382 517**	**5 424**	**287**
——	——	——	——	——	——	——
——	——	——	——	——	——	——
2 655	2 354	159 182	94 997	116 695	134	7
10 050	1 921	212 379	109 241	59 319	94	9
13 798	1 191	170 074	100 647	21 538	90	3
14 354	4 867	396 895	331 716	69 227	168	18
335	20	55 735	43 279	10 940	56	4
17 223	10 604	69 737	64 554	21 038	67	2
324	53	61 114	58 434	12 616	50	2
——	——	——	——	——	——	——
43 245	4 658	663 110	361 475	142 394	279	30
10 316	6 565	1 026 838	562 152	262 663	224	15
3 415	1 451	77 368	58 396	13 974	25	2
5 737	123	36 067	20 927	14 982	59	6
225	196	54 081	31 611	13 255	163	16
87	86	28 516	13 968	6 675	31	4
1 907	700	54 296	44 422	18 779	43	4
6 626	1 429	325 801	176 938	69 800	168	16
95	95	57 917	17 430	12 938	26	2
20 624	8 277	1 037 898	331 222	34 315	1 838	41
2 659	950	202 809	117 146	44 339	134	21
3 294	1 950	198 878	157 340	29 575	114	13
11 496	4 435	452 598	320 796	137 246	299	24
396	396	46 686	36 949	13 459	14	2
2 493	1 046	109 756	77 225	18 500	67	7
455	20	45 832	45 703	3 343	5	——
——	——	——	——	——	——	——
16 164	5 086	537 338	206 155	88 749	167	14
539	520	19 367	10 989	13 220	17	1
1 174	966	145 920	135 789	15 722	102	10
——	——	78 832	12 130	66 648	955	4
14 499	2 932	162 057	114 837	47 385	96	17
1 603	118	47 543	38 717	13 819	33	3
711	711	8 012	4 681	2 297	9	1
249	43	19 538	17 349	7 634	6	——
45 526	6 144	124 073	97 555	37 419	43	3

全国各地区县级

地区	机构数(个)	从业人员(人)	在编人数	具有专业资质人数(人)	具有考古发掘个人领队资格人数	具有文物保护工程职业资格人数	具有文博和工程系列职称人数(人)	高级职称	中级职称	安全保卫人员(人)	信息化建设 计算机(台)	网站数(个)
总　计	**3 045**	**37 688**	**26 920**	**1 688**	**108**	**175**	**7 220**	**698**	**3 510**	**6 013**	**4 737**	**201**
北　京	39	2 900	1 717	106	——	9	97	8	55	303	311	10
天　津	19	214	146	4	1	3	61	6	32	11	19	1
河　北	219	3 366	2 542	17	12	5	355	46	219	400	229	13
山　西	152	3 257	2 253	93	2	13	360	26	221	540	143	14
内蒙古	93	734	466	81	5	14	192	13	90	72	56	4
辽　宁	55	1 117	653	94	14	11	255	20	123	138	116	3
其中:大连	3	28	17	17	4	1	10	2	4	2	6	——
吉　林	45	489	362	35	6	2	189	12	107	14	19	3
黑龙江	106	483	400	47	——	——	173	17	107	49	49	5
上　海	28	591	388	13	——	——	99	9	48	134	290	13
江　苏	106	901	581	——	——	——	267	49	121	174	188	19
浙　江	135	1 280	671	40	——	2	397	58	182	263	517	21
其中:宁波	16	219	112	1	——	——	54	9	35	48	89	3
安　徽	93	776	562	64	8	4	340	21	146	117	112	1
福　建	93	619	436	65	2	6	236	39	83	102	477	5
其中:厦门	2	9	9	——	——	——	3	——	3	2	4	——
江　西	127	828	723	79	1	——	258	18	94	149	66	9
山　东	141	3 186	2 536	106	5	44	968	166	474	394	240	13
其中:青岛	10	63	59	26	——	12	40	8	16	8	14	2
河　南	159	3 461	2 259	77	11	14	322	34	162	572	237	21
湖　北	109	1 536	1 152	114	10	7	469	21	276	208	141	3
湖　南	163	1 632	1 308	13	9	1	224	7	90	192	159	2
广　东	127	1 146	783	102	6	4	208	12	57	169	259	16
其中:深圳	12	101	30	13	2	——	13	3	5	34	36	5
广　西	91	474	396	22	——	1	151	3	57	44	67	——
海　南	15	76	40	9	——	——	6	2	——	5	7	——
重　庆	54	428	379	63	3	2	104	22	45	281	144	1
四　川	193	2 024	1 331	103	10	14	373	26	174	285	300	12
贵　州	95	493	418	88	1	3	113	5	57	61	96	3
云　南	124	617	547	84	1	6	345	25	143	78	110	1
西　藏	——	3	3	——	——	——	——	——	——	——	1	——
陕　西	237	3 358	2 609	138	1	9	363	15	195	911	180	6
甘　肃	98	992	790	18	——	——	135	7	87	242	99	1
青　海	26	116	96	4	——	1	45	4	27	5	7	——
宁　夏	16	157	115	9	——	——	72	1	14	31	15	——
新　疆	87	434	258	——	——	——	43	6	24	69	83	1

文物业基本情况(一)

文物藏品（件、套）				本年考古出土文物及标本数（件、套）	本年从有关部门接收文物数（件、套）	本年藏品征集数（件、套）	本年修复文物数（件、套）				考古发掘项目			
	一级品	二级品	三级品					一级品	二级品	三级品	（个）	基本建设中考古发掘项目	抢救性发掘项目	主动性发掘项目
4 807 279	**12 202**	**444 937**	**402 539**	**64**	**47 849**	**63 316**	**9 458**	**271**	**887**	**3 384**	**647**	**275**	**324**	**37**
32 896	115	431	2 568	——	201	1 259	866	1	6	178	2	——	2	——
15 291	2	8	72	——	——	375	——	——	——	——	5	4	1	——
179 589	413	1 843	11 224	——	52	896	146	——	——	——	15	7	8	——
374 873	1 006	5 063	11 708	——	933	356	——	——	——	——	10	6	4	——
96 083	482	997	3 571	——	208	1 119	273	5	20	118	11	2	7	2
52 601	130	1 003	11 212	——	——	147	2	1	——	1	24	10	8	5
7 879	7	102	1 703	——	——	——	——	——	——	——	2	2	——	——
43 701	52	219	519	——	220	250	102	20	30	35	6	2	1	2
30 299	73	165	933	——	99	545	14	14	——	——	3	1	2	——
23 944	241	1 232	5 938	——	861	261	9	——	3	6	——	——	——	——
155 279	193	1 063	7 249	——	156	684	533	——	2	4	49	14	34	1
290 475	630	2 693	20 846	——	4 006	1 948	329	——	105	20	19	3	15	——
28 681	88	418	2 751	——	12	270	100	——	100	——	4	——	4	——
110 115	697	1 318	20 244	——	883	1 383	210	8	12	74	43	3	38	1
106 625	216	823	29 816	——	172	1 053	82	1	——	17	7	5	1	1
1 987	——	22	359	——	——	6	——	——	——	——	——	——	——	——
175 817	1 271	3 020	25 819	——	168	204	2 031	79	67	1 885	14	1	10	2
565 262	829	4 010	19 242	——	32 826	32 712	261	——	——	1	23	8	13	1
37 832	43	166	2 093	——	——	964	——	——	——	——	1	——	——	1
353 397	579	5 326	89 920	——	678	3 600	392	——	14	228	45	39	5	——
274 237	303	5 402	18 957	——	1 036	2 934	799	11	14	272	33	19	12	2
144 321	422	1 601	11 950	——	76	484	179	——	1	5	51	27	19	1
574 561	100	397 027	18 914	——	581	1 478	430	——	294	30	7	5	1	1
8 030	——	18	78	——	177	4	——	——	——	——	——	——	——	——
77 265	84	973	10 807	——	45	644	4	——	——	——	9	1	7	1
6 016	33	121	480	——	——	59	19	——	——	——	2	1	1	——
266 406	210	393	5 325	——	2 021	124	533	——	12	57	42	9	32	1
306 541	1 318	2 679	33 033	——	553	4 840	629	2	23	210	163	85	75	3
12 911	55	298	2 076	——	283	82	41	——	1	28	6	3	3	——
82 864	206	220	1 878	——	27	109	523	——	——	——	30	14	4	12
——	——	——	——	——	——	——	——	——	——	——	——	——	——	——
163 841	1 110	2 374	16 073	——	1 647	1 008	534	87	96	140	4	1	3	——
236 138	1 241	4 198	17 067	64	93	3 800	402	42	187	75	21	3	17	1
18 384	71	117	1 728	——	16	9	3	——	——	——	——	——	——	——
19 202	50	320	3 370	——	——	114	70	——	——	——	2	2	——	——
18 345	70	——	——	——	8	839	42	——	——	——	1	——	1	——

全国各地区县级

	考古钻探面积（千平方米）	考古发掘面积（千平方米）	发掘墓葬数（个）	举办陈列、展览（件、套）	参观人次（千人次）	未成年人参观人次	提供藏品参与外单位举办的展览次数（次）	本	财政拨款	上级补助收入
总　计	**11 809**	**848**	**12 791**	**5 768**	**307 842**	**103 397**	**891**	**2 839 009**	**1 139 138**	**151 185**
北　京	——	——	——	83	12 819	710	15	555 839	44 639	1 628
天　津	——	——	——	408	13 897	9 003	3	15 350	7 512	——
河　北	234	10	73	120	6 175	1 226	6	201 821	62 612	12 833
山　西	13	——	34	74	6 610	494	——	169 006	44 085	2 496
内蒙古	11	37	21	161	5 351	1 412	5	34 071	29 568	3 005
辽　宁	811	15	16	26	5 680	43	1	39 921	20 861	2 566
其中:大连	——	3	8	3	2 012	——	1	1 565	1 565	——
吉　林	——	1	2	19	18 188	812	1	15 677	11 005	158
黑龙江	3	3	——	123	8 751	2 013	2	17 442	14 504	552
上　海	——	——	——	135	2 314	460	17	107 313	53 921	1 904
江　苏	207	17	405	423	9 107	1 896	36	74 000	56 008	3 554
浙　江	4	250	205	431	11 396	1 599	47	273 462	153 216	12 569
其中:宁波	——	70	67	46	1 640	551	16	28 323	23 599	573
安　徽	321	15	162	134	7 650	406	5	40 789	24 850	8 782
福　建	——	5	759	165	24 835	12 893	17	44 030	31 412	4 233
其中:厦门	——	——	——	2	22	10	——	879	878	——
江　西	——	1	38	170	4 178	2 690	2	32 101	22 256	3 359
山　东	254	18	49	285	10 804	1 274	20	310 879	79 244	1 797
其中:青岛	——	——	——	22	133	27	——	4 759	3 978	545
河　南	1 404	13	226	218	6 476	1 643	16	157 761	65 746	12 214
湖　北	5 581	155	67	177	3 699	1 180	14	80 163	31 948	12 074
湖　南	330	15	104	152	3 671	2 073	17	96 731	70 484	7 704
广　东	267	3	52	378	31 921	19 490	4	124 656	80 945	10 196
其中:深圳	——	——	——	29	2 159	12 692	——	16 395	9 612	2 230
广　西	53	2	9	162	1 599	228	7	23 248	15 255	6 482
海　南	——	——	——	12	8 429	7 872	1	2 336	1 588	329
重　庆	62	31	9 772	77	552	228	6	29 341	15 961	1 694
四　川	2 145	137	543	1 063	71 881	23 561	45	144 134	74 338	17 479
贵　州	35	51	52	137	7 120	3 592	6	24 539	15 163	4 695
云　南	5	23	65	172	11 089	2 106	283	33 320	25 305	4 416
西　藏	——	——	——	——	——	——	——	——	——	——
陕西省	30	11	55	166	3 650	913	260	126 248	45 217	9 931
甘肃省	14	6	61	155	1 160	280	9	32 021	21 043	2 467
青海省	——	——	2	24	134	17	1	3 980	3 859	15
宁　夏	25	25	9	52	5 165	2 721	42	6 469	4 887	203
新　疆	——	4	10	66	3 541	562	3	22 361	11 706	1 850

文物业基本情况（二）

年收入合计（千元）									
事业收入		经营收入	附属单位上缴收入	其他收入		基本支出	项目支出		经营支出
	门票收入							文物保护专项支出	
1 243 611	**1 147 305**	**109 678**	**614**	**69 258**	**2 653 027**	**1 700 312**	**542 414**	**180 834**	**208 782**
421 078	407 258	79 049	——	2 705	539 733	308 322	54 412	16 931	175 525
5 644	5 558	108	——	2 086	15 374	12 214	2 512	130	——
110 294	105 589	6 507	550	1 408	144 229	95 698	38 325	15 733	6 217
70 432	69 707	——	——	755	146 441	105 637	23 516	3 840	——
1 457	1 259	——	——	41	30 181	22 760	7 421	5 032	——
4 262	3 772	1 169	——	518	40 239	19 947	8 502	1 499	753
——	——	——	——	——	1 565	1 172	——	20	——
4 094	4 094	——	——	3	15 686	14 055	650	25	——
1 771	1 430	——	——	615	15 993	14 840	353	181	——
41 394	40 175	3 099	——	6 995	105 068	83 892	17 765	6 040	2 909
10 850	8 754	645	——	2 331	72 750	57 013	14 145	4 022	1 113
94 779	92 672	626	——	11 672	242 955	170 294	69 153	27 108	488
1 002	993	——	——	3 149	27 299	13 724	13 575	7 640	——
5 329	3 367	——	——	1 828	37 792	20 893	10 778	3 938	——
3 680	2 116	1	2	3 868	40 831	24 618	11 548	3 260	——
1	1	——	——	——	879	721	158	158	——
4 501	4 236	5	——	667	31 973	20 712	6 337	4 406	5
227 226	205 884	1 060	——	1 162	274 055	248 695	12 938	5 265	10 023
235	53	——	——	1	4 718	3 156	1 002	47	——
51 274	37 261	3 707	6	4 516	169 546	81 706	55 695	12 012	2 715
22 815	20 675	1 549	——	6 560	77 982	39 340	20 383	2 926	20
14 824	8 194	157	25	3 537	96 978	58 255	32 654	19 208	237
24 831	21 696	739	24	6 354	125 991	58 796	60 784	9 649	87
2 465	2 251	706	——	1 382	16 036	7 161	5 939	2 250	——
514	406	——	——	997	20 444	12 048	4 786	3 508	——
373	323	——	——	46	2 304	1 081	614	221	55
10 442	10 081	905	——	309	29 142	13 759	8 241	1 718	420
34 313	29 881	9 832	6	5 468	135 705	78 757	29 731	18 821	6 931
3 107	3 095	21	1	329	22 100	13 238	5 165	1 601	28
1 754	1 022	121	——	1 724	29 850	18 456	8 119	3 834	1
——	——	——	——	——	——	——	——	——	——
59 087	47 561	241	——	1 778	126 337	62 055	26 982	6 480	1 177
7 131	6 283	——	——	278	31 940	25 377	5 936	1 771	——
70	70	——	——	36	3 909	2 919	327	150	——
1 180	1 180	77	——	122	6 342	3 633	1 234	1 094	48
5 105	3 706	60	——	550	21 157	11 302	3 408	431	30

全国各地区县级

	本年支出合计（千元）								
	在支出合计中：								
	工资福利支出	商品和服务支出						对个人和家庭补助支出	
			维修（护）费	差旅费	劳务费	福利费	税金支出		抚恤金和生活补助
总　计	**767 955**	**627 507**	**199 748**	**22 059**	**23 409**	**18 845**	**14 720**	**91 206**	**4 660**
北　京	93 065	82 987	35 892	1 182	571	4 681	960	14 999	100
天　津	5 790	6 534	2 356	140	260	119	103	1 734	41
河　北	53 619	31 081	12 482	1 256	1 220	581	355	3 862	293
山　西	52 341	55 839	31 750	1 648	1 430	1 008	1 780	3 249	153
内蒙古	11 928	6 905	1 514	504	298	100	12	835	14
辽　宁	15 533	8 899	2 190	505	1 502	222	237	2 815	11
其中：大连	798	430	98	29	4	7	——	71	——
吉　林	7 073	5 468	706	183	78	15	12	1 397	4
黑龙江	8 963	5 103	1 390	232	98	101	1	1 475	81
上　海	33 535	42 466	19 474	1 024	1 333	2 079	501	3 621	204
江　苏	28 258	29 349	8 868	670	728	834	189	5 602	41
浙　江	47 325	60 398	10 639	1 673	2 599	1 789	137	6 274	337
其中：宁波	12 008	8 412	1 548	289	749	192	14	633	6
安　徽	12 795	7 083	2 753	371	86	71	2	3 127	139
福　建	15 500	13 846	3 872	363	165	96	27	2 925	7
其中：厦门	530	60	4	4	——	9	——	131	——
江　西	13 963	6 413	2 862	419	212	309	294	3 035	136
山　东	81 040	32 646	4 322	1 189	929	296	6 854	5 107	361
其中：青岛	2 136	472	19	30	30	2	——	196	——
河　南	48 691	31 534	5 534	1 246	2 421	873	819	3 659	457
湖　北	24 596	17 580	5 153	1 064	1 017	596	54	3 841	125
湖　南	29 836	32 055	13 419	1 406	1 468	1 521	321	2 337	284
广　东	28 290	33 353	2 569	1 475	729	1 015	286	4 369	224
其中：深圳	4 638	2 460	867	1 053	88	96	126	646	——
广　西	8 749	5 776	2 039	297	37	45	5	1 949	226
海　南	998	335	70	11	——	——	——	3	2
重　庆	5 847	11 716	3 714	565	1 348	469	51	1 008	21
四　川	36 912	45 813	14 550	1 799	3 286	1 085	128	4 970	81
贵　州	11 516	4 658	1 457	219	135	206	5	1 122	351
云　南	13 330	7 168	2 349	204	239	50	202	1 875	8
西　藏	——	——	——	——	——	——	——	——	——
陕　西	46 061	29 860	3 676	1 381	328	364	1 161	1 878	125
甘　肃	18 084	4 123	822	497	311	167	139	2 604	478
青　海	3 094	520	5	22	——	5	——	65	——
宁　夏	3 735	737	177	71	77	22	49	438	308
新　疆	7 488	7 262	3 144	443	504	126	36	1 031	48

文物业基本情况(三)

其他资本性支出	各种设备购置费	资产总计(千元)	固定资产原值	增加值(千元)	公用房屋建筑面积(千平方米)	文物库房
152 209	**34 603**	**5 373 362**	**3 857 343**	**1 023 295**	**3 931**	**237**
19 413	4 879	575 308	221 757	74 592	502	2
238	207	12 929	6 761	7 924	36	——
9 617	2 114	349 282	270 703	109 531	152	10
12 337	1 920	195 499	183 489	84 452	120	10
981	236	47 647	42 182	13 375	76	5
4 031	598	55 085	36 384	20 103	43	3
246	186	478	478	884	6	1
908	143	7 538	7 234	10 610	14	——
474	473	57 505	54 920	11 158	51	3
6 286	1 339	291 713	123 856	41 047	66	5
9 231	1 308	268 286	238 377	39 661	203	13
11 215	3 438	449 497	299 519	62 362	241	21
951	691	45 973	37 289	14 288	26	4
3 388	665	35 616	30 185	17 568	64	7
2 442	664	57 336	36 756	19 551	174	9
——	——	1 176	1 176	672	2	——
1 976	737	66 147	62 483	18 160	94	6
3 961	1 888	833 395	538 201	142 569	256	22
——	——	8 354	8 195	2 425	8	——
4 539	2 128	261 791	186 071	53 885	306	20
1 648	839	165 534	96 899	32 489	146	6
11 754	2 846	181 091	132 884	35 540	179	14
2 287	1 296	211 586	188 897	35 421	223	19
29	29	14 803	10 576	5 302	31	——
1 109	335	42 906	39 867	10 894	64	8
8	——	16 028	16 028	1 449	8	——
3 127	301	138 052	97 603	10 853	71	9
11 174	1 954	445 216	377 108	42 329	334	12
1 993	1 808	41 534	37 781	14 814	43	3
1 100	581	195 766	192 512	20 812	98	4
——	——	——	——	——	——	——
23 725	747	103 989	91 947	51 340	217	13
1 697	768	169 252	156 267	21 373	98	10
88	3	4 077	4 047	3 287	12	1
32	24	24 647	23 574	4 448	9	——
1 430	364	69 110	63 051	11 698	31	2

全国各地区文物

	机构数（个）	从业人员								
		（人）	事业编制人员	具有专业资质人数			具有文博和工程系列职称人数			安全保卫人员（人）
				（人）	具有考古发掘个人领队资格人数	具有文物保护工程职业资格人数	（人）	高级职称	中级职称	
总计	**714**	**4 546**	**2 618**	**146**	**16**	**24**	**755**	**141**	**363**	**279**
中央	1	80	6	——	——	——	——	——	——	——
北京市	19	73	59	1	——	——	24	9	10	12
天津市	1	——	——	——	——	——	——	——	——	——
河北省	149	333	262	1	1	——	98	35	28	6
山西省	79	1 109	695	36	1	12	115	12	65	38
内蒙古	1	——	——	——	——	——	——	——	——	——
辽宁省	18	348	147	17	3	3	64	5	36	30
其中：大连	——	——	——	——	——	——	——	——	——	——
吉林省	1	18	12	——	——	——	11	1	6	——
黑龙江	3	13	10	——	——	——	5	——	2	——
上海市	1	——	——	——	——	——	——	——	——	——
江苏省	14	33	29	——	——	——	8	7	1	——
浙江省	18	58	33	2	——	——	25	6	12	1
其中：宁波	1	——	——	——	——	——	——	——	——	——
安徽省	——	——	——	——	——	——	——	——	——	——
福建省	11	23	15	2	——	2	7	2	5	——
其中：厦门	——	——	——	——	——	——	——	——	——	——
江西省	8	20	20	8	——	——	9	——	3	2
山东省	11	235	112	3	3	——	43	8	16	41
其中：青岛	1	17	——	2	2	——	——	——	——	1
河南省	20	499	245	33	1	1	63	14	36	20
湖北省	49	250	180	24	5	——	64	2	52	13
湖南省	2	28	24	1	——	1	6	3	3	——
广东省	37	35	19	3	——	3	3	3	——	——
其中：深圳	1	6	——	3	——	3	3	3	——	——
广西省	1	4	——	——	——	——	4	2	2	——
海南省	1	——	——	2	1	1	——	——	——	——
重庆市	1	——	——	——	——	——	——	——	——	——
四川省	5	160	100	——	——	——	35	7	16	17
贵州省	19	34	34	1	——	1	2	——	1	3
云南省	1	——	——	——	——	——	——	——	——	——
西藏	8	61	20	2	——	——	1	——	1	2
陕西省	116	567	240	——	——	——	37	5	16	38
甘肃省	100	114	63	4	——	——	11	2	8	3
青海省	1	7	6	——	——	——	4	1	3	——
宁夏	1	4	——	——	——	——	——	——	——	——
新疆	17	440	287	6	1	——	116	17	41	53

主管部门基本情况(一)

信息化建设		本年收入合计（千元）						本年支出合计（千元）				
			财政拨款	在财政拨款中：						项目支出		
计算机（台）	网站数（个）			中央专款	行政运行	一般行政管理事务	文物保护等经费		基本支出		文物保护专项支出	工资福利支出
1 916	**42**	**1 615 142**	**1 447 183**	**338 311**	**98 731**	**57 909**	**997 995**	**1 380 150**	**246 915**	**1 031 422**	**729 966**	**106 187**
——	——	166 722	166 722	——	2 130	21 333	131 860	173 187	21 034	152 153	150 294	2 172
159	2	195 095	182 275	5 350	6 622	205	14 088	166 712	10 961	155 551	15 599	4 266
——	——	——	——	——	——	——	——	——	——	——	——	——
127	3	187 488	175 575	16 455	9 722	2 741	157 795	74 207	24 348	49 259	45 551	10 507
221	6	182 076	168 858	45 500	24 154	6 840	99 811	158 823	59 930	85 394	72 539	23 127
8	——	12 548	11 720	8 370	——	1 150	10 570	13 558	——	13 558	8 050	——
47	2	24 623	19 400	——	2 257	229	13 849	24 709	6 423	14 507	14 021	4 318
——	——	——	——	——	——	——	——	——	——	——	——	——
5	1	417	417	——	417	——	——	417	417	——	——	358
13	1	883	883	——	——	——	——	883	883	——	——	376
——	——	17 226	9 916	4 048	——	——	9 916	13 832	1 244	7 801	5 454	——
66	2	19 311	17 850	——	3 739	3 640	10 391	17 958	2 886	14 991	11 539	1 974
257	4	212 340	165 368	6 180	2 258	4 853	154 452	206 807	3 442	203 364	195 298	1 691
——	——	——	——	——	——	——	——	——	——	——	——	——
——	——	——	——	——	——	——	——	——	——	——	——	——
17	——	8 515	8 491	300	673	70	7 516	8 254	1 119	7 135	3 150	714
——	——	——	——	——	——	——	——	——	——	——	——	——
7	1	9 599	9 569	——	54	100	8 186	9 590	739	8 831	7 880	461
82	——	44 096	42 636	14 480	1 796	156	30 114	26 034	11 406	14 627	6 963	5 534
17	——	4 791	3 878	——	——	——	913	5 741	3 082	2 659	——	1 290
163	5	151 227	143 381	90 535	9 490	7 668	107 305	135 819	23 047	107 705	88 425	12 812
91	——	23 744	17 286	——	5 082	1 213	10 379	23 570	8 530	14 244	890	5 024
31	——	32 858	32 804	13 700	3 193	2 090	26 921	32 773	3 591	29 182	20 500	1 274
29	4	30 564	29 635	——	860	2 058	22 550	30 177	4 864	25 313	20 987	1 138
6	1	5 451	4 639	——	150	745	3 743	5 054	918	4 136	4 136	569
5	——	17 446	17 446	17 062	——	——	11 209	19 570	——	19 570	13 247	——
3	——	728	——	——	——	——	——	728	——	500	228	——
——	——	7 678	7 678	7 070	8	——	7 670	6 759	8	6 751	6 751	——
41	1	15 833	13 438	4 580	1 562	200	7 631	11 297	5 081	5 283	2 833	3 056
25	——	20 356	17 545	8 800	3 694	162	7 989	10 262	3 808	6 290	2 770	2 398
——	——	2 546	2 246	1 095	——	——	2 246	12 032	——	12 032	9 506	——
38	1	7 699	6 044	——	304	15	5 371	1 932	394	986	7	537
190	3	37 888	30 912	——	10 174	2 736	7 780	36 266	25 057	7 818	1 356	11 357
130	1	34 009	26 038	14 550	2 668	——	23 021	38 379	4 675	33 686	25 754	2 908
9	——	428	398	——	398	——	——	596	486	——	——	325
4	——	3 304	2 020	——	——	——	2 020	3 322	2 142	1 180	——	14
148	5	147 895	120 632	80 236	7 476	450	107 355	121 697	20 400	33 711	374	9 846

全国各地区文物

	在支出合计中:									
	商品和服务支出						对个人和家庭补助支出		其他资本性支出	
		维修(护)费	差旅费	劳务费	福利费	税金支出		抚恤金和生活补贴		各种设备购置费
总计	**813 600**	**433 466**	**19 499**	**7 900**	**2 206**	**314**	**28 126**	**621**	**223 302**	**19 682**
中央	118 412	141	5 762	812	——	——	5 257	84	45 486	1 586
北京市	8 727	263	32	17	12	——	3 796	104	113 069	2
天津市	——	——	——	——	——	——	——	——	——	——
河北省	52 628	42 965	1 723	34	89	——	3 204	10	396	247
山西省	110 915	79 663	3 639	1 395	408	——	3 812	231	12 152	1 826
内蒙古	13 413	9 550	317	53	——	——	——	——	145	145
辽宁省	7 896	1 067	220	658	90	120	715	6	8 471	127
其中:大连	——	——	——	——	——	——	——	——	——	——
吉林省	59	——	59	——	——	——	——	——	——	——
黑龙江	369	——	——	——	——	——	138	——	——	——
上海市	7 510	5 464	473	43	——	——	——	——	1 536	1 536
江苏省	9 939	3 435	50	84	1	——	552	——	362	362
浙江省	197 749	173 355	333	256	35	——	717	35	3 161	1 813
其中:宁波	——	——	——	——	——	——	——	——	——	——
安徽省	——	——	——	——	——	——	——	——	——	——
福建省	3 816	1 893	13	6	4	——	100	——	1	1
其中:厦门	——	——	——	——	——	——	——	——	——	——
江西省	8 255	7 870	91	30	4	——	201	11	9	9
山东省	8 585	4 120	227	434	76	——	1 524	——	3 430	430
其中:青岛	1 133	——	——	——	72	——	659	——	——	——
河南省	96 793	83 533	1 945	343	151	161	1 537	22	2 143	1 166
湖北省	8 546	903	581	2 050	83	3	1 016	4	847	525
湖南省	12 328	8 500	158	10	27	——	644	——	35	35
广东省	10 900	1 820	43	80	6	——	127	——	8	8
其中:深圳	238	5	12	——	6	——	111	——	8	8
广西省	596	2	135	190	——	——	——	——	18	18
海南省	——	——	——	——	——	——	——	——	——	——
重庆市	6 759	3 750	4	8	——	——	——	——	——	——
四川省	6 237	28	88	14	18	——	794	14	939	294
贵州省	6 606	241	341	20	133	——	26	——	823	823
云南省	11 952	2	268	41	——	——	——	——	——	——
西藏	1 008	772	6	——	1	——	70	——	——	——
陕西省	11 031	1 335	1 300	906	842	——	1 779	6	1 984	861
甘肃省	8 963	515	692	42	73	——	195	——	4 925	4 692
青海省	192	——	24	6	——	——	79	——	——	——
宁夏	213	88	23	——	——	——	2	——	2	2
新疆	83 203	2 191	952	368	153	30	1 841	94	23 360	3 174

主管部门基本情况(二)

资产合计		增加值（千元）	本省举办出国(境)文物展览（个）	出国接受培训人员数（人）	本辖区文物点(处)				各级文物保护专项资金设立情况(千元)		
（千元）	固定资产原值					全国重点文物保护单位	省级文物保护单位	市县级文物保护单位	中央级	省级	市县级
1 711 753	**463 595**	**373 447**	**51**	**46**	**255 011**	**2 323**	**10 213**	**69 935**	**184 995**	**481 296**	**42 082**
354 715	52 833	10 639	——	——	——	——	——	——	——	——	——
219 038	16 337	37 026	1	4	3 550	98	224	567	——	120 000	——
——	——	——	——	——	1 300	15	113	155	——	——	——
29 551	7 862	127 530	——	——	12 474	168	670	2 885	——	12 500	——
284 468	119 939	56 794	3	31	35 000	271	428	6 085	——	18 000	12 315
17 893	1 012	−896	3	——	20 000	79	314	700	35 100	5 000	1 000
22 012	13 775	6 374	——	3	2 199	18	87	207	——	1	530
——	——	——	——	——	——	——	——	——	——	——	——
416	416	378	——	——	42	2	4	10	——	——	——
1 074	1 074	557	——	——	4 900	31	204	451	——	2 000	——
14 978	——	3 467	5	——	487	19	163	305	——	——	——
2 345	2 345	4 061	4	1	11 000	120	645	2 245	——	25 000	700
72 843	8 001	7 103	3	——	3 632	138	399	2 891	——	36 400	2 710
——	——	——	——	——	——	——	——	——	——	——	——
——	——	——	——	——	——	——	——	——	——	——	——
4 861	1 549	1 148	——	——	466	22	48	396	——	——	——
——	——	——	——	——	——	——	——	——	——	——	——
449	436	717	3	——	976	59	349	568	20 000	3 000	25
89 081	58 328	28 927	——	1	6 006	97	687	5 222	——	10 000	1 000
6 944	1 173	2 068	——	1	——	——	——	——	——	——	——
187 929	29 101	——	3	——	30 050	189	761	5 514	900	13 930	923
51 147	19 656	9 189	——	1	15 000	91	457	4 013	54 540	9 645	610
10 234	3 929	2 207	2	——	18 000	59	381	2 685	——	10 000	12 000
13 599	4 985	1 940	3	3	2 571	66	252	2 253	——	10 000	7 909
10 820	2 231	1 173	——	2	——	——	——	——	——	——	——
——	——	−1 925	1	——	1 900	42	135	1 723	17 640	62 500	——
——	——	——	——	——	332	17	24	291	——	——	——
4 537	438	945	——	——	12 989	20	128	12 841	——	——	——
22 672	7 075	8 693	4	——	4 116	169	825	3 104	4 785	3 440	——
4 062	2 761	12 803	——	——	3 295	59	464	2 772	3 300	5 500	——
——	——	−9 428	5	——	2 045	76	243	1 726	8 920	2 800	——
9 981	2 021	6 456	——	——	1 697	34	102	200	——	——	——
44 208	20 825	17 416	9	——	35 750	140	415	2 090	——	120 000	2 320
51 314	9 816	−484	——	——	13 284	72	516	3 146	35 120	9 580	40
1 590	555	266	——	——	4 300	18	315	394	——	——	——
1 629	1 629	65	1	——	356	18	104	234	4 690	1 500	——
195 127	76 897	41 479	1	2	7 294	116	756	4 262	——	500	——

全国各地区文物保护

	机构数（个）	从业人员									信息化建设	
		（人）	在编人数	具有专业资质人数（人）			具有文博和工程系列职称人数（人）			安全保卫人员（人）	计算机数（台）	网站数（个）
					具有考古发掘个人领队资格人数	具有文物保护工程职业资格人数		高级职称	中级职称			
总　计	**2 229**	**31 175**	**21 982**	**1 160**	**91**	**116**	**5 087**	**689**	**2 530**	**4 025**	**3 177**	**93**
北　京	23	2 614	1 522	103	——	8	84	4	48	263	197	5
天　津	8	130	81	4	1	3	33	13	11	4	8	1
河　北	190	4 311	3 121	23	18	5	412	67	232	438	225	8
山　西	99	1 498	1 082	37	3	——	227	24	125	276	52	2
内蒙古	77	607	461	43	2	6	183	19	85	77	72	4
辽　宁	52	694	462	34	2	4	142	11	64	92	40	2
其中：大连	——	——	——	——	——	——	——	——	——	——	——	——
吉　林	45	308	259	28	1	2	142	21	75	8	17	2
黑龙江	83	361	323	45	——	——	178	35	103	23	57	1
上　海	4	57	29	——	——	——	6	——	4	16	33	2
江　苏	63	341	228	——	——	——	76	22	29	30	95	5
浙　江	91	1 393	515	48	5	2	281	60	132	126	418	14
其中：宁波	13	172	113	34	4	——	68	19	27	27	120	4
安　徽	87	657	481	37	9	4	281	39	118	103	129	1
福　建	38	119	77	16	——	3	30	11	10	13	29	1
其中：厦门	2	2	2	——	——	——	——	——	——	——	6	——
江　西	65	316	250	21	1	——	68	5	45	43	31	2
山　东	91	2 391	1 929	71	3	39	608	106	330	229	136	6
其中：青岛	6	23	19	13	——	12	11	3	6	——	6	1
河　南	140	3 449	1 972	62	17	4	370	76	188	470	354	9
湖　北	46	1 091	974	15	1	6	186	10	116	126	49	3
湖　南	127	1 066	772	21	17	1	124	18	67	118	122	——
广　东	41	264	160	11	——	——	11	2	4	47	27	4
其中：深圳	1	13	6	4	——	——	2	1	1	8	2	——
广　西	58	275	224	22	——	1	104	5	42	22	51	1
海　南	8	136	110	18	——	——	16	——	3	23	7	3
重　庆	39	290	268	52	1	2	64	15	35	259	126	——
四　川	169	1 704	1 043	97	2	14	330	31	157	156	247	6
贵　州	90	503	378	85	1	3	127	8	59	57	75	1
云　南	116	617	551	126	4	6	360	49	141	69	122	1
西　藏	8	2 216	1 795	——	——	——	24	3	9	66	62	——
陕　西	199	2 440	1 943	116	3	2	325	11	182	663	164	5
甘　肃	43	344	273	——	——	——	64	3	22	100	56	——
青　海	23	92	84	4	——	1	33	5	18	2	9	——
宁　夏	21	268	181	16	——	——	61	3	18	29	44	——
新　疆	85	623	434	5	——	——	137	13	58	77	123	4

管理机构基本情况(一)

文物藏品(件、套)				本年从有关部门接收文物数(件、套)	本年藏品征集数(件、套)	本年修复文物数(件、套)				举办陈列、展览			提供藏品参与外单位举办的展览次数(个)
	一级品	二级品	三级品				一级品	二级品	三级品	(个)	参观人次(千人次)	参观人次 未成年人参观人次	
2 255 038	**5 573**	**19 439**	**178 577**	**39 977**	**41 738**	**4 665**	**61**	**90**	**758**	**2 992**	**191 612**	**45 407**	**175**
15 855	88	390	1 188	138	18	34	——	2	4	19	11 708	495	12
2 738	2	5	52	——	33	——	——	——	——	377	9 351	6 973	2
114 064	274	1 601	11 606	52	569	146	——	——	——	68	5 194	503	5
150 519	399	594	2 614	——	——	——	——	——	——	37	2 888	233	——
51 450	169	305	1 471	129	508	494	5	20	118	89	4 916	1 379	3
27 609	72	469	9 241	——	62	15	1	——	1	26	1 052	120	——
——	——	——	——	——	——	——	——	——	——	——	——	——	——
18 797	9	122	280	222	247	102	20	30	35	18	14 706	968	1
18 718	33	132	972	29	157	2	——	——	——	74	6 782	2 739	1
2 658	——	——	——	861	——	——	——	——	——	8	131	43	——
33 937	74	496	2 412	3	134	28	——	——	——	96	1 414	232	4
76 353	271	757	4 901	277	408	66	——	——	1	104	18 121	998	6
20 366	53	202	1 899	——	154	——	——	——	——	14	1 753	592	——
93 294	500	957	17 937	6	356	851	6	1	6	72	7 052	135	2
1 607	1	16	262	——	12	——	——	——	——	58	254	97	——
——	——	——	——	——	——	——	——	——	——	——	——	——	——
20 106	51	411	2 795	4	163	2	——	——	2	34	2 470	2 109	——
221 087	361	2 854	9 523	32 817	31 269	110	——	——	——	125	6 813	671	11
3 888	1	36	293	——	40	——	——	——	——	3	25	3	——
543 509	583	4 135	43 492	184	62	242	——	14	228	98	4 372	689	——
29 159	79	399	5 810	981	1 006	84	4	4	76	43	910	156	1
116 580	276	1 126	9 509	76	352	623	5	1	5	62	612	313	9
676	——	4	58	143	——	——	——	——	——	37	3 486	290	——
150	——	——	——	100	——	——	——	——	——	1	1 800	200	——
29 890	21	397	3 791	——	763	——	——	——	——	63	180	75	4
1 300	5	——	——	——	——	19	——	——	——	19	262	94	——
97 949	190	363	4 552	1 879	69	426	——	12	57	62	412	141	4
258 649	955	1 842	25 421	506	4 669	549	1	3	184	851	55 631	15 994	29
14 252	54	286	5 331	283	72	41	——	1	28	139	6 784	3 558	5
64 834	198	169	1 585	88	62	720	——	——	——	140	11 851	2 074	19
122 593	442	——	——	——	——	14	——	2	12	——	——	——	1
88 599	272	1 026	8 503	1 277	460	24	19	——	1	126	3 988	985	9
3 284	41	124	506	——	——	——	——	——	——	34	1 145	150	——
9 970	63	85	1 337	16	9	3	——	——	——	11	51	10	——
16 618	68	374	3 428	——	173	70	——	——	——	49	5 156	2 718	43
8 384	22	——	——	6	105	——	——	——	——	53	3 920	465	4

全国各地区文物保护

	考古发掘项目(个)				考古钻探面积(千平方米)	考古发掘面积(千平方米)	发掘墓葬数(个)		本	
		基本建设中考古发掘项目	抢救性发掘项目	主动性发掘项目					财政拨款	上级补助收入
总计	**660**	**294**	**281**	**33**	**10 168**	**717**	**13 534**	**2 694 095**	**764 410**	**118 488**
北京	2	——	2	——	——	——	——	511 127	23 824	1 394
天津	5	4	1	——	——	——	——	7 404	5 313	7
河北省	35	25	9	1	2 234	9	452	249 155	51 583	9 882
山西	4	1	3	——	——	——	114	66 384	26 744	1 089
内蒙古	8	3	4	1	1 159	39	16	33 232	23 399	2 218
辽宁	24	8	10	5	750	12	13	23 499	13 577	2 715
其中:大连	——	——	——	——	——	——	——	——	——	——
吉林	5	2	1	2	——	1	2	11 224	10 796	175
黑龙江	4	——	4	——	——	2	——	14 113	12 842	616
上海	——	——	——	——	——	——	——	6 104	5 357	——
江苏	4	3	——	1	——	17	417	58 747	48 770	228
浙江	21	10	10	——	402	261	271	391 788	111 037	14 406
其中:宁波	11	6	5	——	400	80	155	36 484	23 205	5 352
安徽	60	3	55	1	321	16	265	40 918	26 272	4 039
福建	——	——	——	——	——	——	——	15 072	12 582	1 851
其中:厦门	——	——	——	——	——	——	——	1 788	1 788	——
江西	4	1	2	1	——	——	5	12 765	6 821	1 669
山东	10	1	8	——	36	6	28	273 085	43 669	1 363
其中:青岛	——	——	——	——	——	——	——	1 614	1 564	——
河南	130	74	11	1	2 463	30	664	241 594	57 065	17 044
湖北	10	1	8	1	521	2	19	41 526	12 743	10 665
湖南	69	41	23	1	531	22	222	66 850	48 032	5 423
广东	2	2	——	——	——	2	41	35 478	11 219	3 922
其中:深圳	——	——	——	——	——	——	——	3 020	2 310	710
广西	7	1	6	——	——	3	3	11 021	8 740	972
海南	——	——	——	——	——	——	——	5 494	2 882	625
重庆	39	8	30	1	62	26	9 765	23 398	11 176	1 674
四川	163	86	74	3	1 554	25	552	166 698	58 269	11 815
贵州	6	3	3	——	35	51	52	26 524	16 285	4 155
云南	35	11	11	13	28	42	513	40 392	30 331	5 643
西藏	——	——	——	——	——	——	——	71 953	9 231	——
陕西	1	1	——	——	17	11	51	132 412	36 042	9 089
甘肃	5	2	3	——	——	——	3	36 352	6 657	1 003
青海	——	——	——	——	——	——	——	2 933	2 768	15
宁夏	3	3	——	——	55	135	23	15 472	6 381	708
新疆	4	——	3	1	——	5	43	61 381	24 003	4 083

管理机构基本情况(二)

年收入合计（千元）									
事业收入		经营收入	附属单位上缴收入	其他收入		基本支出	项目支出		经营支出
	门票收入							文物保护专项支出	
1 588 406	**1 437 315**	**129 895**	**1 145**	**91 751**	**2 354 166**	**1 486 733**	**432 447**	**205 163**	**228 672**
406 386	401 612	77 594	——	1 929	480 886	289 064	18 732	9 312	171 766
1 903	1 903	108	60	13	7 401	7 197	80	80	——
175 286	168 074	6 211	550	5 643	180 071	143 095	27 782	11 116	5 921
31 302	29 151	——	——	7 249	58 419	50 468	3 115	764	——
7 501	32	——	——	114	28 513	21 620	6 893	5 313	——
4 798	4 126	1 169	——	1 240	23 656	12 800	4 341	1 471	753
——	——	——	——	——	——	——	——	——	——
190	175	——	——	63	11 248	9 873	720	25	——
331	41	——	——	324	13 114	11 319	753	485	——
18	——	——	——	729	5 829	4 188	1 640	1 008	——
6 460	3 494	——	——	3 289	52 194	32 697	19 497	8 352	——
252 489	220 620	917	466	12 473	288 107	180 626	55 520	28 107	497
4 419	1 148	——	——	3 508	34 551	17 764	16 787	12 048	——
3 745	2 515	45	——	6 817	41 232	21 053	10 105	3 726	45
491	108	1	2	145	13 566	4 521	8 933	2 087	——
——	——	——	——	——	2 051	202	1 849	1 469	——
3 807	3 753	——	——	468	13 109	10 176	1 815	1 507	——
226 155	204 692	1 060	——	838	236 997	218 234	5 996	4 381	10 023
50	50	——	——	——	1 614	1 044	57	——	——
134 994	101 260	27 713	66	4 712	220 054	114 987	55 167	41 108	29 940
14 368	13 524	233	——	3 517	40 932	24 770	8 270	3 102	233
10 914	3 773	157	——	2 324	66 007	33 934	26 768	18 945	237
19 713	18 111	——	——	624	32 987	20 943	11 031	4 929	——
——	——	——	——	——	1 610	80	630	900	——
788	495	——	——	521	10 905	7 176	2 040	798	——
1 900	1 850	——	——	87	5 462	3 637	1 023	520	55
9 964	9 700	455	——	129	23 199	11 456	6 016	1 323	——
83 256	78 753	9 803	——	3 555	163 061	69 218	70 254	26 128	6 903
2 253	2 241	998	1	2 832	20 898	11 793	4 901	2 548	535
2 062	672	1	——	2 355	36 902	20 340	13 771	5 549	97
61 072	54 712	400	——	1 250	36 827	29 059	568	——	400
73 708	60 856	2 953	——	10 620	131 905	58 921	30 034	13 980	1 219
24 595	24 588	——	——	4 097	37 819	27 900	9 854	5 977	——
70	70	——	——	80	2 862	2 679	——	——	——
7 628	7 610	77	——	678	15 243	11 807	1 483	1 277	48
20 259	18 804	——	——	13 036	54 761	21 182	25 345	1 245	——

全国各地区文物保护

	本年支出合计（千元）								
	在支出合计中：								
		商品和服务支出						对个人和家庭补助支出	
	工资福利支出		维修（护）费	差旅费	劳务费	福利费	税金支出		抚恤金和生活补助
总　计	**669 170**	**618 692**	**172 111**	**18 106**	**25 757**	**17 858**	**21 250**	**95 679**	**3 699**
北　京	83 983	66 481	35 174	1 067	323	4 673	731	13 949	75
天　津	3 433	2 224	231	16	13	31	48	1 359	4
河　北	86 529	31 185	5 305	1 317	2 260	2 179	2 710	10 857	258
山　西	24 592	25 406	10 200	929	1 345	834	435	2 796	290
内蒙古	11 951	6 928	803	453	338	110	12	1 041	73
辽　宁	9 056	7 208	1 359	273	864	144	130	1 389	5
其中：大连	——	——	——	——	——	——	——	——	——
吉　林	5 624	2 320	485	152	10	15	——	1 349	9
黑龙江	7 670	2 498	194	216	106	101	——	2 235	70
上　海	2 176	1 597	33	24	622	44	——	181	——
江　苏	14 500	27 257	14 640	396	1 046	427	88	3 956	38
浙　江	92 390	129 199	36 756	1 544	4 528	2 621	2 082	17 324	170
其中：宁波	11 451	11 520	2 178	370	472	233	60	1 312	6
安　徽	10 963	9 058	3 711	332	150	178	107	3 425	180
福　建	2 474	8 637	1 104	289	223	45	13	864	30
其中：厦门	119	1 795	930	23	——	2	——	68	——
江　西	5 386	2 237	998	179	85	303	147	1 132	6
山　东	62 664	23 633	2 579	735	383	207	6 911	3 127	298
其中：青岛	792	202	2	17	30	——	——	50	——
河　南	56 207	63 397	5 954	1 648	4 745	1 705	2 211	6 531	391
湖　北	11 599	12 781	3 812	849	793	736	649	2 399	375
湖　南	20 778	26 782	12 124	858	2 000	549	256	2 202	286
广　东	6 536	19 585	149	1 073	165	340	——	407	——
其中：深圳	580	1 030	——	1 030	——	——	——	——	——
广　西	5 499	2 874	742	245	7	21	5	714	38
海　南	1 392	813	141	37	31	4	11	100	6
重　庆	3 867	10 356	2 824	445	1 320	446	51	749	7
四　川	26 363	38 885	8 177	1 615	1 141	922	2 643	3 821	64
贵　州	9 503	4 794	2 237	166	164	142	176	1 720	354
云　南	14 384	10 749	3 830	375	470	49	233	2 107	36
西　藏	19 292	14 628	1 193	143	——	——	——	2 406	——
陕　西	39 779	35 495	5 206	1 413	1 902	358	1 444	2 910	98
甘　肃	7 760	13 916	7 371	161	16	55	84	909	101
青　海	2 095	450	28	39	27	——	——	187	——
宁　夏	7 872	3 905	326	179	67	396	49	943	337
新　疆	12 853	13 414	4 425	938	613	223	24	2 590	100

管理机构基本情况(三)

其他资本性支出		资产总计（千元）		增加值（千元）	公用房屋建筑面积（千平方米）		
	各种设备购置费		固定资产原值			展览用房	文物库房
134 249	**35 507**	**4 488 959**	**2 177 395**	**1 041 038**	**4 663**	**473**	**110**
7 696	4 406	460 635	144 641	65 079	469	8	1
——	——	5 868	3 272	4 913	11	8	——
10 337	3 358	285 070	177 408	167 197	99	31	9
3 464	234	63 726	39 168	36 945	62	14	6
2 560	454	84 514	17 297	14 566	31	8	2
1 955	189	34 322	25 475	11 375	25	8	1
——	——	——	——	——	——	——	——
907	142	3 129	2 823	7 122	9	4	1
165	158	19 530	17 849	10 997	26	12	3
642	204	4 180	3 644	3 172	3	2	——
6 481	1 279	264 855	138 738	25 874	62	22	3
12 482	3 485	621 557	265 913	214 688	140	60	7
3 935	1 857	56 031	43 197	15 813	29	14	3
7 077	441	26 406	17 978	15 917	57	22	4
132	28	13 646	4 634	3 902	22	3	——
——	——	6 032	145	196	——	——	——
1 156	352	22 977	22 874	7 990	22	13	1
2 361	995	540 565	264 251	118 848	98	16	10
——	——	1 389	1 313	926	1	——	——
10 844	6 411	929 212	269 593	50 033	1 875	30	20
1 357	844	58 601	49 930	18 025	45	14	1
3 252	2 048	80 950	61 894	27 041	56	17	5
521	359	26 946	26 869	8 697	27	21	——
——	——	——	——	646	——	——	——
1 347	198	21 494	13 439	6 746	18	7	2
40	20	55 908	55 858	3 713	7	3	——
2 692	161	78 015	49 718	8 026	55	33	5
7 658	1 693	301 720	130 686	30 257	129	34	10
2 141	2 035	38 014	31 440	12 612	41	16	3
1 363	1 066	140 377	135 244	22 865	90	20	4
——	——	54 990	6 310	52 844	939	——	——
23 294	1 644	120 364	96 408	46 878	176	25	7
596	20	41 924	32 398	10 472	24	5	1
38	3	2 844	2 767	2 465	11	1	1
173	62	15 315	14 040	9 842	7	3	1
21 518	3 218	71 305	54 836	21 937	27	13	2

全国各地区博物馆

	机构数（个）	从业人员（人）	从业人员：在编人数	具有专业资质人数（人）	具有专业资质人数：具有考古发掘个人领队资格人数	具有专业资质人数：具有文物保护工程职业资格人数	具有文博和工程系列职称人数（人）	具有文博和工程系列职称人数：高级职称	具有文博和工程系列职称人数：中级职称	安全保卫人员（人）	信息化建设：计算机数（台）	信息化建设：网站数（个）
总　计	**1 722**	**42 636**	**30 999**	**2 424**	**234**	**186**	**13 976**	**2 946**	**6 021**	**7 453**	**10 735**	**291**
中　央	5	2 008	1 928	11	11	——	778	289	302	437	676	3
北　京	34	1 128	778	165	1	1	258	49	88	147	531	8
天　津	18	728	591	6	4	——	338	78	137	76	219	3
河　北	56	1 432	1 030	3	2	1	317	72	161	227	242	9
山　西	86	2 363	1 545	41	4	11	381	72	229	489	176	12
内蒙古	37	895	518	74	10	8	366	66	174	104	125	3
辽　宁	37	1 631	1 322	77	12	18	746	141	303	278	462	8
其中：大连	6	249	170	27	4	1	61	24	33	45	103	3
吉　林	21	693	583	29	6	7	345	120	168	51	139	3
黑龙江	53	894	641	119	1	1	324	117	148	102	95	9
上　海	28	1 078	903	17	4	——	388	100	198	144	958	15
江　苏	108	2 360	1 703	30	27	3	905	210	433	455	954	32
浙　江	87	2 003	1 123	139	3	——	613	145	249	453	795	30
其中：宁波	6	204	85	——	——	——	57	11	32	28	23	1
安　徽	37	659	472	47	——	——	302	39	136	123	126	4
福　建	85	993	688	174	12	7	396	76	151	178	734	10
其中：厦门	3	82	58	15	1	——	30	10	20	12	134	——
江　西	97	1 562	1 178	62	——	1	547	118	216	279	136	12
山　东	87	1 915	1 624	57	12	5	964	218	415	311	368	15
其中：青岛	8	167	161	13	——	——	74	15	26	32	43	3
河　南	82	2 964	1 947	45	7	11	726	116	317	637	379	19
湖　北	107	2 083	1 588	105	14	3	840	141	437	326	384	12
湖　南	73	1 681	1 263	29	20	9	506	77	163	247	396	7
广　东	153	2 681	1 814	362	13	9	770	104	270	548	1 059	28
其中：深圳	12	193	103	9	2	——	61	16	31	40	122	6
广　西	59	825	628	96	18	45	352	58	158	182	295	7
海　南	16	116	101	4	——	——	50	11	19	12	13	2
重　庆	18	984	724	73	8	——	386	85	89	45	255	4
四　川	62	2 529	1 505	110	20	31	526	72	264	356	327	13
贵　州	18	402	203	74	2	——	101	21	28	69	71	5
云　南	36	619	483	117	2	6	308	52	124	88	134	3
西　藏	2	121	76	37	2	——	37	5	11	39	35	1
陕　西	91	3 536	2 627	250	16	9	813	188	345	715	327	11
甘　肃	73	1 097	924	18	——	——	306	46	152	215	183	2
青　海	18	161	120	5	——	——	69	14	41	12	17	——
宁　夏	6	160	128	46	1	——	89	20	26	35	36	——
新　疆	32	335	241	2	2	——	129	26	69	73	88	1

基本情况(一)

文物藏品(件、套)				本年从有关部门接收文物数(件、套)	本年藏品征集数(件、套)	本年修复文物数(件、套)				考古发掘项目			
	一级品	二级品	三级品				一级品	二级品	三级品	(个)	基本建设中考古发掘项目	抢救性发掘项目	主动性发掘项目
13 760 448	**51 109**	**1 114 605**	**2 202 947**	**35 816**	**78 734**	**34 757**	**379**	**1 752**	**22 945**	**539**	**239**	**261**	**36**
1 675 346	13 281	832 972	308 224	58	3 851	74	9	46	10	8	—	2	6
1 135 372	439	4 830	47 698	398	2 583	1 901	3	78	322	—	—	—	—
574 806	968	2 748	39 505	51	520	13	—	—	—	10	4	4	2
214 254	402	7 115	14 408	—	1 071	45	—	—	15	1	—	1	—
541 098	1 667	6 773	70 166	1 365	391	176	—	65	72	8	6	2	—
347 694	1 348	1 908	4 427	146	3 405	926	—	—	8	6	1	4	1
315 156	1 298	11 248	173 857	93	11 818	638	5	92	508	7	4	1	2
48 062	235	2 536	27 020	—	329	47	—	—	14	2	2	—	—
174 938	352	3 156	9 681	3	333	101	—	1	—	1	—	—	—
160 880	269	1 259	13 238	100	738	40	16	4	—	1	1	—	—
312 384	1 331	45 960	132 999	—	4 188	61	—	3	58	—	—	—	—
947 707	1 918	92 885	441 324	279	5 310	1 337	16	25	104	172	65	106	1
564 876	1 650	7 757	52 681	6 451	3 815	612	—	109	111	37	22	14	1
84 436	120	646	5 040	12	250	100	—	100	—	—	—	—	—
373 804	994	2 774	97 848	946	1 406	434	32	76	248	12	1	10	1
351 435	912	1 970	82 988	491	1 522	113	3	—	21	13	6	5	2
15 089	16	200	6 028	92	413	16	2	—	4	—	—	—	—
292 876	1 922	5 479	40 735	168	452	2 063	79	96	1 888	16	1	13	1
571 720	2 571	8 144	80 410	119	2 068	1 072	5	74	304	37	22	12	3
142 510	209	1 879	8 913	—	946	21	—	—	—	1	—	—	1
643 562	1 750	11 397	138 867	845	4 529	362	1	19	62	—	—	—	—
751 615	2 054	10 383	65 055	176	2 801	2 232	38	85	1 258	63	32	27	4
391 820	1 286	4 442	36 664	52	2 658	521	2	4	44	42	24	18	—
703 627	1 172	15 524	73 640	3 619	12 672	14 752	—	14	14 235	27	19	6	2
30 134	25	160	4 859	584	39	—	—	—	—	—	—	—	—
243 613	312	3 832	18 496	6 012	1 090	293	—	5	11	17	9	6	2
28 997	126	243	1 037	607	458	3	—	—	—	8	2	5	1
356 470	719	1 448	15 914	217	179	452	5	10	157	3	1	2	—
385 019	1 656	5 584	88 958	119	736	561	4	70	242	18	10	8	—
40 991	239	302	1 824	34	389	18	—	—	—	—	—	—	—
272 682	623	1 552	13 192	416	1 110	90	—	3	22	14	7	4	3
31 832	372	220	523	—	449	7	—	2	5	—	—	—	—
735 147	6 181	11 915	64 075	11 369	1 987	4 720	97	609	2 874	13	1	8	3
384 586	2 209	7 807	68 272	190	4 091	485	50	202	91	5	1	3	1
71 673	137	873	1 217	1 179	64	—	—	—	—	—	—	—	—
63 279	330	2 105	5 024	—	750	345	10	60	275	—	—	—	—
101 189	621	—	—	313	1 300	310	4	—	—	—	—	—	—

全国各地区博物馆

	考古钻探面积（千平方米）	考古发掘面积（千平方米）	发掘墓葬数（个）	规划及方案设计（个）	举办陈列、展览			提供藏品参与外单位举办的展览次数	本年承担课题、项目数		
					（个）	参观人次			（个）	省部级以上课题、项目数	结项课题、项目数
						（千人次）	未成年人参观人次				
总计	**15 282**	**528**	**2 824**	**212**	**7 689**	**256 249**	**92 045**	**1 125**	**654**	**210**	**104**
中央	2 000	2	48	10	64	16 651	2 696	21	42	30	12
北京	——	——	——	——	195	3 222	515	13	28	6	13
天津	600	6	150	1	77	5 640	2 404	6	5	3	1
河北	——	1	1	3	153	4 095	1 157	3	1	1	1
山西	103	4	10	6	123	5 891	593	2	1	——	——
内蒙古	——	1	26	2	119	1 007	285	21	5	3	1
辽宁	92	7	17	2	169	7 897	411	19	4	5	1
其中：大连	——	3	8	1	42	2 187	44	3	——	1	——
吉林	——	——	——	——	76	6 888	331	3	3	1	1
黑龙江	3	2	——	1	152	7 145	813	5	10	9	2
上海	200	——	10	1	162	3 728	793	18	20	10	3
江苏	1 862	115	418	23	752	15 852	4 543	122	43	12	6
浙江	402	13	272	7	604	11 499	2 910	61	25	16	10
其中：宁波	——	——	——	——	33	292	109	16	4	2	1
安徽	——	——	6	2	170	1 646	1 134	5	——	——	——
福建	——	2	761	20	214	26 001	13 316	21	5	4	2
其中：厦门	——	——	——	——	5	450	50	——	——	——	——
江西	——	6	39	8	228	5 843	3 184	6	——	——	——
山东	2 195	37	171	1	1 175	7 848	1 631	37	37	5	3
其中：青岛	——	——	——	——	31	1 027	312	15	——	——	——
河南	281	——	——	5	343	7 321	1 862	28	16	13	2
湖北	5 337	174	425	13	244	10 526	3 625	21	33	25	9
湖南	506	13	132	29	250	6 775	2 785	22	17	12	5
广东	267	2	12	7	857	36 505	20 604	65	25	2	——
其中：深圳	——	——	——	1	69	681	12 580	1	18	——	——
广西	280	5	35	30	193	2 914	609	12	17	4	9
海南	99	1	18	3	14	8 393	7 852	1	——	——	——
重庆	——	5	8	3	73	7 679	782	2	12	12	3
四川	911	114	48	7	292	28 907	12 072	29	22	10	4
贵州	——	——	——	4	37	1 031	275	4	3	3	1
云南	10	4	125	5	131	1 514	548	272	253	2	12
西藏	——	——	——	——	2	95	95	——	——	——	——
陕西	120	8	44	12	116	7 284	813	280	20	17	2
甘肃	14	6	46	5	210	1 726	328	12	6	4	1
青海	——	——	2	1	423	327	40	2	——	——	——
宁夏	——	——	——	——	16	180	25	2	——	——	——
新疆	——	——	——	1	55	4 219	3 014	10	1	1	——

基本情况(二)

科研成果					本年收入合计(千元)							
专利(个)	专著或图录(册)	论文(省级及以上刊物公开发表)(篇)	考古报告(篇)	古建维修报告(篇)		财政拨款	上级补助收入	事业收入	门票收入	经营收入	附属单位上缴收入	其他收入
56	**22 915**	**3 228**	**240**	**305**	**5 063 749**	**2 645 847**	**221 770**	**1 876 174**	**1 683 075**	**61 881**	**305**	**257 772**
——	37	390	2	——	741 138	198 030	515	487 193	463 706	39 203	——	16 197
——	17	170	——	——	204 658	150 257	234	37 372	26 179	1 455	——	15 340
——	2	56	——	——	86 721	65 729	367	10 824	9 302	——	——	9 801
——	4	38	15	——	102 407	59 415	2 961	38 259	37 452	750	——	1 022
——	3	17	1	——	146 083	67 474	2 054	75 867	73 968	——	——	688
——	45	18	——	——	74 895	65 209	1 900	7 372	1 610	——	——	414
——	19	148	52	——	140 986	67 072	292	70 430	69 498	——	——	3 192
——	6	60	1	——	26 856	16 492	20	7 718	7 295	——	——	2 626
——	3	51	——	5	71 413	39 116	5 423	26 443	25 902	52	——	379
7	15 006	50	——	——	65 613	54 260	650	8 883	6 341	——	——	1 820
——	18	40	——	——	276 769	185 215	5 596	72 479	62 884	3 619	——	9 860
1	21	195	39	6	307 787	226 363	5 488	55 198	30 986	1 415	59	19 264
——	36	216	3	2	377 310	216 426	10 642	139 377	133 815	647	——	10 218
——	——	2	1	——	20 775	13 453	462	5 658	5 637	265	——	937
——	1	31	——	——	48 338	30 787	8 534	6 849	3 069	——	——	2 168
——	34	106	2	11	69 350	56 623	3 146	4 700	3 459	150	——	4 731
——	2	10	——	——	7 887	7 251	——	403	403	——	——	233
1	7	109	2	6	80 853	56 361	3 049	19 661	18 557	89	——	1 693
1	14	139	9	2	140 610	109 753	1 654	23 671	19 289	339	——	5 193
——	——	——	——	——	20 587	13 952	575	4 106	3 737	56	——	1 898
41	14	205	1	1	164 674	64 947	25 683	61 509	52 870	3 677	——	8 858
——	20	315	2	——	281 969	171 195	16 680	75 188	69 871	4 003	——	14 903
3	37	155	9	——	149 335	74 347	11 081	57 190	50 485	790	25	5 902
——	17	92	3	——	307 656	211 502	15 872	70 427	52 495	739	215	8 901
——	——	17	——	——	31 337	22 368	1 520	2 676	2 273	706	——	4 067
——	4	109	7	4	119 807	79 081	15 532	15 586	3 655	430	——	9 178
——	——	10	——	——	10 011	8 860	819	20	20	——	——	312
——	7	32	2	1	126 511	48 305	1 166	66 067	48 016	2 115	——	8 858
1	7 508	43	6	2	271 496	102 375	9 635	144 224	124 504	1 081	6	14 175
——	1	17	——	——	25 626	9 877	734	14 684	13 715	——	——	331
——	8	52	3	262	35 233	28 080	1 329	2 118	1 152	1 187	——	2 519
——	——	4	——	——	5 852	5 472	——	380	206	——	——	——
1	20	268	73	2	502 929	117 569	64 066	254 461	252 352	80	——	66 753
——	7	63	7	1	68 154	48 260	2 817	13 564	12 517	——	——	3 513
——	——	3	——	——	13 442	9 867	610	1 607	1 432	——	——	1 358
——	1	37	1	——	14 526	8 030	203	5 255	4 733	——	——	1 038
——	4	49	1	——	31 597	9 990	3 038	9 316	9 035	60	——	9 193

全国各地区博物馆

	本年支出合计（千元）											
		基本支出	项目支出		经营支出	在支出						
				文物保护专项支出		工资福利支出	商品和服务支出					
								维修（护）费	差旅费	劳务费	福利费	税金支出
总　计	**4 720 816**	**2 639 619**	**1 668 939**	**155 976**	**63 700**	**1 286 813**	**1 520 513**	**262 993**	**49 173**	**58 067**	**25 900**	**27 495**
中　央	670 658	265 367	244 464	5 370	42 207	125 665	144 426	4 410	5 708	3 062	238	2 809
北　京	221 780	97 954	116 999	7 619	3 759	45 809	105 575	14 484	633	440	238	1 532
天　津	75 615	63 922	11 169	50	——	23 797	34 095	4 180	462	266	309	132
河　北	95 299	61 656	32 812	6 795	501	31 253	32 619	12 944	798	464	230	28
山　西	123 340	83 445	29 048	4 632	——	43 245	45 655	7 816	1 672	1 254	778	1 374
内蒙古	68 926	61 061	7 865	363	——	19 448	23 697	3 950	1 012	642	315	125
辽　宁	139 693	74 441	61 956	193	——	50 971	60 179	20 727	1 417	2 396	542	71
其中:大连	26 433	14 795	11 245	20	——	7 690	15 168	4 981	256	653	304	70
吉　林	75 132	62 759	7 890	500	52	19 642	27 389	2 397	368	100	22	19
黑龙江	59 830	43 382	4 621	597	——	26 114	13 340	1 641	504	208	247	169
上　海	264 162	142 402	118 201	5 080	3 058	86 024	103 263	28 621	1 751	1 264	2 641	543
江　苏	290 249	188 377	99 705	12 598	1 718	93 518	114 363	9 513	5 078	10 063	1 732	538
浙　江	326 370	221 266	90 504	19 783	424	78 257	87 325	10 120	2 627	4 523	2 596	670
其中:宁波	18 512	13 474	5 034	1 426	4	9 375	6 953	343	120	680	6	14
安　徽	48 472	25 192	17 626	2 041	——	15 211	9 936	3 637	459	106	488	1
福　建	66 167	41 966	18 992	5 138	77	24 315	22 320	2 252	668	357	289	14
其中:厦门	8 375	6 841	1 503	120	——	3 667	2 037	47	46	16	60	——
江　西	87 678	51 683	30 426	5 429	89	31 532	14 531	4 619	1 281	482	903	215
山　东	129 663	109 195	9 441	2 429	332	65 853	33 220	3 287	1 465	2 446	279	200
其中:青岛	20 520	10 162	945	47	6	8 851	8 102	163	208	563	63	4
河　南	162 222	95 124	45 741	4 231	2 675	52 882	48 557	7 548	1 107	1 824	1 207	1 166
湖　北	265 492	85 533	148 952	7 793	1 365	45 524	56 033	3 859	2 390	2 237	1 063	242
湖　南	144 987	92 915	47 981	9 418	759	41 190	61 218	8 668	1 977	3 988	1 866	1 353
广　东	312 742	186 486	116 301	18 204	87	111 404	105 928	22 933	2 938	5 730	2 830	2 541
其中:深圳	32 981	20 384	10 561	1 350	——	13 906	4 472	1 126	122	88	211	604
广　西	99 416	48 279	42 780	7 925	773	21 673	22 491	2 538	1 723	1 910	699	661
海　南	6 719	4 543	1 260	546	——	3 556	879	212	123	60	76	4
重　庆	95 806	56 209	36 516	407	2 085	31 450	49 634	17 316	1 111	3 825	583	434
四　川	266 701	186 181	63 176	12 724	762	56 595	126 319	42 770	5 344	4 311	1 727	440
贵　州	28 537	22 700	5 837	192	——	7 408	17 816	782	331	614	73	62
云　南	56 170	23 321	30 519	2 184	1 202	13 196	8 010	1 301	458	478	167	23
西　藏	5 656	4 876	780	——	——	3 958	1 423	27	302	——	——	——
陕　西	401 853	160 230	180 349	1 870	1 595	75 781	109 165	15 185	3 433	3 612	3 081	11 219
甘　肃	70 486	45 351	24 245	6 076	——	24 353	20 590	861	1 010	613	320	566
青　海	15 990	8 000	5 587	190	——	5 450	6 639	1 043	262	24	6	60
宁　夏	16 181	11 871	3 556	3 556	——	4 904	6 022	2 523	203	156	187	23
新　疆	28 824	13 932	13 640	2 043	180	6 835	7 856	829	558	612	168	261

基本情况(三)

对个人和家庭补助支出		其他资本性支出		资产总计(千元)		增加值(千元)	公用房屋建筑面积(千平方米)				
	抚恤金和生活补贴		各种设备购置费		固定资产原值			展览用房	实验室	修复室	文物库房
349 129	**9 566**	**453 834**	**151 429**	**11 952 024**	**8 170 217**	**1 872 310**	**6 763**	**2 940**	**12**	**25**	**658**
80 850	713	63 925	26 544	1 476 646	434 607	257 659	351	42	——	1	49
9 066	49	31 460	4 186	293 758	193 043	56 688	325	86	——	3	18
9 375	126	7 656	722	173 417	42 490	33 801	110	70	——	——	10
4 745	124	1 904	1 228	239 761	208 297	48 183	216	108	——	——	15
4 680	420	5 896	4 924	199 872	134 336	69 046	215	89	1	1	20
4 657	103	12 266	1 022	146 323	132 391	25 218	148	68	1	1	9
10 408	95	7 905	4 750	394 516	342 083	65 491	269	113	1	1	22
757	9	561	186	42 972	42 225	9 427	61	38	——	——	5
8 711	62	20 475	13 716	157 203	147 054	27 474	113	47	——	1	4
5 844	68	1 074	720	510 644	485 398	34 010	175	101	1	1	9
7 141	403	48 922	42 257	1 063 637	743 236	98 927	154	60	1	——	66
29 280	1 263	53 423	5 450	753 056	592 397	136 975	502	296	2	1	36
16 057	397	15 032	7 461	938 405	670 097	122 015	348	150	1	1	36
751	——	431	285	64 418	50 770	11 309	20	9	——	——	1
6 442	243	2 094	393	57 470	41 144	21 726	78	39	——	——	13
6 855	45	2 670	873	106 193	65 918	32 285	350	185	——	1	31
1 131	——	5	4	15 773	11 005	4 827	30	12	——	——	3
8 496	235	10 546	2 444	111 561	93 942	33 713	183	99	1	——	16
17 100	115	5 260	2 209	614 393	470 974	87 759	359	160	——	1	30
2 152	——	71	71	49 291	22 942	11 666	32	11	——	——	2
9 784	296	10 453	1 224	548 105	452 318	36 015	296	130	1	1	39
8 772	218	25 393	3 333	378 533	212 237	63 240	382	200	——	4	32
9 063	1 413	13 844	4 386	498 772	397 002	57 980	288	138	——	——	29
30 692	837	13 018	5 129	692 122	528 543	148 660	497	225	1	1	39
1 058	——	417	417	47 410	43 183	15 035	45	11	——	——	2
7 715	221	4 129	1 900	331 085	127 617	33 848	129	54	——	1	15
191	——	917	494	14 323	14 244	3 904	5	2	——	——	——
6 159	87	4 865	1 658	203 472	150 275	68 417	138	53	——	——	11
15 126	583	18 535	4 847	628 909	403 407	78 528	370	110	——	2	22
2 637	45	388	290	19 789	15 465	7 769	25	13	——	——	4
5 240	70	956	526	256 344	198 361	16 345	123	55	——	——	12
294	——	——	——	11 806	1 744	4 288	15	10	——	——	4
12 351	359	49 620	5 548	789 933	571 479	146 139	323	129	1	2	26
6 692	899	9 872	1 867	219 829	198 368	31 168	133	54	——	1	24
1 446	19	1 065	966	25 100	17 496	7 552	34	16	——	——	5
1 608	15	119	5	54 077	46 927	6 649	40	11	——	——	5
1 652	43	10 152	357	42 970	37 327	10 838	69	27	——	——	7

全国各地区文物系统

	机构数（个）	从业人员（人）	在编人数	具有专业资质人数（人）	具有考古发掘个人领队资格人数	具有文物保护工程职业资格人数	具有文博和工程系列职称人数（人）	高级职称	中级职称	安全保卫人员（人）	信息化建设：计算机数（台）	信息化建设：网站数（个）
总　计	**1 679**	**41 604**	**30 490**	**2 346**	**234**	**186**	**13 842**	**2 925**	**5 976**	**7 300**	**10 575**	**272**
中　央	5	2 008	1 928	11	11	——	778	289	302	437	676	3
北　京	34	1 128	778	165	1	1	258	49	88	147	531	8
天　津	18	728	591	6	4	——	338	78	137	76	219	3
河　北	56	1 432	1 030	3	2	1	317	72	161	227	242	9
山　西	85	2 313	1 542	41	4	11	381	72	229	481	173	12
内蒙古	36	885	508	74	10	8	362	64	172	104	125	3
辽　宁	36	1 622	1 313	77	12	18	740	139	299	277	458	8
其中：大连	6	249	170	27	4	1	61	24	33	45	103	3
吉　林	21	693	583	29	6	7	345	120	168	51	139	3
黑龙江	46	719	591	46	1	1	310	108	143	80	66	5
上　海	28	1 078	903	17	4	——	388	100	198	144	958	15
江　苏	102	2 279	1 686	30	27	3	895	208	427	441	945	28
浙　江	75	1 872	1 071	139	3	——	611	145	247	430	781	26
其中：宁波	6	204	85	——	——	——	57	11	32	28	23	1
安　徽	36	647	464	47	——	——	298	38	133	121	125	4
福　建	85	993	688	174	12	7	396	76	151	178	734	10
其中：厦门	3	82	58	15	1	——	30	10	20	12	134	——
江　西	97	1 562	1 178	62	——	1	547	118	216	279	136	12
山　东	87	1 915	1 624	57	12	5	964	218	415	311	368	15
其中：青岛	8	167	161	13	——	——	74	15	26	32	43	3
河　南	79	2 886	1 915	45	7	11	715	116	313	621	370	18
湖　北	105	2 024	1 549	100	14	3	840	141	437	326	364	12
湖　南	67	1 303	1 015	29	20	9	441	74	149	191	327	4
广　东	153	2 681	1 814	362	13	9	770	104	270	548	1 059	28
其中：深圳	12	193	103	9	2	——	61	16	31	40	122	6
广　西	59	825	628	96	18	45	352	58	158	182	295	7
海　南	15	87	74	4	——	——	33	9	15	5	13	——
重　庆	18	984	724	73	8	——	386	85	89	45	255	4
四　川	62	2 529	1 505	110	20	31	526	72	264	356	327	13
贵　州	17	394	201	74	2	——	101	21	28	67	70	4
云　南	36	619	483	117	2	6	308	52	124	88	134	3
西　藏	2	121	76	37	2	——	37	5	11	39	35	1
陕　西	91	3 536	2 627	250	16	9	813	188	345	715	327	11
甘　肃	72	1 085	912	18	——	——	305	46	151	213	182	2
青　海	18	161	120	5	——	——	69	14	41	12	17	——
宁　夏	6	160	128	46	1	——	89	20	26	35	36	——
新　疆	32	335	241	2	2	——	129	26	69	73	88	1

博物馆基本情况(一)

文物藏品（件、套）				本年从有关部门接收文物数（件、套）	本年藏品征集数（件、套）	本年修复文物数（件、套）				考古发掘项目			
	一级品	二级品	三级品				一级品	二级品	三级品	（个）	基本建设中考古发掘项目	抢救性发掘项目	主动性发掘项目
13 675 788	**50 991**	**1 114 257**	**2 199 773**	**35 816**	**77 151**	**34 736**	**379**	**1 752**	**22 945**	**539**	**239**	**261**	**36**
1 675 346	13 281	832 972	308 224	58	3 851	74	9	46	10	8	——	2	6
1 135 372	439	4 830	47 698	398	2 583	1 901	3	78	322	——	——	——	——
574 806	968	2 748	39 505	51	520	13	——	——	——	10	4	4	2
214 254	402	7 115	14 408	——	1 071	45	——	——	15	1	——	1	——
540 915	1 667	6 773	70 166	1 365	391	176	——	65	72	8	6	2	——
347 694	1 348	1 908	4 427	146	3 405	926	——	——	8	6	1	4	1
313 556	1 278	11 237	173 790	93	11 818	638	5	92	508	7	4	1	2
48 062	235	2 536	27 020	——	329	47	——	——	14	2	2	——	——
174 938	352	3 156	9 681	3	333	101	——	1	——	1	——	——	——
150 992	268	1 251	13 203	100	558	20	16	4	——	1	1	——	——
312 384	1 331	45 960	132 999	——	4 188	61	——	3	58	——	——	——	——
937 919	1 918	92 885	441 308	279	5 275	1 337	16	25	104	172	65	106	1
549 879	1 650	7 757	52 181	6 451	3 785	612	——	109	111	37	22	14	1
84 436	120	646	5 040	12	250	100	——	100	——	——	——	——	——
373 768	992	2 771	97 817	946	1 406	434	32	76	248	12	1	10	1
351 435	912	1 970	82 988	491	1 522	113	3	——	21	13	6	5	2
15 089	16	200	6 028	92	413	16	2	——	4	——	——	——	——
292 876	1 922	5 479	40 735	168	452	2 063	79	96	1 888	16	1	13	1
571 720	2 571	8 144	80 410	119	2 068	1 072	5	74	304	37	22	12	3
142 510	209	1 879	8 913	——	946	21	——	——	——	1	——	——	1
636 989	1 747	11 378	137 464	845	4 259	362	1	19	62	——	——	——	——
751 615	2 054	10 383	65 055	176	2 801	2 232	38	85	1 258	63	32	27	4
363 113	1 226	4 245	36 048	52	1 726	520	2	4	44	42	24	18	——
703 627	1 172	15 524	73 640	3 619	12 672	14 752	——	14	14 235	27	19	6	2
30 134	25	160	4 859	584	39	——	——	——	——	——	——	——	——
243 613	312	3 832	18 496	6 012	1 090	293	——	5	11	17	9	6	2
16 561	97	143	549	607	322	3	——	——	——	8	2	5	1
356 470	719	1 448	15 914	217	179	452	5	10	157	3	1	2	——
385 019	1 656	5 584	88 958	119	736	561	4	70	242	18	10	8	——
40 669	239	302	1 824	34	389	18	——	——	——	——	——	——	——
272 682	623	1 552	13 192	416	1 110	90	——	3	22	14	7	4	3
31 832	372	220	523	——	449	7	——	2	5	——	——	——	——
735 147	6 181	11 915	64 075	11 369	1 987	4 720	97	609	2 874	13	1	8	3
384 456	2 206	7 797	68 254	190	4 091	485	50	202	91	5	1	3	1
71 673	137	873	1 217	1 179	64	——	——	——	——	——	——	——	——
63 279	330	2 105	5 024	——	750	345	10	60	275	——	——	——	——
101 189	621	——	——	313	1 300	310	4	——	——	——	——	——	——

全国各地区文物系统

地区	考古钻探面积(千平方米)	考古发掘面积(千平方米)	发掘墓葬数(个)	规划及方案设计(个)	举办陈列、展览(个)	举办陈列、展览 参观人次(千人次)	举办陈列、展览 参观人次 未成年人参观人次	提供藏品参与外单位举办的展览次数	本年承担课题、项目数(个)	本年承担课题、项目数 省部级以上课题、项目数	本年承担课题、项目数 结项课题、项目数
总计	**15277**	**518**	**2 824**	**187**	**7 545**	**251 588**	**90 585**	**1 103**	**643**	**200**	**102**
中央	2 000	2	48	10	64	16 651	2 696	21	42	30	12
北京	——	——	——	——	195	3 222	515	13	28	6	13
天津	600	6.1	150	1	77	5 640	2 404	6	5	3	1
河北	——	0.5	1	3	153	4 095	1 157	3	1	1	1
山西	103	4	10	3	122	5 791	553	2	1	——	——
内蒙古	——	1.2	26	2	119	1 007	285	21	5	3	1
辽宁	91.9	6.8	17	2	168	7 877	411	19	4	5	1
其中:大连	——	3	8	1	42	2 187	44	3	——	1	——
吉林	0.2	0.1	——	——	76	6 888	331	3	3	1	1
黑龙江	3	2	——	1	134	5 848	485	4	2	2	1
上海	200	——	10	1	162	3 728	793	18	20	10	3
江苏	1 861.9	114.9	418	23	692	15 724	4 508	115	43	12	6
浙江	402.3	13.5	272	7	583	11 007	2 894	61	25	16	10
其中:宁波	——	——	——	——	33	292	109	16	4	2	1
安徽	0.1	0.2	6	2	168	1 641	1 132	5	——	——	——
福建	——	1.7	761	20	214	26 001	13 316	21	5	4	2
其中:厦门	——	——	——	——	5	450	50	——	——	——	——
江西	——	5.8	39	8	228	5 843	3 184	6	——	——	——
山东	2 194.5	36.7	171	1	1 175	7 848	1 631	37	37	5	3
其中:青岛	——	——	——	——	31	1 027	312	15	——	——	——
河南	281	——	——	4	332	7 201	1 823	15	16	13	2
湖北	5 337.1	174.3	425	13	241	10 065	3 512	21	33	25	9
湖南	506.2	13.4	132	8	231	4 807	1 933	21	14	9	4
广东	267.1	2.4	12	7	857	36 505	20 604	65	25	2	——
其中:深圳	——	——	——	1	69	681	12 580	1	18	——	——
广西	279.5	5.2	35	30	193	2 914	609	12	17	4	9
海南	99.3	0.9	18	3	13	8 388	7 848	1	——	——	——
重庆	——	5	8	3	73	7 679	782	2	12	12	3
四川	911.3	113.7	48	7	292	28 907	12 072	29	22	10	4
贵州	——	——	——	4	37	1 001	261	4	3	3	1
云南	10.1	4	125	5	131	1 514	548	272	253	2	12
西藏	——	——	——	——	2	95	95	——	——	——	——
陕西	119.7	7.9	44	12	116	7 284	813	280	20	17	2
甘肃	14.4	5.8	46	5	203	1 691	311	12	6	4	1
青海	——	0.1	2	1	423	327	40	2	——	——	——
宁夏	——	——	——	——	16	180	25	2	——	——	——
新疆	——	——	——	1	55	4 219	3 014	10	1	1	——

博物馆基本情况(二)

科研成果					本年收入合计(千元)							
专利(个)	专著或图录(册)	论文(省级及以上刊物公开发表)(篇)	考古报告(篇)	古建维修报告(篇)		财政拨款	上级补助收入	事业收入	门票收入	经营收入	附属单位上缴收入	其他收入
48	**7 904**	**3 159**	**240**	**305**	**4 904 117**	**2 618 449**	**218 448**	**1 754 195**	**1 565 822**	**59 472**	**305**	**253 248**
——	37	390	2	——	741 138	198 030	515	487 193	463 706	39 203	——	16 197
——	17	170	——	——	204 658	150 257	234	37 372	26 179	1 455	——	15 340
——	2	56	——	——	86 721	65 729	367	10 824	9 302	——	——	9 801
——	4	38	15	——	102 407	59 415	2 961	38 259	37 452	750	——	1 022
——	3	17	1	——	144 303	67 374	1 934	74 357	72 458	——	——	638
——	45	18	——	——	74 675	64 989	1 900	7 372	1 610	——	——	414
——	18	148	52	——	139 705	66 429	124	70 156	69 314	——	——	2 996
——	6	60	1	——	26 856	16 492	20	7 718	7 295	——	——	2 626
——	3	51	——	5	71 413	39 116	5 423	26 443	25 902	52	——	379
——	1	26	——	——	51 211	46 724	650	2 376	2 324	——	——	1 461
——	18	40	——	——	276 769	185 215	5 596	72 479	62 884	3 619	——	9 860
——	21	192	39	6	306 775	226 300	5 388	55 163	30 951	917	59	18 948
——	35	216	3	2	286 978	215 276	9 842	51 299	45 737	373	——	10 188
——	——	2	1	——	20 775	13 453	462	5 658	5 637	265	——	937
——	1	31	——	——	48 012	30 522	8 524	6 798	3 066	——	——	2 168
——	34	106	2	11	69 350	56 623	3 146	4 700	3 459	150	——	4 731
——	2	10	——	——	7 887	7 251	——	403	403	——	——	233
1	7	109	2	6	80 853	56 361	3 049	19 661	18 557	89	——	1 693
1	14	139	9	2	140 610	109 753	1 654	23 671	19 289	339	——	5 193
——	——	——	——	——	20 587	13 952	575	4 106	3 737	56	——	1 898
41	10	205	1	1	161 338	63 773	25 469	61 198	52 580	2 040	——	8 858
——	20	315	2	——	272 833	165 848	16 670	71 476	66 412	4 003	——	14 836
3	37	123	9	——	114 143	65 540	9 381	36 011	31 130	790	25	2 396
——	17	92	3	——	307 656	211 502	15 872	70 427	52 495	739	215	8 901
——	——	17	——	——	31 337	22 368	1 520	2 676	2 273	706	——	4 067
——	4	109	7	4	119 807	79 081	15 532	15 586	3 655	430	——	9 178
——	——	——	——	——	8 201	7 270	619	——	——	——	——	312
——	7	32	2	1	126 511	48 305	1 166	66 067	48 016	2 115	——	8 858
1	7 508	43	6	2	271 496	102 375	9 635	144 224	124 504	1 081	6	14 175
——	1	17	——	——	25 361	9 614	734	14 682	13 713	——	——	331
——	8	52	3	262	35 233	28 080	1 329	2 118	1 152	1 187	——	2 519
——	——	4	——	——	5 852	5 472	——	380	206	——	——	——
1	20	268	73	2	502 929	117 569	64 066	254 461	252 352	80	——	66 753
——	7	63	7	1	67 614	48 020	2 817	13 264	12 217	——	——	3 513
——	——	3	——	——	13 442	9 867	610	1 607	1 432	——	——	1 358
——	1	37	1	——	14 526	8 030	203	5 255	4 733	——	——	1 038
——	4	49	1	——	31 597	9 990	3 038	9 316	9 035	60	——	9 193

全国各地区文物系统

	本年支出合计（千元）											
			项目支出			在支出						
							商品和服务支出					
		基本支出		文物保护专项支出	经营支出	工资福利支出		维修(护)费	差旅费	劳务费	福利费	税金支出
总计	**4 559 690**	**2 497 017**	**1 657 155**	**154 545**	**61 783**	**1 264 727**	**1 496 491**	**259 692**	**47 930**	**57 396**	**25 096**	**26 323**
中央	670 658	265 367	244 464	5 370	42 207	125 665	144 426	4 410	5 708	3 062	238	2 809
北京	221 780	97 954	116 999	7 619	3 759	45 809	105 575	14 484	633	440	238	1 532
天津	75 615	63 922	11 169	50	——	23 797	34 095	4 180	462	266	309	132
河北	95 299	61 656	32 812	6 795	501	31 253	32 619	12 944	798	464	230	28
山西	121 806	83 345	28 918	4 622	——	41 985	45 612	7 806	1 642	1 254	775	1 374
内蒙古	68 706	60 841	7 865	363	——	19 248	23 677	3 950	1 002	642	305	125
辽宁	138 412	73 310	61 806	43	——	50 670	59 325	20 577	1 413	2 231	519	71
其中:大连	26 433	14 795	11 245	20	——	7 690	15 168	4 981	256	653	304	70
吉林	75 132	62 759	7 890	500	52	19 642	27 389	2 397	368	100	22	19
黑龙江	46 358	32 709	4 621	597	——	22 727	11 355	1 527	491	208	242	162
上海	264 162	142 402	118 201	5 080	3 058	86 024	103 263	28 621	1 751	1 264	2 641	543
江苏	289 156	188 026	99 465	12 386	1 485	92 843	114 028	9 443	5 065	10 050	1 728	511
浙江	234 324	130 017	90 039	19 738	135	76 756	84 397	9 501	2 567	4 423	2 536	670
其中:宁波	18 512	13 474	5 034	1 426	4	9 375	6 953	343	120	680	6	14
安徽	48 146	24 866	17 626	2 041	——	15 034	9 862	3 620	458	106	487	1
福建	66 167	41 966	18 992	5 138	77	24 315	22 320	2 252	668	357	289	14
其中:厦门	8 375	6 841	1 503	120	——	3 667	2 037	47	46	16	60	——
江西	87 678	51 683	30 426	5 429	89	31 532	14 531	4 619	1 281	482	903	215
山东	129 663	109 195	9 441	2 429	332	65 853	33 220	3 287	1 465	2 446	279	200
其中:青岛	20 520	10 162	945	47	6	8 851	8 102	163	208	563	63	4
河南	158 996	93 865	45 169	3 659	1 280	51 404	47 468	7 308	995	1 809	1 163	1 166
湖北	255 134	79 195	144 932	7 793	1 365	43 430	53 915	3 839	1 845	2 237	1 063	242
湖南	109 911	64 034	42 194	9 026	759	31 652	46 952	6 806	1 554	3 679	1 212	215
广东	312 742	186 486	116 301	18 204	87	111 404	105 928	22 933	2 938	5 730	2 830	2 541
其中:深圳	32 981	20 384	10 561	1 350	——	13 906	4 472	1 126	122	88	211	604
广西	99 416	48 279	42 780	7 925	773	21 673	22 491	2 538	1 723	1 910	699	661
海南	4 909	3 093	900	546	——	2 386	598	22	91	1	76	4
重庆	95 806	56 209	36 516	407	2 085	31 450	49 634	17 316	1 111	3 825	583	434
四川	266 701	186 181	63 176	12 724	762	56 595	126 319	42 770	5 344	4 311	1 727	440
贵州	28 393	22 616	5 777	142	——	7 343	17 797	773	331	604	73	62
云南	56 170	23 321	30 519	2 184	1 202	13 196	8 010	1 301	458	478	167	23
西藏	5 656	4 876	780	——	——	3 958	1 423	27	302	——	——	——
陕西	401 853	160 230	180 349	1 870	1 595	75 781	109 165	15 185	3 433	3 612	3 081	11 219
甘肃	69 946	44 811	24 245	6 076	——	24 113	20 580	861	1 010	613	320	566
青海	15 990	8 000	5 587	190	——	5 450	6 639	1 043	262	24	6	60
宁夏	16 181	11 871	3 556	3 556	——	4 904	6 022	2 523	203	156	187	23
新疆	28 824	13 932	13 640	2 043	180	6 835	7 856	829	558	612	168	261

博物馆基本情况(三)

对个人和家庭补助支出	抚恤金和生活补贴	其他资本性支出	各种设备购置费	资产总计（千元）	固定资产原值	增加值（千元）	公用房屋建筑面积（千平方米）	展览用房	实验室	修复室	文物库房
344 699	**8 754**	**451 841**	**150 068**	**11 186 499**	**7 614 286**	**1 842 778**	**6 487**	**2 799**	**11.7**	**28.3**	**650.9**
80 850	713	63 925	26 544	1 476 646	434 607	257 659.4	350.7	41.8	0.3	0.9	49.1
9 066	49	31 460	4 186	293 758	193 043	56 688	324.9	85.7	——	3.3	18
9 375	126	7 656	722	173 417	42 490	33 801.5	109.7	70.1	——	0.1	10.2
4 745	124	1 904	1 228	239 761	208 297	48 183	215.6	108.1	0.04	0.3	14.5
4 672	412	5 836	4 864	199 872	134 336	67 572.3	213.6	88.1	0.7	1.2	20.2
4 657	103	12 266	1 022	146 323	132 391	25 007	148.5	68	0.6	1.4	8.8
10 324	95	7 863	4 750	394 251	341 887	64 916.7	266.7	111.9	0.8	1.1	22.1
757	9	561	186	42 972	42 225	9 426.6	60.9	37.8	——	0.3	4.6
8 711	62	20 475	13 716	157 203	147 054	27 474.4	113.1	47.1	——	1.2	4.4
5 701	68	967	702	253 153	242 697	29 027.5	109.3	55.8	0.2	0.4	6.2
7 141	403	48 922	42 257	1 063 637	743 236	98 926.5	154.1	60.4	0.6	0.04	65.6
29 252	1 263	53 403	5 430	736 283	584 489	136 163.4	492.5	290.6	1.7	0.9	36.1
16 052	397	14 945	7 454	787 428	594 140	120 559.8	316.1	132.6	0.6	0.5	34.4
751	——	431	285	64 418	50 770	11 308.7	19.6	9.5	——	0.1	0.9
6 367	243	2 094	393	56 390	40 064	21 472.6	77.2	37.8	0.5	0.5	13.1
6 855	45	2 670	873	106 193	65 918	32 284.6	349.8	185.3	0.4	0.7	31
1 131	——	5	4	15 773	11 005	4 827.1	30.1	11.6	——	——	3.2
8 496	235	10 546	2 444	111 561	93 942	33 712.7	183.2	99.4	0.5	0.2	15.7
17 100	115	5 260	2 209	614 393	470 974	87 758.8	358.7	160.1	0.3	1.2	30.4
2 152	——	71	71	49 291	22 942	11 666.4	32	11.3	——	0.1	2.4
9 508	296	10 435	1 206	469 884	419 640	33 221.3	285.6	123.7	1	0.7	38.5
8 772	218	25 385	3 333	257 493	135 259	61 602.4	288.4	145.8	0.5	4.3	32.2
5 451	609	12 483	3 438	366 974	286 446	44 412.3	229.4	107.3	0.2	0.4	26.1
30 692	837	13 018	5 129	692 122	528 543	148 660	496.7	225.3	0.8	1.3	39.4
1 058	——	417	417	47 410	43 183	15 035.1	44.8	10.7	0.02	0.2	1.7
7 715	221	4 129	1 900	331 085	127 617	33 848	129.4	53.6	0.2	1.2	14.7
122	——	627	204	9 739	9 660	2 593.9	5.3	1.8	0.03	0.2	0.5
6 159	87	4 865	1 658	203 472	150 275	68 417	137.6	53.3	0.1	0.3	11
15 126	583	18 535	4 847	628 909	403 407	78 528	370.1	110.3	0.1	1.9	21.7
2 637	45	388	290	17 223	12 899	7 693	23.7	12.3	——	——	3.4
5 240	70	956	526	256 344	198 361	16 344.5	123	55.1	0.1	0.5	12.1
294	——	——	——	11 806	1 744	4 288.1	15.2	10.5	0.2	0.1	4.5
12 351	359	49 620	5 548	789 933	571 479	146 139.1	323.4	129	0.8	2	26.2
6 562	899	9 872	1 867	219 099	197 641	30 798.4	131.7	54	0.3	1.2	24.3
1 446	19	1 065	966	25 100	17 496	7 551.6	34.3	15.5	0.1	0.2	4.9
1 608	15	119	5	54 077	46 927	6 648.9	40.5	11.5	——	0.1	5.2
1 652	43	10 152	357	42 970	37 327	10 838.2	69.4	27.3	0.2	0.2	6.7

全国各地区文物

	机构数（个）	从业人员						信息化建设	
		（人）	在编人数	具有文博和工程系列职称人数			安全保卫人员（人）	计算机（台）	网站数（个）
				（人）	高级职称	中级职称			
总　计	**89**	**2 177**	——	**740**	**93**	**337**	**259**	**356**	**15**
北　京	2	204	——	73	2	27	23	41	1
天　津	1	103	——	57	5	23	16	16	5
河　北	3	16	——	1	——	1	——	——	——
山　西	1	19	——	7	1	6	6	6	——
内蒙古	2	57	——	10	3	7	7	22	1
辽　宁	4	77	——	24	2	3	5	12	——
其中:大连	1	38	——	7	——	1	1	3	——
吉　林	1	15	——	2	1	1	1	——	——
黑龙江	——	——	——	——	——	——	——	——	——
上　海	1	109	——	39	1	13	22	20	——
江　苏	9	291	——	94	8	42	40	48	1
浙　江	9	76	——	31	2	17	19	6	——
其中:宁波	1	13	——	11	——	4	1	1	——
安　徽	7	93	——	40	1	17	7	10	——
福　建	2	58	——	12	2	10	12	17	——
其中:厦门	1	30	——	7	1	6	5	11	——
江　西	4	66	——	18	2	10	10	5	——
山　东	8	165	——	75	17	38	12	15	1
其中:青岛	1	16	——	7	1	6	——	——	——
河　南	4	117	——	45	4	35	25	18	——
湖　北	2	147	——	42	17	25	8	17	——
湖　南	2	75	——	55	18	3	12	25	1
广　东	6	126	——	45	1	14	7	34	1
其中:深圳	——	——	——	——	——	——	——	——	——
广　西	4	68	——	14	2	6	7	2	——
海　南	——	——	——	——	——	——	——	——	——
重　庆	2	22	——	5	1	1	3	1	——
四　川	3	95	——	16	1	15	9	5	——
贵　州	2	19	——	——	——	——	2	4	——
云　南	3	36	——	3	2	1	2	7	1
西　藏	1	11	——	2	——	2	1	4	——
陕　西	2	53	——	9	——	9	——	9	2
甘　肃	1	12	——	——	——	——	1	1	——
青　海	1	12	——	4	——	2	——	2	——
宁　夏	1	——	——	——	——	——	——	——	——
新　疆	1	35	——	17	——	9	2	9	1

商店基本情况(一)

上年末库存文物					本年收购文物		本年销售文物		本年向文物收藏单位提供文物情况				
数量				金额（千元）	数量（件、套）	金额（千元）	数量（件、套）	金额（千元）	本年向文物收藏单位提供文物数				补偿金额（千元）
（件、套）	一级品	二级品	三级品						（件、套）	一级品	二级品	三级品	
8 548 650	**2 401**	**24 551**	**26 383**	**623 339**	**55 863**	**318 222**	**169 732**	**393 603**	**1 377**	**——**	**16**	**43**	**6 769**
2 470 506	——	——	13 412	75 401	965	35 059	10 543	59 802	——	——	——	——	——
364 484	——	24 376	——	61 729	16 183	91 738	12 119	93 618	1	——	——	——	——
14 543	——	——	——	2 852	——	——	17	4	——	——	——	——	——
142 559	——	——	——	4 718	359	1 176	2 128	789	5	——	1	4	290
42 318	——	——	——	1 542	3 132	3 753	751	1 879	763	——	15	39	2 222
298 452	1	2	38	947	1 124	1 569	12 686	3 855	——	——	——	——	——
55 940	——	——	18	——	568	337	3 167	3 534	——	——	——	——	——
2 342	2 342	——	——	956	92	16	24	6	——	——	——	——	——
——	——	——	——	——	——	——	——	——	——	——	——	——	——
1 149 857	——	——	——	27 799	458	1 470	15 113	2 990	——	——	——	——	——
957 249	——	——	——	67 494	8 668	69 580	14 585	100 554	46	——	——	——	3 122
447 637	——	——	1 154	8 894	1 893	18 274	15 330	26 700	——	——	——	——	——
128 597	——	——	——	427	——	——	5 785	1 234	——	——	——	——	——
226 515	——	——	267	12 777	903	1 245	5 376	6 078	——	——	——	——	——
70 437	——	——	——	5 832	397	2 965	2 967	4 093	——	——	——	——	——
50 946	——	——	——	3 668	248	2 528	2 222	2 320	——	——	——	——	——
190 881	1	——	——	6 468	350	5 433	2 674	8 359	——	——	——	——	——
558 402	6	15	2	28 794	1 498	7 413	16 840	16 278	——	——	——	——	——
27 025	——	——	——	4 001	——	——	3 259	2 823	——	——	——	——	——
207 394	16	10	210	5 220	5 165	4 108	4 177	7 470	——	——	——	——	——
294 679	33	138	11 291	242 500	422	176	12 000	2 072	4	——	——	——	——
242 167	——	——	——	9 108	1 982	15 441	4 000	16 408	——	——	——	——	——
432 840	2	8	——	28 362	1 430	8 442	19 978	23 667	506	——	——	——	1 085
——	——	——	——	——	——	——	——	——	——	——	——	——	——
30 973	——	——	——	2 522	749	1 534	2 912	1 085	——	——	——	——	——
——	——	——	——	——	——	——	——	——	——	——	——	——	——
139 707	——	——	——	1 800	310	376	1 256	785	——	——	——	——	——
65 712	——	——	4	8 077	97	1 361	4 630	10 776	——	——	——	——	——
32 865	——	——	——	2 778	285	1 184	1 012	1 800	——	——	——	——	——
37 652	——	——	——	6 767	226	3 029	2 084	1 297	——	——	——	——	——
5 066	——	2	5	5 066	1	38 800	——	——	——	——	——	——	——
49 525	——	——	——	2 037	1 378	1 266	1 064	883	52	——	——	——	50
39 371	——	——	——	1 239	265	198	347	743	——	——	——	——	——
5 026	——	——	——	344	23	73	257	190	——	——	——	——	——
212	——	——	——	23	115	14	150	350	——	——	——	——	——
29 279	——	——	——	1 293	7 393	2 529	4 712	1 072	——	——	——	——	——

全国各地区文物

	本年库存文物					资产、负债、所有者权益		
	库存文物数量				金额（千元）	资产总计		
	（件、套）	一级品	二级品	三级品		（千元）	固定资产原值	本年折旧
总　计	**8 433 404**	**60**	**24 395**	**12 063**	**424 725**	**1 066 499**	**283 644**	**19 830**
北　京	2 460 928	——	——	——	78 453	185 784	31 443	1 579
天　津	368 547	——	24 217	——	83 730	172 976	6 391	794
河　北	14 526	——	——	——	2 848	629	220	——
山　西	140 785	——	——	——	5 105	11 138	1 592	——
内蒙古	43 936	——	——	——	1 277	5 525	2 998	——
辽　宁	286 890	1	2	38	5 165	50 099	3 298	943
其中：大连	53 341	——	——	18	——	13 157	1 448	933
吉　林	2 410	——	——	——	966	4 389	210	2 862
黑龙江	——	——	——	——	——	——	——	——
上　海	1 135 202	——	——	——	28 938	138 320	54 497	——
江　苏	951 286	——	——	——	66 930	128 583	40 629	1 647
浙　江	434 200	——	——	——	9 593	35 086	19 199	1 165
其中：宁波	122 812	——	——	——	334	2 892	1 718	85
安　徽	222 042	1	3	513	11 173	22 426	7 830	353
福　建	67 867	——	——	——	6 741	17 655	13 593	585
其中：厦门	48 972	——	——	——	3 876	7 013	3 591	269
江　西	188 557	1	——	——	6 164	13 134	6 388	301
山　东	543 060	6	15	2	26 008	50 394	15 298	2 415
其中：青岛	23 766	——	——	——	2 408	8 647	197	131
河　南	208 382	16	10	210	4 689	15 628	5 822	1 059
湖　北	283 097	33	138	11 291	8 349	36 916	12 768	313
湖　南	240 149	——	——	——	10 976	22 937	14 155	881
广　东	413 786	2	8	——	31 295	70 268	25 925	1 381
其中：深圳	——	——	——	——	——	——	——	——
广　西	28 810	——	——	——	3 017	10 107	1 983	399
海　南	——	——	——	——	——	——	——	——
重　庆	138 761	——	——	——	1 944	4 383	378	22
四　川	61 179	——	——	4	9 014	27 957	4 074	115
贵　州	32 138	——	——	——	2 162	7 616	3 405	1 735
云　南	35 794	——	——	——	8 499	14 706	4 847	173
西　藏	5 067	——	2	5	5 067	2 055	2 055	——
陕　西	49 787	——	——	——	2 450	7 268	990	91
甘　肃	39 289	——	——	——	1 055	2 348	726	577
青　海	4 792	——	——	——	227	790	564	329
宁　夏	177	——	——	——	139	186	21	21
新　疆	31 960	——	——	——	2 751	7 196	2 345	90

商店基本情况(二)

负债总计(千元)	所有者权益总计(千元)	实收资本	国家资本金	营业收入(千元)	主营业务收入	主营业务成本(千元)	主营业务税金及附加(千元)	主营业务利润(千元)	其他业务利润(千元)	营业费用(千元)
301 856	**764 643**	**178 813**	**120 741**	**867 897**	**463 693**	**246 694**	**3 348**	**196 304**	**32 449**	**68 406**
52 497	133 287	16 870	16 870	113 604	60 386	26 152	242	33 992	2 393	18 876
36 531	136 445	25 188	25 188	111 293	93 745	45 660	412	47 673	——	10 257
4 674	−4 045	50	50	228	7	4	1	——	——	3
6 990	4 148	2 366	——	3 267	2 052	789	14	1 249	300	1 478
1 431	4 094	2 998	——	4 840	1 151	166	102	2 433	——	——
21 982	28 117	6 957	2 190	12 619	6 999	1 483	30	5 486	328	1 758
3 805	9 352	2 190	2 190	5 451	3 534	1 162	15	2 357	283	1 679
1 527	2 862	——	——	339	15	6	1	8	——	——
——	——	——	——	——	——	——	——	——	——	——
10 514	127 806	——	——	95 842	28 464	6 862	173	21 429	1 340	——
48 498	80 085	15 873	15 814	179 158	119 487	79 327	524	27 370	13 472	10 927
6 822	28 264	5 917	4 418	47 652	25 702	16 895	220	7 788	125	3 123
932	1 960	1 053	1 053	4 336	1 234	7	53	1 174	125	4
1 941	20 485	1 404	——	16 972	6 168	2 596	36	2 987	809	626
1 561	16 094	7 247	7 247	22 187	6 552	2 803	21	2 812	1 156	1 872
554	6 459	2 552	2 552	9 859	4 779	2 358	12	2 409	655	956
3 354	9 780	7 266	——	15 794	8 817	5 734	19	921	698	2 144
18 813	31 581	7 500	5 455	31 527	6 966	8 117	396	2 367	1 790	3 996
4 587	4 060	——	——	517	——	——	——	——	——	——
11 902	3 726	4 663	1 848	15 608	8 817	4 963	110	801	246	1 128
15 469	21 447	12 966	12 966	27 090	7 618	2 838	92	4 087	1 926	2 786
2 331	20 606	12 259	12 259	33 120	16 739	13 711	34	2 792	484	407
22 442	47 826	19 449	10 592	77 690	35 979	14 221	321	19 540	3 354	1 536
——	——	——	——	——	——	——	——	——	——	——
2 717	7 390	5 557	——	6 941	3 488	1 602	48	1 773	81	1 211
——	——	——	——	——	——	——	——	——	——	——
1 041	3 342	1 856	——	2 499	1 481	243	68	1 135	——	——
11 256	16 701	5 269	600	16 671	10 800	6 812	240	2 513	1 106	1 235
2 780	4 836	3 814	——	5 171	——	1 063	106	——	274	——
5 597	9 109	3 341	3 241	11 397	4 381	1 309	14	3 070	865	514
——	2 055	——	——	3 275	567	212	62	——	——	285
3 207	4 061	4 003	2 003	4 116	2 476	1 224	10	1 242	1 000	1 824
1 785	563	1 500	——	1 629	825	429	35	361	——	174
261	529	400	——	1 215	455	197	2	256	37	100
19	167	342	——	122	63	17	1	——	——	——
3 914	3 282	3 758	——	6 031	3 493	1 259	14	2 219	665	2 146

全国各地区文物

	损益及分配								
	管理费用						财务费用		营业利润
	（千元）	税金	养老、失业等保险费	住房公积金和住房补贴	差旅费	工会经费	（千元）	利息支出	
总　计	**127 215**	**8 593**	**22 143**	**8 553**	**4 323**	**1 348**	**540**	**395**	**64 430**
北　京	10 069	243	3 531	1 897	219	262	−207	−207	22 497
天　津	11 311	3	588	1 368	129	223	——	——	26 774
河　北	1	——	——	——	1	——	——	——	——
山　西	217	——	104	33	78	2	−16	——	−130
内蒙古	475	3	199	51	72	74	——	——	−423
辽　宁	3 986	91	675	271	211	29	−10	−10	104
其中：大连	897	63	487	104	86	——	−4	−4	68
吉　林	324	2	65	3	1	2	1	——	−325
黑龙江	——	——	——	——	——	——	——	——	——
上　海	21 167	472	2 181	409	199	146	——	——	1 602
江　苏	26 153	6 210	5 167	1 403	1 226	211	53	55	5 323
浙　江	3 527	113	860	94	246	30	8	−3	2 834
其中：宁波	1 542	36	148	7	97	16	——	——	−236
安　徽	4 235	25	290	463	65	29	8	——	−331
福　建	2 814	35	360	228	200	40	4	——	202
其中：厦门	2 027	12	164	169	200	27	4	——	78
江　西	1 360	62	574	138	26	23	——	——	93
山　东	3 653	39	584	83	——	36	−17	−1	150
其中：青岛	——	——	——	——	——	——	——	——	——
河　南	2 891	204	470	220	146	12	−4	——	−437
湖　北	4 479	99	2 746	105	229	66	7	7	474
湖　南	3 068	335	267	97	148	11	2	−31	−253
广　东	18 463	265	2 065	1 031	464	75	136	——	4 354
其中：深圳	——	——	——	——	——	——	——	——	——
广　西	1 251	5	427	70	123	——	30	37	254
海　南	——	——	——	——	——	——	——	——	——
重　庆	957	——	53	9	25	2	−2	−2	263
四　川	2 703	194	128	249	8	26	556	555	340
贵　州	274	106	9	2	148	9	——	——	−258
云　南	1 876	17	16	70	92	12	−11	——	1 637
西　藏	——	——	——	——	——	——	——	——	——
陕　西	702	57	399	165	6	18	−5	−5	−279
甘　肃	401	1	93	5	25	——	——	——	−214
青　海	224	5	64	14	——	3	——	——	1
宁　夏	81	——	——	——	——	——	——	——	——
新　疆	553	7	228	75	236	7	7	——	178

商店基本情况(三)

补贴收入 (千元)	财政拨款	利润总额 (千元)	所得税 (千元)	工资、福利费、增值税(千元) 本年应付工资总额	本年应付福利费总额	本年应交增值税	增加值 (千元)	公用房屋建筑面积 (千平方米)	营业用房	文物库房
4 268	**3 510**	**68 119**	**17 531**	**87 265**	**6 479**	**16 354**	**242 349**	**157**	**60**	**70**
——	——	22 334	2 658	16 512	454	2 416	49 542	17	2	14
——	——	26 825	8 383	11 154	865	3 750	45 850	13	5	8
——	——	−1	——	——	——	——	1	1	——	1
9	——	−106	——	647	——	73	756	5	——	2
——	——	85	——	1 207	169	64	1 421	1	1	——
214	214	86	30	2 503	316	281	5 459	1	——	——
——	——	50	——	1 113	159	141	1 721	1	——	——
——	——	−1	——	57	——	——	2 666	1	1	——
——	——	——	——	——	——	——	——	——	——	——
——	——	1 602	529	8 387	——	995	14 319	18	3	15
——	——	9 004	1 548	12 576	1 347	3 577	37 979	18	9	6
——	——	1 670	711	3 127	237	328	9 012	4	1	2
——	——	−466	16	882	165	47	1 140	2	——	1
707	587	−17	——	2 065	195	121	3 946	1	1	——
——	——	202	46	2 117	84	173	3 842	5	2	1
——	——	78	46	1 453	——	102	1 805	2	1	1
10	10	51	18	1 396	145	177	2 930	5	3	2
930	930	−387	29	3 451	183	310	8 563	8	3	2
——	——	——	——	320	——	——	320	——	——	——
20	20	−41	57	1 520	18	261	3 462	11	6	1
——	——	−973	11	3 008	517	245	7 653	13	9	5
20	20	−233	——	1 630	144	335	3 506	7	2	4
419	——	5 640	2 408	8 412	863	2 238	21 424	12	6	5
——	——	——	——	——	——	——	——	——	——	——
382	382	276	107	1 085	113	152	2 943	2	1	1
——	——	——	——	——	——	——	——	——	——	——
——	——	249	82	462	48	27	955	1	——	——
——	——	255	83	1 482	280	220	3 264	5	1	1
150	150	274	——	348	136	96	2 445	2	1	——
60	——	1 697	751	885	——	162	3 047	1	——	——
1 197	1 197	——	——	1 008	——	62	2 329	1	1	——
150	——	−129	——	874	141	98	1 717	1	——	——
——	——	−422	——	156	22	32	709	——	——	——
——	——	1	——	140	20	18	595	——	——	——
——	——	——	1	——	2	3	27	——	——	——
——	——	178	79	1 056	180	140	1 987	3	2	——

全国各地区其他文物

	机构数（个）	从业人员（人）	在编人数	具有专业资质人数（人）	具有考古发掘个人领队资格人数	具有文物保护工程职业资格人数	具有文博和工程系列职称人数（人）	高级职称	中级职称	安全保卫人员（人）
总计	**90**	**1 595**	**1 337**	**121**	**9**	**5**	**207**	**67**	**95**	**102**
中央	4	309	234	47	——	——	31	10	16	2
北京	7	88	56	1	1	——	21	5	15	1
天津	——	——	——	——	——	——	——	——	——	——
河北	2	84	62	——	——	——	11	5	5	——
山西	10	228	206	30	3	3	32	10	15	——
内蒙古	1	6	6	——	——	——	5	——	4	1
辽宁	1	17	17	2	——	1	1	——	1	4
其中:大连	——	——	——	——	——	——	——	——	——	——
吉林	——	——	——	——	——	——	——	——	——	——
黑龙江	8	11	11	11	——	——	11	4	1	1
上海	——	——	——	——	——	——	——	——	——	——
江苏	——	——	——	——	——	——	——	——	——	——
浙江	3	21	16	——	——	——	6	5	1	——
其中:宁波	——	——	——	——	——	——	——	——	——	——
安徽	2	20	10	——	——	——	10	4	5	——
福建	1	——	——	——	——	——	——	——	——	——
其中:厦门	——	——	——	——	——	——	——	——	——	——
江西	2	306	297	——	——	——	3	1	2	——
山东	1	2	2	——	——	——	——	——	——	——
其中:青岛	——	——	——	——	——	——	——	——	——	——
河南	8	111	106	12	5	——	24	9	11	10
湖北	7	46	10	1	——	——	1	——	1	——
湖南	——	——	——	——	——	——	——	——	——	——
广东	4	39	20	——	——	——	10	5	5	——
其中:深圳	——	——	——	——	——	——	——	——	——	——
广西	——	——	——	——	——	——	——	——	——	——
海南	——	——	——	——	——	——	——	——	——	——
重庆	3	53	51	9	——	——	9	——	1	12
四川	——	——	——	——	——	——	——	——	——	——
贵州	——	——	——	——	——	——	——	——	——	——
云南	2	——	——	——	——	——	——	——	——	——
西藏	——	——	——	——	——	——	——	——	——	——
陕西	22	229	208	8	——	1	21	5	7	70
甘肃	1	9	9	——	——	——	4	1	3	——
青海	——	——	——	——	——	——	——	——	——	——
宁夏	——	——	——	——	——	——	——	——	——	——
新疆	1	16	16	——	——	——	7	3	2	1

事业机构基本情况(一)

信息化建设		文物藏品				本年从有关部门接收文物数(件、套)	本年藏品征集数(件、套)	本年修复文物数			
计算机(台)	网站数(个)	(件、套)	一级品	二级品	三级品			(件、套)	一级品	二级品	三级品
455	**12**	**443 969**	**198**	**401 210**	**36 068**	**——**	**47**	**321**	**——**	**281**	**——**
171	11	——	——	——	——	——	——	——	——	——	——
84	1	6 590	141	4 482	1 965	——	——	——	——	——	——
——	——	——	——	——	——	——	——	——	——	——	——
7	——	——	——	——	——	——	——	——	——	——	——
55	——	——	——	——	——	——	——	——	——	——	——
1	——	——	——	——	——	——	——	——	——	——	——
3	——	1 000	——	1 000	——	——	——	1	——	1	——
——	——	——	——	——	——	——	——	——	——	——	——
——	——	——	——	——	——	——	——	——	——	——	——
——	——	——	——	——	——	——	——	——	——	——	——
——	——	——	——	——	——	——	——	——	——	——	——
2	——	2 434	1	7	115	——	——	——	——	——	——
——	——	——	——	——	——	——	——	——	——	——	——
——	——	——	——	——	——	——	——	——	——	——	——
10	——	99	1	6	92	——	——	——	——	——	——
——	——	——	——	——	——	——	——	——	——	——	——
——	——	——	——	——	——	——	——	——	——	——	——
20	——	——	——	——	——	——	——	——	——	——	——
——	——	——	——	——	——	——	——	——	——	——	——
——	——	——	——	——	——	——	——	——	——	——	——
37	——	33 100	——	——	33 080	——	——	40	——	——	——
16	——	——	——	——	——	——	——	——	——	——	——
——	——	——	——	——	——	——	——	——	——	——	——
18	——	395 655	——	395 655	——	——	——	280	——	280	——
——	——	——	——	——	——	——	——	——	——	——	——
——	——	——	——	——	——	——	——	——	——	——	——
——	——	——	——	——	——	——	——	——	——	——	——
2	——	103	——	——	——	——	——	——	——	——	——
——	——	——	——	——	——	——	——	——	——	——	——
——	——	——	——	——	——	——	——	——	——	——	——
——	——	——	——	——	——	——	——	——	——	——	——
——	——	——	——	——	——	——	——	——	——	——	——
22	——	4 988	55	60	816	——	47	——	——	——	——
2	——	——	——	——	——	——	——	——	——	——	——
——	——	——	——	——	——	——	——	——	——	——	——
——	——	——	——	——	——	——	——	——	——	——	——
5	——	——	——	——	——	——	——	——	——	——	——

全国各地区其他文物

	本年收入合计（千元）						
		财政拨款	上级补助收入	事业收入	经营收入	附属单位上缴收入	其他收入
总　计	**217 190**	**76 886**	**34 395**	**35 107**	**49 077**	**——**	**21 725**
中　央	89 605	13 029	13 043	7 561	43 660	——	12 312
北　京	16 995	7 568	200	3 109	970	——	5 148
天　津	——	——	——	——	——	——	——
河　北	6 497	1 762	4 582	——	——	——	153
山　西	22 077	13 347	1 186	3 824	2 737	——	983
内蒙古	311	311	——	——	——	——	——
辽　宁	796	603	——	193	——	——	——
其中：大连	——	——	——	——	——	——	——
吉　林	——	——	——	——	——	——	——
黑龙江	1 159	1 129	——	30	——	——	——
上　海	——	——	——	——	——	——	——
江　苏	——	——	——	——	——	——	——
浙　江	3 647	3 581	——	——	60	——	6
其中：宁波	——	——	——	——	——	——	——
安　徽	1 288	915	373	——	——	——	——
福　建	——	——	——	——	——	——	——
其中：厦门	——	——	——	——	——	——	——
江　西	3 811	175	380	——	1 620	——	1 636
山　东	83	83	——	——	——	——	——
其中：青岛	——	——	——	——	——	——	——
河　南	17 336	493	1 164	15 663	——	——	16
湖　北	6 715	5 932	383	217	——	——	183
湖　南	——	——	——	——	——	——	——
广　东	26 508	24 028	7	1 246	——	——	1 227
其中：深圳	——	——	——	——	——	——	——
广　西	——	——	——	——	——	——	——
海　南	——	——	——	——	——	——	——
重　庆	1 252	1 140	20	62	30	——	——
四　川	——	——	——	——	——	——	——
贵　州	——	——	——	——	——	——	——
云　南	——	——	——	——	——	——	——
西　藏	——	——	——	——	——	——	——
陕　西	18 076	1 934	12 925	3 202	——	——	15
甘　肃	399	399	——	——	——	——	——
青　海	——	——	——	——	——	——	——
宁　夏	——	——	——	——	——	——	——
新　疆	635	457	132	——	——	——	46

事业机构基本情况(二)

本年支出合计(千元)														
				在支出合计中:										
	基本支出	项目支出	经营支出	工资福利支出	商品和服务支出						对个人和家庭补助支出		其他资本性支出	
						维修(护)费	差旅费	劳务费	福利费	税金支出		抚恤金和生活补贴		各种设备购置费
214 128	**82 085**	**87 829**	**34 698**	**50 945**	**65 472**	**2 569**	**3 363**	**12 936**	**2 312**	**5 301**	**6 441**	**754**	**15 686**	**8 858**
91 585	27 479	33 171	30 333	25 317	25 353	1 135	1 345	3 134	1 692	5 023	2 262	77	3 567	3 181
13 177	5 526	5 546	2 105	3 122	2 380	191	61	3	77	——	725	——	5 205	3 830
——	——	——	——	——	——	——	——	——	——	——	——	——	——	——
5 006	3 843	1 163	——	2 258	294	——	50	——	65	——	144	33	109	109
20 118	10 274	2 115	837	6 907	7 693	166	269	206	55	157	763	100	4 277	760
311	311	——	——	151	138	——	7	3	3	——	12	——	10	8
823	603	220	——	100	154	150	——	3	1	——	——	——	——	——
——	——	——	——	——	——	——	——	——	——	——	——	——	——	——
——	——	——	——	——	——	——	——	——	——	——	——	——	——	——
1 159	1 105	54	——	529	107	——	——	——	——	——	523	——	——	——
——	——	——	——	——	——	——	——	——	——	——	——	——	——	——
——	——	——	——	——	——	——	——	——	——	——	——	——	——	——
3 666	1 506	2 093	67	1 062	2 243	8	360	91	181	2	84	——	277	277
——	——	——	——	——	——	——	——	——	——	——	——	——	——	——
1 380	773	350	——	555	419	——	52	1	12	——	55	——	350	——
——	——	——	——	——	——	——	——	——	——	——	——	——	——	——
——	——	——	——	——	——	——	——	——	——	——	——	——	——	——
3 832	2 428	——	1 045	740	634	141	157	115	125	96	543	543	1 049	233
83	83	——	——	70	2	——	——	——	——	——	11	——	——	——
——	——	——	——	——	——	——	——	——	——	——	——	——	——	——
18 299	16 863	600	——	3 664	12 118	140	98	7 457	57	——	320	1	203	203
7 461	1 524	5 655	——	548	716	2	98	2	3	——	119	——	229	——
——	——	——	——	——	——	——	——	——	——	——	——	——	——	——
29 396	2 930	26 466	——	1 635	935	5	132	46	11	23	686	——	154	154
——	——	——	——	——	——	——	——	——	——	——	——	——	——	——
——	——	——	——	——	——	——	——	——	——	——	——	——	——	——
——	——	——	——	——	——	——	——	——	——	——	——	——	——	——
1 252	632	620	——	512	590	500	20	20	20	——	60	——	90	90
——	——	——	——	——	——	——	——	——	——	——	——	——	——	——
——	——	——	——	——	——	——	——	——	——	——	——	——	——	——
——	——	——	——	——	——	——	——	——	——	——	——	——	——	——
——	——	——	——	——	——	——	——	——	——	——	——	——	——	——
15 647	5 368	9 681	311	3 106	11 666	131	714	1 855	10	——	102	——	166	13
343	343	——	——	308	17	——	——	——	——	——	18	——	——	——
——	——	——	——	——	——	——	——	——	——	——	——	——	——	——
——	——	——	——	——	——	——	——	——	——	——	——	——	——	——
590	494	95	——	361	13	——	——	——	——	——	14	——	——	——

全国各地区其他文物

	资产合计（千元）	固定资产原值	增加值（千元）	公用房屋建筑面积（千平方米）	业务用房	文物库房
总计	**244 373**	**61 180**	**65 349**	**27**	**13**	**2**
中央	120 356	14 569	37 063	9	9	——
北京	13 534	6 251	4 956	3	——	——
天津	——	——	——	——	——	——
河北	5 125	779	2 468	1	1	——
山西	30 614	10 308	5 809	5	——	——
内蒙古	40	40	171	——	——	——
辽宁	4 043	3 048	219	1	——	1
其中:大连	——	——	——	——	——	——
吉林	——	——	——	——	——	——
黑龙江	437	302	1 064	——	——	——
上海	——	——	——	——	——	——
江苏	30	30	1	——	——	——
浙江	7 943	3 050	1 558	——	——	——
其中:宁波	——	——	——	——	——	——
安徽	1 049	1 049	668	1	——	——
福建	——	——	——	——	——	——
其中:厦门	——	——	——	——	——	——
江西	9 990	4 391	1 243	——	——	——
山东	——	——	81	——	——	——
其中:青岛	——	——	——	——	——	——
河南	17 610	6 037	58	2	2	——
湖北	12 474	2 883	767	——	——	——
湖南	——	——	——	——	——	——
广东	7 230	5 217	2 564	2	1	——
其中:深圳	——	——	——	——	——	——
广西	——	——	——	——	——	——
海南	——	——	——	——	——	——
重庆	4 440	——	613	2	——	1
四川	——	——	——	——	——	——
贵州	——	——	——	——	——	——
云南	——	——	——	——	——	——
西藏	——	——	——	——	——	——
陕西	8 875	3 168	5 343	1	——	——
甘肃	583	58	328	——	——	——
青海	——	——	——	——	——	——
宁夏	——	——	——	——	——	——
新疆	——	——	375	——	——	——

事业机构基本情况(三)

补充资料									
国家文物出境鉴定站数(件、套)	责任鉴定人员(人)	出境文物审核数(件、套)	禁止出境文物数(件、套)	暂入境文物审核数(件、套)	涉案文物鉴定数(件、套)	馆藏文物鉴定数(件、套)	拍卖文物标的审核数(件、套)	拍卖文物标的审核数 禁止上拍文物标的数	出国展览文物审核数(件、套)
16	**36**	**163 205**	**619**	**12 420**	**6 956**	**76 468**	**156 435**	**460**	**1 266**
——	——	——	——	——	——	——	——	——	——
1	6	71 264	176	10 872	1 248	26 855	120 000	153	——
——	——	——	——	——	——	——	——	——	——
1	2	——	——	——	278	20 000	296	1	——
——	——	——	——	——	——	——	——	——	——
——	——	——	——	——	——	——	——	——	——
——	——	——	——	——	——	——	——	——	——
——	——	——	——	——	——	——	——	——	——
——	——	——	——	——	——	——	——	——	——
——	——	——	——	——	——	——	——	——	——
——	——	——	——	——	——	——	——	——	——
——	——	——	——	——	——	——	——	——	——
1	5	85 020	186	782	1 303	6 019	24 732	284	204
——	——	——	——	——	——	——	——	——	——
1	2	127	——	——	332	4 695	1 031	——	——
——	——	——	——	——	——	——	——	——	——
——	——	——	——	——	——	——	——	——	——
——	——	——	——	——	——	——	——	——	——
——	——	——	——	——	——	——	——	——	——
——	——	——	——	——	——	——	——	——	——
1	4	——	——	——	——	——	——	——	——
——	——	——	——	——	——	——	——	——	——
——	——	——	——	——	——	——	——	——	——
1	8	2 597	138	754	——	1 191	8 220	3	327
——	——	——	——	——	——	——	——	——	——
——	——	——	——	——	——	——	——	——	——
——	——	——	——	——	——	——	——	——	——
——	——	——	——	——	——	——	——	——	——
——	——	——	——	——	——	——	——	——	——
——	——	——	——	——	——	——	——	——	——
1	4	475	13	——	318	13 200	2 156	19	——
——	——	——	——	——	——	——	——	——	——
9	5	3 722	106	12	3 477	4 508	——	——	735
——	——	——	——	——	——	——	——	——	——
——	——	——	——	——	——	——	——	——	——
——	——	——	——	——	——	——	——	——	——
——	——	——	——	——	——	——	——	——	——

全国各地区文物保护单位保护、维修基本情况

地区	维修项目（个）	项目总预算（千元）	累计拨入项目经费（千元）	累计拨入项目经费：中央补助	累计拨入项目经费：省专项补助	本年项目收入合计（千元）	财政拨款	财政拨款：中央补助	财政拨款：省级补助	其他收入	本年支出合计（千元）	项目累计支出（千元）	维修面积（千平方米）
总　计	**1 626**	**3 644 676**	**1 962 869**	**635 810**	**232 074**	**1 082 271**	**837 912**	**232 774**	**121 178**	**244 359**	**901 969**	**1 873 542**	**13 578**
北　京	55	310 594	260 917	160 038	41 261	110 859	55 338	30 038	17 077	55 521	103 468	253 107	51
天　津	2	355	——	——	——	355	——	——	——	355	355	355	1
河　北	48	79 063	50 675	36 450	6 800	15 213	14 987	9 687	1 510	226	17 594	41 671	1 029
山　西	104	101 937	52 729	38 007	5 190	47 098	39 591	20 276	2 710	7 507	40 930	56 521	44
内蒙古	16	86 487	41 438	10 300	6 300	22 967	19 817	8 550	2 550	3 150	19 584	38 166	25
辽　宁	12	10 470	7 125	794	4 384	5 178	4 348	——	200	830	6 726	10 140	2
其中:大连	——	——	——	——	——	——	——	——	——	——	——	——	——
吉　林	2	20 000	1 365	1 285	80	655	655	575	80	——	655	1 365	2
黑龙江	17	100 166	53 320	36 120	200	26 540	26 540	9 340	200	——	20 081	45 311	32
上　海	42	167 274	151 444	——	5 448	96 519	4 518	——	4 518	92 001	96 519	156 294	136
江　苏	151	282 318	193 886	800	16 162	82 850	72 141	300	16 152	10 709	71 093	172 335	111
浙　江	180	221 105	165 636	9 850	19 640	48 744	39 133	2 300	10 234	9 611	47 278	167 970	165
其中:宁波	12	7 720	6 390	1 200	——	1 590	850	——	——	740	2 546	6 871	10
安　徽	116	128 300	33 524	11 504	8 770	39 067	19 390	2 829	6 460	19 677	18 155	35 301	6 073
福　建	27	30 697	18 604	11 400	392	12 453	11 015	5 100	1 802	1 438	9 268	20 294	75
其中:厦门	1	1 000	1 458	——	——	225	——	——	——	225	250	1 431	——
江　西	72	186 866	149 255	12 500	1 770	151 420	147 957	12 000	1 710	3 463	64 408	109 111	112
山　东	36	104 931	46 222	5 350	2 816	30 338	30 338	——	1 346	——	31 905	35 684	369
其中:青岛	——	——	——	——	——	——	——	——	——	——	——	——	——
河　南	95	373 958	105 241	57 304	9 780	65 651	62 760	30 780	8 400	2 891	56 994	176 767	141
湖　北	45	199 609	25 288	20 890	2 320	23 021	21 987	16 700	2 240	1 034	13 327	14 309	79
湖　南	69	175 914	25 974	5 891	7 090	20 466	16 778	3 621	3 390	3 688	20 106	33 441	622
广　东	63	429 702	253 065	59 334	55 263	80 361	67 973	22 290	15 748	12 388	81 924	250 595	100
其中:深圳	2	24 520	1 380	——	——	2 415	2 390	——	——	25	1 951	4 997	1
广　西	50	14 633	11 246	6 950	1 470	11 612	11 216	6 950	1 453	396	9 036	9 383	31
海　南	4	1 542	1 342	——	622	640	40	——	——	600	652	1 362	2
重　庆	24	35 308	18 829	11 200	1 330	8 783	8 720	2 100	1 380	63	11 169	16 705	9
四　川	143	192 290	109 501	39 370	10 956	72 860	68 914	8 120	7 511	3 946	70 967	90 738	4 185
贵　州	54	31 456	25 687	7 900	4 696	10 209	9 955	600	4 021	254	9 763	17 611	25
云　南	98	38 531	23 156	628	6 780	18 625	14 463	2 028	5 320	4 162	19 139	22 562	84
西　藏	——	——	——	——	——	——	——	——	——	——	——	——	——
陕　西	70	134 992	91 977	62 690	5 766	61 191	53 479	30 100	3 846	7 712	46 016	63 804	40
甘　肃	17	158 237	27 533	18 755	3 448	14 306	12 489	7 990	600	1 817	10 746	24 532	18
青　海	3	870	890	700	40	890	570	——	20	320	890	890	1
宁　夏	7	25 354	16 100	9 800	2 400	2 500	2 200	500	100	300	2 538	6 235	9
新　疆	4	1 717	900	——	900	900	600	——	600	300	683	983	5

全国各地区国家级文物保护单位保护、维修基本情况

	维修项目（个）	项目总预算（个）	累计拨入项目经费（千元）	累计拨入项目经费：中央补助	累计拨入项目经费：省专项补助	本年项目收入合计（千元）	本年项目收入合计：财政拨款	财政拨款：中央补助	财政拨款：省级补助	本年项目收入合计：其他收入	本年支出合计（千元）	项目累计支出（千元）	维修面积（千平方米）
总计	**589**	**2 305 332**	**1 294 684**	**608 501**	**115 963**	**620 077**	**575 012**	**212 085**	**44 724**	**45 065**	**487 468**	**1 228 922**	**6828.6**
北京	16	220 315	180 722	160 000	15 727	43 633	38 633	30 000	5 704	5 000	43 005	179 331	27.1
天津	2	355	——	——	——	355	——	——	——	355	355	355	1
河北	35	73 993	49 520	36 450	5 950	14 318	14 257	9 687	900	61	16 569	40 486	1 027.3
山西	73	91 409	47 829	37 307	3 100	41 883	36 066	19 926	1 900	5 817	36 292	51 147	33.6
内蒙古	8	78 050	32 068	9 900	4 950	15 000	14 850	8 150	1 700	150	11 168	28 009	20.7
辽宁	7	4 650	1 954	594	1 310	3 826	3 826	——	200	——	4 636	4 636	0.3
其中:大连	——	——	——	——	——	——	——	——	——	——	——	——	——
吉林	2	20 000	1 365	1 285	80	655	655	575	80	——	655	1 365	2
黑龙江	9	57 760	31 430	30 430	——	4 650	4 650	3 650	——	——	2 781	27 811	16.9
上海	7	11 817	11 817	——	960	7 447	460	——	460	6 987	7 447	14 447	61
江苏	41	193 259	139 231	800	2 450	30 864	23 668	300	3 150	7 196	30 601	128 723	24.5
浙江	38	41 994	29 513	8 650	9 400	10 603	10 587	2 300	3 390	16	9 780	23 405	57.1
其中:宁波	——	——	——	——	——	——	——	——	——	——	——	——	——
安徽	30	23 163	16 123	11 504	2 170	5 954	5 614	2 379	1 460	340	4 911	16 768	19.5
福建	14	22 816	14 020	11 400	250	7 904	7 481	5 100	1 394	423	7 319	15 964	64.5
其中:厦门	——	——	——	——	——	——	——	——	——	——	——	——	——
江西	25	164 748	144 318	12 500	1 100	142 167	141 964	11 400	980	203	55 802	100 416	75.5
山东	15	40 324	10 226	5 350	800	26 052	26 052	——	300	——	27 439	29 164	360.3
其中:青岛	——	——	——	——	——	——	——	——	——	——	——	——	——
河南	45	282 694	83 461	53 354	3 210	45 626	45 230	26 830	2 890	396	35 567	151 656	110.5
湖北	20	192 353	20 543	17 250	2 000	17 592	17 013	13 400	1 900	579	8 008	8 945	69
湖南	15	115 772	12 050	5 700	1 340	9 510	6 980	3 480	380	2 530	9 554	17 934	551
广东	15	273 057	221 278	59 334	46 091	55 428	46 169	22 290	8 756	9 259	57 824	215 579	33.6
其中:深圳	1	2 220	780	——	——	1 815	1 790	——	——	25	1 951	4 550	1.1
广西	27	10 780	8 608	6 400	440	8 704	8 308	6 400	703	396	6 398	6 745	20.3
海南	2	910	710	——	610	20	20	——	——	——	20	730	1.2
重庆	11	14 806	12 327	11 200	50	2 368	2 310	2 100	50	58	5 204	10 053	3.7
四川	50	155 625	92 280	36 070	3 710	58 890	56 306	7 520	2 210	2 584	55 563	73 452	4150.2
贵州	13	10 808	9 978	7 400	2 058	4 072	3 978	600	2 858	94	3 574	4 419	6.5
云南	24	5 352	6 260	498	2 360	4 885	4 858	1 898	1 350	27	5 335	5 535	48.3
西藏	——	——	——	——	——	——	——	——	——	——	——	——	——
陕西	34	113 737	85 410	61 570	3 359	49 681	47 687	29 210	2 009	1 994	34 858	51 258	25.8
甘肃	8	72 549	22 043	14 255	2 488	7 390	7 390	4 890	——	——	6 380	20 166	17.3
青海	——	——	——	——	——	——	——	——	——	——	——	——	——
宁夏	2	11 680	9 600	9 300	——	300	——	——	——	300	300	300	——
新疆	1	556	——	——	——	300	——	——	——	300	123	123	——

全国各地区省级文物保护

	维修项目（个）	项目总预算（个）	累计拨入项目经费		
			（千元）	中央补助	省专项补助
总　计	**580**	**1 000 511**	**445 944**	**12 889**	**93 556**
北　京	16	53 654	50 253	38	21 143
天　津	——	——	——	——	——
河　北	10	4 910	995	——	750
山　西	13	6 048	3 310	500	1 280
内蒙古	5	2 687	1 930	150	850
辽　宁	3	388	955	——	795
其中:大连	——	——	——	——	——
吉　林	——	——	——	——	——
黑龙江	4	34 756	17 100	900	200
上　海	15	89 419	74 719	——	2 362
江　苏	66	60 682	34 970	——	11 112
浙　江	53	146 096	117 517	——	9 890
其中:宁波	——	——	——	——	——
安　徽	63	82 990	15 507	——	5 740
福　建	1	——	50	——	50
其中:厦门	——	——	——	——	——
江　西	25	18 019	2 549	——	650
山　东	17	64 400	35 689	——	2 016
其中:青岛	——	——	——	——	——
河　南	41	87 284	20 690	3 950	5 870
湖　北	13	3 861	1 560	540	290
湖　南	45	59 235	13 557	191	5 520
广　东	22	107 947	11 923	——	5 402
其中:深圳	1	22 300	600	——	——
广　西	6	1 680	827	——	720
海　南	——	——	——	——	——
重　庆	4	537	992	——	430
四　川	59	22 384	8 777	——	6 766
贵　州	26	15 877	5 158	——	2 493
云　南	37	21 884	10 579	——	4 220
西　藏	——	——	——	——	——
陕　西	22	15 160	3 237	1 120	1 007
甘　肃	5	85 158	5 060	4 300	760
青　海	2	720	740	700	40
宁　夏	4	13 574	6 400	500	2 300
新　疆	3	1 161	900	——	900

单位保护、维修基本情况

本年项目收入合计（千元）	财政拨款	中央补助	省级补助	其他收入	本年支出合计（千元）	项目累计支出（千元）	维修面积（千平方米）
271 935	**162 152**	**10 819**	**60 655**	**109 783**	**252 762**	**408 923**	**6 457.9**
38 345	10 374	38	8 262	27 971	30 981	42 055	15.1
——	——	——	——	——	——	——	——
735	620	——	510	115	865	1 025	1.4
2 855	1 745	——	550	1 110	2 808	3 444	3.6
2 717	2 717	150	850	——	2 666	2 717	2.5
160	160	——	——	——	955	955	1.3
——	——	——	——	——	——	——	——
——	——	——	——	——	——	——	——
17 100	17 100	900	200	——	17 100	17 300	12.9
61 639	2 362	——	2 362	59 277	61 639	76 939	37.8
31 045	28 710	——	10 702	2 335	22 102	24 922	51.7
22 259	19 483	——	5 810	2 776	21 016	120 483	47.1
——	——	——	——	——	——	——	——
11 560	10 144	450	4 150	1 416	11 077	16 256	6 047.8
50	50	——	50	——	50	50	——
——	——	——	——	——	——	——	——
5 720	3 400	600	730	2 320	4 867	4 926	17.5
3 979	3 979	——	1 046	——	4 259	6 313	6.8
——	——	——	——	——	——	——	——
19 085	16 590	3 950	4 910	2 495	20 272	23 906	27.4
2 119	1 699	200	310	420	2 559	2 599	5.6
10 133	9 455	141	2 730	678	9 765	14 720	67.8
9 618	7 494	——	5 042	2 124	8 916	11 554	28.6
600	600	——	——	——	——	447	——
827	827	——	440	——	507	507	3.7
——	——	——	——	——	——	——	——
665	660	——	430	5	515	842	0.7
7 134	6 274	100	4 641	860	7 666	8 215	18.4
3 308	3 198	——	1 163	110	3 076	3 777	12.9
7 140	5 629	——	3 710	1 511	7 783	10 003	21.6
——	——	——	——	——	——	——	——
7 002	3 062	890	1 037	3 940	6 930	7 030	11.3
3 300	3 300	2 900	400	——	950	950	0.04
740	420	——	20	320	740	740	0.5
2 100	2 100	500	——	——	2 138	5 835	8.9
600	600	——	600	——	560	860	5.1

文物业主要指标解释

1. 藏品:藏品是文博机构根据收藏品的文化属性、自然属性等情况,所划分的文物藏品、标本藏品、模型藏品(含具有收藏、展示价值的雕塑、绘画等艺术作品)和复制品藏品的总和。本指标所统计的藏品是指报告期末,该机构已经整理并登记入账的藏品数。尚未整理或正在整理的藏品,应在整理造册入账后列入下年统计。一级品、二级品、三级品均根据入账情况如实填写。

藏品数:指按历年来以件、套为计量单位统计的藏品数量。即单件藏品编一个号者按一件计算;成套藏品按整体编一个号者,也按一件计算(其组成部分即使有分号,也按一件计)。不易计数的藏品,如粮食、药材及液体等,不论数量多少,均按一件计算。本指标在本制度执行期内必须填报。

2. 本年从有关部门接收文物数:指本年从公安、工商、海关等司法及检查部门移交接收的文物。

3. 本年藏品征集数:本年从社会上征集为馆藏文物的数量(包括标本数)。

4. 修复藏品数:本年运用技术手段进行修复保养的馆藏文物数量(包括标本)。

5. 举办展览:展览指在本机构内设置,由本馆设计布陈,形式比较多样的展出。同一内容的巡回展览,均按一个计算。展览的计量单位不是指每次展出的文物藏品件数。与系统外机构合办的展览,由本馆统计;与系统内机构合办的,由主办馆统计。陈列作为长期展览,并入此指标项中。

6. 提供藏品参加展览次数:指提供本机构藏品参与其他机构举办的展览次数。

7. 参观人次和未成年人参观人次:参观人次指本报告期末,向社会开放的文物保护管理机构当年接待的所有参观人次的累计数。

未成年人参观人次是指接待有组织的集体参观人次与零散观众中能够确切统计的未成年人参观人次的总和。

8. 基本建设中考古发掘项目:是指因基本建设工程需要,在建设工程影响范围内所进行的考古发掘工作。

9. 抢救性发掘项目:指古文化遗址、古墓葬等遇到不可抗拒的自然或人为因素危害而必须进行的考古发掘活动。

10. 主动性发掘项目:因科学研究或文物保护的需要所进行的考古发掘工作。

11. 公用房屋建筑面积:指文物部门、房产部门拥有产权,或产权虽归政府部门所有,但交由填表机构长期固定、无偿使用的各种办公和业务用房,包括职工单身宿舍和暂被家属、职工挤占的非居住用房。不包括职工家属宿舍和租用的民房。公用房屋建筑面积均按总的建筑面积(指从外墙算起的各房屋面积相加之和)填报,此项指标的其中数(如陈列展览用房、文物库房等),凡属独立建筑的均按建筑面积统计;凡属非独立建筑的均按使用面积统计;二者兼有的,可按两种方法统计加总。以文物保护单位为馆(所)址的文物机构,只统计该机构实际使用部分的建筑面积。

12. 专著或图录:由本单位人员完成,经过正式出版部门编印出版的科技专著、高等院校教科书、科普著作和论文集。

13. 论文数:是指由本机构的人员完成,并在省级以上刊物公开发表的论文数之和。

14. 古建维修报告:地上不可移动文物维修保护工程全过程记录及应用技术研究介绍的综合性技术报告。

15. 上年末库存文物件数及金额:指上年末按规定计量单位计算的实有库存文物件数和年末库存文物的账面金额,同时也是结转本年初的库存文物件数和金额。

16. 本年收购文物件数及金额:指本年从个人或有关机构购入和调入文物时实际发生的件数和金额。

17. 本年向文物收藏机构提供文物数:指本年文物商店向文物收藏机构提供文物件数。

18. 补偿金额:指本年接受文物商店提供文物的文物收藏机构给文物商店适当补偿的金额。

19. 本年末库存文物件数及金额:指本年末按规定计量单位计算的实有库存文物件数和年末库存文物的账面金额,同时也是结转下年初的库存文物件数和金额。

签订文化合作协定

国　家	名　称	时　间
马尔代夫	中华人民共和国和马尔代夫文化合作协定	2月10日
哥斯达黎加	中华人民共和国政府和哥斯达黎加共和国政府文化合作协定	10月

签订文化合作备忘录

国　家	名　称	时　间
希腊	关于在华举办希腊文化年的谅解备忘录	4月26日

签订互设文化中心协议

国　家	名　称	时　间
泰国	中华人民共和国和泰王国互设文化中心协议	12月17日

签订文化合作协定执行计划

国　家	名　称	时　间
博茨瓦纳	中华人民共和国政府和博茨瓦纳共和国政府文化合作协定2007—2009年执行计划	1月7日
以色列	中华人民共和国政府和以色列国政府2007—2010年文化协定执行计划	1月10日
拉脱维亚	中华人民共和国文化部与拉脱维亚共和国文化部2006—2010年文化交流计划	1月24日
印度	中华人民共和国政府和印度共和国政府文化合作协定2007—2009年执行计划	5月
越南	中华人民共和国政府和越南共和国政府文化合作协定2007—2009年执行计划	5月
土耳其	中华人民共和国政府和土耳其共和国政府2006—2009年文化交流计划	5月10日
卢旺达	中华人民共和国政府和卢旺达共和国政府文化和科学合作协定2007—2009年执行计划	5月14日
克罗地亚	中华人民共和国政府和克罗地亚共和国政府2008—2010年文化合作执行计划	5月14日
科威特	中华人民共和国政府和科威特共和国政府文化协定2007—2010年执行计划	5月21日

签订文化合作协定执行计划(续)

国　家	名　称	时　间
波兰	中华人民共和国文化部和波兰共和国文化和遗产部2007—2011年文化合作议定书	5月25日
美国	中华人民共和国政府和美利坚合众国政府文化协定2007—2009年度文化交流执行计划	6月11日
埃塞俄比亚	中华人民共和国政府和埃塞俄比亚联邦民主共和国政府文化合作协定2007—2009年执行计划	6月19日
毛里求斯	中华人民共和国政府和毛里求斯共和国政府文化合作协定2007—2009年执行计划	6月26日
立陶宛	中华人民共和国文化部和立陶宛共和国文化部2007—2011年文化交流计划	10月4日
约旦	中华人民共和国政府和约旦哈希姆王国政府2007—2010年文化合作执行计划	10月30日
爱沙尼亚	中华人民共和国文化部和爱沙尼亚共和国文化部2008—2012年文化交流计划	11月1日
玻利维亚	中华人民共和国政府和玻利维亚共和国政府文化协定2007—2010年度文化交流执行计划	11月5日
白俄罗斯	中华人民共和国文化部和白俄罗斯共和国文化部2007—2011年合作议定书	11月5日
斯洛文尼亚	中华人民共和国政府和斯洛文尼亚共和国政府2007—2011年文化和教育合作计划	11月8日
加蓬	中华人民共和国政府和加蓬共和国政府文化协定2007—2009年执行计划	11月12日
厄瓜多尔	中华人民共和国政府和厄瓜多尔共和国政府文化协定2007—2010年度文化交流执行计划	11月20日
希腊	中华人民共和国和希腊共和国2007—2010年文化交流执行计划	12月3日
奥地利	中华人民共和国和奥地利共和国2008—2011年文化交流执行计划	12月4日
刚果	中华人民共和国政府和刚果共和国政府文化合作协定2008—2010年执行计划	12月15日
哥伦比亚	中华人民共和国政府和哥伦比亚共和国政府文化协定2007—2010年度文化交流执行计划	12月21日

各地区非物质文化

	机构数（个）	工作人员数（人）			非物质文化遗产名录数量（个）					传承活动			
			高级职称	中级职称		国家级	省级	市级	县级	传习所（个）	培训学员	代表性传承人（人）	学徒人数
总　计	**2 201**	**19 379**	**1 000**	**3 093**	**46 955**	**1 211**	**5 695**	**13 109**	**27 501**	**10 662**	**295 126**	**29 609**	**374 445**
中　央	1	45	8	13	——	——	——	——	——	——	——	——	——
北　京	20	115	17	19	612	——	153	459	——	150	3 397	470	3 134
天　津	12	380	40	54	41	4	6	8	23	37	2 659	46	2 962
河　北	114	744	36	159	1 874	77	396	735	666	199	18 573	717	14 519
山　西	69	1 547	42	149	732	61	235	97	339	564	11 554	1 276	5 247
内蒙古	52	287	36	110	369	15	118	100	136	41	61 126	421	62 213
辽　宁	22	110	20	54	1 111	77	205	398	365	163	2 263	306	1 810
其中:大连	1	15	3	6	141	1	16	47	11	——	——	40	100
吉　林	3	22	9	10	718	25	75	204	414	100	1 118	261	775
黑龙江	27	——	——	——	61	9	52	——	——	61	2 085	103	664
上　海	20	162	13	27	208	9	83	116	——	84	3 735	148	672
江　苏	119	836	118	339	2 173	37	123	639	1 374	256	12 420	2 654	10 467
浙　江	87	451	53	153	2 676	44	305	524	1 803	286	21 465	1 321	8 784
其中:宁波	——	——	——	——	——	——	——	——	——	——	——	——	——
安　徽	45	315	32	83	488	30	162	138	271	28	3 656	301	3 596
福　建	69	576	55	171	964	79	377	163	345	105	17 800	311	7 118
其中:厦门	1	3	——	1	26	5	15	6	——	11	178	15	100
江　西	107	7 823	51	182	1 008	32	138	313	525	100	8 381	2 903	6 034
山　东	133	617	96	198	2 703	86	402	767	1 448	495	36 491	1 383	60 866
其中:青岛	12	48	8	25	134	4	24	47	59	145	27 552	373	52 139
河　南	109	1 054	30	184	1 393	51	320	355	667	315	9 774	949	11 799
湖　北	88	643	115	236	1 380	55	261	467	1 111	408	8 973	1 068	71 117
湖　南	115	354	31	101	973	80	212	283	398	135	12 728	909	31 292
广　东	95	351	37	63	2 736	94	409	904	1 329	117	9 241	658	14 886
其中:深圳	1	21	11	5	85	——	12	25	48	11	580	36	235
广　西	105	853	43	225	987	21	44	260	662	431	3 842	716	3 577
海　南	13	31	1	7	101	10	32	22	37	7	765	208	453
重　庆	26	199	25	44	196	12	27	10	147	193	2 687	261	3 924
四　川	173	248	6	62	3 504	27	280	540	2 657	5 090	8 085	1 835	10 174
贵　州	81	164	3	34	5 825	89	585	1 008	4 143	450	7 013	1 571	10 936
云　南	107	340	20	106	8 625	34	147	3 173	5 271	416	10 461	2 518	8 644
西　藏	109	56	——	3	111	22	88	——	1	4	178	60	128
陕　西	90	545	27	157	1 376	47	166	435	728	159	4 523	1 996	9 960
甘　肃	79	15	——	4	2 913	31	128	851	1 903	91	4 073	984	2 997
青　海	18	187	11	54	76	22	44	——	10	21	785	142	729
宁　夏	24	141	13	49	216	8	31	77	100	17	2 649	2 168	2 113
新　疆	69	168	12	43	805	23	91	63	628	139	2 626	945	2 855

遗产保护情况(一)

宣传展示活动：举办展览(个)	宣传展示活动：举办展览 参观人次(千人次)	举办展演(个)	举办展演 观众人次(千人次)	举办民俗活动(个)	举办民俗活动 参与人次(千人次)	举办竞技比赛(个)	举办竞技比赛 参与人次(千人次)	普查成果：征集实物件(套)	征集资料(件)	录音资料(小时)	录像资料(小时)	调查报告(篇)	出版成果(册)	非物质文化遗产：非物质文化遗产保护展览馆(个)	民族民间博物馆	收藏实物数(件)
8 259	**24 568**	**23 287**	**37 366**	**10 368**	**30 689**	**4 220**	**2 237**	**128 567**	**194 980**	**44 957**	**39 884**	**39 820**	**190 151**	**1 919**	**1 540**	**601 971**
3	120	20	12	——	——	——	——	13	——	——	——	7	7	——	——	——
96	3 158	405	2 289	110	487	9	14	2 059	2 841	357	573	603	94	13	3	1 687
57	124	114	164	61	290	129	4	1 279	66	76	11	40	226	2	2	1 230
142	549	656	2 123	503	1 570	197	36	14 855	3 961	1 503	1 542	1 135	5 712	25	17	26 212
144	581	835	694	229	656	35	20	1 705	2 146	362	448	151	22 565	88	9	3 347
65	165	337	399	250	819	108	142	1 996	2 346	1 011	888	234	2 112	38	34	55 275
53	380	218	842	45	131	57	6	1 959	937	730	419	69	8 019	8	4	476
——	——	3	2	3	3	——	——	54	21	14	16	2	1	——	——	——
11	60	24	57	24	28	9	——	117	1 086	796	799	202	16	10	6	200
119	297	426	193	41	74	28	9	2 239	527	351	207	90	149	16	13	5 514
63	174	143	182	47	192	6	9	479	1 557	197	635	91	41	14	1	577
363	1 753	2 391	4 241	861	2 398	142	50	7 092	8 330	4 468	4 792	709	7 679	92	55	68 363
355	1 228	993	2 915	352	5 847	131	81	4 217	23 056	5 278	4 041	4 201	43 110	218	189	59 340
——	——	——	——	——	——	——	——	——	——	——	——	——	——	——	——	——
140	471	696	656	157	337	42	21	3 448	3 672	1 080	453	116	3 020	9	1	6 718
2 218	592	780	1 749	467	828	302	60	4 720	1 658	2 481	720	357	3 041	58	23	17 614
3	100	6	200	12	30	——	——	152	62	40	520	3	2	1	——	117
497	501	2 963	1 876	659	885	78	19	2 934	3 718	479	463	1 183	18 430	972	956	6 790
352	588	1 278	1 557	871	2 442	131	86	15 311	37 170	8 463	7 886	21 153	1 127	57	35	128 957
87	139	491	444	98	935	50	33	2 740	30 481	144	187	90	45	18	8	3 611
444	894	1 785	1 995	372	1 495	120	34	6 737	43 704	868	742	621	8 251	13	5	5 648
268	804	572	1 132	258	579	91	55	6 527	4 174	2 539	1 478	333	5 157	27	9	49 709
261	855	648	875	528	602	56	46	21 215	2 744	2 173	2 290	847	7 979	32	25	86 602
228	2 218	600	1 506	476	3 276	1 094	879	3 315	2 080	1 723	2 785	317	11 060	32	15	4 452
8	10	18	61	45	33	1	——	37	37	25	38	20	——	3	3	34
147	404	456	696	488	1 658	84	33	593	929	509	591	227	71	13	9	442
18	316	66	68	28	4	1	1	191	2 212	125	116	25	3	2	1	38
99	600	443	709	116	184	46	200	370	12 419	692	238	97	8 025	5	4	1 499
610	5 316	2 136	5 630	820	3 078	683	158	4 267	6 591	1 035	928	361	18 125	15	7	3 084
129	275	509	946	419	697	84	127	2 130	945	2 215	1 996	450	11	15	10	3 963
150	393	617	742	454	691	137	19	4 149	7 714	1 940	1 864	4 879	8 880	25	9	4 690
15	6	20	16	11	3	1	3	32	27	9	22	11	1	1	——	84
572	727	905	1 033	726	541	254	32	6 191	6 802	1 065	1 090	261	3 047	25	16	51 277
451	495	501	939	569	539	37	42	5 088	2 212	746	811	536	4 065	15	10	4 015
42	209	79	262	32	201	39	21	361	94	29	53	27	10	1	1	1 272
41	144	1 095	534	58	43	31	1	587	3 273	346	234	205	81	60	60	30
106	171	576	334	336	114	58	29	2 391	5 989	1 311	769	282	37	18	11	2 866

各地区非物质文化

地区	收藏展示			非物质文化遗产保护专项经费投入							本年收入合计						
	展厅个数（个）	展示面积（千平方米）	实物收藏库房面积	（千元）	财政拨款	中央	省级	地市级	县级	社会资助	（千元）	财政拨款	上级补助收入	事业收入	经营收入	附属单位上缴收入	其他收入
总　计	**14 535**	**357**	**82**	**577 798**	**251 841**	**28 783**	**47 361**	**49 309**	**117 126**	**50 862**	**339 400**	**109 372**	**7 527**	**19 037**	**194 880**	**109**	**8 375**
北　京	29	4	——	36 953	23 053	1 400	13 867	7 636	150	——	——	——	——	——	——	——	——
天　津	13	1	1	370	220	——	——	100	120	150	169 227	6 357	320	2 497	160 053	——	——
河　北	50	10	3	22 996	11 634	2 070	800	1 341	7 415	11 275	9 687	8 468	680	465	4	——	70
山　西	41	4	3	4 328	3 326	330	147	625	1 270	1 002	28 242	5 535	695	9 057	11 860	——	995
内蒙古	92	19	7	6 890	4 657	——	2	2 960	1 635	1 533	85	85	——	——	——	——	——
辽　宁	811	1	——	4 009	3 841	1 160	1 047	888	350	68	1 105	695	400	——	——	——	10
其中：大连	——	——	——	715	715	100	220	395	——	——	——	——	——	——	——	——	——
吉　林	8	15	2	260	190	——	140	50	——	——	70	70	——	——	——	——	——
黑龙江	27	7	2	1 303	1 253	315	403	80	455	50	——	——	——	——	——	——	——
上　海	19	4	1	8 470	7 960	600	887	2 561	644	510	27 322	24 447	729	64	286	15	1 781
江　苏	255	54	11	20 870	16 315	1 500	4 000	5 365	5 450	4 555	——	——	——	——	——	——	——
浙　江	670	58	10	12 925	10 142	——	3 875	808	5 459	2 400	753	540	193	——	——	——	20
其中：宁波	——	——	——	——	——	——	——	——	——	——	——	——	0	——	——	——	——
安　徽	14	4	2	7 389	5 853	200	132	400	4 819	1 485	10 949	9 501	188	318	432	——	510
福　建	160	16	10	9 223	7 533	220	1 925	671	4 677	1 643	36 411	28 861	1 215	5 091	——	——	1 244
其中：厦门	1	——	——	387	387	——	——	387	——	——	——	——	——	——	——	——	——
江　西	10 612	14	3	6 221	3 600	1 150	855	252	1 068	2 588	16 782	1 692	123	7	13 219	94	1 647
山　东	283	41	8	14 248	12 495	228	8 070	1 643	2 527	1 723	90	60	——	——	——	——	30
其中：青岛	32	4	1	1 088	998	——	——	200	798	90	——	——	——	——	——	——	——
河　南	33	7	3	10 329	2 939	570	410	654	1 185	1 980	1 751	998	280	362	56	——	55
湖　北	46	11	2	5 402	5 076	720	95	1 475	2 556	286	2 357	1 862	115	60	150	——	170
湖　南	71	10	2	20 323	8 081	770	852	598	5 165	12 000	310	310	——	——	——	——	——
广　东	247	11	1	8 823	7 002	——	1 980	1 760	2 834	1 431	8 268	5 588	544	802	——	——	1 334
其中：深圳	8	2	——	1 529	1 529	——	——	600	929	——	670	200	270	200	——	——	——
广　西	19	2	1	6 125	6 060	2 525	1 100	891	1 469	35	170	140	30	——	——	——	——
海　南	2	——	——	1 187	1 182	180	600	——	270	5	180	180	——	——	——	——	——
重　庆	11	4	——	12 284	6 674	370	1 150	380	4 694	3 110	10 851	1 062	907	——	8 700	——	182
四　川	161	34	1	286 964	36 958	2 900	1 700	16 198	16 004	6	——	——	——	——	——	——	——
贵　州	27	5	1	5 590	5 436	2 399	1 460	140	1 267	146	4 499	4 143	90	14	120	——	132
云　南	55	4	2	3 024	2 455	2 450	5	——	——	569	80	80	——	——	——	——	——
西　藏	1	——	——	5 230	3 150	3 100	——	3	47	2 080	——	——	——	——	——	——	——
陕　西	704	6	1	45 323	44 748	930	250	105	43 147	110	1 159	959	200	——	——	——	——
甘　肃	40	4	3	4 991	4 557	2 385	578	728	551	30	494	329	165	——	——	——	——
青　海	6	1	——	1 024	1 020	190	190	50	500	——	6 279	5 966	313	——	——	——	——
宁　夏	1	——	1	1 556	1 323	100	131	275	81	92	1 222	912	310	——	——	——	——
新　疆	27	6	1	3 168	3 108	21	710	672	1 317	——	1 057	532	30	300	——	——	195

遗产保护情况(二)

本年支出合计(千元)	基本支出	项目支出	经营支出	在支出合计中:工资福利支出	商品和服务支出	维修(护)费	差旅费	劳务费	福利费	税金支出	对个人和家庭补助支出	抚恤金和生活补助	其他资本性支出	各种设备购置费	资产合计(千元)	固定资产原值
258 104	**86 526**	**36 099**	**20 059**	**38 083**	**80 078**	**9 533**	**12 351**	**7 243**	**3 131**	**24 075**	**13 337**	**1 489**	**14 580**	**8 202**	**405 284**	**320 694**
——	——	——	——	——	——	——	——	——	——	——	——	——	——	——	——	——
99 928	7 344	1 575	90	4 364	36 665	6	9 327	1 415	657	22 836	2 093	608	3 970	2 109	50 047	21 511
12 067	6 360	2 551	24	756	1 063	200	208	110	12	——	25	2	1 008	864	6 920	5 230
23 677	10 567	679	10 795	7 082	2 834	293	348	635	62	517	934	61	995	995	144 438	128 276
85	85	——	——	——	——	——	——	——	——	——	——	——	——	——	186	186
1 147	170	950	——	84	34	1	7	4	——	——	8	——	240	19	310	285
——	——	——	——	——	——	——	——	——	——	——	——	——	——	——	——	——
77	——	77	——	——	49	1	——	——	——	——	——	——	28	28	147	34
——	——	——	——	——	——	——	——	——	——	——	——	——	——	——	——	——
25 958	11 061	12 804	524	3 136	6 946	289	104	62	1 638	182	445	16	987	282	36 228	36 228
——	——	——	——	——	——	——	——	——	——	——	——	——	——	——	——	——
737	202	535	——	150	97	8	29	60	——	——	13	——	80	80	2 432	2 154
——	——	——	——	——	——	——	——	——	——	——	——	——	——	——	——	——
13 340	5 576	1 044	20	2 860	7 885	6 254	536	78	13	29	1 431	27	184	156	11 415	7 402
37 988	26 718	7 662	——	9 644	13 519	1 656	376	3 712	254	213	6 810	765	2 437	239	41 324	31 100
——	——	——	——	——	——	——	——	——	——	——	——	——	——	——	——	——
13 683	2 517	313	8 442	960	1 923	440	581	119	23	280	136	——	1 441	1 420	64 436	58 619
162	25	23	——	7	65	8	57	——	——	——	——	——	50	50	4 389	387
——	——	——	——	——	——	——	——	——	——	——	——	——	——	——	35	35
1 527	1 418	53	56	498	215	20	34	15	——	——	9	——	164	164	925	925
2 410	1 851	187	20	973	557	33	120	44	23	——	357	——	86	83	7 839	7 510
316	304	——	——	304	12	——	2	——	2	——	——	——	——	——	228	198
9 075	5 473	3 131	——	1 596	2 403	171	358	344	301	5	314	2	2 333	1 407	7 290	5 734
674	401	86	——	36	66	——	12	17	——	——	——	——	56	56	72	72
185	80	105	——	——	31	——	15	6	——	——	——	——	30	4	10	10
80	20	——	——	——	25	——	10	10	5	——	10	——	25	25	25	25
2 373	1 409	941	8	759	466	31	12	77	15	——	350	——	——	——	12 160	8 447
——	——	——	——	——	——	——	——	——	——	——	——	——	——	——	——	——
2 561	705	1 608	80	299	1 887	92	82	144	123	13	26	——	164	87	250	250
80	80	——	——	80	——	——	——	——	——	——	——	——	——	——	341	341
——	——	——	——	——	——	——	——	——	——	——	——	——	——	——	10 000	1 900
1 550	715	489	——	940	65	——	24	41	——	——	——	——	32	32	535	535
494	388	106	——	187	49	——	20	6	3	——	22	——	46	3	46	46
6 250	1 798	610	——	2 555	2 635	8	27	157	——	——	343	——	119	3	2 348	2 348
1 291	763	495	——	674	477	22	58	189	——	——	6	3	71	67	107	105
1 063	897	161	——	175	176	——	16	15	——	——	5	5	90	85	908	908

各地区非物质文化遗产

	机构数(个)	工作人员数			非物质文化遗产名录数量					传承活动			
		(人)	高级职称	中级职称	(个)	国家级	省级	市级	县级	传习所(个)	培训学员	代表性传承人(人)	学徒人数
总　计	**895**	**13 496**	**532**	**1 432**	**19 815**	**783**	**3 834**	**5 294**	**10 371**	**2 255**	**91 365**	**12 004**	**132 490**
中　央	1	45	8	13	——	——	——	——	——	——	——	——	——
北　京	1	10	3	1	153	——	153	——	——	——	——	156	——
天　津	3	48	7	8	4	——	4	——	——	——	6	1	2
河　北	71	634	27	122	1 606	68	336	657	545	173	18 130	595	8 377
山　西	38	1 086	14	89	552	52	197	82	221	36	10 508	524	3 816
内蒙古	1	——	——	——	19	——	4	4	11	——	——	9	——
辽　宁	11	49	5	22	303	10	40	75	178	25	1 168	120	955
其中:大连	——	——	——	——	——	——	——	——	——	——	——	——	——
吉　林	3	22	9	10	718	25	75	204	414	100	1 118	261	775
黑龙江	20	——	——	——	38	9	29	——	——	37	1 367	76	494
上　海	20	162	13	27	208	9	83	116	——	84	3 735	148	672
江　苏	5	68	22	23	377	37	123	217	——	15	700	49	245
浙　江	9	76	8	12	2 676	44	305	524	1 803	146	6 210	473	2 035
其中:宁波	——	——	——	——	——	——	——	——	——	——	——	——	——
安　徽	21	198	25	56	326	25	132	85	118	13	578	119	256
福　建	37	438	52	144	730	62	295	117	256	66	929	175	5 363
其中:厦门	1	3	——	1	26	5	15	6	——	11	178	15	100
江　西	67	7 516	16	89	582	18	88	166	310	60	4 221	2 582	2 972
山　东	48	231	55	81	1 125	61	294	415	355	276	7 400	588	4 833
其中:青岛	8	36	7	18	109	2	21	45	41	20	2 500	120	2 135
河　南	84	806	26	134	1 207	48	303	299	557	301	8 546	849	9 784
湖　北	60	550	100	191	880	53	227	356	677	367	6 582	725	63 529
湖　南	37	111	16	42	534	57	140	108	229	75	4 923	454	4 514
广　东	62	295	36	54	2 261	71	366	776	1 048	92	6 195	501	13 737
其中:深圳	1	21	11	5	85	——	12	25	48	11	580	36	235
广　西	31	284	22	66	274	9	17	66	182	14	893	255	466
海　南	2	19	1	4	12	1	6	——	5	——	——	1	6
重　庆	16	123	13	25	85	8	16	6	55	118	127	152	1 644
四　川	5	3	——	1	33	——	6	27	——	——	100	8	——
贵　州	1	6	3	——	3 176	31	293	517	2 335	——	——	93	——
云　南	12	42	3	11	——	——	——	——	——	21	720	212	353
西　藏	101	——	——	——	97	15	82	——	——	——	4	1	——
陕　西	51	316	19	105	869	22	94	302	451	93	2 436	1 552	3 670
甘　肃	3	15	——	4	204	3	9	92	100	1	120	105	26
青　海	18	187	11	54	76	22	44	——	10	21	785	142	729
宁　夏	9	30	7	10	105	6	13	22	64	11	2 076	404	1 199
新　疆	47	126	11	34	585	17	60	61	447	110	1 788	674	2 038

保护中心情况(一)

宣传展示活动								普查成果						非物质文化遗产		
举办展览		举办展演		举办民俗活动		举办竞技比赛		征集实物件(套)	征集资料(件)	录音资料(小时)	录像资料(小时)	调查报告(篇)	出版成果(册)	非物质文化遗产保护展览馆		收藏实物数(件)
(个)	参观人次(千人次)	(个)	观众人次(千人次)	(个)	参与人次(千人次)	(个)	参与人次(千人次)							(个)	民族民间博物馆	
4 332	**10 441**	**8 248**	**14 590**	**3 318**	**11 683**	**2 014**	**1 332**	**52 931**	**121 612**	**18 164**	**13 773**	**27 363**	**105 098**	**853**	**657**	**283 263**
3	120	20	12	——	——	——	——	13	——	——	——	7	7	——	——	——
4	2 600	8	1 600	——	——	——	——	——	——	——	——	105	20	——	——	——
21	78	18	7	42	85	120	3	3	6	1	1	30	200	——	——	——
123	534	574	1 876	414	1 557	163	12	14 224	2 973	1 300	1 329	862	3 631	19	11	10 876
83	445	304	497	184	577	26	9	1 373	1 569	302	334	93	21 538	72	7	707
——	——	——	——	——	——	——	——	——	——	1	2	11	——	——	——	——
23	96	129	505	29	92	51	1	705	423	316	181	47	6 013	2	2	138
——	——	——	——	——	——	——	——	——	——	——	——	——	——	——	——	——
11	60	24	57	24	28	9	——	117	1 086	796	799	202	16	10	6	200
29	82	378	142	29	67	25	7	1 644	458	325	182	75	122	9	8	3 128
63	174	143	182	47	192	6	9	479	1 557	197	635	91	41	14	1	577
46	91	183	210	9	228	1	——	249	2 485	900	465	12	22	15	14	47 876
30	138	71	205	57	174	8	4	1 640	4 388	1 529	1 397	1 461	14 914	5	2	3 760
——	——	——	——	——	——	——	——	——	——	——	——	——	——	——	——	——
27	53	71	207	48	181	3	20	1 492	2 903	648	164	69	3 016	4	1	127
1 949	383	400	1 409	172	523	11	2	428	757	2 436	592	126	21	41	13	11 495
3	100	6	200	12	30	——	——	152	62	40	520	3	2	1	——	117
431	388	974	1 230	164	544	73	16	508	1 255	195	212	1 114	18 043	460	453	945
109	265	433	596	145	1 025	53	31	11 185	33 430	594	625	20 334	1 065	23	15	64 837
34	86	337	241	78	925	30	20	2 530	30 440	43	73	40	34	8	6	3 601
382	826	1 713	1 917	317	1 477	110	34	4 705	42 737	843	668	584	8 049	11	3	3 678
202	613	459	679	179	410	64	35	2 944	2 866	1 629	1 124	195	3 129	21	8	47 475
68	409	288	267	70	371	32	21	1 071	1 078	1 286	1 170	326	6 254	15	12	57 456
135	1 045	487	1 050	347	3 034	1 034	840	2 455	1 438	1 193	1 141	254	10 040	24	12	1 760
8	10	18	61	45	33	1	——	37	37	25	38	20	——	3	3	34
55	109	222	162	79	292	16	12	279	273	270	230	36	58	6	5	80
6	301	1	4	2	1	——	——	103	673	44	2	7	3	——	——	——
75	559	272	435	74	64	18	192	260	11 371	654	201	70	5 020	4	3	1 201
13	45	3	12	22	8	6	——	28	10	4	2	1	——	——	——	——
1	5	3	4	——	——	——	——	——	——	——	——	——	——	——	——	——
36	65	48	56	65	186	11	4	1 560	194	652	831	763	807	8	2	1 185
——	——	1	10	11	3	1	3	——	1	1	1	1	——	——	——	——
179	577	675	686	552	272	78	28	2 527	1 687	564	739	132	3 023	14	9	22 178
101	38	1	15	1	3	1	——	323	31	99	41	102	4	2	1	71
42	209	79	262	32	201	39	21	361	94	29	53	27	10	1	1	1 272
7	18	23	51	18	7	6	——	357	384	268	177	14	2	60	60	10
78	115	243	245	185	81	49	28	1 898	5 485	1 088	475	212	30	13	8	2 231

各地区非物质文化遗产

	收藏展示			非物质文化遗产保护专项经费投入							本年收入合计						
	展厅个数(个)	展示面积(千平方米)	实物收藏库房面积	(千元)	财政拨款	中央	省级	地市级	县级	社会资助	(千元)	财政拨款	上级补助收入	事业收入	经营收入	附属单位上缴收入	其他收入
总　计	11 235	131	29	137 757	102 505	14 886	38 188	12 194	30 257	17 617	133 324	91 098	7 025	7 053	21 154	109	6 885
中　央	——	——	——	——	——	——	——	——	——	——	——	——	——	——	——	——	——
北　京	——	——	——	27 600	13 800	800	13 000	——	——	——	——	——	——	——	——	——	——
天　津	——	——	——	——	——	——	——	——	——	——	90	——	——	90	——	——	——
河　北	35	5	1	21 958	10 680	1 650	800	895	7 327	11 270	9 090	8 055	658	303	4	——	70
山　西	25	2	1	2 248	2 016	330	47	15	780	232	4 624	2 756	690	325	358	——	495
内蒙古	——	——	——	85	85	——	——	——	85	——	85	85	——	——	——	——	——
辽　宁	805	——	——	1 677	1 577	660	203	218	100	——	1 105	695	400	——	——	——	10
其中:大连	——	——	——	——	——	——	——	——	——	——	——	——	——	——	——	——	——
吉　林	8	15	2	260	190	——	140	50	——	——	70	70	——	——	——	——	——
黑龙江	14	4	2	1 063	1 013	315	403	30	265	50	——	——	——	——	——	——	——
上　海	19	4	1	8 470	7 960	600	887	2 561	644	510	27 322	24 447	729	64	286	15	1 781
江　苏	38	11	2	6 910	6 810	1 500	4 000	1 310	——	100	——	——	——	——	——	——	——
浙　江	11	2	——	2 245	2 245	——	957	3	1 285	——	653	440	193	——	——	——	20
其中:宁波	——	——	——	——	——	——	——	——	——	——	——	——	——	——	——	——	——
安　徽	2	1	——	4 866	4 821	——	32	240	4 547	40	9 475	8 488	188	289	——	——	510
福　建	138	9	9	4 171	4 011	220	1 825	596	1 370	122	31 473	24 603	1 180	4 451	——	——	1 239
其中:厦门	1	——	——	387	387	——	——	387	——	——	——	——	——	——	——	——	——
江　西	9 507	7	2	4 693	2 264	650	555	80	864	2 411	14 689	1 221	123	7	11 600	94	1 644
山　东	221	30	1	11 376	9 794	28	7 870	588	1 308	1 552	30	——	——	——	——	——	30
其中:青岛	11	2	1	1 038	948	——	——	200	748	90	——	——	——	——	——	——	——
河　南	24	5	1	2 609	2 319	370	410	654	765	280	1 751	998	280	362	56	——	55
湖　北	32	9	2	3 790	3 653	220	95	1 225	2 075	97	2 307	1 812	115	60	150	——	170
湖　南	39	7	1	4 121	3 991	460	379	473	2 445	——	30	30	——	——	——	——	——
广　东	233	9	1	7 335	6 322	——	1 980	1 760	2 154	623	7 023	5 143	544	802	——	——	534
其中:深圳	8	2	——	1 529	1 529	——	——	600	929	——	670	200	270	200	——	——	——
广　西	3	1	——	3 254	3 219	1 682	940	189	388	35	50	50	——	——	——	——	——
海　南	——	——	——	670	670	110	530	——	30	——	——	——	——	——	——	——	——
重　庆	10	3	——	5 954	3 354	200	1 150	380	1 554	100	10 751	1 012	907	——	8 700	——	132
四　川	——	——	——	43	43	——	——	——	——	——	——	——	——	——	——	——	——
贵　州	——	——	——	3 120	3 120	1 700	1 420	——	——	——	3 120	3 120	——	——	——	——	——
云　南	13	1	——	5	——	——	——	——	——	5	80	80	——	——	——	——	——
西　藏	——	——	——	——	1 800	1 800	1 800	——	——	——	——	——	——	——	——	——	——
陕　西	37	2	1	2 146	1 696	930	——	50	500	110	474	274	200	——	——	——	——
甘　肃	1	——	——	679	679	350	——	115	214	——	494	329	165	——	——	——	——
青　海	6	1	——	1 024	1 020	190	190	50	500	——	6 279	5 966	313	——	——	——	——
宁　夏	1	——	1	1 137	935	100	75	60	——	80	1 222	912	310	——	——	——	——
新　疆	13	3	1	2 448	2 418	21	300	652	1 057	——	1 037	512	30	300	——	——	195

保护中心情况(二)

本年支出合计(千元)	基本支出	项目支出	经营支出	在支出合计中：工资福利支出	商品和服务支出	维修(护)费	差旅费	劳务费	福利费	税金支出	对个人和家庭补助支出	抚恤金和生活补助	其他资本性支出	各种设备购置费	资产合计(千元)	固定资产原值
122 428	**63 207**	**29 299**	**9 085**	**25 063**	**33 442**	**7 103**	**1 980**	**2 089**	**2 248**	**594**	**9 667**	**92**	**8 562**	**5 098**	**188 309**	**160 079**
——	——	——	——	——	——	——	——	——	——	——	——	——	——	——	——	——
——	——	——	——	——	——	——	——	——	——	——	——	——	——	——	——	——
90	——	——	90	60	8	5	——	——	3	——	——	——	22	22	3 325	3 145
11 470	5 947	2 551	24	756	839	16	188	90	12	——	25	2	1 008	864	5 892	4 202
3 820	1 180	676	358	1 531	689	198	215	144	——	5	331	10	494	494	1 117	1 117
85	85	——	——	——	——	——	——	——	——	——	——	——	——	——	——	——
1 147	170	950	——	84	34	1	7	4	——	——	8	——	240	19	124	124
——	——	——	——	——	——	——	——	——	——	——	——	——	——	——	——	——
77	——	77	——	——	49	1	——	——	——	——	——	——	28	28	147	34
——	——	——	——	——	——	——	——	——	——	——	——	——	——	——	——	——
25 958	11 061	12 804	524	3 136	6 946	289	104	62	1 638	182	445	16	987	282	36 228	36 228
——	——	——	——	——	——	——	——	——	——	——	——	——	——	——	——	——
602	202	400	——	150	97	8	29	60	——	——	13	——	80	80	70	70
——	——	——	——	——	——	——	——	——	——	——	——	——	——	——	——	——
9 518	4 274	1 044	——	2 101	5 150	4 234	34	78	13	9	1 233	14	74	66	6 502	5 313
32 742	24 944	4 493	——	8 978	10 003	1 652	272	770	238	213	6 075	42	2 426	233	38 428	28 276
——	——	——	——	——	——	——	——	——	——	——	——	——	——	——	——	——
12 065	1 423	313	8 005	585	1 579	440	448	32	——	180	136	——	1 211	1 190	62 126	56 816
26	18	——	——	——	8	8	——	——	——	——	——	——	——	——	4 035	35
——	——	——	——	——	——	——	——	——	——	——	——	——	——	——	35	35
1 527	1 418	53	56	498	215	20	34	15	——	——	9	——	164	164	279	279
2 360	1 836	152	20	973	542	33	111	38	23	——	357	——	86	83	7 485	7 160
36	24	——	——	24	12	——	2	——	2	——	——	——	——	——	——	——
7 807	5 368	2 058	——	1 580	2 222	111	349	313	301	5	314	2	1 327	1 322	7 240	5 684
674	401	86	——	36	66	——	12	17	——	——	——	——	56	56	72	72
45	10	35	——	——	10	——	——	——	——	——	——	——	——	——	——	——
——	——	——	——	——	——	——	——	——	——	——	——	——	——	——	——	——
2 303	1 339	941	8	759	466	31	12	77	15	——	350	——	——	——	12 160	8 447
——	——	——	——	——	——	——	——	——	——	——	——	——	——	——	——	——
1 282	——	1 282	——	——	1 212	41	53	1	——	——	——	——	70	70	70	70
80	80	——	——	80	——	——	——	——	——	——	——	——	——	——	120	120
——	——	——	——	——	——	——	——	——	——	——	——	——	——	——	——	——
1 070	715	124	——	825	65	——	24	41	——	——	——	——	32	32	233	233
494	388	106	——	187	49	——	20	6	3	——	22	——	46	3	46	46
6 250	1 798	610	——	2 555	2 635	8	27	157	——	——	343	——	119	3	2 348	2 348
531	30	489	——	26	436	7	35	186	——	——	1	1	58	58	29	27
1 043	897	141	——	175	176	——	16	15	——	——	5	5	90	85	305	305

各地区文化信息

	机构数（个）	工作人员数				数字							
						自主							
		（人）	专职	兼职	（GB）	音频		视频		电子图书		电子期刊	
						（个）	容量(GB)	（个）	容量(GB)	（个）	容量(GB)	（个）	容量(GB)
总　计	**104 568**	**119 383**	**29 710**	**85 016**	**79 703**	**123 146**	**6 014**	**165 305**	**69 824**	**509 599**	**33 402**	**33 552**	**7 950**
中　央	1	35	35	——	9 477	359	24	7 789	896	1	29	1	49
北　京	305	570	210	342	107	3 731	526	3 422	253	40 740	3 014	——	——
天　津	324	665	214	445	627	34	1	1 587	210	513	240	——	——
河　北	715	1 206	473	715	478	267	9	2 708	269	64 471	1 145	10 854	1 002
山　西	188	531	231	200	1 010	19	251	148	50	21 006	639	1 000	——
内蒙古	28	63	34	26	509	138	1	819	155	33	15	——	——
辽　宁	46	184	51	133	65	222	133	160	1 317	10 112	302	34	5 042
其中:大连	27	77	24	53	——	44	52	78	——	10 109	——	31	42
吉　林	738	1 189	425	664	10 052	4 798	826	23 985	3 234	44 864	460	10	——
黑龙江	180	381	166	215	1 462	509	121	260	789	75	123	39	——
上　海	1 050	1 462	27	1 434	6 003	74	132	3 432	131	16 476	1 960	6	9
江　苏	5 670	6 701	1 840	4 482	9 139	8 806	410	3 438	5 481	58 947	433	14 495	341
浙　江	8 226	11 490	3 363	8 055	18 270	1 605	110	25 703	10 304	2 722	1 844	140	266
其中:宁波	11	39	16	23	5 091	598	93	771	230	1 200	450	140	90
安　徽	578	1 351	215	1 121	524	6	82	1 495	1 226	130 000	80	——	——
福　建	62	210	83	92	170	6 030	18	1 428	629	2 836	16 847	47	44
其中:厦门	1	6	6	——	14	——	——	28	14	4	——	2	——
江　西	89	223	97	118	298	4	3	2 042	1 560	5 820	2	110	——
山　东	66 875	70 972	17 647	50 975	4 274	16 296	623	18 181	7 487	12 544	916	745	225
其中:青岛	1 858	1 997	101	1 509	654	14 196	83	4 400	900	480	40	685	20
河　南	15 510	14 374	2 220	11 400	563	58	123	242	634	585	1 782	32	64
湖　北	336	853	264	496	4 255	26 254	529	9 194	4 074	12 573	818	1 947	394
湖　南	76	261	77	152	2 518	1 018	10	13 489	2 125	1 315	53	50	5
广　东	314	1 920	617	1 088	3 716	36 187	1 496	22 236	24 841	39 905	1 363	3 637	106
其中:深圳	220	940	377	543	15	901	20	1 306	3 000	——	——	——	——
广　西	138	424	157	205	1 124	284	6	2 980	1 295	1 531	212	13	84
海　南	20	55	2	53	——	——	——	1	——	——	——	——	——
重　庆	68	127	49	75	678	1 150	10	686	——	17	1	——	——
四　川	263	636	183	428	1 231	12 866	160	1 323	385	4 341	100	310	11
贵　州	2 000	1 898	422	1 215	313	1 301	51	1 198	339	20	2	30	3
云　南	61	201	71	130	——	1	——	16 257	1 504	11 003	150	1	——
西　藏	29	36	8	21	——	1	——	1	——	——	——	——	——
陕　西	41	254	149	105	300	1	100	25	103	1 000	40	——	——
甘　肃	95	267	73	110	134	878	142	574	232	118	23	3	5
青　海	18	36	7	29	——	1	——	79	41	25 766	48	——	——
宁　夏	132	198	65	133	2 405	246	117	421	260	265	761	48	300
新　疆	392	610	235	359	1	2	——	2	——	——	——	——	——

资源共享工程情况(一)

资源														
开发				外部购买										
自建图文专题资源库		其他		(GB)	音频		视频		电子图书		电子期刊		其他	
(个)	容量(GB)	(个)	容量(GB)		(个)	容量(GB)	(个)	容量(GB)	(个)	容量(GB)	(个)	容量(GB)	(个)	容量(GB)
90 769	**16 178**	**38 543**	**9 847**	**542 589**	**508 681**	**267 548**	**292 904**	**704 835**	**14 032 803**	**145 669**	**92 623 087**	**296 265**	**1 962 136**	**24 572 020**
1 880	39	1	5 448	——	——	11 249	3 920	31 657	179	1 518	1 349	——	——	——
349	3 272	100	160	30 593	225	95	4 295	6 504	345 218	469	7 841	15 192	16	9 225
5	21	4	——	28 821	349	45	19 778	11 074	21 731	369	237	36	3	——
17	41	18	3	13 181	4 227	292	3 770	2 835	602 818	544	26 837	5 377	42	25
1	50	1	50	1 031	4 166	650	5 611	1 306	38 579	1 991	2 575	727	34	10
10	2	59	31	42	——	——	25	45	4 046	2 330	2	10	163	394
708	321	1	65	3 251	3 047	56	5 594	1 153	36 979	443	45 436	8 562	145 022	1 278
690	——	1	65	3 251	20	50	506	70	20 190	——	37 783	——	——	——
24	50	34 354	148	16 931	304 929	8 180	23 053	41 687	698 398	1 708	461 124	14 012	2 690	24 501 045
34	36	405	200	3 130	1	417	2 837	900	1 127	22	10 985	230	19	——
19	1 633	136	1	21 093	2 475	47	8 582	5 159	571 332	4 090	13 585	17 416	36	12 736
94	1 538	410	524	93 830	27 516	6 195	30 974	12 731	242 021	2 801	15 519 142	54 721	895	17 518
4 393	1 268	644	787	87 703	1 991	1 416	29 757	14 327	1 836 427	22 780	2 260 694	56 120	74	6 853
4 300	——	1	751	20 000	——	——	——	——	604 070	6 456	32 992	10 011	13	5 870
32	284	1	8	1 013	30 000	150	1 187	10 041	54 073	1 701	5 005	5 908	——	——
28	35	2	17	14 319	1 120	16	4 473	1 269	464 880	8 182	32 468	13 002	1 332	1 264
9	——	——	——	7 410	——	——	772	463	83 185	2 700	20 200	9 300	——	——
38	238	——	——	166	2 001	100	672	630	244 182	1 159	6 176	332	51	105
301	1 613	1 642	596	60 310	27 507	11 316	47 327	43 907	1 220 038	18 432	26 897	17 108	1 471	864
11	221	——	——	11 897	7 681	2 157	9 187	11 442	120 327	446	261	20	352	18
21	81	63	23	3 150	3 232	1 435	8 302	65 130	22 852	539	12 803	2 701	5 009	107
88	1 038	——	——	3 680	27 531	858	42 276	32 169	189 826	2 541	53 310	2 904	505	407
321	414	553	14	8 524	42 947	296	5 748	2 097	1 829 521	23 038	18 672	5 179	1 800 045	45
82 175	2 353	27	200	80 499	21 003	2 922	30 914	42 636	3 480 770	9 975	3 081 433	41 805	17	1 755
7	12	——	——	12 435	3 904	917	17 785	27 363	443 160	985	72 998 448	17 500	3	600
70	52	——	——	4 314	65	65	4 714	3 674	216 993	1 651	79 112	14 199	1	200
——	——	——	——	4 845	1 289	103	1 451	1 056	253 359	3 945	1 200	2 000	——	——
——	——	2	2	——	——	——	——	——	10 000	30	380	——	——	——
110	426	12	850	7 162	1 463	5 095	3 501	143 686	954 048	4 292	939 362	7 882	3 152	16 611
7	61	40	27	237	30	100	377	245	28 603	3 480	2	1 200	1 501	1
16	300	——	——	7 122	322	3	354	2 080	311 952	81	132	5 990	——	——
——	——	——	——	——	——	——	——	68	34	4	10	——	——	——
3	120	——	——	25	285	26	1 216	472	26 035	28	10 900	150	21	22
10	321	13	353	512	689	216 305	1 414	219 815	15 468	446	3 080	1 302	30	355
——	——	——	——	4	——	——	——	——	——	——	——	——	——	——
15	571	55	340	44 304	31	101	207	6 362	10 282	26 220	2 330	1 700	3	400
——	——	——	——	2 797	240	15	575	120	301 032	860	8	500	4	800

各地区文化信息

	量										
		接收上级中心资源									
	(GB)	音频		视频		电子图书		电子期刊		其他	
		(个)	容量(GB)	(个)	容量(GB)	(个)	容量(GB)	(个)	容量(GB)	(个)	容量(GB)
总　计	**1 630 010**	**880 413**	**266 593**	**2 302 855**	**1 744 278**	**7 160 437**	**238 389**	**713 223**	**121 185**	**868 887**	**107 707**
中　央	——	——	——	——	——	——	——	——	——	——	——
北　京	2 484	526	117	1 683	2 810	10 708	278	4 428	424	569	38
天　津	1 924	203	150	2 253	10 219	120 000	——	8 000	——	623	773
河　北	17 862	60 934	2 584	21 573	13 881	322 058	35 820	73 902	705	8 262	6 618
山　西	16 206	6 584	2 644	14 146	5 779	16 441	576	202	80	463	304
内蒙古	10 249	64	322	2 955	9 852	238	20	——	——	31 648	615
辽　宁	11 399	47 211	356	31 584	14 395	191 279	304	25	10	231	77
其中:大连	8 785	43 610	316	21 434	8 311	188 540	254	——	——	1	65
吉　林	316 525	11 489	15 477	34 144	368 412	856 352	5 279	176	783	36 558	1 297
黑龙江	13 340	175	39	3 076	2 374	3 016	234	551	18	130	40
上　海	7 648	445	87	4 439	10 935	10 000	80	101	77	11 225	11 239
江　苏	53 816	117 615	3 127	54 900	27 341	526 320	4 428	108 029	7 027	233 299	10 025
浙　江	229 756	1 680	2 423	1 183 994	176 430	265 451	3 172	217 584	3 900	56 598	30 998
其中:宁波	1 900	——	——	——	——	——	——	——	——	——	——
安　徽	1 049	5 150	70	2 346	18 429	5 514	82	14	54	150	80
福　建	13 305	3 315	10 164	8 227	9 967	3 970	35	104	100	374	——
其中:厦门	694	——	——	1 158	694	——	——	——	——	——	——
江　西	28 891	7 882	1 043	78 237	25 633	6 479	477	611	372	4 829	214
山　东	459 103	538 598	107 980	723 074	472 178	599 034	157 285	171 817	29 549	19 926	4 523
其中:青岛	7 668	12 276	786	26 063	11 300	57 919	1 137	5 870	3 210	239	66
河　南	53 053	3 333	34 753	11 438	379 235	11 184	352	1 579	11 005	15 508	30 291
湖　北	21 160	23 059	833	18 570	19 913	91 549	2 731	30 379	4 119	2 129	2 611
湖　南	29 018	21 946	1 912	26 567	18 964	349 030	6 532	42 859	2 725	9 579	316
广　东	80 860	7 802	651	12 011	17 730	2 765 398	756	15 020	3 456	1 974	2 206
其中:深圳	9 051	225	216	2 408	7 202	1 670	14	20	280	308	1 591
广　西	16 536	2 066	141	10 491	18 974	52 111	867	3 069	1 955	501	1 274
海　南	19 599	19	1	4 217	11 219	101 317	509	——	——	360 000	69
重　庆	17 015	484	1 003	11 254	10 010	1 486	4 009	10	2 000	608	9
四　川	14 916	8 872	1 261	16 562	15 623	55 652	1 217	14 188	1 104	64 973	293
贵　州	1 809	599	173	5 002	2 160	18 400	748	99	33 581	967	139
云　南	1 838	580	39	2 772	9 885	692 389	364	12 649	7 178	400	40
西　藏	268	128	91	292	488	160	120	160	120	101	4
陕　西	1 654	686	66	6 359	1 239	67 741	420	5 988	287	6 419	103
甘　肃	11 134	1 123	73 317	5 226	11 919	4 051	2 115	568	155	185	741
青　海	490	3 140	118	320	282	95	46	14	4	84	264
新　疆	176 351	1 397	5 186	3 252	56 502	1 656	9 330	701	10 387	385	2 420
新　疆	752	3 308	465	1 891	1 500	11 358	203	396	10	189	86

资源共享工程情况(二)

网络服务						服务人次		举办各种活动		提供给合作单位的资源数量			人员培训(人次)
网站数量(个)	网站页面点击量(次)	使用电子书刊用户数(个)	电子书刊阅览量册(篇)	网上参考咨询(例)	远程提供电子文献册(篇)	(人次)	其中:未成年人	播放影视作品(场)	播放专题讲座(场)	(个)	时长(分钟)	容量(GB)	
23 095	**172 908 217**	**3 823 649**	**21 648 828**	**9 404 940**	**13 985 596**	**103 131 711**	**17 478 509**	**1 202 607**	**629 541**	**3 545 058**	**2 002 217**	**10 184 956**	**2 416 742**
1	81 360 981	15 100	225 600	——	——	4 294 459	42 945	18	20	1 934	23 569	2 213	420
15	2 495 234	17 648	482 922	14 610	15 780	632 046	254 480	4 540	2 200	128	4 627	3 253	23 285
24	1 212 143	9 798	219 398	62 267	231 728	375 295	125 525	716	243	41	3 600	20	1 727
189	10 824 527	67 341	2 052 860	13 994	1 004 485	1 268 493	253 142	319 365	124 046	37	44 280	881	37 370
64	113 605	10 216	363 348	10 661	41 456	464 708	137 325	9 856	6 149	5 014	23 691	9 117	70 380
15	23 293	188	371	133	——	39 897	11 886	485	253	267	14 130	1 086	183
40	420 190	35 038	90 776	672	16 580	523 066	156 116	4 003	2 062	46	6 760	109	4 522
34	38 156	600	38 000	432	10 354	199 301	75 360	2 295	1 018	24	2 680	8	1 943
156	2 497 088	33 032	112 133	52 275	242 869	4 224 075	446 148	8 220	5 477	13 874	898 215	8 481 308	5 440
6	179 728	3 187	30 112	4 875	640	235 220	62 526	1 946	1 018	723	34 434	787	11 840
29	4 014 937	26 766	70 339	30 153	48 963	913 197	100 670	520	670	3 131	21 270	11 645	5 077
41	11 741 741	1 413 564	5 025 911	7 529 201	171 962	8 315 143	834 968	86 080	60 056	7 159	101 385	7 016	496 742
18 792	14 054 676	253 354	815 159	15 868	248 199	19 280 208	2 140 158	39 065	24 544	1 512	115 695	4 187	210 351
9	5 731 981	19 500	206 000	573	1 847	515 587	142 538	27	35	14	1 500	700	1 272
12	815 123	21 237	13 103	2 366	52 421	682 854	209 628	5 754	4 847	903	32 022	1 402	2 929
31	2 415 775	199 402	63 343	13 284	23 388	1 131 988	120 890	1 401	674	727	8 842	1 173	1 678
1	20 000	165 984	——	1 265	——	750 000	20 000	24	28	——	——	——	——
47	1 946 467	9 915	35 258	36 297	236 006	416 971	73 555	1 181	199	776	64 000	10 780	3 241
1 421	6 410 876	971 688	2 511 180	552 005	1 053 611	18 309 264	3 972 168	472 162	227 640	13 645	140 437	1 620 964	472 671
968	2 453 741	173 493	497 735	12 504	12 676	677 693	220 313	6 741	3 953	19	19 352	103	57 171
572	490 656	7 472	57 711	5 770	25 153	14 143 240	1 735 677	206 291	149 003	442	28 940	2 742	420 010
1 102	3 508 320	73 859	858 235	20 793	39 909	2 165 868	670 209	8 527	2 910	3 798	53 462	4 016	17 207
41	4 832 392	123 444	1 090 581	282 322	33 023	2 902 697	402 555	1 710	722	720	60 190	320	3 551
234	19 614 520	340 473	4 237 526	448 126	1 005 537	13 895 430	2 492 156	3 321	2 257	3 484 025	33 089	4 390	20 744
18	3 702 194	83 256	463 399	3 518	337	5 216 425	1 221 689	1 666	1 221	160	7 200	480	1 525
76	899 796	42 465	150 630	44 492	49 046	950 063	295 516	1 959	1 099	187	6 300	83	17 039
6	381 771	16 032	184 736	2 302	14 785	684 177	33 235	215	110	206	3 740	1 397	1 898
9	900 000	6 697	301 541	80	5 000	432 590	82 619	532	334	502	640	500	3 522
44	854 140	81 083	1 081 077	57 056	9 334 433	2 790 393	1 063 477	6 192	1 837	1 931	88 099	4 729	19 345
72	182 571	4 681	11 890	96 123	22 565	272 839	132 036	4 857	3 124	561	17 820	932	20 164
19	24 103	12 161	1 377 308	11 078	32 344	946 026	78 537	3 149	1 683	459	1 520	870	2 621
3	260	600	700	——	——	1 590	270	12	27	——	60	——	4
9	251 022	2 400	2 172	750	12	203 769	107 981	2 919	1 892	1 257	67 140	811	8 526
11	280 125	7 214	24 578	2 813	661	843 704	102 581	1 824	1 077	418	62 140	4 421	4 848
7	102 000	550	9 080	360	280	68 943	26 377	90	56	7	360	26	75
——	15 600	12 488	112 780	80 284	1 419	187 812	65 820	2 058	1 045	338	23 500	3 443	58 027
7	44 557	4 556	36 470	13 930	33 341	1 535 686	1 247 333	3 639	2 267	290	18 260	335	471 305

各地区文化信息

	网络环境				中心和基层服务点设备									
	局域网带宽			互联网出口总带宽(Mbps)	台式计算机(台)	便携式计算机(台)	服务器(台)	计算机磁盘存储容量(GB)	卫星接收设备(套)	投影仪(台)	移动播放器(台)	数字摄像机(台)	数字照相机(台)	电视机(台)
	(Mbps)	千兆带宽(个)	百兆带宽(个)											
总　计	**172 032**	**6 136**	**19 425**	**96 172**	**146 776**	**15 747**	**82 075**	**5 080 469**	**74 251**	**16 530**	**6 982**	**2 819**	**8 781**	**120 256**
中　央	100	2	1	20	42	15	19	20 000	1	2	10	1	7	1
北　京	3 128	906	171	1 038	1 490	49	87	45 801	38	43	12	39	135	221
天　津	1 832	55	104	559	2 908	35	190	59 240	11	290	317	43	53	179
河　北	4 066	326	142	616	2 966	39	1 998	99 430	1 098	660	42	24	39	548
山　西	4 993	46	248	516	1 275	178	141	57 543	414	118	24	21	41	996
内蒙古	219	11	70	278	267	937	2 583	8 748	35	35	22	7	8	684
辽　宁	1 306	3	14	90	805	19	96	36 666	39	52	21	17	27	40
其中:大连	1 106	2	11	31	235	6	28	8 025	27	23	17	8	14	10
吉　林	489	39	713	787	1 745	708	6 801	100 164	200	100	157	66	219	3 497
黑龙江	529	9	215	733	797	7	295	111 841	118	121	10	8	14	55
上　海	3 215	8	39	231	2 196	60	127	111 631	4	58	10	19	40	35
江　苏	10 582	6	159	8 305	12 723	151	652	351 839	344	1 762	504	123	392	4 833
浙　江	16 215	650	6 517	10 649	14 896	974	5 553	416 238	285	1 842	181	113	934	8 900
其中:宁波	300	2	8	542	784	11	49	46 331	1	12	——	4	15	22
安　徽	1 312	2	6	1 489	1 776	22	136	189 020	126	168	47	23	89	1 030
福　建	9 683	9	1 125	209	964	22	1 043	52 131	43	1 245	11	9	27	49
其中:厦门	100	1	1	20	6	1	——	480	——	2	2	——	——	——
江　西	5 099	10	534	471	3 643	7	280	31 510	56	81	33	3	14	173
山　东	54 688	3 252	966	22 036	69 183	10 999	38 392	2 344 986	68 412	7 816	3 975	1 923	5 607	79 615
其中:青岛	1 991	25	27	2 556	1 599	58	15 287	47 848	344	540	124	30	115	2 256
河　南	6 346	20	669	28 555	2 406	65	483	53 653	472	420	400	84	232	14 242
湖　北	4 916	31	665	1 668	4 020	558	3 537	111 257	122	182	176	49	86	416
湖　南	6 439	34	185	2 045	1 542	35	267	95 597	138	69	35	31	131	345
广　东	20 105	498	5 462	5 125	10 876	259	16 656	388 247	61	382	202	78	244	1 050
其中:深圳	12 812	272	3 090	1 232	3 515	121	171	202 889	47	59	4	16	49	63
广　西	5 164	22	671	7 860	1 714	20	433	72 543	87	92	36	20	42	141
海　南	214	1	4	218	681	17	44	38 409	17	21	83	10	16	50
重　庆	1 601	15	168	186	924	17	76	25 424	620	31	17	5	13	41
四　川	4 491	110	169	633	2 743	279	411	69 383	237	231	76	24	63	2 216
贵　州	730	26	154	183	569	31	105	35 085	651	98	296	20	17	150
云　南	1 521	6	23	434	1 141	188	690	46 477	207	201	3	8	67	46
西　藏	102	——	——	501	144	6	21	15 255	29	25	28	6	13	16
陕　西	305	2	94	440	499	4	91	5 297	101	105	216	19	27	195
甘　肃	752	4	82	86	583	15	745	49 981	95	95	15	7	17	39
青　海	2	——	1	106	131	9	18	9 041	13	14	1	2	5	4
宁　夏	1 231	27	45	45	510	13	53	10 863	123	117	12	4	12	112
新　疆	657	6	9	60	617	9	52	17 169	54	54	10	13	150	337

资源共享工程情况(三)

共享工程专项经费投入							电子阅览室面积			多媒体活动室面积		公开宣传报道(条)
(千元)	中央	省级	地市级	区县级	乡级	其他	(千平方米)	机位数量(台)	未成年人专用机位	(千平方米)	坐席数(个)	
1 737 443	**219 534**	**170 401**	**754 291**	**289 530**	**129 109**	**89 133**	**554**	**89 523**	**18 685**	**1 335**	**824 958**	**148 692**
40 000	40 000	——	——	——	——	——	——	——	——	——	——	854
54 320	——	7 459	2 005	44 781	71	3	8	1 300	205	16	8 403	1 444
23 266	——	2 420	6 555	7 730	2 897	3 040	10	1 608	265	9	5 578	284
23 298	3 563	2 596	3 132	7 487	965	807	25	1 943	218	9	5 468	492
18 571	4 134	7 451	250	4 502	1 196	795	8	1 729	269	7	4 952	887
7 270	3 843	920	1 204	523	——	100	2	366	125	1	1 010	101
3 633	30	1 713	589	527	772	2	5	699	237	5	3 442	576
756	——	300	18	420	18	——	2	387	145	2	1 943	282
11 599	1 410	1 610	830	1 486	4 037	1 466	3	1 260	564	9	4 550	1 446
90 356	340	38 128	148	18 518	6 210	——	6	1 060	194	7	3 363	185
21 035	——	14 810	1 897	1 851	40	2 190	7	1 657	344	5	2 693	751
27 736	——	——	840	13 777	10 605	2 202	59	9 175	2 053	108	175 475	2 573
718 754	20	4 307	601 609	77 913	11 786	22 791	79	11 193	2 838	184	79 606	14 667
650 691	——	——	600 000	50 691	——	——	3	792	221	2	757	45
4 423	750	1 672	936	529	19	415	2	936	329	21	30 558	113
3 623	710	166	98	1 127	1 112	150	7	1 371	220	3	1 911	1 564
——	——	——	——	——	——	——	1	177	8	——	154	100
31 351	5 102	14 730	303	2 947	4 539	2 088	5	1 560	348	4	1 809	11 038
286 585	4 427	32 784	96 567	68 634	26 144	20 886	171	19 237	3 128	702	357 321	26 482
9 541	——	——	2 120	6 220	1 191	——	7	1 271	432	10	5 814	1 292
32 646	8 285	4 147	4 569	10 133	3 372	1 308	35	11 187	569	153	81 938	5 553
96 562	3 645	4 289	1 895	3 721	51 072	21 800	15	3 775	1 192	25	21 638	1 630
9 115	3 638	940	1 017	2 245	660	615	6	1 389	407	4	2 649	563
28 421	——	8 230	12 779	5 886	1 037	467	53	8 721	1 929	25	10 365	34 079
6 402	——	3 470	——	2 865	——	67	14	2 933	224	8	2 892	327
30 394	26 378	896	1 126	1 446	299	249	8	1 517	470	5	2 874	700
4 761	1 780	1 384	——	1 340	69	95	2	413	95	2	619	76
9 875	63	2 480	6 350	480	92	410	3	616	353	1	2 458	38 565
85 560	71 710	3 350	4 297	5 087	440	666	10	2 617	1 055	7	2 937	792
16 960	5 604	3 848	165	801	128	6 414	2	603	175	1	821	292
14 142	5 476	1 835	3 180	3 073	344	34	7	1 192	285	5	4 545	148
3 480	80	3 400	——	——	——	——	——	45	15	1	285	3
5 152	2 741	1 196	292	876	7	40	3	521	155	2	1 022	674
9 006	3 435	2 122	1 584	687	1 087	79	4	735	224	3	2 456	877
7 968	7 400	566	——	2	——	——	1	150	50	——	128	29
2 699	1 380	328	——	970	18	3	5	605	175	5	1 865	111
14 882	13 590	624	74	451	91	18	3	343	199	6	2 219	1 143

排 序 资 料

全国艺术表演团体(事业)分剧种按演出场次排序

单位:场

名次	单位名称	演出场次	名次	单位名称	演出场次
	一、话剧、儿童剧、滑稽剧团				
1	陕西省佳县剧团	1035	37	四川省丹巴美人谷艺术团	210
2	黑龙江省哈尔滨儿童艺术剧院	806	38	福建省福安市闽剧团	205
3	上海市上海话剧艺术中心	480	39	安徽省宿州市梆子剧团	200
4	陕西省西安市儿童艺术剧院	469	40	广东省广东话剧院	198
5	湖北省武汉人民艺术剧院	427	41	江苏省常州市滑稽剧团	186
6	山东省济南市儿童艺术剧院	418	42	海南省临高县木偶剧团	180
7	浙江省浙江话剧团	368	43	福建省安溪县高甲戏剧团	176
8	福建省古田县闽剧团	349	44	辽宁省鞍山市艺术剧院	176
9	中国儿童艺术剧院	348	45	广东省茂名市茂南区青年粤剧团	170
10	安徽省话剧院	345	46	上海市上海滑稽剧团	169
11	辽宁省辽宁人民艺术剧院	334	47	辽宁省沈阳评剧院	167
12	海南省琼剧院	320	48	广东省乳源县民族艺术团	167
13	中国国家话剧院	314	49	陕西省宝鸡市话剧团	164
14	上海市中国福利会儿童艺术剧院	312	50	重庆市话剧团	162
15	黑龙江省哈尔滨话剧院	307	51	广东省茂名市茂南区红霞粤剧团	160
16	北京市北京人民艺术剧院	305	52	广东省兴宁市山歌剧团	156
17	福建省晋江市杂技团	300	53	四川省甘孜州歌舞团	153
18	安徽省南陵县黄梅戏剧团	300	54	安徽省临泉县梆剧团	151
19	湖北省大冶市艺术剧院	290	55	福建省安溪县茶文化艺术团	150
20	陕西省榆阳区文艺工作团	280	56	宁夏回族自治区宁夏歌舞团	147
21	江苏省苏州市滑稽剧团	267	57	吉林省吉林市话剧团	140
22	广东省化州市粤剧团	265	58	福建省福建人民艺术剧院	140
23	山东省话剧院	264	59	新疆维吾尔自治区伊犁州话剧团	140
24	天津市儿童艺术剧团	262	60	广东省信宜市粤剧团	140
25	湖北省咸丰县南剧团	258	61	云南省话剧团	136
26	广东省高州市粤剧团	258	62	山西省话剧院	134
27	安徽省望江县黄梅戏剧团	253	63	安徽省芜湖市艺术剧院	132
28	福建省晋江市高甲剧团	253	64	安徽省宿州市泗州剧团	129
29	福建省宁德市蕉城区闽剧团	251	65	湖北省话剧院	123
30	广东省茂名市粤剧团	246	66	宁夏回族自治区固原市秦剧团	120
31	天津市天津人民艺术剧院	236	67	上海市上海人民滑稽剧团	118
32	辽宁省沈阳话剧团	230	68	宁夏回族自治区宁夏话剧团	117
33	广东省茂名市茂南杂技团	230	69	广东省湛江市实验雷剧团	116
34	山东省青岛市话剧院	228	70	广东省翁源县采茶剧团	116
35	广东省茂名市茂南区粤剧团	220	71	湖南省话剧团	110
36	四川省绵阳市艺术剧院	210	72	安徽省黄梅戏剧团	108

全国艺术表演团体(事业)分剧种按演出场次排序

单位:场

名次	单位名称	演出场次	名次	单位名称	演出场次
73	贵州省话剧团	108	9	湖北省武汉歌舞剧院	310
74	甘肃省话剧院	103	10	黑龙江省哈尔滨歌剧院	283
75	广东省韶关市曲江区采茶剧团	95	11	山西省襄垣县人民剧团	281
76	辽宁省大连话剧团	91	12	湖北省五峰县歌舞剧团	280
77	西藏自治区话剧团	91	13	山西省阳高县民间歌剧团	280
78	福建省宁德市畲族歌舞团	90	14	天津市天津歌舞剧院	277
79	江苏省无锡市滑稽剧团	90	15	新疆维吾尔自治区和田地区新玉歌舞团	273
80	中华全国总工会文工团	87	16	云南省歌舞剧院	272
81	辽宁省朝阳市话剧歌舞团	86	17	山东省淄博市歌剧舞剧院	262
82	安徽省颍上县豫剧团	86	18	甘肃省歌剧院	262
83	海南省儋州市歌舞团	86	19	湖南省长沙市歌舞剧院	258
84	广东省韶关市采茶剧团	84	20	吉林省歌舞剧院	218
85	江西省九江市话剧团	82	21	湖北省宜都市歌舞剧团	218
86	河北省承德话剧团	82	22	广西省广西壮族自治区歌舞剧院	202
87	广东省韶关市歌舞剧团	81	23	湖南省歌舞剧院	199
88	辽宁省丹东市话剧团	80	24	湖北省黄石市歌舞剧院	196
89	黑龙江省佳木斯市话剧团	80	25	内蒙古自治区呼市民间歌舞剧团	195
90	河南省话剧院	80	26	山西省山西华晋舞剧团	194
91	广东省仁化县文工团	80	27	辽宁省辽宁歌剧院	193
92	江苏省南京市话剧团(国有)	79	28	山东省青岛市歌舞剧院	189
93	福建省福鼎市越剧团	78	29	湖北省枝江市歌舞剧团	182
94	广东省高州市木偶粤剧团	78	30	山西省歌舞剧院	170
95	广西省广西壮族自治区话剧团	76	31	四川省宜宾市歌舞团	170
96	河北省话剧院	74	32	山东省济南市歌舞剧院	169
97	广东省乐昌市文工团	69	33	福建省厦门歌舞剧院	167
98	西藏自治区阿里地区象雄艺术团	66	34	湖北省来凤县南剧团	165
99	广东省南雄市采茶剧团	66	35	新疆维吾尔自治区伊宁县歌舞团	160
100	内蒙古自治区呼伦贝尔市话剧团	65	36	山西省大同市歌舞剧院	160
	二、歌剧、舞剧、歌舞剧团		37	山西省壶关县人民艺术剧团	156
1	江西省瑞金市歌舞剧团	700	38	黑龙江省歌舞剧院	156
2	陕西省歌舞剧院	626	39	广东省广东歌舞剧院	153
3	山西省武乡县光明剧团	460	40	新疆维吾尔自治区喀什地区歌舞剧团	151
4	广东省广东潮剧院	436	41	福建省泉州市歌剧团	146
5	上海市上海歌剧院	375	42	山东省山东歌舞剧院	143
6	甘肃省甘肃敦煌艺术剧院	350	43	湖南省郴州市歌舞剧团	140
7	安徽省歌舞剧院	337	44	江西省崇义县歌舞剧团	138
8	上海市上海歌舞团	314	45	新疆维吾尔自治区石河子市歌舞话剧团	138

全国艺术表演团体(事业)分剧种按演出场次排序

单位:场

名次	单位名称	演出场次	名次	单位名称	演出场次
46	贵州省贵阳市歌舞剧院	138	74	新疆维吾尔自治区奎屯市歌舞团	80
47	广东省惠州市歌舞剧团	136	75	重庆市涪陵区歌舞剧团	80
48	陕西省延安歌舞剧团	130	76	广东省广州市芭蕾舞团	69
49	甘肃省兰州歌舞剧院	125	77	山西省吕梁市歌舞剧院	65
50	重庆市歌剧院	122	78	福建省龙岩山歌剧团	65
51	湖北省荆州市艺术剧院	121	79	安徽省凤台县花鼓灯艺术团	54
52	山东省烟台市歌舞剧院	115	80	新疆维吾尔自治区新疆歌剧院	51
53	四川省泸州市歌舞团	110	81	黑龙江省呼兰人民艺术剧院	50
54	广西省来宾市民族歌舞剧团	109	82	内蒙古自治区临河区歌舞剧团	41
55	辽宁省本溪市歌舞话剧院	108	83	广东省阳江歌舞团	39
56	江西省上饶市歌舞话剧团	107	84	云南省文山州民族歌舞剧团	36
57	安徽省滁州市歌舞团	105	85	四川省攀枝花市歌舞剧团	30
58	中央歌剧院	104		三、乐团、合唱团	
59	辽宁省辽宁芭蕾舞团	103	1	河南省开封市军残艺术团	300
60	广东省蕉岭县山歌剧团	102	2	浙江省台州市鹏达乐团	300
61	广东省梅县山歌剧团	101	3	安徽省远东摇滚乐团	205
62	山西省朔城区秧歌剧团	100	4	河南省开封市大相国寺佛乐艺术团	200
63	海南省乐东黎族自治县歌舞团	100	5	山西省绛州鼓乐艺术团	138
64	湖北省歌剧舞剧院	98	6	上海市上海东方国乐团	112
65	四川省歌舞剧院	96	7	山西省蓝天鼓乐艺术团	110
66	山西省长治市歌舞剧团	93	8	广东省湛江市爱乐合唱团	90
67	山东省潍坊市歌舞剧院	90	9	江苏省民族乐团	77
68	江西省歌舞剧团	87	10	江苏省交响乐团	67
69	陕西省汉中市歌舞剧团	84	11	北京市北京世纪爱乐乐团	42
70	广东省广东汉剧院	83	12	重庆市重庆鸿缘打击乐艺术团	32
71	广东省惠东县歌剧团	82	13	上海市上海影乐轻音乐团	24
72	上海市上海芭蕾舞团	82	14	上海市上海爵仕乐团有限公司	12
73	四川省南充歌舞剧院	80	15	重庆市重庆金典雅风室内乐团	10

全国艺术表演团体(事业)分剧种按演出场次排序

单位:场

名次	单位名称	演出场次	名次	单位名称	演出场次
	四、文工团、文宣队、乌兰牧骑				
1	云南省红塔区文工团	399	36	内蒙古自治区察右中旗乌兰牧骑	240
2	内蒙古自治区翁牛特旗乌兰牧骑	380	37	新疆维吾尔自治区洛浦县文工团	240
3	甘肃省成县文工团	367	38	内蒙古自治区正镶白旗乌兰牧骑	236
4	江西省万年县文工团	352	39	湖南省新化县文工团	235
5	内蒙古自治区和林县乌兰牧骑	350	40	中国煤矿文工团	224
6	内蒙古自治区清水河县乌兰牧骑	345	41	湖南省双峰县文工团	222
7	广西省柳州市三江县艺术团	336	42	湖南省华容县艺术团	217
8	内蒙古自治区敖汉旗乌兰牧骑	326	43	内蒙古自治区牙克石市乌兰牧骑	216
9	中国铁路文工团	324	44	湖北省房县文艺工作团	209
10	陕西省横山县文工团	320	45	甘肃省两当县文工团	208
11	陕西省靖边县文工团	318	46	新疆维吾尔自治区疏勒县文工团	206
12	陕西省清涧县文工团	310	47	新疆维吾尔自治区裕民县文体局	205
13	内蒙古自治区宁城县乌兰牧骑	305	48	湖北省建始县黄四姐歌舞团	205
14	河南省汝阳县文工团	300	49	广西省桂林市临桂县文工团	205
15	新疆维吾尔自治区乌苏市文工团	295	50	新疆维吾尔自治区巴楚县文工团	202
16	内蒙古自治区阿旗乌兰牧骑	287	51	内蒙古自治区察右前旗乌兰牧骑	200
17	陕西省府谷县文工团	280	52	河北省任县文工团	200
18	内蒙古自治区新巴尔虎左旗乌兰牧骑	275	53	四川省宣汉县文工团	200
19	内蒙古自治区伊旗乌兰牧骑	273	54	新疆维吾尔自治区英吉沙县文工团	200
20	湖南省炎陵县炎帝文化艺术团	272	55	新疆维吾尔自治区岳普湖县文工团	200
21	陕西省榆林市文工团	268	56	新疆维吾尔自治区和静县乌兰牧骑队	200
22	湖北省恩施市民族文工团	267	57	新疆维吾尔自治区特克斯县文工团	200
23	宁夏回族自治区中宁县剧团	266	58	湖南省冷水江市文艺工作团	200
24	黑龙江省黑龙江林业文工团	265	59	湖北省巴东县文工团	191
25	新疆维吾尔自治区疏附县文工团	265	60	内蒙古自治区阿拉善左旗乌兰牧骑	190
26	内蒙古自治区科左后旗乌兰牧骑	263	61	新疆维吾尔自治区伽师县文工团	185
27	内蒙古自治区克什克腾旗乌兰牧骑	260	62	内蒙古自治区额尔古纳市乌兰牧骑	182
28	甘肃省榆中县文工团	260	63	内蒙古自治区扎兰屯市乌兰牧骑	177
29	甘肃省庆城县文工团	260	64	甘肃省临泽县文工团	175
30	湖南省桃源县艺术团	260	65	江西省安福县文工团	174
31	新疆维吾尔自治区墨玉县文工团	252	66	湖北省南漳县文工团	174
32	广西省那坡县文工团	251	67	甘肃省肃北县乌兰牧骑	172
33	内蒙古自治区新巴尔虎右旗乌兰牧骑	247	68	内蒙古自治区莫力达瓦达斡尔族自治旗乌兰牧骑	170
34	新疆维吾尔自治区皮山县文工团	247	69	甘肃省高台县文工团	170
35	内蒙古自治区陈巴尔虎旗乌兰牧骑	240	70	河北省辛集市文工团	165

全国艺术表演团体(事业)分剧种按演出场次排序

单位:场

名次	单位名称	演出场次
71	新疆维吾尔自治区鄯善县文工团	165
72	广西省象州县文工团	165
73	内蒙古自治区根河市乌兰牧骑	160
74	安徽省合肥市曲艺团	160
75	新疆维吾尔自治区尼勒克县文工队	160
76	广西省上思县城文工团	160
77	广西省陆川县文工团	160
78	内蒙古自治区鄂托克旗乌兰牧骑	158
79	甘肃省甘州区艺术团	158
80	新疆维吾尔自治区策勒县文工团	157
81	新疆维吾尔自治区泽普县文工团	156
82	广西省桂林市阳朔县文工团	156
83	新疆维吾尔自治区柯坪县文工团	153
84	山东省青州市艺术剧院	152
85	内蒙古自治区巴林左旗乌兰牧骑	150
86	内蒙古自治区喀喇沁旗乌兰牧骑	150
87	内蒙古自治区开鲁县乌兰牧骑	150
88	湖南省临澧县艺术团	144
89	内蒙古自治区林西县乌兰牧骑	142
90	江西省遂川县文工团	142
91	新疆维吾尔自治区塔县文工团	142
92	新疆维吾尔自治区新和县文工团	142
93	宁夏回族自治区青铜峡市文工团	140
94	新疆维吾尔自治区温宿县文工团	140
95	内蒙古自治区奈曼旗乌兰牧骑	138
96	内蒙古自治区准格尔旗乌兰牧骑	136
97	广西省桂林市恭城县文工团	134
98	吉林省舒兰市文工团	131
99	广西省巴马县艺术团	131
100	江西省吉水县文工团	130
	五、戏曲剧团	
1	上海市上海评弹团	3539
2	上海市东方评弹团	2562
3	福建省龙海市芗剧团	2080
4	北京市北京京剧院	845
5	江西省景德镇市瓷乐团	803
6	湖南省衡南县花鼓戏剧团	800
7	安徽省石台县黄梅戏剧团	698
8	江苏省苏州市锡剧团	689
9	北京市中国评剧院	680
10	河南省内乡县宛邦剧团	660
11	四川省遂宁市川剧团	660
12	江苏省建湖县淮剧团	591
13	陕西省戏曲研究院	578
14	北京市北京风雷京剧团	570
15	广东省台山市粤剧团	565
16	河南省林州市豫剧二团	560
17	河北省尚义县艺术团	540
18	湖南省辰溪辰河高腔剧团	540
19	吉林省京剧院	532
20	甘肃省陇西县秦剧团	530
21	河北省井陉县青年晋剧团	524
22	陕西省麟游人民剧团	521
23	陕西省扶风县人民剧团	520
24	福建省莆仙戏二团	512
25	福建省泰宁县梅林戏剧团	510
26	北京市河北梆子剧团	505
27	福建省仙游鲤声剧团	500
28	陕西省旬邑县剧团	495
29	河南省滑县豫剧团	490
30	河北省沧州市梆子团	488
31	山西省洪洞大槐树蒲剧团	485
32	河北省曲阳县评剧团	480
33	河南省安阳县豫剧团	480
34	陕西省陇县人民剧团	480
35	湖北省监利县花鼓戏剧团	476
36	山西省长治县红旗剧团	470
37	甘肃省甘谷县秦剧团	470
38	江苏省射阳县淮剧团	460
39	甘肃省秦安县秦剧团	456
40	河北省正定县河北梆子剧团	450
41	河北省井陉县晋剧团	450
42	山西省太原市实验晋剧院	450
43	山西省翼城县琴剧团	450

全国艺术表演团体(事业)分剧种按演出场次排序

单位:场

名次	单位名称	演出场次	名次	单位名称	演出场次
44	山西省长治县红专剧团	450	81	山东省滨州市吕剧团	402
45	河南省商丘市豫剧院	450	82	河北省元氏县豫剧团	400
46	湖南省凤凰县阳戏剧团	450	83	河北省定州市梆子剧团	400
47	广东省汕头市澄海区潮剧团	446	84	河北省衡水市评剧团	400
48	陕西省周至县剧团	440	85	山西省翼城县蒲剧团	400
49	山西省汾西县蒲剧团	435	86	山西省山阴县晋剧团	400
50	山西省临县道情剧团	430	87	山西省万荣县蒲剧团	400
51	山西省吕梁市晋剧院	430	88	山西省盂县晋剧团	400
52	浙江省浙江婺剧团	430	89	山西省潞城市红旗剧团	400
53	福建省晋安区闽剧团	430	90	山西省高平市人民剧团	400
54	山东省菏泽市牡丹区大平调剧团	430	91	山东省茌平县京剧团	400
55	河北省乐亭县戏曲艺术团	429	92	河南省临颍县曲剧团	400
56	山东省单县豫剧团	428	93	河南省内黄县大平调剧团	400
57	湖南省衡东县花鼓戏剧团	425	94	河南省鹤壁市豫剧一团	400
58	湖南省花垣县苗剧团	424	95	湖南省衡阳市花鼓戏剧团	400
59	山西省介休市绵山晋剧团	423	96	广东省海丰县西秦戏剧团	400
60	湖北省襄樊市花鼓戏剧团	423	97	山西省阳城县人民剧团	398
61	山西省交城县晋剧团	420	98	山东省滨州市京剧团	398
62	山西省平顺县落子剧团	420	99	河南省舞钢市豫剧团	398
63	江西省信州区越剧团	420	100	湖北省枣阳市曲剧团	398
64	河南省汤阴县豫剧团	420		**六、曲、杂、木、皮团**	
65	河南省临颍县豫剧团	420	1	江苏省苏州市评弹团	6039
66	河南省长垣县豫剧团	420	2	安徽省埇桥区动物表演团	4555
67	陕西省宝鸡市新声剧团	420	3	江苏省苏州市吴中区评弹团	3617
68	甘肃省武山县剧团	420	4	江苏省常熟市评弹团	2200
69	河北省河北梆子剧团	418	5	江苏省常州市评弹团	1946
70	河北省宽城满族自治县评剧团	416	6	浙江省浙江曲艺杂技总团	1856
71	山西省沁县漳河剧团	415	7	北京市北京杂技团	1800
72	浙江省浙江京剧团	415	8	江苏省江阴市评弹团	1750
73	山西省长子县人民剧团	410	9	河北省沧洲杂技团	1695
74	河南省滑县大平调剧团	410	10	贵州省遵义市杂技团	1620
75	河南省辉县市豫剧团	410	11	江苏省启东市评弹团	1349
76	河南省南乐县豫剧团	410	12	江苏省扬州市曲艺团	1018
77	山西省绛县豫剧团	408	13	河南省郑州市杂技团	990
78	安徽省黄梅戏剧院	408	14	广东省广东音乐曲艺团	973
79	河南省项城市豫剧团	408	15	福建省福州市曲艺团	922
80	山西省平陆县蒲剧团	405	16	上海市上海杂技团	860

全国艺术表演团体(事业)分剧种按演出场次排序

单位:场

名次	单位名称	演出场次	名次	单位名称	演出场次
17	黑龙江省齐齐哈尔市马戏团	790	59	河南省清丰县杂技团	282
18	吉林省长春市杂技团	738	60	河北省沙河市曲剧团	270
19	上海市上海魔术团(新上海马戏团)	666	61	山东省济南市杂技团	265
20	宁夏回族自治区银川市杂技团	656	62	甘肃省杂技团	261
21	上海市新长征评弹团	653	63	江苏省南京市杂技团(国有)	258
22	河南省新乡市杂技团	630	64	江苏省如东县少年杂技团	256
23	广西省桂林市杂技团	570	65	黑龙江省哈尔滨曲艺团	247
24	新疆维吾尔自治区新疆杂技团	560	66	河南省泌阳县曲剧团	245
25	河南省开封市杂技团	560	67	江苏省如皋市木偶艺术团	240
26	河南省清丰县动物驯化表演团	547	68	陕西省线腔木偶剧团	240
27	上海市上海木偶剧团	538	69	重庆市重庆杂技艺术团	238
28	陕西省杂技艺术团	496	70	广东省广州杂技团	232
29	山东省济宁市杂技团	482	71	山东省庆云县杂技团	230
30	广东省木偶剧团	478	72	安徽省杂技团	225
31	上海市马戏学校	443	73	浙江省平阳县木偶剧团	219
32	江西省杂技团	432	74	湖南省杂技团	211
33	山东省聊城市杂技团	420	75	河南省濮阳市杂技团	210
34	四川省自贡市杂技团	415	76	河南省卧龙区说唱团	208
35	四川省南充市杂技团	406	77	广西省广西壮族自治区杂技团	206
36	湖北省武汉杂技艺术发展中心(武汉杂技团)	402	78	广西省博白县杂技团	205
37	福建省杂技团	391	79	河北省杂技团	200
38	山东省济南市曲艺团	388	80	河南省漯河市杂技团	200
39	辽宁省大连杂技团	374	81	山东省杂技团	191
40	江苏省扬州市木偶剧团	368	82	山东省德州市杂技团	182
41	河北省邢台市杂技团	365	83	北京市北京皮影剧团(说唱、群声)	180
42	江苏省射阳县杂技团	362	84	山西省长治市杂技团	180
43	云南省杂技团	361	85	山东省宁津县杂技团	180
44	天津市曲艺团	360	86	四川省成都市杂技团	178
45	江苏省阜宁县杂技团	352	87	广东省廉江市木偶白戏剧团	170
46	重庆市重庆三峡杂技团	352	88	福建省泉州市木偶剧团	160
47	河北省吴桥县杂技团	350	89	重庆市曲艺团	160
48	江苏省吴江市评弹团	350	90	四川省自贡市曲艺团	157
49	河南省夏邑县艺术团	340	91	辽宁省锦州市杂技团	150
50	重庆市重庆木偶艺术团	340	92	黑龙江省曲艺团	140
51	河南省柘城县说唱团	320	93	天津市杂技团	137
52	江苏省盐城市杂技团(建湖县)	310	94	四川省宜宾市杂技团	128
53	河北省景县动物表演团	300	95	黑龙江省杂技团	127
54	河南省柘城县杂技团	300	96	贵州省杂技团	127
55	陕西省民间艺术剧院	297	97	甘肃省曲艺团	125
56	河南省南乐县杂技团	295	98	广西省广西木偶剧团	122
57	河南省清丰县说唱团	290	99	福建省连城县木偶剧团	120
58	湖南省木偶皮影艺术剧院	285	100	四川省巴中市巴州区曲艺团	120

全国艺术表演团体(事业)分剧种按演出收入排序

单位:千元

名次	单位名称	演出收入	名次	单位名称	演出收入
	一、话剧、儿童剧、滑稽剧				
1	上海市上海话剧艺术中心	14186	37	江苏省无锡市滑稽剧团	636
2	北京市北京人民艺术剧院	10984	38	福建省福建人民艺术剧院	634
3	中华全国总工会文工团	9231	39	广东省广州话剧团	633
4	山西省话剧院	7688	40	广东省翁源县采茶剧团	605
5	上海市上海滑稽剧团	7010	41	湖北省话剧院	604
6	中国儿童艺术剧院	6868	42	广东省高州市粤剧团	584
7	江苏省苏州市滑稽剧团	4136	43	重庆市合川区艺术团	511
8	中国国家话剧院	3940	44	吉林省吉林市话剧团	508
9	四川省绵阳市艺术剧院	3589	45	福建省宁德市蕉城区闽剧团	507
10	上海市中国福利会儿童艺术剧院	2876	46	河北省承德话剧团	500
11	上海市上海人民滑稽剧团	2405	47	广西省广西壮族自治区话剧团	450
12	辽宁省辽宁人民艺术剧院	2220	48	浙江省杭州滑稽艺术剧院	396
13	广东省广东话剧院	2079	49	广东省兴宁市山歌剧团	353
14	广东省韶关市歌舞剧团	1705	50	辽宁省鞍山市艺术剧院	349
15	上海市青艺滑稽剧团	1697	51	广东省韶关市采茶剧团	338
16	河南省话剧院	1653	52	安徽省望江县黄梅戏剧团	323
17	湖北省武汉人民艺术剧院	1594	53	广东省茂名市茂南区粤剧团	320
18	山东省济南市儿童艺术剧院	1579	54	广东省信宜市粤剧团	320
19	安徽省话剧院	1449	55	广东省茂名市茂南杂技团	310
20	四川省四川人民艺术剧院	1282	56	福建省晋江市杂技团	305
21	福建省晋江市高甲剧团	1272	57	安徽省宿州市泗州剧团	302
22	天津市天津人民艺术剧院	1257	58	福建省福安市闽剧团	300
23	陕西省西安市儿童艺术剧院	1194	59	新疆维吾尔自治区新疆话剧团	285
24	福建省古田县闽剧团	1146	60	浙江省浙江话剧团	274
25	山东省话剧院	1106	61	海南省临高县木偶剧团	270
26	宁夏回族自治区宁夏歌舞团	1019	62	内蒙古自治区内蒙话剧团	268
27	黑龙江省哈尔滨儿童艺术剧院	994	63	宁夏回族自治区宁夏话剧团	264
28	山东省青岛市话剧院	965	64	广东省茂名市茂南区青年粤剧团	264
29	陕西省佳县剧团	920	65	云南省话剧团	263
30	江西省话剧团	856	66	广东省南雄市采茶剧团	262
31	辽宁省沈阳评剧院	844	67	甘肃省话剧院	250
32	安徽省芜湖市艺术剧院	790	68	福建省福鼎市越剧团	237
33	重庆市话剧团	700	69	广东省茂名市茂南区红霞粤剧团	227
34	江苏省南京市话剧团(国有)	665	70	陕西省西安市话剧院	217
35	江苏省常州市滑稽剧团	649	71	广东省湛江市实验雷剧团	207
36	河北省话剧院	648	72	陕西省人民艺术剧院	206

全国艺术表演团体(事业)分剧种按演出收入排序

单位:千元

名次	单位名称	演出收入	名次	单位名称	演出收入
73	天津市儿童艺术剧团	202	9	天津市天津歌舞剧院	5269
74	广东省汕头市话剧团	200	10	山西省山西华晋舞剧团	4316
75	福建省宁德市畲族歌舞剧团	180	11	上海市上海芭蕾舞团	4110
76	湖南省话剧团	180	12	山西省歌舞剧院	4066
77	广东省化州市粤剧团	180	13	辽宁省辽宁歌剧院	3660
78	广东省高州市木偶粤剧团	173	14	云南省歌舞剧院	3371
79	黑龙江省齐齐哈尔市话剧团	166	15	辽宁省辽宁芭蕾舞团	3162
80	辽宁省朝阳市话剧歌舞团	163	16	山东省山东歌舞剧院	3148
81	浙江省杭州话剧团	156	17	广西省广西壮族自治区歌舞剧院	2990
82	宁夏回族自治区固原市秦剧团	136	18	广东省广州市芭蕾舞团	2733
83	陕西省宝鸡市话剧团	135	19	湖北省武汉歌舞剧院	2632
84	陕西省榆阳区文艺工作团	130	20	江西省歌舞剧团	2567
85	辽宁省大连话剧团	110	21	广东省惠州市歌舞剧团	2285
86	广东省乳源县民族艺术团	108	22	山东省潍坊市歌舞剧院	2113
87	安徽省临泉县梆剧团	104	23	山西省长治市歌舞剧团	2103
88	广东省茂名市粤剧团	103	24	甘肃省甘肃敦煌艺术剧院	1834
89	广东省丰顺县青年艺术团	100	25	湖南省歌舞剧院	1817
90	安徽省安庆市京话剧团	88	26	山东省济南市歌舞剧院	1745
91	四川省简阳市艺术团	82	27	四川省歌舞剧院	1739
92	四川省资中木偶剧团	82	28	山东省青岛市歌舞剧院	1580
93	广东省韶关市曲江区采茶剧团	76	29	湖南省长沙市歌舞剧院	1483
94	辽宁省北票市评剧团	70	30	山西省大同市歌舞剧院	1471
95	辽宁省喀左县民族文工团	60	31	湖北省歌剧舞剧院	1300
96	山西省太原市话剧团	58	32	甘肃省歌剧院	1132
97	辽宁省丹东市话剧团	57	33	福建省泉州市歌剧团	1077
98	辽宁省沈阳话剧团	54	34	福建省厦门歌舞剧院	1058
99	福建省安溪县高甲戏剧团	53	35	山东省淄博市歌剧舞剧院	1000
100	吉林省四平市话剧团	53	36	黑龙江省哈尔滨歌剧院	878
	二、歌剧、舞剧、歌舞剧团		37	湖南省郴州市歌舞剧团	831
1	上海市上海歌剧院	16363	38	上海市上海歌舞团	672
2	广东省广东歌舞剧院	8374	39	湖北省黄石市歌舞剧院	656
3	广东省广东潮剧院	8020	40	重庆市歌剧院	632
4	中央歌剧院	7044	41	山西省吕梁市歌舞剧院	585
5	陕西省歌舞剧院	6626	42	安徽省滁州市歌舞团	560
6	吉林省歌舞剧院	6260	43	内蒙古自治区呼市民间歌舞剧团	449
7	甘肃省兰州歌舞剧院	6119	44	黑龙江省歌舞剧院	405
8	安徽省歌舞剧院	5724	45	新疆维吾尔自治区新疆歌剧院	361

全国艺术表演团体(事业)分剧种按演出收入排序

单位:千元

名次	单位名称	演出收入	名次	单位名称	演出收入
46	湖北省宜都市歌舞剧团	350		**三、乐团、合唱团**	
47	安徽省凤台县花鼓灯艺术团	338	1	中国交响乐团	22015
48	广东省蕉岭县山歌剧团	301	2	上海市上海交响乐团	12762
49	湖北省荆州市艺术剧院	300	3	广东省深圳交响乐团	10306
50	山东省烟台市歌舞剧院	276	4	中国电影乐团	7836
51	山西省阳高县民间歌剧团	200	5	广东省广州交响乐团	7317
52	福建省龙岩山歌剧团	200	6	北京市北京交响乐团	7182
53	贵州省贵阳市歌舞剧院	188	7	上海市上海爱乐乐团	4729
54	云南省文山州民族歌舞剧团	183	8	上海市上海轻音乐团	4213
55	四川省攀枝花市歌舞剧团	181	9	上海市上海民族乐团	3683
56	湖北省枝江市歌舞剧团	170	10	中央民族乐团	2714
57	四川省泸州市歌舞团	165	11	河北省交响乐团	1428
58	广西省来宾市民族歌舞剧团	159	12	天津市天津交响乐团	1348
59	湖北省来凤县南剧团	158	13	山东省青岛交响乐团	1016
60	山西省襄垣县人民剧团	147	14	江苏省南京市民族乐团(国有)	998
61	江西省上饶市歌舞话剧团	147	15	陕西省乐团	957
62	陕西省延安歌舞剧团	142	16	广东省汕头潮乐团	491
63	江西省瑞金市歌舞剧团	130			
64	四川省南充歌舞剧院	129		**四、文工团、文宣队、乌兰牧骑**	
65	新疆维吾尔自治区喀什地区歌舞剧团	128	1	中国铁路文工团	12634
66	广东省梅县山歌剧团	125	2	中国煤矿文工团	3703
67	山西省朔城区秧歌剧团	95	3	内蒙古自治区内蒙古直属乌兰牧骑艺术团	1206
68	海南省乐东黎族自治县歌舞团	90	4	安徽省合肥市曲艺团	656
69	江西省崇义县歌舞剧团	70	5	山西省运城市文工团	571
70	重庆市涪陵区歌舞剧团	66	6	宁夏回族自治区青铜峡市文工团	500
71	广东省惠东县歌剧团	65	7	陕西省靖边县文工团	450
72	山西省壶关县人民艺术剧团	57	8	湖南省桃源县艺术团	442
73	辽宁省本溪市歌舞话剧院	40	9	湖北省恩施市民族文工团	420
74	陕西省汉中市歌舞剧团	40	10	山西省柳林县文工团	400
75	新疆维吾尔自治区和田地区新玉歌舞团	33	11	陕西省府谷县文工团	350

全国艺术表演团体(事业)分剧种按演出收入排序

单位:千元

名次	单位名称	演出收入	名次	单位名称	演出收入
12	陕西省横山县文工团	310	46	甘肃省甘州区艺术团	120
13	山西省高平市文工团	300	47	内蒙古自治区乌海市文工团	110
14	四川省雅安川剧团	300	48	广西省象州县文工团	106
15	湖北省巴东县文工团	300	49	山西省晋中市文工团	101
16	内蒙古自治区清水河县乌兰牧骑	285	50	内蒙古自治区鄂托克前旗乌兰牧骑	100
17	江西省万年县文工团	280	51	内蒙古自治区正蓝旗乌兰牧骑	100
18	广西省陆川县文工团	266	52	重庆市奉节县文工团	100
19	湖南省临澧县艺术团	250	53	湖南省冷水江市文艺工作团	90
20	湖南省炎陵县炎帝文化艺术团	246	54	新疆维吾尔自治区皮山县文工团	85
21	宁夏回族自治区中宁县剧团	241	55	四川省宣汉县文工团	82
22	内蒙古自治区包头市九原区乌兰牧骑	240	56	内蒙古自治区和林县乌兰牧骑	80
23	湖南省新化县文工团	240	57	甘肃省庆城县文工团	80
24	湖北省南漳县文工团	226	58	内蒙古自治区太仆寺旗乌兰牧骑	77
25	陕西省清涧县文工团	200	59	广西省南宁市邕宁区文艺工作团	75
26	山东省青州市艺术剧院	194	60	甘肃省临泽县文工团	74
27	内蒙古自治区鄂托克旗乌兰牧骑	190	61	河北省兴隆县文工团	73
28	湖南省华容县艺术团	188	62	广西省金秀瑶族艺术团	72
29	内蒙古自治区阿拉善左旗乌兰牧骑	176	63	黑龙江省海林市文工团	71
30	内蒙古自治区伊旗乌兰牧骑	174	64	内蒙古自治区克什克腾旗乌兰牧骑	70
31	内蒙古自治区准格尔旗乌兰牧骑	171	65	湖北省房县文艺工作团	70
32	陕西省榆林市文工团	165	66	新疆维吾尔自治区泽普县文工团	65
33	内蒙古自治区阿旗乌兰牧骑	162	67	湖北省鹤峰县文工团	64
34	内蒙古自治区达拉特旗乌兰牧骑	162	68	内蒙古自治区乌拉特前旗乌兰牧骑	63
35	江西省峡江县文工团	157	69	内蒙古自治区牙克石市乌兰牧骑	62
36	江西省遂川县文工团	157	70	甘肃省两当县文工团	62
37	湖南省安乡县青年艺术团	155	71	内蒙古自治区宁城县乌兰牧骑	56
38	内蒙古自治区喀喇沁旗乌兰牧骑	150	72	内蒙古自治区乌拉特中旗乌兰牧旗	56
39	内蒙古自治区乌审旗乌兰牧骑	150	73	湖北省黄州区艺术团	56
40	甘肃省成县文工团	150	74	广西省罗城县艺术团	55
41	河南省汝阳县文工团	150	75	湖南省津市市青年艺术团	53
42	甘肃省榆中县文工团	144	76	广西省柳州市三江县艺术团	51
43	河北省辛集市文工团	130	77	内蒙古自治区西乌旗乌兰牧骑	50
44	吉林省舒兰市文工团	126	78	陕西省商州区文工团	50
45	陕西省镇巴文工团	120	79	广西省桂林市灵川县文工团	50

全国艺术表演团体(事业)分剧种按演出收入排序

单位:千元

名次	单位名称	演出收入	名次	单位名称	演出收入
80	河北省深泽县文工团	48	16	上海市上海沪剧院	2921
81	新疆维吾尔自治区乌什县文工团	44	17	山西省京剧院	2913
82	广西省富川瑶族自治县民族艺术团	42	18	浙江省浙江婺剧团	2785
83	黑龙江省密山市文工团	41	19	河南省豫剧三团	2783
84	新疆维吾尔自治区温宿县文工团	41	20	广东省广州红豆粤剧团	2732
85	广西省桂林市恭城县文工团	40	21	河南省豫剧一团	2630
86	广西省环江县艺术团	39	22	江苏省苏州昆剧院(苏州市、国有)	2615
87	甘肃省肃北县乌兰牧骑	37	23	浙江省杭州越剧院	2584
88	新疆维吾尔自治区沙雅县文工团	37	24	辽宁省沈阳京剧院	2557
89	河北省任县文工团	36	25	北京市河北梆子剧团	2385
90	内蒙古自治区巴林左旗乌兰牧骑	35	26	广东省潮州市潮剧团	2367
91	新疆维吾尔自治区新和县文工团	32	27	河南省曲剧团	2351
92	内蒙古自治区磴口县乌兰牧骑	30	28	山西省晋城市上党梆子剧团	2311
93	内蒙古自治区林西县乌兰牧骑	30	29	陕西省戏曲研究院	2263
94	新疆维吾尔自治区英吉沙县文工团	30	30	福建省福建实验闽剧院	2182
95	广西省桂林市资源县民族艺术工团	30	31	天津市京剧院	2149
96	广西省苍梧县文工团	30	32	北京市曲剧团	2122
97	广西省桂林市永福县文工团	30	33	浙江省嵊州市越剧团	2098
98	广西省桂林市阳朔县文工团	30	34	广东省珠海市粤剧团	2078
99	广西省扶绥县文工团	30	35	浙江省绍兴县小百花艺术中心	2035
100	广西省容县教育艺术团	30	36	安徽省安庆再芬黄梅艺术剧院	2031
	五、戏曲剧团		37	浙江省诸暨市越剧团	1993
1	北京市北京京剧院	15137	38	重庆市京剧团	1980
2	北京市中国评剧院	8319	39	江苏省常熟市锡剧团	1929
3	广东省广东粤剧院	7586	40	天津市评剧院	1923
4	国家京剧院	5870	41	广东省广州粤剧团	1877
5	上海市上海京剧院	4728	42	浙江省浙江绍剧团	1863
6	河北省大厂县评剧团	4406	43	安徽省安庆市黄梅戏剧院一团	1821
7	上海市上海越剧院	4278	44	浙江省义乌市婺剧团	1778
8	浙江省浙江小百花越剧团	3846	45	山西省晋剧院	1715
9	天津市青年京剧团	3720	46	广东省饶平县潮剧团	1683
10	安徽省黄梅戏剧院	3652	47	北京市北京风雷京剧团	1640
11	湖北省武汉说唱团	3491	48	河南省越调剧团	1601
12	云南省花灯剧团	3429	49	河南省洛阳豫剧院	1580
13	广东省揭阳市潮剧团	3093	50	山西省太原市实验晋剧院	1577
14	江苏省苏州市锡剧团	3089	51	安徽省徽京剧院	1539
15	江苏省无锡市锡剧院	2989	52	福建省东山县潮剧团	1474

全国艺术表演团体(事业)分剧种按演出收入排序

单位:千元

名次	单位名称	演出收入	名次	单位名称	演出收入
53	江苏省江都市扬剧团	1458	90	辽宁省鞍山戏曲剧院	1004
54	山西省吕梁市晋剧院	1450	91	福建省福建京剧院	1004
55	福建省芳华越剧团	1443	92	山东省淄博市京剧院	1000
56	重庆市川剧院	1439	93	山东省成武县四平调剧团	989
57	四川省川剧院	1427	94	山西省平定县晋剧团	988
58	江苏省苏州市吴中区沪剧团	1426	95	山西省大同市晋剧院	982
59	北京市北方昆曲剧院	1415	96	福建省永泰县闽剧团	980
60	浙江省乐清市越剧团	1405	97	江苏省溧阳市锡剧团	968
61	浙江省上虞市越剧团	1397	98	江苏省常州市青年锡剧团(国有)	963
62	河北省梆子剧院	1342	99	湖北省京剧院	959
63	广东省海丰县白字戏剧团	1338	100	河南省商丘市豫剧院	950
64	山东省滨州市吕剧团	1328		六、曲、杂、木、皮团	
65	山西省阳泉市晋剧院	1318	1	上海市上海杂技团	12010
66	福建省晋安区闽剧团	1290	2	上海市上海魔术团(新上海马戏团)	9074
67	广东省南澳县潮剧团	1290	3	浙江省浙江曲艺杂技总团	7056
68	山西省长治市上党梆子剧团	1281	4	北京市北京杂技团	4365
69	浙江省杭州市萧山区绍剧团	1276	5	河北省吴桥县杂技团	3409
70	福建省福清市闽剧团	1260	6	广东省广州杂技团	3361
71	福建省惠安县高甲戏剧团	1258	7	福建省杂技团	3319
72	广东省江门市粤剧团	1217	8	江苏省南京市杂技团(国有)	3257
73	广东省佛山市顺德粤剧团	1152	9	内蒙古自治区内蒙古杂技团	2987
74	浙江省温州市越剧团	1130	10	上海市上海木偶剧团	2249
75	浙江省金华市婺剧团	1110	11	湖北省武汉杂技艺术发展中心(武汉杂技团)	2211
76	广东省台山市粤剧团	1108	12	河北省沧洲杂技团	2182
77	江苏省江阴市锡剧团	1100	13	辽宁省大连杂技团	1921
78	河北省丰润区评剧团	1097	14	河北省杂技团	1914
79	山西省灵石县晋剧团	1080	15	广东省木偶剧团	1878
80	浙江省宁波市鄞州区越剧团	1075	16	吉林省长春市杂技团	1867
81	广东省广东粤剧青年团	1068	17	天津市杂技团	1832
82	山东省青岛市京剧院	1063	18	江苏省如东县少年杂技团	1573
83	浙江省宁海县越剧团	1058	19	黑龙江省齐齐哈尔市马戏团	1537
84	山西省长治市落子剧团	1057	20	贵州省遵义市杂技团	1530
85	浙江省杭州越剧三团	1055	21	广东省广东音乐曲艺团	1440
86	上海市长宁沪剧团	1051	22	上海市马戏学校	1425
87	上海市上海淮剧团	1026	23	江西省杂技团	1388
88	上海市上海评弹团	1026	24	安徽省墉桥区动物表演团	1321
89	江苏省常州市武进区锡剧团	1018	25	江苏省苏州市评弹团	1320

全国艺术表演团体(事业)分剧种按演出收入排序

单位:千元

名次	单位名称	演出收入	名次	单位名称	演出收入
26	江苏省扬州市木偶剧团	1310	64	江苏省阜宁县杂技团	287
27	山东省济宁市杂技团	1230	65	河南省南乐县杂技团	281
28	湖南省杂技团	1167	66	广西省博白县杂技团	280
29	广西省广西壮族自治区杂技团	1086	67	辽宁省锦州市杂技团	272
30	宁夏回族自治区银川市杂技团	1061	68	河北省景县动物表演团	250
31	山东省济南市曲艺团	1031	69	重庆市重庆木偶艺术团	249
32	山东省杂技团	1028	70	天津市曲艺团	237
33	山东省济南市杂技团	1002	71	黑龙江省哈尔滨曲艺团	234
34	新疆维吾尔自治区新疆杂技团	974	72	福建省泉州市木偶剧团	231
35	安徽省杂技团	907	73	河南省漯河市杂技团	231
36	陕西省杂技艺术团	865	74	北京市北京皮影剧团(说唱、群声)	230
37	四川省成都市杂技团	848	75	河南省濮阳市杂技团	230
38	河南省郑州市杂技团	810	76	四川省木偶大剧院	226
39	四川省自贡市杂技团	770	77	河南省清丰县动物驯化表演团	220
40	山东省聊城市杂技团	741	78	江苏省江阴市评弹团	212
41	山东省宁津县杂技团	700	79	江苏省射阳县杂技团	203
42	甘肃省杂技团	688	80	四川省南充市杂技团	203
43	江苏省如皋市木偶艺术团	635	81	山东省庆云县杂技团	200
44	山东省德州市杂技团	622	82	广西省桂林市曲艺团	177
45	黑龙江省杂技团	575	83	山西省孝义市木偶剧团	174
46	江苏省扬州市曲艺团	567	84	河北省邢台市杂技团	168
47	重庆市曲艺团	560	85	贵州省贵阳市杂技团	161
48	江苏省盐城市杂技团(建湖县)	536	86	江西省木偶剧团	159
49	山西省太原市杂技团	508	87	福建省厦门市南乐团	152
50	江苏省苏州市吴中区评弹团	476	88	湖北省浠水县杂技团	150
51	湖南省木偶皮影艺术剧院	473	89	重庆市重庆杂技艺术团	137
52	广西省广西木偶剧团	449	90	重庆市重庆三峡杂技团	130
53	江苏省常熟市评弹团	382	91	陕西省民间艺术剧院	126
54	河南省开封市杂技团	375	92	四川省自贡市曲艺团	119
55	广西省桂林市杂技团	374	93	河南省清丰县杂技团	112
56	山西省长治市杂技团	361	94	河北省沙河市曲剧团	110
57	河南省新乡市杂技团	350	95	安徽省安庆市杂技团	104
58	四川省曲艺团	335	96	福建省福州市曲艺团	99
59	陕西省西安市说唱艺术团	329	97	福建省惠安县掌中木偶戏剧团	93
60	河南省柘城县说唱团	310	98	广东省五华县木偶剧团	91
61	吉林省曲艺团	300	99	上海市新长征评弹团	88
62	浙江省杭州杂技总团	300	100	河南省泌阳县曲剧团	83
63	河南省柘城县杂技团	300			

全国艺术表演团体(企业)分剧种按演出场次排序

单位:场

名次	单位名称	演出场次	名次	单位名称	演出场次
	一、话剧、儿童剧、滑稽剧团		41	江苏省话剧院	78
1	浙江省桐庐春江越剧团	550	42	广东省雷州市粤秀雷剧团	75
2	浙江省武义东方婺剧团	500	43	重庆市涪陵扬子江管乐团	70
3	北京市北京儿童艺术剧院股份有限公司	398	44	海南省海口琼州琼剧团	68
4	上海市上海阿木林滑稽剧团	350	45	广东省金和潮剧团	60
5	浙江省杭州滑稽艺术剧院演艺有限公司	337	46	重庆市涪陵区乌江民乐团	60
6	福建省鲤城区高甲戏剧团	320	47	浙江省杭州哈哈艺术团	51
7	内蒙古自治区宁城县乌兰牧骑	315	48	浙江省义乌市歌舞团	38
8	四川省巴中大地艺术团	300	49	重庆市重庆智谷公共关系服务有限公司	30
9	重庆市重庆黔江区新苗艺术团	292	50	重庆市重庆大地会展服务有限责任公司	26
10	福建省鲤城区民间高甲戏剧团	270		二、歌剧、舞剧、歌舞剧团	
11	河北省金星民间艺术团	260	1	江西省于都百花艺术剧团	510
12	四川省巴中新时代歌舞团	260	2	江西省于都金凤采茶剧团	510
13	福建省鲤城区小开元戏剧团	260	3	江西省于都宽田采茶剧团	450
14	河南省好日子艺术团	260	4	上海市上海舞梦舞蹈团	365
15	四川省巴中新浪潮歌舞团	250	5	广东省广州重庆小天鹅艺术团	360
16	福建省鲤城区群众高甲戏剧团	250	6	广东省高趣艺术团	300
17	福建省鲤城区侨乡高甲剧团	240	7	河南省开封市世纪星民族歌舞团	300
18	安徽省颍上县飞燕杂技团	210	8	江西省于都龙凤剧团	300
19	河北省新五星歌舞团	200	9	江西省于都县老年体协夕阳红艺术团	280
20	河南省淇县豫剧团	193	10	河南省睢县豫剧团	280
21	安徽省颍上县皖北杂技团	188	11	青海省黑帐篷说唱艺术团	250
22	上海市上海现代人剧社	187	12	四川省巴中兰花艺术团	220
23	安徽省江北普法艺术团	180	13	安徽省黄海艺术团	203
24	安徽省蓝月亮歌舞团	170	14	四川省成都芙蓉国粹演艺有限公司	200
25	海南省海口青年琼剧团	165	15	宁夏回族自治区宁夏银燕音乐歌剧团	190
26	重庆市重庆青年歌舞团有限公司	164	16	安徽省枞阳县黄梅剧团	136
27	安徽省天龙歌舞团	160	17	江苏省歌舞剧院	115
28	福建省泉港协兴芗剧团	140	18	安徽省淮北市东方青春歌舞团	100
29	安徽省界首市金凤凰艺术团	135	19	广东省雷州市新世纪歌舞团	90
30	海南省海口琼山实验琼剧团	135	20	广东省吴川市歌舞团	80
31	福建省泉港掌中木偶艺术团	130	21	宁夏回族自治区宁夏西夏乐舞艺术团	50
32	四川省巴中心连心歌舞团	110	22	宁夏回族自治区宁夏消防艺术团	49
33	四川省巴中市银河艺术团	110	23	广东省肇庆市九龙湖风景区旅游有限公司	40
34	广东省雷州市艺术研究会雷剧团	100	24	广东省广州万紫千红时装歌舞艺术团	30
35	四川省四川民俗文化艺术团	100	25	河南省郑州天星文化艺术交流有限公司	25
36	上海市上海勤怡沪剧团	96	26	宁夏回族自治区银川艺术剧院	18
37	广东省雷州市龙门雷剧团	90	27	四川省情缘艺术团	12
38	广东省雷州市符驰雷剧团	90	28	上海市上海魔菲斯特歌剧演出团	12
39	广东省雷州市公和雷剧团	90	29	宁夏回族自治区彭阳艺术团	10
40	广东省雷州市新星雷剧团	80	30	广东省广州市千翔文化传播有限公司	10

全国艺术表演团体(企业)分剧种按演出场次排序

单位:场

名次	单位名称	演出场次	名次	单位名称	演出场次
	三、文工团、文宣队、乌兰牧骑		27	浙江省玉环县青年婺剧团	550
1	河南省开封市战前文工团	200	28	浙江省缙云县小敏婺剧团	550
2	江西省奉新县艺术团	130	29	浙江省缙云县宣城黄梅戏剧团	550
3	四川省宏声歌舞团	100	30	浙江省富阳市爱艺越剧团	550
4	云南省牟定县正兴集团喜鹊窝艺术团	98	31	浙江省宁波市镇海越剧一团	550
5	江西省赖村卫东文宣队	91	32	浙江省黄岩新春越剧团	550
6	河北省老兵文工团	8	33	浙江省缙云县婺剧演出团	548
	四、戏曲剧团		34	浙江省温岭市小百花越剧团	540
1	浙江省武义县婺剧团	30000	35	浙江省温岭市太平红兰越剧团	540
2	天津市越剧团	808	36	浙江省温岭市新丹艺越剧团	530
3	浙江省文成县新白花京瓯剧团	762	37	浙江省缙云县东方镇婺剧团	525
4	浙江省文成县青年越剧团	720	38	浙江省缙云县仙都婺剧团	525
5	浙江省文成县巨龙越剧团	710	39	浙江省缙云县百花婺剧团	525
6	浙江省文成县万紫红京瓯剧团	658	40	浙江省桐庐春燕越剧团	520
7	浙江省玉环县小百花越剧团	650	41	浙江省缙云县婺剧七弟班	520
8	浙江省文成县顺福越剧团	624	42	浙江省温岭市凤翔越剧团	520
9	浙江省文成县青年京瓯剧团	620	43	浙江省温岭市泰平越剧团	520
10	浙江省桐庐富春越剧团	600	44	浙江省缙云县路通新星京梆剧团	515
11	浙江省青田春香越剧团	600	45	浙江省台州红楼小百花越剧团	511
12	浙江省侨乡小百花越剧团	600	46	浙江省永嘉县楠溪江京瓯剧团	500
13	浙江省青田侨乡越剧团	600	47	浙江省天台山越剧团	500
14	浙江省宁波市江北新艺越剧团	600	48	浙江省缙云县婺剧二团	500
15	浙江省宁波市江北区祥瑞越剧团	600	49	浙江省青田县高湖越剧团	500
16	浙江省文成县芳华越剧团	598	50	浙江省青田小百花越剧团	500
17	浙江省温岭市太平友谊越剧团	570	51	浙江省青田侨乡越剧团	500
18	浙江省临海市越剧团	570	52	浙江省温岭市星光越剧团	500
19	浙江省温岭市太平人民越剧团	560	53	安徽省望江县青年黄梅戏剧团	500
20	浙江省临海市越剧二团	560	54	安徽省望江县青年黄梅戏剧团	500
21	浙江省温岭市松门青年越剧团	560	55	河南省清丰县大平调剧团	500
22	浙江省玉环县新艺越剧团	550	56	河南省清丰县豫剧团	500
23	浙江省玉环县银沙越剧团	550	57	河南省清丰县大平调剧团	500
24	浙江省玉环县楚门群艺越剧团	550	58	安徽省东至县尧乡艺术团	482
25	浙江省玉环县楚门越剧团	550	59	河北省保定市新华河北梆子剧团	480
26	浙江省玉环县青春越剧团	550			

全国艺术表演团体(企业)分剧种按演出场次排序

单位:场

名次	单位名称	演出场次	名次	单位名称	演出场次
60	浙江省缙云县婺剧一团	480	97	浙江省富阳市艺华越剧团	400
61	浙江省缙云县小百花婺剧二团	480	98	浙江省慈溪市青年越剧团	400
62	浙江省溪口武岭越剧团	480	99	浙江省兰溪市强盛婺剧团	400
63	浙江省临海市杜桥镇前进越剧团	480	100	浙江省温岭市城东如意越剧团	400
64	浙江省缙云县红太阳婺剧团	460		**五、曲、杂、木、皮剧团**	
65	浙江省临安市桂花越剧团	460	1	安徽省超祥驯兽团	11802
66	浙江省临海市新世纪越剧团	460	2	河南省洛阳市综艺金利来杂技团	3000
67	浙江省平阳县小百花婺剧团	456	3	河南省洛阳市综艺春光动物展演团	3000
68	浙江省永嘉县小百花越剧团	450	4	上海市上海野生动物园艺术团	2650
69	浙江省永嘉县白鹿城京瓯剧团	450	5	江苏省评弹团	2352
70	浙江省兰溪市奇亮婺剧团	450	6	河南省洛阳市综艺海南风情杂技艺术团	2000
71	浙江省宁波市江北区凤凰越剧团	450	7	河南省洛阳市综艺展演团	2000
72	四川省遂宁市川剧团	450	8	河南省洛阳市综艺环球动物艺术团	2000
73	浙江省平阳县水头镇金星京瓯剧团	430	9	安徽省飞跃动物团	1980
74	浙江省缙云县青松婺剧团	430	10	河南省洛阳市综艺古文化展演团	1900
75	浙江省临安板桥越剧团	430	11	安徽省动物表演五团	1460
76	浙江省龙泉市实验婺剧团	430	12	安徽省欢乐大马戏团	1450
77	浙江省永嘉县友谊京瓯剧团	428	13	安徽省黎明驯兽团	1400
78	浙江省平阳县长青京瓯剧团	420	14	安徽省燕舞杂技驯兽团	1400
79	浙江省平阳县红旗京剧团	410	15	河南省洛阳市综艺随茂展演团	1400
80	浙江省永嘉县环城京瓯剧团	410	16	安徽省金莺鸟类表演团	1320
81	浙江省永嘉县新世纪京剧团	410	17	安徽省百兽动物表演团	1250
82	浙江省兰溪市欢乐喜庆策划部	410	18	安徽省长城杂技驯兽团	1230
83	河北省保定市春蕾老调剧团	400	19	安徽省云飞驯兽团	1220
84	河北省兴旺河北梆子剧团	400	20	安徽省艺华驯兽团	1210
85	浙江省永嘉县梅艳越剧团	400	21	安徽省楚歌杂技马戏团	1210
86	浙江省永嘉县福财京瓯剧团	400	22	安徽省振华动物表演团	1205
87	浙江省永嘉县婺剧团	400	23	安徽省春艺动物团	1200
88	浙江省永嘉县福星京剧团	400	24	安徽省东方马戏团	1200
89	浙江省永嘉县佰乐京瓯剧团	400	25	安徽省白杂技团	1200
90	浙江省永嘉县青年瓯剧团	400	26	安徽省富豪大马戏团	1200
91	浙江省永嘉县百花婺剧团	400	27	安徽省东方大马戏团	1200
92	浙江省永嘉县胜利京瓯剧团	400	28	安徽省越野大马戏团	1195
93	浙江省青田越兴越剧团	400	29	安徽省新华动物表演团	1150
94	浙江省缙云县小梅花婺剧团	400	30	安徽省葵花动物团	1120
95	浙江省富阳市春江越剧团	400	31	安徽省郑氏马戏表演团	1120
96	浙江省富阳市新艺越剧团	400	32	北京市中国木偶艺术剧团股份有限公司	1065

全国艺术表演团体(企业)分剧种按演出场次排序

单位:场

名次	单位名称	演出场次	名次	单位名称	演出场次
33	安徽省前进驯兽团	1000	67	安徽省艺术杂技1队	650
34	安徽省动物表演六团	1000	68	安徽省长虹杂技队	650
35	河南省清丰县郑达飞车团	1000	69	安徽省飞龙杂技4队	650
36	安徽省宏运杂技动物团	950	70	安徽省韦家杂技21队	650
37	河南省洛阳市综艺金龙游乐场	900	71	安徽省韦家杂技16队	650
38	浙江省台州中泰海洋广场有限公司	830	72	安徽省张营杜守仲杂技队	650
39	河南省清丰县天亚美驯兽团	800	73	安徽省姜寨杂技队	650
40	河南省清丰县飞龙驯兽团	800	74	安徽省凯豪杂技团	650
41	北京市中国杂技团有限公司	771	75	安徽省张营赵富贵杂技队	650
42	浙江省杭州蓝宝石马戏团有限公司	760	76	安徽省张营马孝高杂技队	650
43	安徽省张营城关飞龙杂技队	700	77	安徽省张营杜守亮杂技队	650
44	安徽省红振杂技队	700	78	安徽省东方郭仙福杂技队	650
45	安徽省马飞龙杂技队	700	79	安徽省庞营姚秀英杂技队	650
46	安徽省韦家杂技13队	700	80	安徽省黑豹杂技魔术队	630
47	安徽省韦家杂技15队	700	81	安徽省皖北民间张家山艺术团	623
90	安徽省杨桥郭振青杂技队	620	82	安徽省张营杂技4队	620
48	安徽省群英马戏团	700	83	安徽省中州野狼杂技队	620
49	安徽省张营杂技6队	700	84	安徽省新世纪梆剧团	620
50	安徽省韩家臣杂技队	700	85	安徽省韦家杂技6队	620
51	安徽省飞燕杂技团	700	86	安徽省韦家杂技10队	620
52	安徽省张营杜守利杂技队	700	87	安徽省韦家杂技11队	620
53	安徽省海棠李政杂技团	700	88	安徽省豫皖百花艺术团	620
54	安徽省长官肘阁队	680	89	安徽省张营韩学伟杂技队	620
55	安徽省庞营李怀礼杂技队	680	90	安徽省杨桥郭振青杂技队	620
56	安徽省中州陈鹏飞杂技队	680	91	安徽省张营韩学生杂技队	620
57	安徽省田桥王运成杂技队	660	92	安徽省张营韩学红杂技队	620
58	安徽省鑫东方艺术团	650	93	安徽省张营张世峰杂技队	620
59	安徽省皖北安要中杂技队	650	94	安徽省皖北飞龙青年艺术团	620
60	安徽省九华山杂技2队	650	95	安徽省青年翟达杂技队	620
61	安徽省飞龙张伟杂技队	650	96	安徽省飞天白梅艺术团	620
62	安徽省中国名流杂技团	650	97	安徽省飞龙耿继同杂技队	620
63	安徽省群英杂技队	650	98	安徽省皖北李朝献杂技队	620
64	安徽省韦家杂技8队	650	99	安徽省韦家杂技19队	600
65	安徽省韦家杂技五队	650	100	安徽省民间杂技4队	600
66	安徽省皖北小燕子杂技队	650			

全国艺术表演团体(企业)分剧种按演出收入排序

单位:千元

名次	单位名称	演出收入	名次	单位名称	演出收入
	一、话剧、儿童剧、滑稽剧团				
1	北京市北京儿童艺术剧院股份有限公司	26751	36	河北省金星民间艺术团	150
2	重庆市重庆川江号子艺术团	10320	37	四川省巴中新浪潮歌舞团	150
3	浙江省杭州滑稽艺术剧院演艺有限公司	3381	38	河南省鹤壁群星绘艺术团	150
4	上海市上海现代人剧社	1228	39	四川省巴中新时代歌舞团	120
5	浙江省义乌市歌舞团	1127	40	四川省巴中大地艺术团	110
6	江苏省话剧院	1085	41	重庆市重庆华桦舞蹈团	90
7	浙江省桐庐春江越剧团	960	42	上海市上海黄永生演出团	81
8	福建省鲤城区高甲戏剧团	900	43	内蒙古自治区宁城县乌兰牧骑	60
9	福建省鲤城区群众高甲戏剧团	900	44	河南省淇县豫剧团	60
10	福建省鲤城区民间高甲戏剧团	850	45	四川省巴中市银河艺术团	50
11	重庆市重庆黔江区新苗艺术团	810	46	四川省巴中心连心歌舞团	50
12	福建省鲤城区小开元戏剧团	800	47	重庆市涪陵扬子江管乐团	45
13	重庆市重庆智谷公共关系服务有限公司	717	48	浙江省武义东方婺剧团	30
14	浙江省杭州哈哈艺术团	635	49	宁夏回族自治区宁夏银川天一魔术团	20
15	安徽省界首市金凤凰艺术团	600	50	重庆市涪陵区乌江民乐团	15
16	重庆市重庆青年歌舞团有限公司	599		**二、歌剧、舞剧、歌舞剧团**	
17	重庆市重庆大地会展服务有限责任公司	590	1	江苏省歌舞剧院	4872
18	福建省鲤城区侨乡高甲剧团	400	2	安徽省淮北市东方青春歌舞团	2000
19	安徽省颍上县飞燕杂技团	350	3	宁夏回族自治区银川艺术剧院	1477
20	河南省朝歌名家雷主艺术团	320	4	四川省成都芙蓉国粹演艺有限公司	1400
21	海南省海口青年琼剧团	310	5	广东省广东艺星文化发展有限公司	1067
22	安徽省江北普法艺术团	300	6	安徽省黄海艺术团	708
23	安徽省颍上县皖北杂技团	300	7	广东省广州市千翔文化传播有限公司	580
24	福建省泉港协兴芗剧团	300	8	广东省广州万紫千红时装歌舞艺术团	567
25	海南省海口琼山实验琼剧团	281	9	江西省于都百花艺术剧团	310
26	安徽省蓝月亮歌舞团	280	10	江西省于都县老年体协夕阳红艺术团	300
27	安徽省天龙歌舞团	250	11	江西省于都金凤采茶剧团	300
28	河北省新五星歌舞团	250	12	宁夏回族自治区宁夏西夏乐舞艺术团	300
29	上海市上海勤怡沪剧团	240	13	江西省于都宽田采茶剧团	250
30	福建省泉港掌中木偶艺术团	230	14	广东省广州重庆小天鹅艺术团	250
31	四川省四川民俗文化艺术团	200	15	河南省睢县豫剧团	250
32	河南省好日子艺术团	200	16	江西省于都龙凤剧团	210
33	河南省淇县雷主艺术团	180	17	河南省开封市世纪星民族歌舞团	200
34	海南省海口琼州琼剧团	168	18	安徽省枞阳县黄梅剧团	170
35	浙江省杭州好朋友传媒有限公司艺术团	150	19	广东省高趣艺术团	150

全国艺术表演团体(企业)分剧种按演出收入排序

单位:千元

名次	单位名称	演出收入	名次	单位名称	演出收入
20	宁夏回族自治区宁夏银燕音乐歌剧团	114		**五、戏曲剧团**	
21	四川省巴中兰花艺术团	100	1	海南省屯昌琼戏团	4000
22	四川省情缘艺术团	80	2	河南省郑州市豫剧院	2800
23	广东省肇庆市九龙湖风景区旅游有限公司	50	3	上海市上海肖雅艺术工作室	2500
24	四川省纳溪区梦幻歌舞团	50	4	浙江省台州红楼小百花越剧团	2500
25	河南省郑州天星文化艺术交流有限公司	30	5	江苏省京剧院	1960
	三、乐团、合唱团		6	浙江省温州市五星京剧团	1900
1	山西省绛州鼓乐艺术团	1220	7	江苏省昆剧院	1532
2	上海市上海影乐轻音乐团	1200	8	浙江省温州市龙湾百花京剧团	1520
3	江苏省交响乐团	1060	9	浙江省天台山越剧团	1500
4	上海市上海东方国乐团	879	10	浙江省缙云县宣城黄梅戏剧团	1500
5	安徽省远东摇滚乐团	861	11	浙江省温州市红楼越剧团	1500
6	浙江省台州市鹏达乐团	600	12	浙江省温州市万松青年京剧团	1500
7	山西省蓝天鼓乐艺术团	450	13	浙江省椒江越艺越剧团	1500
8	江苏省民族乐团	446	14	浙江省缙云县婺剧七弟班	1461
9	重庆市重庆金典雅风室内乐团	350	15	四川省遂宁市川剧团	1400
10	河南省开封市大相国寺佛乐艺术团	200	16	浙江省缙云县小敏婺剧团	1371
11	河南省 开封市军残艺术团	180	17	浙江省缙云县路通新星京梆剧团	1339
12	上海市上海东方魅力乐团有限公司	158	18	浙江省缙云县百花婺剧团	1312
13	北京市北京世纪爱乐乐团	126	19	浙江省温岭市太平人民越剧团	1300
14	重庆市重庆鸿缘打击乐艺术团	80	20	浙江省缙云县婺剧二团	1288
15	北京市北京非凡爱乐乐团有限责任公司	56	21	浙江省天台县青年小百花越剧团	1250
16	安徽省李松亮唢呐班	40	22	浙江省温岭市太平友谊越剧团	1250
	四、文工团、文宣队、乌兰牧骑		23	浙江省平阳县红旗京剧团	1230
1	江西省赖村卫东文宣队	270	24	浙江省缙云县小百花婺剧二团	1210
2	河南省开封市战前文工团	200	25	浙江省龙泉市实验婺剧团	1200
3	河北省老兵文工团	70	26	浙江省椒江洪家中心越剧团	1200
4	四川省宏声歌舞团	60	27	浙江省缙云县婺剧演出团	1150

全国艺术表演团体(企业)分剧种按演出收入排序

单位:千元

名次	单位名称	演出收入	名次	单位名称	演出收入
28	浙江省临安市越剧团	1141	65	浙江省永嘉县百花婺剧团	800
29	上海市上海勤苑沪剧团	1127	66	浙江省永嘉县宏星京瓯剧团	800
30	浙江省临海市越剧团	1100	67	浙江省永嘉县梅艳越剧团	800
31	江苏省锡剧团	1054	68	浙江省三门县小百花越剧团	800
32	浙江省桐庐梁祝越剧团	1050	69	浙江省玉环县新艺越剧团	800
33	浙江省天台县赤城越剧团	1050	70	浙江省玉环县银沙越剧团	800
34	浙江省富阳市艺术越剧团	1000	71	浙江省玉环县楚门群艺越剧团	800
35	浙江省椒江区顺利剧团	1000	72	浙江省玉环县楚门越剧团	800
36	浙江省缙云县青松婺剧团	987	73	浙江省玉环县青春越剧团	800
37	浙江省嘉兴市凤凰越剧团	980	74	浙江省玉环县青年婺剧团	800
38	浙江省缙云县东方镇婺剧团	980	75	浙江省兰溪市奇亮婺剧团	800
39	浙江省温岭市小百花越剧团	950	76	浙江省温岭市星光越剧团	800
40	浙江省温岭市松门青年越剧团	950	77	浙江省椒江区青年越剧团	800
41	浙江省温岭市太平红兰越剧团	950	78	浙江省永嘉县江滨京瓯剧团	780
42	浙江省永嘉县小百花越剧团	900	79	海南省琼剧院实验琼剧团	770
43	浙江省永嘉县白鹿城京瓯剧团	900	80	浙江省平阳群艺越剧团	769
44	浙江省永嘉县青年瓯剧团	900	81	浙江省缙云县仙都婺剧团	757
45	浙江省永嘉县楠溪江京瓯剧团	900	82	浙江省永嘉县新艺华星京瓯剧团	750
46	浙江省永嘉县新世纪京剧团	900	83	浙江省永嘉县新星京瓯剧团	750
47	浙江省温岭市凤翔越剧团	900	84	浙江省永嘉县青年婺剧团	750
48	浙江省温岭市泰平越剧团	900	85	浙江省三门县越剧二团	750
49	浙江省椒江越剧一团	900	86	浙江省兰溪市小百花越剧团	750
50	浙江省金华市婺城区新秀婺剧团	895	87	浙江省龙泉市小百花婺剧团	750
51	浙江省永嘉县福星京剧团	880	88	海南省海口多东艺术琼剧团	745
52	浙江省永嘉县胜利京瓯剧团	880	89	浙江省兰溪市欢乐喜庆策划部	730
53	浙江省温州市龙湾宏伟京剧团	880	90	浙江省溪口武岭越剧团	720
54	浙江省平阳县水头镇金星京瓯剧团	860	91	海南省文昌市青年琼剧团	720
55	浙江省永嘉县佰乐京瓯剧团	850	92	河南省河南电视台梨园春艺术团	713
56	浙江省温岭市新丹艺越剧团	850	93	安徽省宣城市春燕黄梅戏剧团	708
57	浙江省平阳县长青京瓯剧团	840	94	浙江省青田春香越剧团	700
58	浙江省诸暨市枫桥艺花越剧团	840	95	浙江省缙云县红太阳婺剧团	700
59	海南省海南琼青琼剧团	840	96	浙江省临海市新世纪越剧团	700
60	海南省海南红豆琼剧团	815	97	浙江省诸暨市东方百富艺术团	700
61	浙江省永嘉县婺剧团	800	98	浙江省温岭市城东如意越剧团	700
62	浙江省永嘉县福财京瓯剧团	800	99	浙江省缙云县婺剧一团	690
63	浙江省永嘉县友谊京瓯剧团	800	100	浙江省兰溪市强盛婺剧团	690
64	浙江省永嘉县环城京瓯剧团	800			

全国艺术表演团体(企业)分剧种按演出收入排序

单位:千元

名次	单位名称	演出收入	名次	单位名称	演出收入
	六、曲、杂、木、皮剧团				
1	北京市中国杂技团有限公司	19623	51	安徽省越野大马戏团	450
2	浙江省台州中泰海洋广场有限公司	11969	52	安徽省宏运杂技动物团	450
3	北京市中国木偶艺术剧团股份有限公司	9423	53	安徽省新华动物表演团	420
4	浙江省杭州杂技总团演艺有限公司	2590	54	河南省濮阳市龙乡坠剧团	420
5	河南省清丰县驯兽团	2000	55	河南省洛阳市综艺金龙游乐场	400
6	四川省遂宁市杂技团	1400	56	河南省洛阳市综艺展演团	400
7	河北省群艺马戏团	1200	57	河南省清丰县东梅驯兽团	400
8	安徽省动物表演五团	1000	58	河南省清丰县黑马女子飞车团	400
9	四川省遂宁市春苗杂技艺术团	1000	59	河南省清丰县红星驯兽团	400
10	河北省飞飞杂技马戏团	950	60	河南省清丰县天亚美驯兽团	400
11	河南省濮阳豪艺杂技(集团)有限公司	920	61	河南省辉县市女子高空艺术团	400
12	河南省濮阳市东北庄杂技文化传播有限公司	920	62	上海市上海星光杂技艺术团	371
13	河北省园明杂技马戏团	900	63	浙江省杭州杜林森演出有限公司	350
14	河南省濮阳市华晨杂技有限公司	810	64	河南省河南高空飞车艺术团	350
15	河北省勇进马戏团	750	65	河南省舞钢市飞龙杂技团	350
16	安徽省百兽动物表演团	750	66	河南省柘城县说唱团	310
17	安徽省欢乐大马戏团	750	67	安徽省动物驯兽团	300
18	安徽省东方马戏团	653	68	安徽省皖东影豪杂技团	300
19	安徽省长城杂技驯兽团	650	69	安徽省宣州区绝技艺术团	300
20	安徽省超祥驯兽团	635	70	四川省四川川北艺术团	300
21	河南省濮阳市易兴杂技传播有限公司	624	71	河南省驻马店市蓝天残疾人艺术团	300
22	安徽省黎明驯兽团	600	72	河南省获嘉县中飞特技艺术团	300
23	安徽省东方大马戏团	600	73	河南省柘城县杂技团	300
24	安徽省燕舞杂技驯兽团	600	74	安徽省皖肥东杂技艺术团	280
25	河南省洛阳市综艺古文化展演团	600	75	四川省筠连县星星杂技团	280
26	河南省洛阳市综艺随茂展演团	600	76	四川省四川王文坤艺术团	280
27	河南省清丰县郑达飞车团	600	77	浙江省遂昌县吉庆木偶剧团	250
28	安徽省富豪大马戏团	590	78	河北省百灵皮影艺术团	250
29	安徽省振华动物表演团	570	79	福建省泉港百艺芗剧团	250
30	河北省亮亮杂技马戏团	550	80	河南省辉县市高空钢缆艺术表演团	250
31	安徽省春艺动物团	550	81	江苏省许虹木偶剧团	236
32	安徽省葵花动物团	550	82	江苏省评弹团	229
33	安徽省飞跃动物团	550	83	河南省内乡县曲剧团	220
34	河南省洛阳市综艺春光动物展演团	550	84	上海市上海青年马戏团	212
35	河南省清丰县杂技团	550	85	河南省濮阳市杂技团	204
36	安徽省郑氏马戏表演团	530	86	浙江省青田县季宅乡兴旺大型木偶瓯剧团	200
37	安徽省白杂技团	525	87	浙江省永嘉县木偶剧团	200
38	河南省濮阳市龙城杂技团	524	88	河南省洛阳市综艺环球动物艺术团	200
39	安徽省云飞驯兽团	510	89	广东省广州番禺珠江艺术团	200
40	安徽省前进驯兽团	500	90	云南省飞龙杂技歌舞艺术团	160
41	安徽省艺华驯兽团	500	91	浙江省缙云县木偶婺剧团	150
42	安徽省楚歌杂技马戏团	500	92	浙江省志军杂技	150
43	河南省洛阳市综艺金利来杂技团	500	93	浙江省遂昌县金坤木偶剧团	130
44	河南省洛阳市孟津县综艺金龙无臂飞车杂技团	500	94	海南省临高县百花木偶剧团	130
45	河南省洛阳市综艺海南风情杂技艺术团	500	95	广东省广州市威洁士彩霸艺术团	128
46	河南省清丰县苏予驯兽团	500	96	新疆维吾尔自治区新疆乌鲁木齐市青年杂技艺术团	123
47	河南省清丰县飞龙驯兽团	500	97	浙江省海宁市江南皮影艺术团有限公司	120
48	河南省泌阳县张氏杂技飞车团	500	98	海南省临高县新风业余木偶剧团	120
49	湖南省衡阳市杂技团	500	99	海南省临高县江南木偶剧团	120
50	安徽省动物表演六团	450	100	浙江省百花魔技艺术团	100

全国艺术表演场所(事业)按艺术演出场次排序

单位:场

名次	单位名称	演出场次	名次	单位名称	演出场次
1	福建省福州市文艺影剧院	1460	51	上海市艺海剧院	218
2	广东省潮安县庵埠影剧院	1430	52	浙江省宁波剧院	217
3	北京市北京朝阳剧场	1074	53	浙江省杭州剧院	211
4	广东省汕头市潮阳区影剧院	980	54	黑龙江省北安市曲艺团	210
5	四川省成都川剧艺术中心	745	55	湖南省桂阳影剧院	210
6	上海市卢湾区文化馆	674	56	湖南省隆回县影剧院	210
7	广东省澄海区澄城影剧院	650	57	湖南省沅江市剧院	210
8	广东省澄海区大众影剧院	617	58	浙江省宁海县人民剧院	209
9	上海市上海话剧艺术中心	604	59	湖南省安乡县剧院	205
10	上海市上海大剧院	549	60	浙江省上虞剧院	204
11	上海市雅庐书场	544	61	陕西省西安市五四剧院	201
12	上海市马戏城	543	62	山西省榆次区文化艺术中心	200
13	广东省汕头市濠江区濠城影剧院	514	63	吉林省白城市大众剧场	200
14	广西省桂林市漓江剧院	505	64	江西省上高县文工团	200
15	广东省普宁市影剧院	500	65	湖北省松滋市人民剧院	200
16	重庆市渝中区大坪影剧场	494	66	湖南省永州市芝山影剧院	200
17	新疆维吾尔自治区呼图壁县影剧院	400	67	四川省宣汉县文工团	200
18	北京市长安大戏院	370	68	湖南省鼎城区影剧院	190
19	山西省泽州县影剧院	365	69	安徽省舒城县影剧院	186
20	吉林省吉林市江城剧场	363	70	北京市首都剧场	183
21	辽宁省锦州评剧院	360	71	上海市美琪大戏院	181
22	吉林省吉林市临江剧场	360	72	福建省邵武市影剧院	180
23	浙江省浦江剧院	360	73	湖南省临湘市影剧院	180
24	上海市青浦区文化书场	355	74	上海市上海音乐厅	173
25	河北省沧州影剧院	350	75	湖北省湖北剧院	171
26	天津市东丽区礼堂	350	76	广西省桂林市艺术馆	170
27	江西省南昌文化会堂	343	77	上海市闸北区宋园茶艺馆	168
28	上海市天蟾京剧中心逸夫舞台	338	78	四川省锦城艺术宫	162
29	四川省成都市新声剧场	335	79	北京音乐厅	160
30	福建省莆田市人民影剧院	328	80	辽宁省抚顺市戏曲艺术剧院	160
31	湖北省黄石市工人电影院	326	81	江西省景德镇市大众剧场	160
32	云南省曲靖市艺术剧院	323	82	陕西省渭南市人民剧院	160
33	辽宁省辽宁大剧院	315	83	上海市贺绿汀音乐厅	157
34	北京市人艺小剧场	314	84	四川省眉山市东坡区川剧团	155
35	江西省萍乡市人民剧院	312	85	辽宁省凌源市影剧院	150
36	黑龙江省北方剧场	308	86	福建省大田县影剧院	150
37	广东省星海音乐厅	297	87	云南省曲靖市国风影剧院	150
38	北京市人艺实验剧场	294	88	陕西省西安市临潼区剧院	150
39	吉林省四平市人民剧场	288	89	四川省四川剧场	148
40	浙江省嘉善县影剧院	286	90	陕西省影剧院	148
41	上海市兰心大戏院	280	91	新疆维吾尔自治区新疆人民剧场	148
42	甘肃省兰州人民剧院	279	92	安徽省绩溪县影剧院	143
43	天津市中国大戏院	275	93	河南省周口市人民会堂	142
44	安徽省宁国文化大世界	270	94	湖南省湘潭市芙蓉影剧院	142
45	四川省资阳雁江区剧场	255	95	北京市平谷区影剧院	141
46	河南省封丘县影剧院	241	96	陕西省彬县电影院	141
47	湖北省潜江市剧院	240	97	北京市顺义区影剧院	139
48	浙江省宁波市民乐剧场	234	98	内蒙古自治区鄂尔多斯市鄂尔多斯恰特	137
49	陕西省宜川县影剧院	230	99	浙江省舟山市舟山剧院	135
50	西藏自治区拉萨市民族文化艺术宫	220	100	福建省漳平市菁城影剧院	135

全国艺术表演场所(企业)按艺术演出场次排序

单位:场

名次	单位名称	演出场次	名次	单位名称	演出场次
1	天津市黄河道影剧院	2920	51	浙江省港岛娱乐管理有限公司	365
2	浙江省温州市五福缘娱乐有限公司	2000	52	浙江省台州开元大酒店演艺广场	365
3	江苏省宜兴市影剧有限公司人民剧院	815	53	四川省四川美高美国际娱乐会所	365
4	浙江省杭州东坡大剧院	792	54	河南省河南创基威威文化娱乐有限公司	365
5	北京市北京老舍茶馆	727	55	河南省新乡二十一世纪演艺剧场	365
6	北京市工人俱乐部	720	56	北京市北京梨园剧场	364
7	浙江省玉环县坎门电影院	720	57	河南省奥斯卡西部酒城	361
8	浙江省玉环县楚门风云演艺吧	720	58	浙江省杭州金海岸娱乐有限公司	360
9	浙江省玉环公园演出点	720	59	浙江省杭州凤和会展有限公司	360
10	浙江省玉环县人民剧院	720	60	浙江省温州维多利亚大酒店有限公司	360
11	浙江省玉环县坎门天仁演视厅	720	61	浙江省嘉兴市福海云天休闲娱乐有限公司	360
12	浙江省玉环县坎门海浪演视厅	720	62	安徽省安庆市伍贰叁伍黄梅戏会馆有限公司	360
13	浙江省富阳市蓬莱歌舞厅	720	63	河南省秋浩世界三会所	360
14	浙江省临安剧院	720	64	江苏省南京市秦淮剧场	356
15	江苏省苏州市评弹团光裕书厅(集体)	717	65	广东省连南县盘古王文化园有限公司	355
16	浙江省临安剧院	702	66	浙江省余杭区电影发行放映有限公司	350
17	浙江省丹城五丰影剧院	700	67	四川省国际大酒店民族歌舞团	334
18	浙江省石浦哈哈影艺厅	700	68	浙江省金海岸	332
19	广东省连南县三排瑶寨	700	69	浙江省杭州大华书场有限公司	330
20	海南省椰田黎苗风情村演艺场	658	70	浙江省 POP	324
21	海南省椰田黎苗风情村演艺场	658	71	浙江省宁波市江北洪塘镇影剧院	320
22	浙江省温州市鹿城区小南新凯斯茶吧	650	72	广东省湛江市大金乐娱乐饮食城	320
23	北京市中国木偶艺术剧院有限责任公司	633	73	广东省湛江广州湾华侨宾馆	320
24	广东省港中旅(珠海)海洋温泉有限公司娱康分公司	630	74	广东省湛江中国城文化娱乐美食中心	320
25	北京市崇文区工人文化宫	609	75	广东省湛江市开发区月世界健乐园	320
26	浙江省桐庐新世纪演艺厅	600	76	广东省湛江市霞山区名盛娱乐城	320
27	浙江省临安市电影发行放映有限公司	600	77	广东省湛江迎宾馆夜总会	320
28	广东省连南县千年瑶寨景区	600	78	浙江省慈溪市水沐年华演艺大舞台	317
29	浙江省温州市海螺工业集团公司大东娱乐俱乐部	560	79	广东省湛江市画舫歌舞厅	312
30	浙江省牧南小剧场	500	80	浙江省宁波市庄桥镇文化站	310
31	浙江省温州市温化电影院	500	81	浙江省宁波市江北妙山影剧院	310
32	浙江省温州市瓯海景山天天红演示厅	480	82	海南省康乐园演艺中心	310
33	北京市北京胡广会馆大戏楼	452	83	河北省承德剧场	300
34	上海市上海东方艺术中心管理有限公司	440	84	浙江省临安市昌化影剧有限公司	300
35	北京市东城区少年宫天地剧场	415	85	浙江省桐乡大舞台娱乐有限公司	300
36	上海市上海南市影剧院有限公司	410	86	浙江省杭州余杭区临平新大陆美丽会休闲吧	300
37	浙江省临安市於潜影剧院有限公司	400	87	浙江省杭州余杭区东湖亮鲸酒店	300
38	安徽省江淮大戏院	400	88	浙江省温州市远东娱乐发展有限公司演视广场	300
39	重庆市垫江县文化娱乐有限公司	390	89	安徽省黄山市屯溪人民影都	300
40	北京市北京之夜文化城	375	90	河南省豫海戏曲茶楼	300
41	浙江省台州耀达国际大酒店演艺	370	91	广东省湛江市运通娱乐城	300
42	四川省古羌神韵民族文化传播有限责任公司	370	92	广东省湛江市锦华大酒店演艺广场	300
43	江苏省苏州市评弹团梅竹书苑(集体)	365	93	广东省湛江市滚石俱乐部	300
44	浙江省慈溪市玫瑰花园娱乐有限公司	365	94	广东省湛江康益广场娱乐有限公司	300
45	浙江省杭州开元阳光休闲山庄有限公司	365	95	广东省湛江环球大酒店	300
46	浙江省杭州萧山富民工贸发展公司零点迪	365	96	浙江省嘉善县影剧院	286
47	浙江省杭州萧山国际俱乐部有限公司	365	97	北京市北京东方先锋小剧场	280
48	浙江省雪克咖啡餐厅	365	98	浙江省龙游海阔天空桑拿休闲会所	280
49	浙江省春天 2008	365	99	浙江省桐乡市濮院电影院	280
50	浙江省飞越时空大剧院有限公司	365	100	浙江省杭州萧山南阳镇文化中心	280

全国公共图书馆分级别按总藏量排序

单位:册(件)

名次	单位名称	总藏量	名次	单位名称	总藏量
	一、省级公共图书馆		37	广西壮族自治区少年儿童图书馆	265520
1	上海市图书馆	51421565		二、地市级公共图书馆	
2	江苏省南京图书馆	8455396	1	广东省广州市图书馆	3834422
3	广东省立中山图书馆	5867929	2	辽宁省大连市图书馆	3000348
4	山东省图书馆	5782306	3	广东省深圳市图书馆	2805310
5	浙江省图书馆	5338374	4	黑龙江省哈尔滨市图书馆	2480218
6	北京市首都图书馆	4911711	5	黑龙江省大庆市图书馆	2173767
7	湖北省图书馆	4702725	6	四川省成都市图书馆	2170809
8	四川省图书馆	4597950	7	辽宁省沈阳市图书馆	2048274
9	天津市图书馆	4487387	8	湖北省武汉市图书馆	2038950
10	辽宁省图书馆	4166976	9	吉林省长春市图书馆	1811014
11	湖南省图书馆	3343820	10	广东省广州市少年儿童图书馆	1712861
12	吉林省图书馆	3207780	11	浙江省杭州市图书馆	1679203
13	甘肃省图书馆	3036276	12	山东省青岛市图书馆	1592620
14	陕西省图书馆	3022267	13	江苏省常州市图书馆	1465065
15	重庆市图书馆	2716175	14	山东省济南市图书馆	1456218
16	河南省图书馆	2710000	15	山东省烟台市图书馆	1453200
17	安徽省图书馆	2673579	16	江苏省金陵图书馆(南京市)	1385161
18	黑龙江省图书馆	2617560	17	江苏省无锡市图书馆	1370284
19	山西省图书馆	2525470	18	吉林省吉林市图书馆	1337443
20	云南省图书馆	2505413	19	广东省东莞市图书馆	1255242
21	江西省图书馆	2504365	20	浙江省金华市严济慈图书馆	1248151
22	福建省图书馆	2452865	21	江苏省苏州市图书馆	1228658
23	广西省桂林图书馆	2232208	22	福建省厦门市图书馆	1217776
24	广西壮族自治区图书馆	1882952	23	黑龙江省齐齐哈尔市图书馆	1182704
25	内蒙古自治区图书馆	1674057	24	山东省淄博市图书馆	1131379
26	河北省图书馆	1648898	25	四川省广安市图书馆	1100000
27	青海省图书馆	1564358	26	浙江省宁波市图书馆	1098721
28	宁夏回族自治区图书馆	1494664	27	浙江省温州市图书馆	1024291
29	新疆维吾尔自治区图书馆	1467949	28	江苏省扬州市图书馆	1014335
30	贵州省图书馆	1433506	29	河北省石家庄市图书馆	998072
31	上海市少年儿童图书馆	821050	30	吉林省辽源市图书馆	984368
32	天津市少年儿童图书馆	713007	31	浙江省嘉兴市图书馆	959353
33	湖南省少年儿童图书馆	668008	32	江苏省镇江市图书馆	941788
34	重庆市少年儿童图书馆	439045	33	江西省南昌市图书馆	873000
35	海南省图书馆	412896	34	河南省郑州市图书馆	828045
36	西藏自治区图书馆	358219	35	湖北省黄石市图书馆	810252

全国公共图书馆分级别按总藏量排序

单位:册(件)

名次	单位名称	总藏量	名次	单位名称	总藏量
36	辽宁省沈阳市少年儿童图书馆	805514	73	安徽省合肥市图书馆	500000
37	江苏省徐州市图书馆	804760	74	湖北省十堰市图书馆	496796
38	江苏省南通市图书馆	802646	75	广西省梧州市图书馆	496767
39	辽宁省抚顺市图书馆	791723	76	陕西省咸阳市图书馆	495000
40	河北省唐山市图书馆	788989	77	山东省枣庄市图书馆	475106
41	山西省太原市图书馆	768541	78	湖北省襄樊市图书馆	475000
42	辽宁省丹东市图书馆	759998	79	新疆维吾尔自治区阿克苏地区图书馆	474996
43	河北省保定市图书馆	749376	80	吉林省延边图书馆	470000
44	湖北省武汉市少年儿童图书馆	746142	81	福建省厦门市少年儿童图书馆	469863
45	辽宁省本溪市图书馆	727319	82	江苏省盐城市图书馆	468339
46	贵州省贵阳市图书馆	726236	83	四川省宜宾市图书馆	463172
47	广东省中山市中山图书馆	723774	84	江苏省连云港市图书馆	462184
48	广西省柳州市图书馆	722226	85	浙江省杭州市少年儿童图书馆	458262
49	辽宁省锦州市图书馆	714952	86	内蒙古自治区呼市图书馆	454274
50	浙江省绍兴市图书馆	711564	87	江苏省泰州市图书馆	450000
51	河北省廊坊市图书馆	702160	88	湖南省株洲市图书馆	447848
52	广东省佛山市图书馆	678823	89	江苏省淮安市图书馆	443008
53	河南省南阳市图书馆	666890	90	贵州省遵义市图书馆	442387
54	湖北省恩施州图书馆	652240	91	四川省南充市图书馆	440951
55	河北省张家口市图书馆	648160	92	湖南省湘潭市图书馆	437595
56	河南省新乡市图书馆	638412	93	辽宁省营口市图书馆	436980
57	河南省洛阳市图书馆	627113	94	安徽省马鞍山市图书馆	428400
58	湖北省荆州市图书馆	627056	95	四川省绵阳市图书馆	426194
59	广东省汕头市图书馆	612324	96	辽宁省大连市少年儿童图书馆	425959
60	辽宁省辽阳市图书馆	596639	97	广东省深圳市少年儿童图书馆	420000
61	湖北省宜昌市图书馆	574878	98	广西省玉林市图书馆	416013
62	广东省江门市五邑图书馆	547668	99	江西省萍乡市图书馆	415576
63	广西省南宁市图书馆	544275	100	广东省珠海市图书馆	412195
64	河南省开封市图书馆	541096		**三、县市级公共图书馆**	
65	江西省九江市图书馆	532753	1	山东省东营中心城区图书馆	1630000
66	浙江省湖州市图书馆	525535	2	江苏省常熟市图书馆	1353982
67	陕西省宝鸡市图书馆	522170	3	辽宁省鞍山市图书馆	1226256
68	江西省景德镇市图书馆	521668	4	山东省龙口市图书馆	1197000
69	湖南省衡阳市图书馆	515000	5	重庆市北碚区图书馆	876000
70	云南省昆明市图书馆	511472	6	广东省深圳市福田区图书馆	865000
71	山东省济宁市图书馆	505262	7	上海市黄浦区图书馆	839239
72	河北省秦皇岛市图书馆	503000	8	天津市泰达图书馆	810000

全国公共图书馆分级别按总藏量排序

单位:册(件)

名次	单位名称	总藏量	名次	单位名称	总藏量
9	北京市朝阳区图书馆	784457	55	新疆维吾尔自治区独山子区图书馆	387241
10	广东省顺德市图书馆	700231	56	广东省新会区景堂图书馆	386525
11	广东省深圳市南山区南山图书馆	634180	57	浙江省宁波鄞州区图书馆	385066
12	福建省泉州市图书馆	630167	58	广东省越秀区图书馆	384975
13	福建省福州市图书馆	622252	59	北京市海淀区图书馆	381022
14	北京市大兴区图书馆	605052	60	江西省吉水县图书馆	380000
15	上海市宝山区图书馆	588551	61	北京市石景山区图书馆	373714
16	浙江省杭州市萧山区图书馆	570728	62	浙江省临海市图书馆	373589
17	上海市浦东新区图书馆	569913	63	上海市虹口区图书馆	369607
18	江苏省江阴市图书馆	562585	64	浙江省海宁市图书馆	368600
19	新疆维吾尔自治区沙湾县图书馆	560300	65	浙江省慈溪市图书馆	362348
20	广东省深圳市宝安区图书馆	547000	66	上海市闵行区图书馆	355185
21	江苏省张家港市图书馆	532280	67	上海市南汇区图书馆	354210
22	广东省佛山市南海区图书馆	531221	68	江苏省南京市江宁区图书馆	352899
23	上海市杨浦区图书馆	521076	69	天津市河东区图书馆	348921
24	江苏省昆山市图书馆	520000	70	福建省晋江市图书馆	346019
25	福建省建宁县图书馆	501622	71	北京市房山区图书馆	345938
26	北京市西城区图书馆	500711	72	山东省平度市图书馆	342000
27	上海市长宁区图书馆	491477	73	浙江省杭州市余杭区图书馆	338450
28	上海市嘉定区图书馆	489472	74	山东省青州市图书馆	338391
29	重庆市渝中区图书馆	482997	75	广东省深圳市龙岗区图书馆	338149
30	上海市普陀区图书馆	478278	76	重庆市渝北区图书馆	332703
31	浙江省桐乡市图书馆	477602	77	北京市怀柔区图书馆	328085
32	北京市顺义区图书馆	469853	78	浙江省余姚市图书馆	326739
33	重庆市涪陵区图书馆	469817	79	广东省从化市图书馆	322517
34	天津市塘沽区图书馆	467000	80	安徽省无为县图书馆	322000
35	北京市崇文区图书馆	455440	81	北京市门头沟区图书馆	320215
36	上海市徐汇区图书馆	447749	82	山东省招远市图书馆	320000
37	上海市静安区图书馆	447546	83	上海市浦东新区新川沙图书馆	316436
38	广东省番禺区图书馆	445000	84	山东省文登市图书馆	310496
39	上海市松江区图书馆	440329	85	福建省石狮市图书馆	306632
40	上海市卢湾区图书馆	439567	86	北京市宣武区图书馆	304005
41	上海市崇明县图书馆	437709	87	浙江省平湖市图书馆	302952
42	北京市东城区图书馆	433621	88	广东省深圳市罗湖区图书馆	301300
43	江西省庐山图书馆	430000	89	广东省佛山市三水区图书馆	298369
44	广东省荔湾区图书馆	425721	90	河南省鹤壁市图书馆	295902
45	江苏省海门市图书馆	421000	91	福建省厦门市海沧区文化图书馆	295149
46	北京市昌平区图书馆	415061	92	浙江省长兴县图书馆	291671
47	江苏省吴江市图书馆	410000	93	天津市河西区图书馆	291000
48	北京市平谷区图书馆	408570	94	山东省莒南县图书馆	290549
49	上海市青浦区图书馆	407664	95	四川省达县图书馆	290000
50	上海市奉贤区图书馆	403379	96	北京市密云县图书馆	289992
51	上海市闸北区图书馆	392015	97	天津市南开区图书馆	289081
52	四川省双流县图书馆	392000	98	天津市和平区图书馆	288657
53	北京市石景山区少年儿童图书馆	391816	99	辽宁省甘井子区图书馆	283538
54	广东省天河区图书馆	390000	100	上海市浦东新区陆家嘴图书馆	282640

全国公共图书馆分级别按外借册次排序

单位：册次

名次	单位名称	外借册次	名次	单位名称	外借册次
	一、省级公共图书馆		37	海南省图书馆	25000
1	北京市首都图书馆	2398583		二、地市级公共图书馆	
2	上海市图书馆	1774784	1	广东省深圳市图书馆	2628953
3	天津市图书馆	1373339	2	广东省广州市图书馆	1729051
4	辽宁省图书馆	1340693	3	浙江省杭州市图书馆	1589356
5	湖南省图书馆	1312344	4	浙江省温州市图书馆	1581171
6	山东省图书馆	1283215	5	浙江省宁波市图书馆	1445726
7	重庆市少年儿童图书馆	1202867	6	四川省成都市图书馆	1199444
8	安徽省图书馆	1100000	7	广东省东莞图书馆	1072724
9	浙江省图书馆	930639	8	福建省厦门市少年儿童图书馆	999660
10	广东省立中山图书馆	906193	9	四川省泸州市图书馆	970156
11	福建省图书馆	816868	10	江苏省苏州市图书馆	938376
12	甘肃省图书馆	741659	11	辽宁省大连市图书馆	854114
13	上海市少年儿童图书馆	734895	12	吉林省长春市图书馆	786121
14	湖北省图书馆	729208	13	宁夏回族自治区银川市图书馆	780000
15	天津市少年儿童图书馆	639409	14	福建省厦门市图书馆	779499
16	广西壮族自治区图书馆	630000	15	广东省广州市少年儿童图书馆	773270
17	陕西省图书馆	528505	16	江苏省盐城市图书馆	743825
18	云南省图书馆	460200	17	山东省青岛市图书馆	723607
19	吉林省图书馆	441449	18	辽宁省沈阳市图书馆	686466
20	江苏省南京图书馆	372625	19	浙江省嘉兴市图书馆	662000
21	湖南省少年儿童图书馆	346008	20	广西省柳州市图书馆	652698
22	青海省图书馆	333180	21	辽宁省沈阳市少年儿童图书馆	608880
23	江西省图书馆	306703	22	宁夏回族自治区石嘴山市图书馆	600000
24	黑龙江省图书馆	295444	23	云南省楚雄州图书馆	590920
25	广西省桂林图书馆	288985	24	湖南省常德市图书馆	587532
26	山西省图书馆	288316	25	浙江省金华市严济慈图书馆	587347
27	重庆市图书馆	223700	26	黑龙江省哈尔滨市图书馆	585830
28	河南省图书馆	186030	27	河北省张家口市图书馆	580000
29	内蒙古自治区图书馆	147963	28	江苏省泰州市图书馆	576000
30	新疆维吾尔自治区图书馆	146926	29	江苏省扬州市少年儿童图书馆	573015
31	贵州省图书馆	117178	30	湖北省武汉市图书馆	531769
32	河北省图书馆	86974	31	江苏省镇江市图书馆	519500
33	广西壮族自治区少年儿童图书馆	70000	32	山东省济南市图书馆	510000
34	四川省图书馆	58314	33	黑龙江省大庆市图书馆	503999
35	西藏自治区图书馆	45000	34	辽宁省大连市少年儿童图书馆	500821
36	宁夏回族自治区图书馆	34523	35	江苏省无锡市图书馆	494711

全国公共图书馆分级别按外借册次排序

单位:册次

名次	单位名称	外借册次	名次	单位名称	外借册次
36	浙江省绍兴市图书馆	494054	73	辽宁省抚顺市图书馆	270335
37	浙江省杭州市少年儿童图书馆	491965	74	陕西省咸阳市图书馆	270000
38	广西省玉林市图书馆	462821	75	湖北省武汉市少年儿童图书馆	265909
39	湖北省黄冈市图书馆	461000	76	吉林省长春市少年儿童图书馆	265271
40	浙江省湖州市图书馆	449625	77	江苏省南通市图书馆	264707
41	浙江省温州市少年儿童图书馆	448944	78	山东省淄博市图书馆	260000
42	山东省枣庄市图书馆	428635	79	吉林省四平市图书馆	256894
43	湖北省荆州市图书馆	424000	80	甘肃省白银市图书馆	249000
44	江苏省金陵图书馆(南京市)	414869	81	广东省湛江市少年儿童图书馆	245970
45	河南省新乡市图书馆	411914	82	湖北省黄石市图书馆	244600
46	湖北省宜昌市图书馆	376690	83	河南省洛阳市图书馆	243878
47	湖南省长沙市图书馆	370000	84	河南省郑州市图书馆	240670
48	河南省安阳市图书馆	350000	85	山东省烟台市图书馆	238800
49	湖南省岳阳市图书馆	346000	86	四川省南充市图书馆	231673
50	安徽省合肥市少儿图书馆	343000	87	江苏省徐州市图书馆	230090
51	广西省南宁市少年儿童图书馆	337008	88	陕西省宝鸡市图书馆	230000
52	浙江省衢州市图书馆	329288	89	吉林省白山市图书馆	229446
53	甘肃省兰州市图书馆	326311	90	广西省贺州市图书馆	228621
54	河北省唐山市图书馆	326066	91	新疆维吾尔自治区乌鲁木齐市图书馆	228395
55	广西省北海市少年儿童图书馆	324500	92	辽宁省锦州市图书馆	226400
56	辽宁省本溪市图书馆	323205	93	江西省赣州市图书馆	224099
57	河南省漯河市图书馆	322159	94	河北省沧州市图书馆	220000
58	四川省内江市图书馆	321116	95	河南省南阳市图书馆	220000
59	广东省中山市中山图书馆	318500	96	广东省江门市五邑图书馆	220000
60	湖北省孝感市图书馆	310000	97	辽宁省丹东市少儿图书馆	216102
61	广东省汕头市图书馆	307162	98	新疆维吾尔自治区阿勒泰地区图书馆	215000
62	湖南省湘潭市图书馆	306801	99	广东省剑英图书馆	213139
63	四川省广安市图书馆	300000	100	湖南省衡阳市少儿图书馆	211914
64	广东省佛山市图书馆	297812		三、县市级公共图书馆	
65	青海省西宁市图书馆	290659	1	上海市卢湾区图书馆	1316252
66	广西省南宁市图书馆	285740	2	江苏省昆山市图书馆	1000000
67	江苏省常州市图书馆	283710	3	浙江省杭州市萧山区图书馆	957861
68	河南省濮阳市图书馆	280000	4	新疆维吾尔自治区沙湾县图书馆	934200
69	新疆维吾尔自治区克拉玛依市图书馆	278505	5	江苏省张家港市图书馆	927000
70	云南省曲靖市图书馆	277438	6	上海市长宁区图书馆	800371
71	湖南省株洲市图书馆	275000	7	浙江省长兴县图书馆	800000
72	湖北省鄂州市图书馆	274950	8	上海市浦东新区图书馆	735458

全国公共图书馆分级别按外借册次排序

单位:册次

名次	单位名称	外借册次	名次	单位名称	外借册次
9	北京市石景山区图书馆	648224	55	广东省顺德市图书馆	314279
10	北京市顺义区图书馆	575092	56	重庆市万州区图书馆	312510
11	江苏省常熟市图书馆	555049	57	上海市虹口区图书馆	312292
12	浙江省海宁市图书馆	545791	58	广东省增城市图书馆	310421
13	河南省舞阳县图书馆	520000	59	上海市闵行区图书馆	310335
14	上海市宝山区图书馆	512229	60	北京市崇文区图书馆	310294
15	重庆市北碚区图书馆	477788	61	浙江省宁波鄞州区图书馆	308343
16	北京市朝阳区图书馆	477210	62	江苏省启东市图书馆	305864
17	上海市浦东新区新川沙图书馆	474691	63	辽宁省沙河口区图书馆	300509
18	上海市杨浦区图书馆	473512	64	重庆市长寿区图书馆	300000
19	浙江省桐乡市图书馆	468000	65	江苏省江阴市图书馆	299378
20	北京市平谷区图书馆	461904	66	上海市奉贤区图书馆	296159
21	辽宁省普兰店市图书馆	460000	67	内蒙古自治区青山区图书馆	294517
22	河南省鹤壁市图书馆	460000	68	江苏省通州市图书馆	293960
23	湖南省江永县图书馆	440000	69	北京市房山区图书馆	290828
24	广东省佛山市南海区图书馆	420000	70	天津市泰达图书馆	290000
25	上海市杨浦区延吉图书馆	414473	71	江苏省大丰市图书馆	285000
26	上海市闸北区图书馆	411000	72	江苏省南京市鼓楼区图书馆	283083
27	上海市普陀区图书馆	409351	73	广西省钦州市灵山县图书馆	282697
28	福建省泉州市图书馆	408581	74	辽宁省大连经济技术开发区图书馆	280100
29	上海市南汇区图书馆	405157	75	江苏省太仓市图书馆	275000
30	广东省深圳市南山区南山图书馆	405045	76	浙江省镇海区图书馆	272395
31	上海市黄浦区图书馆	390995	77	山东省文登市图书馆	270120
32	广东省深圳市罗湖区图书馆	388200	78	辽宁省甘井子区图书馆	262091
33	广东省罗定市图书馆	380000	79	江苏省扬中市图书馆	257706
34	浙江省慈溪市图书馆	374263	80	浙江省余姚市图书馆	255671
35	北京市昌平区图书馆	373428	81	上海市崇明县图书馆	250000
36	辽宁省绥中县图书馆	373000	82	湖北省红安县图书馆	250000
37	江苏省吴江市图书馆	370000	83	四川省青白江区图书馆	249979
38	北京市大兴区图书馆	369814	84	江苏省高淳县图书馆	243000
39	上海市徐汇区图书馆	362011	85	北京市宣武区图书馆	240890
40	江苏省仪征市图书馆	355000	86	山东省茌平县图书馆	240000
41	广东省越秀区图书馆	350081	87	广东省花都区图书馆	240000
42	辽宁省沈阳市沈河区图书馆	350000	88	吉林省敦化市图书馆	239000
43	福建省福州市少儿图书馆	350000	89	福建省建瓯市图书馆	239000
44	广东省深圳市福田图书馆	350000	90	浙江省椒江区图书馆	234218
45	上海市嘉定区图书馆	347262	91	吉林省延吉市少儿图书馆	234000
46	上海市松江区图书馆	347251	92	北京市海淀区图书馆	232086
47	北京市西城区图书馆	341788	93	山东省肥城市图书馆	231101
48	广东省番禺区图书馆	340000	94	重庆市涪陵区图书馆	231000
49	重庆市沙坪坝区图书馆	335497	95	河南省信阳市平桥区图书馆	230000
50	广东省荔湾区图书馆	330000	96	上海市静安区图书馆	227428
51	山东省临沭县图书馆	328500	97	浙江省奉化市图书馆	226757
52	浙江省杭州市余杭区图书馆	327000	98	北京市东城区图书馆	226288
53	重庆市渝北区图书馆	321580	99	辽宁省鞍山市图书馆	224769
54	广西省柳城县图书馆	316000	100	安徽省太湖县图书馆	223557

全国公共图书馆分级别按购书费占总支出比重排序

单位:%

名次	单位名称	比重	名次	单位名称	比重
	一、省级公共图书馆			二、地市级公共图书馆	
1	海南省图书馆	68.16	1	湖北省十堰市少儿图书馆	100.00
2	广东省立中山图书馆	55.07	2	黑龙江省七台河市图书馆	49.83
3	天津市图书馆	38.71	3	浙江省杭州市图书馆	43.61
4	天津市少年儿童图书馆	38.69	4	广东省深圳市图书馆	39.38
5	浙江省图书馆	31.71	5	广东省汕尾市图书馆	38.10
6	上海市图书馆	29.57	6	四川省成都市图书馆	33.58
7	重庆市图书馆	27.37	7	辽宁省营口市老边区图书馆	30.96
8	山东省图书馆	25.85	8	江苏省淮安市图书馆	30.89
9	湖南省图书馆	25.59	9	内蒙古自治区鄂尔多斯市图书馆	28.71
10	辽宁省图书馆	24.89	10	河南省济源市图书馆	28.54
11	福建省图书馆	24.52	11	江西省萍乡市图书馆	27.86
12	宁夏回族自治区图书馆	22.91	12	辽宁省铁岭市少年儿童图书馆	27.22
13	湖北省图书馆	21.28	13	湖南省常德市图书馆	26.97
14	北京市首都图书馆	20.09	14	江西省鹰潭市图书馆	26.78
15	甘肃省图书馆	20.01	15	安徽省合肥市图书馆	25.82
16	新疆维吾尔自治区图书馆	19.74	16	广东省清远市图书馆	25.23
17	河南省图书馆	16.68	17	河北省廊坊市图书馆	24.64
18	四川省图书馆	16.12	18	河南省濮阳市图书馆	24.40
19	江苏省南京图书馆	15.77	19	河南省信阳市图书馆	24.19
20	重庆市少年儿童图书馆	15.53	20	广东省广州图书馆	24.08
21	江西省图书馆	15.51	21	辽宁省大连市少年儿童图书馆	23.60
22	陕西省图书馆	13.81	22	浙江省嘉兴市图书馆	22.70
23	吉林省图书馆	13.47	23	湖南省邵阳市少儿图书馆	22.58
24	河北省图书馆	13.40	24	山东省青岛市图书馆	22.54
25	云南省图书馆	13.27	25	湖北省黄冈市图书馆	22.13
26	上海市少年儿童图书馆	12.37	26	河北省邯郸市图书馆	21.39
27	山西省图书馆	12.27	27	湖北省宜昌市图书馆	21.02
28	西藏自治区图书馆	10.57	28	河北省秦皇岛市图书馆	20.80
29	湖南省少年儿童图书馆	10.52	29	广东省深圳市少年儿童图书馆	20.80
30	贵州省图书馆	9.55	30	福建省龙岩市图书馆	20.47
31	黑龙江省图书馆	9.07	31	辽宁省沈阳市少年儿童图书馆	20.45
32	广西壮族自治区图书馆	9.01	32	湖北省孝感市图书馆	20.33
33	安徽省图书馆	7.32	33	浙江省金华市严济慈图书馆	20.31
34	广西省桂林图书馆	6.14	34	辽宁省大连市图书馆	20.29
35	青海省图书馆	5.84	35	山东省东营市图书馆	20.18
36	内蒙古自治区图书馆	2.84	36	新疆维吾尔自治区博州图书馆	20.00

全国公共图书馆分级别按购书费占总支出比重排序

单位:%

名次	单位名称	比重	名次	单位名称	比重
37	海南省三亚市图书馆	19.70	74	浙江省丽水市图书馆	15.79
38	山西省大同市图书馆	19.62	75	河南省焦作市图书馆	15.68
39	江苏省常州市图书馆	19.55	76	湖北省襄樊市少儿图书馆	15.63
40	辽宁省营口市西市区图书馆	19.35	77	四川省绵阳市图书馆	15.62
41	四川省巴中市图书馆	19.16	78	江西省九江市图书馆	15.61
42	浙江省舟山市图书馆	18.94	79	安徽省马鞍山市图书馆	15.58
43	江西省南昌市图书馆	18.94	80	新疆维吾尔自治区吐鲁番地区图书馆	15.50
44	广东省惠州慈云图书馆	18.85	81	湖北省鄂州市图书馆	15.35
45	江苏省无锡市图书馆	18.82	82	内蒙古自治区通辽市图书馆	15.27
46	广西省南宁市图书馆	18.55	83	广东省湛江市图书馆	15.26
47	江苏省扬州市少年儿童图书馆	18.40	84	云南省玉溪市图书馆	14.97
48	山东省济宁市图书馆	18.35	85	甘肃省嘉峪关市图书馆	14.97
49	广西省钦州市图书馆	18.09	86	辽宁省营口市少年儿童图书馆	14.88
50	河北省邢台市图书馆	18.08	87	河北省沧州市图书馆	14.88
51	湖南省岳阳市图书馆	18.08	88	福建省漳州市图书馆	14.88
52	吉林省长春市少年儿童图书馆	17.83	89	广西省贵港市图书馆	14.79
53	陕西省西安市图书馆	17.83	90	广东省珠海市图书馆	14.72
54	江西省抚州市图书馆	17.76	91	浙江省衢州市图书馆	14.65
55	河北省石家庄市图书馆	17.73	92	湖北省武汉市图书馆	14.62
56	河南省郑州市图书馆	17.72	93	湖南省益阳市图书馆	14.62
57	湖北省荆州市图书馆	17.60	94	黑龙江省伊春市图书馆	14.58
58	浙江省湖州市图书馆	17.56	95	陕西省铜川市图书馆	14.43
59	江西省新余市图书馆	17.51	96	辽宁省沈阳市图书馆	14.38
60	广西省南宁市少年儿童图书馆	17.44	97	江苏省徐州市图书馆	14.37
61	广西省崇左市图书馆	17.01	98	福建省三明市少儿图书馆	14.35
62	江苏省苏州图书馆	16.92	99	甘肃省天水市图书馆	14.29
63	江苏省镇江市图书馆	16.88	100	江苏省金陵图书馆(南京市)	14.20
64	四川省德阳市图书馆	16.83		**三、县市级公共图书馆**	
65	江苏省泰州市图书馆	16.76	1	上海市闸北区少儿图书馆	100.00
66	山东省济南市图书馆	16.68	2	江西省湘东区图书馆	100.00
67	福建省厦门市图书馆	16.34	3	江西省芦溪县图书馆	100.00
68	广东省中山市中山图书馆	16.32	4	重庆市双桥区图书馆	100.00
69	安徽省合肥市少儿图书馆	16.29	5	青海省共和县图书馆	100.00
70	黑龙江省哈尔滨市图书馆	16.24	6	宁夏回族自治区惠农区图书馆	100.00
71	云南省普洱市图书馆	16.08	7	黑龙江省桦南县图书馆	90.91
72	浙江省宁波市图书馆	15.89	8	河北省石家庄市桥东区图书馆	81.93
73	浙江省温州市图书馆	15.80	9	河北省石家庄市长安区图书馆	80.97

全国公共图书馆分级别按购书费占总支出比重排序

单位:%

名次	单位名称	比重	名次	单位名称	比重
10	江西省上栗县文化馆图书馆	80.00	56	福建省罗源县图书馆	33.78
11	四川省盐边县图书馆	80.00	57	福建省晋安区图书馆	33.75
12	广东省源城区图书馆	77.31	58	安徽省明光市图书馆	33.67
13	广东省深圳市宝安区图书馆	68.96	59	福建省晋江市图书馆	33.40
14	陕西省志丹县图书馆	68.25	60	安徽省宁国市图书馆	33.25
15	四川省蓬安县图书馆	67.80	61	浙江省杭州市萧山区图书馆	32.49
16	河北省石家庄市桥西区图书馆	63.33	62	江西省南昌县图书馆	31.79
17	北京市密云县图书馆	59.52	63	北京市顺义区图书馆	31.32
18	河北省霸州市图书馆	59.38	64	江西省定南县文化局	31.25
19	浙江省宁波江东区图书馆	54.02	65	北京市通州区图书馆	31.09
20	黑龙江省伊春市友好区图书馆	53.57	66	上海市金山区图书馆	30.95
21	江西省吉水县图书馆	53.13	67	江苏省丹阳市少儿图书馆	30.77
22	四川省武侯区图书馆	52.94	68	北京市昌平区图书馆	30.39
23	四川省大英县图书馆	52.58	69	辽宁省沙河口区图书馆	30.26
24	湖南省长沙市开福区图书馆	52.54	70	浙江省义乌市图书馆	30.24
25	山东省崂山区图书馆	51.92	71	河北省辛集市图书馆	30.21
26	北京市大兴区图书馆	51.16	72	辽宁省大连经济技术开发区图书馆	30.15
27	江苏省海门市图书馆	50.23	73	福建省南靖县图书馆	30.15
28	陕西省延川县图书馆	46.81	74	新疆维吾尔自治区独山子区图书馆	30.06
29	山西省长治县图书馆	45.90	75	河南省获嘉县图书馆	30.00
30	山西省大同市城区图书馆	45.65	76	新疆维吾尔自治区拜城县文化馆	29.93
31	贵州省册亨县图书馆	44.25	77	北京市房山区图书馆	29.80
32	新疆维吾尔自治区泽普县图书馆	43.37	78	福建省石狮市图书馆	29.20
33	新疆维吾尔自治区富蕴县图书馆	43.01	79	广东省黄埔区图书馆	29.13
34	四川省威远县图书馆	42.94	80	安徽省霍邱县图书馆	29.07
35	贵州省织金县图书馆	42.86	81	重庆市奉节县图书馆	29.05
36	陕西省户县图书馆	42.31	82	辽宁省灯塔市图书馆	28.94
37	重庆市大渡口区图书馆	41.86	83	四川省蒲江县图书馆	28.57
38	江西省余江县图书馆	41.67	84	上海市奉贤区图书馆	28.19
39	上海市普陀区图书馆	41.38	85	江西省新余市渝水区图书馆	28.00
40	四川省双流县图书馆	40.33	86	山西省太原市尖草坪区图书馆	27.78
41	浙江省柯城区图书馆	40.00	87	广东省深圳市福田图书馆	27.24
42	湖南省长沙市雨花区公共图书馆	40.00	88	辽宁省沈阳市铁西区少儿图书馆	27.22
43	浙江省金华市婺城区文化图书馆	39.68	89	广东省揭东县图书馆	26.92
44	湖南省茶陵县图书馆	39.53	90	辽宁省辽阳市宏伟区图书馆	26.91
45	四川省西充县图书馆	38.71	91	北京市朝阳区图书馆	26.86
46	江苏省苏州市金阊区图书馆	37.98	92	山西省襄汾县图书馆	26.73
47	陕西省凤翔图书馆	37.27	93	四川省金堂县图书馆	26.67
48	湖北省云梦县图书馆	37.04	94	广西省上林县图书馆	26.55
49	陕西省图书馆	35.71	95	上海市青浦区图书馆	26.50
50	浙江省宁波江北区图书馆	35.63	96	河北省栾城县图书馆	26.42
51	安徽省黄山市徽州区图书馆	35.42	97	广西省南宁市西乡塘区图书馆	26.42
52	北京市怀柔区图书馆	35.41	98	浙江省文成县图书馆	26.39
53	浙江省绍兴县图书馆	35.22	99	重庆市九龙坡区图书馆	26.39
54	四川省平武县图书馆	34.88	100	河南省新密市图书馆	26.25
55	湖北省黄梅县图书馆	34.29			

全国群艺馆、文化馆按举办展览个数排序

单位:个数

名次	单位名称	展览个数	名次	单位名称	展览个数
1	广东省佛山市顺德区文化馆	115	51	福建省南平市群众艺术馆	30
2	福建省厦门市群众艺术馆	63	52	山东省临朐县文化馆	30
3	北京市朝阳区文化馆	60	53	湖南省衡山县文化馆	30
4	福建省艺术馆	54	54	湖南省隆回县文化馆	30
5	河北省井陉县文化馆	50	55	广东省江门市群众艺术馆	30
6	山西省高平市文化馆	50	56	广东省深圳市群众艺术馆	30
7	辽宁省本溪市溪湖区文化馆	50	57	陕西省岐山县文化馆	30
8	山东省槐荫区文化馆	50	58	青海省城中区文化馆	30
9	山东省诸城市文化馆	50	59	新疆维吾尔自治区和田地区群艺馆	30
10	四川省宣汉县文化馆	50	60	新疆维吾尔自治区叶城县文化中心	30
11	新疆维吾尔自治区乌鲁木齐市水磨沟区文化馆	50	61	山西省曲沃县人民文化馆	29
12	河北省阜平县文化馆	48	62	陕西省延安群众艺术馆	29
13	上海市徐汇区西南文化艺术中心	48	63	山西省和顺县文化馆	28
14	福建省福州市群众艺术馆	48	64	江苏省海安县文化馆	28
15	吉林省长白县文化馆	46	65	福建省厦门市思明区文化馆	28
16	河北省滦县文化馆	45	66	广东省东莞市群众艺术馆	27
17	内蒙古自治区集宁区文化馆	45	67	浙江省舟山市嵊泗县文化馆	26
18	江苏省南京市玄武区文化馆	45	68	山东省曹县文化馆	26
19	山东省招远市文化馆	45	69	河南省宁陵县人民文化馆	26
20	江西省赣县文化馆	42	70	广东省深圳市宝安区文化馆	26
21	广西省武鸣县文化馆	40	71	甘肃省甘谷县文化馆	26
22	四川省木里县文化馆	40	72	河北省无极县文化馆	25
23	黑龙江省哈尔滨市南岗区文化馆	38	73	河北省乐亭县文化馆	25
24	上海市宝山区文化馆	38	74	内蒙古自治区昆区文化馆	25
25	广西省那坡县文化馆	38	75	上海市静安区文化馆	25
26	四川省遂宁市文化馆	38	76	浙江省舟山市普陀区文化馆	25
27	云南省临翔区文化馆	38	77	安徽省蒙城县文化馆	25
28	甘肃省庄浪县文化馆	38	78	福建省上杭县文化馆	25
29	山东省蒙阴县文化馆	37	79	山东省烟台市群众艺术馆	25
30	河北省石家庄市井陉矿区文化馆	36	80	山东省曲阜市文化馆	25
31	四川省会东县文化馆	36	81	山东省任城区文化馆	25
32	甘肃省肃南县文化馆	36	82	河南省安阳市殷都区文化馆	25
33	河北省复兴区文化馆	35	83	湖北省伍家岗区文化馆	25
34	广东省深圳市罗湖区文化馆	35	84	湖南省新宁县文化馆	25
35	新疆维吾尔自治区和田市文化馆	35	85	新疆维吾尔自治区叶城县文化馆	25
36	浙江省群艺馆	34	86	河北省平山县文化馆	24
37	山东省滨州市艺术馆	34	87	内蒙古自治区科左后旗文化馆	24
38	四川省成都市群众艺术馆	34	88	江苏省泗阳县文化馆	24
39	浙江省温州市群众艺术馆	32	89	山东省黄岛区文化馆	24
40	江西省婺源县文化馆	32	90	广西省桂林市雁山区文化馆	24
41	湖北省宜昌市群艺馆	32	91	陕西省西安市群众艺术馆	24
42	四川省温江区文化馆	32	92	浙江省武义县文化馆	23
43	湖北省建始县文化馆	31	93	安徽省蜀山区文化馆	23
44	河北省遵化市文化馆	30	94	河南省镇平县文化馆	23
45	黑龙江省兰西县文化馆	30	95	湖北省郧西县艺术中心	23
46	上海市松江区文化馆	30	96	江西省南昌市青云谱区文化馆	22
47	江苏省泗洪县文化馆	30	97	江西省瑞昌市文化馆	22
48	浙江省建德市文化馆	30	98	广东省汕头市龙湖区文化馆	22
49	浙江省桐乡市文化馆	30	99	安徽省包河区文化馆	21
50	浙江省宁波市群艺馆	30	100	广东省中山市群众艺术馆	21

全国群艺馆、文化馆按组织文艺活动次数排序

单位:次数

名次	单位名称	活动次数	名次	单位名称	活动次数
1	上海市静安区文化馆	1715	51	甘肃省兰州市群众艺术馆	195
2	上海市长宁文化艺术中心	1113	52	北京市延庆县文化馆	192
3	北京市东城区文化馆	1038	53	湖北省武汉市群众艺术馆	187
4	北京市宣武区文化馆	1025	54	上海市奉贤区文化馆	184
5	山东省市北区文化馆	850	55	北京市房山文化馆	180
6	上海市黄浦区文化馆	846	56	江苏省建湖县文化馆	180
7	上海市徐汇区宛南文化馆	639	57	湖南省宁乡县文化馆	180
8	上海市徐汇区西南文化艺术中心	621	58	贵州省黄平县文化馆	180
9	青海省共和县文化馆	600	59	青海省称多县文化馆	180
10	广东省增城市文化馆	550	60	江苏省海安县文化馆	170
11	江苏省苏州市金阊区文化馆	532	61	江苏省常州市武进区文化馆	170
12	北京市门头沟区文化馆	516	62	浙江省长兴县文化馆	170
13	广东省德庆县文化馆	515	63	广东省湘桥区文化馆	170
14	广东省东莞市群众艺术馆	486	64	河北省滦县文化馆	166
15	浙江省宁波海曙区文化馆	459	65	四川省内江市市中区文化馆	166
16	上海市浦东新区文化艺术指导中心	423	66	广东省清远市群众艺术馆	165
17	湖北省襄阳区文化馆	422	67	河北省衡水市群众艺术馆	162
18	浙江省宁波江东区文化馆	420	68	浙江省松阳县文化馆	160
19	北京市丰台区文化馆	380	69	山东省禹城市文化馆	160
20	广西省百色市文化馆	361	70	青海省黄南州群艺馆	160
21	四川省成都市群众艺术馆	352	71	甘肃省瓜州县文化馆	159
22	山东省日照市群众艺术馆	350	72	山东省台儿庄区文化馆	156
23	山东省蒙阴县文化馆	340	73	浙江省杭州市西湖区文化馆	155
24	陕西省高陵县文化馆	310	74	河北省曲阳县文化馆	152
25	浙江省江北区文化馆	300	75	广东省肇庆市群众艺术馆	151
26	四川省西区文化馆	300	76	北京市崇文区文化馆	150
27	陕西省新城区文化馆	300	77	河北省邱县文化馆	150
28	上海市浦东新区浦东文化馆	286	78	黑龙江省哈尔滨市道外区文化馆	150
29	黑龙江省哈尔滨市南岗区文化馆	281	79	江苏省南京市建邺区文化馆	150
30	上海市金山区文化馆	271	80	浙江省嘉兴市群众艺术馆	150
31	浙江省德清县文化馆	270	81	浙江省安吉县文化馆	150
32	广东省潮州市群众艺术馆	265	82	福建省厦门市群众艺术馆	150
33	上海市长宁区新泾文化馆	241	83	山东省岱岳区文化馆	150
34	河北省乐亭县文化馆	231	84	山东省胶南市文化馆	150
35	北京市平谷区文化馆	227	85	广东省荔湾区文化馆	150
36	北京市朝阳区文化馆	220	86	广东省佛冈县文化馆	150
37	浙江省衢州市柯城区文化馆	220	87	四川省泸县文化馆	150
38	山东省奎文区文化馆	220	88	西藏自治区加查县文化活动中心	150
39	吉林省长春市南关区文化馆	216	89	陕西省礼泉县文化馆	150
40	广东省云浮市群众艺术馆	216	90	江苏省张家港市文化馆	148
41	宁夏回族自治区银川市文化艺术馆	215	91	四川省成都市青羊区文化馆	147
42	广东省阳江市群众艺术馆	213	92	广东省郁南县文化馆	146
43	山东省招远市文化馆	212	93	北京市石景山区文化馆	145
44	河北省盐山县文化馆	207	94	河北省涞水县文化馆	140
45	湖南省长沙市岳麓区文化馆	205	95	湖南省长沙市雨花区文化馆	140
46	吉林省吉林市群众艺术馆	200	96	广东省广州市群众艺术馆	137
47	黑龙江省抚远县文化馆	200	97	天津市宁河县文化馆	136
48	上海市宝山区文化馆	200	98	山东省广饶县文化馆	136
49	浙江省义乌市文化馆	200	99	广西省西乡塘区文化馆	136
50	山东省诸城市文化馆	200	100	青海省同仁县文化馆	131

全国其他文化产业(企业)按利润排序

单位:千元

名次	单位名称	利润	名次	单位名称	利润
1	北京图书馆出版社	33330	51	湖南省衡阳市影业公司	1744
2	上海市上海时空之旅文化发展有限公司	32224	52	上海市上海新世纪演艺公司	1731
3	北京中演环球艺术制作有限公司	30959	53	天津市天津杨柳青画社	1660
4	浙江省杭州红星文化大厦有限公司	25414	54	浙江省电影有限公司	1652
5	广东省广州美术公司	16267	55	广东省恩平市新华书店	1640
6	浙江省浙江庆春电影大世界	10007	56	浙江省浙江群星文化艺术培训中心	1597
7	北京中演四海文化传播有限责任公司	9300	57	北京国图书店有限责任公司	1591
8	北京中展丹青展览有限公司	8682	58	湖北省武汉市电影发行放映公司	1583
9	山东省青岛双百数字科技公司	8426	59	云南省楚雄州电影公司	1562
10	文化艺术出版社	8295	60	天津市滨江乐园	1560
11	广东省友谊文化合作公司	8065	61	湖南省长沙市银宫影剧院	1527
12	天津市电影公司	7492	62	山东省青岛永乐电影城	1518
13	山东省临沂市电影公司	7395	63	北京中演文化娱乐公司	1467
14	北京故宫文化服务中心	6590	64	天津市天津凝翠轩艺术有限公司	1375
15	浙江省浙江时代电影大世界有限公司	6566	65	天津市天津杨柳青文化发展公司乐文书画坊	1321
16	湖北省电影发行放映总公司	6455	66	上海市上海星际企业管理有限公司	1320
17	浙江省浙江翠苑电影大世界有限公司	6347	67	山东省青岛汇泉电影公司	1318
18	陕西省陕西文苑酒店	6036	68	天津市杨柳青年画艺术公司	1297
19	上海市上海舞美艺术中心有限公司	5883	69	上海市上海仙乐斯文化实业公司	1288
20	北京中演东方营销策划有限责任公司	5539	70	天津市天津金禧园宾馆	1261
21	北京北图文化发展中心	5098	71	浙江省浙江文化大厦有限公司	1212
22	山东省山东新世纪电影城管理有限公司	5000	72	山东省青岛广告公司	1195
23	北京端门服务部	4998	73	中国文化国际旅行社	1079
24	江苏省演艺集团有限公司	4914	74	河南省文物考古勘探中心	1064
25	浙江省浙江极光舞台工程有限公司	4859	75	山东省寿光市电影公司	1059
26	北京市电影公司	4628	76	山东省青岛银星电影院线公司	1047
27	浙江省浙江天创光电有限公司	4593	77	辽宁省辽宁文化艺术音像出版社	1037
28	云南省云南电影发行放映有限公司	4137	78	江苏省社会艺术教育培训中心	1021
29	山东省淄博市电影发行放映公司	4109	79	北京中展天下展览有限公司	1016
30	北京国图酒店管理有限公司	4101	80	江苏省扬州广陵古籍刻印社(集体)	962
31	江苏省苏州市演出管理处	4098	81	黑龙江省文化印刷厂	939
32	湖南省湖南大剧院影业有限公司	3967	82	北京市北京文化艺术音像出版社	932
33	上海市上海青浦广播电视发展有限公司	3805	83	上海市上海美术馆艺术品有限公司	932
34	重庆市美术公司	3768	84	山东省肥城市电影公司	930
35	湖南省长沙市电影发行放映中心	3718	85	浙江省浙江大唐文化艺术公司	928
36	河北省电影公司	3265	86	湖北省文化艺术器材公司	926
37	重庆市重庆文华房地产综合开发公司	3168	87	上海市青浦区文化发展中心	915
38	广东省佛山市民间艺术研究社	3135	88	浙江省东阳市电影总公司	913
39	重庆市建龙影业有限责任公司	2939	89	湖南省湖南楚湘影业有限公司	901
40	江苏省扬州广陵书社	2477	90	浙江省杭州电影拍摄基地	887
41	北京恭王府书画社	2433	91	山东省青岛市大光明电影院	849
42	山东省济宁影城有限责任公司	2376	92	上海市中国画院经营部	843
43	山东省新世纪电影院线有限公司	2352	93	天津市天津银光电影院线经营管理中心	839
44	湖北省宜昌市解放电影院	2296	94	北京中演文化服务公司	830
45	北京中演客货运输代理公司	2254	95	湖南省鹤城区电影公司	807
46	重庆市沙坪坝区银河影业公司	2230	96	上海市上海存天阁艺术品经营部	803
47	紫禁城出版社	2119	97	山东省济南市和平影剧院	791
48	山东省电影发行放映公司	2039	98	浙江省海宁市文化影剧有限责任公司	783
49	山东省昌邑市华艺电影传媒有限公司	1980	99	山东省济宁电影有限公司	744
50	江苏省南京市电影机械设备厂	1948	100	吉林省电影发行放映公司	743

全国文化市场网吧按房屋经营面积排序

单位:平方米

名次	单位名称	房屋经营面积	名次	单位名称	房屋经营面积
1	四川省四川公用信息产业有限公司	13000	42	湖南省39度网吧	200
2	福建省福建网龙计算机网络信息技术有限公司	8000	43	湖北省武汉华工天信科技有限公司	160
3	福建省厦门三五互联科技股份有限公司	6476	44	湖南省连邦网吧	160
4	上海市上海巨人网络科技有限公司	4414	45	湖南省红太阳网吧	160
5	湖北省江通动画股份有限公司	3282	46	山东省青岛因特天盟动漫科技有限公司	150
6	上海市上海冰动信息技术有限公司	2000	47	河北省石家庄完美攻略网络服务中心	150
7	湖北省武汉长江互动传媒有限责任公司	2000	48	湖南省梦巴黎网吧	150
8	江西省赣州市金泰网络连锁有限公司	1700	49	湖南省怡心苑网吧	150
9	福建省福建东南广播电视网络有限公司	1500	50	湖南省新英雄网吧	150
10	上海市上海邮通科技有限公司	1273	51	湖南省百度网吧	150
11	上海市上海新华电信网络电视有限公司	1179	52	上海市上海唐舜电信科技有限公司	120
12	四川省成都金山数字娱乐科技有限公司	1134	53	湖南省天天网吧	120
13	上海市上海哈金通信科技有限公司	1091	54	湖南省神雕网吧	120
14	上海市上海优度宽带科技有限公司	1078	55	湖南省宇彬网吧	120
15	上海市上海聚友宽频网络投资有限公司	1000	56	湖北省武汉华通数码有限公司	110
16	上海市上海润星网络科技有限公司	1000	57	湖南省联想会所	110
17	上海市上海朵云轩电子商务有限公司	1000	58	湖北省武汉商易都科技有限公司	100
18	上海市上海第九城市信息技术有限公司	1000	59	湖南省大世界网络会所	100
19	上海市上海盛大网络发展有限公司	1000	60	湖南省腾飞网吧	100
20	上海市上海信息产业公司	1000	61	湖南省七彩雨网吧	100
21	上海市上海麦格特尔网络科技有限公司	1000	62	湖南省笑傲江湖网吧	100
22	福建省厦门奇域科技有限公司	1000	63	湖南省流星花园网吧	100
23	四川省成都梦工厂网络信息有限公司	1000	64	湖南省新浪网吧	100
24	四川省成都锦天科技发展有限公司	992	65	湖南省心怡网吧	100
25	上海市上海鸿利数码科技有限公司	700	66	湖南省靓靓网吧	100
26	湖北省武汉拇指通科技有限公司	620	67	湖南省网游俱乐部	100
27	湖北省武汉盛科网络有限公司	616	68	广西省广西哈虎网络科技有限公司	92
28	福建省厦门新热力科技有限公司	611	69	湖南省联想网吧	90
29	上海市上海聚力传媒技术有限公司	574	70	湖南省阳光网吧	90
30	上海市上海灵慧软件销售有限公司	488	71	湖南省飞速网吧	90
31	上海市上海摩士客网络科技有限公司	456	72	上海市上海森蓝互联网科技有限公司	80
32	上海市上海悠游网软件科技有限公司	441	73	江苏省苏州市至正商务有限公司	80
33	上海市上海涵视数字媒体技术有限公司	400	74	湖南省千年网吧	80
34	四川省四川采浪文化传播有限公司	400	75	湖南省兴隆网吧	80
35	四川省四川八七六零网络科技有限责任公司	300	76	湖南省开心网吧	80
36	上海市上海天涛信息科技发展有限公司	300	77	湖南省叮当网吧	80
37	上海市上海势必游信息技术有限公司	289	78	湖南省奇迹网吧	80
38	福建省福建亿华网络科技有限公司	256	79	湖南省新人类网吧	80
39	重庆市重庆祥瑞投资咨询有限公司	237	80	湖南省无双网吧	80
40	海南省海南丽声影视文化传播有限公司	210	81	湖南省诚义网吧	70
41	福建省厦门前网科技有限公司	200			

全国文物保护管理机构按藏品排序

单位:件

名次	单位名称	藏品数	名次	单位名称	藏品数
	一、省级文物保护管理机构		21	安徽省合肥市文物管理处	2884
1	陕西省西岳庙文物管理处	1503	22	河南省洛阳市白马寺汉魏故程文物保管所	2783
2	甘肃省甘肃炳灵寺文物保护研究所	354	23	宁夏回族自治区银川西夏陵区管理处	2747
3	北京市白塔寺管理处	160	24	河南省平顶山市文物管理局	2739
4	天津市文物管理中心	98	25	河北省邯郸市文物保护研究所	2695
5	北京市团城演武厅管理处	44	26	河南省信阳市文物管理局	2635
	二、地市级文物保护管理机构		27	安徽省宿州市文物管理所	2585
1	河南省洛阳市文物工作队	252794	28	黑龙江省鹤岗市文物管理站	2574
2	河南省龙门石窟文物保护区风景名胜区管理局	100000	29	黑龙江省绥化市文物管理站	2569
3	西藏自治区布达拉宫管理处	64980	30	陕西省蓝田县文物管理所	2415
4	河南省洛阳市第二文物工作队	41280	31	云南省州文物管理所	2293
5	西藏自治区扎什伦布寺管理委员会	18383	32	安徽省铜陵市文物管理局(市博物馆)	2200
6	四川省阿坝州文物管理所	16430	33	河南省濮阳市文物保护管理所	2175
7	西藏自治区西藏罗布林卡管理处	14318	34	云南省楚雄州文物管理所	2153
8	湖南省长沙市文物考古研究所	10763	35	安徽省萧县博物馆	2011
9	西藏自治区拉萨市色拉寺管理委员会	8960	36	青海省西宁市文物管理所	1944
10	西藏自治区哲蚌寺管理委员会	8266	37	安徽省马鞍山市文物管理所	1844
11	河北省承德市外八庙管理处	7250	38	山西省太原市双塔寺文物保管所	1827
12	西藏自治区拉萨市大昭寺管理委员会	6306	39	湖北省林区文物管理所	1826
13	江西省萍乡市博物馆	6226	40	内蒙古自治区包头市文物管理处	1800
14	山东省莱芜市文物管理委员会办公室	4973	41	吉林省辽源市文物管理所	1757
15	内蒙古自治区巴彦淖尔市文物站	4457	42	山东省滨州市文物管理处	1756
16	安徽省淮北市文物管理所	4107	43	河南省驻马店市文物考古管理所	1640
17	安徽省灵璧县文物管理所	3875	44	辽宁省盖州市文物管理所	1599
18	云南省昭通市文物管理所	3488	45	湖南省张家界市文物管理处	1436
19	贵州省六盘水市文物管理所	3344	46	内蒙古自治区锡盟文物站	1434
20	河南省鹤壁市文物工作队	3231	47	四川省达州市文物管理所	1381

全国文物保护管理机构按藏品排序

单位:件

名次	单位名称	藏品数	名次	单位名称	藏品数
48	安徽省巢湖是文物管理所	1342	24	江苏省宜兴市文物管理委员会办公室	9449
49	河北省衡水市文物管理处	1184	25	重庆市巫山县文物管理所	9372
50	湖南省邵阳市文物管理局	1133	26	浙江省宁海县文管会	8462
	三、县级文物保护管理机构		27	云南省会泽县文物管理所	8291
1	山东省曲阜市文物管理委员会	63886	28	云南省威信县文管所	7900
2	山西省天镇县文物保管所	44420	29	安徽省怀远县文物管理所	7738
3	四川省南江县文物管理所	34383	30	湖北省利川文物管理所	7640
4	山东省蓬莱阁文物管理处	32588	31	四川省通江县文物管理所	7476
5	山西省吉县文物管理所	30411	32	山西省朔城区崇福寺文物保管所	7378
6	四川省巴中市巴州区文物管理所	29089	33	河南省灵宝市文物保护管理所	7356
7	重庆市长寿区文管所	27188	34	陕西省子长县钟山石窟文物管理所	7200
8	四川省都江堰市文物局	26219	35	山东省东阿县文物管理所	7170
9	山西省寿阳县文物管理所	23889	36	四川省绵竹市文物保护管理所	7052
10	湖南省邵东县文物管理所	22723	37	河南省宜阳县文物保护管理所	6808
11	河北省涿州市文物保管所	17593	38	湖南省慈利县文物保护管理所	6727
12	山东省昌乐县文物管理所	17495	39	浙江省瑞安市文物馆	6712
13	山东省章丘市文管所	14827	40	湖南省靖州县文物管理所	6627
14	四川省三台县文物管理所	14718	41	湖北省武当山旅游经济特区文管所	6599
15	河北省磁县文物保管所	14176	42	四川省渠县文物管理所	6565
16	内蒙古自治区准格尔旗文物馆	13800	43	河南省开封县文物管理所	6544
17	重庆市丰都县文物管理所	13551	44	浙江省绍兴县文物保护管理所	5885
18	河南省鹤壁市淇县文物管理所	13296	45	浙江省东阳市文物管理办公室	5880
19	四川省汶川县文物管理所	12292	46	四川省邛崃市文物管理局	5706
20	安徽省黄山市祁门县文物管理所	11664	47	河南省信阳市光山县文物旅游局	5684
21	河南省长葛市文物管理所	11567	48	重庆市开县文物管理所	5661
22	重庆市铜梁县文管所	10846	49	安徽省东至县文物管理所	5608
23	山西省临县文物管理所	10000	50	山西省榆次区文物管理所	5500

全国文物保护管理机构按参观人次排序

单位:千人次

名次	单位名称	参观人次	名次	单位名称	参观人次
	一、省级文物保护管理机构		21	甘肃省嘉峪关关城文物管理所	302
1	北京市白塔寺管理处	97	22	陕西省岐山县周公庙管理处	300
2	甘肃省甘肃炳灵寺文物保护研究所	61	23	河南省濮阳市戚城文物景区管理处	280
3	北京市团城演武厅管理处	37	24	山西省山西解州关帝庙文物保管所	270
4	陕西省西岳庙文物管理处	36	25	浙江省衢州市文物保护管理所	250
5	甘肃省甘肃北石窟文物保护研究所	6	26	辽宁省锦州经济技术开发区笔架山文物管理处	240
6	甘肃省甘肃大地湾文物保护研究所	3	27	江苏省无锡市名人故居文物管理处	236
	二、地市级文物保护管理机构		28	山西省大同市古建筑文物保管所	215
1	四川省达州市文物管理所	5000	29	河南省安阳市殷墟宫殿宗庙遗址管理处	195
2	浙江省杭州市园文局灵隐管理处	3867	30	内蒙古自治区包头市文物管理处	180
3	黑龙江省双鸭山市文物管理站	3000	31	江苏省苏州市市区文物保护管理所	174
4	四川省乐山大佛乌尤文物保护管理局	2210	32	湖北省襄樊市隆中管理委员会	170
5	吉林省东辽县文物管理所	2000	33	浙江省绍兴市名人故居管理处	152
6	河南省龙门石窟文物保护区风景名胜区管理局	1656	34	内蒙古自治区兴安盟文物站	150
7	浙江省杭州市园文局钱江管理处	1583	35	陕西省西安市小雁塔保管所	149
8	浙江省杭州市园文局岳庙管理处	1248	36	河南省许昌市灞陵桥文物管理处	132
9	浙江省杭州市园文局凤凰山管理处	1115	37	辽宁省营口市西炮台	120
10	浙江省绍兴市大禹陵景区管理处	1100	38	江苏省无锡市薛福成故居文物管理处	117
11	云南省昭通市文物管理所	800	39	河南省郑州市商城遗址保护管理处	110
12	新疆维吾尔自治区吐鲁番地区文物管理局	706	40	湖北省宜昌市三游洞文物管理处	104
13	河北省承德市避暑山庄管理处	580	41	辽宁省中共满洲省委旧址纪念馆	100
14	河北省承德市外八庙管理处	535	42	云南省云南陆军讲武堂文物管理所	100
15	吉林省通化市文物管理委员会办公室	530	43	湖北省武汉市晴川阁管理处	100
16	浙江省绍兴市兰亭景区管理处	510	44	陕西省宝鸡市陈仓区钓鱼台文物管理所	92
17	陕西省西安市钟鼓楼保管所	447	45	海南省海口市五公祠管理处	90
18	浙江省宁波市保国寺古建筑保护管理所	405	46	山西省太原市天龙山文物保管所	80
19	陕西省药王山管理局	380	47	山西省太原市关帝庙文物管理所	80
20	浙江省绍兴市沈园景区管理处	368			

全国文物保护管理机构按参观人次排序

单位:人次

名次	单位名称	参观人次	名次	单位名称	参观人次
48	福建省漳州文庙暨石牌坊文物保管所	80	24	山东省东阿县文物管理所	2000
49	山东省烟台山文物管理处	80	25	四川省仁寿县文物管理所	2000
50	陕西省西安市青龙寺遗址保管所	80	26	贵州省贞丰县文物管理所	2000
	二、县级文物保护管理机构		27	广东省深圳市龙岗区文物管理办公室	1800
1	四川省龙马潭区文管所	10000	28	吉林省长岭县文物管理所	1390
2	四川省合江县文管所	10000	29	内蒙古自治区林西县文管所	1300
3	云南省罗平县文物管理所	9630	30	浙江省镇海文管会	1300
4	四川省威远县文管所	8000	31	山东省蓬莱阁文物管理处	1104
5	天津市河北区文物管理所	6239	32	陕西省佳县白云山道教管理委员会	1000
6	北京市延庆县八达岭特区办事处	6235	33	山西省平遥县古城墙管理处	978
7	安徽省青阳县文物管理所	6000	34	广东省黄埔区南海神庙文物管理所	856
8	吉林省镇赉县文物保护管理所	5680	35	四川省岳池县文物管理所	800
9	北京市昌平区十三陵特区办事处	5200	36	河南省息县文物管理委员会办公室	770
10	宁夏回族自治区固原市原州区文物管理所	5100	37	河北省山海关区第一关景区	715
11	吉林省洮南市文物保护管理所	5000	38	河北省山海关老龙头景区管理处	703
12	浙江省松阳县文管会	5000	39	云南省崇圣寺三塔文物保护管理所	700
13	四川省南江县文物管理所	5000	40	河北省赵县文物保护管理所	690
14	四川省若尔盖县文物管理所	5000	41	安徽省凤台县文物管理所	600
15	贵州省册亨县文物管理所	3400	42	贵州省榕江县文物管理所	600
16	山东省曲阜市文物管理委员会	3048	43	四川省梓潼县文管所	540
17	天津市红桥区文物保护管理所	3000	44	江苏省盱眙县明祖陵文物保管所	534
18	内蒙古自治区阿旗文管所	3000	45	河北省易县清西陵文物管理处	520
19	黑龙江省金山屯区文物管理站	3000	46	黑龙江省集贤县文物管理所	510
20	四川省泸县文管所	2500	47	浙江省湖州市南浔区文物保护管理所	500
21	新疆维吾尔自治区图木舒克市文物管理局	2500	48	四川省龙泉驿区文管所	500
22	四川省叙永县文管所	2100	49	甘肃省山丹县长城文物陈列馆	500
23	江西省崇仁县文博所	2000	50	新疆维吾尔自治区叶城县文管所	500

全国文物保护管理机构按门票收入排序

单位:千元

名次	单位名称	门票收入	名次	单位名称	门票收入
	一、省级文物保护管理机构		20	宁夏回族自治区银川西夏陵区管理处	4450
1	甘肃省甘肃炳灵寺文物保护研究所	3074	21	西藏自治区拉萨市大昭寺管理委员会	4200
2	北京市白塔寺管理处	511	22	陕西省西安市小雁塔保管所	3794
3	陕西省西岳庙文物管理处	301	23	湖北省宜昌市三游洞文物管理处	3024
4	甘肃省甘肃北石窟文物保护研究所	83	24	山东省烟台山文物管理处	2600
5	甘肃省甘肃大地湾文物保护研究所	18	25	陕西省宝鸡市陈仓区钓鱼台文物管理所	1940
6	北京市团城演武厅管理处	3	26	宁夏回族自治区银川市贺兰山岩画管理处	1697
	二、地市级文物保护管理机构		27	陕西省岐山县周公庙管理处	1470
1	浙江省杭州市园文局灵隐管理处	134479	28	山西省大同市古建筑文物保管所	1445
2	河南省龙门石窟文物保护区风景名胜区管理局	87745	29	浙江省绍兴市名人故居管理处	1178
3	四川省乐山大佛乌尤文物保护管理局	70628	30	陕西省药王山管理局	1170
4	河北省承德市避暑山庄管理处	46453	31	河北省邯郸市黄粱梦文物管理处	1148
5	西藏自治区布达拉宫管理处	39112	32	海南省海口市五公祠管理处	1097
6	浙江省杭州市园文局岳庙管理处	32372	33	浙江省宁波市保国寺古建筑保护管理所	1060
7	甘肃省嘉峪关关城文物管理所	19487	34	山西省山西芮城永乐宫文物保管所	970
8	河北省承德市外八庙管理处	18750	35	河南省许昌市灞陵桥文物管理处	826
9	浙江省杭州市园文局钱江管理处	18203	36	江苏省无锡市薛福成故居文物管理处	814
10	新疆维吾尔自治区吐鲁番地区文物管理局	17350	37	河南省许昌春秋楼文物管理处	720
11	陕西省西安市钟鼓楼保管所	11189	38	贵州省贵阳市文物管理所	694
12	西藏自治区扎什伦布寺管理委员会	10000	39	山东省聊城光岳楼管理处	680
13	浙江省绍兴市兰亭景区管理处	9121	40	河南省濮阳市戚城文物景区管理处	680
14	浙江省杭州市园文局凤凰山管理处	8265	41	广东省潮州广济桥文物管理所	616
15	山西省山西解州关帝庙文物保管所	8100	42	浙江省衢州孔氏南宗家庙管理委员会	565
16	浙江省绍兴市大禹陵景区管理处	7058	43	河南省开封市艺术博物馆(山陕甘会馆)	560
17	河南省安阳市殷墟宫殿宗庙遗址管理处	6199	44	山西省晋城市文物管理处	534
18	浙江省绍兴市沈园景区管理处	6043	45	陕西省榆林市红石峡文物研究所	520
19	湖北省襄樊市隆中管理委员会	6000	46	陕西省榆林市镇北台文物研究所	513

全国文物保护管理机构按门票收入排序

单位:千元

名次	单位名称	门票收入	名次	单位名称	门票收入
47	西藏自治区拉萨市小昭寺管理委员会	450	24	山东省栖霞市牟氏庄园管理处	2845
48	江西省九江市文物名胜管理处	450	25	辽宁省抚顺市新宾县赫图阿拉文物管理所	2447
49	辽宁省营口市西炮台	443	26	江西省庐山会址管理所	2000
50	海南省海口市海瑞墓管理处	430	27	四川省泸定桥文物管理局	1938
	三、县级文物保护管理机构		28	湖南省炎帝陵管理局	1747
1	北京市延庆县八达岭特区办事处	203855	29	安徽省凤阳县皇陵管理处	1702
2	北京市昌平区十三陵特区办事处	197200	30	天津市蓟县文物保管所	1580
3	山东省曲阜市文物管理委员会	121822	31	山西省洪洞县明代监狱文物管理所	1500
4	山东省蓬莱阁文物管理处	70049	32	江苏省盱眙县明祖陵文物保管所	1447
5	陕西省黄帝陵管理局	36971	33	湖南省双峰县曾国藩故居管理处	1400
6	河北省山海关老龙头景区管理处	28690	34	贵州省镇远县文物局	1209
7	河北省山海关区第一关景区	22966	35	浙江省东阳市卢宅文物保护管理所	1175
8	河北省清东陵文物管理处	21832	36	广东省德庆学宫管理所	1060
9	广东省德庆县悦城龙母祖庙管理所	13350	37	陕西省韩城市司马迁祠文管所	1050
10	河北省易县清西陵文物管理处	7661	38	江西省庐山白鹿洞书院	1018
11	山西省应县木塔文物保管所	7000	39	山西省洪洞县广胜寺文物保管所	1010
12	河北省正定县文物保管所	6730	40	山东省汶上县文物管理局	927
13	山东省济南市长清区灵岩寺管委会	5376	41	山西省平遥县古城墙管理处	874
14	山西省洪洞县大槐树迁民遗址文物管理所	5200	42	辽宁省义县文物保管所	783
15	重庆市奉节县文物保护管理所	5022	43	甘肃省武都区万象洞风景名胜管理所	720
16	河北省涉县文物保管所	4643	44	宁夏回族自治区青铜峡市文物管理所	710
17	重庆市云阳县文物保护管理所	4500	45	安徽省亳州市文物管理处	640
18	河北省赵县文物保护管理所	4336	46	新疆维吾尔自治区霍城县文物管理所	633
19	四川省梓潼县文管所	4200	47	陕西省蓝田县水陆庵文物管理所	610
20	河北省山海关区孟姜女庙景区管理处	3801	48	河北省邯郸市邯郸市峰峰矿区响堂山风景管理处	498
21	湖北省钟祥市显陵管理处	3501	49	江苏省高邮市文物管理委员会	469
22	广东省黄埔区南海神庙文物管理所	2879	50	湖南省祁阳县浯溪文物管理所	460
23	河南省康百万庄园文物保管所	2866			

全国博物馆机构按藏品排序

单位:件

名次	单位名称	藏品数
	一、中央直属博物馆机构	
1	故宫博物院	1014793
2	中国国家博物馆	613420
3	北京鲁迅博物馆	27049
4	国际友谊博物馆	16084
5	北京新文化运动纪念馆	4000
	二、省级博物馆机构	
1	北京市首都博物馆	1020437
2	江苏省南京博物院	449693
3	天津市天津自然博物馆	400000
4	陕西省陕西历史博物馆	381741
5	安徽省博物馆	218004
6	湖北省博物馆	205400
7	云南省博物馆	198120
8	福建省福建博物院	180291
9	重庆市重庆中国三峡博物馆	176438
10	四川省博物馆	159135
11	天津市天津博物馆	147277
12	内蒙古自治区内蒙古博物馆	132787
13	上海市上海博物馆	132655
14	河南省河南博物院	129753
15	广东省博物馆	122146
16	浙江省浙江自然博物馆	119389
17	辽宁省博物馆	114955
18	黑龙江省博物馆	108584
19	山东省博物馆	106275
20	山西省山西博物院	96141
21	河北省民俗博物馆	92947
22	湖南省博物馆	90133
23	吉林省博物院	89105
24	甘肃省博物馆	84689
25	上海市上海鲁迅纪念馆	78608
26	浙江省博物馆	77492
27	北京市北京艺术博物馆	74716
28	重庆市重庆自然博物馆	73855
29	重庆市重庆红岩革命历史博物馆	64146
30	江西省博物馆	49067
31	广西省广西壮族自治区博物馆	41672
32	上海市历史博物馆	40851
33	新疆维吾尔自治区新疆博物馆	39047
34	上海市中共“一大”会址纪念馆	38984
35	青海省中国青海柳湾彩陶博物馆	37925
36	宁夏回族自治区博物馆	37498
37	贵州省博物馆	36621
38	广西省广西壮族自治区自然博物馆	30933
39	山西省艺术博物馆	23000
40	陕西省西安半坡博物馆	18442
41	湖南省韶山毛泽东同志纪念馆	15204
42	宁夏回族自治区固原博物馆	14260
43	海南省民族博物馆	12436
44	江西省瑞金中央革命根据地纪念馆	11582
45	青海省博物馆	9651
46	海南省博物馆	9631
47	北京市古代钱币展览馆	7954
48	天津市周恩来邓颖超纪念馆	6900
49	广西省广西民族博物馆	6860
50	重庆市重庆大足石刻艺术博物馆	6249
	三、地市级博物馆机构	
1	陕西省西安博物院	119891
2	内蒙古自治区包头市博物馆	108831
3	山东省青岛市博物馆	108076
4	山西省长治市博物馆	105162
5	湖南省长沙简牍博物馆	100000
6	安徽省黄山市博物馆	96802
7	河南省开封市博物馆	87621
8	广东省惠州市博物馆	85833
9	江苏省南京市博物馆	77195
10	浙江省宁波市天一阁博物馆	75860
11	湖北省恩施州博物馆	70060
12	湖北省荆门市博物馆	60725
13	江苏省苏州戏曲博物馆	54266
14	河南省鹤壁市博物馆	52944
15	江苏省南通博物苑	48784
16	湖南省长沙市博物馆	45700
17	河南省许昌市博物馆	45684
18	辽宁省抗美援朝纪念馆	44885
19	四川省杜甫草堂博物馆	42879
20	广东省广州博物馆	37283
21	广西省柳州市博物馆	37117
22	广东省江门市五邑华侨华人博物馆	33924

全国博物馆机构按藏品排序

单位:件

名次	单位名称	藏品数	名次	单位名称	藏品数
23	湖北省十堰市博物馆	32998	12	湖北省荆门市博物馆	60725
24	陕西省延安革命纪念馆	31603	13	江苏省苏州戏曲博物馆	54266
25	西藏自治区西藏博物馆	29246	14	河南省鹤壁市博物馆	52944
26	江苏省镇江博物馆	29027	15	江苏省南通博物苑	48784
27	甘肃省天水市博物馆	28290	16	湖南省长沙市博物馆	45700
28	辽宁省旅顺博物馆	27665	17	河南省许昌市博物馆	45684
29	山西省大同市博物馆	26000	18	辽宁省抗美援朝纪念馆	44885
30	河北省承德市避暑山庄博物馆	24994	19	四川省杜甫草堂博物馆	42879
31	广东省揭阳市博物馆	24661	20	广东省广州博物馆	37283
32	广西省桂林博物馆	24358	21	广西省柳州市博物馆	37117
33	广东省广州艺术博物院	24341	22	广东省江门市五邑华侨华人博物馆	33924
34	广东省河源市博物馆	24337	23	湖北省十堰市博物馆	32998
35	山西省晋城市博物馆	22255	24	陕西省延安革命纪念馆	31603
36	广东省深圳市博物馆	22254	25	西藏自治区西藏博物馆	29246
37	湖南省岳阳市博物馆	22103	26	江苏省镇江博物馆	29027
38	江苏省无锡市博物馆	21761	27	甘肃省天水市博物馆	28290
39	山东省济南市博物馆	20984	28	辽宁省旅顺博物馆	27665
40	广东省广东革命历史博物馆	20716	29	山西省大同市博物馆	26000
41	江苏省常州市博物馆	20414	30	河北省承德市避暑山庄博物馆	24994
42	四川省凉山彝族自治州博物馆	20200	31	广东省揭阳市博物馆	24661
43	江西省景德镇陶瓷馆	20100	32	广西省桂林博物馆	24358
44	浙江省温州博物馆	19273	33	广东省广州艺术博物院	24341
45	河南省商丘博物馆	19236	34	广东省河源市博物馆	24337
46	辽宁省沈阳故宫博物院	18953	35	山西省晋城市博物馆	22255
47	广西省贺州市博物馆	18864	36	广东省深圳市博物馆	22254
48	湖北省荆州市博物馆	18240	37	湖南省岳阳市博物馆	22103
49	江苏省扬州博物馆	18168	38	江苏省无锡市博物馆	21761
50	江苏省徐州博物馆	17860	39	山东省济南市博物馆	20984
	四、县级博物馆机构		40	广东省广东革命历史博物馆	20716
1	陕西省西安博物院	119891	41	江苏省常州市博物馆	20414
2	内蒙古自治区包头市博物馆	108831	42	四川省凉山彝族自治州博物馆	20200
3	山东省青岛市博物馆	108076	43	江西省景德镇陶瓷馆	20100
4	山西省长治市博物馆	105162	44	浙江省温州博物馆	19273
5	湖南省长沙简牍博物馆	100000	45	河南省商丘博物馆	19236
6	安徽省黄山市博物馆	96802	46	辽宁省沈阳故宫博物院	18953
7	河南省开封市博物馆	87621	47	广西省贺州市博物馆	18864
8	广东省惠州市博物馆	85833	48	湖北省荆州市博物馆	18240
9	江苏省南京市博物馆	77195	49	江苏省扬州博物馆	18168
10	浙江省宁波市天一阁博物馆	75860	50	江苏省徐州博物馆	17860
11	湖北省恩施州博物馆	70060			

全国博物馆机构按参观人次排序

单位:千人次

名次	单位名称	参观人次	名次	单位名称	参观人次
	一、中央直属博物馆机构				
1	故宫博物院	9703	35	江西省安源路矿工人运动纪念馆	231
2	北京鲁迅博物馆	4300	36	辽宁省博物馆	228
3	中国国家博物馆	2600	37	天津市天津自然博物馆	223
4	国际友谊博物馆	30	38	陕西省汉阳陵考古陈列馆	218
5	北京新文化运动纪念馆	18	39	江西省瑞金中央革命根据地纪念馆	215
	二、省级博物馆机构		40	河北省博物馆	203
1	重庆市重庆红岩革命历史博物馆	6799	41	江西省井冈山革命博物馆	200
2	陕西省秦始皇兵马俑博物馆	2900	42	广西省广西壮族自治区博物馆	195
3	湖北省博物馆	1440	43	北京市古代钱币展览馆	186
4	浙江省博物馆	1285	44	湖北省湖北明代藩王博物馆	176
5	上海市上海博物馆	1121	45	福建省福建博物院	175
6	湖南省博物馆	1095	46	北京市孔庙和国子监管理处	173
7	陕西省陕西历史博物馆	810	47	吉林省博物院	170
8	北京市首都博物馆	683	48	北京市北京西山大觉寺管理处	168
9	浙江省中国丝绸博物馆	620	49	新疆维吾尔自治区新疆博物馆	156
10	陕西省乾陵博物馆	603	50	天津市平津战役纪念馆	155
11	湖北省辛亥革命武昌起义纪念馆	518		三、地市级博物馆机构	
12	河南省河南博物院	508	1	新疆维吾尔自治区博尔塔拉蒙古自治州博物馆	3000
13	黑龙江省科学技术馆	500	2	江西省宜春市博物馆	2000
14	安徽省博物馆	484	3	四川省武候祠博物馆	1930
15	湖北省艺术博物馆	461	4	湖北省荆州市博物馆	1930
16	江西省博物馆	460	5	广东省虎门林则徐纪念馆	1530
17	黑龙江省哈尔滨市建筑艺术馆	450	6	浙江省杭州西湖博物馆	1260
18	云南省博物馆	426	7	四川省乐山市麻浩崖墓博物馆	1188
19	重庆市重庆大足石刻艺术博物馆	408	8	湖南省刘少奇同志纪念馆	1120
20	天津市周恩来邓颖超纪念馆	400	9	浙江省绍兴鲁迅纪念馆	1074
21	江苏省南京博物院	400	10	山东省济宁市李白纪念馆	1000
22	湖南省韶山毛泽东同志纪念馆	400	11	辽宁省沈阳故宫博物院	920
23	江西省南昌八一起义纪念馆	320	12	江苏省茅山新四军纪念馆(镇江市)	850
24	黑龙江省中国人民解放军65435苏宁纪念馆	300	13	广西省百色起义纪念馆	750
25	贵州省博物馆	300	14	广东省广东民间工艺博物馆	737
26	甘肃省博物馆	300	15	江苏省南京市博物馆	700
27	陕西省法门寺博物馆	289	16	四川省宜宾市赵一曼纪念馆	650
28	天津市天津博物馆	265	17	浙江省杭州名人纪念馆	612
29	北京市大钟寺古钟博物馆	250	18	山东省青岛市民俗博物馆	596
30	黑龙江省民族博物馆	250	19	河北省西柏坡纪念馆	590
31	上海市中共“一大”会址纪念馆	250	20	河北省承德市避暑山庄博物馆	580
32	重庆市重庆中国三峡博物馆	240	21	江苏省周恩来纪念馆(淮安市)	550
33	浙江省浙江自然博物馆	235	22	江苏省中国共产党代表团梅园新村纪念馆(南京市)	523
34	广东省博物馆	235	23	四川省成都博物院	516

全国博物馆机构按参观人次排序

单位:千人次

名次	单位名称	参观人次	名次	单位名称	参观人次
24	广东省孙中山故居纪念馆	513	12	福建省仓山区博物馆	3500
25	山西省太原市晋祠博物馆	510	13	四川省芦山县博物馆	3500
26	江苏省南通博物苑	500	14	天津市义和团纪念馆	3000
27	湖北省武汉市博物馆	500	15	辽宁省建平县博物馆	3000
28	广东省佛山市博物馆	499	16	福建省长泰县博物馆	3000
29	广东省广州艺术博物院	480	17	福建省漳浦县博物馆	3000
30	浙江省中国茶叶博物馆	470	18	广东省乐昌市博物馆	3000
31	辽宁省张氏帅府博物馆	450	19	海南省琼海市博物馆	2500
32	江苏省镇江焦山碑刻博物馆	450	20	辽宁省金州区博物馆	2000
33	山东省蒲松龄纪念馆	450	21	福建省永春县博物馆	2000
34	吉林省伪满皇宫博物院	427	22	四川省名山县蒙山茶史博物馆	2000
35	福建省厦门市郑成功纪念馆	427	23	浙江省桐乡市茅盾纪念馆	1250
36	四川省杜甫草堂博物馆	419	24	上海市上海豫园管理处	1185
37	江苏省南京市太平天国历史博物馆	412	25	天津市三条石历史博物馆	1100
38	广东省黄埔军校旧址纪念馆	406	26	四川省峨眉山博物馆	1056
39	湖南省长沙市博物馆	400	27	广西省平南县博物馆	1050
40	广东省肇庆市博物馆	400	28	山东省邹城市博物馆	1000
41	广东省西汉南越王博物馆	373	29	河南省淮阳县太昊陵管理处	1000
42	浙江省衢州市博物馆	370	30	山西省平遥县中国票号博物馆	979
43	河南省洛阳古代艺术馆	359	31	山西省平遥县博物馆	978
44	辽宁省沈阳市金融博物馆	350	32	山东省汶上县博物馆	960
45	江苏省苏州博物馆	343	33	山西省灵石县王家大院民居艺术馆	920
46	广东省深圳市博物馆	322	34	福建省闽侯县博物馆	820
47	云南省玉溪博物馆	320	35	山西省祁县乔家大院民俗博物馆	700
48	河南省洛阳周王城天子驾六博物馆	320	36	河南省内乡县衙博物馆	650
49	广东省广州美术馆	313	37	四川省四川广汉三星堆博物馆	620
50	广东省毛泽东同志主办农民运动讲习所旧址纪念馆	313	38	福建省武夷山市博物馆	600
	四、县级博物馆机构		39	江西省庐山博物馆	600
1	四川省江油市博物馆	10000	40	山东省历城区博物馆	600
2	广东省陆丰市博物馆	8000	41	陕西省茂陵博物馆	540
3	广东省仁化县博物馆	7230	42	广东省海丰县红宫红场纪念馆	500
4	广东省兴宁市博物馆	7000	43	湖北省秭归县屈原纪念馆	420
5	吉林省大安市博物馆	6000	44	黑龙江省侵华日军第七三一部队罪证陈列馆	404
6	江苏省吴江博物馆	6000	45	河南省鄂豫皖苏区首府革命博物馆	390
7	海南省昌江黎族自治县博物馆	5800	46	北京市北京民俗博物馆	389
8	福建省顺昌县博物馆	5000	47	河北省满城汉墓博物馆	360
9	福建省台江区博物馆	5000	48	黑龙江省宁安市马骏纪念馆	360
10	四川省北川羌族自治县羌族民俗博物馆	4800	49	浙江省安吉竹子博览园有限责任公司	356
11	黑龙江省同江市赫哲族博物馆	4000	50	河南省新乡市博物馆	350

全国博物馆机构按门票收入排序

单位:千元

名次	单位名称	门票收入	名次	单位名称	门票收入
	一、中央直属博物馆机构		32	云南省博物馆	162
1	故宫博物院	463107	33	北京市北京艺术博物馆	145
2	中国国家博物馆	522	34	陕西省西安事变纪念馆	121
3	北京鲁迅博物馆	47	35	浙江省浙江自然博物馆	98
4	北京新文化运动纪念馆	30	36	贵州省博物馆	70
	二、省级博物馆机构		37	北京市徐悲鸿纪念馆	48
1	陕西省秦始皇兵马俑博物馆	169842	38	宁夏回族自治区固原博物馆	34
2	湖南省博物馆	27110	39	辽宁省博物馆	31
3	重庆市重庆大足石刻艺术博物馆	25011	40	海南省民族博物馆	20
4	重庆市重庆红岩革命历史博物馆	18383	41	安徽省博物馆	19
5	湖北省博物馆	14967	42	北京市北京古代建筑博物馆	18
6	陕西省陕西历史博物馆	14073	43	天津市元明清天妃宫遗址博物馆	4
7	北京市首都博物馆	13025		三、地市级博物馆机构	
8	陕西省西安碑林博物馆	12311	1	四川省武候祠博物馆	50626
9	陕西省乾陵博物馆	7315	2	辽宁省沈阳故宫博物院	40971
10	陕西省法门寺博物馆	7143	3	浙江省绍兴鲁迅纪念馆	37774
11	江西省井冈山革命博物馆	6800	4	吉林省伪满皇宫博物院	20900
12	湖南省韶山毛泽东同志纪念馆	6605	5	湖南省刘少奇同志纪念馆	11850
13	河南省河南博物院	4860	6	广东省广东革命历史博物馆	6373
14	江西省南昌八一起义纪念馆	4847	7	江苏省苏州博物馆	5023
15	重庆市重庆中国三峡博物馆	3924	8	辽宁省旅顺日俄监狱旧址博物馆	4900
16	黑龙江省哈尔滨市建筑艺术馆	2963	9	甘肃省嘉峪关长城博物馆	4872
17	新疆维吾尔自治区新疆博物馆	2037	10	四川省自贡恐龙博物馆	4473
18	北京市北京西山大觉寺管理处	1894	11	广东省广东民间工艺博物馆	4417
19	陕西省西安半坡博物馆	1591	12	新疆维吾尔自治区吐鲁番地区博物馆	3460
20	北京市孔庙和国子监管理处	1589	13	河南省南阳市博物馆	3302
21	北京市正阳门管理处	1481	14	江苏省南京市太平天国历史博物馆	2136
22	天津市天津自然博物馆	1315	15	陕西省汉中市博物馆	2111
23	甘肃省博物馆	1017	16	四川省眉山三苏祠博物馆	1983
24	黑龙江省科学技术馆	1003	17	辽宁省旅顺博物馆	1951
25	北京市北京文博交流馆	779	18	江苏省徐州汉兵马俑博物馆	1895
26	江西省安源路矿工人运动纪念馆	500	19	江苏省茅山新四军纪念馆(镇江市)	1852
27	河北省博物馆	471	20	广东省西汉南越王博物馆	1719
28	广西省广西壮族自治区博物馆	358	21	江西省赣州市博物馆	1400
29	上海市上海鲁迅纪念馆	346	22	河南省三门峡市虢国博物馆	1357
30	山东省博物馆	265	23	湖北省恩施州博物馆	1247
31	宁夏回族自治区博物馆	165			

全国博物馆机构按门票收入排序

单位:千元

名次	单位名称	门票收入	名次	单位名称	门票收入
24	广东省广州博物馆	1199	12	江苏省仪征市博物馆	461
25	江苏省南京市明城垣史博物馆	972	13	福建省福州马江海战纪念馆	442
26	吉林省吉林市博物馆	880	14	甘肃省敦煌市博物馆	423
27	福建省古田会议纪念馆	788	15	广东省深圳市中英街历史博物馆	301
28	江苏省中国共产党代表团梅园新村纪念馆(南京市)	770	16	四川省朱德同志故居纪念馆	260
29	山西省大同市博物馆	733	17	湖南省汨罗市屈原纪念馆	250
30	江苏省徐州博物馆	700	18	湖北省麻城市革命博物馆	236
31	江苏省常州市博物馆	629	19	云南省禄丰县恐龙博物馆	232
32	江苏省镇江焦山碑刻博物馆	617	20	湖北省长阳土家族自治县博物馆	212
33	陕西省咸阳市博物馆	610	21	福建省泉州海外交通史博物馆	170
34	河南省洛阳古墓博物馆	430	22	山西省侯马市晋国古都博物馆	160
35	江苏省南京市博物馆	420	23	广东省花都区洪秀全纪念馆	144
36	湖北省八七会议会址纪念馆	393	24	湖北省武汉市江夏区博物馆	142
37	广西省柳州市博物馆	385	25	湖北省蕲春县博物馆	135
38	河南省洛阳博物馆	370	26	江苏省新四军江南指挥部纪念馆(溧阳市)	111
39	江苏省苏州丝绸博物馆	362	27	上海市青浦区博物馆	79
40	陕西省岐山县五丈原诸葛亮庙博物馆	260	28	广西省桂平市博物馆	57
41	湖南省长沙市博物馆	240	29	天津市老城博物馆	50
42	浙江省温州博物馆	229	30	浙江省良渚文化博物馆	46
43	广东省广州艺术博物院	220	31	四川省渠县历史博物馆	40
44	青海省海南州博物馆	215	32	湖南省石门县博物馆	31
45	西藏自治区西藏博物馆	206	33	福建省东山县博物馆	26
46	江苏省连云港市博物馆	178	34	山东省莒县博物馆	25
47	江苏省南通博物苑	168	35	浙江省龙泉市博物馆	22
48	山东省烟台市博物馆	163	36	江苏省柳亚子纪念馆(吴江市)	20
49	陕西省宝鸡青铜器博物馆	160	37	山东省昌邑市博物馆	20
50	江苏省镇江博物馆	154	38	甘肃省肃南县博物馆	20
	四、县级博物馆机构		39	云南省孟连县民族历史博物馆	18
1	山西省祁县乔家大院民俗博物馆	17000	40	湖南省临澧县博物馆	16
2	河南省淮阳县太昊陵管理处	17000	41	广东省梅县博物馆	16
3	四川省四川广汉三星堆博物馆	15690	42	云南省威信县文化体育局	15
4	新疆维吾尔自治区新疆生产建设兵团军垦博物馆	1419	43	湖南省津市市博物馆	15
5	浙江省余姚河姆渡遗址博物馆	900	44	江苏省如皋市博物馆	14
6	甘肃省武威市博物馆	850	45	浙江省君陶艺术院	14
7	河南省叶县县衙博物馆	750	46	江西省新干县博物馆	14
8	广东省佛山市禅城区博物馆	680	47	福建省德化县陶瓷博物馆	13
9	河北省乐亭县李大钊纪念馆	592	48	山东省山东山旺古生物化石博物馆	11
10	黑龙江省侵华日军第七三一部队罪证陈列馆	590	49	河北省丰润区潘家峪惨案纪念馆	10
11	山东省青州市博物馆	575	50	江西省修水县黄庭坚纪念馆	9

全国文物科研机构按藏品排序

单位:件

名次	单位名称	藏品	名次	单位名称	藏品
	一、省级文物科研机构		2	河南省郑州市文物考古研究院	39919
1	河北省文物研究所	125461	3	河南省三门峡市文物考古研究所	15952
2	河南省文物考古研究所	102712	4	陕西省咸阳市文物保护中心	10503
3	河北省文物保护中心	72311	5	湖北省武汉市文物考古研究所	8063
4	甘肃省文物考古研究所	63131	6	陕西省咸阳市文物考古研究所	5016
5	青海省文物考古研究所	55422	7	江苏省扬州市文物考古研究所	4836
6	陕西省考古研究所	28856	8	陕西省西安市文物保护考古所	3669
7	湖南省文物考古研究所	21696	9	辽宁省沈阳市文物考古研究所	3660
8	山东省文物考古研究所	18300	10	河南省南阳市文物考古研究所	2669
9	四川省文物考古研究院	13500	11	安徽省马鞍山市朱然家族墓地博物馆	1844
10	内蒙古自治区内蒙古文物考古研究所	6932	12	广东省深圳市文物考古鉴定所	1690
11	黑龙江省文物考古研究所	3309	13	江西省景德镇市陶瓷考古研究所	1385
12	浙江省文物考古研究所	2800	14	山东省济南市考古研究所	1210
13	安徽省文物考古研究所	2329	15	陕西省延安市文物研究所	830
14	新疆维吾尔自治区新疆文物考古研究所	2244	16	山西省运城市文物保护研究所	828
15	甘肃省敦煌研究院	2238	17	陕西省榆林市文物保护研究所	825
16	贵州省文物考古研究所	1673	18	山东省青岛市文物保护考古研究所	700
17	甘肃省麦积山石窟艺术研究所	800	19	陕西省 铜川市考古研究所	304
18	广东省文物考古研究所	730	20	吉林省长春市文物保护研究所	241
19	山西省考古研究所	330	21	福建省厦门文化遗产保护中心	50
20	新疆维吾尔自治区新疆龟兹石窟研究所	322	22	河南省漯河市许慎文化研究所	9
21	吉林省文物考古研究所	136	23	河北省张家口市文物考古研究所	8
22	宁夏回族自治区文物考古研究所	128		三、县级文物科研机构	
23	宁夏回族自治区岩画研究中心	21	1	浙江省绍兴市文物考古研究所	14769
	二、地市级文物科研机构		2	福建省安溪县博物馆	1118
1	四川省成都市文物考古研究所	90465	3	陕西省咸阳市渭城区文物保护中心	799

全国其他文物机构按藏品排序

单位:件

名次	单位名称	藏品	名次	单位名称	藏品
	一、省级其他文物机构			三、县级其他文物机构	
1	北京市文物局图书资料中心	6590	1	江苏省金湖县图书馆	874
	二、地市级其他文物机构		2	江苏省淮安市淮阴区图书馆	433
1	河南省安阳市文物工作队	33100	3	江苏省泗阳县图书馆	390
2	陕西省眉县文化馆	1991	4	江苏省铜山县文化与体育局	349
3	陕西省凤县文化馆	1431	5	江苏省涟水县图书馆	259
4	辽宁省抚顺市元帅林文物管理处	1000	6	陕西省咸阳市秦都区旅游文物稽查大队	166
5	陕西省千阳县文化馆	976	7	江苏省沭阳县图书馆	129
6	陕西省宝鸡市金台区文化馆	384	8	重庆市陈独秀旧居	103
7	陕西省太白县文化馆	40	9	安徽省太和县文物管理所	99

附　录

第二批国家级非物质文化遗产保护名录

（共计 510 项）

一、民间文学(共计 53 项)

序号	编号项目	名称	申报地区或单位
519	Ⅰ—32	八达岭长城传说	北京市延庆县
520	Ⅰ—33	永定河传说	北京市石景山区
521	Ⅰ—34	杨家将传说	北京市房山区
		（穆桂英传说、杨家将说唱）	山西省
522	Ⅰ—35	尧的传说	山西省绛县
523	Ⅰ—36	牛郎织女传说	山西省和顺县
			山东省沂源县
524	Ⅰ—37	西湖传说	浙江省杭州市
525	Ⅰ—38	刘伯温传说	浙江省文成县、青田县
526	Ⅰ—39	黄初平（黄大仙）传说	浙江省金华市
527	Ⅰ—40	观音传说	浙江省舟山市
528	Ⅰ—41	徐福东渡传说	浙江省象山县、慈溪市
529	Ⅰ—42	陶朱公传说	山东省定陶县
530	Ⅰ—43	麒麟传说	山东省巨野县、嘉祥县
531	Ⅰ—44	鲁班传说	山东省曲阜市、滕州市
532	Ⅰ—45	八仙传说	山东省蓬莱市
533	Ⅰ—46	秃尾巴老李的传说	山东省即墨市、莒县、文登市、诸城市
534	Ⅰ—47	屈原传说	湖北省秭归县
535	Ⅰ—48	王昭君传说	湖北省兴山县
536	Ⅰ—49	炎帝神农传说	湖北省随州市、神农架林区
537	Ⅰ—50	木兰传说	湖北省武汉市黄陂区
			河南省虞城县
538	Ⅰ—51	巴拉根仓的故事	内蒙古自治区通辽市
539	Ⅰ—52	北票民间故事	辽宁省北票市
540	Ⅰ—53	满族民间故事	辽宁省文学艺术界
			联合会民间文艺家协会
541	Ⅰ—54	徐文长故事	浙江省绍兴市
542	Ⅰ—55	崂山民间故事	山东省青岛市崂山区
543	Ⅰ—56	都镇湾故事	湖北省长阳土家族自治县
544	Ⅰ—57	盘古神话	河南省桐柏县、泌阳县
545	Ⅰ—58	邵原神话群	河南省济源市
546	Ⅰ—59	嘎达梅林	内蒙古自治区科尔沁左翼中旗
547	Ⅰ—60	科尔沁潮尔史诗	内蒙古自治区
548	Ⅰ—61	仰阿莎	贵州省黔东南苗族侗族自治州
549	Ⅰ—62	布依族盘歌	贵州省盘县
550	Ⅰ—63	梅葛	云南省楚雄彝族自治州
551	Ⅰ—64	查姆	云南省双柏县
552	Ⅰ—65	达古达楞格莱标	云南省德宏傣族景颇族自治州
553	Ⅰ—66	哈尼哈吧	云南省元阳县
554	Ⅰ—67	召树屯与喃木诺娜	云南省西双版纳傣族自治州
555	Ⅰ—68	米拉尕黑	甘肃省东乡族自治县
556	Ⅰ—69	康巴拉伊	青海省治多县
557	Ⅰ—70	汗青格勒	青海省海西蒙古族藏族自治州
558	Ⅰ—71	维吾尔族达斯坦	新疆维吾尔自治区

559	Ⅰ—72	哈萨克族达斯坦	新疆维吾尔自治区文学艺术界联合会民间文艺家协会、沙湾县、福海县
560	Ⅰ—73	珠郎娘美	贵州省榕江县、从江县
561	Ⅰ—74	司岗里	云南省沧源佤族自治县
562	Ⅰ—75	彝族克智	四川省美姑县
563	Ⅰ—76	苗族贾理	贵州省黔东南苗族侗族自治州
564	Ⅰ—77	藏族婚宴十八说	青海省
565	Ⅰ—78	童谣 (北京童谣、闽南童谣)	北京市宣武区 福建省厦门市
566	Ⅰ—79	桐城歌	安徽省桐城市
567	Ⅰ—80	土家族梯玛歌	湖南省龙山县
568	Ⅰ—81	雷州歌	广东省雷州市
569	Ⅰ—82	壮族嘹歌	广西壮族自治区平果县
570	Ⅰ—83	柯尔克孜约隆	新疆维吾尔自治区阿克陶县、新疆师范大学
571	Ⅰ—84	笑话 (万荣笑话)	山西省万荣县

二、传统音乐(民间音乐,共计67项)

序号	编号	项目名称	申报地区或单位
572	Ⅱ—73	陕北民歌	陕西省榆林市、延安市
573	Ⅱ—74	昌黎民歌	河北省昌黎县
574	Ⅱ—75	高邮民歌	江苏省高邮市
575	Ⅱ—76	五河民歌	安徽省五河县
576	Ⅱ—77	大别山民歌	安徽省六安市
577	Ⅱ—78	徽州民歌	安徽省黄山市
578	Ⅱ—79	信阳民歌	河南省信阳市
579	Ⅱ—80	西坪民歌	河南省西峡县
580	Ⅱ—81	马山民歌	湖北省荆州市荆州区
581	Ⅱ—82	潜江民歌	湖北省潜江市
582	Ⅱ—83	吕家河民歌	湖北省丹江口市
583	Ⅱ—84	秀山民歌	重庆市秀山土家族苗族自治县
584	Ⅱ—85	酉阳民歌	重庆市酉阳土家族苗族自治县
585	Ⅱ—86	镇巴民歌	陕西省镇巴县
586	Ⅱ—87	嘉善田歌	浙江省嘉善县
587	Ⅱ—88	南坪曲子	四川省九寨沟县
588	Ⅱ—89	茶山号子	湖南省辰溪县
589	Ⅱ—90	啰啰咚	湖北省监利县
590	Ⅱ—91	爬山调	内蒙古自治区呼和浩特市、乌拉特前旗
591	Ⅱ—92	漫瀚调	内蒙古自治区准格尔旗
592	Ⅱ—93	惠东渔歌	广东省惠州市
593	Ⅱ—94	海门山歌	江苏省海门市
594	Ⅱ—95	新化山歌	湖南省娄底市
595	Ⅱ—96	姚安坝子腔	云南省姚安县
596	Ⅱ—97	海洋号子 (舟山渔民号子、长岛渔号)	浙江省岱山县 山东省长岛县
597	Ⅱ—98	江河号子 (黄河号子、长江峡江号子、酉水船工号子)	黄河水利委员会河南黄河河务局 湖北省宜昌市夷陵区、伍家岗区、巴东县、秭归县 湖南省保靖县
598	Ⅱ—99	码头号子	上海市浦东新区、杨浦区

		（上海港码头号子）	
599	Ⅱ—100	森林号子（长白山森林号子、兴安岭森林号子）	吉林省文学艺术界联合会民间文艺家协会 黑龙江省伊春市
600	Ⅱ—101	搬运号子（梁平抬儿调、龙骨坡抬工号子）	重庆市梁平县、巫山县
601	Ⅱ—102	制作号子（竹麻号子）	四川省邛崃市
602	Ⅱ—103	鲁南五大调	山东省郯城县、日照市
603	Ⅱ—104	老河口丝弦	湖北省老河口市
604	Ⅱ—105	蒙古族民歌（科尔沁叙事民歌、鄂尔多斯短调民歌、鄂尔多斯古如歌、阜新东蒙短调民歌、郭尔罗斯蒙古族民歌）	内蒙古自治区通辽市、鄂尔多斯市、杭锦旗 辽宁省阜新蒙古族自治县 吉林省前郭尔罗斯蒙古族自治县
605	Ⅱ—106	鄂温克族民歌（鄂温克叙事民歌）	内蒙古自治区鄂温克族自治旗
606	Ⅱ—107	鄂伦春族民歌（鄂伦春族赞达仁）	内蒙古自治区鄂伦春自治旗 黑龙江省大兴安岭地区
607	Ⅱ—108	达斡尔族民歌（达斡尔扎恩达勒、罕伯岱达斡尔族民歌）	内蒙古自治区莫力达瓦达斡尔族自治旗 黑龙江省齐齐哈尔市
608	Ⅱ—109	苗族民歌（湘西苗族民歌、苗族飞歌）	湖南省吉首市 贵州省雷山县
609	Ⅱ—110	瑶族民歌（花瑶呜哇山歌）	湖南省隆回县
610	Ⅱ—111	黎族民歌（琼中黎族民歌）	海南省琼中黎族苗族自治县
611	Ⅱ—112	布依族民歌（好花红调）	贵州省惠水县
612	Ⅱ—113	彝族民歌（彝族酒歌）	云南省武定县
613	Ⅱ—114	布朗族民歌（布朗族弹唱）	云南省勐海县
614	Ⅱ—115	藏族民歌（川西藏族山歌、玛达咪山歌、华锐藏族民歌、甘南藏族民歌、玉树民歌）	四川省甘孜藏族自治州、阿坝藏族羌族自治州、炉霍县、九龙县 甘肃省天祝藏族自治县、甘南藏族自治州 青海省玉树藏族自治州
615	Ⅱ—116	维吾尔族民歌（罗布淖尔维吾尔族民歌）	新疆维吾尔自治区尉犁县
616	Ⅱ—117	乌孜别克族埃希来、叶来	新疆维吾尔自治区艺术研究所、伊犁哈萨克自治州、喀什地区
617	Ⅱ—118	回族宴席曲	青海省门源回族自治县
618	Ⅱ—119	琵琶艺术（瀛洲古调派、浦东派、平湖派）	上海市崇明县、南汇区 浙江省平湖市
619	Ⅱ—120	古筝艺术（山东古筝乐）	山东省菏泽市
620	Ⅱ—121	笙管乐（复州双管乐、建平十王会、超化吹歌）	辽宁省瓦房店市、建平县 河南省新密市

621	Ⅱ－122	津门法鼓 （挂甲寺庆音法鼓、杨家庄 永音法鼓、刘园祥音法鼓）	天津市河西区、北辰区
622	Ⅱ－123	锣鼓艺术 （汉沽飞镲、常山战鼓、 太原锣鼓、泗泾十锦细锣 鼓、大铜器、开封盘鼓、 宜昌堂调、韩城行鼓）	天津市汉沽区 河北省正定县 山西省太原市 上海市松江区 河南省西平县、郏县、开封市 湖北省宜昌市 陕西省韩城市
623	Ⅱ－124	朝鲜族洞箫音乐	吉林省延吉市、珲春市
624	Ⅱ－125	土家族咚咚喹	湖南省龙山县
625	Ⅱ－126	哈萨克六十二阔恩尔	新疆维吾尔自治区伊犁哈萨克自治州
626	Ⅱ－127	维吾尔族鼓吹乐	新疆维吾尔自治区
627	Ⅱ－128	洞经音乐 （文昌洞经古乐、妙善学 女子洞经音乐）	四川省梓潼县 云南省通海县
628	Ⅱ－129	芦笙音乐 （侗族芦笙、苗族芒筒芦笙）	湖南省通道侗族自治县 贵州省丹寨县
629	Ⅱ－130	布依族勒尤	贵州省贞丰县、兴义市、镇宁布 依族苗族自治县
630	Ⅱ－131	藏族扎木聂弹唱	青海省海南藏族自治州
631	Ⅱ－132	哈萨克族冬布拉艺术	新疆维吾尔自治区伊犁哈萨克自治州
632	Ⅱ－133	柯尔克孜族库姆孜艺术	新疆维吾尔自治区克孜勒苏柯尔 克孜自治州、乌恰县
633	Ⅱ－134	蒙古族绰尔	新疆维吾尔自治区阿勒泰地区
634	Ⅱ－135	黎族竹木器乐	海南省保亭黎族苗族自治县、五指山市
635	Ⅱ－136	口弦音乐	四川省布拖县
636	Ⅱ－137	吟诵调 （常州吟诵）	江苏省常州市
637	Ⅱ－138	佛教音乐 （天宁寺梵呗唱诵、鱼山 梵呗、大相国寺梵乐、直 孔噶举派音乐、拉卜楞寺 佛殿音乐道得尔、青海藏 族唱经调、北武当庙寺庙 音乐）	江苏省常州市 山东省东阿县 河南省开封市 西藏自治区墨竹工卡县 甘肃省夏河县 青海省兴海县 宁夏回族自治区平罗县
638	Ⅱ－139	道教音乐 （广宗太平道乐、恒山道 乐、上海道教音乐、无锡 道教音乐、齐云山道场音 乐、崂山道教音乐、泰山 道教音乐、胶东全真道教 音乐、腊山道教音乐、海 南斋醮科仪音乐、成都道 教音乐、白云山道教音 乐、清水道教音乐）	河北省广宗县 山西省阳高县 上海市道教协会 江苏省无锡市 安徽省休宁县 山东省青岛市崂山区、泰安市、 烟台市、东平县 海南省定安县 四川省成都市 陕西省佳县 甘肃省清水县

三、传统舞蹈(民间舞蹈,共计 55 项)

序　号	编　号	项目名称	申报地区或单位
639	Ⅲ－42	鼓舞	北京市昌平区

		（花钹大鼓、隆尧招子鼓、平定武迓鼓、大奏鼓、陈官短穗花鼓、柳林花鼓、花鞭鼓舞、八卦鼓舞、横山老腰鼓、宜川胸鼓、凉州攻鼓子、武山旋鼓舞）	河北省隆尧县 山西省平定县 浙江省温岭市 山东省广饶县、冠县、商河县、栖霞市 陕西省横山县、宜川县 甘肃省武威市、武山县
640	Ⅲ—43	麒麟舞	河北省黄骅市 河南省兰考县 广东省海丰县
641	Ⅲ—44	竹马 （东坝大马灯、邳州跑竹马）	江苏省高淳县、邳州市
642	Ⅲ—45	灯舞 （青田鱼灯舞、莆田九鲤灯舞、鲤鱼灯舞、沙头角鱼灯舞、东至花灯舞、苏家作龙凤灯舞）	浙江省青田县 福建省莆田市 江西省吉安县 广东省深圳市 安徽省东至县 河南省博爱县
643	Ⅲ—46	沧州落子	河北省南皮县
644	Ⅲ—47	十八蝴蝶	浙江省永康市
645	Ⅲ—48	火老虎	安徽省凤台县
646	Ⅲ—49	商羊舞	山东省鄄城县
647	Ⅲ—50	跑帷子	河南省汤阴县
648	Ⅲ—51	官会响锣	河南省项城市
649	Ⅲ—52	肉连响	湖北省利川市
650	Ⅲ—53	禾楼舞	广东省郁南县
651	Ⅲ—54	蜈蚣舞	广东省汕头市澄海区
652	Ⅲ—55	翻山铰子	四川省平昌县
653	Ⅲ—56	靖边跑驴	陕西省靖边县
654	Ⅲ—57	查玛内	蒙古自治区阿拉善盟
655	Ⅲ—58	朝鲜族鹤舞	吉林省延边朝鲜族自治州
656	Ⅲ—59	朝鲜族长鼓舞	吉林省图们市
657	Ⅲ—60	瑶族长鼓舞	湖南省江华瑶族自治县 广东省连南瑶族自治县 广西壮族自治区富川瑶族自治县
658	Ⅲ—61	傣族象脚鼓舞	云南省潞西市、西双版纳傣族自治州
659	Ⅲ—62	羌族羊皮鼓舞	四川省汶川县
660	Ⅲ—63	毛南族打猴鼓舞	贵州省平塘县
661	Ⅲ—64	瑶族猴鼓舞	贵州省荔波县
662	Ⅲ—65	高山族拉手舞	福建省华安县
663	Ⅲ—66	得荣学羌	四川省得荣县
664	Ⅲ—67	甲搓	四川省盐源县
665	Ⅲ—68	博巴森根	四川省理县
666	Ⅲ—69	彝族铃铛舞	贵州省赫章县
667	Ⅲ—70	彝族打歌	云南省巍山彝族回族自治县
668	Ⅲ—71	彝族跳菜	云南省南涧彝族自治县
669	Ⅲ—72	彝族老虎笙	云南省双柏县
670	Ⅲ—73	彝族左脚舞	云南省牟定县
671	Ⅲ—74	乐作舞	云南省红河县
672	Ⅲ—75	彝族三弦舞 （阿细跳月、撒尼大三弦）	云南省弥勒县、石林彝族自治县
673	Ⅲ—76	纳西族热美蹉	云南省丽江市古城区

674	Ⅲ－77	布朗族蜂桶鼓舞	云南省双江拉祜族佤族布朗族傣族自治县
675	Ⅲ－78	普米族搓蹉	云南省兰坪白族普米族自治县
676	Ⅲ－79	拉祜族芦笙舞	云南省澜沧拉祜族自治县
677	Ⅲ－80	宣舞 （古格宣舞、普堆巴宣舞）	西藏自治区札达县、墨竹工卡县
678	Ⅲ－81	拉萨囊玛	西藏自治区拉萨市
679	Ⅲ－82	堆谐 （拉孜堆谐）	西藏自治区拉孜县
680	Ⅲ－83	谐钦 （拉萨纳如谐钦、南木林土布加谐钦）	西藏自治区拉萨市城关区、南木林县
681	Ⅲ－84	阿谐 （达布阿谐）	西藏自治区比如县
682	Ⅲ－85	嘎尔	西藏自治区
683	Ⅲ－86	芒康三弦舞	西藏自治区芒康县
684	Ⅲ－87	定日洛谐	西藏自治区定日县
685	Ⅲ－88	旦嘎甲谐	西藏自治区萨嘎县
686	Ⅲ－89	廓孜	西藏自治区曲水县
687	Ⅲ－90	多地舞	甘肃省舟曲县
688	Ⅲ－91	巴郎鼓舞	甘肃省卓尼县
689	Ⅲ－92	藏族螭鼓舞	青海省循化撒拉族自治县
690	Ⅲ－93	则柔 （尚尤则柔）	青海省贵德县
691	Ⅲ－94	蒙古族萨吾尔登	新疆维吾尔自治区和静县
692	Ⅲ－95	锡伯族贝伦舞	新疆维吾尔自治区察布查尔锡伯自治县
693	Ⅲ－96	维吾尔族赛乃姆	新疆维吾尔自治区哈密地区、莎车县

四、传统戏剧（共计46项）

序号	编号	项目名称	申报地区或单位
694	Ⅳ－93	老调 （保定老调）	河北省保定市
695	Ⅳ－94	四股弦 （冀南四股弦）	河北省巨鹿县、馆陶县、魏县、肥乡县
696	Ⅳ－95	赛戏	河北省邯郸市、武安市、涉县 山西省朔州市
697	Ⅳ－96	永年西调	河北省永年县
698	Ⅳ－97	坠子戏	河北省深泽县 安徽省宿州市
699	Ⅳ－98	上党落子	山西省潞城市、黎城县
700	Ⅳ－99	眉户 （运城眉户、华阴迷胡、迷糊戏）	山西省运城市 陕西省华阴市 新疆生产建设兵团
701	Ⅳ－100	海城喇叭戏	辽宁省鞍山市
702	Ⅳ－101	黄龙戏	吉林省农安县
703	Ⅳ－102	淮剧	上海淮剧团 江苏省盐城市
704	Ⅳ－103	锡剧	江苏省演艺集团锡剧团、无锡市、常州市
705	Ⅳ－104	淮海戏	江苏省淮安市、连云港市
706	Ⅳ－105	童子戏	江苏省通州市
707	Ⅳ－106	瓯剧	浙江省温州市
708	Ⅳ－107	甬剧	浙江省宁波市
709	Ⅳ－108	姚剧	浙江省余姚市

710	Ⅳ—109	绍剧	浙江省绍兴市
711	Ⅳ—110	婺剧	浙江省金华市、江山市
712	Ⅳ—111	文南词	安徽省宿松县
713	Ⅳ—112	花鼓戏	安徽省宿州市、淮北市、宣城市
			湖北省随州市、麻城市
			湖南省岳阳县、邵阳市、常德市
714	Ⅳ—113	二夹弦	安徽省亳州市
			河南省开封市、滑县
			山东省定陶县
715	Ⅳ—114	打城戏	福建省泉州市
716	Ⅳ—115	屏南平讲戏	福建省屏南县
717	Ⅳ—116	吕剧	山东省吕剧院、济南市、博兴县、东营市东营区
718	Ⅳ—117	柳腔	山东省即墨市
719	Ⅳ—118	山东梆子	山东省菏泽市、泰安市、嘉祥县
720	Ⅳ—119	莱芜梆子	山东省莱芜市
721	Ⅳ—120	枣梆	山东省菏泽市
722	Ⅳ—121	徐州梆子	江苏省徐州市
723	Ⅳ—122	同州梆子	陕西省大荔县
724	Ⅳ—123	罗卷戏	河南省汝南县、范县
725	Ⅳ—124	二股弦	河南省武陟县
726	Ⅳ—125	南剧	湖北省来凤县、咸丰县
727	Ⅳ—126	提琴戏	湖北省崇阳县
728	Ⅳ—127	湘剧	湖南省湘剧院、长沙市、桂阳县
729	Ⅳ—128	祁剧	湖南省祁剧院、衡阳市、祁阳县
730	Ⅳ—129	广东汉剧	广东汉剧院
731	Ⅳ—130	琼剧	海南省琼剧院、海口市
732	Ⅳ—131	黔剧	贵州省黔剧团
733	Ⅳ—132	滇剧	云南省滇剧院、玉溪市滇剧团、昆明市
734	Ⅳ—133	合阳跳戏	陕西省合阳县
735	Ⅳ—134	武都高山戏	甘肃省陇南市
736	Ⅳ—135	佤族清戏	云南省腾冲县
737	Ⅳ—136	彝剧	云南省大姚县
738	Ⅳ—137	白剧	云南省大理白族自治州
739	Ⅳ—138	邕剧	广西壮族自治区南宁市

五、曲艺(共计50项)

序号	编号	项目名称	申报地区或单位
740	Ⅴ—47	相声	中国广播艺术团
			北京市歌舞剧院有限责任公司
			天津市
741	Ⅴ—48	京韵大鼓	北京市歌舞剧院有限责任公司
			天津市曲艺团
742	Ⅴ—49	单弦牌子曲(含岔曲)	北京市歌舞剧院有限责任公司、北京市西城区
743	Ⅴ—50	扬州弹词	江苏省扬州市
744	Ⅴ—51	长沙弹词	湖南省长沙市
745	Ⅴ—52	杭州评词	浙江省杭州市
746	Ⅴ—53	杭州评话	浙江省杭州市
747	Ⅴ—54	绍兴词调	浙江省绍兴市
748	Ⅴ—55	临海词调	浙江省临海市
749	Ⅴ—56	四明南词	浙江省宁波市

750	Ⅴ－57	北京评书	北京市宣武区 辽宁省鞍山市、本溪市、营口市
751	Ⅴ－58	湖北评书	湖北省武汉市
752	Ⅴ－59	浦东说书	上海市浦东新区
753	Ⅴ－60	讲古	福建省厦门市思明区
754	Ⅴ－61	湖北大鼓	湖北省武汉市、团风县
755	Ⅴ－62	襄垣鼓书	山西省襄垣县
756	Ⅴ－63	萍乡春锣	江西省萍乡市
757	Ⅴ－64	三弦书 （沁州三弦书、南阳三弦书）	山西省沁县 河南省南阳市
758	Ⅴ－65	莺歌柳书	山东省菏泽市
759	Ⅴ－66	平湖钹子书	浙江省平湖市
760	Ⅴ－67	宁波走书	浙江省宁波市鄞州区、奉化市
761	Ⅴ－68	独脚戏	上海市黄浦区 浙江省杭州市
762	Ⅴ－69	大调曲子	河南省南阳市
763	Ⅴ－70	湖北小曲	湖北省武汉市
764	Ⅴ－71	南曲	湖北省五峰土家族自治县
765	Ⅴ－72	秦安小曲	甘肃省秦安县
766	Ⅴ－73	徐州琴书	江苏省徐州市
767	Ⅴ－74	恩施扬琴	湖北省恩施市
768	Ⅴ－75	四川扬琴	四川省曲艺团、四川省音乐舞蹈研究所、 成都艺术剧院
769	Ⅴ－76	四川竹琴	重庆市三峡曲艺团 四川省成都艺术剧院
770	Ⅴ－77	四川清音	四川省成都艺术剧院
771	Ⅴ－78	金华道情	浙江省金华市、义乌市
772	Ⅴ－79	陕北道情	陕西省延安市、清涧县
773	Ⅴ－80	朝鲜族三老人	吉林省和龙市
774	Ⅴ－81	南京白局	江苏省南京市秦淮区
775	Ⅴ－82	武林调	浙江省杭州市
776	Ⅴ－83	绍兴宣卷	浙江省绍兴县
777	Ⅴ－84	温州莲花	浙江省温州市鹿城区、永嘉县
778	Ⅴ－85	山东落子	山东省单县
779	Ⅴ－86	说鼓子	湖北省公安县、松滋市
780	Ⅴ－87	广西文场	广西壮族自治区桂林市
781	Ⅴ－88	车灯	重庆市曲艺团
782	Ⅴ－89	眉户曲子	陕西省户县
783	Ⅴ－90	韩城秧歌	陕西省韩城市
784	Ⅴ－91	金钱板	四川省成都市
785	Ⅴ－92	青海平弦	青海省西宁市
786	Ⅴ－93	青海越弦	青海省西宁市
787	Ⅴ－94	青海下弦	青海省
788	Ⅴ－95	好来宝	内蒙古自治区科尔沁左翼后旗
789	Ⅴ－96	哈萨克族铁尔麦	新疆维吾尔自治区伊犁哈萨克自治州

六、传统体育、游艺与杂技（杂技与竞技，共计 38 项）

序号	编号	项目名称	申报地区或单位
790	Ⅵ－18	围棋	中国棋院 北京棋院
791	Ⅵ－19	象棋	中国棋院 北京棋院

792	Ⅵ－20	蒙古族象棋	内蒙古自治区阿拉善盟
793	Ⅵ－21	天桥摔跤	北京市宣武区
794	Ⅵ－22	沙力搏尔式摔跤	内蒙古自治区阿拉善左旗
795	Ⅵ－23	峨眉武术	四川省峨眉山市
796	Ⅵ－24	红拳	陕西省
797	Ⅵ－25	八卦掌	河北省廊坊市
798	Ⅵ－26	形意拳	河北省深州市
799	Ⅵ－27	鹰爪翻子拳	河北省雄县
800	Ⅵ－28	八极拳 (月山八极拳)	河南省博爱县
801	Ⅵ－29	心意拳	山西省晋中市
802	Ⅵ－30	心意六合拳	河南省漯河市、周口市
803	Ⅵ－31	五祖拳	福建省泉州市
804	Ⅵ－32	查拳	山东省冠县
805	Ⅵ－33	螳螂拳	山东省莱阳市
806	Ⅵ－34	苌家拳	河南省荥阳市
807	Ⅵ－35	岳家拳	湖北省武穴市
808	Ⅵ－36	蔡李佛拳	广东省江门市新会区
809	Ⅵ－37	马球 (塔吉克族马球)	新疆维吾尔自治区塔什库尔干塔吉克自治县
810	Ⅵ－38	满族珍珠球	吉林省吉林市
811	Ⅵ－39	满族二贵摔跤	河北省隆化县
812	Ⅵ－40	鄂温克抢枢	内蒙古自治区鄂温克族自治旗
813	Ⅵ－41	挠羊赛	山西省忻州市
814	Ⅵ－42	传统箭术 (南山射箭)	青海省乐都县
815	Ⅵ－43	赛马会 (当吉仁赛马会、玉树赛马会)	西藏自治区拉萨市 青海省玉树藏族自治州
816	Ⅵ－44	叼羊 (维吾尔族叼羊)	新疆维吾尔自治区巴楚县
817	Ⅵ－45	土族轮子秋	青海省互助土族自治县
818	Ⅵ－46	左各庄杆会	河北省文安县
819	Ⅵ－47	戏法 (赵世魁戏法)	黑龙江省杂技团
820	Ⅵ－48	建湖杂技	江苏省建湖县
821	Ⅵ－49	东北庄杂技	河南省濮阳市
822	Ⅵ－50	宁津杂技	山东省宁津县
823	Ⅵ－51	马戏 (埇桥马戏)	安徽省宿州市埇桥区
824	Ⅵ－52	风火流星	山西省太原市
825	Ⅵ－53	翻九楼	浙江省杭州市、东阳市
826	Ⅵ－54	调吊	浙江省绍兴市
827	Ⅵ－55	苏桥飞叉会	河北省文安县

七、传统美术(民间美术,共计45项)

序号	编号	项目名称	申报地区或单位
828	Ⅶ－52	面人 (北京面人郎、上海面人赵、曹州面人、曹县江米人)	北京市海淀区 上海工艺美术研究所 山东省荷泽市牡丹区、曹县
829	Ⅶ－53	面花 (阳城焙面面塑、闻喜花馍、定襄面塑、新绛面塑、	山西省阳城县、闻喜县、定襄县、新绛县 山东省冠县 陕西省黄陵县

		郎庄面塑、黄陵面花)	
830	Ⅶ—54	草编 (大名草编、徐行草编、 莱州草辫、沐川草龙、 湖口草龙)	河北省大名县 上海市嘉定区 山东省莱州市 四川省沐川县 江西省湖口县
831	Ⅶ—55	柳编 (广宗柳编、 维吾尔族枝条编织)	河北省广宗县 新疆维吾尔自治区吐鲁番市
832	Ⅶ—56	石雕 (煤精雕刻、鸡血石雕、 嘉祥石雕、掖县滑石雕刻、 方城石猴、大冶石雕、 菊花石雕、雷州石狗、 白花石刻、安岳石刻、 泽库和日寺石刻)	辽宁省抚顺市 浙江省临安市 山东省嘉祥县、莱州市 河南省方城县 湖北省大冶市 湖南省浏阳市 广东省雷州市 四川省广元市、安岳县 青海省泽库县
833	Ⅶ—57	玉雕 (北京玉雕、苏州玉雕、 镇平玉雕、广州玉雕、 阳美翡翠玉雕)	北京市玉器厂 江苏省苏州市 河南省镇平县 广东省广州市荔湾区、揭阳市
834	Ⅶ—58	木雕 (曲阜楷木雕刻、 澳门神像雕刻、 武汉木雕船模)	山东省曲阜市 澳门特别行政区 湖北省武汉市硚口区
835	Ⅶ—59	核雕 (光福核雕、潍坊核雕、 广州榄雕)	江苏省苏州市 山东省潍坊市 广东省增城市
836	Ⅶ—60	椰雕 (海南椰雕)	海南省海口市
837	Ⅶ—61	葫芦雕刻 (东昌葫芦雕刻)	山东省聊城市
838	Ⅶ—62	锡雕	山东省莱芜市 浙江省永康市
839	Ⅶ—63	汉字书法	中国文学艺术界联合会书法家协会 中国艺术研究院中国书法院
840	Ⅶ—64	藏文书法 (德格藏文书法、 果洛德昂洒智)	四川省德格县 青海省果洛藏族自治州
841	Ⅶ—65	木版年画 (平阳木版年画、 东昌府木版年画、 张秋木版年画、 夹江年画、滑县木版年画)	山西省临汾市 山东省聊城市、阳谷县 四川省夹江县 河南省滑县
842	Ⅶ—66	彩扎 (凤凰纸扎、秸秆扎刻、 彩布拧台、邳州纸塑狮子头、 佛山狮头)	湖南省凤凰县 河北省永清县、邯郸市 江苏省邳州市 广东省佛山市
843	Ⅶ—67	龙档 (乐清龙档)	浙江省乐清市
844	Ⅶ—68	常州梳篦	江苏省常州市

845	Ⅶ—69	麦秆剪贴	浙江省浦江县
846	Ⅶ—70	北京绢花	北京市崇文区
847	Ⅶ—71	堆锦	山西省长治市堆锦研究所、
		（上党堆锦）	长治市群众艺术馆
848	Ⅶ—72	湟中堆绣	青海省湟中县
849	Ⅶ—73	瓯绣	浙江省温州市
850	Ⅶ—74	汴绣	河南省开封市
851	Ⅶ—75	汉绣	湖北省武汉市江汉区
852	Ⅶ—76	羌族刺绣	四川省汶川县
853	Ⅶ—77	民间绣活	山西省高平市
		（高平绣活、麻柳刺绣、	四川省广元市
		西秦刺绣、澄城刺绣、	陕西省宝鸡市、澄城县
		红安绣活、阳新布贴）	湖北省红安县、阳新县
854	Ⅶ—78	彝族（撒尼）刺绣	云南省石林彝族自治县
855	Ⅶ—79	维吾尔族刺绣	新疆维吾尔自治区哈密地区
856	Ⅶ—80	满族刺绣	辽宁省岫岩满族自治县、锦州市古塔区
		（岫岩满族民间刺绣、	吉林省通化市
		锦州满族民间刺绣、	
		长白山满族枕头顶刺绣）	
857	Ⅶ—81	蒙古族刺绣	新疆维吾尔自治区博湖县
858	Ⅶ—82	柯尔克孜族刺绣	新疆维吾尔自治区温宿县
859	Ⅶ—83	哈萨克毡绣和布绣	新疆生产建设兵团农六师
860	Ⅶ—84	料器	北京京城百工坊艺术品有限公司
		（北京料器）	
861	Ⅶ—85	瓯塑	浙江省温州市
862	Ⅶ—86	砖塑	山东省鄄城县
		（鄄城砖塑）	
863	Ⅶ—87	灰塑	广东省广州市
864	Ⅶ—88	糖塑	江苏省丰县
		（丰县糖人贡、	湖北省天门市
		天门糖塑、成都糖画）	四川省成都市
865	Ⅶ—89	瓷板画	江西省南昌市
866	Ⅶ—90	软木画	福建省福州市
867	Ⅶ—91	镶嵌	浙江省温州市
		（彩石镶嵌、骨木镶嵌、	鹿城区、瓯海区、仙居县、宁波市
		嵌瓷）	广东省汕头市、普宁市
868	Ⅶ—92	新会葵艺	广东省江门市新会区
869	Ⅶ—93	传统插花	北京林业大学
870	Ⅶ—94	盆景技艺	江苏省扬州市、泰州市
		（扬派盆景技艺、	安徽省歙县
		徽派盆景技艺、	广东省英德市
		英石假山盆景技艺）	
871	Ⅶ—95	布老虎	山西省黎城县
		（黎侯虎）	
872	Ⅶ—96	建筑彩绘	云南省大理市
		（白族民居彩绘、	陕西省
		陕北匠艺丹青、炕围画）	山西省襄垣县

八、传统技艺(传统手工技艺，共计97项)

序号	编号	项目名称	申报地区或单位
873	Ⅷ—90	琉璃烧制技艺	北京市门头沟区
			山西省

874	Ⅷ—91	临清贡砖烧制技艺	山东省临清市
875	Ⅷ—92	定瓷烧制技艺	河北省曲阳县
876	Ⅷ—93	钧瓷烧制技艺	河南省禹州市
877	Ⅷ—94	唐三彩烧制技艺	河南省洛阳市
878	Ⅷ—95	醴陵釉下五彩瓷烧制技艺	湖南省醴陵市
879	Ⅷ—96	枫溪瓷烧制技艺	广东省潮州市枫溪区
880	Ⅷ—97	广彩瓷烧制技艺	广东省广州市
881	Ⅷ—98	陶器烧制技艺	广西壮族自治区钦州市
		（钦州坭兴陶烧制技艺、	四川省稻城县
		藏族黑陶烧制技艺、	云南省迪庆藏族自治州
		牙舟陶器烧制技艺、	青海省囊谦县
		建水紫陶烧制技艺、	贵州省平塘县
		荥经砂器烧制技艺）	云南省建水县
			四川省荥经县
882	Ⅷ—99	蚕丝织造技艺	浙江省杭州市余杭区、
		（余杭清水丝绵制作技艺、	杭州市福兴丝绸厂、湖州市
		杭罗织造技艺、	
		双林绫绢织造技艺）	
883	Ⅷ—100	传统棉纺织技艺	河北省魏县、肥乡县
			新疆维吾尔自治区伽师县
884	Ⅷ—101	毛纺织及擀制技艺	四川省昭觉县、色达县
		（彝族毛纺织及擀制技艺、	甘肃省东乡族自治县
		藏族牛羊毛编织技艺、	
		东乡族擀毡技艺）	
885	Ⅷ—102	夏布织造技艺	江西省万载县
			重庆市荣昌县
886	Ⅷ—103	鲁锦织造技艺	山东省鄄城县、嘉祥县
887	Ⅷ—104	侗锦织造技艺	湖南省通道侗族自治县
888	Ⅷ—105	苗族织锦技艺	贵州省麻江县、雷山县
889	Ⅷ—106	傣族织锦技艺	云南省西双版纳傣族自治州
890	Ⅷ—107	香云纱染整技艺	广东省佛山市顺德区
891	Ⅷ—108	枫香印染技艺	贵州省惠水县、麻江县
892	Ⅷ—109	新疆维吾尔族艾德莱斯绸织染技艺	新疆维吾尔自治区洛浦县
893	Ⅷ—110	地毯织造技艺	北京
		（北京宫毯织造技艺、	内蒙古自治区阿拉善左旗
		阿拉善地毯织造技艺、	新疆维吾尔自治区洛浦县
		维吾尔族地毯织造技艺）	
894	Ⅷ—111	滩羊皮鞣制工艺	山西省交城县
895	Ⅷ—112	鄂伦春族狍皮制作技艺	内蒙古自治区鄂伦春自治旗
			黑龙江省黑河市爱辉区
896	Ⅷ—113	盛锡福皮帽制作技艺	北京市东城区
897	Ⅷ—114	维吾尔族卡拉库尔胎	新疆维吾尔自治区沙雅县
		羔皮帽制作技艺	
898	Ⅷ—115	内联升千层底布鞋制作技艺	北京
899	Ⅷ—116	黄金溜槽堆石砌灶冶炼技艺	山东省招远市
900	Ⅷ—117	金银细工制作技艺	上海市黄浦区
			江苏省南京市、江都市
901	Ⅷ—118	斑铜制作技艺	云南省曲靖市
902	Ⅷ—119	铜雕技艺	浙江省杭州市
903	Ⅷ—120	藏族金属锻造技艺	西藏自治区南木林县
		（藏族锻铜技艺、	四川省白玉县
		藏刀锻制技艺）	西藏自治区拉孜县

			青海省玉树藏族自治州
904	Ⅷ－121	成都银花丝制作技艺	四川省成都市青羊区
905	Ⅷ－122	维吾尔族传统小刀制作技艺	新疆维吾尔自治区英吉沙县
906	Ⅷ－123	蒙古族马具制作技艺	内蒙古自治区科尔沁左翼后旗
907	Ⅷ－124	民族乐器制作技艺	山西省长子县
		（长子响铜乐器制作技艺、	吉林省延边朝鲜族自治州
		朝鲜族民族乐器制作技艺、	江苏省苏州市
		苏州民族乐器制作技艺、	福建省漳州市
		漳州蔡福美传统制鼓技艺、	新疆维吾尔自治区疏附县、
		维吾尔族乐器制作技艺）	新和县
908	Ⅷ－125	花丝镶嵌制作技艺	北京市通州区
			河北省大厂回族自治县
909	Ⅷ－126	金漆镶嵌髹饰技艺	北京
910	Ⅷ－127	漆器髹饰技艺	安徽省黄山市屯溪区
		（徽州漆器髹饰技艺、	重庆市
		重庆漆器髹饰技艺）	
911	Ⅷ－128	彝族漆器髹饰技艺	四川省喜德县
			贵州省大方县
912	Ⅷ－129	纸笺加工技艺	安徽省巢湖市
913	Ⅷ－130	宣笔制作技艺	安徽省宣城市
914	Ⅷ－131	楮皮纸制作技艺	陕西省西安市长安区
915	Ⅷ－132	白沙茅龙笔制作技艺	广东省江门市
916	Ⅷ－133	砚台制作技艺	河北省易县
		（易水砚制作技艺、	山西省新绛县
		澄泥砚制作技艺、	甘肃省卓尼县、岷县
		洮砚制作技艺）	
917	Ⅷ－134	印泥制作技艺	上海市静安区
		（上海鲁庵印泥、漳州八宝印泥）	福建省漳州市
918	Ⅷ－135	木活字印刷技术	浙江省瑞安市
919	Ⅷ－136	装裱修复技艺	北京市荣宝斋
		（古字画装裱修复技艺、	故宫博物院
		古籍修复技艺）	国家图书馆
			中国书店
920	Ⅷ－137	传统木船制造技艺	江苏省兴化市
			浙江省舟山市普陀区
921	Ⅷ－138	水密隔舱福船制造技艺	福建省晋江市、宁德市蕉城区
922	Ⅷ－139	龙舟制作技艺	广东省东莞市
923	Ⅷ－140	伞制作技艺	四川省泸州市江阳区
		（油纸伞制作技艺、	浙江省杭州市
		西湖绸伞）	
924	Ⅷ－141	藏香制作技艺	西藏自治区尼木县、墨竹工卡县
925	Ⅷ－142	贝叶经制作技艺	云南省西双版纳傣族自治州
926	Ⅷ－143	土碱烧制技艺	新疆生产建设兵团
927	Ⅷ－144	蒸馏酒传统酿造技艺	北京红星股份有限公司、
		（北京二锅头酒传统酿造技艺、	北京顺鑫农业股份有限公司
		衡水老白干传统酿造技艺、	河北省衡水市、平泉县、承德县
		山庄老酒传统酿造技艺、	山西省朔州市
		板城烧锅酒传统五甑酿造技艺、	辽宁省沈阳市
		梨花春白酒传统酿造技艺、	吉林省通化县
		老龙口白酒传统酿造技艺、	河南省宝丰县
		大泉源酒传统酿造技艺、	四川省宜宾市、成都市、
		宝丰酒传统酿造技艺、	绵竹市、古蔺县、射洪县

		五粮液酒传统酿造技艺、 水井坊酒传统酿造技艺、 剑南春酒传统酿造技艺、 古蔺郎酒传统酿造技艺、 沱牌曲酒传统酿造技艺）	
928	Ⅷ－145	酿造酒传统酿造技艺 （封缸酒传统酿造技艺、 金华酒传统酿造技艺）	江苏省丹阳市、金坛市 浙江省金华市
929	Ⅷ－146	配制酒传统酿造技艺 （菊花白酒传统酿造技艺）	北京仁和酒业有限责任公司
930	Ⅷ－147	花茶制作技艺 （张一元茉莉花茶制作技艺）	北京张一元茶叶有限责任公司
931	Ⅷ－148	绿茶制作技艺 （西湖龙井、婺州举岩、 黄山毛峰、太平猴魁、	浙江省杭州市、金华市 安徽省黄山市徽州区、黄山区、 安市裕安区六安瓜片）
932	Ⅷ－149	红茶制作技艺 （祁门红茶制作技艺）	安徽省祁门县
933	Ⅷ－150	乌龙茶制作技艺 （铁观音制作技艺）	福建省安溪县
934	Ⅷ－151	普洱茶制作技艺 （贡茶制作技艺、大益茶制作技艺）	云南省宁洱县、勐海县
935	Ⅷ－152	黑茶制作技艺 （千两茶制作技艺、 茯砖茶制作技艺、 南路边茶制作技艺）	湖南省安化县、益阳市 四川省雅安市
936	Ⅷ－153	晒盐技艺 （海盐晒制技艺、 井盐晒制技艺）	浙江省象山县 海南省儋州市 西藏自治区芒康县
937	Ⅷ－154	酱油酿造技艺 （钱万隆酱油酿造技艺）	上海市浦东新区
938	Ⅷ－155	豆瓣传统制作技艺 （郫县豆瓣传统制作技艺）	四川省郫县
939	Ⅷ－156	豆豉酿制技艺 （永川豆豉酿制技艺、 潼川豆豉酿制技艺）	重庆市 四川省三台县
940	Ⅷ－157	腐乳酿造技艺 （王致和腐乳酿造技艺）	北京市海淀区
941	Ⅷ－158	酱菜制作技艺 （六必居酱菜制作技艺）	北京六必居食品有限公司
942	Ⅷ－159	榨菜传统制作技艺 （涪陵榨菜传统制作技艺）	重庆市涪陵区
943	Ⅷ－160	传统面食制作技艺 （龙须拉面和刀削面制作技艺、 抿尖面和猫耳朵制作技艺）	山西省全晋会馆、晋韵楼
944	Ⅷ－161	茶点制作技艺 （富春茶点制作技艺）	江苏省扬州市
945	Ⅷ－162	周村烧饼制作技艺	山东省淄博市
946	Ⅷ－163	月饼传统制作技艺 （郭杜林晋式月饼制作技艺、 安琪广式月饼制作技艺）	山西省太原市 广东省安琪食品有限公司
947	Ⅷ－164	素食制作技艺 （功德林素食制作技艺）	上海功德林素食有限公司

948	Ⅷ－165	同盛祥牛羊肉泡馍制作技艺	陕西省西安市
949	Ⅷ－166	火腿制作技艺 （金华火腿腌制技艺）	浙江省金华市
950	Ⅷ－167	烤鸭技艺 （全聚德挂炉烤鸭技艺、 便宜坊焖炉烤鸭技艺）	北京市全聚德（集团） 股份有限公司、 北京便宜坊 烤鸭集团有限公司
951	Ⅷ－168	牛羊肉烹制技艺 （东来顺涮羊肉制作技艺、 鸿宾楼全羊席制作技艺、 月盛斋酱烧牛羊肉制作技艺、 北京烤肉制作技艺、 冠云平遥牛肉传统加工技艺、 烤全羊技艺）	北京市东来顺集团有限责任公司 北京市鸿宾楼餐饮有限责任公司 北京月盛斋清真食品有限公司 北京市聚德华天控股有限公司 山西省冠云平遥牛肉集团有限公司 内蒙古自治区阿拉善盟
952	Ⅷ－169	天福号酱肘子制作技艺	北京天福号食品有限公司
953	Ⅷ－170	六味斋酱肉传统制作技艺	山西省太原六味斋 实业有限公司
954	Ⅷ－171	都一处烧麦制作技艺	北京便宜坊烤鸭 集团有限公司
955	Ⅷ－172	聚春园佛跳墙制作技艺	福建省福州市
956	Ⅷ－173	真不同洛阳水席制作技艺	河南省洛阳市
957	Ⅷ－174	官式古建筑营造技艺 （北京故宫）	故宫博物院
958	Ⅷ－175	木拱桥传统营造技艺	浙江省庆元县、泰顺县 福建省寿宁县、屏南县
959	Ⅷ－176	石桥营造技艺	浙江省绍兴市
960	Ⅷ－177	婺州传统民居营造技艺 （诸葛村古村落营造技艺、 俞源村古建筑群营造技艺、 东阳卢宅营造技艺、 浦江郑义门营造技艺）	浙江省兰溪市、 武义县、 东阳市、 浦江县
961	Ⅷ－178	徽派传统民居营造技艺	安徽省黄山市
962	Ⅷ－179	闽南传统民居营造技艺	福建省泉州市鲤城区、 惠安县、南安市
963	Ⅷ－180	窑洞营造技艺	山西省平陆县 甘肃省庆阳市
964	Ⅷ－181	蒙古包营造技艺	内蒙古自治区 文学艺术界联合会、 西乌珠穆沁旗、 陈巴尔虎旗
965	Ⅷ－182	黎族船型屋营造技艺	海南省东方市
966	Ⅷ－183	哈萨克族毡房营造技艺	新疆维吾尔自治区 塔城地区
967	Ⅷ－184	俄罗斯族民居营造技艺	新疆维吾尔自治区 塔城地区
968	Ⅷ－185	撒拉族篱笆楼营造技艺	青海省循化 撒拉族自治县
969	Ⅷ－186	藏族碉楼营造技艺	四川省丹巴县

九、传统医药（共计8项）

序号	编号	项目名称	申报地区或单位
970	Ⅸ－10	中医养生	山西省太原市

		（药膳八珍汤、	福建省晋江市、永定县
		灵源万应茶、	
		永定万应茶）	
971	Ⅸ—11	传统中医药文化	北京鹤年堂医药有限责任公司
		（鹤年堂中医药养生文化、	湖南省九芝堂股份有限公司
		九芝堂传统中药文化、	广东省广州潘高寿药业
		潘高寿传统中药文化、	股份有限公司、
		陈李济传统中药文化、	广州陈李济制药厂
		同济堂传统中药文化）	贵州省同济堂制药有限公司
972	Ⅸ—12	蒙医药	内蒙古自治区
		（赞巴拉道尔吉温针、	
		火针疗法）	
973	Ⅸ—13	畲族医药	浙江省丽水市
		（痧症疗法、	福建省罗源县
			六神经络骨通药制作工艺）
974	Ⅸ—14	瑶族医药	贵州省从江县
		（药浴疗法）	
975	Ⅸ—15	苗医药	贵州省雷山县、
		（骨伤蛇伤疗法、	黔东南苗族侗族自治州
		九节茶药制作工艺）	
976	Ⅸ—16	侗医药	贵州省黔东南苗族侗族自治州
		（过路黄药制作工艺）	
977	Ⅸ—17	回族医药	宁夏回族自治区吴忠市、银川市
		（张氏回医正骨疗法、	
		回族汤瓶八诊疗法）	

十、民俗（共计51项）

序号	编号	项目名称	申报地区或单位
978	Ⅹ—71	元宵节	文化部
		（敛巧饭习俗、	北京市怀柔区、密云县
		九曲黄河阵灯俗、	山西省柳林县
		柳林盘子会、	河北省蔚县
		蔚县拜灯山习俗、	福建省福州市马尾区、
		马尾－马祖元宵节俗、	泉州市、晋江市、
		泉州闹元宵习俗、	仙游县、连城县
		闽台东石灯俗、	甘肃省永昌县
		枫亭元宵游灯习俗、	青海省乐都县
		闽西客家元宵节庆、	
		永昌县卍字灯俗、	
		九曲黄河灯俗）	
979	Ⅹ—72	渔民开洋、谢洋节	浙江省象山县、岱山县
			山东省荣成市、
			日照市、即墨市
980	Ⅹ—73	畲族三月三	浙江省景宁畲族自治县
981	Ⅹ—74	宾阳炮龙节	广西壮族自治区宾阳县
982	Ⅹ—75	苗族独木龙舟节	贵州省台江县
983	Ⅹ—76	苗族跳花节	贵州省安顺市
984	Ⅹ—77	苗族四月八姑娘节	湖南省绥宁县
985	Ⅹ—78	德昂族浇花节	云南省德宏傣族景颇族自治州
986	Ⅹ—79	江孜达玛节	西藏自治区江孜县
987	Ⅹ—80	塔塔尔族撒班节	新疆维吾尔自治区塔城地区
988	Ⅹ—81	灯会	河北省邯郸市、霸州市

		（苇子灯阵、 胜芳灯会、 河曲河灯会、 肥东洋蛇灯、 南安英都拔拔灯、 石城灯会、渔灯节、 泮村灯会、自贡灯会）	山西省河曲县 安徽省肥东县 福建省南安市 江西省石城县 山东省烟台市 广东省开平市 四川省自贡市
989	Ⅹ－82	羌年	四川省茂县、 汶川县、理县、 北川羌族自治县
990	Ⅹ－83	苗年	贵州省丹寨县、雷山县
991	Ⅹ－84	庙会 （妙峰山庙会、 东岳庙庙会、 晋祠庙会、 上海龙华庙会、 赶茶场、泰山东岳庙会、 武当山庙会、火宫殿庙会、 佛山祖庙庙会、药王山庙会）	北京市门头沟区、朝阳区 山西省太原市晋源区 上海市徐汇区 浙江省磐安县 山东省泰安市 湖北省十堰市 湖南省长沙市 广东省佛山市 陕西省铜川市
992	Ⅹ－85	民间信俗 （千童信子节、 关公信俗、 石浦－富岗如意信俗、 汤和信俗、 保生大帝信俗、 陈靖姑信俗、 西王母信俗）	河北省盐山县 山西省运城市 河南省洛阳市 浙江省象山县、温州市龙湾区 福建省厦门市海沧区、 龙海市、古田县、 福州市仓山区 甘肃省泾川县
993	Ⅹ－86	青海湖祭海	青海省海北 藏族自治州
994	Ⅹ－87	抬阁（芯子、铁枝、飘色） （葛渔城重阁会、 宽城背杆、隆尧县泽畔抬阁、 清徐徐沟背铁棍、万荣抬阁、 峨口挠阁、脑阁、金坛抬阁、 浦江迎会、肘阁抬阁、大坝高装、 青林口高抬戏、庄浪县高抬、 湟中县千户营高台、隆德县高台、 阁子里芯子、周村芯子、章丘芯子、 霍童铁枝、福鼎沙埕铁枝、 屏南双溪铁枝、南朗崖口飘色、 台山浮石飘色、吴川飘色、 河田高景）	河北省廊坊市、 宽城满族自治县、隆尧县 山西省清徐县、 万荣县、代县 内蒙古自治区土默特左旗 江苏省金坛市 浙江省浦江县 安徽省寿县、临泉县 四川省兴文县、江油市 甘肃省庄浪县 青海省湟中县 宁夏回族自治区隆德县 山东省淄博市临淄区、 周村区，章丘市 福建省宁德市蕉城区、 福鼎市、屏南县 广东省中山市、 台山市、吴川市、陆河县
995	Ⅹ－88	打铁花	河南省确山县
996	Ⅹ－89	朝鲜族花甲礼	辽宁省丹东市 吉林省延边朝鲜族自治州
997	Ⅹ－90	祭祖习俗	山西省洪洞县

		（大槐树祭祖习俗）	
998	Ⅹ－91	鄂温克驯鹿习俗	内蒙古自治区根河市
999	Ⅹ－92	蒙古族养驼习俗	内蒙古自治区阿拉善盟
1000	Ⅹ－93	长白山采参习俗	吉林省抚松县
1001	Ⅹ－94	查干淖尔冬捕习俗	吉林省前郭尔罗斯蒙古族自治县
1002	Ⅹ－95	蚕桑习俗（含山轧蚕花、扫蚕花地）	浙江省桐乡市、德清县
1003	Ⅹ－96	洪洞走亲习俗	山西省洪洞县
1004	Ⅹ－97	蟳埔女习俗	福建省泉州市丰泽区
1005	Ⅹ－98	汉族传统婚俗（孝义贾家庄婚俗、宁海十里红妆婚俗、斗门水上婚嫁习俗）	山西省孝义市 浙江省宁海县 广东省珠海市
1006	Ⅹ－99	朝鲜族传统婚礼	吉林省延边朝鲜族自治州
1007	Ⅹ－100	塔吉克族婚俗	新疆维吾尔自治区塔什库尔干塔吉克自治县
1008	Ⅹ－101	水乡社戏	浙江省绍兴市
1009	Ⅹ－102	界首书会	安徽省界首市
1010	Ⅹ－103	洛阳牡丹花会	河南省洛阳市
1011	Ⅹ－104	三汇彩亭会	四川省渠县
1012	Ⅹ－105	石宝山歌会	云南省剑川县
1013	Ⅹ－106	大理三月街	云南省大理市
1014	Ⅹ－107	茶艺（潮州工夫茶艺）	广东省潮州市
1015	Ⅹ－108	蒙古族服饰	内蒙古自治区 甘肃省肃北蒙古族自治县 新疆维吾尔自治区博湖县
1016	Ⅹ－109	朝鲜族服饰	吉林省延边朝鲜族自治州
1017	Ⅹ－110	畲族服饰	福建省罗源县
1018	Ⅹ－111	黎族服饰	海南省锦绣织贝有限公司、海南省民族研究所
1019	Ⅹ－112	珞巴族服饰	西藏自治区隆子县、米林县
1020	Ⅹ－113	藏族服饰	西藏自治区措美县、林芝地区、普兰县、安多县、申扎县 青海省玉树藏族自治州、门源回族自治县
1021	Ⅹ－114	裕固族服饰	甘肃省肃南裕固族自治县
1022	Ⅹ－115	土族服饰	青海省互助土族自治县
1023	Ⅹ－116	撒拉族服饰	青海省循化撒拉族自治县
1024	Ⅹ－117	维吾尔族服饰	新疆维吾尔自治区于田县
1025	Ⅹ－118	哈萨克族服饰	新疆维吾尔自治区伊犁哈萨克自治州
1026	Ⅹ－119	珠算（程大位珠算法、珠算文化）	安徽省黄山市屯溪区 中国珠算心算协会
1027	Ⅹ－120	南海航道更路经	海南省文昌市
1028	Ⅹ－121	藏族天文历算	西藏自治区

全国文化信息资源共享工程示范省、示范市、示范县(市、区)名录

一、示范省

山东省

二、示范市

浙江省:宁波市、嘉兴市
广东省:深圳市

三、示范县(市、区)

北京市:大兴区
天津市:和平区、河西区、塘沽区、大港区、东丽区、津南区、北辰区
山西省:曲沃县、襄垣县
内蒙古自治区:乌审旗
吉林省:桦甸市、前郭县、敦化市、抚松县、永吉县
江苏省:常熟市、张家港市、大丰市
浙江省:绍兴县、长兴县
安徽省:太湖县、蒙城县、繁昌县
河南省:安阳县、孟州市、偃师市、渑池县、淅川县、鄢陵县、温县
湖北省:秭归县、蕲春县、崇阳县、兴山县、安陆县、当阳市
湖南省:长沙县、望城县
广东省:乳源县、德庆县
四川省:都江堰市、峨眉山市、绵竹市
贵州省:遵义县、都匀市
甘肃省:张掖市甘州区
宁夏回族自治区:贺兰县、盐池县
新疆维吾尔自治区:阜康县
陕西省:定边县、眉县、泾阳县

2006年度文化部优秀专家名录

李鸿图	北京京剧院一级演员
王建民	中国杂技团一级美术师
史红梅(女)	北方昆曲剧院一级演员
王英会	北京市河北梆子剧团一级演员
王冠丽(女)	中国评剧院一级演员
李　凯	天津市文物管理中心研究馆员
傅长圣	天津泥人张彩塑工作室高级工艺美术师
许荷英(女)	河北省河北梆子剧院一级演员
刘丽霞(女)	河北省杂技团一级导演
任亚珊	河北省文物保护中心研究馆员
孙　昌	山西省晋剧院一级演员
周　毅	山西艺术职业学院教授
成凤英(女)	山西省忻州市北路梆子剧团一级演员
谢　涛(女)	山西省太原市实验晋剧院一级演员
陈永志(蒙古族)	内蒙古文物考古研究所研究馆员
何远景	内蒙古图书馆副研究馆员
阿·其木格(女,蒙古族)	内蒙古民族歌舞剧院一级演员
巴德玛(女,蒙古族)	内蒙古鄂尔多斯歌舞剧团一级演员
龙延生(女)	辽宁省群众艺术馆教授
曲滋娇(女)	辽宁芭蕾舞团一级演员
田立坤	辽宁省文物考古研究所研究员
孟　欣	辽宁歌剧院一级指挥
王少洲	吉林省地方戏曲剧院曲艺团一级演员
安静芳(女,朝鲜族)	吉林省地方戏曲剧院吉剧团一级演员
王明喜	黑龙江省歌舞剧院一级作曲

王向阳(女) 黑龙江省评剧院一级演员
刘 彤 黑龙江省曲艺团一级演员
张 伟 黑龙江省文物考古研究所研究馆员
刘继维 黑龙江省图书馆研究馆员
奚中路 上海京剧院一级演员
魏 松(满族) 上海歌剧院一级演员
赵志刚 上海越剧院一级演员
李朝远 上海博物馆研究馆员
吴小平(土家族) 江苏省文化厅一级作曲
徐乐乐(女) 江苏省国画院一级美术师
李 洁(女) 江苏省京剧院一级演员
王爱国 江苏省文化馆研究馆员
张 敏 江苏省考古研究所研究馆员
严圣民 浙江歌舞剧院一级演员
赵雁君 浙江省博物馆研究馆员
邵小眉(女) 浙江省群众艺术馆研究馆员
程小澜(女) 浙江图书馆研究馆员
朱海燕(女) 安徽省话剧团一级演员
李 文(女) 安徽省黄梅戏剧院演出团一级演员
陈惠龙 安徽省歌舞剧院民族管弦乐团一级演奏员
宫希成 安徽省文物考古研究所研究馆员
王评章 福建省艺术研究所研究员
张树平 福建省歌舞剧院一级作曲
林恭务 福建省博物院研究馆员
栗建安 福建省博物院考古研究所研究馆员
沈 滢 江西省歌舞剧院一级演员
郭佳胜 江西画报社高级编辑
樊昌生 江西省文物考古研究所研究员
孟令河 山东省戏剧创作室一级编剧
丁小秋(回族) 山东省济南市儿童艺术剧院一级演员
张玉臻(女) 山东省艺术馆研究馆员
孙 博 山东省文物科技保护中心研究员
董家岭 山东省吕剧院一级演员
方可杰(回族) 河南省艺术研究院一级作曲
贾文龙 河南省豫剧三团一级演员
李利宏 河南省话剧院一级导演
田 凯(回族) 河南省博物馆研究馆员
申少春 河南省图书馆研究馆员
董继宁 湖北省美术院教授
周锦堂 湖北省武汉人民艺术剧院一级演员
周双云(女) 湖北艺术职业学院一级演员
孟华平 湖北省博物馆研究馆员
肖 鸣 湖南省歌舞剧院一级指挥
谢晓君(女) 湖南省花鼓戏剧院一级演员
张 勇 湖南图书馆研究馆员
贺 刚 湖南省文物考古研究所研究员
陈建明 湖南省博物馆研究馆员
崔峥嵘(女) 广东省广州交响乐团一级演员
莫 柯(瑶族) 海南省民族歌舞团一级作曲
魏庆荔 海南省群众艺术馆一级作曲
丘 刚 海南省博物馆研究馆员
邓景华 海南省图书馆研究馆员
王頠(土家族) 广西壮族自治区自然博物馆研究馆员
廖明君(壮族) 广西民族文化艺术研究院研究员
杨步云 广西彩调剧院一级演员
张礼彗(女) 重庆市歌剧院一级演员
程联群(女) 重庆市京剧团一级演员
欧阳辉 重庆自然博物馆研究馆员
陈智林 四川省川剧院一级演员
李忠昊 四川省图书馆副研究馆员
张汝宜 四川省文化馆研究馆员
李黔滨 贵州省博物馆研究馆员
陈 争 贵州省国画院一级美术师
王松雪(女) 贵州省歌舞团一级演员
孙晋昆 云南省花灯剧团一级编导
陈 力 云南省文化馆副研究馆员
杨 帆 云南省文物考古研究所研究员
亚依(女,珞巴族) 西藏自治区歌舞团二级导演
尼玛康珠(女,藏族) 西藏自治区藏戏团二级演员
格桑曲杰(藏族) 西藏民间艺术研究所研究员
米东风(回族) 陕西省歌舞剧院一级演员
陈山桥 陕西省艺术馆研究馆员
王建平 甘肃省秦剧团一级编剧
彭德明 甘肃省歌剧院一级演员
苏孝林 甘肃省兰州歌舞剧院一级演员
任晓燕(女) 青海省文物考古研究所研究馆员
张景元 青海民族语影视译制中心主任己者
屈巧哲(女) 青海省西宁市秦剧团一级演员
张欣毅 宁夏回族自治区图书馆研究馆员
何英俊 宁夏群众艺术馆研究馆员
伊第利斯·阿不都热苏勒(维吾尔族) 新疆文物考古研究所研究员
李季莲(女) 新疆艺术研究所一级演员
阿不都拉·阿不都热依木(维吾尔族) 新疆歌剧院二级演员
贾磊磊 中国艺术研究院研究员
陈飞龙 中国艺术研究院研究员
方李莉(女) 中国艺术研究院研究员
张志清 国家图书馆研究馆员
卢海燕(女) 国家图书馆研究馆员
徐 蜀 国家图书馆编审
陈丽华(女) 故宫博物院研究馆员
余 辉 故宫博物院研究馆员
吕成龙 故宫博物院研究馆员
潘 路 中国国家博物馆研究馆员
王林(女) 中国国家博物馆研究馆员
朱珠(女) 中国国家博物馆研究馆员
江其虎 中国京剧院一级演员
罗大军 国家话剧院一级编剧
唐国强 国家话剧院一级演员
邢 辛 国家话剧院一级舞美设计
于 健 中国歌剧舞剧院一级演员

唐文娟(女)	中国东方歌舞团一级编导	钟鸣达	中央歌剧院一级演员
郭　蓉(女)	中国东方歌舞团一级演员	张　艺	中央芭蕾舞团一级指挥
崔京浩(朝鲜族)	中国东方歌舞团一级演员	李　颜(女)	中央芭蕾舞团一级演员
赵坤宇	中国交响乐团一级演奏员	李黎夫	中央民族乐团一级作曲
朱昆强	中国交响乐团一级演奏员	唐　峰	中央民族乐团一级演员
陈小琴(女)	中国交响乐团一级演员	张鑫华	中央民族乐团一级演奏员
周予援	中国儿童艺术剧院一级演员	范迪安	中国美术馆教授
大　力	中国儿童艺术剧院一级演员	陈履生	中国美术馆研究员
张　伟	中国儿童艺术剧院一级舞美设计	张江洲	中国国家画院一级荚术师
高广健	中央歌剧院一级舞美设计	范　扬	中国国家画院教授
王　丰	中央歌剧院一级演员	于文江	中国国家画院一级美术师

文化部第十二届文化奖获奖名录

一、文华大奖(17个)

戏　曲

京剧《廉吏于成龙》　上海京剧院
昆剧《公孙子都》　浙江昆剧团
花鼓戏《十二月等郎》　荆门市艺术剧院
豫剧《常香玉》　河南省豫剧一团
歌仔戏《邵江海》　厦门市歌仔戏剧团
川剧《易胆大》　四川省川剧院

话　剧

《立秋》　山西省话剧院
《黄土谣》　总政话剧团
《矸子山》　辽宁人民艺术剧院
《天籁》　广州军区政治部战士文工团

儿童剧

《青春跑道》　苏州市滑稽剧团

歌　剧

《野火春风斗古城》　总政歌剧团

音乐剧

《星》　广州歌舞团

舞　剧

《红河谷》　无锡市歌舞团
《筑城记》　武汉歌舞剧院

歌　舞

《家住长江边》　湖北艺术职业学院
　武汉电信艺术团
　武汉音乐学院

杂技剧

《西游记》　广州市杂技团

二、文华大奖特别奖(1个)

歌舞《楚水巴山》　宜昌市歌舞剧团

三、文华剧目奖(36个)

戏　曲

楚剧《大别山人》　湖北省地方戏曲艺术剧院
川剧《欲海狂潮》　四川成都市川剧院
京剧《梅兰芳》　北京京剧院
桂剧《大儒还乡》　广西桂林市桂剧团
越剧《春琴传》　浙江小百花越剧团
京剧《泸水彝山》　中国京剧院
北路梆子《黄河管子声》　山西省忻州市北路梆子剧团
　忻州市师范学院艺术系
吕剧《画龙点睛》　山东省吕剧院
花鼓戏《走进阳光》　湖南省花鼓戏剧院
昆剧《邯郸梦》　上海昆剧团
昆剧《西施》　江苏省苏州昆剧院
楚剧《三月茶香》　武汉楚剧院
河北梆子《大都名伶》　河北省河北梆子剧院
柳子戏《风雨帝王家》　山东省柳子剧团

话　剧

《马蹄声碎》　南京军区政治部前线文工团
《我在天堂等你》　解放军艺术学院
《郭双印连他乡党》　西安话剧院
《秀才与刽子手》　上海话剧艺术中心
《沦陷》　南京市话剧团
《荒原与人》　国家话剧院
《全家福》　北京人民艺术剧院

儿童剧

《柠檬黄的味道》　武汉人民艺术剧院

《二小放牛郎》 青岛话剧院
《宇宙蛋》 浙江话剧团

歌 剧

《雷雨》 上海歌剧院
《杜十娘》 中央歌剧院

音乐剧

《大三峡》 湖北省歌剧舞剧院
《冰山上的来客》 新疆歌剧院

舞 剧

《风中少林》 郑州歌舞剧院
《天边的红云》 上海歌舞团
上海东方青春舞蹈团
南京军区政治部前线文工团
《一把酸枣》 山西艺术职业学院
《红楼梦》 北京军区政治部战友文工团
上海城市舞蹈有限公司
《黄道婆》 海南省歌舞团
海南省文化艺术学校

歌 舞

《太阳女》 云南楚雄彝族自治州民族艺术剧院
《洒满阳光的新疆》 新疆歌舞团
《东风颂》 第二炮兵政治部文工团

四、文华单项奖(238 个)

戏曲

《廉吏于成龙》
文华剧作奖:梁 波 戴英禄 黎中城 王涌石
文华导演奖:谢平安
文华音乐创作奖:高一鸣 尤继舜 龚国泰
文华舞台美术(服装设计)奖:翁丽君
文华表演奖:尚长荣 饰 于成龙
关栋天 饰 康亲王

《公孙子都》
文华剧作奖:张 烈
文华导演奖:石玉昆
文华音乐创作(唱腔设计)奖:周雪华
文华舞台美术(舞美设计)奖:赵国良
文华舞台美术(灯光设计)奖:刘建中
文华表演奖:林为林 饰 公孙子都

《十二月等郎》
文华剧作奖:盛和煜
文华导演奖:张曼君
文华音乐创作奖:王文训 喻新才
文华舞台美术(舞美设计)奖:修 岩
文华表演奖:曾 菊 饰 苗 子
罗 涛 饰 周 龙

《常香玉》
文华剧作奖:韩 枫 杨 林 李利宏
文华导演奖:李利宏
文华舞台美术(舞美设计)奖:罗江涛
文华表演奖:王 惠 饰 老年常香玉
李金枝 饰 青年常香玉
李 斌 饰 陈宪章

《邵江海》
文华剧作奖:曾学文
文华导演奖:韩剑英 黄天福
文华音乐创作奖:江松明 朱伟捷
文华舞台美术(舞美设计)奖:黄永碤
文华表演奖:郑惠兵 饰 邵江海
苏燕蓉 饰 春 花

《易胆大》
文华剧作奖:魏明伦
文华导演奖:查明哲
文华音乐创作奖:李天鑫
文华舞台美术(舞美设计)奖:罗江涛 叶 建
文华表演奖:陈智林 饰 易胆大
崔光丽 饰 麻五娘
刘 谊 饰 花想容

《立秋》
文华导演奖:陈 颙 查明哲
文华舞台美术(舞美设计)奖:毛金钢
文华舞台美术(灯光设计)奖:卢卫东 游小林
文华舞台美术(服装设计)奖:刘雅明 乔 乔
文华表演奖:董怀玉 饰 马洪翰
高菊梅 饰 老太太

《黄土谣》
文华剧作奖:孟 冰
文华导演奖:胡宗琪
文华舞台美术(舞美设计)奖:黄楷夫
文华舞台美术(灯光设计)奖:居文胜 武 铮
文华表演奖:孙 涛 饰 宋建军
王晓娟 饰 姣 姣
魏积安 饰 宋老贵

《矸子山》
文华剧作奖:李宝群
文华导演奖:查明哲
文华舞台美术(舞美设计)奖:罗江涛 陈亭廷
文华舞台美术(灯光设计)奖:邢 辛 庞久学 高洪超
文华表演奖:宋国锋 饰 秦铁柱
顾玲玲 饰 佟 丽
贾 华 饰 大林奶

《天籁》
文华剧作奖:唐 栋 蒲 逊
文华导演奖:傅勇凡
文华舞台美术(舞美设计)奖:季 乔
文华舞台美术(灯光设计)奖:周正平
文华表演奖:刘晓翠 饰 朱卉琪
张 腾 饰 田富贵
林 波 饰 王来德

《青春跑道》
文华剧作奖:陆伦章
文华导演奖:蔡向亮
文华舞台美术(舞美设计)奖:徐　鸣　徐福德
文华舞台美术(灯光设计)奖:周正平　叶　音
文华表演奖:顾　芗　饰　马丽亚
张克勤　饰　陶坚强
《野火春风斗古城》
文华剧作奖:孟　冰
文华音乐创作奖:张卓娅　王祖皆
文华舞台美术(舞美设计)奖:黄楷夫
文华表演奖:陈小涛　饰　高自萍
黄华丽　饰　杨　母
戴玉强　饰　杨晓冬
《星》
文华剧作奖:许　雁
文华导演奖:信洪海
文华音乐创作奖:李小兵
文华表演奖:李炜鹏　饰　阳　光
陈莉莉　饰　月　月
《红河谷》
文华编导奖:门文元　高　度　刘仲宝　杨民麟
文华音乐创作奖:刘廷禹
文华舞台美术(舞美设计)奖:张继文
文华舞台美术(服装设计)奖:宋　立
文华表演奖:刘　岩　饰　丹　珠
万玛尖措饰　格　桑
《筑城记》
文华编导奖:门文元　高　度
文华音乐创作奖:付江宁　王原平
文华舞台美术(服装设计)奖:麦　青
文华表演奖:张　珅　饰　季　敖
汪子涵　饰　季　尚
刘　岩　饰　兰　荪
《家住长江边》
文华编导奖:赵　明
文华音乐创作奖:王原平　方　石　付江宁　万江峰　朱才勇
文华舞台美术(舞美设计)奖:龙　华
文华舞台美术(灯光设计)奖:刘文豪　郭　戎
文华舞台美术(服装设计)奖:李锐丁
《西游记》
文华编导奖:陈维亚　沈　晨　袁　念　徐　娟　赵军芳
文华音乐创作奖:徐沛东
文华舞台美术(舞美设计)奖:高广健
文华舞台美术(服装设计)奖:李　彦
文华舞台美术(灯光设计)奖:伊天夫
《楚水巴山》
文华编导奖:刘　震
文华音乐创作奖:王原平
文华舞台美术(舞美设计)奖:李智良　郑　君
文华表演奖:刘　震　饰　屈　原

《大别山人》
文华导演奖:余笑予
文华音乐创作奖:李道国　胡继金
文华表演奖:詹春尧　饰　憨　哥
周　娟　饰　桂英
《欲海狂潮》
文华剧作奖:徐　棻
文华导演奖:张曼君　李增林
文华表演奖:陈巧茹　饰　蒲　兰
《梅兰芳》
文华音乐创作奖:朱绍玉
文华舞台美术(灯光设计)奖:邢　辛
文华表演奖:于魁智　饰　梅兰芳
孟广禄　饰　褚民谊
李胜素　饰　福芝芳
《大儒还乡》
文华剧作奖:齐致翔　杨戈平　王志梧
文华导演奖:卢　昂　刘夏生
文华音乐创作奖:黎承信
文华表演奖:曾定国　饰　陈宏谋
《春琴传》
文华导演奖:郭晓男
文华表演奖:蔡浙飞　饰　佐　助
章益清　饰　春　琴
《泸水彝山》
文华导演奖:高牧坤
文华舞台美术(舞美设计)奖:苗培如
文华表演奖:张建国　饰　诸葛亮
袁慧琴　饰　孟　齐
耿巧云　饰　祝　融
《黄河管子声》
文华导演奖:裴福林　侯青莲
文华音乐创作奖:张德宁　孙宏旺　郭晓军
文华表演奖:成凤英　饰　大花眼
《画龙点睛》
文华剧作奖:孙悦遐
文华音乐创作奖:栾胜利
文华表演奖:龚鲁阳　饰　李世民
董家岭　饰　马　周
《走进阳光》
文华音乐创作奖:欧阳觉文
文华表演奖:宋　谷　饰　宋云剑
邢险峰　饰　徐　芳
《邯郸梦》
文华音乐创作(唱腔设计)奖:顾兆琳
文华表演奖:计镇华　饰　卢　生
梁谷音　饰　崔　氏
《西施》
文华表演奖:王　芳　饰　西　施
吴　双　饰　夫　差
《三月茶香》
文华剧作奖:众　和　安　子

文华导演奖:陈　蔚
文华表演奖:夏青玲　饰　三　月　(执笔)
　　　　　周泽浩　饰　天　成

《大都名伶》
文华导演奖:陶先露
文华舞台美术(灯光设计)奖:胡耀辉
文华表演奖:许荷英　饰　珠帘秀
　　　　　刘凤岭　饰　关汉卿

《风雨帝王家》
文华导演奖:郦子柏
文华表演奖:陈　媛　饰　韦　后
　　　　　杨春伟　饰　张柬之

《马蹄声碎》
文华剧作奖:姚　远
文华表演奖:陈　愫　饰　隽　芬
　　　　　王安丽　饰　冯桂珍
　　　　　殷弘毅　饰　王洪魁

《我在天堂等你》
文华剧作奖:黄定山
文华导演奖:黄定山
文华舞台美术(舞美设计)奖:周丹林
文华表演奖:苏　丽　饰　老年白雪梅
　　　　　刘　鉴　饰　欧战军
　　　　　殷　桃　饰　青年白雪梅

《郭双印连他乡党》
文华剧作奖:王　真
文华导演奖:王小琮
文华舞台美术(舞美设计)奖:刘元声
文华表演奖:杨新鸣　饰　梁生茂
　　　　　史　丰　饰　郭双印

《秀才与刽子手》
文华剧作奖:黄维若
文华导演奖:郭晓男
文华表演奖:郝　平　饰　徐圣喻
　　　　　王一楠　饰　栀子花

《沦陷》
文华剧作奖:姚　远
文华导演奖:胡宗琪
文华舞台美术(灯光设计)奖:刘建中
文华表演奖:王传海　饰　史孝庭

《荒原与人》
文华导演奖:王晓鹰
文华舞台美术(舞美设计)奖:刘科栋
文华表演奖:侯岩松　饰　于大个子
　　　　　房子斌　饰　青年马兆新
　　　　　陈希光　饰　老年马兆新

《全家福》
文华导演奖:任　鸣
文华舞台美术(舞美设计)奖:吴　穹
文华表演奖:冯远征　饰　王满堂
　　　　　王长立　饰　老　肖

《柠檬黄的味道》
文华剧作奖:邱建秀
文华导演奖:钟　浩
文华舞台美术(舞美设计)奖:刘　复
文华表演奖:镇亚荆　饰　米未
　　　　　曹　丞　饰　KIDDY

《二小放牛郎》
文华剧作奖:代　路
文华导演奖:王佳纳　黄　港
文华表演奖:龚鲁阳　饰　货郎爷爷

《宇宙蛋》
文华导演奖:王筱頔
文华舞台美术(舞美设计)奖:熊延平
文华表演奖:吴燕琳　饰　发　发

《雷雨》
文华音乐创作奖:莫　凡
文华表演奖:高曼华　饰　繁　漪
　　　　　魏　松　饰　周　萍

《杜十娘》
文华舞台美术(舞美设计)奖:高广健
文华表演奖:幺　红　饰　杜十娘
　　　　　杨　阳　饰　李　甲

《大三峡》
文华音乐创作奖:罗怡林
文华表演奖:汪金媛　饰　辛　恬
　　　　　卢向荣　饰　罗　磊

《冰山上的来客》
文华音乐创作奖:努斯来提·瓦吉丁　肖克来提·克里木
文华舞台美术(舞美设计)奖:刘科栋
文华表演奖:古再力努尔·库尔班　饰　假古兰丹姆

《风中少林》
文华编导奖:刘小荷　张　弋
文华音乐创作奖:唐建平
文华表演奖:蔡思博　饰　小沙弥

《天边的红云》
文华编导奖:陈惠芬　王　勇
文华音乐创作奖:方　鸣
文华舞台美术(灯光设计)奖:王瑞国

《一把酸枣》
文华编导奖:张继钢
文华音乐创作奖:方　鸣
文华舞台美术(舞美设计)奖:龙　华　王瑞国
文华表演奖:邱　辉　饰　小伙计

《红楼梦》
文华编导奖:赵　明
文华舞台美术(舞美设计)奖:李文新
文华表演奖:武巍峰　饰　宝　玉
　　　　　山　翀　饰　黛　玉

《黄道婆》
文华音乐创作奖:吴少雄
文华舞台美术(灯光设计)奖:任冬生
文华表演奖:黄冬梅　饰　符　巧

《太阳女》
文华编导奖：周培武
文华音乐创作奖：区健宁
文华舞台美术（服装设计）奖：冷　青　杜晋云
《洒满阳光的新疆》
文华编导奖：阿不力皮孜·买提卡斯木
　　　　　　铁里曼·卡德尔
文华音乐创作奖：卞留念　依克木·艾山
　　　　　　　　马成翔　叶林华
　　　　　　　　肖合来提·克里木　阿不来提
文华表演奖：迪丽娜尔·阿不都拉
《东风颂》
文华编导奖：余大鸣
文华表演奖：陈思思　李丹阳

2006—2007年度国家舞台艺术精品工程十大精品剧目

昆剧《公孙子都》	浙江昆剧团演出
豫剧《铡刀下的红梅》	河南小皇后豫剧团演出
歌剧《野火春风斗古城》	总政歌剧团演出
舞剧《筑城记》	武汉歌舞剧院演出
杂技晚会《ERA—时空之旅》	上海时空之旅文化发展有限公司 上海文广新闻传媒集团 中国对外文化集团公司 上海杂技团上海马戏城联合演出
话剧《郭双印连他乡党》	西安话剧院演出
儿童剧《柠檬黄的味道》	武汉人民艺术剧院演出
川剧《易胆大》	四川省川剧院演出
话剧《天籁》	广州军区政治部战士文工团演出
京剧与藏戏《文成公主》	西藏自治区藏剧团 中国京剧院联合演出

精品提名剧目

山东梆子《山东汉子》	山东省菏泽市戏剧院演出
歌仔戏《邵江海》	厦门市歌仔戏剧团演出
话剧《移民金大花》	重庆移民金大花剧组演出
儿童剧《青春跑道》	苏州市滑稽剧团演出
舞剧《红楼梦》	北京军区政治部战友文工团 上海城市舞蹈有限公司联合演出
豫剧《虢都遗恨》	三门峡市豫剧团演出
歌舞《楚水巴山》	宜昌市歌舞剧团演出
乐舞《大唐华章》	四川省歌舞剧院演出
话剧《望天吼》	天津人民艺术剧院演出
甬剧《典妻》	宁波市艺术剧院甬剧团演出
京剧《梅兰芳》	北京京剧院演出
淮剧《太阳花》	江苏省淮剧团演出
歌剧《雷雨》	上海歌剧院演出
花鼓戏《走进阳光》	湖南省花鼓戏剧院演出
京剧《布依女人》	贵阳市京剧团演出
话剧《南越王》	广州话剧团演出
曲剧《正红旗下》	北京市曲剧团演出
音乐剧《星》	广州歌舞团演出
潮剧《东吴郡主》	广东潮剧院演出
舞蹈诗《阿姐鼓》	杭州歌舞团演出

第十四届“群星奖”获奖名录

（按行政区划顺序排名）

群星大奖

舞蹈

《翼城花鼓》(少儿)	山西省
《赶送节》	福建省
《下雪了·真滑》(少儿)	河南省
《牵手》	河南省
《出来哒》	湖北省
《直尕思得》	湖北省
《在城市的某个角落》	广东省
《油城酷娃》(少儿)	广东省
《春蚕》	重庆市

戏剧

《航天英雄》	北京市
《二嘎旦还乡》	河北省
《吴二赖讨田》	江苏省
《爱的呼唤》	湖北省
《最近我不烦》	广东省
《爱心故事》(少儿)	海南省
《路遇》	总政
《女兵的颜色》	武警

音乐

《杨门女将》(少儿)	山西省
《塔里木的胡杨》	上海市
《南乡田歌》	江苏省
《越·瓷风》	浙江省
《喊歌》	湖北省
《小女婿》	湖北省
《岁月欢歌》(老年)	湖北省
《我哥回》	湖北省
《月亮谣》	湖南省
《邻里谣》	广东省
《老腔原生态作品情景音乐》(老年)	陕西省

曲艺

《争当奥运志愿者》	北京市
《他和她们》	山西省
《一个女人三个娘》	江苏省
《白雪遗音》(老年)	浙江省
《网上情缘》	福建省
《告状》	湖北省
《中国娃娃爱曲艺》(少儿)	广东省
《今天直播》	总政

群星(创作)奖

舞蹈

《翼城花鼓》(少儿)	山西省
《生命的呼唤》	山西省
《竹林笛韵》	辽宁省
《冬趣》(少儿)	黑龙江省
《黑白键》(少儿)	江苏省
《染》	江苏省
《碗窑印象》	浙江省
《赶送节》	福建省
《牵手》	河南省
《下雪了·真滑》(少儿)	河南省
《出来哒》	湖北省
《放鱼鹰》	湖北省
《在城市的某个角落》	广东省
《油城酷娃》(少儿)	广东省
《香云纱》	广东省
《春蚕》	重庆市
《潇洒的拉面匠》	青海省
《快乐的乐师》	新疆
《折叠椅畅想曲》	总政
《山泉》	总政
《奔赴巴格达》	武警

戏剧

《航天英雄》	北京市
《等待阳光》	天津市
《窗口》(少儿)	辽宁省
《普通人家普通事》	上海市
《荷畔飘香》	上海市
《吴二赖讨田》	江苏省
《呼啦圈》	江苏省
《特别交警》	江苏省
《分家》	江苏省
《少年茅盾》(少儿)	浙江省
《一只红木箱》	浙江省
《感恩的心》	山东省
《两只蝴蝶》(老年)	湖北省

《渔妈莲妹红军哥》	湖北省
《站台》	湖北省
《仙人球》	广东省
《四人空间》	广东省
《生日快乐》	广东省
《斗地主》(少儿)	四川省
《路遇》	总政
《女兵的颜色》	武警

音乐

《大山里的小姑娘》	北京市
《E-mail 飞出山沟沟》	山西省
《杨门女将》(少儿)	山西省
《塔里木的胡杨》	上海市
《南乡田歌》	江苏省
《千年胡杨》	江苏省
《老墙门》(老年)	浙江省
《越·瓷风》	浙江省
《咱的故乡》	福建省
《可可西里》(少儿)	山东省
《我哥回》	湖北省
《天下第一楼》	湖北省
《月亮谣》	湖南省
《邻里谣》	广东省
《草皮街》	云南省
《旗帜》	新疆生产建设兵团
《香江女儿行》	总政

《香饽饽》	总政
《月亮日记》	武警
《建设新农村》	武警

曲艺

《争当奥运志愿者》	北京市
《小俩口上网》	河北省
《他和她们》	山西省
《孪生情》	山西省
《邻里新事》(老年)	辽宁省
《桥》	上海市
《一个女人三个娘》	江苏省
《戚老七养鳖》(老年)	江苏省
《白雪遗音》(老年)	浙江省
《西湖春秋》	浙江省
《六尺巷》	安徽省
《网上情缘》	福建省
《期盼》	山东省
《家庭风波》	河南省
《抢辣椒》	河南省
《告状》	湖北省
《俏姨妈相亲》(老年)	湖南省
《书记,你走好》	广东省
《姐夫的烦恼》	四川省
《旅长在线》	总政
《军营动漫秀》	总政

美术

《长夜》	贾立坚	北京市
《太行印象——山之春》	范　森	河北省
《塬云祥》	翟承海	山西省
《辉煌》	孟祥利	辽宁省
《远方》	孙洪利	辽宁省
《晨光的洗礼》	徐景峰	黑龙江省
《晴烟浮暖翠》	王剑兰	黑龙江省
《乡戏之家》(老年)	周洪声	上海市
《欧洲旅行日记》(少儿)	王心瑶	上海市
《东方吉祥》	李志刚	浙江省
《花鸟家园》	任宝忠	山东省
《生生不息》	曲秀国	山东省
《生灵系列之五十八》	张淮军	河南省
《秋声》	秦训涛	湖北省
《秋实》(老年)	陈明成	湖北省
《莲颂》	毛宗泽	湖北省
《征程万里》(老年)	蒋昌忠	湖北省
《当年阳光》	王晓愚	湖北省
《勿忘我》	何润成	湖南省
《我的兄弟》(老年)	康移风	湖南省
《伐木场》	陈　许	广东省
《天菩萨》	王践翔、米金铭	四川省
《青春的律动》	曹天龙	总政

《入城式》	陈树东	武警

书法

《草书佚名联》	崔胜辉	北京市
《隶书李白诗》	庞顺东	河北省
《隶书康有为论书绝句》(老年)	曹国平	山西省
《行草明人书论二则》	张卫东	上海市
《楷书陆羽茶经》(少儿)	吴雯婷	上海市
《草书黄庭坚论书》	王　曦	上海市
《草书姚鹓雏诗》	李双阳	江苏省
《行书方氏医信》(老年)	方兴国	浙江省
《草书人间词论》	林志明	福建省
《草书明清书札题跋录》	嵇小军	山东省
《草书画禅诗癖》	彭金淋	湖北省
《行书东风忽起联》(老年)	陈永贵	湖北省
《楷书苏轼文》	张　秀	湖北省
《隶书花近高楼诗》	伍　剑	湖南省
《隶书李太白诗》	曾　鉴	广东省
《篆刻》	李　健	重庆市
《行草郑板桥论画竹》(老年)	张新生	陕西省
《楷书王勃滕王阁序》	王学岭	总政
《行书兰亭序》	张维忠	总政
《行书苏轼词》	汪象华	武警
《篆书正月大雩联》	曾祥富	艺术研究院

摄影

《奥运工程纪实》	孙玉芬	北京市
《久盼的瑞雪》(少儿)	王浩君	北京市
《罪与罚》	梁　军	天津市
《喜事》	魏照中	山西省
《失去的绿洲》	田　立	辽宁省
《夜上海》	寇善勤	上海市
《爸爸送我上学去》	吉龙生	江苏省
《快乐的童年》(少年)	盛　夏	浙江省
《光环》(老年)	何清和	福建省
《选村官》	章金平	江西省
《快乐的体验》(少儿)	李　樾	山东省
《行舞蹈墨》	庞东晨	河南省
《汉水边的小姑娘》	李应均	湖北省
《家园》	殷　涛	湖北省
《还我本色》	陈太仰	湖南省
《今后怎样》	陈景明	广东省
《市场》(老年)	陈黄阶	海南省
《欢乐的高原人》	范合琪	四川省
《乳》	乌席勒	青海省
《水墨喀拉扎租山》	张如意	新疆

群星(表演)奖

舞蹈

《雪韵》(老年)	北京市
《戴耳麦的女兵》	天津市
《送海灯》(少儿)	辽宁省
《鼓欣》	吉林省
《长鼓情》	吉林省
《象山渔鼓》	浙江省

《嗨！我的梦》(少儿) 安徽省
《喜洋洋》 山东省
《直尕思得》 湖北省
《长阳土家撒叶儿嗬》 湖北省
《秭归花鼓舞》 湖北省
《婆婆辣》(老年) 湖南省
《唱龙舟》(少儿) 广东省
《醒狮舞:雄师勇攀奥运
——英雄刘关张》 广东省
《纵情岭头》 广西
《网之乐》(老年) 四川省
《翻山饺子》 四川省
《摔》 贵州省
《鼓韵》 西藏
《果谐的春天》 西藏
《吉祥腰鼓》 陕西省

戏剧

《超级女兵》 北京市
《二嘎旦还乡》 河北省
《火兴火旺》(老年) 河北省
《酸枣坡》 山西省
《农民工与老板》 黑龙江省
《缘是一家人》 上海市
《红包》 安徽省
《步步高》 福建省
《啄木鸟飞回来了》(少儿) 河南省
《爱的呼唤》 湖北省
《棉乡情》 湖北省
《特别幸福》(少儿) 湖南省
《嘻爹嘻事》(老年) 湖南省
《最近我不烦》 广东省
《爱心故事》(少儿) 海南省
《猫和老鼠》(少儿) 重庆市
《和谐》 云南省
《山歌情》 陕西省
《牵挂》 新疆
《游戏风波》 总政
《练兵》 武警
《工会主席的热线》 全国总工会

音乐

《醉了太行—上党八音会吹打乐》 山西省
《小小摔跤手》(少儿) 内蒙古
《兴安号子》(老年) 黑龙江省
《梦圆 2010》 上海市
《水乡三月天》(少儿) 江苏省
《吕四渔号》(老年) 江苏省
《叮叮当罗来》(少儿) 浙江省
《斑鸠调》(少儿) 江西省
《喊歌》 湖北省
《岁月欢歌》(老年) 湖北省
《小女婿》 湖北省
《赛龙舟》 广东省
《水乡龙娃闹金秋》(少儿) 广东省
《同伴歌》 海南省
《奶奶这样说》(少儿) 广西
《动·静羌寨》 四川省
《诺赛鸟》 云南省
《圪梁梁》 陕西省
《老腔原生态作品情景音乐》(老年) 陕西省
《哪吒闹海》(少儿) 甘肃省
《冬不拉之歌》(少儿) 新疆
《窗前一盆花》 总政
《和谐心曲》 武警

曲艺

《颠三倒四》(老年) 北京市
《燕子回家》(少儿) 河北省
《你爷爷,我爷爷》(少儿) 河北省
《选举之前》(老年) 山西省
《美丽的谎言》(少儿) 吉林省
《社区百家宴》(老年) 黑龙江省
《宝朵接婆》 江西省
《取名》 湖北省
《一盘冬瓜》 湖北省
《王大夯应考记》(老年) 湖北省
《正义的呼唤》 湖北省
《乡女征婚》 湖南省
《中国娃娃爱曲艺》(少儿) 广东省
《龙舟一曲唱小龙》 广东省
《人在春光享太平》 广西
《巴将军血写春秋》 重庆市
《关爱》 云南省
《今天直播》 总政
《聊天》 总政
《猪之歌》 武警

群星(服务)奖

北京文化艺术活动中心“艺众网” 北京市
华夏未来少儿艺术中心广场文化活动 天津市
九原区农村牧区典型文化大院创建活动 内蒙古
吉林市“松花江之夏、松花江金秋广场文化活动周” 吉林省
上海宝山国际民间艺术节 上海市
江苏省群众文艺“五星工程奖”评奖活动 江苏省

《文化新世纪》杂志	江苏省
《浙江新农村文化报告—来自118个行政村农民文化生活田野调查》	浙江省
马鞍山市“江南之花”大型群众文化活动	安徽省
福州市群众艺术馆非物质文化遗产保护工作	福建省
新干县潭丘乡中洲村文化活动室新农村文化建设	江西省
瑞昌市马头镇文化中心站非物质文化遗产保护工作	江西省
青岛市群众艺术馆“欢乐青岛”广场周周演活动	山东省
山东省艺术馆大型文化艺术活动	山东省
“春满中原”春节系列社会文化活动	河南省
荆门市“农家乐杯”文艺比赛	湖北省
湖北省群众艺术馆非物质文化遗产保护工作	湖北省
“青春娄底·欢乐湘中”广场文化活动	湖南省
广东流动文化服务	广东省
深圳市外来青工文化节	广东省
桂林市群众艺术馆社区文化活动	广西
渝中区解放杯CBD周末音乐会	重庆市
加快建立覆盖全省城乡公共文化服务体系的对策研究	四川省
西藏自治区群众艺术馆大型群众文化活动	西藏
酒泉市瓜州县文化馆文化辅导	甘肃省
银川市文化艺术馆“湖城之夏”广场文化活动	宁夏
百日广场文化活动竞赛	新疆
石河子市群众艺术馆社区文化工作	新疆
第二炮兵工程技术总队“军营文化”	总政
赵明(西城区文化馆)	北京市
佟占海(兴隆县六道河镇宣传文化站)	河北省
刘宇宁(山西省群众艺术馆)	山西省
时晓霞(鞍山市群众艺术馆)	辽宁省
李春盛(黑龙江省群众艺术馆)	黑龙江省
童爱武(武汉市青菱文化艺术中心)	湖北省
魏庆荔(海南省群众艺术馆)	海南省
王丁(黔南布依族苗族自治州群众艺术馆)	贵州省
刘竹英(昆明市文化馆)	云南省
张兴运(咸阳市群众艺术馆)	陕西省
张立新(西宁市群众艺术馆)	青海省
天津图书馆分馆与流动服务	天津市
河北文化信息资源共享中心“网上跟我唱”	河北省
山西省图书馆文化共享工程建设项目	山西省
辽宁省图书馆“超市式”开架服务	辽宁省
桦甸市图书馆文化共享工程建设项目	吉林省
黑龙江省图书馆文化共享工程建设项目	黑龙江省
上海图书馆网上联合知识导航	上海市
南京图书馆“南图会展”	江苏省
苏州图书馆服务网络	江苏省
杭州图书馆“一证通”	浙江省
安徽省图书馆公益性讲座“新安百姓讲堂”	安徽省
福建省图书馆“闽图周末讲座”	福建省
山东省图书馆文化共享工程建设项目	山东省
青岛市图书馆文化共享工程建设项目	山东省
鹤壁市图书馆基层服务工作	河南省
湖北省图书馆公益讲座	湖北省
武汉市江汉区“金桥”读书评书活动	湖北省
湖南图书馆基层辅导工作	湖南省
湖南省少年儿童图书馆全省少儿读书活动	湖南省

广东省立中山图书馆流动图书馆、网上联合参考咨询服务	广东省
广西壮族自治区图书馆共享工程建设项目	广西
重庆市少年儿童图书馆少儿阅读活动	重庆市
四川省图书馆基层服务工作	四川省
贵州省遵义县图书馆文化共享工程建设项目	贵州省
云南省图书馆少数民族群众和弱势群体公共文化信息服务	云南省
陕西省定边县图书馆基层服务工作	陕西省
甘肃省图书馆"名家讲坛"	甘肃省
青海省图书馆历史文化知识讲座	青海省
阜康市图书馆文化共享工程建设项目	新疆
石河子市图书馆文化共享工程建设项目	新疆生产建设兵团
国家图书馆部级领导干部历史文化讲座、为中央国家机关立法与决策服务工作	国家图书馆
邓菊英(首都图书馆)	北京市
纳日松(包头市图书馆)	内蒙古
胡堂香(弋阳县图书馆)	江西省
李东来(东莞图书馆)	广东省
郭玉光(昌江黎族自治县图书馆)	海南省
桑学(西藏自治区图书馆)	西藏
谢林(陕西省图书馆)	陕西省
蔡生福(贺兰县图书馆)	宁夏
胡晓峰	文化部全国文化信息资源建设管理中心

第八届全国声乐比赛获奖名单

独唱组:

文华声乐节目表演一等奖(2 名):

王庆爽	总政歌舞团
谢一梅	中国东方歌舞团

文华声乐节目表演二等奖(4 名):

周晓琳	总政歌舞团
石　琳	中央音乐学院
吴　静	中央民族乐团
关致京	中央歌剧院

文华声乐节目表演三等奖(6 名):

常思思	中国音乐学院
郭芳芳	个人
贾双辉	广州军区战士歌舞团
李　鳌	山东师范大学音乐学院
梁晓丽	山西省运城市文工团
肖　玛	四川师范大学舞蹈学院

文华声乐节目表演优秀奖(26 名):

王　凯	中国音乐学院
尉金莹	中国音乐学院
泽旺多吉	中国人民解放军艺术学院
程　波	江西师范大学音乐学院
黄华桥	沈阳军区政治部前进文工团
李振涛	中国歌剧舞剧院
刘　扬	中央民族乐团
张喜秋	齐齐哈尔大学
李　超	沈阳军区政治部前进文工团
张　璋	中央音乐学院
王　莹	黑龙江省文化厅
刘铁骊	二炮文工团
李思音	广东省歌舞剧院
王晓光	东北师范大学
高　鹏	中国歌剧舞剧院
刘楠楠	沈阳音乐学院
陈福来	辽宁歌剧院
朱佳莉	中央民族大学音乐学院
陈　万	四川南充西华师范大学音乐学院
郭剑华	广西艺术学院
张灵珊	江西省九江市文化局
劳布森	北京军区政治部战友文工团
吴晓芳	杭州师范大学钱江学院
刘　玲	四川音乐学院
裴长佳	中央民族乐团
郑　璐	南昌大学

重唱、声乐组合组:

文华声乐节目表演一等奖:空缺

文华声乐节目表演二等奖:空缺

文华声乐节目表演三等奖(1个):

彝组合　四川峨边彝族自治县文化馆

文华声乐节目表演优秀奖(3个):

F·MAN组合　湖北省歌剧舞剧院

部落组合　深圳市群众艺术馆

E动力组合　浙江省舟山市群众艺术馆

第七届全国舞蹈比赛获奖名录

独舞、双人舞、三人舞组

文华舞蹈节目创作奖(19个):

一等奖:

双人舞《士兵兄弟》	广州军区战士文工团	邢时苗
独舞《长河吟》	北京舞蹈学院	肖向荣、常肖妮

二等奖:

双人舞《未了情》	第二炮兵文工团	易杰、纪家萱
双人舞《风雨同舟》	四川省歌舞剧院	何川
独舞《岛上的日子》	兰州军区战斗文工团	金美花

三等奖:

独舞《稻草人》	广州军区战士文工团	石泉
三人舞《家》	湖南省歌舞剧院	李灿娜、陈露
独舞《红·1937》	北京罗氏兄弟国际文化发展有限公司	黄蕾
三人舞《花朵》	北京舞蹈学院	李世博、刀海涛、李文祺

创作优秀奖:

三人舞《前哨》	南京军区前线文工团	曹向东
双人舞《最可爱的人》	兰州军区战斗文工团	信凤苓
三人舞《最后的微笑》	第二炮兵文工团	路遥、杨佳佳
独舞《敲戏人》	中央民族大学舞蹈学院	王天佑
三人舞《生机》	云南省红河州歌舞团	侯波
独舞《摇篮》	湖北宜昌市歌舞剧团	刘震、崔睿
三人舞《情系草原》	内蒙古民族曲艺团	莎仁高娃
独舞《青春记忆》	空政文工团	徐苏
独舞《抹不去的一九三七》	北京舞蹈学院	霍曼迪、张守和
独舞《刘胡兰》	济南军区前卫文工团	赵小刚

独舞、双人舞、三人舞组

文华舞蹈节目表演奖(8个):

双人舞《士兵兄弟》	广州军区战士文工团	张旸、齐奇
独舞《长河吟》	北京舞蹈学院	孙锐
双人舞《未了情》	第二炮兵文工团	易杰、纪家萱
独舞《稻草人》	广州军区战士文工团	张磊
独舞《刘胡兰》	济南军区前卫文工团	郭爽
独舞《岛上的日子》	兰州军区战斗文工团	万源
三人舞《前哨》	南京军区前线文工团	许鹏、唐程、韩道亮
三人舞《最后的微笑》	第二炮兵文工团	程冉、李毓川、刘娴娴

群舞组

文华舞蹈节目创作奖(35个):

一等奖:

《士兵与枪》	总政歌舞团	张继钢、孙育鹏、夏小虎

《父亲》	四川省青年艺术剧团	王舸、周莉亚
《那年剪短发》	南京军区前线文工团	李春燕、陈琛、张飞
《呼唤绿荫》	四川省歌舞剧院	马琳

二等奖：

《中国妈妈》	东北师范大学音乐学院舞蹈系	王舸、韩真
《较量》	兰州军区战斗文工团	杨威
《城市·家》	深圳市群众艺术馆	王迪、王昭
《空巢的孩子》	湖南省歌舞剧院	马波、危婉
《雷霆风暴》	成都军区战旗文工团	许寒松、范和平
	成都体育学院艺术系	岳小林、杨笑影

三等奖：

《棒棒军》	四川省歌舞剧院	刘凌莉、常艺
《簸炒米舞》	内蒙古自治区直属乌兰牧骑艺术团	道尔吉
《群雕》	浙江歌舞剧院	朱萍、黄亦川
《当美人遇见美人》	新疆艺术学院舞蹈学院	枫叶
《峡江月色》	湖北省青年艺术团	萧遥
《麻辣乖幺妹》	四川省歌舞剧院	马东风
《背靠背》	成都市文化艺术学校	赵明、李崇敏

创作优秀奖：

《剑兰》	海政文工团	张小芯
《前进·永生》	沈阳军区前进文工团	帅晓军、李青、戚岳
《拉着你的手》	四川艺术职业学院	李楠
《姑娘》	四川省德阳舞蹈学校	杨威
《诺苏惹》	四川省乐山市歌舞剧团	吴成涛
《情满天路》	成都军区战旗文工团	苏冬梅、李西宁
《山鹰之邦》	新疆艺术学院舞蹈学院	加苏尔·吐尔逊
《网月》	广西北海市歌舞团	李潇影
《期盼》	安徽艺术职业学院	费波
《袁隆平的梦》	湖南省歌舞剧院	李灿娜、陈露、钱继明
	长沙舞蹈艺术职业中等专业学校	
《映山红》	山西省朔州市歌舞团	岳丽娟、赵爱湘
		贾迪、王雅娟
《梅园梅》	南京艺术学院	张立夫、来静璇
		郭罗乐、关健
《红灯笼》	山西省歌舞剧院	赵霖
《打鼓唱天歌》	陕西省歌舞剧院	王宏
《把根留住》	厦门小白鹭民间舞团	念云华、唐镛
《山娃仔》	广西艺术学院舞蹈学院	龚坚
《银项圈》	贵阳市教育局	孙进
	贵州大学艺术学院	
《站在高岗上》	福建省歌舞剧院	赖棋锋、倪达文
《九九艳阳天》	江苏省扬州市歌舞团	苏时进

群舞组

文华舞蹈节目表演奖（10个）：

《士兵与枪》	总政歌舞团
《父亲》	四川省青年艺术剧团
《中国妈妈》	东北师范大学音乐学院舞蹈系
《较量》	兰州军区战斗文工团
《那年剪短发》	南京军区前线文工团
《呼唤绿荫》	四川省歌舞剧院
《剑兰》	海政文工团
《前进·永生》	沈阳军区前进文工团

《拉着你的手》	四川艺术职业学院	
《当美人遇见美人》	新疆艺术学院舞蹈学院	

小型舞剧组

文华舞蹈节目创作奖(7个):

一等奖:(空缺)

二等奖:

《泥人》	北京舞蹈学院	林辰、胡淮北、钱鑫
《圆月》	广东省歌舞剧院	赵小刚、张云峰

三等奖:

《一条大河》	南京军区前线文工团	苏时进
《我和石光荣》	北京舞蹈学院	肖燕英

创作优秀奖:

《马灯往事》	四川省歌舞剧院	何川
《寨子里的尔玛姑娘》	四川省歌舞剧院	赵青
《青春之歌》	杭州师范大学钱江学院	黄亦川、张林鹃

小型舞剧组

文华舞蹈节目表演奖(5个):

《圆月》	母亲扮演者	李舒
《泥人》	爷爷扮演者	朱晗
《一条大河》	王楠扮演者	胡琴心
《我和石光荣》	石光荣扮演者	李彬
《一条大河》	指导员扮演者	吴健

第六届中国音乐金钟奖获奖名录

一、终身成就奖(8名)

姓名	单位	专业
丁　鸣	辽宁音协	作曲家、音乐理论家、音乐教育家
乔　羽	中国歌剧舞剧院	音乐文学家
刘淑芳	中国交响乐团	歌唱家
吴祖强	中央音乐学院	作曲家、音乐理论家、音乐教育家、音乐活动家
杨儒怀	中央音乐学院	音乐理论家、音乐教育家
肖　民	广东音协	作曲家
赵行道	中央音乐学院	作曲家、音乐教育家
郭淑珍	中央音乐学院	歌唱家、音乐教育家

二、作品奖

1. 声乐作品

大奖:

作品名称	作者	报送单位
江山	词:晓　光　曲:印青	总政艺术局
芦花	词:贺东久　曲:印青	总政艺术局
妻子	曲:刘　青	总政艺术局
读唐诗	词:魏德泮　曲:谷建芬	福建音协
变脸	词:阎　肃　曲:孟庆云	北京音协
天路情歌	词:王仲刚 曲:王祖皆、张卓娅	总政艺术局

断桥遗梦	曲:赵季平	陕西音协
梅花引	词:韩静霆　曲:徐沛东	空政宣传部
传说——电视剧:《成吉思汗》主题歌	词:屈　塬　曲:张千一	总政艺术局
司马光砸缸	词:宋小明　曲:李昕	北京音协

2. 音乐评论奖

一等奖:

类别	作品名称	作者
音乐评论	《音乐的分析与创作》	杨儒怀
音乐史学	《敦煌乐谱解译辩证》	陈应时

三、表演奖

1. 钢琴

奖项	姓名	选送单位
金奖	朱宛晨	上海音乐学院选送
银奖	沈　璐	中央音乐学院选送
银奖	章琼娜	上海音协选送
铜奖	龚　璇	中央音乐学院选送
铜奖	郜　阳	中央音乐学院选送
铜奖	沈久茗	上海音乐学院选送
中国新作品演奏奖	章琼娜	上海音协选送

2. 小提琴

奖项	姓名	选送单位
金奖	谢昊明	中央音乐学院选送
银奖	龙　希	北京音协选送
银奖	陈　怡	中央音乐学院选送
铜奖	张　洋	上海音乐学院选送
铜奖	刘　星	上海音乐学院选送
铜奖	张精治	中央音乐学院选送

3. 声乐(美声)

奖项	姓名	选送单位
金奖	郝　苗	中国音乐学院选送
金奖	周晓琳	总政艺术局选送
银奖	董　芳	上海音乐学院选送
银奖	钟丽燕	总政艺术局选送
银奖	张海庆	总政艺术局选送
铜奖	吴志峰	总政艺术局选送
铜奖	郑　洁	总政艺术局选送
铜奖	刘　恋	上海音乐学院选送
铜奖	于萍丽	天津音协 天津音乐学院选送
铜奖	吴李红	四川音乐学院选送
优秀奖	王姿懿	总政艺术局选送
优秀奖	王雅丽	中国音乐学院选送
优秀奖	郑　斌	山西音协选送
优秀奖	孙笑盈	中国交响乐团选送
优秀奖	苑　璐	天津音协、天津音乐学院选送
优秀奖	宋　罡	上海音协选送
优秀奖	潘　涛	中国音乐学院选送
优秀奖	李　毅	四川音乐学院选送
优秀奖	周　莹	四川音乐学院选送
优秀奖	张　卓	中国歌剧舞剧院选送

4. 声乐(民族)

奖项	姓名	选送单位
金奖	王庆爽	总政艺术局选送
金奖	陈永峰	总政艺术局选送
银奖	常思思	中国音乐学院选送
银奖	贾双辉	广东音协选送
银奖	伊泓远	总政艺术局选送
铜奖	曲　丹	总政艺术局选送
铜奖	东　方	总政艺术局选送
铜奖	金婷婷	总政艺术局选送
铜奖	南　欣	总政艺术局选送
铜奖	吕宏伟	中国音乐学院选送
优秀奖	王　喆	上海音乐学院选送
优秀奖	宗晓琳	总政艺术局选送
优秀奖	岳　璐	北京音协选送
优秀奖	张其萍	江苏音协选送
优秀奖	李　超	总政艺术局选送
优秀奖	许梅华	辽宁音协选送
优秀奖	袁双洋	湖南音协选送
优秀奖	曾　勇	总政艺术局选送
优秀奖	白致瑶	总政艺术局选送
优秀奖	谭世超	沈阳音乐学院选送

5. 钢琴伴奏奖特别奖

奖项	姓名
钢琴伴奏奖特别奖	赵碧璇
钢琴伴奏奖特别奖	邓　垚

6. 钢琴伴奏奖

奖项	姓名
钢琴伴奏奖	胡廷江
钢琴伴奏奖	张佳佳
钢琴伴奏奖	维多利亚
钢琴伴奏奖	王　蕾
钢琴伴奏奖	孙晓丹
钢琴伴奏奖	王楠楠
钢琴伴奏奖	孙松青
钢琴伴奏奖	印　悦

7. 合唱

参赛团队	奖项
湖南知青艺术团合唱团	金奖
河南黄河科技学院音乐学院男声合唱团	金奖
广东文艺职业学院合唱团	金奖
华中师范大学 Tian kong 合唱团	银奖
东莞市莞城文化周末少年合唱团	银奖
浙扛温州市文联音协合唱团	银奖
浙江温州市文联爱乐女声合唱团	银奖
广州爱乐少女合唱团	银奖
武汉音乐学院东方神韵合唱团	银奖
中国石油大庆石化公司百灵合唱团	铜奖
中国石油辽河油田职工合唱团	铜奖
四川音乐学院男子合唱团	铜奖
广东省江门市儿童合唱团	铜奖
贵州大学艺术学院合唱团	铜奖
福建省音乐家协会室内合唱团	铜奖

山东师范大学音乐学院女子合唱团	铜奖
云南远程女生合唱团	铜奖
河南大学研究生院合唱团	铜奖
延边大学艺术学院合唱团	优秀奖
湖南省音协合唱团	优秀奖
郑州大学音乐系学生合唱团	优秀奖
昆明艺术学院职业男声合唱团	优秀奖
郑州师范高等专科学校合唱团	优秀奖
沈阳民生人寿前进之友合唱团	优秀奖
新疆师范大学音乐学院合唱团	优秀奖
广西歌舞剧院附属合唱团	优秀奖
重庆市渝中区教师合唱团	优秀奖
浙江师范大学女子合唱团	优秀奖
武汉音乐学院声乐系合唱团	优秀奖
宁夏大学合唱团	优秀奖

8. 古筝

姓名	报送单位	奖项
宋心馨	中国音乐学院附中	金奖
苏　畅	中央音乐学院	银奖
范　冉	中央音乐学院	银奖
蔡珊珊	江苏音协	铜奖
刘　乐	上海音乐学院	铜奖
刘　颖	中国音乐学院附中	铜奖
丁雪儿	中央音乐学院	优秀奖
郑丹怡	中央音乐学院	优秀奖
陆莎莎	上海音乐学院	优秀奖
高　阳	中央音乐学院	优秀奖
任洲洋	上海音乐学院	优秀奖
刘子琦	中央音乐学院	优秀奖
温若妮	中央音乐学院	优秀奖

9. 二胡

推荐单位	姓名	奖项
中央音乐学院	孙　凰	金奖
中国音乐学院	谭　蔚	银奖
上海音乐学院	陈　艳	银奖
上海音乐学院	顾怀燕	铜奖
中央音乐学院	赵元春	铜奖
中国音乐学院	马　可	铜奖
武汉音乐学院	任　靖	优秀奖
中央音乐学院	董礼治	优秀奖
中国音乐学院	张　昭	优秀奖
江苏省音乐家协会	蔡　超	优秀奖
中央音乐学院	段　超	优秀奖
江苏省音乐家协会	召　唤	优秀奖
中国音乐学院	柴　帅	优秀奖

10. 流行音乐大赛

男歌手：

姓名	选送赛区	奖项
汤子星	华北	金奖
陆　川	华东	银奖
范　政	华北	银奖
赵久峰	华南	铜奖
陈思宇	华东	铜奖

刘　亘	华南	铜奖

女歌手：

姓名	选送赛区	奖项
秦　天	华中	金奖
李　飞	华北	银奖
赵媛媛	华东	银奖
陈　唯	华南	铜奖
曹芙嘉	华北	铜奖
黄　薇	华中	铜奖

乐队：

姓名	选送赛区	奖项
露乐队	华北	金
吉林艺术学院音乐学院教师乐团	华北	银
五行乐队	华北	铜

组合：

姓名	选送赛区	奖项
蝌蚪合唱团	华北	金
D—boys	华北	银
绝妙男声	华南	银
Him	华北	铜
E 动力组合	华东	铜
you and me 组合	华东	铜

2007 年全国十大考古新发现

河南许昌灵井旧石器遗址
河南新郑唐户遗址
浙江余杭良渚文化古城遗址
湖北郧县辽瓦店子遗址
河南荥阳关帝庙遗址
江西靖安李洲坳东周墓葬
新疆巴里坤东黑沟遗址
河南洛阳偃师东汉帝陵与洛阳邙山陵墓群
新疆库车友谊路晋十六国时期砖室墓
河北磁县东魏元祜墓和河南安阳固岸东魏北齐墓地

全国博物馆十大精品陈列展览

陈列展览名称	主办单位	奖项
伟大壮举光辉历程—纪念中国工农红军长征胜利 70 周年展览	中国人民革命军事博物馆	特别奖
伟大的胜利—纪念中国人民抗日战争暨世界反法西斯战争胜利 60 周年大型主题展览	中国人民抗日战争纪念馆	特别奖
人民的光荣—朱德生平事迹陈列展览	朱德同志故居纪念馆	特别奖
八路军抗战史基本陈列	八路军太行山纪念馆	特别奖
汉阳陵帝陵外藏坑保护展示厅基本陈列	汉阳陵考古陈列馆	精品奖
滇国—云南青铜文明陈列	云南省博物馆	精品奖
科举陈列	上海嘉定博物馆	精品奖
黑与白的艺术	河北省磁县磁州窑博物馆	精品奖

陈列展览名称	主办单位	奖项
晋魂	山西博物院	精品奖
吴兴赋—湖州历史与人文陈列	湖州市博物馆	精品奖
大庆油田历史陈列	大庆油田历史陈列馆	精品奖
徽州古建筑陈列	安徽省博物馆	精品奖
勿忘“九·一八”—日本侵略中国东北史实	伪满皇宫博物院	精品奖
甘肃省博物馆基本陈列	甘肃省博物馆	精品奖
殷墟珍宝展	殷墟博物馆	最佳创意奖
闽台缘	福建中国闽台缘博物馆	最佳内容设计奖
扬州中国雕版印刷博物馆陈列	扬州中国雕版印刷博物馆	最佳形式设计奖
古代佛像艺术精品展	首都博物馆	最佳制作奖
上海邮政博物馆主题陈列	上海邮政博物馆	最佳新技术新材料运用奖
南头古城历史陈列展	深圳市南山区南头古城博物馆	最佳宣传推广奖
新疆民族风情陈列	新疆维吾尔族自治区博物馆	最佳服务奖
嫩江文明的述说—齐齐哈尔历史文物陈列	齐齐哈尔市博物馆	最受观众欢迎奖
齐国历史陈列	齐国故城遗址博物馆	提名奖
天地经纬—汉代张衡地动仪、元代郭守敬观星台专题陈列	河南博物院	提名奖
楚文化展	湖北省博物馆	提名奖
龙蟠虎踞—南京历史文化陈列	南京市博物馆	提名奖

第一批全国古籍重点保护单位名录

国家图书馆
首都图书馆
天津图书馆
山西省图书馆
内蒙古自治区图书馆
辽宁省图书馆
辽宁省大连图书馆
黑龙江省图书馆
上海图书馆
南京图书馆
江苏省苏州图书馆
江苏省常熟图书馆
浙江图书馆
安徽省图书馆
福建省图书馆
山东省图书馆
山东省青岛市图书馆
河南省图书馆
湖北省图书馆
湖北省武汉图书馆
湖南图书馆
广东省立中山图书馆
重庆图书馆
云南省图书馆
贵州省图书馆
陕西省图书馆
甘肃省图书馆
中国艺术研究院图书馆
北京大学图书馆
清华大学图书馆
北京师范大学图书馆
中央民族大学图书馆
东北师范大学图书馆
复旦大学图书馆
南京大学图书馆
南京师范大学图书馆
南京中医药大学图书馆
苏州大学图书馆
中山大学图书馆
河南大学图书馆
故宫博物院
山西博物院
上海博物馆
南京博物院
浙江省宁波市天一阁博物馆
中国科学院国家科学图书馆
中国社会科学院图书馆
中国社会科学院文学所图书馆
中国中医科学院图书馆
中国第一历史档案馆
贵州省荔波县档案馆

全国群文系统书法美术摄影大展获奖名录

书　法

张乐呆	道德经(小楷)	金奖	王万胜	录毛泽东诗(七律)	银奖
邹宗淼	毛文锡词:临江仙(行草)	银奖	柳德石	三国演义卷首诗(草书)	银奖
邓金锋	吴昌硕题画诗十首	银奖	郭宪娅	汉俳诗一首(柳)	银奖
席·银柱	国家兴亡匹夫有责好儿郎志在千里(行书)	银奖	于延丰	小重山	银奖
张海龙	将进酒(李白诗)	银奖	李世晋	印屏(篆刻)	银奖
黎怀平	李方膺题画诗四首(行书)	铜奖	陈鸿宁	黄秋园诗二首	铜奖
黄鹤生	楷书条幅	铜奖	孙丽华	楷书扇面	铜奖
蔡思洁	繁荣群众文化促进社会和谐(楹联)	铜奖	邵振良	诗一首(行草)	铜奖
杨克逵	沁园春(隶书)	铜奖	黄鸿斌	放翁词:洞庭春色(隶书)	铜奖
李　凡	秋瑾诗对酒	铜奖	梁泽林	好运北京(篆刻)	铜奖
刘　正	诗一首(行书)	铜奖	张　弦	王湾诗:次北固山下(草书)	铜奖
潘礼平	毛泽东诗:长征(草书)	铜奖	张鸿诰	念奴娇·赤壁怀古	铜奖
彭祖庚	辛弃疾词:夜行黄沙道中(行书)	铜奖			

美　术

胡宝利	泰山松涛泉韵(国画)	金奖	黄光飞	墨梅(国画)	金奖
王盛刚	金色家园(国画)	金奖	王立春	随想(油画)	金奖
王　刚	西部红土·守望(版画)	银奖	李峥嵘	山·记忆	银奖
徐　明	山花烂漫(国画)	银奖	杨志锋	木萨魂	银奖
陈跃华	农家十月(油画)	银奖	胡秉义	深山赛事	银奖
陈鸣鸿	海平线(版画)	银奖	马玉武	长日留痕(油画)	银奖
薛西平	陕北行(国画)	银奖	孙　云	太湖我的母亲湖	银奖
马永成	大江东去(国画)	银奖	苏文虎	伞中情(剪纸)	铜奖
江克安	维修(版画)	铜奖	江和卉	农村新景象(油画)	铜奖
田新安	富贵长寿(国画)	铜奖	吴传聪	硕果	铜奖
薛莲花	草原(工笔画)	铜奖	王景民	春风香雪(国画)	铜奖
王　斌	挂念	铜奖	张雪琳	秋塘丽影(国画)	铜奖
黄中成	山泉(国画)	铜奖	贾卫国	池塘情趣	铜奖
曾建生	湖山春色	铜奖	彭远华	桂北古寨	铜奖
沈继安	荷花(国画)	铜奖	孙东辉	荷塘秋深(国画)	铜奖
陈希延	春韵	铜奖	李玉珠	静(水彩画)	铜奖
王　浩	国画小品	铜奖	陈九憨	红军(国画)	铜奖
殷　中	和谐世界(国画)	铜奖	王培亮	涟水帆影	铜奖
黄　毅	惊讶(石版画)	铜奖	张家祥	峨山珍禽(国画)	铜奖
李　荣	奶奶,看我的奥运飞腿(水彩画)	铜奖	鲁明顺	山路上下坡,牧童骑术高	铜奖
郭　红	香远	铜奖			

摄　影

黄竞奋	雕刻人生	金奖	孙思华	水墨坝上	金奖
赵正祥	和谐	金奖	郭芊妤	斜阳下	银奖
王　静	祁连山风光	银奖	汪正武	晨曦	银奖
李仁义	古老的家族	银奖	高云飞	茶马古道	银奖
周瑞生	水韵	银奖	杨晓敏	忠诚	铜奖

李峥嵘	和平	铜奖	穆特力甫·麦托合提	美妙的手艺	铜奖
买托合提·巴拉提	叼羊	铜奖	袁胜聪	秋后	铜奖
李金洲	车技表演	铜奖	张廷国	火焰山下	铜奖
陈圣安	回眸	铜奖	曹菊芳	当代绣娘	铜奖
文万立	渔舟唱晚	铜奖	曾　岳	海角听涛	铜奖
曾林开	梦里漓江	铜奖	尚守庆	十送红军	铜奖
宋伟光	看看自己有多美	铜奖	陈　锋	博击	铜奖
阿克巴尔	牧马少女	铜奖	马成刚	舞	铜奖

第四届中国国际钢琴比赛(夏门)获奖名录

第一名:张昊辰(中国)
第二名:维克多·斯坦尼斯拉夫斯基(Victor Stanislavsky 以色列)
第三名:周韵清(中国)
第四名:佟博(中国)
第五名:野木成也(Nogi Nariya 日本)
第六名:后藤正孝(Masataka GOTO 日本)
中国作品优秀演奏奖:野木成也(Nogi Nariya 日本)

第十一届中国吴桥国际杂技艺术节获奖名录

金狮奖

空中飞人	朝鲜平壤杂技团
诗画韵——蹬伞	中国河北省杂技团
同一个梦想——绳技	中国河北省吴桥杂技团

银狮奖

楚风凌空——吊环顶技	中国武汉杂技团
双人技巧	意大利“Circo e Dentomi”代理公司
浪桥飞人	俄罗斯国家马戏公司
高空钢丝	俄罗斯莫斯科尼古灵马戏团
车技	法国马戏艺术家
月夜情思——双人吊环	中国成都军区战旗杂技团

铜狮奖

‘探戈’对手技巧	法国、波兰火鸟艺术制作公司
浪桥空中飞人	乌克兰能量杂技演出团
飞向流星——单杠蹦床技巧	乌克兰贝巴克演出团
立方体中倒立技巧	德国火鸟艺术制作公司
京韵挥戈——飞叉	中国德州杂技团
三人空中技巧	加拿大三人空中技巧演出团
幻影空竹	中国台北市技艺舞蹈表演业职业工会
柔术	蒙古新马戏团
双人技巧	乌克兰季科演出团
滑稽	亚美尼亚滑稽艺术家

金狮奖荣誉奖

《东方天鹅——芭蕾对手顶》	广州军区战士杂技团

2007年我国参加国际艺术比赛获奖名录

一、我部审批的出国参加国际杂技比赛获奖名录

1.第19届摩纳哥初登舞台国际杂技比赛：
第一金K奖(上海杂技团《女子平衡技巧》)
2.第31届蒙特卡罗国际马戏节：
银小丑奖(广州杂技团《球技》)、特别奖(上海马戏学校《空中飞人》)
3.第28届法国巴黎世界"明日"马戏节：
金奖—共和国总统奖(山东杂技团《蹬人》)、银奖(内蒙古杂技团《高车踢碗》)
4.第15届玛希国际马戏节：
最高奖—共和国总统奖(杭州青少年杂技团《高椅平衡》)
5.第6届莫斯科国际青少年马戏比赛：
金奖(中国杂技团《探梦——蹦拐顶技》)、特别奖(中国杂技团《水流星》)
6.第8届法国瓦兹河谷马戏节：
最高奖—共和国总统奖(云南杂技团《双人绸吊》)
7.意大利罗马国际金色马戏节：
B组唯一金奖(大连市杂技团《大连女孩车技》)、第三名(大连市杂技团《男女现代软功》)
8.意大利拉蒂纳国际马戏节：
银奖(上海杂技团《倒立软功》)
9.第20届初登舞台国际杂技比赛：
第一金K奖(中国杂技团的《软钢丝》),第二金K奖(山东省杂技团的《蹬鼓》),第1银K奖(山东济宁杂技团《叠椅技巧》)

二、我部公布的鼓励参加的国际艺术比赛获奖名录

1.第4届韩国首尔国际舞蹈比赛：
民族舞蹈/青年女子组一等奖　(解放军艺术学院　梁茜)
民族舞蹈/青年女子组三等奖　(中央民族歌舞团　苟婵婵)
民族舞蹈/青年男子组一等奖　(解放军艺术学院　赵松)
现代舞/少年组一等奖　(解放军艺术学院　黎星)
2.第9届纽约国际芭蕾舞比赛：
二等奖　(上海芭蕾舞团　吴虎生)
3.第7届弗拉基米尔·霍洛维茨国际青年钢琴家比赛：
二等奖　(广州星海音乐学院　刘云天)
4.第12届维也纳国际吉他比赛：
二等奖　(中央音乐学院　许拓)
5.第10届维也纳国际青年古典吉他演奏家比赛：
少年组二等奖　(中央音乐学院　朱俐颖)

三、我部审批的其他国际艺术比赛：

1.第36届法国图尔国际合唱比赛：
混声合唱银奖　(内蒙古广播电视合唱团《蒙古族无伴奏合唱》)
2.第60届手风琴世界杯比赛：
成人专业组第二名　(四川音乐学院　龙丽)

各地区行政区划(一)

(2007年底) 单位:个

区划名称	地级区划数	#地级市	县级区划数	#县级市	#市辖区	#县	#自治县
全国	333	283	2 859	368	856	1 463	117
北京市			18		16	2	
天津市			18		15	3	
河北省	11	11	172	22	36	108	6
山西省	11	11	119	11	23	85	
内蒙古自治区	12	9	101	11	21	17	
辽宁省	14	14	100	17	56	19	8
吉林省	9	8	60	20	20	17	3
黑龙江省	13	12	128	18	64	45	1
上海市			19		18	1	
江苏省	13	13	106	27	54	25	
浙江省	11	11	90	22	32	35	1
安徽省	17	17	105	5	44	56	
福建省	9	9	85	14	26	45	
江西省	11	11	99	10	19	70	
山东省	17	17	140	31	49	60	
河南省	17	17	159	21	50	88	
湖北省	13	12	102	24	38	37	2
湖南省	14	13	122	16	34	65	7
广东省	21	21	121	23	54	41	3
广西壮族自治区	14	14	109	7	34	56	12
海南省	2	2	20	6	4	4	6
重庆市			40		19	17	4
四川省	21	18	181	14	43	120	4
贵州省	9	4	88	9	10	56	11
云南省	16	8	129	9	12	79	29
西藏自治区	7	1	73	1	1	71	
陕西省	10	10	107	3	24	80	
甘肃省	14	12	86	4	17	58	7
青海省	8	1	43	2	4	30	7
宁夏回族自治区	5	5	21	2	8	11	
新疆维吾尔自治区	14	2	98	19	11	62	6
香港特别行政区							
澳门特别行政区							
台湾省							

各地区行政区划(二)

(2007 年底)　　　　单位:个

区划名称	乡镇级				村民		
	区划数	街道办事处	镇数	乡数	居民居委会	村民委员会	居民委员会
全　　国	40 813	6 434	19 249	15 120	694 745	612 712	82 033
北 京 市	317	134	142	41	6 508	3 954	2 554
天 津 市	244	107	117	20	5 295	3 840	1 455
河 北 省	2 220	258	962	999	52 355	49 162	3 193
山 西 省	1 396	200	563	633	29 985	28 167	1 818
内蒙古自治区	854	213	458	183	13 787	11 433	2 354
辽 宁 省	1 498	556	573	369	15 678	11 760	3 918
吉 林 省	890	269	423	198	10 733	8 838	1 895
黑 龙 江 省	1 270	371	466	433	11 844	9 054	2 790
上 海 市	211	101	107	3	5 355	1 830	3 525
江 苏 省	1 355	300	946	109	22 397	17 080	5 317
浙 江 省	1 516	313	750	453	34 777	30 978	3 799
安 徽 省	1 519	246	912	361	21 109	18 106	3 003
福 建 省	1 101	172	591	338	16 931	14 803	2 128
江 西 省	1 528	132	768	628	19 429	16 866	2 563
山 东 省	1 869	481	1 118	270	86 688	80 866	5 822
河 南 省	2 356	464	848	1 044	50 961	47 533	3 428
湖 北 省	1 223	279	734	210	29 375	25 722	3 653
湖 南 省	2 403	237	1 095	1 071	48 736	44 203	4 533
广 东 省	1 580	432	1 137	11	25 561	19 493	6 068
广西壮族自治区	1 230	104	702	424	16 009	14 361	1 648
海 南 省	222	18	183	21	2 991	2 543	448
重 庆 市	1 026	129	589	308	11 131	9 065	2 066
四 川 省	4 657	248	1 821	2 588	54 320	48 919	5 401
贵 州 省	1 543	94	691	758	19 731	18 091	1 640
云 南 省	1 370	65	580	725	12 092	11 036	1 056
西藏自治区	691	9	140	542	5 904	5 746	158
陕 西 省	1 745	164	907	674	29 170	27 526	1 644
甘 肃 省	1 343	121	462	760	17 441	16 239	1 202
青 海 省	396	30	137	229	4 543	4 164	379
宁夏回族自治区	231	40	98	93	2 800	2 370	430
新疆维吾尔自治区	1 009	147	229	624	11 109	8 964	2 145
香港特别行政区							
澳门特别行政区							
台 湾 省							